西南政法大学安全治理与社会秩序维护研究院　主持

社会治理丛书　丛书主编：但彦铮

21世纪的安全与通过环境设计预防犯罪（CPTED）

——关键基础设施保护的设计与犯罪预防

（原书第二版）

〔美〕兰德尔I世·阿特拉斯 (Randall I. Atlas)　主编

但彦铮　张秋枫　曹艺　译

彭静　校译

知识产权出版社

全国百佳图书出版单位

图书在版编目（CIP）数据

21世纪的安全与通过环境设计预防犯罪（CPTED）：关键基础设施保护的设计与犯罪预防：原书第二版/（美）兰德尔I世·阿特拉斯（Randall I. Atlas）主编；但彦铮，张秋枫，曹艺译. —北京：知识产权出版社，2017.11
（社会治理丛书/但彦铮主编. 第一辑）
ISBN 978 - 7 - 5130 - 5372 - 3

Ⅰ.①2… Ⅱ.①兰… ②但… ③张… ④曹… Ⅲ.①环境设计—应用—预防犯罪—研究 Ⅳ.①D917.6

中国版本图书馆CIP数据核字（2017）第329848号

责任编辑：崔开丽　吴亚平　　　　　责任校对：潘凤越
装帧设计：陶建胜　　　　　　　　　责任印制：刘译文

21世纪的安全与通过环境设计预防犯罪（CPTED）
——关键基础设施保护的设计与犯罪预防（原书第二版）

[美] 兰德尔I世·阿特拉斯（Randall I. Atlas）　　主编
但彦铮　张秋枫　曹艺　译
彭静　校译

出版发行：	知识产权出版社有限责任公司	网　　址：	http://www.ipph.cn
社　　址：	北京市海淀区气象路50号院	邮　　编：	100081
责编电话：	010-82000860转8377	责编邮箱：	cui_kaili@sina.com
发行电话：	010-82000860转8101/8102	发行传真：	010-82000893/82005070/82000270
印　　刷：	三河市国英印务有限公司	经　　销：	各大网上书店、新华书店及相关专业书店
开　　本：	720mm×1000mm 1/16	印　　张：	59
版　　次：	2017年11月第1版	印　　次：	2017年11月第1次印刷
字　　数：	1223千字	定　　价：	240.00元

ISBN 978-7-5130-5372-3
京权图字：01-2016-6803

出版权专有　侵权必究
如有印装质量问题，本社负责调换。

安全治理与秩序的法律之维

——安全治理与社会秩序维护研究系列丛书总序

法律与秩序，是人类社会两个永恒的主题。

20 世纪 70 年代以来，世界范围内确立的犯罪控制领域的所谓制度与思想模式，在进入 21 世纪初期之时，正面临着前所未有的挑战与巨大的变革压力。犯罪控制的制度与思想是由包括警察、法院、监狱等一系列国家机构所支配的，而所有这些国家机构从现代性来临时，就在安全与秩序的生产过程中占据了中枢地位。① 在任何时代和任何国家，有关犯罪及其防治的话题与主题往往不可避免地被卷入重大的社会与政治变革运动之中。尤其是自治理论在国内外兴起以后，有关犯罪、安全、风险与治理的理论及政策话题，不仅成为各国犯罪学、警察学（公安学）、社会控制、公共安全治理以及公共政策等相关学科理论研究者们关注的话题，更是各国政府在制定有关社会治理与安全治理方面的政策和法律时所重点关注的事物。有关犯罪治理、安全产品供给的话题，还涉及国家形象与能力（如"成功国家"与"失败国家"）的变化、公众对刑事司法的信任、对和谐稳定的社会秩序的期盼以及维护社会秩序、构建安全责任共担制、和谐社会的有序参与等传统和非传统社会秩序维护机制及其现代化重构问题。

当前，我国处于全面建设小康社会的关键时期和深化改革开放、加快转变经济发展方式的攻坚时期，"综观国际国内大势，我国发展仍处于可以大有作为的重要战略机遇期。我们要准确判断重要战略机遇期内涵和条件的变化，全面把握机遇，沉着应对挑战，赢得主动，赢得优势，赢得未来，确保到二〇二〇年实现全面建成小康社会宏伟目标"。② 如何有效地维护我国 21 世纪头二十年

---

① ［英］麦克·马圭尔、罗德·摩根、罗伯特·赖纳等著：《牛津犯罪学指南》（第四版），刘仁文、李瑞生等译，中国人民公安大学出版社 2012 年版，第 61~74 页。

② 胡锦涛：《坚定不移沿着中国特色社会主义道路前进 为全面建成小康社会而奋斗——在中国共产党第十八次全国代表大会上的报告》。

战略机遇期的社会稳定，成为当下政策制定者和学者关注的重要话题。

平安是国家繁荣昌盛、人民幸福安康的前提。建设"法治中国"和"平安中国"是在中国共产党第十八次全国代表大会后，中共中央总书记、中央军委主席、国家主席习近平最早提出的实现"两个一百年"奋斗目标、实现中华民族伟大复兴的"中国梦"的重要战略举措。建设平安中国，事关中国特色社会主义事业发展全局，中国特色社会主义事业需要在一个和谐稳定的社会环境中稳步推进。深入推进社会治理创新是建设平安中国的基本途径，对推进国家治理体系和治理能力现代化具有重要意义。促进安全和维护社会秩序需要成本，保障安全和维护社会秩序的手段措施和方式方法需要明确的道义上的正当性。不受限制地企图满足对更多安全的渴望，会对公民自由与一般社会生活造成严重的否定性的影响。[①] 要处理好改革发展与稳定和秩序的关系，就必须坚持法治观、制度观和治理观。维护社会秩序和实施安全治理，不仅需要正确的理论指导，还需要科学合理的制度设计以及充分且多样化的实践，才能验证指导实践的理论及其制度设计是否符合实际需要。因此，需要理论与实践有机结合，全社会共同参与，坚持"古为今用、洋为中用"的理念，兼收并蓄，立足国情和当前实际并放眼未来，充分发挥法治的引领和保障作用，积极进行理论创新、制度创新和实践创新，为全面建成小康社会创造安全稳定的社会环境。

安全和平安是人们在满足基本生存和生理需要以后最基本的需求，安全治理及其社会秩序维护是人类社会的恒定主题，任何社会任何时候都有正常的社会秩序和安全需求。随着治理理论的兴起，国内各个学科也开始关注如何运用治理理论拓展自己的研究领域。本研究团队长期从事公安（警察）学、犯罪学和社会治安问题的研究，追踪研究国外安全治理理论的发展与各国开展安全治理实践的最新动态，特别关注自美国"9·11"事件以来，世界各国在警察权和反恐立法及其实践方面的最新成果，试图将国外犯罪控制、警察科学、安全治理、刑事司法等方面的研究成果予以相应借鉴与吸纳，并结合中国的国情和实际，开展以问题为导向的实证研究，为公安学的理论体系和知识体系建构，为维护 21 世纪初期国家战略机遇期社会秩序稳定和平安中国建设提供理论支撑。

随着 21 世纪全球化的不断发展，国家在组织和提供公民安全保障方面的方法和途径发生了巨大的变化，引发了人们关于安全对美好社会的作用以及由什么样的机构提供安全最合适等重大规范性问题的关注，也提出了如何界定安全和公共安全产品供应等具有挑战意义的理论性问题。国家治理（State Gov-

---

① ［英］麦克·马圭尔、罗德·摩根、罗伯特·赖纳等著：《牛津犯罪学指南》（第四版），刘仁文、李瑞生等译，中国人民公安大学出版社 2012 年版，第 653 页。

ernance）是自有阶级社会以来最重要的政治现象之一，本质在于通过其属性及职能的发挥，协调和缓解社会冲突与矛盾，以维持特定的秩序。关于治理的概念，让－皮埃尔·戈丹认为，"治理"（Governance）这个词本身就是问题之源。有多种角度的解释，但"如果说治理是一种权力，那它表现为一种柔性且有节制的权力"；而且认为，"治理这个词从 13 世纪起就在法国阶段性地流行过。其最初的意思在很长时间内都是可以和'统治、政府'（一直沿用至今）以及'指导、指引'画等号的"。最新的研究成果显示，"在 17 世纪和 18世纪，治理是关于王权和议会权力平衡的讨论所涉及的重要内容之一，而在那个时代，王权在实现过程中开始依靠一些新的原则，而从这些新的原则中，诞生了公民权利和市民社会理念"。① 这一理念一直延续至 21 世纪，并有了新的现代内涵。治理是指对警察政策的形成与方向的宪法性、机构性安排。②

　　20 世纪 90 年代末以来，国内学术界逐渐开展了治理理论和实践的研究。随着研究的深化发展，西方治理理论与中国本土治理理论的错位现象逐步凸显，国家发展和治理的实践表明，治理理论只有在本土化的基础上才能实现理想的重塑。从运行意义上，"社会治理"实际是指"治理社会"。或者换言之，所谓"社会治理"，就是特定的治理主体对于社会实施的管理。在制度层面，国家治理、政府治理和社会治理的目标都指向于在坚持中国特色社会主义根本和基本制度的前提下，破除一切不适应生产力发展要求的体制机制，创新释放生产力和社会活力的体制机制，以完善和发展中国特色社会主义制度。③ 面对21 世纪全球化背景下社会转型的大趋势，必须探索出符合本国国情的社会秩序维护与安全治理的基本理论、制度和实践路径。

　　"安全治理与社会秩序维护研究系列丛书"正是遵循这样一种基本的逻辑，进行知识谱系和理论体系的建构与实践验证：借鉴其他学科发展的历史经验，首先进行中西古今比较，以问题为导向对当前我们在维护社会秩序中面临的犯罪问题、安全治理问题和其他社会治理问题开展实证研究，真正形成具有中国特色的社会主义社会秩序维护和安全治理理论。该系列丛书是西南政法大学安全治理与社会秩序维护研究院整合校内外资源，紧紧围绕"深化平安建设，完善立体化社会治安防控体系"这一目标，以警察学（公安学）为支撑，依托法学、政治学和社会学等相关学科，围绕"平安中国"进行跨学科研究

---

① ［法］让－皮埃尔·戈丹：《何谓治理》，钟震宇译，社会科学文献出版社 2010 年版，第 4 页。
② ［英］麦克·马圭尔、罗德·摩根、罗伯特·赖纳等著：《牛津犯罪学指南》（第四版），刘仁文、李瑞生等译，中国人民公安大学出版社 2012 年版，第 651 页。
③ 王浦劬："国家治理、政府治理和社会治理的基本含义及其相互关系辨析"，载《社会学评论》2014 年 7 月 16 日，转引自中国社会科学网：http://www.cssn.cn/zzx/wztj_zzx/201407/t20140716_1255453.shtml，2016 年 12 月 14 日访问。

的成果。①

为了全面、详细和系统地了解安全治理的理论渊源、制度变革及政策实践，本系列丛书包括三大部分：有关国外最新的警察学、社会与犯罪治理、安全治理的译著丛书；我国近代社会治理与安全管理的理论与相关古籍整理的勘校丛书；以问题为导向，对当今社会秩序维护与安全治理问题的实证研究和理论创新著述。

为此，我们与中国社会科学文献出版社合作，陆续推出了"安全治理研究"系列丛书第一批译丛，包括《警察学百科全书》《警察学导论》《古罗马公共秩序维护》《冲突与控制：19 世纪意大利的法律与秩序》《警察：街角政治家》《警察权与政治》《警察权与警务导论》《警察行为方式》《风险社会中的警务》和《可疑文书的科学检验》。今后还将陆续推出《安全治理、警务与地方能力》《使命任务为基础的警务》《警察绩效评估》等经典译著。该系列译丛，主要以警察科学的知识和理论体系的建构为主要内容，因此，既有百科全书这样的巨著，又有西方警察发展历史及其警察学教材，还包括当代警务改革、警察科学理论以及安全治理理论发展方面的最新著作。这些著作的译述，能够帮助我们了解西方警察学术的发展历程及其最新发展。

我们又与知识产权出版社合作，推出了"社会治理丛书"，包括《警务发展与当代实践》《警察的政治学分析》《新警察学——国内与国际治理中的警察权》《21 世纪的安全与通过环境设计预防犯罪（CPTED）理论——国家重要基础设施的设计与犯罪预防》《警察文化》《澳大利亚警政》《警察权、公共政策与宪法权利》《跨国法律秩序与国家变革》《德治：道德规则的社会史》等译著和著作。该系列丛书中的译著，主要关注的是各国运用警察学、犯罪学和相关理论维护社会秩序和实施安全治理活动中的经验做法，兼具理论与实践。

---

① 安全治理与社会秩序维护研究院项目，起源于 2009 年 11 月 28 日，我在中南财经政法大学主办、刑事司法学院承办的"中国刑事司法改革与侦查理论研究学术研讨会"上，做的题为"安全治理理念的兴起与警察学理论转型"的一个简短的报告，认为司法体制改革应该从警务模式和警务观念的转变开始，关键是要配置好国家权力与公民权利保障的关系，并提出转型的具体设想（具体信息参见中南财经政法大学刑事司法学院新闻网，网址为 http：//gaxy. znufe. edu. cn/A/？C－1－272. html，以及物证技术学实景图像库网站，网址为 http：//jyw. znufe. edu. cn/wzjsx/xwzx/200912/t20091202_21260. htm）。随后，我便开始着手社会与安全治理方面的"知识谱系"的建构。该科研平台项目自2010 年开始获得西南政法大学中央财政支持地方高校发展专项资金项目规划的立项，2012 年 7 月 27 日由重庆市财政局以《重庆市财政局关于下达 2012 年中央财政支持地方高校发展专项资金预算的通知》（渝财教〔2012〕154 号）文件，正式获得批准，2013 年开始实施。其主要发展目标是为公安学（警察学）的研究和学科建设提供理论支撑、实践经验和国内外有关维护社会秩序及其实施安全治理的"知识谱系"参考。"安全治理与社会秩序维护研究系列丛书"是该平台项目的系列成果，主要关注国外、国内维度的安全治理的理论及其实践，包括与犯罪控制、社会秩序维护、公共安全服务等有关的内容，主要从公安学（警察学）基础理论、犯罪控制与秩序维护视野下的社会秩序维护与安全治理（包括反恐警务）、制度安全与现代国家制度建设、文化安全与文化国家建设等维度，进行理论研究。

同时，该丛书还包括部分以我国当前的社会治理问题为导向，进行专题实证研究的学术著述。

"读史可以明智""了解和熟悉历史才能把握现在；研究并洞悉现在才能展望未来"。警察在社会与安全治理的过程中，具有十分重要的地位作用。我国的现代警察制度肇始于清末新政时期，在民国时期得到长足发展。一批受过警察学专业训练的学者和实务人士在培养新式警察和进行现代警察制度研究方面发挥了积极作用，特别是以法治视角去观察和思考警政制度，形成了较为优秀的学术成果。这些成果既力图与当时的域外警察研究接轨，呈现出对当时来说较为先进的理念，也致力于结合国情，总结中国式治理经验。为此，我们与法律出版社合作，推出了"民国时期警政研究校勘丛书"。该丛书收录了民国时期警政研究的代表性作品，是一套兼具警政研究学术价值、警察制度史料价值和警政实务现实意义的优秀丛书，丛书作者都是民国时期的专家。其中，有内容全面的《警政全书》，有给当代以学术滋养的《警察学总论》，也有关注特殊地域的《乡村警察的理论与实践》，还有梳理历史的《里甲制度考略》，等等，十几种著作各有鲜明特色。从这些著述中，我们能把握民国警政研究的基本面貌和内核。同时，我们还与知识产权出版社合作推出"中国近代社会基层治理勘校丛书"，透过历史透镜，审视近代中国乡村社会的村治历程、举措及其经验，为我们思考当今新型城镇化背景下的农村社会治理提供历史借鉴。

尽管时代发生了诸多变化，但是，民国时期以及近现代的过往实践和当时学者的思考、研究和建言，仍然具有一定的借鉴意义。有些做法，我们未必赞成，但足以引起思考；有些做法，值得我们借鉴，则更见现实意义；有些做法，已显得不合时宜，但反观其与当时时代的紧密联系，也足以给我们启发。尽管原作者在当时所处的政治立场不同、身份特殊，但他们不乏真知灼见，历史经验告诉我们，不仅要有科学的理论武装，而且还必须立足于为"最大多数人的最大利益"，有正确的实践，才能取得治理的成功。"温故而知新"，我们还可以说"温故而创新"。希望这种"外译"和"温故"的工作足以让我们在当代警政研究和推进警政的高度法治化过程中"知新"，进而做到"创新"。"沉舟侧畔千帆过，病树前头万木春"，我们期盼这些著作的重新勘校，在剔除原作者政治立场之后，读者以现代的眼光审视这段历史中有关社会与安全治理的理论、制度及其实践，能够做到古为今用，开卷有益。

我们深信，在全面推进依法治国、建设中国特色社会主义、实现"两个一百年"奋斗目标、实现中华民族伟大复兴的"中国梦"的历史征程中，通过古今中外有关安全治理和社会秩序维护的理论、制度及其实践的梳理，可以进一步提升我们的理论水平，增强对中国特色社会主义的理论、道路、制度和文化的自信心，牢牢把握推进国家治理体系和治理能力现代化的总要求，主动适应新形势，切实增强理论研究的前瞻性，坚持立足当前与着眼长远相结合，发挥法治的引领和保障作用，积极推动社会治理与平安建设的理念、制度、机制、方法和实践的创新，为全面建成小康社会创造安全、稳定的社会环境，提供境内外的理论借鉴与实践经验参考。

最后，本研究主题得以实施，得益于财政部实施的中央财政支持地方高校发展专项资金建设规划项目，感谢支持该项目立项和为该项目获得批准而付出辛勤劳动的所有人员。该系列丛书中的译著得以翻译出版，要感谢西南政法大学外国语学院、重庆大学外国语学院的很多老师和翻译专业研究生的参与，要特别感谢他们的支持与谅解，尽管对青年学者及研究生而言，翻译国外著作可能是一种培育和鞭策，但同时面临着语言、专业及能力等诸多挑战，即便我们用尽了"洪荒之力"，仍有可能存在不足与问题，万望各界专家海涵并指正。对参与该项目的所有同事、学界同仁以及出版社的朋友，以及他们对本系列丛书能够克服重重困难得以顺利出版所给予的支持、鼓励和体谅，表示由衷的感谢！

安全治理与社会秩序维护研究院　但彦铮

2015 年 12 月·山城重庆

前　言

我是兰迪·阿特拉斯（Randy Atlas），本书的作者和主编。我既是一名建筑师，也是一名犯罪学者。但我并不是一名"刑事建筑师"（Criminal Architect），只是一名拥有与众不同视野的建筑师。作为一名犯罪学者受训的推理技巧，与作为一名建筑师的创造性设计技巧（Creative Design Skills）有机结合，使我明白在问题得到解决之前先探寻问题的重要性。毫无节制地将有限的资金投入到安保设备上并将其作为一种问题解决（Problem-solving）的措施，这正是当前大行其道的做法。而真正的问题解决之道，只能是在完全彻底地理解问题的本质后才逐渐发展形成的。我们的建成环境（Built Environment）① 在多大程度成为吸引犯罪和恐怖活动的对象了呢？本书试图借鉴已经出版的有关通过环境设计预防犯罪（Criminal Prevention Through Environmental Design，CPTED）理论、可防卫性空间（Defensible Space）理论，进行犯罪防范和建筑物安全（Building Security）的设计。本书尤其适合于建筑学、设计、城市规划、安全、公共管理和刑事司法等学科的学生和研究者阅读。

当我在美国实施通过环境设计预防犯罪（CPTED）的培训项目时，经常会听到许多批评意见，其中最为常见的一个批评意见就是"为什么建筑师们不了解通过环境设计预防犯罪的理论，以及如何设计安全牢固的建筑物？"答案非常简单，绝大多数建筑师不熟悉通过环境设计预防犯罪（CPTED）理论

---

① 　建成环境（Built Environment），顾名思义就是指按照一定的意图进行设计，并且完成施工、交付使用的建筑及其内部外部环境的总和，是为包括大型城市环境在内的人类活动而提供的人造环境。建成环境在不同的语境中被赋予不同的含义，因而是一个多面性（Multi-faceted）的术语。在景观设计中，建成环境被定义成自然环境的反义词；在城市规划中，该术语包含人造人类环境的含义，这些人造环境既有广阔性又有聚集性，其功能就如消耗资源、处理废物、促进企业生产的生物体一样。最近也有观点认为对建成环境的研究和言论对公共卫生产生影响。传统上，人们把建成环境作为一种人工制品（Artifact），近年来，经济学、社会学和生态学的思想和方法被引入建成环境的研究领域，人们更多地把它看作是一种过程或社会生态系统［科斯凯拉（Koskela），2008］。建成环境理论研究领域涉及面广，关系复杂。人与自然的关系、人与社会的关系、空间与社会的关系、各种利益相关者之间的关系、当代人与后代人的关系、技术与经济的关系等相互交错在一起，给研究工作带来很大的挑战。建成环境与建筑环境（Architectural Environment）是两个不同的概念。在建筑学和环境心理学中，该术语是指一个每年建筑师建造于工业世界局部建筑物的实际确认，这也是建成环境使用者所遇到的与传统城市规划、交通工程、分区制决策者、建筑师、室内设计、工业设计等交叉学界之间的问题。纵观历史，大部分的建成环境采用了乡土建筑的形式，这也是世界上大部分地区所使用的。在工业社会，被人们大量建造的许多建筑，离最终使用者却越来越远。——译者注

和安全防护设计，因为在他们的大学教育中从来没有教授过通过环境设计预防犯罪理论。即便是在继续教育中，这个理论通常也不是一门很重要的课程。虽然通过环境设计预防犯罪理论以一般的常识为基础，但是大多数建筑师们并没有意识到运用这种理论需要掌握某种特殊技能，或者接受某种具体技巧的学习培训。尽管刑事司法和安全专业的学生需要阅读这方面的书籍，但是并没有作为一门课程来加以学习。而绝大多数通过环境设计预防犯罪理论的实践者却是警察局的警官们。他们了解通过环境设计预防犯罪理论，因为大多数执法机构中都设有犯罪预防部门。尽管在绝大多数的执法培训基础课程中都提到过通过环境设计预防犯罪的理论，但是，警察接受 CPTED 理论的培训，尚不足以使现有的建成环境发生改变。

在有关此问题的各种会议上，我因愤世嫉俗和玩世不恭的讥讽言论而成为会议关注的焦点。这是因为我不相信国土安全部和地方执法机关的指导管理和努力能确实而恰当地把真正的威胁作为中心工作予以关注。在"9·11"事件之后，呈现给建筑师和工程师团体的绝大部分信息，都是如何进一步改进结构损坏性坍塌（Structural Failure Collapse）、飞溅的玻璃以及 100 英尺高的建筑物拦腰坠毁等问题。这些要素都是在你设计大使馆的时候必须要考虑到的，但是，这些要素不适用于条状外形的购物中心、中学或者是公寓大楼的设计。

因此，建筑师们因为没有将安全与建筑设计联系起来，他们在对建筑结构和基础设施进行设计时对设计安全的价值及其积极性不予理会。事实上，2000年由美国建筑师协会（American Institute of Architects，AIA）主办，在美国新墨西哥州中部城市阿尔布克尔克市（Albuquerque）举行的有关国土安全的专题讨论会上，当时有 500 名建筑师出席会议，我在大会上作了一个主旨发言，并询问在场的建筑师们，他们之中有多少人将获得的上述信息实际运用到了高安全性的建筑物的设计之中。大约只有 6 个人举手，他们主要来自环绕华盛顿哥伦比亚特区的几家大公司，他们参与了大使馆和高安全性的军事设施的设计。当我问到是否设计过学校、多户型住宅建筑、医院或零售和购物设施时，其余 99% 的建筑师都举了手。可以看出，只有极少数的建筑公司曾有机会设计国务院的建筑物或者最高安全级别的监狱。

国土安全部投入的大量资金主要用于运用安全技术来保护我们的基础设施，比如闭路电视（CCTV）、入口访问控制系统、外缘防护围栏，以及能够发现武器/炸弹或者通过面部特征识别恐怖分子的技术。在一份官方出版物中，政府建议在进行安全校园的设计时，最重要的安全保障设计是在通往学校和比赛场地的路上安装摄像头。闭路电视（CCTV）监视系统不能防止在学校内发生的犯罪或恐怖活动。事实上，众所周知，孩子们喜欢在摄像头面前表演摆弄各种姿势，其目的只是以此来戏弄老师使其感到厌烦或愤怒。难道我们看不到国土安全工作就是从事犯罪预防及使我们的建成环境（家园和土地，比如国土）免受犯罪行为、工作场所暴力和恐怖行为的破坏吗？

导致你装作不知道有关我们的家园、工作场所以及公共空间的脆弱性

（易受攻击性）的原因究竟是什么呢？是一个夜盗寻找破门行窃的机会吗？或者是一个抢劫犯寻找偷窃或实施暴力抢劫的财物吗？甚至或者是一个强奸犯依靠诱发恐惧并伤害其受害者？或者是在一位愤怒的遭解雇员工去要回他的职业安全保险金、医疗保险金以及职业生涯的安全保障的时候吗？或者是某些坚持将他们的信仰体系强加于我们的宗教狂热分子，非法侵入某栋建筑物以全面调查测量闯入和安置炸弹或蓄意破坏基础设施系统的最佳路径？

　　其实，并不需要火箭科学家了解人类的贪婪本性，报复、宗教狂热、猜忌嫉妒等提供了培养欲望、技巧、能力的基础，并在我们的城市和建筑物中制造畏惧、恐慌等。本书的目的在于创造安全的城市、安全的工作环境和安全的居住娱乐环境。消防法典将保护财产和预防火灾作为其最主要的使命已经有150年的历史了，但是执法人员在将犯罪预防作为其最高指导原则（Prime Directive）上并没有取得任何实质性的进展。保守的犯罪反应主要关注的焦点是各种资源和人力，而不是积极主动的事件预防。有人说，警察和执法部门总是通过后视镜查看已经发生的犯罪，而不是通过前挡风玻璃预测可能发生的事情。

　　本书通过审视风险分析（Risk Analysis）和房屋建筑及附属场地等场所责任（Premises Liability）以检视建筑物的安全保障。风险分析程序的目的在于审视资产危险程度的价值以及保护资产的重置价值（Replacement Value）问题。私营企业的风险管理者，通常拥有类似于首席执行官（CEO）或董事长的职能。尽管如此，执法部门中的犯罪预防人员或是通过环境设计预防犯罪（CPTED）部门的警官，通常被安排在建筑物的底部（或地下室），就像美泰克公司（Maytag）①的修理工在等待电话铃响一样。犯罪预防警官在警察部门的使命任务中，并不被视为具有重要价值或发挥关键作用。甚至犯罪预防被看作与火灾预防一样，没有什么重大价值。你能想象消防部门因为今年没有任何火灾发生而压缩其规模吗？想象一下你对他们说："不好意思，消防队员们，今年你们的工作做得很好，因此我们准备裁减该部门的员额，减少消防车和消防狗的数量。"绝对不可能出现这种情况，事实上，从预防损失的视角看，消防部门的工作是非常成功的，而且通常也避免了失火情况的发生。各种规程条例、法典、计划评审、监督检查和设备等，都是经营商业所必需的所有成本中的一部分，因为他们不得不具备这些条件。

　　本书讨论了由美国开放包容及其进取精神的文化，与保护财产和安全免受危险威胁相对抗而形成的竞争需求框架。真正的问题是，在人们避开某些活动

①　美国美泰克（Maytag）公司建于1907年，1987年改用现名，现有员工26000余人，系美国四大家电生产公司之一。从一家单一生产洗衣机的家电企业，逐渐扩大生产范围。美泰克生产领域涉及洗衣机、干衣机、洗碗机、电冰箱、灶具与吸尘器等众多产品。美泰克家电产品中，洗衣机是全美国品牌最好、知名度最高的产品；美泰克所生产的自动售货机在北美乃至全世界是最畅销的产品之一。它目前大约占有17%的美国家用电器市场份额，成为美国第三大家电制造商。它与我国的家电企业荣事达公司有过合作，在其营销策略中，美泰克品牌的广告宣传，用一位无所事事的修理工证明其产品质量，获得了成功。——译者注

或空间之前，对由安全要求强加的不便，能够容忍到何种程度。目前面临这种困境的事例，包括飞行安检带来的烦扰，或者是进入法院（政府办公）大楼安检引发的问题。如果一家餐厅排了很长的队，人们便会从此处离开而寻找另外的餐厅就餐。建筑结构和技术是怎样保持进入建筑物的商品和服务的流动性的呢？同时还能让我们有责任保持合法邮件的完整性，保证对供应商、全体职员和游客的诚信？当规划并修建新的居住小区、购物中心、政府办公中心的时候，需要决定选用何种类型的指导原则与标准，是美国国家消防协会（National Fire Protection Association，NFPA）的《生命安全规程》（*Life Safety Code*）或者是美国残障人法规定的《便利残疾人行动准则》（*Americans with Disabilities Act Accessibility Guidelines*，ADAAG）？本书审视了基于目前暴露出来的安全隐患及安全问题、可持续发展指令、金融和经济约束的下一代建筑设计理念及其技术。

我请求那些我亲切地称呼为能够"秘密施加巨大影响"的"CPTED"的成员们为本书撰稿，他们每个人都有权出版自己的有关通过环境设计预防犯罪的著作，或者与我一道成为 CPTED 理论的培训大师。他们的视野将帮助我们找出在安全领域不断出现的各种问题与建筑物领域之间的平衡点，也会将不断演变的通过环境设计预防犯罪（CPTED）理论推向 21 世纪。

通过生命及生活的全员参与，是本书及 CPTED 理论获得的最大价值。只有对我们周围正在发生的事情具有在场感和自觉意识，才能够在进行前瞻性思考和采取积极主动行动中起重要作用，享受从不同的角度审视建筑环境的挑战所带来的乐趣。

致　谢

本版图书的出版是公众期待已久的事情。早在 20 世纪 90 年代，我参加了一个主旨为"洞见转型成长"的提升领导力的培训班，在学习过程中给自己制定的一个目标就是撰写一部专著。虽然我撰写并发表过上百篇论文，也参加过由其他人主编的著作中部分章节的编写工作，但是我坚信要写一部与自己工作经验相关的体现我专业特长的著作。2001 年"9·11"事件之后，这一愿望变得特别迫切，但是，对专业设计人员而言，能够从"9·11"事件中获得的有关安全设计的执法情况，以及在恐怖主义时代通过环境设计预防犯罪（CPTED）理论和保护基础设施的相关信息资料非常有限，当时可资利用的信息资料和著述要么已经陈旧过时，要么绝大多数都是有关电子保安系统和军事防御方面的著述，很少有研究如何实现功能性综合安全系统与犯罪预防的工艺流程方面的著述。

在编写本书的过程中，我邀请了一些当今在这个领域中最聪明和博学多识的学者一起共襄盛举，因为我认为大家协同努力所带来的启发和见识，要比一个人孤军奋战的看法深邃得多。在我过去的职业生涯中，许多人给予我鼓励和激励，尤其是我的父母给予我最大爱无私的关心与支持。我在大学里度过了12 年的时光，获得了建筑学、刑事司法学和犯罪学方面的 4 个学位，如果没有我父亲弗雷德（Fred）和母亲珍妮特·阿特拉斯（Janet Atlas）的坚定支持，我是不会有今天这样的成就的。我的叔叔洛基·波默朗斯（Rocky Pomerance）指引我进入将建筑和安全联系在一起这个不同寻常的且独一无二的领域当中，他是迈阿密海滩警察局局长。在我进大学之前，洛基给了我一本奥斯卡·纽曼（Oscar Newman）的《可防卫性空间》（*Defensible Space*）一书的复印本。从那时起，我便明确了我的兴趣所在，即将建筑学、刑事司法和犯罪学有机结合起来。

我还要特别感谢本书的编辑格雷戈里·萨维莱（Gregory Saville）和特雷茜·沃伦（Trish Warren），在我要准备放弃这项费力而不讨好的艰苦工作时，他们给了我信任和信心。感谢他们孜孜不倦的坚持和艰辛的付出。

在本书中格雷戈里·萨维莱还亲自撰写了很多章节，包括第 7 章关于第二代 CPTED：机会理论的兴衰和第 18 章关于安特里姆（ATRiM）电子系统在保护基础设施中的运用。我们合作写了第 34 章关于成功的测量标准和第 36 章关于通过环境设计预防犯罪的实施。格里·克利夫兰（Gerry Cleveland），一位在国际上享有盛誉的知名青少年预防犯罪专家，也是第二代通过环境设计预防犯罪理论的合作编著者，同格雷戈里·萨维莱一起完成了第 7 章。

塞维林·索伦森（Severin L. Sorensen），注册安防专家（CPP，The Certified Protection Professional），是一位才华横溢享誉国际的杰出的 CPTED 专家和培训师，我们曾经在美国住房和城市发展部（U. S. Housing and Urban Development，U. S. HUD）实施的许多 CPTED 理论培训项目中合作共事，有共同的工作乐趣，合作非常愉快。塞维林和他的助手约翰·海斯（John G. Hayes）共同撰写了第 6 章关于 CPTED 的理论和概念的阐述，这一章节的内容均来自于他们在 1998 年为美国住房和城市发展部（HUD）的环境设计预防犯罪（CPTED）的授课实践经验。

W. 道格拉斯·菲茨杰拉德（W. Douglas Fitzgerald）在第 5 章关于建筑师与工程师的相互作用与相互影响的论述中，与大家分享了他在安全系统与电子监控方面的丰富而广博的经验。

安东尼·迪格雷戈里奥（Anthony DiGregorio），是基础设施保护和防暴结构方面的先驱者。托尼在第 10 章"恐怖主义与基础设施保护"和第 16 章"防暴设计"中，将他在这方面的专业理论与丰富实践经验贡献给读者。

理查德·施耐德（Richard Schneider）审阅并撰写了第 22 章"创建并获得安全的校园环境"。迪克是《佛罗里达州安全校园设计指南》系列版本中 2003 年最新版的首席研究员，这些设计准则成为建筑师和管理者们遵循的模板。托德·施奈德（Tod Schneider）（与理查德·施奈德没有亲属关系）是来自俄勒冈州（Oregon）的 CPTED 校园设计方面的专家，我们曾经在丹佛举办的一个校园安全论坛上共同就 CPTED 理论及其运用作过大会陈述。他曾经撰写过大量的有关 CPTED 理论在校园建设中运用的文章，他审阅了本章的内容并贡献了在设计中小学和大学校园方面的经验与智识。

迈克尔·S. 斯科特（Michael S. Scott）在第 23 章"自动取款机安全设计"中，将他的研究成果和丰富的执法经验慷慨地贡献给读者，本章的研究内容是美国司法部社区导向警务项目办公室资助的问题导向警务指南研究课题的成果。

防范针对便利商店和加油站的犯罪，是 CPTED 理论在研究与课程教学中高度优先关注的问题。当我在佛罗里达大西洋大学建筑学院（Florida Atlantic University School of Architecture）教授 CPTED 课程时，我的一位学生，斯塔夫罗斯·摩弗瑞斯（Stavros Moforis）经营了一个加油站。他个人在经营此类建筑物的经验对改进和实施 CPTED 理论有很大帮助，因此，他在第 24 章"设计安全的加油站和便利店"中贡献出自己的经验与智识。

本书第二版中新增了几个章节，其中一个章节是有关能源与环境设计（LEED）和绿色可持续发展主题。在此，我要特别感谢美国建筑师联合会（American Institute of Architects，AIA）的瓦莱丽·阿莫尔（Valerie Amor）和丹·奥尼尔（Dan O'Neil），感谢他们在我们撰写第 31 章"能源与环境设计、绿色及相关方法：安全与可持续"中作出的重要贡献和专家意见。

在美国工业安全协会（American Society of Industrial Security，ASIS）举办的一次国际会议上，我以前的一位导师和顾问托尼·波特（Tony Portter），建议我新增一章作为第 25 章，专门论述 CPTED 理论在医疗卫生机构建筑物设计中的运用。当我在佛罗里达大学建筑学院学习时，我父亲的一位朋友安东尼·"托尼"·波特（Anthony "Tony" Potter），是坦帕国际机场（Tampa International Airport）的警察局局长，后来成为美国建筑师协会下属的注册安防专家协会（The Certified Protection Professional，CPP）的主管。他建议我撰写有关机场安全的论文，并全面授权我进入和访问当时世界上最先进和不断改进的美国机场。在我学习和研究 CPTED 理论的过程中，波特充满热情并极富说服力地劝我接受 CPTED 教育，全力支持和鼓励我精研 CPTED 理论并拓展作为安全建筑师的职业生涯。后来，他自己成为全美医疗卫生机构建筑物和医院安全保卫方面的顶级咨询专家和顾问之一。在第 20 章 "设计安全的医疗机构" 这一章节中，与我们分享了他的智慧与经验。同时，我还曾经担任过佛罗里达纪念地区医院（Memorial Regional Hospital）安全部门的主管，注册职业安保专家（CPP）加里·赖斯（Gary Reiss），我以前的一位同事，是位于佛罗里达州福特劳德戴尔市（Ford Lauderdale）的美国建筑师协会（ASIS）地方分会国际事务部的资深执业人员，不但细致深入地审阅了本章内容，而且还将他丰富的经验和广博的知识贡献于读者。设计安全牢固和便利的医院是一个非常专业化的领域，需要建筑设计师、安全专家和管理人员共享相关的信息和知识，才能够实现医疗卫生场所的建成环境更加安全、便捷和舒适，方便医疗卫生人员工作、患者入院就医和其他访客进入。

原著编写人员

主　编

兰德尔 I 世·阿特拉斯 (Randall I. Atlas)，是一位哲学博士，美国建筑师联合会成员 (American Institute of Architects，AIA)，注册安防专家 (CPP)，也是位于佛罗里达州福特劳德戴尔市的阿特拉斯安全防护与设计有限责任公司 (Atlas Safety & Security Design) 的总裁。阿特拉斯博士是国际公认的通过环境设计预防犯罪 (CPTED) 理论的演说家、培训专家和撰稿者，作为这些领域的知名专家，先后在美国犯罪预防研究院 (National Crime Prevention Institute，NCPI)、美国建筑师联合会 (American Institute of Architecs，AIA) 以及美国工业安全协会 (American Society of Industrial Security，ASIS) 任职。阿特拉斯是美国工业安全协会 (ASIS) 注册认证的资深的职业安防专家 (CPP)，同时也是美国安全结构与土木工程联合会 (Security Architecture and Engineering Council，SAEC) 的会员及前任主席。阿特拉斯同时还是人因工程 (Human Factors) 与人体工学 (Ergonomics) 专家，是美国人因工程与人体工程学协会 (Human Factors and Ergonomic Society) 和环境设计研究协会 (Environmental Design Research Association，EDRA) 的会员。他也是美国住房与城市发展部 (HUD) 毒品清除拨款项目 (Drug Elimination Grant Program) 的技术协助顾问，负责遍布美国的大量的 CPTED 和基础设施安全项目的审计工作，并运用到了国家建设中。阿特拉斯博士还向《资产保护》(*Protection of Assets*) 手册、《访问控制与安全系统》(*Access Control & Security System*)、《安全技术与设计》(*Security Technology & Design*)、《安全社区管理》(*Security Management*)、《美国门用五金协会》(*Door Hardware Institute*)、《今日停车研究》(*Parking Today*) 等杂志撰写了大量的文章。

阿特拉斯博士在美国国家消防协会 (National Fire Protection Association，NFPA) 的 730 房屋安全委员会 (730 Committee on Premises Security) 任职时，主持编制了《美国国家消防协会 (NFPA) 730 标准：房屋安全指南》[*NFPA730：Guidlines for Premises Security*，国家消防协会，2006—2012，昆西 (Quincy)，MA (制造装备)]，在担任美国工业安全协会 (ASIS) 物理安全指导委员会 (Physical Security Guidelines Committee) 的委员时，主持研究并出版了《设施物理安全措施 (2009)》[*Facility Physical Security Measures* (2009)]。阿特拉斯博士还服务于美国材料试验学会 (American Society of Testing Materials，ASTM）的 F33 矫正与拘禁设施技术委员会（F33 Corrections and Detention Facilities）、ASTM E54 国土安全委员会、F13 行人/人行道安全与鞋类标准（F13 Pedestrian/Walkway Safety and Footwear）以及 F12 安全系统与安全设施委员会（F12 Committee on Security System and Equipment），是这些专业委员会的委员。阿特拉斯博士还是国际犯罪预防专家委员会（International Society of Crime Prevention Practitioners）委员，国际反恐与安全专家委员会（International Association of Counterterrorism and Security Professionals）委员，国家地板安全协会 B101 防滑、绊倒和坠落安全要求标准委员会（National Floor Safety Institute Standards Committee B101 Safety Requirements for Slip，Trip，and Fall Prevention）委员，佛罗里达州无维修设计预防犯罪委员会（Florida Design Out Crime）委员，国际 CPTED 协会美国区域委员会代表（Regional Board Representive）。阿特拉斯博士还获得了桑地亚国家实验室风险评估方法 RAM – W（Dams）资格证书［Sandia Labs Risk Assessment Methodology RAM – W（Dams）］、RAM – T（Power）2002 标准资格认证［Reliability，Availability，Maintainability and Testability，（动力）可靠性、可用性、可维护性和可测试性 2002 标准］；2010 年 4 月，获得关键基础设施和资产保护——ACAM 及 PCII 资格认证；2010 年获得反恐认证委员会（Anti-Terrorism Accreditation Board）反恐专家资格；2010 年获得反恐认证委员会反恐大师级专家（Master Anti-terrorism Specialist）。

阿特拉斯博士在许多涉及建筑物安全的案件中担任专家证人，是全国法院系统众多司法建筑工程项目的建筑顾问。他在佛罗里达州州立大学获得犯罪学博士学位，在伊利诺斯州大学获得建筑学硕士学位，分别在佛罗里达大学和南佛罗里达大学获得建筑学学士学位和刑事司法学士学位。

14　撰稿人

瓦莱丽·J. 阿莫尔（Valerie J. Amor），拥有能源与环境设计领先组织（LEED）的绿色建筑认证专家和建筑设计与结构专家的资质（LEED AP BD&C），美国建筑师联合会副会长（Associate AIA），美国绿色建筑认证协会（Green Building Certification Institute，GBCI）委员——训练有素的 LEED 资质认证专家和教育评论家，在过去的 35 年里，她在建筑、不动产、商业等领域里拥有丰富的经验，参与包括注册项目的 LEED 国家合格证书的认证评估等。她是分析结论咨询公司（Drawing Conclusions）的首席执行官（CEO）/总裁和创始人，长期从事可持续设计、LEED 咨询和认证，"生态房地产 + 社区建设者"的所有人和主要经纪人，专注于可持续房地产社区建设和市场营销。目前正处于发展阶段的"迷你城市"（Mini-city）项目，将作为一个经济、环境和社会生活研究模式，其中包括可持续领导教育和研究设施，以及独特的移动教育推广计划。积极地参加一些当地、市县和全国性的组织和促进委员会，她目前担任戴维镇（Town of Davie）绿色环境与能源委员会委员，这是一个绿色劳动力智库（Workforce One Green Think Tank），同时她还是美国绿色建筑委员会（USGBC）委员和南佛罗里达分会会员，"2030 挑战"建筑能源计划和 350. org 全球环境运动的成员。既为地方机构又为全国性机构撰写报告，教授来自全国各地的学生，为他们成为能源与环境设计绿色协会（LEED Green Associate）会员和获得绿色建筑设计与结构认证资质的专家做好准备。

安东尼·迪格雷戈里奥（Anthony DiGregorio），注册安防专家（CPP，关键基础设施/反恐与建筑防暴设计），在美国陆军部队服役，有从事军事警察 28 年的工作经验，退役以后继续以民事官员的身份从事安全与执法工作，贡献自己的经验与智慧。迪格雷戈里奥先生曾经担任斯维尔德鲁普公司（Sverdrup Corporation）的安全运营官（Security Operations Officer），负责雇用和管理 100 名安全人员，为美国国务院海外工程建筑项目提供安全保卫。在这些项目任务结束以后，他作为项目官员对邮政服务设施建筑项目设计的使用效果进行了评审，并评估了联邦监狱的电子安全系统的设计。1996 年，迪格雷戈里奥先生加入应用研究协会有限责任公司（Applied Research Associates, Inc.），担任首席技术安全顾问。拥有丰富的从事建筑工程项目安全专家的经验，包括为美国财政部所属的酒精、烟草与火器管理局（BATF）新建的总部大厦提供安保服务，为美国和平研究所（U. S. Institute of Peace）提供设计与建筑施工安全咨询，为位于圣伊丽莎白医院综合体的美国国土安全部（DHS）新总部大楼提供设计咨询。他在奥瑞安资产管理公司（ARA）工作 14 年以后于 2010 年退休，并在弗吉尼亚州的费尔法克斯市成立了自己的公司损失预防无限责任公司（Loss Prevention Unlimited, LLC）。在美国工业安全协会（ASIS）2010 年的年度研讨会和展览会上，获得总统功绩奖（President's Award of Merit）。

W. 道格拉斯·菲茨杰拉德（W. Douglas Fitzgerald），注册安防专家（CPP），注册舞弊检查师（Certified Fraud Examiners, CFE, 是美国注册舞弊检查师协会会员），国土安全部三级认证师（CHS – Ⅲ），在物理和电子安全及对抗措施设计方面有超过 27 年的从业经验。他的研究和工作涉及评估、设计、开发施工文件和可靠性测试等的各个领域。他总是通过各种形式的教育场所和课程与其他人一起分享他丰富的经验和科学实用的方法。他是美国工业安全协会（ASIS）所属的安全建筑结构与工程协会（Security Architecture and Engineering Council）的前任主席，目前是该协会的副主席。他还在威胁咨询系统指导委员会（Threat Advisory Systems Guideline Committee）任职，并参与物理安全专业（Physical Security Professional, PSP）的考试和私人安保公司的运营以及商业连续性标准的开发工作。他有为世界上各国政府部门和企业设施提供有关恐怖主义和反恐行动帮助方面的丰富经验和广阔背景，因而熟知全球范围内的安全问题。他是一位在恐怖主义、"黑帽"训练（Black-hat Exercises）、脆弱性评估、对抗对策设计、实践性政策以及程序与培训方面广受欢迎的培训师和演说家。菲茨杰拉德还是一位注册专业防护人员，全国注册舞弊检查师协会会员和注册舞弊检查师，国土安全部评定的认证师。

15　　丹尼尔·奥尼尔（Daniel O'Neill），应用风险评估（ARM）有限责任公司的创始人、总裁和首席执行官（CEO）。应用风险评估公司提供全球性的风险管理和安全工程服务。他是许多著作的合著者，如《校园危险威胁评估暨治理小组手册》（*The Handbook for Campus Threat Assessment & Management Teams*）和《校园暴力防范与应对：马萨诸塞州高等教育的最佳实践》（*Campus Violence Prevention and Response: Best Practices for Massachusetts Higher Education*）。他至少与100多个学校签订了担任首席安全咨询官的协议，其中包括多个大规模的综合性大学和学院项目。他曾是美国陆军空降兵，哈佛商学院研究生毕业。

安东尼·波特（Anthony Potter），CHPA - F 级认证师（Consumer Healthcare Products Association，消费者医疗保健产品）、国土安全部三级认证师（CHS - Ⅲ）、注册安防专家（CPP）、CST、FAAFS、FACHE（Fellow of the American College of Healthcare Executives，美国医疗高管学院董事会）董事，拥有执法与安全方面工作50多年的工作经验，最近在医疗卫生保健行业有近21年的工作阅历。波特是位于北卡罗莱纳州温斯顿 - 塞勒姆（Winston-Salem）市的诺瓦特健康〔Novant Health，Novant Health Risk Retention Group，Inc.（诺瓦特健康风险留置集团公司）〕负责公共安全的高级主管，在担任此职务之前，曾经在华盛顿州西雅图市的哈珀维尤医学中心（Harborview Medical Center）以及佐治亚州亚特兰大市埃默里大学卫生保健系统（Emory University System of Healthcare）担任过同样的职务。他还担任过亚特兰大大都市圈犯罪预防委员会（Metropolitan Atlanta Crime Commission）的两任主席。波特的职业生涯肇端于在美国海军陆战队服役期间担任军事警察（宪兵）和审讯翻译官；负责组建了坦帕国际机场警察局；担任过伊利诺斯州丹维尔市警察局局长、宾夕法尼亚州约克市警察局局长；担任自己开办的国际安全咨询公司的总裁。他曾在全美各地的学院、大学和警察学校授课。他是《医院武装安保人员注意事项》（*Considerations When Arming Hospital Security Officers*）一书的作者，还在各种行业和专业期刊上发表文章100多篇，并在许多因疏忽大意导致的安全案件中作为专家证人出庭作证。波特还在 ASIS 国际协会的地方、区域和全国层级的组织中担任领导职务，是国际医疗护理保障与安全协会（International Association for Healthcare Security and Safety，IAHSS）和国际警察局长协会（International Association of Chiefs of Police）的理事。他还获得了国际医疗护理保障与安全协会（IAHSS）授予的总统奖（IAHSS President's Award）和功绩奖（Award of Merit），曾两度获得林德伯格贝尔奖（Lindberg Bell Award），因为他的医院安全计划是全美国的最佳方案。波特是唯一一位获得美国医疗高管学院董事会提名的安全专家。他也是美国法庭科学协会（American Academy of Forensic Sciences）的董事。

格雷戈里·塞维尔（Gregory Saville），是一位城市规划专家和一家专司安全成长与社区发展（Safe Growth and Community Development）的国际咨询公司的轮值主席。他也是国际 CPTED 协会（International CPTED Association）的创始人之一。他在全世界范围内传播 CPTED 设计项目和进行培训工作，包括 2000 年的悉尼奥运会、日本的城市安全研究院、加拿大皇室骑警和美国司法部门。他是纽黑文大学国家安全项目的兼职教授，同时也是卡尔加里大学（University of Calgary）环境设计学院的兼职教授。

理查德·H. 施耐德（Richard H. Schneider），哲学博士，美国规划师协会（AICP）会员，佛罗里达大学设计、建筑和规划学院城市与区域规划教授，并担任学院的研究生协调员（Graduate Coordinator）。他主要从事犯罪预防规划与设计的教学与研究工作。他在众多执法机构和规划部门担任顾问，是《佛罗里达安全校园设计指南（2003）》[*Florida's Safe School Design Guidelines* (2003)] 的合作者之一。他是美国司法部资助建立的地理信息系统（GIS）犯罪地图分析项目（GIS Crime Mapping Projects）的首席调查员，同时还是联合国的顾问。施耐德博士是联合国人居署（UN–HABITAT）《全球人居报告（2007）》[*Global Report on Human Settlements* (2007)] 的合著者之一，该报道主要关注诸如犯罪与暴力对人类安全的危险威胁等问题。他的主要著作包括劳特利奇出版社 2007 年出版的《犯罪预防与建筑环境》（*Crime Prevention and the Built Environment*）和劳特利奇出版社 2002 年出版的《犯罪预防规划：国际视野的研究》（*Crime Prevention and the Built Environment*）。这两本内容丰富的著作都是与特德·基钦（Ted Kitchen）教授共同合作完成的，在美国和英国相关领域中是最早的有关以地方为本的犯罪预防研究与实践的综合性文献。作为一名私人规划顾问，他还为地方、州、联邦和国际机构提供服务，最近他正在为韩国犯罪学研究院有关《CPTED 校园实施战略（2009）》研究报告提供咨询，同时还为马来西亚联邦城乡规划部提供咨询，帮助他们制定在全国范围内实施 CPTED 战略（2010 年）的操作规则。他是美国规划协会（American Planning Association）的创始会员，也是美国注册规划师协会（American Institute of Certified Planners）的成员。

托德·施奈德（Tod Schneider），是全国 CPTED 协会和安全、健康暨积极环境设计（Safe，Healthy and Positive Environmental Design，SHAPED）的顾问和培训师。最近几年就职于位于华盛顿哥伦比亚特区的国家教育设施交流中心（National Clearinghouse for Educational Facilities），在任职期间他与人合编了《学校设施综合安全清单目录表》（*Comprehensive Safe School Facilities Checklist*），撰写了有关校园安全技术和大众须知的文摘。他是《超越暴力》（*Transcending Violence*）[特拉福德（Trafford），2002] 一书的作者，《安全学校设计》（*Safe School Design*，ERIC 2000）的资深作者，《安全与健康的学校》（*Safe and Healthy Schools*，Oxford Press 2006，http://www.safeschooldesign.com/）集刊的撰稿人。他同时还是尤金市和俄勒冈州警察局的犯罪预防专家和 CPTED 咨询专家，全国小学二级暴力预防课程（Second Step Violence Prevention Curriculum）技术指导专家。

16

迈克尔·S. 斯科特（Michael S. Scott），是问题导向警务中心有限责任公司（Center for Problem-Oriented Policing Inc.）的主任，威斯康星麦迪逊大学法学院实践指导教授（Clinical Professor）。他是戈德斯坦问题导向警务卓越奖（Herman Goldstein Award for Excellence in Problem-Oriented Policing）评审委员会的主席。他在警务执行调研论坛上发展了一套以问题为导向的警务模式训练项目，在以问题为导向的警务模式下开设的赫尔曼戈尔茨坦奖中，他是一个非常优秀和卓越的评委。他是警察行政高级警官研究论坛（Police Executive Research Forum，PERF）的资深研究员。斯科特还是佛罗里达州劳德希尔市警察局局长；并在圣路易斯大都市警察局、佛罗里达皮尔斯堡警察局和纽约市警察局担任过各种文职管理职务；威斯康星州麦迪逊警察局警官。斯科特于 1996 年因其卓越的警务创新与警察行政管理，而获得全国警察行政高级警官论坛（PERF）授予的加里·P. 海斯奖（Gary P. Hayes Award）。

塞维林·L. 索伦森（Severin L. Sorensen），注册安防专家（CPP），学术型硕士研究生（MPhil），是 CPTED 理论和情景犯罪预防专家。索伦森是 Sikyur. com 网站的总裁和首席执行官，也是首席安全官协会（Chief Security Officers，CSOs）重要的安全顾问。索伦森先生是国际美国工业安全协会（ASIS International）物理安全委员会（Physical Security Council）的前任主席（2006—2007），该协会是全球范围内的安全专业人员的最大组织，协会成员超过 35000 人（www. asisonline. org）。索伦森先生经常提出的有关安全的新兴趋势、先进的视频监视、户外周边防护技术和通过环境设计预防犯罪（CPTED）等的建议，使他成为安全产业的思想领袖。他是美国国土安全部（DHS）有关物理安全技术发展新趋势的安全顾问。从 1994 年到 2005 年，索伦森任斯巴达咨询公司的总裁和首席执行官（Sparta Consulting Corporation，www. spartasolutions. net）。由他自己组建的这家公司主要提供安全咨询、安全系统整合、远程视频监控解决方案等服务。1994 年到 2002 年，索伦森先生是美国住房和城市发展部（HUD）实施 CPTED 的项目经理。他获得了注册安防专家（CPP）的职业资格证书，是前国际职业安全顾问协会（International Association of Professional Security Consultants）的成员和特许培训师。索伦森先生于 1988 年在英国剑桥大学国王学院获得了经济学（国际政治经济学）硕士学位，1986 年获得犹他大学政治与经济学理学荣誉学士学位。

目　录

31 能源与环境设计、绿色及相关方法：安全与可持续

32 利用设计应对工作场所暴力

33 安全工作中的图形、指示牌和路牌

34 成功的测量标准

35 案例："快钱还是快餐"

什么是我所担心的[*]

阿尔弗雷德·E. 纽曼（Alfred E. Newman）是《疯玩杂志》（*Mad maga-zine*）的海报制作者，他的格言是"什么？我担忧？"。归根结底，在当今社会中究竟是什么导致了犯罪、职场暴力、安全隐患和恐怖主义？这些就意味着世界末日的到来吗？为追求轰动效应的新闻头条和电视报道就能被认为是对现实社会的危险威胁吗？诸如蓄意破坏、恐怖主义、入室盗窃、商店行窃、员工偷窃、攻击伤害和间谍等行为，这些犯罪破坏了我们的生活，威胁到了我们的建成环境。尽管这样，在设计建筑物的时候，在设计理念上将保护与安全等因素纳入我们考虑事项，并没有引起人们的足够重视，在资金的投入上也比较匮乏。然而，在北美和欧洲的一些司法管辖区，权力当局要求在审查发放建筑许可证的过程中，将保护和安全计划的审查纳入审查核发许可证的要素之一，如同他们将生命安全与火灾预防纳入考虑事项一样。

在进行建筑设计和城市规划时，将预防犯罪的安全因素、保障建筑物及其人员免受犯罪或者恐怖主义袭击的侵害等因素考虑在内，我用一个简单的术语来描述这种过程：安全设计（Security Design）。我并非对安全的其他定义或者其他犯罪预防形式置之不理，而仅仅是将主要的关注点放在了安全和犯罪预防的特殊要素方面，这些要件或要素与受害、损害或者伤害的物理机会（Physical Opportunity）有关。从这个角度看，安全设计不仅仅是窗户边的一道安全栅栏、一间保安亭、一架监控照相机或者一壁隔离墙。安全设计涉及将设计、技术和为三种核心资产——人、信息及财产（People，Information and Property，PIP）——提供安全保护的运作进行系统集成的问题。对这三种关键资产的保护是所有建筑类型和一切形式的城市财产都应当予以高度关注的事项。对建筑师而言，这些资产的安全在整个设计与建筑施工的过程中都是应当予以考虑的因素，包括从规划设计、方案设计、技术设计、编制施工文件、招投标一直到最后的施工过程等，每一个环节都是必须要考虑的问题。

---

* 本章的部分内容是根据作者以前所写的一些文章和其他著作的相关内容整合而成，可能在美国工业安全协会（American Society of Industrial Security，ASIS）的下列出版物中发现相似的内容：《国际出版物资产保护手册》［*International Publication Protection of Assets（POA）Manual*］，《ASIS 国际》（各种不同的作者共同撰稿完成）以及《ASIS 国际（2004）》。我们要特别感谢 ASIS 国际允许我们在本书中复印相同的章节内容。

对城市规划设计专家（风景园林设计师、土木工程师、建筑师、城市规划师），或任何一位公共和私人空间的设计者（开发商、建设者、社区团体以及市镇政府）来说，提供安全保障最高效、花费成本最少的方法，就是在建设项目发展的最初阶段就将安全因素考虑在内。对一位规划专家和开发商来说，这意味着在最初的概念设计阶段就应当考虑上述因素。对一位建筑师来说，这意味着是在整个设计过程中都应当将安全设计纳入必须考虑的事项范围。建筑师或者任何其他城市规划师都有可能被要求就安全和犯罪问题陈述他们的设计理念。他们必须能够确定安全需求，熟悉安全技术并且了解安全需求的建筑应用。

将安全因素融入建筑的设计过程，就是众所周知的所谓通过环境设计预防犯罪（Crime Prevention Through Environmental Design，CPTED）理论。该理论通过设计建成环境来降低犯罪与失序的机会和对犯罪及其失序的恐惧。这种安全设计方法被认为是对建筑空间的充分利用，是与传统的或要塞式建筑理论完全不同的一种安全实践（图1.1）。传统的建筑安全实践主

图 1.1　要塞建筑或城市建筑

要是利用诸如锁、警报器、栅栏、隔墙和门禁等障碍技术来阻止进入，避免建筑成为犯罪目标。CPTED 充分利用自然访问控制、自然监视和领地范围加固的机会和条件。如果设计过程运用了 CPTED 理论和技术，通过对环境的自然和正常的或者合法的使用，就同样有可能达到通过物理的和技术的保护方法达到的安全目标。这也是编著本书的目标之一。

1.1　新的现实

城市规划者现在必须将安全概念、建筑元素和安全技术综合起来一体化考虑，以寻求整体解决方案的平衡。只有掌握大量的基础性安全设计概念、基本原则和策略，才有可能实现这一目标。城市规划设计者和其他关注此问题的人，比如安全与设施管理者或者执法人员，需要高度关注与建筑相关的安全保障和安全漏洞以及安全风险等问题。

自从"9·11"事件之后，安全与城市设计领域面临着新的挑战，设计、重新设计、翻新改造、整修以及运营建筑物，以确保使用者、访客和公众的健康、安全与福利。那么，我们如何才能让设计专业人员，特别是建筑师，在他们的工作中产生更多的安全问题意识，将安全保障和安全防护融入他们的设计理念之中？

本书全面探讨了基于安全保护与安全问题，在建筑工艺与材料等方面出现的新兴设计趋势。你将会阅读到的建筑领域的新兴趋势，能够满足房屋业主和租用者、政府机构以及私营公司日渐增长的需求期盼。本书从多个方面论述了建筑安全和住户安全面临的这些新的现实问题，既包括新设计的重要基础设施、商业建筑、政府建筑、私人和公共建筑面临的新现实问题，又包括上述建筑物的翻新改建面临的新问题。本书从建筑结构面临的安全危险和在建成环境中工作或拜访我们建成环境物的人们所面临的安全威胁方面，探索了目前和未来采取的安全保护措施的发展趋势。同时还探讨了包括建筑法典、建筑安全责任事故的处置、法律法规和规则所起的作用。

在当今的社会中，安全技术产品得到了快速发展和广泛的应用。而且，越来越多的财产所有者、设施设备管理者和建设监理者们，已经注意到了安全的重要性及其相关预算经费问题。人们对安全设备的大量需求和计算机技术的大量运用，使有关访问控制和侵入侦测的技术成为一门独立的科学领域。对建筑物的安全需求必须在建设的初期阶段就有所考虑，并将其作为编制工程项目方案和概念设计的一部分。入室盗窃、工业间谍、商店偷窃、骚乱、蓄意破坏行为、攻击伤害、强奸、谋杀和员工偷窃都是犯罪行为，这些犯罪行为危及生命安全、增加商业运作成本。随着人们对犯罪问题的关注度逐年上升，建筑行业也面临着在各种类型的建筑物的设计和结构中，将安全问题纳入设计理念和建设过程中进行考虑的问题。这正是本书写作的目的宗旨所在和得以很快再版的动因。

如果不对我们的设计和规划的专业知识进行升级更新，将会导致非常严重的后果。例如，在建筑行业中，没有将安全理念融入设计当中，将可能会导致法律诉讼、人身伤害的发生、需要额外安全人员以及为了保护设施设备的安全运行而增加翻修改造的成本。与此同时，如果不进行科学规划和恰当安装，那么设施设备就可能会损害或者扭曲重要建筑的设计功能，增加保安人员的成本费用，并且会导致报警系统或封锁门窗等暴露出不堪入目的缺陷。

建设单位的首要职责是界定人员、财产和信息面临的潜在威胁，并决定将要提供的安全保护的等级水平和成本费用。建设单位可能需要一位安全方面的专家，帮助其清晰地界定在编制项目规划阶段时安全需求的范围。本书也将会帮助建设单位了解，在不断变化的世界中，他们所追寻的各种新兴类型的安全需求。

一旦建设单位和安全专家一道辨识清楚了人们的安全关注点的时候，有关的安全系统就会在建筑物目标上得到实施。随着安全技术设备的广泛应用以及系统技术的快速发展，进行安全规划的时候，就要求专家们必须具备这些相关的技术知识才能有效地完成工作。而且，建筑设计师也必须了解安全技术的运用与操作的一些基础知识和基本原则，并正确评估有效的安全规划的基本原则。任何建筑物都必须达到特定的功能标准，而且这些功能还必须满足设计的要求。一栋建筑必须满足高效的工作绩效要求，符合使用者的需要，并保护使用者免受安全隐患威胁和犯罪行为的袭击，这些因素会影响到建筑使用者的生

3

产生活和提供的服务。

　　建筑师们对安全专家的要塞式堡垒心态（图 1.2 和图 1.3）感到担忧，与此同时，安全专家们也担心建筑师们在一开始进行建筑规划设计时，就没有将安全因素纳入设计中统筹考虑。两者的冲突点并不在于是否将安全设备纳入建筑设计之中，相反，这种冲突一方面体现在建筑物的开放性，另一方面，基于安全的考虑，确实需要进行访问控制与活动限制。

4

图 1.2　吉萨大金字塔（The Great Pyramid of Giza）代表了它所处的那个时代的设计、技术与安全的平衡。金字塔的许多秘密仍是一个谜。金字塔的堡垒式设计（Fortress Design）能够保护其财物免受劫掠者的侵犯

注：图片来自商业图库网：Shutterstock.com。

图 1.3　堡垒式设计的遗留效应对当代的建筑师来说，仍然显得格格不入

　　要保障建筑物的安全，如果不能从一开始就将安全理念融入规划设计之中，那么其成本代价将会是很昂贵的。如果从开始就没有将安全因素纳入建筑设施的规划设计理念中，那么为了确保建筑物安全而对它进行翻修改造时，建筑师就不得不牺牲更多的建筑物的开放性。如果在进行设施设计的过程中缺乏前瞻性的思考，就意味着花在保护人员和运营方面的成本费用要比它本来需要的多得多。这种情况在今天的许多建筑中是显而易见的，它们所采用的现代设计和材料导致它们所使用的设施设备很容易遭到破坏。

　　所有这些因素都指向一个显而易见的结论：城市规划设计者和建筑师在满足工程项目的安全目标方面能够作出最大贡献。尤其是，在通常情况下，建筑师们能够对循环流通、访问入口、建筑材料、门窗布局及其他许多特征做出基本的设计决策，从而帮助或阻挠整体安全目标的实现。据我所知，实现安全与设计决策相结合这一目标最可靠的和经过验证的方法，就是众所周知的通过环境设计预防犯罪模式，通常将其称之为"CPTED"。本书阐述了现代社会对CPTED 理论及技术的应用，人们称之为第一代的 CPTED 技术，明确阐明了现代社会对安全设计的需求。在接下来的章节中，我们还会详细论述第二代CPTED 理论在新兴领域的运用，以及该理论观点如何进一步扩展为一种安全实践模式。

这种安全环境设计方法认识到了对空间的指定或预定用途（Designated or Predesignated Use），它定义了一个将安全与 CPTED 解决方案相兼容的使用方法。通常情况下，良好的安全设计将提高空间的使用效率，同时还能达到预防犯罪发生的目的。在 CPTED 模式下，重点强调的是空间的设计和使用，与通过目标强化方法达到预防犯罪的传统方法相比存在一定的差异。传统的目标加固方法主要关注的是通过诸如锁、警报器、栅栏和门窗这些物理的和人工障碍技术来阻止对犯罪目标的接近。传统方法往往忽视了自然访问控制和监视的机会。这种方法使环境变得荒凉、不堪入目和不友好。通常情况下，对环境的自然和正常使用，能避免采用堡垒式的障碍物，同时还能达到机械式的强化措施与监视所带来的效果。

图 1.4　古代的堡垒和城堡通过运用领地空间、访问控制和监视来保护他们的王国领域及其城市

注：图片来源于商业图库网：Shutterstock.com。

1.2　角色定义

5

1.2.1　建设单位的角色

建设单位的角色是精确地定义建筑物的脆弱点和对相关的或者可以适用于人员、信息和财产（PIP）的危险威胁；评估安全保护的水平与成本费用，以及可能提供的保护范围；界定安全需求，并为建筑师提供有关保护要求的真实信息描述；需要界定谁需要保护以及需要保护的内容是什么；界定资产以及每个需要保护的资产的价值所在。

1.2.2　居住者/雇员或使用者的角色

在特定场所中工作和生活的居住者的经历与看法是最重要的。他们可能不是花钱聘请的建筑师或安全专家，但是他们的经历与看法却至关重要。归根结底，也许在将来他们会是使用场所空间频率最高的人群。他们的经验体会可能会被安全管理者/顾问在调查中发现。在进行建筑设计策划（Architectural Programming）的过程中，可以吸纳他们的意见，例如，在协同设计小组讨论会即所谓的设计专家研讨会（Design Charrettes）上，可以借鉴邀请他们参加会议听取他们的意见。我们有很多的策略方法来探究场所使用者的经历体会。他们的观点是重要的，但是，他们的判断仅仅局限在他们自己对安全漏洞的独到见解上。

1.2.3 安全管理者/安全顾问的角色

安全管理者/安全顾问的主要角色使命是，帮助建设单位描述和详细阐述每个区域的安保需求及其需要提供的安全等级水平；帮助建设单位评估风险、安全需求和犯罪漏洞；帮助制定和实施访问控制、划定安全区域、进行目标加固和设置监视系统的规划；界定基本的安全概念的操作程序和安全人员的配置；精确地界定需要的保安人员的类型、场所位置和任务。

安全专家要如何才能发挥建筑师的最大潜能呢？如果你的营业场所需要翻新改造、添加附属设施或者新建建筑物，需要安全专家和专业设计专家之间进行对话，以新的和具有挑战性的方式进行设计磋商。安全专家可能是商业雇员，在业务范围内负责很多部门的安全与保护工作。建筑师或者设计专家需要从业主/建设单位和安全专家那里获取各种类型的信息，形成建设方案并设计出高效安全的建筑。通常情况下，安全主管是能够为建筑设计师提供有关安全需求与安全程序的重要人员。如果建设单位没有安全主管，那么也聘任那些受过安全专业教育的专家为公司和建筑师提供安全专业知识和相关的帮助。

1.2.4 建筑师的角色

建筑师的主要角色任务是将安全规划信息融入有效的空间与循环规划中；为监控提供清晰的视线，在出入口设置访问控制；设计敏感区域或者限制区域的合适位置；设计安置安保人员的恰当位置与场所；运用设计元素使建筑物与安全技术设施和人员之间的关系协调自然。

建筑师在设计高效的自然访问控制、监视控制和领地目标加固的策略方面，发挥重要的作用并扮演重要的角色。安全设计为建筑设计师带来了三大挑战。

（1）确定需求（Determining Requirements）。安全需要必须在编制项目规划和问题界定的早期阶段就确定下来。设计小组需要分析建筑空间的设计目的以及今后如何使用建筑物的问题。当设计师审视建设单位对建筑空间所描述的、期盼的及可接受的行为的文化、法律以及物理定义时，设计的目的用途就变得清晰明白了。通过设计，空间环境能够满足人们的预期行为，也能达到空间场所所要达到的功能目的。设计小组需要制定出有效的政策并付诸实践，因此，必须将这些信息整合到项目规划过程中去。

（2）了解技术（Knowing the Technology）。安全系统技术的高速发展使我们不断面临新的挑战。现在的许多工程，甚至是一些常规工程，安全系统专家都是规划设计小组的成员之一。随着其他领域的专业化的发展，建筑师们必须了解一些基本的安全原则。设计专家必须要换位思考，要能够从技术安全专家和安全设备制造商的角度评估和实施安全设计。

（3）理解建筑的内涵（Understanding Architectural Implications）。在设计过程必须要将复杂甚至有时冲突的安全目标、人身安全问题以及其他工程需求三者有机整合在一起。在规划设计的过程中，必须考虑空间、功能和人员的因素，能够对安全目标的探测提供支持，对各种意外情况或犯罪情境起到阻拦和作出反应，并从一开始就预防此类情况的发生。

这些角色和挑战勾画出 21 世纪城市设计和建筑规划理念新形态的轮廓。与此同时，这些不同的功能角色也必须清晰地正式表达出来；另外，也可能是非正式地表现出来。尤其重要的是，为了项目规划安全和保障城市设计与建筑的安全，我们必须明白每个团队相互之间怎样开展合作才能实现上述目标（图 1.5 和图 1.6）。

图 1.5 （参见彩图）在现在已经建成的环境中设计一个安全的未来。这套公寓楼采用明确的边界定义和安全分层、地域与访问控制，以及通过建筑物窗户的自然监控，达到减少非法侵入的机会

图 1.6 下一代建筑物的设计，必须包括安全、可持续性和敏感性等特征
注：图片来自商业图库网：Shutterstock.com。

这就是本书关注的焦点所在：面对目前和将来面临的安全威胁，探索相应的安全防护措施，探索如何运用 CPTED 理论及其技术自然地和正常地利用环境以实现安全目标。同时，也论述了建筑师设计师和规划专家们为什么比以往任何时候都更需要具有解决安全问题的方法与途径。通过向规划设计专家和建设单位展现 CPTED 理论及其技术的现代应用，你将会明白在不断变化的世界中如何处理当代社会对安全设计的需求（图 1.7 和图 1.8）。

在本书的第二版中，笔者增加了一个章节，专门讨论有关安全和可持续发展的作用、任何与安全代码相关的和可用的更新内容，增加了一个有关小食品零售链的安全研究，更新了有关安全照明和黑暗天空的章节，还增加了更新的参考资料。

图 1.7　面向 21 世纪的建筑设计

图 1.8　瓦伦西亚，西班牙艺术与科学博物馆，这是由圣地亚哥·卡拉特拉瓦（Santiago Calatrava）设计的著名建筑物，是未来主义建筑风格与现代安全设计理念融入公共场所建筑物的典范

下一章将讲述 CPTED 入门理论。

CPTED 理论入门 [*]

2.1 千万别异想天开

"什么是你害怕的?""会发生什么最糟糕的事情?""不要成为妄想狂!"

你可能或多或少在你家庭或工作环境周围听到人们有这样的说法。你自己也可能会问同样的问题。这些问题的答案有时可能是凭直觉得出的结论,有时却需要进行深入细致的调查研究。有一种方法能让我们明确威胁和风险的等级层次,但首先我们必须了解这些术语的概念。一旦我们了解了这些威胁和风险,我们就能设计出适当的 CPTED 和安全策略等级来应付。

要达到对抗原址基础威胁(Site-based Threats)的公认的保护标准水平,其成本代价是很昂贵的,而且很大程度上取决于受保护资产的性质和需要保护的财产所受到的威胁。确定需要什么是一个辨识感知风险的问题。如果设计师要在原址设计时提供安全保障方面给予帮助,就必须要完成安全需求的评估工作,并且最好是在规划设计开始之前就进行安全评估,当然最迟也不要晚于建筑设计规划的初始阶段。进行建筑选址的安全评估是业主的主要职责;同时,在开始进行规划设计之前,确保安全需求的本质特性所在也是建筑设计师义不容辞的责任。在进行规划设计的过程中,如果在一开始就缺乏一个明确的安全设计规划,势必会导致设计的变更、推迟以及增加业主的成本,而如果业主在规划设计开始之后才"发现"建筑物的安全需求,也将导致建筑成本增加。

进行场地危害评估(Site Assessment)需要回答下面四个问题。

(1)什么资产(人员、场所、信息和财产)需要安全保护?

(2)侵害这些必须受到保护的资产的犯罪和其他威胁(街头犯罪、工作场所暴力、恐怖主义和蓄意破坏)是什么?

(3)面对各种威胁,这些资产的脆弱性(例如,如果说工作场所暴力是一种威胁,那么不受控制的人员能否畅通无阻地进入私人工作场所就是人员安

* 本章的部分内容是根据作者以前所写的一些文章和其他著作的相关内容整合而成,可能在美国工业安全协会(American Society of Industrial Security,ASIS)的下列出版物中发现相似的内容:《国际出版物资产保护手册》[*International Publication Protection of Assets*(*POA*)*Manual*],《ASIS 国际》(各种不同的作者共同撰稿完成)以及《ASIS 国际(2004)》。我们要特别感谢 ASIS 国际允许我们在本书中复印相同的章节内容。

全保护的脆弱性）是什么？

（4）需要采取什么样的应对措施（例如，通过设计专门的访客通道以达到场地人口控制的目的）来降低威胁？

10   评估的结果将会给业主提供一系列附有成本的应对措施的建议，并向业主陈述优先选择顺序，以便业主从这些建议中作出审慎明智的和成本费用高效的选择。就政府标准或行业准则而言，评估结果导致了他们要用防范等级（Level of Protection，LOP）明确规定的保护等级的定义确定具体的应对措施。当防范等级（LOP）明确以后，附有成本的具体应对措施，将会使业主根据审慎的保护等级和成本效益原则选择适当的措施［美国建筑师联合会（AIA），2004］。

有关威胁与风险评估的详细信息将在接下来的章节中论述。随着时间的推移，鉴别安全设计的基本要素以及如何运用这些要素使场所更加安全，就变得尤为重要。

2.2   安全设计是一个过程

在进行安全设计之前，需要进行一系列的评估，从而作出安全总体规划，具体步骤如下。

资产界定（Asset Definition）。什么是重要资产——人、信息，还是财产？什么是最重要的资产？什么是次要资产？每种资产需要什么等级的安全保护呢？

威胁界定（Threat Definition）。对每种资产构成的威胁是什么呢？你保护的是谁和保护内容是什么呢？故意破坏行为、间谍活动、入室盗窃、偷窃行为、攻击行为、阴谋从事破坏活动或者抢劫行为算是威胁吗？各种威胁活动是怎样完成的呢？什么时候？为什么呢？由谁来完成？在哪里呢？通过使用什么样的攻击行为才会击中目标呢？在各种威胁中，哪些是高度可能性、哪些只是有可能性、哪些是不可能发生的呢？

脆弱性分析（Vulnerability Analysis）。威胁是真实存在的还是想象出来的呢？应当对每一种资产类别提供保护的成本费用与潜在损失的成本进行比较分析。应当对各种资产可能提供的安全保护措施进行分析，以便有针对性地提供不同类别的安全措施。

2.3   需要保护的对象是什么

进行威胁和脆性分析的第一步就是弄清楚需要保护的资产。所有资产可以归为以下几类：人员、信息和财产。

人员（People）——人是需要保护的最重要的资产之一（图 2.1）。需要保护的人可能是雇员、访客、赞助人、服务者和行政贵宾（VIP）。需要对人员资产提供安全保护，使他们免受攻击、绑架、谋杀、抢劫和恐怖行为的袭击与侵犯。未能对受邀请而来以及不速而至的客人提供安全保护，可能会成为场所责任诉讼的理由。

信息（Information）——信息也是一种需要保护的资产（图2.2）。几乎所有的企业都有重要信息，这些信息都有遭到潜损坏或者操作上破坏的可能性。计算机记录、设计蓝图、财务信息、专利秘密、人事档案以及会计制度等，这些信息都是企业赖以生存发展的支柱。信息保护在安全设计规划中是一个关键性因素。我们必须明确谁拥有信息，信息存放在哪里，如果这些信息能够访问或者获取的话，什么时候能够获取，以及如何获取。对这些关键问题作出恰当的设计都是至关重要的。

图2.1　在我们建成环境中生活、工作和游乐的人们，应当受到尊重和保护，而不是生活在对犯罪和恐怖活动的恐惧之中

图2.2　为了确保商业活动的连续性，数据必须安全并得到有效保护
注：图片来自：© iStockphoto. com。

财产（Property）——财产也是需要保护的资产之一。财产既可能包括停在停车场的汽车、停在机场的飞机，或者是会议室的办公用品等。威胁分析将帮助辨识哪些财物是需要保护的重要资产（图2.3）。通过财产的威胁分析，将有助于建筑师在随后的建筑规划设计时，将已经辨识清楚的安全需要融入到建筑设计当中，并将其纳入整个建筑过程之中。

图2.3　工作场所的资产包括数据、资料和库存档案

为了通过规范的形式提供信息从而使建筑师能高效地加以运用，安全专家
应该辨识清楚需要受到保护的重要的公司资产（图 2.4）。

图 2.4 人是不可替代的资产

注：图片来自：© iStockphoto.com。

需求评估

除了上述三种重要资产评估外，还有很多重要问题需要进行评估，包括以
下各项。

（1）谁是使用者？（访客、员工或服务人员）

（2）使用者在建筑中能做什么呢？（完成任务、娱乐、工作）

（3）为什么会有特殊用户在这里？（公事、客人）

（4）使用者什么时候到达，什么时候离开？（达到的时间、转换的时间以
及模式）

（5）使用者可以从什么地方进入建筑物？（水平方向、垂直运输模式）

（6）使用者怎样才能到达这里？（进入方法、行人与车辆的流动循环）

安全专家需要清楚地明确每个问题答案的含义。许多先进的分析模式，诸
如安特里姆（ATRiM）风险评估计算机模式，将在后面的章节中论述。例如，
ATRiM 的 CPTED 风险评估功能将自动传输到掌上电脑上，使其成为一个更大
的训练计划的一部分。尽管如此，风险评估进程在最小程度上也是在为建筑作
准备。安全专家应该向所有受调查者提出这六个同样的关键问题，询问的对象
既包括公司的副总裁，又包括诸如清洁服务员等。这些问题的回答将会帮助安
全专家界定安全的含义（Security Implications）和设计概念（Security Implica-
tions）。

以清洁服务行业来说，安全的含义可能包括以下内容：

（1）下班后的访问控制；

（2）清洁服务人员的身份识别与确认；

（3）保安人员的签到与出入监管；

（4）钥匙控制。

这些安全问题关注可以转化为设计含义，诸如：

（1）服务行业中的签到桌面台；

（2）访问控制系统的设计，能够使管理人员对员工的进出和开展工作情况进行控制；

（3）垃圾箱的安置；

（4）服务电梯的位置；

（5）服务使用门的位置；

（6）办公室报警系统和和控制室的搭配及停用。

上述内容只是城市规划设计者关注的诸多问题和焦点之一，例如，作为一名建筑师，应该从安全专家那搜集上述的相关信息。在建筑方案或者问题探索阶段，应当在这六个问题的回答中得到具体化的信息。随后，这些信息将会传递到建筑结构设计阶段的问题解决方案中：工程示意图、技术设计图和施工设计文件。

2.4 3-D：安全设计的基础

通过环境设计预防犯罪方法需要重新确认建筑环境的设计目的或设计用途。安全设计的重点主要放在空间的设计和使用上，是与传统的目标加固完全不同的一种实践措施。传统的目标加固，或者要塞式堡垒，主要关注的是通过物理上的或者诸如门锁、警报、栅栏和闸门等人工障碍技术，阻止对犯罪目标的接近。传统方法易于忽视自然访问入口控制和监视的机会。在第 1 章中我们已经提到过，有时对环境的自然和正常使用能带来与机械加固和监视相同的效果。

环境安全设计主要是基于人类空间的三项功能。

（1）构想（Designation）——使用空间的目的或意图是什么呢？

（2）界定（Definition）——如何给空间下定义？在对空间下定义时，它的社会、文化、法律和心理学定义的方法是什么？

（3）设计（Design）——对空间的界定是否支持法定的或预期的行为？

2.5 小 结

建成环境不是无意识决定的结果，恰好相反，是很多人共同合作做出的数以百计的决策的结果。把决策过程记录下来将有助于以后的进一步研究，如果真的要做进一步研究，那么就有记录说明是谁、为什么以及怎样作出决定的。本章只是说明安全设计进程是适用于所有建筑的一个开端（图2.5）。建筑师在建设规划和设计阶段应该进行安全设计，否则，业主今后会花费更大的成本进行改造。健康、安全以及建筑物使用者的福利，取决于良好的安全规划和设计。

14

图 2.5　保护财产和建筑物的安全是美国国土安全部的重要使命
注：图片来自：Stockphoto. com。

　　人们清楚地看到，大量的精力和金钱花在了建筑安全上。尽管如此，建筑师无法改变人的天性，即使是最完美的规划设计，一些犯罪人和恐怖分子也能侵入建筑物实施犯罪活动。

　　安全系统有很多不同的种类，但犯罪也并非独块巨石。而且，具有讽刺意义的是，绝大多数人所害怕的那些犯罪类型却并不是经常发生的那些犯罪。陌生人之间的犯罪——袭击、谋杀、强奸、抢劫——并没有白领犯罪普遍。绝大多数犯罪分子都不是公然持枪作案的。21 世纪的恐怖行为可能表现为自杀性爆炸事件、化学和生物袭击、工业间谍、身份盗窃、计算机偷窃和销毁记录。在预防白领犯罪活动中，建筑师能发挥什么作用吗？他或她确实能创造出安全的环境并以此提升雇员的责任感吗？为了更好地进行问责（辩解的能力）和人员行为的责任（反应能力），设计出受限制或者可控制的访问入口倒是有可能的。在这样的环境下，结合有效的管理实践，在建筑物里面工作的雇员们就很难接受那些不道德的、具有破坏性的，或者是对他们自己的公司和社区构成威胁的行为。

　　通过环境设计预防犯罪（CPTED）和可防卫空间设计（Defensible Space Design）理论，在没有系统程序可资利用的情况下，或者在没有所谓的科学方法进行评估的情况下，已经得到了普遍的适用。绝大多数实践者都身处执法领域的一线，他们参加一项或多项训练后就获得了 CPTED 的专业知识。参与 CPTED 的警务人员，很少愿意花时间运用他们的资源或专业知识对犯罪热点地区（Crime Hot Spots）的实施情况进行事前（犯罪前）事后（犯罪后）的评估，以便提出需要改进的意见或建议。常见的解决方法是，由于犯罪活动猖獗、毒品泛滥成灾或者肆无忌惮的黑帮犯罪活动，严重影响到了社区居民的安宁，引起了人们的高度关注，才对麻烦不断的问题社区或者住宅工程项目实施所谓的"快速而随意"（Quick and Dirty）的应急性研究。个别实践者在没有收集所有相关信息时，就提出了所谓的改进建议；在没有获得权利或者授权的情况下，就开始实施相关的建议；在没有获得设计权和管理决策授权同意的情况下，便开始剥夺、限制或消除麻烦根源；以及在没有能力和缺乏相关资源时，就对提出的意见采纳情况的成功与失败情况作出了评估和考量。导致那些在没有标准守则和规范情况下，对每个新场所的选定和犯罪项目的决定都要重新确定。

CPTED 的实践者经常带上他们的 CPTED"经验"工具箱去潜在的犯罪现场。就像魔术师从帽子里面"变"出兔子一样，CPTED 的实践者在与众多力量合作的过程中，要将建筑师、运营/管理措施、政府官僚机构以及既得利益集团等各方面的不同意见进行综合归纳并整体思考。每个新情况的出现需要有创造性的解决方法（图 2.6）。尽管在建筑安全领域中，没有一个举世公认的标准，既能够适用于公共部门的建筑，又适用于私营部门的建筑，但是，在公共领域中确实存在一个适用于联邦政府大楼的建筑安全标准，同时还有一个因房屋场所安全事故的判例法所确定的先例，为建筑安全提供了一个合理的标准。多数人的需要比少数人或者一个人的需要更有价值。公共利益至上与我们设计有安全感和安全保障的建筑物的目的是一致的，就如同消防法典与辅助功能代码具有同样法律效力一样。

15

图 2.6　你相信 CPTED 理论是一种魔法吗？通常情况下，CPTED 实践者在不借助某种一致方法或者科学方法的情况下，必须找到问题的解决方案，才能像魔术师一样将兔子从帽子里面"变"出来

最后，环境设计并不能完全消除犯罪，因为它不是引起犯罪的根本原因，除非它涉及本书后面将要论述到的第二代 CPTED 实践所面临的那种情况。建筑安全设计可能只是导致犯罪发生地点发生转移的原因，而不是真正地消除了犯罪。然而，环境控制确实有助于人们对工作环境的感觉更加积极，更不用说在建筑设计和施工过程中同步考虑建筑安全的成本效益更加合理。"我们并不能设计出一个使我们感觉有 100% 安全感的世界，不会受到伤害的刀枪不入的感觉只是一种虚幻。"（Kamin，2010：p. 31）

参考文献

［1］ Atlas，R.（2002）The Sustainability of CPTED：Less magic more science！*CPTED Journal* 1（1）：3 – 14.

［2］ Atlas，R.（2006）Architect as nexus：Cost effective security begins with design. ArchiTech 30 – 34.

［3］ Crowe，T.（2000）*Crime Prevention through Environmental Design*：*Applications of Architectural Design and Space Management Concepts*，2nd edn. Oxford，U. K.：Butterworth-Heinemann.

［4］ Demkin，J.（Ed.）（2004）*Security Planning and Design*：*A Guide for Architects and Building Design Professionals*. American Institute of Architects. Hoboken，NJ：John Wilry & Sons.

［5］ Kamin，B.（2010）*Terror and Wonder*：*Architecture in a Tumultuous Age*. Chicago，IL：University of Chicago Press，p. 31.

自由社会中建筑风格面临的挑战[*]

——建筑功能决定建筑风格

20 世纪建筑中最为大家所熟知的一种建筑信条，最初是由包豪斯建筑设计学派（Bauhaus School of Design）① 提出的一种理念，并且因美国建筑师路易斯·萨利文（Louis Sullivan）和他的学生弗兰克·劳埃德·怀特（Frank Lloyd Wright）的大力倡导而流行于美国。然而，最初时候的绝大部分建筑风格主要关注的是建筑形式，而不是建筑功能。仿佛只要建筑结构本身与建筑位置协调

---

* 本章的部分内容是根据作者以前所写的一些文章和其他著作的相关内容整合而成，可能在美国威利出版公司出版的下列出版物中发现相似的内容：《建筑制图标准》（*Architectural Graphics Standards*）第 10 版，拉姆齐/霍克编著（Ramsey/Hoke），美国建筑师协会和约翰·威利父子（John Wiley & Sons）出版公司联合出版，ISBN：0471348163，2000；《安全规划与设计：建筑师和建筑设计专业人员指南》（*Security Planning and Design：A Guide for Architects and Building Design Professionals*），德姆金（Demkin）著，美国建筑师协会和约翰·威利父子出版公司联合出版，ISBN：0471271567，2004。我们要特别感谢美国建筑师（ASIS）和约翰·威利父子出版公司允许我们在本书中复印相同的章节内容。

① 包豪斯建筑设计学派（Bauhaus School of Design），是德国甚至世界上著名的魏玛包豪斯大学建筑学院所提出的一种建筑设计理念。魏玛包豪斯大学（Bauhaus-Universitaet Weimar）是位于德国魏玛的一所艺术设计类大学。该校是世界现代设计的发源地，对世界艺术与设计的推动有着巨大的贡献，它也是世界上第一所完全为发展设计教育而建立的学院。该校的前身是创建于 1860 年的大公爵萨克森美术学校（Grosherzoglich-Saechsische Kunstschule），1919 年该校由一批杰出的艺术家和设计师接手而成立，以包豪斯之名成为了开创了新时代的先锋派艺术家们，反传统、推行现代艺术设计理念的战场和精神基地。"Bauhaus"一词是著名建筑师沃尔特·格罗庇乌斯（Walter Gropius）生造出来的，由德语的"建造"和"房屋"两个词根构成。1919 年，包豪斯建筑学院是德国最早成立的现代建筑学院之一，由德国著名建筑大师格罗庇乌斯在德国魏玛设立，他将原萨克逊大公美术学院和国家工艺美术学院合并，成立了"国立建筑艺术学校"，并任校长。组织了一支容量巨大，人才济济的教学队伍，学院的专业包括建筑设计、城市规划、欧洲城市规划、媒体建筑等专业。根据 CHE 的研究报告显示该学院下的建筑设计专业知名度甚高。包豪斯建筑学院的成立有着当时政治、经济、艺术等多方面的因素。时值第一次世界大战之后，德国战败，经济条件陷入困境，而当时又有大批的失业工人、退伍军人，迫切需要住宅。由于社会动荡，当时社会上流行着各种各样的社会思潮，德国的先锋派人士吸收了各种思潮，形成一种兼容并包的艺术氛围。包豪斯的建筑设计原则是艺术与技术的统一；设计的目的是人，而不是产品；设计必须遵循自然和客观的原则来进行。包豪斯建筑设计理念创造了当今工业设计的模式，并且为此制定了标准；它是现代建筑的助产士；它改变了一切东西的模样，从你正坐在上面的椅子，一直到你正在读的书。包豪斯在调和"人"与"人为环境"的工作方面取得的丰硕成果已远远超过了 19 世纪的科学成就，它是现代工业与艺术走向结合的必然结果，是现代建筑史、工业设计史和艺术史上最重要的里程碑。最重要的是，它的设计理论思想的形成对现代设计教育体系的建立具有深远的影响。事实上，在任何一门视觉艺术的创造活动的历史中，它所占据的地位是不可动摇的。——译者注

一致，以及与建筑材料的完整性相结合，就构成了建筑功能；而很少将关注的重点放在建筑内部发生的人们的行为活动上。总的来说，该行业继续受到建筑学是一种美学的观点所支配（图 3.1），以致形成建筑功能只能满足建筑形式的风尚（参见维基百科"Wikipedia"，2006 年 11 月）。

18

图 3.1　现代建筑的风格或者功能

注：图片来自商业图库网：Shutterstock. com。

因此，我们的工艺的内在意义就在于我们视若无物的哲学事实中。我们创造了空间，一些物质的躯体会进入其中——为了方便起见，我们把这些物质躯体称为人类。我所说的空间，是人们称为房间的东西。因此，只有那些十足的门外汉才认为我们建造的是石墙。我们不做这个，我们建造了空间（Rand①，1943）。

---

① 艾恩·兰德（Ayn Rand，1905 年 2 月 2 日至 1982 年 3 月 6 日），国内有的译为艾因·兰德或安·兰德，俄裔美国哲学家、小说家。在俄国时原名阿丽萨·济诺维耶芙娜·罗森鲍姆（Алиса Зиновьевна Розенбаум）。她的哲学理论和小说开创了客观主义哲学运动，她强调个人主义的概念、理性的利己主义（"理性的私利"），以及彻底自由放任的资本主义。她相信人们必须透过理性选择他们的价值观和行动；个人有绝对权利只为自己的利益而活，无须为他人而牺牲自己的利益，但也不可强迫他人替自己牺牲；没有任何人有权利透过暴力或诈骗夺取他人的财产，或是透过暴力强加自己的价值观给他人。艾恩·兰德推崇理性，认为人的最高美德便是理性；她不顾传统舆论的偏见，力倡个人主义，认为不能使个人利益得到最大伸张的社会，就不是理想社会。她的客观主义哲学自 20 世纪 50 年代起风靡美国校园，影响了几代美国人，她本人也成为美国青年崇拜的偶像。她的政治理念可以被形容为小政府主义和自由意志主义。她出版过《源泉》（The Fountainhead，1943）、《阿特拉斯耸耸肩》（Atlas Shrugged，1957）、《我们活着的人》（We the Living，1936）、《颂歌》（Anthem，1938）等数本畅销的小说。她的小说所要表达的目标是要展示她理想中的英雄：一个因为其能力和独立性格而与社会产生冲突的人，但却依然奋斗不息、始终不渝地朝他的理想迈进。《源泉》的主人公霍华德·洛克是一个诚实而坚强的建筑师，他志在启蒙社会，却在大学毕业前夕被学校开除，他的设计风格被社会视为异端，一度沦落到去采石厂当小工。他深爱的女人也处处和他作对，并与他的夙敌结了婚。最后，他答应无偿为政府设计经济实用房，但他的设计被政府主管部门任意修改，万般无奈之下，他扛起炸药包就把建到一半的楼炸毁成了砖头瓦砾。在法庭上，他也同样孤军奋战，为自己作为天才的原创行为自辩："创造是各己私事，是天赋权利，维护创造也是同等天赋个人的权利。"在法庭上洛克为自己辩护时他讲述了人类火种的发现、车轮的发明、文明的创造、人的源泉动力；他讲述了"自我"的价值和人类必须对自己保持"真实"的必要……他讲述了创造者在社会中的作用，讲述了在腐败的社会中他们要付出的代价。最后，洛克被认定为"狂人"，陪审团宣判他无罪。洛克与多米尼克跨越七年的考验和等待，终于又走到了一起。小说的最后，华纳德请洛克设计他的最后一栋建筑，一栋用以检验人超越一切的摩天大楼。1982 年安·兰德去世后，美国创立了包括客观主义中心和阿特拉斯社会（The Atlas Society）在内的众多兰德书友会和专门研究艾恩·兰德思想的机构。——译者注

顾名思义，建筑是为人们使用而建造的。建筑是一种圈占地，它供人们能在里面居住生活。人们在建筑物里面的行为展示了人类社会动态变化的社会结构（Heimsath，1977）。任何建筑都必须满足特定的功能标准，并从设计时就要具有这些功能要求。一栋建筑物必须能够高效率地发挥它的功能，满足使用者的需求，保护使用者免受安全危险以及犯罪行为的危害，这些风险因素会影响产品的生产和服务。

建筑师只是使用别人生产的钢筋、玻璃和混凝土，但是这些材料也仅仅是钢筋、玻璃和混凝土而已，直到他们触摸这些材料才会有意义。当他们这样触摸时，这些材料就成为他们个人的产品以及他的个人财产（Rand，1943）。

建筑师对安全专家的安全堡垒思想感到担忧，与此同时，安全专家则非常关注建筑师在进行建筑设计时从一开始就根本没有考虑到的安全设计要素。两者的冲突不在于进行建筑设计时，是否考虑了建筑的安全设施，而在于一方面建筑物需要具有开放性，另一方面又需要对建筑物进行出入口控制，这两者之间的矛盾。

当一栋建筑物不是原本规划设计应有的那样安全可靠，而是需要对建筑物提供安全保障时，通常情况下那都是一个坏消息。而且，对已经建成的建筑物提供原本应该具有的安全保障时，其成本代价是很高的。为了保证建筑物的安全而不得不对其进行翻新改造时，建筑师就不得不牺牲比原本从一开始设计时就考虑到相关的安全设施时更多的建筑物的开放性。更为糟糕的是，由于在进行安全设计时缺乏对安全设施需求的前瞻性考虑，进行翻新改造后提供安全保护、人力成本和营运开支都要比他们原本需要的更高。这种情况在当今很多的建筑物中表现得尤其明显（图 3.2），一些所谓的现代设计和材料导致建筑物的许多设施设备很容易受到攻击。

图 3.2　现代主义和后现代主义的代建筑展，向我们展示的一种建成环境的风格

注：图片来自商业图库网：Shutterstock. com。

布莱尔·卡米（Blair Kamin）写道（2010：p. 31）：

我们并不能设计一个使我们感到 100% 安全的世界。认识到这一点，在芝加哥奥黑尔机场（O'Hare airport）的新航站楼的建造上，建筑师和客户都承受了一定程度的风险，但是，他们将对各种风险的反应进行仔细的分层并融入到一个非常开放的设计之中，对各种风险的防御措施巧妙地融入到整个建筑构造之中，而不显得是一种怪异的应用。

机场对设计专业人员来说尤其具有挑战性，如何使机场和安全管理人员以及受困的乘客感受到安全和受保护，而且具有用户友好（User Friendly）的含义。

奥斯卡·纽曼（Oscar Newman）在 1972 年提出的"可防卫空间"（Defensible Space）的概念，主要关注的是城市房屋建筑在面对犯罪攻击时的脆弱性和易受攻击性，设计差以及居民缺乏领地责任（Territorial Responsibility）。研究表明，犯罪分子不会随意改变他们寻找犯罪目标的环境（Repetto，1974），而是运用一种空间探索过程尽力寻找符合其感性认知的受害者和目标。一旦适合的对象出现，犯罪就很可能会发生。在决定实施犯罪行为的过程中，第一步就是运用从环境中获得的暗示，帮助他们选择接近受害者或者犯罪目标的途径。

犯罪学家帕特丽夏（Patricia）和保罗·布兰廷罕姆（Paul Brantingham，1991）写道，通过改变给犯罪行为提供机会的环境条件能够控制犯罪。需要提供大量的财政资金以改变现有的建筑和社区环境，降低环境犯罪的诱因。一旦建筑物进入建设施工阶段，再对结构系统进行改变，其成本代价过大，因而通常情况下是不会做什么改动的。而当建筑物开始投入使用后，要提升其安全性则会更难，其成本更高。其结果，就是导致安全措施的采取必须适应既存的物理环境实际，这样就限制了它们的功效。例如，许多现代建筑在其内部广泛使用玻璃并且能够自由流动（图 3.3）。纵然现在的世界看起来变得更不安全、更容易受到犯罪和恐怖行为的侵害，但是，很多建筑仍然没有吸纳通过环境设计预防犯罪（CPTED）理论的任何理念或安全功能，并以此弥补建筑物本身存在的安全漏洞。建筑物要达到真正的安全，那么必须从一开始就在建筑结构图中体现出建筑安全设计。

19

图 3.3　玻璃户外景色反映了我们的虚荣、浮华以及我们的脆弱性
注：图片来自商业图库网：Shutterstock. com。

3.1 建筑设计中的三个关键环节

建筑师通常将安全需求视为是强加于人的一种要求，并分散人们对他们的建造建筑物外观的注意力。尽管安全检测设备能够安装得比较隐蔽和不那么引人注目地被使用，但是许多安全需求诸如问询台和控制室等仍然需要保持显著和醒目。这种设计创造了一个安全区域以防止那些不受欢迎的访客闯入。

如果从一开始并没有将安全因素融入建筑设计中去，那么建筑物的安全性就必须依靠诸如闭路电视监控系统（CCTV）等技术系统来保障。在安装闭路电视监控系统时，如果与物理设计不相协调，那么闭路电视监控系统便不能区分普通的正常行为与异常行为，也就不能对出现的紧急情况作出快速反应。

在那些事先没有规划好安全计划的场所安置安全防护设施设备时，面对各种各样的人群频繁地进出，接待员和电子入口控制将会被拥挤的人流所淹没（图3.4）。

通常情况下，加油站、方便店、零售商店、餐馆以及办公楼大厅的设计并没有达到事前考虑到的出口大门的控制要求。一方面，机场需要达到联邦航空管理局（FAA）的规则要求，指示人们如何通过以及谁能够通过航站楼或候机大厅的门道（图3.5）。一些常见的例子就像开放性的服务柜台，例如出纳柜台、药房和工资发放柜台。无论是否感到震惊，这些场所一般都没有安全设计。实践中，这样的场所设计更多的是在怂恿抢劫企图。

20

图3.4 安全警卫室设计及设置不当，致使人员只能环绕警卫室360°步行，没有清晰而明确的方法和路径对访客进行筛选和标识以及控制雇员们的进出。人们的行进路线有太多的选择

图3.5 图中所示是一个整体集成的安全技术与门禁标识牌的范例

不适当的停车和行人来往交通模式，会招致更多的外来人员在诸如货运码头、机械作业区、存货仓库、生产车间以及集会场所等重要区域或危险区域发生拥堵现象，从而诱发各种事故、偷窃、破坏行为和攻击行为。在事故或者犯罪发生之后，再要安装电子门窗探测器时，只能退而求其次，在石膏墙体或吊

顶上安装相应的监控设备。

防弹聚碳酸酯玻璃能够增强肯德基临街店面防止被抢劫的能力（图3.6）；而且，在机械通风口的交叉处加装上玻璃，又能使大厅空间有新鲜空气流动。但由于是事后安装上去的，因此有人完全可以站在柜台上，将持枪的手伸进来威胁员工，并破坏非常昂贵的银行级的安全设施。

当今的安全诉讼的主流是（图3.7），如果在建筑设计和施工中没有考虑到安全问题，其结果是业主和建筑设计师要面临更大的责任风险。有关安全诉讼案件以极其惊人的速度急剧上升。律师和专家证人会密切观察照明设备、停车场、园林绿化工程、安全硬件及其可见性，陪审团则全神贯注地渴望他们能够听见业主和建筑师在建筑设计的过程中没有考虑到犯罪的可预见性这样的事实。

图3.6 事实上，由于聚碳酸酯玻璃是事后加装在临街的店面上的，因此事先没有为顾客和员工区域设计好通风管道。玻璃窗上方的空隙在允许空气流动的同时，也"允许"抢劫犯站在柜台上，通过开放的窗口用枪口指着里面的工作人员

图3.7 鉴于某人的不幸，律师正在竭力寻找提起法律诉讼的机会

建筑师和设计师能尽最大努力实现工程项目的安全目标，因为他们能够作出基础设计决策，他们能够对空气流通管道、进出口通道、建筑材料、门窗孔洞布局，以及可能支持或阻挠整个安全目标实现的许多其他装置作出决定（图3.8）。迈克尔·索尔金（Michael Sorkin, 2008：p. xiii）写道：

> 对危险的推定成为规划的定义标准：人们总是假定存在高风险，接下来的一切都是非常简单的战术问题……我们还回答了关于安全介质应该如何展现其自身存在的问题，可见的摄像镜头与隐藏的摄像机，穿制服的警察与便衣警察，显而易见的障碍与更多的行为等。

为了安全的缘故，人们究竟应该放弃多大程度的自由？只有面临危险威胁时，才会出现有关安全与自由的适当比例问题。尽管恐怖威胁是真实存在的现实问题，索尔金仍然对可能发生的场所提出了质疑，并对可能的危险与我们的应对措施的本质特征之间的关系进行权衡。

图3.8　图中所示是一个保护我们免受犯罪和恐怖行为危害的城堡设计或龟壳设计的典型事例

为了使建筑过程表现得生动活跃，有三个关键角色发挥着重要作用。第一个角色是建筑师，他为业主们设计建筑。第二个角色是业主，管理建筑物的业主委员会，在通常情况下，当建筑物被建造完成以后对其进行管理。第三个角色是负有监管责任的政府实体（地方政府、州政府或是联邦政府）。建筑师为业主而展开规划设计工作，他们的工作受到政府监管规则的约束，政府的监管行为通过诸如使用限制权、城市分区规划法、健康卫生法、消防法以及建筑法规的明示规定表现出来。因此，建成环境按照业主的定义标准，既反映了业主对建筑物的需求，同时也是政府监管机构的监管规则要求保护健康和安全的一种结果产品，而且通过建筑规划设计，还体现出了建筑师的经验和洞察力。如果在建筑过程中发生了改变，那么这三者之间现存的角色也将随之发生变化。

建筑师的工作就是对经过安全专家辨识的安全需求进行运用，将安全需求融入到建筑设计编程指令之中。设计团队运用项目规划编制指令开始进行建筑物的设计。建筑规划在整个建筑过程中是最重要的阶段。建筑规划明确界定了建设工作的范围、参数以及初始预算。

业主会要求建筑师设计出在经济上合理、对社会有益和造型美观的建筑物。监管机构则通过一系列的禁令和激励措施，控制建筑物对人们的身体健康和安全方面的影响问题。正如建筑专业人士所感知的那样，建筑师将按照公认的专业标准和整个社区的期盼进行规划设计。在建设的过程中，如果对建设规划进行了积极正向的改动，那么就可能会在社会需求上发生戏剧性的变化，或者是如果经济形势发生了转变，也会使某些特定的建筑风格或多或少地发生实用性的变化［例如，俄克拉何马市政府大楼爆炸案发生后，美国联邦政府大楼的建筑风格也发生了变化，而且催生了联邦总务管理局（General Services Administration）的安全设计标准（U. S. GSA, 1995, 2004）以及跨部门安全委员会（Interagency Security Committee）的安全设计标准（ISC, 2004）的颁布］。这些转变可能会对业主在确定他们自身需求的时候产生影响。同时，立法活动也可能会带来同样的变化（例如，有关 CPTED 的法典、法令和决议），或受到某个积极活跃的建筑师的影响，在建设活动过程中，他是某个建成的建筑物的持续参与者。

建筑师怎样进行设计，是他们在设计中运用理论与社会为建造建筑物而建立起来的程序相结合的结果。因为在程序问题没有发生重大中断的情况下，理论也可能会发生变化或者受到影响，这是必须首先解决的问题（Heimsath，1999）。

美国建筑师协会（The American Institute of Architects，AIA）制作的标准合同文件，对目前盛行的设计程序作出了明确的说明。尽管这个标准合同文件在整体上是合理可行的，但在设计程序中表现出了两个主要的薄弱环节（Heimsath，1999：p. 26）：既在建筑策划阶段缺乏明确具体的要求，同时，在反馈阶段或者使用效果评估（Post-occupancy Evaluation，POE）阶段，也可以称之为设备性能评估（Facility Performance Evaluations，FPE）阶段，缺乏明确具体的要求（Zimring，2006）。相应地，在这些阶段不履行法律责任，没有能够指出建筑物存在的物理偏见，很少直接关注建筑物的居住者作为动态的人在时间和空间上移动的需要。不幸的是，虽然这种情况在 20 世纪 70 年代确实存在，但今天也很有可能还会发生。现在已经有越来越多的人意识到了在建筑规划编制阶段和建筑设计的使用效果评价问题，但是大多数情况下只有在大型的公共工程项目、市政大厅、法院和政府大楼以及医院和其他诸如此类的建筑物中，考虑到了这些问题。根据我自身的经验，在私营部门，委托人总是不愿意支付在建筑项目规划设计评估和使用效果评价（POEs）方面的费用。作为一个具有代表性的典型事例是，财务管理办公室（the Office of Financial Management，OFM，2006 年 7 月）在他们发布的《确定公共建设工程项目建筑师/工程师费用标准指南》（*Guidelines for Determining Architect Engineer Fees for Public Works Projects*）中，明确规定了基本的费用明细的分类是根据方案设计、设计开发、施工文件、招投标、施工阶段和最终工程造价等进行确定的。在建筑师/工程师基本的服务费用明细表中，甚至根本就没有提及建筑规划设计评估和使用效果评估（POEs）的费用。由于建筑规划设计和使用效果评估（POEs）这两个重要的评估步骤，并不是建筑师/工程师服务费用的组织部分，所以在大多数的设计工作中经常被忽视和忽略。建筑规划设计和使用效果评估机制被认为是额外的服务支出，以致多数委托人不愿意为此支付费用，也使我们失去了评估我们的建筑物哪些功能发挥得比较好、哪些建筑功能没有得到发挥，从而改进我们的工作不犯同样错误的机会。

因此，显而易见的是，安全需求问题是一个在工程项目的规划设计阶段就应当首先进行讨论的问题。精确地界定对人、信息、财产存在的威胁以及决定需要提供保护的水平和成本，是委托人的责任。许多业主、委托人和开发商可能对建筑的安全需求以及他们需要保护的对象仅仅只有一些简单认识。他们可能没有足够的知识和经验，制定适当的战略或安全计划（图3.9）。

22

图 3.9　这种设计能够反映出建筑物里正在发生的事情吗

注：图片来自商业图库网：Shutterstock. com。

3.2　建筑策划

　　建筑策划（The Architectural Program）就像餐厅的菜单一样，决定你要提供什么样的服务，为谁服务，以及你将得到多少报酬。这一点使你区别于安全专业人员。从这点上你能看出，安全考虑在绘图时总是要求改变，增加额外的时间和费用。这就是为什么安全规划很重要的原因。因此，安全需求必须在最初就要作出决定。明确界定需要什么，通常会涉及将常识与系统的有条不紊的调查结果相结合。委托人可能需要一位安全专家制定出这个阶段的保护需求。很多建筑师会因委托人的建筑风格和安全需要，帮他们寻找一位合格的安全专家。

　　建筑策划在美国建筑师协会（AIA）的文件中，表述为是委托人的责任："业主应该根据他们对工程的需求提供全部信息，包括一项完整的规划。"建筑师必须在准备方案设计（Schematic Designs）时确认这些规划，但是"确认"并不意味着建筑师在开发可供选择的数据库的过程中发挥主要作用，这些数据可能并不包括建造一栋建筑物。如果业主有特别要求，建筑师则会担负起额外的规划程序。根据美国建筑师协会颁布的文件 1. 3 的规定，支付此类服务的报酬被列为是一项额外的服务费用。根据我的经验，建筑师在建筑策划阶段开发制作性能数据（Behavioral Data），一般情况下只获得少量的补偿。一旦任务确定，策划阶段的工作就会匆忙地展开，而且对于此项工作只会付出很小的努力，因为它不是作为建筑工程基本服务费用的一部分直接结算。如果在工作刚刚开始时没有实施建筑策划工作和研制性能数据，设计专业人员在指导设计时就不会那么有效，以及随后将要做的基本和不可撤销的决策时，就可能不会考虑预期用户的行为［美国建筑师协会（AIA），1990，2003；海姆萨特，1999；库姆林（Kumlin），1995；普瑞塞尔（Preiser），1993；《整体建筑设计指南》（*Whole Building Design Guide*，WBDG），2006］。

24

其次，在目前的设计进程中，缺乏科学的信息反馈阶段。在社会科学中，科学方法作为一种方法论，用来测试因果关系之间的假说。决策的作出和建筑各阶段的反应都缺乏信息反馈阶段，以致不能很好地理解有关建筑物的使用者与周边社区在作出设计决定时的因果关系。在建筑设计进程中，并没有对信息反馈阶段作出要求。甚至在建筑学共同体中，对作为重要作用的反馈或者使用效果评估（POEs）可能发挥的作用，也没有形成一个普遍的共识。例如，一个普遍存在的现象是，设计奖的评审委员会成员并没有去询问建筑公司建造的建筑物的最终使用者。只有在建筑物建成后对外开放或者使者初次使用了以后（图 3.10），才考虑颁发设计奖项。更不用说为还尚未建立起来的建筑物设立设计奖了。

图 3.10 "最好是看起来不错，比自我感觉良好更好。你知道，你看上去好极了！"比利的水晶，周六夜现场 TV 秀电视节目。我们的建筑看上去可能很好，但他们的感觉常常并不好（病态建筑综合征①、模式化、犯罪、事故、气流、不良循环模式等）
注：图片来自商业图库网：ShutterStock. com。

25　　建筑师为了获得新的工作而接受客户的访问，进行口头上和视觉上的陈述。当一个专家小组为潜在的工作行为对建筑师进行面试时，通常是举行一次见面会，表面上是对他们的能力进行比较。而很少审视建筑师设计的建筑物，从他们的社会成就角度审视他们的建筑设计。建筑师将他们以前设计的建筑工程用幻灯片的形式或者制作成 PPT 用电脑投影仪进行展示，以炫耀他们的物理特性。他们很少实地参观考察已经建成的建筑师们设计的建筑物，因而不可能发现建筑物的实际使用效果情况。从犯罪与安全的角度来看，这里面存在一种潜在的灾难风险。如果没有学会如何改进，那么他是不可能得到提升的。本书有关风险评估的论述主要来自科学文献，这些文献论述了建筑策划中哪些建

---

① 病态建筑综合征（Sick Building Syndrome），也称有害建筑综合征、大楼病综合征，指因办公楼空气不好而引起的头痛、眼睛疼痛、疲劳等症状。——译者注

筑设计是有效的、哪些不能正常发挥作用，以及如何改进建筑设计。

事实上，早在 1986 年库珀·马库斯（Cooper Marcus）和萨尔基西安（Sarkissian）就指出：

> 建筑师们通常不得不依赖他们自身的工作经验和他们对未来住户需要的理解。但是，还有一种选择……使用效果评估机制能够提供有用的信息，从居住者的视角看哪些设计有用和哪些设计没有什么效用。（Cooper-Marcus and Sarkissian，1986：p. 1）

在设计过程中，并非只有建筑委托人和设计专家才关心安全问题。很多行政区域都规定由警察负责安全审查，作为建筑许可证审批流程的一部分，这与消防安全许可证的要求大体相同。审查员评估建筑策划中是否存在明显会受到攻击、抢劫、非法侵入以及可能存在的其他犯罪机会的地方。很多行政管辖区域都制定有安全条例，不仅对特定场所的照明度有具体的要求，而且对安全门窗的设计和五金制品等硬件设施也有具体明确的标准要求。由美国国家防火协会（National Fire Protection Association，NFPA）制定的新的和不断拓展的安全指引和标准［NFPA 730——房屋安全指南（*Guide for Premises Security*），以及 2011 年 NFPA 731 电子安全系统安装标准（*Standard for the Installation of Electronic Security Systems*，2011）；1997 年统一建筑法典安全指南（*Uniform Building Code Security Guidelines*，1997）；1995 年联邦政府总务管理局标准（*GSA Security Standards*，1995）；2010 年工业安全委员会物理安全标准委员会关于联邦政府总务管理局租用空间准则（*ISC Physical Security Criteria standards for GSA leased spaces*，2010）］，作为一项基本的最低标准，为安全与设计专家提供指引。

如果安全被视为是许多设计要求之一，那么这些措施的实施和成本费用，对工程项目的所有者而言将不会增加更多的成本，并不比消防安全设施或环境美化的园林绿化工程的费用更重。通过环境设计预防犯罪理论（CPTED）的基本前提是，对建筑环境的适当设计和有效利用能够降低犯罪事件的发生和对掠夺性的陌生人犯罪的恐惧，从而提高生活质量。对安全的环境设计方法，能够识别出空间的有效性和再造使用，进而定义一种兼容使用的安全或者 CPTED 解决方案。良好的安全设计能提高对空间的有效使用，与此同时，还能够预防犯罪和潜在的恐怖行为。

3.3 通过环境设计预防犯罪（CPTED）应运而生

通过环境设计预防犯罪（CPTED）理论将设计的重点放在对空间的设计和利用上，是一种与传统的通过目标加固方法预防犯罪相反的一种实践方法。传统的目标加固方法主要关注的是，通过物理的或人工的障碍技术，例如锁、警报、围墙和门，阻止犯罪人接近犯罪目标。传统方法容易忽视自然访问控制和监视的机会。有时候对环境的自然和正常使用，能实现机械强化和监视的作用。这些论调都是从许多 CPTED 理论和可防卫空间理论的最初实践中得出的结论。

可防卫空间理论和 CPTED 理论都是从 20 世纪 70 年代同时产生的。许多社会科学家、犯罪学家和建筑师，都批判可防卫空间理论的结论以及为了建筑物的确定性而对公共住宅工程项目的研究（图 3.11）。为此，奥斯卡·纽曼（Oscar Newman）对此类批判作出了如下的回应：

> 审视自 CPTED 运动兴起以来的研究文献——可防卫空间理论的一个分支——人们对可防卫空间理论概念的理解如此槽糕以及经常被如此误用，我对此感到非常震惊。我一直以为我提出的理念相对比较简单而且能够切切实实地付诸实践。而且，在对它们进行解释时，我尽量避免使用那些神秘的和繁琐而无意义的语言。然而，所有那些该理论的狂热信徒都表现出了这样一些令人担忧的行为，他们用自己创造的一些伪语言、拙劣的概念和宗教仪式，完全偏离了该理论的本意。在阅读了文献资料和审视了根据 CPTED 及可防卫空间理论建造的工程项目之后，我为我未能清楚地表达我的想法而感到忧虑。（Newman，1996：p. 6）

26

图 3.11 （参见彩图）圣胡安的公共住房，向人们传递出了恐惧担忧的信息。人们生活在安置有栅栏和装有铁条窗户的房间里

尽管很多社会学家意识到了功能性失调社区的问题，但是，他们并没有发现社会秩序与建筑之间的联系。从小范围来讲，建筑师可能会对某个特定人群的某些特定建筑或特定房间产生影响。但是，当建筑师构思出的一项建造程序可能对社会文化产生某种影响时，那么，在没有重大的社会项目的情况下，将少数低收入群体安置到高密度居住区的决定，对由此带来的后续行为将会产生重大的影响。例如，对声名狼藉的卡布里尼绿色住宅项目（Cabrini Green Housing）

（芝加哥房屋管理署，图 3.12）的布局和范围作出的决定就被视为是一种设计决定，而不是社会决定。业主和建筑师通过决定建筑物的结构、位置、密度和布局，建立起了可以运转的社会组织（Heimsath，1999：p. 14）。

图 3.12　芝加哥卡布里尼绿色公共住房项目，被认为是一场典型的灾难。最终该建筑群被拆毁，由私营房地产开发公司建造成为低层而没有电梯的楼房
注：承蒙芝加哥极客图片分享网站 Flickr stream：More Cabrini Green 准许使用他们的图片。

　　芝加哥卡布里尼绿色住房计划、圣路易斯的普鲁伊特普鲁特埃古公租房计划（Pruitt Igoo Housing），以及遍及全美国的其他几十项住房工程项目导致的公租房灾难，最终唤醒了沉睡中的官僚巨头——美国住房与城市发展部（HUD）。目前正在推进的第六希望（HOPE VI）[①] 住宅工程项目计划，采用的是一种低层的联排式住房，该计划融入了可防卫空间理论/CPTED 策略以及新都市主义/传统的社区设计原则。该计划的主要重点放在恢复公共住房居民们的生机，并不仅仅是一种提供居住的公共住房形式（HOPE VI 发展计划，1999，p. 3）。目前的公共房屋的开发计划，需要满足提供干净的、功能齐全的和安全生活环境等目的，同时还为居住者提供自给自足的机会。除了设计良好的建筑外，在这个三角形需要组合里还有一系列其他需求能够帮助居住者获得成功。

- 职业培训（适合适宜受雇的人员）。
- 日间护理（适合那些参加职业培训和即将获得新工作岗位的人）。

---

　　① 第六希望（HOPE VI）住房计划，"HOPE" 代表美国各地人民的住房权和机会（Homeownership and Opportunity for People Everywhere）。美国国会于 20 世纪 90 年代颁布了一系列标题为 "HOPE" 的方案，这些方案包括三个住房自有计划（HOPE Ⅰ-Ⅲ），一个帮助体弱年老人独立生活的计划（HOPE Ⅳ），以及青年职业培训计划（HOPE Ⅴ）。最后一个是第六希望计划，也被称为城市复兴示范项目，目的在于复兴已经严重衰败的城市公共住房。美国公共住房是联邦政府解决低收入者住房问题的重要手段，但公共住房却出现了严重衰败、种族隔离、贫困集中、缺乏公共服务等诸多问题。为此，美国国会通过了第六希望计划（HOPE VI）。该计划始于 1992 年，耗资 50 亿美元的第六希望计划标志着公共住房政策的根本转变，是美国历史上最雄心勃勃的城市复兴计划。计划以重新设计的混合收入住房取代严重衰败的公共住房社区，将房屋复兴资金与改善管理和支持性服务资金相结合，以促进居民的自给自足。——译者注

27

- 教育基础，特别是对青少年。
- 运用 CPTED 理论已经在建筑环境和犯罪行为之间建立起了一个评估程序，但是，作为一种环境设计科学，在 CPTED 的实践运用中，由于缺乏系统的测试和项目评估，缺少系统的风险评估程序，以及没有达到标准化，因而还是面临着失败的危险。

经过长年累月的实践，CPTED 理论的实践者对每项工程的程序都进行了彻底的改造。CPTED 的实践者必须开始阅读有关环境研究方面的新的书籍和文章，并学着如何将其付诸实践。1996 年，随着国际 CPTED 协会（International CPTED Association，ICA）的成立，情况正在向好的方向发展，该协会是一个半独立的职业组织，旨在通过认证、培训教育和会议资讯，促进 CPTED 实践质量的提升。从那时起，国际 CPTED 协会（ICA）就开始有条理地建立和实施 CPTED 认证程序，除了别的方面之外，想要获得 CPTED 认证资格，必须具有风险评估的经验和利用 CPTED 的最佳实践（http：//www. cpted. net）。

对科学方法的充分利用和风险评估模式的使用，是未来将 CPTED 成功地运用到建筑物中的长期目标。CPTED 的未来时刻已经到来了，安全建筑变得更"聪明实用了"。

- 犯罪分子凭借经验选择的可能侵害的具体目标减少了；
- 可衡量和可重复的目标及其结果的使用效果评估（POEs）形式；
- 通过明确界定行动步骤能够实现目标和结果；
- 确定的现实目标有充足的根据和科学依据；
- 制定符合逻辑顺序的时间目标，按照指示依序采取行动步骤。

CPTED 在建筑过程中的运用并不能完全消除犯罪，因为它没有解决导致犯罪的根本原因：金钱、权力和阶级斗争。建筑上的安全设计也许只能是将犯罪转移到另外一个更容易受到攻击的地方。与为青少年创造就业机会相比较而言，改造一栋建筑物要容易得多。设计能提供一个有利于人们采取守法行为的环境，但是如果社区的社会结构支离破碎了，它就不可能会创造出这种控制。将安全和生命安全功能融入建筑中，将会极大地增强提供一个更为安全和更具成本效益的工作与生活环境的潜在能力。

火灾预防和生命安全领域，通过对造成火灾的原因以及建筑物如何预防火灾的科学理解，从而成功地消除了恐惧和惊慌。同样的道理，通过了解和改进 CPTED 的科学方法，我们能够消除对犯罪的恐惧并极大地减少犯罪的机会，从而提高我们的生活质量。在第 4 章中，我们将揭示 CPTED 如何运作以达成这样的使命。

参考文献

[1] American Institute of Architects（AIA）.（1990）*Handbook of Professional Practice*. Washington，DC.

[2] American Institute of Architects（AIA）.（2003）*Handbook of Professional Practice*. Wash-

ington, DC.

[3] Atlas, R. (1998) Designing against crime: The case for CPTED training for architects. *Florida Architect*. Summer.

[4] Atlas, R. (2000) Design considerations: Setting standards in security architecture. *Door and Hardware*. June.

[5] Atlas, R. (2003) Loss prevention returns to its roots with CPTED. *Plant Safety & Maintenance*, April.

[6] Brantingham, P. L. and Brantingham, P. J. (1991) *Environmental Criminology*. Beverly Hills, CA: Sage.

[7] Cooper-Marcus, C. and Sarkissian, W. (1986) *Housing as if People Mattered: Site Guidelines for Medium-Density Family Housing*. Berkeley, CA: University of California Press.

[8] Heimsath, C. (1999) *Behavioral Architecture: Toward an Accountable Design Process*. New York: McGraw Hill. 1977 HOPE VI Developments, Issue 35, April, p. 3.

[9] Interagency Security Committee (ISC). (2004) *Security Standards for Leased Spaces*. September.

[10] Kamin, B. (2010) *Terror and Wonder: Architecture in a Tumultuous Age*. Chicago, IL: University of Chicago Press.

[11] Kumlin, R. (1995) *Architectural Programming: Creative Techniques for Design Professionals*. New York: McGraw – Hill.

[12] Newman, O. (1972) *Defensible Space: Crime Prevention through Urban Design*. New York: Macmillan.

[13] Newman, O. (1996) *Creating Defensible Space*. Washington, DC: U. S. HUD. April.

[14] OFM. (2006) Guidelines for determining architect/engineer fees for public works building projects. Office of Financial Management, State of Washington. July. www. ofm. wa. gov/budget/instructions/capinst/appen-dixb. pdf.

[15] Preiser, W. (1993) *Professional Practice in Facility Programming*. New York: Van Nostrand Reinhold.

[16] Rand, A. (1943) *The Fountainhead*. New York: Bobbs-Merrill.

[17] Repetto, T. (1974) *Residential Crime*. Cambridge, MA: Ballinger.

[18] Sorkin, M. (2008) *Indefensible Space. The Architecture of the National Insecurity State*. New York: Routledge.

[19] U. S. General Services Administration (GSA). (2004) *Protective Design and Security Implementation Guidelines*.

[20] U. S. General Services Administration (GSA), U. S. Department of Justice. (1995) *Vulnerability Assessment of Federal Facilities*. June.

[21] Whole Building Design Guide. (2006) E. Cherry and J. Petronis (Eds.). *Architectural Programming*, *National Institute of Building Sciences*, Washington, DC.

[22] Wikipedia. (2006) www. wikipedia. org/wiki/form_follows_function, November.

[23] Wilson, E. B. (1952) *An Introduction to Scientific Research*. New York: McGraw – Hill.

[24] Zimring, C. (2006) *Facility Performance Evaluation*. Whole Building Design Guide, Washington, DC.

28

28

29

建筑规划导论

建筑物的安全需要必须在建筑策划的早期阶段就要作出决定，作为建筑策划和问题界定程序的一部分。盗窃、工业间谍、入店行窃、社会骚乱、破坏行为、攻击、强奸、谋杀以及雇员偷窃等都是犯罪，这些犯罪行为会危及我们的生命，增加商业活动的成本。随着犯罪的增加，将安全融入所有建筑类型的设计和建成环境的建设中，这是公共安全和资产保护的关键所在。

在进行建筑策划和规划设计的过程中，如果没有将安全考虑融入其中，则可能会导致诉讼、伤害，并且会增强保护设施设备翻新改造的成本费用，同时还会增加额外的安保人员。如果安全设施设备没有得到适当的规划和正确的安装，那么这些设备的运行还会扭曲一些重要建筑设计的功能，增加安保人员的开支，也会暴露隐藏的报警系统或封闭的门窗（图4.1）。

图4.1　在犯罪发生之后，为了确保安全而在窗户上安装铁栅栏和监视器显示屏，是一种常见的安全防护措施

4.1　建筑规划进程

从功能设计的演变来看，任何建筑都必须符合特定的功能标准。一栋建成的建筑物必须能够满足高效工作的需要，满足使用者的需求，以及保护使用者免受安全危险和犯罪行为的危害，这些因素会影响建筑物使用者的生产和服务

提供。

在最初规划设计时没有考虑到安全需要，要使已经建成的建筑物具有安全特性，其成本代价是很昂贵的。为了确保建筑物能够提供安全保障，建筑师需要对建筑进行改造，就不得不牺牲更多的建筑物本身具有的开放性，其成本代价要比在一开始进行建筑策划时就考虑到了安全需求时高得多。在设施设备设计阶段，如果缺乏前瞻性的思考，那么安保人员和业务费用的开支就会比他们本来的费用要高得多。在今天的许多建筑中，这种情况尤为明显，这些建筑物的现代设计和材料导致那些设施设备很容易受到攻击（Atlas，1992，1993，1998a，1998b，2004，2006a，2006b；Crowe，1991，2000；Sorkin，2008）。

了解建筑如何进行设计，将洞悉整个建造过程（图4.2和表4.1）。下面所示的步骤简要地说明了传统的建筑施工过程。

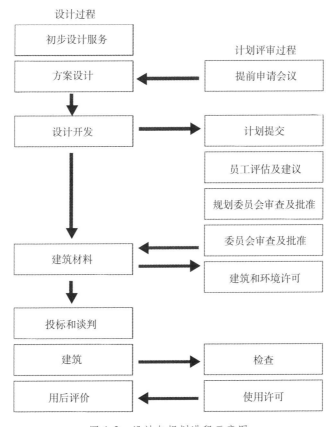

图4.2 设计与规划进程示意图

表 4.1　设计制作过程

将安全性与 CPTED 理论集成到建筑过程的增量和任务（Integrating Security and CPTED into Buildings Process Increments and Tasks①）	主要的参与者（Primary Participants）				
	客户 Client	建筑师 Architect	咨询专家 Consultant	承包商 Contractor	用户 User
初步草图设计阶段（Predesign）					
验证工程项目的建设范围、目的及其目标（Verify Project Scope, Goals, and Objectives）	×	×			
辨识委托客户的价值及其期盼（Identify Client's Values and Expectations）	×	×			
确认工程造价预算及其进度（Confirm Budgets and Schedules）		×			
辨识确定预期的安全专家（鉴别安全顾问）（Identify Anticipated Expertise for Security）（Identify Consultants）	×	×			
验证安全团队的结构和工作程序（Verify Security Team Structure and Procedures）		×	×		
制定安全工作规划（Develop Security Work Plan）		×	×		
收集安全相关信息与数据（Gather Security-related Information and Data）			×		
执行资产分析（Perform Asset Analysis）			×		
执行威胁分析（Perform Threat Analysis）			×		
执行脆弱性（安全漏洞）分析（Perform Vulnerability Analysis）			×		
执行风险评估（Perform Risk Analysis）			×		
鉴别可能采取的潜在安全措施（Identify Potential Security Measures）			×		
定义并确定成本效益的优先措施（Define and Prioritize Cost/Benefits for Measures）		×	×		
报告调查结果（单独提交调查结果报告或者在规划报告中提交调查结果）（Report Findings [Either Separately or in Programming Report]）		×	×		

① 详细具体的任务目标主要依赖工程项目的类型及其建设范围；表中所列的任务序列并非必须连续一致；参与者的角色主要取决于建筑师和业主的安全知识；项目的实施及其交付方式会影响到项目参与者的角色和建设工作的进展时序。

将安全性与CPTED理论集成到建筑过程的增量和任务（Integrating Security and CPTED into Buildings Process Increments and Tasks）	主要的参与者（Primary Participants）				
	客户 Client	建筑师 Architect	咨询专家 Consultant	承包商 Contractor	用户 User
辨识确定功能性安全标准（Identify Functional Security Criteria）	×	×	×		
设计（Design）					
将安全概念运用于建设规划设计/建筑方案设计之中（Apply Security Concepts in Programming/Schematic Design）		×			
评估安全设计方面的要求对其他方面设计的不利因素（Evaluate Security Design Aspects against Other Design Aspects）	×				
将安全概念运用到技术设计中（Apply Security Concepts in Design Development）		×			
评估安全设计方面的要求对其他方面设计的不利因素（Evaluate Security Design Aspects Against Other Design Aspects）	×				
准备安全措施的成本预算评估（Prepare Cost Estimates for Security Measures）		×			
安全顾问审议设计文件（Design Documents Reviewed by Security Consultant）		×	×		
施工图设计阶段（Construction Documentation）					
整合安全措施纳入施工图（Integrate Security Measures into Working Drawings）		×			
选择并详细说明安全组件及其系统（Select and Specify Security Components and Systems）		×			
验证核实安全要件的成本与预算（Verify Costs of Security Elements against Budget）		×			
安全咨询专家评审施工图设计（Construction Documents Reviewed by Security Consultant）		×	×		
施工建造阶段（Construction）					
就安全目标问题与承包商或者设计师——建设者进行沟通（Communicate Security Objectives to Contractor or Designer—builder）	×	×			

续表

将安全性与 CPTED 理论集成到建筑过程的增量和任务（Integrating Security and CPTED into Buildings Process Increments and Tasks）	主要的参与者（Primary Participants）				
	客户 Client	建筑师 Architect	咨询专家 Consultant	承包商 Contractor	用户 User
安装安全基础设施设备、组件和系统（Install Security Elements, Components, and Systems）				×	
检查安装质量、工艺以及其他问题（Inspect Installation for Quality, Workmanship, etc.）		×	×	×	
运行（Operation）					
建筑的安全功能和系统性能测试（Test Performance of Building Security Features and Systems）				×	
指导用户掌握安全功能及其操作方法（Instruct Users on Security Features and Operation）		×	×		
做好安全运行规划及其程序的培训（Prepare Security Operation Plans and Procedures）			×		×
准备好应急救援操作计划及其程序（Prepare Emergency Operation Plans and Procedures）			×		×
实施定期演练和测试（Conduct Periodic Drills and Tests）					×
定期更新上述计划与程序（Update Plans and Procedures on Periodic Basis）					×

32

资料来源：德姆金（Demkin, J. A.）主编：《安全规划与设计：建筑师与建筑设计专业指南》（2004 年版），威利–VCH 出版社有限公司版权所有（Wiley-VCH Verlag GmbH & Co. KGaA）。本资料的复制使用已经得到该公司的许可。

- 建筑策划（Programming）——由业主向建筑师提供相关信息，说明为什么建造这样的建筑物，是什么样的建筑物以及为谁建造这样的建筑物，他们的建造计划是什么等。

- 方案设计（Schematic Design）——建筑师对建筑策划信息进行处理，并绘制功能泡泡图（Bubble Diagrams）以分析展示环流模式和邻近关系。泡泡图逐渐发展成为平面的单线图、现场位置图和海拔高度图，作为工程设计的开端。

- 技术设计（Design Development）——建筑师将他或她的观点呈现给委托人并且对设计进行修正。在方案设计图的基础上绘制更为成熟精细的技术设计图，包括更多工程上的考虑，包括诸如结构、机械、电气、通风以及位置规划等。技术设计的图纸通常会以 1 / 4 英尺等于 1 英尺的大比例尺图形表示。

● 施工文件（或施工图）（Construction Documents or Working Drawings）——场地设计的施工图文件及其说明是为进行建设施工而准备的最后图纸和说明书。所有的技术数据都呈现在图纸中，并附有所有技术参数的详细文字说明。

● 建筑工程施工招标及选择承包商（Bids for Construction and Selection of Contractor）——向参与提供施工服务竞标且出价最低的合格建筑工程承包商提供建筑工程图和详细说明。

非常明显的是，提出安全需要的最初阶段应当是在设计进程的规划阶段。精确定义对人、信息、财产的潜在威胁，以及确定需要提供保护的等级和成本费用，这些都是委托人应当承担的主要职责。许多业主、委托人和开发商可能对安全意识以及他们需要什么样的保护等级只有一个粗略的非正式的认识。他们也许缺乏相应的知识和经验，不能提出适当的策略和安全计划。

这就为什么保障建筑物安全运行的安全规划是如此重要。安全需求必须尽早作出决定。界定需要什么样的安全保障，通常需要结合常识判断和有条理的调查研究（图4.3）。

程序数据	空间	功能组
大小/使用者		
空间		
活动	环境/规范	
安全/操作	特种设备及家具	
关系	材料	
设计/行为问题		

图 4.3 规划程序数据收集图

建筑师的工作是将安全专家辨识确定的安全需要转换成建设规划编制的指令。设计组利用规划开始建筑设计。建筑规划在整个建筑过程中，是一个最重要的阶段。建设规划确立了工作范围、相关的参数和建筑工程项目的初期预算。

安全设计工作还涉及将社区居民的需求与执法人员通过环境设计和运用建成环境预防犯罪的努力有机结合。设计专家能够运用三个基本策略（Three Basic Strategies）以实现通过环境设计预防犯罪（CPTED）的努力：访问控制（Access Control）、自然监视（Surveillance）和领地加固（Territorial Reinforcement）。这些策略手段每一个都能通过三个基本的分类方法（Three Basic Classification Methods）得以实施：组织的方法——人力方法（警察、保安员和接待员）；机械的方法（物理安全措施、障碍物、科技产品、门禁、栅栏、警报器、闭路电视）；以及自然控制方法（场地规划、建筑设计、人群排队、园林绿化及景观植物、标识系统）（表 4.2）。

表 4.2 通过环境设计预防犯罪（CPTED）局势总揽：策略与方法

入口控制策略 （Access Control Strategies）	自然监视策略 （Surveillance Strategies）	领地加固策略 （Territoriality Strategies）
自然的、机械的、组织化的控制策略（策略分类）Natural, Mechanical, Organized（Classifications of Strategies）	自然的、机械的、组织化的控制策略（策略分类）Natural, Mechanical, Organized（Classifications of Strategies）	自然的、机械的、组织化的控制策略（策略分类）Natural, Mechanical, Organized（Classifications of Strategies）

访问控制（Access Control）是旨在减少犯罪机会和可达性的一个设计理念。访问控制策略的组织化方法包括保安力量或看门人的配置、接待秘书，或者干练的护卫保镖。访问控制的机械性 CPTED 方法，包括各种目标加固策略方法，例如门锁、生物学测定方法以及磁卡钥匙系统。窗户上也可能安置有保护性防暴强化玻璃，以防止来自外面的破坏性撞击。门和窗等五金配件可能使用的是特殊的材质和安装方法，使其很难受到篡改和拆毁。位于高安全区域的墙体、地板或门窗，使用的都是很难穿透的特殊材料，经过了专门的强化加固处理。访问控制策略的自然控制方法是运用空间定义以及该空间中的用户循环模式。自然控制的一种常见的模式是将空间分为不同的安全区域或层次。通过空间区分为不同的安全层级，比如不受限制的自由行动区域、受控制的区域和对公众不完全开放的限制区域以及敏感区域，这种分类能够使那些未经授权许可不得入内的区域得到有效的保护。访问控制策略关注的是拒绝对犯罪目标的访问接近，以及使侵犯者头脑中产生一种危险及受到侦测的风险

图 4.4 （参见彩图）在一个住宅社区，建筑物上的访问控制，是第一道财产保护措施

34

意识，或者延迟其进入以便为强力部门提供足够的反应时间（图4.4）。

高效的访问控制通常是针对很多安全威胁的关键。应当在以下区域考虑加强访问控制措施：

- 所有场所和建筑物的出入口；
- 在限制和控制区域的内部访问点；
- 利用环境和建筑特征获得访问进入的地点或场所（树木、窗台壁架、天窗、阳台、窗户及隧道）；
- 安全检查设备（保安室、监视系统及身份识别设备）。

监视策略（Surveillance Strategies）是指在将侵入者置于持续观察之下的一种设计理念。有组织的监视策略包括警察和守卫巡逻员。照明设备和闭路电视监视系统（CCTV）是实施监视的机械性策略，自然策略包括窗户，较低水平的园林绿化景观植物以及突出入口设置。

领土加固策略（Territorial Strategies）提示结构设计能创造或扩大领地影响力的势力范围，使业主能够形成一种所有权的感觉。这种领地影响力的所有权感（图4.5）能使潜在的侵入者意识到他们不属于这里，他们要冒着被发现和被认出的风险，而且他们的行为是不能容忍或不能曝光的。自然访问控制和监视有助于增强领地的势力范围感，通过鼓励业主保护他们的势力范围能够增强他们的安全感。典型的组织化的领地策略包括预防犯罪的邻里守望、接待员、保安警卫室；机械策略可能包括对周边的感测系统；自然领地策略包括栅栏、墙壁和园林绿化景观。

图4.5 边界围栏应该充当起环绕财产的手臂的作用，为人们和车辆提供通往预设进口的通道，是一种最好的监督和监视措施

4.2 安全层级：位置、建筑结构、内部环境及核心位置

只要可能，安全规划应该在建筑选址过程中开始实施。实现某栋建筑物安全运行的最大机会应当从确定建筑选址开始，从此时起就要符合建筑规划要求，同时也能够提供最好的安全利益。在场地选址规划中，安全分析应该对选址场地内外的环境情况进行评估，充分考虑地形地貌、植被、相邻土地用途、环流格局、邻里社区犯罪模式、警察巡逻模式、分隔线（视线距离）、隐蔽区域、公共设施的位置，现存的及以今后可能安装的照明灯光等因素。场地安全规划中的其他关键因素，还包括场地外的行人流量、车行流通量、服务车辆的接入点以及全体员工、雇员的进入和循环通道，以及访客的入口及其流通道路等。

选址分析（Site Analysis）是安全防御规划的第一层级（First Level），可能会考虑到场地周围边界及其设施的庭院范围。选址设计措施可能包括墙壁、大型植物栽种、栅栏围墙、护坡道（截水沟）、沟渠、照明、自然地形的隔离，或者前述因素的综合。在本阶段需要考虑以下几个因素。

- 场地的物理结构特性是什么？它如何影响安全性？
- 场地周围的土地用途是什么？
- 这个地区的犯罪活动的类型和频率是什么？

如果位置令人满意的话，一个场地即便具有高安全风险，也不会仅仅因为犯罪因素而自动失去成为建筑选址的资格。业主也可能在已经意识到安全威胁和脆弱性的情况下选择某个场地，但需要通过设计、技术、人力以及安全管理妥善地处理这些威胁和漏洞。

安全防卫的第二层级（Second Level）是建筑物的周围边界或者外围。在确定建筑物的周围边界或者范围以外，建筑外壳及其开口朝向，就成为防止打扰和强行进入的第二道关键防线。受到保护的区域应当包括建筑物的周边及其顶部和底部。需要考虑的主要进入口包括窗户、门、天窗、雨水排水管、屋顶、地面以及消防逃生通道。

就其本质而言，门和窗在建筑物的所有连接点中是最薄弱的环节，其固有的侵入抵抗性能很差。因此，需要特别注意门框、碰锁、锁柱、铰链和太平门的门闩、周边的围墙和门扇。在对窗户进行安全设计时，需要考虑玻璃材料的类型、窗框、门窗五金硬件以及窗户开口大小等因素。

建筑物外壳本身是一个安全考虑的因素，因为建筑物的结构类型将决定安全水平。绝大多数的撑柱墙和金属屋顶板组件可以用手工工具在 2 分钟以内组装完成。而混凝土砌块墙体，如果没有经过增强处理的话，用大锤可以很快将其砸穿或者驾车轻而易举将其撞毁。在佛罗里达州南部，一辆在商店前面行驶的汽车，闯入了一家服务商店的存货区并继续闯进了体育用品专卖店。建筑师面临的挑战和安全顾问的任务，就是提供既有吸引力又不引人注目的安全性，同时为未经授权的访问控制提供一种平衡和有效阻遏。

第三层级（Third Level）的安全是建筑师对建筑物的内部空间保护和特定的内部点安全进行设计。设施内的敏感区域可能需要安全技术、人力和循环限制设计等许可证管理的特殊保护。保护级别可能是基于特定区域的安全要求，进入安全限制区域的人员需要具有特定的安全等级。

正确应用分区或安全等级概念（图4.6）主要取决于对员工、访客、供应商和其他人的控制。实施分区或安全等级划分的目的，既是为了他们能够便捷地到达目的地，同时又能阻止他们进入没有业务活动需求的区域。适当地控制建筑物各个部门间的出入通道，屏蔽不受欢迎的访客，减少人群拥堵，并帮助员工识别和质疑未经授权进入的人员。

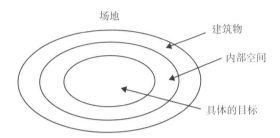

图4.6 安全等级分层就像剥洋葱一样，一层紧扣一层

分区设计的目标主要是通过使用下列类型的区域实现的：不受限制的区域（Unrestricted Zones）、控制区域（Controlled Zones）和限制区域（Restricted Zones）（图4.7）。设施的某些区域应当对在指定使用时间内进入该区域的所有人完全不设限制。不受制区域的设计应当鼓励人们从事他们的业务，不经控制区或禁止区自由地离开设施。不受限制区域应当包括大堂、接待区、快餐小吃店、特定的职员和行政办公室以及公共会议室。

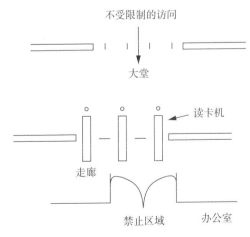

图4.7 图中显示了一个漏斗效应，该设计使人们首先穿过宽阔的开口，然后当你从不受限制区域、受控制区域和限制区域依次移动时，活动空间变得越来越窄

在控制区移动需要一个有效的进入目的。一旦获准进入控制区，人们可以从一个部门到另一个部门，而无须受到严格的限制。控制区域可能包括行政办公室、职员餐厅、保安办公室、办公室工作区和装卸作业区。

禁止区是指建筑物内的敏感区域，这些区域是仅限于部门特定工作人员使用的特别区域。禁止区域的那部分通常情况下需要额外的访问控制。位于禁止区的职能和部门可能包括保险金库、敏感记录、化学品和药品、食物制作、机械区域、电话设备、电气设备、控制室、实验室、洗衣房、消毒用品供应、特殊设备以及敏感工作区。

安全分区的概念，或者剥洋葱的方法，被有效地运用于医院、监狱、法院、实验室和工厂的设计。一旦通过安全分区完全成功地解决了循环模式问题以后，就应当考虑物理安全系统（机械性的 CPTED 解决方案）问题了。

安全专家在研究环境安全设计理念之后，了解到安全规划的第一层级应当从保护场地周围边界和建筑范围的安全开始。有许多方法可以确保对建筑范围的非法侵入。最常见的方式包括墙壁、钢线网眼围栏、护城河以及其他障碍物。阻止非法侵入，其中的一种常见方法就是建造园林景观。

37　　园林绿化通过建立一条表明产权的边界线，从而可以确立一个非常重要的阻止非法侵入的行为步骤。标明产权边界是第一步，因为它实际上阻碍了一些人以未经许可的方式轻易地进入并从事犯罪活动或其他非法活动。

在项目的开发建设过程中，建立隐私保护与安全之间确实存在着两难的困局。要达到一种平衡可能存在一定的困难，对各种应用程序的运用各不相同。即便是一道低矮的树篱或栅栏，也能建立起一道心理学和生理学上的边界，能够表明哪些是公共财产，哪些是私人财产。一道篱笆栅栏能够设置一种视线不被遮挡的边缘，或者使自然监视受到限制。如果在篱笆墙上种植一些树木，那么就会形成一种四周有围墙或篱笆围栏的场地的感觉，但通过围栏和树冠之间的缝隙，仍然能够看清里面的财产特性。

提供保护的砌块或砖墙，既能够为小偷提供掩护，又能够为财产所有者提供保护。裸露的墙壁也会招致涂鸦。对墙壁进行适当的园林美化，能够提供保护和更有效的屏障。种植多刺的三角梅、大花假虎刺（Carissa）、野生酸橙或更确切地说多齿灌木丛，这些植物能够与墙体有机融合，形成最好的防护资源。同时，有些特定的植物经过适当的放置，也能够达到阻止入侵者的目的。

CPTED 安全设计方法，既可以应用到宏观层面的安全，又可以运用到微观层面的安全。就像剥洋葱一样，越接近核心层，洋葱包裹得越紧也就越坚硬，获得的安全感也就越高。三级安全层次分别是场地安全设计、建筑物边界和内部建筑空间或者说核心位置保护。

电子侵入检测、周界范围保护和访问控制技术必须是总体安全系统和设计方法中的基本构成要素。每种技术都有不同的技术、操作特性和环境反应，同时，不同技术的安装和维护要求也各不相同。为了确定哪种安全技术的成本效益比最好和最合适，业主、建筑师以及适格的安全咨询专家必须要回答下面的问题。

（1）使用这个系统的目的什么？例如，该系统是为了防止逃逸或入侵；为提高或降低安全配置文件的安全保障水平；为内部或外部系统提供安全保障；响应警报的方法是什么？希望能够延迟犯罪行为侵入的理想时间是多长？为了证明使用电子门禁系统是正当合理的，客户需要知道哪些区域和设备是受到保护的，同时还要知道潜在的损失或损毁的成本费用情况。每一个安全位置都是独一无二的，没有解决所有安全问题的"一揽子"一劳永逸的方案。

（2）安全系统需要什么样的操作方式，它们的优先级是什么？需要对警报系统的类型进行界定，能够容忍的虚假警报率是多少？对传感器到报警器的传输系统提出的问题进行调查，例如无线电波、固定装置、专用电路、多路复用系统等，存在的主要问题是什么？电源和硬件设备的备份系统是什么？如何评估警报的有效性，例如，与闭路电视（CCTV）系统、灯光系统、喇叭系统、铃声系统或打印记录连接吗？警报系统有防拆报警、自检或雷电保护装置吗？每个安全系统的安装雇用与操作运用，都要谨慎细致地考虑周详。

（2）影响安全系统的环境冲突是什么？例如，天气、水面、野生动物、植被以及酸雨或盐的腐蚀情况等。需要了解场地地形地貌环境的相关信息；这些信息是否受到人为影响，如建筑物结构、交通模式、行业管制等，是否有人为因素的影响？

4.3　小　结

在规划和设计过程的初期阶段，就应当将安全需要和 CPTED 纳入考虑范围。如果安全需求是事后才添加的东西，通常情况下，其后果可能非常严重：人们可能会受到伤害或失去生命；建筑物和财产可能会受到损毁；造成人员伤亡、产生诉讼和进行翻修改造的成本费用将会很高。为什么要将社区设计得如此具有抵抗力，将包括安全和 CPTED 的理念在设计上融入到工程项目的众多层级之中？主要的考虑涉及建设和维护成本以及不方便之处。在"9·11"事件之后，成本费用和不方便性已经不再是正确有效的论点了。抵抗是徒劳之举：我们的敌人即将被同化。为什么假设即便对场地、建筑物或建筑物内部的资产不提供安全保护，也不会产生严重的后果？令人高兴的是，安全设计和保障建筑物和基础设施的安全，将有助于建筑物使用者的健康、安全和福利以及他们的财产安全，能够增进社区意识。

38

参考文献

［1］Atlas，R.（1992）Successful security. *Buildings*；*Facilities Construction & Management*.

［2］Atlas，R.（1993）Programming architectural security in facilities. In W. Preiser（Ed.），*Professional Practice in Facility Programming*. New York：Van Nostrand，pp. 491－510.

［3］Atlas，R.（1998a）Designing against crime：The case for CPTED training for architects.

Florida Architect.

[4] Atlas, R. (1998b) Designing for crime and terrorism: CPTED training is essential. *Security Design and Technology*, 8, 40 – 54.

[5] Atlas, R. (2004) Security design concepts. *Security Planning and Design: A Guide for Architecture and Building Design Professionals.* Washington, DC: American Institute of Architects.

[6] Atlas, R. (2006a) Architect as nexus: Cost effective security begins with design. *ArchiTech*, 30 – 34.

[7] Atlas, R. (2006b) Designing for security. *Construction Specifier*, 83 – 92.

[8] Crowe, T. (1991) *Crime Prevention through Environmental Design: Applications of Architectural Design and Space Management Concepts.* Boston, MA: Butterworth-Heinemann.

[9] Crowe, T. (2000) *Crime Prevention through Environmental Design: Applications of Architectural Design and Space Management Concepts*, 2nd edn. Oxford, U. K. : Butterworth-Heinemann.

[10] Demkin, J. (Ed.) (2004) *Security Planning and Design: A Guide for Architects and Building Design Professionals.* Washington, DC: American Institute of Architects.

[11] Sorkin, M. (2008) *Indefensible Space. The Architecture of the National Insecurity State.* New York: Routledge, Taylor & Francis Group.

39

建筑师与工程师间的互动

为了设计安全的基础设施，了解建筑师和工程师的关系以及安全设计专家怎样与他们进行互动沟通是很重要的一项工作。

多数情况下，建筑师和工程师在绘制施工图文件时，是在没有安全设计专家作为他们团队成员参与的时候共同努力的结果。正如我们所了解的，电气工程师并不一定是电子专家，但是，却经常参与设计火灾报警器和建筑自动化系统，这是屡见不鲜的事情。然而，随着先进技术和相关复杂性的出现，消防安全和安全系统本身便变成了一门学科。设计行业过去曾经有过这样一种想法，建筑安全规划与设计和电话公司很相像，因为你建造了大楼，然后要求安全设施承包商来安装他们的设备。如今的安全设施设备需要更多事前的规划和设计。建筑学是一门复杂、创新性的学科，它要求具备特殊的技能、接受多年的教育，以及积累和掌握工程项目经验的长期记录。建筑师、工程师和安全设计专家，必须彼此进行充分的沟通并协调他们各自的特殊需求，但是他们没有必要做对方的工作。很显然，我们必须理解每个人务必为设计过程提供什么服务和作出什么贡献。

5.1　建筑设计的参与人

建筑过程能够给安全设计师提供很多建议，但是建筑师首先要充分了解将安全因素融入建成环境的过程和阶段。安全顾问可能会因为涉及建造阶段、成本效益百分比、方案设计、技术设计，以及施工文件和说明书等不同阶段面临的问题时，对建筑设计师的理念产生困惑。如果我们将自己设想为安全部门的主管，设身处地进行换位思考，然后想象在客户组织内围绕水冷却器问题与首席财务官进行讨论时，就会面临这样的提问：安全部门是否应该参与新建或翻新改建的规划设计过程。更让你感到惊讶的是，你会被邀请去参加下周举行的建筑表达设计会议。在这次会议上，建筑师会按照方案设计草图/规划文件展示建筑物的石膏模型和他们最新制作的彩色效果图。当要求你检查空间规划或者确认是否具有"安全"的特性时，你就会开始有一种虚脱的沉没感了。建筑物大厅的入口与你即将挑选的安全检测设备相比，看起来要小得多，以至于不能正常安装该设备（图5.1），建筑物也没有设计安全指挥中心，发电机和

燃油箱安装在建筑物的一边，从你的角度看，类似的问题还有很多。这种事情
40　在全国范围内的数百栋建筑中日复一日地不断发生。

图 5.1　大厅因为安装安全筛查设备而进行重新改建。现
在的大厅乱糟糟地堆满了杂乱无章的物品，在繁忙的高峰
时期，再也没有适当的动感空间了

　　由于建筑公司从来不会站在客户的角度考虑他们对多种功能场所的需求，
他们仅仅只关心从建筑设计师的角度来看最好的东西，只关心又快又好地完成
目前正在翻修改建的工程项目，从来不会从可防卫的角度考虑建筑物的使用功
能。然而，事实上大多数地方都是这样，建筑物的每个位置都有可能成为帮助
或者阻碍我们安全规划得以实施的场所。正确的做法是，对每个位置在安全规
划中发挥的作用，都要进行积极和消极两个方面的特性评估，并将你的安全规
划在全部成本费用中所占的比例通盘考虑。

　　例如，一栋建筑物的选址，紧挨着一条河流，这就为该建筑物防止车辆非
法侵入或攻击提供了一个天然的屏障；而另一栋建筑物的选址，与邻里四周没
有明确的边界线，因此，从所有方向都可接近或进入。鉴于正在规划设施的房
屋设施面临着此类威胁，在第一种情况的场地选址过程中，相应的对策措施所
需的成本就最小；与此相对应的是第二种类型的建筑物的选址，委托人则需要
花费大量的投资，以便从建筑美学上使设置的安全障碍物能带给人们舒适的感
觉。有时候这一过程能够为人们提供合理的解决方案，而有时候却不能提供令
人满意的解决之道。但是，安全规划的制定确实避免了工程建设项目推进过程
中事到临头才临时抱佛脚的尴尬境地的出现，也能够避免严重超出工程预算的
安全成本费用。安全专家在制定安全规划时，需要与建筑师面对面地进行磋
商，这种安全专家与建筑师"一对一"的协商会议，能够提供安全需求与系
统信息方面最为有效的交流沟通。建筑师以及工程师们也能够将他们已经成功
地在其他工程建设项目选址中使用过的安全设计理念，为新的建筑选址提供相
关借鉴或者运用于其新的工作之中。

　　在选址和建筑设计过程中，面临的最大挑战是建筑师们的规划和设计过程
远远超前于安全主管或安全顾问们的理念。根据建筑师/工程师与客户之间签

订的合同，每项变化都会导致建造工作产生额外的费用。如果客户想在每一项设计和安全规划草图上签字确认，那么必须确保安全主管/顾问是整个变更进程中的一位参与者，以至于任何设计上的变化、建议或修改情况在正式确定之前，能被客户所采纳接受，这一点非常重要。

5.2 综合（总体）设计

如果一项功能性的安全系统设计没有进行仔细的规划和编制项目计划，那么该建筑物的安全特性将失去它的功能，同时也使硬件设施的安装和运行变得非常昂贵。在过去，安全系统彼此之间不会相互沟通协调，这种系统间的交流就是所谓的系统集成。需要明白的是，负责监控安全设备的保安知道，8 号门的情况可以用 3 号内部通话系统（对讲机）与其联系，而由编号 19 的摄像头进行监控。在过去，闭路电视系统（CCTV）有一道监视幕墙（图 5.2），通常情况下它为房间提供了过多的热量，远远超过了设施安全设备实际能够承受的限度。所有这些安全设备都是一个紧挨一个相互叠堆在一起，一点也没有考虑到工效学设计原理的运用。而且，这些安全设备都是事后才想起进行设计和安装的。那么，我们如何才能够避免类似的错误再次发生呢？

41

图 5.2　监视屏幕墙反映出了上百个摄像镜头。难道人们真的相信保安人员随时都保持清醒，并发现正在实施的犯罪活动吗

我们应该回顾一下建筑进程，特别是项目策划阶段。如果建筑功能真的能够决定建筑形式与风格，那么安全顾问和系统设计师必须考虑空间的使命，以及从最细节处为使用者着想。如果在建筑策划阶段需要对每个项目的空间和功能进行说明，就必须对各种设施设备的需求以平方英尺的计量单位表示出其长度或距离，同时必须富有远见地预见到安全需求的各种设施设备需要的空间和使用功能，包括电气设施、照明系统、消防安全系统、辅助设备以及声音处理设备。

5.3　设计指挥控制中心

安全设计者应该以预想的安全指挥中心设计蓝图开始工作，编制需要的安全设备的目录清单，并判断每件设备及物品所需的空间要求。虽然指挥中心仍然是一个办公空间，但是与其他普通的办公室的家具相比，却多了一些独一无二的仪器设备。其中的一种办公家具就是安全档案柜，其安全标准应当达到美国保险商安全检测实验室（Underwriters Laboratory，UL）5 级标准，它每个的重量都超过了 400 磅。一个这样的保险柜在房间里不构成什么问题，但是如果是一排这样的保险柜放在房间里，就可能对房屋的结构构成严重问题了，建筑设计师和结构工程师就必须意识到这一点。另一个例子，就是需要用电的包裹/行李箱的 X 射线扫描仪设备。对扫描仪需要特别考量的问题不仅是其电力负荷问题，还要包括 X 射线扫描仪的摆放位置。X 射线扫描仪不仅体积庞大，而且还非常笨重，通常情况下都是安装在房间的中间部位。面临同样问题的还有安全指挥中心的指挥控制台，按照当前的要求，它需要动力和通信基本设施，而且还要能够适应未来科技进步和技术升级更新的要求。指挥中心可能还需要提高计算机房式地板的安全等级。

在绝大多数控制中心，操作员需要写字板、参考资料、操作手册、工作灯、水杯等诸如此类的办公服务器材。每个物品都需要放在桌面上或存放在大小适当的抽屉里。设计师还应该考虑操作员在操作台上工作的人机工效学问题，因为一些人可能习惯用左手，而另外一些人则习惯用右手。他们需要设计也可以适合于左撇子的操作台，或者将操作台设计得足够灵活，能够以他们最为舒适有效的位置，随意移动操作诸如电话和无线麦克风等设备。

在监控中心中，用于监视的主要仪器设备，需要仔细考虑其摆放位置和大小面积（图 5.3）。对于平面监控器，墙面上有更多的空间可以使用，但是必须方便操作员能够轻易地解读监视器屏幕上显示的数据信息。在我访问过的一些医院控制室，在一个只有 17 英寸的监视器上，陈列有 8 个视频摄像机的图像，致使这些影像没有什么使用价值，这在业内被称为"不能正眼相看的景象"（Squint-a-vision）。

理论上讲，最为理想的状况是，在操作台前的操作员应该能够以最便捷舒适的方式操作所有的监控设备，应当以最小的头部运动，而且不用过度地绷紧脖子（图 5.4 至图 5.6）。如今设计的大多数操作台都对电子安全系统进行了完全的整合，但是仍然还有一些辅助性设备，诸如电梯控制系统、火警控制系统、楼宇自动化控制系统、计算机辅助调度系统、无线基站以及视屏监视器等，没有能够整合到平台的控制系统中去。

图5.3 图中所示是一个不符合人体工效学原理的不当设计的例子，显示器太小且太远，不能进行有效的观察监控

图5.4 控制室技术正成为一种与所有建筑系统集成的功能要素

图5.5 这是一个停车场的控制室，通过远程监视控制着64台摄像机。周围发现不了一个工作人员

图5.6 这是一个完美融合的控制室，具有良好的人性因素，并监视着所有的建筑系统

经验表明，建筑师和安全顾问在设计控制中心时，为了避免犯设计错误（图5.7），他们推荐了一种方法，为每个仪器制作一个有比例刻度的纸板模型，并将其放在尺寸大小适当的桌面上，观察不同的操作员根据他们的偏好进行操作的实际情况。制作实物模型本身就是一种练习，有时候能够提供一个优选的布局，或者能够得出对每个操作员都适用的一种布局，但这可能需要进行某种折中的处理。实物模型也为客户提供了一个操作员通常进行操作的示范模式，有些设备可能并不需要安放在操作平台上。但是，当使用频率与紧急操作或危机管理相关联时，必须谨慎地对待这一问题，并将其从易接近的

图5.7 图中所示的控制室的设计，就给人一种失控的感觉。在设计中没有考虑人性的因素

位置移除，否则会产生不利的后果。

　　在设计控制中心的过程中，系统设计员对所需要的所有设备进行说明并作出适当分配布局，同时还应当决定所需要的控制台的数量（图 5.8）。当他做这项工作的时候，安全设计员才能关注控制中心需要的其他物品，例如：打印机、传真机、档案柜、电键控制盒、氧气呼吸面罩存储柜、碎纸机以及储藏柜等。在提出对这些物品的使用需求以后，设计小组就可以回到实物模型区域，并且将一定大小的纸板设备模型放在空地板上进行展示。如果控制室需要有一个放置文件/密匙交换的出纳柜台式窗口，那么现在就是来考虑哪堵墙适合设置这样的窗口最好的时机。同样重要的是，需要既考虑到那些从外部接近出纳型窗口的人的视野范围，又要考虑到在出纳型窗口里面的人能够见到的视线范围。如果客户要求对某些范围的视线进行遮掩或模糊处理，设计者能够在进行设计时作出决定。安全顾问也应该审查居住者如何进入房间，以及指挥中心是否需要进口前厅或暗门。

图 5.8　图中所示是一个经过精心设计的控制室
注：承蒙温斯特德有限责任公司（Winsted, Inc.），布鲁明顿（Bloomington）的准许使用该图片，MN，http://winsted.com。

　　需要再三强调的是，指挥中心所在位置的指示标牌往往不是很清楚。控制中心的可到达性是另外一个重要的政策决定，需要作出决定是否让公众能够轻易地进入或者阻止无关人员进入。如果指挥控制中心是一个自运行的空间（图 5.9 和图 5.10），那么这里便需要一间小厨房或盥洗室。一些指挥中心的设计更倾向于电子安全设备室与指挥控制中心毗连，因为当人们进入建筑物时，基于安全控制的原因，要求员工进入安全前厅/太平门，而不能够直接进入指挥中心。

图 5.9 图中所示为精心设计的控制室一个典型样本

注：承蒙温斯特德有限责任公司，布鲁明顿的准许使用该图片，MN，http：//winsted.com。

图 5.10 图中所示为精心设计的控制室的一个典型样本

注：承蒙温斯特德有限责任公司，布鲁明顿的准许使用该图片，MN，http：//winsted.com。

指挥控制中心的设计需求可以理解为如下的要件。

安全指挥中心应该由以下的基本情况所构成：面积 500 平方英尺，并且铺设 4 英寸厚的地板，这样的设计要求将有利于铺设基础设施布线。进入指挥中心之前首先必须通过一个有较强抵抗力的安全门厅/太平门，并且装配有能够有效阻延或者承受至少 45 分钟攻击的防暴门。安全门厅的内部将装备一个出纳柜台式窗口和文件传送托盘，窗口和文件托盘具有较高的防弹能力，能够抵抗大口径的枪击射击。安全门厅/太平门至少需要 60 平方英尺。安全门厅应当有一个独立的门道进入安全电子设备室。安全设备室应当有 160 平方英尺。应当设计一个男女通用且面积近 40 平方英尺的房间，与安全指挥中心紧邻并且能够进入该中心，房间里的小厨房里有沐浴室和水槽、微波炉、咖啡台和冰箱。控制中心、安全门厅/太平门以及设备室的墙体内置监控装置（Control Monitor Unit，CMU），墙体由垂直面和水平面的强化钢筋混泥土构成。控制中心应该有来自所有毗连室的实际的气压，并且有独立的空调系统来对控制中心和设备室进行新鲜空气的传输和对个别温度的控制。指挥控制中心能够从所有比邻房间进行正向空气增压，有专用于补充新鲜空气的独立的采暖、通风和空调（Heating，Ventilating and Air Conditioning，HVAC）系统，指挥控制中心和设备房间，应当拥有单独的温度控制系统。

我们的安全设计标准在某种程度上，可能与下面的要求大同小异：

（1）两张功能齐全的控制台和一个管理监视控制台，由三台壁挂式 52 英寸等离子平面显示器组成三角形的布局。

（2）每个控制台都由这些组件构成：

A. 一个安全管理系统和一台 17 英寸平板显示器控制电脑；

B. 一个电梯监控器和一台 17 英寸平板显示器控制电脑；

C. 一台 17 英寸的平板闭路电视监控显示器；

D. 一个操作员使用的闪烁着忙线指示灯的电话控制台；

E. 一个带有台式麦克风的基站电台；

F. 一盏工作台灯；

G. 一本 3 号宾德编码器（3″ binder）装订的活页标准操作程序手册（*Operating Procedures Manual*，SOP）；

H. 一本 4 号宾德编码器（4″ binder）装订的活页应急操作程序手册（*Emergency Operating Procedures Manual*，EOM）；

I. 三本 3 英寸的参考手册；

J. 一个与网络选择开关器相连接的互通式手机/耳机；

K. 两个 4 英寸的橱柜；

L. 一个 2 英寸的抽屉；

M. 一个可调节/折叠的键盘托架；

N. 两个 5 级安全货柜；

O. 两台带有打印架的打印机；

P. 两个斯科特牌正压式空气呼吸器（Scott SCBA）陈列柜（内嵌安装在墙面上）；

Q. 一个密钥控制盒（安装在墙体表面，同时配备有不间断供电的 120 伏交流电压）。

大多数情况下，建筑师和工程师确实需要一位安全顾问，为他们从设备制造商提供的各类设备中挑选出合适的设备，方便他们获得相关的空间尺寸、电源供给和安装需求方面的信息。系统设计师应该记住的是，空间尺寸可能会随着制造商的不同而出现不同的变化，因为他们可能需要在没有替代物的时候订制一些部件，或者愿意接受不同生产厂商的设备，这有可能会影响到其他顾客的交易和设备。

5.4 设计安检大厅

接下来主要的安全系统设计问题是入口大厅的设计。根据我们的经验，客户的新设备是在主要的入口大厅中唯一能够看见的东西，他们希望通过我们的扫描仪器能够看清所有进入建筑物的拜访者及其行李包裹。我们首先需要考虑的问题是，大约在早上 8 点和下午 12 点 45 分这两个最繁忙的时间段内，通过入口走廊进入的人员数量。通过对入口大厅设计的检验，设计师也观察到在下午 12 点 02 分到下午 5 点 10 分之间会出现一个出口高峰。安全主管在获得了管理部门的批准后，为雇员出入口通道安装了光学传感的十字旋转门。在看了建筑师的方案设计图之后，安全顾问会发现为数众多的难题。首先，设计者需要规划出足够的空间，使每个人都能够便捷地进入，并且在恶劣的天气条件下，在获得充分的设备访问之前，也能够迅捷地离开大厅。

当安全顾问和设计小组在评审目前的大堂布局及其使用情况时，他们了解到，按照短的时间间隔内职员、访问者和提供服务者的进出情况，按类别进行人员统计排序，这一点是非常重要的。然后，这类数据将转变成入口通道的客流量，并据此界定入口通道必须具备的吞吐量。在设施允许员工不通过 X 射线检测仪检查包裹和/或进行武器侦测时，光学旋转式栅门的访问阅读器的吞吐率，要比标准的武器/爆炸物扫描仪的吞吐率要高得多（图 5.11）。如果经与客户商定并就安全等级水平取得一致的意见，只对访客进行安全检测扫描，那么我们就可以只设计一个安全检查通道和设计多道访问控制通道。这将随着每个设施和所需保护与检测的水平而有所不同。根据我们的经验，设施设备的数据表明，客户通常需要三道双向的光学旋转十字门通道和一道安全检查通道。武器和包裹的安全检查以及伴随着防爆设施设备，现在已经成为联邦四级建筑设施安全设计必须考虑的要求（图 5.12 和图 5.13）。[联邦应急管理局（FEMA）426（2003，2010），联邦应急管理局 427（2003），联邦应急管理局 E155（2004），联邦总务管理局（GSA）安全标准（2001），跨部门安全委员会（Interagency Security Committee，ISC）（2010），统一设施标准（Unified Facilities Criteria，UFC）（2003a，b），美国司法部（1995），温斯特德有限责任公司]

图 5.11 光学传感十字旋转栅门在大型办公楼中的运用

图 5.12 俄克拉何马市联邦政府大楼的门厅

图 5.13 俄克拉何马市联邦政府大楼大堂入口门道

　　鉴于所推荐的新设备要求利用访客管理系统以监测和发放访客证章，因此，安全部门需要在紧邻安全扫描检测区旁边建立一个证章标识区。在指挥控制中心的设计过程中，安全设计师也需要遵循同样的设计理念，进行有效的功能布局并规划设计大小适当的证章办公室或亭台。办理证章或标识的办公室是建立在安全扫描站的前面或者后面，这成为与客户讨论的一个独立的问题。如果客户允许带有公文包和行李的个人在未接受安全检查之前在门厅前等候，这可能是一种危险的做法。如果安全部门要求访问者和员工必须首先接受安全检查，那么，在访问者等候安全检查和获得证章或者等候护送的时候，保安人员必须能够控制访问者的行为。安全检查部门的决定，将影响建筑物及门厅的设计，但是快速检查物品并使其通过安检设备，仍然是一项非常重要的政策和程序（图5.14）。

当大堂门厅的布局完成后，系统设计师现在就能够选择使用什么类型的旋转式栅门（图5.15）以及金属探测拱门或桥门和扫描/检查设备了。大多数安全设计者希望在进出通道之间保持清晰的分隔线，以避免物品和违禁品在出入人员之间传递。美学在门厅设计和安检通道的安置中扮演着一个很重要的角色。在大多数情况下，当用户进入建筑物时，他们入眼所及首先会看到 X 光机以及放在设备顶部的监视器，以及一堆杂乱无章的电缆，偶尔还有咖啡杯和大量的塑料垃圾箱，在建筑设计师的视野里，这些景象都不应当出现在主要出入口处。但愿建筑设计师在某人向他指出丑陋不堪的安全检查设备之前，能够收到他的项目组合图片。

图 5.14 旋转栅门和大堂的设计，要能够进行有效的安全筛查

图 5.15 图中所示为免提式访问控制，它的透明面板能够防止有人借道后背后的员工进入通道

与建筑设计人员建立密切联系和尝试进行交流的众多价值之一是，将类似的材料用于安检大厅，使安全设备加工的设计能力得到了提升（图5.16和图5.17）。这种协作能极大地提升设备的视觉效果，并且可以替代昂贵的不锈钢柜台，不锈钢构件在一些建筑风格和结构中会显得格格不入。

例如，一旦客户与安全主管决定了用什么类型的十字旋转门，系统设计师才能与建筑师和/或者室内设计师一道，讨论十字旋转栅门的布局并完成安装，其中包括他们对旋转栅门的选择和具体安装过程的说明。同时，还必须咨询电气工程师们的意见，确保能源动力和讯号导管有合适的预埋管出口和正确的路径。在这个节骨眼时刻，设计组可能在提交最终设计文件之前，要制作一个安全大厅旋转栅门空间的缩尺模型，并测试其可操作性。一个成功的且功能完备的安全控制室或指挥中心，只能通过与所有相关的学科进行密切协调的沟通和相互合作才能完成，每一个学科都可能对这个过程有所贡献。安检大厅设计涉及的大部分学科和材料，都会在他们的施工文件中有所说明。

图 5.16 图中所示为在联邦法院入口大厅的安检设备，将和人员扫描设施融入建筑物中

图 5.17 旧金山联邦大厦不仅有防爆墙设计，而且还将武器和包裹扫描设施全部整合到建筑物的内部结构中，并且与建筑材料选用有机结合

5.5 设计货物装卸作业区

建筑物中引起安全关注的另外一个脆弱点区域，就是货物装卸作业区域。安全顾问和设计小组面临着全新的一系列挑战。每个设备脆弱性评估（Vulnerability Assessment）和威胁分析（Threat Analysis），都必须要确定客户能够接受的风险数量。如果为了安全、保险和企业业务的连续性起见，需要对进入建筑设施内的物品进行检查，那么安全主管就面临着作出决定，是否对到达货物装卸区域的物品进行安全性扫描检查（图 5.18 至图 5.25）。确保装货作业区安全的关键问题包括：

- 客户是否想检查访客带来的所有物品？
- 客户是否想检查递送的所有物品？
- 客户是否想检查员工所携带的物品？

图 5.18 随着技术的迅速发展，在行李包裹的安全检查方面，也能够适应违禁物品威胁的变化

图 5.19 货物装卸作业区的设计，应当能够满足各种类型的大卡车进出货场的需要，并有能力安全将它们固定或堵塞在封闭的建筑物中。这个装载区域通过栅栏提供保护，以防止未经授权的车辆进入装载和投递传送区域

51

图 5.20　这辆卡车停放的位置与密闭建筑呈直角，结果是货物从卡车的北箱直接"掉下来"，就像我们在新泽西所说的那样。由于没有与密闭的建筑物连接起来，因而为小偷小摸行为和窃贼提供了机会

图 5.21　这辆货车不是倒退进行建筑密封口，是因为通往装卸货物区域的道路设计不允许货车倒车入库，因而也为小偷小摸行为和窃贼提供了机会

52

图 5.22　这个货物装卸作业区域安装有一个滚屏扫描设备，因而能够阻止未经授权的车辆进入

图 5.23　当安装有倒闸卷帘门时，就必须设计安装一个传感器来监测装货门是否打开。通过按压开关以检测闸门是否打开或关闭

53

图 5.24　图中所示为纽约市洛克菲勒大厦的货物装卸区，安装有车辆栏障装置，以保护建筑物攻击的脆弱部位

图 5.25　这个货物装载平台正在指挥卡车倒车入库，安装了一个安全密封室，因而有很好的访问控制和自然监视

在前面提到的法院大楼的事例中，对所有这三个问题的回答都是"是的"，但在绝大多数公司中，在回答这些问题时，只同意在货物装载码头和游客区域进行安全检查。

当涉及对访客进行安全检查时，保安部门通常情况下会选择使用我们经常在机场安检处见到的由美国运输安全管理局（Transportation Security Administration，TSA）规定的标准安检设备：开放式 X 射线扫描传送带通道，大约 24 英寸宽、18 英寸高。但是，这种安检设备对装载码头来说，可能太小了。每个单位都会根据所收到的物品材料不同而有不同的安全需求。在某些情况下，运输带都安装在紧挨地板的高度以防止物品超出运输带而掉落。在对货物装卸作业区进行布局设计之前，安全顾问必须对正在设计之中或者翻新改建的建筑物一周中的每一天可能递送的物品的频率和质量进行分析评估。风险评估也能揭示出一些需要在操作上进行改变的建议，诸如客户接受交付的货物。如果客户的货物装卸区只接收小件物品，那么客户可能会选择与大堂入口的安检设备相同型号的货物检查设备，就能够获得最好的服务（图 5.18）。类似的设备也可以在大厅设备不起作用时作为一个备份，或者在客户需要置换仪器时作为替代品。如果客户需要更大的安检设备，那么是时候考虑设计安装一种更大的开放式传送带安检设备，通常是 38 英寸宽、38 英寸高。同时，这个时候也正是同建筑师讨论设备选择的时机，因为大多数仪器的传送带仍然安装在离地板 12 英寸的高度。系统设计师可能会要求建筑师降低设备安装的高度，以便他们能将运输带安装的位置保持与地面平行的高度。

为了提供不间断的能源动力供应，安全顾问需要与电气工程师协作。在建造设备安装的混凝土地基凹槽或机器设备周围的机制木工产品时，需要牢牢记住的一点就是，将来的替换设备可能与现在设备的型号尺寸不尽相同，需要占用的基座面积也会有变化。因此，应当为今后的设备更换预留一点宽余的空间，并用填充板夯实余空。系统设计师还需要与负责该区域的人员协作，就设备的所有标准和应急操作程序问题进行讨论，以确保设计建成高效安全的工作环境，同时允许卡车能够进行直角型停靠。因此，不好的场地规划可能会造成和加剧货物装卸作业区安全能力的下降。

伴随着当今存在的各种威胁，设计一个控制和指挥中心，还需要将诸如车辆撞击、化学/生物威胁以及防爆等这些挑战纳入考虑范围。在设计防爆炸、化学/生物袭击的缓冲和保护区域时，设计师可能还需要与在这方面受过专门教育的工程师进行磋商。化学/生物保护设计师是很专业的，他们在生物医学领域和工业工程领域里经常与危险物品打交道。许多机械工程公司都有在高效微粒空气（High Efficiency Particulate Air，HEPA）过滤器和吸附过滤器系统领域工作的经历。

制造商在对化学及生物威胁进行监测的实时监控和早期预警方面，取得了飞跃进步。对一些小规模的物而言，由建筑安全保护系统公司（Building Protection Systems Inc.）生产的阿尔法哨兵一号系统（Alpha Sentry One System）就已经足够胜任。该系统有四个传感器，非常适合学校或医院、中型建筑大厅或易受攻击的空气进气口位置。该系统能够在几秒的时间内可靠地检测并识别毒素（从外部输入或内部设施释放），并自动激活预设的安全应急协议，通过完全关闭通风系统和关闭风门以隔离毒素，从而保护建筑资产和建筑物的使用者免遭毒气侵袭或可能的伤亡。系统设有通信模块可以将实时数据发送到安全指挥中心或远程监控设备，辨识毒质及其所处位置，使紧急救援人员能够加快完成安全的建筑救援。该系统设计能够用于恶劣环境下的工作，消除误报，且不需要进行传感器校准。该系统的一个大型号专门用于大型建筑，称为地铁哨兵一号（Metro Sentry One），可以扩展到 32 个传感器。这些系统的定价是基于保护新鲜空气入口和回风静压箱所需的传感器数量而定，平均每平方英尺 70 美分，总计 2013 美元左右。

54　　　　位于内布拉斯加州奥马哈市的保护设计中心（Protective Design Center，PDC），隶属于美国陆军工程师军团（US Army Corps of Engineers，USACE），已经发布了有关武装部队保护与反恐怖主义的设计指南，通过维持足够的建筑后退和良好的工程实践来确保设施的生存。这些出版物现在已经获准限量发行，并且有两本普通的支持手册。跨部门联合安全委员会（The Inter-agency Security Committee，ISC）（2004）已经发布了有关新建联邦办公大楼和重大的现代化建设项目（Major Modernization Projects）的《ISC 安全设计标准》（*ISC Security Design Criteria*），只供官方使用。第 19 章论述了不断修订和更新的代码和标准，清楚地阐明在你的工程项目中所使用的版本信息或者发布的解释是非常重要的，我们将在后面的章节中进行更加详细的论述。

在陈述清楚了安全系统的外部组件之后，安全顾问现在便能集中精力处理整栋大楼的控制和检测设备了。通常情况下，这项工作的完成，主要是通过用户组群或部门设计会议确定设备在最新的楼层平面图上的位置。将这些仪器设备固定在平面图上，表面上看起来似乎很简单，但实际上这项工作同样需要其他很多学科专业的人才共同合作才能够顺利完成。例如，在规划设计的过程中，在门厅走廊的天花板中心设计一个楔形或者圆形的闭路电视摄像机的外壳实在是一件很简单的事情；但是在具体的安装过程中，要确保在摄像头的视线范围前面，没有消防喷头或出口标志或建筑物的结构梁柱阻碍视线，则是一件非常艰难的事（图 5.26 至图 5.29）。

图 5.26　百闻不如一见，一张图片胜过千言万语

图 5.27　摄像头对准摄像头？难道这是真的吗？然而，事实上一个镜头可能是倾斜的云台变焦，其他的镜头则可能是固定视角

图5.28 在紧邻闭路电视摄像头的旁边安装金属卤化灯，会产生一种眩光，使摄像机的镜头查看该区域的能力降至最低程度

图5.29 （参见彩图）这家便利店在摄像镜头后面又安装了一个监控摄像机。图片中总共有六个摄像镜头，你能够全部找到它们吗

安全顾问和建筑承包商必须理解建筑设计师和室内装饰设计师关于天花板吊顶的设计理念，从而减少彼此间的冲突。对于定位门上的控制装置，也是同样的道理。理解建筑法律规范的要求，以及与建筑师和门窗五金硬件顾问进行协调的工作，不但非常困难而且还很耗时，但是必须确保密钥控件排程、最终完成时间表以及操作参数能够进行系统集成，而且准确无误。为了使设施布局完备，将我们指挥中心的所有细节进行放大处理，包括视频筛选区域、货物装卸作业区域以及其他任何区域，与系统立管图一道，共同展现出所有安全设备之间的联络状态和相互关系。设备计划的制定将明确每一个设备的类型、颜色、制造商、操作程序和安装细节，还包括对每一种设备的施工要求。

5.6　计划周详、精心设计安全系统

一旦设计图完成，系统设计师将完成书面计划说明书。计划说明书要么是基于技术性要求制作的，要么是基于执行性。安全设计师需要弄清楚的是，如果他们指定一款具体的设备，那么他们也必须详细的说明符合规划设计或者系统集成的具体要求（图5.30）。建筑承包商应该只负责将设备运到指定的场地，并在适当的地方将其安装好，确保其正常运作。确保他所运来的设备能与其他所有设备和系统正常运转，并不是他的职责。

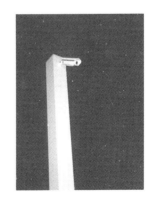

图5.30 现在流行的一代视频监控摄像机已经非常微小，以至于在建筑结构环境中几乎不易被发现。你能在照片中找到摄像机镜头吗

5.7 小 结

一项成功的建筑项目设计就像听管玄乐队演奏一样，只要每个人都演奏着同样的曲子，并且能够保持节奏一致，就能奏出令人愉悦的旋律（图 5.30）。

但是如果每一位音乐家演奏不同的乐谱，并且拒绝按照指挥的节拍演奏，那么听众将经历一个漫长的痛苦之夜并听到不协调的杂音。安全系统设计已经发展到了需要属于自己的专家的阶段，包括电工方面的专家。然而，电气工程师并不是为安全和系统的设计而专门培养的。这就像一个牙医从来不做清洁牙齿的例子一样，这项工作主要由口腔卫生医学师来做，他们比牙医做得更好。同样的道理，可以运用到安全系统的设计中去（图 5.31 和图 5.32）。从设计过程的开始，就让电气专家与来自其他领域的专家们一道协调配合，共同参与建筑设计和制作说明书，建筑和设计团队将会很容易理解并整合安全顾问对房屋内的固定设施（浴盆、抽水马桶等）和室内家具的陈设布局的理念。通过环境设计预防犯罪（CPTED）方法可以判明保护基础设施安全需求并用于设计出适当的物理响应机制。客户的目标是获得经过周详考虑精心设计的功能性安全系统，能够对他们资产面临的各种威胁、风险和脆弱性进行分析并作出响应。

图 5.31 设计精良和协调的入口控制系统使员工能够轻松舒适地应对工作

图 5.32 技术方案能有助于解决问题，但是人们必须能在问题出现时进行人为干预中找到平衡

参考文献

[1] Alpha Sentry One Compact System Controller. Building Protection Systems Inc. San Francisco，CA. www. bpsiglobal. com.

[2] FEMA 426. *Reference Manual to Mitigate Potential Terrorists Attacks against Buildings*，2003，2010.

[3] FEMA 427. *Primer for Design of Commercial Buildings to Mitigate Terrorist Attacks*，2003.

[4] FEMA El55. *Building Design for Homeland Security*，2004.

[5] GSA Security Criteria. General Services Administration，Chapter 8，PBS - PQ - 100. 1，2001.

［6］ Interagency Security Committee （ISC）. *Security Design Criteria for New Federal Office Buildings and Modernization Projects.* September 29, 2004.

［7］ Interagency Security Committee （ISC）. *Physical Security Criteria for Federal Facilities.* April 12, 2010.

［8］ Unified Facilities Criteria （UFC）. *DOD Minimum Antiterrorism Standards for Buildings.* October 8, 2003. 2007 Update.

［9］ Unified Facilities Criteria （UFC）. *DOD Minimum Antiterrorism Standards Distances for Buitdings.* October 8, 2003.

［10］ U. S. Department of Justice. *Vulnerability Assessment of Federal Facilities.* U. S. Marshals Service. Washington, DC: Government Printing Office, June 28, 1995.

［11］ Winstead Inc. —Control Room Consoles.

解读 CPTED 和情境犯罪预防[*]

　　通过环境设计预防犯罪（CPTED）是一种环境犯罪学理论，主要是基于这样一种理论假设：通过对建筑及周围环境的适当设计和应用，即通过阻吓犯罪和降低对犯罪的恐惧感，从而提高人们的生活质量。在设计新的建筑物或者对现有建筑物进行翻修改建时，为了能够更为有效地与当地的犯罪预防官员、安全专家、建筑设计机构、筑师和设计专家，以及其他人员一道开展工作，安全和犯罪预防实践者应该彻底理解 CPTED 的理论、概念及应用程序。

　　本章的目的，在于为读者提供理解和应用 CPTED 理论和概念所需要的一些基本信息。我们并不期望读者们在短时间内快速地成为犯罪专家；很少有人能够透彻地理解犯罪和犯罪行为的本质及其因果关系。但是，CPTED 是基于常识和对人们为了合法的或者非法的犯罪目的而使用一个给定空间的高度意识。

6.1　序　论

　　几个世纪以来，历史学家和研究者们一直都在研究环境与行为之间的关系。CPTED 在各种不同学科的知识基础之上，提炼总结出了自己的理论框架，包括建筑学、城市设计与规划学、园林建筑、社会学、心理学、人类学、地理学、人类生态学、犯罪学和刑事司法学等众多领域。

　　第一批有关犯罪与环境的研究著述的大量出版，应当归功于芝加哥大学的社会学家团队（Park、Burgess、Shaw and McKay）。研究人员认为，在一些特

---

* 作者：塞韦林·索伦森（Severin Sorensen），约翰·G. 海斯（John G. Hayes），兰迪·阿特拉斯（Randy Atlas）。本章的部分内容是根据作者以前所写的一些文章和其他著作的相关内容整合而成，可能在美国威利出版公司出版的下列出版物中发现相似的内容：《建筑制图标准》（*Architectural Graphics Standards*）第 10 版，拉姆齐/霍克编著（Ramsey/Hoke），美国建筑师协会和约翰·威利父子（John Wiley & Sons）出版公司联合出版，ISBN：0471348163，2000；《安全规划与设计：建筑师和建筑设计专业人员指南》（*Security Planning and Design*：*A Guide for Architects and Building Design Professionals*），德姆金（Demkin）著，美国建筑师协会和约翰·威利父子出版公司联合出版，ISBN：0471271567，2004。我们要特别感谢美国建筑师（ASIS）和约翰·威利父子出版公司允许我们在本书中复印相同的章节内容。

定的居民拥挤、住房破旧的市中心贫民区，由于社会组织解体或者社区控制的缺失，从而滋生了高犯罪率，进而导致中心商务区的同心圆（Concentric Circles）① 区域的减少。在做这个研究的时候，芝加哥大学的社会学家们反对早期的犯罪学理论信条，因为他关注与犯罪存在因果关系的个人的特性。

在早期的伯吉斯（Burgess）、帕克（Park）、肖（Shaw）和麦凯（McKag）的研究著作问世之后，城市规划专家詹妮·雅各布斯（Jane Jacobs，1961）提出了"街道眼"（Eyes-on-The-Street Theory）理论。利用个人观察和轶事趣闻，雅各布斯认为，通过建筑物朝向街道的方位定向，明确区分公共和私人领域，以及将户外空间紧邻密集使用的区域，就能够减少住宅区的犯罪。雅各布斯在《美国大城市的死与生》（*The Death and Life of American Cities*）一书中提出的见解使警察和规划者们意识到了"街道眼"理论作为一种犯罪预防工具的重要价值（图 6.1 和图 6.2）。② 但是，如果没有社区或者参与意识，即便是存在这种街道眼（或窗户），也不足以防止犯罪的发生。这方面最令人震惊的事例是

---

① 同心圆理论（Concentric Circles），指城市土地利用的功能分区，环绕市中心呈同心圆带向外扩展的结构模式，是城市地域结构的基本理论之一。1925 年美国社会学家帕克（R. E. Park）与伯吉斯（E. W. Burges）等通过对美国芝加哥市的调查，总结出城市人口流动对城市功能地域分异的五种作用力：向心力、专业化、分离、离心、向心性离心。它们在各功能地带间不断交叉变动，使城市地域形成了由内向外发展的同心圆式结构体系。其结构模式是：一是中心商业区，是商业、文化和其他主要社会活动的集中点，城市交通运输网的中心；二是过渡带，最初是富人居住区，以后因商业、工业等经济活动的不断进入，环境质量下降，逐步成为贫民集中、犯罪率高的地方；三是工人居住区，其居民大多来自过渡带的第二代移民，他们的社会和经济地位有了提高；四是高级住宅区，以独户住宅、高级公寓和上等旅馆为主，居住中产阶级、白领工人、职员和小商人等；五是通勤居民区，是沿高速交通线路发展起来的，大多数人使用通勤月票，每天往返市区；上层和中上层社会的郊外住宅也位于该区，并有一些小型卫星城。这个简单模型说明了城市土地市场的价值区分带：越接近闹市区，土地利用集约程度越高；越向外，土地利用越差，租金越低。帕克与伯吉斯将该理论运用于分析城市青少年犯罪的成因及其居住地的地理分布，提出了"犯罪同心圆论""犯罪生态学论（犯罪制图学论）"。他们认为犯罪是社会和文化环境的产物，急剧的社会变迁、移民与人口流动等造成社会的迅速多元化，使各不相同的民族不自觉地共同生活在一起，使人们感到无所适从，因而犯罪率的上升也就在所难免。解决问题的办法就是要向新移入的居民灌输主流社会的文化，通过社会主流文化来形成对每个社会成员的有效控制。——译者注

② 詹妮·雅各布斯（Jane Jacobs，1916 年 5 月 4 日至 2006 年 4 月 26 日），美国裔加拿大新闻记者、作家，美国规划学家，因其在城市研究、社会学和经济学方面的研究和新闻报道而成为在这些方面最为著名的社会活动家。她于 1961 年出版了一本具有影响力的书《美国大城市的死与生》（*The Death and Life of Great American Cities*），在该书中她提出，城市重建（Urban Renewal）运动不尊重绝大多数城市居住者的需求，并创造性地提出一些社会学概念，比如"街道眼"（Eyes on The Street）、"社会资本"（Social Capital，意指交通、卫生和通信等基本设施）。她在《美国大城市的死与生》一书阐述了两大核心原则：第一，城市是街道。街道不是城市的血管，而是城市的神经网络，是积累的智慧。第二，城市多样性与密度互相加强，形成良性循环。街区人越多，商店和社会组织或者俱乐部也越多；商店和俱乐部越多，吸引越多的人前来。因此，把街道移到城堡式的艺术中心或者商业广场，或者停车场式的大厦，对城市的健康不利。雅各布斯被誉为 20 世纪上半叶对美国乃至世界城市规划发展影响最大的人士之一，她的著作《美国大城市的死与生》不仅震撼了当时的美国规划界，而且，现在人们早已习惯把该书的出版视作美国城市规划转向的重要标志。很多人甚至认为正是这本书终结了 20 世纪50 年代美国政府以铲除贫民窟和兴建高速路为特征的大规模的城市更新（改造重建）运动。她提出了一个著名的论断：好街能够向行人提供"街道眼"，保护我们不受罪犯的侵害。——译者注

1964 年 3 月纽约市发生的基蒂·吉诺维斯（Kitty Genovese）谋杀案①。吉诺维斯女士清晨外出时，就在她居住的公寓大楼外被一名男性攻击，该名罪犯不停地用刀子捅刺她并强暴了她。邻居们均听见了她的呼救声并目睹了整个过程，但是没有人报警和伸出援助之手。她的死亡最终引起了全社会强烈谴责，谴责这种熟视无睹甚至无动于衷的公众冷漠行为，她的邻居们完全听见并目睹了整个犯罪及受害过程，但是没有人采取任何措施。

61

图 6.1 通过艺术行为展示的"街道眼"

图 6.2 房屋建筑上的街道眼

---

① 基蒂·吉诺维斯（Kitty Genovese）案件，被认为是"旁观者效应"或者"责任分散效应"的经典案例。1968 年 3 月 13 日，28 岁的美国酒吧管理员基蒂·吉诺维斯在她居住的公寓大楼邸园（Kew Gardens）外面，被一名 28 岁的曼哈顿居民温斯顿·摩斯利（Winston Moseley）乱刀刺死，该栋公寓紧邻纽约市皇后区。犯罪人摩斯利在事件发生后 6 个星期后因为入室盗窃而被捕，在羁押期间他主动供述是其杀害了吉诺维斯。摩斯利因犯谋杀罪而被法庭判处死刑，后来改判为终身监禁，在监狱里关押了 52 年一直到 2016 年 3 月 28 日 81 岁时才去世。在媒体简短报告基蒂·吉诺维斯被害事件之后 2 个星期，《纽约时报》（The New York Times）刊载了一份长篇报道，详细介绍了基蒂被害当时的情况。报道说，公寓大楼的邻居们中，有 38 名证人看到或听到这起袭击事件，但没有一个邻居向警察报案，也没有提供任何形式的帮助或者干预。这一事件立即引发了人们对所谓的"旁观者效应"（Bystander Effect）或者"吉诺维斯综合征"（Genovese Syndrome）的调查研究。然而，研究人员对这一事件提出了质疑。在 2015 年，吉诺维斯的弟弟比尔（Bill）说，警方确实收到了两次报警电话，但没有作出回应，因为他们认为这是一件家庭纠纷，并指责《纽约时报》的报道存在有缺陷。在摩斯利于 2016 年去世后，据《纽约时报》承认称自己当时的报告"有缺陷"，声称原始故事"严重地夸大了证人的数量及其人们对此事的感知"。但是，由该事件引发的旁观者效应的研究却成为心理学尤其是社会心理学一直以来关注的主题之一。旁观者效应是一种社会心理学现象，也称为责任分散效应，是指在紧急情况下，由于有他人在场而产生的对救助行为的抑制作用，没有对受害者提供帮助的一种心理现象。在紧急事件中，旁观者人数越多，抑制程度越高。从心理学上讲，"旁观者效应"是指对某一件事来说，如果是单一个体被要求单独完成任务，责任感就会很强，会作出积极的反应。但如果是要求一个群体共同完成任务，群体中的每个个体的责任感就会很弱，面对困难或遇到需要担当责任时往往会退缩。因为前者独立承担责任，后者期望别人多承担点儿责任。"责任分散"的实质就是人多不负责，责任不落实。——译者注

6.2 当代犯罪学有关犯罪、犯罪行为及其潜在目标的理论

"通过环境设计预防犯罪"概念首次出现在 1971 年由犯罪学和社会学家雷·杰弗里（C. Ray Jeffrey）所编写的著作中。受到雅各布斯（1961）著作的启发，杰弗里（1971）对传统保守的犯罪学理论提出了挑战，将不同学科间的方法运用到了犯罪预防上。在他的著作中，杰弗里运用跨学科的方法，包括刑法学、社会学、心理学、司法行政学、犯罪学、刑罚学及其他学科领域的方法，分析了犯罪的因果关系。他还借鉴了在当时来说相对较新的领域——包括系统分析、决策理论、环境保护主义、行为主义的分析方法，以及几种犯罪控制模式。

虽然不同类型的犯罪受其发生环境的影响不同，但几乎每一种街头犯罪、侵害人身或财产的犯罪都受到物理设计、规划布局的影响，或者受到诸如受害人或侵害目标的存在、缺乏有力的监护以及缺少监视机会等情境因素的影响。相关的犯罪理论，例如环境犯罪学理论（Environmental Criminology），特别关注对提供犯罪发生机会的环境因素进行分析。鉴于此，许多犯罪理论都可以将其归为"犯罪机会"（Crime Opportunity）理论。环境犯罪学理论、理性选择理论（Rational Choice）、情境犯罪预防理论（Situational Crime Prevention）、日常活动论（Routine Activity）、机会类型论（Opportunity Model）、犯罪地理论（Geography of Crime）和热点犯罪理论（Hot Spots of Crime）等所有犯罪学的理论，都可以用来解释提供犯罪机会的各种因素（Sorensen et al.，1998）。

从 20 世纪 70 年代至 90 年代实施的研究表明，某些环境可能会激起人们非正式的社交聚会和联系、犯罪并增加人们对罪犯的恐惧。这些环境包括灯光昏暗的区域、有不当租户组合的高层建筑、共同分享一个主要入口的多单元的公寓大楼，以及非常拥堵的交通。相反，研究者发现，社区活动中心的出现和管理良好的公共公园等，增强了人们之间的社会互动、自然监视和其他非正式的社会控制，这些环境因素都降低了犯罪和对犯罪的恐惧。

依据理性选择理论，只有当犯罪人在充分考虑自身的个人因素（例如对钱财的需要、廉价的刺激、娱乐和报复等）和情景因素（潜在的警察反应行为、目标的可利用性、灯光照明情况、监控设备、接近或者进入目标的路径、实施犯罪所需的技能和工具等）之后，才能决定是否冒险实施违犯法律的行为。在实施犯罪之前，绝大多数罪犯（除了毒品刺激下的冲动型罪犯、恐怖主义行为和变态心理犯罪之外）都会评估所担负的风险、预期将会受到的刑罚、惩罚的严厉程度、从犯罪行为中获得的潜在价值，以及他们需要立即实施犯罪获得犯罪目标物的迫切程度。

因此，做出实施某个特定类型犯罪的决定，是一种个人决策问题，即个人基于大量各种不同的变量进行评估，以及对决策过程中大量可资利用的有用信息进行评估之后做出的决定。对盗窃行为的研究表明，行窃者如果察觉到房屋

太大具有很高的安全挑战性，或者盗窃物品的价值或回报不足以让他们实施盗窃行为，或者目标受到警卫、警察、有能力的监护者（Capable Guardians）（祖母、门房或门卫、前台职员、秘书或接待员、管家、大狼狗）的保护的时候，他们就会放弃侵入的企图（图 6.3）。证据表明（Siegal，1999，p. 104），做出实施犯罪的决定，不论其实质如何，都是由以下的各种选择所构成的：

（1）犯罪在哪里发生；

（2）目标的特性特征；

（3）完成犯罪所需的方法和技能。

除了犯罪预防理论，安全专家也需要了解当代犯罪学关于罪犯是如何选取他们的目标，以及犯罪目标的选择如何被目标项目脆弱性感知（Perception of Vulnerability）所影响。

62

图 6.3　有能力的守护者监视街道上的活动

6.2.1　目标选择

对职业惯犯和偶发罪犯进行的研究表明，他们通常都经过了理性决策过程才对目标做出选择。罪犯每天都在注意潜在的目标：忘记取走钥匙的汽车，打
63　开门窗或者未关闭门窗的住宅和商业场所，外出度假时无人照料的房屋等。对入室盗窃案件进行的研究（Scarr，1973；Repetto，1974；Cromwell et al.，1991；Bernesco and Nieuwbeerta，2005）表明，位于独头巷道和树林环绕的房屋是很有诱惑力的目标。一些研究者认为，利用公共交通工具或步行的街头犯罪人，更有可能被吸引到一个城市的市中心，特别是一些他们非常熟悉的区域和开放区域，这些区域能够给他们提供易于接近的潜在目标。

环境塑造的因素或诱因有助于产生犯罪机会，容易形成特殊类型的机会（Brantingham，1991，1993）。机会类型一旦形成，相应的犯罪类型也会跟着形成。犯罪预防专家分析这些机会形成因素、机会类型和犯罪类型，并以此来设计和实施适当的情景犯罪预防和犯罪特殊预防措施。

布兰廷罕姆（Brantingham）研究的理论假设是，罪犯的犯罪选择受到目标可用性和易受侵害性感知的影响。他假定，每一起犯罪案件的发生，都应当理解为是实施犯罪的犯罪人、受害者、犯罪目标以及在特定时间、特定地点和特定环境下的法律相交叉汇集的结果。罪犯通常选择特定的邻居实施犯罪，或是因为他们熟悉及交通便利，或是因为这些邻居经常在开放且易受攻击的区域活动，或是因为这些邻居所处的环境为他们提供了很多潜在的逃跑路线。因此，目标越合适，越容易接近，犯罪发生的可能性就越大（AICrime，2003）。

6.2.2 潜在犯罪人的视角

研究表明，物理环境的特性能影响犯罪发生的机会。周围环境的物理特性明显影响着潜在罪犯的视角，及他们对潜在犯罪地点的评估。这项评估的一部分内容还包括对实施犯罪的地点或附近周围环境的自然守护者（居住者、过路人、狗等）的可利用性和可见性进行判断。罪犯在决定是否在某个地方实施犯罪时，通常会在考虑以下问题后才会进行，这些问题通常被视为一种理性的犯罪视角：

- 进入该区域简单容易吗？
- 侵入目标表现出来的可见性、吸引力或易受侵害性如何？
- 被发现的机会有多大？
- 如果被发现，该区域的人可能会采取什么样的反应？
- 在实施犯罪后，该区域是否有一条快捷、直接的逃离路线？

因此，犯罪地点的环境物理特性可能会影响潜在犯罪人的选择，通过改变被发现的机会和重塑存在犯罪风险的公共与私人空间，则可能影犯罪人的机会选择。如果潜在的犯罪人感觉到被发现的机会降低了，或者如果犯罪人相当肯定他们不会被认出或逮捕而能够顺利地离开犯罪现场，那么犯罪发生的可能性也就越大。事实上，如果一个场所缺乏自然的或有能力的守护者，那么这个地方就可能会成为犯罪的目标。

6.2.3 有能力的保护者的概念

日常活动理论认为，场所中存在干练有能力的守护者，会阻止犯罪。罪犯通常会避免选择那些受到武装保护、有能力抵抗或存在潜在危险的目标和受害者。他们通常都远离那些他们感觉到有警察、保安人员、好管闲事的邻居等积极防御性巡逻的区域，或者远离那些与家庭成员如祖父母一起居住生活的家庭。同样地，犯罪人也会绕开一些消极被动的障碍物，诸如报警系统、栅栏、门锁、狂吠的狗，或其他类似的物理障碍。

这种回避现象对经验丰富的执法人员或安全从业人员来说，是一种直观的原始逻辑性（Intuitively Logical）。犯罪人将寻找那些最容易实施犯罪的道路，而不会使自己面临更大的风险或者挑战，除非他们认为承担这种风险是值得的，犯罪所得的回报足以使他们忽略他们对风险的感知。自然监视和干练胜任 64

的守护者的概念，是一个非常强有力的工具，对一个潜在的犯罪人来讲，可以降低他感觉到的和实际存在的犯罪场地的脆弱性。CPTED 策略利用有能力守护者概念，在组织（人员）分类策略的范围内使用该概念。

6.2.4　犯罪人的选择

犯罪人或潜在的犯罪人受到那些可能引导他们做出犯罪选择的个人因素（Pezzin，1995）的制约。研究表明，如果犯罪人认为会出现以下情况，就会停止犯罪：

- 从犯罪活动中获得的收益会降低；
- 存在有其他有吸引力且合法的产生收入的机会。

阿格纽（Agnew，1995）认为，人们更倾向于选择犯罪的生活而不是符合社会认可的行为，表现出以下的性格特征：

- 他们缺乏典型的社会限制和感知行动（迁徙）自由，即使在那些他们不请自来和不受欢迎的区域和空间；
- 他们缺乏自我控制，也不怕受到刑事惩罚；
- 他们面临着一些严重的个人问题，这些问题促使他们选择实施冒险行为［类似于典型的白领犯罪人（White Collar Criminal）］。

在任何时候，都存在一些有能力实施犯罪行为的人，他们都会充分利用易受攻击的目标，不管这些目标是人、建筑或者是其他设施，就他们实际攻击的目标而言，对易受攻击性（脆弱性）的感知驱使他们做出犯罪选择。

6.2.5　可防卫空间理论视野下的 CPTED

奥斯卡·纽曼（Oscar Newman）出版了他在居民区运用 CPTED 理论的研究成果（1972），在《可防卫空间、通过环境设计预防犯罪》（*Defensible Space，Crime Prevention through Urban Design*）一书中，论证了规划布局和建筑物是怎样成为犯罪行为的侵害对象的问题。在他的研究中，纽曼提出了人的领地、自然监控以及改进现有结构能够有效地减少犯罪的理论。纽曼认为，居住环境的物理结构可能会引发居民的一种行为，这种行为在确保他们的安全中起主要的作用。建筑物的结构形式及其组合，能够让居民承担起具有重要意义的自我警务功能（Self-policing Function）。可防卫空间（Defensible Space）的主要功能就是释放住户们的潜在思想态度，允许他们采取必要的行动来保护他们的权利和财产。可防卫空间是机械装置、动产和具有象征意义的障碍物的一个代用术语，能够明确地界定影响范围，并改善监视机会，这些因素综合起来使环境置于其居住者的控制之下。纽曼的著作成为今天我们所知道的所谓通过环境设计预防犯罪（CPTED）理论的基础。

奥斯卡·纽曼创造了可防卫空间这一术语，作为他研究特殊设计特性与纽约市公共住房发展过程中犯罪行为发生之间的关系的一种理论。纽曼的研究由下面四部分组成：

（1）界定为具有领地影响力的区域范围；

（2）为居民及其客人提供监视机会；

（3）让房屋建筑（公共区域和出入口）紧靠安全区域；

（4）规划设计场地和建筑物，使那些居住者不具有易受攻击性和不被污名化（被指责为脆弱性）。

那些被认为是最脆弱（易受攻击性）和最孤立的场地和建筑物，具有以下类似的特点：

- 未规划开放空间，缺乏必要的保护和照看，为居住者和外来者从事非法活动提供了机会；

- 不加控制的出入口为侵入者提供了无限的机会——大量的出入口为侵入者提供了便利的进入通道和众多逃离路线；

- 缺乏明确的领地和边界的定义，会阻碍合法居住者占用空间并对场地实施控制——居住者通常无法区分合法使用者与陌生人；

- 缺少自然监视和监督的机会；

- 用途与使用者之间的设计冲突——即不相容的活动一个接一个地发生。

防卫性空间（图 6.4 和图 6.5）可以划分为四个层级的领域：公共区域（Public）、半公共区域（Semi-public）、半私人区域（Semi-private）和私人区域（Private）。公共区域（Public Area）通常被认为是公共领域中的场地，这种场地的管理由公共当局负责，包括执法部门、市政府等。公共区域的 CPTED 措施，通常由交通、公园和规划以及执法当局实施。公共领域的 CPTED 措施通常是为了引导、转移、保护，同时阻止特定地点的犯罪机会。公共区域的 CPTED 措施运用的事例，包括提高街道缘石高度和设置排水沟，以帮助道路上行进的车辆保持在建成环境中通行；或设置寻路标牌系统，以减少闲逛游荡和等待时间的受害机会；或者设置"禁止停车、禁止擅自进入"标志，规范车辆和行人活动的形态。半公共区域（Semi-public Areas）是指那些性质虽然仍属公共属性，但是通过设计由当地社区、商业企业或居民提供某种形式的治理或场所管理的地方，无论这种场所管理是法律上或是事实上分配给当地社区、商业组织或者居住管理。半公共空间包括露天咖啡馆或路边饮食店、公共小径、本地居民泊车区、商业改善区域（Business Improvement Districts，BIDs，类似于我国的商圈管理部门）、购物和零售区域、公共停车场所等。所谓典型的半公共空间，就是通常情况下进入该空间领域都是开放的，但是在使用该空间时适用相关的规则和规范，场地的管理非正式地由当地社区居民、商业改善区组织（BIDs）等共享。半私人区域（Semi-private Areas）可能包括人行道和环绕住宅区域的公共区域，向公众开放的办公楼大厅以及其他聚集场所。

65

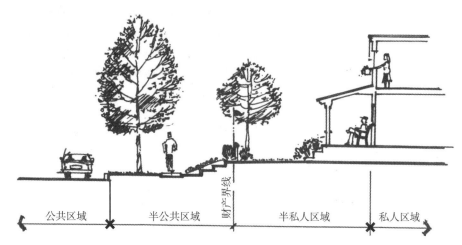

图 6.4　图中显示了由街道至住宅，由公共空间至私人空间的领域分层结构

注：承蒙加拿大不列颠哥伦比亚省温哥华市城市规划部门提供图片。

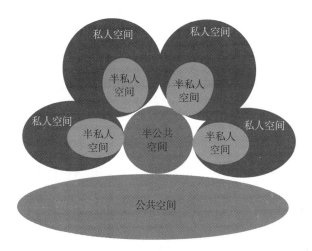

图 6.5　可防卫空间的空间层级结构

那么，如何区分半私人空间与公共空间呢？半私人场所的管理主要是由财产所有者或者管理者负责。半私人空间的场所管理者（例如公寓宿舍管理员、商店经理、私房屋主）可能会面临陌生人不端行为的挑衅与对峙，如果他担忧因对犯罪人或不法行为的干预而遭受报复，他可以联系警察部门或者其他场所管理当局。私人区域是由他们的场所经理所熟知的：房主、店主、公寓经理、停车场所有人等，私人业主通常对自己采取的预防犯罪的方法和措施的后果负责。CPTED 的私人场所管理方法，与在出租房屋社区（Rental Communities）的运用方法是有区别的，甚至也不同于独栋住宅社区（Single-family Home Neighborhoods）的管理方法。在一个典型的公寓综合体，在你真正进入到自己所在的单元楼层以前，你都不会享有私人区域。如果有几个单元共用一

个楼厅或楼梯，这一点尤其如此。在那些单一家庭的独栋住宅小区，业主可能认为他们的前院就是一个私人空间或防卫性空间（图 6.6 和图 6.7）。店主和商店经理将有独特的针对零售专用的 CPTED 措施，以预防在这些购物场所发生犯罪行动；与此类似，所有特定类型的场所都将采取独特的 CPTED 措施，这些措施被证明更适合在这些地方应用。

图 6.6　位于芝加哥河滨的联排住宅的防卫性空间

图 6.7　适用于公寓入口处的防御性空间

回到可防卫空间这个话题，有很多方法可以建立防卫性空间。例如，通过种植贴近地面生长的矮生型树篱或灌木丛，财产管理者（物业经理）可以清晰地界定财产属性的边界范围。或者通过张贴标牌和声明基本规则，如"禁止入内"或"禁止招揽"，业主将该区域界定为可防卫性空间，并排除了任何不遵守规定或犯罪行为的借口。

纽曼运用他的理论通过实施 CPTED 设计的一些最基本的元素来改变住宅开发：高的篱笆墙，指定路径，区分私人、半私人、半公共空间和公共空间的建筑艺术处理，以及改善照明。可防卫空间设计应当通过创造性的设计将领域性与监视联系起来，使观察者感觉到这些区域受到监视，并且在他们的势力范围内，以及使他们意识到积极主动地预防犯罪是他们应尽职责的一部分。建筑环境的设计应该让观察者能够识别出或者辨认出受害者或作为他们一部分财产的目标，并基于自己的法定权益积极地干预和预防犯罪行为的发生。增加人员和车辆的合法交通是安全场所的积极经验。在某一地区生活、工作和玩耍的人们，往往会感觉到某种所有权和责任感，并试图保护一个地区（图 6.6 和图 6.7）。越亲近并且容量合法使用程度越高的区域，会促进同样的属地感、责任感和有效的监视。

纽曼的著作因方法论上的缺陷而受到批评，学者们认为他的著作及其观点是一种建筑确定论（Architecturally Deterministic）（Atlas，1983）。建筑不会强迫人们从事某种特定的行为，但是环境和社会控制能对人们对自己所属空间如何做出反应产生强烈的影响。并非居住在贫民窟的所有人都是罪犯，同样的道理，也并不是所有居住在有门卫的社区中的上层阶级人士都是优秀公民。可防卫空间理论存在的部分问题是，假设那些非法使用者或罪犯能被真正的合法居住者轻易地辨认出来，但事实上，鉴于居民的高流动频率，合法的居住者通常不愿意也没有能力判断出财产的合法拥有者是谁，更多的挑战是，罪犯往往就是居住者或他们邻居家的小孩（Merry，1981）。后来，在 20 世纪 70 年代由美国西屋公司（Westinghouse Corporation）实施的 CPTED 应用示范项目（Demonstration Projects）总体上并没有取得成功。他们试图将可防卫空间的概念引入到学校、商业区、居住区和交通环境中，因为这些地方与多户住户区域相比较起来，其自然的领地行为相对较少。

当可防卫空间理论和 CPTED 理论，在全国的执法部门法律（Cisneros，1996）和建筑学界风靡一时之际，1971 年国家预防犯罪研究所（National Crime Prevention Institute，NCPI）成立，作为路易斯维尔大学（University of Louisville）警察管理学院的一个分部。到 2012 年，国家预防犯罪研究所总共为全美国培训了超过 45000 名警官、刑事司法规划者、地方政府官员、私人安全代表以及众多其他组织的个人代表。现如今，美国和加拿大的各级政府，都设有这种以执法为导向的犯罪预防项目，而其中绝大多数项目在很大程度上都效仿了英国警方开发并已经制度化的方法。现在，很多人视国家犯罪预防机构的工作就是公共安全部门和社区安全部门及相关组织的工作一样，大大降低了北美地区的犯罪行为，并且通过基础训练的原则和对防御空间及 CPTED 理论的践行大大提高了人们对犯罪预防的意识。许多人认为，国家预防犯罪研究所（NCPI）的工作，以及相关组织如国际 CPTED 协会通过设计预防犯罪研究中心（Design Out Crime）开展的工作，通过公众宣传以及通过他们提供的以可防卫空间理论和 CPTED 理论基本原则和实践为基础的培训，极大地减少了北美地区的犯罪，同时显著地提升了人们预防犯罪的意识。

6.3　犯罪预防的基本理论假设

在设计和规划过程中需要运用 CPTED 理论，是基于这样一种信念，即犯罪和损失预防是人类功能和活动所固有的本质属性，而不仅仅是警察或保安人员所做的事情。无论我们利用人力资源和物质资源所做的正确的事情或者错误的事情，都会产生持续的影响和留下恒久的遗产。一旦混凝土、砖块、砂浆和玻璃按照某种结构建造起来后，并且将安全设计融入建筑物和场地之中，再想要对结构进行某种改变，将极其困难且成本极其高昂。

CPTED 作为特殊的研究领域主要关注：

（1）自然环境或物理环境（Physical Environments），如修建的办公场所的停车区域、住宅等。自然环境的运用可以给人们的行为方式带来影响，减轻对犯罪的恐惧，同时还有可能降低某些类型的犯罪行为的发生率。

（2）人的行为（Behavior of People）与他们所处的自然环境息息相关。有些地方似乎制造、促进或允许犯罪活动、不文明或不守规矩的行为，而其他环境则会导致顺从和守法的行为。

（3）重新设计或更有效地利用现有空间（Redesigning or Using Existing Space More Effectively），以鼓励人们期望的可取行为，劝阻犯罪及其相关的不良行为。正是通过 CPTED 的洞察力和基本框架，它有助于开发和确保更好的设计和使用环境。CPTED 实践表明，犯罪和损失是人类功能不正常运作的副产品。

自 20 世纪 70 年代以来，CPTED 这一概念被认为是对犯罪的减少做出了重大的贡献，通过适当的设计和对建成环境的有效利用，能够降低人们对犯罪的恐惧和减少某些类型的犯罪行为的发生率（掠夺性的陌生人对陌生人犯罪模式），同时还极大地改善了人们（我们生活、工作和娱乐的场所）的生活质量（Crowe，1991，他对阿特拉斯于 1991 年提出的 CPTED 的基本概念进行了扩展）。

蒂姆·克罗维（Tim Crowe，1991）对奥斯卡·纽曼提出的理念进行了精练和升华，根据他本人在 20 世纪 70 年代西屋公司的 CPTED 项目中的经验，他建立起了一整套 CPTED 解决方案的分类系统。克罗维将跨学科的 CPTED 方法有机地组织起来并条理化（图 6.8）使其与犯罪区域的功能相匹配，这与纽曼的空间分层理论（他将空间从私人区域到公共区域划分为四个层次）相类似。

克罗维认为，CPTED 理论涉及空间合法使用者的需要、对空间正常的用途和预期用途（或意向用途）、合法使

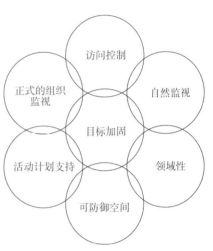

图 6.8 CPTED 理论方案之间的相互关系

用者和犯罪人可预测行为等背景下的物理空间设计。在这方面，不仅适当的功能必须与支持它的空间相匹配，而且设计还必须确保预期的有计划的行为可以有一个良好地发挥作用的机会，并支持对行为的控制。

总的来说，克罗维（1991）认为，通过环境设计预防犯罪（CPTED）措施主要有三种基本类型：

（1）人工操作的机械措施（Mechanical Measures）——也可以称之为是目标加固措施，这种方法强调硬件和技术系统，例如，门锁、安全检查、窗户、围栏和门控、钥匙控制系统、门禁控制系统、闭路电视（CCTV）系统以及诸如类似的物理障碍措施。我们不能仅仅依靠机械手段来创造一个安全的环境，相反，必须在人员和设计策略的背景中使用机械措施。人工措施不能只是依靠创造一个安全的环境，相反，是人们将其运用到其中并设计出相应的策略。

（2）组织或人为措施（Organizational or Human Measures）——主要关注于教导个人和法定利益群体（Vested Groups）采取措施保护自己，或者他们在家中或工作场所中所占用的空间。CPTED 的组织方法包括街区守望相助、邻里守望、

69

安全巡逻、警察巡逻、守门岗亭、指定的或者有能力的监护人，以及其他能让使用者有能力进行观察、报告并进行干预的一些基本安全措施的策略。

（3）自然措施（Natural Measures）——设计空间，以确保整体环境能更有效地为预期用户工作，同时遏制犯罪。CPTED 的自然方法利用良好的空间规划和体系结构，通过规划兼容的循环模式来减少用户的使用冲突。自然设计的一个例子就是使用安全分区。将空间划分为不同安全级别的区域（图 6.9），诸如不受限制的自由活动区域、控制区域、对公众不完全开放的受限制的区域、敏感区域可以得到有效保护。门禁控制系统关注的是拒绝犯罪者侵入犯罪目标，或对目标风险的评估，是拒绝侵入还是做出回应。访问控制策略的关注重点是拒绝访问接近犯罪目标并产生犯罪者，感知风险和安全检测，延迟罪犯接近目标的时间和及时做出响应。

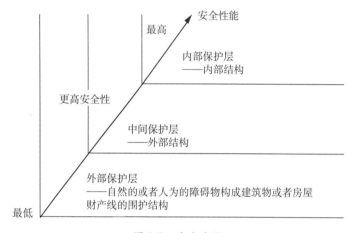

图 6.9　安全分区

在这三种 CPTED 分类中，按照克罗维说法，有几个关键的概念可以实施：自然访问控制、自然监视和领域属地性（表 6.1）。

70

表 6.1　通过环境设计预防犯罪（CPTED）总揽局势图——策略及其方法

通过环境设计预防犯罪（CPTED）措施		
访问控制策略 （Access Control Strategies）	监视策略 （Surveillance Strategies）	领域性（属地性） （Territoriality Strategies）
↓	↓	↓
策略措施分类 自然的、机械的和组织化的措施 （Natural，Mechanical，Organized）	策略措施分类 自然的、机构的和组织化的措施 （Natural，Mechanical，Organized）	策略措施分类 自然的、机构的和组织化的措施 （Natural，Mechanical，Organized）

6.3.1 自然访问控制

这种方法意图拒绝犯罪者有机会接近犯罪目标并增加犯罪人的风险认知。自然访问控制的方法利用了对空间的定义（Spatial Definition）和环流/循环模式（Circulation Patterns）。访问控制是一个设计概念，旨在直接减少罪犯轻易实施犯罪的机会。因为很多罪犯都会极力寻找容易脱身的逃跑路线，限制进入区域是阻止犯罪活动的一个有效途径。访问控制包括创造一种势力范围的领域感，但它主要关注建筑物、公园、停车场和社区的入口和出口通道。在一些关键位置上，关闭一些入口通道，同时开放一些其他通道，是实施访问控制的一种方法。出入访问控制可以通过进出某一位置来证明，例如使用一个安全哨所/门岗或使用机械门设备使其从一个方向进入而从另外一个方向出去。使用其他方法的人，进入一个使人看起来可疑、引人注目的区域，通过风险检测和身份识别，增加了他们对被拘捕风险的感知。评估目标用户如何进入物业领地，是一件非常重要的工作，因此 CPTED 的实践者通常会查看运行路径、泥土和砾石上的脚印，以及草坪上的踩踏磨损模式。

6.3.2 机械访问控制

这种方法包括使用安全门，已经证明这种方法在减少汽车盗窃、夜间盗窃 ₇₁ 和驾车射击行为上非常有效。这些类型的绝大多数犯罪者并不想从他们进入的地方出去，因为这给了目击者记下车牌和获取更多具体的、可疑信息的机会。有时候只是简单地锁住一道门，开放另一道门，并且通知居住者这样的变化，都能实现访问控制的目的。在图书馆和购物中心商店，顾客会经过一个可以观察所有进出者的管理员服务台。有时候这些地方安装有销售点电子扫描设备（Electronic Point of Sales Screening Devices）[1]，但是，通常情况下仅仅通过入口控制就足以达到有效控制的目的了。另一种方法，除了加装门锁装置外，就是在窗户附近栽种一排密密麻麻的多刺灌木，就可以达到阻止窃贼进入较低楼层窗户的目的，还有一种可能达到该目的的方法就是，基于与该特定设施相关的风险，安装一个报警系统。

利用诸如门、栅栏、灌木丛及其他人造的和自然障碍物，都能够限制对建筑物或其他定义空间的访问。窗户可以安装防护玻璃，能够抵挡撞击免遭破坏。五金门窗户都安装有特殊的材质和配件，很难被拆除或者随意拆卸。在高度安全的区域的墙壁、地板或门都用很难刺入的材质进行过特殊加固（图6.10）。例如，为了防止入侵者爬过墙壁，物业管理部门可以在很显眼的地方种植一种充满活力的多刺仙人掌。使用泥土护堤或大型岩石也可以阻止不受欢迎的访客驾车进入私人财产区域。

---

① 销售点情报系统，此系统通过货品条形码的扫描，可实时收集商店各类销售、进货、库存等数据。——译者注

图 6.10　能够抗强飓风的夹层玻璃为试图入室盗窃的人提供了一个安全障碍，图中所示为一栋县政府办公大楼的窗户玻璃被企图闯入的窃贼砸破了一个大洞。玻璃的外层遭到了破坏，但是玻璃的夹层材料与里层玻璃一道阻止了罪犯的重复破坏行为。这种玻璃门窗能够抗击一块 2×4 大小的木块以每小时 110 英里的速度的撞击

奥斯卡·纽曼认为，公寓应该通过一个或两个公共入口来引导居民，这样他们就可以互相了解，从而使入口得到控制。这种方式可以轻易识别出入侵者，同时邻里友情和常住者识别也得到强化。同样的概念也可以适用于住宅区，通过门道和街道的关闭，同样可以达到控制目标。

6.3.3　组织化的访问控制

这种方法就需要使用巡逻人员或礼宾接待人员来控制哪些人员可以进入财产的领域。分配登记车辆的泊车许可证，可确定哪些车辆属于居住者，哪些车辆不属于居住者。规范引导访客停车以及从相关停车场和街道上强制拖走被废弃的车辆，可以改善环境形象以及不支持犯罪活动的环境印象。

6.3.4　自然监视

这种方法包括通过鼓励合法占用人和随机观察者（警察、其他人）增强对入侵者或不当行为的观察、侦查和报告，提高设施内部和周围的能见度。监视策略的目的是使入侵者受到监视，不良行为受到控制。从邻里街坊的窗户和阳台上盯视街道，是詹妮·雅各布斯在对纽约格林威治村（Greenwich Village）的研究工作中提出的一个理念（Jacobs，1961）。在大街上安装合法的电子眼或布置有能力的监护人，可以帮助使某一地方对罪犯没有吸引力，从而防止街头成为他们犯罪的首选场所。这可以通过适当设计配置窗户、充足的照明以及移除视线障碍物，包括软化硬角（Hard Corners）以增强可视性、能见度和间隔距离等措施来实现。

　　监视指的是观察一定区域的能力，也是一种回头一看的能力。它可以是正式的，也可以是非正式的。有碍监视的事物包括生长过剩树木和灌木丛、建筑物结构元件、砖墙和光线不良。自然监视指的是一种良好的视角连接，以及在视野良好的情况自然而然进行的观察。当人们围绕一个区域移动时，他们将能够观察到周围正在发生的事情，只要该区域开放且视野开阔以及光线充足。实现自然监视的其他方法，包括仔细的景观美化设计和植物造景绿化设计，以及将高风险目标置于附近居民一览无余的视线之下，例如昂贵的监视摄像机镜头或在售货员附近展示的各种物品。

　　有组织的监视包括安全巡逻队和其他人组织起来守卫目标区域的有能力的监护人员。这种方法不仅是最有效的威慑犯罪的措施，而且还是最节省成本的一种方法。鉴于这种方法可能需要雇用一些安保人员巡逻或休班警察巡逻，而一旦这种形式的巡逻活动中断，通常情况下你的投资将什么也没有留下。到目前为止，也许最有效的监视方法就是通过好的设计进行自然监视。

　　当监视不能通过自然方法完成时，有时候也可以用机械的或电子的方法完成，例如使用闭路电视（CCTV）。机械监视通过使用摄像机、反光镜和其他设备，允许个人远程监视某个区域。一旦购买了这些设备，维护设备便成了一个长期更新的成本花费过程，并要对监视活动及其记录进行有组织的管理。在这方面，闭路电视监视系统的设计，因其功效作用特别，是一个非常重要的贡献者。有些系统只记录持续的时间流，而另一些系统则会在有事件或活动发生时候发出警报。现代系统可能会使用与监控系统相关联的其他传感器，能够对获取的相关信息实现所谓的视频分析。不管怎样，有效的远程监控要求你必须明确回答这样的问题，即谁来观看这些摄像监视器，以及一旦发生暴力事件时应该做出什么样的反应？如何维护闭路电视系统？闭路电视系统（CCTV）最好用于监测异常行为（Extraordinary Behavior），而不是经常被忽视的理所当然的普通行为（Ordinary Behavior）（图 6.11）。新技术能够使危机事件受到观测、记录数据化，以及激活警察、守卫人员或管理人员对那些不适宜的活动予以响应。

图 6.11　停车场的一个警示牌，告知使用者他们的行为将被记录下来

72

任何建筑设计，如果增加了潜在罪犯受到监视或者可能会受到监视的机会，都是一种积极的监视措施。通常情况下，不仅是罪犯可能会被看到这一事实，重要的是罪犯认为或感知到他们可能会被看到和识别出身份，这都有助于阻止犯罪的机会。

6.3.5　自然领地加固/边界的界定

领域性的目的是建立业主或建筑物居住者的所有权意识，以增强辨识侵入者的警觉性，并发出将其视为罪犯和受到盘问的信息。领地加固策略涉及创造或扩展合法使用者的势力范围的问题，以便使用者建立起他们的业主权属地感。这种领地感带来的影响是警告潜在的侵入者：他们不属于这里，他们处于被监视和认出的危险之中，他们的行为是不能容忍的或者会被告发。

自然访问监视和监视有助于领域性/归属感的建立，通过鼓励使用者保护他们的势力范围（地盘），从而增强安全性。有组织的领地策略（Organized Territorial Strategies）主要包括人们的各种努力尝试，包括邻里犯罪守望、前台接待和设置守卫岗亭等。机械的领地策略涉（Mechanical Territorial Strategies）可能包括栅栏周边感应系统和内部运动传感器。自然领地策略（Natural Territorial Strategies）包括使用栅栏、墙壁和诸如修建小平台等景观美化措施。

73　　　领地策略措施的实施，其中的一种方法就是公寓周边沿着人行道栽种一些矮小边饰灌木丛，旨在明确标明个人公寓的领地界限，并阻止潜在的侵入者穿过该区域。此外，该理论认为，如果人们感觉到在某个特定的空间或场所存在有某种形式的"心理所有权"（Psychological Ownership），他们就一定会对该空间或领地给予更多的关注，并保护其不受侵犯。因此，通过实际的或象征性的边界界定，合法居住者就有可能会对财产负责，并且会倾向于保护这种财产，防止遭到侵入者的侵犯（图 6.12）。

图 6.12　从街道到综合性公寓大楼内部的安全分层，创建了一个可防卫的空间

利用领地和场所进行边界界定，是减少犯罪机会的一个主要方面。其目的是将某一特定区域移交给该环境的合法使用者，以便他们更有可能对这一确定的地方拥有所有权。这将使那些不属于这里的人，冒险实施犯罪行为或者在高风险场所实施滋扰行为的可能性降低。领域性/属地性的 CPTED 概念与奥斯卡·纽曼提出的可防卫空间理论相似，通过对物理区域进行再分配，以便当地居民能对他们自己的公共环境负起责任并对其进行控制。虽然这种方法并不会自动地将犯罪人从本地驱逐出去，但它会降低犯罪人的犯罪效率。

属地性可以通过使用防御空间理论中定义的空间层次来实现，例如将公共空间细分为半公共空间和半私有空间（图 6.13）。例如，一家星巴克咖啡店（图 6.14）把椅子和桌子安放在商店前面的人行道上，把这个公共空间重新分派成为星巴克咖啡店领地的一部分。这种做法可以阻止游荡者在商店门前闲逛、游荡。

74

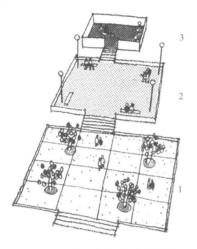

图 6.13 从公共广场到住宅私人空间的空间等级

图 6.14 星巴克商店为这座公寓楼增加了防卫性空间

同样的道理，在住宅或公寓大楼的前院设置象征性财产权属标记，如低矮栅栏、树篱和植物（图 6.15）、块石路面和前院照明灯，可以将前面区域标定为属于建筑物居住者的属地或领地。这将使进出建筑物的居民感到安全，也减少了盗窃行为的发生，降低了此地发生其他犯罪的概率。

良好的领域性/属地性表现出一种主人翁感，提醒潜在的违法者，他们不属于那里，他们会被看到和报告，因为此处对不良行为是不能容忍的（图 6.16）。

75

图 6.15 属地性/领域性的一个事例，有象征意义的障碍物（栅栏）、门廊和平行道路的改变，引导人们围绕物业的主要入口过往和进出

图 6.16 图中所示为领域性/属地性的一个事例，有象征意义的障碍物（栅栏）、门廊和有能力的守护者

克罗维（Crowe）承认，通过环境设计预防犯罪的解决方案，应该与建筑物功能结合起来，或者至少与其实施的地点相结合。在 CPTED 方法中，如果一项设计承认空间的有效性且符合指定用途；定义与犯罪问题有关的事件及其解决方案与空间的指定用途相一致；且所包含的适当预防犯罪战略能够提高空间的使用效率，那么，这种设计就是适当的。

6.4　CPTED 基本概念的拓展

除了前面提到过的三个基本分类之外，目前 CPTED 的实践者和安全规划师还引入了以下概念。

6.4.1　管理和维护

76　　为了使空间看上去受到更好的照料和没有受到犯罪的侵扰，它们必须维持适合该建筑类型或用途的适当照看标准。"破窗理论"（Wilson，1982）认为，被人废弃的建筑物或遗弃的车辆能够保持不受侵扰，但是一旦某扇窗户首先遭到破坏，建筑物或车辆便会很快遭到肆意破坏。对建筑物的维护和照料以及它的物质成分，例如照明设备、油漆、标识、围墙、通道及破损物件的修理极其重要，它告示着犯罪目标有人看管并负责维修。对财产的物业管理是确保维修/保养符合护理标准所必需的。如果出租房得到很好的维护（图 6.13 和图 6.17），这就说明管理者或业主，为了保持财产具有尽可能高的价值，在看管并且保护财产免受犯罪活动和粗野行为的侵害。某项财产没有得到很好的维护，可能说明管理者不关心其财产，也可能会忽视或无视犯罪行为。

图 6.17　维护对建立预期行为的看管标准以及不能容忍的乱丢垃圾和故意破坏行为的标准至关重要

物业管理者可以是建筑物所有者，或是外派合同人员或财产管理员。一些多户型住宅有居住管理人员。一位居住在物业内的管理者应该清楚了解到物业管理面临的内部和外部问题。管理政策和规程有助于推动形成这样的一种态势：雇用保安人员巡逻，按时支付电费以便灯光照明不会中断，雇用垃圾处理公司从垃圾箱中收拾垃圾，雇用一个园丁除草并修剪过度生长的景观植物。在犯罪预防中，物业管理是一个非常重要环节，因为他们有能力监管甄别居住者及其行为，监管房屋租赁协议的内容及其执行情况，包括毒品零容忍和犯罪政策、雇佣工作人员和修缮破损的物品。

研究表明，发生的犯罪行为往往集中于那些年久失修的破旧建筑物和被人废弃的建筑物地区，在垃圾遍野和四处涂鸦的地方，在玻璃窗破碎、废弃的汽车、无人看管的流浪狗乱窜的地方，以及看起来似乎无人关心的地方。此外，研究表明，如果该财产有若干违反城市法规的行为，在某个地区有可能达到一个临界点，在这个临界点上，物业管理经理可能失去有效处理犯罪活动的能力。例如，物业管理者可能会发现，那些位于高发犯罪率地区的公寓楼很难出租出去，从而导致更多的公寓楼房空置，进一步恶化了空置房的环境条件，进而助长犯罪的发生。

此外，那些担心自己福利的管理者可能会被在特定地点活动的犯罪分子取代，因为他们可能因为担心自身受到犯罪人的报复，而没有向业主报告有关物业场所内的犯罪情况和违反分区规划法规的行为。在这种情况下，物业管理经理们可能会觉得他们必须换个角度看待这些问题。然而，如果物业保持一种干净整洁的方式，破损的窗户迅速得到修复，就会减少犯罪环境。更为重要的是，将更有可能吸引合法用户来租赁或买卖，有助于维持一支规模相当的、有能力的监护人力量，对社区提供安全保障服务。

因此，管理和维护是齐头并进的。物业管理的设计可以获得设计奖，但如果没有人在那里确保财产得到维护，账单得到支付，居住者/租赁房客得到有效筛查，非法停靠的汽车被拖走，不良的房客被驱逐，灯光照明系统及时打开，那么，财产可能会因熵值、属性衰减而失修破损，而这些情形正是吸引犯罪行为的地方。

图 6.18　图中所示，标志本身就可能是一种"破窗"形式。试想一下这家物业管理公司的标志及其状况所传递出的信息：一个被撕烂的标志对物业管理者意味着有什么？物业及其庭院会是什么样一种状况？这些感观印象对犯罪人的心理活动将会产生什么样的影响——这个地方因为没有物业管理人员和居住者的注意、观察或照料，可以在这里实施犯罪？对这些问题的回答将决定该场所是否会成为存在犯罪机会的一种环境

6.4.2　支持合法活动

这包括对建筑功能空间的合理使用，例如娱乐设施和公共区域。合法使用者的行为活动在区域内得到支持，那么任何滥用者都会离开。很难想象，四处都是合法使用者的区域能驱使那些异常使用者或滥用者离开，但是相反的情况也确实存在。如果不正常的使用者充满该区域，那么合法使用者就会撤离。活

动支持（Activity Support）能够高效地利用公共区域，整合休息座位区域、野餐区域、门廊和其他使得设施成为开放区域，合法使用者应当参与到正常的日常功能活动中来，共同维护好财产所有权。支持合法活动的其他例子，包括在占用空间的地区设置警察分局、维修办公室和其他合法商业活动，并拒绝可能的犯罪分子使用该空间。

只有当居民从事由建筑师有意识地定义、界定和设计（3－D 概念）的符合空间或建筑物功能要求的合法活动时，预防犯罪计划才会有效。毒品和犯罪活动之所以能够在那些没有界定用途的空间内得到蓬勃发展，是因为居住者和管理人员没有对该空间提出合法的使用诉求，也没有提供合法的活动来削弱或取代犯罪活动。

在紧挨着酒馆、酒吧附近或在小学旁边设置老年活动中心，就会发生用户和使用冲突的情况。在工业综合体附近设置学校，在日托设施附近开设成人录像商店和当铺，也是一种不相容的做法。解决这些问题的办法不是混合使用土地，而是必须仔细地考虑土地用途的兼容性，使用户群体之间的潜在冲突最小化。在城市规划方面，分区规划条例通常情况下是创造兼容协调土地用途的一种有效工具。

CPTED 的实践者会问这样的问题，如果一块土地的功能和结构没有按其预期的用途使用。预期的设计是否适合指定用途？如果不适合，是什么原因导致的？谁是预期的使用者？为什么合法使用者没有使用该区域？为什么犯罪行为频繁发生？为什么它招致了不受欢迎的使用者？采用什么措施来阻止他们？

活动支持意味着在城市的公园内，你可以考虑设置社区公共的烧烤野餐区和体育活动场所，以此加强对公园的合法使用（图6.19）。也可以在社区公园内修建露台，以此代替毒品销售场地。在露台安排各种各样的合法活动，能阻止这些有害的毒品或帮派行为的发生。

78

图6.19 公园的长椅能吸引合法和非法活动。因为长椅的设计没有中间栏杆，它很适合那些无家可归的人将其作为睡觉的地方

活动生成器（Activity Generators）就是土地使用和城市特性创造大量的当地活动。这些活动既不是积极正面的，也不是消极负面的，但是如果不进行好

好设计和有效运作，将会给犯罪创造机会。例如，经常在脱衣舞俱乐部安装电话亭和银行自动取款机（ATM）。它们的安装地点决定了它们的用途以及使用时间，这些活动生成器可能会引发各种问题（图6.20）。毒贩可能会使用电话销售毒品；银行自动取款机（ATM）可能会成为抢劫的地点。周末在原本空无一人的城镇或者工业区建立农贸市场，就会吸引大量的合法使用者和商业活动。

有人认为，活动生成器的范围非常宽泛，其影响规模大，因为它们的运作并不孤立于周围的土地用途（图6.21）。在商业区域设置的低位价住房，不足以繁荣商业活动，如果住房被隔离成一间间小房间，缺乏必要的便利设施，而且没有足够的服务，则不足以鼓励在商业地区开展活动。如果外面的活动对居住者没有吸引力，他们就不会把关注的目光投向商业街。相比之下，一些活动，例如售卖热狗或鲜花小贩，在某些地方可以提供合法的用途和监视，例如足球场的停车场，从而提供措施更多地关注停车场，以防止汽车被盗或能够方便目击伤害顾客事件的发生。

79

图6.20　无人监管的区域吸引了非法使用者

图6.21　美国主要街道上的积极活动生成器

6.5　转移行为

转移行为（Displacement）很早就被认为是 CPTED 存在的最大问题之一；然而，对犯罪模式的长期分析表明，CPTED 措施确实消除了一些活动，并可能转移了其他一些活动；然而，转移行为的总量通常比最初的原始犯罪状况要少得多。因此，CPTED 只是一个神话而已，它只是简单地将犯罪从一个地方挤压转移到另一个地方，并没有真正解决邻里面临的各种问题。相反，一项针对美国司法部预防犯罪研究的荟萃研究（Meta Study）（Guerette and Bowers，2009）显示，在 CPTED 干预的近一半案例中，在没有转移到邻近地区的情况下，犯罪真实地减少了。这一研究表明，当犯罪被转移时，在邻近地区的犯罪率通常低于原来的地点，因此产生了净收益。尽管如此，过去十年的研究表明，转移并不像之前人们认为的那样具有破坏性。事实上，已经发现有五种不同形式的转移，其中任何一种转移都既可以是积极的，也可以是消极的，这取决于它们的使用方式。

转移的五种形式：

（1）场地转移（Place Displacement）：是将问题从一个地方转移到另外一个地方；

（2）时间转移（Time Displacement）：是将问题从这个时间转移到另外一个时间；

（3）目标转移（Target Displacement）：当时间和场所保持不变的时候，犯罪人改变了侵害目标，例如由抢劫毒贩转换为抢劫外出散步的老年人；

（4）方法转换（Method Displacement）：犯罪人改变引起问题的方法，例如将持枪抢劫替换为施用暴力抢劫。

（5）犯罪类型转换（Offense Displacement）：由实施某种类型的犯罪（抢劫）转换成为另外一类犯罪（盗窃）。

一个积极的转移的例子是，当校园里发生故意破坏行为时，将青少年赶出校园，转移到附近的娱乐中心，为他们设立一个专门的项目，并监督这些孩子实施该项目。如果转移行为能够得到很好的控制，那么，这可能是 CPTED 实践者最好的工具。

犯罪的转移是一种强有力的犯罪预防工具，因为它扰乱了犯罪企业团伙的流动路线和所在地。购买毒品的老顾客知道，他们能够在某个特定的地点向某些特定的人购买毒品。标语口号、暗号和手势都可能昭示某些场所可能会存在某种类型的犯罪活动。因此，犯罪转移是一种有效的工具，通过将犯罪活动转移到另外一间房屋、另外一个社区或者另外一个城市，从而破坏犯罪活动的可利用性。持续的转移行动削弱了犯罪行为的可持续性。

6.6 避免互相冲突的用户群和不相兼容的土地用途

区分土地用途是当今最常见的城市规划原则之一。由于环境原因，这种方法是有益的，但它可能会对公共安全产生一些负面影响。例如，虽然在偏僻的工业园区规划建设轻型仓库（Light Warehousing），有助于保持住宅用地更适宜居住，但它使仓库容易受到无人看见的夜间偷盗的影响。因此，目标强化的安全措施和加强巡逻，就变得不可或缺。

80

此外，当人们只为一件事情而使用一个社区时，就很难产生某种社区感。由于这个原因，一些现代的规划实践已经回到了混合用途社区的概念，正如雅各布斯所建议的那样，建立街道眼。它也是目前称为新都市主义（New Urbanism）的城市规划哲学的一个组成部分（Plater and Zyberk，2000；Calthorpe，1993）。

在对自然访问控制、自然监视、领土强化、管理与维护功能、合法活动支持、转移和避免用途冲突等关键概念有了透彻理解之后，就可以将理论付诸行动，并利用 CPTED 来解决社区混乱、工作场所暴力、街头犯罪或恐怖主义行为等问题了。正是这些概念的应用，将 CPTED 与其他传统的目标加固和要塞式防卫技术区别开来。CPTED 通过探索机会，或者在最初进行建筑物或场地的空间配置和循环模式的规划思考时，允许将众多的 CPTED 概念融入其中，CPTED 的应用确实是可行的。在许多情况下，在没有考虑到建筑环境的情况下采取目标加固措施，造成了一种堡垒效应，使居民和场所的合法用户感到不安全和孤立。通常情况下，目标加固方法本身在建筑美学上不是一个令人愉悦的方法，而且还常常遭致建筑师和其他参与现场和设计规划事务的人的反对。

6.7 超越 3D 概念

CPTED 方法能够辨识出建筑环境的指定或重新指定用途。这是一种不同于传统的目标加固的犯罪预防方法的实践做法。传统的目标加固或堡垒，主要关注通过物理的或人为的障碍技术，如锁、警报、栅栏和大门，拒绝犯罪人接近犯罪目标。传统的方法容易忽视自然访问控制和监视的机会。有时候，对自然环境的自然和正常使用，能实现机械加固和监视所能达到的同样效果。CPTED 涉及物理空间的设计、对该空间的正常和预期使用，以及该区域的适当用户以及该空间的潜在违法者的可预测行为。环境安全设计（Environmental Security Design）或者 CPTED 是基于人类空间的三个主要功能：

（1）指定用途（Designation）——空间的目的和意图是什么？

（2）定义或界定（Definition）——如何对空间进行定义或者界定？对空间进行定义的社会、文化、法律和心理学方法是什么？

（3）设计（Design）——定义的空间是否支持法定的或期盼的行为？

以下问题从管理和身份的角度，对空间定义的目的提供了一个评估，当空间定义与期望的功能和行为管理有关时，对空间的设计有时被称为三维模型（Crowe，1991，2000），但在这里，其含义扩展到包括其他方面的内容（Atlas，1996）。

3 – Ds Plus

空间指定

- 这个空间的设计目的是什么？
- 最初的目的意图是什么？
- 空间对其目前的用途或预定用途的支持程度如何？
- 是否存在冲突？如果存在，如何产生冲突以及在什么地方产生冲突？

空间界定

- 如何对空间进行界定？
- 空间的所有者是否清楚？

- 空间的边界在哪里？
- 空间的社会或文化定义是什么？它们是如何影响空间的用途的，或即将产生怎样的影响？
- 展示的招贴标语是意味着空间的合理利用，还是提示定义限制访问？
- 空间的使用目的与界定之间是否存在任何冲突或者混乱？

设计

- 如何进行物理设计来支持预期的功能？
- 如何进行物理设计来支持期望或可接受的行为？
- 物理设计是否与空间的生产性用途或预期的人类活动的正常运作相冲突或阻碍？
- 旨在控制和改变行为的物理设计是否存在混乱或冲突？

除了 CPTED 中典型的三维模型（3Ds）外，还有其他一些把我们带到最基本的空间设计的"维度"（Ds）。其他的直接维度可能适用于以下方面：

威慑

- 安保人员的存在是否驱离了非法活动的同时促进了预期行为？
- 物理设计和布局是否能够实现有效的监视？是否能够对进出的财物实施有效控制？
- 有意行为的存在是否驱赶或阻碍了违法或者法律禁止的活动？

监测

- 是否有能力对进入房产或建筑物的行为进行控制？
- 是否有合法进入或非法进入的评估程序？
- 入侵检测是通过物理设计、机械技术系统或操作人员来完成的吗？
- 对于侵入行为，是否有某人或者机构负责做出响应？

延迟

- 是否设置有消极的障碍物？
- 是否设置有积极主动的障碍物？
- 是否有守卫或指定的响应者？
- 对财产的监测和做出响应所需的延迟时间是多少？

响应

- 负责做出响应的守卫者作出的角色任务和岗位命令是什么？
- 完成响应任务需要什么样的设备支持？
- 需要运用什么样的战术才能使响应迅速且清晰？
- 需要给响应者提供什么样的训练才能应对适应等级的威胁？

报告

- 为了记录侵入行为或者呼叫更多的援助，需要什么样的通信网络？
- 事件报告的书面协议是什么？
- 如何组织和存储文件？
- 信息是否足够详细和清晰？

辨别

- 是否对员工进行了辨别训练，使其能够将合法与非法使用者或威胁区分开来？
- 设备是否足够灵敏，能够以区分虚假的和真实的威胁？

中立化

- 威胁是否能够被充分有效地阻止？
- 系统是否经过重新设置并测试，能够防止自行报警或错误警报？
- 犯罪人、攻击者或威胁是否得到控制，是否联系执法部门，现场是否保持原状？
- 在发生火灾、烟雾事件或洪水时——威胁是否已经消除，是否对损害进行了评估，并且采取措施确保现场不受污染或偷窃？

所有这些步骤都必须整合为一个综合性的解决方案，提供安全并预防犯罪。如果在利用上述问题评估物理空间后，仍然显示出某种冲突和未解决的问题，那么这就表明需要对设计进行修正。一个易受到攻击的区域，可能会显示出没有对空间进行很好的界定，或者没有对空间用途进行适当的指定以支持和控制预期功能，这就增加了犯罪的可能性或者对可能发生的犯罪的恐惧忧虑。因此，在大型购物中心安装自动取款机面临的一项挑战就是，不仅要确保其功能正常运转，而且还要最大化地保障合法使用者的人身安全。

一旦这些问题解决了，空间将根据其支持自然出入控制、自然监视和属地性的程度进行评估。这些问题的目的旨在确保预定的空间活动与预期的行为之间没有冲突。例如，如果一个访问控制系统很难使用，或者频繁停机，员工们通常会一直把门打开确保他们的行走路线更加方便。除了选择糟糕的访问控制系统外，最初的设计者也没有教育用户维护安全系统完整性的重要性。

6.8 CPTED 对情景犯罪预防的影响

情景犯罪预防（Situational Crime Prevention）起源于 20 世纪 70 年代末 80 年代初的英国。虽然它受到杰佛里提出的 CPTED 理论和纽曼提出的可防御空间理论的影响，但是新的研究只是促进了情境犯罪预防的扩展，而不是它的最初开始。CPTED 和可防御空间理论更多关注的是建筑物和空间的设计，而情景犯罪预防寻求减少所有行为环境中的犯罪机会。

情景预防包括各种针对非常具体的犯罪形式的机会减少措施。它涉及作为系统性和永久性方式的管理、设计或环境直接操控，这些措施会加大犯罪的力度和风险，并降低范围宽泛的各种犯罪人所认为的犯罪回报。

研究造成了实际犯罪控制政策的转变，从关注犯罪人及其个性或背景，转变到关注周围环境对犯罪的一般影响，周边环境通过创造可能不存在的机会而助长犯罪行为的发生。克拉克（Clarke，1992）提出的犯罪预防技术为实际情况下的犯罪预防做出了贡献，这些预防技术几乎可以适用于任何情景下的犯罪（表 6.2）。

表 6.2　情景犯罪预防的 25 种技术

加大犯罪的努力	增加犯罪的风险	降低犯罪回报	减少刺激因素	消除辩解理由
1. 目标加固 ● 安装转向柱锁和固定器 ● 防抢劫保护屏 ● 防篡改包	6. 扩大守护范围 ● 采取常规的预防措施：晚上外出集体行动、留下居住者的标记以及携带电话 ● 实施"蚕茧式"的邻里守望	11. 隐藏目标 ● 街道外停车 ● 不分性别的电话号码簿 ● 无标记的金属架行李搬运车	16. 减少挫折和压力 ● 高效率排队和礼貌服务 ● 增加座位 ● 轻缓的音乐/柔和的灯光	21. 制定规则 ● 租赁协议 ● 骚扰守则 ● 酒店登记
2. 控制设施的使用 ● 进入门禁电话 ● 使用电子门禁卡 ● 行李包裹检查	7. 协助自然监视 ● 改进街道照明灯光 ● 设计可卫空间 ● 支持告密者	12. 转移目标 ● 拆卸式车用收音机 ● 妇女庇护所 ● 预支付电话卡	17. 避免产生争端 ● 为竞争对手的球迷设置不同的座位区 ● 减少酒吧里的人群 ● 固定计程车费用	22. 停车指示标志 ● "禁止停车" ● "私人财产" ● 熄灭营地火源
3. 出入口检查筛屏 ● 凭入场券或者门票进出 ● 出入口凭证 ● 电子商品标签	8. 减少匿名性 ● 出租车驾驶员身份标识牌 ● "我的车开得怎么样？"贴标 ● 学校校服	13. 辨识财产 ● 财产标记 ● 车辆牌照及零件标记 ● 烙印标签	18. 减少情绪刺激 ● 控制暴力色情作品 ● 强化良好的球员行为 ● 禁止种族诽谤	23. 警惕意识 ● 路旁速度显示板 ● 海关申报的明显特征 ● "在商店偷东西就是盗窃"
4. 转移违法者 ● 封闭街道 ● 设置女性专用浴室 ● 分散开设酒吧	9. 利用场所管理者 ● 在双层巴士上安装公共视频监视（CCTV） ● 为便利商店配备两名店员 ● 奖励义务治安员（见义勇为行为）	14. 市场干预 ● 监视典当店铺 ● 管制分类广告 ● 街头小贩特许经营	19. 缓和同伴压力 ● "白痴才酒后驾车" ● "拒绝是可以的" ● 驱散学校里的捣乱分子	24. 协助遵守规则 ● 便利的图书馆借阅程序 ● 公共澡堂 ● 废物箱/垃圾桶
5. 管制工具/武器 ● "智能"枪 ● 使被盗的手机无法使用 ● 限制向青少年销售喷漆	10. 强化正式的监督 ● 闯红灯摄像机 ● 防盗自动报警器 ● 保安人员	15. 拒绝收好处费 ● 签名商品标签 ● 清除上乱涂乱画的涂鸦 ● 极速限制	20. 劝阻模仿行为 ● 迅速修复破损的财物 ● 电视机使用 V 形芯片 ● 检查惯用手法的细节	25. 控制毒品和酒精 ● 酒吧中配备血液酒精浓度检测仪 ● 服务员干预 ● 无酒精饮料聚会/运用

资料来源：承蒙罗恩·V. 克拉克（Ron V. Clarke）允许引用他的研究成果。

索伦森（Sorensen）和克拉克（Clarke）（1987）成功地将情景预防犯罪工具运用到了多户型低收入住宅小区环境之中，并编写了一份预防犯罪方法矩阵，融入了 CPTED 措施和许多其他减少犯罪机会的措施。同样，经验丰富的安全从业人员能够很容易地将这些技术应用于商业、工业和政府设施。情景犯罪预防以理性选择理论（Rational Choice Theory）为理论框架，遵循一种方法分析特定犯罪在特定情况下发生的机会，并提出了以消除这些犯罪机会为目标的解决方案。理性选择理论是建立在一种行为模型的基础上，即罪犯在特定的时间和地点衡量特定犯罪的成本、风险和回报。

情景预防犯罪措施之所以有效，是因为它们是切合实际的、成本效益高的，而且是为适应特定类型的犯罪而设计的对自然环境的永久性改造。情景犯罪预防包括以下五种方法：

（1）加大犯罪人实施犯罪的难度；

（2）增加与犯罪相关的风险；

（3）减少犯罪回报；

（4）减少挑衅；

（5）通过减轻羞愧感和负罪感消除实施非法行为的借口。

通过实施下列策略来加大实施犯罪的难度（Increasing the Effort）：

（1）目标加固措施——通过创设物理性障碍，例如锁、纱窗、钢门及门框、栅栏和安全玻璃等，以此增加犯罪人实施犯罪的难度；

（2）通过限制进入易遭破坏的脆弱区域，增强访问控制措施加大实施犯罪的难度；

（3）通过将转移措施将犯罪人转移到目标区域之外，增加移动和转移的难度，从而加大实施犯罪的难度；

（4）控制犯罪促进者（限制犯罪分子使用或实施犯罪需要的工具和设备，即清除易拉罐喷漆、只接公共电话［对方付费电话］、购物车、拖曳废弃汽车、武器甄别政策等）。

增加和与罪相关的预期风险（Increasing the Perceived Risks），从而增加犯罪人被认出/或者被抓住的风险，主要通过以下策略来完成：

（1）通过监视加大出入筛查，监视谁进入区域及是谁带走了财产和带走什么财产，增大出入风险；

（2）通过闭路电视（CCTV）和安全守卫进行正常的监视；

（3）通过员工、门房、停车服务员和保安人员警卫室进行监视；

（4）通过窗户设置、户外照明、限制盲区、消减树篱等进行自然监视。

通过实施以下策略达到降低预期回报（Reducing Anticipated Rewards）的目的：

（1）转移目标消除犯罪的诱因。无现金政策移除了抢劫的威胁。其他的目标转移策略包括直接用支票结算，使用可移动的车载收音机和非现金交易。

（2）标识财产的价值。对被偷的财产进行标识就会使罪犯的变卖行为变

84

得尤为困难，并且很容易查获被盗财物返还给所有者。

（3）减少诱惑（例如生成中立的清单，快速修复遭破坏的财物和清除涂鸦）。

（4）拒绝获得好处［对可能被涂鸦的墙体栽种绿化植物，在银行钱袋中安装油墨爆炸包，为信用卡和车载收音机装配计算机插脚（Computer PINs），如果这些物品被盗，通过操作该计算机插脚使其无法使用］。

85

通过实施以下策略以减少挑衅行为（Reducing Provocations）：

（1）用柔和的灯光和舒缓的音乐减少挫折感和压力；

（2）通过固定费率或票价，或分隔对抗性足球队员或粉丝，避免产生纠纷；

（3）通过不容忍种族歧视，强制实行礼貌用语，限制访问色情内容等来降低情绪激发；

（4）在面临关系紧张的"冷静期"时，采取禁毒和禁酒措施缓和同辈之间的压力；

（5）通过快速修复被破坏的公物，以及对事件采取不公开化的措施，以此阻止效仿行为的发生。

通过以下策略消除不顺从行为（Noncompliant Behavior）的借口（Removing the Excuses）：

（1）设置规则和界限。这是指所有的组织都需要对员工的不良行为实施规章制度。通过制定规则，明确无误地消除歧义或模糊性，这些歧义使得遵守规矩的人有可能实施违法犯罪行为，并对他们的犯罪行为声称无知或误解的借口。

（2）激励良心。制定政策，公开宣扬反对入店行窃、超速行驶、吸烟、滥用毒品、乱扔垃圾，以及诸如此类的行为。

（3）控制抑制类药物。例如包括设立无毒区，颁布不使用武器政策，制定限制喝酒年龄的法律，要求视频站使用 V 形芯片以及访问色情网站的限制年龄。

（4）促进顺从遵守的行为。如果预期行为或结果比非法或违法行为容易，那么多数人会选择顺从或遵守。例如包括指定垃圾站来阻止非法倾倒，设立公共浴室阻止不雅的淋浴行为，设置方便倒垃圾的垃圾桶等。

CPTED 和其他犯罪预防方法，例如情景犯罪预防，依赖这样的假设，即犯罪场所或犯罪空间是可以改进的，可以将其从犯罪发生器（Crime Generator）或犯罪诱因，转变为强有力的预防犯罪工具。从日常活动理论和环境犯罪学的视角看，特定的情景或环境可能会抑制、约束或限制犯罪机会。因此，虽然特定的条件能够引发特殊环境下的犯罪机会，然而特定环境也能够阻止某些犯罪行为的发生。

6.9   情景 CPTED 的应用

适用 CPTED 需要了解和掌握基本的犯罪预防理论和实践。对从事犯罪预防工作的警官而言，有许多基本的理论假设，这些理论假设与安保人员和从事损失与犯罪预防规划和执行工作的其他人员有关，这些理论假设也与 CPTED 理论相关：

（1）必须协助潜在受害者和对其安全负责的人采取知情行动，减少他们易受犯罪侵害的脆弱性程度。

（2）潜在受害者为预防犯罪而采取的行动，受制于他们对环境的控制能力与程度。

（3）必须关注潜在受害者所处的环境，而不是关注潜在罪犯的环境。

（4）预防犯罪是一种与通过减少犯罪机会来降低犯罪动机的道德方法相对应的实践。

（5）法院和监狱的惩罚和矫正改造能力、警察的拘捕以及其他诸如此类的强制性措施，都可以增加罪犯的认知风险，并在减少犯罪机会方面发挥重要的，但次要的作用。

（6）执法机构通过向公众、机构和其他社区组织提供有关预防犯罪的教育、指导和信息，在减少犯罪方面发挥着主要作用。 86

（7）预防犯罪既可以是振兴城市和农村社区的努力的原因，也可以是其结果。

（8）预防犯罪知识不断发展，具有跨学科性质；因此，必须不断分析成功做法和新兴技术，并在从业人员之间分享这一信息。

预防犯罪战略必须保持灵活性和创造性，才能有效。在一种情况下的成功，并不一定意味着在未适当考虑文化背景、环境和其他因素的情况下，能够将成功的经验复制到另外一个类似的环境之中。

通过环境设计预防犯罪（CPTED）和一个名为情景犯罪预防的计划相关，都是成功有效的犯罪预防措施。下面是两个成功的事例。

6.9.1   佛罗里达州劳德代尔堡的实践

从 1987 年到 1990 年，劳德代尔堡市在中士警官吉恩·法默（Sgt. Gene Farmer）的领导下，制定了一项严厉的执行政策以消除犯罪诱因，并对非法活动设定界限。市镇议会也修改了它的城市管理法令，警察能够以下面所列的方式行使职权，更高效地执行法律并减少犯罪机会。修改后的法令授权警察有权逮捕实施了轻微犯罪行为和违犯城市法令的人。州法律和县法令的相关规定也被纳入到市法令之中，以减少现行法律和规则之间的混乱。建筑物或其他财产如果被认为属于"结构不安全"，就会被拆毁。财产所有者要对在自己房屋内发生的行为负责（例如，城市管理当局给那些售卖毒品的业主寄去了函件）。

为了执行城市法令，专门成立了一个五人法令执行小组，包括一名警官、一名建筑法规检查员、一名消防法规检查员、一名收税员以及一名专业建筑师/设计师，他们在四年内完成了下面所列的各项任务：

- 检查超过 1712 户住宅单元；
- 调查超过 4500 起投诉；
- 传唤了超过 25000 次违反法令的行为；
- 拆毁了 110 栋摇摇欲坠的破损房屋；
- 在 1987 年和 1990 年之间，收取了超过 500000 美元的罚款。

这些措施改善了以下状况：

- 贩卖毒品案件减少了 56%；
- 杀人案件减少了 34%；
- 警察的工作量减少了 23%。

具体的有针对性的 CPTED 措施，主要侧重于问题场所的整治，在减少犯罪和提高生活质量方面给城市带来了显著的改善（图 6.22 和图 6.23）。

87

图 6.22　尽管有严禁乱倒垃圾的标志和面临罚款与监禁处罚的风险，但人们在被抓获之前仍然非法倾倒垃圾

Code enforcement bill targets slumlords

Landlords who don't keep their property up to code and then ignore the resulting liens could be hauled into court to pay up under a bill that passed the House Wednesday, despite warnings by opponents that poor and elderly homeowners will be harmed.

Backed by local governments who say they slap liens on property only to watch the fines multiply, the bill (HB 331) would allow cities and counties to take slumlords to court to sue for the money. But some lawmakers said they worry the bill will bankrupt the poor and elderly who can't afford to clean up their property or hire a lawyer.

"If it was limited to slumlords, I could support it," said Rep. Rudy Bradley, R-St. Petersburg. "But this hurts anyone who has the misfortune of dealing with code enforcement. It's a vote against the poor, the elderly and the infirm."

The bill was amended to prohibit cities from suing for code violations at a homeowner's primary residence, said Rep. Josephus Eggelletion Jr., D-Lauderdale Lakes.

"The amendment exempts a monetary judgment which may occur against you personally as a result of a code violation on homestead property, and that makes it a far better bill," he said. A Senate version (SB 140), which cleared that chamber Wednesday, does not include an exemption for homesteaded property.

图 6.23　正在提请审议的立法法案，以解决城市破败和缺乏责任的问题

6.9.2 俄亥俄州辛辛那提市的实践

辛辛那提市住房管理局（Cincinnati Metropolitan Housing Authority，CM-HA）实施了两项预防犯罪的措施，实践证明这些措施对任何一个大都市的公共场所的管理都可能是有效管用的。这些简单的措施旨在消除犯罪诱因，减少犯罪的回报。为了消除犯罪诱因，辛辛提那市住房管理局（CMHA）购买了更多的垃圾桶，并将其分发到所有的房屋，同时还买了"垃圾吸尘器"（Garbage Vacuums）来推动其城市住房的发展，真空垃圾吸尘器收集清理垃圾的速度远远快于手工收集。增设垃圾桶，并鼓励人们使用；用商用的真空吸尘器快速地清理垃圾，强化了住房管理提出的创建干净整洁的场所的目标。清除垃圾也减少或消除了毒贩藏匿毒品的场所，减少了毒品的存储，改善了城市面貌，去掉了外观不佳的恶名。

辛辛那提市住房管理局提出的快速清除涂鸦的政策，尽量减少涂鸦可见的时间，从而降低了犯罪回报。黑帮经常利用涂鸦作为领地势力范围的标志或毒品市场的路标。如果涂鸦一经发现就尽快地删除，那么它对犯罪活动的好处就会减少。清除涂鸦也消除了敌对帮派以涂鸦通信的方式互相挑战的机会。

6.9.3 情境犯罪预防的最新进展为减少犯罪提供了更多的 CPTED 运用机会 88

情景犯罪预防（Situational Crime Prevention）得益于刑事司法学者们的批判性反思，他们发现了原有理论的优点和不足。早在 2004 年，克拉克、科尼什和埃克致力于扩大情境犯罪预防应用，为该理论注入了更多的结构，增加了一种额外的技术，为情境犯罪预防实践者增加了更多的策略和例子。除了（1）加大努力，（2）减少风险，（3）降低回报，（4）消除借口外，情境犯罪预防技术的矩阵内容还扩展至（5）减少挑衅（例如，减少挫折感、避免争端、减少情绪刺激、缓解同伴压力和劝阻模仿；参见克拉克，2003，2004）。问题导向警务中心（The Problem Oriented Policing，POP）已经将这五类主题归纳提炼为有用的 25 种技术，并以列表的形式进行阐释，其中的许多技术，正如表 6.2 所示，完全可以适用于 CPTED 犯罪预防的程序方面。

6.9.4 其他 CPTED 资源

互联网和社交网络的兴起，增加了 CPTED 的数据共享和思想理念的可利用性。预防犯罪的实践者、场所管理人员和个人有兴趣跟上 CPTED 当前发展的主题、研究、培训和倡议，可以从 CPTED 领英小组（LinkedIn，商务化人际关系网络——译者注）的在线同事那里寻求更多的 CPTED 支持。

6.10 小 结

CPTED 是设计或重新设计建筑环境，以减少犯罪机会。现代 CPTED 包含下面五个基本要素：

    （1）访问控制；

    （2）监视；

    （3）领地感/领域感/属地性；

    （4）维护和改善形象；

    （5）活动支持。

情景犯罪预防融合了 CPTED 支持以及一系列旨在减少潜在犯罪人犯罪机会的措施：加大犯罪难度、增加风险、降低回报、减少挑衅和消除犯罪行为的借口等。CPTED 与情境犯罪预防略有不同，其重点是改变自然环境以减少犯罪机会。这两种预防犯罪方法的主要区别在于制定和实施预防犯罪措施的范围和深度不同。情景犯罪的预防属于犯罪机会理论的理论框架范畴，如理性选择、日常活动和环境犯罪学等。

CPTED 借鉴了作为 CPTED 环境变化基础的社会科学和自然科学的多学科理论背景。纽曼有关可防卫空间理论的著作和克罗维在 CPTED 的第一代理论方面的著述，为下一代 CPTED 理论与技术的发展铺平了道路，它结合了行为心理学和人类行为社会学的元素，并对建筑进行必要的限制，以创造一个安全的环境。

虽然情境犯罪预防和 CPTED 在理论基础上存在差异，但二者可以共同使用，甚至可以互相为对方提供支撑。CPTED 和情景犯罪预防是安全主管和执法部门可资利用的宝贵工具，尤其是问题导向警务（Problem Oriented Policing，POP）和 SARA 分析模式以及社区导向警务。

警察、安全管理主任和设计专业人员通常希望，各种标准、准则和指令能够明确地告诉他们在不同环境下该做什么，以应对安全面临的威胁。重要的是要记住，在制定一个标准之前，理论和实践都必须经过深入细致的研究和时间的考验才能证明它的价值。理解"为什么"犯罪，而不仅仅是在事后应对每一个新的威胁，这是非常有价值的一种理念。CPTED 和情景犯罪预防是一种具有跨学科性质和整体理论基础的技术方法，是应对犯罪和恐怖主义行为的基础措施。除非我们彻底理解环境和行为之间关系的微妙之处，否则永远无法解决问题的根源。

重要的是，首先我们必须明白实施 CPTED 并不总是足以预防犯罪（Sorensen et al.，1998）。如果 CPTED 措施单独运用，比起它在社区、邻里街坊或项目实施中解决的问题，它有时候会引发更多的问题。某些 CPTED 或安全措施可能造成或加剧社区中各群体之间的紧张关系，因为某些人或群体可能认为他们没有从正确的预防犯罪措施中受益。其次，习惯犯罪人或动机驱动型犯罪人或者年轻人可能有足够的时间和无限的精力想出应对 CPTED 措施的方法，从而改动被认为是坚不可摧的目标加固方案。最后，CPTED 措施没有解决社区、邻里街坊、社会或建设项目中的社会和经济问题。解决方案整合了 CPTED 项目和其他主动性措施，并整合到建设过程之中，使建成环境与社区和邻里成为一个整体。

6.11　致　谢

作者感谢埃伦·沃尔什（Ellen Walsh）、玛丽娜·迈尔（Marina Myhre）和罗纳德·克拉克（Ronald Clarke），感谢他们为索伦森等人（1998 年）为美国城市发展部开发《通过环境设计预防犯罪（CPTED）课程》［*Crime Prevention through Environmental Design（CPTED）Curriculum*］所作的贡献，在本章的修改扩展中，他们提供的材料被用作背景资源材料。

参考文献

［1］ Agnew，R.（1995）Determinism，indeterminism，and Crime：An empirical exploration，Criminology 33，83-109.

［2］ AICrime（June 17，2003），No. 3. ISSN 1448-1383. Australian Institute of Criminology. www. aic. gov. au/publications/crm.

［3］ Atlas，R.（1983）Architectural determinism. Dissertation，Florida State University，Tallahassee，FL.

［4］ Atlas，R.（1991）The other side of CPTED. *Security Management* 35（3），63-67.

［5］ Atlas，R.（1996）*Beyond the 3-D Concept：Protection of Assets Manual*. Santa Monica，CA：Merritt.

［6］ Bernesco，W. and Nieuwbeerta，P.（2005）How do residential burglars select target areas? *British Journal of Criminology*（44），296-315.

［7］ Brantingham，P. and Brantingham，P.（1991）*Environmental Criminology*. Beverly Hills，CA：Sage.

［8］ Brantingham，P. and Brantingham，P.（1993）Environment routine and situation：Toward a pattern of crime. In R. Clarke（Ed.），*Routine Activity and Rational Choice：Advances in Criminological Theory*，Vol. 5. New Brunswick，NJ：Transaction Publishers.

［9］ Calthorpe，P.（1993）*The Next American Metropolis*. Princeton，NJ：Princeton Architectural Press.

［10］ Cisneros，H.（1996）*Defensible Space：Deterring Crime and Building Community*. Washington，DC：U. S. Department of Housing and Urban Development.

［11］ Clarke，R. V（1983）Situational crime prevention：Its theoretical basis and practical scope. In M. Tonry and N. Morris（Eds.），*Crime and Justice：An Annual Review of Research*. Chicago，IL：University of Chicago Press.

［12］ Clarke，R. V.（1992）*Situational Crime Prevention：Successful Case Studies*. Albany，NY：Harrow & Heston.

［13］ Clarke，R. V.（2004）25 Techniques of situational crime prevention. Presented at the *Problem-Oriented Policing Conference*，Charlotte，NC. Also See 25 Techniques Matrix associated with this presentation at http：//www. popcenter. org/25 techniques. htm

［14］ Cromwell，P.，Olson，J. N.，and Avery，D. W.（1991）*Breaking and Entering. An Ethnographic Analysis of Burglary*. Newbury Park，NJ：Sage.

［15］ Crowe，T.（1991，2000）*Crime Prevention through Environmental Design：Applications of Architectural Design and Space Management Concepts*. National Crime Prevention Institute. Woburn，MA：Butterworth Heinemann.

[16] Guerette, R. and Bowers, K. (2009) Assessing the extent of crime displacement and diffusion of benefits: A review of situational crime prevention evaluations. *Criminology* 47 (4), 1331-1368.

[17] Jacobs, J. (1961) *The Death and Life of Great American Cities.* New York: Vintage Press.

[18] Jeffrey, C. R. (1971) *Crime Prevention through Environmental Design.* Beverly Hills, CA: Sage Publications.

[19] Merry, S. (1981) *Urban Danger: Life in a Neighborhood of Strangers.* Philadelphia: Temple University Press.

[20] Newman, O. (1972) *Defensible Space: Crime Prevention through Urban Design.* New York: MacMillan Publishing.

[21] Pezzin, L. E. (1995) Earning prospects, matching effects, and the decision to terminate a criminal career. *Journal of Quantitative Criminology* (11), 29-50.

[22] Plater-Zyberk, E. and Duany, A. (2000) *Suburban Nation.* New York: North Point Press.

[23] Reppetto, T. (1974) *Residential Crime.* Cambridge, MA: Ballinger.

[24] Scarr, H. (1973) *Patterns of Burglary.* National Institute of Law Enforcement and Criminal Justice.

[25] Siegal, L. J. (1999) *Criminology.* Belmont, CA: Wadsworth Publishing Co., pp. 104.

[26] Sorensen, S. L. and Clarke, R. V. (1987) Situational crime prevention in low-income housing settings. Paper delivered at *Environmental Criminology and Crime Analysis Seminar*, Tokyo, Japan.

[27] Sorensen, S. L., Hayes, J. G., Walsh, E. W., and Myhre, M. (1997) *Crime Prevention through Environmental Design (CPTED) Curriculum.* Washington, DC: U. S. Department of Housing and Urban Development; revised 1998; curriculum prepared for Public Housing; www. SIKYUR. com, see Security Toolbox for CPTED Manual and Briefs.

[28] Wikipedia. Murder of Kitty Genovese. http: //en. wikipedia. org/wiki/Murder _ of _ Kitty _ Genovese.

[29] Wilson, I. Q. and Kelling, G. L. (1982) Broken windows the police and neighborhood safety. *Atlantic Magazine*, March.

第二代 CPTED：机会理论的兴衰*

7.1　为什么是第二代 CPTED

　　本章介绍了本书其他地方探讨的通过环境设计预防犯罪主题的现代变革。我们称之为第二代 CPTED。几十年来，CPTED 一直被教导为一套物理策略，以改变建筑环境和减少犯罪机会。今天，这包括用于访问控制的安全围栏和用于目标强化的更好的门锁。不幸的是，物理战术的单一使用，特别是针对目标强化的安全措施，并不是 CPTED 先驱们如詹妮·雅各布斯（Jane Jacobs，1960）、施洛莫·安吉尔（Schlomo Angel，1968）、雷·杰弗里（C. Ray Jeffery，1971）和奥斯卡·纽曼（Oscar Newman，1972）提供的真见。

　　诚然，这些早期的研究者确实是从改善物理环境的分析和规则开始的。然而，他们这样做是为了使居民能够对某一个地区行使集体所有权，并开始分享纽曼所说的利益共同体（Newman，1996）。詹妮·雅各布斯最初的构想非常清晰：睦邻和社区意识是安全街道的核心（Colquhoun，2004）。早在 1996 年，纽曼就声称"可防卫空间依赖于自助［并且］有能力把不同收入和种族的人团结在一个互利的联盟中"（Newman，1996：p. 9）。在许多情况下，这种更 为全面的做法在强化目标方面已经失去作用了。

　　这并不是我们所说的物理安全策略和环境变化。第一代 CPTED 不会对财产提供保护。事实上，正如本章中的大部分内容所说明的那样，它们在减少犯罪机会方面发挥了很好的作用。更重要的是，越来越多的 CPTED 培训课程掩盖了健康社区的社会动态，以及社会计划如何与他们所开出的处方融为一体。归根结底，犯罪动机首先产生于这些社区的社会条件。即便是活动支持，激活未设防空间的策略（如在孤立的地铁站台上设计报亭）等 CPTED 策略，也只涉及犯罪的机会问题，而不是导致犯罪的动机。因此，第一代 CPTED 并不代表早期文献中所引用的那种社区建设类型。

　　发生这种情况的原因是一个难解之谜。从犯罪动机向犯罪机会的转换，可能与犯罪学某些分支的理论转变相吻合。如果是这样的话，将社会事业方案

---

　　* 作者：格雷戈里·萨维尔（Gregory Saville），杰拉尔德·克利夫兰（Gerard Cleveland）。

（Social Programming）重新纳入 CPTED 范围，可能意味着减少犯罪机会散失其优先地位，而更平衡的 CPTED 理念重新出现。

这也可能与专业的 CPTED 实践和权宜之计有关。CPTED 的实践者经常声称，第一代 CPTED 的策略，就像自然监视的照明一样，提供了一种减少犯罪机会的具体方法，并且比复杂的社会事业建设计划更容易启动。这可能是真的，但它忽略了这一点，原因有三：

（1）社区建设（Community Building）——精心设计的社会项目，建构了一种社区意识，提供了一个唤起社区建设的机会，与注重安全功能相比较起来，在一个更深的层次和持久的方式进行社区环境建设。此外，无论是物质战略还是社会战略都没有发挥重要作用。

（2）集成整合（Integration）——尽管第一代和第二代 CPTED 策略措施都可以单独启动，但如果从计划一开始便有将现代 CPTED 策略措施进行集成整合，它们的工作效果会更好。

（3）城市规划与建筑设计的对抗（Urban Planning Versus Architecture）——第一代 CPTED 在建筑规模（比如进入建筑物的通道或道路照明）上运作良好。正如前面的案例研究所表明的那样，在更大的城市规划规模（重新开发市中心商业走廊或建立新的细分市场）方面，将物理改造和社会建设项目结合起来的第二代 CPTED 可能会产生更深层次的影响。

除了这个谜题之外，还有一些从业者声称，他们已经将社会策略作为他们经常性的 CPTED 工作的一部分。加玛和帕斯科（Gamman and Pascoe，2004：p. 47）在欧洲 CPTED 会议上对与会的 CPTED 从业者进行了重新阐述，他们描述了一种欧洲风格的 CPTED，在这种 CPTED 中，社会事业建设计划一直是其组成部分，尽管对于欧洲 CPTED 相似的观点以及它与第一代 CPTED 的传统描述之间的区别，并没有一个条理清晰的描述。也没有一个学派教授这种理念。事实上，没有一个清晰发展的理论能够准确地表达 CPTED 的不同实践，始终如一地持续应用社会规划方法的任务，（或任何预防策略）是一个碰运气的时好时坏的命题。这与没有受过 CPTED 训练的建筑师一样，他们声称自己一直采用 CPTED 方法，因为"这种方法（CPTED）看起就是一些常识"。经过更仔细的考察，我们发现他们很少像本章其他部分所阐述的那样能够胜任 CPTED 的实践。社会规划也不可能以任何一致的方式发生。

即使是《欧洲 CPTED 标准》（European CPTED Standard）的最新发展，也不能解决这个难题。欧洲标准是一份令人印象深刻的城市设计文件，其中详细阐述了明确的物理设计和城市发展 CPTED 语言。但标准中的策略只涉及第一代 CPTED，比如混合土地用途、照明、领地性/属地性或目标强化。社会和动机预防策略仅限于在公共空间张贴行为规则或为高危人群提供有形基础设施。因此，从业者可以将社会规划项目应用于他们的物理改性，或者他们可以不应用。对此，标准并没有明确指定。再重复一次，这完全是一个不合时宜的随意的提议。

这就是我们开发第二代 CPTED 的主要原因：创建一套与传统 CPTED 相一致的社会策略，恢复 CPTED 先驱们最初的社区建设的初衷，在 CPTED 实践中为城市规划和社会规划重新塑造一个更为平衡的角色作用。

7.2　安全社区

犯罪原因的复杂性使得第二代 CPTED 对复杂社会事件的理解显得缺乏深度。事实上，所有犯罪学都在努力理解犯罪因果关系的复杂性。第一代 CPTED 通过改变犯罪的实际机会和忽视社会动机，对这种复杂性的边缘进行了些修修补补。第二代 CPTED 通过评估不安全社区的社会动力学机制，缓解了这种不平衡性，然后针对那些可能最有利于改善环境条件的因素来扶正这种失衡。

安全和健康社区的要素并不是一个谜。看看运作良好、充满活力和低犯罪率的社区。它们具有相似的特征。他们有各种各样的公民自愿参与行动（Checkoway and Finn，1992；Clear，2000）。它们有社区对话和伙伴关系（Barton，1993；National Institute of Justice，1996），它们对社会凝聚力有全面的衡量措施和方案（Brower，1996；Schorr，1997）。它们有着独特的地方文化和多样化的人口（Aberley，1994；Langdon，1994；Adams and Goldbard，2001）。它们也有能力为居民提供机会，共同努力减少犯罪机会和动机（Wekerke and Whitzman，1995；Gilligan，2001）。这些事实都是安全社区的特征。

显然，挖掘并利用公民自愿参与、对话、伙伴关系、独特的地方文化等社会特征并不是肤浅表面的，而是旨在创造积极互动和建立社会凝聚力的充分机会。

这些举措是第二代 CPTED 在建设或重建我们的城市地区和社区时采用的。他们回顾了詹妮·雅各布斯在她所著的《美国大城市的死与生》（The Death and Life of Great American Cities，1960）一书中所倡导的原始价值观——这是一部经常被称为 CPTED 创始文件的著作。

相反，功能失调和混乱的社区是暴力和混乱的地方。它们存在有严重的犯罪热点，受害风险很高（Skogan，1990；Spelman，1993）。这些地方社会凝聚力低，恐惧程度高，例如，学校的旷课现象猖獗，居民很少与邻居交谈，或人们太害怕晚上外出（Markowitz et al.，2001；Gibson et al.，2002）。这些地方助长了犯罪的机会，当犯罪发生时，当地没有能力以有效的方式作出反应（Baba and Austin，1989；Foster，1995）。社区内的人们和群体之间很少有机会进行积极和相互尊重的社会互动（Green et al.，1998；Saville and Clear，2000；Clear Levan，2004；Saville and Cleveland，2003；Saville and McLeod，2003；Saville and Wright，1998。

有许多社会预防方案的例子试图减少犯罪的根源——犯罪的动机。扫盲培训和创造就业就是两个例子。不幸的是，动机预防程序过于频繁地以一种通用的方式被应用，好像一个尺寸适合所有人。正如我们在本书前面所看到的，没有哪一种策略最有效（Sherman et al. ，1997）。一种尺寸并不适合所有的东西，这就是为什么第一代和第二代 CPTED 都能很好地结合在一起的原因。

例如，在加拿大，国家预防犯罪战略专门建立了一个社会犯罪预防基金，为那些处境最危险的人提供帮助，该项目也称为通过社会发展预防犯罪计划（*Crime Prevention Through Social Development*，http：//www. publicsafety. gc. ca/res/cp/res/ssincps – amosnpc – eng. aspx）。该计划包括教育、提高识字率和为人父母的亲子教育计划等，其实施结果是所有典型的犯罪动机减少，该战略使人联想到第二代 CPTED 措施。他们忽视了减少机会的重要性。他们资助的项目中，很少（如果有的话）资助第一代 CPTED 的实践。这是一种顾此失彼的方法，反映的是泼洗澡水连同洗澡的婴儿一同泼掉的逻辑。

为什么第一代或第二代 CPTED 彼此隔离会是这样一个问题？因为，除了通过目标强化和建筑设计（本书中有大量例子）保护财产和建筑物的合法需要之外，保护居民在他们所居住的社区中免遭难以控制的犯罪的侵害，意味着需要构建起一种社区的物质和社会特征。这就是纽曼和雅各布斯等先驱者提到的社区建设进程。

有很多这样的例子。考虑到在过去十年中提交给赫尔曼·戈德斯坦问题导向警务奖计划（Herman Goldstein Problem Oriented Policing Award Program）的获奖项目。斯科特（Scott）总结了十年来的 100 个项目，他报告说，在减少犯罪方面获得奖项的项目，平均包含有 5 种不同的战略。在所有这些项目中，有一半的 CPTED 项目是与社会和教育方面的方案配套实施的（Scott，2000）。总之，在最有效地消除邻里犯罪问题时，既有动机的减少，也有机会的减少。事实证明，在实际实施预防的街道上，这两种情况都不存在。第一代和第二代 CPTED 并驾齐驱。

7.3 第一代 CPTED

传统 CPTED 的原理和历史是众所周知的，本书的其他部分也对此进行了讨论。在这里除了这样说之外没有必要再次对它们进行回顾，自从雅各布斯给安全城市开出的领域性控制和街道眼的处方之后（Jacobs，1960），在过去 50 年中，CPTED 理论中几乎没有增加任何其他实质性的内容。然而，我们后来质疑，CPTED 的后续版本是否分厘不差地传承了雅各布斯的完整理念。

领域性/属地性是所有第一代 CPTED 的基础。访问控制改变了入口和出口，以便空间的合法用户可以控制对建筑物和社区的访问。自然监视也是如此，只不过它使用了视线、照明、环境景观美化和设计以观察和监视街道。符号标牌、空间层次、改进管理和维护也是加强特定区域领地控制的战略。它们都有助于合法用户拥有区域所有权，并对罪犯尚不足以受到惩罚的犯罪能力产生影响，对犯罪人不受警告或者担忧被抓获的能力产生影响。目标强化，如死栓锁和防涂鸦涂料，不一定能够创造领域性所有权，但也可使得入室盗窃或故意破坏行为更加困难。这些都是减少机会的战略。

7.4　下一代 CPTED

下一代的 CPTED 完全可以在那些此前从来没有运用过 CPTED 的地方放手一搏。

1998 年，克利夫兰和塞维尔创立了第二代 CPTED。它扩展了第一代 CPTED 理论，超越了设计—影响—犯罪的争论，将社会因素包括在内。它超越了纽曼和克洛维在第一代 CPTED 时代提出的活动支持策略。第二代 CPTED 完全接受了詹妮·雅各布斯（1960）最初提出的理念架构，即邻里和社区意识是安全街道的核心（Colquhoun，2004）。它以整体的方式融入了广泛的社会预防犯罪战略，但在当地的具体情况下也是如此。

以前的社会预防方案通过创造就业机会和振兴经济来打击犯罪。第二代 CPTED 并不否认这些想法，但其中许多措施都是大规模的、长期的战略。相反，第二代 CPTED 侧重于关注每个社区存在的特定社会和文化动态。

第二代 CPTED 采用了四种新的策略，简称"4Cs"：

（1）社会凝聚力（Social Cohesion）；

（2）连通性（Connectivity）；

（3）社区文化（Community Culture）；

（4）阈值容量（Threshold Capacity）。

在第一代 CPTED 旨在加强领地控制和可防卫空间的情况下，第二代 CPTED 通过承认人们不可能有强烈的领域性/属地性感觉来扩展这一概念，除非他们对积极行为和睦邻友好形成共同的标准。他们必须真正关心他们一起工作、娱乐和生活的人与场所，他们不能把这种关心仅仅局限于他们共同的公共空间。如果要真正实现整体性，预防就必须扩大到社区生活的私人领域。只有当预防扩大到包括 4Cs 时，才能真正地被视为一项整体战略。只有这样，可持续安全才能从那些共同行为标准中产生，这些行为标准将人们聚集在一起，为共同的目的服务。

因此，第二代 CPTED 通过处理犯罪最为严重或可能最为严重的特定地区的人们的文化、社会和情感需求来减少犯罪动机。

社会凝聚力

就像领域性是第一代 CPTED 的核心一样，社会凝聚力是第二代 CPTED 的核心。为了促进一个安全社区的建设，它采用了广泛的战略。其中包括情商训练（Salovey and Mayer，1990；Goleman，1995）、培养自尊（图 7.1）和集体工作的个人信心。它们还包括冲突知识培训，例如向居民展示如何在不诉诸暴力的情况下保持对不同意见的尊重（Cleveland and Saville，2003）。

95

CITIES STRUGGLE TO CLEAN UP BLIGHT

SATURDAY, JANUARY 15, 2011

Bill Daeder, of Sunrise, says he has no hope of ever paying $429,000 in fines received for code violations.

As violations linger and fines rack up, some municipalities take a new approach

By Susannah Bryan
STAFF WRITER

With the foreclosure crisis in full swing, the number of trash-strewn, overgrown and unattended properties have exploded, dragging down property values in neighborhoods across South Florida.

As the problem grows, cities throughout the region are grappling with a daunting reality: They are practically powerless to force owners to clean up.

Sunrise has issued more than 500 liens totaling over $26 million for code violations, including at least two above $400,000. Boynton Beach has 750 liens approaching $50 million, with one homeowner racking up $1.5 million in fines in the past decade.

Still, in cities throughout South Florida, the violations continue and the fines keep growing.

"All we can do is keep racking up the fines," Sunrise City Attorney Stuart Michelson said. "The house is homesteaded, so you can't foreclose. So what can you do?"

This property at 521 NE 2nd St. in Boynton Beach is considered one of the city's worst code enforcement cases. The property has four liens against it.

have to live near them," said Julie Fear, Miramar's code compliance supervisor. "The fact that the banks don't want to take care of their properties is the problem."

Boynton Beach has passed an ordinance requiring banks to maintain foreclosed properties so they don't

Eyesores next door?
Share pictures of homes in disrepair, yards filled with trash or abandoned

图 7.1　怎样才能培养一种社区意识？你能把责任意识灌输给你的邻居吗

注：图片引自南佛罗里达州布莱恩高（Bryan），该市努力清除城市衰败病，《南佛罗里达太阳哨兵报》（*South Florida Sun-Sentinel*），2012 年 8 月 3 日。承蒙惠许使用图片。

　　凝聚力策略增强了居民之间的关系。虽然邻里观察或街区观察项目可能会建立一个观察网络，但他们并不向居住在附近的人传授解决冲突的方法。这就是为什么第一代 CPTED 策略即活动支持很少，能够创造出长期社会凝聚力的原因。

　　界定社会凝聚力的一些特征包括：

- 参加地方活动和组织；
- 存在自我指导的社区问题解决小组；
- 社区内冲突得到积极解决，例如恢复性司法方案（Zeller and Canon，2002；Zeller，2006）；
- 开展反暴力意识教育，例如对居民进行培训，使其了解如何支持家庭暴力的女性受害者，并帮助施暴男子实现和平（Dekeseredy et al.，

96

2004）；

- 社区内普遍盛行范围宽泛的友谊网络。

我们把社会凝聚力分为两个构成要素：社会黏合力和积极自尊。

社会黏合力（Social Glue）包括使社区成员团结起来，为他们所处的街道、街区、组织或城镇负责的策略。例如，邻居可以计划社会事件或学习新的方法来处理犯罪风险（例如，第一代 CPTED）。我们使用的一种社会黏合策略是问题导向学习（Problem-based Learning，PBL）。这种教育技术植根于成人教育，在成人教育中，帮助者支持利益攸关方举办自己的实践培训研讨会。他们通过制定实际的解决方案学习预防原则，以解决自己社区的实际问题，并自始至终地创造相互之间的联系。学习者随后运用问题导向学习（PBL）构建的链接，这样能汇集那些对积极改变有影响力的人的价值。

社会黏合力的例子——雷诺和伯灵顿的实践

20 世纪 90 年代中期，塞维尔和阿塔拉斯在内华达州雷诺进行传统的 CPTED 培训项目时，采用了这种方法。参与者辨识了他们自己的邻里问题，他们应用了新掌握的 CPTED 技能。通过这个过程，他们了解到这个城市没有一个长期的 CPTED 规划政策，所以他们自己制定了这样一个长期规划。该计划已获得市政议会的批准，而该小组的创始成员现今正在实施持续的 CPTED 培训，并定期参与 CPTED 项目的评估，以提出改进建议。

当我们将这种称之为集体安全审查（Group Safety Audit）的方法运用到佛蒙特州伯灵顿市的教堂街步行街购物广场项目时，也取得了类似的成功。作为他们正在进行的工作的成就和安全审查的结果，居民和商人制定了新的物理和管理战略，以加强商业街的领域性和可防卫空间。伯灵顿现在成为美国最有活力、最安全的步行商业街之一。

积极的尊重与邻里之间凝聚力的个体需要特征有关。在这些个人特征中，最主要的是冲突解决和自信技巧。当社区参与者不知道如何有效地解决冲突或面对问题时，他们就会退回到自己的家园。这可能会导致社会疏离感（Social Alienation）和孤立感。如果他们以消极的方式解决冲突，例如肢体上的冲突就会导致暴力。

北卡罗莱纳州海因波特市的"积极尊重"范例

2004 年，北卡罗莱纳州海因波特市（High Point）备受野外露天非法药物市场的折磨，导致了犯罪和暴力事件的发生。出现这种情况的社区士气低落并受到其他社区的围攻。警察局和恢复性司法专家戴维·肯尼迪（David Kennedy）教授将整治目标集中到西区一个社区的特定毒贩身上。警方对他们提出了法律诉讼，但没有逮捕他们。在清除这些问题的过程中，社会工作者从社区中识别出与毒贩关系密切的关爱家庭成员，以及对清除毒品有兴趣的社区居民，共同参与警方的行动。毒品贩子、家庭成员、社区成员和执法人员共同出席了一个面对面的会议。没有出席会议的毒品经销商将受到逮捕和起诉。绝大多数毒品中间贩子参加了会议。

随后，社区和警方向毒品贩子提供了不利于他们的法律证据，并让毒品贩子做出选择，停止销售毒品。他们被要求合法地重新加入社区，并得到食物、住房、衣服、教育以及和工作培训选项。他们解释说，毒品贩子作为社会的一分子，是值得尊重的，但为了获得尊重，他们必须放弃毒品交易。

该战略的背后是这样一种信念，即社区需要以协调一致的方式来表达期望，并学习如何与服务提供商合作，共同寻找资源，以帮助毒品贩子放弃贩卖毒品。

在一年之内，该市所有非法的露天毒品市场都被关闭，与之相关的暴力犯罪减少了 35%。在出席会议的 75 名毒品贩子中，只有 15 人在前 4 年内再次犯罪。最后，该战略传播到附近的其他城市，导致类似的毒品市场关闭和暴力犯罪的减少（http：//www. jjay. cuny. edu/948. php）（表 7.1）。

表 7.1 暴力犯罪率（占犯罪案件的千分比率）

犯罪类型	2002 年	2004 年	2006 年	2004~2006 年的变化比率（%）
伤害	54.0	65.0	38.0	-29.6
抢劫	60.0	43.3	43.6	-28.4
性侵犯	82.1	46.6	32.4	-60.5*
总计	201.5	155.3	100.9	-49.9*

资料来源：里加科斯（Rigakos, G. S.），《圣罗曼诺威社区复兴计划：最终报告》（*The San Romanoway Community Revitalization Project：Final Report*），2007，可在线查阅：http：//srra. ca/about – us/rigakos/.

n = 228，* p < 0.05.

7.5 连通性

连通性意味着社区与外部机构如政府资金来源有着积极的关系和影响。对于使用第二代 CPTED 的实践者来说，这可能意味着提供获得资金资助撰写专门报告的机会，建立网络连接的社区，并为参与式规划培养邻里授权小组。

虽然凝聚力在转移或者减损犯罪动机方面是一个重要的社会因素，但是社区需要采取更进一步的行动。同样至关重要的是，社区并不能孤立地运作（Barton and Silverman，1994）。孤立主义可能导致邻避主义（不要在我的后院）。① 此外，其他社区可能在如何解决问题方面拥有重要的经验教训，或者可能需要与媒体联系以公布成功经验或寻求公众支持。这意味着每一个邻里社

---

① 邻避主义（NIMBYism, Not-In-My-Backyard），或称为邻避效应，指居民或当地单位因担心建设项目（如垃圾场、核电厂、殡仪馆等邻避设施）对身体健康、环境质量和资产价值等带来诸多负面影响，从而激发人们的嫌恶情结，滋生"不要建在我家后院"的心理，即采取强烈和坚决的、有时高度情绪化的集体反对甚至抗争行为。导致邻避效应的心理和认知因素包括：不信任政府或项目发起人；知识与信任短缺；对问题、风险和成本的狭隘和局部的观点；对邻避设施的情绪化评价以及一般的和特别的风险规避倾向。——译者注

区都需要与邻里边界之外的区域连接。这包括以少量人行道和行驶路线形式进行的物理连通性。它还包括就如何与各级政府建立政治联系提供资源和联系。

连通性的一些特征包括：

- 与外部机构（例如共享网站）保持联系；
- 获得资助撰写专题报告；
- 与外部团体和社区定期开展活动；
- 连接到外部区域的共享运输路径和设施（共享自行车、自行车道、公共交通）。

7.6 社区文化

CPTED 的实践者有时会忘记雅各布斯的"街道眼"的意义不是视野或街道，而是监视的眼睛。我们不需要有观察者的邻里；我们需要的是一种社区意识，让人们关心他们在观察和守望谁。社区文化使人们为了一个共同的目标而团结在一起。这就是当地居民如何开始分享一种地方感，以及他们为什么一开始就要努力地实施领地控制的原因（Adams and Goldbard，2001）。

社区内文化的定义，包括以下一些特征：

- 性别和少数族裔群体平等战略的存在及其效力；
- 基于性别的各种实施方案，例如针对暴力侵害妇女行为的防治计划；
- 社区内的社会和文化多样性；
- 特殊场所、节日和活动的盛行；
- 社区传统和文化活动的开展程度，例如艺术博览会、体育榜样；
- 基于邻里社区居住者或占用者品性特质的独特自豪感。

7.6.1 社区文化实例：威斯特维尔

威斯特维尔是紧邻康涅狄格州纽黑文市中心之外的一个社区。周围被高犯罪率的热点地区所包围，附近的社区不断面临持续上升的犯罪的风险。然而，多年来，社区组织者鼓励当地艺术家举办艺术节和街头集市（http://www.westvillect.org/wvra/index.html）。

经过他们的共同努力，2003 年该社区获得了历史保护街区标志，从而保护附近地区免遭即将到来的迫在眉睫的道路扩张和可步行街道的恶化。商业企业现在也被组织起来清理街道。一条可步行的和安全的街道可以帮助人们增进社区意识，帮助人们以积极的方式享受公共领域。艺术节和街头集市是一种为了共同目标而将人们聚集在一起的文化活动。这些努力不仅有助于预防犯罪，而且还有助于在这些努力产生的社区文化中培养共同的使命感和归属感。

7.6.2　社区文化实例：伊格尔比

文化策略的一个例子包括社会规划专家温迪·萨尔基西安（Wendy Sarkissian）所说的"公园里的故事"（Stories in a Park）（Sarkissian，2003）。该项目于 2000 年 3 月至 6 月在澳大利亚黄金海岸的伊格尔比郊区的一个贫穷破败的社区里开展。公园的犯罪统计数字表明，该区域还是一个高发犯罪率地区，可能是因为该地区素有恶名，以及居民没有告发犯罪。然而，公园的污名导致人们对该地区存有高度的恐惧感以及对邻里事务缺乏参与。居民们形容这个公园光线不足、被人遗弃荒废了，并吸引着反社会行为。

萨尔基西安展示了如何将庆祝、富有生气的各类活动和讲故事活动带到社区，以增强规划者所称的地方场所营造（Place Making）。这类似于传统的 CPTED 活动支持，但它不仅仅是激活一个空间；它旨在运用文化战略，使所有居民都感到快乐和自豪。在这种情况下，庆祝活动包括鼓励居住者、学生以及失业者在公园里营造节日氛围和活动。富有生气的活动，可能包括鼓励一名当地艺术家与儿童一道在公园里工作 3 周，为公园创造社区艺术，并引导举办昼夜进行的各种活动，使公园在居民心目中变得生动活泼起来。

讲故事是最有创意的文化策略之一。这包括让当地的孩子写一些关于他们对公园的一些负面看法的故事，然后把这些故事放在一只纸糊的鹰上，并在一次公众庆祝活动中烧掉它们：

> 在伊格尔比，我们认为人们讲述他们社区的故事、一个民族和一个地方的神话，决定了人们如何互动，如何感知和使用公共空间。我们推断，人们要在他们的社区里从事更多随机附带的体育活动，他们需要支持性的环境，在象征性或原型的层面上，故事的环境与环境或身体舒适性一样，都是重要的基础性的要素。（Sarkissian，2003：pp. 37 –38）

不仅对公园里的犯罪恐惧减少了，社区也开始了一个不断更新的过程。提升公园和其他公共场所的档次，成为社区生活的一大特色。居民在评价中报告说，社区自豪感有所提高，社区内的人们自己也有能力举办更多的会议来保持这种势头。此外，经济活动也随着飞鹰促进者（Flying Eagle Facilitators）组织的成立而扩大，邻里的飞鹰促进者小组是该项目的直接前身。

7.6.3　对妇女的暴力行为

社区文化的另一个因素是对妇女的暴力行为，这一点 CPTED 一直认为超出了它的范围。迪克塞雷西提醒我们，CPTED 的一个主要缺陷是忽视了公共街道以外发生的暴力行为，例如公共住房项目中对妇女的家庭暴力（DeKeseredy et al.，2004）。"有超过 90% 近 127 万户的美国公共住房家庭由妇女担任户主……考察报告表明，其中许多人经常和严重地受到男性密友和熟人的虐待"（DeKeseredy et al.，2004：p. 28）。如果预防犯罪战略忽视了如此大数量的犯罪问题，那么，我们就不能认为它是整体性的。他建议，第二代 CPTED 可以通过超越性别中立的 CPTED 倡议来解决这一不足。我们同意他的这种观点，同时，我们认为还应再增加一点，即必须超越对少数群体中立的 CPTED 倡议，将少数群体包括在内。

7.7　阈值容量

第一代 CPTED 致力于通过设计将犯罪机会降至最低，而第二代 CPTED 的目标是建立平衡的或更多样化的土地用途和社会活动。它通过社会稳定来实现这一点。破坏稳定的土地用途可能包括在老年公寓旁边建滑板公园。社会安定可以通过社会建设计划项目来纠正这些情况，社会计划可以将滑板爱好者介绍给老年人，然后要求滑板爱好者邀请老年人参加他们的技能展示。在两个完全不同的群体之间保持睦邻友好的关系，可以改善一个明显不相容的土地用途。

其他社会稳定因素包括社区花园，它将人们聚集在一起，为户外园艺或街头娱乐者在一个非同寻常的场所提供娱乐和街道眼（从而整合了第一代战略）。

临界点（Tipping Point）的概念是另一个阈值理念（Threshold Idea）（Saville and Wong，1994；Saville，1996）。这指的是在任何特定活动或空间适当支持预期用途的能力。在一个社区中有太多废弃房屋，被证明是某种犯罪的磁石（Spelman，1993）。在一个小范围内，太多的酒吧会产生大量与酒吧有关的问题，如殴打、酒后驾车和秩序骚乱事件（Saville and Wong，1994）。

阈值容量具有以下一些特性：

- 人类规模、土地利用密度和最大多样性；
- 社会稳定因素的平衡，例如社区花园、街头娱乐、市中心午餐时间的街头食品摊贩；
- 最低拥挤限度与最大使用强度；
- 将犯罪诱因控制在临界阈限值以下，例如，每个社区废弃的住房数量、一个地区的酒吧数量。

7.8　多伦多住房振兴项目

第二代 CPTED 与第一代 CPTED 相结合的第一批全面努力的成果之一，是在多伦多北部的一个低收入社区——圣罗曼诺威公寓。社区有着悠久的犯罪传统，被害人调查中的受访者描绘了一个处于危机中的社区。药物滥用、暴力犯罪、青少年犯罪和恐惧程度，都大大高于全国其他社区（Rigakos et al.，2002）。事实上，尽管警方在这个社区投入了大量资源应对犯罪，但仍有十分之一以上的人被盗窃，近 10% 的人仍然是暴力犯罪的受害者（里加科斯等，2002）。

罗斯·麦克劳德（Ross McLeod）领导的一家多伦多准警务公司（Para-police Company）在圣罗曼诺威公寓提供安保服务。2000 年，业主们在一份名为

100

《圣罗曼诺威基金会文件》（*San Romanoway Foundation Document*）（McLeod and Saville，2000）的报告中，明确提出要制定社区建设战略。麦克劳德、萨维尔和克利夫兰对该文件进行了初步研究，为随后几年的许多战略提供了蓝图，如社区花园、定期开展受害情况调查和成立邻里协会。在 2000 年至 2001 年期间，开始了这一合作行动研究议程的初步工作。它标志着加拿大第一次如此大规模地实施了这样一个综合全面的第二代 CPTED 战略。

团队成员开始研究圣罗曼诺威，创建了一个社区概况。圣罗曼诺威有三座现代主义风格的公寓楼，共有 892 个单元，容纳 4000 多名居民。从 1987 年到 2000 年，圣罗曼诺威的犯罪率比全国平均水平高出 120%（Edwards and Wraith，2007）。这个地区过去和现在都受到犯罪、帮派和毒品的困扰。

第一步是对该物业进行一系列实地访问，与居民、管理人员和安全官员交谈，并进行 CPTED 审查。这包括对物业场所的外部和内部进行照片调查。它还包括收集有关财产的管理记录和安全报告。圣罗曼诺威有一个有游泳池的娱乐中心，尽管这个游泳池已经有一段时间无法运作了。超过 80% 的居民称自己是新移民，五分之一的居民依赖社会支持或福利（Rigakos et al.，2002）。圣罗曼诺威是一座高达 30 层的三塔建筑，设计采取了一种荒凉的现代主义风格，外墙用砖块和水泥进行装饰。绝大多数单位楼房都只有一个阳台。除了在西南角有一片草坪护堤阻碍视野外，现场没有花园或景观区。

显然，现场维护存在许多问题。地面上到处都是垃圾，入口灯无法使用，地下停车场里也有废弃的车辆。大楼内的邮筒位于一个凹室内，形成了一个诱人犯罪的场地，电梯处于失修状态。人行道上的许多地方没有照明，其他地方的灯也坏了。这些观察结果加强了现场形象和领域性差的严重问题。

如前所述，基金会文件提议对居民进行广泛的受害情况调查，以建立基线数据和跟踪结果。这是在 2002 年、2004 年和 2006 年进行的。该基金会文件还确定了第一代和第二代 CPTED 战略以及增强的安全规定条款，其中许多内容都在本书中进行了描述。

初步建议包括改善照明、安装边界围栏以加强出入控制，以及改善现场维护以增强形象。其他建议还包括第二代战略，例如与居民一道举行一系列会议。这些会议最终建立了一个常设地方协会，以协调预防行动，并帮助促进地方凝聚力。

调查结果表明，这对建立社会凝聚力具有重大意义。数据显示，20% 以上的人依靠福利或政府伤残津贴来生存，四分之一的人失业。超过 30% 的人表明他们在过去 5 年内曾经移民到加拿大。由于不同的文化有不同的社交方式，不同的群体往往会聚集在不同的建筑中，社区建设需要根据场所的不同，量身定制相应的策略，并且还需要制定适合每个人的共同策略（而不是一个适合所有人的社会计划）。

该基金会文件证实，出入控制或自然监视策略本身对居民不知何人闯入的环境影响不大，而且可能太害怕采取行动。领域性/属地性必须包括社区建设和居民的参与，才能有效。

项目组确信，有一些安全、物理和社会战略，可以使人们聚集在一起，从而可能会产生持久的影响。这需要更有力的社会凝聚力和社区文化感，特别是当居民开始感觉到更强烈的属地感和对自己在社区事务的所有权时。

业主不愿意花费自己的资源来实施一些安全措施或第一代 CPTED 变革措施。边界出入控制围栏和景观改造费用非常昂贵。然而，网球场和附近地区的围栏得到了改善。由于不愿花费资金，围栏没有进一步扩大，照明也没有得到初步改善。但是，从一个外部机构获得资金，用于建造一个社区花园，并为儿童建造一个安全的游乐场。这增强了项目工作中连通性的重要性。它还导致新的项目经理专门关注第二代 CPTED。

7.9　第二代 CPTED 在圣罗曼诺威的实践

第二代 CPTED 产生了影响。例如，由于连通性意味着一个社区应鼓励与外部机构建立联系，因此外联工作的目标是外部供资机构。当地政界人士被纳入了该项目，并在媒体拍照期间邀请政界人士参加。最终，超过 50 多万美元的赠款资金被用于圣罗曼诺威（San Romanoway），主要用于第二代 CPTED 项目的实施。

这些计划包括情绪管理培训（Anger Management Training）、青年辅导和在一个新的电脑室开设电脑课程。此外，他们还资助了一名全职教师和社会工作者，帮助被学校开除的学生。社区文化项目包括文化舞蹈团体、网球俱乐部和家庭作业俱乐部。

今天，居民们自己一起工作，并参加由居民组成的非营利协会，称为圣罗曼诺威振兴协会，以协调现场活动。

受害人调查结果显示，情况有所改善：

调查结果显示出一些令人印象深刻的成果。暴力犯罪减少了 49%，财产犯罪减少了 130%。在居住地及其周围，20% 至 67% 的当地居民感到更安全，与邻居的友好联系也有所改善。六年来唯一的消极趋势是个人和家庭盗窃增加，这可能是因为最初的防治重点是汽车盗窃和抢劫等外部犯罪。振兴协会目前正在努力扩大其战略，以减少犯罪并进一步增强居民的参与感（表 7.2）。

表 7.2　财产犯罪率（在每千件案件中的比率）

犯罪类型	2002 年	2004 年	2006 年	2002～2006 年的变化率（%）
非法侵入案件	12.5	4.9	10.5	−16.0
机动车辆及其零部件盗窃	7.7	2.3	−67.1%[*]	
盗窃家庭财产	10.8	19.4	+3.2%	
个人盗窃	14.6	34.1	34.0	+41.9
总数	40.4	26.7	35.0	−13.4

资料来源：里加科斯（Rigakos，G. S.），《圣罗曼诺威社区复兴计划：最终报告》（*The San Romanoway Community Revitalization Project：Final Report*），2007，可在线查阅：http://srra.ca/about-us/rigakos/。

注：n = 228，[*] $p < 0.05$。

对于最初的团队成员来说，很明显，如果有资金支持所有的安全和第一代 CPTED，那么最初的影响就会更加显著。其中一些正在进行之中。如今，这种方法被称为邻居社区振兴安全增长规划模型（Safe Growth Planning Model of Neighborhood Revitalization）。它已应用于整个北美地区的社区（Saville，2009；Saville and Mangat，2009）。

7.10　行动中的社会凝聚力：吸引西澳大利亚土著青年

另一个第二代 CPTED 战略产生影响的项目，是澳大利亚西澳州的一个土著教育项目。这个名为"能力建设"（Capacity Building）的项目，重点关注第二代 CPTED 的社会凝聚力要素。该项目还关注高危社区的特定学校。这是因为他们的关注重点在于社区内个人的个人能力。目的是减少逃学学生的旷课现象，并加强社区居民全面参与社区问题的解决。

正如我们在前面所提示的那样，如果生活在这些环境中的人们选择不参与社区生活，那么在第一代 CPTED 中创造安全的物理环境就没有什么意义了。年轻人和他们就读的学校尤其如此。我们把大部分社会混乱和犯罪问题与那些辍学的愤愤不平的青年联系在一起，这一点也不令人感到奇怪。他们发现学校的活动太枯燥，与自己的生活完全脱节。因此，吸引年轻人参与社区活动是任何社区建设战略的一个重要组成部分，在那些旷课和逃学现象非常严重的地方，尤其有必要。通过社区参与建立社会凝聚力——心怀不满的参与者，特别是愤愤不平的年轻人——显然是对任何项目可行性的一个重大考验。2002 年，在澳大利亚的西澳洲，当这一项目开始实施时，原住民学校的员工成为了关注的焦点。目标是发展一套特殊的技能。多年来，土著雇员一直试图发展社区参与，以支持当地学校，但由于缺乏必要的冲突解决办法、情商培训和项目管理技能，他们失败了。

土著雇员直觉地知道，澳大利亚土著社区与主流社会之间的文化脱节（Cultural Disconnect）有许多问题需要解决，但作为该系统的雇员，他们自己并不确定如何弥合这一鸿沟。他们还知道，他们的子女有权期望与其他澳大利亚人一样获得同样的机会，但由于他们自己对挑战一个使他们失败的制度感到不适，这些教育工作者和其他土著社区成员往往是这场辩论的旁观者，而不是完全充分的参与者。自从 10 年前这个计划在全国范围内开始实施以来，这种被动和超然的态度已经发生了很大变化。

7.11　旷课：社区崩溃的症状

在教育领域，高缺勤率是土著家庭面临困难的一个重要指标。土著学生平均每周缺课近一天。这意味着到小学结束时缺少一年以上的学业，到中学结束时缺少两年以上的学业时间［教育、就业、培训和青年事务部部长理事会

（Ministerial Council on Education, Employment, Training and Youth Affairs, MCEETYA），2001]。土著学生未能参与学校教育进程是限制土著社区许多人获得机会的一个重要因素。旷课率如此之高的原因是多种多样和复杂的，而且没有容易的解决办法来解决这个问题。然而，为了减少这一问题，必须发展土著学生、家长和教育工作人员的个体竞争能力——个人能力，才有可能出现任何改善。换句话说，如果没有人愿意上学，而课程与学习者没有多大关系，那么建造一流的学校就没有什么意义了。

该方案帮助确定、发展和增强参与学校教育进程的三个群体的能力，其中包括土著支助人员、土著学生家长和6~12岁的土著学生。一般来说，土著社区成员，包括父母、教育工作者和学生本身，没有机会充分开发自己的领导潜力，并以他们认为有利于社区改善的方式加以利用。因此，这一方案制定了个人和地方学校战略，以提高学生的出勤率，评估被称为情绪智力的个人能力，发展了更多的交流技能，并向参与者传授如何设计、管理和展示地方改进项目的结果。

该方案的主要成果是要求土著支助人员，把当地解决学生出勤率差和其他形式的脱离教育系统的问题作为关注的重点。

为了成为有效的领导者，原住民课堂助理和其他土著社区的辅助人员，需要通过一系列的工作场所来提高、培养和发展他们的沟通、解决冲突、自我意识、情商技能和知识。其中大多数讲习班的重点是结合个人发展练习和获得技术技能。

7.12　问题导向学习

除了学习课程外，参与者还在学校、家庭或社区开展了问题导向学习（PBL）项目。PBL项目反映了现实生活中的社区需求，并试图解决对参与者或其他土著社区成员具有重要意义的问题或者困难。

为了确保对参与者的需要和兴趣作出反应，所有主持人都必须准备与其专长领域具体相关的工作。如果教育工作者把重点放在其他地方，那么提供禁毒计划方案和减少犯罪讲习班就没有意义了。在大多数情况下，参与者和地方机构自己执行这些项目。

项目包括：

- 西澳大利亚州的教育成果（如何与澳大利亚的土著人进行协调）；
- 情绪与多元智能意识；
- 目标设定；
- 冲突与情境控制；
- 自信；
- 识字；
- 药物滥用；
- 问题导向学习。

7.13　小　结

项目人员收集了金伯利地区（Kimberly Region）一个项目区的评价数据。初步结果令人鼓舞。2004～2005 年间，27 所学校中有 21 所小学和中学的成绩有所改善。一所学校的入学率提高了 31.5%。

这些初步结果表明，长期存在的土著学生参与度低的严重趋势已经扭转。土著工作人员描述说，他们更倾向于发挥领导作用，更容易与学生和工作人员接触。此外，他们现在更容易接受老龄化现象，并发展自己的学校和社区项目。用一位参与者的话说："我们不再坐在学校教育的后座上。我们正在驾驶这辆车。"

仍然需要更多的数据来评估对出勤、停学和学生参与的持续影响。此外，还需要监测社区内部的整体凝聚力、社会状况和犯罪模式。

对于任何旨在推动社区参与的项目来说，一个突出的教训是，必须把重点放在作为社区永久成员的雇员身上，这是至关重要的。该项目避免将重点放在教师培训上，因为教师往往是非本地居民，只在偏远社区待了一两年。确保成功的关键是为社区内有当地知识和与当地土著文化有联系的人提供领导能力培训。

7.14　CPTED 的未来

许多 CPTED 从业人员将继续实施环境改造，以减少犯罪机会。由于减少一些机会可以减少犯罪，这是一个合理的行动方针。但正如本章所揭示的，第一代 CPTED 的机会减少和安全特性，只是使地方更安全的一个方面。它不会解决那些犯罪动机产生的社区内的社会状况。第一代 CPTED 并不是针对 CPTED 早期文献中提到的社区建设。

第二代 CPTED 重新引入了社区内社会凝聚力的概念。像圣罗曼诺威和西澳大利亚州这样的项目表明，这是建立更安全和可持续社区的理想选择。结合第一代策略的逻辑，第二代 CPTED 代表了社区安全的下一次变革（表 7.3）。

104

表 7.3　社区邻里生活质量调查——2006 年圣罗曼诺威

调查问题	2002 年（%）	2006 年（%）
晚上走路感觉不安全	47	20
等待公共交通时感觉安全	38	67
在停车场行走时感觉很安全	33	67
几乎没有和邻居接触过	40	28
每月与邻居谈几次	10	17
每年与邻居交谈几次	9	32

资料来源：里加科斯（Rigakos, G. S.），《圣罗曼诺威社区复兴计划：最终报告》（*The San Romanoway Community Revitalization Project：Final Report*），2007，可在线查阅：http://srra.ca/about-us/rigakos/。
注：n=228，p<0.05。

当我们首次出版第二代 CPTED 时，我们得出的结论是，从业者需要"培养社区建设作为一个当地的、小规模的技能"，这样"无论是工作场所、学校、市场，还是居住社区，都有能力用自己的方式解决自己的问题"（Saville and Cleveland，1997）。我们认为，今天的情况比十年前更加真实。

参考文献

[1] Aberley，D. 1994. *Futures by Design：The Practice of Ecological Planning*. Gabriola Island，British Columbia，Canada：New Society Publishers.

[2] Adams，D. and A. Goldbard. 2001. *Creative Community：The Art of Cultural Development*. New York：Rockefeller Foundation.

[3] Angel，S. 1968. *Discouraging Crime through City Planning*. Berkeley，CA：Institute of Urban and Regional Development.

[4] Baba，Y. and D. M. Austin. 1989. Neighborhood environmental satisfaction，victimization，and social participation as determinants of perceived neighborhood safety. *Environment and Behavior* 21：763 – 780.

[5] Barton，S. 1993. *Austin's Concept for Community Policing：Achieving Self-Reliant Neighborhoods through Community Policing*. Washington，DC：National Institute of Justice.

[6] Barton，S. E. and C. Silverman. 1994. *Common Interest Communities：Private Governments and the Public Interest*. Berkeley，CA：Institute of Government Studies Press，University of California.

[7] Bryan，S. 2012. Cities struggle to clean up blight，*South Florida Sun-Sentinel*，Aug. 3.

[8] Checkoway，B. and J. Finn. 1992. *Young People as Community Builders*. Ann Arbor，MI：Center for the Study of Youth Policy，University of Michigan.

[9] Cleveland，G. and G. Saville. 1998. 2nd Generation CPTED：An antidote to the social Y2K virus of urban design. Paper presented at the *3rd Annual International CPTED Conference*，December，Washington，DC.

[10] Cleveland，G. and G. Saville. 2003. An introduction to 2nd generation CPTED：Part 1. *CPTED Perspectives* 6 (2)：4 – 8.

[11] Colquhoun，I. 2004. *Design Out Crime：Creating Safe and Sustainable Communities*. Oxford，U. K.：Elsevier Architectural Press.

[12] DeKeseredy，W. S.，A. Shahid，C. Renzetti，and M. D. Schwartz. 2004. Reducing private violence against women in public housing：Can second-generation CPTED make a difference? *CPTED Journal* 3 (1)：27 – 37.

[13] Edwards，P. and R. Wraith. 2007. Building a new community：Making it happen together. Presentation to the 2007 *Conference of the Public Health Agency of Canada*，Coalition of Community Safety，Health and Well-being，March 5，Winnipeg，Manitoba，Canada.

[14] Foster，J. 1995. Informal social control and community crime prevention. *British Journal of Criminology* 35 (4)：563 – 583.

[15] Gamman，L. and T. Pascoe. 2004. Design Out Crime? Using Practice-based models of the design process. *Crime Prevention and Community Safety：An International Journal* 6 (4)：37 – 56.

［16］ Gibson, C. L. , J. Zhao, N. P. Lovrich, and M. J. Gaffney. 2002. Social integration, individual perceptions of collective efficacy, and fear of crime in three cities. *Justice Quarterly* 19 (3): 537 – 564.

［17］ Guilligan, J. 2001. *Preventing Violence.* New York: Thames and Hudson.

［18］ Goleman, D. 1995. *Emotional Intelligence.* New York: Bantam.

［19］ Green, D. P. , D. Z. Strolovitch, and J. S. Wong. 1998. Defended neighborhoods, integration, and racially motivated crime. *American Journal of Sociology* 104 (2).

［20］ Jacobs, J. 1960. *The Death and Life of Great American Cities.* New York: Vintage Books.

［21］ Jeffery, C. R. 1971. *Crime Prevention through Environmental Design.* Beverly Hills, CA: Sage Publications.

［22］ Langdon, P. 1994. *A Better Place to Live.* Amherst, MA: The University of Massachusetts Press.

［23］ Levan, V. 2004. Second – generation CPTED at work: Building community culture bridges in Parisian Belleville. *CPTED Journal* 3 (1): 3 – 14.

［24］ Markowitz, F. E. , P. E. Bellair, A. E. Liska, and J. Liu. 2001. Extending social disorganization theory: Modeling the relationships between cohesion, disorder, and fear. *Criminology* 39: 293 – 320.

［25］ MCEETYA. 2001. Exploring pathways for indigenous students. Taskforce on Indigenous Education, Discussion Paper. Perth, Western Australia, Australia, June, pp. 13, 14.

［26］ National Institute of Justice. 1996. *Communities Mobitizing against Crime: Making Partnerships Work.* Washington, DC: U. S. Department of Justice, National Institute of Justice.

［27］ Newman, O. 1972. *Defensible Space: Crime Prevention through Urban Design.* New York: Macmillan.

［28］ Newman, O. 1996. *Creating Defensible Space.* Washington, DC: U. S. Department of Housing and Urban Development.

［29］ Rigakos, G. S. 2007. The San Romanoway Community Revitalization Project: Final report. Available online: http: //srra. ca/about – us/rigakos/.

［30］ Rigakos, G. , D. Sealy, and A. Tandan. 2002. *The San Romanoway Community Crime Survey: Base-Line Data.* Ottawa, Ontario, Canada: Carleton University.

［31］ Salovey, P. and J. Mayer. 1990. Emotional intelligence. *Imagination, Cognition, and Personality* 9 (3): 185 – 211.

［32］ Sarkissian, W. 2003. Stories in a Park. Second – generation CPTED in Practice: Reducing crime and stigma through community storytelling. *CPTED Journal* 2 (1): 34 – 45.

［33］ Saville, G. 1996. Searching for a neighborhood's crime threshold. *Subject to Debate* 10 (10): 1 – 6. Washington, DC: Police Executive Research Forum Publication.

［34］ Saville, G. 2009. SafeGrowth: Moving forward in neighborhood development. *Built Environment* 31 (2): 386 – 403.

［35］ Saville, G. and T. Clear. 2000. Comumnity renaissance with community justice. *Neighborworks Journal* 18 (2): 19 – 24.

［36］ Saville, G. and G. Cleveland. 1997. An antidote to the social Y2K virus of urban design. Paper presented to the *2nd Annual Meeting of the International CPTED Association*, Orlando, FL.

［37］ Saville, G. and G. Cleveland. 2003. An introduction to 2nd generation CPTED: Part 2. *CPTED Perspectives* 6（1）: 7 – 9.

［38］ Saville, G. and M. Mangat. 2009. SafeGrowth: Creating safety and sustainability through community building and urban design. Community Safety Paper Series. New York: Met-Life Foundation and LISC. http: //www. lisc. org/content/publications/detail/8184.

［39］ Saville, G. and R. McLeod. 2003. The Past, Present and future of parapolicing. Paper presented at *In Search of Security*: *An International Conference on Policing and Security*, *Law Reform Commission of Canada*. February 19 – 22, Montreal, Quebec, Canada.

［40］ Saville, G. and P. Wong. 1994. Exceeding the crime threshold: The carrying capacity of neighbourhoods. Paper presented at the 53*rd Annual Meeting of the American Society of Criminology*, Miami, FL.

［41］ Saville, G. and D. Wright. 1998. Putting neighbours back in the neighborhood: Strategies for safety, urban design, and cohousing. Paper presented at the 1998 *Biennial Meeting of the Western Association of Sociology and Anthropology*, Vancouver, British Columbia, Canada.

［42］ Schorr, L. B. 1997. *Common Purpose*: *Strengthening Families and Neighborhoods to Rebuild America*. New York: Anchor.

［43］ Scott, M. S. 2000. *Problem-Oriented Policing*: *Reflections on the First* 20 *Years*. Washington, DC: U. S. Department of Justice, Office of Community Oriented Policing Services.

［44］ Sherman, L. et al. 1997. Preventing Crime, What Works, What Doesn't, What's Promising. Washington, DC: U. S. Department of Justice, National Institute of Justice. www. preventingcrime. org/report/index. htm.

［45］ Skogan, W. G. 1990. *Disorder and Decline*: *Crime and the Spiral of Decline in American Neighborhoods*. New York: Free Press.

［46］ Spelman, W. 1993. Abandoned buildings: Magnets for crime? *Journal of Criminal Justice* 21: 481 – 495.

［47］ Wekerle, G. R. and C. Whitzman. 1995. *Safe Cities*: *Guidelines for Planning*, *Design*, *and Management*. New York: Van Nostrand Press.

［48］ Zellerer, E. 2006. Restorative Justice, in R. Caves（Ed.）, *Encyclopedia of the City*. London, U. K. : Routledge［forthcoming］.

［49］ Zellerer, E. and J. Cannon. 2002. Restorative justice, reparation and the Southside Project, in D. Karp and T. Clear（Eds.）, *What Is Community Justice?* Thousand Oaks, CA: Sage Publications, pp. 89 – 107.

106

场所安全过失诉讼中的场所责任设计

在过去的 300 年里，犯罪学家们一直在研究犯罪行为的原因，并且通常将犯罪与城市中心联系在一起。然而，在过去四十年里，从城市到郊区的迁徙，在市郊制造了获利丰厚的犯罪磁石，例如办公园区、公寓大楼、工业用地或多单元住宅。法院正在做出要求业主对其财产上发生的犯罪行为承担责任的裁决。

业主和物业管理人员，以及为他们工作的安全主管，在防止房地产楼宇责任诉讼方面，有一定的义务和责任。最重要的是，保安经理可以采取下列措施以预防场所责任（Premises Liability）：

（1）确定场所和邻里社区的犯罪活动水平。评价应包括 3 年的历史，并定期进行年度审查。评审区域的半径将因地点而异，但通常平均半径约为半英里。有关你自己财产所属的具体区域的情况，请咨询安全专家，以获得相关的建议。可以运用地理信息系统（Geographical Information Systems，GIS）获得犯罪地图（Crime Maps），形成犯罪热点分析图，或者可以使用各种因素和犯罪与被害人统计数据进行比较分析，如运用帽指数（上限指数）犯罪风险色谱分析法（CAP Index CRIMECAST® Analysis）进行分析（图 8.1）。

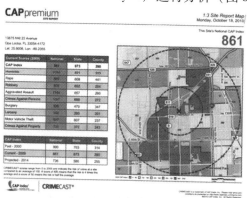

图 8.1 （参见彩图）对发生枪击事件的一栋公寓进行了帽指数犯罪风险色谱分析（CAP Index CRIMECAST® Analysis），并在深红色区域标记了 X。这栋建筑及其直接相邻街区的上限帽指数是 861，这意味着这个地点的犯罪率是全国平均犯罪率的 8.6 倍

（2）进行安全调查或审核，确定要保护的资产、威胁、漏洞和安全改进建议。调查应以书面报告形式提交，并作为行动计划的基础。应根据风险和威胁以及受保护资产的价值，对建议进行优先排序和排位。

（3）提供一个整体安全递送系统（Security Delivery System）。安全不仅仅是门卫、周边围栏、围墙建筑、闭路电视、安全巡逻或探测技术。安全递送系统是利用访问控制、监视、业务或管理性策略来保护人员、信息和财产的一种功能性综合方法。

（4）照你说的做，照你做的说！如果您启动了一个安全程序，就请完成它。安装闭路电视，但如果没有人观看监视器，或设备损坏还能正常运转，或者没有训练有素的工作人员对紧急情况作出反应，这造成了一种虚假的安全感或安全错觉。这种幻觉在法庭上会给责任人造成非常严重的破坏性影响。

为了确定你的设施设备的有准备程度或充分性，应当回答以下问题：

- 你是否与当地警察机构保持良好关系，你是否能够获得在你的财产上发生的事件的犯罪报告副本？
- 你是否与当地警察局保持良好关系，是否能够获得有关你财产上发生的犯罪事件的报告副本？
- 你是否与活跃的强制性国家标准的相关协会〔如美国工业安全协会（ASIS）、建筑办公室经理协会（Building Office Managers Association，BOMA）或房地产经理协会（Institute of Real Estate Managers，IREM）〕经常保持联系？
- 你是否制订有通知租户或居民安全及罪案的发展情况的相关政策及程序，以及你是否确定了应向谁报告意见？
- 你是否记录和登记了所有的事件，并将它们保存在该司法管辖区的过失诉讼时效规定的档案中？
- 你是否有明确规定的安全任务、工作职务说明、轮换班次说明和基本职能？
- 你是否能够为安保人员和非安保人员提供或确保提供有关该地点适当安保做法的充分培训？
- 你是否至少每年审查、更新和记录所有策略和程序？
- 你是否确保所有员工都得到他们自己的政策和程序副本，并签字保证他们审阅过该政策和程序？
- 你能否确保所有锁和锁紧装置的质量和数量足以防止租户未经授权进入？
- 门窗上的锁紧装置是否至少每年检查一次，并对每一个租户入口或用户周转换手情况进行检查？
- 内部通信、安全警报、消防安全和CCTV系统是否至少每年进行一次定期测试、检查和记录？
- 是否所有外部停车场、人行道和入口都有符合北美照明工程协会行业

109

标准或当地建筑法典规定的均匀一致的照明水平？

- 整个围墙是否保持完好，没有缺口？
- 住宅单元是否为所有主要入口提供了门眼查看器？
- 空置的楼宇空间和单元是否一直有安全措施，以防止不必要的犯罪活动？
- 是否对所有密钥的分发进行了适当和持续的控制？钥匙清单是否保存在安全位置？是否有可遵循的关键控制策略和程序（P & P）？
- 场地周围和建筑周边的树叶是否经过修剪以消除隐藏空间，并允许外部光线穿透？
- 所有屋顶、地下室、公用设施和机械空间门是否都有安全保护，以防止非法进入？
- 安全栏、栅栏或屏幕的设计，是否允许紧急情况下的火灾逃生？
- 建筑物筛查系统的设计是否能够甄别不属于该物业的人士及访客？
- 所有公用设施、电源、电话、空调、发电机和气体容器是否尽可能安全？
- 所有广告内容及其营销的建筑材料是否准确、充分地反映了现场的安全级别和类型？
- 租赁代理、经理或员工是否歪曲了现场的安全级别或犯罪历史？
- 是否在租赁协议和合同中使用免责声明，是否在公共区域（如游泳池、停车场和邮件区域）张贴警告，提醒居民注意防范潜在风险？
- 是否向所有租户和居民通报需要警告的安全和犯罪事件的任何变化？
- 是否在雇用前对所有员工进行了彻底的筛选、测试和背景检查？

这些问题将是安保专家在发生人身伤害或房屋设施/场所过失责任诉讼时首先提出的问题。你能肯定地回答多少个问题？对于你回答"不"的每一个问题，都会有一个与之相关的成本，该数量可能被法院评估为损害赔偿。

我曾经处理过的一些安全过失责任案件，包括男子在一间无人看管的公寓大堂被劫；一名妇女在一间设计展厅的停车场遭到袭击；有故障的门允许强奸犯进入一栋公寓大楼并强奸了房客；楼梯设计不当导致一位年老的访客在公寓楼严重受伤；酒店房间面向中庭的开放式阳台设计过于宽大，以致儿童偷越栏杆并从 10 层楼上跌落坠地；一名囚犯在马桶上方的空气回流格栅上上吊自杀身亡，该格栅没有适当的安全防护措施；一位秘书在走向办公室时撞破了一扇没有窗户标记的滑动玻璃门；一家银行门前的地毯在开闭门时发生皱褶，致使一位年老的顾客被绊倒跌伤；一位在公寓楼道上行走的孩子，被正在进行毒品交易的毒贩火拼时的流弹意外击中。

我作为一名专家证人参与了一起校园枪击案件的庭审，在该惨案中四名学生受伤，其中三名学生在枪击案件发生几小时后死亡。枪击案件发生时，他们正坐在学校娱乐场旁边，一伙犯罪人穿过一扇打开的车辆闸门进入校园，车辆闸门大开，违反了校长指令和学校的政策与程序，随后发生了抢劫、性侵犯行为并最终枪杀了四名学生。其中一个女孩幸存下来，并辨认了袭击她的犯罪人。该案件与通过环境设计预防犯罪（CPTED）相连接的是这样一个事实，第一，通往校园的大门应该是关闭和锁定的，但仍然保持打开状态，使得受害者被驾车冲向其财产的罪犯所伤害。敞开的大门向侵入者发出了隐含邀请的暗示。第二，围墙年久失修，使得帮派成员有机可乘。第三，外部照明和闭路电视运转不正常。第四，维护和安全人员在暑假休息几个小时后从未检查过学校场地、照明、大门或围栏，也没有遵守已知的既定政策和程序。四位具有巨大发展潜力的伟大生命的悲剧性损失，肇因于相关人员的疏忽过失、无能和对访问控制和属地性特征的漠视。这些只是根据场所责任判例法提起诉讼的几个例子。

根据犯罪学教授劳伦斯·谢尔曼（Lawrence Sherman）1984年发表的一项研究表明，在1965～1982年间，美国安全责任案件的重要裁判案例数量每年增加3000%；与此同时，这些案件裁判涉及的美元金额数量增加了5000%（Johnson，1985）。此外，这项研究表明，几乎一半的重要裁判案例来自四个州：纽约、新泽西、佛罗里达州和哥伦比亚特区。安全过失诉讼是目前美国民事侵权案件中增长最快的案件之一。

责任咨询有限公司（Liability Consultants Inc.）广泛研究了场所责任判例法的趋势和模式（Bates，1993，1999，2004）。他们对1993年具有重大影响和关注度的案例研究发现：

- 强奸和性攻击是最常见的犯罪事件，导致对安全设施不足提起的诉讼增多。
- 多单元住宅物业和旅馆/汽车旅馆是最常见的两类被起诉的被告人。
- 公寓、停车场和旅馆房间是最常见的袭击场所。
- 平均每个案件的和解金额（1983年至1992年）超过50万美元，而裁决的平均赔偿金额为335万美元。

从1999年起，责任咨询公司在1999年和2004年分别进行了一次最新进展情况的介绍，其主要结论如下：

- 与早期研究中的强奸和性攻击相比，对因安保措施不当或者案例防护设施不足而造成的人身攻击和殴打案件的诉讼更多。袭击和殴打占诉讼总数的37%，性侵犯占21%，抢劫占12%，过失致死事件占12%。
- 停车场是导致财产因遭受犯罪侵害而提起赔偿诉讼的主要场所。零售商店排在第二位，公寓楼排在第三位。
- 与先前的研究一样，多单元住宅物业是最常见受到起诉的企业类型。其次，餐馆和酒吧是最常被提起诉讼的商业行业。
- 和解和判决涉及的金额在25万至50万美元。裁决比往年更公平，裁决赔偿的最高额也往年更少（图8.2和图8.3）。

111

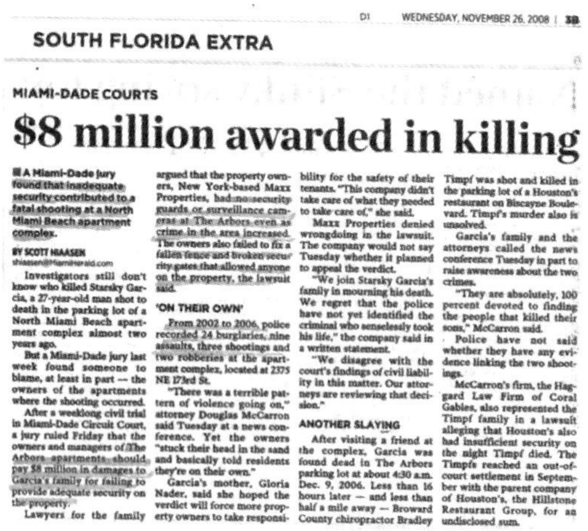

D1 WEDNESDAY, NOVEMBER 26, 2008 | 3B

SOUTH FLORIDA EXTRA

MIAMI-DADE COURTS

$8 million awarded in killing

■ A Miami-Dade jury found that inadequate security contributed to a fatal shooting at a North Miami Beach apartment complex.

BY SCOTT HIAASEN
shiaasen@MiamiHerald.com

Investigators still don't know who killed Starsky Garcia, a 27-year-old man shot to death in the parking lot of a North Miami Beach apartment complex almost two years ago.

But a Miami-Dade jury last week found someone to blame, at least in part — the owners of the apartments where the shooting occurred.

After a weeklong civil trial in Miami-Dade Circuit Court, a jury ruled Friday that the owners and managers of The Arbors apartments should pay $8 million in damages to Garcia's family for failing to provide adequate security on the property.

Lawyers for the family argued that the property owners, New York-based Maxx Properties, had no security guards or surveillance cameras at The Arbors even as crime in the area increased. The owners also failed to fix a fallen fence and broken security gates that allowed anyone on the property, the lawsuit said.

'ON THEIR OWN'

From 2002 to 2006, police recorded 24 burglaries, nine assaults, three shootings and two robberies at the apartment complex, located at 2375 NE 173rd St.

"There was a terrible pattern of violence going on," attorney Douglas McCarron said Tuesday at a news conference. Yet the owners "stuck their head in the sand and basically told residents they're on their own."

Garcia's mother, Gloria Nader, said she hoped the verdict will force more property owners to take responsibility for the safety of their tenants. "This company didn't take care of what they needed to take care of," she said.

Maxx Properties denied wrongdoing in the lawsuit. The company would not say Tuesday whether it planned to appeal the verdict.

"We join Starsky Garcia's family in mourning his death. We regret that the police have not yet identified the criminal who senselessly took his life," the company said in a written statement.

"We disagree with the court's findings of civil liability in this matter. Our attorneys are reviewing that decision."

ANOTHER SLAYING

After visiting a friend at the complex, Garcia was found dead in The Arbors parking lot at about 4:30 a.m. Dec. 9, 2006. Less than 16 hours later — and less than half a mile away — Broward County chiropractor Bradley Timpf was shot and killed in the parking lot of a Houston's restaurant on Biscayne Boulevard. Timpf's murder also is unsolved.

Garcia's family and the attorneys called the news conference Tuesday in part to raise awareness about the two crimes.

"They are absolutely, 100 percent devoted to finding the people that killed their sons," McCarron said.

Police have not said whether they have any evidence linking the two shootings.

McCarron's firm, the Haggard Law Firm of Coral Gables, also represented the Timpf family in a lawsuit alleging that Houston's also had insufficient security on the night Timpf died. The Timpfs reached an out-of-court settlement in September with the parent company of Houston's, the Hillstone Restaurant Group, for an undisclosed sum.

图 8.2 陪审团对安全过失责任案件裁决巨额赔偿金

注：谋杀案的被害人希亚森（Hiassen，S.）获得 800 万美元的赔偿金，摘自《迈阿密先驱报》，2008 年 11 月 26 日。承蒙许可使用图片报道。

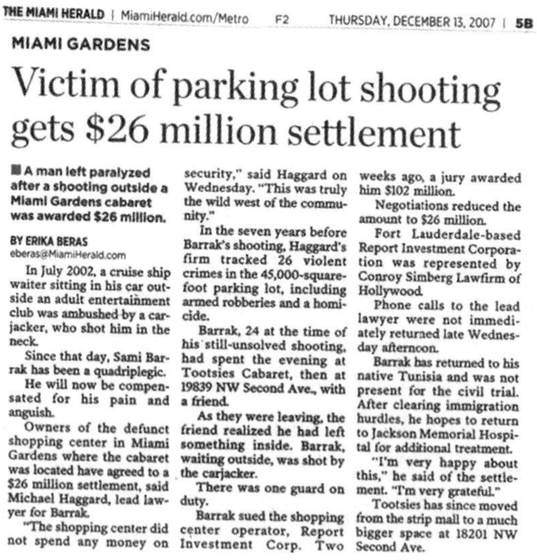

THE MIAMI HERALD | MiamiHerald.com/Metro F2 THURSDAY, DECEMBER 13, 2007 | 5B

MIAMI GARDENS

Victim of parking lot shooting gets $26 million settlement

■ A man left paralyzed after a shooting outside a Miami Gardens cabaret was awarded $26 million.

BY ERIKA BERAS
eberas@MiamiHerald.com

In July 2002, a cruise ship waiter sitting in his car outside an adult entertainment club was ambushed by a carjacker, who shot him in the neck.

Since that day, Sami Barrak has been a quadriplegic.

He will now be compensated for his pain and anguish.

Owners of the defunct shopping center in Miami Gardens where the cabaret was located have agreed to a $26 million settlement, said Michael Haggard, lead lawyer for Barrak.

"The shopping center did not spend any money on security," said Haggard on Wednesday. "This was truly the wild west of the community."

In the seven years before Barrak's shooting, Haggard's firm tracked 26 violent crimes in the 45,000-square-foot parking lot, including armed robberies and a homicide.

Barrak, 24 at the time of his still-unsolved shooting, had spent the evening at Tootsies Cabaret, then at 19839 NW Second Ave., with a friend.

As they were leaving, the friend realized he had left something inside. Barrak, waiting outside, was shot by the carjacker.

There was one guard on duty.

Barrak sued the shopping center operator, Report Investment Corp. Two weeks ago, a jury awarded him $102 million.

Negotiations reduced the amount to $26 million.

Fort Lauderdale-based Report Investment Corporation was represented by Conroy Simberg Lawfirm of Hollywood.

Phone calls to the lead lawyer were not immediately returned late Wednesday afternoon.

Barrak has returned to his native Tunisia and was not present for the civil trial. After clearing immigration hurdles, he hopes to return to Jackson Memorial Hospital for additional treatment.

"I'm very happy about this," he said of the settlement. "I'm very grateful."

Tootsies has since moved from the strip mall to a much bigger space at 18201 NW Second Ave.

图 8.3 停车场是发生攻击和枪击事件的最高风险区域，这导致了对房屋等场所安全过失责任的诉讼。陪审团将 1.20 亿元的赔偿金额降到了 2600 万美元

注：停车场枪击案受害者贝拉斯（Beras，E.）获得 2600 万美元的和解费，摘自《迈阿密先驱报》，2007 年 12 月 13 日。承蒙许可使用图片报道。

为了保护你自己、你的财产或你的客户避免潜在的诉讼，应该聘请一名保安/安全专家来查找建筑物中的漏洞并进行风险分析。聘请安全专家可以降低犯罪的可预见性和犯罪及事故的责任。安全专家可以检查你所在城市的各种法令规范和消防安全法规。安全专家在犯罪预防方面也可以发挥作用，在诉讼预

防方面发挥关键作用。

在风险分析和安全审查中，强奸、抢劫、入室盗窃、偷窃和安全问题都会得到处理。安全审查为业主指明了需要应对的挑战以及合理的注意标准。风险分析还用于提醒业主注意建筑物的缺陷或员工管理行为的不足。但是，如果业主能够证明已经采取了合理的措施来纠正这些缺陷，那么他们在诉讼中的防御性就大大提高了。

在安保活动和安全责任案件中，一个关键问题是对特定场所发生犯罪案件或出现事故的可预见性。如果有几个房客在停车场或建筑大厅中被抢劫或袭击，我们就可以认为，发生更多的犯罪事件是可以预见的，因此，也是可以预防的。如果不采取措施纠正这些缺陷，承担法律责任的事件将会急剧增加（图 8.4）。

112

图 8.4　银行因未能确保其在已知高风险地区的财产安全而承担责任

注：波士顿比萨递送杀人案涉及 1500 万美元赔偿的法律诉讼。摘自美联社 2011 年 10 月 26 日报道。承蒙允许引用图片资料。

安保专家和安全专家可提供风险分析或安全威胁分析，以评估犯罪或事故事件的脆弱性、可预见性和先例。业主、建筑物管理和/或者负有特定责任的业主，将会承担起法院在相关判例裁决中所确定的某些场所职责。这些职责包括：

（1）基于适居性默示保证（Implied Warranty of Habitability）的合同义务；

（2）房东如同客栈老板一样，必须采取合理的注意措施，以保护客人或受邀请方免受第三方行为的影响，即谨慎责任。

在对美国各地的案件进行再审时，法院审查了许多不同的事实和问题，现在他们是根据整体情势原则（the Doctrine of the Totality of Circumstances）做出裁定。因此，所有因素都在考虑之中，而不仅仅是在本诉讼之前是否存在类似的犯罪目标。下列标准似乎是导致房屋场所责任诉讼的最常见的标准。

（1）先前的犯罪案件是预防的前提。即预见能力，既有建设性又有实用性的警示告知。

（2）先前邻里的犯罪，或者高犯罪率地区，强化预防措施，从而使人们对周围目标环境存在风险有更大的认识。

（3）如果该地区的类似建筑综合体的照料标准优于主体财产，并采取了合理的措施，并且意识到或有过这样的先例，那么他们的行动将确定您财产的护理标准。

（4）建筑物的实际维护和保养是否符合行业标准？大楼的居住环境条件是否符合注意标准？各种物品包括灯光、门、锁、栅栏、闭路电视和内部通话系统是否能够正常运行。

（5）安全递送系统是否足以侦测、延迟或威慑罪犯。可预见性和适当性是人们通常情况下判断安全法律案件的总体尺度。

113

（6）安全人员的可用性和业绩表现是需要考虑的关键因素。确认员工的筛选、培训、政策和程序、反应时间以及任职资格条件。

（7）对以前发生的犯罪案件或者任何缺陷情况，是否有主动的或建设性的告知，使租赁协议人或者租户知晓？业主或房东是否告知事先发生过犯罪事件或缺陷情况？房东有没有注意到门破损了、楼梯损坏了、照明灯不亮了或者过去发生的罪行？

（8）没有向租赁户发出危险情况的警告。是否曾向租赁户告知或者警告进行有关活动的须知，要求他们留意和小心，即设置防滑告示提醒人们注意防滑，或请求护送他们上车，但被拒绝了，没有告知他们在物业管理区域内和居住者中间发生的强奸事件？发生过车辆被盗事件后，没有告知车主需要注意关闭车辆保险锁？

（9）发现违反法令、规章或规则的行为。违反建筑法规或条例的行为，可能会成为疏忽大意赔偿责任的有力支撑。

（10）失效过时的安全保护措施和低于先前依赖程度以及安全期待的安保。是否因为财政或管理上的改变而降低了服务的水平与质量？或者没有及时告知房客服务的内容和水平发生了削减或改变？

安保/安全/设计专业人员可以在确定和建立这10个条件方面发挥重要作用。无论安防专家是在预防性、非诉讼性的情况下工作，还是作为辩护方或原告方的专家证人工作，他们都必须解决这些关键问题，以确定照看行为的合理性和标准，可预见性、刑事犯罪案件的先例、场所责任、可预防性以及矫正财产犯罪的最适当对策的合理性和标准（图8.5）。

WEDNESDAY JANUARY 14 2004 | 3B

OPA-LOCKA

Suit on market killings settled for $2.2 million

BY TRENTON DANIEL
tdaniel@herald.com

Attorneys for four siblings whose parents were shot to death last year in their booth in one of South Florida's largest outdoor markets announced Tuesday that they had reached a $2.2 million pretrial settlement.

The lawsuit accused operators of the Opa-locka Hialeah Flea Market of failing to pro-

vide sufficient security even though the incidence of criminal activity was well known. Better security could have prevented the murders, they said.

Three masked gunmen stormed into a jewelry shop at the flea market, 12705 NW 42nd Ave., and shot dead the booth's renters, Angela and Jonada Campos, on May 27, 2003. The motive remains unclear, though the Campos'

children and lawyers said it was robbery.

No one has been arrested.

Attorneys Michael and Andrew Haggard and the Campos siblings, Lether, 27; Soraya, 25; and 27-year-old twin brothers Marlon and Myron said an off-duty Opa-locka police officer was supposed to provide security the day of the shooting but did not show up.

Each of the more than 900 vendors pays $900 a month for retail space, $120 of which is earmarked for security, a copy of an invoice supplied by the family's lawyers shows.

The case would have gone to trial next week before Circuit Judge Ronald Dresnick had the parties not agreed on the settlement, which the flea market's insurance company will pay.

图 8.5 本地跳蚤市场（Flea Market）① 并没有提供足够的保安服务，亦未能符合他们本身的照看标准，由一名休班的警务人员定期进行巡查
注：图片引自丹尼尔（Daniel, T.）市场杀人诉讼案，该案的被害人获得了 220 万美元的和解费。2004年 6 月 14 日，《迈阿密先驱报》。承蒙惠许使用图片资料。

　　许多犯罪和事故现场都是由建筑或环境方面的因素所引发的，这些因素可能是业主造成的，也可能不是业主造成的。建筑体系结构从许多不同的方面影响建筑物的安全和保障，这些特征包括楼梯和坡道设计、扶手、室内和外部照明、地板材料、停车场设计、盲点、电器、门、窗户和出入控制系统、建筑物循环模式和电梯等。固定装置、家具和装饰面的选择都是建筑决策，通常是在没有与业主/客户或安全主管或安全顾问协商的情况下作出的。

　　设计专业人员与安全专业人员之间缺乏沟通的结果是，环境具有创造或促进犯罪或事故发生的潜在可能性的特点。使用 CPTED 实践惯例措施可以避免许多设计缺陷或糟糕的规划决策。建筑的总体设计，即使没有具体的安全装置，也是任何安全计划的一部分。对安全具有特别重要意义的设计特征包括：脆弱区域的清晰视线、适当的照明水平、建筑物在场地上的位置以及诸如栅栏、墙壁、景观美化、门窗和硬件等物理屏障（图 8.6）。

　　安保/安全专家可以通过查看犯罪或事故现场并确定导致事故原因的变量，协助律师进行诉讼。对一项财产的风险分析可能包括以下几个问题：

- 有人会被任何东西击中吗？
- 人们是否会被灯光的变化或地板表面的变化而出现视角盲区？
- 是否有任何坑洼或壕沟没有被覆盖或标记，有人可能会落入其中？
- 该设计是否为避免对人的身高、体格、伸展能力、平衡能力、行走步态、力量或握力等方面的要求而作出过高的规定？
- 穿长袖、宽松衣服、赤脚、高跟鞋或领带的人受伤的风险会增加吗？
- 是否有足够的照明以监视外部场地和内部公共空间？
- 是否有警卫或指派人员巡逻场地或对进入的陌生人进行盘查询问？
- 一楼的窗户安全吗？

---

　　① 跳蚤市场（Flea Market）是欧美等西方国家对旧货地摊市场的别称。由一个个地摊摊位组成，市场规模大小不等。出售商品多是旧货、人们多余的物品及未曾用过但已过时的衣物等。——译者注

- 门窗是否坚固，是否有牢固的铰链和插销锁？
- 大堂和电梯的角落是否装有镜子，以使人们能够看到并有助于防范抢劫和强奸？
- 防火安全门是否从外部锁定以防止未经授权的进入？
- 是否对员工进行了筛选并提供了书面安全规则、法令和政策？
- 建筑物走廊是否有容易诱发犯罪的隐蔽区域和死胡同？
- 大堂区载是否有足够的休息区，以避免空间和使用者发生冲突？
- 建筑使用者是否有机会通过庭院、停车场和门厅进行自然监视？

114

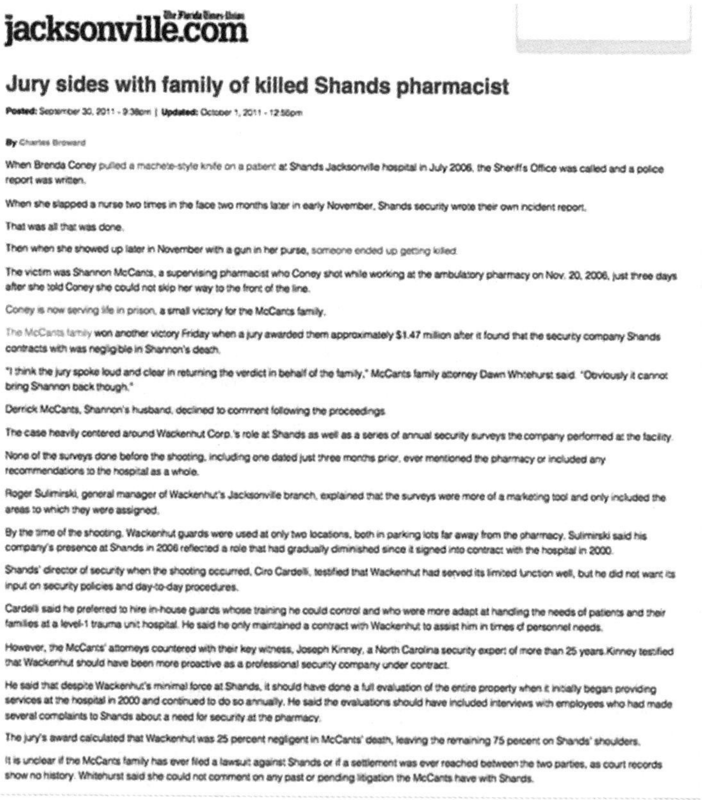

The Florida Times-Union

jacksonville.com

Jury sides with family of killed Shands pharmacist

Posted: September 30, 2011 - 9:38pm | **Updated:** October 1, 2011 - 12:56pm

By Charles Broward

When Brenda Coney pulled a machete-style knife on a patient at Shands Jacksonville hospital in July 2006, the Sheriff's Office was called and a police report was written.

When she slapped a nurse two times in the face two months later in early November, Shands security wrote their own incident report.

That was all that was done.

Then when she showed up later in November with a gun in her purse, someone ended up getting killed.

The victim was Shannon McCants, a supervising pharmacist who Coney shot while working at the ambulatory pharmacy on Nov. 20, 2006, just three days after she told Coney she could not skip her way to the front of the line.

Coney is now serving life in prison, a small victory for the McCants family.

The McCants family won another victory Friday when a jury awarded them approximately $1.47 million after it found that the security company Shands contracts with was negligible in Shannon's death.

"I think the jury spoke loud and clear in returning the verdict in behalf of the family," McCants family attorney Dawn Whitehurst said. "Obviously it cannot bring Shannon back though."

Derrick McCants, Shannon's husband, declined to comment following the proceedings.

The case heavily centered around Wackenhut Corp.'s role at Shands as well as a series of annual security surveys the company performed at the facility.

None of the surveys done before the shooting, including one dated just three months prior, ever mentioned the pharmacy or included any recommendations to the hospital as a whole.

Roger Sulimirski, general manager of Wackenhut's Jacksonville branch, explained that the surveys were more of a marketing tool and only included the areas to which they were assigned.

By the time of the shooting, Wackenhut guards were used at only two locations, both in parking lots far away from the pharmacy. Sulimirski said his company's presence at Shands in 2006 reflected a role that had gradually diminished since it signed into contract with the hospital in 2000.

Shands' director of security when the shooting occurred, Ciro Cardelli, testified that Wackenhut had served its limited function well, but he did not want its input on security policies and day-to-day procedures.

Cardelli said he preferred to hire in-house guards whose training he could control and who were more adapt at handling the needs of patients and their families at a level-1 trauma unit hospital. He said he only maintained a contract with Wackenhut to assist him in times of personnel needs.

However, the McCants' attorneys countered with their key witness, Joseph Kinney, a North Carolina security expert of more than 25 years.Kinney testified that Wackenhut should have been more proactive as a professional security company under contract.

He said that despite Wackenhut's minimal force at Shands, it should have done a full evaluation of the entire property when it initially began providing services at the hospital in 2000 and continued to do so annually. He said the evaluations should have included interviews with employees who had made several complaints to Shands about a need for security at the pharmacy.

The jury's award calculated that Wackenhut was 25 percent negligent in McCants' death, leaving the remaining 75 percent on Shands' shoulders.

It is unclear if the McCants family has ever filed a lawsuit against Shands or if a settlement was ever reached between the two parties, as court records show no history. Whitehurst said she could not comment on any past or pending litigation the McCants have with Shands.

图 8.6　一名药剂师在一家医院被杀，保安服务和医院在该设施以前发生的一系列事件和威胁之后，并没有采取有效措施改善工作人员的安全状况，因而被认为应当承担疏忽大意和过失的赔偿责任

注：“陪审团支持被害的药剂师尚兹·布劳沃德（Shands C. Broward）”，2011 年 9 月 30 日《佛罗里达时代联合报》（*Florida Times-Union*）。承蒙惠允使用图片。

这些问题旨在确定导致事故的环境状况是否可以预防或预见。在某些情况下，事件发生时场所的状况，例如照明不佳、保安人员监督不力、门锁有故障或围栏维护不当，可能使犯罪行为可预见。努力的目标是使财产达到看护标准。谨慎的标准通常由行业或建筑类型中通常遵循的习惯和做法来定义。该标准可由国家法律［美国残疾人法案无障碍行为指南（*Americans With Disabilities*

Act Accessibility Guidelines）、NFPA 101 生命安全法规]、州和地方条例、建筑法规 [*Building Officials Code Administrators*（建筑人员规范管理员），*BOCA*] [*International Building Code*（国际建筑法规），*IBC*] [*Forida Buildrg Code*（佛罗里达州建筑法规)]、行业标准 [*Occupational Safety and Health Adimindistration*（职业安全与健康管理局），*OSHA*] [*Industrial Security Committee*（工业安全委员会），*ISC*] [DOD（国防部)] [*Unified Facilities Criteria*（统一设施标准），*UFC*]、行业指南（NFPA 730 房屋场所安全指南 2011、ASIS 设施物理安全措施）、出版物和期刊以及特定地理区域特有的做法（州际附近几英里半径内的所有汽车旅馆都有安全的下班后现金运送规定和上锁大厅）做进一步的阐述。最有强制力的标准是那些被告人在自己的政策和程序手册中，强行要求管理层和雇员在业务活动中遵循的标准。如果企业没有遵循自己的先例或表明其行业的做法，就为人员受伤或死亡事件以及随后的诉讼埋下了祸根（图 8.7）。

图 8.7　律师是为他人过失寻求损害赔偿的利益维护人，并以顽固的韧性推销他们的意见

8.1　判例研究：布隆伯格图书馆强奸案 受害者起诉建筑设计师和承包商[*]

　　2008 年 4 月在布隆伯格地区图书馆（the Bloomingdale Regional Library）外被残酷殴打和强奸的东湾高中（the East Bay High School）学生的家人，正在向法院起诉发生袭击案件的房屋设施的设计师和建筑公司。该诉讼将位于拉戈的总承包商安杰尔暨施密德（Angle & Schmid）建筑公司和坦帕的建筑师弗莱希曼·加西亚（Fleischman Garcia）和规划师列为被告。

　　该案的争论焦点是图书馆闭馆下班关门后——还书处（Book Drop）的设

*　作者为霍华德·奥尔特曼（Howard Altman），坦帕湾在线（*Tampa Bay Online*），2011 年 11 月 23 日。

计——要求还书的顾客离开他们的驾车，走到"下班后"的还书箱处投递图书，这是肯德里克·莫里斯（Kendrick Morris）第一次接近受害者的地方。该诉讼指控建筑师弗莱希曼·加西亚和规划师在图书馆的"设计、规划和施工过程中，因疏忽而造成潜在危险，构成不应有的损害风险"。

该诉讼对安杰尔暨施密德（Angel & Schmid）建筑公司提出了类似的指控，称总承包商有责任评估和充分评估下班后还书处的施工和运营模式所带来的风险，以避免任何潜在危险，以及对使用还书处的人造成伤害的风险。安格尔和施密德的总裁鲍勃安格尔（Bob Angle）说，他的公司对这种建筑设计不负任何责任。"我们是完全按照施工文件的规定进行建造的"，他说道，"建筑师决定人们应该如何建造和使用该建筑物。任何一个人觉得那栋大楼里的设计流程中，可能有某个人允许某种隐蔽的环境条件存在，该环境条件使得某人实施犯罪成为可能，都不在我们的责任范围之内"。

2010 年 10 月，袭击者肯德里克·莫里斯被判犯有两项性侵犯罪、一项绑架罪和一项严重殴打罪。原告要求两家公司各自赔偿超过 1.5 万美元的赔偿金。

8.2　小　结

大多数安保专业人士和律师表示，确定是否足够保护业主免受诉讼的最佳方法，是由一名独立的非委任顾问对该房屋场所进行安全检查。从法律角度看，独立的检查，如威胁分析（Threat Analysis），在面临法律诉讼时，可以用来支持建筑物管理部门的安全决策（Johnson，1985）。

安全或警报专家对他或她的建议负有责任，只要他或她所建议的一揽子安保措施或解决方案具有一定的熟练程度和完整性。一家安保公司可能会为你免费提供检查，但其要害之处在于要以高昂的成本购买他们的专有系统或安保服务。天上不会掉馅饼，没有免费的午餐。聘请专家虽然要承担一定的费用，但是却能够在法庭诉讼前得到附保留意见书（Qualified Opinion），或者业主可以支付给专家咨询费用，以便稍后他在法庭上能够为自己辩护。

最好的诉讼预防是安全专家在问题出现之前积极参与。但客户会为此付出代价吗？如果成本效益分析显示出这种积极行动的价值，那么，他们就会这样做。如果诉讼迫在眉睫，专家还可以通过评估场所或建筑物的漏洞/脆弱点或可防卫性为客户提供帮助。总之，专家可以用多种方法来预防或减轻场所责任的赔偿责任。安全专业人员可以通过满足总的安全需求和减少提前更新设备来节省客户的资金。业主可能不愿意为安全设计和规划买单，因为他们往往过于关注短期利润。但真正的底线是，当安全成为事后必须考虑的事项时，每个人都是输家。

建筑设计师应该为各种类型的建筑结构中日益增长的安全设计需求做好准备。受过教育的客户是他们最好的消费者。客户必须认识到，安全与节能、防火和可访问性顺从一样，同等重要。安全达到什么程度才能够免责？当风险的水平和类型与将这些风险降至最低限度所需的成本之间达成某种平衡，这就足够了。成本总是存在的，要么是积极投资于安全，要么是支付法院费用和对场所安全疏忽的诉讼费用。选择权在你手里，希望能够做出明智的选择。

参考文献

［1］ Altman, H. (2011) Bloomingdale library rape victim sues architect and contractor. *Tampa Bay Online*, November 23, 2011.

［2］ Associated Press. (2011) ＄15M lawsuit in Boston pizza delivery killing, Oct. 26.

［3］ Atlas, R. (1990) Pay me now or pay me later. *Security Management*, April, 42 – 45.

［4］ Atlas, R. (2005) The security audit and premises liability. *In Spotlight on Security for Real Estate Managers*, 2nd edn. Chicago, IL：IREM.

［5］ Atlas, R. (2006) Reducing premises liability. *Police Forum*.

［6］ Bates, N. (1993) *Major Developments in Premises Liability*. Sudbury, MA：Liability Consultants.

［7］ Bates, N. (1999) *Major Developments in Premises Security Liability* Ⅱ, *1999 Study*. Sudbury, MA：Liability Consultants.

［8］ Bates, N. (2004) *Major Developments in Premises Security Liability* Ⅲ, *Study*. Sudbury, MA：Liability Consultants.

［9］ Beras, E. (2007) Victim of parking lot shooting gets ＄26 million settlement, *Miami Herald*, Dec. 13.

［10］ Broward, C. (2011) Jury sides with family of killed shands pharmacist, *Florida Times-Union*, Sept. 30.

［11］ CAP Risk Analysis, CAP Index Inc., Exton, PA. http：//www.capindex.com.

［12］ *Chicago Tribune.* (2003) Police Target Hot Spots, June 25.

［13］ Daniel, T. (2004) Suit on market killings settled for ＄2.2 million, *Miami Herald*, Jan. 14.

［14］ Hiassen, S. (2008) ＄8 Million awarded in killing, *Miami Herald*, Nov. 26.

［15］ Johnson, K. (1985) Protecting the building from liability claims. *New York Times*, March 17.

［16］ NFPA 730 (2011) *Guide for Premises Security*. Quincy, MA：National Fire Protection Association.

［17］ Sherman, L. W., Gartin, P. R., and Buerger, M. E. (1989) Hot spots of predatory crime：Routine activities and the criminology of place. *Criminology* 27, 27 – 55.

［18］ Sherman, L. W. and Klein, J. (1984) *Major Lawsuits over Crime and Security*：*Trends and Patterns*, 1958 – 82. Institute of Criminal Justice and Criminology, University of Maryland, College Park, MD.

［19］ Sherman, L. W. and Sherman, E. R. (1983) Crime liability：A new business burden. *Los Angeles Times*, January 13.

117

9

可防卫空间

9.1　犯罪、CPTED 与恐怖主义的出现

　　本章考察了犯罪团体是如何成功地改变了他们的环境，通过利用可攻击空间的策略阻碍警察和守法社区的努力。这不仅是犯罪问题。考虑到新出现的恐怖主义威胁，这是一个新的重要问题。如果犯罪分子利用可攻击的空间为他们谋利益，那么，恐怖分子也能利用可攻击空间实施恐怖活动。本章为以下各章

奠定了基础，这些章节涉及关键基础设施周围的恐怖风险评估以及通过环境设计预防犯罪（CPTED）在新的威胁环境中的新作用。

　　典型的守法社区认为警察的作用是保护他们的人身和财产。事实上，在现实社会中，警察的作用非常有限，承担的任务范围广泛，人力资源严重不足，真正用于打击毒品和犯罪的资源减少了。现在他们将反恐怖计划添加到了他们的工作描述之中。在过去的几十年里，执法部门已经做出了协调一致的努力，将重点转移到以社区导向警务和解决问题的预防犯罪上（图9.1），而不是简单地采取事后战略来抓捕罪犯和追溯地解决犯罪（Peak and Glenson，2004）。

　　随着执法工作转向社区警务和解决问题，暴力犯罪率自 1994 年以来有所下降，达到 2004 年有记录以来的最低水平。"自'9·11'事件以来，暴力街头犯罪并没有消失"，美国最大的警察联盟警察共济会（the Fraternal Order of Police）执行主任吉姆·帕斯科（Jim Pasco）说道（*The Mi-*

图 9.1　该酒店具有将公害消除在萌芽状态之前的特性
注：转引丹尼尔（Daniel, T.），比斯坎汽车旅馆面入住纪律（Biscayne Motel Faces Discipline），《迈阿密先驱报》（The Miami Herald），2006 年 4 月 16 日。

ami Herald，2006，p. 2A）。根据 2010 年 1～6 月的《统一犯罪报告》的半年度初步报告统计，与 2009 年同期数据相比，全国报告的暴力犯罪数量减少了6.2%，报告的财产犯罪数量减少了 2.8%（图 9.2 至图 9.4）。该报告涵盖了涉及谋杀、强奸、抢劫和严重攻击等暴力犯罪，盗窃、偷窃、机动车盗窃等财产犯罪。同时，纵火犯罪被视为财产犯罪，在本报告中单独进行统计报告。

图 9.2　犯罪率达到了 40 年来的最低水平，但一些人认为犯罪只是转移到经济庞氏诈骗计划去了而已
注：转引自奥特加（Ortega，J.）和鲁斯坦（Roustan，W. K.），"州犯罪率达到 40 年来的最低水平"，《南佛罗里达太阳哨兵报》（*South Florida Sun-Sentinel*），2011 年 4 月 27 日。承蒙许可使用该图片。121

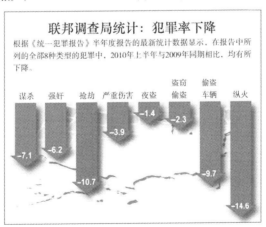

图 9.3　2010 年的最新犯罪趋势
注：摘自联邦调查局发布的《统一犯罪报告》，统一犯罪报告半年度初步报告，2010 年 1～6 月。

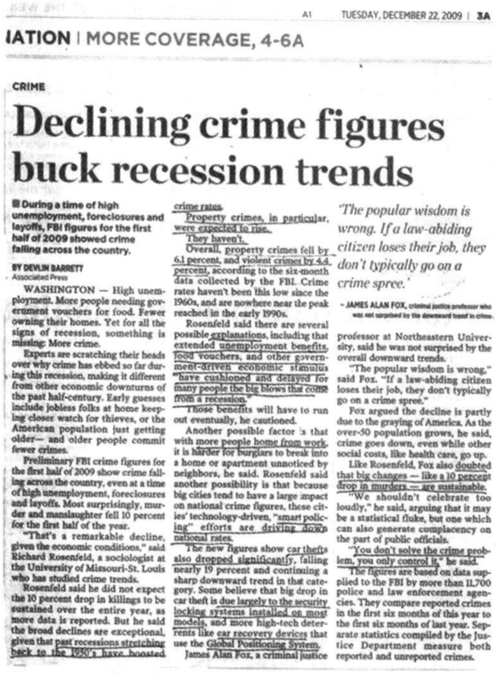

A1 TUESDAY, DECEMBER 22, 2009 | 3A

IATION | MORE COVERAGE, 4-6A

CRIME

Declining crime figures buck recession trends

■ During a time of high unemployment, foreclosures and layoffs, FBI figures for the first half of 2009 showed crime falling across the country.

BY DEVLIN BARRETT
Associated Press

WASHINGTON — High unemployment. More people needing government vouchers for food. Fewer owning their homes. Yet for all the signs of recession, something is missing: More crime.

Experts are scratching their heads over why crime has ebbed so far during this recession, making it different from other economic downturns of the past half-century. Early guesses include jobless folks at home keeping closer watch for thieves, or the American population just getting older— and older people commit fewer crimes.

Preliminary FBI crime figures for the first half of 2009 show crime falling across the country, even at a time of high unemployment, foreclosures and layoffs. Most surprisingly, murder and manslaughter fell 10 percent for the first half of the year.

"That's a remarkable decline, given the economic conditions," said Richard Rosenfeld, a sociologist at the University of Missouri-St. Louis who has studied crime trends.

Rosenfeld said he did not expect the 10 percent drop in killings to be sustained over the entire year, as more data is reported. But he said the broad declines are exceptional, given that past recessions stretching back to the 1950's have boosted crime rates.

Property crimes, in particular, were expected to rise.

They haven't.

Overall, property crimes fell by 6.1 percent, and violent crimes by 4.4 percent, according to the six-month data collected by the FBI. Crime rates haven't been this low since the 1960s, and are nowhere near the peak reached in the early 1990s.

Rosenfeld said there are several possible explanations, including that extended unemployment benefits, food vouchers, and other government-driven economic stimulus "have cushioned and delayed for many people the big blows that come from a recession."

Those benefits will have to run out eventually, he cautioned.

Another possible factor is that with more people home from work, it is harder for burglars to break into a home or apartment unnoticed by neighbors, he said. Rosenfeld said another possibility is that because big cities tend to have a large impact on national crime figures, these cities' technology-driven, "smart policing" efforts are driving down national rates.

The new figures show car thefts also dropped significantly, falling nearly 19 percent and continuing a sharp downward trend in that category. Some believe that big drop in car theft is due largely to the security locking systems installed on most models, and more high-tech deterrents like car recovery devices that use the Global Positioning System.

James Alan Fox, a criminal justice professor at Northeastern University, said he was not surprised by the overall downward trends.

'The popular wisdom is wrong. If a law-abiding citizen loses their job, they don't typically go on a crime spree.'

— JAMES ALAN FOX, criminal justice professor who was not surprised by the downward trend in crime

"The popular wisdom is wrong," said Fox. "If a law-abiding citizen loses their job, they don't typically go on a crime spree."

Fox argued the decline is partly due to the graying of America. As the over-50 population grows, he said, crime goes down, even while other social costs, like health care, go up.

Like Rosenfeld, Fox also doubted that big changes — like a 10 percent drop in murders — are sustainable.

"We shouldn't celebrate too loudly," he said, arguing that it may be a statistical fluke, but one which can also generate complacency on the part of public officials.

"You don't solve the crime problem, you only control it," he said.

The figures are based on data supplied to the FBI by more than 11,700 police and law enforcement agencies. They compare reported crimes in the first six months of this year to the first six months of last year. Separate statistics compiled by the Justice Department measure both reported and unreported crimes.

图 9.4　总体犯罪正在下降，但新出现的犯罪类型反映出了经济衰退的状况

注：摘自巴雷特（Barrett，D.），“犯罪数字下降昭示经济衰退趋势”，美联社，2009 年 12 月 22 日报道，承蒙许可使用图片。

122 一些调查结果如下：

- 报告的暴力犯罪案件在全国所有四个地区都有所下降——东北部地区下降了 0.2%，中西部地区下降了 7.2%，南部地区下降了 7.8%，西部地区下降了 7.2%。
- 在东北地区，报告的谋杀案件增加了 5.7%，暴力强奸案件增加了 1.1%，严重袭击案件增加了 2.4%。
- 报告的财产犯罪案件在全国所有四个地区都有所下降——东北部地区下降 0.2%，中西部地区下降了 2.5%，南部地区下降了 3.6%，西部地区下降了 3.1%。
- 然而，在东北部地区，报告的入室行窃案件却增加了 3.9%。

就人口而言，有 50 万至 99.999 万居民的城市所报告的暴力犯罪（8.3%）和财产犯罪（4.8%）的下降幅度最大。

作为一名犯罪学家，我在旅行中对城市行为的观察和作为专家证人的证词支持了这样一个观点：尽管 30 年来犯罪持续在减少，但公众并不感到更安全，并采取了相应的行动。普通的工薪阶层都对犯罪感到恐惧。学校的孩子和老师也很害怕。老年人也很担忧犯罪。由于当地税基受到侵蚀，执法机构获得的财政资金减少，妨碍了雇用更多的警官，而对社区导向警务工作的支持也已经枯

竭。预防犯罪的项目，总是在好日子里吸走警察部门的最后一笔资金，现在这些项目只能靠自己来维持，而且通常情况下会被削减或取消。

犯罪类型正在发生变化。毒品药丸制造厂和欺诈是 21 世纪新出现的威胁。

社区一直在通过雇用更多的警察、建造更多的监狱、提高社区的认识以及在全国各地的一些社区实施安全和预防犯罪的法规和法令，为减少犯罪提供了更多的资源。然而，美国城市所面临的犯罪问题将无法通过增加警察力量或火力来解决（Jacobs，1961；Newman，1972；Atlas，2004，2008）。

9.2 可防卫空间

1969 年，奥斯卡·纽曼创造了"可防卫空间"（Defensible Space）一词，作为一系列机制、真正的和象征性的障碍、明确界定的影响领域和改进监视机会的替代术语，将这些概念的含义综合起来使环境处于其居民的控制之下（Newman，1972，p.8）。但是如果它的居民是罪犯呢？

纽曼建议，设计将把住宅环境中个人公寓楼门房以外的公共区域的生产性用途归还给用户。走廊、大堂、庭院和周围的街道，通常被认为超出了建筑物住户的控制范围。

奥斯卡·纽曼努力为城市居民的安全开发出可防卫的空间概念，导致执法工作发生了转变，将预防犯罪纳入其中，而不仅仅是拘捕犯罪人。可防卫空间理论始于 1973 年美国司法部执法协助局（Law Enforcement Assistance Administration，LEAA）资助西屋公司（the Westinghouse Corporation）实施的一个研究项目，该项目的主要目的是检测 CPTED 在商业、独户家庭住宅开发和学校环境中的运用效果（Westinghouse，1973）。这种预防犯罪运动的重点是将对建成环境的控制权交还给守法用户。

为了实施可防卫空间概念，必须在特定环境中的居住者、所有者和管理者之间达成共识、形成群体凝聚力或开展合作。这是目标强化和安全策略经常忽略的一点。这是最近重新引入 CPTED 的第二代 CPTED 新兴领域的一个关键要点，它提供了具体战略加强社区的社会资本。

执行安全措施还需要财政资源。财政资源可用于改进物理设计、雇用人力以提供额外的安全措施，以及改进技术和通信网络系统以促进事故的报告和监视。为了将 CPTED 实施到建筑环境中，还必须有权力。权力是完成事情的政治力量，某人拥有作出完成某事的决定的权力，如城市管理者、物业经理、业主协会和私人企业业主。

根据我的观察和个人经验，在大多数低收入城市公共住房环境中，可防卫空间和 CPTED 战略一般都没有得到成功实施。原因为资源匮乏、承担义务的水平低、遵守协议能力差和工作人员的不称职，公共低收入住房区域继续受到犯罪活动（图 9.5）、帮派活动和非法毒品交易的威胁。已经成功地建立起可

123

防卫空间和实施 CPTED 的大部分地方，是那些中高收入的私营住房环境和商业环境。

图 9.5　废弃的公寓被吸毒者和检举者接管，也被用作冰毒实验室

中等收入和高收入的私人住宅区可以有效地使用可防卫的空间概念，因为他们有资源和共识来实现变革。私人公寓建筑或房屋向所有租户及业主收取维修费。此费用支付安全巡逻、CCTV、门卫、围墙、围栏、户外及周边照明、门禁系统等。共识是全体成员经过协商达成一致意见，如果他们选择住在那里的话，那么所有的业主都需要支付维修费。因此，尽管中等收入和高收入的公民获得坚强的安全和保护，而低收入居民成为犯罪受害人的比例，与中高收入群体相比较而言仍然严重失衡（图 9.6 和图 9.7）。

124

图 9.6　在得克萨斯州欧文市，公寓大楼是犯罪活动的磁石，在一项城市法令开始生效后，要求实施无犯罪住房计划（Crime Free Housing），并开展了 CPTED 调查和培训。在休斯顿市实施了这项计划以后，多户家庭住宅地区的犯罪案件下降了四分之一
注：引自戈姆利（Gormley, J.），"欧文市地方法令聚集犯罪滋生的公寓大楼"，CBS 交互式视频媒体（CBS Interactive），2009 年 10 月 7 日。承蒙许可使用图片资料。

图 9.7 大多数的犯罪类型可能在减少，但作为一种经济犯罪的夜盗犯罪的机会却在增加
注：转引自莫雷尔（Morel，L. C.），"更多的窃贼袭击了我们的家"，《南佛罗里达太阳哨兵报》，2011
年 10 月 16 日。承蒙许可使用图片。

9.3 可攻击空间

另一个成功地利用了可防卫空间和 CPTED 原则的主要用户群体是毒贩和罪犯。毒品窝点和犯罪热点地区掌握了 CPTED 原则，他们为了非法目的而创建一个安全的场所或可攻击空间（Offensible Space）以实施犯罪。犯罪分子能够成功地实施可攻击空间的两个关键要求：资源和共识。毒品交易商和犯罪分子为了获取巨额的非法收入，为了确保安全而进行某种必要的物质和业务上的改变（图 9.8）。通过完全控制环境，并用恐吓的力量和支持其意图的意愿形成一致共识。因此，犯罪分子利用可防卫空间和环境设计策略来加强他们的安全并阻碍正义。这就是所谓的可攻击空间。

图 9.8 图中为一座公寓大楼，毒贩为了躲避警察而钻墙逃跑。
整个建筑群就像是一个"新杰克城"（New Jack City）

尽管这一想法在北美的发展尚处于早期阶段，但我们很容易看到恐怖分子是如何利用这一战略进行恐怖活动而不受惩罚。因此，除了预防犯罪之外，这也是 CPTED 作为一种使危害最小化和使基础设施周围形成反恐预防战略的意义所在。接下来的章节将为各位读者描述这方面的情况。

9.4　一种思想观念的产生

纽曼（Newman，1972，p.9）指出，物理设计的四个要素单独或共同作用，有助于（为守法的用户）创建安全的环境：

（1）新开发的空间的领地定义，映射出居住者的影响力区域。空间领地定义通过对居住环境细分为邻近居民易于采取专有态度的区域来实现。

（2）公寓窗户的配置，使住户能够自然地观察其居住环境的外部和内部公共区域。

（3）对建筑形式和风格的适应，避免了使其他人感觉到居住者的脆弱性和孤立的屈辱特性。

（4）通过将住宅发展定位在功能上交感同化（Sympathetic Urban）的城市地区，使其紧邻的活动不构成持续的威胁，从而提高安全性。

领地行为涉及个人或团体拥有的场所或物体的个性化或标记以及通信。有时，当领地边界遭到侵犯时，可能会出现防卫性反应（Defensive Responses）（Altman，1975，p.107）。此外，领地构成一个连续统一体，由占用期限和心理中心性所定义。公共领域，如公共汽车座位或城市人行道，是最不具有中心性和持久性的，而重要的领地如房屋是最具有中心性和持久性的（图9.9），这两者之间是次要领地，如社区，具有群体成员共同享受所有权的特性（Altman and Chemers，1980）。

布朗和阿尔特曼（1981）提议，业主的领地标识意图和对侵犯领地行为的反应类似一个连续统一体，大致相同（图9.10至图9.12）。重要的领地是业主身份感的一种延伸；因此，这些标识包括重要的具有个人有意义的象征，反映了业主的个人风格和装饰性品味（例如，铭牌、艺术品、花圃）。

126

图9.9　后院被围墙围起来，以隐藏毒品和掩盖帮派活动，将这条小巷标记为罪犯的领地

图9.10　电话线上的运动球鞋是一种毒品药丸标记，宣布这个地区可以销售毒品

图 9.11 垃圾成堆是毒品活动近在咫尺的标志或环境标志，合法使用者可能对此并不在意。但是，遍地垃圾也可能是藏匿毒品的地方

图 9.12 尽管这座公寓楼被设计成一个庭院，以获得良好的能见度和访问门禁系统，但该房产仍处于罪犯和黑帮成员的控制之下，这是一个新杰克城（New Jack City）

公共领地对业主的自我概念不那么重要。因此，这些标记显示的多样性较少，并且包括一些表示业主对空间明确要求的没有意义的物品（如禁止进入的标识）。侵犯重要领地会引起强烈反应（例如，人身报复、法律制裁），而侵犯公共领地则只会引起微弱的反应（例如，口头报复、放弃领地）。因此，个人标记，例如名牌，可能意味着对某个领地区域具有更大的依附和防卫。他们也可以有效地阻止领地侵入，就像更传统的防卫性标志，比如"严禁非法侵入"标识（Brown and Altman，1981）。

纽曼对公共住房项目中的犯罪行为的观察发现，当一个公共领域，即个人可以在不担心受到居民指责的情况下采取行动时，紧密环绕房屋重要领地的标识状况非常差的时候，犯罪率会很高（图 9.13）。相反，纽曼发现，当半公共区域在完全私人区域之间提供一个保护缓冲区时，犯罪率则比较低。半公共区域，如游乐场、走廊和广场，都是居住者能够共享所有权和控制权属感的区域。居住者的这种权属感被认为可转化为对区域属地性的维护和个性化、社区凝聚力，以及对该邻里社区内不可接受行为的谴责。

图 9.13 公寓周围的开放空旷区域使房屋变得难以防御。请注意电线上挂着的运动鞋，这是一种表示此处可以进行毒品交易活动的标记

这种观察促使纽曼提倡使用可防卫性空间的城市设计，这种设计允许居民调查其领地，并允许明确划定公共和私人区域之间的界限。这就是城市设计师和建筑师如何帮助支持居民形成"潜在的领域性和

社区意识"，并允许他们控制自己的社区。那些意图实施犯罪的犯罪分子在察觉到这种共同关心的气氛之后，就可能会终止发起潜在的犯罪活动或者/和完成预备的犯罪活动（Newman，1972，p. 13）（图9.14）。

128

图9.14　真正的实际障碍物使这种毒品交易不受警察干预

　　可防卫空间采用象征障碍、实物或实际障碍、追踪器、可探测性设备和社会环境风尚等领域性标识。象征性障碍是一种物理特性，传达了业主的领地关切和个人身份（Newman，1972）。在住宅环境中，景观环境、树篱、欢迎垫和房子的颜色都是领地属性的标示或个性化的一种表示。这种标记可以传达特定家庭或整个街区的领地关切。

　　以前的研究与某些类型的这种标志有关，以便能够产生快速的领地防御（Edney，1972）、领地安全控制感（Pollack and Patterson，1980）。实际的障碍物，如锁、栅栏（参见图9.15）、警报器以及可能会阻止访问的警卫等，是安全系统的一个方面（Newman，1972）。追踪器是告知侵入者该区域是否存在居民、邻居或权威当局的线索。可探测性是一个包括视觉或听觉可及性的各个方面的因素。例如房屋、树木和植物的定位、运动激活的光传感器、吱吱作响的门声或狂吠的狗。可探测性很重要，因为业主的领地关切可能不会导致有效的防御，除非居民能够轻松容易地调查审视其领地。居住者与邻居的视觉接触，也可能促进共同的领地关切和对社区街道的保护，一些研究表明，对于更容易视觉接触的目标，犯罪率往往较低（Mawby，1977；Waller and Okihiro，1978；Odekunle，1979）。社会风尚指的是个体的行为表现或共同关心和保护一个地区的行为证据。其中的一个例子包括居民对陌生人接近的挑战或对家庭附近发生的异常行为的挑战（Brown and Altman，1983）（图9.16）。

图 9.15　篱笆栅栏将毒品贩子从这
幢老公寓楼挤压转移到大街上

图 9.16　前庭院子的围栏比它实际需
要得大得多，是把人关在里面还是把
人阻止在外面

正如纽曼所设想的那样，防御空间将在社会/空间层次上从私人领域发展到半私人领域再到半公共领域层面。在集体人居环境，等级制度是从公寓的私人空间延伸到开放的街道。用于创建可防卫空间和 CPTED 的变量现在正被用于为犯罪分子创造可攻击的空间。犯罪分子正在使用出入控制、监视和领地策略来阻碍执法，并确保其非法活动的安全。

自 1970 年以来，对 CPTED 和可防卫空间进行了大量的研究和尝试应用（Westinghouse，1975），但只取得了有限的短期成功。到 20 世纪 70 年代末，可防卫空间和 CPTED 陷入了相对模糊的境地。由于缺乏资源来进行所需的操作上的改变和物理上的改变，这些概念陷入了困境，并且没有得到用户或有权力的人的共识支持。

守法的社会普遍缺乏对建筑环境的控制，也缺乏应对变化缓慢的长期承诺。例如，随着 20 世纪 80 年代末里根政府不可避免地削减预算，联邦住房和城市发展部（HUD）无法实施改革来减少公共住房犯罪机会所需的昂贵费用和工作人员密集的问题。在 20 世纪 90 年代和 21 世纪初，一项相当大的努力将新的都市主义和安全邻里设计理念融入新的社区中。

9.5　可防卫空间的反转

正是中低收入的私人住宅环境，才能采取措施为建筑使用者提供安全保障。这种环境成功地实现了可防卫空间的特征：

（1）识别犯罪人（Spot Criminals）——识别出不属于特定环境的某个人或陌生人。

（2）监视他人（Watch Others）——监视孩子、邻居、财产或需要布告通知的异常行为。

（3）向警察报告问题（Report Problems to the Police）——居民和工作人员接受过搜寻外来人员或罪犯的培训，并有能力使用监视技术监视财产，同时能够快速地与警察和私人保安共同应对不测事件。

130

（4）提供通信网络（Provide a Communication Network）——私人保安可使用对讲机或无线手提电话呼叫警察援助或者干预。居民可以向保安人员打电话报告潜在的问题，或者激活由建筑物管理部门或权力当局监控的警报系统。

（5）对环境进行物理上的和机械上的改善，以减少犯罪的机会，如给窗户安装上安全格栅、加装实心门、警报系统、守护犬、死栓锁等。

当然，这些策略中没有一个能说明谁是这个地方的真正居住者。人们认为合法的守法公民居住在那里。但情况往往并非如此，或者随着新的群体迁入或离开社区，情况可能会发生变化。相反，罪犯和潜在的恐怖分子在这种要塞式堡垒中反而受到保护。他们利用可防卫的空间功能来创造自己的可攻击空间。这样的一些事例包括：

（1）注意警戒并辨识警察或者外来人员——骑自行车的孩子充当警察或监视外人的哨兵，并向罪犯大声示警。

（2）出入口访问控制——巡查员和看门人密切注意接近该地区的人，并迅速确定谁是真正的毒品购买者/使用者或犯罪同伙。一旦确定属于上述人员，该人就可以进入房屋等产业。

（3）没有居民向警方报告犯罪活动，而是犯罪分子利用警察检测设备、对讲机和无线手提电话，报告任何潜在的侵犯其可攻击空间的行为，以便迅速采取行动。

（4）使用一组错综复杂的代码，为那些骑自行车的巡哨员建立一个通信网络，使他们能够通知毒品贩子丢弃任何证据并逃离贩毒现场。

（5）建筑安全方面的机械改进措施——使用坚固的门框、锁、窗棂、会攻击的狗、响尾蛇、傻瓜陷阱等诸如此类的措施，以减缓警方进入场所的速度，并防止其他毒贩盗用毒品。

9.6 犯罪分子掌控场所

阿特拉斯（2002）进行了一项研究，以消除南佛罗里达州警察已知的50个犯罪地点的可攻击空间特征。数据是从警车和私人汽车的个人观察中收集的。在研究的不同地点一致观察到，攻击性空间场所对出入口控制、监视和属地性特征存在消极使用的问题。

阿特拉斯的研究，观察到出入口控制具有以下的特征：

（1）犯罪分子通过人员筛选的方式来确定谁有资格进入犯罪现场购买毒品等。

（2）窗户经过改装，通常是加装木板条，铁条或其他安全装置（图9.17）。

（3）使用死螺栓、窥视孔和安全门对进出人员进行筛选，以确定谁能够进入犯罪现场。

图 9.17 拐角位置的有利视角

犯罪现场使用的监视控制策略显示：

（1）大量利用巡视哨，这些人通常都是不能被定罪或因协助毒品贩子而受到任何实质性法律制裁的青少年。巡视哨提供了一个非正式的视听监控网络和警报系统，而且非常有效。当警察或外人接近时，放哨的人员可通过高声呼叫约定密码进行示警，从而每天赚取到数百美元。

（2）透过经过加固强化的门板上的窥视孔来甄别访客。

（3）经常在公寓楼的屋顶或顶层设置放哨员，以作为一个更好条件的观察哨位（图 9.18）。通常情况下，当发现警察时，现场的每一个人都会消失。观察者通常会坐在长凳上和庭院中（普通草坪的公共区域）以及阳台或楼厅上观察外人（图 9.19）。

图 9.18 大楼的楼梯间门廊被用作毒贩的瞭望塔，他们可以看到好几英里外来的警察

图 9.19 一位毒品交易放哨者正在密切关注各种行动

（4）最常见的位置，一个可攻击的空间是公寓或建筑物的角落。这些建筑物通常是线性的，从街道上不可能直接看到门角的位置。拐角的有利位置可以更好地监视谁正在接近大楼（图 9.20）。

图 9.20　瞭望员进行观察的角窗具有位置优势

（5）犯罪现场没有一个有照明的入口，大多数犯罪场所的外部照明灯根本没有亮着。

具有犯罪吸引力的场所利用领域性特征巩固罪犯的影响势力范围。观察到的地域特征：

（1）与主要交通通道成直角的建筑物密密麻麻。

（2）通常很少或根本没有什么绿化景观。

（3）通常情况下，公共街道和犯罪现场的前门入口之间没有什么间隔，如院子、景观美化、树木、栅栏等。

（4）通常都有肆意破坏、涂鸦和乱丢杂物的迹象。通常有明显可见的违反建筑规范和/或危害生命安全的违规行为（图 9.21 和图 9.22）。

（5）大多数吸引犯罪的地区都位于街区中间建筑物的拐角位置，该位置有许多易于逃跑和观察的路径。

133

图 9.21　在高犯罪率高风险地区，汽车遭到破坏

图 9.22　建筑物一个垃圾成堆的地方吸引了更多的垃圾和老鼠

在犯罪率高的场所，似乎有一种可资犯罪人利用的可攻击空间模式。可攻击的空间战术利用出入口访问控制、监视和属地性特征，创造一个无法渗透的环境，能够抵御警察的进入或竞争性的袭击（图 9.23 和图 9.24）。纽曼（Newman，1973，p. 12）认为，建筑可以创造或预防犯罪。也有人不同意这种建筑结构的确定性观点（Atlas，1982），并认为建筑在行为中的作用是非常微妙和难以衡量的。在某些地方，某些空间和空间布局有利于罪犯的秘密活动，尤其是考虑到那些可能会被这些空间吸引的人。如果这些犯罪场所位于中上层社区，还会有犯罪吗？或者周围环境的影响会驱除犯罪因素吗？

134

图 9.23　栅栏通常用于阻止警察或者其他犯罪分子的进入

图 9.24　在一栋公寓的入口处，一只斗牛犬充当个人警报通知系统。这只狗就是毒贩的前门铃/警报安全系统

詹妮·雅各布斯（Jane Jacobs，1961）认为，公民应当通过更多地参与和参加街道活动从而达到控制街道的目的。相反，在许多社区，犯罪分子一直声称掌控着街道和半公共区域，他们将其视为可攻击空间的一部分。与毒品交易场所/罪犯主要活动场所相邻的人行道和街道很快成为犯罪分子的地盘之一。为了给警察或守法的公民制造一系列障碍，他们通常建立了各种栅栏、墙壁和路障。

毒贩或犯罪团伙的雇员，使所有权或属地性的意义成为现实。这些雇员充当监视哨、强制实施者和分销代理人。如果某人不在可攻击的空间场址做生意，他或她会很快便感到不舒服，并体验到个人安全的危险和风险感觉。

一系列的行为和环境给了那些非犯罪分子一个暗示，使他们声称你已经进入了一个可攻击的空间区域（图 9.25 和图 9.26）。可攻击空间是一个比扎罗世界（Bizzaro World），一个具有不良意图的可防卫空间的反转镜像。在出入口的肌肉男强制执行者组合、周围地区残破状况、种族/族裔混合的同质性、开放的开放程度、毒品交易的公开性以及相关的暴力程度，向任何一个不属于该地区或不与该毒品贩子做生意的人，发出清楚的威胁声明和展现出明确的危险（图 9.27 和图 9.28）。

135

图 9.25　路标本身讲述了风险的存在

图 9.26　标牌和栅栏是一把"双刃剑"

136

图 9.27　栅栏保护着一个
毒品交易者的庭院

图 9.28　标牌本身表明邻
里社区的问题所在

　　其影响是，大多数守法公民无力负担可防卫性空间战术，也没有获得相应的权力或形成共识一致地实施这些策略。在他们试图作出反应采取行动的地方，他们的成功也是有限的。例如，在过去 30 年中，实施的一项预防犯罪战略便是市民邻里守望犯罪。邻里守望的形成，是对一系列犯罪案件的最初反应。但是，一旦犯罪分子的影响力在地理位置上取得优势，社区的活力和公民的参与意愿往往会受到削弱。

　　在更富裕的居住区里，具有 CPTED 特征的措施取得了相对成功，因为业主提供了补贴资金。业主可以在建筑物周边建立围栏、设立门卫室检查访客、添置外部照明、聘请私人保安步行巡逻和驾驶巡逻、实施停车场出入控制、安装报警系统、为建筑物用户与保安人员之间开设通信联网。不幸的是，绝大多数美国人无法支付高昂的租金或维修费来支撑可防卫的空间优势。

9.7 老大哥在看着你

普通公众没有足够的金钱（图9.29）、精力或力量来支持将罪犯拒之门外的承诺。守法的社区往往无法达成建设墙壁、改变街道设计、雇用更多的警察、获得更好的照明、建立警卫室或竖立路障的共识。另外，罪犯可以在其犯罪环境中成功地使用可攻击的空间战术，因为他们拥有相应的资源、权力和能力来实现他们想要的改变。罪犯比一般的守法公民更能控制他们的工作和生活环境。

图9.29 财政预算削减影响安全，首当其冲的是影响公共部门和私营部门领域的安全
注：摘自拉沃伊（Lavoie, D.），"预算削减使法院更加脆弱"，美联社2010年1月11日报道，承蒙许可使用图片。图片为杰斐逊县家事法庭法官苏珊娜·奇尔德斯（Suzanne Childers）的照片。图片来源于2010年1月6日美联社图片网，AP Images/Bob Farley，承蒙许可引用。

自从《爱国者法》（Patriot Act）颁布以来，美国人的公民权利受到严重损害。政府偷听、窃听、无正当理由逮捕、不限期拘留（Indeterminate Detention）、全球定位系统（GPS）跟踪等行为的能力，至少带来了一个小小的积极的音符。监视摄像镜头在世界各地的大城市（芝加哥、达拉斯、迈阿密、伦敦）迅速兴起，在捕捉或观察罪犯和恐怖主义行为的前提下，监视着人们的日常活动。在2005年伦敦地铁爆炸案件发生后，正是街道上的摄像镜头帮助识别和确定了肇事者。近年来，摄像机一起在监视着街道。我观察到的一个例子是得克萨斯州的达拉斯市，数百台摄像镜头被安置在街道上的十字交叉路口，反馈到达拉斯市政厅地下室的指挥中心。宣誓警官和文职人员盯着显示器观察，当发现可疑活动时，他们就呼叫街头巡逻警察进行调查。我被告知，这个项目非常成功，而且摄像镜头拍摄的画面质量很好，能够告诉警官毒品隐藏在嫌疑犯的哪个口袋里（图9.30和图9.31）。

图 9.30 （参见彩图）红点所示是在
达拉斯市中心附近设置的摄像镜头，
用于警方的视频监控

图 9.31 （参见彩图）该
系统由 BearCom 公司设计
和安装

以前，户外监控部署往往过于昂贵，因为视频电缆的挖沟成本超出了实际预算范围，或者缺少模拟视频链路解决方案。随着新的无线宽带技术和网络伺服摄像镜头的出现，熊通无线闭路电视系统公司（the BearCom wireless CCTV）利用该技术能够更快捷容易地建立起一个安全网络，覆盖整个城市的室外地区。该系统总共有 115 个有 IP 地址的摄像头，与多功能、经济实惠的无线传输功能相结合，提供了许多实际优势，因为：

（1）没有破坏性的、耗时的挖沟或昂贵的电缆布线。

（2）快速且易于部署；没有模拟到数字再回到模拟转换的过程——这

是一个完全数字化的系统。

（3）摄像镜头几乎可以设置在任何地方，并在需要时可轻松地移动。

（4）可以轻松地增加或者减少摄像镜头。

（5）可提供各种各样的硬件组合，再加上系统的灵活性和可扩展性（图9.32 至图 9.36）。

图 9.32 IP 无线摄像镜头采用云台摄像和变焦方式，分辨率良好

图9.33 在美国工业安全协会（ASIS）的会议展览楼层里，展示了达拉斯街头摄像镜头的模型

图9.34 控制中心正在监测和记录115台摄像镜头的运行情况

图9.35 可以通过iPad或便携式监视器查看无线摄像镜头的运行情况

图9.36 工作人员可以非常准确和清晰地观察街道活动，并向巡逻警官报告可疑行为。这是达拉斯实施新的问题导向警务的成果

通过系统，警方在2008年逮捕了1100人，2009年逮捕了2300多人。据报道，在市中心的街道上，犯罪率不断下降，一种新的秩序感已经恢复。老大哥在看着你！

9.8 预防可攻击空间

解决可攻击空间的办法在于CPTED的综合多层级方法。杰弗里（Jeffery，1971）提出了一级、二级和三级预防策略。必须清除产生犯罪的根源和原因，而不仅仅是惩治犯罪表现出来的症状。减少可攻击空间场所的步骤之一就是查明这些场所，如果有必要，在适当的情况下通告犯罪活动场所的所有者，然后利用使用滋扰和排除滋扰的相关治理条例作为法律工具没收或拆除这些财产。警方正在利用《欺诈操纵犯罪与腐败组织行为法》（*the Racketeer Influenced and Corrupt Organizations*，RICO）没收财产，以及依据其他有关没收的法律，以阻止犯罪活动的继续。

有一些政策和战略可以减少可攻击空间的犯罪机会，从而获得对你所在城市脆弱地区的控制。如果将资源用于执行以下措施，那么，绝大多数社区现在都有充分的法律依据来控制这个问题：

（1）建筑法规和分区规划条例、标志、停车、照明等，特别是与垃圾、安全违规行为有关的法规和分区规划条例；

（2）制定清除滋扰和减少危害的法令，规定法律和实体程序，以应对没收违约财产、征用或者彻底拆毁用作犯罪窝点的废弃建筑物；

（3）在建筑物审查和执法过程中落实 CPTED 意识，为新建筑和建筑物翻新设计安全措施；

（4）提高对执法巡逻模式的认识水平，高度重视预防犯罪，而不仅仅是逮捕罪犯；

（5）设立一个由警察和建筑署督察员组成的联合执法部门，对随意乱丢垃圾和明知故犯地允许在其财产上进行犯罪交易的业主处以罚款和实施逮捕；

（6）为居民、企业和学校地区建立和培育犯罪和街区监视计划（Crime- and Block-watch Programs）；

（7）适当增加合法用户的行人交通流量，并利用街道封闭来定义社区和减少非法车辆的交通流量；

（8）向所有年龄的学童提供生活技能教育，使他们了解如何成功地应对生活挑战，减轻生活中的毒品或酒精所带来的痛苦。其中一些策略在第七章"第二代 CPTED"下标题为"能力建设"所描述的多伦多和西澳大利亚案例研究中得到了应用。

犯罪案件之所以发生，是因为犯罪通常容易实施。一个人看到了一个容易实施犯罪的机会，因此才实施犯罪，而不管其合法性或后果如何。加大实施犯罪所需的努力难度，可以消除临时起意的犯罪。

目标强化是一种使用诸如将普通锁改进为固定螺栓、改进窗纱、使用防爆玻璃窗、增加栅栏和使用磁锁门等技术来增大犯罪努力难度的方法。另一种技术是访问控制，包括安装门禁障碍、设计路径、人行道和道路，从而防止不想要的和未授权的用户进入易受攻击的脆弱区域。障碍可能包括对特定的个人空间、特定的场所或时间限制进入；安全前厅、停车场障碍物、访问进入电话、访客登记亭、警卫室、车辆控制系统、用于访问控制的生物特征测定筛选设备。减少可攻击的犯罪空间的一些方法包括：

- 利用行人和车辆的行进模式控制对设施的访问。
- 将内部和外部空间划分为小的、易于识别的区域，这些区域与特定的个人或用户组相关联。
- 具有易于看见的检测装置，以增加罪犯的感知风险，并且通过张贴明显的标识来使用这种装置。
- 最大限度地减少建筑物内部入口的数量，同时清晰地识别和明确界定

142

其余入口的功能。不使用时应确保入口安全。

- 为易受攻击的脆弱区域（如洗衣房、储藏区、电梯、浴室）提供键控访问设施。
- 通过大门、证章和安全通行证控制停车场的出入。
- 通过为紧急楼梯和出口配备具有出口时间延时且无外部门把手的警报报警杆（Alarm Panic Bars）等设施，限制其预期用途。
- 在易受损坏的开口（如底层窗户、外部消防楼梯、屋顶楼梯开口和天窗）上安装障碍物。用栅栏隔离问题区域，防止未经授权的访问和沿着通风管道所需的路径移动。
- 为存储在低监控区域的物品或易于携带的物品提供可锁定的安全区域。
- 控制维修和递送服务的访问。
- 在适当的情况下，应使用人员身份筛查设备，以便合法的建构起用户和访客名单。员工的身份筛查应当单独使用徽章或身份证件（ID）。
- 通过安全人员和使用安全检测硬件设备（如视频监视和侵入检测系统）实施正式的监视。
- 通过设施设备的操作人员利用门房、礼宾、维修工人和秘书的现有资源实施非正式控制，增强对场所的监视和犯罪报告。
- 为存放在低监视区的物品提供可锁的安全区域，或在适当情况下使其易于携带。
- 通过精心设计窗户、门、照明和景观控制技术及景观植物等结构布局来改善自然监视。
- 室内照明增强了在通过门窗可见的空间进行临时或正式监视的机会。照明应均匀，无阴影，固定装置应防破坏。
- 内部盲点，如壁龛和死角通道造成了易受伤害的诱发犯罪区域，应在可能的情况下予以消除。

　　减少犯罪回报会使非法活动变得不值得或无意义。这包括使犯罪目标对罪犯价值更低，或移除对罪犯有价值的犯罪目标（图 9.37 至图 9.39）。为了减少犯罪的回报，设计专业人员可以将高风险目标从房地或建筑程序中移除，而不是将高风险区域设计为工作范围的一部分，识别或标记财产资产，消除犯罪诱因，并控制边界设置。消除犯罪诱因包括在这些目标成为容易的机会之前将其移除，例如：

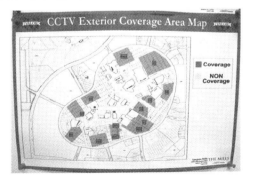

图 9.37　（参见彩图）场所规划确定了商场周围的外部摄像头的覆盖范围

- 空置的土地、公寓、办公室和空间应被使用或给予合法用户，以防止破坏和损坏。
- 外墙应涂上防涂鸦环氧树脂和／或栽种蔓藤景观植物，以防止让墙壁充当涂鸦标记的壁画。

143

 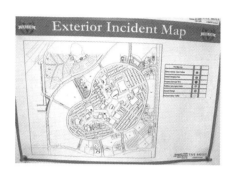

图 9.38　（参见彩图）场所规划确定了商场周围的外部摄像头的位置布局　　图 9.39　该场所规划辨识出了大型区域购物中心容易发生犯罪事件的地点

明确陈述打击犯罪的基本规则，制定惩罚违法者的标准程序，可以消除犯罪行为的借口。明确规定来防止犯罪人以无知或误解为由免除其罪行的规则与标识系统。

9.9　CPTED 与恐怖主义

CPTED 能防止恐怖主义行为并减少可攻击的空间吗？这是有可能的！CPTED 强调在匆忙解决问题之前寻找产生问题的根源。CPTED 从威胁和脆弱性分析开始，以确定易于受到攻击的弱点和潜在的攻击点。犯罪行为或恐怖活动的攻击只反映威胁的级别程度和类型的变化。攻击的过程和面临的挑战是相同的。CPTED 和可防卫空间规划都是一个规划过程，相对于要塞式堡垒或目标强化而言，都有一个相同的规划程序。在设计打击犯罪或恐怖主义时，安全顾问必须抵制快速解决问题的冲动。CPTED 程序所需做的工作是对以下问题的回答：

144

（1）出入口控制；

（2）自然监视；

（3）领地强化；

（4）维护；

（5）管理策略。

CPTED 策略可以增加罪犯实施犯罪或恐怖主义活动的难度，增加与犯罪或恐怖主义活动相关的风险，降低与犯罪和恐怖主义活动相关的回报，并消除人们不遵守规则和表现出不适当行为的借口与辩解。

CPTED 策略措施以组织（人员）、机械的（技术和硬件）和自然设计

（建筑结构和环流）方法，为解决犯罪和恐怖主义活动的挑战提供了努力的方向。

9.10 小 结

可攻击空间是社会无力在社区统一实施犯罪预防和执法的一种副产品。可攻击空间是社会和政府组织解体、缺乏公民和政治共识的结果。可攻击空间是犯罪分子和恐怖分子有组织、有目的和资金充足的结果，能够产生一种抵御外部干预或防范侦查的犯罪环境。只有当守法的社区获得一个更高水平的组织程度、共识并投入充足的资源打击犯罪群体，否则可攻击的空间场所将不断增加，并对社会构成显而易见和迫在眉睫的危险。

正如人们很容易看到的那样，确保建筑安全涉及众多学科理论的运用和投入大量的金钱。然而，建筑师无法改变人的本性，尽管有最完善的计划，许多犯罪行为仍会发生。不得不承认，我们的建筑环境无法抵御每一个潜在的威胁。没有任何建筑安全系统能够阻止像"9·11"事件这样的恐怖袭击行为，也无法阻止对我们大使馆或法院的轰炸。但是，在规划理念及其规划实施之间，仍然可以采取许多行动步骤，从而减少成功执行计划的机会。

21世纪的恐怖主义可能不仅仅是炸弹爆炸案件，而且还可能会是工业间谍、计算机盗窃和销毁档案记录、生物和化学恐怖主义。我们每天面临的最大威胁来自日常生活中工作场所的暴力和街头犯罪。打击犯罪和工作场所暴力威胁的设计，将大大减少恐怖主义行为的可能性。它可能会涉及控制访问和基本的CPTED原则。即便是恐怖分子也有可能进入我们的建筑物和资产。

城市设计是我们曾经面临的安全难题中存在问题最少的一个方面，它使我们的公共和私人建筑变得安全可靠。CPTED和可防卫空间规划通过允许自然监视和无障碍可见性、控制人员对财产的访问、防止未经授权的人进入财产、将安全技术纳入功能设计和建筑、允许合法建筑用户成为合法活动和威慑犯罪活动的有能力的监护人，从而创造更安全的环境。如果我们选择放弃对我们的建筑物和设施的控制权，并将其移交给罪犯、毒品贩子和恐怖分子，他们就会利用CPTED和可攻击空间作为攻击和侵犯我们的工具，甚至比我们用其保护人们不受恶意的伤害更为有效。

随着毒品和犯罪的威胁越来越大，缺乏统一的应对措施，美国已变得非常容易受到另一批有组织的罪犯/恐怖分子的伤害。即使是在发生"9·11"恐怖袭击事件之后，也很少对绝大多数建成环境中的安全和犯罪预防带来实质性的变化。许多办公大楼和政府办公中心只是增加了一些后"9·11"的安防措施和恢复到最低限度的警卫力量而已，原因是成本费用高昂，而且认为已经没有什么危险能够造成威胁（图9.40）。到目前为止，安全状况真正发生重大变化的地方只有法院和机场。随后的章节将论述如何改善这种情况。

图 9.40　迈阿密戴德县政府中心有一个范围宽广的大堂安全系统，包括武器和包裹安全检查、访客标记徽章、闭路电视全覆盖和访问控制。2009 年，由于预算削减，所有的大堂安保设施被拆除，尽管工作场所面临实实在在的暴力风险

参考文献

［1］ Altman, I. (1975) *Environment and Social Behavior: Privacy, Personal Space, Territory, and Crowding.* Monterey, CA: Brooks/Cole.

［2］ Altman, I. and Chemers, M. M. (1980) *Culture and Environment. Monterey*, CA: Brooks/Cole.

［3］ Atlas, R. (1979) Police's role in crime prevention. Paper presented to the American Society of Criminology.

［4］ Atlas, R. (1982) Prison Violence: Architectural determinism. Doctoral dissertation, Florida State University, Coral Gables, FL.

［5］ Atlas, S. (1988) Just when you thought it was safe to go back in the ... building! *Security Management*, August, 64 – 73.

［6］ Atlas, R. (1989) Just when you thought it was safe. *Professional Safety Magazine*, American Society of Safety Engineers, September, 28 – 33.

［7］ Atlas, R. (1990) Offensible space crime environment study. Unpublished study, University of Miami, Miami, FL.

［8］ Atlas, R. (1991) Offensible space: The other side of CPTED. *Security Management Magazine*, March, 63 – 66.

［9］ Atlas, S. (1994) Environmental barriers to crime. *Ergonomics in Design*, October, 9 – 16.

［10］ Atlas, R. (2002) *Sunrise Boulevard Streetscape CPTED Analysis.* EDSA (an architectural firm), Broward, FL.

［11］ Atlas, R. (2003) How are criminals using CPTED-Offensible space. *Security Management*, May, 146 – 148.

［12］ Atlas, R. (2004) Defensible space: An architectural retrospective. *Master Builder*, 1 (1).

［13］ Barrett, D. (2009) Declining crime figures buck recession trends, Associated Press,

Dec. 22.

[14] BearCom Wireless Worldwide Dallas, TX.

[15] Bureau of Justice Statistics. (1990) *Victimization Levels and Rates*, *Preliminary 1989*. Washington, DC: U. S. Department of Justice.

[16] Brown, B. B. and Altman, I. (1981) Territoriality and residential crime: A conceptual framework. In P. J. Brantingham and P. L. Brantingham (Eds.), *Urban Crime and Environmental Criminology*. Beverly Hills, CA: Sage.

[17] Brown, B. and Altman, I. (1983) Territoriality, defensible space and residential burglary: An Environmental Analysis. *Journal of Environmental Psychology*, 3, 203 – 220.   146

[18] Crowe, T. (2000) *Crime Prevention through Environmental Design*, 2nd edn. Boston, MA: Buttenvorth-Heinemann.

[19] Daniel, T. (2006) Biscayne motel faces discipline, *Miami Herald*, Apr. 16.

[20] Edney, J. (1972) Property, possession, and permanence: A field study in human territoriality. *Jounal of Applied Social Psychology*, 2, 272 – 282.

[21] EDRA. (2001) *Environmental Design Technical Group News*, September.

[22] Gormley, J. (2009) Irving law focuses on crime-infested apartments, CBS Interactive, San Francisco, CA, Oct. 7.

[23] Jacobs, J. (1961) *The Death and Life of Great American Cities*. New York: Vintage Press.

[24] Jeffery, C. R. (1971) *Crime Prevention through Environmental Design*. Beverly Hills, CA: Sage.

[25] Lavoie, D. (2010) Budget cuts leave courts more vulnerable, Associated Press, Jan. 11.

[26] Mawby, R. I. (1977) Defensible space: A theoretical and empirical appraisal. *Urban Studies*, 14, 169 – 179.

[27] *Miami Herald*. (2006) Violent crime in U. S. on upswing, 1 – 2A.

[28] Morel, L. C. (2011) More burglars now hitting our homes, *South Florida Sun-Sentinel*, Oct. 16.

[29] Newman, O. (1972) *Defensible Space: Crime Prevention through Urban Design*. New York: Macmillan.

[30] Odekunle, F. (1979) Victims of property crime in Nigeria: A preliminary investigation in Zaria. *Victimology: An International Journal*, 4, 236 – 246.

[31] Ortega, J. and Roustan, W. K. (2011) State's crime rate lowest in 40 years, *South Florida Sun-Sentinel*, Apr. 27.

[32] Peak, K. and Glenson, R. (2004) *Community Policing and problem Solving: Strategies and Practices*, 4th edn. New York: Prentice Hall.

[33] Pollack, L. M. and Patterson, A. H. (1980) Territoriality and fear of crime in elderly and non-elderly homeowners. *Journal of Social Psychology*, 11, 119 – 129.

[34] Report to the Nation on Crime and Justice (2006) U. S. Department of Justice, Bureau of Justice Statistics.

[35] Security Watch. (2001) *Bureau of Business Practice Newsletter*, October, 4.

[36] Uniform Crime Reports, Federal Bureau of Investigation, http: //www. fbi. gov/ucr/ 2005prelim/20050penpage. htm.

[37] Uniform Crime Reports, Federal Bureau of Investigation (January-June 2010) Preliminary Semiannual Uniform Crime Report.

[38] U. S. Department of Justice Office of Justice Programs, Bureau of Justice Statistics, Crime & Justice Electronic Data Abstracts, Key Crime & Justice Facts at a Glance (December 2005) http: //www. ojp. usdoj. gov/bjs/.

[39] Waller, I. and Okihiro, N. (1978) *Burglary: The Victim and the Public.* Toronto, Ontario, Canada: University of Toronto Press.

[40] Werkerle, G. and Whitzman, C. (1995) *Safe Cities: Guidelines for Planning, Design and Management.* New York: Van Nostrand.

[41] Westinghouse Electric Corporation. (1975) *Elements of CPTED.* Arlington, VA: LEAA Grant.

恐怖主义与基础设施保护[*]

"9·11" 恐怖袭击事件之后，关键基础设施的安全问题引起了工程师、安全专业人员以及公共和私营企业的极大兴趣。饮用水设施、废物处理厂、发电厂、天然气管道和通信网络为全国数千个社区服务。它们是对在建成环境中生活的人们的最重要支持，使社区达到文明的生活标准。基础设施是衡量美国和最发达国家经济能力的最可行指标，同时也容易受到潜在危险的威胁，对人类生命和经济造成毁灭性后果。大多数政府认为关键基础设施是那些支持一个国家经济、政治和社会生活的资产、服务和制度系统，其重要性足以导致下列任何情况的全部或部分损失或陷入危险境地：

（1）导致大规模的生命损失；

（2）对国民经济产生严重影响；

（3）对社区造成其他严重的社会后果；

（4）直接关系到国家政府的生死存亡。

关键基础设施分为以下主要部门：

（1）通信；

（2）紧急服务；

（3）能源和电力供应和配电；

（4）金融；

（5）粮食和食品供应；

（6）政府和公共服务；

（7）健康卫生；

（8）公共安全；

（9）运输系统：空运、水运、海运、铁路。

基础设施最常见的风险来自自然灾害、人为错误、犯罪、破坏和恐怖袭击活动。基础设施设计旨在保护建筑物免受自然灾害的影响，减少人为失误的可能性，并保护工作人员免受事故的影响。虽然重点主要放在防范自然灾害上，但在设计上也必须考虑到防范破坏或恐怖袭击的问题。利用通过环境设计预防

---

[*] 作者为兰德尔·阿特拉斯（Randall I. Atlas）和安东尼·迪格雷戈里奥（Anthony DiGregorio）。

犯罪（CPTED）策略的原则为关键基础设施建设带来了新的视角，以保护这些设施免遭潜在的犯罪、破坏、恐怖主义和自然灾害等的危害（图 10.1）。

148

6C | WEDNESDAY, JULY 25, 2007 A MiamiHerald.com/Business | THE MIAMI HERALD

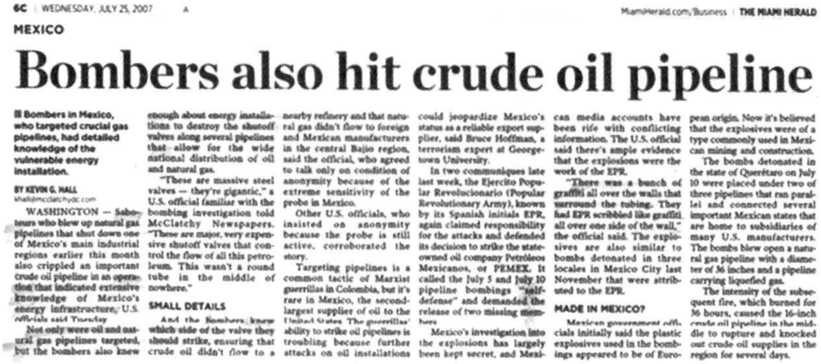

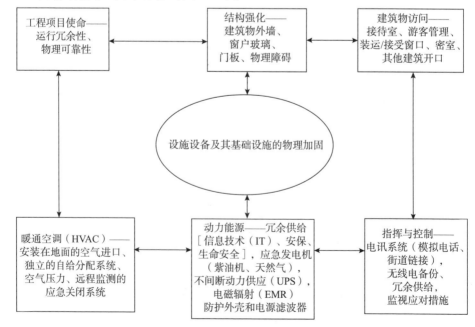

MEXICO

Bombers also hit crude oil pipeline

Bombers in Mexico, who targeted crucial gas pipelines, had detailed knowledge of the vulnerable energy installation.

BY KEVIN G. HALL
khall@mcclatchydc.com

WASHINGTON — Saboteurs who blew up natural gas pipelines that shut down one of Mexico's main industrial regions earlier this month also crippled an important crude oil pipeline in an operation that indicated extensive knowledge of Mexico's energy infrastructure, U.S. officials said Tuesday.

Not only were oil and natural gas pipelines targeted, but the bombers also knew enough about energy installations to destroy the shutoff valves along several pipelines that allow for the wide national distribution of oil and natural gas.

"These are massive steel valves — they're gigantic," a U.S. official familiar with the bombing investigation told McClatchy Newspapers. "These are major, very expensive shutoff valves that control the flow of all this petroleum. This wasn't a round tube in the middle of nowhere."

SMALL DETAILS

And the Bombers knew which side of the valve they should strike, ensuring that crude oil didn't flow to a nearby refinery and that natural gas didn't flow to foreign and Mexican manufacturers in the central Bajio region, said the official, who agreed to talk only on condition of anonymity because of the extreme sensitivity of the probe in Mexico.

Other U.S. officials, who insisted on anonymity because the probe is still active, corroborated the story.

Targeting pipelines is a common tactic of Marxist guerrillas in Colombia, but it's rare in Mexico, the second-largest supplier of oil to the United States. The guerrillas' ability to strike oil pipelines is troubling because further attacks on oil installations could jeopardize Mexico's status as a reliable export supplier, said Bruce Hoffman, a terrorism expert at Georgetown University.

In two communiques late last week, the Ejercito Popular Revolucionario (Popular Revolutionary Army), known by its Spanish initials EPR, again claimed responsibility for the attacks and defended its decision to strike the state-owned oil company Petróleos Mexicanos, or PEMEX. It called the July 5 and July 10 pipeline bombings "self-defense" and demanded the release of two missing members.

Mexico's investigation into the explosions has largely been kept secret, and Mexican media accounts have been rife with conflicting information. The U.S. official said there's ample evidence that the explosions were the work of the EPR.

"There was a bunch of graffiti all over the walls that surround the tubing. They had EPR scribbled like graffiti all over one side of the wall," the official said. The explosives are also similar to bombs detonated in three locales in Mexico City last November that were attributed to the EPR.

MADE IN MEXICO?

Mexican government officials initially said the plastic explosives used in the bombings appeared to be of European origin. Now it's believed that the explosives were of a type commonly used in Mexican mining and construction.

The bombs detonated in the state of Querétaro on July 10 were placed under two of three pipelines that ran parallel and connected several important Mexican states that are home to subsidiaries of many U.S. manufacturers. The bombs blew open a natural gas pipeline with a diameter of 36 inches and a pipeline carrying liquefied gas.

The intensity of the subsequent fire, which burned for 36 hours, caused the 16-inch crude oil pipeline in the middle to rupture and knocked out crude oil supplies in the region for several days.

图 10.1　输油管道可被攻击说明这类基础设施存在的巨大脆弱性。需要注意的是，炸弹袭击者对如何使输油管道失去效能和关闭拥有丰富的情报资料，从而加大了此类破坏活动的生态和经济损失

注：摘引自来霍尔（Hall，K. G.）“炸弹袭击者也能攻击原油输油管道”，《迈阿密先驱报》，2007 年 7 月 25 日。承蒙惠允使用图片报道。

CPTED 风险评估过程，在本书的其他章节已有论述，探讨了关键基础设施一旦被邪恶之手所掌控，这就会成为他们一个强有力的武器。本章的目的是在建造更安全的关键基础设施的过程中，在进行设计考虑时，如何运用 CPTED 原则支持安全设计理念（图 10.2）。

149

图 10.2　设施和基础设施安全范例

10.1 水处理与废水管理

最显著的关键基础设施的例子，也是我们环境中最宝贵的资产之一是水。所有的生命都依赖良好的饮用水和废水处理。

我们所饮用和管理的水可以来自地下水或地表水的供应。为了从含水层中通过水井抽取地下水，每个供水系统使用一口或多口水井，通常排列在一组或多个井田。所使用的抽水井的类型取决于含水层的地质条件，因为水进入水井的方式是在井孔套管底部钻一个孔洞。从井中抽取的地下水被送到水处理厂，经过处理后，水被送到泵站，在那里被压力泵送到高架储水槽罐。从高架水箱中，水被输送到总水管，然后送到供水系统，供水系统供应城市地区。地表水存储于天然或调节湖泊或水库中，并通过水泵将水抽送到水处理厂。根据美国内政部第 86-4122 号报告，由于悬浮物和溶解物的数量和性质不同，地表水的处理比地下水的处理更加复杂。

水处理方法既包括简单的消毒过程，即通过氯化物的氯化过程去除生物杂质，又包括复杂的水软化和脱盐过程，再到改变或降低水中的化学物质的浓度。尽管水处理的过程非常复杂，但是脱盐是最常用的工艺之一。过滤处理过程是使水通过可渗透的织物或多孔材料来去除水中的悬浮颗粒、细菌、颜色和味道（Stein，2000，p.578）。

消毒是最重要的与健康有关的水处理方法，因为在最初阶段它会破坏可引起人类疾病的微生物。然后，二次消毒在已经处理过的水中保持消毒剂残留，防止微生物再生（Stein，2000，p.579）。

10.1.1 供水和废水处理厂的保护

未受保护的饮用水工厂可被用作破坏和恐怖主义活动的强大武器，对它们的保护是至关重要的。水基础设施保护的首要考虑是选址。一般来说，水和废水处理设施位于偏远的地方，远离城市地区的河流或湖泊，通常靠近工业综合体区域。这些位置为实施 CPTED 的要求提供了有利的条件，因为有充分的机会进行监视、访问控制和领域性策略，这些策略可以很容易地用于检测并发现任何非法活动。

给排水系统存在着多点脆弱性（图 10.3）。污染物可在水源、水处理系统、供水系统、污水和废水处理系统以及排放系统中引入。供水的风险是使用受污染的水对公共健康造成的风险。缺乏可用水也有可能造成经济损失。废水和暴雨的风险是挥发性污染物爆炸、病原体和有毒物质的烟雾化/汽化并排入环境之中，潮水处理过程中断、腐蚀性污泥的使用等可能造成的公共健康和安全风险。不当使用有毒性污泥也有经济风险。

Water utilities develop anti-terror plans

M(am) Herrap 12/15/02

BY ROBERT TANNER
Associated Press

LAKE HILL, N.Y. — Every day, Eugene Pettet walks the mossy banks of Mink Hollow Stream and Cooper Lake doing his job — checking water levels, adjusting valves, watching for trespassers.

Pettet has spent 30 years in this idyllic workplace, living in the lakeshore home where his wife, the last caretaker's daughter, grew up.

Yet these days, Pettet believes that even his quiet lake with its occasional loon could be a target for terrorists, attracted by a billion gallons of pristine mountain water waiting to be pumped to the faucets of the city of Kingston a dozen miles east.

No longer do big road signs declare the lake and the stream property of the city's water department. They were put away. "We changed all the locks" to the fences, the sheds, everything, Pettet said.

In an age when all the nation's communities, big and small, are worried about terrorism, water is not a spectacular target compared with a nuclear plant or a skyscraper. But it's everywhere. Every town depends on it for drinking, bathing, business and firefighting.

"If you want to instill fear in America, hit a rural area," said Judy Hansen, who has run Kingston's water department for 20 years. "All water utilities, even the small trailer parks, are taking this seriously."

So is the federal government, which has ordered each water utility to assess its vulnerability to terrorist attack and ways to protect it. The Environmental Protection Agency (EPA) has put together millions of dollars in grants and training programs, with more promised.

Water, however, presents a special puzzle to those trying to protect the nation.

Experts say that while water shouldn't be ignored, it's not the easiest target.

Reservoirs are so huge they are hard to poison, while quality checks and purification should detect and block chemical or biological attacks anyway.

Bombs could shut down pumping stations, but probably wouldn't leave many casualties. On the other hand, water is incredibly hard to protect because of those huge reservoirs, miles of distribution systems, access points on every street and in every home and business.

"How are you going to protect every single fire hydrant out there?" said Greg Evans, director of the Center for the Study of Bioterrorism and Emerging Diseases at St. Louis University. Quick response — rather than blanket protection — is the appropriate way to prepare, he said.

Still, the concern about water is real. President Bush underscored it when he began his campaign for a homeland security agency at a Kansas City water treatment facility that was protected by a rusty chain-link fence next to a busy city street.

Last summer, the EPA began

图 10.3　污水处理厂必须为未来的威胁做好准备

注：摘引自坦纳（Tanner, R.），"公共水务公司制定反恐计划"，美联社，2002 年 12 月 5 日。承蒙惠允引用。

安全升级和安全场所改进的一个例子，奥斯汀水处理厂的安全升级改造（图 10.4）。

"9·11"恐怖袭击事件后，水处理厂的安全升级通常包括一个基于计算机的工厂安全系统，它使用安全卡访问和监控摄像机，所有活动都由水处理厂的控制室监控。一旦进入工厂，控制室应被列为最脆弱的区域。该程序允许操作员控制过滤器的反冲洗、泵启动/停止、化学剂量的变化以及许多其他常规

图 10.4　奥斯汀水处理厂计划对安设设施进行改造

操作功能。计算机化的控制系统还提供远程泵送和储存设施控制、进程报警、数据记录和报告功能。除了安全功能外，计算机接口还为操作过程提供窗口，并允许操作员控制和监视许多处理功能。

监控设备通常包括安全摄像头监视器、多路计算机、录像机和报警传感器。一旦进入工厂，就应该有一个明确的从私人空间到公共空间的层次结构。CPTED 策略着重强调，在这类设施中，杠杆系统（Layered System）应该是基本的层次结构。除了其他需要的属性外，工厂通常会使用周边围栏，对接近主要建筑物和储罐设置相应的障碍，利用安全闸门、内部通信、出入口访问控制、核心区域 CCTV 全覆盖、充足的照明和警告标志牌。

为提高安全性，水和废水设施的特殊设计考虑中，应当为冗余性、灵活性和后备电力供应做好安排。无论面临的危险威胁是自然灾害还是恐怖袭击，一

旦"事情发生了",迅速恢复业务功能的能力是至关重要的。2011 年日本发生的一次地震造成了海啸,摧毁了福岛第一核电站的水冷系统。结果导致了核泄漏和放射性铯的扩散,放射性铯的污染波及了日本北部和东部的大部分地区。我相信,如果我的历史记忆是正确的话,这不就是唤醒哥斯拉(Godzilla),最终摧毁东京和自由世界的那种事件吗?

151

这类设施的安全分层的一个例子是乔治·T. 洛梅耶地区废水处理厂(George T. Lohmeyer Regional Wastewater Treatment Plant),该工厂位于佛罗里达州劳德代尔堡埃佛格雷兹港(Port Everglades)附近的工业区(图 10.5)。

CPTED 已被用于该设施的设计和场地规划。工厂的立面与街道的城市特征和区域内工业建筑的特点相结合。场地边界通过铁栅栏进行界定。栅栏的透明度是一个积极的特性,因为它

图 10.5　位于劳德代尔堡的洛梅耶地区废水处理厂,设有安全围栏

允许从邻近街道的警车进行自然监视。建筑物的名称和标志被正确地识别。

进入工厂的通道是一个有良好标志和签名的入口。在毗邻的道路上,用一堵坚固的墙来代替铁栅栏,将建筑物的内部性质隐藏在外人的视线之外。公众只能从车辆通道进入,由使用闭路电视监控系统的工作人员从行政大楼控制。停车场和行政大楼位于一个允许自然监视和出入控制的开放区域。人员使用小型高尔夫球车在整个工厂内移动。入口门可能是一个脆弱的点,只能用一条链子和一根闩锁固定。关键的是,保护财产的链条围栏的很大一部分被植被和高大的树木覆盖,使得这一地区很难被监视(图 10.6 至图 10.9)。

152

图 10.6　从街道向后退的工厂规划设计

图 10.7　从停车场到行政办公楼的工厂出入口大门没有上锁,削弱了所有其他物理安全措施的基础

图 10.8　工厂布局的标志说明了建筑
物所处的位置

图 10.9　水处理厂周围的围墙界定了
边界，阻止了非法侵入或未经授权的
进入

乔治·T. 洛梅耶地区废水处理厂理解 CPTED 的需要，并将安全要素融入到设施设计中，从而证明将安全和功能协同运作确实是一个很好的做法。

10.1.2　基础设施安全的国家利益

在关键基础设施保护领域，恢复力（Resilience）是一个新的流行词。虽然像互联网这样的网络基础设施天生具有可恢复性，但安全专业人员面临的挑战是如何使传统的砖砌基础设施，如公路和商业设施更具恢复能力。解决方案是从维护开始的一系列基本原则的结合，因为推迟日常维护通常会导致故障（如明尼阿波利斯的桥梁故障），并加剧紧急情况的后果（*Security Management*，May 2011）。

风险评估必须着眼于恢复力，主要是考虑诸如相互依赖等连续性问题。物理和信息技术安全是恢复力的基础，因为它们可以降低风险。在某些基础设施中，安全系统的访问控制特性与关键 IT 技术以及用于控制工业过程的监督控制和数据获取密切相关，这一点可能很重要。许多基础设施共享着相同的房地产和道路权，而且可能永远无法摆脱相互依赖的风险，如电力、公用事业和有线通信线路。与政府机构和商业伙伴建立伙伴关系，对于灾后的连续性和恢复至关重要（*Security Management*，May 2011）。

随着老化的基础设施被新设施所取代，建筑师和规划师必须从地面开始建立和设计快速恢复的能力，与该地区的其他人合作，并考虑到生命周期成本等因素。实现复原能力的最简单方法是冗余设计。按照建筑法典的要求有多个出口楼梯是预先计划冗余的一个例子。水管可能有备用或者替代管道系统。如果主系统发生故障，由备份辅助储层会溢出储水。远程备份数据是计划冗余的一个示例。现在许多人的业务和个人数据都备份在云端上。面临的挑战是，在绝大多数基础设施项目中，冗余通常是非常昂贵的。如果在区域一级考虑复原力过程，那么问题就变成了如果基础设施被摧毁，其他地方或区域的资源可以弥补这一不足。我们看到，在最近的飓风之后，来自其他州的公用事业公司去援助和救援恢复电力和通讯通信工作的是路易斯安那州。如果某座桥被撞坏了，其他的道路如何提供交通便利呢？当纽约市在“9·11”遭到袭击时，地铁和桥梁都被关闭了，轮渡船便承担起交通运输的任务，把人们送到哈德逊河对岸。

还有其他一些示例表明，人们对建立更安全的关键基础设施越来越感兴趣。基础设施安全伙伴关系（Infrastructure Security Partnership，TISP）网站（http：//www. tisp. org）展示了一系列有关基础设施安全的活动和研讨会。该组织作为一个以美国为基础的公共和私营非盈利组织的论坛，就有关国家建筑环境安全的问题（包括自然灾害和人为灾害）进行合作。基础设施安全伙伴关系（TISP）作为一项国家资产，旨在促进关于有形基础设施安全的对话。TISP 代表了参与国家关键基础设施的规划、设计、建设和运营的 200 多万名从业人员和数百家公司。

另一个示例是美国环境保护局（Environmental Protection Agency）的网站（http：//www. epa. gov/），在该网站上，国家应急计划描述了饮用水或废水处理公司应对重大事件（如自然灾害或人为紧急事件）时可能会采取的行动。它们应该能够解决公用事业机构的脆弱性评估所引起的问题。应急反应计划与脆弱性评估报告，能够帮助公用水务公司评估他们面对危险威胁时的易感性（Susceptibility），确定纠正措施，减少或减轻故意破坏、内部破坏或恐怖袭击造成严重后果的风险。

水和废水处理设施必须遵守 2002 年《防止生物恐怖主义法》（*Bioterrorism Act of* 2002），该法“要求凡是为超过 3300 人提供服务的社区饮用水系统，对其遭受恐怖袭击或其他蓄意破坏行为的脆弱性进行评估，并防范一切可能严重破坏某个系统提供安全可靠的饮用水供应能力的敌对行动”（图 10. 10）。

154

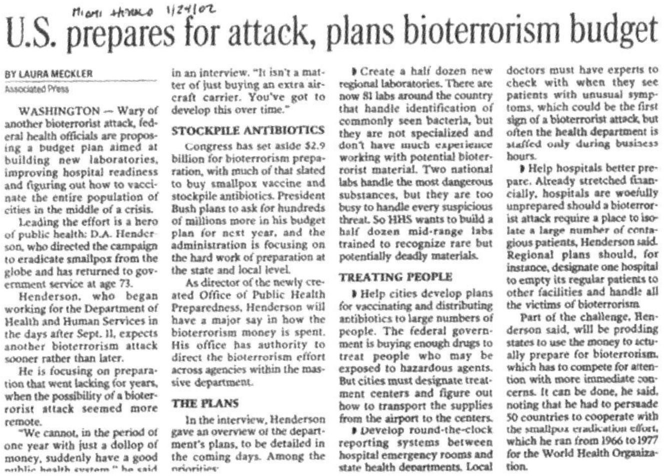

U.S. prepares for attack, plans bioterrorism budget

BY LAURA MECKLER
Associated Press

WASHINGTON — Wary of another bioterrorist attack, federal health officials are proposing a budget plan aimed at building new laboratories, improving hospital readiness and figuring out how to vaccinate the entire population of cities in the middle of a crisis.

Leading the effort is a hero of public health: D.A. Henderson, who directed the campaign to eradicate smallpox from the globe and has returned to government service at age 73.

Henderson, who began working for the Department of Health and Human Services in the days after Sept. 11, expects another bioterrorism attack sooner rather than later.

He is focusing on preparation that went lacking for years, when the possibility of a bioterrorist attack seemed more remote.

"We cannot, in the period of one year with just a dollop of money, suddenly have a good public health system," he said in an interview. "It isn't a matter of just buying an extra aircraft carrier. You've got to develop this over time."

STOCKPILE ANTIBIOTICS

Congress has set aside $2.9 billion for bioterrorism preparation, with much of that slated to buy smallpox vaccine and stockpile antibiotics. President Bush plans to ask for hundreds of millions more in his budget plan for next year, and the administration is focusing on the hard work of preparation at the state and local level.

As director of the newly created Office of Public Health Preparedness, Henderson will have a major say in how the bioterrorism money is spent. His office has authority to direct the bioterrorism effort across agencies within the massive department.

THE PLANS

In the interview, Henderson gave an overview of the department's plans, to be detailed in the coming days. Among the priorities:

▸ Create a half dozen new regional laboratories. There are now 81 labs around the country that handle identification of commonly seen bacteria, but they are not specialized and don't have much experience working with potential bioterrorist material. Two national labs handle the most dangerous substances, but they are too busy to handle every suspicious threat. So HHS wants to build a half dozen mid-range labs trained to recognize rare but potentially deadly materials.

TREATING PEOPLE

▸ Help cities develop plans for vaccinating and distributing antibiotics to large numbers of people. The federal government is buying enough drugs to treat people who may be exposed to hazardous agents. But cities must designate treatment centers and figure out how to transport the supplies from the airport to the centers.

▸ Develop round-the-clock reporting systems between hospital emergency rooms and state health departments. Local doctors must have experts to check with when they see patients with unusual symptoms, which could be the first sign of a bioterrorist attack, but often the health department is staffed only during business hours.

▸ Help hospitals better prepare. Already stretched financially, hospitals are woefully unprepared should a bioterrorist attack require a place to isolate a large number of contagious patients, Henderson said. Regional plans should, for instance, designate one hospital to empty its regular patients to other facilities and handle all the victims of bioterrorism.

Part of the challenge, Henderson said, will be prodding states to use the money to actually prepare for bioterrorism, which has to compete for attention with more immediate concerns. It can be done, he said, noting that he had to persuade 50 countries to cooperate with the smallpox eradication effort, which he ran from 1966 to 1977 for the World Health Organization.

图 10. 10　防止生物恐怖袭击成为“9·11”事件之后的优先考虑事项

注：摘自密克勒（Meckler，L.），“美国已经做好了准备，安排预算防范生物恐怖主义袭击”，美联社，2002 年 1 月 24 日。承蒙惠允使用。

10.1.3 住宅、商业和办公楼的水基础设施

水的使用和储存方式取决于建筑物的类型。建筑物中的饮用水基础设施成为需要保护的最重要资产之一。确定水箱的位置和给排水系统的工作方式是非常重要的。需要适度用水的小型、低矮建筑物使用泵压向上送水的分配系统。从街道上的总水管取水。高层建筑将水从街道总管泵送到屋顶储水罐，即所谓的向下供水分配系统。储水罐仅由建筑物维护人员控制。"在 60 层及以上的大多数高层建筑中，需要装满设备和技术设施的整个屋顶楼层来为下面的楼层服务"（Stein，2000，p. 644）。

155 　《建筑物的机械和电气设备》（*Mechanical and Electrical Equipment for Buildings*）（Stein，2000）的作者解释说，自 20 世纪 60 年代以来，绝大多数高层建筑在大楼的结构屋面上方有一个两层夹层带，其中容纳了必要的机械设备和技术设施。此屋顶区域可包括以下设施物品：

（1）储水罐；

（2）电梯组上方的两层平房；

（3）烟囱通道；

（4）管道通风口；

（5）抽风机；

（6）空调冷却塔；

（7）支撑外窗清洗脚手架的悬臂式滚动环；

（8）窗户清洗环的周边轨道；

（9）用于生活用热水（DHW）的光伏电池和/或太阳能收集器。

因此，屋顶是建筑物的高风险和脆弱区域，需要考虑 CPTED 的建议。大多数建筑屋顶的设备与位于地下室机械房的设备协同工作。两者都构成供暖、通风和空调（HVAC）系统以及饮用水系统的复杂网络的末端。这些系统支持建筑物的人工环境，直接影响人们的健康。

显然，恐怖分子有可能将化学、生物或放射性物质分散到整个建筑物，因此必须保护整个暖通空调和饮用水系统。理想情况下，应定期制定完整的风险评估协议，如在本书其他地方论述的计算机化阿特里姆风险评估模型（Computerized ATRiM Risk – assessment Model）。以下是一些最基本的 CPTED 和安全设计注意事项：

（1）进入建筑物屋顶必须仅限于维修人员。

（2）建筑屋顶必须被视为机械控制区域。因此，必须通过钥匙锁、出入访问控制或类似措施严格控制屋顶的出入。当对屋顶的进入进行限制时，应仔细检查消防和生命安全出口。

（3）应利用围栏或其他障碍物限制从相邻屋顶进入。

（4）应监控天窗的打开和关闭情况。

10.2 电力基础设施的保护

由于交付成本低，所以通常使用架空电力服务。相比之下，地下电力服务成本较高却越来越受欢迎，因为缺乏架空的物理条件以及架空易产生视觉杂乱，但地下电力服务有着服务可靠性和长寿命等优点。发电站通常位于水源附近，主要为了冷却，例如湖泊或大型水库。为了便于向大容量负载中心传输电力，电压被转换为更高的电压。电压转换发生在发电厂外的变电站。电力通过高压线路系统进行传输。

为了满足城市地区的用电需要，在变电站将高压转换为较低的电压。变电站位于离供电负荷较近的战略位置，以降低电压，将电力分配给住宅、商业和工业用户（Beaty，1998，p. 5）。

在这一过程的各个阶段，安全是需要考虑的主要问题之一。每一步都很容易受到意想不到的自然力、事故、破坏或恐怖主义的影响，而恐怖主义会对人的生命产生影响。风险程度取决于对人类生命和生态的影响。

发电厂的故障规模可能比配电系统中的故障更严重。发电厂的安全要求更严格和更复杂。然而，配电系统中的故障更常见。根据贝蒂说，美国约有90%的客户停电是由配电系统设备的问题引起的。单线配电线路的故障可能会影响邻里社区的客户（图10.11）。变压器发生故障只会影响到少数客户。变电站发生故障可能会影响一部分城镇和数百个客户。配电系统的故障每天都会发生，这主要是由于交通事故（车辆撞倒电线杆）、动物（鸟类、蛇、松鼠）以及树木造成的。

发电厂位于水源附近的偏远地区，以保持设备运行正常。尽管如此，建筑物本身需要有设计考虑，例如通过树缓冲或吸音墙与相邻区域分开。

与任何其他保护建筑物安全的措施一样，对房舍的保护和控制基于分层系统，在这种系统中，安全人员的实际存在是首要的和最直接的方式，它提醒雇员、访客或入侵者遵守程序，这是不可选择的方式（Barnett，2000，p. 260）。建筑综合体具有很强的领域性定义，突出了高度安全场所的形象。按照领域性/属地性原则，景观植物的布局必须在公共、半公共和限制区域之间建立明确的定义。通过大堂、等候室、走廊和上锁的门禁系统，进入私人区域的通道逐渐变窄。

一旦进入工厂，游客的活动、行人标志和车辆标志就必须汇集在检查站区域。这个检查站必须处于战略位置，从那里能看到任何场所和地点。

与水处理厂一样，发电厂最脆弱的地区是控制中心（表10.1）。控制中心协调整个电力系统的技术运行。操作人员商通过地图板、计算机屏幕和监控数据，全面了解其系统和与其他相邻公用设施的互连点。此外，调度员控制可能需要实施的任何紧急操作计划。直接进入控制室（图10.12 和图10.13）必须受到限制，最好使用卡钥匙集成式访问控制系统进行控制。控制室必须远离公

156 共区域。控制中心／控制室需要考虑到多方面的电气安全问题（图 10.17）。

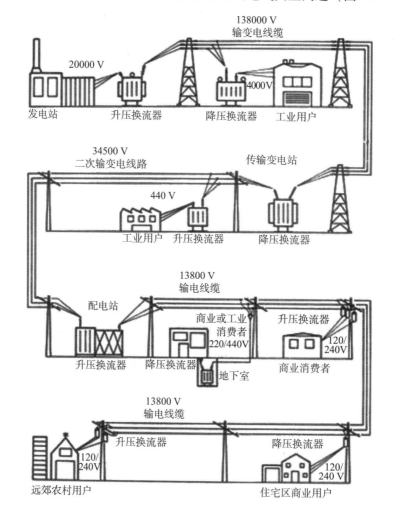

图 10.11　地下电力供应服务设施

注：摘自斯坦（Stein，B.），《建筑物的机电设施》（第 9 版），威利 – VCH 维拉格出版社有限公司（Wiley – VCH Verlag Gmb H & Co. KGaA）2000 年出版。承蒙惠允使用。

157　　　　　　　　表 10.1　　电气工程的安全考虑取决于威胁的程度

电气工程的安全考虑	威胁程度	
	低	高
分布式应急电源	未作要求	是
正常的燃料存储保护	未作要求	是
应急燃料储存保护	未作要求	是

续表

电气工程的安全考虑	威胁程度	
	低	高
应急电源的外部连接线	未作要求	是
应急发电机	未作要求	是
公用设施及其供给装置保护	未作要求	是
场地照明充足	不适用	是
洗手间应急照明	未作要求	是
楼梯和出口标志	未作要求	是
冗余电话服务	未作要求	是
无线电遥测	未作要求	是
报警与信息系统分布	未作要求	是
扩张空导管	未作要求	是
外部监视	未作要求	是
电梯故障应急信息	未作要求	是
无线电通信	未作要求	是
灯光照明	是	是
车辆出入控制（停车场）	是	是
应急通信（停车场）	未作要求	是
闭路电视（CCTV）（停车场）	未作要求	是

158

图 10.12 配电和输电线路控制室。线路要安全，控制室也要安全

图 10.13 电网控制中心被认为是一个高度安全的设施，对接入、电力和数据保护有着非常严格的控制

　　变压器是将一个电压的交流电改变或转换为另一个电压的交流电的装置（Stein，2000，p.937）。变电站是一种室外基础设施，其中安置了许多个变压器，将高压线路的电压降低到家庭使用所需的电压。这些设备通常位于建筑物旁边的空地上，这使得它们极易受到攻击（图 10.14 和图 10.15）。

图 10.14　变压器位于偏远地区的地面上。变压器应当固定安置在地面上，并检查是否受到不当篡改

图 10.15　与建筑物立面相邻的变压器提供了良好的监视，但也可以被人充当藏身之处，并用作简易爆炸装置（Improvised Explosive Device，IED）

在建筑物内有时还设有室外变压器装置。这些小型变压器很常见，它们不是室内变压器装置，在建筑物内安装室外变压器装置有许多操作的和实际的原因（仅出于安全原因，很难拆除）。将它们安置在建筑物大楼外的其他一些原因包括：

（1）它们不需要内部建筑空间；

（2）它们减少了建筑物内的噪音问题；

（3）它们易于维护和更换；

（4）它们减少了内部散热问题；

（5）它们有机会使用低成本、长寿命的供油装置。

单元变电站或负荷中心变电站是由主断路器、降压变压器、仪表、控制装置和次级开关设备组件组成。使用变压器控制变电站，现场的位置必须尽可能限制进入。

10. 2. 1　户外变电所/设计考虑

变电所包括所有改变电压必需的设备和装置，以监测设备和电路的状态和运行，以及诸如继电器、断路器、开关等家庭保护系统（Beaty，1998，p. 37）。因此，变电站是放置几个变压器的室外基础设施，这些变压器将高压线路的电压降低到家庭使用所需的电压（图 10.16）。安置变电站所需的土地量取决于所需的电路和设备的数量。

为了使变电站的出入控制和属地性原则得以实施，首先要从物理屏障

图 10.16　变电站必须受到保护，免受非法侵入、蓄意破坏和捣毁

的定义入手。链条围栏是最常用于定义和保护周边的。钢线网眼围栏是最常用的定义和周边保护。围栏线应尽可能直，以便于观察，并至少在离变电站结构50 英尺外设置围栏。

10.2.2 围栏标志

设置围栏标志的目的是让其作为公共区域和私人区域之间的象征性屏障。所有类型的围栏都可以用足够的资源和时间穿越和攀爬。围栏主要用作象征性屏障，以阻止意外接近设备的人（图 10.17）。现有各种各样的围栏材料，没有一种围栏可适用于所有的用途，但 CPTED 的主要目标是领域性/属地性概念。属地性的关键方面是边界的界定，而围栏是边界定义的全部内容。

围栏是保护水利基础设施、电力变电站或大多数商业设施的第一道防线。围栏高度应在 6~16 英尺高之间，并有适当的支撑柱子，按等距离设置的柱子之间相隔 10 英尺左右（图 10.18 和图 10.19）。由于大多数基础设施没有安全监视人员，因而出入口的数量

160

图 10.17　栅栏的标志向入侵者发出了警告

应保持在最低限度，以使访问财产和设施的人员只能从几个受控的和可观察到的站点出入。在夜晚时间，出入口应当锁定并有充足的灯光照明，在栅栏沿线和所有出入口都提供充分的灯光照明。围栏两侧的区域应保持无树木、汽车、垃圾箱或任何能帮助入侵者攀越或翻过围栏的物品。

161

图 10.18　政府设施的高安全栅栏使用多层解决方案，包括车辆阻拦栅栏、出入口访问控制、CCTV、卫兵室、人行安全岛护柱、照明和限制进入政策与程序

图 10.19　K－12 额定围栏将阻止卡车行驶 50 英里/小时以上，电缆系统是其成功的关键

"禁止非法侵入""私人财产严禁进入"和"高压！危险！"等标志，应当用栅栏织物固定在栅栏上，并应当在栅栏沿线的各个点上悬挂这种标识牌（图 10.20）。

图 10.20　栅栏标识牌警告人们注意危险

162

10.3　机械房和空间的设计注意事项

国家职业安全与健康研究所（National Institute of Occupational Safety and Health，NIOSH，2002）就建筑物的人身安全提出的最重要的建议之一是，建筑物的所有人（业主）和管理人员应熟悉其建筑物，了解哪些资产需要保护，以及建筑物及其占用者的哪些特点容易使其成为潜在的侵害目标。了解物理漏洞（脆弱性）可使安全行动更加有效。建筑物是最宝贵的资产之一；同时，它也是一种脆弱的资产，因为它可以成为一种破坏工具。未经授权进入机械和公共设施用房是不允许的（图 10.21）。暖通空调系统（HVAC）可能会成为传播化学、生物或辐射威胁的管道。电力中断或者断电会使建筑性能瘫痪，并引起混乱。

由于电力生产过程的性质，发电厂的安全更侧重于保护厂内的工作环境，而不是地面上的安全保卫。通常情况下，发电厂位于水源附近的偏远地区，以保持发电机组的凉爽和运转。服务发电的核心建筑需要有 CPTED 和安全设计考虑。在设计外部场地时，最重要的考虑因素之一是通过景观树缓冲区、吸音墙和外围周边围栏，与相邻区域间有一定的建筑后退区并分隔开来。

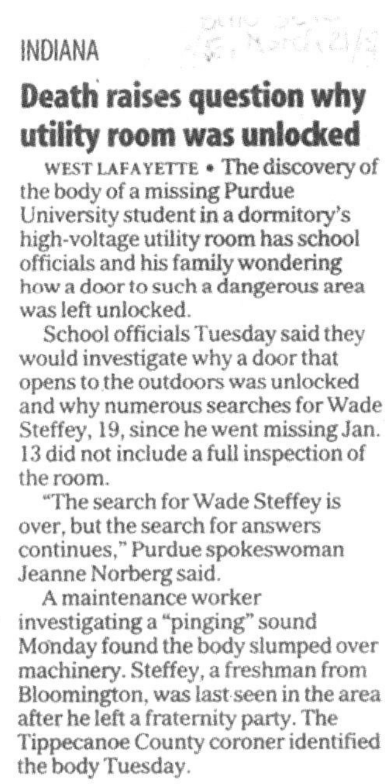

INDIANA

Death raises question why utility room was unlocked

WEST LAFAYETTE • The discovery of the body of a missing Purdue University student in a dormitory's high-voltage utility room has school officials and his family wondering how a door to such a dangerous area was left unlocked.

School officials Tuesday said they would investigate why a door that opens to the outdoors was unlocked and why numerous searches for Wade Steffey, 19, since he went missing Jan. 13 did not include a full inspection of the room.

"The search for Wade Steffey is over, but the search for answers continues," Purdue spokeswoman Jeanne Norberg said.

A maintenance worker investigating a "pinging" sound Monday found the body slumped over machinery. Steffey, a freshman from Bloomington, was last seen in the area after he left a fraternity party. The Tippecanoe County coroner identified the body Tuesday.

图 10.21 一个未上锁的公用设施室创造了某人被害的机会

注：摘引自库斯默（Kusmer，K），“死亡事件向人们提出了为什么公用室没有上锁的疑问”，美联社，2007 年 3 月 21 日。承蒙许可使用图片。

10.4 如何保护关键基础设施 163

设计建议应遵循本书中概述的适当风险和 CPTED 评估。他们应当遵循本书其他部分所述的适当风险评估。最重要的是，必须认识到，所采取的安全措施将因建筑而异。一旦完成适当的风险评估，可能适用的具体战略示例如下（FEMA 426，2003，2010；Atlas，2004a，b）。

10.5 保护基础设施不受化学、生物学和放射性物质（CBR）的影响

不宜做的事项

在国家职业安全与健康研究所（NIOSH）的出版物《保护免受化学、生物和放射性攻击》一书中（2002，p. 166），在改变建筑基础设施系统以保护建筑物不受化学、生物和放射性物质（CBR）的攻击，以下事项是不应做的一些重要事情：

（1）不要永久封闭室外空气进气口。建筑物需要稳定的室外空气供应，

以适合其空间和功能的需要。这种新鲜空气供应是在正常运行期间必须保持流通的。关闭室外送风口会对建筑物内的人产生不利影响，降低环境质量。

（2）未经了解对建筑系统或占用人的影响，请勿修改暖通空调系统（HVAC）。

（3）请勿擅自使用消防及生命安全系统。如无暖通空调（HVAC）生命安全工程师（Life Safety Engineer）的特别指导，则不应随意变更灭火及排烟系统。

国家职业安全与健康研究所（NIOSH）的出版物，涉及防止恐怖分子进入目标设施方面的安全关切（NIOSH，pp. 17－18）。绝大多数建筑物的关键基础设施位于入口区、储存区、屋顶和机械设备区域。虽然所采取的安全措施因建筑物而异，但 CPTED 风险评估、ATRiM 模型和其他评估方案的分析和制定过程，特别适合有效地进行上述事项的评估分析。

通常适用于许多建筑类型的安全措施，包括：

（1）保护室外的空气进气口（图 10.22 至图 10.26）。室外空气通过这些入口进入建筑物，并通过暖通空调系统（HVAC）分送到整个建筑物的各个部分。在室外空气入口引入化学、生物和放射性物质（CBR）制剂，恐怖分子就可以使用暖通空调（HVAC）系统将其分散到整个建筑物。因此，保护窗外空气入口是限制建筑物暴露部位受到 CBR 攻击的关键防线。

图 10.22　与街道平行的进气口暴露在外容易受到破坏

图 10.23　位于公共人行道上的进气口极易受到破坏

（2）重新安置室外进气口。理想情况下，进气口应位于安全的屋顶或高侧墙壁上。室外进气口的最低边缘，应尽可能放置在地面以上或附近任何可接近的水平之上（如相邻挡土墙、货运码头或扶手）的最高位置。

图 10.24 这所大学的室内空气通风口位于与街道平行的位置，整个设施都容易受到化学、生物、放射性和核物质（CBRN）的攻击。该通风口还面临空气污染问题，这些问题源自火车轨道附近的柴油烟雾，以及停在通风口前面接送学生的大型公共汽车

图 10.25 这个进气口位于一座高层银行大楼的广场层，为空气污染创造了一个容易的攻击目标

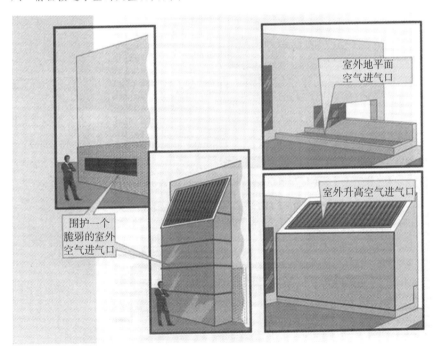

图 10.26（参见彩图）　通风口需要保护

注：摘自国家职业安全与健康研究所（NIOSH），卫生和公共事业服务部（Department of Health and Human Services）共同编制的《保护建筑环境免受空气传播的化学、生物或放射性物质攻击指南》（Guidance to Protecting Building Environments from Airborne Chemical, Biological or Radiological Attacks），俄亥俄州辛辛那提市疾病控制和预防中心，2002 年，第 18 页。

（3）扩大室外空气入口。目标是尽量减少公众对进气道的访问。只要考虑到了其他设计约束（结构上的动态载荷和静态载荷）条件，进气口向上延伸越高越好。12 英尺的延伸高度被认为是个人在没有任何帮助的情况下无法到达的高度。入口应覆盖一个倾斜的金属网，以减少物体被扔进空气入口的威胁。最合适的倾斜度至少在 45 度以上（NIOSH，2002，p. 18）。

166

（4）在进气口周围建立安全带。室外入口应该设置在公众身体上无法进入的地方（图 10.26 和图 10.27）。应该用栅栏为这些通风基础设施单元创造一个安全的缓冲空间。闸门和出入口大门应该用锁锁上，以防止无关人员非法侵入和进入进气口。缓冲区应该使用闭路电视（CCTV）、安全照明或侵入检测设备进行监控。

图 10.27 只有通风口离地面足够高，才能免得轻易接近

（5）防止公众进入机械设备区域。机械设备区域可能存在于建筑物内的一个或多个位置。这些区域提供进入中央机械设备系统的通道，包括水、电气、暖通空调、过滤器、空气处理设备和排气系统。应当通过锁和门禁卡严格控制进入机械设备空间的通道，并在门打开时对进入这些空间的人进行监视，以达到安全预警的目的。

（6）防止公众进入建筑物屋顶。许多制冷设备、通风口、电梯和暖通空调机组都位于屋顶上。放置暖通空调机组的屋顶应该像其他机械设备区域一样，有严格的访问控制协议。

（7）实施安全防护措施，如警卫、警报器和摄像机，以保护易受攻击的脆弱区域。安全人员、阻吓游荡的障碍物设施、侵入检测传感器和有监测的观察摄像机等，都可以提醒特定的安全人员注意进气口附近或其他易受攻击的高风险地点附近的违反安全规则的行为。

（8）大堂、邮件室、装货码头和储藏区应与建筑物的其他部分物理隔离。这些类型的空间是大量化学、生物和放射性（CBR）物质或试剂可能进入建筑物的区域。为防止大面积的广泛污染，应隔离这些区域的暖通空调系统，并保持相对于建筑物其他部分的负压，但相对于室外保持正压力。这些区域的物理隔离（从地板到屋顶的甲板墙完全密封，密封的墙壁防止渗透或穿透）对于维持压差至关重要。大堂、邮件室和装货码头不应与建筑物的其他区域共享回风系统或回风通道，如天花板通风系统。

（9）应在个人和包裹进入安全区之前对其进行安全检查，以限制从大厅区域进入建筑物。在主要大堂向公众开放的建筑物中，大堂隔离尤为重要。在将收到的邮件运送到安全的建筑区域之前，还应进行类似的检查。应严格控制、警告和监控绕过既定安全边界的侧门。

（10）使用特殊的安全螺钉固定回风格栅，该螺钉具有独特的头部并需要特殊的安装工具。

（11）限制外部人员进入建筑物运行操作系统。为了防止外来维修人员的干预，建筑物管理工作人员应陪同这些人员进行整个服务访问，并在最终接受服务之前，对他们的工作进行目视检查。限制对建筑信息的访问。应严格控制所有建筑系统的信息、图纸、规范和手册。

（12）一般建筑物的物理安全升级应与符合 CPTED 策略的分层安全级别相一致。控制和限制访问将降低建筑物成为侵害目标的可能性。

正如关于风险评估、CPTED 和 ATRiM 模型的章节所强调的那样，设施的安保和安全是复杂的。国家职业安全与健康研究所（NIOSH）指出，降低建筑物对空气传播的化学、生物或放射性攻击的脆弱性，需要采取一种全面的方法。

适当的保护措施应基于对建筑物、其使用者和资产的威胁概况和安全评估而定。有形的物理安全防护是第一层防御措施，但其他问题也很关键。CPTED 建议，必须考虑使用人工操作的、机械的和自然方法的预防和安全措施。

在恐怖袭击事件中，用于保护各种资产的措施，在防止人为危害和天气造成的危险方面，同样也具有剩余价值。在 2005 年的卡特里娜飓风事件中，位于密西西比州格尔夫波特市（Gulfport）的一个新的联邦法院建筑物，在设计时就达到了美国联邦总务管理局（General Services Administration，GSA）颁布的联邦安全标准（GSA Federal Security Standards），因而整个建筑物在飓风中得以完好无损地幸存下来（图 10.28 和图 10.29）。

图 10.28 （参见彩图）在 2005 年密西西比州格尔夫波特市发生的卡特里娜飓风事件中，这栋钢铁和砖混结构的建筑物完全被飓风摧毁。联邦法院就在几个街区之外，是按照工业安全委员会（Industrial Security Committee，ISC）对联邦建筑的物理安全标准（Physical Security Standards）建造的。它们在飓风袭击中的结果完全不同

图 10.29 飓风卡特里娜之后，位于格尔夫波特的联邦法院的照片，由于建筑设计符合新的联邦安全标准，没有被这场凶猛的风暴破坏

167

设计用于抵抗恐怖主义行为袭击的建筑物也可以抵抗入室盗窃、飓风和地震的影响。具有加强框架的抗冲击玻璃窗可以帮助防止炸弹、飓风或入室盗窃的影响。建筑物的抗震结构加固可能有助于偏转炸弹撞击和爆炸效应。防止结构渐进破坏倒塌将保护建筑物免受炸弹、地震和飓风的影响。改进的灭火技术将提供额外的保护，使其免受炸弹或纵火袭击的影响。没有受到保护的建筑物，可能会因为未能进行建筑和结构的改进而承担最终后果。

168

在密西西比州的格尔夫波特市，与符合美国联邦总务管理局（GSA）的安全设计标准的建筑物相比，卡特里娜飓风造成的破坏差异，可以从传统的砖混钢结构建筑上（图 10.29）很容易看出来。这些建筑物位于同一座城镇，彼此相邻，面临的环境威胁相同，但结果却截然不同。我们建造建筑物的方式将决定我们的基础设施如何在人为或自然灾害中生存。

10.6　小　结

您已经看到了 CPTED 如何成为一种有效的风险管理方法，用于确定我们的构建环境和关键基础设施的资产、威胁、风险、脆弱性和适当的保护策略。无论私营部门或公共部门选择何种方法进行评估，都必须了解功能性综合安全设计系统的局限性和好处。

作为一个城市设计行业的建筑师，众所周知地一直忽视了机械系统和壁橱的安全和保护、暖通空调设计以及向建筑物和社区提供公用事业服务的细节。"9·11"事件后，悲惨的生命损失所造成的影响，已经发展成为基础设施保护的延伸义务。从那时起，设计人员和安全专业人员有义务保护关键基础设施，并制定适合的业务连续性规划。对关键基础设施的保护，要求设计领域对建成环境的各个方面进行安全规划。

附录：反恐考虑

附 1.1　场地安全的注意事项

（1）明确界定房屋周边界限。

（2）有不超过两个指定的和受到监控的入口。

（3）固定场所位置的投影图像。

（4）设计一个分层的安全系统。

（5）尽量减少在景观美化和街道特有景物如树篱、公共汽车候车亭、长椅和垃圾箱的隐藏机会。

（6）建立大约 20 英尺的建筑后退。所有的围墙都需要固定，并且没有可用于攀爬的树木或建筑物。

（7）用围墙或栅栏保护建筑物周围；在一些基础设施类型中建造双层墙

壁系统。

（8）使用充足的人工照明。

（9）定义主要入口或公共访问出入口，并定义任何其他入口，以便将所有的公共入口和出口控制在一个点位上；控制室内设有闭路电视线路监控中心，出入检查站，控制人员进入安保控制室。

（10）将所有行人入口设置在车辆入口旁边，以便进行监督。

（11）消除或减少藏身的机会。

（12）避免用不透明的栅栏美化墙，这可能会提供藏身的空间。

（13）设计现场循环，以最大限度地降低车辆速度，并避免直接接近和访问建筑物。

（14）将车辆障碍物，如墙壁、围栏、人工喷泉、树木、艺术品和旗杆等纳入场地设计之中。

（15）确保足够的场地照明。

（16）将重要的办公室设置在远离不受控制的公共空间。

（17）将递送处理设施与改造建筑物分开。

（18）为应急响应人员及其设备的访问设计专门通道。

（19）辨识和提供灭火备用水源。

（20）通过公用设施及其附属设施在他人土地上的通行权（或类似的权力）、隧道、走廊或检修孔清除或控制场地出入访问口。

（21）提供明确的区域界线和充分照明。

（22）避免死胡同车道和道路。

（23）提供进出建筑物背面的通道。

（24）使用景观植物和绿化景观设计，以阻止轻易通行。

附1.2 建筑物及其内部结构安全应当考虑的事项

（1）安全控制室使用钥匙卡系统。

（2）制定紧急计划，以便在发生意外事件时重新建立基础设施的可使用性。

（3）所有的风险区域都必须得到正确的识别，并与正常的工作人员的交通通道相隔离。所有基础设施都需要有其特殊的安全特性，以便为工作人员提供安全的环境。由于所使用的机械特性以及工作场所的高压、化学品、生物和放射性物质特性，废物处置的渠道需要受到限制和持续监督。

（4）任务外部人员的来访都必须经内部人员的监督和指导，直至工作完成。

（5）为诸如如氨和氯等化学物质安装保护设施。

（6）通过使用建筑后退、景观设计、车辆障碍、花盆、护柱和安全照明来增加设施的周边保护。

（7）为居住在有危险材料的建筑物中的住户提供附加的安全功能计划。

169

（8）更新保护水源及其处理的安全设施。

（9）设计监测用品污染的技术系统。

（10）仔细考虑通信系统、信息备份系统和电源备份系统的位置和安全性。

（11）为政府设施、通信中心、燃料供应中心和紧急服务等重要的建筑物设计安全功能，作为高度优先考虑的事项。

（12）仔细考虑员工和访客入口的位置，以及如果将两者的功能合在一起，应最大限度地减少在未无防卫区域的排队现象，并最大限度地利用安全哨所。

（13）在门厅和大堂设计员工和访客筛查区。

（14）尽量减少炸弹装置的隐蔽机会，如储物柜、垃圾桶、邮箱和花盆。

（15）仔细考虑卫生间和工作区是否位于安全区域。

（16）将人员、活动和系统等重要资产的位置，安置在远离入口、车辆环流通道和停车场以及装载和维修区域的地方。

（17）将高风险活动与低风险活动区分别开来，并保持适当的安全距离。

（18）将高风险活动与公众可进入的区域分开。

（19）将建筑物公用设施与服务码头和硬化公用设施分开。

（20）在远离建筑物或在建筑物外部设置送货及邮件处理设施，以防止递送或维修服务的车辆直接驶入建筑物内部或建筑物下方。

（21）建立安全避难区和出口通道，进入安全通道。

（22）将紧急楼梯井和应急系统设在远离高风险区域的地方。

（23）限制屋顶出入，并对楼顶门窗进行监测。

（24）设计防盗的墙壁、门框、窗户、天花板和地板。

（25）为建筑物内的自动喷水灭火器、管体式水塔、消防立管和火灾报警系统组件提供防火和防爆隔离。

（26）在停车设施和车库的楼梯塔和电梯中，使用视觉上开放的、抗冲击夹层玻璃或聚碳酸酯玻璃。

（27）确保寻路和路标标识系统清晰可见且信息内容丰富。

（28）将电梯设置在靠近主入口的地方，当电梯门打开时，可以看到电梯的内部情况。

（29）设计的楼梯井通透可见，没有实心墙阻挡视线。

（30）提供室内门窗，使过道走廊的情况清晰可见。

附1.3 建筑结构安全的考虑事项

（1）经过适当的风险评估后，设计建筑外观防爆。

（2）设计结构构件和连接件，以抵抗爆炸冲击和渐进的结构破坏。

（3）安装防爆窗户和框架。

（4）确保其他开口（如通风口）能够防爆。

（5）将关键的建筑部件封装在硬化的墙壁、地板和天花板内。

附1.4 机械工程学上的安全考虑

（1）将公用设施和通风系统设置在远离出入口、车辆循环和停车以及装载和维护区域的地方。

（2）通过遮盖、掩埋或外壳包裹的方式保护公用生命线（水、电力、通信等）。

（3）在屋顶上设置的进气口应当尽可能地高。如果没有提高进气口，请用固定围栏或围墙包围保护进气口。

（4）当不使用进气口时，需要使用电动风门关闭进气口。

（5）在屋顶安装设备时，应当尽可能远离建筑物周围边界。

（6）确保楼梯保持正压通风。

（7）提供多余的公用设施和通风系统。

（8）提供进气过滤。

（9）提供安全的替代饮用水供应。

附1.5 电气工程安全考虑

（1）将公用系统和生命线设施设置在远离出入口、车辆环流和停车、装载和维修区域的地方。

（2）实施独立的应急和正常电力供应系统；确保备用电力系统在载荷下定期进行测试。

（3）在出入口、车辆循环和停车、装货和维修区域以外的地方存放主燃料和备用燃料供应。

（4）保障主燃料供应区和备用燃料供应区的安全。

（5）安装应急电源的外部连接。

（6）安装充分的场所照明设备。

（7）维持楼梯和出口标志照明的正常运行。

（8）提供冗余电话服务。

（9）确保在管道、镶板或消防竖井附近不要设置重要的系统。

（10）使用闭路电视（CCTV）安全系统。

附1.6 消防工程

（1）确保符合建筑和生活安全规范和标准，包括安装最新的火灾警报和抑制系统。

（2）将消防供水系统的关键部件设在远离入口、车辆循环和停车以及装载和维修区域的地方。

（3）确定/建立二级消防供水系统。

（4）安装多余的消防水泵（例如一个电动的、一个柴油的），并将它们彼此分开。

171

（5）确保有足够的、冗余的喷头和立管连接。

（6）在喷洒器/竖管连接附近安装消防栓和供水接头。

（7）监督或固定立管、给水控制阀和其他系统组件。

（8）实施火灾和通信系统探测。

（9）实施冗余的房屋火灾报警报告系统。

（10）将关键文档和控制系统放置在安全但可访问的位置。

（11）在重要的出入口附近提供钥匙盒，确保消防通道安全。

（12）提供防火和防爆消防指挥中心。

（13）确定危险材料、综合预案和恢复计划的位置。

（14）实施警卫和员工培训。

（15）定期进行疏散和安全演练。

（16）定期评估消防设备的准备情况和充分性。

附1.7 一般安全考虑

（1）开发安全备份或远程接管控制中心功能。

（2）确保电气公用设施机柜、机械室和电话机柜的安全。

（3）不要将安全系统布线与电气和其他服务系统配置在一起。

（4）实现电梯召回能力和电梯应急信息能力。

（5）实现侵入检测系统正常运行并提供24小时场外监控。

（6）安装内部边界穿越传感器，并实施全程监控。

（7）配置具有录音功能的彩色闭路电视安全系统。

（8）安装公共电话呼叫盒和威胁自动报警装置。

（9）安装公众和员工筛查系统（金属探测器、X光机或搜查站）。

附1.8 停车场安全考虑

（1）尽量减少邻近街道/地段和周边的场外停车场所。

（2）使用身份证（ID）检查、安全人员和访问系统控制所有停车位。

（3）员工和访客分开停车。

（4）清除建筑物内部停车。

（5）通过集中行人活动、限制出入口和消除隐蔽机会确保自然监控。

（6）尽可能使用透明/不透明的墙体。

（7）防止行人不经过既定的通道进入停车区域。

参考文献

［1］ Atlas，R. (2004a) Security design concepts. *Security Planning and Design*：*A Guide for Architecture and Building Design Professionals*. Washington，DC：American Institute of Architects，Wiley.

［2］ Atlas，R. (2004b) *Safeguarding Buildings Against Attacks from Terror and Crime with CPT-*

ED. AIA 2004 National Convention Continuing Education.

[3] Barnett, D. (2000) *Electric Power Generation. A Non Technical Guide.* Tulsa, OK: Pennwell Series.

[4] Beaty, W. (1998) *Electric Power Distribution Systems. A Non Technical Guide.* Tulsa, OK: Pennxvell Non – Technical Series.

[5] Bioterrorism Act of 2002. Available at: http://www.fda.gov/oc/bioterrorism/bioact.html.

[6] FEMA 426 (2003) *Reference Manual to Mitigate Potential Terrorist Attacks against Buildings.* Risk Management Series, December.

[7] FEMA 426 (2010) *Reference Manual to Mitigate Potential Terrorist Attacks against Buildiihgs.* Risk Management Series, July.

[8] FEMA 452 (2005) *A How – to Guide to Mitigate Potential Terrorist Attacks against Buildings.* Risk Management Series, January.

[9] FEMA 452 (2010) *Risk Assessment: A How – to Guide to Mitigate Potential Terrorist Attacks against Buildings.* Buildings and Infrastructure Protection Series, July.

[10] Hall, K. G. (2007) Bombers also hit crude oil pipeline, *Miami Herald*, July 25.

[11] ISC (2010) Physical security criteria for federal facilities. Interagency Security Committee Standard, April 12, 2010.

[12] Kusmer, K. (2007) Death raises question why utility room was unlocked. Associated Press, Mar. 21.

[13] Meckler, L. (2002) U.S. prepares for attack, plans bioterrorism budget, Associated Press, Jan. 24.

[14] National Fire Protection Association (2006) *NFPA 730 Guide for Premises Security* 2006 *Edition.* Quincy, MA: Author.

[15] National Infrastructure Security Coordination Centre. Available at: http://www.niscc.gov.uk.

[16] National Institute for Occupational Safety and Health (NIOSH), Department of Health and Human Services (2002) *Guidance to Proteciing Building Environments from Airborne Chemical, Biological or Rodiological Attacks.* Cincinnati, OH: Centers for Disease Control and Prevention.

[17] Stein, B. (2000) *Mechanical and Electrical Equipment for Buildings*, 9th edn. New York: John Wiley & Sons.

[18] Straw, J. (2011) How to Take a Punch. *Security Management Magazine* May, 51 – 55.

[19] Tanner, R. (2002) Water utilities develop anti – terror plans, Associated Press, Dec. 5.

[20] The Infrastructure Security Partnership (TISP). Available at: http://www.tisp.org/tisp.cfm.

[21] Union of Concerned Scientists. Available at: http://www.ucsusa.org/clean_energy/nuclear_safety/spent – reactor – fuel – security.html.

[22] University of Florida. Plant management in Florida waters. Available at: http://aquat1.ifas.ufl.edu/guide/industry.html.

[23] U. S. Department of the Interior Geological Survey (1989) Water for Florida Cities. Water Resources Investigation Report 86 – 4122.

[24] U. S. Environmental Protection Agency. Available at: http://www.epa.gov/ebtpages/water.html.

[25] Whitman, D. (1997) *Geology and Water Resources of South Florida.* Miami, FL: Flonda International University.

172

寻根溯源：评估威胁与风险

11.1 评估恐怖主义活动与犯罪行为的威胁

要阻止恐怖分子或人肉炸弹袭击建筑物是很困难的。只要有充分的计划、丰富的资源和明确的意图，任何建筑物或场地都有可能受到破坏或被摧毁。然而，建筑物或场地越安全，建筑设计的抵抗能力越好，如果受到攻击，建筑物不受损害或遭受较少损害的可能性就越大。恐怖分子经常选择有那些具有重大价值的建筑物作为攻击的目标，例如标志性的商业财产、象征性的政府建筑大楼或可能造成重大情感或经济损害的建筑物，如购物中心或主要交通枢纽（FEMA 426，2003，pp. 1－21）。

为了深入了解威胁的可能性范围，援助应当寻求安全专业人员，执法机构，通过环境设计预防犯罪（CPTED）从业人员、反恐专家、急救管理，当地消防部门和其他机构，这些机构与受保护资产紧密相关。

为了深入了解各种威胁可能性，应寻求安全专业人员、执法人员、通过环境设计预防犯罪（CPTED）从业人员、反恐专家、应急管理人员、地方消防部门以及与受保护资产相关的其他机构的援助。

应分析以下因素，以确定各种威胁来源的性质和构成：

（1）识别威胁；

（2）威胁的特殊性；

（3）可能的动机；

（4）资产对敌对者的吸引力；

（5）敌对者可能使用的战术和技能水平；

（6）敌对者的期望结果。

联邦应急管理局（FEMA 426，2003，pp. 1－22）的专家们建议，评估你所处环境中的恐怖主义威胁，有五个方面的因素：

（1）对资产存在敌对的人或组织。他们是谁，他们在资产附近吗？

（2）攻击者对法定资产进行攻击的能力。历史上，您所在地区或建筑类型是否有关于犯罪或恐怖活动的建设性或实际通知？

（3）潜在攻击者、罪犯或恐怖分子的活动历史。最近，侵略者是否实施过类似事件？他们使用了什么战术？他们是如何获得他们所展示的能力的？

（4）查清潜在攻击者希望达到什么目的。是金钱、荣誉还是名誉？犯罪分子或恐怖行为的预期回报是什么？

（5）攻击者以受害者财产为目标。犯罪行为人是否一直在对财产进行监视，侦察逃跑路线，确定抵抗或保护程度？

恐怖分子或犯罪人也将分析资产，如建筑物或预定目标，以确定适当的攻击手段、武器类型和战术，以摧毁建筑物、挫败重要使命任务或商业功能。威胁分析应当充分详细地说明风险范围，以便获得彻底和完整的预防和应对战略。

犯罪分子还根据他们所追求的回报来选择目标。可能是偷窃一辆汽车，在车库里袭击一个女人，爬上屋顶从事毒品交易，或者偷取电脑里保存的商业秘密。在所有这些情况下，对人身和财产的损害只是损害的一部分。对受害者的心理影响同样具有破坏性。周末故意破坏教室的破坏分子给一所高中造成的灾难性破坏，可以被认为是破坏性的，就像人质事件造成的损失、不满的员工造成的损失，或者大使馆前发生的汽车炸弹爆炸一样。

犯罪分子有不同的犯罪动机。有些犯罪行为是理性的，基于金钱、货物或服务的需要，有些则是强迫性和非理性的，往往是基于吸毒或酗酒的需要。从事恐怖行为的人试图通过他们的行动为他们的事业或政治利益灌输恐惧和宣传。他们的手段可能不同于街头罪犯，但他们的行为往往始于非法侵入、未经授权进入、游荡、夜盗、盗窃、攻击和其他犯罪意图。因此，可以合理地假设，保护建筑物免受恐怖主义袭击的过程也将使建筑物更安全，能够防止入室盗窃或偷车贼，反之亦然。

需要考虑的威胁包括但不限于：

（1）对人的威胁，如抢劫、强奸、生化袭击、炸弹、纵火和袭击；

（2）对计算机、数据中心、专有资料等信息的威胁；

（3）对财产的威胁，如入室盗窃、偷盗、篡改、炸弹、纵火和故意破坏；

（4）基于意识形态的犯罪活动，例如恐怖主义或仇恨犯罪，无论是发生在财产上还是邻近的财产上；

（5）与可能导致犯罪行为以及威胁人身和财产的特别事件有关的活动。

威胁是指可能以死亡、伤害、破坏、披露、中断运营或拒绝服务等形式造成伤害或损失的任何行为。犯罪分子、心怀不满的雇员、恐怖分子和其他人的敌对行动，都可能对建筑物及其居住者构成威胁。

在我们的建成环境中，理解可能的威胁源的能力、意图和后果是非常重要的。本章将讨论风险评估难题中的威胁评估部分。

11.2   威胁分析

关于威胁/脆弱性/风险评估的最新理论，是 ISC（2010）、FEMA 452（2010）和 NFPA 730（2011）文件。我使用了它们的集体知识和框架以在公共和私营部门的建筑环境中应用，因为这是 21 世纪在"9·11"事件后世界中的相关方法。这些文件作为今天建设和基础设施安全的标准。

在重写本书时，关于威胁/脆弱性/风险评估的最新理论，是美国工业安全委员会（ISC，2010）、联邦应急管理局（FEMA，2010）452 标准文件和美国消防协会（NFPA，2011）730 标准文件中提出来的。在公共和私营部门建设环境中，我利用了它们的综合知识以及理论框架，因为这些知识和理论框架是 21 世纪初期"9·11"事件后，世界各国进行 CPTED 评估的最相关的方法。这些文件是当今建筑和基础设施安全的标准。

175　　　风险是威胁、后果和脆弱性价值的函数（ISC，2010）。风险管理的目标是创建一个保护级别（Level of Protection，LOP），以减少面对威胁及其潜在后果的脆弱性，从而将风险降低到可以接受的水平。理想情况下，所有的风险都是可以消除的；但实际上，这是不可能的。威胁分析（Threat Analysis）通过评估实施者的意图、动机和可能的策略来定义其对设施的威胁等级或程度。这一过程包括收集有关敌对事件的历史数据，并评估哪些信息和评估结论与设施的威胁有关。威胁分析可以解决以下问题：

（1）有关建筑物所有者或居住者的哪些因素会引起潜在的敌意？

（2）这座建筑物惹人注意的程度有多大？

（3）它有什么象征意义吗？

（4）这栋大楼的脆弱性从外表上看起来有多大？

（5）哪些政治事件可能引发新的敌对行动？

（6）像这样的设施在过去是否成为目标？

建筑物的所有者或物业经理所做的选择，通常在图 11.1 所示的三种选择中的一种。如果他们是私营部门的开发商或承包商，他们通常什么也不做，或者他们安装最低级别的安全措施（摄像机、大门、围栏、照明、安全岗哨和出入控制系统）。市政当局和州政府部门没有义务遵循美国联邦政府的领导。政府根据这些建筑物的威胁、风险、脆弱性和资产价值等因素，采取合理措施加固其建筑物。与建筑规范要求的建筑环境中的防火系统和设计不同，建筑安全是可选的，这取决于该特定建筑类型或功能所需的风险级别和保护等级（LOP）。随着安全水平的提高，成本和费用支出水平也随之提高。在经济不稳定和财政紧缩的情况下，建筑物业主通常不愿意设计所有看似谨慎或合理的安全功能。这一切都与经济能力有关，而当经济环境变得越来越艰难时，安全功能往往是最先被削减或减少的事项。

对大多数安全专业人员来说，他们面临的挑战是，近年来，在风险评估过程中使用的术语变得模糊不清，且相互替换，因此，评估差异的微妙之处已经消失。使用美国工业安全协会（ISC）和美国联邦应急管理局（FEMA）的评估分析模型是高级安全专业人员最新的思想和实践。风险包括威胁、脆弱性、后果、资产等因素（图 11.2）。

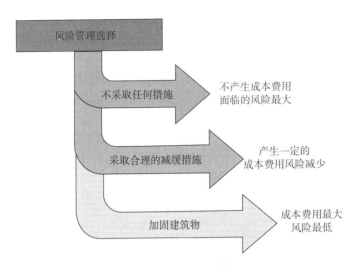

图 11.1 风险评估选择

注：摘引自联邦应急管理局（FEMA）426，风险管理系列丛书之一《减少对建筑物的潜在恐怖袭击参考手册》（*Reference Manual to Mitigate Potential Terrorist Attacks against Buildings*），2010 年 7 月。

176

风险要素——结果、脆弱性和危险威胁

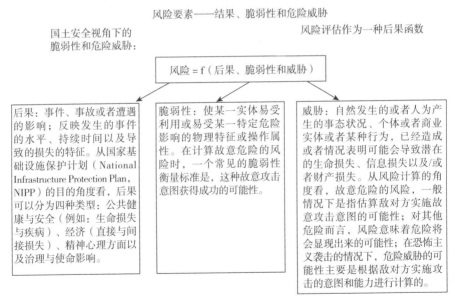

图 11.2 风险的组成部分包括后果、脆弱性和威胁

做出良好的风险管理决策的过程，以及随后的缓解措施，都需要了解难题的各个部分以及它们是如何结合在一起的。有一个符合逻辑顺序的步骤，图 11.3 和图 11.4 展示了这一过程中最现代的思想。

风险评估的第一步的第一部分是任务 1.1，即威胁和危险评估，它将辨识可能导致资产损失或损坏的任何征兆、环境或事件的人为威胁。人为（或人工造成的）危害，包括技术危害和恐怖主义活动，不同于自然危害的主要原因是它们源于人类活动。通常认为技术危险（比如有轨车的危险品泄漏）是一种意外事故，其后果是无意的。威胁是指可能导致资产损失或损坏的任何迹象、情境或事件。威胁可能包括纵火、袭击、简易爆炸装置、入室行窃、绑架、盗窃、抢劫、故意破坏和工作场所暴力。

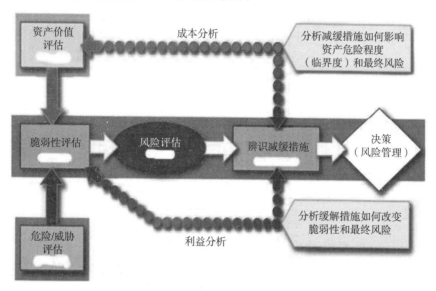

图 11.3　评估过程模型

注：摘自美国联邦应急管理局（FEMA 426）风险管理系列，《减轻潜在恐怖分子对建筑物的攻击参考手册》，2010 年 7 月。

177

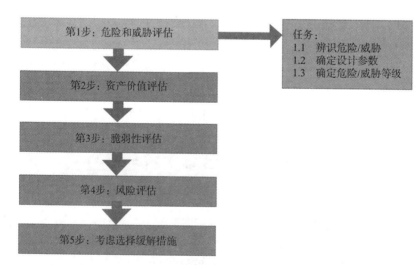

图 11.4　威胁和危险评估表

注：摘自美国联邦应急管理局（FEMA 452）建筑物和基础设施保护系列，《风险评估：如何减少对建筑物的潜在恐怖袭击指南》，2010 年 7 月。

任务 1.1 的第二部分将辨识三大自然灾害：地震、洪水和狂风。自然灾害不是异常行为；它们是我们居住的自然环境的一部分，也是我们的建筑物应该发挥功能作用的环境。风险的性质、对自然物理环境施加的作用力、建筑保护的工程方法以及这些现象的频率和持续时间等，都是完成风险评估时需要考虑的因素。

在美国工业协会（ISC）2010 标准中，不良事件（Undesirable Events）与美国联邦应急管理局（FEMA）的分类标准略有不同，主要包括以下项目：

（1）飞机作为武器；

（2）人身袭击；

（3）弹道攻击——小型武器、主动射击、对峙；

（4）破坏出入控制点——公开及秘密；

（5）化学、生物和放射性物质（CBR）——内部或外部释放、邮件或递送释放；

（6）内乱危机；

（7）按次序攻击的协调；

（8）破坏建筑物和安保系统；

（9）爆炸装置——来自内部或外部的恶意的释放、自杀式人肉炸弹、车载简易爆炸装置（VBIED）；

（10）故意性监视活动；

（11）内部威胁；

（12）绑架诱拐；

（13）工厂危险物质的释放；

（14）抢劫；

（15）偷盗；

（16）未经授权的进入——暴力性侵入或者偷偷摸摸地进入；

（17）故意破坏行为；

（18）车辆撞击行为；

（19）工作场所的暴力。

在定义威胁（及相应的威胁级别）的过程中，美国工业安全协会（ISC）2010 标准的第一步就是确定正在考虑中的建筑物的设计规范的管理调节，以辨识和确定建筑物的危险威胁程度（地震、洪水、飓风、龙卷风等）。根据其他建筑物的构建属性，可能需要确定额外的、更严格的危险级别。为了决定是否这样，评估人员应利用自己的判断，以及与建筑利益相关方协商的结果。

在为你的场地或者建筑物辨识确认了主要威胁或危害之后，下一步的工作就是确定威胁将如何影响建筑物的功能和关键基础设施的结构。威胁和危险等级（表 11.1）是风险评估的一个组成部分，用于确定、描述和量化攻击者所使用的武器、制剂和战术对目标的威胁或建筑物或设施（资产）所造成的危

178

害损失。威胁和危险等级评估涉及威胁或危险发生的可能性或概率及其后果（图 11.5）。

表 11.1　威胁危险等级表

级别	分数	具体意义
非常高	10	存在有一种或多种威胁或危险影响到该场所的可能性极大，而且在历史上曾经发生的事件上对该场址造成了严重的破坏
高	8~9	存在一个或多个威胁或危险影响该场所的可能性很大，并且曾经发生过至少一起造成重大损失事件的历史记录
中高	7	有一个或多个威胁或危险影响该场址的可能性很大，在以往发生的事件中，曾经发生过造成一定损害事件的历史记录
中等	5~6	有一个或多个威胁或自然灾害影响场址的可能性很大。对场址造成的破坏和损害，可能历史记录，也可能没有损坏的历史记录
中低	4	有一个或多个威胁或危险，对场址具有中低程度的危害。过去发生的事件造成的损害很少或根本没有造成任何损害
低	2~3	有一个或多个威胁或自然灾害影响场址的可能性很小。过去发生的事件很少或根本没有对该场址造成什么破坏
非常低	1	很少或根本不可能有一种或多种威胁或自然灾害影响到场址。过去发生的事件没有对该场址造成损害的历史

179

abcNEWS　3/24/11

Bomb Sat in Detroit's McNamara Federal Building

Guard Discovered Bomb, Then Set It Aside For Three Weeks, According to Reports

In what appears to be a major security breach, components for a live bomb were allowed to remain in the federal building in Detroit for three weeks before the bomb squad was called in to remove it.

The Detroit Police Department bomb squad was finally called in March 18 to remove the device in the McNamara Federal Building, which houses the FBI, IRS and offices for Sen. Carl Levin. The pipe bomb device had apparently been discovered three weeks earlier by a building guard.

"A contract guard apparently saw this package outside on Feb. 26th," according to David Wright, president of the American Federation of Government Employees Local 918, which represents the Federal Protective Service Employees.

"Against all security protocols -- an unattended package should be treated with extreme caution -- he picked up that package and took it inside basically on the premise of 'lost and found' property. And apparently stored it. That was on Feb. 26. On March 18th, last Friday, someone got the idea to x-ray the package. At that point wires were seen... and it turned out to be a bomb."

The contract security guard has been suspended and in the coming days a special training team will be deployed to Detroit to re-train the building's security personnel on proper protocol, according to Chris Ortman, spokesman for Federal Protective Service.

"FPS will continue to review the circumstances of this incident and take appropriate action with the contract service provider to ensure that proper protocols are followed," he said.

Following the Oklahoma City bombing in 1995 and concerns about terrorists, federal buildings across the U.S. got increased security including metal detectors.

But a 2009 U.S. Government Accountability Office sting saw congressional investigators smuggle bomb components past screeners at a federal building.

GAO investigator later assembled a bomb in the restroom, and then walked around the facility undetected. In all, the GAO was able to penetrate each of 10 of the undisclosed federal buildings it tested across the United States.

图 11.5　"炸弹没有爆炸，这是上帝的恩典！但是如此多的人无能"
注：摘自 ABC 新闻，炸弹被安放在底特律市的麦克纳马拉联邦大楼，2011 年 3 月 24 日。承蒙惠允使用图片。

　　定义可接受风险的一个大致方法是使用由若干联邦政府机构颁发的安全标

准或业绩水平，为该机构或美国联邦总务管理局（GSA）建造或租赁的建筑物设定最低安全标准。这些标准和推荐标准，业主可以评估和选择，而非联邦建筑则不需要遵循这些标准；然而，业主可以评估和选择那些符合其具体需要和标准的标准。

自 2001 年以来，跨部门安全委员会（Interagency Security Committee，ISC）发布了新的联邦办公大楼和主体结构重大改动的逐步更新的跨部门安全委员会安全设计标准（*ISC Security Design Criteria*）。安全设计标准的应用是基于特定项目的风险。表 11.2 再现了 ISC 标准中使用的五个保护级别的描述。这些保护级别可以用于所有的危险，因为它们意味着可接受的风险。

表 11.2　保护级别

最低级别安全	1	造成重大损坏。设施或受保护的空间将承受高度的破坏而不会逐步倒塌。可能会发生人员伤亡事件，资产将会受损。建筑部件包括建筑物构件将需要更换，或者受损建筑物可能完全不可维修，可能需要拆除和更换
低级别安全	2	造成重大损坏。设施或受保护的空间将承受较高程度的破坏而不会逐步倒塌。可能会发生人员伤亡事件，资产将会受损。建筑部件包括建筑物构件将需要更换，或者受损建筑可能完全不可修复，需要拆除和更换
中级安全	3	造成中等程度的损坏，建筑物能够修复。设施或受保护的空间将承受严重的损坏，但结构应该能够修复。可能会发生一些伤亡，资产也可能受到损坏。除主要结构构件以外的建筑部件可能需要更换
高级别安全	4	造成轻微损坏，建筑物可以修复。设施或受保护的空间在全球范围内受到轻微损害，局部可能造成重大损害。建筑物的使用者可能会遭受某种程度的伤害，资产可能会受到轻微损害
最高级别安全	5	造成轻微损坏，建筑物能够修复。设施或受保护的空间可能在全球范围内受到轻微损害，局部可能造成一些重大损害。建筑物的使用者可能会遭受某种程度的伤害，资产可能会受到轻微损害

通常情况下，成本考虑和为建筑物选择一个可接受的损坏水平的担忧与不安，成为选择安全保护等级（LOP）的一种障碍。在使用这种风险评估方法之前，建筑物所有者可能决定或根本不决定是否确定一个较高的安全保护等级（LOP）标准。许多业主甚至选择上述最低/较低的保护等级要求，其面临的主要困难就是，要达到这一水平通常需要花费较高的成本。一般情况下，建筑物是按照地方建筑标准规范建造的，而地方建筑标准规范中没有关于恐怖分子或犯罪分子所构成威胁的众多规定或任何条款。从现代建筑规范到跨部门安全委员会（ISC）所描述的最低水平的安全等级标准的成本，其成本限制常常会出现许多倍的差异。在"9·11"事件之后的实际经验表明，只有在被认为有高度恐怖影响威胁的地区，业主才愿意在新的建筑物设计中采取安全与减灾措施。当安保措施到位后，建筑物所有者或物业管理者可以将建筑物增强的安全

180

特性作为一项市场营销策略和市场前景亮点。

根据跨部门安全安全委员会（ISC）颁布的 2010 年联邦建筑标准，描述了从最小到非常高的安全保护等级（LOP）的范围（表 11.2）。

为每一个不受欢迎的事件或威胁确定的风险水平，应该通过提供在时空上相当的安全保护等级应对措施，以减轻风险的危害。风险等级水平越高，应对的安全等级（LOP）措施水平也应当更高。除非有记录的风险评估证明偏差是合理的，否则安全保护等级（LOP）的基准必须在联邦设施中得到实施，并且应该在非联邦建筑中予以慎重考虑。安全保护等级基准旨在减轻估测的风险。

设施任务的性质、位置和设施的结构排列的变化可能造成独特的风险，在某些情况下，这些风险比设施安全级别相同的其他设施的风险相对较高或较低。基本的安全保护等级（LOP）可能不能适当地解决这些独特的风险。它可能提供的保护太少，或者可能提供的保护超过必要的限度，从而导致有限的资源浪费在不需要的地方，而且这些资源本来可以更好地应用于其他地方。

现有的安全保护等级（LOP）可通过现场调查、访谈、政策和程序审查、红队或黑衣高级卧底（Black Top Undercover）测试或沙盘推演/图上作业演习来确定当前存在的对策措施是否准备就绪以及这些对策的有效性。

在现有租赁设施中，租赁条款可能不允许执行影响整个设施的某些对策措施。物理上的限制和预算上的限制可能使保护等级（LOP）无法实现。例如，可能无法获得额外的间隔距离；因此，升级窗户系统以抵抗爆炸压力或子弹阻力可能需要对建筑物立面进行完全翻新，以使窗户系统能够牢固地固定在墙壁上。另一个例子可能是将当前的空气调节系统移到屋顶，或将进气口重新定位到相对不那么脆弱的区域。

如果无法达到必要的保护等级（LOP）标准，则必须考虑在可实现的最高保护等级的情况下可接受的风险量。每个安全标准，例如防爆、强制进入保护或邮件包裹筛查等，都将与从 I 级（最低）到 V 级（最高）的安全保护等级标准相匹配（表 11.2）。

如果不能达到必要的损失，并且在最可能达到的保护等级时仍然存在不可接受的风险，则必须考虑确定可替代地点、改变资产、接受风险，或采取额外的对策以应对特定的风险或威胁。

如果现有的安全保护等级（LOP）不足，则必须确定是否可以实现必要的保护等级。如果实际实施了该对策，投资成本效益如何？成本效益是以对对策措施的投资与资产价值之比为基础的。

新建筑预计完全符合适当定义的总承包。在某些情况下，场地限制可能会限制对峙距离，或者财政限制可能会禁止某些措施的实施。这两个例子都说明了在过程的早期应该确定哪些安全要求是可能的。在设计过程中，有一个点是设计更改成本过高，无法实现。

新结构完全符合适当定义的安全保护等级（LOP）标准要求的。在某些情况下，场地边界可能会限制间隔距离，或者财政预算限制可能会禁止实施某些安全措施。这两种情况都说明了应尽可能早地确定采取哪些安全措施是必要的。在设计过程中，有一点是需要注意的，那就是设计更改成本过高，可能使安全保护等级（LOP）无法实现。

保护等级程度反映了资产的重要性或危险临界性，但也反映了难以达到的 181
程度。安全分层的目的旨在首先从场地周边安全保护级别开始，然后转向建筑物外部或外壳层面，再到内部空间保护，最后到站点保护。

一旦确定了保护级别，就可以选择适用的安全设计标准作为安全减缓措施。安全措施将遵循逻辑分层的方法，包括：

- 场址保护——包括周边、场址访问、外部区域和资产以及停车场所；
- 结构保护——包括结构强化、立面、窗户或玻璃系统以及建筑系统的强化；
- 设施入口保护——包括员工及访客步行出入口、装货码头及建筑物外壳内的其他开口；
- 内部保护——包括空间规划和具体的内部空间的安全；
- 安全系统保护——包括入侵检测系统、访问控制系统和闭路电视系统；
- 安全运行和行政管理层保护——包括规划的安保行动、管理和决策、邮件处理、运输和接收等。

11.3 小 结

虽然威胁、风险、脆弱性、危险程度（临界性）、保护等级（LOP）等词语，对外行人来说可能听起来都是一样的，但其实也有一些非常重要的细微差别。风险评估过程首先从确定可能存在于现有的建筑物或规划建设的建筑物面临的威胁、威胁类型或挑战开始。威胁的类型、性质和后果将建立一个预期的和可比较的安全保护等级（LOP）。下一步工作就是要解决哪些是你应该保护的资产这一问题。

========================= 参考文献 =========================

[1] American Institute of Architects（AIA）（2004）*Building Security through Design*：*A Primer for Architects*，*Design Professionals*，*and Their Clients.* New York：Wiley & Sons.

[2] ABC News.（2011）Bomb sat in Detroit's McNamara Federal Building，Mar. 24.

[3] BS 8220 – 2（1996）*Security of Buildings against Crime. Part 2：Offices and Shops.*

[4] BS 8220 – 3（1996）*Security of Buildings against Crime. Part 3：Warehouses and Distribution Units.*

[5] BS EN 356（2000）*Glass in Building – Security Glazing – Testing and Classification of Resistance against Manual Attack.*

[6] BS EN 1063（2000）*Glass in Building – Security Glazing – Testing and Classification of Resistance against Bullet Attack.*

[7] BS EN 13541（2001）*Glass in Building – Security Glazing – Testing and Classification of Re-*

sistance against Explosion Pressure.

［8］ BSI BS 8220 – 1 （1996） *Guide for Security of Buildings against Crime. Part 1：Dwellings.*

［9］ EN 50130 – 4 （1996）, August 16.

［10］ European Prestandard （1995） *Prevention of Crime, Part 3：Dwellings and Part 4：Shops and Offices.*

［11］ FEMA 426 （2003） *Reference Manual to Mitigate Potential Terrorist Attacks against Buildings.* Risk Management Series. December.

［12］ FEMA 426 （2010） *Reference Manual to Mitigate Potential Terrorist Attacks against Buildings.* Risk Management Series.

［13］ FEMA 452 （2005） *A How – to Guide to Mitigate Potential Terrorist Attacks against Buildings.* Risk Management Series. January.

［14］ FEMA 452 （2010） *Risk Assessment：A How – to Guide to Mitigate Potential Terrorist Attacks against Buildings.* Buildings and Infrastructure Protection Series. July.

［15］ ISC （2010） *Physical Security Criteria for Federal Facilities.* Interagency Security Committee Standard. April 12.

［16］ National Institute for Occupational Safety and Health （NIOSH） （2005） *Focus on Prevention：Conducting a Hazard Risk Assessment.* Prepared by M. J. Brinch, Jr. and L. G. Mallett. U. S. Department of Health and Human Services, Washington, DC.

［17］ NFPA 730 Premises Security Guide. National Fire Protection Association, Quincy, MA.

［18］ Public Health Service Centers for Disease Control and Prevention （2003） Pittsburgh Research Laboratory, Pittsburgh, PA, July, p. 2.

［19］ State Domestic Preparedness Equipment Program （1999） *Assessment and Strategy Development Tool Kit.* May.

［20］ U. S. Department of Justice （1999） *State Domestic Preparedness Equipment Program, Assessment and Strategy Development Tool Kit.* Washington, DC. May.

182

追根溯源找准问题：保护你的资产[①]

风险评估过程的第二部分是确定你要保护的对象是什么：也称为保护的资产是什么。虽然本书的重点是预防犯罪行为、工作场所暴力和建成环境中的恐怖主义活动，但评估风险和审查威胁可以对安全和安保工作产生积极影响，并从多个方面保护我们的资产。"卡特里娜"飓风、"丽塔"飓风、"威尔玛"飓风以及 2012 年的超级风暴"桑迪"表明，缺乏准备、了解和资源准备，对那些受到风暴和洪水破坏影响的社区和关键基础设施而言，其后果是灾难性的。低洼地区的人员疏散计划失误，导致几个主要城市的包括天然气和石油工业在内的基础设施受到严重破坏甚至崩溃。在南佛罗里达，一场一级飓风（其中最弱的飓风之一）导致 98% 的电力网络受到破坏，使部分地区持续 8 个星期无电力供应。地面上的电线杆容易受风影响，导致数千根木桩、混凝土电话和电线杆被拦腰折断或吹倒。加油站无法出售天然气，因为它们没有电力或备用发电机来运行水泵。具有讽刺意味的是，恐怖主义行为想要造成的最严重的恐惧，实际上已经由我国已知的和可预测的自然事件——飓风，有效地达到了。

如果有一项资产分析作为协助风险的一部分，以显示积极主动的预防措施的价值，那么受害者就可以得到更有效的反应和保护。适当的资产分析可能大大地减少和减轻了这些灾害的影响。建筑物的建造方法将有所不同，玻璃系统将更加坚固和更抗破碎，在地下受保护的管道中，公用设施将提供不同的服务，信息和数据将受到不同的保护，加油站将需要有备用发电机，公用设施将被掩埋在地下，疏散计划将是强制性的，排水和径流保护（Runoff Protection）将不是可选的安全选项。

作为风险评估的一部分，进行彻底的资产分析将有助于防止和减轻恐怖主义和犯罪行为的危害后果。但是，正如你前面所看到的那样，它们也可以有许

---

① 本章的部分内容是根据作者以前所写的一些文章和其他著作的相关内容整合而成，可能在美国威利出版公司出版的下列出版物中发现相似的内容：《建筑制图标准》（*Architectural Graphics Standards*）第 10 版，拉姆齐/霍克编著（Ramsey/Hoke），美国建筑师协会和约翰·威利父子（John Wiley & Sons）出版公司联合出版，ISBN：0471348163，2000；《安全规划与设计：建筑师和建筑设计专业人员指南》（*Security Planning and Design：A Guide for Architects and Building Design Professionals*），德姆金（Demkin）著，美国建筑师协会和约翰·威利父子出版公司联合出版，ISBN：0471271567，2004 年版。我们要特别感谢美国建筑师（ASIS）和约翰·威利父子出版公司允许我们在本书中复印相同的章节内容。

多其他积极的好处。

设计的建成环境能够抵御犯罪、工作场所暴力以及恐怖主义的危害，但建筑设计界或执法界并不十分了解这种关系。有许多类型的风险危害可能会影响建筑物的合法使用者的可用性。我们的建筑物能否在犯罪和恐怖袭击的威胁和影响下生存下来，更不用说自然原因造成的风险，取决于对评估的组织要求、恢复努力和影响以及人员和基础设施损失的质量因素的了解（FEMA 452，2010，p. 56）。

本章考察不同的资产特性，以完成安全风险评估。资产和风险评估是通过环境设计预防犯罪（CPTED）程序的问题寻根溯源的一部分。只有在完全理解和完成风险评估、寻找问题或者理解风险、威胁、资产及其脆弱性等的含义之后，问题才能得到适当的解决。收集和分析前面提到的所有信息的过程，成为判断决定相关风险等级及其后果程度和资产需要保护的等级水平的关键性因素。

风险分析和管理使我们有能力预测、预防和/或减轻危害，并能够为我们的住宅、工作场所和公众聚集场所建立起安全可靠的环境。评估过程将确定资产（本章的主题），然后进行威胁评估，以确定潜在和实际的威胁和危险。评估将进行脆弱性分析，这种分析对建筑物关键资产面临的威胁和风险进行辨识确认和比较，以确定对薄弱环节的保护。在完成脆弱性评估分析之后，风险评估将分析威胁、资产价值和潜在脆弱性，并根据可能的威胁范围确定可接受的风险等级。

城市设计专业人员需要应对这些安全挑战，并作为其设计服务的一个组成部分。为了使设计专业人员能够将安全功能纳入建筑结构体系之中，安全需求评估或安全主管必须在建筑物业主或客户的指导下进行脆弱性分析。这就是为什么在建筑策划过程中需要审查资产、威胁和安全需求评估，并将其作为建筑策划的一个有机组成部分。

12.1　资产是什么

细致的资产和威胁评估是一个非常重要的步骤，因为它们界定了保护的性质和级别。安全需求评估将重点关注弱点并通过辨识下列因素确定潜在的攻击：

（1）资产（人员、信息和财产）；

（2）犯罪威胁的类型和保护的临界程度（建筑的使命任务是什么？可能的目标是什么？谁是受攻击的目标？资产可替换或转移的难易程度有多大？）；

（3）攻击方式（威胁是来自外部还是内部？犯罪人将如何获接近产？攻击可能会发生吗？他们将使用什么工具或武器？）。

脆弱性的程度将决定：

（1）达到项目目标所需的保护程度。

（2）时间和金钱的限制是什么？

（3）威胁是什么？

（4）发生伤害或损失的可能性有多大？

（5）到目前为止，所感知到的威胁程度有多大？

（6）受害的可能性有多大？

安全从业人员常常混淆威胁和风险这两个术语。威胁和风险之间的区别可 185以概括为：威胁是损害或损失的根源，而风险是指在考虑到可能的威胁情景时，在资产保护中对特定的威胁源和相应的脆弱性造成损害或损失的可能性。这种混淆常常会导致设计缺陷，因为设计师将过多的资源集中在对付不太可能以资产为目标的威胁源上，而设计者应该更加关注威胁和风险。

今天的威胁可能从简单的普通罪犯到高度复杂、装备精良和训练有素的职业罪犯、恐怖组织或极端主义团体。这些威胁可能针对和攻击一个组织的有形或电子资产，或两者兼而有之。任何敌对方，无论其攻击某一特定地点、设施或信息资产的复杂程度如何，通常都会将攻击成功的潜在可能性及其后果与被发现和逮捕的风险联系起来考虑。另一方面，设施或资产的所有者，则努力通过正确选择应对措施来减少资产暴露的机会，以确保资产得到保护和保存。因此，风险分析是瞄准目标的人和资产保护人共有的概念。

业主保护资产的尝试始于所谓的需求分析过程，这仅仅是风险评估的前端。正式的需求分析总是从考虑需要保护的资产开始，并通过后续任务进行，例如确定可能的威胁来源和场景、由此造成当前保护中的脆弱性或弱点、资产可能遭受的损失或损坏的潜在风险，并最终确定功能需求。众所周知，这些要求或保护目标说明构成了最终选择反制对策措施的基础，以便为已查明的关键资产提供适当程度的保护（图 12.1）。

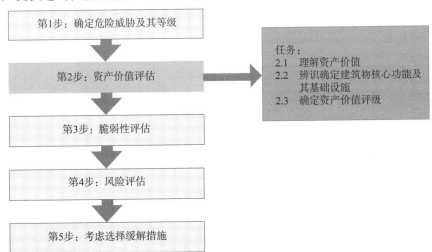

图 12.1　第二阶段为资产价值评估步骤

注：摘自美国联邦应急管理局（FEMA 452）标准，《风险评估：如何减少对建筑物的潜在恐怖袭击指南》（*Risk Assessment：A How‑to Guide to Mitigate Potential Terrorist Attacks against Buildings*），建筑物和基础设施保护系列，2010 年 7 月。

12.2 解读资产价值（任务2.1）

资产价值是建筑物的特征，而不是危险或威胁的特性。当发生建筑物受到破坏或无法使用的事件时，它可以被视为对利益相关者产生影响的标志。重要运行功能的例子包括城市内部的紧急职能或公司的核心业务职能。

186

用于确定资产价值的信息通常来自所有者/经营者、政府管理资源和受益于设施使用的人。许多资产价值是定量的，例如建筑维修或更换的成本费用、收入或服务的损失等。构成资产价值的其他因素更主观，但却是真实的。一份完整的因素清单将包括：

（1）建筑物及其内装品的潜在损失；

（2）业务中断所造成的潜在损失；

（3）机构或政府大楼的公共服务的损失；

（4）由建筑物产生的年度税收或财产收入；

（5）对地方和区域的经济和社会的重要性；

（6）在建筑物和街道周围的接触人群；

（7）应急响应和恢复运行的重要性；

（8）历史和象征意义；

（9）军事战略功能的重要性。

需要注意的是，在人为风险的情况下，资产价值是从建筑物利益相关者的角度来定义的，而不是从恐怖分子的角度来定义的。

资产占用利用附属于建筑物的功能，与确定资产价值有关。根据建筑物内的人数和占用类型，不同的占用率具有不同的资产价值水平。以下各项内容均属于资产占用的类别：

（1）农业和食品加工厂；

（2）银行和金融业；

（3）化学和化学加工厂；

（4）防御性反导弹系统；

（5）国防工业基地制造厂；

（6）教育设施；

（7）紧急服务；

（8）能源设施，包括发电厂、炼油厂和战场环境建设建筑物；

（9）娱乐设施，包括剧院、会议中心和公共场所；

（10）政府建筑物；

（11）酒店业设施，包括酒店、汽车旅馆、餐馆、酒吧和俱乐部；

（12）工业和制造工厂及其设施；

（13）信息技术设施、数据中心和公司办公大楼；

（14）机构设施；

（15）博物馆和图书馆大楼；

（16）核设施；

（17）办公大楼；

（18）停车场、车库和建筑物；

（19）公共卫生和医院设施；

（20）休闲娱乐设施；

（21）宗教设施和礼拜场所；

（22）研究设施和实验室；

（23）包括单户住宅、多户住宅和综合住宅的各类住宅设施；

（24）零售和商业购物中心和商店；

（25）仓储设施；

（26）电信设施；

（27）交通运输系统；

（28）供水和水处理设施。

居住人数是指在恐怖袭击或自然灾难发生期间，由于建筑物损坏或生命安 187
全系统故障而造成的建筑物居住者或行人的潜在伤亡。在确定资产价值时，评估
人员应当考虑这一变量。例如，评估人员应考虑建筑物内的人口范围（<100；
100~500；500~2000；2000~5000；>5000）。此外，评估人员应该考虑在事件
发生后，如医院、超市或政府中心等设施可能服务的人数。失去一个重要的设
施，如水处理设施，可能对那些无法为其提供服务的人产生更大的影响。

评估人员可能需要考虑建筑物的替换值及其内容。根据建筑类型、平方英
尺成本或单位成本可用于确定建筑物内容的价值。这对于博物馆、研究实验
室、数据中心或内容价值可能不可替代或对直接人口构成额外威胁的场所等建
筑物方来说，变得极为重要。

评估人员可能需要考虑该建筑物是否属于在国家、州或地方历史登记处登
记注册的历史文物，来考虑此建筑物是否具有历史价值。历史上重要的建筑物
作为社区的一种资产具有特殊价值，可能需要采取特殊的安保措施和安全考虑
（图12.2）。

图12.2　美国国会大厦是一座具有历史意义的建筑，
作为一种不可替代的资产具有特殊的价值

12.2.1 辨识确定建筑物的核心功能

辨识确定建筑物和基础设施的核心功能是评估过程中了解设施资产的关键要素之一。第一项活动是确定建筑物在遭受攻击后或在发生危险事件后，继续运作或提供服务所需的核心功能和程序。辨识确定核心功能/运行程序的原因是，评估人员将重点放在某栋建筑物的功能作用、建筑物如何运行以及各种威胁或危害如何对建筑物产生影响等问题上。这提供了更多的讨论，并有助于人们更好地理解资产价值。应考虑的因素包括：

（1）建筑物的主要服务或产出是什么？

（2）建筑物里发生了什么重要的活动？

（3）建筑大楼的居住者和访客是谁？

（4）一栋建筑物的成功运行需要外部组织提供哪些投入？

建筑拥有许多核心功能（表 12.1）是绝大多数类型的建筑物的典型特征，主要的功能包括：

（1）行政区域；

（2）管理区域；

（3）公共区域空间；

（4）工程和机械空间；

（5）仓储和储存空间；

（6）数据中心；

（7）餐饮服务区域；

（8）安全；

（9）客房管理和门卫；

（10）日间护理区域；

（11）休闲空间。

表 12.1　辨识确定核心功能和建筑结构

核心功能	建筑结构
行政管理	场地
工程	建筑结构
仓库贮存	联合结构系统
数据中心	封装外壳系统
给养勤务/外包服务	设施系统
安保	机械系统
总务管理	管道和燃气系统
日间护理	电气系统 防火警报系统 信息技术（IT）/通信系统

资料来源：美国联邦应急管理局（FEMA 452）标准，风险管理系列，2010 年。

188

通常情况下，建筑物核心基础设施区域主要包括以下内容（表12.1）：

- 场址；
- 建筑结构；
- 结构体系；
- 围护结构系统；
- 设施系统；
- 机械系统；
- 管道、供水和燃气系统；
- 电气系统；
- 消防报警系统；
- 感应调控（ITT）/通信系统。

功能和基础设施分析，辨识确定了重要资产以及彼此之间的位置分布和相互依存关系，例如，装货码头进入的炸弹或化学、生物和放射性物质（CBR）的攻击可能会影响电信通信、数据系统、不间断电源（Uninterruptible Power Supplies，UPS）、发电机备用电力系统、暖通空调系统（HVAC）、排烟系统和其他关键基础设施系统的运行。

在确定了核心能及运行程序之后，随后应当按照表12.2所列内容对建筑基础设施进行评估（表12.2）。为了帮助辨识确定和评估基础设施的等级，应当考虑以下因素，同时铭记每一栋建筑物的最重要资产是其人员：

- 确定有多少人可能在直接影响基础设施的恐怖袭击中受伤或死亡。
- 如果某个特定的资产遗失或功能价值退化，则需要辨识确定这将对占有人产生什么影响。（原来提供的服务还能否继续？）
- 如果组件丢失或无法工作，则需要确定对其他组织资产产生的影响。
- 确定重要的或敏感信息是否存储在建筑物中，或者是否在建筑物中进行处理。
- 确定建筑物内的资产是否存在备份或替代物。
- 确定替换物或备份的可用性。
- 在紧急情况下，确定重要的建筑管理人员（Building Personnel）的损失是否会使建筑物占用人的安全问题恶化或严重复杂化。
- 确定建筑物的资产是否可以更换，如果建筑物损毁，则确定重置的成本。确定关键设备的位置，以及如果在事件中损毁，则确定其可能产生的影响。
- 确定人员工作区域和运行系统的位置。
- 确定在建筑物控制区以外作业的人员的位置。
- 详细确定关键的重要支撑体系架构的实际位置：通信和信息技术（即关键信息的传递）、公用事业（例如设施动力、水、空调等），以及提供外部资源和人员流动（例如公路、铁路、空运）的通信线路。

- 确定应急资产的位置、可用性和准备状态，以及使用建筑物的工作人员的培训状态。

189

表 12.2 基础设施问题与安全威胁

设施类型 攻击类型	汽车炸弹	化学攻击	电脑攻击	自杀炸弹	生物制剂
场址设计及其布局					
结构系统					
建筑物围护结构系统					
设施系统					
机械系统					
管道及其燃气系统					
电气系统					
消防警报系统					
通信系统					

12.2.2 确定资产价值评级（任务 2.3）

在对建筑核心功能和建筑基础设施进行分析之后，应该对这些资产给出一个价值评级。表 12.3 提供了一个选择资产价值的比例。价值可以定义为衰弱的影响程度，这种价值衰减可能是由于建筑资产的功能丧失或受到破坏造成的。每栋建筑的重要资产是其居住者，他们通常会被分配到最高的资产价值序列。

190

表 12.3 资产价值比额

评级	比额	特征描述
非常高	10	损失或损坏的建筑物资产将产生特别严重的后果，例如大规模的生命损失、大范围的严重伤害，或基本服务、核心程序和功能的全部损失
高	8～9	建筑物资产的损失或损坏将产生严重后果，如生命损失、重伤、基本服务损失，或者核心程序和功能的重大损失，并持续一段较长的时间
中高	7	建筑物资产的损失或损坏将产生严重后果，如严重伤害或对核心程序和功能造成较长时间的损害
中等	5～6	建筑物资产的损失或损坏将产生中等程度至严重后果，如伤害或核心功能和程序受损
中低	4	建筑物资产的损失或损坏将产生中等程度的后果，例如轻微的伤害或核心功能和程序的轻微损害
低	2～3	建筑物资产的损失或损坏将产生轻微的后果或影响，例在短时间内对核心职能和程序产生轻微影响
非常低	1	建筑物资产的损失或损坏将产生微不足道的后果或影响

12.2.3　辨识确定资产

这个过程从确定一个组织的资产开始。在识别确定资产时，不要尝试从一开始就将其归类为关键资产或非关键资产。只需尝试为组织提供尽可能多的资产类型即可。通常情况下，这个过程会给参与者带来一些真正有启发性的结果。一个组织中的大多数人很少被要求在组织的使命任务方面这样做，但在资产分析中，他们被特别要求确定那些人员、材料和信息资产对成功完成任务来说是首要的和次要的。简单地思考这样一个过程可能是一个极其宝贵的学习经验。

确定建筑物的关键资产可以分两步完成（FEMA 426，2003，p. 32）：首先，定义和理解建筑物的核心功能、任务说明和运行流程；其次，辨识确定包括关键结构组件、重要信息系统和数据、生命安全系统和安全避难区，以及安全系统和特征等在内的建筑基础设施。

12.2.4　资产分类

需要注意的是，资产类型被识别为人员，而不是特定的管理人员或主管。它们并不是专门针对计算机或其他专有信息的，而是针对通常被称为信息资产的那部分资产。这些区别对于威胁、脆弱性和风险分析非常重要，因为它们有助于将安全性或设计者的思想集中在所有人员和信息类型以及诸如资产危险程度（临界性）等问题上。

基于分析目的，可以将资产分为主要资产（即人员、物质资源、信息、图像等）和辅助性次要资产（即支持资源，诸如发电机、燃料等）。如果次要资产被视为对主要资产至关重要，则次要资产必须进行与主要资产相同保护等级的分析。

从方法论角度看，可以将资产确定为两大类别：对组织至关重要的资产类别，例如对制造或生产过程至关重要的人员、信息和财产中心；以及次要的资产类别。

资产可以分为有形资产，如租户、设施、设备、活动、业务和信息；也可以分为无形资产，如生产流程或公司声誉。为了以最低成本达到最大限度地降低风险的目的，辨识并确定建筑物的关键资产的优先次序是非常重要的第一步，在确定最佳预防措施的过程中，提高其在犯罪或恐怖袭击前的保护水平。认识到人是建筑物的最大资产，在风险评估过程中，将有助于辨识确定和优先考虑面临最大风险并需要保护的人员所在的基础设施（FEMA，2003，pp. 1 - 10）。

12.3　如何确定资产临界性

关键资产通常被认为是具有内在价值或货币价值的资产，是对日常业务活动十分重要的资产，以及组织政策所明确表明为关键资产的资产。

下面列出了一些标准，这些标准可能有助于确定资产的危险程度（临界性）：

- 货币价值；
- 内在价值；
- 经济价值；
- 操作价值；
- 监管价值；
- 无形价值；
- 真正无价的：人员。

正如方法论所表明的那样，在处理危险程序（临界性）或敏感性等问题时，我们倾向于将有形的物理资产/运营资产与信息资产分开。有形运营资产的关键程度与其在组织中的价值成正比，而信息资产则更多地考虑到其对组织日常运营的敏感性。然而，随着我们从工业社会走向信息化社会，信息资产变得更加重要。这是因为专利权或贸易信息的损失（如果有的话）很少能够被有效地取代。相反，对一个组织的任务至关重要的有形资产的损失，通常是可以替换的，尽管在替换和中断运转时间方面给组织增加了相应的成本代价。

12.4　小　结

为了保护我们的建筑物和关键基础设施的人员、信息和财产，安全专业人员必须了解这些资产对企业或政府部门或财产所有者意味着什么。匆忙地提出安全解决方案，减少了提出问题和了解什么是有价值和值得保护的，以及哪些资产是可以替代的等需要解决问题之前先追根溯源找准问题的过程。

风险评估过程包括审视这些价值和比率，并对它们进行排序。通过了解资产的真实的和象征性价值，这些资产面临的威胁和脆弱性，将会更有意义并变得更加现实。资产分析是理解业主和使用人不保护关键资产后果概念的出发点。

最近发生的事件，包括飓风、火灾、洪水和恐怖主义行为，毫无疑问地表明，没有准备好应对不测事件的能力，将会造成灾难性的损失，这是很有可能的。安全专业人员是进行评估并确保将信息传递给设计专业人员的合适人员，以适应那些确定的关键资产所需的保护和备份。

=== 参考文献 ===

[1] American Institute of Architects（AIA）（2004）*Building Security through Design: A Primer for Architects, Design Professionals, and Their Clients.* J. A. Demkin, Ed. Wiley & Sons, Hoboken, NJ.

[2] FEMA 426（2003）*Reference Manual to Mitigate Potential Terrorist Attacks against Build-*

ings. Risk Management Series. December.

［3］ FEMA 426 （2010） *Reference Manual to Mitigate Potential Terrorist Attacks against Buit- dings*. Risk Management Series. July.

［4］ FEMA 452 （2005） *A How – to Guide to Mitigate Potential Terrorist Attacks against Build- ings*. Risk Management Series. January.

［5］ FEMA 452 （2010） *Risk Assessment*：*A How – to Guide to Mitigate Potential Terrorist Attacks against Buildings*. Buildings and Infrastructure Protection Series. July.

［6］ ISC （2010） *Physical Security Criteria for Federal Facilities*. Interagency Security Committee Standard. April 12，2010.

［7］ NIOSH （2003） *Focus on Prevention*：*Conducting a Hazard Risk Assessment*. Prepared by M. J. Brinch，Jr. and L. G. Mallett，U. S. Department of Health and Human Services，Public Health Service Centers for Disease Control and Prevention，National Institute for Occupational Safety and Health，Pittsburgh Research Laboratory，Pittsburgh，PA，July 3，p. 2.

［8］ State Domestic Preparedness Equipment Program （1999） *Assessment and Strategy Development Toot Kit*. May 1999.

追根溯源找准问题：脆弱性评估①

13.1 你觉得脆弱吗？害怕或非常害怕

脆弱性分析是对建筑物功能、系统和场地特征的深入分析，以确定建筑物的弱点和保护需要。脆弱性分析的目的是确定积极主动的和预防性行动，以减少预期威胁或危险的弱点。应当对现有的建筑环境进行脆弱性分析，并将分析结果和调查结果纳入新建筑或建筑物翻新的设计之中（FEMA 426，2003，pp. 1 – 24）。

风险评估过程的第三步是准备对可能受到威胁或自然灾害影响的资产进行脆弱性评估（参见图13.1）。脆弱性是指攻击者或自然灾害事件为使资产易受损失或损害而利用的任何弱点。脆弱性评估是对建筑功能、结构系统和场地特征的深入分析。评估查明了建筑物的弱点和缺乏冗余性，这些弱点和冗余性会增加人为或自然灾害造成的潜在损害。在此步骤中，将根据以下情况开始资产分析：

- 已经辨识确定的威胁/危害；
- 资产的危险程度（临界性）；
- 你选择的保护等级（例如你愿意接受风险或者不愿意承担风险）。

脆弱性评估过程涉及以下任务：

- 了解防卫层级；
- 了解冗余因素；
- 进行现场检查；
- 准备脆弱性（漏洞）组合；
- 确定脆弱性评估等级。

① 本章的部分内容是根据作者以前所写的一些文章和其他著作的相关内容整合而成，可能在美国威利出版公司出版的下列出版物中发现相似的内容：《建筑制图标准》（*Architectural Graphics Standards*）第10版，拉姆齐/霍克编著（Ramsey/Hoke），美国建筑师协会和约翰·威利父子（John Wiley & Sons）出版公司联合出版，ISBN：0471348163，2000；《安全规划与设计：建筑师和建筑设计专业人员指南》（*Security Planning and Design：A Guide for Architects and Building Design Professionals*），德姆金（Demkin）著，美国建筑师协会和约翰·威利父子出版公司联合出版，ISBN：0471271567，2004年版。我们要特别感谢美国建筑师（ASIS）和约翰·威利父子出版公司允许我们在本书中复印相同的章节内容。

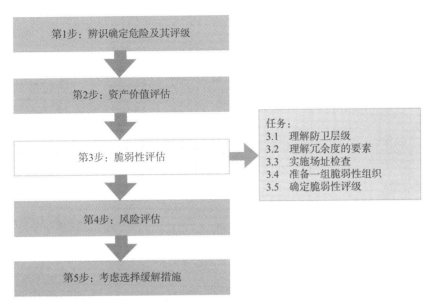

图 13.1 了解防御的层次

注：摘自联邦应急管理局（FEMA 452）标准，《风险评估：如何减少对建筑物的潜在恐怖袭击指南》
（*Risk Assessment：A How－to Guide to Mitigate Potential Terrorist Attacks against Buildings*），建筑物和基础
设施保护系列，2010 年 7 月。

13.2　辨识防卫层级（第三步骤：任务 3.1）

防卫层级（the Layers of Defense）是一种传统的安全设计和 CPTED 方法，
运用从建筑物或资产延伸出来的同心圆，将保护的范围从建筑物或资产延伸到
场地和周围地区。它们可以被视为确立不同安全策略的分界点。在评估过程的
早期就确定防卫层级，将有助于您更好地了解需要保护的资产，并确定您的缓
解选择方案（图 13.2）。

第一层防御：包括了解周围地区的特点，包括建筑类型、建筑物使用情
况、相邻活动的性质和强度。它特别涉及场地周边以外的建筑物、设施和基础
设施。了解建筑物和场外设施之间的相互依存关系和距离是至关重要的。场外
设施可能包括以下内容：

- 地标和标志性建筑物；
- 执法部门、消防部门和医疗机构的建筑物；
- 联邦设施；
- 大使馆；
- 重要的商业地产；
- 危险品存放区域和化工制造工厂；
- 交通运输设施（道路、主要通道、桥梁、铁路、隧道、机场和港口码头）；
- 电信以及公共服务设施。

195

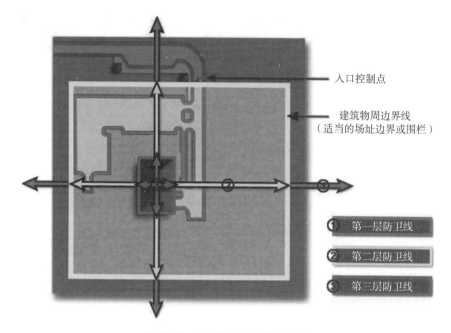

入口控制点

建筑物周边界线
（适当的场址边界或围栏）

① 第一层防卫线

② 第二层防卫线

③ 第三层防卫线

图 13.2 （参见彩图）防卫层级

注：摘引自联邦应急管理局（FEMA 452）标准，《风险评估：如何减少对建筑物的潜在恐怖主义袭击指南》（*Risk Assessment：A How – to Guide to Mitigate Potential Terrorist Attacks against Buildings*），建筑物与基础设施保护系列，2010 年 7 月。

脆弱性分析还应考虑建筑物周围的空间类型。每层一级的空间都有其特殊条件，需要评估后才能合并入总体安全规划：

（1）周边空间或建筑物周围的场地和环境；

（2）与建筑相邻的参数空间或直接空间；

（3）建筑物的体积空间或建筑面积。

风险分析利用资产、威胁和脆弱性分析的结果来检查敌对行动对建筑物所有者的影响。风险分析的结果用于确定哪些安全措施能最有效地抵消潜在的损害和损失。每项措施的成本根据其如何有助于达到预期的保护水平来评估。负责新设计或改造项目的决策者，可以确定优先事项，并就安全选择作出明智的决策（AIA，2004）。决策基于风险发生的可能性和风险的潜在影响。

风险分析调查应该涵盖以下领域：

（1）整体场地；

（2）建筑特征；

（3）结构系统；

（4）建筑围护结构；

（5）公用事业系统；

（6）机械系统［暖风、通气与空调系统（HVAC）］；

（7）管道（水管）和燃气系统；

（8）电气系统；

（9）火灾报警系统；

（10）通信和信息技术系统；

（11）设备运行和维护；

（12）安全系统；

（13）总体安全规划（FEMA 426，2003，pp. 1 - 46）。

这13个领域涵盖了当今大多数建筑中存在的关键区域和系统。

第二层防御：这是指场地周边与需要保护的资产之间存在的空间。它涉及在特定地点放置建筑物和建筑构成，以及了解哪些自然或实物资源可以提供保护。它需要设计接入点、停车场、道路、行人通道、自然屏障、安全照明和标牌。它还涉及地下基础设施，如隧道、桥梁、地铁位于地下的站点和设施。要确定第二层防御中的关键要素，您可以提出以下问题：

- 周边围栏或其他类型的障碍物控制是否到位？（图13.3）
- 到工地或建筑物的入口是什么？
- 场地周边是否有车辆和行人访问控制？
- 场址循环是否能够阻止车辆高速行驶？
- 建筑物与停放的车辆之间是否存在最低限度的建筑后退距离？
- 在人口稠密的城市地区，路边停车场址是否允许不受控制的车辆在公共道路上靠近建筑物停车？
- 现场或建筑物有哪些类型的车辆防撞装置？
- 现有的景观措施/特征（墙壁、喷泉、护堤等）能否偏转或消散爆炸冲击波压力？
- 这些设备是在物业边界还是在建筑物上？

图13.3 这套公寓的设计和场地规划说明了防御的层级

第三层防御：这涉及资产本身的保护。它建议强化建筑结构和系统，纳入有效的暖通空调系统（HAVC）和监视设备，并根据公用设施和机械系统的防攻击特性来设计和定位公用设施和机械系统。鉴于恐怖主义威胁的不断变化的性质，很难估计资产的脆弱性。例如，由于建筑物渐进倒塌的灾难性后果，评估建筑物的结构部件可能成为一个高度优先考虑的事项。窗户是建筑物最薄弱的部分，可能成为一个关键问题。用于防爆设计的其他重要因素，可能包括机械和电气系统的强化并产生适当的冗余。进气口的位置和限制公众进入主要系统，对减少恐怖袭击造成的潜在损害至关重要。在确定关键资产时，暖通空调系统（HAVC）的升级和采用高效的过滤系统可成为一个重要的考虑因素。

美国联邦总务管理局（GSA）和国防部（DOD）要求在拆除关键结构单元（如垂直承载柱、承重墙截面、横梁）的试验中，分析建筑物的结构响应，以模拟爆炸造成的局部损伤。如果有有效的替代荷载路径可用于重新分配最初由已拆除的结构元件支撑的荷载，则建筑物渐进倒塌的可能性很低。美国联邦总务管理局（GSA）和国防部（DOD）颁布的准则和标准的详细内容，可参见《美国联邦总务管理局新建联邦办公楼和重大现代化项目的渐进倒塌分析和设计指南》（GSA Progressive Collapse Analysis and Design Guidelines for New Federal Office Buildings and Major Modernization Projects）（2000 年 11 月）和《国防部统一设施标准》（DOD Unified Facilities Criteria，UFC）[（UFC）4 - 010 - 01 标准]（2002 年 7 月 31 日）。虽然这些标准提供了具体的指导，说明哪些结构元件必须经过分析后才能从结构设计配置中移除，它们没有为选择工程结构响应模型来验证替代荷载路径的有效性提供具体的指导。

世界各地（特别是英国和瑞典）正在使用的其他一些设计规范和准则，要求采取某种形式的分析或措施，以减少渐进倒塌的潜在可能性。然而，在结构设计过程中，没有为防止渐进倒塌而规定的具体工程设计方法。除非建筑物的设计符合美国联邦总务管理局（GSA）或国防部（DOD）标准，否则，应当由业主和设计团队决定有多少渐进的倒塌分析和缓解措施纳入他们的设计之中。防爆分析应与工业安全委员会 ISC 2010 标准规定的指导意见和建议一致。

要确定第三层防御中的关键要素，您可以提出以下问题：

- 设计或估计的外墙对假定爆炸威胁的防护等级是多少？
- 建筑物外立面的窗户系统设计是否平稳，在爆炸事件发生后能够减轻飞溅玻璃的危险影响？（玻璃、框架、支撑墙锚固等）
- 非窗户开口（如机械通风孔和裸露的通风孔）是否为外墙提供相同水平的保护？
- 进水是否处于安全的位置？有没有安全的备用饮用水供应系统？
- 进气口是否位于安全位置？
- 现场或建筑物中储存了多少燃料，这些燃料能支持关键操作多长时间？它是如何储存的？是如何对它进行保护的？
- 屋顶访问是否仅限于授权人员，并通过锁定机械手段进行控制？
- 空气过滤的类型和水平是什么？

● 是否有关于化学、生物和放射性制剂的空气监测器或传感器的规定？

城市与乡村环境：防御层不是预先设定的，它们可能因地点和建筑物的不同而不同。根据建筑物的位置不同，保护建筑物所需的安全元素可能完全不同。该方法建议建立不同的分界线，以辨识确定完善的安全策略。防御层的概念提出，每个设计师研究一个特定的地点，并确定需要保护的关键资产，以及如何进行保护。城市与农村的适用性大多适用于安全，对自然灾害的影响较小。

城市环境的主要防御层级包括（图13.4）：

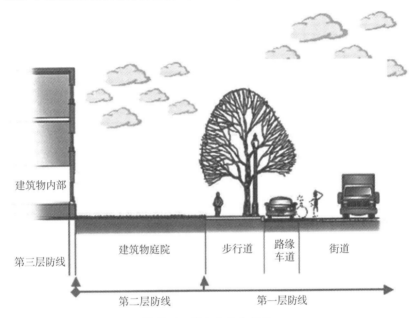

图 13.4　安全的三个层级

注：摘引自联邦应急管理局（FEMA）452 标准，《风险评估：如何减少对建筑物的潜在恐怖袭击指南》（*Risk Assessment：A How – to Guide to Mitigate Potential Terrorist Attacks against Buildings*），建筑物与基础设施保护系列，2010 年 7 月。

（1）路缘车道（第一层防线）：这一区域是指最靠近人行道的街道的车道。通常情况下，它用于路边停车、乘客下车、装载货物和车辆服务等。一般情况下，在路边停车不会被拖走，除非该停车离高目标建筑物的安全距离，小于此类建筑物所要求的额外的相隔距离。当需要时，人行道可以拓宽，以纳入专用于路边车道的区域。

（2）人行道（第一层防线）：这个区域是行人互动、运动和活动的公共空间。如果可能的话，人行道应该是开放的，行人可以随意进入，安全人员不应该干扰行人的交通循环。街景可以包括经过加固的停车收费表、路灯、长椅、花盆和垃圾箱。当街道的宽度不允许放置安保设施时，使用可伸缩的安全护柱是一个很好的解决方案。

（3）建筑物庭院（第二层防线）：该区域是指建筑物与人行道之间的外部空间。它包括一个与建筑物相邻的草地，与人行道齐平，或高于人行道水平的一个种植草坪与植物的平台。它还包括行人入口和装载码头。对于建筑庭院而言，安置的安全部件应起到补充建筑结构和景观美化的作用。安保部件应当设置在靠近庭院外缘附近的地方。花架或凸起的板墙为这一层级的防卫提供了良好的安全屏障。

（4）室内建筑空间（第三层防线）：第三层处理敏感的和脆弱的内部区域、空间或需要保护的特定资产。

值得注意的是，不同的防御层次对于不同的危险具有不同的功能和重要性。因此，通过缓解措施造成的危害风险与每一防御层的漏洞之间存在着一种相互作用，这是显而易见的。这就意味着，如果采取特定的缓解措施来防范某一特定的危险，这种缓解措施可能会对另一种危险风险产生影响。这是一个需要牢记的重要概念，因为如果安全缓解措施做得恰到好处，就有可能为多重危害节省缓解的成本费用。

13.3　理解冗余因素（第三步骤：任务 3.2）

建筑脆弱性的产生主要有两个方面的来源：（1）缺乏冗余性，以及（2）缺乏强化。每个建筑物都应该有一些冗余和强化措施。冗余和强化行为的需要适用于所有危险，既包括自然风险，又包括人为因素造成的风险。理解冗余和强化之间的差异的最好的一种来源是了解美国土木工程师学会（ASCE）标准第 7 部分的规定，该规则探讨了建筑物激进式倒塌的缓解措施。有两种方法可以缓解建筑物的渐进式倒塌，分别是特定载荷阻抗法（Specific Load Resistance Method）和备用通道法（Alternate Path Method）。

特定的抗荷载要求加固建筑物以抵抗假定的荷载（或危险），以避免建筑物遭受不必要的损坏程度。备用通道方法要求为建筑物提供冗余，以便在发生局部故障时，不会对建筑物性能产生全局性影响。需要注意的是，美国土木工程师学会（ASCE）的标准 7 的方法用特别适宜于结构系统。然而，这两种方法的概念都可以轻易地扩展到建筑物中的所有其他重要系统（机械、电气、消防、安全等）之中。冗余和加固强化的合理组合，将会带来安全和成本效益高的建筑物。

了解冗余因素：当建筑物受到危险（自然或人为）的影响时，这种危险的影响可能会对人造成伤害、破坏基础设施或导致目标的功能性破坏。至关重要的是，建筑物中重要基础设施功能的丧失不会导致建筑物功能的完全丧失。建筑功能和基础设施脆弱性分析，将确定建筑物内的空间分布和关键资产之间的相互依存关系。理想情况下，这些功能应具有空间分散性以及场址恢复或备用工作位置特性。

然而，一些关键的功能和基础设施没有备份，或者将被确定为并置并创建所谓的单点漏洞。识别和保护这些单点漏洞或低冗余度和脆弱性是评估过程的一个关键方面。与公共系统脆弱性相关的问题包括：没有冗余，冗余系统馈入单个关键节点、冗余系统的关键组件彼此靠近形成并置组合，以及在灾后环境中表现出能力不足或耐用性不足。

识别和保护这些单点漏洞或低冗余度和脆弱性，将有助于您为评估确定更准确的脆弱性评级。

以下所列各项均属于建筑冗余的事例：

- 炸弹爆炸：增强结构间的连接能力，以确保适当的载荷分配机制。为建筑物提供备用水源。
- 化学、生物及放射性制剂（CBR）：提供足够的冗余通风系统。
- 地震：提供了一种设计合理的冗余侧向抗震机制。
- 洪水：确保备有冗余的大容量水泵，以备洪水紧急情况下使用。
- 大风：确保地面上冗余传输线（电话、互联网、电力）的充足性，以防其中一条线路因大风而无法正常运行。

对建筑物进行加固强化以抵抗自然灾害的影响，意味着建筑结构部件将能够抵抗假定危险的影响，而不会造成不可接受的破坏。新建筑物可以从基础设计开始，使其坚固到足以抵抗危险。现有建筑物可能需要进行改造更新，以达到预期的强化水平。美国土木工程师协会（ASCE）标准 7、美国钢结构设计协会（AISC）和美国混凝土学会（ACI）制定和提出的一些设计规范和标准，可以帮助辨识确定建筑物的某些预期强化程度。为了辨识确定现有建筑物是否已经加固到足以应付假定的危险，有必要对以下几项要素进行评估：

- 定义正在考虑的危险等级水平；
- 检查竣工建筑物的建筑设计文件。

通过比较更早前的情况，可以确定是否需要加固。如果在现场实地视察期间没有具体的建筑文件，以下信息可能有助于确定是否需要加固：

- 原始施工日期，或最近一次改造的日期。
- 最近一次改建的内容是什么？
- 在最初施工时的建筑管理规范，以及最近修改的建筑规范。

此外，与建筑物所有者、经理或工程师进行深入的访谈，可能有助于决定建筑物目前的加固强化程度。

加固强化可以是针对特定的危险进行的，也可以针对建筑材料，或者是针对特定建筑构件进行的。一些具体的例子如下所示。值得注意是，某些加固强化技术可能有益于多个危险的防范：

- 炸弹袭击：特定的建筑框架支柱可能需要加强或强化，以阻抗爆炸波的直接冲击；
- 机械系统可能需要加装防爆外壳；
- 化学、生物和放射性制剂（CBR）：强化并不是减轻 CBR 袭击风险的可行选择；

200

- 地震：横梁、立柱和/或连接点应当进行加固强化，以满足抗震的需求。在非结构组件中，添加额外的锚；
- 洪水：地下室的防渗墙可能足以抵挡假定的洪水侵袭；
- 大风：强化的幕墙和玻璃，足以抵御假定的大风的影响。

13.3.1　冗余、强化和脆弱性的成本影响

要确保有效的建筑系统能够抵抗假定的危险，通常需要很好地混合强化和冗余的解决方案。然而，在许多情况下，只有强化解决方案是可行的，例如有限的空间，或者如果建筑物的几何图形不允许提供冗余系统。在其他情况下，只有冗余的解决方案是可行的，例如只有一个易受攻击的服务来源存在。但是，应该指出，在考虑任何脆弱性时，必须考虑到改善脆弱性所涉及的成本费用问题，必须采用最佳解决办法或各种解决办法的组合。

13.3.2　影响脆弱性的其他因素

除了强化和冗余之外，还有其他因素可以影响建筑物面对不同危险的脆弱性。最相关的附加脆弱性的示例如下：

场地环境条件：某些场地环境条件会增加建筑物对特定危险的脆弱性。需要注意的是，其中一些场地条件可能会由于某些危险而增加建筑物的脆弱性，同时降低建筑物对另一种危险的脆弱性。例如：

- 炸弹爆炸：茂密的树木和场地景观的障碍物阻滞线可能增加入侵者在郊区环境中对建筑的易受攻击性。
- 化学生物及放射性制剂（CBR）：根据气流方式的不同，平坦的、城市或丘陵山地场地环境条件将可能会增加或减少建筑物居住区受化学、生物和放射性制剂（CBR）影响的脆弱性。
- 地震：在地震波震动期间，易受破坏的土坡可能会发生滑坡，从而阻碍最初响应者的行动。
- 洪水：易受洪水影响的程度直接取决于场址地点的地质结构。
- 大风：风压的大小和分布以及风尘屑与场地的地质结构直接相关。

201　　建筑布局：建筑布局是由建筑规划和建筑物设计所界定的，包括但不限于出入口、指定的避难所、正常和紧急情况下的人群流动等。此外，建筑物的主要功能必须纳入脆弱性评估的考虑范畴。在考虑建筑物布局的某一特定特征时，需要解决的主要问题是：这一特征是否增加、降低建筑物的易受攻击性，或者对建筑物的脆弱性/易受攻击性而言不值一提？

危害相互作用：如果建筑物受到一种以上的危险威胁，那么必须慎重考虑危险的相互作用。有些危险对建筑物的安全需求是不一致的。例如，建筑物构件上的地震力随着建筑物重量的增加而增加。相反，爆炸冲击波对建筑构件的影响随着这些构件的重量增加而减小。只有在两种危险的要求之间达成谨慎的妥协之后，才能得到最有效的设计。另外，需要注意的是，无论是地震震荡波

或者是炸弹爆炸冲击波危险，都要求建筑物的结构部件具有延展性：这是不同类型的危险具有一致性要求的例子。

其他考虑因素：还有其他不太明显的因素可能会增加建筑物的脆弱性，例如建筑物的功能、相邻建筑物的类型或使用建筑物的人员。用于生产危险材料的建筑物比住宅建筑更容易受到损害。同样，如果相邻的建筑物被用来存放危险物品，那么在考虑范围内的建筑物就增加了脆弱性。公共设施和办公设施混合使用的建筑物，也比那些仅仅用于办公的建筑类型更容易受到攻击。脆弱性评估人员需要提出的问题是：这座建筑有什么特殊的特性或功能使它更容易受到攻击吗？

13.4 进行现场检查（第三步骤：任务3.3）

如前所述，在收集和审查了所有数据之后，现在是进行现场检查的时候了。现场检查需要获得房屋持有的许可，才能在建筑物内四处走动、与人面谈、拍照和测量，也许还需要审阅文件。美国联邦应急管理局（FEMA）452号和426号文件中的调查清单表，可作为进行现场检查和调查的表格大纲。问题应在检查期间或之后立即得到回答。通常情况下，需要跟进后续工作以收集更多信息或与能够回答问题的适格现场人员交谈。

13.5 准备脆弱性评估的清单组合（第三步骤：任务3.4）

为了进行评估，小组应该有一个可用的漏洞组合。这个组合应该包括以下内容：

- 评估议程；
- 评估背景资料（由评估小组和建筑物业主收集）；
- 威胁等级；
- 资产价值排序工作表；
- 重要文件（建筑规划、程序和政策等参见任务3.2）；
- 应急程序（在发生袭击或者其他事件的情况下，最初的组织反应和恢复重建能力，参见任务3.2）；
- 根据联邦应急管理局 FEMA 452（2010）文件的规定，列出的建筑物脆弱性评估检查清单；
- 风险评估矩阵；
- 评估检查清单表中观察资料的优先次序。

13.6　确定脆弱性等级（第三步骤：任务3.5）

这项任务涉及确定能够反映建筑物功能、系统和场址在特定威胁风险方面的脆弱性的等级。脆弱性包括在事件发生后缺乏使建筑系统保持运作的冗余。评级从非常低到非常高，涉及建筑功能和建筑基础设施。在进行脆弱性分析时，应当考虑以下因素：

（1）资产周围的环境。对邻近地区的犯罪活动进行评估。评估过程中应当辨识确定犯罪模式、趋势、频率以及当地工商企业的反应。

（2）建筑物的居住者及其对建筑物的使用情况。

（3）房屋周边范围的地面（包括财产和结构）。

（4）建筑物周边的安全状况。

（5）建筑物内的公共区域。

（6）个人区域的周边及其内部安全。

脆弱性是任何可以利用来实施威胁的东西。建筑物中的脆弱性可能表现在其设计和建造施工、技术系统或其操作之中（例如，安全程序及其实际操作或者行政性和管理控制）。虽然，脆弱性分析在很大程度上是一个主观过程，但它确定了具体的弱点是如何导致并允许实现威胁的。场址和建筑结构脆弱性的示例包括：

（1）周围地形和相邻结构；

（2）场地布局及其相关要素，包括周边环境和停车场；

（3）进入进入公用设施的访问控制的位置和访问权限；

（4）结构抗爆炸的程度或阻力；

（5）建筑循环模式与空间布局；

（6）设施内高风险资产的位置。

确定脆弱性的等级

对于本操作指南，已选择了下面的脆弱性等级评定表。表 13.1 提供了一个选择脆弱性等级评定的标尺度。该量表是一个 7 级的利克特型量表（7 - level Likert - type Scale）和 10 点数值量表（10 - point Numerical Scale）（10 级是最大的威胁等级）的组合。这种刻度量表的关键因素是建筑物的脆弱性，以及攻击者在试图对你的建筑物造成破坏时可能面临的缓解或困难，或者你的建筑物中存在的对地震、洪水和风的弱点。此外，在发生事件的情况下，还考虑到建筑物运作的损失和缺乏冗余的因素（表 13.2）。

表 13.1 脆弱性等级

非常高	10	非常高——已确定一个或多个重大脆弱性/漏洞，这些脆弱性/漏洞使资产极易受到侵犯或危害。该建筑物缺乏冗余/物理性实质保护/恢复能力，整个大楼的功能在事件发生之后很长一段时间才能恢复运作
高	8~9	高——已查明一个或多个重大脆弱性/漏洞，这些脆弱性/漏洞使资产极易受到侵犯或危害。该建筑物的冗余/物理性保护/恢复能力很差，整栋建筑物的大部分功能在事件发生之后很长一段时间才能恢复基本运作
中高	7	中高——已查明一个重要的脆弱性/漏洞，该脆弱性/漏洞使资产极易受到侵犯或危险的影响。该建筑物没有足够的冗余/物理性保护/恢复能力，建筑物的大多数重要功能在事件发生之后很长一段时间才能重新运作
中	5~6	中等——已查明一个脆弱性/漏洞，该脆弱性/漏洞使资产相当容易受到侵犯或危害。该建筑物没有足够的冗余/物理性保护/恢复能力，而且该建筑物的大部分功能在事件发生之后较长一段时间才能重新运作
中低	4	中低——已查明一个脆弱性/漏洞，该脆弱性/漏洞使资产在某种程度上容易受到侵犯或危险的影响。该建筑物已纳入了相当程度的冗余/物理性保护/恢复能力，建筑物的绝大多数重要功能在事件发生后相当长一段时间后才能重新运作
低	2~3	低——已查明一个轻微脆弱性/漏洞，该脆弱性/漏洞使资产对侵入者或危险的敏感性略有增加。该建筑已纳入了较好程度的冗余/物理性保护/恢复能力，在事件发生之后较短的时间内就能够恢复其功能运转
非常低	1	非常低——不存在任何脆弱性/漏洞，该建筑物拥有出色的冗余/物理性保护/恢复能力，在事件发生后能够立即投入运营

资料来源：美国联邦应急管理局（FEMA）452 标准，《风险评估：如何减少对建筑物的潜在恐怖袭击指南》，建筑物和基础设施保护系列丛书，2010 年 7 月。

表 13.2 特定多层建筑特（建筑基础设施）脆弱性等级的标示示例

基础设施类型	电脑攻击	汽车炸弹	地震	洪水	强风
场址	1	7	6	4	4
建筑物	1	9	7	2	2
结构系统	1	10	7	2	1
围护结构系统	1	9	7	2	1
公共设施系统	2	6	2	2	1
机械系统	1	8	5	9	9
管道和燃气系统	1	6	3	6	2
电气系统	7	8	6	2	1
消防报警系统	1	6	8	2	1
电信/通信系统	8	6	8	2	1

13.7　防止恐怖活动袭击，应当考虑哪些因素

根据联邦应急管理局（FEMA）发布的 426 标准（2003，2010）文件的规定，保护你的建筑物免受恐怖袭击，应当考虑的因素包括：

- 建筑物的主要服务或产出是什么？
- 建筑物内发生了哪些重要活动？
- 建筑物的居住者和使用者是谁？
- 建筑物在建造成功之后或维持其持续性，需要外部组织提供哪些投入或服务？

204　　改善建筑物关键资产安全状况的一个重要步骤是在恐怖袭击发生之前提高其保护水平。认识到人是建筑物中最重要的资产，在整个步骤中所描述的过程，将帮助你确定和优先考虑那些资产里面的人处于最危险的状态和最需要保护（FEMA 452，2005，2010）。

恐怖主义行为在性质和规模上往往更具有全球性，在实现建筑物项目销毁的最终目标方面可能有不同的界限。在这方面，重要的事是要知道，如果一座建筑物发生灾难性损失，可能会有多少人死亡：

（1）如果发生损失或停运，主要的建筑功能会发生什么情况？

（2）建筑物中是否保存有重要的或敏感的信息？

（3）是否保存有此建筑物的数据或产品的备份或冗余？如何更换主要建筑资产，如果需要替换的话，成本费用是多少？

（4）建筑物和财产中的关键设备、数据、公用设施、通信系统的具体位置在什么地方？

（5）是否有应急安排、业务连续性计划，以及是否演练过预防此类事件的发生？

在辨识确定了建筑资产之后，应当对那些可能会对建筑物运行和服务造成严重破坏的资产给出一个价值或等级评估，从非常高的价值到非常低的价值依序排列。这种价值的赋值对于确定优先次序和适当的保护战略，具有非常重要的作用。

美国联邦应急管理局（FEMA）426 标准（2003）使用客观的方法来辨识确定建筑物或场址的脆弱性。这些因素包括：

（1）可见性程度：人们对目标的存在和目标对一般民众，特别是对恐怖分子的可见性有何认识？

（2）目标场址的资产价值：场址对人口、社区、经济、公司或组织有什么用处？

（3）潜在威胁要素或攻击者的目标值：目标是否为威胁评估中所确定的可能会成为攻击者的目的或可资利用的手段？

（4）攻击者能否接触到目标：攻击者是否有手段和能力获得已辨识确定的资产？

（5）危险的目标威胁程度：公演生物和放射性试剂（CBR）的数量在释放时是否达到了危险的程度？建筑物为避免遭受潜在危险的威胁，应该保持什么程度的建筑后退？

（6）场址的人口容量：在特定的时间内，建筑物或地址能够接纳的最大人数容量是多少？在最坏的情况下，可能造成的潜在生命损失是多少？

（7）潜在的附带损害：在目标场址 1 英里半径内的生命和财产的潜在损失有多大？（FEMA 426，2003，pp. 1－32）

正如您将在第 18 章中看到的那样，每一个关键的基础设施或建筑物都可以进行评估、评分和分级。对建筑物的脆弱性给出一个客观的评估数值的能力，为调查小组提供了一种能够对拟建建筑物及其资产所面临的威胁进行定量检查的能力。有许多方法可以用来分析建筑物、场地或特定目标的脆弱性，但是没有一种方法在所有情况下都是最好的。不管采用什么方法，一个好的开端是在解决问题之前先追根溯源找准问题，看清问题的全貌。

13.8 小 结

脆弱性分析侧重于确定潜在损失的范围、潜在后果和成本，因此，组织可以应用风险决策标准，为资产提供特定程度的保护，或寻求其他风险抵消手段（缓解措施）。下一步涉及设计人员对每个潜在损失事件的影响和概率进行分类。一旦确定了这些风险，设计人员必须考虑既定的组织风险管理标准，例如接受潜在的损失、避免损失、分散损失、用保险抵消损失、转移风险、通过移动降低风险或获取冗余资产以及通过安全对策消除风险。最后，设计人员对必须通过抵消或转移以外的其他方式管理资产，这就给设计人员带来了一定的风险。在这种情况下，设计人员确定了每一项风险资产的适当保护级别，评估该资产易于受到攻击或者遭受损失的脆弱性，并开始设计一个保护该特定资产安全的响应程序。在此阶段，设计人员将资产和资产组按照保护标准的级别进行分类，例如非常高、高、中、低和非常低，从而成为确定资产保护要求和对策选择的依据。

分析的结果可用于针对最可能发生和/或破坏性最大的事件类型［国家职业安全与健康研究所（NIOSH），2003，p. 3］。安全设计人员必须预测威胁、识别脆弱性并量化风险。然后，他们必须预测最严重的可能后果，并最终权衡任何对策建议的成本与感知得到的成本效益，或降低损失的可能性。确定具有成本效益的保护措施及其一体化是从健全的风险分析开始的结构化决策过程的结果，该过程根据整个系统的要求，考虑到每项资产保护战略的单独的和集成的贡献。综合安全系统的设计始于认识到某些资产存在风险，以及为保护企业或组织而必须实施的人员和设施控制的运行要求。

205

参考文献

[1] American Institute of Architects（AIA）（2004）*Building Security through Design：A Primer for Architects，Design Professionals，and Their Clients.* J. A. Demkin，Ed. Wiley & Sons，Hoboken，NJ.

[2] FEMA 426（2003）*Reference Manual to Mitigate Potential Terrorist Attacks against Buildings.* Risk Management Series，December.

[3] FEMA 426（2010）*Reference Manual to Mitigate Potential Terrorist Attacks against Buitdings.* Risk Management Series，July.

[4] FEMA 452（2005）*A How – to Guide to Mitigate Potential Terrorist Attacks against Buildings.* Risk Management Series，January.

[5] FEMA 452（2010）*Risk Assessment：A How – to Guide to Mitigate Potential Terrorist Attacks against Buildings.* Buildings and Infrastructure Protection Series，July.

[6] NIOSH（2003）*Focus on Prevention：Conducting a Hazard Risk Assessment.* Prepared by M. J. Brinch，Jr. and L. G. Mallett，U. S. Department of Health and Human Services，Public Health Service Centers for Disease Control and Prevention，National Institute for Occupational Safety and Health，Pittsburgh Research Laboratory，Pittsburgh，PA. July 3，p. 2.

追根溯源找准问题：风险评估

14.1　风险评估

风险是资产损失或损坏的潜在风险。风险基于发生危险的可能性或概率以及发生后果（FEMA 426，2003，pp. 1 – 35）。

评估程序的第四步骤是为拟建场地和建筑物准备风险评估矩阵（图14.1）。风险评估分析威胁/危害、资产价值和脆弱性，以确每项重要资产的风险水平，以防范每一种可能出现的危险威胁或自然危害。风险评估过程涉及以下任务：

（1）编制风险评估矩阵；

（2）确定风险评级；

（3）在建筑物脆弱性评估清单中，确定意见的优先顺序。

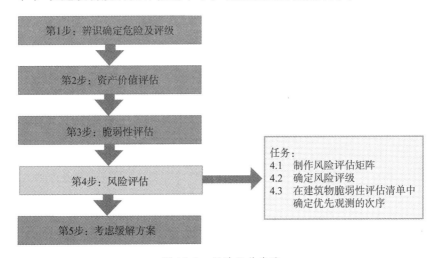

图 14.1　风险评估步骤

注：摘引自联邦应急管理局（FEMA 452）标准文件，《风险评估：如何减少对建筑物的潜在恐怖袭击指南》（*Risk Assessment：A How – to Guide to Mitigate Potential Terrorist Attacks against Buildings*），建筑与基础设施保护系列，2010 年 7 月。

有许多方法和手段来进行建筑风险评估，这些步骤可以按不同的顺序完成，但是，它们都有一个共同的目标，那就是采用量化评估程序，以确定那些风险最高的资产，并评估可以降低风险的缓解措施。可以利用前面论述过的资产价值、威胁和脆弱性的结果来计算风险。应对现有和新建造的建筑物设施进行风险评估并记录在案。如果没有相应的风险评估文件档案，则应对现有的建筑物进行风险评估。如果建筑物的所有权发生变化或建筑物的使用情况或功能任务发生变化，也应当进行风险评估。

14.2　编制风险评估矩阵（第四步骤：任务4.1）

为了估计风险，需要考虑许多因素（AIA 2004；ASCE，2010；FEMA 452，2005；FEMA 426，2003；FEMA 426，2010；NIOSH，2003；and 1999 State Domestic Program）。风险可以根据威胁/危险等级、资产价值和脆弱性评估结果来计算。首先，需要识别和评估可能对建筑物及其居住者造成损害的威胁和/或自然灾害等级。其次，应确定需要保护的资产和人员的价值。在辨识确定威胁和资产之后，必须辨识确定脆弱性的等级评定，再确定该脆弱性等级可能被恐怖分子或攻击者或自然灾害利用的可能性。风险可以根据威胁/危险等级、资产价值和脆弱性评级的结果计算。

在第一步、第二步和第三步骤中，评估人员应当辨识确定威胁/危险等级、资产价值和脆弱性等级。在第四步骤中，评估人员在进行评估之前，在与重要的管理工作人员（如建筑物业主、安保主管、现场管理、重要功能性代表等）举行现场会议时，应当筛选评估使用的工具。评估筛选调查（the Assessment Screening Surveys）应当与建筑利益相关各方和评估小组成员通过协商一致的方式做出判定。风险评估矩阵既可以提供一个量化的评分比值，又可以提供不同的颜码，以客观和直观地判断已经被确定为处于风险中的功能和系统。

在风险评估矩阵中，列出了威胁和危害，并列出了功能和基础设施，以创建威胁对。一般来说，有两种方法来完成工作表。一种方法是从所有设置为零的单元格元素开始，详细讨论每个元素，以得到一个协商一致的数字。另一种方法是从与数值相等的所有单元格元素（例如，"5"）开始，然后向上或向下调整单元格数值。无论采用哪种方法，前几行和前几列都将需要花费最长的时间才能达到协商一致的比值，但是当评估小组熟悉评级和比例时，流程可能会很快完成。需要3~4小时就能完成评估矩阵，在此期间，将以口头交流的形式确定许多建筑物的脆弱性，这一过程将与脆弱性组合和早期的建筑场址巡视结合进行。

识别和确定威胁/危险评级：第一步是确定并就威胁/危险等级达成共识。在辨识和确定每个威胁/危险后，应确定每个威胁和自然灾害的威胁/危险等级。威胁等级是对恐怖主义威胁的一种主观判断，基于现在的安全状况、能力、历史、意图和目标等做出的判断。危险等级取决于特定的危险事件的频率、地理位置和现有的或者评估小组能够收集到的信息。威胁/危险等级只是一种应急方法，可能受到许多因素的影响，但是对于每个功能函数（按列排序向下各栏），给定的威胁值通常都是相同的。

分散在综合分析环境中的组织，可能具有不同的评级。对于威胁等级，分配了 1~10 的等级范围：10 级被认为非常高；8~9 为高；7 为中高；5~6 为中级；4 为中低级；2~3 为低；1 是非常低。

对资产价值进行评级：第二步骤旨在确定场地和/或建筑物的资产价值评级（参见表 14.1）。在辨识确定需要保护的建筑物资产后，应分配相应的风险比值。资产价值是指建筑物的资产丧失工作能力或遭到破坏而造成的破坏性影响的程度。进行建筑风险评估有多种方法和手段，这些评估步骤可以按不同的顺序排列，但目标是采用定量评估流程，确定风险最高的资产，并评估可降低风险的缓解措施。对于资产价值评级，分配了从 1~10 的比值范围：10 被认为非常高；8~9 为高；7 为中高；5~6 为中等；4 为中低；2~3 为低；1 是非常低。

209

表 14.1　重要功能资产价值

功　能	汽车炸弹	化学制剂 （沙林毒气）	地震	洪水	大风
行政管理方面					
资产价值	5	5	5	5	5
危险威胁等级					
脆弱性等级					
工程建设方面					
资产价值	8	8	8	8	8
危险威胁等级					
脆弱性等级					

资料来源：美国联邦应急管理局（FEMA 452），《风险评估：如何减少对建筑物的潜在恐怖袭击指南》（Risk Assessment：A How – to Guide to Mitigate Potential Terrorist Attacks against Buildings），建筑物和基础设施保护系列，2010 年 7 月。

脆弱性等级评估：第三步骤是确定场址和/或建筑物的脆弱性等级。在确定了威胁等级和资产价值评级之后，应确定脆弱性等级。脆弱性等级要求识别和评估每对资产—威胁组的脆弱性。对建筑物进行彻底的脆弱性评估，将有助于判断具体的建筑设计和建筑结构特征，并能够辨识确定所有建筑功能和建筑系统的脆弱性。在 1~10 级的脆弱性评级范围内，1 表示非常低或根本不存在脆弱性，10 表示存在一个或多个重大脆弱性，使某项资产极易受到攻击者或自然灾害事件的影响。

关键功能资产价值：表 14.1 描述了场址重要功能矩阵的一部分。它在左侧列出了功能，在顶部列出了威胁/危害的类别。资产价值评级被输入到场址重要功能的矩阵中，并开始对风险要素进行量化的过程。一般来说，对于所有威胁和自然灾害，特定功能的资产价值都是相同的，矩阵有助于以定量的形式识别并确定重要的功能。功能矩阵是以人为本的和主观的，并为脆弱性和风险评级提供了指导。突出强调了工程和管理职能下的资产价值。对于管理功能，为所有的威胁和自然风险分配了中等资产价值（5 级）。对于工程而言，所有威胁和自然危害的资产评级都很高（8 级）。

在风险评估矩阵中，威胁和危害类别列在最上面一行，功能和基础设施被列在下面，以建立起威胁配对。一般来说，有两种方法可以完成表 14.1。一种方法是先将所有单元格要素设置为零，然后详细讨论每个要素，以得出一个一致的数字值。另一种方法是从等于一个数值（例如，"5"）的所有单元格要素开始，然后向上或向下调整单元格值。

其他评级矩阵包括：
（1）关键的重要基础设施资产价值；
（2）重要功能威胁/危害评级；
（3）关键基础设施危险威胁评级；
（4）重要职能脆弱性评级；
（5）关键基础设施脆弱性评级。

重要功能威胁/危险评级：表 14.2 着重强调了场址和结构系统的威胁/危害等级。根据有关已知对照组的信息和当前可以获得的爆炸物数量，将汽车炸弹危险确定为非常高的威胁/危险等级（8 级）。根据生产特殊制剂所需要的智力和困难程度，将化学制剂（沙林毒气）列为中等偏低等级（4 级）。由于建筑结构和地质断层造成的危害几乎没有什么差异，而且土壤可以暴露在相当宽广的地面上，因此将地震的危害威胁评级确定为中间等级（6 级）；然而，根据危险活力编码图（Hazard Zip Code map）和美国美国地质勘探局（United States Geological Survey，USGS）地质构造图，发生地震的频率较低。将洪水的危险等级确定为中等偏下（4 级），尽管事实上离主要洪水源的距离非常小；场地位于 B 区［根据全国洪水保险计划（*National Flood Insurance Program*，*NFIP*）地图标示，年平均只有 0.2% 的机会］，并有良好的防洪墙系统的保护。将强风确定为低等级（2 级），因为建筑物一般不会位于美国土木工程师协会（ASCE）第 7 号标准文件所明确标记的龙卷风或飓风多发区域。

表 14.2　重要功能危险/威胁评级

功　能	汽车炸弹	化学制剂 （沙林毒气）	地震	洪水	大风
行政管理方面					
资产价值	5	5	5	5	5
危险/威胁评级	8	4	6	4	2
脆弱性评级					
工程建设方面					
资产价值	8	8	8	8	8
危险/威胁评级	8	4	6	4	2
脆弱性评级					

资料来源：美国联邦应急管理局（FEMA 452），《风险评估：如何减少对建筑物的潜在恐怖袭击指南》（*Risk Assessment*：*A How - to Guide to Mitigate Potential Terrorist Attacks against Buildings*），建筑物和基础设施保护系列，2010 年 7 月。

关键基础设施威胁/危害评级：表 14.3 着重强调了场址和结构系统的威胁/危害等级。根据有关已知对照组的信息和当前可以获得的爆炸物数量，将汽车炸弹的危险确定为非常高的威胁/危险等级（8 级）。根据对照组释放寄生虫和病毒的历史记录比较低的情况，将化学制剂（沙林毒气）列为中等偏低等级（4 级）。由于建筑结构和地质断层造成的危害几乎没有什么差异，而且土壤可以暴露在相当宽广的地面上，因此将地震的危害威胁评级确定为中间等级（6 级）；然而，根据危险活力编码图（the Hazard Zip Code map）和美国地质勘探局（United States Geological Survey，USGS）地质构造图，发生地震的频率较低。将洪水的危险等级确定为中等偏下（4 级），尽管事实上离主要洪水源的距离非常小；场地位于 B 区［根据全国洪水保险计划（*National Flood Insurance Program*，*NFIP*）地图标示，年平均只有 0.2% 的机会］，并有良好的防洪墙系统的保护。将强风确定为低等级（2 级），鉴于建筑物坐落于美国土木工程师协会（ASCE）第 7 号标准文件［美国土木工程师协会/科学工程学学会（SEI）ASCE/SEI 7 - 10 标准系列，建筑物和其他结构的最小载荷设计］在飓风多发区域地图上明确标记的特殊区域中。

表 14.3　关键基础设施危险/威胁评级

功　能	汽车炸弹	化学制剂 （沙林毒气）	地震	洪水	大风
场址					
资产价值	4	4	4	4	4
危险/威胁评级	8	4	6	4	2
脆弱性评级					

续表

功　能	汽车炸弹	化学制剂 （沙林毒气）	地震	洪水	大风
结构系统					
资产价值	8	8	8	8	8
危险/威胁评级	8	4	6	4	2
脆弱性评级					

资料来源：美国联邦应急管理局（FEMA 452），《风险评估：如何减少对建筑物的潜在恐怖袭击指南》（*Risk Assessment：A How – to Guide to Mitigate Potential Terrorist Attacks against Buildings*），建筑物和基础设施保护系列，2010 年 7 月。

　　重要功能脆弱性评级：在表 14.4 中，就行政管理而言，由于缺乏隔离抵挡措施，将汽车炸弹袭击确定为中高等级的脆弱性评级（7 级）；鉴于行政管理部门位于建筑物入口大厅附近，而且进气口与地面平行，因此将沙林毒气和蓖麻毒素袭击的脆弱性评级确定为非常高（9 级）；因建筑物和建筑结构类型的老化，将地震对建筑物影响的脆弱性评级确定为中高（7 级）；由于场地和结构的标高不同，将洪水袭击的脆弱性评级确定为低（3 级）；以及由于建筑物和建筑结构类型的老化，而将强风的脆弱性确定为中高（7 级）。就机械工程而言，由于机械工程设施设备位于建筑物内部，将汽车炸弹袭击确定为中低易损性等级（4 级）；将沙林毒气或蓖麻毒素攻击的脆弱性评级确定为非常高（9 级）；将地震的脆弱性确定为中高级（7 级）；将洪水袭击的脆弱性影响确定为低（2 级），以及将强风的脆弱性等级确定为低（4 级），因为机械工程的设施设备安装在比较新的、更具抗风能力的附属设施中。

211

表 14.4　重要功能脆弱性评级

功　能	汽车炸弹	化学制剂 （沙林毒气）	地震	洪水	大风
行政管理方面					
资产价值	5	5	5	5	5
危险/威胁评级	8	4	6	4	2
脆弱性评级	7	9	7	3	7
工程方面					
资产价值	8	8	8	8	8
危险/威胁评级	8	4	6	4	2
脆弱性评级	4	9	7	2	4

资料来源：美国联邦应急管理局（FEMA 452），《风险评估：如何减少对建筑物的潜在恐怖袭击指南》（*Risk Assessment：A How – to Guide to Mitigate Potential Terrorist Attacks against Buildings*），建筑物和基础设施保护系列，2010 年 7 月。

关键基础设施结构脆弱性评级：如表 14.5 所示，对于场地，由于建筑物周边缺乏对车辆的控制措施，将汽车炸弹袭击的脆弱性等级确定为中高级（7级）；由于沙林毒气和蓖麻毒素袭击对场地的损害影响很小，因此将其脆弱性评级为较低（2级）；由于地震波在土壤环境中的损失存在潜在加重的原因，因此将其脆弱性确定为中高（7级）；由于缺乏适当的排水，将场址面临的洪水威胁的脆弱性确定为中级（5级）；由于场址周围没有栽种什么大树以及其他潜在的投射物，因此将强风的脆弱性确定为低级（2级）。对于结构系统，由于对渐进倒塌问题的担忧，因此将汽车炸弹袭击的脆弱性等级确定为非常高（10级）；与此相反，鉴于沙林毒气或蓖麻毒素攻击对这些系统的损害很小或没有什么损害，因此将其脆弱性等级确定为非常低（1级）；由于建筑物和建筑结构类型的老化，将地震的脆弱性评级确定非常高（10级）；将洪水袭击的脆弱性确定为低（2级）；将强风的脆弱性等级确定为中高（7级），因为该建筑物较弱的脆弱性是建筑物及其建筑结构类型的老化。

表 14.5　关键基础设施脆弱性评级

功　　能	汽车炸弹	化学制剂 （沙林毒气）	地震	洪水	大风
场址					
资产价值	4	4	4	4	4
危险/威胁评级	8	4	6	4	2
脆弱性评级	7	2	7	5	2
结构系统					
资产价值	8	8	8	8	8
危险/威胁评级	8	4	6	4	2
脆弱性评级	10	1	10	2	7

资料来源：美国联邦应急管理局（FEMA 452），《风险评估：如何减少对建筑物的潜在恐怖袭击指南》（*Risk Assessment：A How - to Guide to Mitigate Potential Terrorist Attacks against Buildings*），建筑物和基础设施保护系列，2010 年 7 月。

14.3　确定风险等级（第四步骤：任务 4.2）

风险是指资产可能遭受损失或损坏的可能性。它是根据资产相对于威胁/危害和与之相关的脆弱性的价值来衡量的。风险是根据发生威胁/危害的可能性或概率以及发生的后果来衡量的。风险评估分析威胁/危害（发生的概率）、资产价值（发生的后果）和脆弱性，以确定每项资产可能发生的危险威胁的风险级别。风险评估为工程师和建筑师提供了一个相对的风险描述，该风险简况描述定义了哪些资产面临特定威胁或自然灾害时所承受的风险最大。

进行风险评估的方法和技术很多，为此，本章介绍的方法是汇集威胁评估、资产价值评估和脆弱性评估的结果，并根据以下公式确定每项资产和威胁/危害配对组的风险数值：

$$风险 = 资产价值 \times 危险威胁评级 \times 脆弱性评级$$

为了编制风险评估矩阵，针对每个功能或系统需要考虑三个风险要素或因素，以匹配先前确定的特定威胁或危险事件。将分配给这三个因素中的每一个因素的风险评级值相乘，可提供总风险的量化值。为每项功能或系统对应的每个威胁的总风险分配一个相匹配的颜色代码。在资源有限的情况下，应利用风险评估的结果帮助确定应当采取那些缓解措施的优先次序，以达到预期的保护水平。为了表明风险等级，在建筑物脆弱性评估中关于总风险等级的信息，已经用不同的颜色编码标明。图 14.2 所示为场址功能的预筛选矩阵，图 14.3 所示为场址基础设施预筛选矩阵。

功　能	汽车炸弹	化学制剂（沙林毒气）	地震	洪水	强风
行政管理方面	280	140	210	60	70
资产价值	5	5	5	5	5
危险/威胁评级	8	4	6	4	2
脆弱性评级	7	9	7	3	7
机械工程方面	246	256	336	64	64
资产价值	8	8	8	8	8
危险/威胁评级	8	4	6	4	2
脆弱性评级	4	9	7	2	4
仓储保管	168	96	162	108	54
资产价值	3	3	3	3	3
危险/威胁评级	8	4	6	4	2
脆弱性评级	7	8	9	9	9
数据中心	320	128	144	128	64
资产价值	8	8	8	8	8
危险/威胁评级	8	4	6	4	2
脆弱性评级	5	4	3	4	4
给养服务	112	32	60	72	36
资产价值	2	2	2	2	2
危险/威胁评级	8	4	6	4	2
脆弱性评级	7	4	5	9	9
安保服务	392	140	420	252	126
资产价值	7	7	7	7	7
危险/威胁评级	8	4	6	4	2
脆弱性评级	7	5	10	9	9
内务管理	112	24	36	24	12
资产价值	2	2	2	2	2

功　能	汽车炸弹	化学制剂 （沙林毒气）	地震	洪水	强风
危险/威胁评级	8	4	6	4	2
脆弱性评级	7	3	3	3	3
日间看护	504	324	486	324	162
资产价值	9	9	9	9	9
危险/威胁评级	8	4	6	4	2
脆弱性评级	7	9	9	9	9

图 14.2　（参见彩图）场址功能预评估筛选矩阵。总风险因素用颜色的深浅度表示：低风险（绿色）=0—60；中度风险（黄色）=61—175；高风险（橙色）≥176

注：资料来源于美国联邦应急管理局（FEMA 452），《风险评估：如何减少对建筑物的潜在恐怖袭击指南》（*Risk Assessment：A How – to Guide to Mitigate Potential Terrorist Attacks against Buildings*），建筑物和基础设施保护系列，2010 年 7 月。

214

基础设施	汽车炸弹	化学制剂 （沙林毒气）	地震	洪水	强风
场址	224	32	128	80	16
资产价值	4	4	4	4	4
危险/威胁评级	8	4	6	4	2
脆弱性评级	7	2	7	5	2
建筑物	40	180	210	40	20
资产价值	5	5	5	5	5
危险/威胁评级	8	4	6	4	2
脆弱性评级	1	9	7	2	2
结构系统	640	32	480	64	64
资产价值	8	8	8	8	8
危险/威胁评级	8	4	6	4	2
脆弱性评级	10	1	10	2	4
围护系统	56	252	252	56	14
资产价值	7	7	7	7	7
危险/威胁评级	8	4	6	4	2
脆弱性评级	1	9	6	2	1
公用设施系统	112	168	84	56	14
资产价值	7	7	7	7	7
危险/威胁评级	8	4	6	4	2
脆弱性评级	2	6	2	2	1
机械系统	56	224	210	252	126
资产价值	7	7	7	7	7
危险/威胁评级	8	4	6	4	2
脆弱性评级	1	8	5	9	9
管道与燃气系统	40	120	75	60	20
资产价值	5	5	5	5	5
危险/威胁评级	8	4	5	2	2
脆弱性评级	1	6	3	6	2

续表

基础设施	汽车炸弹	化学制剂 （沙林毒气）	地震	洪水	强风
电气系统	392	224	210	28	14
资产价值	7	7	7	7	7
危险/威胁评级	8	4	5	2	2
脆弱性评级	7	8	6	2	1
消防报警系统	72	216	360	36	18
资产价值	9	9	9	9	9
危险/威胁评级	8	4	5	2	2
脆弱性评级	1	6	8	2	1
信息/通讯系统	512	192	240	32	16
资产价值	8	8	8	8	8
危险/威胁评级	8	4	5	2	2
脆弱性评级	8	6	6	2	1

图 14.3 （参见彩图）场址基础设施预评估筛选矩阵。总风险因素用颜色的深浅度表示：低风险（绿色）=0—60；中度风险（黄色）=61—175；高风险（橙色）≥176
注：资料来源于美国联邦应急管理局（FEMA 452），《风险评估：如何减少对建筑物的潜在恐怖袭击指南》（*Risk Assessment：A How – to Guide to Mitigate Potential Terrorist Attacks against Buildings*），建筑物和基础设施保护系列，2010 年 7 月。

14.4 根据建筑物脆弱性评估确定观测的优先次序（第四步骤：任务 4.3）

从为每个脆弱性问题提供的观测结果中选择该设施的脆弱性。然后对这些脆弱性进行优先排序，以确定最有效的缓解措施。确定优先次序的依据是攻击者和/或自然灾害可资利用的最大脆弱性，以及在生命损失、建筑物损坏和营运损失方面的最大风险。任务 14.3 是风险评估的最终任务。它允许测量员对他们观察到的设施脆弱性进行排序，并提出补救措施。

例如，建筑物脆弱性评估问题可能是：

- 是否设置了周边围栏或其他类型的屏障控制措施？设置此类措施的目的是通过已知的入口访问控制点，将行人交通引导到一个具有多户型建筑物的地点。对于某栋特定的建筑物而言，其目的是只有一个单一的访客入口。因此，观察到主门入口对于车辆和行人侵入者来说，只有一个入口仍然保持着开放状态。整个设施中都没有路标指示系统，这很难引导工作人员和访客进入控制访问点。只有一辆保安车为整个园区服务；至少还需要两辆巡逻车提供服务，才能满足安保的需要。
- 其他区域的室内玻璃是否具有抗碎性？在建筑物的主立面，窗户不防爆以及如果玻璃没有正确地固定在框架上，都会造成脆弱性。如果发生爆炸事件，估计门窗玻璃会发生破裂，并且玻璃碎片不会留在框架内。这样的话，在发生爆炸事件时，就可能会造成大量人员伤亡。

14.5　小　结

风险评估是对资产、威胁、脆弱性、临界程度进行探索和评估，并提出一个真实的风险数值（商数）或风险水平的最终结果。安全或设计专业人员面临的挑战是对构成风险的各个组成部分有一个全面的了解（图 14.4）。风险不可能是一种快速草率和即兴而为的判断，它是一种本能的客观的判断，因为它反映了环境的总体情况。当风险商数（Risk Quotient）的可靠性很高时，建筑设计师或安全设计人员就可以正确地制定缓解步骤，从追根溯源找准问题，转移到问题解决阶段。然后可以提出并回答以下问题：我们如何解决一定程度的风险挑战，以保护建筑物功能或基础设施的脆弱性。

215

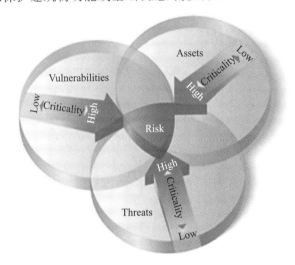

图 14.4　风险是一种危险威胁因素和脆弱性

随着安全设计人员的关注重点，从提出他们的安全需求转移到解决问题的需求时，风险商数是指导完成工作所需的适当数量的 CPTED 和安全特性的界限。通常情况下，其目标是提供合理的安全级别，而不是提供特别的安全级别。大多数企业几乎负担不起最低限度的安全，更不用说大使馆级的安全保障措施了。因此，确定什么是合理和适当的过程，就是风险评估过程的全部内容。

参考文献

[1] American Institute of Architects（AIA）（2004）*Building Security through Design*：*A Primer for Architects*，*Design Professionals*，*and Their Clients.* J. A. Demkin，Ed. Wiley & Sons，Hoboken，NJ.

[2] American Society of Civil Engineers（2010）*Minimum Design Loads of Buildings and Other*

Structures, ASCE/SEI 7 – 10.

［3］ FEMA 426（2003）*Reference Manual to Mitigate Potential Terrorist Attacks against Buildings*. Risk Management Series, December.

［4］ FEMA 426（2010）*Reference Manual to Mitigate Potential Terrorist Attacks against Buildings*. Risk Management Series, July.

［5］ FEMA 452（2005）*A How – to Guide to Mitigate Potential Terrorist Attacks against Buildings*. Risk Management Series, January.

［6］ FEMA 452（2010）*Risk Assessment：A How – to Guide to Mitigate Potential Terrorist Attacks against Buildings*. Buildings and Infrastructure Protection Series, July.

［7］ NIOSH （2003）*Focus on Prevention：Conducting a Hazard Risk Assessment*. Prepared by M. J. Brinch, Jr. and L. G. Mallett, U. S. Department of Health and Human Services, Public Health Service Centers for Disease Control and Prevention, National Institute for Occupational Safety and Health, Pittsburgh Research Laboratory, Pittsburgh, PA. July 3, p. 2.

［8］ State Domestic Preparedness Equipment Program（1999）*Assessment and Strategy Development Tool Kit*. May 1999.

缓解措施：精心制定目标，你可能达成目标

15.1 安全计划

经过全面的安全风险评估后，制定并实施可靠的安全计划是可以做到的。一些隐患极易导致安全事故的发生，风险评估有助于找出这些隐患，并评估事故对管理产生影响的严重程度。在随后的方案评估、风险缓解和应急准备中，这些隐患也是需要优先考虑的因素。

预防和缓解的措施包括以下方面：

（1）CPTED（环境设施预防犯罪）原则；

（2）物理安全设备；

（3）电子安全设备；

（4）安全人员；

（5）监管、培训、聘用前筛查、文件记录等管理措施。

为了制订安全计划，首先需要完成风险评估所要求的每一个程序。在针对 具体场所评估安全等级过程中，必须考虑以下因素：

- 业务类别；
- 在物品、现金、机密信息等方面对犯罪活动的诱惑力如何；
- 转移盗窃财物可能选择的逃跑线路（可能与进入场所的路线不一致）；
- 如果该场所有多个使用人，需要考虑从街道、开放场所、毗邻楼顶、底楼以及毗邻场所进入该场所的难易程度；
- 该场所在建设时，自身内部所采取的安全措施等级；
- 根据该场所所在地区整体犯罪情况，判断存在哪些薄弱环节；
- 由公众日常活动场所、所在地警方日常巡逻、该场所或毗邻场所组织的安保巡逻等方面所提供的监视状况如何。

安全评估按照一定的逻辑顺序开展（FEMA 452，2010）。我们已经就前四个环节进行了探讨，第五个环节，也是最后一个环节，即落实安全措施，采取缓解措施以解决问题。

第一步：风险评估

找出每一个风险隐患；

确定设计考虑的因素；

明确风险隐患等级。

第二步：财产价值评估

理解财产的价值；

明确建筑的核心功能和各个基础设施；

明确财产价值等级。

第三步：薄弱环节分析

确定防卫层次；

理解充足备用资源的重要性；

开展现场查看；

列出所有薄弱环节；

确定薄弱环节等级。

第四步：风险评估

风险发生的可能性多大；

风险发生后，在人身损害、财产损失、业务持续运营等方面会带来哪些影响；

针对每项财产所面临的每一隐患，明确相应的风险；

填写风险评估表；

确定风险等级；

根据建筑薄弱环节评估结果，确定需要优先观察的环节。

第五步：缓解措施

明确预先采取的缓解措施；

评估缓解措施；

估算成本；

对缓解措施进行筛选，明确优先项目，进行优化整合。

15.2　明确预先采取的缓解措施（第五步骤：任务5.1）

219

第四步确定了相应的主要风险，第五步是针对这些风险，提出直接相关的缓解措施，并进行评估（图15.1）。风险评估完成后，通常各个利益相关方就了解了需要采取缓解措施的各个项财产所处的领域，相关内容都处于本环节的讨论范围内。因此，需要根据现有的资源，针对最重要的缓解措施，做出相应的决定。CPTED 强调，在解决问题之前，先要通过评估找出问题。因此，在采取缓解措施解决问题之前，必须对威胁、风险和各个薄弱环节进行全面了解。

在研究各项缓解措施过程中，必须注重以下方面：

确定预先采取的缓解措施；

对各项缓解措施进行评审；

确定防护等级；

对缓解措施进行筛选，明确优先项目，进行优化整合；
估算成本。

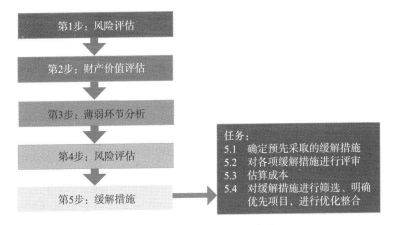

图 15.1　明确缓解措施的步骤

注：参见 FEMA 452，《风险评估：如何减少对建筑物的潜在恐怖袭击指南》，建筑和基础设施保护丛书，2010 年 7 月。

第五步重点关注的，是在发生恐怖袭击或自然灾害的情况下，可以减轻对建筑造成损坏的各项缓解措施。在这一环节中，需要根据现有的实施条件，从有效性、接受程度和可行性等方面对各项缓解措施进行评审。针对缓解措施评审所提出的建议程序，并不能替代技术评估方面的全面深入分析，它只是为了帮助缩小选择范围，找出最有效的缓解措施。一旦评估小组和建筑的利益相关方明确了风险最大的财产（见第四步），他们就会找出减小风险的缓解措施。所有的风险不可能全部排除，同时每一建筑在可以调用的资源方面也有其限度，因此，必须对缓解措施进行审慎的分析。

缓解措施可以从各个不同的角度进行考虑，但其关注的重点应当是建筑的基础设施和核心功能。第五步的目的是找出可靠的缓解措施，一旦发生恐怖袭击或者自然灾害，可以减轻对建成环境带来的影响。为了实现这一目标，需要从以下三个层面着手：

（1）法规规范措施；
（2）既有建筑的维修和加固；
（3）预防和管理措施。

15.2.1　法规规范措施

220

法规规范措施是指政府部门为了用以制止、减轻、防范人为风险因素对商业建筑造成损失而从法律和其他管理等方面采取的措施。绝大多数情况下，在考虑其他措施之前，必须优先考虑法规规范措施，因为在采取缓解措施过程中，无论是做出决策、组织实施还是筹措资金，都必须在法规规范措施所提供的框架内进行。

15.2.2　既有建筑的维修和加固

如标题所揭示，维修和加固是指对既有建筑和基础设施从结构和非结构等方面采取改进措施。新建建筑在其建设过程中，可以采取保护性措施，减小恐怖袭击可能产生的危害；但是，既有建筑却可能面临风险，因为在其建筑过程中，并未采取适当的安全措施，以抵御恐怖袭击的危害。因此，提升既有建筑和基础设施整体的安全、结构水平，通常是减轻人为事件产生不利影响的最佳方法。

当人为灾害发生时，它既可能对目标建筑产生直接损害，又可能间接殃及毗邻的建筑。损害程度受各个建筑的设计、施工质量的影响。设计、施工质量较差的建筑通常不能抵御爆炸所带来的冲击，一旦发生化学、细菌和放射性物质袭击，也难以发挥避难功能。一般情况下，建筑师、业主和结构工程师会对风险进行评估，并根据业主所掌握的资源、建筑的性质及其用途等因素采取相应的改进措施。根据各类自然灾害明确建筑的具体性能，再采取相应的设计措施即可以达成相应的效果。

针对新建建筑和既有建筑的改建而言，如果需要另外采取结构系统，则在设计初始阶段就需要进行评估决策，以便建筑和结构设计可以协同推进。建筑师和工程师可以根据性能、成本、建筑和规划影响等方面的既往经验决定在系统方面需要采取的措施。在提出初步设计草案后，就必须开展相应的工作，因为这一阶段容易在基础设施方面发生颠覆性变化（Design Basis Earthquake），同时，在这一阶段也可以了解不同的结构系统在性能方面的区别，还可以根据建筑类型、规模和用途的不同，确定相应的方案是否合适。

15.2.3　预防和管理措施

缓解措施是提升建筑和基础设施承受灾害的能力，与之相异，预防和管理措施是针对建筑的薄弱环节和人为损害，降低其破坏力，达到保护建筑的目的。理想情况下，可以利用情报手段预防恐怖袭击，或者先发制人打击恐怖活动。如果袭击一旦发生，则可以综合利用物理安保措施和管理措施（如监视、安保人员、传感器），提供多层次的防卫手段，延缓和（或）阻止袭击发生。

伪装可以让某一设施看起来已经采取了更严密的防范措施，或者属于不引人注目的低风险设施——尽管事实上并非如此——从而降低其吸引力。伪装还可以将袭击者误导到某一设施中重要性较低的部分。在万不得已的情况下，才会采取结构加固措施，避免建筑倒塌或者碎片飞溅，以保护人身安全、方便撤离和救援。物理安全措施和管理方面的安保措施互相影响，因此，在设计初始阶段，业主和安全专家就必须根据风险水平差异，明确在管理方面需要采取的措施。如果规划得当，物理安全措施会按照下述的优先顺序达成相应的目标。

- 预防袭击发生——让一些显而易见的袭击行为难以实施（如停靠在街面的汽车），或者让目标看起来，如果被袭击，引起关注度不高，因

此，潜在的袭击者就不想对该建筑下手。从另一方面讲，让某一设施
看起来戒备森严或者毫无防备都不是一个好选择，因为那样会激发对
该设施进行袭击的念头。

- 延迟袭击发生——如果袭击者已经着手开展袭击，通过景观设计和建
  筑设施方面合理措施，可以提高袭击者接近袭击目标的难度，从而延
  迟袭击实际发生的时间。这样，可以给安保人员和相关部门留出应对
  时间，甚至可能阻止袭击实际实施。可以通过设置障碍物、设计迂回
  的道路、在建筑内部实行功能分区等手段，在建筑内部公众可进入区
  域与重要区域之间设置缓冲区域，达到这一目的。同时，通过适当的
  设计，还可以将袭击者误导到建筑内重要性较低的区域，从而延缓袭
  击发生。

- 减轻袭击损害——如果在采取防范措施的情况下，仍然发生了袭击事
  件，结构方面的保护措施将发挥作用，控制损害范围和后果。针对建
  筑采取的所有安全措施中，结构方面的保护措施是最后的手段，只有
  在其他预防袭击发生的措施失效后才发挥作用。在袭击事件中，人身
  安全保护系统的作用就是挽救生命。

15.3 评审缓解措施（第五步骤：任务5.2）

在这一环节中，你应当已经预先确定了可以采取的所有缓解措施，并且针
对爆炸以及化学、生物、放射性等危险物质，按照管制类、重建类及预防和管
理类予以分组〔FEMA 452（2005，2010）；FEMA 426（2003，2010）；FM 3 -
19，30（2001）；State Domestic Preparedness Equipment Program（1999）；Unified
Facilities（UFC）（2007）〕。本部分的下述部分提出了一系列标准，有助于针
对前面第一项任务所提出的各项缓解措施，缩小选择范围。由于不同的事故对
建筑产生的影响也会互相冲突，因此，在决定采取何种防护等级（LOP）时，
应当充分考虑各项冲突。例如，扩大建设规模虽然有助于减轻炸弹爆炸产生的
影响，但如果发生地震，对结构的压力也会增加。需求方面存在的冲突会降低
预定的防护等级。筛选标准包括以下内容：

（1）现有的政治支持——政治支持是指在对拟采取的缓解措施进行评审
时，征求地方、国家官员以及社区方面的意见。许多社区已经认识到，要想缓
解措施取得实效，必须依靠政治及社区层面的支持。要想在实施缓解措施方面
取得有效的政治支持，在大多数情况下，需要时间和耐心。但是，在各种缓解
措施的对比中，某些缓解措施确实更容易得到支持。

（2）社区接受度——在评审拟采取的缓解措施时，不能将社区接受度和
政治支持割裂对待。二者均为成功落实相关缓解措施的必要前提条件。在很多
情况下，必须在社区开展广泛的宣传，解释存在的风险、实施拟采取缓解措施
的原因以及预期产生的效益。

（3）成本——实施缓解措施除了需要政治和技术力量方面的支撑，成本也是需要着重考虑的环节。在第五步——第一项任务中提出相关缓解措施时，要对可能付出的成本和实施的可能性做到心中有数。

（4）效益——在实施一项缓解措施时，明白取得的效益大于付出的成本是一件非常重要的事情。在第五步——第一项任务中提出相关缓解措施时，要对实施相关措施可能产生的效益做到心中有数。

（5）已有资金——在开始第五步——第二项任务的步骤时，明白实施相关措施所需要的资金数额非常重要。评审团队应当和场所、建筑的业主就此议题进行商讨，因为资金的数额会限制所采取缓解措施的类别。

222

（6）法律权利——如不具有适当的法律权利，相关缓解措施则不能合法实施。在评审过程中，需要搞清楚建筑业主是否具有采取相关缓解措施的法律权利，是否需要等待新的法律法规出台。例如，在城市设置退让距离可能会违反规划法规和有关建筑退让距离方面的规定。

（7）对某一群体的负面影响——虽然采取缓解措施会解决因爆炸和化学、生物、放射性危险物质产生的问题，但是，还需要考虑到可能会对部分人群带来负面影响。例如，设置障碍物和路桩可能会减少某一城市的游客数量，进而会对社区和酒店行业产生影响。

（8）对建成环境的负面影响——一些缓解措施可能会对建成环境产生负面影响。在选择相关措施时，以下几个方面必须审慎考虑：

　　a. 对交通（车辆）通行的影响；

　　b. 对行人通行的影响；

　　c. 对出入建筑的影响；

　　d. 对其他建筑运营的影响；

　　e. 对外观审美的影响；

　　f. 对紧急救援可能产生的影响。

（9）对环境的影响——在考虑缓解措施时，必须考虑到相关措施是否会对环境产生不利影响，如是否会威胁到濒危物种生存，是否会影响到湿地和其他受保护的自然资源。

（10）技术水平——一些缓解措施在实施过程中要求较高的技术水平和专业的工程技术人员。虽然可以在短期内聘用相关专家，但一些缓解措施技术比较复杂，可能需要专业人员长期维护。因此，需要对各个利益相关方的技术力量进行充分考虑，明确拟采取缓解措施所需的关键技术人员。如果现有的专业技术力量可以满足某一缓解措施的要求，则该缓解措施应当优先考虑。

（11）维护和运营资金——在考虑实施某一缓解措施时，需要保证有足够的资金满足维护、运营所需。

（12）实施相关措施的方便快捷程度——在实施相关的缓解措施时，不同的措施会涉及各个不同的部门。评审团队需要明确实施相关措施需要涉及哪些公共机构和相应的管理部门，并对制度和规定进行深入研究。评审团队既要弄清楚哪些方面存在问题，或者制度障碍，又要弄清楚哪些方面存在便于实施相关措施的积极因素。评审团队需要根据所在地区的各项规定，合理平衡具体缓解措施实施的可能性，采取最有利于实施的措施。

（13）时间要求和紧急程度——由于相关风险在自身性质（如反复出现安全漏洞）、政治意愿（如示范项目）、公众意见（如新近发生的损害或灾害）等方面的原因，一些缓解措施需要立即实施。这些因素会决定实施相关缓解措施的时间。

（14）短期解决方案（效益）——在考虑相关缓解措施时，可能需要对短期解决方案（可以暂时解决问题，但在今后需要另外采取后续措施）进行评估。短期解决方案可以快速实施，迅速满足社区需求。

（15）长期解决方案（效益）——在考虑相关缓解措施时，可能需要对长期解决方案（相关缓解措施难以马上筹措到所需资金，但今后一旦资金到位，实施后可以一劳永逸地长期解决问题）进行评估。从长期来看，长期解决方案与短期解决方案相比，性价比更高。

15.4　估算成本（第五步骤：任务5.3）

防护措施的初始建设成本包括两个部分：固定成本和可变成本。固定成本包括安全硬件设施和占用场地产生的成本。固定成本不受袭击严重程度的影响（如将一辆卡车挡在外面的成本是固定的，无论这辆卡车上装载的 TNT 炸药是500 磅还是 5000 磅）。但是，预防爆炸事故的成本则是变化的，取决于风险水平，随着爆炸冲击力和缓冲距离的变化而变化。建筑设计师不能决定炸药的数量，但是，为了应对恐怖袭击，他可以通过决定适当的缓冲距离、对建筑采取加固措施、留出更多的空间来改变防护等级，以保护人身安全、建筑的关键功能和相关基础设施。

最佳缓冲距离受总体防护成本的制约，总体防护成本包括预防成本（建筑成本）和缓冲距离成本（土地成本）。在爆炸冲击力不变的情况下，这两项成本随缓冲距离的变化而变化。建筑成本根据建筑外墙所受到的最高爆炸冲击力决定，土地成本根据缓冲距离的占地面积决定。如果将这些成本控制到最低限度，则为最佳的防护等级。

如果用地面积受限，不能将外围安全防线扩展得更远，可以将规定的建筑面积在现有的用地范围内予以调整分布。虽然建筑面积增加，但占地面积会缩小，还会在建筑之间形成更大的缓冲距离。虽然建筑成本提高（因为建筑面积增加了），但是相应地，安全成本会降低（因为缓冲距离增加了），通过在建筑面积和防护成本之间确定合理的比例，可以在二者之间合理实现平衡。

通常可以采取此类方法，确定最佳的缓冲距离，将可抵挡的爆炸冲击力提高至最高水平。如果因预算有限，爆炸冲击力超出了预算成本所允许的范围，则应对设计的抗爆炸冲击力进行调整。在预算既定的情况下，可以进行研究，

223

决定可以承受的最大冲击力数值，明确相应的防护等级，在建筑施工中采取相应的措施。

在早期阶段即应考虑到人为事故可以极大地降低总体防护成本，并提高建筑自身的防护水平。如果事后再考虑采取保护措施，或者在设计结束时都还未考虑到保护措施，则在结构方面需要采取的加固措施会更多，成本将更高。例如，如果实际决定要设置两个有人值守的入口，一个供访客使用，一个供员工使用，然而，如果设计得当，则只需设置一个入口就可以满足全部需求，在后续的建筑使用过程中，设置两个出口付出的成本更高。长期成本也需要纳入考虑范围。影响长期成本预算的因素较多。其中一项即是在建筑预期使用寿命内因改建等因素而产生的折旧率。同时，在预期使用寿命内，建筑本身成本和后期改建成本也是长期成本的重要组成部分。通常情况下，会利用建筑的现有价值来估算其长期成本。思考一下，某一改建材料的使用寿命较长，但是成本稍高。如果成本稍高的材料的现有价值（由于使用寿命较长，折旧率更低）比成本较低的材料的现有价值更划算，从长期来看，使用成本稍高的材料更合适。

物理方面（工程和建筑方面）的考量也会影响到长期成本。例如，设置两个有人值守的入口，一个供访客使用，一个供员工使用，比仅设置一个设计合理，可供所有人使用的入口的成本更高。同理，维护成本也是需要考虑的一个因素。例如，设置化学、生物、放射性物质监测系统，初始成本还相对适中，但是后期维护成本高昂。如果为了建设加强安全的设施，导致最终可用于出租的面积减少了，可能会对长期成本造成较大影响。

综合考虑多种危险因素也会对长期成本产生影响。例如，一栋建筑位于地震多发地带。同时，该建筑的外墙需要进行改建，以防范爆炸冲击，如果可以对改建方案进行深入研究，让其同时可以预防地震，这样，就可以避免今后再单独针对建筑防震另行改建。虽然由于现场的具体情况存在差异，很难针对各类不同的升级改建措施分别测算成本，但是根据以往经验和实践惯例，仍然可以归纳出一些结论。下面按照成本从低到高的顺序，列出了一些改建措施：

（1）对不安全的区域采取加固措施；

（2）采取预防连续性倒塌的措施；

（3）对外墙和窗户进行改建。

15.4.1 确定优先顺序

为了防范恐怖袭击或自然灾害而采取缓解措施时，如果相关成本太高，可以综合运用三种方法解决问题：（1）减少设计可防范的风险种类，（2）降低防护级别，（3）接受相关风险。在一些情况下，业主会根据在保护人身安全方面的实际效用，来决定优先采取哪些改进措施。例如，采取相关措施预防连续性倒塌可能是最有效的挽救生命的措施，因此，较其他改进措施而言，会优先考虑采用。安装钢化玻璃可能是唯一最有效的防止非致命性伤害波及更广的措施。如果成本依然较高，或者因为建筑所在的区域、建筑过于显著等原因，面临的风险也较高，那么，最好的方法可能是将建筑另外选址在风险较低的区域，并让其显得不引人注目。在一些情形下（如有交易大厅的金融机构），让业务能够持续开展的成本较高，并且较其他方面而言显得更加重要。在此种情况下，最有效的解决方案是提供充足的备用资源。

在早期就考虑人为灾害可以显著地降低总体防护成本，并且可以提高建筑自身防护水平。如果事后，或者在设计快要完成时才考虑到防护措施，成本极有可能会提升，因为需要在结构方面采取加固措施的地方会更多。在项目早期就意识到预防人为灾害，有助于设计团队根据建筑实际情况确定需要优先采取的措施。例如，建筑师为了体现建筑特色，想在建筑内部大量铺设从建筑外面就可以看到的柚木镶板，但是这样会导致采取防护措施的成本超出预算，那么，建筑师就会对项目进行综合平衡后采取更合理的措施。在设计的初期阶段就将防范措施纳入考虑范围并综合平衡，有利于更好地解决此类问题。

15.4.2 对恐怖威胁进行效益成本分析

为应对恐怖威胁，在精确估计相关缓解措施的效益成本时会遇到很多困难，解决的方式就是对多种恐怖威胁进行综合分析。如本书前面章节所述，许多设施都会面临一种或多种自然灾害威胁。在解决自然灾害威胁过程中，稍微增加较少成本，就可能同时解决恐怖威胁，并且收效明显。

在确定各类灾害缓解措施的优先顺序时，需要对拟采取的每一措施进行收益成本分析。收益成本分析需要计算缓解措施所需的成本，并比较预期收益，通常也将此称作减少损失。但是，由于下述各种因素，针对恐怖威胁开展收益成本分析时，也会遇到一些难题［更多相关资料，请参阅 FEMA 386 - 7，2002，《将人为灾害纳入缓解方案》（*Integrating Man - Made Hazard into Mitigation Planning*）］。

不确定袭击是否发生以及发生的频率——相对自然灾害而言，在人为灾害中，想要弄清频率问题非常复杂。虽然可以对自然灾害的发生频率做出估算（如某一建筑位于百年一遇洪水区，就可以认为在某一年，该建筑遭遇洪水的概率为1%），但是，想对恐怖袭击和技术事故的发生概率进行量化却很有难度。虽然有一些定量方法可以用于估算其发生概率，但是，其精确程度还不足以针对某一具体建筑确定事故发生的概率。评估团队可以针对威胁和薄弱环节，采用定性的方法估算袭击、事故的发生可能性，但是，不能对发生频率做出精确测算。虽然这类方法显得比较主观，但是在进行成本效益分析（将某一措施的成本和最严重情况下保护生命、财产安全所产生的价值进行比较）时和一些定量的方法结合使用，还是有助于明确采取特定缓解措施在减少风险方面所产生的总体效果。

不确定预防成功率——由于避免发生的事故数量未知，相关措施在阻止、预防方面产生的价值也无法计算。在阻止恐怖袭击发生方面还存在着另外的影响，如果某一潜在目标被采取强化措施后，恐怖分子可能转而寻找另外防护不

225

严密的设施，这样，无论是原有的潜在目标，还是后来的替代目标，二者遭受袭击的概率都发生了变化。

某一措施发挥作用的时间难以量化——在对恐怖袭击和技术事故进行成本效益分析时，某一措施发挥作用的时间又变成了难题。在自然灾害缓解措施中，可以利用相关措施有效发挥作用期间内，避免发生的事故次数来衡量相关措施产生的收益。但是，某一次人为恐怖袭击或者事故，就将缓解措施破坏，或者让其失效。例如，防爆窗户玻璃可以100%地避免因玻璃飞溅而导致的人身伤害，但是，只要经历一次事故后，就需要重新更换玻璃。其他的一些措施，如建筑的缓冲距离，则不会如前述情况，使用一次即失效。这就与自然灾害缓解措施形成了鲜明的对比，在自然灾害缓解措施中，修建的建筑或利用的土地，其效用和使用周期易于理解，其长期价值也可以量化。

15.5 对缓解措施进行筛选、明确优先项目、进行优化整合（第五步骤：任务5.4）

如果建筑业主选定了一定的防护等级（参见图15.1中的任务5.3），在很大程度上就决定了应当选定哪些缓解措施了。除了要将各类缓解措施进行整合外，唯一需要做的就是在该防护等级对应备选的多项缓解措施中选出适当的措施。例如，想在玻璃方面采取防护措施，既可以选用防爆窗帘，又可以选择防碎玻璃等。在特定情形下，究竟选择采取何种缓解措施，必须再次审视第五步——第三项任务中所列出的各种因素。评估团队中的工程师、建筑师、景观设计师以及其他技术人员必须参与到这一环节中，确保采取的各项缓解措施可以达到风险评估所提出的各项要求，增强建筑抵御潜在恐怖袭击风险的能力。

然而，通常情况下，在风险评估完成之前，业主对防护等级可能一无所知，或者不愿意确定防护等级。在这种情形下，评估团队必须首先利用风险矩阵，引导业主选择缓解措施，并确定优先顺序。

风险矩阵将第五步—第三项任务中提出的各项缓解措施与矩阵中的风险评分联系起来，并予以量化。但是，在完成这一任务过程中，并没有固定的方法。可以采取以下方法实现这一目的：

（1）针对得分最高的风险因素，选择缓解措施。

（2）在一项或多项设计基础风险（Design Basis Threats）中，针对涉及面最广的风险，选择缓解措施。例如，有15项评分较高的风险因素与汽车炸弹有关，而只有1项评分较高的风险因素与武装袭击有关，那么，就要重点关注设置缓冲距离，可以防止汽车炸弹袭击的缓解措施。

（3）选择契合建筑业主总体规划和. 重大完善项目（Capital Improvement Process）的缓解措施。

（4）仅选择符合建筑业主的资金预算和时间限制要求的缓解措施。

评估团队应当向建筑业主提供可以减少风险的备选缓解措施。风险评估的结果有助于业主将各项缓解措施有机整合到既有规划和设计过程中。

根据各项缓解措施要求（即功能要求）确立设计基础是制订安全方案的第一步，在这一阶段，业主可以根据特定财产面临的特定风险确定系统目标、功能要求和基本系统定义，以减少薄弱环节。设计基础提出了合理适当的缓解措施，可以为可靠的安全方案奠定基础。各项缓解措施的设计基础（或功能要求）为设计方案确定了简单可靠的前提，使设计团队可以聚焦于一点，顺利合理地向具体的应对措施过渡，确保在方式上把握主动，在投资方面取得回报。

设计基础风险是对预防对象在类别、构成要素、能力等方面的具体描述，它与设计基础和功能要求紧密相关。设计基础风险的具体分析指出了风险事故（爆炸、犯罪活动、自然灾害、某一愤怒的员工）的各项具体特征，如数量、规模、速度、方式等。根据这些具体细节可以制定性能方面的具体要求，对针对特定风险的具体应对措施进行评估和设计，同时，还可以据此了解可能产生的后果。设计基础包括：

（1）为确保安全提供清晰的方案；

（2）有助于针对安全需求进行沟通；

（3）根据环境和项目方面的变化，更容易在解决措施方面做出变更；

（4）为在管理方面增加安全措施奠定沟通基础；

（5）提出功能要求是确定和阐释安全建议的固定流程。

明确设计基础时，通常要弄清下列问题：

（1）保护的对象是什么？

（2）防范什么风险？

（3）会造成哪些损失后果？

（4）确定哪一防护等级？

（5）具体要求有哪些？

（6）属于哪一防护类别？

（7）在防护方面会受到哪些限制？

（8）系统或应对措施的整合情况如何？

例如，某一设施的薄弱环节是数据中心访问处于失控状态，风险和防护等级为高。那么，功能要求就应当明确为：只允许获得授权的员工，经比较准确的身份识别后才可以访问数据中心。

227

又如，薄弱环节为成品仓库无法监测或迟滞发生强制闯入的情况（图 15.2）。风险和防护级别为高。那么，功能要求应当明确为：对强行闯入成品仓库的情形实施即时监测，确保可以及时拦截风险源，超过响应时间时，可以采取迟滞措施。

决定具体缓解措施的其他功能

图 15.2　存放贵重敏感物品的仓库应当采用综合安保系统

要求还包括：

- 对外部场所和出入口周围实施监控；
- 安装计算机软件，记录员工图像和档案，凭密码方可访问；
- 在景观绿化方面保持视线通畅，最大限度地提高自然监视水平；
- 利用物理和电子安全设备，对设施实施管控，确保将管理人员使用场所分隔开来；
- 除非确有需要，否则不允许供货商进入设施中的某些场所；
- 通过正式开展员工培训，采取预防措施，让员工明确各个部门职责的重要性和敏感性；
- 在运营监控和管理方面，让安全管理措施形成有机联系的网络；
- 在事故（灾害）应对方面，确保形成清晰具体的处理流程。

功能设计要求必须说明拟采取的措施需要达到什么目标，而不是说明它是什么。功能要求应当用动宾短语格式（Verbs and Prepositional Phrases）提出，例如：

- 照亮停车场；
- 保证大门安全，仅允许获得授权的人进入。

这些要求被称为设计基础。功能要求对可靠的安全方案至关重要。功能要求和概念设计为有效实现安全提供了清晰的指引，是设计的基础，也为增加安全措施提供了沟通基础。你希望实现什么目标？

思考一下，一个成功的解决方案会产生什么效果？（而好方案的具体内容是什么？）决不允许出现什么后果？

以下为一些设计基础表述示例：

- 对外部场所和出入口周围实施监控；
- 利用自动化方式对设施访问实施控制；
- 在停车场提供充足的照明和监视；
- 在无人使用的时间段内，对场所内的警报设施实施监管，发生报警时可以做出应对；
- 对场所入口、大厅和装卸区持续实施监视；
- 安装计算机软件，记录员工图像和档案，凭密码方可访问；
- 在景观绿化方面保持视线通畅，最大限度地提供自然监视水平；
- 利用物理和电子安全设备，对设施实施管控，确保将管理人员场所分隔开来；
- 除非确有需要，否则不允许供货商进入设施中的某些场所；
- 通过正式开展员工培训，采取预防措施，让员工明确所有单位职责的重要性和敏感性；
- 在运营监控和管理方面，让安全管理措施形成有机联系的网络；
- 在事故（灾害）应对方面，确保形成清晰具体的处理流程；
- 根据已知的风险威胁，向员工、访客和供应商提供等级相当的物理保

228

护措施；

- 对犯罪及其他方面的举报快速深入地开展调查；
- 采取相应措施对未经允许或强制闯入信息系统的行为实施监测；
- 对下班后未经允许进入设施内的行为实施监测；
- 对非公共区域及设施实施访问控制；
- 利用物理和电子安全设备，将公共场所和私人使用的办公室、大厅分隔；
- 对关键场所实施访问控制，只有确有需要，并获得授权的员工方可入内。

联邦建筑或者国家使馆（State Department Embassy）所面临的威胁大小不一。通过对犯罪数据、政府部门情报资料、数学模型、既往经验等方面的分析，得出了威胁等级基准线。制定威胁等级基准线的目的是让各个工作团队可以利用该基准线针对具体建筑制定适用全国或者更广范围的标准。如果想利用该基准线确定特定建筑的威胁来源，用户希望可以利用与该特定建筑相关的已知信息，例如，当地犯罪率，该建筑过去发生过哪些事故，附近活跃着哪些敌对组织等，确定针对性更强的威胁等级。该威胁等级一旦和威胁等级基准线发生偏离，需要在评估中予以记录，并利用详细的信息对为什么发生偏离进行充分的说明。

图 15.3　正在建设中的新世贸中心的 1 号塔楼，结构设计方面不但可以防范爆炸，并且采用了强化措施可以防范倒塌

世贸中心的新建塔楼（图 15.3 和图 15.4）便是一个例证，该建筑引人注目，需要较高的防护等级，但是承租人众多，面向公众开放，并且坐落在安保难度较高的城市核心区。图 15.5 中位于西班牙巴伦西亚市的建筑，出于安全需要，留出了比较理想的缓冲距离，并实施访问控制。

229

图 15.4　新世贸中心的 1 号塔楼，从地面起高达 40 英尺防爆墙，可以防范汽车炸弹袭击

图 15.5　西班牙巴伦西亚市科学艺术城制定的设计基础风险（Design Basis Threat）要求实施严格的访问控制，并留出缓冲距离

15.6　缓解措施

下文是关于 ISC2010《联邦设施物理安全标准》的简要介绍，其中关于场所、建筑、安全系统、安全运营的安全标准和设计要求与设计和安全行业相关，可以直接运用。

2001 年，跨部门安全委员会（ISC）发布了《新建联邦建筑及其重大改建的 ISC 安全设计标准》，并随后不断更新。在适用该安全设计标准时，需要先根据具体的建筑，从防护等级、威胁、财产、后果、薄弱环节、风险等方面开展风险评估。其划分的三个防护等级可适用于所有的风险，因为其指明了可适用的各类危害。

针对相应的意外事件确定相应的风险等级后，应当采取对应的缓解措施，以达到相当的防护等级。风险等级越高，相应的防护等级也应当越高。除非相应的风险评估文件充分证明可以适当偏离，否则，应当执行基准防护等级，以缓解所预测的风险。

安全等级相同的不同设施之间，因在任务、位置、物理布局等方面存在区别，因此会面临各自不同的风险，某一风险在一个设施中显得较低，在另一设施中可能显得较高。而基准防护等级难以合理解决此类问题，其提供的防护水平可能显得不足，也可能超出实际需要，导致在成本和资源方面产生不必要的、本可运用于其他地方的支出。

230　　可以通过现场调查、走访、审核相关规定和流程、红队测试、桌面演练等方面，来确定在现有防护水平下，采取了哪些应对措施，其效果如何。

在现有出租设施中，出租合同条款可能不允许采用一些风险应对措施，因为这些措施会对整个设施产生影响。物理和预算方面的限制也可能会对达到预定防护等级造成障碍。例如，想增加缓冲距离可能难以实现。因此，为了预防爆炸和防弹，需要对窗户系统进行升级，可能要改造建筑的外墙，以便在墙上安装窗户。又如，可能需要将现有通风系统移到楼顶，或者将进风口移到风险较小的其他地点。

如果难以达到必需的防护等级，则需要仔细考虑，在可实现的最高等级下，可承受的风险总量如何。每一安全标准，如防爆、防止强行闯入、邮包扫描等，都需要符合第一级（最低级）至第五级（最高级）各个层次的相应要求。

如果难以达到必需的防护等级，可以实现的最高等级难以满足要求，风险仍然存在，则需要考虑更改地点，在财产方面适当变化，提高风险接受度，或者采取其他的应对措施，来防范特定的风险威胁。

如果现有的防护等级不足，则需要考虑，必要的防护等级是否可以达到。如果需要在物理设施方面采取应对措施，相关投资的成本收益如何？衡量成本收益需要将相关应对措施的投资与财产的价值进行比较。

新建建筑必须达到规定的合理防护等级要求。在一些情况下，场地方面的条件会对设置缓冲距离造成限制，资金方面的短缺也让一些防护措施难以实现。无论哪种情况，都说明了安全要求需要尽早地提出来。在设计过程中，存在某一关键节点，超过这个节点，想对设计做出改变，成本会高到难以接受，进而难以达到相应的防护等级。

防护等级不仅反映了某一财产的重要性或关键程度，同时还反映了达到相应等级的困难程度。安全层级可以从某一场所外围着手，然后延伸到建筑外部或者壳体，进而深入建筑内部场所实施保护，最后对某一点实施保护。

通常情况下，针对某一建筑确定可接受的受损程度会显得非常纠结，加上成本方面的原因，让选择防护等级变得困难重重。建筑业主是否会选择过高的防护等级，是否会提前运用风险评估方法，这些都难以确定。由于达到相应防护等级付出的成本较高，许多建筑业主甚至连选择前面所述的最基本（最低）防护等级都不愿意。通常情况下，业主是根据当地建筑法规的要求进行施工，而相关的法规关于预防恐怖分子威胁的规定不多。很多情况下，想要按照 ISC 规定的最低标准，确立现代建筑规范，在成本方面的支出会难以承受。"9·11"后的实践表明，只有认为该区域很容易遭受恐怖分子袭击时，相关的建筑业主才愿意在新建建筑设计中采取相应的安全预防措施。

根据 ISC2010 的规定，场所安全标准包括下述内容：

- 认定为联邦设施，或者为了相应目的，认定某一设施属于高风险还是低风险。
- 景观设施不能遮挡安保人员和闭路电视监控系统的视线，或者有碍照明，妨碍身份识别系统正常运行。
- 利用围栏、景观设施或者其他障碍物对行人出入场所实施管控，将其引导至预定场所或入口。
- 车辆出入口应当采取措施，控制流量。
- 为出入口处、露天停车场、车库、停车场和出入口之间以及建筑周围的人行道提供照明。
- 限制区域应当利用围栏、墙体、门或者其他障碍物隔离开来，禁止他人未经允许擅自入内，也可以利用闭路电视系统或者安保人员实施监视。
- 除非相关法律或标准强制要求，否则，不设置标志牌指示敏感场所位置。
- 对露天停车场、地下车库的车辆停放和人员出入采取管控措施。
- 员工车辆、政府雇员车辆和经检查的访客车辆，决定是否需要经过允许方能进入。
- 在受管控的停车场，对车辆出入的管理状况如何？
- 设置的车辆障碍物是否足以保证留出了适当的缓冲距离？
- 对进入场所和受管控停车场的车辆实施检查。
- 对行人出入受管控的停车场是否采取了限制措施，实际运行状况如何？
- 是否采取措施，禁止将任何危险物质送入装卸区、入口或未实施管控

231

的停车场？

- 垃圾箱的摆放是否会阻碍从入口处观察垃圾箱、邮箱、自动售货机或者其他设施的具体位置？（图 15.6 至图 15.11）

图 15.6　位于孟菲斯的一处联邦储备银行建筑按照 ISC 场所安全要求，在街道和建筑之间设置了缓冲区

图 15.7　位于康涅狄格州纽黑文市的一幢联邦建筑运用多种方法，在建筑外墙和街道之间设置了缓冲距离

232

图 15.8　"9·11"事件后，华盛顿纪念碑处立即设置了防碰撞护墩（Jersey Barriers），虽然有碍观瞻，但是却按照要求留出了缓冲距离

图 15.9　在安全改造完成后，纪念碑不仅安全无忧，外观上也顺眼了。深度为 2 英尺的哈哈墙设置了缓冲距离，同时也可以视作符合 CPTED 要求的车辆障碍物

233

图 15.10　在华盛顿纪念碑附近，利用旱河使场地产生水平变化，可以阻止携带爆炸物的车辆驶入

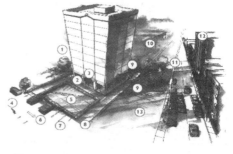

图 15.11　FEMA 426（2010）针对城市中的建筑如何实施保护，标注出了设计要点

图 15.11 针对城市中的建筑如何实施保护，标注出了下述设计要点：

（1）在财产的位置确定场所之内，建筑之外。

（2）不在建筑物下停车。

（3）尽量不在外面设置标志牌或者其他路标，指示财产所有位置。

（4）尽量将垃圾箱设置在远离建筑的位置。

（5）不要设置可以垂直接近建筑的线路。

（6）设置的停车场可以在建筑外面形成缓冲距离。

（7）某一场所存放了暴露于外的财物时，应当提供照明。

（8）减少车辆出入点。

（9）消除建筑附近可以藏身的场所；建筑物周围无遮挡物，保持视线通畅；周围场所空旷，使违禁物品无处藏身。

（10）在确定建筑位置时，使场所内建筑之间可以互相观察周围状况。

（11）尽量扩大建筑与场所外围的距离。

（12）避免在建筑周围自然或人为形成便于实施观测的点（用以观察建筑情况）。

（13）采取安全措施，使无法随意接近供电、供热、燃气管道、电力管线等设施。

ISC 2010 规定的下述建筑结构安全标准，可以在确定设计基础威胁时使用：

- 防爆窗户——根据相应的防护等级，可以选用防碎玻璃，也可以将玻璃设计为可以抵御相应的爆炸冲击。
- 防爆外墙和防爆结构——综合运用多种建筑材料，提高承压能力，如现浇混凝土，同时，还可以利用缓冲距离、场所布局、加固外墙、改善结构等方式，提升外墙的防护能力（图 15.12 至图 15.14）。
- 所有的建筑，无论有多少层，都应当采取防爆措施，避免出现连续倒塌的情况。可以综合利用缓冲距离、场所布局、加固外墙、改善结构等方式，避免建筑结构出现连续倒塌的情况（图 15.15）。
- 楼底停车方面的防爆措施——将各类建筑材料结合使用，以提高承受爆炸冲击的能力，停靠车辆的各个楼层的柱子，应当采用无支撑设计（Unbraced Length）。
- 窗户可以防范强行闯入——位于底楼的窗户可以锁上，距离地面 16 英尺高范围内不得采用活动窗户（Operable Windows），在公众可接近的地方设置的窗户应当采取防范强行闯入的措施。
- 建筑整体、大厅、邮件收发室的生物过滤——根据安全防护等级要求，防护等级较低的建筑，不要求在所有的通风设备上安装颗粒物过滤系统，也不要求在邮件收发室和大厅安装高效滤网。
- 化学物质过滤——安全级别较高的场所的空气循环利用系统以及其重点区域的外部进风口，应当安装气体吸附过滤器。

234

图 15.12　迈阿密联邦法院

图 15.13　迈阿密联邦法院的防爆外墙

235

图 15.14　在结构上另外采取了加固措施，以避免结构受损，同时，墙体和窗户也在设计上被有机地整合到一起

图 15.15　2010 年海地地震中倒塌的建筑

- 通风设备及控制室的安全——安全等级要求较低的场所不做特别要求，安全等级要求较高的场所要在通风设备及控制室处安装侵入监测系统（IDS）和访问控制系统。
- 公用设备及线路的位置——安全等级要求较低的场所不做特别要求，安全等级要求较高的场所应当将公用设备安装在远离装卸区、入口、未采取管理措施的停车场的位置，或者设置缓冲距离，采取加固和通风措施等方式，使其免遭爆炸破坏。
- 应急电源和常用电源分开设置——安全等级要求较低的场所不做特别要求，安全等级要求较高的场所应当在应急电源和常用电源之间留出一段距离，分开设置。
- 应急发电机——安全等级要求较低的场所不做特别要求，安全等级要求较高的场所应当配备应急发电机，未经允许，不得进入该场所。发电机及其储油罐应当远离装卸区、入口、停车场等场所，或者设置缓冲距离，采取加固和通风措施等方式，使其免遭爆炸破坏。

- 供水设施保护——安全等级要求较低的场所不做特别要求，对安全等级要求较高的场所，在公众可以进入的、设置了供水设施的区域，应当利用锁具、安全把手以及其他可以防范破坏的设备，采取合理的管理措施，确保供水安全。供水场所应当利用摄像头监视和安全巡逻等手段，确保用水安全。
- 明确高危场所——行人入口、邮件收发室、公用设施管线和其他传送设备。
- 在人员入口处设置安全通廊。
- 收发室和公用设施管理房应当分开设置。
- 在发生化学、生物和放射性物质事故的情况下，如果需要入口和物资进入，应当设置气闸（Air Locks）。

ISC 2010 设施入口安全标准包括：

图 15.16 GSA 在其管理的一栋建筑内张贴的指示牌

- 证件识别系统——安全等级要求较低的场所不做特别要求，在政府管理的安全等级要求较高的场所，必须随时佩戴贴有照片、标明身份的证件。
- 法定指示牌——所有的场所都应当遵守法律法规和所在场所的规定，张贴指示牌（图 15.16）。
- 员工访问控制——在安全要求较低的场所，应当向员工配发钥匙，方便进入；在安全要求较高的场所应当采取相应措施，保证员工入口安全，在进入场所前，要向安保人员出示工作证件，通过目测、专用工具实施检查。
- 访客访问控制——在安全要求较低的建筑，在工作时间内，面向全体公众开放。在下班时间内，如有访客要求进入，需要采取一定措施，验证其身份后再允许其入内。在安全要求较高的场所，访客要进入不对公众开放的场所，需要先由该场所的租户提出申请，并由其全程陪同，经准许，也可以不陪同。在安全要求较高的场所，访客进入不对公众开放的场所时，要访客出示身份证件（图 15.17）。
- 用户检查——安全要求较低的场所不做相关要求，安全要求中等或者较高的场所，如进入场所的建筑用户没有携带进入该场所的证件，则需要利用 X 光或者磁扫描设备对其身体和携带物品实施检查。
- 访客检查——安全要求较低的场所没有特别要求；安全要求中等或者较高的场所，则需要利用 X 光或者磁扫描设备对所有访客身体和携带物品实施检查，看是否携带武器。
- 检查点的防弹措施——安全要求较低的场所没有特别要求，在安全要求较高的场所，当武装守卫或者其他安保人员需要在保安亭、办公桌、工作台等场所，与未经安检的人员直接接触时，要设置防弹的障碍物。

237

图 15.17　在安全要求较高的场所，应当将访客出入点和建筑用户安检点分别设置并保证安全

- 大厅排队——安全要求较低的场所没有特别要求，在安全要求较高的场所，应当在安检、访客接待和访问控制系统等各个方面采取措施，尽量减少排队现象。在重要、易受攻击的场所，应当按照防爆标准，对窗户和门玻璃采取保护措施。
- 下班后的访问控制——安全要求较低的场所没有特别要求，在安全要求中等和较高的场所，所有的员工、供应商和访客，如果要在下班后出入该场所，必须利用电子方式或者到登记处登记。
- 缩减入口数量——安全要求较低的场所没有特别要求，在安全要求中等和较高的场所，应当尽量缩减进入建筑的入口数量（图 15.18）。
- 入口共用——安全要求较低的场所没有特别要求，在安全要求较高的场所，应当在共用入口处针对员工和访客分别采用人流管理方式。

238

图 15.18　应当保障大厅出入口安全，最好采取防爆措施

图 15.19　应急出口门设计简洁，采取了警报和监控措施。机场的应急出口门在采取警报、监控和安保措施方面应当严格遵守 FAA 107 部分的相关规定

- 外围的门及其锁具——在安全要求较低的场所，外围的门应当采用高度安全的机械锁（High Security Mechanical Locks）。在安全要求中等和较高的场所，门的铰链应当不可移动，并采用高度安全的机械锁或者电子锁（图15.19）。

- 钥匙等出入媒介（Access Media）管理——安全要求较低的场所没有特别要求，在安全要求中等和较高的场所，应当执行正式的钥匙管理制度，如果钥匙等出入媒介丢失或者被盗，应当利用电子方式使其失效。

- 员工便门——安全要求较低的场所没有特别要求，在安全要求中等和较高的场所，为方便员工出入（包括下班时间）而设置的无保安值守的门，应当采取电子访问控制措施，利用闭路电视监控系统实施监控。

- 紧急出口门——所有场所都应当按照人身安全相关法规和标准的规定，在紧急出口门上安装自动闭门器及相关硬件设施，保障安全（图15.20和图15.21）。

- 延时开启——安全要求较低的场所没有特别要求，在安全要求较高的场所，在符合消防法规规定的前提下，应当在重要或敏感场所的紧急出口门上安装延时开启设备。

- 闭门器是否正确安装。

- 锁死装置是否违反消防规定。

- 在安装门时，是否有线路暴露在外。

- 线路外面是否套装线管，保障安全。

- 开门时，是否有 Detex 噪声警报。

239

图15.20 图中的紧急出口门存在多处错误。你能够发现多少处错误　　图15.21 门上所展示的信息太杂乱，应该采用更好的方法

ISC 2010 内部安全标准要求：

- 空间规划——安全要求较低的场所没有特别要求，但在安全要求中等和较高的场所，要按照后述相关要求另外采取相关措施。

- 出入非公共场所——利用标志牌、墙体、侵入监测系统（IDS）、电子访问控制系统、门卫等方式，设置物理障碍，防止未经允许出入非公共场所（图 15.22）。

- 重要区域安全——将进出重要区域的门关好，设置相应程序，仅让经许可的人进入重要区域。在安全要求中等和较高的场所，应当安装电子访问控制系统和侵入监测系统（IDS），对重要区域的访问情况实施监控。
- 建筑及其屋顶的访问控制——应当保护公用设施、机械系统、电气和通讯等设施的安全，利用电子访问控制系统、侵入监测系统（IDS）、闭路电视监控系统实施监控，防止从屋顶进入建筑内部。

240

图 15.22　在多个租户共用的建筑内，采取相关检查措施，仅让合法用户出入大厅非常重要。可以设置机械式或者感光式闸机（Mechanical and Optical），设置物理障碍，将员工和访客区别开来。应当在闸机附近安排保安或者其他工作人员，对访客进行登记，或者向他们发放访客证件

- 公众使用的卫生间——即使安全要求较低的场所，也要对使用公共卫生间实施管控；安全要求高的场所，应当禁止公众使用卫生间，或者经检查后才能使用卫生间。
- 面对公众开放的小卖部和多功能场所——面对公众开放的小卖部和多功能场所应当单独设置入口。在安全要求较高的场所，应当实施检查或者配备保安，以实施访问控制。
- 内部公共场所防爆——安全要求较低的场所没有特别要求，但在安全要求中等和较高的场所，应当利用建筑结构或者其他方面的积极措施，避免内部公共场所的主要垂直受力结构（Primary Vertical Load Members）直接暴露在外。至少要留出 4 英寸的缓冲距离。在安全要求较高的场所，应当在加固和排风方面采取相应措施，一方面，可以避免建筑逐渐倒塌（Progressive Structural Collapse），另一方面，对毗邻未受检公众较多场所，在发生设计基础风险（Design Basis Threat）的情况下，可以减轻因碎片飞溅而引发的伤害。即使公共场所的墙体、天花板、地板遭受结构性破坏，也要避免在毗邻区域发生严重伤害或者倒塌事故（图 15.23 至图 15.25）。

图 15.23　图中两座联邦建筑大楼外面设置了共用的安全防爆玻璃门，作为进入建筑的入口廊道（Entrance Vestibule），并可用以实施安全检查

241

图 15.24　世贸中心 7 号建筑的大厅入口设置了防爆玻璃幕墙

图 15.25　世贸中心 7 号建筑的大厅入口采用了电子闸机，大厅采用了防爆设计

- 邮件检查室、收发室防爆——安全要求较低的场所没有特别要求，但在安全要求中等的场所，应当利用建筑结构或者其他方面的积极措施，避免内部公共场所的主要垂直受力结构直接暴露在外。至少要留出 6 英寸的缓冲距离。在安全要求较高的场所，应当在加固和排风方面采取相应措施，一方面，可以避免建筑逐渐倒塌（Progressive Structural Collapse），另一方面，在毗邻邮件检查、收发室的场所，万一发生设计基础风险，可以减轻因碎片飞溅而引发的伤害。即使公共场所的墙体、天花板、地板遭受结构性破坏，也要避免在毗邻区域发生严重伤害或者倒塌事故（图 15.26 至图 15.27）。

SUNSENTINEL.COM » SATURDAY, APRIL 9, 2011 » SB

Suspicious powder mailed to Rep. West

BOCA RATON — A suspicious white powder mailed to U.S. Rep. Allen West turned out to be a hoax, ending a three-hour scare on Friday that drew a swarm of local and federal investigators to his campaign office in Boca Raton.

Hazardous materials handlers in blue sults tested the powder around 4:30 p.m. in the parking lot outside his office at 2108 N. Federal Highway. No biohazardous substances were detected, according to Boca Raton Fire-Rescue spokesman Frank Correggio.

"It was not anthrax," he said. The tests did not reveal what it was.

A letter with the powder mentioned the word "anthrax" and included derogatory comments toward West, according to a statement from Chief of Staff Jonathan Blythe.
— Alexia Campbell and Wayne K. Roustan

图 15.26 邮件系统依然面临风险，既可能是炭疽病毒，也可能是邮件炸弹，因此，在邮件中心的防爆墙、特殊高效通风过滤系统等方面，要充分运用环境设计预防犯罪设计

注："可疑粉末寄往 Rep. West"，摘自南佛罗里达《太阳前哨报》，作者 Campbell，A.，Roustan，W.，2011 年 4 月 9 日。已获使用许可。

Suspicious Powder Found On Juror Notice At PBC Courthouse

Powder Could Be Same As Substance Found Thursday

UPDATED 4:54 pm EST January 12, 2007

WEST PALM BEACH, Fla. -- Police locked down the Palm Beach County Courthouse Friday after another suspicious substance was found for the second day in a row inside the building, investigators said.

Fire Rescue officials said the substance was found on a juror's notice inside the mail room on the first floor of the building.

Investigators said the substance could be the same that was found Thursday, a white powdery substance called tellurium. According to the U.S. Centers For Disease Control and Prevention, if ingested, tellurium can cause liver damage and affect a person's central nervous system.

West Palm Beach Fire Department. spokesman Phil Kaplan told WPBF-TV that the two contaminated letters delivered to the courthouse Thursday were carried from the first floor of the building and into two judge's chambers on the ninth floor.

Five people exposed to the substance Thursday were stripped and showered inside a decontamination tent at the scene. The individuals were released after showing no signs of poison symptoms.

Investigators said the Broward County Sheriff's Office received a report around 4:30 p.m. Thursday of a brown, granular substance in the mail room of the Broward courthouse as well, which is located on 201 S.E. Sixth St. in Fort Lauderdale.

Hazmat crews responded and the mail room and the employess in the mail room have been contained pending the outcome of field tests on the substance. No injuries have been reported, but three employees of the courthouse were exposed to the unknown substance, Fort Lauderdale Fire-Rescue Assistant Chief Stephen McInerny said.

图 15.27 建成环境长期面临包括化学、生物和放射性有毒物质在内的各类污染物威胁，必须在规划设计方面予以应对

注："接陪审团成员举报，棕榈滩县法院发现可疑粉末"，摘自《ABC 新闻》，2007 年 1 月 12 日。已获使用许可。

图 15.28　安保岗和管理中心的精巧布局对场所的有效运营非常重要

ISC 2010 安全系统标准包括：

- 安装闭路电视监控系统——安全要求较低的场所，应当安装闭路电视监控系统对行人出入口实施监控。安全要求中等的场所，应当安装闭路电视监视系统，对安保检查点、行人及车辆出入口、装卸区和大厅实施监控。安全要求较高的场所，应当安装闭路电视监视系统，对以下区域实施监控：安保检查点、行人及车辆出入口、装卸区、大厅、场所外围、停车场、内部敏感区域、可能出入的其他地点以及犯罪分子和恐怖分子在行动前可能出入的地点。

- 闭路电视监控系统监测和记录——安全要求较低的场所，应当利用延时摄影技术记录闭路电视监控系统影像。安全要求中等的场所，应当利用延时摄影技术记录闭路电视监控系统影像，并用数字格式保存。安全要求较高的场所，应当安装警报启动的闭路电视监控系统，利用延时摄影技术记录闭路电视监控系统影像，并用数字格式保存。安全要求特别高的场所，应当安装实时运行的闭路电视监控系统，利用延时摄影技术记录闭路电视监控系统影像，并用数字格式保存。

- 安全管理中心——对安全要求较低或中等的场所，没有特别要求；对安全要求较高的场所，应当在场所中心位置设置安全管理中心，根据设计基础风险，在上班时间内或者每天 24 小时配备值班人员。

- 闭路电视监控系统提示——如有要求，应当张贴告示，说明该场所安装了闭路电视监控系统。

- 安装侵入监测系统（IDS）——安全要求较低的场所，应当在外围出入口以及底楼的活动窗处安装侵入监测系统（IDS）。安全要求较高的场所，应当在下列区域安装侵入监测系统（IDS）：外围出入口、距地面 16 英尺的所有窗户、其他出入口以及面积超过 96 平方英寸的其他开口。

根据国家消防协会 730（2011）《中外围安全指南》（以下简称《730 指

南》）的规定，安全系统和侵入监测系统（IDS）包括以下方面：

- 体积传感器（Volumetric Sensors）——体积保护传感器可以监测到房间内从地面到天花板的任何角落可能出现的侵入者。体积传感器有多种类型，每一种都具有独特的优势和劣势。因此，必须根据特定环境的具体情况选择相应的类型。体积传感器的优点是可以在高危场所提供非常敏感、隐蔽的监控手段。主要缺点是，如果运用失当，会频繁触发虚假警报。

244
- 被动式红外探测器——当有人侵入监测范围时，人的温度和周围的空气温度会产生区别，并被被动式红外探测器识别出来。被动式红外探测器应当符合 ANSI/UL 639 标准（侵入探测装置标准）要求。
- 超声波探测器——超声波运动探测器可以发射超出人类听觉范围的高频声波。如果超声波受到干扰（如被侵入者干扰）就会触发警报。如果气流过大，或者机械设备发出超声噪声就会导致虚假警报，因此，一般不在建筑内使用超声波探测器。超声波探测器应当符合 ANSI/UL 639 标准（侵入探测装置标准）要求。
- 微波探测器——微波探测器利用高频无线电波探测运动情况。由于微波能量可以穿透玻璃等物体，而金属类可以反射微波，如果安装不当，会监测到监控区域外的运动情况，导致发生虚假警报。微波探测器应当符合 ANSI/UL 639 标准（侵入探测装置标准）要求。
- 光电探测器（Photoelectric Devices）——光电探测器可以在监测范围内发射光线。当侵入者被光线照到，传输回路就会受到干扰，从而触发警报。光电探测器利用二极管发出不可见的红外线，由于脉冲变化较快，可以防止被其他替代性措施破坏。但是，要注意，由于光束较小，并且可能会被侵入者发觉、躲避。光电探测器应当符合 ANSI/UL 639 标准（侵入探测装置标准）要求。
- 接近传感器——可以探测接近的物体，对个人财产直接提供安全保护。
- 电容传感器——电容传感器可以用于保护特定物品，如文件柜、保险柜和保险箱等。如果不小心接触到了箱柜，可能会产生虚假警报。
- 振动探测器——此类设备通过压电晶体或者麦克风探测声音模式变化，如锤子敲击坚硬物体表面的声音，从而监测地表振动。振动探测器可以直接连接在保险箱、文件柜、墙壁、天花板表面，或者保险库地面。但是，受到如外面车辆经过或者掉落物体等外面因素的影响，可能会导致虚假警报。振动探测器应当符合 ANSI/UL 639 标准（侵入探测装置标准）要求。
- 侵入监测系统——安全要求较低的场所应当设置控制中心，并将监测情况通知建筑管理人员或者特定的租户。安全要求中等的场所，可以将控制中心设置在建筑内或者建筑外的其他场所，并将监测情况通知执法部门或者负责安保的人员。安全要求较高的场所，应当将工作期间的控制中心设置在建筑内，下班后的控制中心可以设置在建筑外的其他场所，并将监测情况通知执法部门或者负责安保的人员。

- 紧急警报和求助站：应当制定紧急情况下的应对流程。安全要求中等的场所，应当在安保值勤点或者与公众接触的敏感场所安装紧急警报。安全要求较高的场所应当在安保值勤点、与公众接触的敏感场所、车库及其他被确定为高风险的场所安装紧急警报。

- 安全系统的完整性（Integrity）——对安全要求较低或者中等的场所没有特别要求；对安全要求较高的场所，应当综合运用安全警报、物理访问控制台、闭路电视监控系统、管理中心（Controllers）、有线通信（Cabling）等多种方式预防他人未经许可入内。警报系统应当使用监控电路（Supervised Circuits）。

- 安全通信——对安全要求较低或者中等的场所没有特别要求；对安全要求较高的场所，应当为安保人员建立安全监控无线通信中心。

- 建筑内通信——对安全要求较低或者中等的场所没有特别要求；对安全要求中等及较高的场所，应当建立通信系统，以发布安保应急信息。

- 安全系统的应急备用电源——对安全要求较低或者中等的场所没有特别要求；对安全要求中等及较高的场所，由于相关系统运行要求持续不断地供电，因此，对必备的电子安全系统，必须提供应急备用电源。

- 安全系统测试——每年定期对安全系统运行情况实施检测。

- 安全系统维护——所有的安全系统都应当进行预防性维护。出现故障的关键部件必须在5个工作日内进行维修或更换。

- 电子访问控制系统——对管理严格的场所，可以利用访问管制措施对出入该场所实施管理。在闭门器或者磁力锁上可以加装读卡器。为了让安保系统更好地发挥功能，可以配备胜任的安保人员、接待人员，可以更好地实施自然监视。由于安全意识不断提高，已经开始摒弃传统的钥匙、锁具，逐渐采用更成熟的访问控制系统。访问控制系统运用了各类技术，既有简单的按压式锁具，也有带图像监视功能的计算机访问控制系统。无论采用何种技术，访问控制系统的主要目标只有一个——在准许他人入内之前，必须先对其进行检查、识别。由于访问控制系统的基础在于识别人的身份，因此，通常情况下，被识别者拥有可以机读的身份证件。访问控制系统设备应当符合ANSI/UL 639标准（侵入探测装置标准）要求。

- 访问控制系统的类别——访问控制系统的类型可以分为独立式系统和多接口系统。虽然两类系统的主要功能相同，但是，独立式系统在数据存储和其他一些功能方面具有一定局限性。

- 独立式系统——独立式系统可以是一个集成整体，也可以由两个独立的部分（一个识别器或键盘加一个控制器）组成，可用于在一个单独入口处实施访问控制。虽然多个独立式系统可以联网，但是，一般不

245

需要配备中央处理器（CPU）——所有的用户数据都存储在此处理器中。因此，由于不需要在各个系统和中央处理器之间布线，独立式系统安装更简便，成本很便宜。

- 多接口系统——多接口系统是由识别器和控制器组成的一个庞大网络，并与可同时对多个入口实施管理的中央处理器连接。一些系统可以直接由中央处理器控制，另一些系统则按照事先设定的程序每隔一段时间定期更新、上传数据。由于需要在各个系统和中央处理器之间布线，因此，多接口系统的安装成本相对较高。

- 访问控制系统——访问控制系统的类型很多，可以是相对较小，只控制一个门的简单系统，也可以是很复杂的电脑控制系统。后者可以对上千个门实施控制，读取识别成百上千的加密身份授权信息。一个基础的系统通常包括一个中央处理器，每一扇门上安装的识别器以及向每个用户生成的可机读的身份授权信息。通常还需要配备一个打印机（Printer），以便打印所有活动记录。数据中应当包括准入级别，以决定用户可以从哪些门进入；时间段，以决定某一准入级别的用户可以在某一天或者一周的某些天的哪些具体时间段可以从哪些门进入。

- 机读身份授权信息技术——现在，至少有九种不同的身份信息编码技术：磁条、Wiegand 公司技术、接近技术、铁氧芯片技术（Barium Ferrite）、红外技术、识别码、Hollerith 公司技术、智能卡、光学存储等。磁条、Wiegand 公司技术和铁氧芯片技术是基于磁相关的技术。红外技术、识别码、光学存储和 Hollerith 公司技术是基于光相关的技术。接近识别卡和部分智能卡是利用无线信号让识别器读取相关信息。调查结果显示，市场上 80% 的系统都是采用磁条技术、Wiegand 公司技术和接近技术。在选择具体类型时，主要考虑以下几个方面的因素：编码安全性、识别器是否容易受到环境中不利因素的影响、识别器是否容易遭到破坏、初期成本、长期成本（包括识别卡和识别器更换频率以及识别器维护成本）。

- 智能卡——智能卡是具有多种功能的通用单张卡片。是访问控制技术领域中最先进的技术。一张智能卡可以同时作为准入识别卡、带照片的身份证明、借记卡以及其他用途的卡片。a. 在智能卡中有一个集成电路，里面存储了识别身份、访问控制相关的所有信息，并且不需要配备中央处理器。在使用过程中，读卡前需要输入密码。一些智能卡自带电源，另一些则通过直接接触或者电磁传输的方式，由识别器提供电源。b. 由于其成本相对较高，智能卡目前的使用率较低。但是，由于其安全度较高，同时兼具其他用途，预计其将来的用途会更加广泛。

- 生物识别系统——确定一个人的身份可以使用三种方式：其知晓的事项（密码），其占有的物品（卡或者钥匙），其物理特征（个人身体特

246

征）。生物识别访问控制设备或者人身特征辨别门锁，就是利用了第三种方式。由于复制一个人的身体特征几乎不可能，因此，从理论上讲，生物识别设备是最安全的设备。生物识别系统可以识别想要进入场所内的人的独有特征。这些设备可以分为指纹、手形或掌形、字迹、声音、视网膜等识别系统类型。通常，生物识别设备既可以与中央处理器连接，也可以单独安装（图 15.29 至图 15.32）。

ISC 2010《安全运营和管理标准》包括下述内容：

- 特定的管理人员——明确负责场所保卫、安全和应急管理的人员。
- 场所安全委员会——成立场所安全委员会，由特定的管理人员担任委员会主席，负责对场所的安保、人身安全、应急管理等工作实施监督管理。
- 安全运营管理——让安全主管人员对场所内的安保人员和其他的物理安全设施运营状况履行监管职责（巡视频率根据安全等级确定）。
- 外围定点安保人员——安保等级从低到高的场所没有特别要求，但是，安保等级特别高的场所，必须在外围配备定点安保人员，每周 7 天、每天 24 小时值班，在相关人员进入该场所前进行问询，明确身份。

247

图 15.29 图中的办公室视线通畅。门上的识别器安装在右侧。经过接待人员检查后，外来人员方可进入办公场所

图 15.30 图中的生物识别器在辨识掌纹的同时，还需要输入密码进行二次认证

图 15.31 图中的生物识别器可以通过扫描视网膜来识别身份

图 15.32 生物识别器可以通过识别指纹和掌形来确认身份

- 固定的安保人员检查点——在安全等级要求中等和较高的场所，应当

在每一个检查点都配备携带武器的安保人员。

- 安保巡逻——对安全等级要求低和中等的场所不做要求，但是，对于安全要求等级较高的场所，在每周 7 天，每天 24 小时内，或者工作时间段内，应当在场所内外安排携带武器的安保人员每小时巡逻。

- 安保人员应对——对安全等级要求低场所不做要求，但是，对于安全要求等级中等和较高的场所，应当制定方案，就接到安全警报或者发生意外事件时，值班的安保人员如何应对做出规定。

- 场所安保方案——应当制定书面的场所安保方案，在方案中明确安全职责、紧急求助电话、突发事件应对程序，并且按照国土安全警报系统的要求，及时更新突出事件应对方案。

- 场所内人员应急方案（OEC）——制定、发布、更新场所内人员应急方案，并每年开展演练。

- 获取应急方案及相关文件——一旦发生紧急事件，要确保相关人员可以方便快捷地获取应急方案和相关文件。

- 建筑资料保护——仅向确有正当理由知悉建筑资料的人提供相关建筑资料。

- 建筑新建和改建过程中的安全——在新建或者改建建筑时，制定并执行相关安全方案。

- 邮包及其他物品的处理——对安保要求中等和较高的场所，应当设置专用的邮件检查点，采用 X 射线对所有的信件和包裹实施检查。邮件检查点应当远离场所的主入口、关键设施、公用设施、通风系统及其他的贵重物品。应当在检查点处利用外墙、门、窗户等设施来缓冲爆炸冲击。对于不能通过扫描设备的物品，应当人工检查。

- 安全培训——应当每年对全体员工开展安全培训，提高安全意识（图15.33 至图 15.36）。

图 15.33　图中的按键式设备老旧古板。有人可以猜出密码吗？只要通过 16 次尝试就可以破解密码

图 15.34　只有通过图中的指纹识别器验证才能进入员工办公楼。这个设备比较小巧，可以安装在金属门框上，外观美观

NEVADA

Two dead in shootout at federal building

■ A 66-year-old Las Vegas retiree, disgruntled over cuts in his Social Security benefits, was fatally shot after he opened fire in the lobby of the federal courthouse in Las Vegas, killing a court security officer and wounding a deputy U.S. marshal.

BY KEN RITTER
AND DEVLIN BARRETT
Associated Press

LAS VEGAS — A gunman who opened fire with a shotgun at a federal building Monday, killing a court security guard and wounding a U.S. marshal before he was shot to death, was upset over losing a lawsuit over his Social Security benefits, law enforcement officials said.

The two officials, who spoke on condition of anonymity because they were not authorized to discuss the case, said Johnny Lee Wicks, 66, opened fire with a shotgun at a security checkpoint, touching off a gunbattle with deputy U.S. marshals.

Although the investigation is continuing, the officials said evidence points to Wick's anger over his benefits case as the motive for the shooting.

Court records show Wicks sued the Social Security Administration in 2008, alleging he was the victim of racial discrimination because his benefits were reduced when he moved from California to Nevada in January of that year. The case was thrown out and formally closed last Sept. 9.

Gunfire erupted at the courthouse moments after 8 a.m., at the start of the work week, and lasted for several minutes. Shots echoed around tall buildings in the area, more than a mile north of the Las Vegas Strip. An Associated Press reporter on the eighth floor of a high-rise within sight of the federal building heard a sustained barrage of gunfire.

A passer-by said he counted at least 40 shots.

The U.S. Marshals Service said the victims included a 48-year-old deputy U.S. marshal who was hospitalized and a 65-year-old court security officer who died.

The dead guard was Stanley Cooper, a retired Las Vegas police officer employed by Akal Security, said Jeff Carter, spokesman for the Marshals Service in Washington. Carter said he was a police officer for 26 years and became a federal court security officer in Las Vegas in 1994.

Authorities did not immediately release the names of the wounded

marshal.

U.S. Sen. John Ensign, R-Nev., told reporters it appeared the gunman acted alone and the shooting was not a terrorist act.

FBI Special Agent Joseph Dickey said the gunman, dressed in black pants, shirt and jacket, opened fire in front of a set of security metal detectors just inside the rotunda of the federal building.

"From what witness accounts have said, he walked in with a shotgun underneath his jacket and opened fire when he opened the doors," Dickey said. "Seven officers responded and returned fire."

Ensign said the guard who died had been shot in the chest.

A YouTube video recorded the sound of the running firefight as the man retreated across Las Vegas Boulevard toward another federal building and a historic school.

"I could see guards and everything coming out, and then all of a sudden I just started hearing pop, pop, pop. I mean, just like 30 or 40 shots," said Troy Saccal, a tax services manager who was arriving for work at the time.

Saccal said he thought he saw one guard slump to the ground and another move to help him.

图 15.35　在办公楼的访客和武器检查点处，一旦疏忽大意，后果严重

注：《联邦大楼内，两人遭枪击身亡》，作者：Ritter, K. and Barrett, D.，摘自美联社，2010 年 1 月 5 日。已获使用许可。

图 15.36　警示牌表明，此区域有人巡逻

15.7　小　结

从发现问题到解决问题，需要按照风险评估流程要求采取相应措施。只有这样，得出的解决方案才是合乎逻辑、合情合理、切实可行的。如果在开展风险评估时面面俱到、成本高昂，再确定设计基础和功能要求，没有人可以从中受益。最后，要么因为成本高昂而导致安全系统搁浅，要么因为员工和访客难以按照遵守要求而使安全系统故障频出。在切实可行和一厢情愿之间，必须做到合理平衡。

要想做到切实可行，安全方案必须做到成本方面可承受、施工方面可操

作、运营方面可实施，维护方面可持续。确定合理的缓解措施，应当遵循 FE-MA 和 ISC 相关规定中确定的风险评估程序。只要按照相关程序实施，就可以打造计划周密、组织有序、功能完备的系统。由于综合运用了环境设计预防犯罪中组织管理、机械设备、自然设计等多种要素，安全缓解措施也是一个有机统一的整体。真正的难点，是在设计和建设过程中得到政策和经济方面的支持，让安全方案得以实施。而接下来的最后一个重要"艺术流程"是推销安保方案，最终"一锤定音"（Get Er Done）。安保和环境设计改进方案可以按照成本从低到高的顺序排列、展示，以更好地满足顾客和用户的需要。

（1）对不安全的场所采取加固措施；

（2）避免连续倒塌的措施；

（3）对外面的窗户和墙体进行改建；

（4）安保力量和安保人员（人工成本会长期存在，也是成本最高的安全措施）。

要反复考虑你的诉求，因为一旦实施，就很难更改（图 15.37 和图 15.38）。因此，一定要搞清楚你想达到什么目标。不要种瓜却想得豆，或者思路不清，像很多政府机构一样，针对问题毫无羞耻地烧钱，最后却打了水漂。但是，也只有联邦政府才敢这样做（因为他们可以印钞）。然而，

图 15.37　你可能会想选用图中的车辆道闸系统，因为从图示和相关技术说明来看，很符合你的要求

就算联邦政府也会受到纳税人关于"烧钱"的指责。毕竟，对旅客实施安检、查看监视器、引导人们通过，需要那么多人吗（图 15.39）？机场和法院在安全方面的人力成本支出和其实际面临的风险相比，完全是天文数字。然而，犯罪行为或者恐怖活动较少发生（但一旦发生，结果却异常严重），因此，催生了在安检和人员安全方面的最低注意标准。

图 15.38　图中的车辆障碍显得非常老派。虽然你实施了预想的方案，但这并不是你真正想要的结果

图 15.39　换个灯泡、实施安检到底需要多少安检人员？真的需要这么多吗

在 21 世纪的第二个十年里，安全已经成为我们生活的组成部分。除非你还有选择，否则我们将长期忍受各种不便。环境设计预防犯罪专家的职责，就是在决策者确定的目标需求和成本预算框架内，确定合适的缓解措施，并让其付诸实施。

参考文献

［1］ American Institute of Architects（AIA）（2004）*Building Security through Design*：*A Primer for Architects*，*Design Professionals*，*and Their Clients.* J. A. Demkin，Ed. Wiley & Sons，Hoboken，NJ.

［2］ ABC News.（2007）Suspicious powder found on juror：Notice at PBC Courthouse，January 12.

［3］ Campbell，A. and Roustan，W.（2011）Suspicious powder mailed to Rep. West，*South Florida Sun - Sentinel*，April 9.

［4］ FEMA 426（2003）*Reference Manual to Mitigate Potential Terrorist Attacks against Buildings.* Risk Management Series，December.

［5］ FEMA 426（2010）*Reference Manual to Mitigate Potential Terrorist Attacks against Buildings.* Risk Management Series，July.

［6］ FEMA 386 - 7（2002）*Integrating Manmade Hazards into Mitigation Planning. Federal Emergency Management Agency*，*Washington*，*DC.*

［7］ FEMA 452（2005）*A How - to Guide to Mitigate Potential Terrorist Attacks against Buildings.* Risk Management Series，January.

［8］ FEMA 452（2010）Risk Assessment：*A How - to Guide to Mitigate Potential Terrorist Attacks against Buildings.* Buildings and Infrastructure Protection Series，July.

［9］ FM 3 - 19. 30（2001）*Physical Security.* Department of the Army，January.

［10］ ISC（2010）*Physical Security Criteria for Federal Facilities.* Interagency Security Committee Standard，April 12.

［11］ NFPA 730（2011）*Guide for Premises Security.* National Fire Protection Association，Quincy，MA.

［12］ NIOSH（2003）*Focus on Prevention*：*Conducting a Hazard Risk Assessment.* Prepared by M. J. Brinch，Jr. and L. G. Mallett，U. S Department of Health and Human Services，Public Health Service Centers for Disease Control and Prevention，National Institute for Occupational Safety and Health，Pittsburgh Research Laboratory，Pittsburgh，PA. July 3，p. 2.

［13］ State Domestic Preparedness Equipment Program（1999）*Assessment and Strategy Development Tool Kit.*

［14］ May. Ritter，K. and Barrett，D.（2010）Two dead in shootout at federal building，Associated Press，Jan. 5.

［15］ Unified Facilities Criteria（UFC）（2007）DOD *Minimum Anti - Terrorism Standards for Buildings*，January.

防爆设计[*]

大家普遍认为，恐怖分子会将关键基础设施作为攻击目标。桥梁、水处理厂、电厂、标志性建筑物、交通枢纽、银行等，则是代表民主社会的经济支柱的关键基础设施。由于大部分关键基础设施都属于私营经济部门，因此，很有必要提醒这些基础设施的所有人切实履行安全保卫的主体责任。安全责任标准需要联邦政府的推动制定与切实监管。例如《海上运输安全法》为海运行业确定了安全目标。正待通过的《化工设施安全法》强制要求化工行业履行相关安全义务。针对水处理设施和核电厂，已经有联邦标准和相关法规在安全方面做出了规定。但是，等待私营经济领域自己制定安全标准和应急方案仍然面临很大困难，因为，基本上每一行业在这方面都属于真空状态。除非某个基础设施发生了重大灾难，如水坝决堤、大桥垮塌、大范围食品污染等，才会促使出台全国性的规定，否则，私营经济领域自己迟迟不愿做出改变。

纽约世贸中心的袭击暴露了我们在安全噩梦降临时，内心的极度恐惧：火灾失控，建筑倒塌，消防安全应急系统崩溃，备用应急电源系统失灵，高层建筑疏散带来的恐惧。任何一栋建筑都可能因为恐怖袭击而发生爆炸，更常见的是，一个锅炉或者燃气灶也会引发爆炸。

安全管理者怎样设计他们的建筑物，才能防御爆炸带来的损害呢？首先也是最重要的一步是找出你所在建筑物的薄弱环节以及潜在的风险源。世贸中心之所以成为恐怖活动的目标，是因为该建筑代表了美国的企业家精神，可以"一站式"购物，可以导致最大的杀伤力，进而打击美国的企业家精神。世贸中心于1993年发生的首起袭击中，地下车库没有采取安全措施，导致载有炸弹的车辆进入到地下

图 16.1　遭受袭击后的世贸中心北楼。1993 年，世贸中心就曾是袭击的目标

---

* 本章作者为兰德尔 I 世·阿特拉斯、托尼·迪格雷戈里奥（Randall I. Atlas and Anthony DiGregorio）。

车库。世贸中心的设计初衷是挣钱，让公众光临。安全并非首要考虑因素，因此，发生了如此巨大的灾难（图 16.1）。

自从 20 世纪 80 年代初期，美国大使馆遭受爆炸袭击后，大使馆现在设计了缓冲距离，并在建筑物和当地周边环境之间设置了一系列障碍设施。通常还会在窗户上修建雨棚或窗檐，可以阻止火箭弹或手榴弹直接从窗户扔进屋内爆炸。窗檐可以阻止爆炸在屋内发生，将其损害范围阻却在建筑外面。窗户安装了防爆玻璃，预防、减少玻璃碎片等尖锐物带来的伤害。另一种熟知的防爆材料是聚碳酸酯材料。由于其可以有效防止破坏，在监狱和拘留所中也应用广泛。

如果在建筑物中发生爆炸，不管是炸弹还是燃气爆炸，建筑结构都会不堪一击，连续倒塌。在贝鲁特美军宿舍爆炸案中，大量的人员伤亡是因为建筑物倒塌造成的。1995 年默拉联邦办公大楼爆炸造成 168 人死亡，主要也是由于建筑物逐渐倒塌造成的。如果加利福利亚州建筑物设计可以抵御地震，那么也可以将一栋建筑物设计得足以抵御爆炸，为人员逃生留出足够的时间（图 16.2 和图 16.3）。

255

图 16.2　遭受汽车炸弹袭击后的默拉联邦大楼（摘自 FEMA 新闻，1995 年 4 月 26 日）

图 16.3　俄克拉何马市默拉联邦大楼纪念堂

建筑物设计详图对意图针对建筑物实施爆炸的人来说很有价值。将施工图纸和结构工程草图严密看管非常重要，此外，还要对建筑师和工程师开展教育，让他们明白保证图纸安全的重要性。图纸会说明哪根柱子或哪堵墙是支撑结构或是承重墙。建筑框架设计要考虑到备用结构，如果某一部分遭受破坏，其他部分会发挥补充作用。在爆炸中，建筑物会发生偏移，应当借鉴防震设计中会用到的伸缩结头和应力点，以保证足够的弹性。

许多建筑设计在钢结构外面覆盖预制的板材。这样有助于在爆炸物和钢结构之间形成一定的空间距离。如果在建筑物内有容易发生爆炸的场所，如弹药储存室、化学物品或燃料储存室以及使用燃气的机械室，那么很有必要设置防爆墙（Blowout Walls）。在爆炸中，防爆墙可以疏导爆炸产生的冲击力。如果某一房间需要设置防爆墙，那么，很有必要将这一房间布局在建筑物的外围。在将爆炸冲击力由内向外疏导的同时，室内的墙体也应当根据设计风险因素采取相应的防爆措施，以免在室内造成破坏。

在建筑设计中，常常在内部留出较大的空间。虽然这样有助于保持美观，但是，内部留出的空间越大，或者柱子之间的距离越长，就越容易导致倒塌，造成损害。一般情况下，如果建筑物的柱子之间的距离超过 30 英尺，就需要采取防爆设计，以保证可以抵御爆炸冲击。如果某一建筑可能成为恐怖袭击的目标，那么，就应当采用防范爆炸的设计。有一些电脑软件可以模拟不同的爆炸场景，说明不同的爆炸装置会给建筑带来哪些损害。然后，工程师就可以根据风险隐患评估结果，采用相应等级的防爆设计。

在仔细谋划各个保证人身安全的系统时，要留足备用设施。建筑师在设计时，应当合理布局排烟系统、消防喷头、不间断供电设施和应急照明系统，万一建筑物的一部分遭到破坏，整栋建筑物的系统还可以正常运转。很多政府大楼设置了汽车障碍，或者将停车场和建筑物从空间上进行隔离，以防范汽车爆炸。自 1993 年爆炸事件后，像世贸中心这样的商业建筑已经将爆炸风险纳入考虑范围。停车场入口和广场都进行了重新设计，防止车辆未经允许进入这些场所。今后，建筑不仅会采取新的防爆设计标准，同时还会采取新的防火和预防犯罪标准。充分了解建筑在防范袭击方面的薄弱环节，有助于找到合适的解决之道，提高灾难发生时的逃生概率。

结构方面的防爆设计涉及结构工程及相关理论，这不是本书的讨论范围。结构工程师考虑的是动态和静态的荷载。防爆工程师考虑的是建筑物及其结构承受的爆炸冲击力。如果建筑类型允许，建筑结构设计可以做到延缓甚至防止倒塌，从而避免发生灾难事件。建筑师不参与结构设计，但是，我们在设计团队中也聘请了结构工程师。建筑师和安全专家没有必要知晓各类公式和计算，他们只需要提出问题，指引具备相应知识和专业技能的专家（工程师）开展结构和防爆设计。

防止爆炸的最佳措施是采用"四步"分层方法。

第一，如果爆炸发生在建筑外面，最好的方法是设置安全区或者缓冲距离。实施检查、限制车辆停靠和车辆驶入就可以形成一个安全区。但是，缓冲距离（Setback）会随着爆炸物的大小而不断变化（见图 16.4）。

第二，对带入场所和建筑物内的物品实施检查，可以降低爆炸物进入场所和建筑物内的可能性。但是，这一措施会对正常的商业经营和建筑管理带来极为不利的影响。

第三，建筑外墙采取防爆措施，如设置防爆玻璃、窗框，也是一个非常重要的环节。但是，这一措施造价较高，甚至可能要求对建筑物结构进行改建。仅仅是玻璃防爆还不足以切实起到保护作用，同时，还必须让窗框和固定窗框的墙体可以防爆。

第四，整个建筑可以防爆。这在理论上听起来不错，但是，建设成本和施工影响会让绝大多数商业及非军事设施不愿付诸实施。必须开展风险评估，为决策者提供指导。通常情况下，防爆设计会导致建筑外墙建设成本增加 4% ~ 8%。现有的电脑模拟软件可以对面临风险的建筑物实施评估，找出哪一区域面临的风险最大，需要采取加固措施。

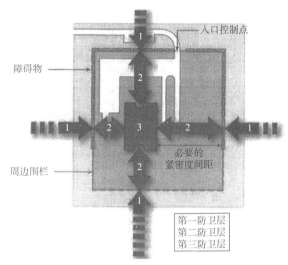

入口控制点

障碍物

周边围栏

必要的
紧密度间距

第一防卫层
第二防卫层
第三防卫层

图 16.4　在建筑之间设计缓冲距离通常是较好的方法
注：摘自 FEMA 426，风险管理系列，《减轻潜在恐怖分子对建筑物的攻击参考手册》，2010 年 7 月。

　　防爆设计只是关键基础设施面临的诸多威胁中的一种。在开展防爆设计时，首先要解决的是确定爆炸是发生在建筑物外部还是内部。爆炸物是在建筑内，还是在建筑物外，在实施防爆设计时会设定不同的设计目标。

　　2005 年，针对"9·11"袭击和世贸中心大楼倒塌，发布了多个报告，以总结相关的经验教训。一些重要的经验教训会影响今后的建筑设计，特别是高层建筑，如出口路线设计、工程建筑系统、建筑结构防火、防止逐渐倒塌设计、楼道和电梯的位置及宽度、在建筑核心位置使用抗压材料、桁架设计、消防安全、灭火喷头和排烟系统、备用电源系统、建筑物内的通信系统等（见图 16.5 和图 16.6）。

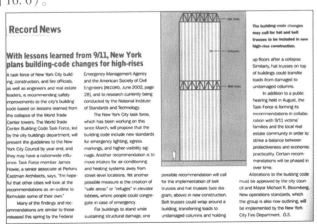

图 16.5　《建筑实录》（*Architectural Record*）上的一篇文章介绍了从世贸中心建筑倒塌事件中所总结的教训以及在规范方面所做的修改，这些经验会对今后的高层建筑产生影响
注：摘自《建筑实录》文章"汲取'9·11'事件教训，纽约拟修改高层建筑规范"2009 年 9 月，文字翻印已获纽约 McGraw - Hill 出版社同意；插图翻印已获《建筑期刊》及作者苏菲娅·穆勒（Sophia Murer）同意。

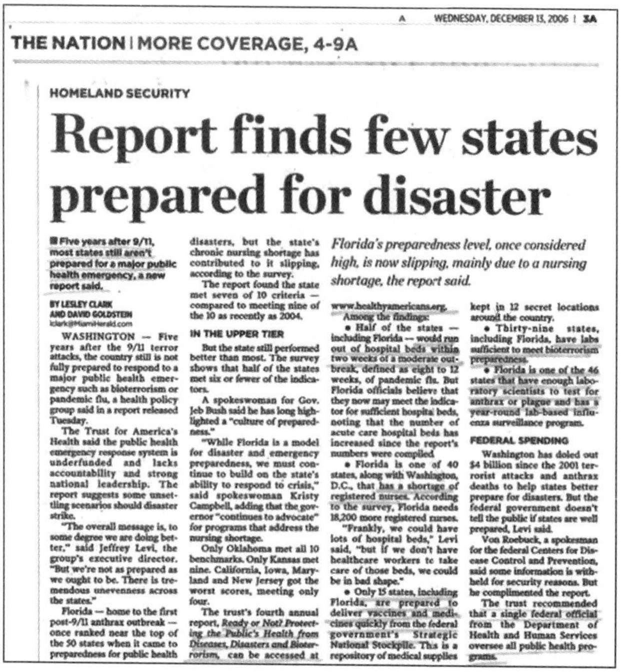

A WEDNESDAY, DECEMBER 13, 2006 | 3A

THE NATION | MORE COVERAGE, 4-9A

HOMELAND SECURITY

Report finds few states prepared for disaster

■ Five years after 9/11, most states still aren't prepared for a major public health emergency, a new report said.

BY LESLEY CLARK AND DAVID GOLDSTEIN
lclark@MiamiHerald.com

WASHINGTON — Five years after the 9/11 terror attacks, the country still is not fully prepared to respond to a major public health emergency such as bioterrorism or pandemic flu, a health policy group said in a report released Tuesday.

The Trust for America's Health said the public health emergency response system is underfunded and lacks accountability and strong national leadership. The report suggests some unsettling scenarios should disaster strike.

"The overall message is, to some degree we are doing better," said Jeffrey Levi, the group's executive director. "But we're not as prepared as we ought to be. There is tremendous unevenness across the states."

Florida — home to the first post-9/11 anthrax outbreak — once ranked near the top of the 50 states when it came to preparedness for public health disasters, but the state's chronic nursing shortage has contributed to it slipping, according to the survey.

The report found the state met seven of 10 criteria — compared to meeting nine of the 10 as recently as 2004.

IN THE UPPER TIER

But the state still performed better than most. The survey shows that half of the states met six or fewer of the indicators.

A spokeswoman for Gov. Jeb Bush said he has long highlighted a "culture of preparedness."

"While Florida is a model for disaster and emergency preparedness, we must continue to build on the state's ability to respond to crisis," said spokeswoman Kristy Campbell, adding that the governor "continues to advocate" for programs that address the nursing shortage.

Only Oklahoma met all 10 benchmarks. Only Kansas met nine. California, Iowa, Maryland and New Jersey got the worst scores, meeting only four.

The trust's fourth annual report, *Ready or Not? Protecting the Public's Health from Diseases, Disasters and Bioterrorism*, can be accessed at www.healthyamericans.org.

Florida's preparedness level, once considered high, is now slipping, mainly due to a nursing shortage, the report said.

Among the findings:

- Half of the states — including Florida — would run out of hospital beds within two weeks of a moderate outbreak, defined as eight to 12 weeks, of pandemic flu. But Florida officials believe that they now may meet the indicator for sufficient hospital beds, noting that the number of acute care hospital beds has increased since the report's numbers were compiled.
- Florida is one of 40 states, along with Washington, D.C., that has a shortage of registered nurses. According to the survey, Florida needs 18,200 more registered nurses.

"Frankly, we could have lots of hospital beds," Levi said, "but if we don't have healthcare workers to take care of those beds, we could be in bad shape."

- Only 15 states, including Florida, are prepared to deliver vaccines and medicines quickly from the federal government's Strategic National Stockpile. This is a repository of medical supplies kept in 12 secret locations around the country.
- Thirty-nine states, including Florida, have labs sufficient to meet bioterrorism preparedness.
- Florida is one of the 46 states that have enough laboratory scientists to test for anthrax or plague and has a year-round lab-based influenza surveillance program.

FEDERAL SPENDING

Washington has doled out $4 billion since the 2001 terrorist attacks and anthrax deaths to help states better prepare for disasters. But the federal government doesn't tell the public if states are well prepared, Levi said.

Von Roebuck, a spokesman for the federal Centers for Disease Control and Prevention, said some information is withheld for security reasons. But he complimented the report.

The trust recommended that a single federal official from the Department of Health and Human Services oversee all public health programs.

图 16.6　我们真的从过去的事件中吸取教训了吗

注：“调查发现部分州面临灾难”，作者 Clark，L. 和 Goldstein，D.，摘自《迈阿密先驱报》，2006 年 11 月 13 日，已获使用许可。

258 建筑规范和设计方面的变化主要是建筑更加坚固，以免爆炸或者火灾危及建筑结构，同时还要方便撤离　部分建筑设计师已经在传统的加固建筑结构的方法之外另辟蹊径，在设计中运用环境设计预防犯罪方法，以防范恐怖袭击。这一新理念被称为环境设计预防恐怖袭击。其目的是在建筑设计方面采取措施，方便安保人员在紧急情况下实施访问控制（而不是抵抗），减少必然会发生的人身伤亡，便于快速实施人员撤离。在设计的初期阶段，建筑师、设计师和工程师就必须考虑到人员撤离、疏散节点、邮件收发室等问题。例如，在设计大厅时，要考虑到将来可以设置较大的接待前台，以便对包裹和公文包进行检查。

近来，为了保护我们的基础设施安全，例如港口、机场、工厂、炼油厂、电厂、工业园区、军事基地及疆界，主要的方法就是在周围设置封闭的围栏，安排警卫，配备枪支以及安装摄像头。事实上，面对如今的威胁，这些措施还不充分，还难以切实保障安全。聪明地运用 CPTED 设计策略能减少人员开支，并更巧妙地利用安全资源。智能图像探测器、红外线夜视仪、化学和生物的嗅探器、先进的包裹检查方法、便携式武器和违禁品的检查、虚拟的围墙、利用生物技术实施访问控制，所有这些措施综合运用，可以提供全面、透明的方法来保障安全、保护基础设施。

俄克拉何马州联邦大楼的爆炸事件发生后，联邦政府于 1995 年 6 月 25 日制定完成了《联邦建筑薄弱环节评估标准》（*Vulnerability Assessment of Federal Buildings*），并公布实施。随后对这一标准进行了不断完善，现在，它是适用于所有联邦建筑的反恐标准。1997 年，总务管理局（General Services Administration）出版了《总务管理局安全设计标准》（*GSA Security Design Criteria*）。跨部门安全委员会（ISC）修改了《总务管理局安全设计标准》，并率先于 2001 年 5 月正式实施。跨部门安全委员会标准的实施，确保了在所有新建联邦办公建筑和大型现代建筑的规划、设计和施工过程中考虑安全问题，安全问题成为必不可少的一部分。该标准将安全问题贯彻到所有的建筑系统和结构元素中，绝大多数时候都是为了解决通过设计预防和实际应对爆炸。自最初实施以来，跨部门安全委员会的安全设计标准已经修改过两次。最近一次修改是在 2004 年 4 月（见第 15 章关于各项标准的简要介绍中）。

跨部门安全委员会的安全设计标准是现行的安全设计方面的示范标准，在适用时，先要对具体建筑开展风险评估，对收集的所有安全方面的数据开展分析。在制定安全总体规划时，首先要对建筑选址方案、设计防护等级、在建筑外观运用环境设计预防犯罪（CPTED）策略等事项进行评估。然后开始进行现场设计和景观绿化设计，在此过程中，处理车辆出入、服务提供、停车场及其出入、公共道路、基础设施连接、建筑物与公共街道之间的缓冲距离、各类植物选择和街道设施等事项。

根据跨部门安全委员会的标准，需要对建筑进行审查，确定材料及方法的选择可以防范爆炸和恐怖袭击。这些选择涵盖了结构系统、玻璃材料、大厅位置、邮件收发室、装卸区和其他容易遭受损坏的功能区域等方面。结构工程方面关注的内容是预防逐渐倒塌，并且让建筑的各个部分可以抵御爆炸冲击。墙壁、屋顶、结构框架、大厅、邮件收发室、装卸区、外窗和玻璃系统、建筑物中的电梯和楼梯等核心元素都应该受到关注。机械工程方面要解决公共设施、空调通风和空气质量、预防通过空气传播有毒物质、进气口保护等方面的问题。如果建筑遭受火灾，在疏散时，通风设备运行也是一个非常重要的问题。重要机械设备用房和公用设施系统也要做到可以防范袭击。

按照跨部门安全委员会的标准，电力工程系统方面必须要解决好重要的人身安全保护系统方面的问题，如消防警报系统、喷水系统、安全、通信、照明和应急后备电源系统。

从 1993 年世贸中心袭击事件吸取的教训是，不能把整个应急和备用系统设置在底层，在那次袭击中，底层车库的爆炸发生后，整个安保和人身安全保障系统被全部摧毁，严重影响了人员疏散。汲取了 1993 年世贸中心和 1995 年默拉大楼两起事故的教训，跨部门安全委员会的标准重点强调了防火和人身安全方面的工程设计，并为部分系统预留备用系统。面临恐怖威胁较高的建筑物，在公共设施系统、防火系统和排烟系统方面需要预留备用预防系统。

跨部门安全委员会的安全标准强调电子的和物理方面的安全系统。重点关

259

注的区域包括控制中心、建筑管理系统、摄像头的布局及拍摄、锁具系统、访问控制、内部空间保护、报警系统等。停车场的安全强调的是怎样对人员实施检查、访问控制、如何提供服务以及车库中的防爆设计标准等。

探讨爆炸导致的损害后果是许多军事安全书籍的研究范围，而非本书的探讨对象。建筑师和安全专家需要知道的是，现有的标准和规范可以提供思考框架和借鉴，即使设计的不是联邦建筑，而主要是私营领域的建筑，也要注意到这一点。爆炸装置的表现形式多样。爆炸的冲击力大小通常用炸药装填量表示。信件炸弹、包裹炸弹相当于 2 磅至 50 磅的炸药。小汽车和卡车炸弹相当于 250 磅至上千磅炸药。信件炸弹或小型包裹炸弹可能会破坏未采取保护措施的收发室或装卸区。小汽车和卡车炸弹可以摧毁一栋建筑物。让大型的爆炸物远离建筑物，其重要性怎么强调都不为过。

炸弹可以通过很多方式运往建筑环境中：邮件、汽车、人、火箭发射器、飞弹、手投或自杀式袭击者。一旦可信的威胁和危害确定后，就应该设计适当或合理水平的保护措施。保护设施免受爆炸需要考虑的主要问题有：

（1）建筑物的退让距离和与公共道路之间的距离；

（2）外围保护；

（3）玻璃及其装配系统；

（4）结构加固；

（5）连续性结构坍塌保护；

（6）安全避难场所和疏散路径。

在之前的章节中已经讨论过缓冲距离问题，需要再次提示的是，在确定建筑加固程度时，建筑外表与危险源之间的距离非常关键。同样重要的是，缓冲距离范围内要设置保护设施，除从经过采取了保护措施的入口进入外，车辆不得从其他地方进入。如果一栋办公大楼或法院离公共道路只有 30 英尺的缓冲距离，而另一建筑的缓冲距离达到了 100 英尺，那么，在结构工程、建筑设计和 CPTED 应对措施方面，前者应当采取更多的加固措施。在市中心的城市环境中，由于受到人行道、缓冲距离规划规定、防护能力等方面的限制，建筑设计方面常常难以采取相应的防范措施。

外围防护措施可以采用的方式较多，既有低调的方法，也有高调的方法。低调的方法主要是在景观设计中设置干沟、水渠、土坡等。高调的方法主要是设置造价较高的车辆路障，防止车辆闯入场所内或建筑内。挡墙和花台也是常用的，可以留出缓冲距离的车辆障碍物。无论采取何种阻挡措施，都要注意，既要便于实施访问控制，又要方便残障人士通行。围栏设施方面也有较大改善，铁丝网就可以同时起到阻挡车辆的作用。

如今，建筑师常常在建筑表面大面积使用玻璃。但是，如果风险评估发现存在爆炸隐患，那么在考虑设计和结构时，要特别注意采用防爆的窗户。根据一定等级的爆炸冲击力，采用相应的玻璃及窗框后，完全可以防止在爆炸中因玻璃飞溅而引发的危害。为了防范爆炸和飓风，通常会使用钢化玻璃。钢化玻璃由多层玻璃叠加制成，中间夹有塑料或聚碳酸酯材料。钢化玻璃也可能会碎裂，如果安装得当，碎裂后的玻璃仍然由中间的夹层材质黏合在一起，确保安全。一般的广告展示橱窗，玻璃嵌入窗框的长度只有四分之一英寸，但是，防爆工程师将防爆玻璃嵌入窗框的长度更深。同时，窗框自身也牢牢地固定在建筑墙体中，即使发生爆炸，也不会从墙体中脱落，更不会被炸飞。

2005 年，"卡特里娜"飓风和"威尔玛"飓风对南佛罗里达海边的高层住宅楼造成了损坏，但据说这些住宅的窗玻璃都符合新标准，可以抵挡飓风。实际上，多数住宅的窗户损坏是由于窗框安装到墙体时措施不当。飓风威力较大，导致窗框从墙体中脱落，最后窗户玻璃被碎石击碎了。玻璃安装到窗框时，嵌入的深度不够，或者没有采用金属件固定，最后也会从窗框中脱落。正确的设计是，在抗冲击力方面，墙体优于固定设施，固定设施优于窗框，窗框优于玻璃（图 16.7）。

图 16.7　由于窗框固定不牢，"威尔玛"飓风损坏了原本可以抗飓风的玻璃

应当针对薄弱的环节进行结构性加固，如墙体、屋顶、楼面、柱体、框体（金属或者混凝土材质）、地基等。防爆工程师可以根据剪切力和扭力的大小决定材料和连接部件的厚度。地震和飓风对建筑产生扭力和建筑外面爆炸对建筑产生的冲击力是存在区别的。因此，防爆工程师根据特定的风险等级，确定建筑的防爆指标，并相应地开展设计显得非常重要。由于爆炸冲击力在空气中传播时会随着距离的增加迅速削减，因此，爆炸中，地基承受的冲击力最大，而越往上，冲击力越小。当建筑外面发生爆炸时，冲击力会损坏窗户，并导致墙体向内倒塌，一些柱体也会遭受破坏。冲击波会将楼板从建筑体中撕扯脱离，掀向空中。在爆炸的尾声阶段，冲击波在建筑周围内，自楼顶往下，向各个方向产生冲力。这种现象和一般的自然灾害不同，是爆炸所独有的。通过墙体系统设计方面的革新，可以更好地吸收爆炸的冲力，并且还可以降低所吸收的太阳能，同时，利用多层设计、特殊设计的建筑开口、缓冲区、特殊的加固措施，还可以让热量在内部循环。

一旦建筑结构部件的连接部分脱落，就会引发建筑结构部件倒塌，进而引起其他部位连续倒塌。在俄克拉何马州联邦大楼的爆炸和"9·11"世贸中心袭击中，连续性倒塌的现象非常明显。建筑的外形也对其受损程度有很大影响。L 形、W 形及 U 形的建筑更容易让冲击波在其内部产生涡流，放大爆炸冲击力的效果（图 16.8）。面积较大，或者转弯幅度较缓的转角，比转角面积较小，或者急剧转弯转角，更容易抵挡爆炸冲击。向外凸出的建筑比向内凹进的建筑更好，因为前者更容易减少爆炸引发的损害（图 16.9）。

图 16.8　Sandia 实验室里的爆炸实验

图 16.9　建筑的形状对抵挡爆炸冲击有很大影响

　　空间布局也是防爆设计中非常关键的因素。通常会将机械设备用房设置在建筑外面（更安全），既便于安装大型设备，同时也可以防止其在建筑中心发生爆炸。邮件收发室的风险也比较高，宜设计在建筑外面，并设置防爆墙，以防范邮包炸弹。建议将接待大厅和装卸区也设置在建筑外面，因为它们极易遭受攻击，应当尽量设置在建筑的地基之外。

　　在下一代的高层建筑、大型建筑中，需要反复思考建筑内核设计、消防楼道位置、安全避难场所以及撤离路线等。从世贸中心大楼倒塌事件中得出的其中一个教训就是，如果楼道呈剪式互相交错（Scissor Next to Each Other），或者紧挨在一起，极易在火灾或爆炸中遭受损坏，让着火点以上的人无处逃生。

　　在设计新的建筑时，应当考虑让楼道之间间隔开来，如果发生了严重事故，可以更大程度地方便逃生。楼道的宽度应当适当加大，便于人流通行。安全避难场所应当配备更好的紧急求救系统，便于消防部门施救。出口通道、楼道、门等设施适当地标示，便于大家逃生，同时，还应当使用照明材料、电池或者备用发电机提供照明，以便在有烟雾或者火灾时也可以使用。在大楼内还应当安装烟雾排放系统和自动灭火喷头，在特定情形下，高层建筑还应当提供备用设施，以应对系统失常的情况，更好地保证公共安全。

　　欧洲和中东近来的一些案件表明，并不是所有的炸弹都可以顺利地扔中目标（Dropped）、安放到位（Planted），或者用车辆载着击中目标（Driven to a Site）。我们要怎样才能防止他人带着炸弹，走进某一购物中心或者办公楼，并自杀式引爆（Blowing Themselves Up）呢？防止自杀式恐怖袭击的最好办法就是设置一段空旷的缓冲区域，只允许经检查的车辆或人员进入。

　　安保人员应当接受相关培训，可以辨别异常行为和活动，对那些行为异常，且无正当理由出现在该场所的人，以适当的方式进行盘问。所有送入的物品、快递等必须接受检查，并经安保人员许可后，在固定的时间内送入装卸区。所有的包裹及送入的物品应当在一个距离大楼较远、相对安全的区域接受检查，然后再安全地送入建筑内。应当对安保人员进行深入的背景调查，并且定期轮班，以免对员工安全带来不利影响。应当开展演练，熟悉紧急撤离方案及相关的流程，并每年更新。应当配备指示和广播系统，在撤离时播放预先录制的通知，并指示撤离方向。访客和员工进入时应当出示或者佩戴证件，接受检查，最好采用生物识别手段，以减少失误。对大楼内的人员开展培训、演练很有必要，这样可以让他们在紧急情况下自动做出下意识的反应。为了预防自杀式袭击或者恐怖活动，开展风险隐患评估是首要，甚至是最重要的手段。最终目的是开展相关的规划和研究，让相关方案切实实施。

如果某一政府办公大楼或者某一引人注目的商业办公大楼的风险隐患评估结果表明，其容易遭受汽车炸弹袭击，那么，就需要在建筑和炸弹之间留出适当距离，按照环境设计预防犯罪的理念，需要仔细考虑以下问题：

- 恐怖分子与大楼之间的最近距离是多少？
- 可以利用哪些街道设施或者景观设施来阻挡汽车炸弹？
- 各类不同类别的车辆分别停在哪里？（访客、服务人员、VIP、残障人士）
- 可以禁止将车辆停放在建筑底部吗，或者可以对停放在建筑底部的车辆实施严格管理吗？
- 能否将车辆入口限制为一个？
- 如何对送入的物品实施检查后运入大楼？
- 行人怎样进入大楼？
- 供公众、员工和服务人员进入大楼的入口有多少个？有相应管理措施吗？
- 是否有一个供公众进入的主入口？
- 从街道到大楼外面之间的道路有多长？
- 大楼各面与街道之间是否有缓冲距离？是否有足够的场地可以留出至少 100 英尺的缓冲距离？
- 用什么作为车辆障碍物，路桩、盆栽还是可以升降的路障？
- 盆栽和景观设施是否便于藏匿违禁物品，甚至炸弹？
- 是否还面临自行车或者摩托车炸弹的袭击？
- 外面摆放的垃圾箱是否距离建筑尽量远，是否便于检查违禁物品？
- 建筑与街道之间是否足够空旷，便于实施监视？
- 各种障碍设施是否有碍残障人士通行？
- 安保巡逻路线（Security Patrol Patterns）是否保持畅通，并且有考勤记录系统？
- 建筑物结构设计方面是否有备无患？
- 建筑物是否采取了越来越严格的安全措施，让人惮于将其作为攻击目标？
- 建筑物的结构设计是否可以在爆炸中发挥降压作用（Decompression Effects）？建筑物设计是否可以承受局部损坏（Local Damage）带来的影响，即整个建筑系统是否可以保持稳定，不会扩大受损范围？

263

- 窗户系统的设计是否均衡？在发生爆炸的情况下，安全膜、防爆窗帘、防爆玻璃等材料是否会避免出现玻璃飞溅等情况？
- 楼梯的宽度是否可以保证顺利撤离？楼梯是否设置在建筑对侧？
- 楼道和电梯井外壳是否采用了钢铁和混凝土材料？
- 进气口是否难以靠近，或者距离地面至少 40 英尺？
- 建筑物大厅及以上楼层与地下停车场各层之间的楼道是否清空（Empty）？
- 建筑物周围的照明是否均衡一致，未产生阴影或藏匿空间？
- 除了普通活动区域外，在容易发生异常情况的活动区域，是否安装了闭路电视监控系统记录相关情况？
- 建筑周围可供藏匿的场所是否被消除？
- 指示标志是否尽量避免暴露贵重物品存放场所？
- 发电机房、配电室、供暖通风系统、燃气管道、水管、电力箱、通信柜、应急备用电源、备用燃料、楼顶设备、通信设备、数据线等设施和物品放置处是否采取安保措施，避免他人进入？
- 在建筑物内是否采取了适当全面的措施，检查建筑物使用人、员工、邮件、包裹是否夹带武器？
- 从建筑外围到建筑、建筑核心区之间，是否采取逐步加强的分层安保措施，加强区域管理？
- 管理措施及实际维护工作是否便于实施安全管理？

16.1 通过建筑设计防范炸弹和其他恐怖威胁

由于城市建筑面临汽车炸弹威胁，因此，可以利用街道设施和建筑周围的设施（如路桩、盆栽花台等）来降低车速。为防范飞溅的碎片——炸弹爆炸中的主要致伤因素——设计师可以在临街层尽量少使用玻璃，在窗户上安装安全膜或者利用聚碳酸酯材料代替玻璃。还可以在窗户上安装钢化玻璃，一旦发生爆炸，玻璃会碎裂，玻璃内部的设计也会将玻璃碎片粘连在一起，而不会四处飞溅。还可以将建筑表面覆盖层更换为防爆性能更佳的材料。绝大多数建筑面临的主要风险是炸弹威胁。从阿尔弗雷德·R. 默拉法院爆炸案和世贸中心爆炸案来看，在设计方面，应当吸取以下一些教训。

适用于不同建筑类型的安全标准

本章流程适用于各种类型的建筑：
- 公共机构建筑：警察局、法院、监狱、邮局、学校、医院和机场；
- 商业建筑：办公楼、购物中心、零售店、餐馆和娱乐设施；
- 住宅建筑：独栋住宅，联排别墅，低、中、高层多户住宅，城市规划开发项目（Planned Urban Developments），酒店，出租公寓，公租房。

264　为了防范爆炸，在建筑设计中需要重点考虑以下方面（FEMA 426，2003，

2010）：

- 在距离建筑尽量远的位置设置安全边界。缓冲距离最好留足 100 英尺（图 16.10 至图 16.14）。
- 所有的建筑构件，包括楼板、柱子、楼顶，都要使用现浇混凝土。楼顶和底层楼板的厚度最好不低于 8 英寸，外墙不低于 12 英寸，柱子之间的间距不低于 30 英尺。根据特定风险等级设计相应建筑时，有必要邀请防爆工程师参与。
- 在连接处采取抗震设计措施（如将楼板、柱子和梁之间用钢筋连起来，让整个建筑成为一个整体）。
- 对楼板和屋顶采取双向加固措施（如在混凝土中将钢筋采取十字交叉方式绑扎）。
- 支撑柱之间的墙体，窗户占用面积不得超过墙体面积的 15%，跨式结构（Structural Bay）之间的墙体，窗户占用面积不得超过墙体面积的 40%。
- 如果建筑物面临的防爆风险较高，窗户设计应当注重均衡，以抵挡爆炸冲击。

图 16.10　为了做好建筑防爆设计，建筑师既要锐意创新，保证建筑安全，又要避免将建筑设计成龟壳一样

图 16.11　新建的俄克拉何马州联邦大楼与街道之间留出了缓冲距离，设置了防爆设施，外观上也不引人注目

图 16.12　新建的俄克拉何马州联邦大楼外面设置了外观漂亮的定制车辆防护桩，在街道和大楼之间留出了一段缓冲距离

图 16.13　新建的俄克拉何马州联邦大楼的窗户均可以防爆。在大楼内还有一个供员工使用的漂亮庭院

265

图 16.14　新建的俄克拉何马州联邦大楼的墙体都采取了防爆设计措施，结构上可以防止倒塌，安装了高硬度玻璃，还安装了顶灯，提供日间照明

266

- 应当在窗户内侧安装防爆窗帘，以阻挡玻璃碎片，同时，还要让爆炸冲击力可以通过防爆窗帘疏导，切实做到窗户设计均衡（图 16.15 和图 16.16）。
- 设计外观漂亮的混凝土障碍设施，如盆栽花台或者艺术作品，并将它们放置在距离建筑较远的路边，设施之间的间距不大于 4 英尺，以阻止车辆驶入。

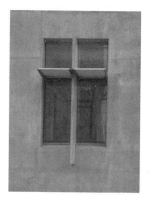

图 16.15　新建的俄克拉何马州联邦大楼的窗户占用面积较小，玻璃和外框都可以防爆

图 16.16　新建的俄克拉何马州联邦大楼内部安装了防爆窗帘，可以阻挡爆炸中产生的玻璃碎片

267

- 新建建筑的外观应当采用简单的矩形设计，以尽量减少衍射效应（Diffraction Effect），以免像 U 形或者 L 形建筑一样，扩大损坏后果。
- 如果建筑物上的装饰物容易损坏，对建筑内人员和街上行人带来不必要的伤害，则应当大幅减少甚至根本不用。建筑外面的覆盖层应当采用较轻的材料，万一发生爆炸（或者飓风），材料飞溅，也会尽量减少其带来的损害后果。
- 建筑的占地面积与总体可用土地面积之间的关系如何？
- 建筑的坐落位置与外围边界及毗邻的土地用途之间的关系如何？

- 通过步行、轨道、水中、空中、车辆等方式进入建筑的路径，是否足以对保证外围安全形成有效支撑？
- 现有的及拟建的基础设施有哪些，存在什么安全隐患？包括便利设施（Easements）、通行通道、电力管线、水管及其他公用设施。
- 消防队、警察局、医院、避难场所以及其他在袭击事件中会发挥重要作用的基础设施，建筑距离它们有多远？
- 建筑周围存在哪些自然安全隐患或者环境方面的不利因素？
- 建筑周围有哪些便于实施访问控制和（或）发挥防护作用的自然物理障碍？如水体、茂密的植物或者地形便利等。
- 在地形和气候特征方面是否存在影响化学物质和其他攻击手段发挥作用的因素？
- 是否便于从建筑边界由外向内实施自然监视？建筑物及场所附近是否有便于阻止开展秘密活动的植物？

场所安全设计方面，应当考虑下列因素：

- 阻挡车辆的障碍设施（图16.17）；
- 路桩及盆栽式障碍物（图16.18至图16.26）；
- 路沿；
- 安保照明；
- 指示牌和场地使用规则；
- 门；
- 采取措施降低建筑正面道路的通行速度；

图16.17 可伸缩的车辆路障

图16.18 路桩和棕榈树可以防止租车公司的财物失窃

- 尽量减少车辆入口数量；
- 要么禁止在楼底停车，要么严格实施管理；
- 根据实际情况，将停车场设置尽量远的地方（但是在空间和距离方面要符合残疾人保障法的规定），同时，便于房间或建筑内的人观察停车场的情况；
- 在建筑内外存放财物的地方，应当提供照明；
- 保证供电供热站、燃气管道、供水管道、电力线、电话线周围的安全。

图 16.19　图中公路两旁设置了密集的路桩阻挡车辆冲撞建筑侧面，但稍有点过了。根本没有留出人行通道

　　环境设计预防犯罪理念和安全隐患评估会将下列设施视为容易遭受恐怖袭击的高危目标，要予以重点关注：

- 工程系统及备用电力（公共设施）系统；
- 设备、通风和水处理系统；
- 包括计算机在内的通信系统；
- 物资储存场所，包括装卸区、仓库以及挥发性物质或其他物料存储仓库；

269

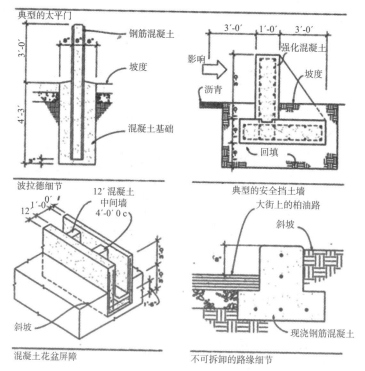

图 16.20　常见障碍设施

注：摘自 Atlas, R. 的《安保障碍物》. 建筑图例标准. 第 10 版，第 163－164 页，2000，Wiley－VCH Verlag GmbH & Co. KGaA 出版，翻印已获同意。

图 16.21 采用了可调节的充气路桩和安保亭

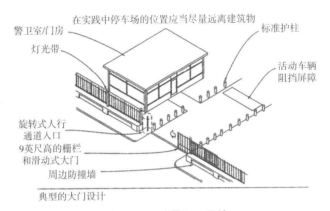

在实践中停车场的位置应当尽量远离建筑物

警卫室/门房

灯光带

标准护柱

活动车辆
阻挡屏障

旋转式人行
通道入口

9英尺高的栅栏
和滑动式大门

周边防撞墙

典型的大门设计

图 16.22 建筑入口设计

注：摘自 Atlas, R. 的《安保障碍物》. 建筑图例标准. 第 10 版，第 163 – 164 页，2000，Wiley – VCH Verlag GmbH & Co. KGaA 出版，翻印已获许可。

图 16.23 白宫外的岗亭和盆栽式路桩

图 16.24 我一直没搞明白，为什么路桩要高达 5 英尺。如此之高，观感不佳带来的负面影响盖过了其实际功能

271

图 16.25 路桩既可以做到种类丰富、大小不一，又可以做到美观漂亮

图 16.26 俄克拉何马州联邦大楼外的路桩上覆盖了金属面罩，看起来更美观了

- 交通设施，包括轻轨、公共汽车、火车、海港和机场；
- 目标人物，包括政治人物、首席执行官或者容易受到附带伤害的路人，如学生和购物者；
- 政府设施、军事设施、化学工厂、爆炸物或挥发性物质。

为了避免将外观设计弄得像碉堡一样，业主可以采取透明安保措施——不引人注目的安保。但是业主应当决定什么情况下采取隐形安保措施，并且保持灵活性，在某些情况下可以采取增强措施——让公众知晓，该区域处于监控之下（Nadel，2004）。

现代安保设计大多强调防范炸弹袭击威胁。防爆最重要的因素就是爆炸点和目标物之间的距离。爆炸冲击波的威力会随着距离拉长、空间增大而减小。爆炸点和保护目标建筑之间的距离（也称为缓冲距离）越大，防爆效果越好，建筑物自身所需要采取的防爆措施就越少。因此，在保护建筑时，首要，也是最重要的措施就是确定外围的防护边界，以便留出缓冲距离（Done and Chusid，2010）。

272 　　可以依照环境设计预防犯罪原理，利用路桩和其他障碍物，在建筑外围形成缓冲距离，避免让建筑看起来像军事堡垒或者监狱一样。安装防护路桩及其他一些防撞设施，可以留出缓冲距离，避免装载爆炸物的车辆冲到建筑物前（Done and Chusid，2010）。

　　根据路桩的固定方式可以将其分为三种基本类型：固定式、移动式和伸缩式（可伸缩或折叠）。固定式路桩可以安装在既有的混凝土地面或者特别设置的基座上。工厂生产的路桩可能会自带固定装置。路桩单独安装时，可以简单地在地上打一个孔，将其插入地面，用环氧树脂或者混凝土固定。放置在地面上的路桩大多只能起到象征性的作用，让人看起来感觉有障碍物，只能发挥指示作用，实际防御能力极为有限。真正可以发挥阻挡作用的路桩，插入地面的深度达 3 英尺至 6 英尺，并用混凝土固定。具体如何安装，需要根据风险隐患水平、地面状况、场地的具体情况等因素确定。移动式路桩常见于中学、大学校园，在地面下设有底座或者套管，其顶部与地面齐平。路桩直接插入套管中，固定在地面上。另一类路桩可以缩入地下，让车辆可以从路桩上面驶过。大多伸缩式或者折叠式路桩的防撞能力都不强，一般不会用于降低车速。伸缩式路桩可以通过人工或自动（气动、电动或液压方式）操作方式缩入地面下。现在，路桩已经是建筑物及其周围场所设计的标准配置。在划定专属区域或者明确场所边界方面，路桩是有效、必需的，有时还可以美化环境。它可以防范汽车炸弹袭击，也可以防止车辆未经允许驶到建筑前（Done and Chusid，2010）。

恐怖活动造成的严重程度不一，可能是人身伤亡、财产损失，也可能会导致必需公共服务（供电、供水、公共交通、通信）中断［Atlas，2000；FEMA 452 2005；2010；FEMA 427 2003；FEMA E155 2006；GSA Security Criteria，November 2010；Interagency Security Committee（ISC）2004；and Unified Facilities Criteria（UFC），2003］。基于恐怖活动的本质，几乎不可能事先收到关于恐怖活动的预警。在绝大多数办公楼中，安全问题主要由物业管理方负责，并且可能是交由安全主管具体负责。设施或者建筑管理方必须紧密协作，解决面临的安全问题。虽然炸弹的类别很多，但也可以将其分为两大类：邮寄的炸弹和放置炸弹（Placed Bombs）。自杀式炸弹和简易爆炸装置（路边炸弹）可以被视为放置炸弹。由于绝大多数炸弹属于放置炸弹，因此实施访问控制是建筑管理方保证建筑安全的最重要方式。为了防范放置炸弹，可以采取下列访问控制措施：

- 设置安保人员，对所有访客进行问询，对带入建筑物或办公场所的随身物品实施检查；
- 在入口处设置闸机或者安排安保人员，禁止随意进入大厅；
- 库房、电话机和公用设施柜以及其他容易藏匿的场所应当上锁，禁止访客或者其他公众进入；
- 向员工和访客发放便于识别的证件；
- 所有访客进入建筑前，应当向安保人员出示身份证件，并就访客和服务人员的出入时间详细登记。

一旦发现有炸弹，设施或建筑的管理方应当立即向当地警方报案。通常情况下，警方或者建筑管理人员会进行初步检查。根据面临风险的性质、严重程序、地点及其他信息，再决定撤离方案。可能是部分撤离，也可能是全部撤离，撤离的程序应当在建筑的应急方案中予以规定。

防爆设计的另一个重要方面是窗户及其玻璃的设施。经评估，如果新建建筑面临爆炸威胁，应当采取措施，减轻玻璃、弹片飞溅带来的人身伤害。炸弹袭击中，80%的人身伤害都是由于窗户受损，玻璃碎片飞溅造成的。由于后果如此严重，为了减少损伤，首先需要确保窗户可以经受爆炸冲击。为了抵挡爆炸冲击，经历爆炸后窗户（窗户玻璃、窗户所在墙体、整个窗户系统）应当达到下列标准（Walker，2011）。

273

（1）玻璃保持完整——可以破裂，但不能飞溅；

（2）玻璃应当仍固定在窗框上；

（3）窗框应当仍固定在墙体上；

（4）墙体应当未破损，窗框未脱落。

窗户系统的整体设计应当注意把握均衡。否则，如果某一部分不能符合要求，整个系统都会不符合要求。这意味着，根据预定的防护标准，窗框、固定件及玻璃都应当达到相应的抗冲击标准。如果仅是玻璃的抗冲击标准高于固定件和墙体，那么，窗户就像是嵌入建筑的一个单独个体，在爆炸中所造成的损害甚至还要比飞溅的琉璃碎片更严重。理想的情况是，玻璃最先破裂，而设计措施可以避免玻璃飞溅，玻璃碎片在建筑内 3 英尺的范围内落地。为了达到这一效果，可以采用钢化玻璃、聚碳酸酯材料、夹层玻璃、麦拉玻璃膜（Mylar Glass Films）、防爆窗帘或遮挡物，避免玻璃飞溅。

为了尽量减少玻璃碎片，窗户设施必须能够承受因结构、风及其他压力导致的日常冲击。工程师应当对窗户系统实施检查，判断玻璃、窗框、固定件、墙体等方面的设计是否达到相应爆炸风险等级的要求，设计是否均衡。理想情况是，玻璃可以达到美国材料与试验协会（ASTM）的标准，而窗框的实际测试也可以证明，玻璃和整个窗户的作用可以得到充分发挥（ASTM F 1642）。

16.2　小　结

对关键基础设施以及评估认定的高风险的建筑，其设计师应当将防范恐怖活动和防爆纳入考虑范围，并在每一个项目中切实加以解决。同时，对防爆和预防连续倒塌方面的一些基本设计原则，建筑师和结构工程师也应当熟稔。

为了防范恐怖主义威胁，除了在各类建筑和关键基础设施上采取明显的加固措施外，如果运用环境设计预防犯罪理念及相关的实践经验，我们还可以做得更好。不断完善的环境设计预防犯罪理念基本上就是通过环境设计来预防恐怖袭击。环境设计预防犯罪和透明安保措施，可以便于对建筑实施访问控制，降低恐怖活动发生机率，提升安全感。无论是建筑师、工程师还是安全专家，都应当了解相关的知识，明白安全的核心要素有哪些，如何实现建筑的整体协同，怎样制定完善的应急撤退方案，如何对人及其随身物品实施安全检查，怎样确定良好的建筑坐落位置以便留出最大的缓冲距离，如何设计便于实施自然监视、盘查潜在的犯罪分子和恐怖分子。

274

参考文献

［1］ *Architectural Record.* （2009），With lessons learned from 9/11，New York plans building code changes for high – rises，September.

［2］ ASTM F 1642 Glass Hazard Criteria，American Society of Testing Materials.

［3］ Atlas，R.（2000）Site security barriers. *Architectural Graphics Standards*，10th edn. New

York: John Wiley, pp. 163 – 164.

[4] Clark, L. and Goldstein, D. (2006) Report finds few states prepared for disaster, *Miami Herald*, Dec. 12, 2006.

[5] Done, B. and Chusid, M. (2010) Bollards: Providing security safety, and design value. *The Construction Specifier*, April, 42 – 50.

[6] FEMA News. (1995) A scene of the devastated Murrah Building following the Oklahoma City bombing, *FEMA News*, April 26, 1995.

[7] FEMA 426 (2003) *Reference Manual to Mitigate Potential Terrorist Attacks against Buildings*, Risk Management Series, December.

[8] FEMA 426 (2010) *Reference Manual to Mitigate Potential Terrorist Attacks against Buildings*, Risk Management Series, July.

[9] FEMA 427 (2003) *Primer for Design of Commercial Buildings to Mitigate Terrorist Attacks*, December.

[10] FEMA 452 (2010) *Risk Assessment: A How – To Guide to Mitigate Potential Terrorist Attacks against Buildings*, Buildings and Infrastructure Protection Series, July.

[11] FEMA 452 (2005) *A How – to Guide to Mitigate Potential Terrorist Attacks against Buildings*, Risk Management Series, January.

[12] FEMA E155 (2006) *Building Design for Homeland Security*.

[13] Gips, M. (2005) The challenge of making safer structures. *Security Management Magazine*, March, 43 – 49.

[14] GSA Security Criteria (2000) General Services Administration, Chapter 8, PBS – PQ – 100.1, November.

[15] Interagency Security Committee (ISC) (2004) *Security Design Criteria for New Federal Office Buildings and Modernization Projects*, September 29.

[16] ISC (2010) *Physical Security Criteria for Federal Facilities*, Interagency Security Committee Standard, April 12.

[17] Mackey, R. (2011) Bomb scare. *Today's Facility Manager*, March.

[18] Nadel, A. B. (2004) *Building Security: Handbook for Architectural Planning and Design*. New York: McGraw – Hill.

[19] Unified Facilities Criteria (UFC) (2003) DOD *Minimum Antiterrorism Standards for Buildings*, October 8.

[20] U.S. Department of Justice (1995) *Vulnerability Assessment of Federal Facilities*, June 28.

[21] Walker, R. (2011) Anchoring windows for blast design. *The Construction Specifier*, November, 48 – 53.

利用 CPTED 保护建筑物和基础设施

世贸中心、五角大楼和俄克拉何马州的爆炸袭击作为恐怖主义的标志永远铭记在我们记忆中。恐怖行为不仅给社会，还给我们的平静心灵带来了真切的威胁。恐怖行为赖以实施暴力行为的相关知识和所需材料更容易被获取，恐怖分子实施恐怖活动的手法越来越成熟，恐怖活动也不断地发生系统性的变化。关于制作炸弹和实施恐怖活动的信息大肆扩散，以至于任何恐怖分子或者罪犯都可以获取相关知识，实实在在地制造出任意类型的爆炸装置。

炸毁了阿尔弗雷德·R.默拉联邦大楼的蒂莫西·麦克维，在被捕后不久的一次采访中声称，他之所以选择这栋特殊的建筑物是因为"从建筑结构来看，它很脆弱"。谁能想到一辆租赁的货车和一堆肥料能如此致命（图17.1）。

> **《每日星球报》**
>
> ### 在狱中，麦克维（McVeigh）
>
> **承认实施炸弹袭击**
> **1995年5月**
>
> 来自监狱的消息表明，蒂莫西.麦克维（Timothy McVeigh）正式公开承认对俄克拉荷马联邦政府大楼实施炸弹袭击。有两条匿名来源的消息，一位要求不透露姓名的消息提供者声称，麦克维告诉他，当他从新闻报道中得知有儿童在爆炸中死亡的消息时，感到非常震惊，当时他并不知道大楼里面设有儿童日间看护设施。
>
> 根据在监狱里与麦克维交谈的两位知情者提供的消息，麦克维还承认，他的袭击目标主要是针对政府大楼，因为该大楼里面设有政府办公机构，特别是与其他潜在袭击的联邦政府大楼目标相比较而言，该大楼存在诸多可利用的漏洞。

图 17.1　McVeigh（麦克维）供认联邦大楼袭击案
注：摘自《迈阿密先驱报》，1992 年 5 月 19 日。

针对人员、信息和财产面临的威胁和损失，我们能做些什么呢？怎样才能通过环境设计预防犯罪来减少建成环境中实施犯罪的机会，降低人们对恐怖活动的恐慌？本章将介绍怎样改变我们的设计和空间利用来降低建筑物面临的威胁以及其存在的薄弱环节。

17.1　世贸中心的教训

人们在电视直播中看到世贸中心大楼倒塌，心里肯定感到非常恐慌。世贸中心大楼建于 1972～1973 年，共有 110 层。和 1995 年俄克拉何马市阿尔弗雷德·R. 默拉联邦大楼爆炸一样，世贸中心大楼也发生了连续倒塌。两架飞机撞击大楼，导致几个楼层的柱子和楼面受损，产生的压力让剩余的结构柱不堪重负。爆炸和大火让本已超过负荷的柱子更加脆弱。大楼的本身的结构设计可以承受波音 707 型飞机的撞击。707 型飞机在当时已经是较大的机型了，只是和后来撞击大楼的飞机相比，707 型飞机的装油量更低。大楼的设计本来完全可以承受飞机的撞击，而不至于立即倒塌。尽管产生了一个大洞，残留的柱子仍然足以让大楼支撑 45 分钟，可以让 2000 人逃生。但是，燃油产生的热量已经超过了纸张和塑料的燃点，而普通的办公室火灾也只能达到这个程度。大楼的灭火系统中没有泡沫灭火剂，无法处理飞机燃油引发的大火。而两架飞机因执行洲际飞行任务，满载燃油，就像是两个飞行的"炸弹"。

耐火的钢铁达到 1100 华氏度时将失去一半的力量，达到 1600 华氏度后将迅速融化。在"9·11"事件中，建筑物内的温度估计都超过了 2000 华氏度。钢铁柱子在火势面前很脆弱，最终垮掉，这些柱子所支撑的楼板落到下一层，像叠烙饼一样。坠落的楼板让下层的柱子不堪重负，最后导致整个建筑的倒塌（Architectural Record，2001，pp. 24 – 26）。设计师认为，除非像导弹发射塔一样耐高温，否则，不论高度如何，任何建筑都难以承受如此严重的袭击。

环境设计可能难以预防"9·11"事件这种悲剧事件，但是对我们的公共、私有空间进行设计时对以下方面进行考虑的确与安全密切相关：高密度环境中的群体行为；路线标志及逃生线路；建筑物内安全措施的布局和类型；高风险环境的设计；通过有效的建成环境设计，让建筑使用者感觉到压力更小、疑惑更少，更不容易遭受到犯罪分子攻击（EDRA，2001）。

17.2　总务管理局的标准：联邦设施的建筑指南

1995 年 6 月，克林顿总统为所有联邦设施颁布了安全的基本标准。条例要求，由司法部对每一建筑进行审计，确定安全级别，提出升级建议，每一栋建筑都必须达到相应等级的最低安全标准。2001 年 11 月，布什总统签署了一份适用于全国的机场安检法案和反恐怖主义法案，授权执法部门和军队可以采取预防措施。

美国法警署（Marshals Service）在 1995 年默拉联邦大楼爆炸后，开展了一项薄弱环节评估，在此之前，在行政层面，没有适用于所有联邦建筑的安全标准。美国法警署在《建筑安全研究》中提出了 52 项标准，主要涵盖边界安全、入口安全、内部安全和安全技术规划等。根据建筑的规模、使用人数、对公众的开放程度，对每一建筑进行相应的评级，最低为 1 级，最高为 5 级（如国防工厂（Defense Plant）和核设施为最高级）。

277　　　大多数多单位高层法院大楼被认定为 3 级，并要求配备防碎玻璃，可控的停车场，24 小时监控设备和录像设备，X 射线武器扫描，包裹扫描和带照片的身份识别系统。这些标准最初是总务管理局（GSA）于 1997 年制定的，后来，发展成为现在为大家所熟知的跨部门安全委员会（ISC）标准（2010）。

源于总务管理局跨部门安全委员会标准，以及其他联邦机构合作确立的注意义务标准，都倡导可防范空间和环境设计预防犯罪方法，通过公共场所和私人空间之间的区分，形成明确的界限，对人流和车辆实施检查。在场所的边界处，应当清晰地指示车辆行人的通行线路。采用安检措施，对行人实施检查、引导，可以分辨出建筑的合法使用者，阻止那些试图实施犯罪和恐怖活动、制造工作场所暴力事件的犯罪分子。

美国法警署在其报告中指出，经过一年的努力后，总务管理局团队制定了一系列的标准，涵盖了安全方面四个层级的各个部分。美国法警署在其报告中针对运营管理和设备配置方面提出了大量的改进建议。最终的安全标准解决了功能要求和具体适用方面的诸多问题，包括安全玻璃、防爆设计及施工、景观绿化及种植设计、场所照明、自然及机械设备监视（良好的视线，不存在盲点，窗户位置和闭路电视监控的适当使用）。针对在各个不同安全层级是否具体适用，这些建议被进一步予以细分（例如，等级 1 的设施可能不要求实施入口访问控制，而等级 4 的设施要求采用闭路电视监控的电子控制措施）。

下面介绍了联邦建筑在进行重大改建或者新建时，建筑师和工程师团队应当注意到的一些总体指导意见。虽然并非强制要求，但是，在履行合理注意义务时，各州政府和商业组织在新建建筑时都要将这些标准作为参考适用。

跨部门安全委员会的标准重点关注以下领域，这些领域也适用于绝大多数类似建筑上：

（1）边界和外部安全：

a. 停车场和停车场管理；

b. 闭路电视监视；

c. 照明，包括应急备用照明；

d. 物理障碍设施。

（2）入口安全：

a. 入侵探测系统；

b. 按照现有的人身安全标准进行升级；

c. 对邮件、人员、包裹实施检查；

d. 用闭路电视监控系统和电子门对入口进行管控；

e. 安全度高的锁。

（3）内部安全：

a. 员工身份证件，访客管理；

b. 对公共设施使用进行管理；

c. 给重要系统提供应急备用电源；

d. 评估看护中心的位置。

（4）安全计划：

a. 在租赁建筑中，评估租客服务中心位置是否合适，评估安全需求和风险；

b. 在窗户外部安装安全膜；

c. 评估（确定）现有相关建筑及新建建筑的防爆标准；

d. 新建高风险建筑物时，考虑防爆设施和缓冲距离（3 级或 4 级）。

在安全方面，跨部门安全委员会的标准把握了均衡的原则，综合考虑了成本效益，承认接受一些风险，并认识到联邦大楼不应该修建得如同碉堡和要塞一样，而应该是开放、通达性好、外观漂亮，能代表美国民主精神的。这些指导措施认为，相关的设施归属于公众、服务于公众，安全措施应当适度而不能过度。 278

除了这些总体建议，跨部门安全委员会的标准进一步细分三种不同的层级：外部场所，建筑物和内部设计。

在外部场所，跨部门安全委员会标准建议采取以下措施：

- 消除建筑物附近潜在的藏匿地点；
- 在设施周围保证畅通无阻的视线；
- 将场所或建筑物安排在其他有人值守的场所的视线范围内；
- 将财物放置在场所内、建筑外时，应当将财物置于值守的房间的人的视线范围内；
- 标志牌和指示牌尽量不要指示场所内财物的存放位置；
- 如有可能，建筑物与其外围边界之间的距离至少不低于 100 英尺；
- 不要修建与建筑物呈垂直方向，车辆可高速行驶的道路；
- 尽量减少车辆入口；
- 不要在建筑物底层设置停车场，如必须设，则应当严格管理；
- 在可能的情况下，尽量将停车场设置在距离建筑物较远的地方（但是要符合残疾人保障法的规定，不能距离太远），从建筑物有人值守的房间内，应当可以观察到停车场的情况；
- 建筑物内外存放物品的场所，应当提供照明；
- 确保获得供电供热设施，天然气管道，自来水供应，电力和电话服务等设备，应当禁止随意接近，保证安全；
- 为硬件和其他服务设施的安装留下空间；
- 规划备用线路；
- 规划备用供电；
- 规划入侵监测设备；
- 规划场所入侵监测；

- 规划边界入侵传感器；
- 规划运动监测系统；
- 规划访问控制系统；
- 规划违禁物品和武器探测；
- 规划爆炸物探测；
- 规划身份识别器和人员身份主动识别系统；
- 规划安全管理和信息发布系统。

在建筑物层级，跨部门安全委员会标准建议采取以下措施：

- 采用安全分层理念；
- 如有可能，将财物存放在全天 24 小时有人值守的场所；
- 尽可能将访客人数较多的活动安排在远离受保护物品的场所；
- 将受保护的物品放置在公共区域，以便可以被多人看到；
- 将开展高风险业务的场所，如邮件收发室，设置在建筑边缘区域。

在建筑物内部层级，跨部门安全委员会标准建议采取以下措施：

- 员工和访客识别系统；
- 对公用设施箱和易遭受损害的公用设施，采取保护措施；
- 制定应急方案、策略和流程；
- 未经允许，不得进入日间接待场所（Daycare），并采取相应保护措施；
- 设置检查点，防范携带武器、盗窃等，识别身份；
- 利用综合访问控制、闭路电视监视系统、对讲机、数据记录、通报设备等方法对装运、接收物品的场所实施安全管理。

17.3　私营企业的建筑如何

在私营企业领域，美国材料与试验协会（ASTM）场所责任委员会曾着手制定多住户住宅的最低安全指南，后来受到游说压力，该委员会只好解散。几年后，国家消防协会接手继续开展这项工作。国家消防协会要制定防火和人身安全方面的规定，安保当然属于保护人身安全的范围。国家消防协会场所安全委员会制定了《730 指南》（2011）和《国家消防协会场所安全电子系统安装731 标准》（2011），随后，作为私营企业领域的行业标准推广适用。欧盟自2000 年起就实施了最低安全标准。

在第 13 章中介绍 ATRiM（基础设施防范恐怖袭击模板）属于最初的综合措施之一，它可以帮助建筑管理方、建筑师和设计师在实施改建时，采取一些基本的、最新的环境设计预防犯罪措施，防范恐怖主义。该模板包括了四种袭击类型：爆炸、纵火、产品污染以及低级别的大规模杀伤性武器（WMD）。怎样迈出利用 CPTED 来设计私有建筑物的第一步呢？

CPTED 提供了一个全面的方法来应对犯罪和恐怖活动的挑战，主要包括三个方面：组织方法（人——安保人员，能胜任的守卫），机械设备方法（技术——软件，障碍物，加固），自然设计方法（建筑师，设计和交通路线）（Atlas, 1998）。财产所有人必须确定他想保护的财产范围，可接受的风险程度，在保护其场所、设施、员工和其他人员方面可以承受的资金额度（Nadel, 2004）。一个全面的建筑安全方案综合了三个方面的因素：设计、技术和运营——每一个方面都有具体的策略和操作流程。各个方面的措施综合运用才能发挥最好的效果，才能有效地应对恐怖活动、自然灾害、犯罪活动和工作场所暴力行为，保障建筑安全。

例如，如果某一政府大楼的风险分析结果认为，该建筑容易遭受汽车炸弹袭击，那么设计的目标就是让潜在的爆炸物远离建筑物，然后 CPTED 方法提出建议，仔细考虑以下几个方面。

- 停车场的位置在哪里？
- 怎样对邮件实施检查、管理？
- 人们怎样进入建筑？
- 公众、员工和服务人员可以从多少个入口进入？
- 是否给公众留出了一个主入口？
- 从街道、人行广场进入建筑物的道路距离建筑物的正面有多远？
- 建筑物的四面与街道之间是否都留出了缓冲距离？
- 采用何种路桩系统和车辆障碍物系统是合适的？
- 路桩和工作台是否形成了盲点，是否给流浪人员和街头犯罪分子留出睡觉的地方？
- 是否容易遭受自行车炸弹和摩托车炸弹攻击，因而需要障碍系统设置得更密集一些？
- 从建筑物到街道之间的视线是否畅通？
- 景观设施和树木是否阻挡视线？
- 各类障碍物是否阻碍残障人士通行？
- 场所自有的或者公共的安保力量在哪些区域巡逻？
- 安保人员的巡逻路线是否畅通，是否设置了安保打卡系统（Guard Tour System）进行核实？
- 建筑的结构设计是否留出了备用支撑系统？
- 是否因为分层设置了缓冲空间，增加了入侵者抵达目标区域的难度，从而降低了建筑对恐怖活动的吸引力？
- 如果建筑面临的爆炸风险较高，其结构设计是否有利于形成爆炸中的负压效应（Negative Pressure Effects）？
- 如果建筑物面临的爆炸风险较高，那么窗户系统的设计是否均衡，是否采用了防爆窗帘、防爆玻璃，以防止玻璃飞溅？
- 场所周围的照明是否均衡一致，避免形成阴影或者可供藏匿的地方？
- 容易发生异常情况的场所是否安装了闭路电视监控系统，以发现不当行为，并予以摄录、监控？

280

- 在建筑内，是否采取了全面彻底的武器检查措施，对建筑的使用者、员工、包裹和邮件实施检查？
- 建筑物内是否区分安保层级，在建筑物（场所）、各栋楼房以及建筑物内的每一特定地点周围形成边界？
- 采取的管理维护措施是否有助于安全运营，配备安保人员、设置监控设备以检查人员和财物是否携带武器，对员工实施背景调查，对场所内的物理设施进行管理？

很显然，为了保证建筑安全，我们投入了大量的精力和金钱。但是，无论是建筑师还是安全专家，都无法改变人类的本性。即使方案已经做到尽善尽美，犯罪分子还是会有机可乘。我们的建成环境不可能做到防范所有潜在威胁。没有任何建筑安全系统可以防止"9·11"、使馆和法院爆炸等恐怖活动。但是，我们还是可以采取积极的措施，减少实施犯罪的机会，降低人们对犯罪的恐惧，提高我们的风险防范意识。我们的目的是设计安全的建筑，以保护我们的人身、信息和财产安全。

设计包括建筑设计、工程设计、景观绿化和场地规划。场所边界是第一道防线。在防范恐怖主义、应对安全风险，保证人身、财产和运营安全方面，场地内建筑摆放和整体布局是唯一重要的环节（FEMA 426：2003，2010）。建筑物的摆放对实施访问控制和自然监视有很大影响。在建筑物与整个场地的空间关系、采光、建筑的高度和容量等方面，建筑物的朝向有很大的影响。具体布局和开放空间的大小对场所安全，特别是能否有效地观察场所边界的情况，发现入侵者、车辆和藏匿的违禁品等有很重要的影响。

设计者应当认识到，如果车辆通行模式设计不当，会给设施或者场所带来很大的安全隐患。设计师在设计道路系统时，可以尽量降低车辆速度，让道路本身就可以成为一项防护措施（FEMA 426：2003，2010）。通往建筑的道路不能设计为直道，因为那样容易让轿车或者卡车加快速度，积蓄力量撞向建筑。入口地势较高，景观植物较矮，设置土坡，策略性地布置装饰石头、路桩、围栏、弯曲的道路，这些措施可以让汽车袭击变得异常困难，甚至难以实施。建筑和景观方面的一些措施，如抬升花台高度，公园长椅，灯柱，蛇形或弯曲的道路，交通减速设备，场所照明和垃圾桶等，都可以用作车辆障碍，防止建筑前面的情况一览无余，从而防止利用车辆直接撞向建筑（Feldman，2005）。

分层设置缓冲区的建筑物和没有分层设置缓冲区的建筑相比，更不容易被选为袭击对象（图17.2）。不要将访客停车场设置在紧邻建筑物的区域，这样也可以起到阻却作用。如果恐怖分子想摧毁或者破坏建筑，他不能将车辆停靠后再引爆。自然监视，即可以无阻碍地观察到谁正在进入建筑，是否有合法的目的，这也是安全规划的重要组成部分。独立建筑的最好布局方式，是其四面与街道之间均留有一段距离。

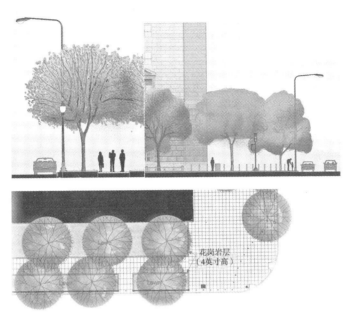

图 17.2 （参见彩图）华盛顿特区建筑与街道之间的退让空间
（Street Setbacks）及街面设施建议方案

注：感谢 NCPC，《国家首都城市设计及安全规划》，NCPC，华盛顿特区，2002。

除了环境设计方面的措施，还可以采取其他一些成本相对较低的基本预防措施来保护容易遭受袭击的公共设施，将街道上的检查井锁住，给电力房、风扇房、机构设备房、通信设施房上锁，安装警报装置等（Feldman，2005）。

其他的措施包括制定运营管理规定和操作流程，包括制定综合的安保方案，增加安保人员，将动传感器、摄像头和闭路电视监控系统纳入；运用生物识别、感应读卡器和其他形式的电子访问控制系统；在供热通风空调系统（HVAC）及其他系统中融入防护措施等。为了应对化学物质攻击，安防设计专家建议将进风口安装在地面以上的位置，要么安装在楼顶，要么安装在至少三至四层楼高的位置（Feldman，2005）。

既有建筑中内建的防护设施包括可以防范化学物质传播的空气监测系统和活性炭过滤器，可以高效防范细菌和其他生物物质的空气微粒过滤器及 UV3 紫外线杀菌棒（UV3 Light Wands）。在既有建筑中，对整个供热通风空调系统进行改建可能会受到资金方面的制约，一个替代性措施是将容易遭受攻击的场所，如大厅、邮件收发室、收货区等单独设置供热通风空调系统。这样，万一在大厅出现有毒物质，不至于传播扩散到整个建筑。

通过设计还可以在建筑大厅甚至整个建筑形成正压（Positively Pressurize），如果在建筑外面释放有毒物质，可以通过压力将这些区域隔离在危险之外（Feldman，2005）。

282

对建筑物加压或者密封可以防范外部有毒物质。为了应对在建筑内部释放有毒物质，可以将受污染区域隔离，并尽快采取消毒措施。在新建建筑中落实反恐措施，保护人身财产安全，相对更加容易。在新建建筑中，隔离大厅、装卸区和收发室的措施，成本很小，业主应当根据相应的防护等级，落实这些措施（Feldman，2005）。

其他的反恐措施包括对地板、墙体、门采取加固措施，使恐怖分子难以进入，对门及窗户采取防撬措施，设置安全区等。将建筑内的场所分成不同的区域，采取不同等级的安全措施，如无限制、适当限制和禁止等，以便更有效地对敏感区域实施保护。访问控制策略的重点就是阻止犯罪分子进入犯罪目标，让犯罪分子感觉到其面临风险、被监测，延缓其犯罪行为，并迅速实施应对措施。

当一栋建筑物在逐渐倒塌时，正如俄克拉何马州的爆炸事件，一根又一根的柱子像多米诺骨牌一样，不到 3 秒就全部倒了。如果在结构设计上采取了预防措施，可能会有一根或者两根柱子发生倒塌，但是建筑物的其他部分可以巍立不倒，给建筑内的人留出一定的逃生时间。

所以就不难理解，《国家建筑安全小组关于世贸中心双子塔倒塌的最终报告》（National Institute of Standards and Technology，2005）中提出的第一条建议就是采取保护性设计措施，防止逐渐倒塌（Progressive Structural Collapse）。该报告有望带来更多前瞻性的解决方案，并促进全国各个城市提高法律规定要求。建筑物的楼道如果设置在建筑物的对应两端，并直接通往建筑外，而不是大厅，那么，发生倒塌时，室内的人可以更快地逃生。

联邦政府对"9·11"恐怖袭击事件经过长达三年的研究后，美国商务部在其《国家标准和技术研究院报告》和《国家建筑安全小组关于世贸中心双子塔倒塌的最终报告》中，对摩天大楼的规划、施工和运营提出了几项重大的改变。同时，相关文件还列出了其他一些需要进行完善的建筑，以减少恐怖活动造成伤亡，提高人们的生还概率。这些针对高层，甚至是摩天大楼提出的基础性建议措施，旨在通过完善建筑的设计、施工、维护、使用方式，从而不断提高公共安全水平。它主要涵盖八个不同的方面。

（1）建筑更加协调；

（2）建筑的防火性能更好；

（3）在建筑的防火设计方面采取了新方法；

（4）提高了主动防火性能；

（5）应急能力提高了；

（6）疏散能力提高了；

（7）改善了相关流程和操作方法，提倡遵守相关规范要求；

（8）对防火工程师、结构工程师和建筑师持续开展教育培训。

建筑师应该和所有者、安全主管或顾问沟通什么问题？根据在前面章节所述的安全分层原则，建筑师要从现场场所层面、建筑物层面和内部空间层面强调安全问题。

（1）现场规划：

- 入口
- 邮件传送
- 通行模式
- 照明质量和数量
- 周边防护

（2）大厅：

- 访问控制问题
- 建筑物的消防系统位置
- 接待前台（保安亭）设计及设备配置
- 建筑中安全障碍的设计——闸机、玻璃围挡、接待区域等
- 紧邻大厅的零售租户的安全
- 设置隐蔽的闭路电视监控系统
- 对紧邻大厅的紧急疏解楼道入口实施访问控制
- 在下班后，对大厅实施访问控制
- 在外围门处安装警报，实施监控
- 大厅照明

（3）停车场：

- 代客停车或者自助停车
- 公共、私人或者混合使用
- 区分不同的停车区域
- 管理人员停车安全
- 根据需要，使用闭路电视监控系统、应急通信系统、对讲系统和安保巡逻系统
- 照明方面，包括照明的类型以及亮度

（4）装卸区：

- 预计车辆流量
- 街道上的交通以及行人带来的影响（如有）
- 包裹及材料的存储
- 整个建筑物内如何分发邮件
- 安装必要的闭路电视监控系统和对讲系统
- 可以通过远程方式控制门的开关

（5）应急楼道：

- 对公众内部通行实施适当限制
- 在楼道内安装通信设备
- 在门上安装紧急出口提示警报
- 在楼道内安装监控警报
- 对出入楼道实施访问控制

（6）其他：

- 电梯轿箱访问控制和建筑设计
- 在电梯和各个楼层之间建立通信联系
- 公共洗手间
- 邮件服务
- 物品运送
- 机械设备房安全
- 电话、电力柜和仓库门的五金配件
- 油料和水储存区的安全
- 楼顶访问控制
- 连接附近其他建筑的地下通道和天桥
- 购物中心的安全——主要包括景观绿化、照明以及安装隐蔽的监控系统
- 电梯轿箱内的通信设备

（7）建筑物租户的安全：

- 全面的访问控制系统，包括电梯和各个楼层的访问控制措施
- 各个部门的安全措施以及运营方面需要采取的其他安全措施
- 管理人员办公区的安全
- 接待前台
- 董事会会议室和管理人员会议室的访问控制
- 货运电梯处门廊的建设
- 控制室设计
- 保证租户区仓库、金库和保险柜的安全
- 安全设备柜
- 安全管理所需供暖通风空调设备及电力设备

（8）需要重点关注的系统：

- 消防及人身安全
- 公用地址
- 闭路电视监控
- 访问控制
- 监控警报
- 无线电通信
- 应急指示信号
- 对讲系统
- 安保巡逻
- 门的控制
- 不间断供电

下面推荐的一些 CPTED 设计措施也可能适用于你所在的建筑物：

- 将不安全的活动放在安全的区域开展，这样既便于实施自然监视，也

可抑制非法行为。

- 将建筑物的外墙设计得难以攀爬。
- 尽量减少地面或者地面以下的外围出口数量。
- 在全部建筑入口处采取保护措施，防止未经许可入内或者他人攻击。
- 为今后的发展或者改建预留富余的线路。
- 在外墙设计方面采取一些措施，防范他人利用车辆、工具、爆炸物等方式侵入。
- 在大厅或者入口处留出足够的空间，便于实施验证、检查、识别身份，如设置签到桌，安装 X 光扫描仪等违禁物品检查设备、个人身份识别设备等。
- 为维护安保设备留出足够空间。
- 保护所有公用设施及控制台，防止他人未经允许中断服务。
- 在设计电梯、楼道和自动锁闭设施时，要注意不要对紧急疏散时的安全产生影响。
- 合理设计照明亮度，与闭路电视监控系统保持协调——减少炫光，增大视野。
- 合理设计边界，并用以下方式予以明确：自然障碍方面，如景观绿化措施；物理设施方面，如围墙、围栏、地埋式传感器、动作传感器、接触式传感器；组织措施方面，如安排安保巡逻。
- 将各种安全技术融合到各类功能和建筑物中，让合法的建筑使用人可以同时发挥安保人员作用，观察各类合法行为，制止犯罪。

在设计入口位置，以便实施控制时，应当考虑以下因素（FEMA 426：2003，2010，2 - 38）。

- 进入场所和各栋建筑的道路要合理设计，避免车辆通过这些道路直接或呈直线冲向高危建筑，道路的主要通行部分应当远离高危建筑集聚区。
- 合理确定入口与街道的相对位置，避免车辆完全加速后冲破岗亭。
- 尽量减少通往建筑物和该场所的道路和入口的数量。
- 场所内的商业、服务区域，以及运送物品的车辆，要单独设置专用入口，最好尽量远离高危建筑。
- 合理设计入口控制点和安保岗亭，以便可以经过充分的审视后，再决定是否允许车辆和人员进入。同时，还可以在高峰期保证门卫和待入车辆双方的安全。
- 进入场所的各条道路在高峰期也应当能够满足需求，避免将车辆堵在周围的各条道路上。
- 在场所入口大门处设置临时停车道，以便对可疑车辆实施检查。如有必要，还可以为访客和场所内的人员设置待检区，对车辆实施检查后再决定是否准许其进入场所或者建筑物。

285

- 设置主动防撞障碍物，如路桩、减速带和车辆障碍物，以便控制、降低车辆速度，留给入口处的管理人员足够的时间应对未经许可擅自入内的行为。

- 合理设计检查区，必要时，还可以让外部公众看不到。合理种植景观植物，发挥阻挡作用。

- 要考虑到现在和将来对车辆实施检查的技术。

- 设置可以关闭的检查区，以便在出现恶劣天气的情况下，可以保护检查设备。

- 检查区的面积要足够大，至少可以容纳一辆车和一条拖车道。

- 要设计一条人行道、一个行人通行闸机和一条自行车专用道。

- 如果可能，为安保人员的检查点和通信设备配置一个防卫室。在遭遇袭击时，它可以作为避难场所使用。

- 如果需要在车辆上查验身份，则要提供一些防护措施以应对攻击行为。摄像头和照明是比较重要的措施。

- 对安全要求较高的建筑，应当再设置一道最后防线，以阻挡未经允许进入的车辆。

286

- 设计障碍系统来阻止出入的车辆。在障碍系统中，应当采取控制措施，防止待入车辆利用驶出道路，未经许可入内。进出的道路都应当设置障碍设施。前面所述的关于在进入道路上采取的各项安全措施，也同样适用于驶出道路。

17.4　将跨部门安全委员会（ISC）的标准适用于所有建筑

跨部门安全委员会的《物理安全标准》（*Physical Security Criteria*）是适用于成百上千联邦建筑的国家标准，无论这些建筑是由联邦所有，还是由联邦租用。随着跨部门安全委员会标准的不断发展，关于市中心民用建筑与军事基地、军事设施之间在安全要求方面的差距越来越小（UFC，2002，2007）。由于美国政府是整个国家的土地所有人，因此，有理由推断，适用于联邦建筑的最低注意标准，也应当同样适用于各州及各地的政府建筑。私人将其设施出租给联邦政府的，也应当按照相应的防护等级及设计基础威胁（Design Basis Threats），对其设施在设计和运营方面进行必要的更改，以符合相关的要求。因此，完全有理由认为，跨部门安全委员会的标准就是土地方面的法律规范，即使它有时显得不切实际，或者是因为国家政权力量要求而被强制施行。

无论建筑物属于哪种类型、用途，在反恐和预防犯罪方面的标准要和防火、通行、结构完整等方面的标准类似。每一建筑都要有空间层次，形成公共、半公共、私人空间之间的区分。避免出现某一场所或者空间无具体用途或无可胜任的安保人员值守，因为那样会形成无主公地，没有任何个人或团体对其实施占有、保护、管理。根据预定目标，精心设计进入场所及建筑物内的行人和车辆通行道路。在所有建筑设计中，都应当做到尽量方便建筑物的合法使用者实施自然监视。

2012 年 7 月 20 日，科罗拉多州奥罗拉市的一家电影院正在举行新蝙蝠侠电影首映。詹姆士·霍尔姆斯（James Holmes）也买票入场，途中，他走出电影院，来到自己的汽车旁，穿上特种部队（SWAT）防弹背心，带上自动武器，穿过一扇可以弹开的门（Propped - open Door），回到电影院。电影院内坐满正在观看《黑暗骑士崛起》的观众，詹姆士·霍尔姆斯对着人群开枪，导致 12 人死亡，至少 70 人受伤。这一事件中，安保设计和环境设计预防犯罪方面也面临诸多疑问：参加首映的观众如此之多，影院为什么没有安保人员值班？门被打开后，为什么没有触发警报？这一事件可以合理避免吗？当然，对一件精心预谋的袭击案进行事后点评，是一件很困难的事情。

目标加固是利用技术手段提升安全水平的方法之一，如完善锁具，使其可以锁死；升级窗户的防护网；安装防爆玻璃；增设围墙；使用电磁锁具等。另外一种技术手段是实施访问控制，包括设置障碍物；设计小路、人行道和行车道，阻止未经许可的非法用户进入易受攻击的场所。设置障碍可以对某个人在某个时间内进入某些地点实施限制，包括安全通廊（Security Vestibules），停车场障碍物，入口处安装电话，访客登记室，安保检查点，车辆控制系统，生物识别等访问控制措施。

17.5 小 结

建筑设计师、景观设计师和安全专家在降低恐怖事件发生概率，减少人们对犯罪行为的恐惧时，必须具有全局思维，尽量避免采取目标加固措施，或者将建筑设计得像堡垒一样。除非经过全面的研究分析后认为必须采用此类设计，否则，应当尽量摒弃堡垒状设计。设计专家必须采取适当的方法，既要在建筑设计及采用的具体方法方面不断提升安全水平，又要避免在外观美观及实际功能方面给建筑带来不合理的、令人反感的影响。本书反复强调，在所有的安全设计过程中，都必须进行必要的评估和分析。简言之，要想在建筑设计中融入反恐和预防犯罪功能，设计师及安全专家必须：

（1）在建筑设计过程中开展需求评估；

（2）根据建筑及建筑内的财产，明确其重要程度及面临的风险；

（3）引导人们根据合法的授权用途使用建筑；

（4）待通行方式确定，并且采取的建筑形式符合建筑功能要求后，再采取安全技术措施；

（5）从起步阶段就采用国家标准，履行合理注意义务，以提高效率、安全度，同时也避免因安全设计和管理方面的疏忽，未能尽到保证场所安全的相关义务，而承担相应的法律责任。

让公众和建筑物更加安全是一道棘手的难题，遗憾的是，建筑本身在其中发挥的作用却极其有限。环境设计预防犯罪规划可以让视线更通畅，实现自然监视，阻止他人未经允许进入某一场所，保护建筑物内的人员，将安全技术与功能设计、建筑物本身结合在一起，让合法的建筑用户发挥可胜任安保人员的功能，以监视合法活动，阻止犯罪行为，从而让整个环境变得更加安全。但是，环境设计并不能够消除犯罪行为和恐怖活动的根本成因，因此，也就不能从根本上消除犯罪行为和恐怖活动。建筑安全设计可以改变犯罪活动和恐怖主义发生地点，让犯罪者重新选择新的目标，在犯罪行为真正发生之前，增大犯罪分子被抓获的风险。同时，通过长期的努力，环境管理可以让人们在更佳的环境中工作、生活，让人们以更安全的方式进行各项行为，设计更安全、防御能力更强的建筑。

建筑师和安全专家不应当担心那些他们无法控制的事情：房地产，规划管理规定，消防部门检查和运营管理方面的规定。相反，他们应当重点关心那些他们有能力控制的事情：良好的环境设计预防犯罪设计，全面协调的安全系统，适当的训练，胜任的员工，以警惕的眼光审视工作、生活和居住场所，找出可以通过环境设计预防犯罪来不断完善的地方。

参考文献

［1］ American Society of Industrial Security（ASIS）http：//www. asisonline. org/

［2］ *Architectural Record*（2001）October，pp. 24 – 26.

［3］ ASTM F 1642（2004）*Standard Test Method for Glazing Systems Subject to Airboat Landings.* West Conshohocken，PA：American Society of Testing Materials.

［4］ Atlas，R.（1988）Just when you thought it was safe to go back in the building. *Security Management*，64 – 73.

［5］ Atlas，R.（2004）Security design concepts. *Security Planning and Design：A Guide for Architecture and Building Design Professionals.* Washington，DC：American Institute of Architects.

［6］ Atlas，R.（2006a）Architect as nexus：Cost effective security begins with design. *ArchiTech*，May – June，30 – 34.

［7］ Atlas，R.（2006b）Designing for security. *The Construction Specifier*，April，83 – 92.

［8］ Crowe，T.（2000）*Crime Prevention through Environmental Design*，2nd edn. Boston，MA：Butterworth – Heinemann.

［9］ DiGregorio，A. Applied Research Associates，Alexandria，VA.

［10］ EDRA（2001）*Environmental Design Technical Group News*，September.

［11］ Feldman，W.（2005）Developers and owners design properties to minimize loss in event of terrorist attacks. *Journal for Property Managers*，October.

［12］ FEMA 426（2003）*Reference Manual to Mitigate Potential Terrorist Attacks against Buildings*，Risk Management Series，December.

［13］ FEMA 426（2010）*Reference Manual to Mitigate Potential Terrorist Attacks against Buildings*，Risk Management Series，July.

288 ［14］ FEMA 427（2003，2010）*Primer for Design of Commercial Buildings to Mitigate Terrorist At-*

tacks.

[15] FEMA 452 (2005) *A How - to Guide to Mitigate Potential Terrorist Attacks against Buildings*, Risk Management Series, January.

[16] FEMA 452 (2010) *Risk Assessment: A How - to Guide to Mitigate Potential Terrorist Attacks against Buildings*, Buildings and Infrastructure Protection Series, July.

[17] FEMA E155 (2006) *Building Design for Homeland Security.*

[18] Final Report of the National Construction Safety Team on the Collapses of the World Trade Center Towers (2005) U. S. Commerce Department, National Institute of Standards and Technology.

[19] GSA Security Criteria (1997) General Services Administration, October 8.

[20] Interagency Security Committee (ISC) (2001) *Security Design Criteria for New Federal Office Buildings and Modernization Projects.*

[21] Interagency Security Committee (ISC) (2010) *Physical Security Criteria for Federal Facilities*, April 10.

[22] *Miami Herald* (1995) I did it, bombing suspect tells two, May 19.

[23] Nadel, B. (Ed.) (2004) *Building Security: Handbook for Architectural Planning and Design.* New York: McGraw - Hill.

[24] Newman, O. (1973) *Defensible Space: Crime Prevention through Urban Design.* New York: Macmillan.

[25] Security Watch (2001) *Bureau of Business Practice Newsletter*, October, 4.

[26] Unified Facilities Criteria (UFC) (2002, 2007) *DOD Minimum Antiterrorism Standoff Distances for Buildings.*

[27] U. S. Department of Justice (1995) *Vulnerability Assessment of Federal Facilities*, June 28.

[28] Werkerle, G. and Whitzman, C. (1995) *Safe Cities: Guidelines for Planning, Design and Management.* New York: Van Nostrand.

在关键基础设施中运用基础设施
防范恐怖袭击 （ATRiM）[*]

采取的防范措施可以做到充分防范恐怖袭击吗？如能在恐怖袭击发生后，第一时间内组织相关重要部门积极应对，无疑会大有裨益。绝大多数应急预案都会花大量篇幅对如何应对做出规定。但令人遗憾的是，这些应急方案只有在袭击发生时，或者发生后才能发挥作用。简言之，这类应急预案并不能预防或者减轻犯罪袭击造成的危害。事实上，在防范关键基础设施免遭恐怖袭击方面，几乎没有什么有用的方案。

本章主要介绍新近研发的一个此类方案——ATRiM（基础设施防范恐怖袭击模板）——一个用以保护关键基础设施的电脑系统，它将现代技术和环境设计预防犯罪和环境安全保护方面行之有效的经验结合起来，提供培训和软件方面的综合方案。在第 11 章至第 14 章中，对风险评估流程进行了介绍，基础设施防范恐怖袭击模板可以用于安全审查流程中的薄弱环节和资产的分析。

和犯罪预防不同，防范恐怖袭击是一个相对新颖的领域。本章中的关键基础设施指的是非军事的基础设施。因为军事安保系统，如爆炸效应模拟和化学物质烟流扩散形态的相关资料一般不对公众开放。然而，在实际生活中，几乎高达 80% 的关键基础设施都是由公共的非军事主体所有和运营的。

关键基础设施会导致一些独特的风险挑战，如连带影响（Cascading）和次生灾害（Escalating Failures）。当对某一个目标的影响会影响到其他类似的基础设施时，就会产生连带影响。

290 例如，几年前，俄亥俄州的电站遭受攻击后，整个东海岸的电网就停止了运转。同理，如果某一基础设施受损后，会殃及其他不同类的基础设施时，就会产生次生灾害。例如，如果铁路或者公路桥之类的运输道路遭受破坏，就会进而影响到燃料运输和应急服务，从而对其他的基础设施产生影响。

显然，如果要减轻或者防范袭击对关键基础设施造成损害，还需要做大量的工作。

---

[*] 作者为格雷戈里·萨维尔（Gregory Saville）。

18.1　前车之鉴

尽管在犯罪预防方面取得了比较丰硕的成果，但是，勿将犯罪和恐怖活动混为一谈还是至关重要。犯罪是社会、经济、心理失常等多种因素产生的结果。恐怖活动虽然可能涉及这些因素，但是，其核心是政治或军事行为。因此，犯罪分子和恐怖分子的动机迥然不同。很少会有商店劫犯或者破门入室者会冒着生命危险从事犯罪活动，他们都希望可以全身而退。而从近几年的观察来看，恐怖分子会将生死置之度外。

然而，很多犯罪预防措施之所以行之有效，其原因在于，这些措施并不注重动机，而是注重减少犯罪分子实施犯罪的机会。本书中，将这些措施概括为环境设计预防犯罪（CPTED）和情境犯罪预防。在运用这些措施时，需要针对具体的物理环境评估特定的犯罪机会。环境设施预防犯罪的成功关键在于因地制宜。

这些道理也适用于关键基础设施。ATRiM（基础设施防范恐怖袭击模板）吸取了因地制宜的成功经验。它帮助财产或场所的所有人认识到，并非关键基础设施的每一个部分都是属于高风险性质。它采取可靠的办法，针对具体的关键基础设施，找出风险较高的部分，并相应提升防范措施。

采取防范措施是否可以完全杜绝恐怖袭击发生呢？也不尽然。但是，这些措施极有可能会减少潜在风险的威胁。同时，它还有助于在恐怖袭击发生之前就将恐怖活动嫌疑人抓获。

18.2　关键基础设施保护方案

为了防范重大突发事件和恐怖袭击，存放易受损害资产的场所应当制定关键基础设施保护方案。保护方案应当包括危险预警，应急流程，各个具体岗位及相应职责等内容。这些措施既可以减轻损害，又便于恐怖袭击发生时、发生后协调各个单位积极应对。保护方案同时还包含了预防性措施，以更好地保护财产免遭损坏。这些措施被称为补救措施。

如今，用以完善保护方案的各类措施也越来越多。可以采用新技术，确定恐怖活动的潜在袭击目标的具体位置（La Vigne and Wartell，2000），可以采用多种方式让更多方面参与紧急救援，可以开展风险审查，找出可能参与恐怖活动的关键人物。ATRiM 就是通过利用先进的环境设计预防犯罪风险审查技术，全力采取上述措施，保护基础设施。

保护计划不应该被认为是对风险审计的彻底实施。审计在整个关键基础设施保护计划中仅仅是一项补救策略。在成功的计划中还有很多风险管理阶段，并且在前面的章节中也有详细描述。这里充分地列举出来。

（1）资产评估。应当明确容易攻击的目标有哪些。在评估时，应当根据恐怖分子潜在攻击目标的具体情况进行分析。

291　　（2）风险评估。主要评估潜在目标遭受袭击的可能性和严重性。而这通常与当时政治环境的险恶程度相关。因此，很大程度上需要收集可靠的情报和政治动向，并且对收集的资料进行可靠的综合分析。在本节中，ATRiM 的第一步就是将资产评估和风险评估有机结合起来。

　　（3）薄弱环节分析。在某些情形下，可能需要分析物理设计缺陷和电厂的关键运作环节，因为它们容易成为纵火和爆炸的攻击目标。在另一些情形下，可能需要对食品厂是否容易遭受投毒进行分析。我们将薄弱环节分析放在 ATRiM 的第二步和第三步。

　　（4）风险评估。主要是评估攻击的严重程度及可能产生的影响。ATRiM 的第一步部分涉及这方面的内容。目前，保险风险管理行业在这方面做得比较好，一般将其称为事故风险模板（Catastrophe Risk Modeling）（Woo，1999，2002）。但是，绝大多数事故损失都是因为自然灾害造成的，在后"9·11"时代，保险行业的相关经验现在已经显得过时，至少需要进行大幅修订。

18.3　问题简要介绍

　　虽然绝大多数社区都不会直接遭受恐怖袭击，但是，负责公共安全的官员还是要采取措施，避免此类事情发生，并且还要制订方案，为这种不易发生的事件万一发生后如何应对做好准备。[①]（Chapman et al.，2002）

　　与现实相比，事实上，虽然一个地方遭受恐怖袭击的风险较低，但是，全球事务非常复杂，再加上关键基础设施具有相互关联的特质，即使是非常偏远的社区，也容易受到全球事件的影响。遗憾的是，大城市的反恐事务是一个全新的领域，并且力量分散。这也是撰写本书的主要原因之一。

　　现在，执法部门可以采用的反恐措施[②]有：利用计算机技术画出潜在恐怖活动目标的分布图，采取措施加强应急服务部门的合作，采取调查技术来找出那些可能参与恐怖活动的关键人物。

　　同时，在建筑方面也可以采取大量措施，应对恐怖分子的炸弹袭击（Atlas，1995，1996，1998，1999，2004）。例如，为了加固建筑，防范再遭袭击，俄克拉何马州的新建联邦建筑采取了多种措施，包括结构加固，用水泥路桩隔出宽阔的缓冲距离以及安装防爆玻璃等。[③]

　　最新的环境设计预防犯罪理念采用更协调、有效的方法来保护重要的基础设计，ATRiM 利用相关成果，取得了更大进展。

---

　　① 这方面政府出版的书籍越来越多。查普曼（Chapman）等人的评论总结得很好。相关内容可见 http：//www.cops.usdoj.gov。

　　② 查普曼等人对此进行了很好的说明。

　　③ 更多具体信息，详见 http：//www.wbdg.org//design//provide_security.php 网站的《建筑整体设计》。

值得注意的是，强调对物质资产及建筑的保护，并不意味着人员的人身安全不重要。这方面的研究还在不断进步（Goldfarb，2003；IACP，2001；U. S. Department of Justice，2000）。

此外，犯罪预防理念还有一个暗含的益处，也被称为利益扩散。由于ATRiM旨在帮助当地的官员提高重要设施的保护水平，如果某一袭击行为被阻止，肯定也会同时挽救该设施周围的人的生命。在保护该设施的同时，也会通过其他方式间接给整个社区带来利益。正如前面章节所述，反恐和预防犯罪设计措施也可以用于应对飓风、地震等自然灾害。

18.4　关键基础设施和恐怖活动

292

近年来，关键基础设施的范围越来越广。ATRiM只涉及物理财产毁坏、中断。财产的范围即2003年白宫发布的《关键基础设施与资产物理保护的国家战略》中明确的财产，包括以下方面：

（1）农业和食品；
（2）水，包括水坝；
（3）公共卫生；
（4）应急服务；
（5）国信工业基地；
（6）通信和信息系统（计算机）；
（7）能源，包括核电站；
（8）交通：空中、水上及轨道交通；
（9）银行和金融；
（10）化工业和有害物质；
（11）邮政和运输；
（12）政府机构设施；
（13）关键商业资产；
（14）国家纪念建筑和标志性建筑。

恐怖袭击同时造成人身财产伤亡的事件很多，在俄克拉何马州发生的阿尔弗雷德·R. 默拉联邦大楼爆炸案就是其中一例。恐怖分子在针对人员下手的同时，也会中断其他的关键基础设施。例如，1995年，由日本国内的恐怖分子在东京地铁站发起的沙林神经毒气袭击案，美国发生的邮递炭疽病毒案、凶手不明的杀害政府官员案。

我们知道恐怖分子会采用哪种攻击手段吗？

想要得到确切答案是不可能的。就像其针对的目标不一定一样，恐怖分子也可以随时对其作案方式做出调整。但是，根据以往的经验，情报智囊机构将各种可能发生的恐怖活动分为以下类别。①

- 暗杀
- 武装攻击
- 爆炸
- 纵火
- 劫机
- 劫持人质
- 绑架
- 污染产品
- 网络恐怖活动
- 大规模杀伤性武器

以上分类并未穷尽所有恐怖活动类型，同时，一个恐怖事件中可能涉及多个类别的恐怖活动。例如，在"9·11"事件中，恐怖分子既劫持了飞机，又将飞机作为炸弹使用。显然，如果情报部门可以向执法部门提供充足的信息，说明恐怖分子可能实施的行为类型，他们就可以在风险审计中充分考虑相关因素。

在保护关键基础设施方面，仅需要考虑以下几种风险类别：

（1）爆炸（包括脏弹）；

（2）纵火；

（3）产品污染；

（4）大规模杀伤性武器。

除了网络恐怖活动外，所有其他类型的恐怖活动的目标都是直接针对人身实施暴力行为，而非财产。

此外，此处所说的大规模杀伤性武器主要是指生化武器。由于即使再小当量的核武器都会产生巨大的杀伤力，因此，现有的环境设施预防犯罪方法恐怕难以在预防方面发挥作用。尽管如此，一些环境设施预防犯罪方法还是可以间接发挥作用，比如，有助于快速发现可疑行为和物品。

这四种方式的适用并没有前车之鉴。有迹象表明，炸弹和大规模杀伤性武器（WMD）都可能会被用作攻击手段。例如，自1995年以来，全球范围内，伦敦、马德里、巴黎、东京和西班牙的塔拉戈纳机场等五个主要交通运输系统遭受了恐怖袭击。攻击的手段或是爆炸物，或是化学武器，如东京。同样，自1990年以来，美国的9个政府设施受到炸弹和手榴弹攻击，包括卡拉奇大使馆，加尔各答、马尼拉、坦桑尼亚、内罗毕、雅典、莫斯科、秘鲁和1995年的俄克拉何马联邦大楼。在最近的2006年，加拿大情报部门和警方先发制人，

---

① 简氏信息集团是一个军事和安全研究智囊机构。此项综述材料摘自其出版的《设施安防手册》（亚历山大，Alexandria，VA：J简氏信息集团，2000年6月，pp. 20 – 29）。由于恐怖活动一直在发展变化，因此无法知道所有恐怖活动类型。上述分类仅提供一个概要介绍。

逮捕了 20 名恐怖嫌疑分子，据报道，他们在加拿大寻找重要的基础设施目标，以便实施爆炸。

除了"9·11"事件外，有恐怖分子在国内其他地方也使用大规模杀伤性武器。比如，1984 年俄勒冈州的 Rajneeshce 屠杀，他们用沙门氏菌污染了餐厅酒吧，以及 1990 年，明尼苏达州恐怖组织爱国者委员会利用蓖麻毒素杀害政府官员。

显然，威胁是真实存在的，因此需要更成熟的风险评估模式。此外，ATRiM 包含了爆炸、产品污染和大规模杀伤性武器三个方面的内容，因此，更有助于找出易受攻击的场所。

18.5　ATRiM 的审计过程

CPTED 的基本原则为审计者使用 ATRiM 提供了基本框架。ATRiM 就是在 CPTED 专业人员使用的其他审计工具的基础上发展而来。但是，和 ATRiM 不同的是，其他的审计工作并不是专门为防范恐怖分子攻击关键基础设施而设定的。

ATRiM 为审计者综合提供了定量和定性的方法。审计者从某一基础设施的操作人员和管理人员中挑选人员，组成审计团队并开展相应培训。ATRiM 软件利用计算机算法对审计团队现场收集的审计数据进行分析，提出风险评估结果。

18.5.1　清单式评估方法的不足

从前面的讨论中，可以得出三条重要的经验教训：

（1）严格的量化清单方法难以说明具体环境的特殊情况。

（2）当下的 CPTED 审计模式不是专为关键基础设施如何预防恐怖分子而设计。但是，前述模式的很多方法值得借鉴，在 ATRiM 中也实际运用了相关方法。

（3）当下的 CPTED 审计模式没有吸纳第二代 CPTED 的研究成果，也就是没有考虑到与基础设施相关的社会、文化、管理等方面的因素。

ATRiM 综合了第一代和第二代 CPTED 的研究成果，以及情景预防（Situa-tional Prevention）的成果，提出了 12 项具体的策略。 294

（1）专属区域；

（2）访问控制；

（3）监视；

（4）外观及维护；

（5）增加犯罪难度；

（6）提高被抓捕的风险；

（7）减少犯罪回报；

（8）减少诱发犯罪的因素；

（9）社会协同；

（10）互通性；

（11）社区文化；

（12）参与力量。

在此基础上，列出四种潜在的恐怖活动类型：

（1）爆炸（包括脏弹）；

（2）纵火；

（3）产品污染；

（4）大规模杀伤性武器。

可以制定一张环境设施预防犯罪矩阵图，以对某一场所进行审计，矩阵图的一边列出可以采取的预防措施，另一侧列出各类恐怖袭击威胁。需要注意的是，矩阵的竖列应当分别列出 11 项不同的评估项目，并对应相应的空格（表18.1）。在每一空格中，审计组应当针对各类可能的恐怖活动，完成相应的评定（表18.2）。

295

表 18.1　ATRiM 风险评估矩阵

	纵火	爆炸	产品污染	大规模杀伤性武器
专属区域	A1	B1	P1	W1
监视	A2	B2	P2	W2
访问控制	A3	B3	P3	W3
外观和维护	A4	B4	P4	W4
增加犯罪难度	A5	B5	P5	W5
增加被抓获的风险	A6	B6	P6	W6
减少犯罪回报	A7	B7	P7	W7
协同性	A8	B8	P8	W8
社区互通性	A9	B9	P9	W9
社区文化	A10	B10	P10	W10
参与力量	A11	B11	P11	W11

296

表 18.2　ATRiM 审计活动中的爆炸风险评估

B1 - 专属区域	为了防范爆炸，员工和安保人员如何对场所实施监视或管理 是否划定了半公共半私人区域，将公共空间和私人空间区别开来 现场内是否采取了访问控制措施，防范他人放置炸弹
B2 - 监视	在外围、屋顶、停车场、通道等场所是否提供充分的照明，以便观察那些可能放置炸弹的地点 是否存在视线障碍，不便于提前发现投放炸弹风险 在停车场等公共场所，是否便于实施自然监视

B3 – 访问控制	对访客通道等进入建筑的道路，是否采取了充分的管理措施 出入情况是否记录存档 在设置安全围栏、水泥障碍物时，是否把握了平衡，做到既符合预防爆炸缓冲距离要求，又便于实施观察
B4 – 外观和维护	是否在场所内采取良好的保洁、维护措施，清除容易导致爆炸的易燃物品
B5 – 增加犯罪难度	场所的设施是否有利于实施爆炸，如窗框和景观设施等是否可用作藏匿炸弹 对电力系统、控制台、断路器、继电器等容易出现问题的目标，是否加强了保护措施，避免遭受损坏或者发生爆炸
B6 – 增加被抓捕的风险	是否安排了安保人员或者警察巡逻 是否要求佩戴证件 在安保区域内是否采取了电子监控设备
B7 – 减少犯罪回报	场所内的贵重物品是否转移或者隐藏起来 在现场是否存在可能给恐怖分子带来收益的其他目标
B8 – 协同性	安全部门、警方以及场所安保人员之间是否有效互动，是否高效协作实施监管 是否对员工开发安全教育和培训
B9 – 社区互通	员工是否有机会观察场所内的访客，和访客谈话，识别出他们是谁 是否可以采取某种积极措施，让场所外与场所相关的其他群众对安全工作提供帮助 是否有清晰具体的计划，以便指导如何与外部的执法部门开展合作
B10 – 社区文化	员工的士气如何，是否可以积极地参与到保护基础设施的工作中
B11 – 参与力量	在基础设施保护工作中，是所有的员工和相关机构都参与，还是仅有少部分参与 是否利用潜在隐患的相关安全信息，吸引大量机构共同参与到基础设施保护工作中

18.5.2 记录每一表格中的数据

矩阵中的每一表格都予以了具体的标注，如 A1 和 B2。每一表格都代表了不同的评价项目，如 A1 表示，在待评的具体环境中，专属性方面与纵火风险相关的情况。B2 表示，在待评环境中，自然监视方面与爆炸风险相关的情况。

在进行环境设计预防犯罪风险审计时，审计者需要关注矩阵中的每一个项目，然后将待审环境在每一个项目方面的优势和劣势记录在安装了 ATRiM 审计程序的手持电脑中，该电脑同时还装有全球定位（GPS）和三维设计方面的软件。例如，他们可以针对矩阵中列举的项目，收集现场的数据，记录每一建筑的具体细节，储存照片数据，也可以针对具体的建筑细节作出评价。这些数据最后汇总成现场综合报告，并在综合报告中提出改进建议。

最重要的因素是矩形旁边的每个 CPTED 类别都要考虑到，并且和矩形上方的每个风险类别相互联系。这就确保了对整个建筑进行了系统的分析。

18.5.3　审计过程

传统的 CPTED 评估中，单独的 CPTED 实践者手中握着清单在现场走来走去。这是一个收集信息的快速方法。很遗憾，审计员不可能知道所有各种设计特征是怎么工作的。即使进行了面谈，一个人想在审计过程中整合所有信息也是不可能的。ATRiM 进程扩展了 CPTED 方法，并通过对这些个人进行 ATRiM 训练课程补充了审核过程和后续的审计程序。这些人员还协助审核安全操作程序、场内设计计划及其他现场内和周围的详细信息。

18.5.4　第一和第二审计组

在审计过程的第一阶段，审计者在审计小组内选择两名或三名成员组成第一审计小组。

第一小组内的所有成员必须获得安全许可，以便开展调查。主要的审计员需要保证数据安全。因此 ATRiM 软件必须对数据加密，只有关键人员才能访问数据。

第一小组随后针对矩阵中的六个项目开展审计，并对安保流程进行评级：

（1）专属区域；

（2）监视；

（3）访问控制；

（4）提高犯罪难度；

（5）提高被抓捕的风险；

（6）减少犯罪回报。

第一小组随后选择一些其他的成员，如该机构的雇员、当地社区的居民、其他基础设施相关的利害关系人等，组成第二审计组。

针对矩阵中剩余的项目，第二审计组再进行额外的审计，并开展访问，了解重点人群意见。

- 外观和维护；
- 协同性；
- 互通性；
- 社区和机构；
- 参与力量。

每项审计都基于现场的物理设施和和运营环境。例如，在发电厂，有必要确定自然监视情况如何。可能需要对现场员工进行面谈，了解他们的感受。可能需要审视是否采取了有效措施提高了犯罪分子面临的风险，比如，正视监视的方法，闭路电视监视的位置，电视监控的质量，运用这些设备的安全管理措施是否得当。

297

数据收集后，上传到分析软件中，利用软件给风险薄弱环节评定等级。主要审计员和第一审计组对评级结果进行审查，将可以降低场所风险的各项建议措施按照优先顺序进行排序。这些建议形成一套降低风险的策略，为制订关键基础设施保护方案打下基础。

18.5.5 在审计程序中运用矩阵中的表格

在使用方法和软件操作方面得到适当训练后，第一审计小组就会花时间审查现场的内外场所。他们的审查分为四部分。表 18.2 中列出了其中的一部分。

以爆炸评估为例，表 18.2 中列出了审计小组需要了解的问题答案。审计小组利用他们掌握的 CPTED，对当地环境的熟悉，了解白天和夜晚的相关情况，按照矩阵的要求收集相关数据。他们需要操作 ATRiM 软件，并在软件的指引下完成整个审计过程

18.6 制定方案过程

在制定关键基础设施保护方案时，为了提高安全程度，还需要在审计程序之外，加入其他一些程序。因此，很有必要简要介绍 ATRiM 和其他程序之间的关系。

18.6.1 第一阶段——确定资产及其薄弱环节

在第一阶段中，需要对整个社区进行观察，列出有哪些关键基础设施，明确设计的优先顺序和时间安排。

在第一阶段，必须针对待审计的社区和场所开展调查，找出有哪些关键基础设施。一些设施是众所周知的，另一些则有待发现。通过调查，会列出容易遭受袭击的资产清单，迈出第一步。

其他一些资源会在此过程中提供帮助。比如计算机地理资讯系统（GIS）、犯罪地图、土地使用/工程绘图资料。

与警察和情报机构的合作也是必需的。当地执法机构、州司法机构和联邦机构，如联邦调查局，都具备相应的情报收集能力，他们可以帮助确认某一特定的关键基础设施遭受袭击的可能性，以及在某一场所内还有哪些容易遭受袭击的目标。他们能帮助开展审计，是审计小组的理想参与者。

一旦列出了基础设施清单，就需要制订具体的工作方案，列出每一场所内的审计优先顺序，联系各个利害关系人。ATRiM 第一审计小组至少要包括以下成员：当地情报机构、执法机构和执法部门的人员，该设施的雇员和物业管理人员，工程师或城市设计专家，维修人员以及该设施内负责安保的管理人员。同时还要包括一名 CPTED 专家，以便帮助开展审计。

18.6.2 第二阶段——审计

有必要将审计小组分为第一和第二审计小组。对安全要求较高的场所尤其需要如此，如发电厂和化工厂，因为这些地方责任重大，产品保密性强。在此种情况下，第一审计组隶属于第二审计组，但是，第一审计组的成员拥有安全许可，可以进入被审计的场所。

298　　　审计所需要的时间视基础设施的规模和审计内容的多少而定。一些可能几个小时即可完成，另一些可能需要在几周内多次访问。如果某一场所根本没有制定保护方案，那么，使用 ATRiM 的一个优势，是审计结果是制定保护方案的第一步。

18.6.3 第三阶段——执行

执行所有建议可能会花费几个月的时间，需要视基础设施面临的预算限制而定。一些建议能很快落实到位。建议措施的落实进度视某一薄弱环节的优先程序而定。如有要求，可以将 ATRiM 软件单独与在线数据库链接，数据库中列出一建议采取的预防措施。

18.7　小　结

从目前来看，关键基础设施在被忽视的情况下才会变得易受攻击。当然完全杜绝所有恐怖袭击是不可能的，但是，从犯罪预防研究成果来看，只要针对问题采取系统的解决方法，还是可以取得进步的。

面对现在的恐怖主义导致的各类风险，传统的安全观和 CPTED 已难以应对。每个易受攻击的目标具有各自的复杂性，导致其面临的风险也不断变化，因此，审计需要全面、灵活，并且运用最新的防范研究成果。毫无疑问，现在的社会政治环境下，现代恐怖主义日益活跃，对于我们以前视为理所当然的安全，我们还需要进行反思。

参考文献

[1] Atkins, S., Husain, S., and Storey, A. (1991) The influence of street lighting on crime and fear of crime. *Crime Prevention Unit Paper* 28. London, U. K.：Home Office.

[2] Atlas, R. (1995) Oklahoma City：The blast, the repercussions, and a special report on defensible space. Engineering News Record.

[3] Atlas, R. (1996) Coping with threats from bombs to break – ins. *Architectural Record*.

[4] Atlas, R. (1998) Designing for crime and terrorism：CPTED training is essential. *Security Technology and Design*.

[5] Atlas, R. (1999) Designing against terror：Site security planning and design criteria. *Architectural Graphics Standards*.

[6] Atlas, R. (2004) *Safeguarding Buildings against Attacks from Terror and Crime with CPTED*.

AIA 2004 National Convention Continuing Education.

［7］ Barnet, D. (2000) *Electric Power Generation. A Non – Technical Guide*. Tulsa, OK.

［8］ Beaty, W. (1998) *Electric Power Distribution Systems. A Non – Technical Guide*. Tulsa, OK.

［9］ Bennet, R. R. and Flavin, J. M. (1994) Determinants of fear of crime: The effect of cultural setting. *Justice Quarterly* 11, 357 – 381.

［10］ Carroll, B. and Carroll, L. (Eds.) (2001) *Solving Crime and Disorder Problems*. Washington, DC: Police Executive Research Forum.

［11］ Chapman, R. et al. (2002) *Local Law Enforcement Responds to Terrorism: Lessons in Prevention and Preparedness. COPS Innovations*. Washington, DC: U. S. Department of Justice. Office of Community Oriented Policing. Available online at http://www. cops. usdoj. gov.

［12］ Checkoway, B. and Finn, J. (1992) *Young People as Community Builders*. Ann Arbor, MI: Center for the Study of Youth Policy, University of Michigan.

［13］ Clarke, R. V. (1980) Situational crime prevention: Theory and practice. *British Journal of Criminology*, 20, 136 – 147.

［14］ Clarke, R. V. G. (1992) *Situational Crime Prevention: Successful Case Studies*. New York: Harrow & Heston.

［15］ Colquhoun, I. (2004) *Design Out Crime: Creating Safe and Sustainable Communities*. Oxford, U. K. : Architectural Press.

［16］ Cousins, I. (1998) Ethnographic windows on urban disorders. *Journal of Contemporary Ethnography*, 27 (2), 278 – 284.

［17］ Critical Infrastructure Assurance Office (CIAO) of the United States Department of Commerce, http://wwxv. ciao. gov

［18］ Department of Health and Human Services. (2002) *Guidance to Protecting Building Environments from Airborne Chemical, Biological or Radiological Attacks*. Centers for Disease Control and Prevention, National Institute for Occupational Safety and Health. Cincinnati, OH: NIOSH Publication.

［19］ Eedle, P (2002) Al Qaeda takes the fight for ‘hearts and minds’ to the web. *Jane's Intelligence Review*, August, 22 – 26.

［20］ ELES. (2001) *Critical Infrastructure Protection Plan*. Washington, DC: Emergency Law Enforcement Services Sector, February.

［21］ General Accounting Office. (2003) *Critical Infrastructure Protection: Efforts of the Financial Services Sector to Address Cyber Threats*. Washington, DC: United States General Accounting Office.

［22］ Goldfarb, M. (2003) *Protecting First Responders: A Reference Guide for Police Executives on Biological, Chemical, and Radiological Threats*. June 2003 discussion draft, Police Executive Research Forum.

［23］ IACP International Chiefs of Police. (2001) Summit, Alexandria, VA.

［24］ La Vigne, N. G. and Wartell, J. (Eds.) (2000) *Crime Mapping Case Studies: Successes in the Field (Volume 2)*. Washington, DC: Police Executive Research Forum.

［25］ U. S. Department of Justice. (2000) *Responding to Terrorist Victims: Oklahoma City and Beyond*. Washington, DC: Office for Victims of Crime, U. S. Department of Justice.

［26］ Woo, G. (1999) *The Mathematics of Natural Catastrophes*. London, U. K. : The Imperial

299

College Press.

［27］ Woo，G. (2002) Quantifying insurance terrorism risk. Paper presented at the *National Bureau of Economic Research Meeting*，February 1，Cambridge，MA.

基础设施保护的规范与标准

在我看来，建筑领域在安全设计、可防范空间设计、环境设计预防犯罪（CPTED）实务等方面的教育、培训方式一直存在问题。在美国，只有为数不多的几所建筑院校（佛罗里达大西洋大学建筑学院、佛罗里达大学、弗吉尼亚理工学院和罗格斯大学）将环境设计预防犯罪或者安全防范纳入其教学课程内容。在建筑类资格考试等取得相关资格的过程中，并不强制要求了解可防范空间和环境设计的知识，但是，每一位建筑师必须懂得消防安全法规、撤离线路以及如何设计方便畅通的卫生间。

消防安全之所以可以实现标准化，正是基于其把人身安全作为理念（理论）、实践和原则等方面的最高价值追求，而犯罪预防与此可以说是异曲同工。必须采用精妙适当的设计，建筑及其构造要合理施工、适当监管，建筑规范要统一，必须在合理分析的基础上采取更好的建筑方式，为特定区域的发展奠定坚实的基础。只有这样，才能实现建筑及人身安全规范二者最基本的目标——保证人身财产安全，从而免遭火灾及其他因施工、建筑自身危险等因素导致的损害。

1913 年，国家消防协会（The National Fire Protection Association）将制定人身安全规范（*Life Safety Code*）的任务交给了一个专门的委员会。该委员会对一些影响较大的、涉及人身伤亡的火灾进行了深入细致的研究，分析了造成人身伤亡的原因。最后，拟订了相关的建筑、布局标准，对工厂、学校和其他类型建筑的出口设施进行了规范。1921 年，该委员会进行了扩编，将以前未参与此项工作的一些相关利益团体吸纳进委员会，工作内容扩展到整合涉及所有行业的人身安全标准。1927 年，国家消防协会发布了《建筑物出口规范标准》（*Building Exits Code*）第一版。然而，该规范因形式方面的原因，难以被吸纳为法规规范，主要是因为在起草时被定位为参照标准，较多内容是对建筑设计师有益的建议性条文，不宜被直接当作法律规定。委员会对该规范进行了修订，最终形成了 1956 年版本，并在随后的几年进行了修订更新（NFPA，Life Safety，1988，p. 101）。

设想一下，假如早在 1900 年的时候，就成立了犯罪预防委员会来预防和减少我们的建成环境中因犯罪、恐怖活动而产生的人身伤亡，那现在该有多大的变化啊！如果制定了人身安全规范，可以对建筑在人身安全、犯罪防范方面合理地设置最低标准，那建筑领域会发生多大的变化啊！如果也以标准和规范的形式明确了安全和预防犯罪方面的具体要求和条款，并上升为法规，成为全国性的标准，那又会是怎样的情况？

业主方可能会说，使建筑在经济上可行、对社会有益、外观漂亮，这是建筑设计师的事。但是，管理机构会采取各种禁止或激励性措施，对建筑在自身安全和人身安全方面进行管控。如果建筑领域的专业人员理解了相关规定，他们会在行业普遍认知的注意标准范围内，结合整个社区的愿望，做出相应的设计。如果在建筑环节产生积极的变化，则会在社会需求方面产生更突出的变化，并且可以让一些建筑形式在经济方面更加可行（如俄克拉何马市爆炸案，促进了美国联邦政府的建筑物的相应改变，随后，联邦政府总务管理局和跨部门安全委员会使也吸收了相应变化）。这样的转变进而会对业主的需求产生影响。既可能会使立法方面发生变化（如环境设施预防犯罪规范、条例或者决定），也可能对建筑师产生影响，因为建筑师才是一栋栋建筑后面持续活跃的力量。

19.1　为什么防火和预防犯罪之间会存在区别

防火和人身安全方面的规范通过系统科学的程序，确定了可以量化和预测的指标，使建筑可以预防火灾，防止出现结构性故障或者发生其他影响人身安全的事件。塞维尔（Saville）主张，在开展新城市设计时，应当进行书面的预防犯罪风险评估。预防犯罪风险评估以及提出的预防犯罪建议措施，可以明确某一城市开发项目可能会遇到的潜在问题，是迄今为止系统性最强、综合性最广的方式（Saville and Wright，1998）。实施环境设计预防犯罪风险评估，可以为开发商、环境设计预防犯罪从业人员、建筑师、规划师、环境设计预防犯罪顾问及警方提供履行注意义务方面的指南和标准（Air Force Engineering and Services Center，1989；Atlas，1986，1989，1991，1992a，1992b，1992c，1992d，1998a，1998b，2000，2002a，2002b，2004，2006；Biggs，1964；Mays and Smith，1995；National Research Council，1995；The Institute of Structural Engineers，1995；V. S. Department of the Army，1986 and 1990；U. S. Department of Energg，1992）。

某一场所，无论是在建设前还是在建成后，都可以采取环境设计预防犯罪的措施。并且还可以根据其小、中、大等不同规模采取不同等级的措施。通过适当的环境设计预防犯罪风险评估，相关专业人员可以决定采取何种环境设计预防犯罪策略更合适。根据建筑的规模、不同的相关数据，经过分析后再做出合理、平衡的决定。

良好的建筑安全设计需要以良好的建筑风险评估为基础。只要经过风险评估确定了具体的安全威胁，就可以采取适当的设计标准。主要问题是，为了解决所有已经确定的安全威胁，在安全设计方面可以做到何种程度？面对恐怖袭击风险时，这一点尤为重要，面对犯罪威胁风险时也同样如此（Cosiol，2005）。

事实上，在确定建成环境的注意义务标准时，美国法院是唯一重要的推动力量，其方式是通过裁判因疏于履行场所安全保障义务而引发的诉讼。法院认为，保障包括第三方访客和受邀人员在内的建筑用户的合理安全，是一项应尽的义务。美国法院通过判决，成功地促进建筑方式的改变，但是，其往往是以某人的不幸为代价，并且是在事后。为了制定相关规范、标准和积极的指导原则，不仅要敢于冒险，还要提出具体的步骤。

303

多年以来，联邦政府和私营领域一直盼望出台国家规范及标准，但是直到俄克拉何马市爆炸案发生后，联邦政府总务管理局（GSA）才出台了针对所有联邦建筑的安保标准。该标准并不强制要求各州、地方政府及私营领域适用。对出台标准也存在许多反对的声音，他们担心像《美国残疾人保障法》（*Americans with Disabilities Act*，ADA）一样，如果未能遵守相关规定，会引发诉讼。当初，为了符合《美国残疾人保障法无障碍指南》（1994）（*Americans with Disabilities Act Accessibility Guidelines*，ADAAG）的相关规定，无论是私营领域还是公共机构，都进行了花费巨大、颇为不便的改造。由于怠于履行场所安全保障义务会引发巨额的诉讼赔偿，因此，大家不得不遵守相关规定。

"9·11"事件后，大家将关注的焦点从建筑隐患转向了恐怖活动。在建筑、设施的设计、施工、运营及管理中，安保日益成为需要首先考量的因素。在"9·11"事件之前，安保等同于"访问控制+监控+应对（安保人员、警方）"。"9·11"事件之后，安全被提升为"访问控制+监控+应对+建筑加固+生化爆炸防范"。越来越多的地方政府开始制定环境设计预防犯罪和安全方面的规定、安全解决方案和指南。

比如，国土安全部（DHS）制定了化学物品生产装置的反恐怖标准，并于2007年生效。该标准要求，符合某些特征的化学设施应当开展安全风险评估，以决定其总体风险水平。对认定为高风险的设施，需要进行隐患评估，并根据国土安全部运营标准制定、提交安保方案。运营标准旨在实现特定的目的，如保护周边及关键性目标的安全，实施访问控制，防范具有潜在风险的危险化学物质失窃，预防来自内部的破坏等。各个全国性的机构也公开声称要制定自己的安全指南。但是，没有安保规范或标准可以同时适用于公共和私营建筑。仅能根据特定类型的建筑制定标准和规范，而这类规范并不能普适性地解决所有建筑师、开发商遇到的全部问题。

由国防部（Department of Defense，DOD）、联邦政府总务管理局（GSA）、跨部门安全委员会（ISC）、联邦应急管理署（Federal Emergency Management Agency，FEMA）、国土安全部（DHS）和各个专业机构 NFPA，ASTM，UBC 制定的标准为绝大多数建筑设计提供了指南。为了让住宅可以防范非法强制进入，《统一建筑规范》（*Uniform Building Coele*）在其文本中制作了附录，确定了相关最低标准，即《统一建筑安全规范（1997 年版）》（1997 *Uniform Build-*

ing Security Code）。国家消防协会汇编的 2006~2011 年的文件以及《场所安保指南》，就是大体依据此处所述的各项标准制定的。许多物理设施方面的安保标准都吸取了多年来国防部和联邦政府总务管理局在防范恐怖袭击方面所取得的经验。前述反恐标准也参考了建筑外墙系统破坏实验——主要是针对玻璃、墙面和结构系统——所得到的分级参数和实验结果。安保标准同时也考虑到了日常生活和财产保护方面的需要（Cosiol，2005）。

截至目前，安全领域的主要注意义务标准包括：

- 美国规划协会安全政策指南，2005 年。
- 工业设施物理安全措施指南。美国建筑设施（特定功能与目的）结构要求与选址标准（GDL FPSM – 2009）。
- 美国工业安全协会风险评估指南，2004 年。
- 美国材料试验协会 F588 玻璃安装标准、F33 锁具和门窗安装标准。
- 美国材料试验协会 F2248 – 03 标准，钢化玻璃或防爆玻璃夹层可抗爆炸冲击达 3 秒的耐久设计标准检测方法，2003 年。
- 美国材料试验协会 F – 1916 标准，留置场所选用铁丝网和钢质框架的标准规范（美国材料试验协会，2009 年）。
- 国土安全部 2006 – 0073，国土安全部含化学物质场所反恐标准。
- 联邦设施安全等级评定，跨部门安全委员会报告，2008 年 2 月 21 日。
- 联邦应急管理局 426 标准，建筑防范恐怖袭击参考手册，联邦应急管理局 P – 426，2010 年 7 月。
- 联邦应急管理局 426，如何在学校设计中防范恐怖分子袭击和校园枪击，联邦应急管理局 P – 428，2010 年 7 月。
- 联邦应急管理局 452，如何减少恐怖袭击对建筑的危害，联邦应急管理局 P – 452，2010 年 7 月。
- 频率调制 FM 3 – 19.30 标准，物理安全，陆军部，2001 年 1 月。
- 北美照明学会 G1 – 03，2003 版安全照明指南，北美照明学会（Illumination Engineering Society of North America，IESNA）。
- 北美照明学会 RP20 – 98，1998 年版公园照明标准，北美照明学会。
- 国家消防协会 730，外围安全指南，美国国家消防协会（NFPA），2011 年。
- 国家消防协会 731，场所电子安全系统安装标准，国家消防协会，2011 年。
- 国家职业安全健康研究所，保护建筑环境免遭机载化学物质、生物或者放射性物质袭击指南，疾病预防控制中心，国家职业安全健康研究所，2002 年 5 月。
- 美国联邦设施物理安全标准，跨部门安全委员会标准（ISC），2010 年 4 月 12 日。
- 利用设计应对威胁，跨部门安全委员会报告，2010 年 4 月 12 日。

- 统一设施标准（UFC，2002）4 - 010 - 01，国防部建筑反恐的最低标准，2003年10月8日颁布，2007年1月更新。
- 统一建筑安全规范（住宅防范非法闯入的最低标准，是统一建筑规范第10章的附件），1997年。
- EN 14383 - 1：2006，犯罪预防——城市规划和建筑设计，第一部分，概念定义。
- CEN/TR 14383 - 2：2007，犯罪预防——城市规划和建筑设计，第二部分，城市设计。
- CEN/TS 14283 - 3：2005，犯罪预防——城市规划和建筑设计，第三部分，住宅。
- CEN/TS 14283 - 4：2006，犯罪预防——城市规划和建筑设计，第四部分，商店和办公室。
- CEN/TS 14283 - 5：2010，CEN/TS 14283 - 5：2010，犯罪预防——城市规划和建筑设计，第五部分，加油站（正处于起草过程中）。
- 犯罪预防——城市规划和建筑设计，第六部分，加油站。
- CEN/TS 14283 - 7：2009，犯罪预防——城市规划和建筑设计，第七部分，公共运输设施的设计与管理。
- CEN/TS 14283 - 8：2009，犯罪预防——城市规划和建筑设计，第八部分，建筑及场所预防车辆类犯罪攻击的方法。
- BS EN 50133 - 1：1997，警报系统——访问控制系统在安保系统中的运用，2002年修改。
- BS EN 50132 - 7：1996，警报系统——闭路电视监控系统在安保系统中的运用。
- BS EN 50136 - 1 - 1：1996，警报系统——警报传输系统及设备，2008 年修改。
- BS EN 17051：2000，建筑硬件——门及窗户插销，要求及测试方法。
- BS EN 1990：2002，英国针对 Eurocode 0 制定的附录——结构设计基础，2005年修改。
- BS EN 1143 - 1：2005，安全储存——要求、分类、防范非法入内的测试方法。
- BS EN 356：2000，建筑中的玻璃——安全玻璃：防范人为攻击的测试及分类。
- BS EN 1522：1999，窗户、门、百叶窗：防弹要求及分类。

下列地方制定、实施了环境设计预防犯罪方法的规范或决定，或者采取了相关措施：

- 安娜堡，MI
- 澳大利亚
- 佛罗里达州布劳沃德县

305

- 得克萨斯州达拉斯
- 科罗拉多道格拉斯县
- 英格兰（通过设计防范犯罪）
- 华盛顿州联邦路
- 佛罗里达便利店行业安全法规，1992
- 佛罗里达安全校园指南，1993，2003
- 内华达州亨德森
- 加利福尼亚州尔湾
- 佛罗里达州 Jupiter
- 肯塔基州路易斯维尔和杰斐逊县
- 亚利桑那州梅萨
- 新西兰
- 佛罗里达州奥兰多
- 加利福尼亚州帕姆代尔
- 宾夕法尼亚州匹兹堡
- 俄勒冈州波特兰
- 马里兰州威廉王子县
- 弗吉尼亚州里士满
- 佛罗里达州萨拉索塔
- 加拿大萨斯卡通
- 华盛顿州西雅图/塔科马
- 新加坡
- 加利福尼亚州南旧金山
- 明尼苏达州圣保罗市
- 佛罗里达州 Sunrise 城
- 佛罗里达州坦帕
- 亚利桑那州坦佩
- 亚利桑那州图森
- 佛罗里达州西棕榈滩

国防部、联邦政府总务管理局、跨部门安全委员会、联邦应急管理局、国家职业安全健康研究所以及国家消防协会的相关标准为在建成环境中进行安全规划设计提供了基础性指引。在私人建筑安全措施设计中，联邦标准仅具有参照指导意义，并非强制性要求。

306   一般而言，人们所设置、理解、运用的安全标准只是为了防范一般的犯罪行为、反社会行为，或者只是参照已有的企业安全标准，而不能防范爆炸、枪击、生化放射性物质袭击等行为。除了显著的标志性建筑或者高价值建筑外，大多数私有建筑一般不会特意防范恐怖分子袭击或者爆炸物袭击。但是，如果某一建筑紧邻标志性建筑、联邦建筑或者宗教建筑时，该建筑的业主就需要了解这些标准的具体内容了。

现行的国防部统一设施标准 4 - 010 - 01 号文件《建筑最低反恐标准》是一份针对各类型建筑——无论是否具有外围控制范围——的非保密文件。这一标准可以适用于包括政府设施（无论是政府所有，还是政府出租）在内的各类新旧建筑。国防部所属建筑应当承受的爆炸冲击力标准属于保密范围。在联邦建筑设计过程中，具体建筑所需承受的爆炸冲击力会提供给设计师。大多数联邦建筑都在准入控制和闭路电视系统方面存在既定标准，以防范内部、外部的威胁。联邦政府总务管理局针对公共服务设施制定的标准和国防部的统一设施标准类似，但是，为了应对特定威胁，保障安全，它还在建筑、结构、机械、电气、管道方面做了特殊规定。联邦政府总务管理局新近发布的《关于商业建筑防范恐怖袭击的外围设计》就是在国防部统一设施标准中的《建筑最低反恐标准》基础上衍生而来的（Cosiol，2005）。

除了设置间隔距离、无障碍空间外，如果建筑高度为三层及以上，还要采取相应措施，避免建筑的连续性倒塌；提高玻璃等级，避免玻璃碎片造成伤害；设置可隔离的入口，以便有效实施准入控制；在建筑内部设置可在紧急情况下使用的空间。机械设备及电气方面的设计标准主要强调通风口、紧急情况下通风口关闭及通风、公用设施布线以及备用公用设施（Cosiol，2005）。

针对非军事环境中的既有建筑，这些标准是否适用，还需要根据实际情况决定。城市中心区的建筑设计，难以满足间隔距离达 50～150 英尺的要求。大多数情况下，想要以节约成本的方式对既有的高层建筑进行改建，以避免在爆炸冲击下发生连续性倒塌，也是很困难的事情。但是，也可以用经济易行的方式对某些方面进行改造，如重新设置进风口的位置，设置紧急情况下可关闭的进风系统等。针对玻璃也可以进行改进，如加装防爆幕墙或者防护网，在发生爆炸的情况下，可以避免室内人员免遭玻璃碎片伤害。对建筑进行改建，达到可以抵御恐怖袭击的程度，常常是一件投入巨大，且劳神费力的事情。如果某个地方真的发生了袭击事件，管理方就会意识到要对建筑采取补救及防范措施了。

新近发布的国家消防协会《730 指南》和《外围防护 731 标准》对特定场所如何履行安全注意义务会产生哪些影响，还需要经过较长时间观察。与国家消防协会发布的其他规范一样，这一系列的指南和标准最终也会产生相同的结果，会对保险费率、建筑设计方及业主的责任产生影响。价值较高以及用途重大的建筑（如指挥控制中心、特殊实验室、研发设施、国务院所属建筑），需要不惜一切代价保护建筑本身及其内部人员的安全，所以，需要满足相关利益各方提出的额外标准或条件。然而，在建筑安全方面需要面临的一个现实是，实际标准要受到建设预算的制约。很多建筑业主都认为，安全问题应当和其他的一些人身安全标准、设计、运营目标统筹考虑，并且纳入建筑总体设计中考虑。

19.2　各类联邦标准：相同点及不同点

国防部的统一设施标准是针对军事建筑的物理安全，以防范恐怖袭击的一项标准。跨部门安全委员会于 2004 年制定了《新建联邦办公建筑及大型现代建筑安全设计标准》，并于 2010 年进行了修订。但是，上述文件和标准是保密的，一般不对公众开放。只有和联邦政府签订了建设合同或者经过了安全审查，建筑师才能接触到相关文件。据说，跨部门安全委员会在其文件中介绍，1995 年默拉（Murrah）联邦建筑袭击案发生后，联邦政府总务管理局制定相关标准，跨部门安全委员会随后也制定了自己的标准。下文对国防部的统一设施标准和跨部门安全委员会的安全标准进行了比较，具体细节见图 19.1 和图 19.2。

图 19.1　根据跨部门安全委员会安全标准设计并修建的俄克拉何马联邦大厦（1）

图 19.2　根据跨部门安全委员会安全标准设计并修建的俄克拉何马联邦大厦（2）

跨部门安全委员会和联邦总务管理局的安全标准主要适用于一般用途的办公建筑、新建法院或者新建后出租给法院的建筑、根据相关授权建成后租赁给国会的租赁建设项目。对于新租赁的建筑（2004 年 9 月 29 日前），以及各地虽已租赁，但经过评估认为需要适用相关标准的建筑，同样需要适用相关标准。

国防部统一设施标准中的最低标准适用于所有的新建住宅建筑以及存在某些高风险或者威胁因素的既有居住建筑（用于出租的建筑也包括在内）。

统一设施标准适用于居住人数在 11 人及以上，并且人均使用面积超过430 平方英尺的建筑。如果该建筑主要用于 50 人及上的聚会，也应当适用统一设施标准。跨部门安全委员会标准的适用分为 4 个层级：

第一级：<10 人，并且面积 <2500 平方英尺。

第二级：11 ~ 150 人，并且面积为 2500 ~ 8000 平方英尺。

第三级：151 ~ 450 人，并且面积为 80000 ~ 150000 平方英尺。

第四级：>450 人，并且面积 >150000 平方英尺。

第五级：五角大楼。

统一设施标准要求间隔距离至少为 33 英尺，应对小型爆炸事故的一般间隔距离为 82 英尺，应对中型爆炸事故的间隔距离为 148 英尺。在跨部门安全委员会标准中，应对小型爆炸事故的间隔距离至少为 82 英尺，如果风险评估认为有可能发生大型爆炸事故，间隔距离至少应为 100 英尺。根据跨部门安全委员会标准，如果建筑外墙 40% 的面积在爆炸中被严重摧毁，也是符合要求的。间隔距离的标准是根据两种不同的炸药当量（Explosive Weights）以及是否存在外围管控边界确定的。外围管控边界是指可在该处进行安全检查，但不一定必须设置障碍的边界。

按照统一设施标准设置间隔距离，通常可以在普通建筑周围设置开放式停车场。如果加大建筑外墙强度，提高建筑结构的抗冲击力，在应对同样爆炸冲击力的情况下，对间隔距离的要求会更短。

根据跨部门安全委员会标准要求，在中等保护级别下，应当自建筑外墙起留出 50 英尺的间隔距离。

在统一设施标准要求下，允许在间隔距离限度（82 英尺或者 33 英尺）内设置垃圾桶，但是，至少最内侧的 33 英尺范围内不允许有任何遮挡物。根据统一设施标准的规定，一般情况下，建筑楼底不允许停车，如要停车，必须严格实施访问控制措施。跨部门安全委员会和联邦政府总务管理局的相关标准未对垃圾桶之类的遮挡物问题作规定。在安保方面风险较低的建筑，可以在外来人员提供身份证明的情况下，允许其在楼底停车。风险较低或者中等风险的建筑，可以允许员工在楼底停车。其中，中等风险的建筑中，仅允许经甄别的政府雇员在楼底停车。在安保级别较高的建筑中，如需在楼底停车，必须是经甄别的政府雇员，而且必须是确有需要并经过了检查。

为了使建筑可以应对爆炸冲击，在设计时唯一需要考虑的重要因素就是防止建筑结构连续倒塌。不同的政府标准对建筑结构的要求存在区别。为了避免连续性倒塌，统一设施标准在设计方面进行了特别规定，可以防止三层及三层以下的建筑出现倒塌。统一设施标准要求，必须对外部的砖石墙体采取加固措施。窗户至少应当使用夹层玻璃，根据预计的爆炸等级，其性能还应当达到相应要求。该标准未对内部建筑问题做出规定。外面的门应当朝外打开，并且可以防范一定程度的安全隐患。设备支架应当可以支持 31 磅重的物体。

跨部门安全委员会及联邦政府总务管理局的标准也对防止建筑连续倒塌做出了规定，但是，并未限制建筑的高度。同时，也未对外部的砖石墙体是否采取加固措施做出规定。根据具体的用途，两个标准要求窗户设计应当符合相应的性能指标。内部建筑的要求是：中等及高等安全级别的建筑，距离高风险区域 25 英尺范围内的关键设施必须采取加固措施。在设计外面的门时，必须可以防范强行闯入。跨部门安全委员会标准未对设备支架做出规定。

在设备和建筑要求方面，各项标准的规定也各不相同（表 19.1）。统一设施标准要求将邮件收发室设在建筑外围。收发室应当使用单独、符合特定标准的通风系统。进风口应当距离地面 3 米，紧急情况下可以将其关闭。跨部门安全委员会及 GSA 标准要求收发室远离建筑核心设施，使用单独的垃圾桶，对收发室的通风系统未做要求。进风口应当设置在距离地面的较高位置，未对紧急情况下是否可以将通风设备关闭做出规定。楼梯间压力应当处于中等或者较高水平。

309

表 19.1 联邦统一设施标准和跨部门安全委员会标准的区别

项目	UFC	ISC/GSA
广播通报	主要聚集地点和宿舍区有要求	未涉及
装卸区位置	未涉及	远离公用设施
燃料储存	未涉及	远离高危区域
应急备用燃料储存	未涉及	采取保护措施
防火	未涉及	有相关规定
物理安全措施	未涉及	有相关规定（锁具、BMS、闭路电视监控、传感器等）

两个规范的很多要求相似。防爆要求虽然相似，但是也存在着较大的区别，即间隔距离和可承受的爆炸冲击力方面。国防部要求，出租既有建筑，必须遵守其规范，但是要具体情况具体分析。跨部门安全委员会要求进行风险（威胁）评估，再决定是否适用其规范。跨部门安全委员会标准强调物理性安全问题，而统一设施标准则不会。两个规范都设置了不同的保护等级，但在某些情形下，在目标和结果方面存在区别。

19.3 安全和无障碍：国家标准

《残疾人保障法》和安全

1992 年 1 月 26 日，1990 年制定的《残疾人保障法》和司法部制定的规范正式生效。《残疾人保障法》是一部适用于全国各州所有政府机关的民事法律。后来《残疾人保障法》逐渐取代了联邦统一无障碍标准，在全部联邦建筑中适用，成为普遍适用的法律。但是，《残疾人保障法》并不是一部建筑方面的法律。它虽然表面上看起来像是一部建筑方面的法律，对建筑产生很大的影响，但实际上并不是建筑方面的法律。根据《残疾人保障法》的规定，制定了《美国残疾人保障法无障碍指南》，为建筑领域提供指引，以便更好地执行《残疾人保障法》的规定。一部全国性法律通过后得以执行，并在履行注意义务方面确立了统一的标准，《残疾人保障法》在这一方面树立了完美的典范。国家消防协会的人身安全规范确立的消防规定和标准也与此类似。《残疾人保障法》对建筑安全影响很大，无论是选择建筑材料、装饰材料还是家具都必须慎重考虑。

残疾人保障法适用于提供公共服务的企业等机构，如饭店、剧场、旅店、零售店、诊所、律师事务所、私立学校、日间护理中心、图书馆、交通站点和其他医疗机构等。

司法部对 1990 年制定的《残疾人保障法》中第二章和第三章的规定进行了修改，并于 2010 年 9 月 15 日发布了联邦公报。修改的相关规定主要是在执行无障碍标准方面进行了调整，被称为《残疾人保障法无障碍设施标准 (2010)》，即"2010 标准"或"标准"。"2010 标准"在范围和技术方面确立了最低的标准，要求新设计、修建、改建的联邦和地方政府机构、公共场所、商业机构必须让残障人士可以顺利通行。

"2010 标准"实施后，第二章中规定的机构应当根据修改后的规定，对既有的设施进行结构方面的改建，以符合无障碍通行的需要；同时，第三章中所规定的机构也应当拆除有悖于无障碍通行要求的障碍物。

司法部在一个文件中发布了"2010 标准"的相关要求，包括：

（1）联邦和地方政府机关的"2010 标准"，包括第二章 28 CFR 35.151 中的规定以及《美国残疾人保障法无障碍指南（2004）》36 CFR 1191 的附录 B 和 D。

（2）公共服务机构和商业机构的"2010 标准"，包括第三章 28 CFR 中 36 节 D 部分，以及《美国残疾人保障法无障碍指南（2004）》36 CFR 1191 的附录 B 和 D。

司法部根据新标准对原指南进行了修订，并单独汇编后发布。在 2010 年 9 月 15 日发布的修订版残疾人保障法中，也包括了修订后的指南。该指南对司法部修订的"2010 标准"进行了详细介绍，说明了具体的修改之处以及修改的原因，在修订过程中征集到的公众的意见，以及对这些意见的反馈。法律文本以及根据 2010 年《残疾人保障法》修改的无障碍指南均可以从 www.ADA.gov 网站下载。联邦和地方政府机关必须遵守"2010 标准"的要求，主要包括第二章 28 CFR 35.151，以及《美国残疾人保障法无障碍指南（2004）》36 CFR 1191 的附录 B 和附录 D。极少数情况下，二者规定不一致时，以 28 CFR 35.151 中的规定为准。

§35.151 新建及改建

设计及施工：

a. 1992 年 1 月 26 日之后，由公共机构自己建设、委托他人建设或者建成后由公共机构使用的设施，或者设施的某一部分，对残疾人士而言，其设施和施工应当符合无障碍标准，并便于使用。

b. 因结构原因导致的例外情形：

i. 如果某一机构能够证明，因受到结构方面的限制，其不可能完全符合本节所有要求，则不要求其完全遵守本节的规定。只有在极少数情况下，因为地

310

形方面的特殊原因而不能满足无障碍要求时，才会被认为是结构方面的限制。

ii. 如果因结构方面的限制，不能完全符合本节所有要求时，在结构受限的范围之外，其他方面应当符合本节的要求，应当完全遵守本节相关规定。

iii. 因受到结构方面的限制，对某些特定类型的残疾人士（如使用轮椅的人）而言，不能完全符合本节的相关规定，那么，除上述特定类型外，对其他类型的残疾人士（如使用拐杖的人，或者有视力、听力、精神障碍的人）而言，应当完全遵守本节相关规定。

这部法律对建筑、人身安全设计和建筑安全技术产生了深远的影响（图19.3 至图19.24）。其中，对建筑安全影响最大的方面有建筑访问系统、门、消防出口和系统控制。在残疾人保障法中，建筑访问的含义是，为了满足进入建筑的需要，从某一点进入该建筑或该建筑的某一部分。建筑的访问控制要求读卡器距离地面的距离应当为 15 ~ 48 英寸。读卡器或者管理点的使用说明应当有盲文版本，可以使视力障碍者阅读。

门，如门把手、拉手、插销、门锁以及其他操作设计，其形状应当便于单手抓握，同时不需要使用很大的力气。可以使用杆式、推式或者 U 形的装置。

图 19.3　图中应当设置通道，但是，金属探测器不应当阻碍轮椅进入，即使轮椅是用金属制成的

图 19.4　图中的通道设计合理，清晰可辨，可以让人方便地从停车场和人行道进入店内

不能使用圆形按钮、按压式插销以及其他需要用较大力气才能使用的设备。将门开到 3 英寸宽的宽度时，花费的时间不应当少于 3 秒。自动关闭的门完全打开的时间不得少于 3 秒，停止其运动所需要耗费的力量不得超过 151 b/ft。旋转门打开的宽度应当可以容纳轮椅进入，如果是自动旋转门，开门的时间应当保持 3 秒，以便出入。

图 19.5 管教（Corrections）人员及安保人员也可能是某方面的残障人士，也需要得到合理的照顾，以便履行其职责

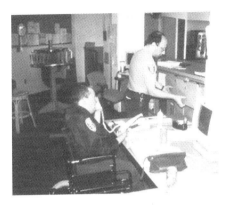

图 19.6 管教（Corrections）人员必须蹲下、清除障碍后才够得着设备和控制面板

图 19.7 如果设计和安全发生冲突，就会产生"囚犯自杀"的后果。图中通风口的格栅未能有效采取防护措施，可以在其上面拴系绳索，一名囚犯将其腰带（他本不应该有那条腰带）系在格栅上，自缢身亡

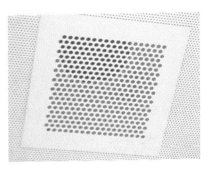

图 19.8 图中拘留所的天花板采取了合理的防护措施，在通风口处安装了安全防护网，使囚犯不能在上面拴系绳索，避免因此发生自杀事件

图 19.9　监狱和拘留所的电话不仅要符合《残疾人保障法》的规定，同时还要预防发生自杀事件。图为笔者探访的一个拘留室，如图所示，由于电话线太长，其他囚犯可以像我笔者展示的那样，在管教人员的眼皮子底下，用电话线自缢身亡

图 19.10　图中的囚室内，一名囚犯用距离地面位置较低的电话线自缢身亡

图 19.11　囚犯需要挂钩挂衣服，但是也要防止他们利用挂钩自杀。图中的那种挂钩容易卡住，同时，难以防范囚犯用其自杀。挂钩承重量不应超过 5 磅，超过后就应当折断

图 19.12　图中的门把手不仅符合《残疾人保障法》的要求，用在监狱中也会确保安全

图 19.13　切记！按照《残疾人保障法》的要求，扶手应当水平安装，而不应当是垂直安装

图 19.14　切记！按照《残疾人保障法》的要求，扶手应当水平安装，而不应当是垂直安装

图 19.15　图中安装的扶手不仅符合残疾人保障法的要求，也很适合监狱的需要

图 19.16　图中安装的扶手、便槽、水槽不仅符合《残疾人保障法》的要求，也很适合监狱的需要

图 19.17　在矫治所或者安保要求较高的场所，扶手容易导致的问题之一，是容易在扶手上拴系绳索自杀，或者将扶手从墙上拆下来，当作武器。因为忽略前述两种因素而发生的案件，笔者都处理过。图中的扶手安装了填隙板，可以防止绳索在扶手上打结

图 19.18　图中的扶手未和墙壁贴紧，导致可以将绳索系在扶手上自缢，或者将扶手拆下来，用作武器

图 19.19　图中，由于该女工作人员身材较小，够不着消防警报按钮，这就是为什么所有的设备或者管理设施距离完工后的地面不得超过 48 英寸

图 19.20　图中，由于该女工作人员身材较小，够不着卷笔刀，这就是为什么所有的设备或者管理设施距离完工后的地面不得超过 48 英寸

　　和前面所要求的 25 lb/ft 力量相比，对外面的门，要求最小用 8.5 lb/ft 的力量（建议标准，非强制标准）就可以打开。

　　关于门的锁具、配件和管理系统方面的要求也会对整个建筑的安全及其设计产生影响。为了方便残障人士，《残疾人保障法》要求可以方便地打开门、放缓门的开关速度，但是，同时也可能会让犯罪分子利用这些便利进入建筑。他人尾随进入、未经允许进入等情况也会给建筑安全带来挑战，因此，还需要采取其他措施，避免此类事情发生。

图 19.21　包括电梯操作面板在内的所有设备，其距离完工后的地面的高度不得超过 48 英寸

图 19.22　通常情况下，匝道也会用作人行通道，按照《残疾人保障法》的规定，其坡度不能超过 5%

图 19.23　如果匝道不符合《残疾保障法规定》的标准，应当设置指示牌，清楚地指明人行通道的具体位置

图 19.24　在棕榈滩县的联邦法院，安全性和便利性之间的冲突引发了争论。一位坐在轮椅上的辩护人，由于间隔距离和安全方面的原因，他竟然不能在《残疾人保障法》规定的停车场内停车，真让人想不通

注：参见"法院在残疾人通行方面存在障碍"，摘自南佛罗里达《太阳前哨报》，记者 Musgrave, J.，2011 年 1 月 25 日。

在医疗机构和其他机关，其大门通常是宽大、厚重安全的金属门。由于相关规定要求用较小的力量就可以将门打开，因此，在选择开关设备和门铰链时要慎重考虑。许多刑事法院安装的金属探测器也要考虑到为残障人士提供方便。但是，由于轮椅通常是金属材质的，不能通过金属探测器检测。在佛罗里达迈阿密曾经出现过一次安保漏洞，一名囚犯在从法院转到监狱过程中，利用其中空的木质假腿夹带了可卡因和枪支。在这方面，可以利用新技术，比如，可以生产全塑料材质的轮椅，这样，可以让行动不便的人顺利地通过金属探测器检测。

一直以来，你坚信联邦法院会执行、遵守联邦法律。但是，你错了，至少在美国《残疾人保障法》上，他们没有像你想象得那样做。

这部影响较大的法律制定于 1990 年，其主要目的在于，让所有领域平等地为各类残障人士提供和正常人一样的通行和其他便利。该法律具有开创意义，它要求，所有的建筑，不管是公共还是私营，应当为轮椅使用者进入建筑提供无障碍通道，但是，联邦法院及其他联邦建筑，因为安全方面的原因，可以不受此约束。

但是，对于残疾的律师和其他诉讼当事人来说，这的确是一个难题。为了到达法院门口，他们不得不挑战其身体极限，有时甚至会冒着生命危险。而这种不公正的现象亟待解决。

据最近棕榈滩邮报报道，西棕榈滩联邦法院门外的 6 个残疾人停车场空荡荡的，而安保人员却死死地提防着公众，不准大家在此停车，他们声称，这几个停车场仅供政府雇员使用。如果要走到附近的一个停车场，需要先爬上一座小山，再走下陡峭的山坡，对于一位坐在轮椅上的人来说，想单独到那儿，必须冒着生命危险。

在劳德代尔堡联邦法院，残障人士从法院背后的停车场到达法院门口，必须先通过距离较长、困难重重的匝道，爬到二楼，这种痛苦的挑战会让想进入法院的人望而生畏。

联邦官员声称，出于安全考虑，包括残障人士在内的社会公众必须与联邦建筑保持一定的距离，以免像 1995 年俄克拉何马市默拉联邦大楼恐怖袭击案一样，摧毁了联邦建筑。这一方法虽然防范了外国恐怖分子带来的安全隐患问题，但是它以粗暴的方式，阻止一些美国公民行使其进入联邦司法系统的权利。这不仅是考虑欠周，而且还侵犯了人的尊严。

全国各地的机场是另外一个恐怖分子觊觎的目标，每天使用这些机场的人成千上万，连这些机场都可以做到让公众开车进入匝道，并且防止发生意外，像联邦法院这种社会必需的公共机构也应当能够做到。①

许多高楼的电梯都采取了安全访问控制措施。美国《残疾人保障法》要求，所有的按键距离地面的高度为 42 英寸，但是不得超过 48 英寸，并且要求求救和应答所示信号标志应当便于识别。电梯门保持开启的时间不得少于 3 秒。

柜台和桌子的高度也会对设计和安全产生影响。为了防范劫匪可以容易地翻跃柜台，同时，也为了给银行的员工提供更加有利的视野，银行柜台的高度特意设置为 52 英寸。新的规定要求柜台的高度为 28 ~ 34 英寸，最高不得超过 34 英寸。安全控制室的柜台，包括前台接待台和监控显示台，其高度也为 28 ~ 34 英寸。可能有必要提高这些柜台的高度，同时又满足无障碍通行的要求，让其可以优先发挥其管理功能，提供良好的视线，满足实际需要。

《残疾人保障法》对改变建筑和安全环境还有许多潜在的影响。为了使残

---

① 参见《让残疾人可以在联邦法院通行》，摘自南佛罗里达《太阳前哨报》，2011 年 1 月 30 日评论员文章。

障人士可以有效地利用建成环境,《残疾人保障法》还规定了三项硬性要求:(1)可以获取工作机会——在应聘工作岗位,包括安保人员工作岗位时,让残障人士可以享有公平、公正的申请机会;(2)正常开展工作——是否便于普通残障人士履行其职责;(3)物理设施——残障人士能否和普通人一样无障碍地使用相关设施,如洗衣房、健身房、休息室以及地面的梯级变化。

在物理设施方面,室内警报系统也会受到影响,因为它是火灾撤离时必须用到的系统。撤离时使用的警报系统必须方便听力、视力障碍者以及行动不便的人。因此,应当安装视觉警报、可以大声指示方向的公共广播系统。广播的音量应当高于 15 分贝,不超过 120 分贝,并持续 30 秒。这一新标准,对听力不便的人来说,会给他们提供帮助;而对那些听力正常的人来说,可能会给大家带来不便。

受《残疾人保障法》影响的另外一个重要领域是自动取款机和现金支付机。银行、超市、购物中心的自动取款机的操作台应当按照规定设置,高度为 15 ~ 54 英寸,操作说明必须用盲文标示,出钞口的设计应当不要求使用较大力量拽取(不能安装旋钮),用于填表的柜台,其高度为 28 ~ 34 英寸。

容易出现的一个安全隐患是,如果是坐在轮椅上的人在使用自动取款机,站在他后面的人可以看到其操作情况,偷窥其密码和其他个人信息。如何让自动取款机在满足无障碍使用的同时,保护好个人隐私,这是一个尚待解决的问题。可以使用保护隐私的屏幕,防止他人偷窥交易情况。

根据《残疾人保障法》的规定,商场在采取措施,防止他人将购物车带离商场的同时,不能给轮椅使用者出入商场造成阻碍。从超市到白宫,都广泛使用路桩。要采取适当的方式,处理好这一冲突,既不给残疾人士造成障碍,又可以防止人们将购物车带离指定的区域,甚至开车闯入某一区域实施恐怖袭击。

酒店和旅馆要求在住宿区的每一层都设置一个房间或套房,其设计和建设要符合《残疾人保障法》的相关规定。同时 5% 的房间或套房还应当符合相关规定,满足听力障碍者的需要。所有的房间可以无障碍地到达。自动售货机、纸巾盒、纸杯存储盒、电梯操作按钮,距离地面的高度为 15 ~ 48 英寸。

总之,《残疾人保障法》从根本上改变了人们使用物理环境的方式。建筑师们需要严格遵守相关规定,以便使各类残障人士可以畅通无阻地使用建筑。对于残障人士来说,虽然让所有建筑保持开放、通畅显得至关重要,但是,对于安全领域的人来说,让建筑内部设施、用户和信息处于安全管控之下,变得困难重重。

19.4 小 结

那么,我们需要怎样的建筑呢?重视安全,让人感到安全;既可以满足功能需要,又可以无障碍地使用;既可以保证开放性,又可以保证可控性;既可

321

以避免通行冲突，又可以回应众多用户的需求；既可以适应在功能和用户方面的不断变化，又不让人感觉到被束缚。

我们掌握了需要掌握的信息了吗？通过进行风险隐患分析，找出薄弱环节，防范潜在攻击，环境设计预防犯罪方法旨在设计阶段就解决那些将来想要避免的麻烦。业主必须沟通其安全需求，以便进行针对性的设计……但是，我们是否够早地向建筑师提供了相关信息，以促成积极的改进呢？

在接触一个物理目标之前，如某一建筑、车辆或者人，犯罪分子或者恐怖分子必须经过某一物业、人行道、前庭、走廊或者停车场。如果上述地点有明确的界限，有人看管，照明充分，通行顺畅，适当维护，有人监视，犯罪行为发生的概率会降低。通过增加犯罪分子面临的风险，增加犯罪行为或者恐怖活动实施的难度，减少犯罪分子可能得到的收获，消除为不当行为或者犯罪行为辩解的借口，可以减少犯罪行为发生的条件，从而达到预防犯罪的目标。

应对恐怖活动与应对犯罪活动，在设计方面存在区别吗？事实上，针对普通犯罪行为而进行的设计，同样可以应对绝大多数恐怖活动的威胁。在重新设计法院建筑、办公楼、美国联邦建筑的过程中，必须采用环境设施预防犯罪方法。由于环境预防犯罪可以减少建筑的安全隐患，因此，环境设计预防犯罪也是减少恐怖活动发生概率的一种规划方法。然而，真正的威胁来自街头犯罪和工作场所犯罪，而非恐怖袭击。建筑从设计方面就应当做到可以减少犯罪。要像重视防火一样重视预防犯罪。所有的建筑都必须高度重视保护人身、信息和财产的安全，而不仅仅是那些容易遭受恐怖袭击的目标。针对特定目标进行加固，弄得像堡垒一样，仅是在一定程度上有必要，并不能够满足人们对公共建筑的使用需求。在设计阶段，就应当减少公共建筑的风险隐患。

对安全和设计领域而言，安全及环境预防犯罪方面的规范和标准确立了基本要求，给设计人员提供了用于衡量的共同尺度。无论这种尺度是属于联邦标准，还是地方环境设计预防犯罪规范，都可以让设计人士将建成环境建设得更容易防范因犯罪和恐怖活动带来的风险隐患。

322　　在安全方面设置的注意义务，应当服务于建成环境的特定目标和任务，而不是其他方面。我们准备好成为更有远见的人士了吗？我们"是为了满足更多人的需求，而不仅是满足少数人的需求，甚至是一个人的需求了吗？"（Spock，Star Trek Ⅱ）

为了适应当前和未来建筑领域不断变化的需要，建筑设计应当将预防犯罪、安全、防火和无障碍等内容纳入考虑范围。但是，如果不通过建筑规范、国家标准、地方规定等形式进行强制要求，设计和施工领域则不会将其纳入思考范围。犯罪预防和安全要求就会变为成本高昂的倡导性规定，这方面的一些基本要求就不会像消防规定和无障碍要求一样，得到普遍遵从。如果要使所有建筑和基础设计都可以抵御犯罪、工作场所暴力、恐怖袭击和自然灾害，就要像联邦政府总务管理局、统一设施标准和国家消防协会一样采取相应的措施。

附录 A

环境设计预防犯罪规定和标准

针对环境设计预防犯罪法规或决定通常应当包含的内容，下文提出了一些建议。亚利桑那州坦帕城于 1990 年起草了环境设计预防犯罪规范，并于 20 世纪 90 年代中期通过；佛罗里达州的萨拉索塔和布拉沃德县分别于 1992 年和 1994 年制定了环境设计预防犯罪规定；在完成一个社区资助项目时，Atlas 安全和保卫设计公司起草了《迈阿密城环境设计预防犯罪规范（建议稿）》，而下文中的建议，就是在综合上述材料后提出的。

简介

某一物业的建设申请人、建筑师、规划方、开发方，根据_____市有关环境设计预防犯罪的相关规定就其开发项目申请许可时，应当遵守本指南。在使用本指南时，同时应当遵守本市分区规定和发展规划中的相关规定。公众可在_____市开发管理部门和警察局获取本指南文本及相关修订文本。本指南于 201_____年_____月_____日，经_____市议会通过。

第一条　环境设计预防犯罪（CPTED）的一般原则

（1）环境设计预防犯罪是指通过对建成环境进行合理设计、有效利用，以降低犯罪率，提升安全感，提高生活品质。

（2）环境设计预防犯罪是针对物理空间进行设计，以不断满足该空间的真正使用者的需求。传统的预防犯罪方法是对目标进行加固，而环境设计预防犯罪方法着眼于设计和使用的改善。

（3）针对可疑行为及犯罪行为，业主、管理人员和在社区内生活的人应当共同履行向警方报告的义务，否则，会极大地削弱环境设计预防犯罪的效力。建立并维护社区与_____市之间良好的协作关系，有助于不断提高生活质量，建设更安全的环境和更好的社区。

（4）环境设计预防犯罪要取得成功，必须便于普通使用者理解和操作。普通使用者对其生活环境的具体情况更加熟悉，其生活环境的顺畅运行与其利益（高质量的生活）直接相关。环境评估中的 3D 原则为普通使用者判断其环境设计及使用是否恰当提供了简单的操作指南。

3D 原则是基于人们生活环境的 3 个功能或方面提炼而来：

a. 人们所有的生活环境都有特定用途。

b. 在人们所有生活环境中，都从社会、文化、法律和物理等角度，对预期和可接受的行为类型进行了界定。

c. 对人们所处生活环境进行设计时，必须有利于将人们的行为引导至预期的方向。

323

（5）根据具体的场所和环境，环境设计预防犯罪主要遵循以下五项原则，有时会有一定交叉：

a. 专属区域，是指独立于公共区域和半公共区域，有明确界限，并可以清楚宣示其所有权的私人区域。专属区域是为合法所有人创建、维护的特定区域。合法所有人占有该区域，并且让不属于该区域的其他人难以在该区域实施犯罪或其他不当行为。通过下述方式，该区域可以比较容易地防止外来者或侵犯者进入：

i. 加强现有的自然监视力度和自然访问控制措施，并辅之以标识性或社会性手段，明显提升该区域的所有权感知效果。

ii. 通过设计手段，使该场所始终有人合法使用。

iii. 通过地面装饰、景观绿化、艺术、标志牌、铁丝网和围栏等手段，清楚地标示该场所所有权所及的范围。

b. 自然监视：主要是指通过设计让侵入人员处于监视之下。如果某一场所经常有大量人员在该场所正常开展活动，该场所就会经常有人关注周围情况，从而实现自然监视。自然监视的主要做法就是让街道随时处于有人观察的状态，阻止潜在犯罪行为发生。街道设计、景观绿化、照明、场所布局以及周围环境的设计都会对发挥自然监视效果产生影响。采取以下方式，更有利于实施自然监视：

i. 对物理设计进行合理设计、布局（包括建筑朝向），开阔视野。

ii. 对窗户、出入口、停车场、垃圾箱、人行道、值守门、景观中的乔木和灌木等予以合理处理。

iii. 使用铸铁护栏、墙体、标志牌及其他物理障碍设施。

iv. 安排人员和活动，尽量增加实施监视的机会。

v. 对停车场、出入口及其他相关场所提供夜间照明时，尽量选择经久耐用，对维护要求较低的灯具，提高安全度。

c. 访问控制是指尽量减少犯罪分子进入的机会。实施访问控制，需要限制入口数量，提高自然监视水平，阻止犯罪分子进入，尤其是进入那些难以被注意到的场所。访问控制就是对社区、公园和建筑的出入进行控制。访问控制还要求加强对正式或非正式的出入口的管理，宣示特定场所的所有权。通过采取以下措施，便于在入口处识别出侵入者：

i. 利用人行道、地面装饰、大门、照明和景观绿化等方式，将人们清楚地引导到出入口。

ii. 利用门、围栏、墙体、景观绿化、照明等方式，防止人们出入黑暗区域或者无监视的区域。

d. 活动支撑：合法活动支撑是指安排人们在某一区域开展活动。活动支撑让人们在某一区域开展合法活动的同时，实施自然监视。例如：

i. 将安全性高的活动放在便于实施自然监视的地方开展，既可以使潜在的犯罪分子感受到犯罪行为可能面临的风险，起到震慑作用，又可以提高正常参

324

加活动者的安全感。

ii. 将风险较高的活动放在安全性高的地方开展，利用该场所的自然监视和访问控制优势，避免此类活动的风险隐患。

iii. 将聚会活动放在便于实施自然监视和访问控制的地方开展，或者放在可以避开潜在犯罪分子注意力的地方开展。

iv. 合理规划场所的活动安排，以更有效率、密度适当地在该场所开展活动。

e. 维护和管理：合理地维护景观绿化、照明设施和其他设施，有助于更加有效地贯彻强化专属区域边界、自然监视、访问控制等环境设计预防犯罪原则。其内容包括：

i. 按照规定标准，合理维护照明设施。

ii. 按照规定标准，维护植物等景观绿化。

iii. 尽量减少实施监控与地面植被、灌木、盛年期乔木等景观绿化之间的冲突。

iv. 合理实施管理，确保场所干净整洁、维护得当，照明设施运行良好，破损锁具及时更换，损坏的门窗及其他分点设施可以及时修复，达到该行业对履行注意义务所规定的标准。

（6）正确认识这些重要原则的意见，可以帮助物业的所有人、建筑师、规划师、开发方合理设计建筑环境，达到指南中要求的环境设计预防犯罪目标。关于环境设计预防犯罪的其他一些重要原则包括：

a. 容貌：容貌是指某一场所的外观，它会直接影响到该场所的合法使用人对该场所的感觉。如果某一场所从外观上就显示出维护不佳或者管理不良，犯罪分子就会认为该场所缺乏防范，可以容忍犯罪行为。

b. 用户群体冲突：用户群体冲突是指不同的用户群体之间可能发生矛盾。经过细致统筹，让不同的用途和各类活动之间互相兼容，可以将各类用户群体可能存在的冲突降至最低。

c. 活动支撑：活动支撑是指通过为相关活动开展提供便利，或者直接安排开展相关活动，使某一场所可以被合法使用者充分利用，这样，即使发生犯罪行为，犯罪分子也会被抓获。如果某一场所或者设施较少使用，该场所就可能会经常发生犯罪行为。

d. 犯罪诱发因素：犯罪诱发因素是指可能诱发犯罪的各项活动交叉之处。合理确定某一地块的用途至关重要，以免导致犯罪多发，让该区域的使用者和居民感到不安全。

e. 土地综合利用：土地综合利用是指某一地块的综合利用程度可以对降低或者提高犯罪率产生影响。如果一个区域内各个地块之间的用途各不相干，就会让该区域在一天的某个时段无人使用。

f. 连接道：连接道会迫使人们，尤其是步行者或者骑自行车的人沿着特定路线或道路行走，没有其他明显的替代性逃离路线，或者可以保障安全的措施。潜在的侵害者一旦知道了某一路线，他就可以预测人们会在哪个地方结束其活动。

g. 迁移：迁移既可能是积极的，也可能是消极的。因此，掌握犯罪活动在时间、场所方面的转移规律及其影响显得非常重要。一般而言，迁移可以分为三种类型：消极迁移——让犯罪情况变得更加糟糕；扩散效益——在意料之外的范围内，减少犯罪行为发生的总数量；积极迁移：按照预定目标减少犯罪行为发生概率，将犯罪影响降至最低。

h. 凝聚力：凝聚力是指某一场所的所有使用者之间互相支持，积极沟通，维持较高的安全感。尽管不是一项具体的城市设计功能，但是，合理的设计可以安排活动室、公园亭子、学校多功能室、社区中心等场所，促进交流，提升社区凝聚力。

i. 互通性：互通性是指某一场所与外部的社会、物理衔接及其关系。互通性认为，任何场所都不能脱离周围区域而独立运转。可以通过马路、人行道等物理设施，将具有某一功能的场所与周围的区域联系起来。也可以在中心位置建设社区中心或者项目办公室，开展各项活动，提高互通性。

j. 容纳力：容纳力是指某一场所或社区可以实现既定用途的能力。例如，如果在某一狭小的区域内，出现太多用途相似的地块，如废弃建筑或者酒吧，就会给犯罪行为创造机会。当某一区域的容纳力恰到好处时，将对提高该区域的安全水平起到决定性作用。

k. 文化：文化是指某一场所用户营造的整体氛围及外在表现，也被称为氛围营造，它是指为了特定目标，及时将人们召集到一起而组织的各类艺术、音乐、体育或者其他一些具有当地特色的文化活动。可以设计一些公共多功能设施、体育设施和本地艺术家可能会用到的场所。社区纪念馆、公共壁画或者其他的文化活动也可以促进形成社区文化。上述措施可以创建一种独特的环境氛围，找出对该社区所有使用者都有利的设计原则，并有助于提高社区凝聚力。

l. 第二代环境设计预防犯罪：在提高社区凝聚力和安全感方面有四个关键因素，即凝聚力、互通性、容纳力和文化。

第二条 替代性材料和施工方法

如果使用其他的材料、设备、配件或者方法，可以实现与本规定所要求的同样的安全效果，并经开发管理部门同意，也可以采用。开发管理部门负责人和警察长可以签发允许变更的书面许可，证明该变更符合本指南要求。

第三条 相关概念

植物类障碍物是用叶片带刺或呈针状、植株密度较高的植物形成的障碍物。

环境设计预防犯罪，是指通过改善环境设计的方式来预防犯罪。

环境设计预防犯罪管理部门是指_____市规划部门中包括市警察局在内的相关部门，其主要职责是按照该市相关规定（Section Verse），审查向其提交的所有方案。

暗天（黑暗夜空）是指合理选择照明设施，以免光线对邻近场所形成干扰，对夜空造成光污染。国际暗天协会网站会提供更多详细资料。

住所是指为单个或多个家庭提供完整独立生活条件的封闭场所，在该场所可以满足长期生活所需的居住、休息、进餐、烹饪、卫生等各种条件。

英尺烛光（FC）是衡量均匀投射到 1 平方英尺单位面积内光的数量（单位为流明）的单位。

标志牌是指仅包含了商业、场所、机构、建筑或某人的名称的指示牌。

景观绿化或景观绿化材料：是放置于特定场所，或者某一建筑位置，以改善外观的树、灌木、地面植被、藤蔓等各类有机或者无机材料，或者上述材料的结合。公共艺术、水景、广场、庭院、园林、灯具也被视为这一类型。

灯具：是指由一个或多个灯泡、灯管组成的发光设施，如有必要，还可以利用其他材料用于投射光线，固定、保护灯泡，或者将灯光与电源连接。

非居住：是指不属于本部分所指的，用于居住以外的其他用途。

居住：是指用于生活住宿。

灌木：是指有多个树干，树干胸径小于 2 英寸，高度小于 10 英尺，树冠大小不定的木本植物。

过渡性照明：是指在两类活动交叉地带，照明亮度逐渐增强或减弱，以减少眩光或光污染。

乔木：是指盛年期有一支明显可辨的主干，主干胸径超过 2 英寸，高度超过 10 英尺，并有成形树冠的木本植物。

双拼住宅：是指可以，并且只能容纳两户家庭使用的独栋住宅。

人行道：是指供行人使用的道路，包括但不限于马路边的道路。

规划法规是指_____市的_____号法规。

3.1 关于环境设计预防的政策

（1）通过（a）在社区建设中运用环境设计预防犯罪的基本原则，并（b）建立合理有效的系统对新设计和开发项目进行审查，以建立安全和可持续的社区。

（2）民用建筑及开发项目应当符合环境设计预防犯罪的基本原则。

（3）应当按照管理规定——即环境设计预防犯罪审查——对民用建筑及开发项目进行审查。

（4）应当按照现有的规划审批流程，对区域或者社区的概念性规划及其修改进行审查，确保其符合环境设计预防犯罪的基本原则。

（5）鼓励私营开发项目在设计和开发过程中贯彻环境设计预防犯罪的基本原则。

3.2 场所分类

3.2.1 场所分类

应当通过_____，按照_____（规划法规或者相关规定）的要求，

326

327　对建筑或者构筑物的整体或者部分进行分类。

对某一具体项目的分类存在争议的，以相关主管部门的决定为准。

3.2.2　商业场所

用于办公、专业行业或者服务性行业的场所，包括存储档案和账户。

3.2.3　工业场所

用于生产产品，或者开展加工、组装、混合、包装、装饰、修理等工作的场所。

3.2.4　居住场所

用于居住的场所，但用于医疗、留置或者休闲功能的场所除外。

3.2.4.1　单独和双拼住宅

用于长期居住的，可以容纳一个家庭或者两个家庭使用的居住场所。

3.2.4.2　公寓建筑

用于长期居住的，可以容纳两个以上住宅单位的居住场所。

3.2.4.3　酒店和汽车旅馆

用于短期住宿（少于 30 天）的居住场所。

3.2.5　教育用场所

供 1 至 12 年级段学生使用，每天使用时间超过 4 小时，或者每周使用时间超过 12 小时的教育用场所。

3.2.6　聚集场所

指（1）供 50 人以上，用于讨论、礼拜、娱乐、饮食、候车及类似活动的场所，或者（2）不管可以容纳多少人，只要是用于娱乐的场所。

3.2.6.1　娱乐设施

用于聚会，通常有固定座位，可以用于表演以及观看演出、电影。

3.2.6.2　餐饮场所

可供多人餐饮消费的场所。

3.2.6.3　休闲场所

可供多人参与、观看各类户外活动的场所。

3.2.7　商业场所

用于展示、销售商品，并对公众开放的场所，通常配套建设有货物、商品存储等相关功能的设施。

银行；

贵重物品（珠宝店）；

328　中等价值物品；

其他零售店；

管理部门的建筑和宗教场所。

3.2.8　医疗场所

是指同时为超过四名以上人员提供医疗服务或者其他治疗服务的场所，在这些场所中（1）相关人员由于年龄原因，或者身体、精神方面的缺陷，基本上不能自我保护（Self - preservation），或者相关人员不能管理场所内的安全措施；（2）以门诊的方式，单独为处于紧急状态下、不具有自我保护能力的病人提供治疗服务；（3）以门诊的方式，单独为处于紧急状态下、不具有自我保护能力的病人提供麻醉服务。

3.2.9　留置和矫正场所

用于四名及四名以上受到不同程度限制，或被采取安全措施的人员居住的场所，由于安全措施不处于这些人员的管理之下，因此，他们基本上不能自我保护。

3.2.10　多用途场所

在同一楼房或建筑内同时存在两种或两种以上不同的用途，且多种用途互相交错，难以分别独立实施安保保护。

适用的条件：多用途场所的建设、保护和其他安全措施，必须适用各类不同用途的最严格的安保标准。

3.3　物品分类

在本规范中，物品根据其在金钱价值、稀有度、独特性方面的价值，分为以下几类：

特别贵重；

贵重；

中等价值；

普通价值。

3.4　系统设计安装

所有安保系统、楼房服务设施、安保设施、防卫措施，其设计、安装、审批应当符合现行国家消防协会标准的要求。

3.5　维护

无论何时、何地，如果本规范要求所有用具、设备、系统、条件、安排、保护级别或者其他设施必须符合本规范的规定，则必须符合本规范要求，本规范另有例外规定的除外。

3.6　安全委员会

由于每一个具体场所面临的情况不同，周围环境也在不断变化，因此，即使是安全级别类似的场所，其具体的安保需求也各不相同。基于此，针对每一个场所，必须考虑其特定的安全需求，并建立相关机制，确保因地制宜。

3.6.1　每一个场所都应当成立建筑安全委员会。安全委员会的组成人员应当包括来自城市规划委员会、建筑管理部门、执法机构、消防部门和其他相关部门的代表。

3.6.2　委员会应当根据建筑的具体类别进行评估，并实施相关类别的基本安全标准。委员会应当决定适用哪些基本安全标准，还应当决定适用于建筑的可供选择的其他标准并决定实施这些标准的弹性。

3.6.3　委员会应当根据需要实施的标准，提出具体的安全要求，并提出

329

成本预算。

3.6.4 委员会还应当根据建筑的具体情况，明确与安全相关的其他事项，确保采取适当的安全措施，并就场所应急方案、提高安全意识和其他的特定安全事项对员工进行培训。

第四条 场所内部指南

内部设计是降低风险、防范犯罪的重要环节。需要特别注意的场所包括：主入口、大厅、接待前台与窗户和准入控制点的相对位置、主要入口和大厅附近有利于实施监视的办公室、楼道、走廊、电梯、洗手间、付费电话亭、饮水机、庭院或休息室、玻璃种类、电子监控设备、楼层平面布局等。就设计提出的建议和一些具体的范例，可以由开发商、建筑师、规划师在实际工作中自愿参照适用。

第五条 照明指南

（1）目的：

本条的目的是根据不同的用途对照明要求做出规定，以便实施监视，既可以降低犯罪率、节约能源，又可以避免在夜空中造成光污染。

（2）灯光布局：把握时机（Timing）：

a. 无论是安装在建筑上的灯具，还是独立安装的灯具，其高度和布局应当符合该城市有关户外灯光管理方面的规定中第____条的规定。乔木和灌木应当符合环境设计预防犯罪方面的规定，不能对灯光照射造成干扰。

b. 在楼房和其他场所之间的连接地带，应当设置过渡性照明。下列区域应当设置过渡性照明：娱乐场所，办公楼，游泳池，洗衣房，邮件收发室，有植物遮盖的走廊，封闭式过道以及环境设计预防犯罪原则所要求的其他场所。

c. 所有的外部照明应当符合暗天原则的要求，应当加装灯罩，灯光向下照射，不要形成不必要的光污染，以免对毗邻场所造成干扰。

d. 除非另有规定，提供外部照明的灯具从夜幕降临到凌晨天明的时间段内，应当保持开启状态。

330   e. 外部照明的具体细节应当在规格为 24 英寸 × 36 英寸的景观布局图上标示出来。除非环境设计预防犯罪要求另有规定，外部照明设计图应当经过光度测算。光度测算应当依据制造商于出厂时在每一灯具上附随的 IESNA 文件上标示的平均光输出值进行，该输出值应当由经许可的检测机构检测通过。外部照明的详细方案应当包括了依据风险因素所进行的点与点之间的光度测算，进行光度测算时，点与点之间的距离不超过 10 英尺，距离地面高度为 6 英尺。

f. 为安全目的而设计的外部照明灯具应当加装可以预防天气和人为因素破坏的外罩，并且方向朝下，将眩光和干扰降至最低。

图 19.25 展示了，根据建筑规范和规划规范的规定，如何给灯具加装灯罩，既可以避免对临近的场所造成不必要的光污染，又可以实现安全照明的目的。

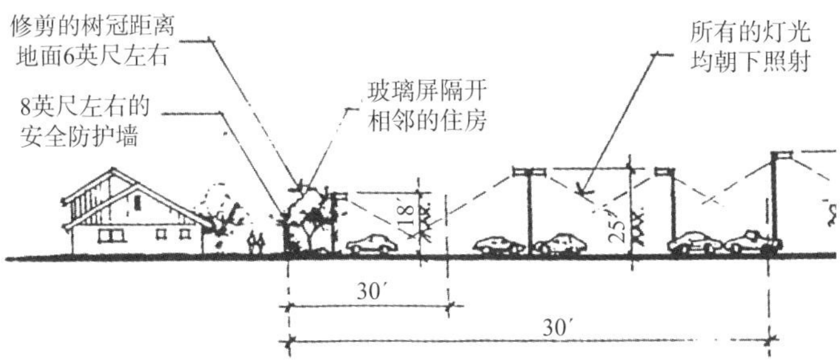

图 19.25 户外的路灯照明

注：选自帕城，AZ，1997。已获使用许可。

注意：在多层停车场所中，应当根据具体情况进行具体分析，尽量避免照明设计对临近的住宅区域造成不必要的光污染。

（3）最低照明标准（参考北美照明学会 G-1-03 标准）：

本节中涉及的最低照明标准，适用于从地面到距地面 6 英尺的空间范围。在布局合理的情况下，最高照明亮度和最低照明亮度之间的比率可以为 6:1。

本节中的规定主要是为各种不同的环境确定相应的照明标准，以便于实施监视，减少犯罪行为，同时符合节约能源方面的要求。本节中的标准应当符合北美照明学会 G-1-03 标准以及相关的建筑法规的规定。如果存在规定不一致之处，则适用最严格的标准。

无论是全封闭、半封闭（如停车场等场所）的场所，还是户外开放空间，都需要提供充足的照明，以满足安全和正常观察的需要。在全封闭和半封闭的场所中，无论是白天，还是夜晚，都要求提供照明。同时，为了使人眼能够适应外面自然条件的正常日光，在全封闭和半封闭的场所中，光线还应当更充足一些。在照明充足的环境中，更有利于实施自然监视，从而更好地防范犯罪行为发生。

a. 户外停车场、车库、垃圾箱处的照明应当满足正常使用条件，按照北美照明学会的要求，在日落之后、日出之前的时间段内，照明亮度应当达到最低的标准。

b. 建筑内部以及与建筑连接的过道、走廊、人行道、向内收的区域，以及连接建筑与停车场、人行道之间的通道，在日落之后、日出之前的时间段内，照明亮度应当达到最低的标准，光线应当均匀分布。光线主要应当照射在地面，在距离地面 3~5 英尺的空间范围内，应当提供补充性的照明。

c. 在日落之后、日出之前的时间段内，出入口中心点半径 15 英尺的范围内，地面照明应当均匀分布，并达到 5 英尺烛光的最低标准。

d. 在日落之后、日出之前的时间段内，停车楼、全封闭或半封闭的停车场，地面照明应当均匀分布，并达到 5 英尺烛光的最低标准。其出入口处的照明亮度应当便于人眼适应外面的自然光，白天亮度稍高，夜晚亮度稍低。

e. 为了便于人眼适应外面的自然光，在日出之后、日落之前的时间段内

（白天），停车场的出入口处，地面照明应当均匀分布，并达到 10 英尺烛光的最低标准。

f. 邮件投递箱应当设置在距街道路灯 20 英尺的范围内，或者邮件投递箱处，在日落之后、日出之前的时间段内，其地面照明应当均匀分布，并达到 5 英尺烛光的最低标准。

g. 所有的外部照明设施应当配备外罩，以抵御不利天气影响，防止人为破坏。

h. 外部区域的照明应当最大限度地便于实施监视，避免与建筑设计、长成后植物形成冲突，减少眩光。应当充分考虑植物长成后高度、树冠的大小等因素。乔木和灌木应当符合环境设计预防犯罪要求，不要对光线照射产生不利影响。

i. 在公共卫生间和其他供公众使用的场所，照明设施的开关应当由管理人员控制，不能让其他使用者随意开关。

j. 所有外部照明设施，其光线应当向下照射，并加装灯罩，避免对临近的场所造成光污染。

k. 连接建筑和外部场所的地带，应当提供过渡性照明。比如下列场所：娱乐场所、办公楼、游泳池、洗衣房、邮件收发室、植物遮盖的走廊、封闭式过道以及其他类似场所。

l. 应当根据具体规模，在园林景观设计图上对外部照明的具体细节予以标示。外部照明设计图应当经过详细的光度测算，环境设计预防犯罪审查机构不要求进行测算的除外。光度测算应当依据制造商于出厂时在每一灯具上附随的 IESNA 文件上标示的平均光输出值进行，该输出值应当由经许可的检测机构检测通过。外部照明的详细方案应当包括了依据风险因素所进行的点与点之间的光度测算，进行光度测算时，点与点之间的距离不超过 10 英尺，距离地面高度应当根据具体场所面临的风险因素确定。

m. 最低照明要求：本节中所涉及的全部最低照明要求都应当从地面算起。在合理的布局中，在光线均匀照射的情况下，最低照明标准和一般照明标准之间的亮度比例不得超过 1:4。

在某些情况下，如为了方便客户、吸引顾客，或者安装了闭路监视系统，对照明亮度的要求可能会更高。同时，在特定的区域内，周围的人口分布、犯罪率高低以及其他因素，也会要求更高的照明亮度。这种情况下，应当对该区域在物理设施方面的安全需求进行调查分析。

本节中提出的具体照明要求，仅是符合北美照明学会 G-1-03 标准的最低要求。在一些情形下，如方便客户、吸引顾客，安装了闭路监控系统等，对照明亮度的要求可能会更高。同时，在特定的区域内，周围的人口分布、犯罪率高低以及其他因素，也会要求下述要求更高的照明亮度。

鼓励外部照明的设计者，将其设计与发展管理部门制定的环境设计预防犯罪要求进行核对，检查照明要求是否符合规定。具体的照明要求需要根据特定环境所面临的风险高低确定。下述示例考虑了照明和风险因素的关系：

高风险行为，4~5 英尺烛光

- 自动取款机
- 集中设置的邮箱（距邮箱边缘范围内，照明亮度至少达 20 英尺烛光）
- 付费电话
- 封闭式小区入口
- 地下人行通道和封闭式地上人行通道
- 公共汽车候车亭
- 全部外部入口（一般情况下，以各扇门为中心，半径 15 英尺的范围内，建议最低照明标准为 5 英尺烛光。但是，具体到每一扇门，应当根据使用情况，对面临的风险进行评估后再确定照明标准）

中高度危险的活动，3~4 英尺烛光

- 便利店
- 有顶棚的停车声（车库）
- 快餐店
- 药店
- 游泳馆
- 装卸区
- 杂货店（24 小时营业，可以直接停车购物）
- 有营业执照的售酒商店
- 停车楼（白天 10 英尺烛光）（车库，多层）

中度危险活动，2~3 英尺烛光

- 加油站（非便利店）
- 娱乐场所
- 音像店
- 洗衣房
- 银行
- 饭店（不售酒）
- 宾馆及汽车旅馆
- 录像厅
- 电话营销
- 购物中心

中低度危险的活动，1~2 英尺烛光

- 多单位住宅
- 医疗机构
- 工业用途场所（夜晚生产）
- 学前班
- 宗教场所

- 医院
- 百货零售
- 牙科诊所
- 仓库（夜间使用）
- 教育用途场所
- 储存室
- 普通办公场所（夜间使用）
- 杂货店（非 24 小时营业）

危险度低活动，1 ~ 50 英尺烛光

- 仓库（白天使用）
- 办公室（仅供白天使用）
- 绿化带
- 汽车销售场所（下班后）
- 公园
- 工作生产场所（白天使用）
- 小型仓库
- 留置场所
- 公寓的通道

第六条　园林绿化指南

（1）目的：

选择合适的植物种类，使植物保持适当的高度，合理确定植物与人行道、窗户以及其他场所的距离，可以使居民和其他的建筑使用者更方便地实施自然监视，更有安全感，犯罪行为也会因此减少。推荐可以选用的植物类别较多，提倡在景观绿化设计中创造性地开展工作。本条将推荐多种乔木、灌木等植物。

植物、防护栏（网）以及其他景观绿化中可能会采用的设施，应当便于对建筑外面的场所实施自然监视，无论是从建筑内、建筑周围的其他场所、毗邻的建筑还是通行道，都便于观察。景观绿化和防护栏还应当有助于区别公共场所、半公共场所和私人场所的界限。如果建筑及其周围场所（包括人行道）的出入口都保持开敞，从其周围场所可以观察到出入口附近的情况，则其安全性会大大提高。场所越敞亮，犯罪行为就因为更有可能暴露在大庭广众之下，就越不可能发生。

a. 距人行道 6 英尺范围内的乔木和地面植被，其高度不得超过 2 英尺。距人行道 6 英尺至 12 英尺范围内的乔木和地面植被，其高度不得超过 3 英尺。距人行道边缘 12 英尺范围内的乔木，应当对其进行修剪，使树冠距地面的距离至少有 6 英尺。建议在上述区域内种植可用作障碍的植物。

b. 盛年期的植物应当经常修剪，使距离地面 6 英尺的空间保持视野敞亮。

c. 建议不要在停车场和楼房附近使用鹅卵石作建筑材料。在景观绿化工作中，建造墙体、边角、排水沟等部位时，常常会使用鹅卵石（石头）以及砖头、碎石等材料，但这些材料往往会被用作攻击的武器或者犯罪工具。如果确实需要使用鹅卵石和其他建筑材料，它们应当被浇铸到墙体中，避免用手就可以拔出来。在浇铸鹅卵石时，露出地面的部分不得超过三分之一。

d. 植物障碍（高密度的带刺、针的植物）在窗户两旁的种植宽度不得少   334
于 12 英寸，不得高于窗台。种植的植物不得阻碍卧室的紧急逃生通道。

e. 如果在住宅后院、背面、留置场所、公园、商业或工业场所等地方开设门，应当经环境设计预防犯罪审查机构同意。后院的门应当与墙或者围栏的高度一致，并可以上锁。门处应当有灯光照明，从毗邻的场所可以观察到门口处的情况。

f. 前院和公共场所应当便于在场活动的人及路过的人实施自然监视。

g. 设置的障碍物，无论可以起到实质阻挡作用还是仅具有象征意义，应当（在经许可的情况下）可以通过。

h. 封闭式小区应当采取准入控制措施。

i. 住宅小区的围墙或者围栏如果靠近下列区域，并采用了竖直的尖桩时，尖桩的高度不得低于 8 英尺。

   i. 建筑的后部；

   ii. 留置场所；

   iii. 公园；

   iv. 商业场所；

   v. 工业场所；

   vi. 自行车道。

围墙不得开设面向巷道的出入口。在距离街道 25 英尺范围，如果围墙可能会阻挡行人和驾驶人员的视线时，围墙的高度可以逐渐降低到 3 英尺。如果必须在该场所设置围墙，应当用砖砌或者混凝土浇铸的方式。全部围墙在建筑风格、颜色和使用的建材等方面，应当和主体建筑（或者该主体建筑相应的一侧）保持一致。如果围墙是沿巷道修建，只需要在临巷道一侧种植植物。如果围墙外面有采取其他替代性装饰措施，应当获得建设主管部门的书面同意（见图 19.26）。

围墙可能会采用铸铁或者不锈钢材质的围栏作装饰，围栏的竖直尖桩之间的间距不得超过 4 英寸，并且和墙体连为一体。可以用 6 英尺高、带尖桩的铸铁或者镀锌材质的围栏替代砌筑墙体。

j. 尽量不要让墙壁空白，如果园林是属于公共性质或者商业性质，为了更   335
加安全，开阔视野，应当留出宽度至少为 6 英尺的开口，既可以用作紧急出口，也便于实施自然监视。如果园林是属于个人的，不强制要求留出通往公共场所的出口。

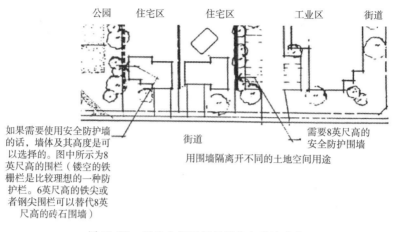

公园　住宅区　　住宅区　　工业区　　街道

如果需要使用安全防护墙的话，墙体及其高度是可以选择的。图中所示为8英尺高的围栏（镂空的铁栅栏是比较理想的一种防护栏。6英尺高的铁尖或者钢尖围栏可以替代8英尺高的砖石围墙）

街道

需要8英尺高的安全防护围墙

用围墙隔离开不同的土地空间用途

图 19.26　用于分隔不同场所的各类障碍物

注：选自帕城，AZ，1997。已获使用许可。

（2）地面植被：

a. 位置：需要实施自然监视的、距人行道边缘 6 英尺范围内场所，儿童经常活动的、距人行道边缘 12 英尺范围内场所，可以种植地面植被（包括多年生及一年生的野花）。

b. 高度：盛年期的地面植被，其高度不得超过 2 英尺。茎干较小，高度超过 2 英尺的适于沙漠生长的植物，由于便于实施自然监视，也可以在这一区域用作地面植被。

（3）灌木：

a. 位置：在需要实施自然监视的、距人行道边缘 6 英尺至 12 英尺范围内的区域，可以种植灌木，同时还可以种植地面植被及树冠距地面 6 英尺的乔木。

b. 高度：盛年期的灌木，其高度不得超过 3 英尺。盛年期植株高度超过 3 英尺的灌木，如夹竹桃，一般不允许在此区域种植。茎干较小，高度超过 3 英尺的适于沙漠生长的植物，由可以在此区域种植（图 19.27）。

（4）障碍性植物：

a. 位置：障碍性物植株密度高，并有刺状或针状结构。障碍性植物宜在窗户下种植，并靠近外面围墙、围栏或者建筑的墙体。即使围墙或者窗户位于上述第 2 部分、第 3 部分所指的 6 英尺至 12 英尺的范围内，也可以种植障碍性植物。

b. 高度：由于种植障碍性植物的目的是阻止行人通行，因此，即使某些障碍性植物的高度超过 3 英尺，也允许种植。

（5）乔木：

a. 位置：只要数量、大小、种类合适，在景观绿化的所有区域都提倡栽植乔木。在某些情形下，规划方面的规定要求必须栽植乔木。为了给行人遮荫，应当将乔木栽植在从街道、大型停车场通往建筑入口等场所的道路两侧。

图 19.27 地面植被与乔木树冠之间的视野

b. 高度：如前面有关地面植被的要求中所述，乔木应当予以修剪，使其 336
树冠距地面 6 英尺，避免影响到照明的亮度，与前述章节中有关外部照明的相关要求冲突。

（6）景观绿化中的石料：

鹅卵石及其他的一些砌墙石料（如砖头和碎石等）在景观绿化工程中，建造墙体、边角、排水沟等部位时，常常会用到，但这些材料往往会被用作攻击的武器或者犯罪工具。如果确实需要使用鹅卵石和其他的一些建筑材料，它们应当被浇铸到墙体中，避免用手就可以拔出来。在浇铸鹅卵石时，露出地面的部分不得超过三分之一。

（7）建议选用的植物：

下文建议选用的植物并未涵盖所有种类。虽然建议选用的植物在符合有关视野要求的同时，对维护的要求较低，但是，在建议种类之外的其他植物，如果可以达到相同的效果，也可以获准使用。

第七条 围墙和访问控制大门的相关要求

（1）目的：

修建保障安全围墙和大门，其目的主要是实施访问控制，避免他人未经许可入内，从而降低犯罪行为发生的概率。在许多情形下，如住宅区和其他用途的场所之间、住宅区建筑的背面，围墙既有助于保护隐私，又可以阻隔噪声。在围墙和大门的设计、建设过程中，要注意实现其功能，既可以发挥必要的安保作用，又可以在明确场所外围界限中发挥补充作用，还可以在较长的时间段内不用维修、保持外观良好。修建的围墙在其设计、用材和高度方面，要注意和其所处的区域、毗邻街道的风格保持一致。

（2）围墙的位置及高度：

a. 住宅区：规划法规对住宅区的围墙、围栏的最大高度进行了规定。在住宅区，如果要求前院向后退让，在退让区域内单独修建的围墙、围栏，其高度应不得超过 4 英尺。在住宅区侧面及后院修建的围墙，其高度不得超过 8 英尺。但是，如果围墙的高度超过 6 英尺，但是从公共街道、学校、公园或者其他公共场所看得见，那么，修建该围墙之前应当取得建设主管部门许可。

b. 公共隔离带：如果和各个不同用途的场所之间存在公共隔离带，根据规划法规规定，应当在公共隔离带修建围墙，且高度不得超过 6 英尺。在其他情形下，规划法规不会强制要求修建围墙，但是业主可能希望修建围墙。无论是基于规划法规的强制要求，还是业主的自主选择，根据环境设计预防犯罪的要求，如果存在下列情形，围墙的高度至少为 8 英尺：

i. 住宅区的巷道；

ii. 自行车道及商业存储场所；

iii. 河道旁的小型仓储；

iv. 公园、对公众开放的场所、幼儿园、护理机构、运动场及类似场所；

v. 修建在低洼地带、紧邻工业场所的留置场所。

注意：根据规划法规的规定，上述场所修建的围墙并非一定要便于实施安保和检查，但是，这些围墙的高度应当超过 8 英尺。

c. 必须修建的安保围墙：为了达到环境设计预防犯罪的要求，在下列场所应当修建高度不低于 8 英尺的围墙，以实施访问控制：

i. 商业及工业场所（仓储区域）；

ii. 小型仓库；

iii. 幼儿园、护理机构、运动场及类似场所；

iv. 紧邻公共街道的住宅小区背面。

（3）安保围墙的修建：修建的安保围墙必须坚固，以防止破坏和自然侵蚀，所用材料和围墙的表面处理应当符合规划法规的相关规定。这类围墙在保持视线通透和隔离噪声方面没有强制要求，可以使用兼具装饰功能的铸铁材质围栏，围栏的竖直尖桩之间的空隙等于或者小于 4 英寸，并且和围墙连为一体。在一些情形中，如住宅区与自行车车道、高尔夫球场、公园、人行道之间，提倡使用装饰性的铸铁材质围栏，这样不仅便于实施监视，还可以保持外观美观。可以用 6 英尺高、带尖桩的铸铁围栏替代砌筑墙体。

如果修建的围墙高于 6 英尺，还需要获得建设主管部门下属的建筑安全管理机构发放的建筑许可。

（4）访问控制门：关于在商业、工业、住宅区修建的，用于对车辆和行人实施访问控制的门，在规划法规以及城市地方法规中有关设计审查的规范中，已经对其部分具体要求和申请流程做了规定。此外，所有的门在安装之前还需要经过消防部门的检查、批准。安装完成之后，还需要接受现场检查。本部分的具体指南不得与规划法规、设计审查规定、消防部门规定以及其他与访问控制门相关的规定冲突。除了前述的规定外，如果相关建筑需要经过环境设计预防犯罪评审机构审查的，相关审查规定中对于门的具体位置也有要求。提交的具体方案中，必须指出门的具体位置，同时还应当详细说明门的型号，以及通过门实施访问控制的具体方式。按照环境设计预防犯罪的要求，所有的门必须方便警方随时出入。

第八条　关于地址命名的指南

（1）目的：

设立地址命名标准的目的是为街道、具体地址的命名确立统一的标准，通过建立街道名称、地址编号、街道命名标准、标示标准、具体地址方面的统一体系，有助于应急车辆快速反应。街道编号以及建筑名称的标示方法必须符合当地的建筑法规、规划法规以及环境设计预防犯罪规定的要求。

（2）住宅：

a. 住宅距路沿距离小于 50 英尺的，该住宅编号的字体高度不得低于 3 英寸。

b. 住宅距路沿距离大于 50 英尺的，该住宅的编号应当张贴在主要入口处，字体的高度不得低于 3 英寸，距离地面的距离不得低于 36 英寸（见图 19.28）。

338

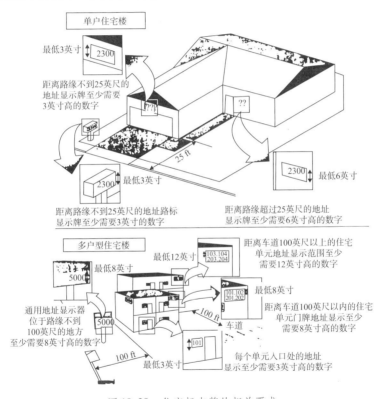

图 19.28　住宅标志牌的相关要求

注：摘自《独栋住宅和多户住宅的建筑编号要求》，已获拉斯维加斯《太阳报》H. M. Greenspun 的使用许可。

（3）公寓：

a. 入口的编号字体高度不低于 12 英寸

b. 楼房的编号字体高度不低于 12 英寸。

c. 标示在楼房编号下的公寓编号的字体高度不低于 8 英寸。

d. 如果公寓编号标示在楼房旁边的其他标示牌旁边，公寓编号的字体高度不低于 2 英寸（见图 19.29）。

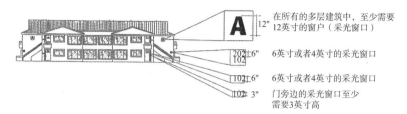

图 19.29　公寓住宅的标志牌

注：选自帕城，AZ，1997，已获使用许可。

（4）商业建筑：

a. 建筑距路沿的距离小于 50 英尺的，建筑编号的字体高度不得低于 8 英寸。

b. 建筑距路沿距离大于 50 英尺的，该建筑的编号应当张贴在主要入口处，编号字体的高度不得低于 12 英寸，距离地面的距离不得低于 36 英寸。

c. 租用的场所的编号，其字体高度不得低于 3 英寸（见图 19.30 至图 19.31）。

339

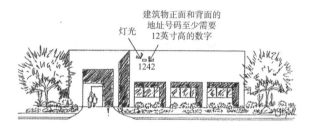

图 19.30　标志牌的相关规定

注：选自帕城，AZ，1997，已获使用许可。

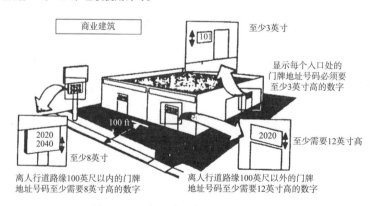

图 19.31　商业店面标志牌的一般要求

注：摘自《独栋住宅和多户住宅的建筑编号要求》，已获拉斯维加斯太阳报 H. M. Greenspun 的使用许可。

（5）房车和移动住宅公园：

a. 入口编号字体高度为 12 英寸。

b. 建筑编号字体高度为 6 英寸。

c. 具体场所的编号字体高度为 3 英寸。

（6）本部分关于地址标示方面的要求，其目的是辨识建筑，明确其具体位置。将建筑适当地标示出来，既可以避免人们在识别建筑方面产生疑惑，又便于公共应急机构提高反应效率。本部分的所有规定都不得与规划法规中有关标示方面的规定相冲突。

（7）颜色、字体、高度方面的规定：数字编号及字母的颜色，应当和张贴处的背景色产生明显的对比，以便在任何时候都便于观察识别。数字、字母的字体应当便于辨识。为了方便辨识，建筑编号中的数字、字母的高度应当符合下列规定：

a. 独栋建筑的编号中，数字、字母的高度不得低于 6 英寸。

b. 住宅区设置在路边的邮箱，其编号中数字、字母的高度不得低于 4 英寸。

c. 其他单层建筑的编号中，数字、字母的高度不得低于 12 英寸。

d. 多层建筑的编号中，数字、字母的高度不得低于 16 英寸。

e. 全部房间编号字体高度不得低于 6 英寸，如果编号中的数字和字母有灯光照明，高度可以不低于 4 英寸。 340

f. 商业场所和工业场所的所有电表应当使用高度不低于 1 英寸的字体，标明该电表对应的具体地址和房间号。

g. 如果地址标志牌是单独设置的，其数字、字母的字体高度不得低于 8 英寸。

h. 地址指示牌及场所示意图在夜晚应当予以照明显示，其摆放的位置应当便于从街道上识别其内容。

i. 建议数字的高度不低于 12 英寸。

j. 每一单独建筑及单元应当清晰地标示准确的编号和地址。

k. 为了便于识别，一栋住宅供多户同时使用的，该栋住宅编号应当符合下列要求：

i. 有灯光照明时，高度为 4 英寸。

ii. 无灯光照明时，高度为 6 英寸。

iii. 如果门的位置向内退让，并且单元编号在进入退让区域的入口处进行了标示，在门处标示编号时，字体高度可以为 3 英寸。

l. 从夜幕降临至黎明时段，应当使用背景灯光、直接照射、泛光照明等方式将数字及字母照亮。下列情形除外：

i. 独栋住宅和双拼住宅背后的编号。

ii. 独栋住宅和双拼住宅面临巷道的门处。

iii. 独栋住宅和双拼住宅临街设置的邮箱。

iv. 商业或工业场所房屋后门的编号。

（8）位置：

a. 商业建筑及多户共用住宅的指示牌、门牌应当经久耐用，采取牢固的方式予以固定，任何时候都不得被树木等其他物品遮挡，并且从公共场所随时可以看到。在确定其安放位置时，注意不要被长成后的树木等植物遮蔽。

b. 为了避免与建筑的地址编号产生混淆，误解他人，建筑物上不得张贴其他数字。

c. 按照电力等公用公司的相关规定，地址编号（包括房间的编号）应当张贴在电表等仪表上。

d. 独栋住宅和双拼住宅的地址标示应当符合下列要求：

i. 每一户的编号应当在前门，（除非后面有巷道）后门处标示，并且从街道及毗邻的场所可以看得到。

ii. 如果该住宅紧邻巷道，编号应当标示在通往巷道的门上或者门附近。

iii. 如果从街道上不能观察到房屋，应当在显眼的位置树立永久性的标志牌或者在路边的邮箱上标示出房屋的地址。房屋的编号可以在标志牌、邮箱或者建筑物上标示。

e. 各栋建筑或者多户共用住宅中各单元的标号应当按照下列要求标示：

i. 每栋建筑应当在各侧角落处标示其数字或字母编号。如果某一侧的长度小于 60 英尺，只需要在该侧标示一个数字或字母。如果某一侧的长度超过 200 英尺，还需要在其中间位置另外标示数字或字母。

341　　ii. 每一单元的编号应当用灯光照明，并张贴在每一单元的入户门附近。如果该建筑向后退让一段距离，除了在通往单元门的通道处张贴有灯光照明的编号外，还应当在单元门处再次标示单元编号。如果通过该通道通向多个单元，则每一单元的编号均需标示。

f. 商业和工业场所的地址标示应当符合下列要求：

i. 每栋建筑应当在各侧角落处标示其数字或字母编号。如果某一侧的长度小于 60 英尺，只需要在该侧标示一个数字或字母。如果某一侧的长度超过 200 英尺，还需要在其中间位置另外标示数字或字母。

ii. 商业或工业场所内的各单独建筑，应当在前门及后门的入口处标示其相应的数字或字母编号。

第九条　示意图相关指南

（1）目的：

在多户共用住宅的入口处，应当设置有灯光照明的示意图（地图），示意图应当指出观察者所处的位置以及该共用住宅内各个单元所在的位置（见图19.32）。

（2）为了避免与建筑的编号产生混淆，误解他人，建筑物上不得张贴其他数字。

a. 按照公用公司的相关规定，地址编号（包括房间的编号）应当张贴在电表上。

b. 每栋建筑的编号应当在建筑的前后予以标示。在商业场所中，每一编号应当张贴在每栋建筑的前后入口处。

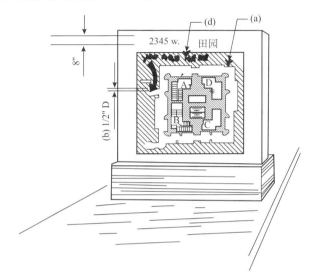

图 19.32　场所示意图的设计要求

注：选自帕城，AZ，1997，已获使用许可。

c. 如果建筑紧邻巷道，应当在通往巷道的后门上或者附近张贴编号。

342

d. 在商业建筑中，该建筑使用人的名称应当标示在建筑的后面入口处。

e. 如果某一建筑内有多个使用单元，则应当设置带照明的示意图（地图），在图上同时标示出观察者及各个单元所处的位置。示意图上所列场所的管理者应当对示意图上的编号及其位置说明进行审查。

f. 如果某一建筑向后退让的距离超过 2 英尺，还需要在通往该建筑的通道上设置带照明的地址标示牌。如果该通道通往多个单元，每一单元的编号都应当予以标示。

g. 每栋建筑应当在各侧角落处标示其数字或字母编号。如果某一侧的长度介于 120 英尺与 200 英尺之间，还需要在其中间位置另外标示数字或字母编号。如果某一侧的长度超过 200 英尺，每隔 100 英尺需要另外再标示数字或字母编号。如果需要对上述规定做出变更，必须经过管理部门同意。

h. 如果某一场所包含了多个使用单元，很有必要设置示意图，以便应急部门可以快速有效地确定具体场所。示意图可以作为整个场所具体分布的详细指引，应当具体地标示出结构、单元分布、公寓或细分场所的编号、网球场、游泳池、电梯、行车道、街道等的详细情况。

（3）具体要求：

a. 示意图的颜色对比应当明显（黑白对比，深棕色、浅褐色对比），游泳池和水域用蓝色标示，网球场用绿色标示。

b. 示意图应当面向观察者正确放置，将观察者所处的实际位置，在示意图上用红色的圆点（直径为 1/2 英寸）加箭头符号标示，并用文字"您所处的位置"说明。

c. 示意图应当设置在场所之内，无障碍物遮挡，以便简单快速地识别。根据场所的具体布局和规模大小，必要时，可以设置多个示意图。

d. 根据环境设计预防犯罪的相关要求，示意图自身应当提供照明。从夜幕降临至凌晨时段，应当用白色光源从示意图装置的内部向外部照明。为了让示意图装置可以预防因天气原因导致的侵蚀，应当使用可以防止他人非法破坏的玻璃材料。

e. 交通管理部门和规划管理部门为保证交通安全，制定了保证视线通畅方面的规定，示意图的位置不得与这些规定冲突。不能因为设置示意图而对交通和安全带来不利影响。

第十条　关于视窗的指南

（1）目的：

在门上开设视窗，是为了不打开门就可以从门外进行观察，以便发现安全隐患。

（2）具体要求：

a. 门上的安全视窗所使用的玻璃材料要符合相关消防规定中对门的相关要求。

b. 安全视窗的面积应当不低于 36 平方英寸，不高于 100 平方英寸，玻璃区域的宽度不低于 6 英寸。

c. 安全视窗应当安装在门的中间位置。玻璃面板的中心位置距门底边的距离不超过 63 英寸。

d. 使用的玻璃材料应当可以防止他人破门而入。

第十一条　关于住宅建筑的相关指南

（1）安全系统：

a. 建议选用静默式或者发声式的安全警报。

b. 虚假警报识别规定。

（2）照明：

a. 在建筑外部提供充足的照明。

b. 建议利用从夜幕降临到天明时间段的定时装置或者动作传感器对灯光进行控制。

c. 对停车场、车库、行车道、通行区域、走廊、人行道及退让区域等位置提供充足的照明。

d. 与建筑毗邻的场地，在外部安全照明方面，应当使用功率足够的灯具，以保证光线充足，即使在夜晚也可以看清场所内及附近的所有人。

e. 照明应当足以为场所内的人、财物、车辆提供安全的环境。

343

（3）景观绿化：

a. 景观绿化的风格及具体的布局应当便于最大限度地实施观察，同时达到外观美观的效果。

b. 景观绿化中的植物应当合理修剪，以免他人可以躲藏其间，或者攀爬至屋顶。

c. 提倡沿围栏、物业边界或者在有风险隐患的窗户下种植植物，提高安全程度。

（4）地址编号：

a. 地址应当清晰地标示，以便从街道上可以看到。

b. 标示地址的标志牌和建筑示意图应当树立在从街道便可以辨识的位置，并在夜晚时段内用灯光照明。

c. 编号中字体高度建议为 12 英寸。

d. 每一单独的建筑及各个单元应当清楚地标示编号和详细地址。

（5）停车场中的标示牌：

停车场的所有入口都应当标示合适的指示牌，便于按照业主和管理方的要求及时将车辆驶离。

（6）围栏及访问控制：

a. 应当对行人和车辆实施访问控制。

b. 开放式的围栏设计，如铸铁材质的围栏，应当既便于明确专属区域范围，创设可防范空间，又便于实施自然监视。

（7）视线及自然监视：

a. 在建筑结构许可的范围内，楼道及电梯间尽量使用视野开阔的设计。

b. 电梯井及电梯轿箱设计的最佳方案是保持透明，使轿箱外面的人可以看清电梯使用人的具体情况。

c. 在电梯轿箱内和楼道转角处应当安装凸面镜。垃圾箱应当靠近在停车场外围放置，不应当靠近建筑设置。

d. 在建筑外墙和内部的走廊内，不应当出现阻碍视线的其他障碍物（包括向内凹进较长距离的门廊、壁龛等）。

（8）住宅楼内的车库：

a. 车库内部应当选用易反光的浅色。

b. 应当选用金属卤素灯或者其他明亮的白色光源。在车库内部不得有黑暗区域。

c. 在建筑结构许可的情况下，尽量避免出现可供他人躲藏的，如壁龛等容易形成视觉死角的角落。在建筑设计方面，应当尽量选用柱子等可以保持视线通畅的设计，避免使用实心墙体。

d. 楼梯间应当尽可能地采用开放式设计。如果楼道必须封闭，应当在每一楼梯间的转角处安装凸面镜，在不和消防法规冲突的情况下，楼梯间的门尽量采用透明的材料。

344

e. 电梯轿箱内应当安装凸面镜。

f. 应当设置栏杆或栅栏，防止行人从车库直接进入大楼平层。

g. 应当对车辆和行人实施访问控制。

h. 在车库内部各处应当设置标示清晰的免提求救电话、警报装置。

i. 在入口处及其他适当的位置，应当张贴"未经许可禁止入内""禁止逗留"的标志牌。

j. 车库内应当安装数字安全监控摄像头，覆盖车库各处，并支持即时察看视频。

（9）除了由业主使用的房间外，其余各户住宅及房间应当按照下列要求，配备安保设施：

a. 住宅内所有朝外的窗户和门应当安装锁具。锁具的锁舌（Throw）长度不低于 1 英寸。锁具的锁舌可以通过旋转球形把手、按压按钮、拉动拉杆等方式操控。锁具应当不需要借助弹簧即可从室内、室外（用钥匙）锁死。但是，关闭消防门时不需要在外面使用钥匙。

b. 锁扣板应当牢固地安装在门框上。如果门框是木质的，在安装、更换时，固定镙钉钻入门框的深度不得低于 2 英寸。

c. 根据相关法规规定，如果通向外面的门或者住宅单元的门是用作出口通道，在这类门上安装的锁具从建筑内部打开时，不得要求必须使用钥匙。

d. 所有的双悬窗的插销锁必须牢固地安装在室内侧的窗框上，使用的镙钉长度不低于四分之三英寸。如果双悬窗位于底层，或者可能从室外被打开，则应当使用钢质或者其他金属材质的插销锁。固定窗户的装置必须质量过硬、足够牢固，除非将窗户打破，否则不能闯入室内。窗户的插销（每扇窗户一支，必须用链条固定在窗框上）。

e. 内外侧窗框上均需开孔，插销从里侧窗框插入，一半深度插入外侧窗框。同时还需要另外开一个深度约为 5 英寸的孔，当窗户开启自然通风时，可以用插销将窗户固定。如果使用金属插销锁，则应当可以将窗户完全关闭，或者可以留出不大于 5 英寸的空隙，便于自然通风。控制窗户开关的插销锁，无需配备钥匙等工具，以免配件遗失或忘记其存放位置。插销锁应当可以从室内将窗户完全打开，以便最大限度地通风或者紧急情况下逃生。

f. 滑动门、滑动窗如果位于底层，或者从外面可以打开，则应当在横向和纵向位置均采取安全措施，以免门窗可以被随意打开。滑动门、滑动窗中可滑动的部分如果是位于外侧，应当安装插销、锁具等装置，当门窗处于关闭状态时，他人无法将其打开（或者从滑槽中拉起来）。如果门窗的外框是铝材，不能使用插销或者金属锁时，可以按照环境设计预防犯罪审查机构的要求，采取其他类型的锁具设备。

g. 如果平开窗位于底层或者可以从外面打开，则应当加装坚固的钢质滑动插销。如果窗户的高度高于 4 英尺，应当在窗户的底部和顶部均安装插销。

h. 如果主入口的门上开有窗户或侧窗，侧窗应当开设在距离门把手和门锁位置较远的一侧。门上开设的窗规格超过 8 英寸 ×8 英寸，应当使用硬度较高的玻璃，防止他人破窗而入。如果入口处的门上未开设侧窗，应当配备一个广角窥视猫眼。

i. 外面的木质门应当使用质地坚硬的材料，如密度颗粒板、实心木板、木条填充板，其厚度不得低于 1.75（13/4）英寸。门板不能由木板拼接而成。

j. 外部的门如果是钢材质地，其厚度不得低于 24 规号。如果门框是金属材质，其用材标准不得低于 18 规号，并在合页和插销部位采取加固措施。门框应当按照生产厂家的要求，固定到墙体上。门框固定后，不得出现摇晃（Tolerances）的情形。

k. 如果外部的门是双开门，经常固定的那一扇门上应当安装平头螺栓，螺栓插入门框门槛上的长度不得低于 1 英寸。双开门均应当安装垂直向下插入门框的插销，插销插入门框的长度不得少于 1 英寸。

l. 可以同时向内、向外打开的门，其合页应当符合下列要求：

i. 固定螺丝不得少于 2 颗，长度不低于 3.5 英寸，插入墙体的深度不低于 1 英寸。在安装合页处的门框和固定门框的墙体之间，应当用实心木条填充，以免形成缝隙。

ii. 如果门是朝外打开，其合页应当采取固定措施，避免可以从外面将门拆除。

m. 外面门使用的合页铁片应当使用规格不低于 18 gage 的金属，固定螺丝孔也不得少于 4 个。合页铁片应当使用长度不低于 3.5 英寸的螺丝，螺丝插入墙体的深度不低于 1 英寸。

n. 外面的门应当在其门锁处里外两侧均安装盖板或者采取其他保护措施。盖板应当从内侧用 3/4 英寸的马车螺栓或者木螺丝固定，以免可以从外面将其拆除。

（10）住宅设计指南：

a. 布局规划。

i. 在开发项目框架内，各单位之间合理组团，让住户容易辨别周围环境。

ii. 合理设计内部道路，可以从多个入口进入，但是要避免胡乱交叉（Cut-throughs）。

iii. 让各个建筑朝向街道，既方便人们观察周围情况，又便于行人、车辆通行。

iv. 避免将附属建筑（Backing Structures）修建到主干道上。

v. 死胡同（Cul-de-sacs）的长度不宜过长，以便邻里之间互相交流、照看。

vi. 死胡同（Cul-de-sacs）应当修建在社区中央的开放式公园旁边，和其他街道或胡同相对。

vii. 人行道临街修建，以鼓励行人步行。

viii. 在商业区和住宅区之间，设置围墙或围栏等物理隔离设施。

346

ix. 在住宅区，要按照北美照明学会的相关标准，为街道提供均匀的照明设施。

x. 设计停车场时，宜分解为若干小块，并将小块停车场紧邻其服务的住宅楼设置。

xi. 尽量不要将停车场设置在从其对应服务的楼房看不到的位置。合理规划停车场的位置，方便从其对应服务的楼房窗户、门口或通道就可以看到停车场的情况。

b. 开放场所。

i. 将社区公园、休闲设施、运动场和其他一些户外场所作为新开发小区的集中点。将大型的户外场所、公园布局在小区的中心位置，不仅便于在此类场所开展各种合法活动，也可以吸引大家参与此类活动。

ii. 在确定各个开放场所、休闲设施的位置时，要便于住宅楼和公共道路上可以最大限度地实施自然监视。

iii. 如果一些场所会在夜间使用，则应当提供照明，以便使用人方便地发现风险隐患。

iv. 利用地面梯级变化、说明道路的位置、景观绿化设计、设置围栏、利用自然边界等方式，将公共场所和私人场所区别开。

v. 不要设计用途不明的场所。所有的场所都要有人专门负责管理。

c. 道路。

i. 户外场所内外的道路应当合理规划。让道路经过人流较多的场所。尽量利用各种自然产生的机会让人们多接触交流。例如，垃圾箱、邮箱、洗衣房设置处等场所。

ii. 清晰地界定场所的边界有助于避免犯罪行为在无人注意的情况下发生。尽量让更多的居民可以观察到社区内外道路上的情况。避免在跑步者使用的道路旁边存在可供人躲藏的空间。对行人的自然行动规律做出预估，并据此确定人行通道和人们休闲活动时使用的道路的位置，让二者交会，提高通行人流量，以震慑犯罪。

iii. 清除道路上的杂草等植物，在道路两旁留出适当的开阔区域，让人们有充足的时间可以察觉危险因素。不要让各种植物在道路两旁形成可供躲藏的空间。

iv. 如果道路需要穿过树林或者绿化带时，要给人们设置可以另外选择的、从其他道路或者住宅内可以观察到相关情况的通行道路。

v. 道路沿线应当设供应急、安保车辆驶入的接入点。

vi. 如果道路会在夜间使用，还需要提供充足的照明。

d. 楼房。

i. 入口门、门框、窗户等的材质应当符合质量标准，采用的安全硬件设施应当达到最低安全标准，可以锁死的锁具锁舌长度至少 1 英寸，起固定作用的铁片用 3 英寸长螺丝固定，滑门上安装保证安全的挡杆，窗户上安装控制通风的锁具。

ii. 按照北美照明学会的标准提供均匀的照明。

iii. 如有可能，尽量修建封闭式车库，而非敞开式车棚。

iv. 在确定洗衣房、储物柜和其他一些便利设施时，尽量便于从外面可以观察到相关场所的情况。让使用者和外面经过的人可以方便地观察、避开潜在的危险。

v. 清晰地标示地址，并且从街道上可以看到。

e. 景观绿化——植物。

i. 选用低矮的灌木和分枝点较高的落叶乔木，以便保持视线通透，可以观察到公共场所的情况。

ii. 合理安排景观植物的布局，以便可以观察到公园、运动场、停车场、楼房入口、人行道等公共场所的情况。

iii. 选择高度适宜的植物类别，以免过度遮挡视线（驾驶员的视线高度为3英尺，行人和视线高度为5英尺）

iv. 停车场附近的景观绿化，要便于从楼房入口、窗户、街道、人行道等有利位置观察停车者的相关情况。

v. 在绿化植物之间留出适当空隙，让雨水可以从坑洼中流出，既方便实施观察，又避免让这些坑洼的地方变成扔垃圾的地方，或者发生其他犯罪行为。

vi. 在楼房入口、角落和底层窗台下，宜种植低矮的植物。

vii. 在景观绿化植物和照明之间进行合理协调，避免造成阴暗角落，或者难以观察到周围情况。

viii. 利用景观绿化、围墙、围栏等明确各个场所和小区的界限，提高小区的认同感。景观绿化的风格要一致，可以让人将特定区域和整个小区联系在一起。

ix. 在主要入口处树立标志牌、指示牌，采取景观绿化措施等。

x. 对各种植物不要进行过度的修剪，以免过多地改变其自然生长形态和本身特征。

xi. 停车场的地面植被种类要合理选择，以免其生长会对实施自然监视造成影响。

f. 景观绿化——地面梯级变化。

i. 让楼房的地面高于街道和停车场，既方便实施观察，又可以将公共场所和私人场所区别开。

ii. 合理调整绿化植物的不同高度，以保持视线通畅，有效实施照明。

iii. 通过景观绿化措施，尤其是植物，明确场所的边界。

g. 景观绿化——围墙和围栏。

i. 围墙和围栏要与人行道保持足够的距离，以免形成视觉盲点，或者为伏击者提供机会。

ii. 在围栏和围墙的转角处，要便于行人观察周围情况。

iii. 在设置挡墙时，不要遮挡观察山脚的视线，形成安全隐患。

iv. 围栏和围墙的高度要适宜，防止翻越。

v. 在住宅区和商业区之间设置围栏，防止他人非法闯入。空地也应当用铁栏杆、带浅刺的三股铁丝网、壕沟、土坡等方式围起来，防止翻越或者在此倾倒垃圾。

vi. 修建保障安全的围墙和大门，其目的主要是实施访问控制，避免他人未经许可入内，降低犯罪行为发生的概率。在许多情形下，如住宅区和其他用途的场所之间、住宅区建筑的背面，围墙既有助于保护隐私，又可以阻隔噪声。

vii. 在围墙和大门的设计、建设过程中，要注意实现其功能，既可以发挥必要的安保作用，又可以在明确场所外围界限中发挥补充作用，还可以在较长的时间段内不用维修、保持外观良好。修建的围墙在其设计、用材和高度方面，要注意和其所处的区域、毗邻街道的风格保持一致。

viii. 住宅前院的围墙和围栏高度不得超过 4 英尺。住宅侧面、后院的围墙和围栏高度不得超过 8 英尺。6 英尺高的尖桩钢质或铁质围栏相当于 8 英尺高的石墙或砖墙。

348   ix. 商业区、工业区和住宅区用于实施访问控制的门，在安装之前需要经过消防部门的检查、批准。除此之外，如果该场所需要经过环境设计预防犯罪评审小组审查，还需要审查门的位置。提交的具体方案中，必须指出门的具体位置，同时还应当详细说明门的型号，以及通过门实施访问控制的具体方式。按照环境设计预防犯罪的要求，所有的门必须方便警方随时出入。

第十二条　宗教场所和管理部门所属建筑的相关指南

（1）安保系统：

a. 安装静默式或者声控式的警报系统。

b. 在每一个房间均应当安装紧急警报和（或）应急电话，并且其线路与外部连接。

c. 建议在建筑周围安装可即时察看视频的数字安全监控摄像头。

（2）门：

a. 应当充分采取安全措施，如安装可以锁死的锁具。所有的玻璃门均应当安装插销。

b. 锁具应当通过简单的方式打开，如旋转球形把手、按压式按钮、拉动式开关等。

c. 卷帘门应当在内侧安装圆筒销子锁、挂锁，防止从外面破坏，以保证安全。

（3）窗户：

a. 不能使用百叶窗。

b. 展示用的大幅橱窗以及可以从侧面和背面打开的窗户，如果从街道上难以观察到窗户的相关情况，则要使用相应等级的防盗玻璃，或者相同效用的其他材料。

c. 推荐使用可以固定在窗框上的锁具。

（4）屋顶及天窗：

所有的天窗应当采取下述的某一种措施：

a. 相应等级的防盗玻璃或者相应硬度的丙烯酸材料。

b. 圆形钢条的直径不低于1/2英寸，方形钢条的宽度不低于1/4英寸，如果是安装在天窗中，空隙不超过5英寸，并牢固固定。

c. 如果是钢栅，规格不低于8英寸，如果是铁网，规格不低于2英寸。

d. 建筑屋顶如果有天窗，则应当采取下列安保措施：如果天窗是木质的，应当在天窗外面加装规格不低于规号16的钢板，或者采取类似措施，使天窗难以被随意打开。天窗内侧应当安装滑动杆或者滑动插销。仅能使用由 fire marshal 提供的横梁和挂锁。外面的合页如果是插销式的，插销应当不能拔出。

e. 屋顶或外墙上的通风口、风道，如果超过8英寸×12英寸，则应当采取下列措施：

i. 圆形钢条的直径不低于1/2英寸，方形钢条的宽度不低于1/4英寸，如果是安装在天窗中，空隙不超过5英寸，并牢固固定。

ii. 如果是钢栅，规格不低于8英寸，如果是铁网，规格不低于2英寸。如果是安装在外面，应当用直径不低于8英寸的镀锌圆头螺栓固定。

（5）照明：

a. 在夜晚时段内，必须对标示牌提供充足的照明。

b. 在停止使用的夜间时段，应当将建筑内部的夜灯开启。

c. 停车场、车棚、行车道、通行区域、走廊、人行道、建筑向后退让形成的区域、建筑附近的其他场所等，应当利用高效节能、产生眩光较少的 LED 灯具，提供充足的照明。灯光的功率要足够，照明亮度要充分，使夜晚出现在上述场所的人可以被看见，保证人、财物、车辆等的安全。

d. 外面的门应当各自配备照明设施，在各个时段均可以为出入口提供充分的照明，让出现在该场所内的任何人都可以被清楚地看见，同时，便于人们进出。

（6）景观绿化的具体类型及布局，在保证美观的同时，要最大限度地便于观察周围情况。提倡沿围栏和楼房的边沿、在有风险隐患的窗户下，栽植可以发挥障碍作用的植物。

监视的视线：

a. 在建筑结构允许的范围内，尽量让楼道和电梯间保持开放。

b. 电梯井和电梯轿箱宜采用透明设计，让外面的人可以看清使用电梯的人的情况。

c. 在电梯轿箱和楼道的转角处安装凸面镜。

d. 垃圾箱应当安置在停车场外围，不宜邻近楼房。

e. 无论是在楼房外墙还是在内部的走廊内，都不应出现有碍视线的向内凹进较长距离的门廊、壁龛等。

f. 景观绿化的具体类型及布局，在保证美观的同时，要最大限度地便于观察周围情况。提倡沿围栏和楼房的边沿、在有风险隐患的窗户下，栽植可以发挥障碍作用的植物。景观绿化不能遮挡观察门窗周围情况的视线，使街上难以观察到停车场的情况，或者让人可以利用树木攀爬至屋顶。

（7）标志牌/停车场：集中停车场的位置应当在道路旁清楚地标示。不能特别标示专供学校管理人员、员工等使用的停车场。

第十三条　银行和信用社安保指南

（1）一般安全措施：

a. 在柜台和顾客之间，设置从地板至屋顶的防弹玻璃，以防范抢劫、抢夺事件。

b. 困陷区域：在银行大厅之间设置两道门，在两道门中间形成困陷区域。当警报拉响后，两道门关闭，嫌疑人就被限制在困陷区域内。

c. 可以将自动取款机设置在困陷区域内的封闭空间内，以防范在自动取款机处发生抢劫，或者闯入银行实施抢劫。在银行下班时段内，可以要求客户先刷卡才能进入银行，为客户增加保护措施。

d. 不能使用有色玻璃。以免在发生抢夺或者其他紧急情况时，遮挡巡逻人员特警的视线。

（2）安保系统：

a. 安装静默式或者声控式的警报系统。

b. 安装紧急警报。

c. 应当在下列场所安装综合安全警报系统：

i. 建筑周围及入口通道。

ii. 保险库：贵重物品存储区。

iii. 建筑内通往收发区的门处。

iv. 外围的围栏和安全门（尤其是收发区）处。

v. 建议在下列场所安装可即时察看视频的数字安全监控摄像头：

　1）自动取款机处；

　2）柜台处；

　3）保险库；

　4）大堂入口；

　5）建筑外围；

　6）收发区；

　7）停车场（楼）的出入口；

　8）外围入口；

　9）楼道；

　10）内部走廊。

（3）地址：

a. 从街道可以方便地看到门牌号。地址字体高度不低于 12 英寸，建议颜色对比明显。

b. 营业场所如果可以从后门进入，在后门处也要标示相同的门牌或房间号。建议字体高度不低于 4 英寸。

c. 在工业场所和商业场所，应当在门上标出该区域在警报系统中所属的编号。

d. 建筑内的各个独立区域应当在前门、后门处标示其地址（门牌）。

（4）门：

a. 要充分配置确保安全的硬件设计。如可以锁死的门锁。所有的玻璃门应当安装可以锁死的门锁，保障安全。

b. 锁具应当通过简单的方式打开，如旋转球形把手、按压按钮、拉动开关等。

c. 卷帘门应当在内侧安装圆筒销子锁、挂锁，防止从外面破坏，以保证安全。

（5）窗户：

a. 不能使用有色玻璃。以免遮挡巡逻人员特警的视线，不利于开展工作。此规定适用于各个楼层。

b. 在工作人员工作的柜台处应当安装防弹玻璃。

c. 不得使用百叶窗。

d. 展示用的大幅橱窗以及可以从侧面和背面打开的窗户，如果从街道上难以观察到窗户的相关情况，则要使用相应等级的防盗玻璃，或者相同效用的其他材料。

（6）屋顶及天窗：

所有的天窗应当采取下述的某一种措施：

a. 相应等级的防盗玻璃或者相应硬度的丙烯酸材料。

b. 圆形窗条的直径不低于 1/2 英寸，方形钢条的宽度不低于 1/4 英寸，如果是安装在天窗中，空隙不超过 5 英寸，并牢固固定。

c. 如果是钢栅，规格不低于 8 英寸，如果是铁网，规格不低于 2 英寸。

d. 建筑屋顶如果有天窗，则应当采取下列安保措施：如果天窗是木质的，应当在天窗外面加装规格不低于 16 规号的钢板，或者采取类似措施，使天窗难以被随意打开。天窗内侧应当安装滑动杆或者滑动插销。仅能使用由 fire marshal 提供的横梁和挂锁。外面的合页如果是插销式的，插销不能拔出。

e. 屋顶或外墙上的通风口、风道，如果超过面积 8 英寸 × 12 英寸，则应当采取下列措施：圆形钢条的直径不低于 1/2 英寸，方形钢条的宽度不低于 1/4 英寸，中间间隔空隙不超过 5 英寸，并牢固固定。如果是钢栅，规格不低于 8 英寸，如果是铁网，规格不低于 2 英寸。如果是安装在外面，应当用直径不低于 8 英寸的镀锌圆头螺栓固定。

351

（7）照明：

a. 在夜晚时段内，必须对标示牌提供充足的照明。

b. 在非营业时段，应当将内部的夜灯开启。

c. 停车场、车棚、行车道、通行区域、走廊、人行道、建筑向后退让形成的区域、建筑附近的其他场所等，应当利用高效节能，产生眩光较少的 LED 灯具，提供充足的照明。灯光的功率要足够，照明亮度要充分，使夜晚时间内出现在上述场所的人，在 25 英尺外即可被看见，保证人、财物、车辆等的安全。

d. 外面的门应当各自配备照明设施，在各个时段均可以为出入口提供充分的照明。

i. 让出现在该场所内的任何人在 25 英尺外即可以被清楚地看见。

ii. 为人们进出提供充分照明。

e. 景观绿化的具体类型及布局，在保证美观的同时，要最大限度地便于观察周围情况。提倡沿围栏和楼房的边沿、在有风险隐患的窗户下，栽植可以发挥障碍作用植物。景观绿化不能遮挡观察门窗周围情况的视线，使街上难以观察到停车场的情况，或者让人可以利用树木攀爬至屋顶。

f. 监视的视线：

i. 在建筑结构允许的范围内，尽量让楼道和电梯间保持开放。

ii. 强烈建议电梯井和电梯轿箱采取透明设计，让外面的人可以看清使用电梯的人的情况。

iii. 在电梯轿箱和楼道的转角处安装凸面镜。

iv. 垃圾箱应当安置在停车场外围，不宜邻近楼房。

v. 无论是在楼房外墙还是在内部的走廊内，都不应出现有碍视线的向内凹进较长距离的门廊、壁龛等。

（8）标志牌/停车场：

a. 集中停车场的位置应当在道路旁清楚地标示。

b. 不能特别标示专供学校管理人员、员工等使用的停车场。

c. 无论是白天还是夜晚，标示业务范围的指示牌都要从街道上能够辨识。

d. 建筑面临街道的各侧，均应当设置标志牌。

e. 在夜晚时段，应当对地址标示牌提供照明，并且放置的位置要便于从街道上看到。字体的高度建议不低于 12 英寸。

f. 停车场的所有入口都应当标示合适的指示牌，便于按照业主和管理方的要求及时将车辆驶离。

g. 应当对行人和车辆采取访问控制措施。

h. 集中停车场的位置应当在道路两旁清晰地标示。

i. 不能为公司的董事长、首席执行官等人专门标示专用停车位。

（9）围栏和障碍：

a. 尽可能地采用铸铁材质或者铁网类型的有空隙围栏，既便于明确场所的边界，又有利于实施自然监视。

b. 其他的障碍类型包括：

i. 砖墙；

ii. 可以起到装饰作用的水泥底座盆栽；

iii. 存放贵重物品的地方要采取访问控制措施；

iv. 将笼子、房间、保险柜等锁好；

v. 将收发区围起来；

vi. 将收发区用防弹设施围起来，并开设出入通道。

（10）自动取款机和夜间存储：自动取款机和夜间存储涉及的主要安全问题主要是指位置、照明和景观绿化（3L's）。

a. 本指南的主要目的是将自动取款机和夜间存储设施设置在方便用户的地点，或者工作场所附近，同时，可以更好地保障用户的安全。

b. 在确定自动取款机和夜间存储设施的具体位置以及后续的安装、维护过程中，要充分考虑其照明条件应当符合美国银行协会（ABA）标准以及相关规定的要求。在自动取款机和夜间存储设施正面10英尺范围内，照明亮度应当达到20英尺烛光；在10英尺至20英尺范围内，照明亮度应当达到10英尺烛光；在20英尺至50英尺范围内，应当达到2英尺烛光，均要求无障碍物遮挡。

c. 在自动取款机和夜间存储设施的外部，应当安装具有摄录功能的闭路电视监控系统。

d. 在自动取款机和夜间存储设施设置场所及其入口、专用停车场（或者靠近自动取款机和夜间存储设施设置场所的其他停车场的某一部分，或者主要用于自动取款机和夜间存储设施用户在夜晚停车交易的场所），尽量不要设置景观园林设施、植物及其他障碍物，以尽可能地保持视野开阔。

第十四条　商业和工业项目

（1）安保系统：

a. 安装静默式或者声控式的警报系统；

b. 如果安装了警报系统，综合性的安全警报系统应当覆盖下列场所：

i. 建筑外围及出入道路。

ii. 贵重物品存储区。

iii. 内部通往收发区的门。

iv. 外围围栏和安全大门。

v. 建议在下列场所安装可即时察看视频的数字安全监控摄像头：

1）大堂入口；

2）建筑外围；

3）收发区；

4）停车场（楼）；

5）外围入口；

6）楼道；

7）内部走廊。

（2）地址：

a. 地址标识应当便于从街道上识别，字体高度建议不低于 12 英寸。

b. 营业场所如果可以从后门进入，在后门处也要标示相同的门牌或房间号。建议字体高度不低于 4 英寸。

c. 楼顶的地址标示（方便警方从直升机上识别）应当用对比明显的颜色，在高层建筑中，字体的大小不得低于 1 英尺 ×4 英尺。

d. 在工业场所和商业场所，应当在门上标出该区域在警报系统中所属的编号。

e. 建筑内的各个独立区域应当在前门、后门处标示其地址（门牌）。

（3）门：

a. 要充分配置确保安全的硬件设计，如可以锁死的门锁。所有的玻璃门应当安装可以锁死的门锁，保障安全。

b. 锁具应当通过简单的方式打开，如旋转球形把手、按压按钮、拉动开关等。

c. 卷帘门应当在内侧安装圆筒销子锁、挂锁，防止从外面破坏，以保证安全。

（4）窗户：

a. 更换有色窗户玻璃。以免遮挡巡逻人员特警的视线，在出现抢夺或者其他紧急情况时，不利于开展相关工作。

b. 如果安装了有色玻璃，在夜晚应当将室内的灯光开启，以便巡逻警察可以看清内部的情况。

c. 在工作人员工作的柜台处应当安装防弹玻璃。

d. 不得使用百叶窗。

e. 展示用的大幅橱窗以及可以从侧面和背面打开的窗户，如果从街道上难以观察到窗户的相关情况，则要使用相应等级防盗玻璃，或者相同效用的其他材料。

（5）屋顶和天窗：

所有的天窗应当采取下述的某一种措施：

a. 相应等级的防盗玻璃或者相应硬度的丙烯酸材料。

b. 圆形钢条的直径不低于 1/2 英寸，方形钢条的宽度不低于 1/4 英寸，如果是安装在天窗中，空隙不超过 5 英寸，并牢固固定。

c. 如果是钢栅，规格不低于 8 英寸，如果是铁网，规格不低于 2 英寸。

d. 建筑屋顶如果有天窗，则应当采取下列安保措施：如果天窗是木质的，应当在天窗外面加装规格不低于规号 16 的钢板，或者采取类似措施，使天窗难以被随意打开。天窗内侧应当安装滑动杆或者滑动插销。仅能使用由 fire marshal 提供的横梁和挂锁。外面的合页如果是插销式的，插销不能拔出。

e. 不要在室外提供可以通向屋顶的楼梯，如果有，应当将其设置在室内。

f. 屋顶或外墙上的通风口、风道，如果超过 8 英寸 × 12 英寸，则应当采取下列措施：

i. 圆形钢条的直径不低于 1/2 英寸，方形钢条的宽度不低于 1/4 英寸，如果是安装在天窗中，空隙不超过 5 英寸，并牢固固定。

ii. 如果是钢栅，规格不低于 8 英寸，如果是铁网，规格不低于 2 英寸。

iii. 如果是安装在外面，应当用直径不低于 8 英寸的镀锌圆头螺栓固定。

（6）照明：

a. 在夜晚时段内，必须对标示牌提供充足的照明。

b. 在停止营业的夜间时段，应当将建筑内部的夜灯开启。

c. 停车场、车棚、行车道、通行区域、走廊、人行道、建筑向后退让形成的区域、建筑附近的其他场所等，应当利用高效节能、产生眩光较少的 LED 灯具，提供充足的照明。灯光的功率要足够，照明亮度要充分，使夜晚出现在上述场所的人可以被看见，保证人、财物、车辆等的安全。

d. 外面的门应当各自配备照明设施，在各个时段均可以为出入口提供充分的照明，以便：

i. 让出现在该场所内的任何人都可以被清楚地看见。

ii. 为出入大楼的人提供充足的照明。

（7）景观绿化：

a. 景观绿化的具体类型及布局，在保证美观的同时，要最大限度地便于观察周围情况。提倡沿围栏和楼房的边沿、在有风险隐患的窗户下，栽植可以发挥障碍作用的植物。景观绿化不能遮挡观察门窗周围情况的视线，使街上难以观察到停车场的情况，或者让人可以利用树木攀爬至屋顶。

b. 监视的视线：

i. 在建筑结构允许的范围内，尽量让楼道和电梯间保持开放。

ii. 强烈建议电梯井和电梯轿箱采取透明设计，让外面的人可以看清使用电梯的人的情况。

iii. 在电梯轿箱和楼道的转角处安装凸面镜。

iv. 垃圾箱应当安置在停车场外围，不宜邻近楼房。

v. 无论是在楼房外墙还是在内部的走廊内，都不应出现有碍视线的向内凹进较长距离的门廊、壁龛等。

（8）标志牌和停车场：

a. 停车场的所有入口都应当标示合适的指示牌，便于按照业主和管理方的要求及时将车辆驶离。

b. 应当对行人和车辆采取访问控制措施。

c. 集中停车场的位置应当在道路两旁清晰地标示。

d. 不能为公司的董事长、首席信息官等人专门标示专用停车位。

（9）围栏和障碍：

a. 尽可能地采用铸铁材质或者铁网类型的有空隙围栏，既便于明确场所的边界，又有利于实施自然监视。

b. 其他的障碍类型包括：

i. 砖墙；

ii. 可以起到装饰作用的水泥底座盆栽；

iii. 存放贵重物品的地方要采取准入控制措施；

iv. 将笼子、房间、保险柜等锁好；

v. 将收发区围起来；

vi. 将收发区用防弹设施围起来，并开设出入通道；

vii. 在内部设计可以将人困住的场所（Interior Mantrap Enclosures），将收发区隔离开，确保安全。

第十五条　公园、路口和绿地

（1）照明：

a. 为停车场、行车道和其他通行区域提供充足的照明。

b. 照明灯具的功率应当足够，可以在夜里时段内从 25 英尺外清楚地识别进入上述场所的人。

c. 保证场所内人、财物、车辆等的安全。

（2）景观绿化：

a. 景观绿化的具体类型及布局，在保证美观的同时，要最大限度地便于观察周围情况。

b. 提倡沿围栏和前述场所边沿，栽植可以发挥障碍作用的植物。

c. 景观绿化不能遮挡从大街上观察停车场情况的视线。

d. 避免其他有碍视线的障碍物。

（3）标志牌、停车场：

a. 说明停车场停放时间和规则（如禁止酒后驾车等）的指示牌应当清晰可辨。

b. 在停车场关闭时，应当通过围栏、防护网和大门等方式对车辆实施访问控制。

（4）围栏和障碍物：

a. 尽可能地采用铸铁材质或者铁网类型的有空隙围栏，既便于明确场所的边界，又有利于实施自然监视。

b. 应急救援车辆应当可以开进停车场内。

（5）安保系统：

a. 应当在停车场内便于使用的场所安装标示清楚、免提应急求救电话。

b. 停车场的所有入口都应当标示合适的指示牌，便于按照业主和管理方的要求及时将车辆驶离。

（6）围栏、访问控制：

a. 应当对行人和车辆实施访问控制。

b. 开放式的围栏设计，如铸铁材质的围栏，应当既便于明确专属区域范

355

围，创设可防范空间，又便于实施自然监视。

c. 求救电话、保险柜等场所以及其他可以直接进入停车场的通道，应当便于应急车辆通行。

（7）视线和自然监视：

a. 在建筑结构允许的范围内，尽量让楼道和电梯间保持开放。

b. 强烈建议电梯井和电梯轿箱采取透明设计，让外面的人可以看清使用电梯的人的情况。

c. 在电梯轿箱和楼道的转角处安装凸面镜。

d. 垃圾箱应当安置在停车场外围，不宜邻近楼房。

e. 无论是在楼房外墙还是在内部的走廊内，都不应出现有碍视线的设施（包括向内凹进较长距离的门廊、壁龛等）。

（8）车库：

a. 车库内部应当选用易反光的浅色。

b. 应当选用金属卤素灯或者其他明亮的白色光源。在车库内部不得有黑暗区域。

c. 在建筑结构许可的情况下，尽量避免出现可供他人躲藏的，如壁龛等容易形成视觉死角的角落。在建筑设计方面，应当尽量选用柱子等可以保持视线通畅的设计，避免使用实心墙体。

d. 楼梯间应当尽可能地采用开放式设计。如果楼道必须封闭，应当在每一楼梯间的转角处安装凸面镜，在不违反消防法规的情况下，楼梯间的门尽量采用透明的材料。

e. 电梯轿箱内应当安装凸面镜。

f. 应当设置栏杆或栅栏，防止行人从车库直接进入大楼平层。

g. 应当对车辆和行人实施访问控制。

h. 在车库内部各处应当设置标示清晰、免提求救电话、警报装置。

i. 在入口处及其他适当的位置，应当张贴"未经许可禁止入内""禁止逗留"的标志牌。

j. 车库内应当安装数字安全监控摄像头，覆盖车库各处，并支持即时察看视频。

第十六条　停车场相关指南

356

（1）目的：

停车场应当采取完备的安保措施，将犯罪风险、犯罪机会减至最低。

（2）具体要求：

a. 车库内部应当选用易反光的浅色。

b. 应当选用金属卤素灯或者其他明亮的白色光源。在车库内部不得有黑暗区域。

c. 在建筑结构允许的情况下，尽量避免出现可供他人躲藏的，如壁龛等容易形成视觉死角的角落。在建筑设计方面，应当尽量选用柱子等可以保持视线通畅的设计，避免使用实心墙体。

d. 楼梯间应当尽可能地采用开放式设计。如果楼道必须封闭，应当在每一楼梯间的转角处安装凸面镜，在不违反消防法规的情况下，楼梯间的门尽量采用透明的材料。

e. 电梯轿箱内应当安装凸面镜。

f. 为了保证安全，不能为公司的董事长、首席执行官等人专门标示专用停车位。

g. 应当设置栏杆或栅栏，防止行人从车库直接进入大楼平层。

h. 应当对车辆和行人实施访问控制。

i. 在车库内部各处应当设置标示清晰、免提求救电话、警报装置。在车库每一层的行人出入口附近，应当安装监控功能的通信设施（电话）。如果行人入口、出口之间的距离超过 200 英尺，不足 300 英尺，则应在二者的中间位置加装一部求救电话。如果行人入口、出口之间的距离超过 300 英尺，每隔 100 英尺就需要加装一部求救电话。求救电话应当用适当的指示牌、图形予以清晰标示，从车辆、行人出入口、残疾人通道等处可以看到。

j. 在入口处及其他适当的位置，应当张贴"未经许可禁止入内""禁止逗留"的标志牌。

k. 车库内应当安装数字安全监控摄像头，覆盖车库各处，并支持即时察看视频。

l. 达到一定设计等级（Design Grade）后的车库应当将某一面敞开，以便从外面可以看清车库内部的情况。如果敞开的长度达到 20 英尺，应当安装钢质尖桩、铸铁围栏或者采取其他措施，既便于保持视线通畅，又可以防止未经许可非法进入，保证安全。周围的景观植物应当予以维护，以便观察车库内的情况。

m. 所有的车库至少应当设置两个行人出入口，可以在每层设置楼梯、电梯或者匝道等方式。

n. 外部的楼道应当采用开放式设计，便于外面观察楼道内的情况。楼道下面的场所应当用墙体、铁丝网或者围栏围起来，防止他人进入。

o. 尽量采取措施，如电梯轿箱使用透明玻璃等，使外面可以观察到电梯内的情况。

p. 在容易形成视觉盲区的角落地带安装不易破碎的凸面镜，方便驾驶员和行人观察。

q. 建议将车库的天花板和各个楼层现浇的水泥柱子漆成白色，便于反射车库内外的光线。

357

r. 应当对车库进行检查，以保证采取了相关的安全措施。相关的安全措施包括照明、应急电话、闭路电视监控、现场安保措施、楼道和电梯的布局等方面。

附录 B

公共建筑、普通管理设施的安全标准（2000 年 11 月）

下文两个示例介绍了建筑安全、基础设施保护、反恐、环境设施预防犯罪原则及实践方面的安保标准。

第 2 章设施标准介绍了总务管理局（公共服务建筑标准，2000）颁布的标准规范和标准中的一般要求。本部分着重介绍场地布局方面的要求和标准。

建筑入口：建筑入口的设施应当防止让车辆直接驶入建筑大堂。可以用盆栽作障碍物，如果和建筑入口的设计兼容，也可以用路桩作障碍物。障碍物应当从视觉上很显著，同时，尽量不要对行人造成阻碍。应当让各类安全措施有效融合，以便场地布局方面可以灵活运用。如果运用得当，盆栽、树木、雕塑式的路桩等设施不仅可以发挥阻挡车辆的作用，还可以让人愉悦舒适。不要使用较高的空白墙体，宜使用可以用来当座位的矮墙，但是注意不能让人在矮墙上玩轮滑。总务管理局所属的建筑应当设置供员工、访客和公众使用的主入口。在较大的建筑中，可以设置仅供员工使用的次入口。在大楼中，可以为出入服务区域另留出入门。但是，这类门不得用作入口通道。历史建筑的原主入口仍应作为主入口。不宜因为安全和通畅方面的原因，将主入口关闭，将公众引向其他入口。历史建筑中的残疾人无障碍通道入口，尽量紧邻原来的主入口。

总务管理局颁布的《设施设计指南》第 8 章对准入控制和侵入监测系统进行了规定。安保问题应当是建筑和场所规划中不可分割的组成部分，从起始阶段到后续全过程均应当纳入考虑范围。一个成员来自多个领域的团队可以根据特定建筑的安全评估，对安全、限制条件、业主需求等信息进行综合分析后，对相应建筑做出合理的设计安排。

在历史建筑中，为了尽量避免破坏建筑特征，应当对该建筑进行风险评估、战略规划后再明确设施标准。战略规划主要包括针对薄弱环节在安保措施方面进行调整，在历史建筑内开展风险较低的活动。安保和出口等方面的所有问题均应当和总务管理局的地方防火工程师和物理安保专家商讨。

区域保护：区域保护系统主要是指从场所外围开始至建筑内部的整个区域角度进行强化。

应当利用环境设计预防犯罪技术预防、减轻犯罪危害。在环境设计预防犯罪方面的良好战略思维，如场地规划、外围界限、视线通畅、照明等方面的谋划，可以避免采用工程措施解决问题。

提升或降低安保水平的能力：设计应当包含当风险加剧时提升安保水平，当风险降低时降低安保水平的能力。

多领域综合施策的方法：提升安保水平涉及与联邦设施相关的各个方面：设计师、建设者、管理及安保人员、员工、客户和访客。其他的专业人员，如消防、安保、成本核算领域人员、建筑师、结构工程师、机械师、电气工程师等，都可以为实施安全标准发挥作用。

防爆工作师、玻璃专家以及建筑运营、安保人员等，他们在物理安保措施设计、运行、风险评估方面经验丰富，也可以涵盖在内。建筑中的每一个系统，每一个因素，都应当为降低风险，减少人员伤亡，财产损失，防止功能受损发挥相应作用。从选择建筑材料、安排垃圾箱的位置，到设计完备的电气系统，每个方面的决定都应当考虑到安保问题。

选址安保要求：选址方面的安保要求，包括外围的缓冲区，应当在购买一个地块、核定建筑成本之前就确定下来。相关的要求可以避免购买的地块不符合一些必备的条件，特别是向后退让的缓冲距离不足，从而避免采取代价高昂的补救措施，如采取加固措施，防范爆炸等。

毗邻场所：如果风险评估认为安全有保障后，就要考虑购买邻近的场所，或者进行相关沟通，限制相邻通行权。毗邻的场所也会对联邦建筑安全产生影响。

访问控制和电子安全：电子安全，包括监视、侵入监测和防护是设施安全的关键环节。在其他的标准和相关指南中，已经对电子安全的诸多方面及如何配备相应安保人员做了比较充分的规定。这方面主要解决访问控制规划——包括楼道和大堂设计——因为在建筑概念设计阶段就要考虑到访问控制问题。在建筑现代化改造方面可供选择的措施很少，因此，一些设计必须为未来的访问控制留出改进空间。

外围防护区：场所外围障碍是外围防护区的一个方面。外围障碍应当可以防止磅汽车以最高速度为_____所发起的冲击。汽车的速度还要结合撞击的角度和外围与汽车可能发起冲击点之间的距离两个方面的因素考虑。选择的障碍物要足以防范汽车的威胁。陆军部 TM 5 - 853 - 1 和 TM 5 - 853 - 2/AFMAN 32 - 1071 第二卷说明了设计的流程（美国陆军部，1994）。在设计障碍系统时，应当考虑以下几个方面：

在类型和设计方面，充分运用各种缓冲、障碍设施，如墙体、围栏、沟渠，池塘和低洼地，灌木、乔木，静态屏障，雕塑和街道设施等。

让场所内的通行道路设计不允许车辆高速通行。

在入口，对驶入车辆采取减速措施，强制车辆减速。

在特定位置对车辆实施检查。

在设计方面采取相应措施，让车辆检查点停车受检，防止车辆（未经允许）离开检查区，或者尾随进入。

场所照明：照明亮度应当充足。车辆、行人入口应当使水平方向的亮度保持在_____英尺烛光；在外围和车辆行人的通行区域，使水平方向的亮度保持在_____英尺烛光。多数情形下，外围照明应当连续不断，并照射到外围障碍两侧，避免明暗不均，足以支持闭路电视系统和其他监视措施运行。但是，基于安全原因和（或）摄像头技术方面的考虑，亮度不宜过高。其他的规范或者标准可能会对照明方面做出限制性要求。

场所指示牌：场所通行、停车、入口位置等方面指示不明，会对安全产生不利影响。场所外及入口处均应当设置指示牌，场所内的指示牌应当为访客、员工和其他服务车辆指明方向、停车场位置和注意事项。除非其他标准有相关规定，否则，一般不指示敏感场所的位置。

景观绿化：美观热情的景观绿化设计也可以提高安全水平。例如，植物障碍可以阻止非法进入，池塘和喷泉可以阻止车辆冲击，水平梯级变化也可以阻止随意进入。要注意遵守普遍认可的环境设计预防犯罪原则，避免形成可供犯罪分子躲藏的场所，或者遮挡安保人员和闭路电视监控系统的视线。

359

第 8 章 总务管理局设施设计标准中的建筑和内部设计

下列安全标准并不适用于所有的项目。只有你负责的项目的风险评估要求遵守相关标准时，才需适用该标准。许多标准就是根据具体的建筑风险评估（隐患分析）中所提的建议制定的。如果某一标准中包含了空白地带或者提出了选择方案，风险评估的相关建议中就要求填补相关空白，或者建议采取某种方案。

规 划

办公室的位置：面临风险的官员的办公室，其位置安排和使用的玻璃应当使其不能从开放的公共场所（如街道）看到。尽量使这类办公室面向庭院、内部场所或者受管控的场所。如果不能做到这一点，应当安装可以模糊视线的玻璃或者对窗户进行相应处理，比如安装防弹玻璃、防爆窗帘或者采取其他的内部防护措施。

混合居住：尽量不让危险度高的租客和低风险的租客混住在一起。如果确已住在一起，应当将公共使用场所与危险度高的租客隔开。

公共洗手间和其他服务场所：公共洗手间、服务场所，如上下楼通道，不能设置在不安全的区域，包括公共入口处的排队待安检区域。

装载区和收发区：装载区和收发区周围 50 英尺范围内，不得设置杂物间、电源管线以及电源、电话、数据、火灾探测、报警系统、消防水管、冷却和供暖设施等设施设备的入口。车辆不得驶入装载区，或者停在大楼中装载区的下面。如果难以做到这点，应当对装载区采取加固措施，防范爆炸。

大堂内的零售店：1976 年的《公共建筑合用使用法》鼓励在建筑内开展零售或者进行其他类型的综合利用，这样可以使公共建筑保持开放，方便大家。虽然保持建筑公共性的特点很重要，但是，开展零售或者进行其他综合使用也会给建筑及其使用人带来风险，因此，必须通过风险评估，针对具体建筑谨慎处理。在开展零售或者发挥其他作用的场所，可以采取单独的入口，实施访问控制，对公用场所采取加固措施，或者采取其他特殊的安全应对措施。

楼道：用于紧急逃生的楼道应当尽量设置在远离可能发生爆炸的场所。尽量不要将逃生通道的出口设置在大堂、停车场和卸货区。

邮件收发室：收发室应当与设施的主入口，重要服务、公用设施的场所，配电系统以及其他贵重财产保持一定的距离。此外，收发室应当设置在建筑的外围，并配套设计可以缓冲压力的外墙或窗户，同时为容器式排爆设备预留充足空间。装卸区附近是设置收发室的理想位置。

内部结构

大堂门和隔断：安检区周围的门和墙体应当达到 UL752 第_____级的要求。

重要建筑部位：下列重要建筑部位周围_____英尺范围内，不得有主入口、行车道、停车场或者维护用场所。如果不能符合这一要求，应当采取适当的加固措施：

- 备用发电机，包括油料系统、常用油箱、消防喷水灭火器和供水管
- 日常燃料储备
- 主开关柜
- 电话交换机柜（Telephone Distribution）和主开关柜
- 消防泵
- 大楼控制中心
- 控制重要功能的不间断供电系统
- 对建筑运行非常重要的主制冷系统
- 电梯机械系统和控制中心
- 楼道、电梯和公用设施井道
- 备用电源的关键输电线路

外部入口：入口设计必须兼顾美观、安全、防范风险、便于运行等多个方面。方法之一就是让公众和员工共用一个入口。入口设计应当避免在排队时出现拥挤的情况。如果在大楼地基范围内（within the Building Footprint）可能出现排队的情况，则应当采取防范爆炸的加固措施，将排队区域围起来。如果在大楼外可能出现排队的情况，应当加装雨棚。

设备房：公众和员工的入口处应当为今后可能加装访问控制和安检扫描设备预留空间。在历史建筑中，尽量将安保设备设置在配套用房中。

共用出口：让公众和员工共用相同出口。

车库及车辆入口：供政府管理及员工所属的车辆使用的车库和其他服务设施入口，如果没有采取设置外围障碍等保护措施，则应当配备相关设施，让属于特定风险级别的车辆将车速降至指定标准。如果根据入口处的环境，车辆速度不可能达到相应标准的，上述要求可以适当降低。

其他措施

藏匿空间：尽量不要在安检台前形成可以藏匿工具的空间，在安装一些可用来藏匿工具的设施，如垃圾箱、邮箱时，要注意避免出现此类情况。如果需要使用邮箱或者快递收件箱，要限制箱体上的开口宽度，避免将包裹塞入

箱内。

上至屋顶：按照 NFPA 101 的规定，安装门锁，仅让经许可的人到屋顶。

新建建筑

连续倒塌：避免建筑出现连续倒塌的情况。至少每一新建建筑在设计时应当做到，即使地面以上某一楼层出现一根支撑柱受损的情况，也不会发生连续倒塌。连续倒塌的设计、分析方面的要求与防爆分析无关。其目的在于，无论基于何种原因，即使发生了结构性损坏，也有其他完备的受力途径可以承受压力。为了达到这一要求，设计师可以采用静态和（或）动态的分析方法。在分析过程中，可以使用可承受压力限值。认识到比预先设计的破坏力更大的爆炸事故（或者其他事故）可能会让建筑部分倒塌后，面临特定风险，因此，修建的新建筑应当做到：即使发生损坏，所造成的后果与引发后果的原因之间应当比例适当，建筑结构不会出现过大的损坏。如果在未受管控的内部公共场所的地面发生了爆炸，在设计方面应当做到：即使损失了一根主要支撑柱，也不会发生连续倒塌，或者设计方案从根本上就排除了损坏发生的可能性。也就是说，如果支柱的体积够大、采取了加固措施或者保护措施，相关威胁不会对支柱造成致命损伤，也就没有必要针对内部爆炸事件进行连续倒塌方面的计算。为了实现设计目标，要假定，在设计许可的范围内，柱子周围没有更大的退让缓冲空间。

建筑材料：可以采用建筑标准规范中规定的全部建筑材料和施工方法。但是，应当特别考虑本身延展性好，抗压能力更强的材料（如现浇钢筋混凝土、钢铁结构）。在处理一些材料时应当特别注意，如预应力混凝土、预制混凝土、石料，使其可以充分承受设计压力。选择的施工方法必须达到该保护级别的所有性能要求。

外墙：如果设计承压力有限，外墙设计方面使其可以承受的冲击力最大达到_____磅/平方英寸和_____磅/平方英寸/毫秒。设计师还应当确保，外墙可以承受因窗户产生的动态反应力。剪力墙既可以承受横向、纵向的压力，又发挥了外墙的作用，是应当重点考虑的结构。可以在外面设置剪力墙，以承受预计风险导致的爆炸冲击。如果外墙设计方面，不能完全承受设计压力，可以在施工方法方面考虑，以减少可能导致的伤害。

如果设计方面完全可以承受压力：在设计外墙时，让外墙表面可以承受预计风险导致的实际压力。

强行闯入：摇摆门组件应当符合 ASTM F 476 第_____级和水平滑门组件防强行闯入 ASTM F842 第_____级的要求。中等保护级别（即 TM 5 - 853）墙体设计应相当于缝隙为 8 英寸 × 8 英寸的#5 钢筋、厚度为 4 英寸的混凝土，或者缝隙为 8 英寸 × 8 英寸#5 钢筋的混凝土砌筑构件（CMU）[4in. concrete with #5 reinforcing steel at 6in. interval each way or 8in. concrete masonry unit（CMU）with #4 reinforcing steel at 8in. interval]。TM 5 - 853 规定了低、中、高三个保护等级。

外窗：根据每一项目的具体风险评估结果，合理适用下列条款：

1. 无限制：在玻璃类型方面无任何限制。

2. 有限保护：对窗户可承受的爆炸冲击力无设计要求。只是鼓励设计师在玻璃选择和设计方面可以将潜在风险损害降至最低。优先选用的系统包括：固定在窗框上的内侧带安全夹层的热处理强化钢化（thermally tempered heat-strengthened）玻璃或退火玻璃，夹层热处理钢化玻璃（laminated thermally tempered），夹层热处理玻璃或者夹层退火玻璃，防爆窗帘等。可以接受的系统包括：热处理钢化玻璃，内侧带夹层的热处理强化或者退火玻璃（无框玻璃窗、湿法玻璃或者 daylight installations 均可）。不可接受的系统包括未经处理的单层退火玻璃、强化玻璃或者夹丝玻璃。夹层的厚度应当不低于 4 毫英寸。在爆炸中，玻璃对边框产生的压力是一般情况下的 3 至 4 倍。因此，必须考虑使用防破碎的安全夹层玻璃。在设计窗框时，设计师应当做到，在遇到水平压力的情况下，窗框不得先于玻璃损坏。同理，窗框的连接设施应当比窗框坚固，支撑的墙体应当比连接设施坚固。窗框的设计抗冲击力以及相应的连接设施与玻璃的抗冲击力相关。热处理钢化玻璃的抗冲击力大约是退火玻璃的 4 倍，强化玻璃的抗冲击力一般是退火玻璃的 2 倍。

根据要求，设计最大的抗冲击力：外墙的窗户系统设计（玻璃、窗框、固定在支撑墙上的连接设施等）要同时兼顾发生爆炸时，如何减轻飞溅的玻璃碎片带来的危害。墙体、连接设施和窗框等设计，要将所选玻璃的抗冲击力充分发挥。

设计师可以综合采用多种方法，如政府开发或者资助开发的计算机软件（如 WINLAC，GLASTOP，SAFEVU，and BLASTOP/WINGUARD），同时利用检测数据和公认的支柱结构分析技术，来演示玻璃是否可以承受特定的风险，遭受破坏后，玻璃是否会对场所内的人造成伤害。在使用上述方法过程中，在测算窗框和连接设施的破损率时，1000 起爆炸中，破损次数不得高于 750 次。

很多测试数据是将玻璃深嵌入窗框中得出的，但这并不利于有效发挥玻璃性能或者玻璃安装。实践证明，在使用硅酮结构胶的情况下，将新型玻璃嵌入窗框中的深度不低于 3/4 英寸即可达到相应性能标准。但是，在玻璃安装时使用硅酮结构胶或者使用安全夹层玻璃，其长期性能如何，这方面的相关的数据还比较少。

窗户开口大小：窗户开口的总面积没有限制，但是，在同一结构面上，窗户开口的面积不宜超过 40%。

窗框：窗框应当将所选玻璃的抗冲击力充分发挥，1000 起爆炸中，窗框破损次数不得高于 750 次。为了达到这一目标，可以采用设计测算，或者采用经验证的检测方法进行评估。

连接设施：经历爆炸后，连接设施必须依然连接在窗户的支撑墙上，不得脱落。连接设施系统的抗冲击力可以采用设计测算，或者采用经验证的检测方法进行评估，确保拟采用的连接设施不会功能失常，可以达到预定的性能标准。

玻璃方面可供选择的方案包括：

1. 优先选用的系统包括：固定在窗框上的内侧带安全夹层的热处理钢化（thermally tempered）玻璃，夹层热处理钢化玻璃（laminated thermally tempered），夹层热处理玻璃或者夹层退火玻璃，防爆窗帘等。

2. 可以接受的系统包括：如果窗格采取了完全可以抗冲击的设计，可以采用单层热处理钢化玻璃（有无安全夹层均可）。

3. 不可接受的系统包括未经处理的单层退火玻璃、强化玻璃或者夹丝玻璃。

一般情况下，较厚的防破碎安全玻璃在减轻危害后果方面比较薄的玻璃效果更好。实验证明，要想减轻爆炸的危害后果，应当选用厚度不低于 7 毫英寸的玻璃，或者特制的厚度不低于 4 毫英寸的玻璃。因此，玻璃的厚度不得低于 4 毫英寸。使公共建筑中的所有玻璃都能够抵御设计所预防的爆炸带来的全荷载冲击，是不切实际的。但至少，要使窗户系统（玻璃、窗框、连接设施）设计达到特定的性能要求，可以抵御的实际冲击力最大可以达到＿＿＿＿磅每平方英寸和＿＿＿＿磅每平方英寸每毫秒。针对特定的风险，至少要使占建筑玻璃面积＿＿＿＿%的部分可以达到特定的性能要求。

在某些情况下，选择性能更佳、安全性高的玻璃不仅效果更好，还更经济划算。如果实验证明，某一设计可以显著地提高抗冲击力时，应当优先选用该设计。如果特定爆炸风险产生的冲击力峰值低于 1 磅每平方英寸时，设计师可以根据部分外墙降低特特等次要求和有限保护的相关规定开展设计。

玻璃方面的其他要求：

1. 防弹玻璃，如有相关要求，应当符合 UL 752 防弹玻璃第＿＿＿＿级的要求。聚碳酸酯玻璃和夹层聚碳酸酯是两类较好玻璃材料。

2. 安全玻璃：如有相关要求，应当符合 ASTM F1233 或 UL 972 中的相关规定，防盗玻璃要求达到最低性能标准。但是，还需要特别注意防盗窗户的窗框和连接设施，以及安全玻璃，因为它们自身的抗冲击力因素，会将冲击力传递给支撑墙。

3. 窗户配件（除玻璃外）在防范强行闯入方面，要达到 ASTM F 588 第＿＿＿＿级的要求。具体内容见上文中有关玻璃的部分。

4. 防窃听和电子发射方面的设计要求不在本标准包含的范围内。

非窗户类开口：非窗户类的开口，如机械设备通风口和外露的增压室，其设计保护水平参照外墙的标准。当爆炸产生的压力通过这些通道时，相应设计要能够承受相关压力。相应的结构部件、机构系统的固定设施、连接设施也要能够承受内部产生的压力。

内部窗户：如果存在相应风险，应当尽量不要在内部使用玻璃。设计师尽量不要在高危场所（如大堂、装卸区等）附近布局重要功能设施，并装设玻璃。

停车场：如果在建筑底部承重部分设置了停车场，应当符合下述标准：

在主要垂直承重结构周围，设计师应当设置建筑或结构方面的设施，留出 6 英寸的退让缓冲空间，以起到保护作用。

如果车库有两层，车库内所有的支柱，在相当于两层楼或者三层楼高度的范围内，需采用无支撑设计（unbraced length）。

面临特定风险的大堂和其他场所：

如果这些场所的主要垂直承重结构暴露在外，设计师应当设置建筑或结构方面的设施，在其周围留出 6 英寸的退让缓冲空间，以免可以直接接触到承重柱。

主要垂直承重结构在设计方面应当可以防范特定风险。

装卸区：装卸区的设计应当限制对附近场所可能造成的损害，避免将爆炸冲击力传向建筑外墙。对装卸区内的墙壁、屋顶造成较大的结构性损坏是可以接受的。但是，不能让其附近场所遭受严重的结构损坏或者倒塌。装卸区下面的场所如果无人使用，或者未安置重要设施，则装卸区的地板不必设计为可以抵御爆炸冲击力。

364　　　邮件收发室和未采取防护措施的零售店：接收、拆分包裹进行检查的收发室以及未采取防护措施的零售店（见大堂内的零售店和收发室部分）应当采取相关设计措施，降低爆炸对主要的垂直、水平支撑结构造成的损害。如果相关场所坐落在有人使用的场所附近，或者紧邻重要的设施、墙体、屋顶、地板，则相关场所应当要能够抵御爆炸、防止碎裂。对收发室的墙壁、屋顶造成较大的结构性损坏是可以接受的。但是，不能让收发室附近场所遭受严重的损坏或者倒塌。

导排：设计师应当采取措施，将内部产生爆炸冲击力和气体导排到建筑外面。相关的措施包括使用防爆板和窗户系统，当内部爆炸产生冲击力后，相关设施在受力后立即碎裂，将冲击力导排向外部，从而起到保护作用。

结构工程措施

结构和非结构部件：为了改进防爆措施，首先需要按照下列顺序，处理好结构和非结构因素之间的相对重要性关系：

主要结构部件：为了防范致命的爆炸冲击力和连续性倒塌，建筑中必不可少的部分，包括柱子、大梁、顶梁及横向主支撑系统。

次要结构部件：其他的受力部位，如地梁、板材等。

主要非结构部件：对于保护人身安全必不可少的系统或部件（包括其配件），如果这些方面功能失常，会造成严重的人身伤害，包括天花板或者悬挂的机械设备部件等。

次要非结构部件：主要非结构部件之外的其他部件，如隔断、家具、灯具等。

对减轻危害后果，预防建筑倒塌的核心关键部件，要重点优先处理。对次要结构部件，在设计方面应当做到可以减轻人身伤害和财产损失。对于主要和次要的非结构性部件，也要处理好，以进一步减轻人身伤害和财产损失。

荷载和压力：在有相关要求的情况下，结构设计应当可以抵御爆炸冲击。在结构方面，要同时能够承受恒荷载、活荷载和爆炸荷载。爆炸荷载或者动态反弹（Dynamic Rebound）可能会在常规重力荷载（Typical Gravity Loads）的相反方向发生。

在设计中，为了预防连续倒塌，荷载应当包括恒荷载和现实估计的实际活荷载。恒荷载的值可以仅为规范规定的恒荷载值的 25%。在设计中，应当使用根据应变率，在动态增强情况下的极限强度。一般允许出现弹性后效。

良好的工程实践指南：在减轻爆炸对结构造成的影响时，以下是一些经验性规则。在"新技术、方法和参考"部分的技术手册中，有更完整详细的说明。下面的指南并不完整，主要供设计师在进行初步评估、选择设计方法使用。

为了更好的抵御爆炸，通常使用现浇混凝土的施工方法。其他的施工方法包括采用合理设计、制造精密的钢结构。在这些标准禁止使用的一些材料和施工方法，在抵御爆炸方面，要么难以达到预想效果，要么不够经济。为了更加经济，标准做法是利用无弹性或弹性后效（Post Elastic）。这样，可以通过塑性变形吸收爆炸产生的能量，从而达到保证人身安全的目的。为了对抵御爆炸荷载的结构——无论是在时间上还是空间上都是设施线性的——进行分析，很有必要合理采用动态分析方法。动态分析法得出的设计结果通常都难以实现或者不经济。

365

设计师应当认识到，各个部件可能会偏离设计方向产生运动。这是因为爆炸会导致结构性部件出现塌陷，负性期（Negative Phase）、部件的向上荷载（Upward Loading of Elements）和动态反弹（Dynamic Rebound）等原因。在全部地面板材、屋顶板材、墙体、柱、梁等结构中对称地利用钢筋加固（正面和负面）可以解决这一问题。对称加固同时可以增强部件的最大荷载承受能力。搭接接头可以充分提高钢筋的承受力。搭接接头应当和其他不连贯的部分错开。部件之间的连接，尤其是主要结构部件的连接，应当使用具有延展性的连接件（Ductile Detailing）。在一些部件附近，应当采取应对部件失灵的措施，以防范功能提前失常。这种情况下，需要另外采用加固措施。

要做好建筑结构部件之间的平衡设计。以窗户系统为例，窗框和连接设施的设计要保证窗户系统最脆弱部位可以完全承受相应压力。要采取包括捆绑和束箍等特殊的剪力加固措施（Shear Reinforcement），以允许较大的弹性后效。设计师要谨慎把握好体积较小、但采取了高强度加固措施（如部件集中连接部分）的部件与体积较大，但是采取了低强度加固措施的部位之间的平衡。

钢结构之间的连接应当有充分的延展性，尽可能地采用刚性连接（Moment Connection）。将表面覆层和外墙连接到钢架时，应当充分发挥墙体系统的爆炸荷载承受力。总之，要避免因为单个小部件的失灵引发连锁反应，导致大面积严重倒塌的情形。一个典型的例子是使用转换梁柱，一旦一个部位功能失常，就会引发连续倒塌，因此，要尽力避免。为了减轻爆炸危害后果，需要采用完备的、有替代措施的承压系统。为此，应当尽量采用复式加固方案。

一般情况下，应当尽量减少柱间距（Column Spacing），以便可以设计尺寸合理的结构来分担设计压力，同时提供更完备的承压系统。实践中，为了达到本文中所要求的爆炸荷载承受水平，柱间距最高一般为 30 英尺。

一般情况下，楼层之间的高度应当尽量降低。除非有更高层级的建筑要求，实践中的层高限制通常是低于 16 英尺。如果选择混凝土砌筑构件方式，建议设计师采用全长注浆（Fully Grouted）和钢筋混凝土砌筑构件。建筑师必须积极做好结构防爆要求和其他相关要求（如建筑和机械设备方面）之间的平衡。

一般情况下，为了减少爆炸对柱子的荷载，使用跨楼层的单壁墙是一个较好的方法。在许多情况下，抗震设施中的延展性连接件以及预防连续倒塌的替代性承压途径有助于防范爆炸冲击。但是，设计师需要牢记的是，各种设计方法有时候是互相冲突的，必须在各个具体的案例中对这些冲突进行具体分析。

机械设备系统设计：发生事故后，对保障人身安全的关键机械系统，必须可以持续运行。本部分的标准主要强调的是要将相关设备设置在风险较低的场所，对安装机械设备的场所实施访问控制，并合理提供备用系统。

通风系统

进风口：超过四层的建筑，可将进风口设置在第四楼或者更高的位置。三层或者低于三层的建筑，尽量将进风口设置在楼顶等较高的位置。将进风口设置在墙上比设置在楼顶效果更好。

公用设施保护

公用设施和管线：公用设施系统距离装卸区、前入口和停车场的距离不得低于 50 英尺。

输入管线：在建筑内部及外围区域，公用设施的输入管线应当尽量采取埋入地下、管材包套等保护措施，以防范爆炸损坏。

烟雾管理（排除）系统

烟雾排除：如果发生爆炸，有效的烟雾排队系统非常必要，特别是在大型公共场所。烟雾排除系统应当安装远离装卸区、车库等危险场所的位置。其管理系统和电源线应当采取保护措施，并且将电源线和应急备用电源连接在一起，确保可以及时清除烟雾。在内部容易出现较大风险隐患的场所，如大堂、装卸区和其他场所，设计师应当考虑采用独立的暖气通风系统。烟雾排除设备应当就地单独安装设备控制系统，如果在事故中其控制线路从主控系统被切断时，还可以独立发挥作用。

当在室内发生爆炸事件时，烟雾排除系统的重要性就更加凸显了。设计师应当认识到，如果窗户系统因为防范爆炸而采取了加固措施，在爆炸中就不会被冲破，烟雾就会滞留在室内。

366

电气系统

在安全系统中，电气系统的功能主要是为建筑中的其他重要功能系统持续提供电源，特别是那些为保证人身安全和及时撤离所必须的系统、防范犯罪的照明和监视系统以及应急通讯系统。

服务及传输系统

应急电源传输：正常的和应急的电源控制系统、管线、开关柜应当在不同地点分开安装，距离越远越好。配电电源也应当设置在不同的地点。

日常油料存储：主要的油料储存点应当设置在远离装卸区、入口、停车场的场所，并采取访问控制和保护措施（如加锁、加盖、密封等）。

应急油料存储：常用油箱应当放在发电机附近，采取与发电机相同的保护措施，储存的油料大约为_____加仑。如果建筑规划较小，或者是租用的建筑，可以使用储电电池和（或）不间断供电电源。

第三备用电源：还应当在建筑外部安装电源线，以便可以从装在供电车上的发电机处将电源配送到建筑的电力系统。如果要求配备第三备用电源，还可以通过安装线路从其他变电电站处引入电源。

应急发电机：应急发电机应当安装在远离装卸区、入口和停车场的场所。比较安全的场所包括屋顶、保护级别较高的场所和内部采取了保护措施的场所。不得将发电机安装在容易遭遇水淹的场所。

公用设施及其线路：公用设施系统应当安装在远离装卸区、入口和停车场的场所。最好安装在底层，同时，可以采取加固措施。

电源和照明

场所照明：场所的照明应当和闭路电视监控系统保持协调。

洗手间：应当为洗手间照明配备应急电源。

通讯和安保系统

完备的通讯系统：在建筑内部还应当配备第二套电话系统，以备事故发生时可以保持通讯通电。可以在楼道内设置一个带天线的无线通信基地，并在各楼层配备便携式通信设施。这是一种比较合理的替代选择。

无线通讯：如要求在紧急情况下采用无线方式传输数据，应当在建筑内各处安装分布式天线。

警报和通报系统：警报和通报系统不能紧邻设置，或者将线路安装到同一线管中，甚至采用同一条线路。通向建筑各个部分的线路应当至少采用两个以上的不同方向和（或）立管（Risers）。低压信号和控制铜导线不得和高压电线共用同一线路。一般情况下，较铜导线而言，使用光纤导线更好。

空线管：可以预装空置的线管和插线板，以备今后安装安保控制设备时使用。

消防设备

建筑内的消除系统是为了确保在发生事故的情况下可以保证人身安全，或者在适当的时候实施安全撤离。消防系统的设计可以保证在发生火灾的情况下

367

发挥其功能，但通常难以保证发生爆炸的情况下还可以正常发挥作用。消防系统可以分为以下三个组成部分：

1. 主动灭火设施，包括喷水灭火器、火警警报、烟雾控制系统等；
2. 被动防护设施，如防火障碍设施；
3. 运营措施，包括系统维护和员工培训。

其他系统

供水系统：应当对消防供水系统采取保护措施，确保在爆炸中任何一点都不能遭受破坏。进水管应当采取套管保护、埋入地下，或者距离高危区域 50 英尺以上。内部的管线应当圈起来（Looped）并分段设置。

双消防泵——油泵和电泵：为了增强重要场所和消防系统的可靠性，可以考虑采用双消防泵，即一个电力泵，一个燃油泵。两个消防泵应当分开设置。

出口门锁：出口门处的安保锁具应当符合 NFPA 101 人身安全规范的相关规定。

电子安全：电子安全的目的是使人身安全保护系统、安保系统、各项建筑功能更加稳定、有效发挥。如有可能，应当为今后安全系统的改进预留空间。

下述标准旨在强调在提高公共安全方面一些需要特别关注的理念的具体操作方法。请根据您的具体项目咨询相关的设计专家，了解电子安全方面的具体细节。

控制中心和建筑管理系统

运营管理中心（OCC）：消防指挥中心（FCC）和安全管理中心（SCC）：消防指挥中心和安全管理中心可以设置在一起。如果设置在一起，指挥链条需要预先谨慎规划，以使各类具体情况都处于最有效的管理之中。安全设计师应当为安全管理中心、运营管理中心和消防指挥中心的信息交换提供连接。

备份管理中心：应当在另外的地点，如经理或工程师的办公室，建立备份管理站。如有可能，应当在建筑之外的其他场所建立备份管理中心。必须保证拥有完备的备份管理中心（这也是上述之外的替代性选择）。

设备间、电话交换机柜（Telephone Closets）的安保

关键系统：预计会使用的关键系统。

侵入监测：应当安装下列全部或部分的基本侵入监测设备：

在室内门及各个场所安装磁簧开关。

在达到一定高度（Scalable Heights）的窗户上安装玻璃破碎传感器。

在外面所有的门（包括卷帘门）上安装平衡的磁性接近开关设备。

监视：应当可以在建筑之外的其他场所实施监视。在场所内建设监控中心，全天 24 小时，特别是在营业时段内实施监视。

闭路电视监控：安装具有摄录功能的彩色闭路电视监控系统，可以实时观察并记录建筑周围，特别主要出入口处的情况。对光线不足，难以使用彩色摄像头的场所，可以使用单色摄像头。

紧急警报和求助站：应当在与公众接触的重要场所安装求助按钮。根据风

368

险评估，被认定为高危的场所，如经理和其他管理人员的办公室、车库等，根据实际需要，也应当安装求助按钮。

停车场安保

对停车场进行管理限制，可以减少建筑面临的风险。然而，在城市中，由于需要在路边和地下停车场停车，因此较难实施管理。减少因停车带来的风险隐患，既需要创造性的设计，又需要在规划方面采取适当的措施，如采取限制措施，在周围设置缓冲区、路障，对结构进行加固，以及其他一些建筑和工程方面的措施等。

路边停车：通常允许在沿路沿停车，在建筑和路沿之间隔着人行道。如果建筑和最近路沿之间的退让缓冲距离不足，而采取的补救性设计措施不足以应对评估报告中明确的风险所带来的威胁，则应当对路沿停车采取如下限制措施：

对停车不设限制。

仅允许政府所有的或者重要员工所有的车辆停放。

在路沿处留出退让距离。在物理结构方面采取措施，阻止车辆停放。

建筑周围停车：建筑和周围停靠车辆之间最小的缓冲距离建议最低不得低于_____英尺。在建筑周围停车场所，应当设置在远离建筑的区域，车辆集中停放，并和员工停车场分开设置。

建筑内停车：如果要在建筑内停车，应当特别注意以下几个方面：

公众停车时，需要检查身份证；

仅政府车辆和在大楼内工作的员工车辆停放；

仅允许部分政府雇员车辆停放；

仅在出于安保需要的情况下，才允许部分政府雇员车辆停放；

在场所内的地面和车库停车：在建筑附近地面场所停车时，和建筑之间的距离不得低于_____英尺。在建筑内_____英尺范围内停车时，必须经过许可才能停放。

停车设施

自然监视：地面上单独建设的停车场，尽量保持停车场内外的视线通畅是设计中的关键原则。为了便于将车停靠在水平地面上，在停车场设计中比较偏好设计快速通道和不用于停车的坡道。应当尽量将行人的通行道路集中设计。例如，让所有的行人通过一个入口进入，而不是让他们从多个入口进入，这样，不仅便于行人看到周围的其他人，也便于周围的其他人可以观察到自己。同样，尽量减少车辆的出入口也很有益处。建筑跨度大，天花板较高，不仅让空间更加开阔，还有助于停车场实施照明。尽量不要修建剪力墙，特别是在转弯处和人行道上。如果必须修建剪力墙，可以在墙上开孔，以便提高视线通畅度。尽量开设面向外面的开孔。同时，不要形成前方无出口的停车区域，不要出现角落和缝隙也特别关键。景观绿化处理要得当，不要形成可供躲藏的空间。最好不要在停车场上布置植物，以便可以观察到非法侵入者。

369

楼道和电梯

在国家和当地建筑法规允许的范围内，楼道和电梯间尽量采取开放式设计。最好的方案是，楼道和（或）电梯间的等候区域完从建筑外部和停车场可以观察到相关情况。在设计方面应当尽量做到，在这样场所内的人可以方便地被外面的人看到，他们同时也可以方便地看到外面的人。如果因为法律规定或者应对天气等方面的原因，必须将楼道封闭起来，可以利用玻璃材料，这样既可以保护人们免遭人身攻击，也可以预防各种破坏活动。楼道下面的空间容易成为藏身之处，应当将其封闭起来，同时还要避免形成其他角落和缝隙。

电梯轿箱应当尽量采用玻璃材质。电梯内应当提供充分的照明，使停车场内的顾客和外面街道上的行人都可以看清电梯内的情况。

外围访问控制：对于大家较少活动场所，可以采取安保检查或者设置围栏等措施，阻止他们步行进入，同时还可以保持场所开阔，便于实施自然监视。在非营业时段内，有时甚至是全天，应当利用围栏、格栅、门等方式，将整个建筑完全关闭，禁止他人进入。地面上，仅有紧急出口可以让人通向外面完全没有采取措施的场所，同时，还应当安装应急警报系统，仅供紧急状况下使用。设计师应当设计停车场访问控制的具体细节。

墙面处理和指示牌：内部的墙体表面应当漆成浅色（如白色和淡蓝色），以便实施照明。指示牌应当清晰易辨；清楚明了地向用户指出其目的地所在的位置。如果还提供陪同服务，应当在指示牌中向用户说明。

照明：照明标准应当符合北美照明学会下属的路边建筑照明委员会建议的，关于停车场可接受的最低标准。

应急通讯：应当在建筑的柱子、围栏、单独的基座（Freestanding Pedestals）和其他相关位置设置应急对讲机、紧急按钮、求助点等设施，并利用条带装饰清晰标示，或者漆涂相应颜色，以便在较暗的环境下便于识别。如果安装了闭路电视监控系统，应当让摄像头探测到相关活动后可以自动启用，并配备可以和安保人员和执法机构通话的专用通信系统。最好可以同时配备闪光灯，直接照射到报警位置，便于应急人员快速反应，特别是在面积很大的停车场。对发生过报警事件的求助点重新设置时，只能在该求助点使用安保钥匙设置。决不允许从其他监控地点对该求助点进行重新设计。每隔 50 英尺应当设置一个求助点。

370　　闭路电视：如有必要，应当在车辆出入口的坡道（Ramps）处，设置具有摄录功能和平移—缩放—倾斜功能的彩色闭路电视监控摄像头。建议不采用自动扫描设备。建筑通向外面的门，至少应当在门的一侧安装位置固定、镜头固定的彩色或者黑白摄像头。为了让摄像头可以抓拍到非法行为，如果相关政府机构允许，可以在门上安装具有延时功能的电子锁具。如果不采用延时开启锁具或者动作探测传感器，摄像头的作用就难以发挥。

参考文献

［1］ *ADA Standards for Accessible Design.* (2010) ADAAG. U. S. Department of Justice，Washington，DC，September 15.

［2］ Air Force Engineering and Services Center. (1989) *Protective Construction Design Manual*，ESL – TR – 87 – 57. Prepared for Engineering and Services Laboratory，Tyndall Air Force Base，FL.

［3］ *Americans With Disabilities Act Accessibility Guidelines.* (1994) ADAAG. U. S. Department of Justice，Washington，DC.

［4］ Atlas，R. (1986) Crime prevention through building codes. *Journal of Security Administration*，9 (2)，3 – 1 1.

［5］ Atlas，R. (1989) Designing for safety：Building code update. *Florida Architects Journal*，14.

［6］ Atlas，R. (1991) Architect input among first steps in design. *Access Control*，25 – 26.

［7］ Atlas，R. (1992a) Handicap accessibility affects security. *Access Control*，38 – 39.

［8］ Atlas，R. (1992b) Impact of ADA on security. *Protection of Assets Bulletin.*

［9］ Atlas，R. (1992c) Successful security. *Buildings：Facilities Construction & Management*，23 – 30.

［10］ Atlas，R. (1992d) Will ADA handicap security? *Security Management*，37 – 38.

［11］ Atlas，R. (1998a) Designing against crime：The case for CPTED training for architects. *Florida Architect*，23 – 24.

［12］ Atlas，R. (1998b) Designing for crime and terrorism：CPTED training is essential. *Security Design and Technology*，40 – 53.

［13］ Atlas，R. (2000) The impact of ADA on security. *Door and Hardware*，30 – 321.

［14］ Atlas，R. (2002a) Design considerations：Setting standards in security architecture. *Door and Hardware*，23 – 24.

［15］ Atlas，R. (2002b) Planting and shaping security success. *Security Management*，42 – 43.

［16］ Atlas，R. (2004) Security design concepts. *In Security Planning and Design：A Guide for Architecture and Building Design Professionals.* Washington，DC：American Institute of Architects.

［17］ Atlas，R. (2006) Architect as nexus：Cost effective security begins with design. *ArchiTech*，May – June，30 – 34.

［18］ Biggs，J. M. (1964) *Introduction to Structural Dynamics.* New York：McGraw – Hill.

［19］ Broward County，Florida CPTED Resolution (1994).

［20］ Cosiol，J. (2005) High standards for security. *Building Operating Management.* December. Available at：http：//www. facilitiesnet. com/bom/article. asp? id = 3616

［21］ Facilities Standards for the Public Buildings Service. (2000) General Services Administration. Submission Requirements Revised November 2000 – PBS – P100.

［22］ ISC. (2010) *Physical Security Criteria for Federal Facilities.* Interagency Security Committee Standard. April 12，2010.

［23］ *Las Vegas Sun* (n. d.) Building numbering for single – family home and multi – family complex.

［24］ Mays，G. S. and Smith，P. D. (1995) *Blast Effects on Buildings：Design of Buildings to*

Optimize Resistance to Blast Loading. London, U. K. : Thomas Telford.

[25] Musgrave, J. (2011) Courthouses pose access problem for the disabled, as appeared in the Sun – Sentinel, 1/25/11. Palm Beach Post via Copyright Clearance Center.

[26] National Research Council. (1995) *Protecting Buildings from Bomb Damage.* Washington, DC: National Academy Press.

[27] NFPA 730. (2011) *Guide for Premises Security,* 2006 edn. Quincy, MA: National Fire Protection Association.

[28] NFPA 731. (2011) *Standard for the Installation of Electronic Premises Security Systems,* 2006 edn. Quincy, MA: National Fire Protection Association.

[29] NFPA. (1988) *Life Safety Code* 101. Quincy, MA: National Fire Protection Association.

[30] NIOSH. (2002) *Guidance for Protecting Building Environments from Airborne Chemical, Biological, or Radiotogical Attacks.* Washington, DC: Department of Health and Human Services, Centers for Disease Control and Prevention, National Institute for Occupational Safety and Health, May.

[31] Sarasota, Farida CPTED Resolution. (1992).

[32] Saville, G. and Wright, D. (1998) *A CPTED Design and Planning Guide for Planning and Development Professionals.* Ottawa, Ontario, Canada: Canada Mortgage and Housing Corporation and the Royal Canadian Mounted Police.

[33] *Sun-Sentinel.* (2011) Open up access for handicapped in federal courthouses (editorial), Jan. 30, 2011.

[34] Tampa, Florida CPTED Ordinance. (2001).

[35] The Institute of Structural Engineers. (1995) *The Structural Engineer's Response to Explosive Damage.* London, U. K. : SETO.

[36] Unified Facilities Criteria (UFC). (2002) *DOD Minimum Antiterrorism Standards for Buildings,* December.

[37] Uniform Building Security Code. (1997) *International Conference of Building Officials,* Whittier, CA.

[38] U. S. Department of the Army. (1986) *Fundamentals of Protective Design for Conventional Weapons,* TM 5 – 855 – 1. Washington, DC, Headquarters, U. S. Department of the Army.

[39] U. S. Department of the Army. (1990) *Structures to Resist the Effects of Accidental Explosions, Army TM 5 – 1300, Navy NAVFAC P – 397, AFR 88 – 2.* Washington, DC, Departments of the Army, Navy and Air Force.

[40] U. S. Department of the Army. (1994) *Security Engineering, TM 5 – 853 and Air Force AFMAN 32 – 1071,* Volumes 1, 2, 3, and 4. Washington, DC, Departments of the Army and Air Force.

[41] U. S. Department of Energy. (1992) *A Manual for the Prediction of Blast and Fragment Loading on Structures,* DOE/TIC 11268. Washington, DC, Headquarters, U. S. Department of Energy.

371

设计安全的医疗机构
——医院及其他医疗机构

　　医院是独具特点的一类场所，主要原因有以下几个方面。首先，也是最重要的，没有人想去医院。人们去医院，要么是因为自己生病、受伤、某方面成瘾或者患有精神疾病，要么是因为自己亲爱的人出现上述状况。一般情况下，人们都不会注意医院的规则和限制措施，他们一旦到了急诊室（ED），就希望马上得到诊疗。他们不知道，医院先要根据病人的疾病情况进行分类，再决定是否需要马上治疗。他们搞不明白，为什么自己在候诊室等了好几个小时都轮不上，而另一个人进来说一声胸口痛就立即得到了诊疗。他们搞不明白，为什么他们必须远离生病的亲人，为什么要把车停在距离很远的停车场，为什么他们不能全家进入诊疗室或者病员区。

　　根据联邦法律规定，一般情况下禁止向病人亲属透露病人相关信息，人们通常不会理解这一规定。他们想问很多问题，但常常无人回答他们的问题，因为联邦法律要求保护病人的隐私［the Healthcare Insurance Portability and Accountability Act（HIPAA）of 1996］。

　　同时，医院也面临独特的安全挑战。它们必须保持全天24小时开放，在绝大多数情况下，医院并没有设计安全的外围边界，不能阻止他人未经许可随意进入医院的事情发生。现在的发展趋势是提倡开放式医院，可以让访客在任一时间进入、离开医院，但是，由于受到成本制约，医院难以对访客实施管理，在某些情形下，甚至根本无法实施管理。医院的员工以女性居多，通常实行轮班制，并且工作时间较长，深夜才能下班。当他们走向员工停车场（通常设置在医院最偏远的地方）或者公共交通站时，身体都很疲惫，一般难以注意到周围的环境和潜在的风险。城市中年代久远的医院通常都位于经济衰败、犯罪高发的区域（图20.1至图20.5）。

　　一位医院的安全主管将医院形容为"到处是毒品的旅馆，而客人们却无法将其房门关上"。医院的病人们很容易遭受各类犯罪行为的伤害，从人身侵害到盗窃财物。特别是新生婴儿，很容易被那些非常渴望有自己的小孩的妇女（无法生育的）拐骗。

374

图 20.1　病人们通常在充满压力、极度焦虑的情况下在候诊室干坐着，没有任何消遣活动

图 20.2　在医院等待亲属的最新消息让人感觉如坐针毡

375

图 20.3　图中的告示要求访客必须先接受检查方可入内，然后再耐心地等待消息

图 20.4　图中的指示标志向访客们说明了应当遵守的基本规则，但访客们心里只想知道其亲属的最新诊疗消息

图 20.5　应急值班室的员工常常因为超负荷工作而走神。我正好看到应急值班室的当值员工进入梦乡

　　在犯罪导致的恐慌程度和严重后果方面，婴儿被盗是医院面临的最大挑战：公众反应铺天盖地，法律后果代价高昂，安全主管铁定被解雇。

　　同时，还存在着大家都不愿提及的"肮脏小秘密"：药品盗窃。盗窃者不是外来人员，而是医院的工作人员。乱开药方、弄错药品、调换药品是每一个医疗机构都可能面临的问题。如果将病人的药品弄错，会给病人带来非常严重，甚至致命的后果。

近来，医院还面临另外一个新的安全问题：由于很多州的精神病医院关闭，大量的精神病人涌入了普通医院。精神病医院床位不足，精神病人只好被长期留置在初级护理中心，要时隔多日，甚至几周才能轮到床位。许多医院没有配备相应的专门设备和专业人员。在等待期间，这些精神病人只能得到有限的治疗，有时甚至被不当地治疗。在现在的经济形势下，对精神病医疗机构和精神病护理的资金投入会愈加不足。

过去，社区医院曾经被认为是不受犯罪行为干扰的庇护所。即使过去的确如此，现实却是"三十年河东，三十年河西"。在社区发生的每一类犯罪行为，最后都会在社区的医院内发生。因此，医院必须在设计、布局、设备配备、人员安排等方面采取相应措施，以应对现在的形势。

20.1 医疗机构的类型

医疗机构的形态、规模各不相同，必须根据具体情形采取相应的环境设计预防犯罪（CPTED）措施。同时，无论是拥有 1000＋床位的市区大型医疗中心、郊区的社区医院，还是位于农村的退休人员之家、个体诊所，它们都会面临着绑架、攻击、盗窃药品、偷盗财物及其他类型的犯罪行为，因此，从这个角度讲，所有的医疗机构都具有共性。当然，在预防犯罪所采取的具体措施方面可能存在区别。比如，市区中拥有 100＋床位的医疗中心可能会专门配备携带武器的警察，设置完备的闭路电视监控系统，对接待前台实施监控，并对接待人员进行初步培训，让他们可以发现问题，在紧急情况下，可以按下接待台下的警报器，及时报警。虽然大多数医院都安装了某些物理安保设施，配备了安保人员，但是，大多数医生的办公室和住所并没有采取相应的措施。

当今的医疗机构的救护级别覆盖了由低到高的各个层次，从初级的日常生活护理，到中间的各个层级，直至高层级医院急救（Colling and York，2010）。具体包含以下各个方面：

- 家庭健康护理，是指由具备相应专业技能的人员在家里提供护理。安全方面，主要是要让家庭护理工作人员注意到各种危险（如家中的枪支和毒品）。
- 日常生活护理机构，是指既可以对护理对象在日常生活方面提供帮助，又可以进行一定程度的治疗，在必要的时候还可以将护理对象送往医院。安全方面，主要是需要工作人员密切注意护理对象的情况。
- 门诊治疗，是指由医生和诊所提供的治疗，包括牙医治疗、眼科治疗、门诊手术、理疗、心理咨询、谈话治疗等。除非是在犯罪高发区域，或者该门诊本身就是医院的一部分，否则，安全方面一般不会存在问题。

- 中级护理，是指由护理人员全天 24 小时提供护理服务的机构，这类机构下面通常设立了养老机构。正常情况下，一般不会存在安全问题。
- 专业治疗，是指由专业人员全天 24 小时提供介入式治疗。一般不会存在安全问题。
- 短期急救，是指短期内采取一系列的医疗措施，包括手术后的高强度治疗，恢复性护理，以及后续高级别护理。短期急救一般由医院开展。
- 急救，是指病人处于医学上不稳定状态下对其所采取的救护措施。急救通常包括开刀手术，对医生水平要求较高，需要随时监护，同时还需要制定复杂的医疗方案。可以根据医疗措施类型、医院的所有权属性对急救进行相应的分类。

根据采取的医疗措施的类型，有时可以将医疗机构分为初级（或社区医院）、二级（专业医院）、三级和四级。医院的安保级别通常根据医院的规模（病床数量）和所处的地点确定。

也可以根据医院的所有权属性对医院进行分类。政府或者公立医院通常属于联邦、州或者当地政府（包括根据州法律规定划出的特定区域）所有。联邦和州的医院通常是对特定群体的病人提供治疗，如退伍士兵或者精神病人。许多州立大学，特别是医科大学，会开办教学医院。这些医院也通常被称作医学研究中心。

由当地开办的公立医院通常也被称为安全兜底医院，因为，这类医院会为穷人和没有保险的人提供医疗服务。通常情况下，公立医院有自己的安全管理部门（如 VA 警务），医学研究中心医院的安保一般由大学的保卫部门负责。

非营利性医院一般由社会上或者宗教方面的非政府机构运营，通常免缴联邦、州和地方和各类税。营利性医院由企业开办，需要缴税，并且要向股东分红。绝大多数的营利性医院属于社区医院和专科医院。由于营利性医院需要赚取利润进行分红，所以，其安保水平一般仅维持在最低限度。

一些医院被指定为创伤中心。美国外科医师学会（ACS）将创伤中心分为三级，一级可以提供综合性治疗，三级仅可以提供有限的治疗。一级创伤中心应当可以开展各类外科手术、配备急救医生、麻醉师和符合规定的设备，并全天 24 小时值班。如果受到严重伤害的病人到一级创伤中心接受治疗，其生存概率大约可以提高 20% 至 25%。一级创伤中心一般设置在城市中的犯罪高发地区，暴力犯罪（俗称"周六刀枪俱乐部"）的受害人通常首选一级创伤中心。正因如此，与不属于创伤中心的普通医院相比，创伤中心配备的安保人员数量更多（图 20.6）。

图 20.6　迈阿密戴德县的创伤中心设立在 Jackson 纪念医院。如果在周五、周六晚上光临此处，一定带给你"创伤体验"

20.2　医疗行业的安全标准

在行业监管的严格程度方面，医疗行业仅次于核电厂，在美国排名第二。

在联邦层面上，医疗保险和医疗补助服务中心（CMS）负责审核医疗机构提交的费用拨付申请是否符合医疗保险、医疗补助和儿童健康保险项目的相关规定，这也是监管部门的工作重心。如果医院想加入 CMS 体系，得到相关的补助费用，必须正式同意遵守 CMS 的相关规定。CMS 的相关规定也包含了对病人的安保方面的内容，如防止病人出逃、私自到处乱跑以及相关应对措施（病人出逃防范），病人的限制、隔离措施，禁止在没有犯罪分子的情况下使用武器等，但是，在其他诸如犯罪预防方面，却缺乏相关的规定。

经 CMS 审核同意，可以由三家机构对医院进行调查和认证，它们分别是美国骨科协会（AOA）、DNV 医疗（DNV）和联合委员会（TJC）。TJC（其前身为医疗机构评估委员会）成立于 1951 年，是三者之中历史最久的。DNV 是历史最短的，它于 2008 年才通过了 CMS 审核。在美国，几乎每家医院都经过了上述三家机构的某一家的认证，并持续接受日常检查。非常遗憾的是，没有一家机构会在医疗机构的犯罪预防方面提供有价值的标准。例如，联合委员会只要求符合以下规定（The 2011 Comprehensive Accreditation Manual for Hospitals）：

- 医院必须就下列事项制定书面方案：保障进入医院内部每位人员的安全（EC. 01. 01. 01，EP 4）。
- 医疗机构按照履行保证场所安全责任的要求，查找出在安全保卫方面的隐患（EC. 02. 01. 01，EP 1）。
- 医疗机构要采取相关措施，减少或者消除查找出的安全隐患（EC. 02. 01. 01，EP 3）。
- 医疗机构要明确每一位进入其内的人员的身份。

378

- 对安全方面比较敏感的区域，医疗机构应当对其出入采取访问控制措施（EC. 02. 01. 01，EP 8）。
- 医疗机构应当制定书面处理流程，以应对安全方面的突发事件，如发生拐骗婴儿或者幼儿事件（EC. 02. 01. 01，EP 9）。
- 当发生安全方面的突发事件后，医疗机构应当按照预先制定的流程进行处理（EC. 02. 01. 01，EP 9）。

国家消防协会（NFPA）制定的《人身安全规范 101》对医疗机构的安保具有非常重大的影响，因此，CMS 和 TJC 也采取了相关标准。该规范中的很多内容都由各个地方有权机关（AHJ）负责解释，因此，在研究决定各类安全措施过程中，必须向当地的消防管理部门咨询，在执行相关措施之前，必须预先获得他们的同意。但遗憾的是，负责管理 CMS 标准、进行现场检查的相关主管部门常常会根据自己的理解对人身安全规范进行解释。因此，在安装或者改建会对人身安全造成影响的安全系统之前，很有必要取得所有相关各方的同意。TJC 的解释常常会与地方有权机关冲突，而 CMS 和国家主管部门一般不会。

国家消防协会还发布了《场所安全指南》（NFPA 730），其中，有一小节对医疗机构进行了规范。由于 NFPA 730 在安全业界和医疗行业并未被广泛接受，地方主管部门一般也不会适用其中的规定。

医疗机构在安全方面的具体规范主要是《国际医疗安全协会指南》。该指南对医疗行业各个领域的安全均进行了规定，并通过由医疗安全行业从业人员组成的一个工作小组，定期对该指南进行更新。遗憾的是，它们只向国际医疗安全协会的会员提供，这在一定程度上限制了其在建筑师和安全设计师以外的其他行业发挥作用。

20.3　评估风险

在对一个新建或既有的医院制定环境设计犯罪预防方案之前，必须先进行全面的风险评估。应当从各个方面全面收集信息，包括：

新设医院：

- 以该设计为中心，1 英里半径范围内的犯罪数据，以及 CAP 犯罪指数报告。需要特别注意的是，新设立一家医院虽然会促进商业发展，但另一方面也会推升犯罪率。尤其注意，某些类型暴力犯罪，如攻击、抢劫、强奸可能会移转到医院内发生。
- 该地区的社会经济发展概况：大学校园、矫正机构、流浪人员容留机构、工业界、零售街区、购物中心、中小学，等等。
- 服务人群概况及其特定的安全风险：日常生活护理、及时的医疗服务、医疗技术熟练的居民；行为方面有障碍的居民；帮派成员；无家可归者及暂住的人；非法外来人员；执法机构送来的患病的囚犯；矫正机构；等等。

- 潜在的高风险病人和访客。
- 非法活动，包括吸毒和卖淫。
- 公共交通的可通达性以及拟建站点的位置。
- 现有医院的事故报告及相关数据（注意：虽然医疗行业的竞争非常激烈，但是，安保专业人员通常都会共享数据。）
- 执法力量情况以及预计的反应时间。

既有医院（除了上面所述的内容，还应当包括以下内容）（图20.7 至图20.29）：

- 综合性设施及其现场检查应当包括：停车场、树木及灌木、人行道和车道、小路、外部照明、入口、收货区、直接开展医疗服务的区域及配套区域、人行地下通道和公用设施的地下管线，外部的采暖通风系统等。
- 特别注意高风险领域，包括接待处、行为矫正治疗区、收费处、紧急救援服务、餐饮服务、药品管理、材料物理、妇产科以及医疗档案等。
- 停车场应当特别注意环境设计预防犯罪中提及的三个传统关键要素：自然或电子方面的准入控制、监视措施以及明确场所界限。

379

图20.7 医疗机构应当在周围设置围栏，以保护其财产

图20.8 外部的门应当上锁、安装报警装置，并且采取监视措施，以免在未经允许的情况下被打开

380

图20.9 外面的大门处可能还需要安装闭路电视监视系统，以监视人员出入情况

图 20.10　图中的梯子可以通向设备用房的屋顶，但是，被忽略的是，可以通过屋顶直接进入二楼的药房，药房里面存放着各类药品。药房玻璃只是钢化玻璃，并不能确保安全。如果有人注意到了这一系列问题，就会发生后果严重的盗窃或者抢劫案件

- 收集员工、医生、病人和访客关于安全问题的反馈信息。
- 收集负责该区域巡逻的执法警官的反馈信息。他们这些非正式的反馈信息在大多数情况下比部门正式提供的犯罪数据更有用。

381

图 20.11　药房应当是严格限制入内、保卫严密的场所。应当严格执行访问控制规定，但是，图中药房的后窗只是钢化玻璃，借助设备房的维护用楼梯可以到达设备用房屋顶，到达药房窗户处

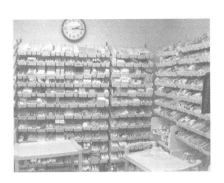

图 20.12 医院的药房是安全方面最敏感的区域，同时也是应当重点保卫的财产

图 20.13 许多医院在其楼顶设置了医用直升机停机坪。这些区域必须应当限制入内，安装闭路电视监控系统、动作传感器，采取严格的访问控制措施

图 20.14 储藏有生化危险物质的场所必须严格管理，限制进入的人员数量。只有经许可的特定人员才能入内，并对门实施有效监控，监视人员出入情况

图 20.15 图中的门综合采取了多种安全系统：闭路电视监控、对讲设备、读卡设备以及感应式开关设备

383

图 20.16 图中的医院停车场很好地运用了环境设计预防犯罪方面的一些原则：底层保护措施，地面植被高度较低，树冠高度较高，各类措施运用得当，外形美观

图 20.17 如图所示，如果底楼的车库的门大开着，其他环境设计预防犯罪措施做得再好也没有用，可能是维护保养方面的疏忽大意，如负责关门的人或是巡察的人，也可能是有人打开了门。为了解决类似问题，可以安装监控门的开关的设备，进入时必须刷卡，以方便值班室的人员掌握情况

384

图 20.18 除了门未关的问题外，还有一个安全隐患，就是将摄像头对着后面的墙壁，而不是未关的门，在这样的情形下，不能够发现是谁造成了这一问题，也不能发现是谁进入了车库

图 20.19 在一次医院调查中发现，电力控制室的门是开着的，可以进入电力控制室，接近电闸。可以想象一下，如果有人搞破坏或者进行恐怖袭击，进入控制室拉下电闸可能造成的混乱情况

385

图 20.20 保安工作不是一个讨人喜欢的工作。如果技术系统在设计时不好好考虑好人的因素和人体工程学，会大大增加保安工作的难度

图 20.21 在许多医院的安保值班室中普遍存在的一个问题是，其设备是一堆新旧不一的大杂烩。图中，我可以指出四代不同的监控、摄录设备。如果事后才考虑这些问题，如何能够让系统发挥整体效用，顺利运行

图 20.22 图中安保设施柜一片混乱。真是难以想象！如果出现了什么问题，或者某一条线因雷击受损，你从哪里着手排查问题呢

图 20.23 许多医院用可移动的集装箱存放多余的物资。切记不要简单地用一把安全性很低的小挂锁将这些生物性危险物质锁上就行了，如果受到恐怖分子和其他破坏行为损毁，后果不堪设想

图 20.24 关键基础设施必须采取保护措施，保证其安全。图中的天然气储存罐虽然围了起来，但是却没有对该区域采取视频监控措施

图 20.25 除了前面的大门外，医院所有的门都必须符合消防标准，安装警报，限制随意出入，并可以延时开启

图 20.26 VA 医院给退伍军人及其家人带来非常独特的挑战。随着抑郁程度加深，跳楼自杀的威胁也越来越大，让医院面临较大的困难

图 20.27 为了防止跳楼自杀，在设计天井和车库时要采取相关措施

图 20.28　没有遮挡的围栏让人可以　　　图 20.29　图中的标志牌出发点是好
轻松地爬上去。在围栏设计中，如何　　的，可以说明基本规则，并加以执行，
才能避免轻松地爬上去跳下自杀呢　　　但是，还需要在上面建造一些外形美
　　　　　　　　　　　　　　　　　　观的栏杆，防止他人爬上去跳下自杀

　　所有数据收集完毕后，应当制作安全风险评估表：一张针对该设施本身，
另一张针对其内的每一个高风险区域。每一区域的相关数据必须从该区域工作
的医生的员工处收集。针对尚处于规划阶段的医院，本章附录部分（图
20.32，表 20.A.1 至表 20.A.4）列出了风险评估表的模型。这些表格最近是
由 Kaiser Foundation 医院制作的，10 多年来，其他的医院广泛使用，并进行了
修改完善。从表中内容来看，如果用于评价其他的安全状况、系统状况以及是
否违反了相关程序，这些表格同样可以有效发挥作用。

20.4　规划新医疗设施

　　只有在规范建设新的医院时，环境保护预防犯罪才能最大地发挥其效用。
遗憾的是，在专业设计医院的建筑师中，知晓环境设计预防犯罪原则的人很少
（图 20.30）。

389

图 20.30　在新建或者扩建医院时，在设计阶段应当运用环境设
计预防犯罪原则，采取安全措施，并和整个设计保持协调

在医院，为了实施自然访问控制，可以减少入口的数量，并综合利用马路、人行道、景观绿化等措施，将人流导向适当的入口。

病人和访客只能通过两个入口进入。急诊科或者急诊室必须随时保持开放，并安排值班人员值守。在一些医院，采用了金属探测器对进入急诊科的所有人实施检查。救护车和执法部门送病人入内，必须经由单独的入口。在一些小医院，在正常的探视时间之外，所有的病人和访客经由急诊科频繁地出入。在大医院，会在夜晚另外开设入口，并安排人员值守，对非急诊情况下的出入实施管理。

在白天时段，应当为门诊病人、等待获得准入许可的人、购买零售药品的人等提供另外的入口。最好让病人和访客可以将车直接停放在这些入口外，然后走向他们的目的地，而不必穿越面积很大的停车场，或者医院内的其他无关区域。

员工停车场应当紧邻员工入口处，并且通过读卡设备或者其他技术手段实施访问控制。但是，员工或者医生有时可能忘记带或者找不到其出入卡，因此，还应当在入口处安装摄像头和对讲机，如果有员工或者医生要求开门时，值班控制室可以观察具体情况。医院的准入控制系统应当可以调出要求出入者的图像，以便和实时图像进行对比，决定是否准许其出入。

医院是一个非常复杂的建筑物，即使是最小的医院也需要综合采取各种指路标志，如不同颜色的指示牌以及其他一些引导病人和访客的措施。这些指示性措施应当和其他自然访问控制措施统筹安排，以更好地发挥作用，最大限度地预防犯罪。

有时，医生会在常规医院环境之外进行执业和诊疗，如办公园区或者其他类型的商业环境中，在这种情况下，自然访问控制措施显得更加重要。

自然监视要求从医院的窗户可以清楚地看到外面整个环境的相关情况。这样，可以减少或者消除犯罪分子及其他有害行为人的藏身之处。如果周围人流量大，也会降低实施犯罪所要求的私密性，有利于实施自然监视。

许多医院会将其外部环境修建得像公园一样，给员工、病人和访客提供一个静谧的环境，以避开过度的压力，也便于病人恢复。但是，如果没有采取环境设施预防犯罪措施，很容易在这些场所发生犯罪行为。这些类似场所的园林景观必须仔细规划、精心维护，消除因大树、灌木、地形等因素而形成的可以躲藏的空间。

为了提高医院停车场的自然监视水平，越来越普遍采用并非常有效的方法就是，在楼道的建造方面，摒弃传统的混凝土和砖石封闭结构，采用开放式结构或者用玻璃围起来。这样的楼道不仅美观，还可以消除犯罪分子的藏身之处。在楼道、停车场或者其他比较偏僻的地方，安装隐蔽的监控视频也是一个非常有效的方法。

加强区域管理也是医院可以采用的一个非常有效的方法。可以将护士站直接设置在电梯口及楼道入口处，并紧邻等候区，这样，可以让护士及其他员工清楚地看到入口处和所有病房的相关情况，便于他们对所负责的区域加强管理。由于缩减成本，医院需要降低人员经费支出，因此，加强区域管理变得更加重要，许多医院在进行改建时也会统筹考虑采取这方面的措施（图 20.31）。

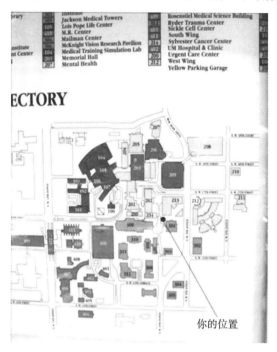

图 20.31　场所平面指示图应当清楚地标明看图者所处的位置，帮助他们找到想去的地方

　　一所新医院在安全方面需要哪些功能，要根据医院的功能定位、规模和布局来确定。许多业务类型，如行为矫治、妇产科、急诊、创伤治疗，会给医院在安保方面提出各类复杂的要求，正如医院所处地理位置不同，而在安全方面也要有所区别一样。医院的床位数量不一样，在很大程度上决定了需要雇用多少全职安保人员（FTEs）。医院的布局也很重要。和平面型布局相比，垂直型布局，无论是病员区还是在停车场方面，都更难以实施管理、巡察，需要的全职安保人员数量也会更多。

　　配备安保人员的成本较高，并且不会直接创造利润，所以，要尽可能地采取技术措施，辅助提高安保人员的工作效率。但是，技术只是起辅助作用，而不能完全替代安保人员，因为再先进的安保系统也需要有人实施监控，同时，当监测到意外情况时，还需要另外有人采取应对措施。

　　有的州规定，新建医院需要经过必要性审查（CON），在审查过程中，一般会确定医院的建设预算。因此，应当将安保支出纳入预算草案中，或者纳入建成后的运营成本中。基于以上原因，必须在设计过程中的每一阶段让安全专家（可以是咨询专家，也可以是来自内部的经验丰富的安全管理人员）和建筑师紧密配合，以保证所有的安全系统都涵盖在内，避免建成以后再额外新建系统。

20.5 既有医院的改建和扩建

既有医院的改建和扩建，为采取环境设计预防犯罪措施、节省成本提供了很好的机会。例如，可以如前所述，在护士站的布局方面进行优化，加强对特定区域的管理。同时，还可以减少高风险区域（如母婴室）的公共入口数量，增加其他安保措施，如发放带照片的访客出入卡，以提高自然访问控制管理水平。现有的部分系统可以利用访客的驾驶证照片，并允许医院，有时甚至可以与犯罪分子数据库之间进行交叉查验。

改建和扩建通常也便于现有安保系统之间实现有机融合。如果在设施数量和互联网协议（IP）带宽方面满足要求，在某一家医院建设一个安全控制中心就可以同时对多家医院的多个安保系统（准入控制系统、警报系统、闭路电视监控系统、防止拐骗婴儿系统、人身安全保护系统以及其他系统）实施监控。例如，如果有六家医院，一般情况下需要派六名值勤人员；如果采用一个控制中心模式，在一个控制中心配备两名熟练的调度技术人员就可以有效对六家医院实施监控，调派安保人员。此类中心的建设支出，会通过减少人员经费支出，提高运营效率，而在两三年内收回。如果控制中心的设计符合保险商实验室的规定，还可以因此免除向合同中心站缴纳的费用，取得更大的投资回报。

20.6 把握各方平衡

在新建、改建、扩建医院过程中，必须做好医院安全系统总体设计，应当对每一个子系统予以评估，确定其实际效用。医疗行业是一个快速发展、持续变化的行业，安全保护也必须与时俱进。为了实现这一目标，我们不仅需要决定安全系统可以做什么，还要决定为什么要这样做。以下是一些示例。

（1）准入控制系统是医院普遍采用的措施，也是最低安全标准。TJC 要求"医院应当识别进入其场所的每个人的身份"（CAMH EC.02.01.01，EP 7）。许多医院用刷带照片的身份卡或者其他的访问控制技术来识别其员工或医生，对安全敏感区域实施访问控制。一些医院也把这一方法推广运用到其供应商、志愿者和其他人员。但是，又有多少这类身份可识别的人员会在医院内实施犯罪呢？大多数发生在医院的犯罪行为都是由外来人员实施的，可是，在绝大多数医院，任何人都可以在正常的工作时间内，毫无阻碍地在医院走廊通行。

现在有一种技术，可以在一个人进入医院时向其发放一张带照片的访客通行卡，这张卡会在一定时间后失效，如果访客还要继续在医院内活动，他必须重新提出申请。这套系统的价格适中，但是人员经费支出很高，并且，在许多

391

社区，如果采用这套系统会激起公众反对。面对这种情况，医院该怎么办呢？

访问控制系统只可以有效地发挥下述作用：仅让经许可的人进入安全敏感场所，这也是联合委员会的要求（CAMH EC. 02. 01. 01，EP 8）。同样重要的是，它还可以确定经许可的人是什么时候进入该场所的，如果和闭路电视监控系统连接起来，还可以记录该人在场所内的活动情况。

（2）医院普遍安装了视频监控系统，但是其成效好吗？在很多情形下，实际安装的摄像头数量远远超过了安保人员可以监控的数量，但是，很少有医院会重视视频分析，因为这样会加大成本。正因如此，大多数情况下，只是在犯罪行为发生后才看一下监控，然后复制相关资料后交给警方。有时候，会确定犯罪分子身份并将其抓获，尽管是在事后，有时候却不能做到这一点。

研究表明，大多数人最多可以同时有效地监控 12 个摄像头。安装了综合闭路电视监控系统的医院却包括好几百个摄像头。怎样才能有效地实施监控呢？答案就是利用视频分析，让一位工作人员选择性地持续监控关键场所的摄像头（如急诊科的等候区、公共走廊和偏僻的场所），由闭路电视系统根据一定标准持续性地监控所有摄像头，当安全方面发生意外情况时，通知值班人员做出反应。视频分析可以识别出的活动类型范围正在不断扩展，现在可以识别的活动类型包括：在一定时间内潜伏在楼道或走廊，重叠行为（两个人重合为一个人），跑动、打架、一个人躺在地板上等。可以设置摄像头的报警功能，当有人开门、进入走廊或者接近高风险区域时发出警报。除了成本因素外，这类系统仅有的另外一个缺点是只能在固定角度发挥作用，而不能平移—倾斜—缩放（PTZ）。但是，这一缺陷也很快会被解决。

（3）防止拐骗婴儿系统，如 Hugs，是医院妇产科普遍采用的系统。通过训练员工，提高其警惕性，结合使用这些系统，医院、家庭和其他公共场所发生的婴儿拐骗案件大大减少。如果在未经允许的情况下企图移除婴儿的防护措施会触发警报，所有的出口，包括电梯、楼道、附近区域的门会立即关闭。在新建、改建、扩建妇产医院过程中，安装防止拐骗婴儿系统是最有成效的方式，这样可以有效地避免在医院发生令人悲痛的犯罪行为。

同样的技术现在也广泛运用于阿尔茨海默症老年病人较多的医院，以加强对老人的保护。很多时候，老年人、神智不清者会在无人注意的情况下从医院出走，因各种原因而死亡，造成惨痛的悲剧，发生这种事情，医院也会承担很重的责任。

（4）保护关键基础设施也是医院需要关注的问题。TJC 要求每一家医院都具备足够的发电能力，以备停电的时候可以提供备用电力，并且要求定期对发电系统进行检测。但是，对医院其他一些同样关键的基础设施往往重视不够。医院不能在没电的情况下运转，但是，如果没有了数据服务（通常来自医院外的其他地方）、食物、天然气和石油生产的暖气、医用气体、药品和水（这也是最重要的），医院同样不能运转。一次恐怖袭击，无需专门针对医院，就可以切断上述的任何一项关键资源，很快就会让一家医院丧失对病人的服务能力。

a. 对医院运转同等重要的另外一个因素是防止再现人手短缺。在应对 2009 年的大规模 H1N1 疫情过程中，梅奥诊所估计，占总数30% ~40% 的员工会因为其家庭成员的病情或者害怕被传染而缺岗。因为需要持续缩减支出，现在许多医院都极为缺人，在发生上述事件的情形下，会难以运转。

b. 当然，环境设计预防犯罪措施并不能有效地解决上述所有问题。但是，为了实现总体安全，以便为社区提供医疗服务，这些问题必须予以解决。

20.7　不作为的后果

如果医院不采取相关措施保证场所安全，其后果显而易见，只需阅读报纸、专业杂志和法院判决就可以一览无余。例如：

（1）一位患阿尔茨海默症的老年男性预约到医院看医生，并由医生开具了处方。但是，在寻找药房的过程中迷路了，最后从五层大楼楼顶摔下致死。他的家属提起诉讼，最终以庭外和解方式结案，获得了七位数的赔偿。

（2）一位妇女将其刚出生的孩子交给了一位自称是医院护士的人。拐骗者将婴儿带回家后放到洗衣篮中，最终婴儿窒息死亡。医院没有安装防止拐骗婴儿系统，拐骗者穿的是从没有采取安全措施的更衣室衣架上盗取的护士服。这个案件最后以庭外和解方式结案。汲取本次案件教训，采取相关措施后，该医院妇产科的相关案件的发案率降低了三分之一。

（3）一位护士在从医院通往偏僻停车场的地下通道内遭受攻击和强奸。通道内光线昏暗，既没有安排人员巡逻，也没有安装电子监控设施。一位安全咨询专家在案发前两次提出改进建议，但是其建议并未被采纳。立案法院审理后愤慨地认为，医院不顾员工的安全保障措施，具有重大过失。根据裁定，护士获得几百万美元赔偿，上诉法院最终也维持原判。

（4）另一位护士下班后在停车场被劫持，最后遭到强奸和杀害，她的尸体在几英里之外被发现。她曾经要求派一位人员陪同她到停车场，但是被告知暂时还派不出人手。她的丈夫提起诉讼，最后以庭外调解方式获得了巨额赔偿。

（5）一位在犯罪高发区医院工作的外科医生在停车场内遭遇抢劫（未

遂），被歹徒枪击，最终截瘫，40 多岁就不得不退休。经法院审查查明，该停车场的照明低于北美照明学会照明指南规定的最低标准，并且，案发前不久，医院为了降低责任保险费率，解除了安全保卫人员的武装。该医生及其妻子最后获得了总额达八位数的赔偿。

（6）一位医学编码员工受到与她已经感情破裂的丈夫的跟踪。她感到非常害怕，于是向医院的安全主管求助。安全主管利用其社区关系为该员工申请了受虐待妇女庇护所，让该员工及其两个孩子可以受到保护。随后，将该员工工作地点调到了私密性较好的办公室，并安装了报警装置。每天早上，该员工开车上班时，安全主管让她将车辆停在街对面的一个购物中心里，让其车辆处于购物中心的监控摄像头之下。

393　　然后由医院的一位安保人员用其个人车辆将女员工送到其办公室。每天下班进入她自己的车辆后，由一位安保人员护送其驾驶至少一英里，确保无人跟踪。这一安排持续了三个月，直至其丈夫被逮捕入狱。

为什么最后一个例子的结果迥然不同呢？正是因为积极采取措施，防范工作场所暴力，及时有效地采取了预防性安全手段，最后才使该员工及其两个孩子平安无事。

除了最后一个案例外，其他的所有案例都可以预防，而所需成本不到医院最终因诉讼而承担成本的 1%，更别提医院遭受的信誉损失（图 8.6）。近三分之一的医院枪击案发生在急诊科。约翰·霍普金斯办公室对重要事项防备和应对进行了研究，涉及 2000～2011 年发生在 40 个州的 154 宗枪击案件。研究表明，91% 的枪击者是男性，大多数枪击者都和受害者之间存在私人关系。绝大多数的医院枪击案都针对特定对象。在急诊科发生的枪击案中，一半以上都与安保人员的枪支有关，枪支通常是从安保人员手中夺走的。安保人员在医院安全管理中的作用非常关键，特别是在医院最容易发生安全意外的部门——急诊科。

20.8　应对措施

为了在医院或者其他医疗机构落实环境设施预防犯罪原则，必须采取以下措施：

（1）运用下述的风险评估表开展安全评估，发现自身存在的隐患。

（2）取得 CAP 犯罪指数预测报告及当地执法部门的犯罪数据。

（3）在新建、扩建、改建医院过程中，与建筑师和规划师密切协作。确保他们全面了解环境设计预防犯罪。即使你提及环境设计预防犯罪时，他们毫不理会，也要坚持让他们雇用具备相应能力的建筑咨询师。

（4）根据自身医院的实际情况决定需要采取哪些安全措施，明确所有的高风险区域。切记，虽然没有人将停车场列为高风险场所，但是上述的三个案件中有一半（超过三分之二的案件诉因是安全疏忽）是发生在停车场。

然后，在设计中运用环境设计预防犯罪原则时考虑以下因素：

（1）自然设计，注意自然性访问控制、监控以及加强区域管控。所有好的建筑设计都会创造性地运用这些手段，不仅使建筑设计外观美观，并且还可以降低发生犯罪案件的概率。

（2）技术提升措施，包括下述物理性安全措施：

a. 访问控制。

b. 警报系统。

c. 包含视频分析的闭路电视监控系统。

d. 防止拐骗婴儿系统，对老年病人也可以采取类似技术手段。

e. 重要基础设计保护措施。

f. 利用监控中心管理多家医院，包括考虑建设符合保险商实验室标准的控制中心。

（3）组织方面的改进措施，例如：

a. 在整个医院层面完善安保制度，将安全主管（CSO）吸纳为医院管理层成员。

b. 制定相关规定和流程，以有效地明确运营及管理规定。

c. 根据医院运营管理需要，主动实施安全方案，在他人因安保疏忽而提起诉讼时，可以做出有利于医院的答辩。

d. 要让每一位医院员工都了解安全方案，以及发生犯罪行为时，他们在第一线应当发挥的作用（图 20.35 至图 20.39）。

e. 根据医院实际情况，采取相应的雇用安保人员的最佳方案（合同外包、医院自己组建队伍、离职的执法人员，或者综合采取前述几种方法）。

f. 持续培训安保人员，以及时有效地应对可能出现的情况。

g. 采取下述措施，保证医院的安保人员清楚，当遇到无法避免的突发状况，而没有预定的处理流程时，如何做出应对：

i. 保证生命安全。

ii. 避免加剧伤害。

iii. 保护医院。

根据我们的经验以及场所安保义务疏忽诉讼方面的安全法，几乎在任何情形下均可以有效运用上述措施。

附录

医疗机构安全风险评估

表 20. A. 1　评估犯罪行为的等级和类型

相关事件类型	可能性 发生的可能性	对人的影响 伤亡的可能性	对财产的影响 物质损失	严重程度（轻重—缓解） 对业务的影响 服务中断损失的可能性	如何准备 预先规划	内部应对 时间，有效性资源	外部应对 社区/互助人员及供应	风险 相关威胁（风险提高的百分比）
分数	0=不适用 1=低 2=中 3=高	0=不适用 1=低 2=中 3=高	0=不适用 1=低 2=中 3=高	0=不适用 1=低 2=中 3=高	0=不适用 1=低 2=中 3=高	0=不适用 1=低 2=中 3=高	0=不适用 1=低 2=中 3=高	0~100%
纵火	1	2	3	2	1	1	1	19%
攻击	3	2	0	1	1	1	1	33%
性攻击	1	3	0	2	1	1	1	15%
防空警报	1	3	0	2	1	1	1	15%
炸弹威胁	1	1	1	3	1	1	1	15%
非法入室行窃	1	1	1	1	1	1	1	11%
机动车非法入室行窃	2	1	1	1	1	1	1	22%

续表

相关事件类型 分数	可能性 发生的可能性 0=不适用 1=低 2=中 3=高	对人的影响 伤亡的可能性 0=不适用 1=低 2=中 3=高	对财产的影响 物质损失 0=不适用 1=低 2=中 3=高	严重程度（轻重—缓解）对业务的影响 服务中断损失的可能性 0=不适用 1=低 2=中 3=高	如何准备 预先规划 0=不适用 1=低 2=中 3=高	内部应对 时间，有效性资源 0=不适用 1=低 2=中 3=高	外部应对 社区/互助人员及供应 0=不适用 1=低 2=中 3=高	风险 相关威胁（风险提高的百分比）0～100%
内乱	1	2	2	3	1	2	2	22%
妨碍治安行为	3	2	0	1	1	1	1	33%
家庭暴力	2	2	0	1	1	1	1	22%
毒品犯罪	2	2	1	1	1	1	1	26%
内部药物盗窃	3	2	1	1	1	1	1	39%
过失杀人	1	3	0	3	2	1	1	19%
人质劫持事件	1	3	1	3	1	1	1	19%
身份盗窃	3	1	1	1	1	2	3	50%
诱拐婴儿/儿童	2	3	1	3	1	1	1	37%
盗窃	3	0	0	1	1	1	1	22%
盗播调频信号	3	0	2	1	1	1	1	33%
盗窃机动车	1	0	0	0	1	1	1	6%
抢劫	1	3	0	1	1	1	1	13%
性侵	1	3	0	1	1	1	1	13%

396

续表

相关事件类型 分数	可能性 发生的可能性 0=不适用 1=低 2=中 3=高	对人的影响 伤亡的可能性 0=不适用 1=低 2=中 3=高	对财产的影响 物质损失 0=不适用 1=低 2=中 3=高	严重程度（轻重—缓解） 对业务的影响 服务中断损失的可能性 0=不适用 1=低 2=中 3=高	如何准备 预先规划 0=不适用 1=低 2=中 3=高	内部应对 时间，有效性资源 0=不适用 1=低 2=中 3=高	外部应对 社区/互助人员及供应 0=不适用 1=低 2=中 3=高	风险 相关威胁（风险提高的百分比）
自杀	1	3	0	1	1	1	1	13%
未经许可人内	3	0	0	0	1	1	1	17%
破坏财物	2	0	1	1	1	1	1	19%
持械攻击	1	2	0	2	1	1	1	11%
工作场所暴力	2	2	0	2	1	1	1	26%
平均得分	1.77	1.77	0.62	1.46	1.04	1	1.12	23%

风险 = 可能性 × 严重程度

0.23　0.59　0.39

表 20.A.2 违反安保规定

相关事件类型	可能性	严重程度（轻重—缓解）						风险
	发生的可能性	对人的影响 伤亡的可能性	对财产的影响 物质损失	对业务的影响 服务中断损失的可能性	如何准备 预先规划	内部应对 时间，有效性资源	外部应对 社区/互助人员及供应	相关威胁（风险提高的百分比）
分数	0＝不适用 1＝低 2＝中 3＝高	0＝不适用 1＝低 2＝中 3＝高	0＝不适用 1＝低 2＝中 3＝高	0＝不适用 1＝低 2＝中 3＝高	0＝不适用 1＝低 2＝中 3＝高	0＝不适用 1＝低 2＝中 3＝高	0＝不适用 1＝低 2＝中 3＝高	0～100%
内部门未锁	3	1	2	1	1	1	0	33%
外部门未锁	2	2	2	1	1	1	0	26%
私自外出	2	1	0	1	1	1	1	19%
EMTALA违规	1	0	0	2	1	1	0	7%
过度使用强制力量	1	2	1	1	1	1	1	13%
违反消防规定	2	3	3	3	1	1	1	44%
HIPAA违规	2	1	0	1	1	1	0	11%
太平间管理违规	1	1	0	1	1	1	0	7%
停车场违规	1	0	0	0	1	1	1	6%
规则的强制执行	3	1	0	0	1	1	0	11%
违反人身安全规定	1	1	1	1	1	1	1	11%
安全敏感区被突破	1	1	1	1	1	1	1	11%
违反交通规定	2	0	0	0	1	1	0	7%
未经许可使用电脑和图像和多媒体	2	0	0	2	2	1	0	19%
平均得分	1.67	0.87	0.67	1.07	1.07	1.00	0.40	13%

风险 ＝ 可能性 × 严重程度

0.13　0.56　0.24

表 20.A.3 安全管理系统运行情况

严重程度（轻重一缓解）

相关事件类型	可能性 发生的可能性	对人的影响 伤亡的可能性	对财产的影响 物质损失	对业务的影响 服务中断损失的可能性	如何准备 预先规划	内部应对，有效性资源 时间，有效性资源	外部应对 社区/互助人员及供应	风险 相关威胁（风险提高的百分比）
分数	0 = 不适用 1 = 低 2 = 中 3 = 高	0 = 不适用 1 = 低 2 = 中 3 = 高	0 = 不适用 1 = 低 2 = 中 3 = 高	0 = 不适用 1 = 低 2 = 中 3 = 高	0 = 不适用 1 = 低 2 = 中 3 = 高	0 = 不适用 1 = 低 2 = 中 3 = 高	0 = 不适用 1 = 低 2 = 中 3 = 高	0 ～ 100%
访问控制系统故障	1	1	2	2	1	1	0	13%
闭路电视监控系统故障	1	1	2	1	1	1	0	11%
警报故障	1	2	2	1	1	1	2	15%
紧急求救电话故障	1	1	3	2	1	1	0	13%
火灾报警系统故障	2	3	3	3	1	1	1	44%
婴儿防拐骗系统故障	1	2	1	2	1	1	2	17%
视频监控系统故障	1	1	1	1	1	1	2	13%
对讲系统故障	1	1	1	1	1	1	2	13%
防冏人系统故障	1	1	2	1	1	1	2	15%
虚假警报故障	1	2	1	1	1	1	2	13%
寻呼系统故障	1	2	1	1	1	1	2	15%
无线电系统故障	1	1	1	1	1	1	2	13%
冷藏报警系统故障	2	3	3	2	1	1	2	37%
报告系统故障	1	1	1	1	1	1	1	11%
声控系统故障	1	1	1	1	1	1	1	11%
电话故障	1	1	1	1	1	1	1	13%
网络报告系统故障	1	2	1	2	1	1	1	13%
平均得分	1.13	1.38	1.50	1.63	1.00	1.00	1.31	16%

风险 = 可能性 × 严重程度

0.16　0.38　0.42

表 20. A. 4　其他安全状况

相关事件类型	可能性	严重程度（轻重—缓解）						风险
	发生的可能性	对人的影响 伤亡的可能性	对财产的影响 物质损失	对业务中断 服务中断损失的可能性	如何准备 预先规划	内部应对 时间，有效性资源	外部应对 社区/互助人员及供应	相关威胁（风险提高的百分比）
分数	0＝不适用 1＝低 2＝中 3＝高	0＝不适用 1＝低 2＝中 3＝高	0＝不适用 1＝低 2＝中 3＝高	0＝不适用 1＝低 2＝中 3＝高	0＝不适用 1＝低 2＝中 3＝高	0＝不适用 1＝低 2＝中 3＝高	0＝不适用 1＝低 2＝中 3＝高	0～100%
非交通类事故	2	2	2	1	1	1	1	30%
交通事故	1	1	1	1	1	1	2	13%
管理层人员的保护	1	1	1	1	1	1	2	13%
法医入院	2	2	1	1	1	1	1	26%
危险品监测	1	3	2	2	1	3	2	24%
大量伤亡	1	3	1	3	1	1	2	20%
自然灾害	1	2	2	2	1	1	2	19%
病员管理	3	2	1	1	1	1	3	50%
恐怖主义活动	1	3	3	3	2	1	2	26%
威胁	2	3	1	1	1	1	2	33%
公用设施停止运行	2	1	1	3	1	1	3	37%
VIP病人或访客	1	1	1	2	1	1	1	13%
平均得分	1.55	0.22	1.45	1.82	1.09	1.18	1.91	26%

风险 ＝ 可能性 × 严重程度　　0.26　0.50　0.52

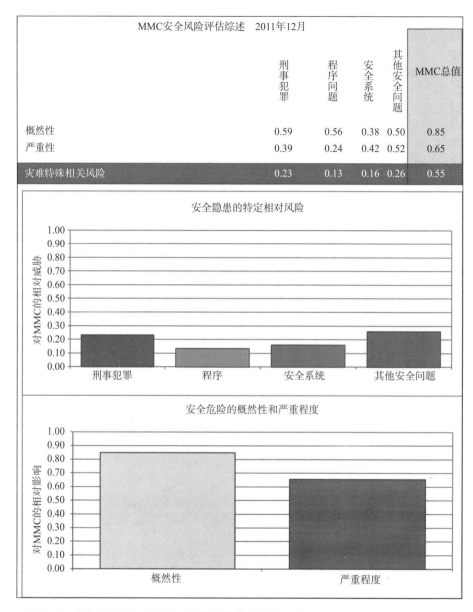

MMC安全风险评估综述 2011年12月					
	刑事犯罪	程序问题	安全系统	其他安全问题	MMC总值
概然性	0.59	0.56	0.38	0.50	0.85
严重性	0.39	0.24	0.42	0.52	0.65
灾难特殊相关风险	0.23	0.13	0.16	0.26	0.55

图 20.32 （参见彩图） 医院安全隐患风险评估摘要示例

参考文献

[1] Colling, R. L. and York, T. W. *Hospital and Healthcare Security*, 5th edn. Burlington, MA: Butterworth – Heinemann (2010).

[2] *2011 Comprehensive Accreditation Manual for Hospitals（CAMH）: The Official Handbook*. Oak Brook, IL: The Joint Commission (2010).

[3] *Guidelines for Design and Construction of Hospital and Health Care Facilities*. Washington,

DC: The American Institute of Architects (2001).

[4] Johns Hopkins Office of Critical Event Preparedness and Response. Study of Hospital Shootings from 2000 – 2011. Johns Hopkins Hospital. 2013.

[5] NFPA 101 Life Safety Code, National Fire Protection Association.

[6] NFPA 730 Premises Security Guidelines, National Fire Protection Association (2011).

[7] *Security Issues for Today's Health Care Organization*. Oak Brook, IL: The Joint Commission (2002).

安全社区与邻里的设计

21.1 安全社区

虽然近几年的统计数据表明犯罪率有所上升，但以近十来年为维度，犯罪率是呈下降趋势的。尽管如此，我的个人感受是，人们的安全感并没有提升。当人们感觉到不安全时，他们采取不同的方式来保护其人身和财产。无论威胁是来自工作场所、恐怖主义威胁还是街头犯罪，犯罪都会对人们的工作、休闲的方式和地点产生影响。

每个工作日，有将近 8000 名美国人在工作时或者工作场所外受到暴力行为的攻击或者威胁。不断发展的私人安保产业表明，越来越多的美国人认为，公共执法力量不能够保护他们免遭犯罪威胁。私人安保业人员数量高达公共警察数量的三倍（Benson，1998）。

社区犯罪率常常被认为与各类社会问题相关，如社区疏离程度、犯罪恐惧、房产价值降低以及与之相关的社区税基侵蚀等。韦恩州立大学 Steven Stack 的一项研究表明，不动产价值是最为显著的因素之一（Stack，1997）。在该项研究中，犯罪对不动产价值具有独立影响。以 100000 人口为基准，犯罪案件数量每增加 1000 宗，每处房产的价值就相应减少 9000 美元。如果一个社区有 10000 户，税基总量就会减少 9000 万美元。由于犯罪导致社区税基侵蚀，因此，用于社区教育、其他公共服务和基础设施方面的资金会大幅减少。

与之相反，Stack 的研究表明，在那些犯罪控制较好的社区，人们所居住的房屋的价值相对较高，也享有更好的教育和其他的公共服务。

如何在增强社区凝聚力的同时，让居住在社区内的居民感到自豪，不用走出社区即可满足基本需求？答案或许是需要将新城市主义的理想主义和通过环境设计切实预防犯罪的现实主义有机结合，这也被称为安全发展（详见附录）。

新都市主义理念以及与之相关的传统邻里社区设计（TND）理念形成于19 世纪 80 年代。新城市主义实质上是一场建设和规划设计思潮，其目的是以传统的城镇设计原则为基础，建设新的城镇和邻里社区。为了解决（城市）无序蔓延和现代郊区的问题，新都市主义致力于以更人性化的尺度建设社区

（图21.1）。为了达到这一尺度，新都市主义采用了控制密度、车辆交通、功能区划和其他关键要素方面的规范，以建设一个新传统城镇。"新传统城镇的外观和运转就像'二战'前某个舒适城市的后街，广泛融合了房屋、文化中心、步行距离内的购物区、充满活力的社区居民等多个要素"（*Consumer Reports*，May 1996）。

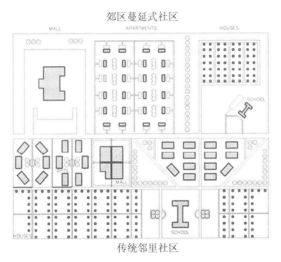

图 21.1　图显示了传统邻里社区和郊区蔓延式社区之间的区别

　　新都市主义城镇的构建始于其使用者的意愿和尺度。能否创建稳定的社区，取决于参与社区活动的居民能否在社会、经济和物理方面实现多样融合。城市或者城镇的生命力来源于发生于其中的各项活动。此类活动不但能够创建城市网络，还能促进形成有利于保护和增益于社区的社会责任感。"通过协助维护社区运转，实施安全、教育、就业项目，自愿向社区贡献资源确保其健康运转，积极主动的居民能够成为邻里社区最大的资产"（*Consumer Reports*，May 1996）。

　　构建环境的目的是建设市区，而不仅是建设房屋，因此，使用者需求应当得到重视。新都市主义倡导街区、房屋和街道都适于步行。同时，它还详细列明了功能区划和设计指南，以确保建筑形式和周围的步行环境能够相互融合（图21.2至图21.4）。总而言之，新都市主义策略是针对郊区蔓延式（图21.5至图21.7）和路障式（最显著的形式就是封闭社区）发展趋势的直接反应。

404

图 21.2　佛罗里达州塞拉布雷逊的新都市主义房屋示例，在其篱笆、门廊、窗户朝向、景观绿化设计方面，采用了大量的环境设计预防犯罪措施

图 21.3　美国主街道，是城镇所有活动的中心

图 21.4　今天的主街道，在可以安全步行的环境下，适于生活、工作和休闲

图 21.5　城市蔓延发展占用廉价土地，图中的房屋一直延伸到山脚尽头。整个社区出行只能完全依靠车辆

405

图 21.6　城市蔓延式发展使居住区被层层包裹，外出参加所有活动都必须开车，同时，房屋外观高度雷同，毫无特色

图 21.7　丹佛，城市蔓延发展仿佛一直延伸到世界尽头，市中心则远在 20 英里之外

21.2 封闭式社区犯罪研究

本书作者（Atlas，2000）选取了南佛罗里达同一城市的四个封闭式社区开展了一项研究，以评估犯罪模式变化。

在门卫室或有人值守的大门处，所有进入社区的非社区居民都受到监控，他们需要在停车指示牌前停车，录入车牌，并将相关信息录入日志。随后，门卫打开大门，允许车辆进入。

Keystone Point 地处迈阿密北部，是由 6 个岛屿组成的居民区，在陆上有三个入口。Keystone Point 社区位于比斯坎大道东面，被比斯坎湾围绕。社区居民是拥有中高收入的专业人士。Keystone Point 于 1991 年设置了有人值守的大门。对其 1990 年至 1997 年的犯罪数据研究后发现，统计期内，破门入室和盗窃案件数量明显下降。盗窃案件下降了 14%，破门入室案件下降了 54%。但是，在 8 年研究期间，也出现了犯罪数量剧增的高峰，随后下降。其犯罪模式呈波浪状，随后衰减并平缓变化。

Belle Meade 社区位于迈阿密市区内，居民主要是拥有独栋住宅的白人中产阶级。该社区位于比斯坎大道东面，被比斯坎湾围绕，有近 400 栋房屋。社区居民自 1982 年起就开始游说，要求加强安保措施，在 1987 年设置了 5 处街面路障。社区居民向戴德县议会申请，要求允许设置一个特别税区，以支付保安和保安室的费用。1991 年，Belle Meade 岛上设置了一个保安室，其范围内有 52 户居民。1992 年，在整个 Belle Meade 区域的主要入口处设置了第二个保安室。所有进入 Belle Meade 的车辆都必须由此通过。所有的路障和保安室对步行或者经水路进入不产生影响。收集分析 1985 年至 1996 年的犯罪数据显示，Belle Meade 的居民认为，本区的犯罪数量减少了，而实际上犯罪统计显示，犯罪率依然保持稳定。抢劫案件和破门入室案件减少了，普通盗窃和严重伤害案件相对保持稳定。由于自 1987 年起就设置了路障，虽然 2007 年发生了经济萧条，价格经历了明显回落，但是房产价值还是翻了一番。

21.3 门禁有用吗

从 Keystone Point 区域内每类犯罪的案件统计数量来看，很明显，门禁对犯罪数量增减或者对罪犯的威慑并没有太大作用。的确，门禁使居民感到更加安全，并相应推高本社区和相邻区域的不动产价值。

在佛罗里达 Miami Shores，街面路障对不动产评估价值的积极影响似乎更加明显（表 21.1）。在 20 世纪 80 年代，其不动产估值较低，但自 1989 年开始设置街面路障后，不动产的评估价值逐渐稳步提升。在设置街面路障后的 4 年间，1995 年的价值较 1994 年上升 6.12%，1996 年较 1995 年上升 0.86%，1997 年较 1996 年上升 0.03%，1998 年较 1997 年上升 3.72%。

表 21.1 1985 ~ 1987 年 Miami Shores 犯罪总计

年份	犯罪数
1985	1060
1986	1156
1987	1273
1988	1228
1989	1181
1990	1154
1991	1067
1992	1117
1993	1206
1994	1394
1995	1083
1996	1087
1997	1109

资料来源：佛罗里达州迈阿密城 Miami Shores 警察局。

注：路障设置于 1990 年。

尽管一些居民主要因为路障使他们不能直接到家，带来不便，反对设置路障，但是，绝大多数居民（几次公民投票表明）支持平抑交通和设置路障的举措，因为这有助于提升社区和邻里之间的归属感。尽管在阻止外人进入方面不如封闭式社区那样效果明显，但街面路障确实能够制止犯罪，减少不必要的过境交通，增加犯罪分子在社区内作案的难度，使其难以轻易逃窜至州际高速公路迅速逃离（图 21.8 和图 21.9）。

图 21.8 佛罗里达州 Miami Shores 城设置了许多交通减速标志。街面路障和交通平抑措施使社区居民和社区内的商户方可开车进入社区

图 21.9 图为截断的社区道路示例，可以阻止进入佛罗里达州 Miami Shores 城的主干道，限入措施改变了人们的社区生活方式。由于居民感觉进入街道是安全的，因此，步行出行大幅增加

21.4 什么是邻里社区

邻里社区是人和使用功能的融合。邻里社区的兴衰取决于步行行人和车辆交通之间能否实现精妙平衡（图 21.10）。

传统交通工程师厌恶道路拥堵，认为其会毁掉现代城市。但是近年来，一派非传统交通工程师提出，拥堵对行人和商业有利。《城市道路与城市权利》（*Conservation Law Foundation*，January，1998）提出"街道应当服务于每一位使用者，而不仅仅是驾驶人"。宜居和宜步行的观点也契合新都市主义与环境设计预防犯罪的理念。然而，宜步行社区的确产生了矛盾。在商户和居民共生的街道，拥堵虽然对本地商业有利，但是由于交通流量过大，加剧了拥堵。在南佛罗里达，建设宜步行社区比较成功的有南海滩（迈阿密海滩）、迈阿密湖的 Main Street、罗德岱堡的 Las Olas Boulevard、博卡拉顿的麦兹那公园和西棕榈滩的 CitiPlace。 408

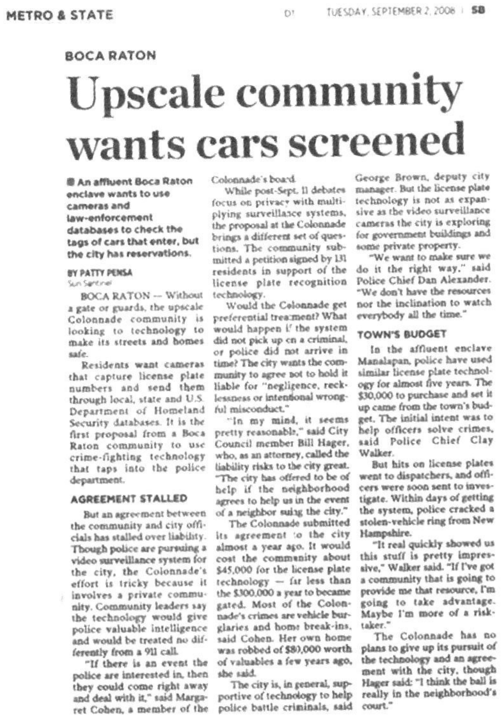

METRO & STATE D1 TUESDAY, SEPTEMBER 2, 2008 | 5B

BOCA RATON

Upscale community wants cars screened

An affluent Boca Raton enclave wants to use cameras and law-enforcement databases to check the tags of cars that enter, but the city has reservations.

BY PATTY PENSA
Sun Sentinel

BOCA RATON — Without a gate or guards, the upscale Colonnade community is looking to technology to make its streets and homes safe.

Residents want cameras that capture license plate numbers and send them through local, state and U.S. Department of Homeland Security databases. It is the first proposal from a Boca Raton community to use crime-fighting technology that taps into the police department.

AGREEMENT STALLED

But an agreement between the community and city officials has stalled over liability. Though police are pursuing a video surveillance system for the city, the Colonnade's effort is tricky because it involves a private community. Community leaders say the technology would give police valuable intelligence and would be treated no differently from a 911 call.

"If there is an event the police are interested in, then they could come right away and deal with it," said Margaret Cohen, a member of the Colonnade's board.

While post-Sept. 11 debates focus on privacy with multiplying surveillance systems, the proposal at the Colonnade brings a different set of questions. The community submitted a petition signed by 131 residents in support of the license plate recognition technology.

Would the Colonnade get preferential treatment? What would happen if the system did not pick up on a criminal, or police did not arrive in time? The city wants the community to agree not to hold it liable for "negligence, recklessness or intentional wrongful misconduct."

"In my mind, it seems pretty reasonable," said City Council member Bill Hager, who, as an attorney, called the liability risks to the city great. "The city has offered to be of help if the neighborhood agrees to help us in the event of a neighbor suing the city."

The Colonnade submitted its agreement to the city almost a year ago. It would cost the community about $45,000 for the license plate technology — far less than the $300,000 a year to became gated. Most of the Colonnade's crimes are vehicle burglaries and home break-ins, said Cohen. Her own home was robbed of $80,000 worth of valuables a few years ago, she said.

The city is, in general, supportive of technology to help police battle criminals, said George Brown, deputy city manager. But the license plate technology is not as expansive as the video surveillance cameras the city is exploring for government buildings and some private property.

"We want to make sure we do it the right way," said Police Chief Dan Alexander. "We don't have the resources nor the inclination to watch everybody all the time."

TOWN'S BUDGET

In the affluent enclave Manalapan, police have used similar license plate technology for almost five years. The $30,000 to purchase and set it up came from the town's budget. The initial intent was to help officers solve crimes, said Police Chief Clay Walker.

But hits on license plates went to dispatchers, and officers were soon sent to investigate. Within days of getting the system, police cracked a stolen-vehicle ring from New Hampshire.

"It real quickly showed us this stuff is pretty impressive," Walker said. "If I've got a community that is going to provide me that resource, I'm going to take advantage. Maybe I'm more of a risk-taker."

The Colonnade has no plans to give up its pursuit of the technology and an agreement with the city, though Hager said: "I think the ball is really in the neighborhood's court."

图 21.10 和其他社区采取封闭的方式不同，此社区选择安装摄像监控系统，以记录社区的出入情况

注：《高档小区想要监控车辆》，摘自南佛罗里达《太阳前哨报》，记者 Pensa，P，2008 年 9 月 20 日。已获使用许可。

新建或者拓宽道路是应对交通拥堵的常规做法，即使在高密度的市区，也会拆除阻挡道路的住房或商铺。正因如此，迈阿密具有非裔美国人风情的历史名区 Overtown 已经不复存在，在 19 世纪 60 年代，它是宜居、宜步行的社区。修建 95 号州际公路将该社区切为两半，几百处房屋和商铺被拆除，几千户家庭搬离。如今，一些社区正在废除高速公路，以激活大量的高价值房产，同时拆除这些碍眼的东西，拆除路障设施。

新都市主义的策略是通过将步行人流和车辆交通汇聚到一起，实现使用功能融合、各个收入阶层融合，整个区域步行 5 分钟可达；环境设计预防犯罪的目标是避免非本社区居民非法擅入而带来不便，必须经允许后才可进入社区。这二者之间会产生冲突吗？答案是否定的，Jane Jacobs 在环境设计预防犯罪运动发起初期就提出的土地多样化使用主张和这一理念并不冲突。Jacobs 只是一贯主张建立这种社区，希望可以借此降低各种城市犯罪发生概率。但是，许多环境设计预防犯罪的专家把访问控制推向了难以接受的极端。其结果是：该冲

突使有关门禁式或者路障式社区的争论成为了首要关注事项。

在实现形式方面，新都市主义要遵循以下几条规划设计准则，在很多方面，这些准则和前述各章中所述的第二代环境设计预防犯罪原则是高度一致的。

21.4.1 社区有明显的中心和边界

创建有中心、有限制的边界来寻求社会身份认同感和社区归属感——如"围圈大篷车"——如果你想这样做的话，可以通过利用基础设施和自然屏障来创建边界。中心一般是广场或者绿地，有时也可以是繁华的或者令人难忘的交叉路口。在中心应当有公共交通停靠站。引入公共交通是成功的社区规划中必不可少的要素，只要这样，才能避免使用私家车辆。"在公共交通沿线建设宜步行社区和办公区，就可以使公共汽车、有轨电车或者轻轨等公共交通可用。"（"Neighbor hoods Reborn"，*Consumer Reports*，May，1996）

在保障社区的社会秩序方面，交通中心甚至变得更为重要，因为它可以避免使用私家车辆，并且社区外的交通出行也倚仗公共交通。在向公共交通转型过程中，更加需要显著的中心和站点以供通勤和社会交流之需（图21.11）。

图 21.11　亚利桑那州 Civano 的一个新都市主义城镇。平面图显示，该社区具有综合功能区划和中心拓展的特点

21.4.2 一些黄金地段应当用于公共设施建设

用于会议、教育、宗教或者文化的公共设施应当建设在街尾或者社区中心通景线尽头。公共设施（CBs）应当和公共户外区域协同规划，建设于黄金地段，最好在通景线尽头或者街尾，成为一个地标。这些地标可以发挥双重作用，既是社区必不可少的公共基础设施，又可以培育公众的自豪感。邮局、会议大楼、警察局、消防局、法院等公共基础设施既是社区核心的外在表现形式，也是其实现层级治理所必需的。社区的核心是"商业区"，必须能够满足家庭生活的基本需求。

21.4.3 位于社区中心的建筑应当紧邻街道

这样可以营造强烈的地域特色。紧邻街道布局外观统一的建筑可以形成具有亲和力的街道空间。可以使街道布局更加紧凑而使之具有独特魅力。这样，核心商业区的都市形象韵味就营造出来了，给行人和驾驶人都带来不一样的空间感受，街道也变得"苗条"起来。在比例、形式、材质方面的显著变化使空间具有不一样的生命力，其中的细微之处可以由行人深入体会（图 21.12 至图 21.19）。

410

图 21.12　兴旺的麦兹那公园位于佛罗里达州博卡拉顿，是住宅物业和商业物业融合使用的生动范例

图 21.13　中央大街在美国城市中迅速崛起。建筑物的比例，对行人活动的高度重视，使其对合法活动极具吸引力

411

图 21.14　新都市主义公寓在使用功能和使用者方面实现融合，公寓朝向大街，富有社区感觉

图 21.15　丹佛商业区正在兴起建设新都市主义社区的大潮

图 21.16　步行社区同样需要安全感，可以通过阳台窗户自然地监视外面的情况，围栏和灯光也标示了区域和房屋的边界

图 21.17　引人注目、极富趣味的步行小道和街道连接，使城市小区变成了社区

412

图 21.18　商住混合的房屋，底层是商用物业，以上是住宅房屋。商住混合使用延长了使用者监视街道状况的时间

图 21.19　达拉斯的新都市主义社区，住宅公寓和商业/零售店铺仅有一步之遥。人们生活、工作、休闲可以不用走出相邻社区，也不用开车外出

21.4.4　绝大多数住宅距离中心只有步行 5 分钟的距离

平均距离一般为四分之一英里。此处的关键是城镇设计的宜步行性。五分钟的步行距离不仅指距离城镇的中心，还指居民为了满足日常生活所需而必须到达的地方（不需要开车）（图 21.20）。这也从另一个方面强调，公共基础设施应当修建在中心地带或者城市中心，以方便到达和便于人们交流。小区建设应当符合在社区范围内严格限制使用私人车辆的基本理念和规范，但是，如果没有功能齐全和经济方便的城镇中心，就不可能实现相关目标。如果居民被迫到社区之外满足日常生活所需，不仅社区不能够成为可行的宜步行社区，其存在还必须依赖于附近的大城市或城镇。

413

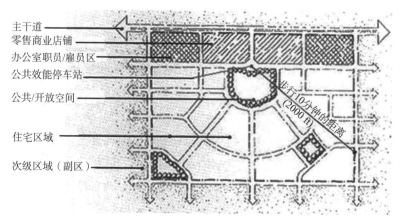

主干道
零售商业店铺
办公室职员/雇员区
公共效能停车站
公共/开放空间
住宅区域
次级区域（副区）

步行 10 分钟的距离
（2000 ft）

图 21.20　图展示了新都市主义的理念：10 分钟步行可达的功能融合使用城镇

"结构合理的社区是我们的各种关系向更大世界延伸的起点。它对于两个年龄段的人来说尤其重要：青少年和老年人。"（Plater–Zyberk，1996，p.58）将社区转向适宜步行，可以使老年人和青少年通过更合适的交通方式积极参与社区活动。现代城市规划使日常生活的各个方面都需要使用汽车，使没有汽车的群体处于弱势地位。

21.4.5 社区住宅风格形式多样

这通常表现为独户住宅、联排住宅、公寓或者商住混合楼，这样，年青人和老年人、单身人士和成家的家庭、低收入者和富裕人士都可以找到居住之处。房屋样式在大小、类别、价格方面也不一样，以满足城市中财务状况不同的各类人的需求（图21.21）。社区的多样化可以促进成长和学习，满足不同阶层人士需求，服务参与社区生活的所有人群。这和现代小区截然不同。

> 崭新的发展分支落位于六尺红漆高墙之后，公共道路和小区道路中的私家领地用警卫和大门隔开。和郊区贫民一样，因肤色和经济状况区别产生的其他阻隔也横亘其间。公寓、店铺、公共广场以及其他一切可能被财产较少或者其他种族人士关注的设施，在设计方面都要确保做到和业主之间互相隔离。由于行为受限，社区联系被切断，没有人会在家里会见邻居谈论邻里关系。小区的成功之处在于，最初购买者的社会、经济地位特点确定后，要从此保持不变。（Adler，1995，p.44）

41

图21.21 （参见彩图）社区的多样性使其独具特色、丰富多彩

21.4.6 每幢房屋后院允许修建小型的附属房屋

它可以是一个出租屋或者工作间。这也可能会引入门廊的使用，以代替传统的双车位车库。巴尔的摩市古彻学院 Richard Wagner 认为，"门廊是具有社区特点的代表元素。"（Cosco，1995）。门廊缩短了房屋和街道的距离，其通道

便于散步，提供了和社区之间进行社会交流的安全场所，有利于和休闲路人、邻居之间建立更加紧密的联系（图 21.22 和图 21.23）。

图 21.22　胜任的小区保安可以从门廊俯视附近的社区活动情况

图 21.23　新都市主义在提倡房屋紧邻街道的同时，也重视建筑安全，将合法使用者和非法擅入者区别开。在门锁周围缠绕的线圈，避免从外面以钓鱼方式打开门锁。同时，横杆和格栅也并非可以轻易利用的梯子，想借此快速翻越大门还是非常不易的

415　**21.4.7　在每处住宅附近有小型运动场**

距离不应当超过八分之一英里。广场和公园应当分布在全社区，设计有非正式社交活动、休闲娱乐和大型居民聚会所需要的设施。在城市结构中，此类聚会场所的重要性不能忽视，它们既提高凝聚力，也可以作为社区的观测哨（图 21.24 至图 21.25）。

图 21.24　社区的运动区域，在社区的房屋内即可以使之处于耳所能听、目所能及的范围

图 21.25　社区运动场（图为曼哈顿下城地区）应当具有环境设计预防犯罪特点，如访问控制，有区域边界，处于父母或者适格的保安监视范围

在缺少大型场地的情形下，特定的运动场地可以为儿童和成人提供交流场所。八分之一英里的距离也可以使儿童处于边界明显的社区范围内。高度重视宜步行和宜骑自行车，也便于社区内的小孩安全出入。

21.4.8　有足够近的小学，以便绝大多数小孩可以从家步行前往学校

距离不应超过一英里。"研究表明，小学的最佳规模是学生容量不超过 500 人。小型小学最好建设在绿化带上，服务二个到三个社区。"（Plater – Zyberk，1996，p. 58）

在父母双方均需全职工作的时代，小型学校体系可以培养孩子在家庭、社会生活中的独立能力。在这样的体系中，师生比例更加合理，能够更好地帮助孩子提高学习能力、独立能力。

416

21.4.9　社区中的街道是连接网格体系的纽带

这样可以提供更多的路线选择，并缓解交通拥堵。交通拥堵可以从两个角度来看，一是从驾驶人的角度，二是从行人的角度。网格体系将较长的街区进行了分割，提供了多种路径选择和"捷径"，同时，还进一步促进步行出行。从街区的一头到另一头，开车可能只需要几秒的时间，但是，从实际距离来看，在郊区蜿蜒的街区中，几乎不可能这么快。新建的街道和小巷将街区分割后，可以步行到达街角店铺，开车却不行。在成功的宜步行社区中，即使是在同等距离内完成同样的任务，开车也比步行麻烦。

21.4.10　街道比较狭窄，被成排的树荫遮蔽

这样可以减缓车速，便于步行和骑自行车。此外还有人行道、树荫、房前门廊和较窄的街道，再加上商业、娱乐、工作、礼拜场所距离家里仅几步之遥，步行显得更加方便了。修建舒适的人行道可以鼓励居民采取步行方式参与日常生活（图 21.26）。通行车辆减少后，步行风险也降低了，各种屏障也将行人和各类危险隔离开来。利用树、照明和停靠的车辆可以标出安全区域（图 21.27 和图 21.28）。

图 21.26　佛罗里达州西棕榈滩的市区，过去这是一个因毒品泛滥遭人遗弃的社区，如今重获新生，成为一个综合利用的新都市主义社区，零售、商业、生活设施齐备，成为人们生活、工作和休闲的目的地

416

21.4.11　停车场和车库大门一般不朝向街道

停车场被移到了建筑后面，一般利用小巷连接。把车库移到房屋背面或者侧面的附属建筑中，利用车辆腾出的区域修建门廊。商业区的停车场也照此建设：将房屋前移面向街道，形成户外开放式购物中心，停车场建在街区靠里位置或者景观绿化区域内。车辆被赶到后座上——这个比方或有不当——设计要以对行人的体验为导向。

图 21.27　在住宅前设计功能性的门廊对社区的健康发展非常重要。门廊是休憩的绝佳场所，可以在此观察社区的各项活动，也便于社区保安日常巡视

图 21.28　特定的平行道路使行人、自行车、机动车并行不悖

417　### 21.4.12　社区的中心或边缘有店铺或办公楼

店铺必须门类齐全，能够满足每周的生活所需（图 21.29）。至关重要的是要有一家便利店，这样，居民不用开车远行就可以满足基本需求。各类店铺和商业既是社区重要的经济基础，又可以提供必需的货物、服务、工作机会和产品生产，促进社区的可持续发展。

图 21.29　美国 Main Street，根据该理念，在商业区保持商业零售稳定，避免了衰落。使这一具有历史意义的古老商业区商业繁华、适于游憩，走出了郊区蔓延式发展的泥潭，经济也得以平稳发展

21.4.13 组织社区实现自治

由正式的组织讨论决定维护、安保、设施改造等事项。尽管这需要建立一个高效的物业业主委员会，但是，也可以借此使居民在社区发展中扮演更富责任的角色。主人翁精神和团结意识有助于社区的维护、发展以及公共安全方面的可持续发展。

1998年，住房和城市发展部（HUD）对极度破败公共住宅实施了振兴计划希望六期工程，向全国16个州的22个城市补助了5.07亿美元。该笔资金拨付给当地的公共住宅管理机构，用于解决拥挤、贫困、犯罪问题，建设能够融入周围社区的低层、私人、独户、复式住宅（AIArchitect，December，1998）。

截至2000年，HUD已经向104个希望六期工程补助了近30亿美元。希望六期工程针对居民需求，致力于社区振兴，在完善公共住宅硬件设施、提高管理水平及社会和社区服务服务水平，在全国范围内更替极度破败的公共住宅，向居民提供整洁、安全、体面的居住环境，重振他们的生活（图21.32）。希望六期项目秉承的原则是建设社区，而非建造建筑物；营造邻里氛围，而非项目开发。

这项浩大工程的建筑师们在进行住宅设计时将新都市主义理念与富有生命力及较强操作性的环境设计预防犯罪方法进行结合。设计师和规划师们将私人区域和公共区域区分开来，建立界限明确与可以实施防范的空间，重视商业和行人活动的需求，建设可以培育社区意识的邻里社区，并与周围社区紧密相联（图21.29至图21.34）。社区中融汇了不同收入阶层人士，综合了商业、居住多种用途，消除了关于公共住宅的不良印象，其目的是在城市中嵌入和周围社区融为一体的居住社区。

图21.30 安全的社区鼓励吸引人们走上街头。图为社区中的保姆带小孩外出散步

图21.31 纽约高架桥最初是地铁线路，现在被改造成完美的城市人行道

图 21.32 高架桥成为完美的纽约空中人行道，既可以呼吸新鲜空气，还可以遛狗

图 21.33 在高架桥入口有路线示意图，场地使用规则，充满了刺激和乐趣

图 21.34 在高架桥上还设有供合法使用者聚会享受阳光的地点。这也被城市居民当作公园

图 21.35 许多封闭式社区都想在入口处复制具有强烈标志意义的堡垒式或者城堡式大门。通常情况下，它仅具有象征意义，大门无人管理，大门拦杆未投入使用，处于开启位置

420　　　　近年来，地产商、住宅建设人员、市政官员和 HUD 都喜欢设计传统的城镇和社区，但在现代主义占统治地位的一些学术机构，这一观点并未被广泛接受（*Architectual Record*，November 1998：48）。反对者认为，新都市主义并未建立成熟的表达方式，其采用的形式也不明晰，经常采用"封闭社区"的表达方式，而这不过是现代蔓延式发展的一个新"堡垒"（图 21.35 和图 21.36）。

　　　1997 年，估计一共只有不超过 20000 个封闭社区，共计 300 余万个住宅单位（Blakely and Schneider，1997：7）。大约有 1600 万美国人居住在封闭社区（Benson，1998）。在一些地区，人们逐渐从组织社区监视预防犯罪，发展到策划活动逼迫不受欢迎的邻居搬离。显然，21 世纪的城市开发需要更佳的替代选择。

图 21.36　图中的门卫室发挥了检查站的作用，在此盘查访客和商贩，以确认其是否有合法理由出现在该场所。居民可以轻松地从右侧进入，门卫室的功能是进行访问控制。但是运行成本如何，有多少社区可以切实承担这一服务成本

21.5　新都市主义和蔓延式发展之争

并非所有的决策者和学者都认为新都市主义更优。一些人认为，现代的郊区蔓延式拓展的焦点是界限不清、街道曲折、杂乱分布的小巷、带独户住宅的单一功能区划，如此产生的社区比新都市主义社区更安全。一些人坚称，蔓延发展型城市的犯罪率比智能发展型城市更高。但是，仔细分辨就会发现，这些研究将智能发展、环境设计预防犯罪和蔓延型发展混为一谈。例如，Burnett 和 Villarreal 在 2004 年研究了美国许多城市的犯罪率后认为，蔓延发展型城市比智能型城市更安全。然而，该研究纯属牛头不对马嘴。他们掩盖了这一事实：智能发展型城市和新都市主义太新潮了，没有一座美国城市可以真正被认为是智能发展型城市。可能其中的某一小型社区属于智能发展或者新都市主义，但在整个城市范围视角研究犯罪，并宣称某一理论比另一理论更加有效，这显然会令人高度生疑。

即使在社区范围内，批判性的新都市主义研究结果也让人生疑。例如，英国警察局长协会对两个同等规模社区开展研究，一个社区采用了新都市主义，另一个偏向传统的社区采用了环境设计预防犯罪方法（在英国，环境设计预防犯罪被称为设计安全）。他们的结论是，新都市主义社区的犯罪率比运用设计安全方法社区的更高（http：//www.operationscorpion.org.uk/design_out_crime/policing_urbanism.htm）。

英国的报告认为，新都市主义和环境设计预防犯罪在一些重要方面存在根本性的差异：

（1）设计安全派尽可能增加私人财产数量，因为人们更易就其私人财产

421

宣示所有权，而新都市主义则尽可能地扩大公共区域。

（2）新都市主义倡导宜步行的街道，而非巷道。这使行人在晚上更易遭遇危险。

（3）新都市主义把停车场设在难以看管的区域，如后街小巷。设计安全派把停车场设在易于看管的区域。在英国，通常在公共场所大量采用闭路电视系统（CCTV）来达到这一目的（www.operationscorpion.org.uk/design_out_crime/policing_urbanism.htm）。

422 基于多方面原因，这一批评显得比较重要。首先，抛开城市设计风格不谈，细节决定成败。新都市主义为什么要把后街小巷设计得如此难以监视，这毫无理由。只有一种情况，就是设计师对环境设计预防犯罪的理念视而不见。总体而言，这两种理念是互相兼容的。

其次，英国的研究报告掩盖了私人财产和公共财产的区别。新都市主义理念，同时也包括智能发展理念（见第 36 章）并不排斥私人空间。只有糟糕的新都市主义设计才会如此，但那也是和设计细节质量相关，而与设计理念无关。与之相反，Jane Jacobs 在构建观点之初就将城市区域进行了区域层次区分，即公共、半公共、半私人、私人，而新都市主义呼应了这一理念。如果设计师接受了环境设计预防犯罪方面的正确培训，理解了空间层次的基本区域概念，毫无疑义，环境设计预防犯罪和新都市主义可以兼容。

最后，传统的环境设计预防犯罪（亦即设计安全）和新都市主义都未考虑社区的社会结构。这也是第二代环境设计预防犯罪产生的原因（见第 7 章）。第二代环境设计预防犯罪回归到初期环境设计预防犯罪所主张的起源要素，探究人们在社区明示其区域界限的原因。毫不奇怪，住在城堡中的人们会强烈地保护其所有的财产——只有当外人可以观察到城墙起于何处、终于何处时，他们才可以更容易使外人望而却步。

可防范社区尽量扩大私人区域、限制密度、综合利用土地、关闭甚至消除巷道，英国研究人员将之与新都市主义社区进行了对比。他们认为，和可防范区域社区相比，在犯罪率方面，新都市主义社区是前者的五倍；在警务成本方面，是前者的三倍（Town and O' Toole，2005）。新都市主义社区一般不主张封闭的街道或者小巷，然而，英国的犯罪调查显示，和沿巷道的住宅相比，沿网格式街道的住宅更容易被盗。新都市主义设计偏好更多地可以限制车辆的人行道和区域，但一旦发生犯罪或者紧急情况，这时常会阻碍应急车辆进入该区域。新都市主义提倡用于聚会的公共场所，以激发居民保护其社区免遭犯罪侵害的意识，但是，证据表明，人们更倾向于保护私人财产免遭犯罪侵害，而非公共财产。新都市主义规划倡导高密度住宅、土地综合利用，以促进社区交流，但是，英国那些仅有独户住宅、房屋相互分隔的小区遇到的犯罪问题却最少（Town and O' Toole，2005）。

正如前文所述，细节决定成败。设计师在可防范区域观念方面遇到的问题，在新都市主义设计观念中也容易碰到。英国的研究试图弄清这些设计要

素，然而，可防范区域的一些理念也采用了封闭社区、大量的访问控制。遗憾
的是，正如前文中提到的迈阿密研究报告所揭示的，封闭社区并非一定安全。
事实上，在城市中，居住在城堡中的居民终究得走出城堡，和社会上的其他人
互相交流。当他们走出城堡时，会面临一系列的社会矛盾冲突，必备的文化技
巧，包括多元的文化价值观，以及其他一些在封闭的城市堡垒中难以表达的东
西。融合了基础环境设计预防犯罪理念和第二代环境设计预防犯罪理念的新都
市主义正好是那种可以可靠地在城市社会中实现均衡的城市发展理念。

犯罪学家 Tim Crowe 提出了可被新都市主义包容的一些环境设计预防犯罪
基础策略。

（1）在控制区域内标出明确的边界线。

423

通过边界标识，使用者和观察人员必须能够区分哪些是属于公共区域，哪
些是属于私人区域。明确所有权可以辨别非法使用者。潜在罪犯是想在无人监
视或者不会被认出时实施犯罪。明确界限可以宣示某一区域的所有权，从而创
建专属区域。经宣示的区域被他人感知后就成为可防范的区域。

（2）清晰地标示过渡区域。

过渡区域也是一种界限标示和访问控制形式。通过环境设计，使用者将某
一区域标示得更易识别，表示所有权正在发生改变。在区域的入口处做出标
示，就会减少不当行为发生的借口。

（3）重新定位聚会区域。

将公共聚会地点重新定位到便于实施自然监视和访问控制的区域，可以使
此类区域更具吸引力，更易促进活动开展，吸引公众参与（图21.37）。

图21.37　位于房屋之间的迷你公园，业主从房屋二楼就可以
观察公园内的活动。园内的绿化建设也便于从街道或者周围的
房屋内实施自然监视

在公共领域，选择公共设施和聚会地点显得非常重要。在特定区域内感到
安全和自豪会激发社区居民的参与热情。

（4）在不安全的地点开展安全的活动。

正常可靠的活动参与人可以控制其行为。为了确保活动安全，可以详细列
出相关前提条件。选择不安全的地点开展活动必须有合理的原因。参与者数量

不能超过限值，以确保各类行为可控（图 21.38）。

（5）在安全的地点开展不安全的活动。

有风险的活动应当安排在自然监视条件良好、可管控的区域内开展，以提高该区域的所有人对侵害风险的感知能力。可管控的氛围可以保持对侵害者的可归责性，也为按要求参与活动的人提供安全感。

（6）调整空间利用，提供天然屏障。

利用距离、自然地形、绿化屏障标示所有权界限。合理的土地利用规划和景观绿化设计可以实现这一目标，同时，对业主而言，在降低总体成本的同时，使其享有所有权的区域和周围的自然环境更加和谐（图 21.39）。

424

Businesses want vagrancy law

By Maria Herrera
Staff writer

DELRAY BEACH — They gather to drink coffee, smoke cigarettes and hang out outside Starbucks. They are students, people working on laptops and some are patients of the city's recovery centers and sober houses.

But to nearby business owners, the crowds that gather at southbound Federal Highway and Atlantic Avenue are making potential patrons afraid to walk down the sidewalk.

"There's such an element of disgrace and dysfunction that is giving a black eye to the whole city," Jolene McClure, owner of Off the AVE, told the City Commission recently. "I feel like

we're raging a war and I'm asking the city to help."

Chamber of Commerce President Mike Malone and Sarah Martin, executive director of the Delray Beach Marketing Cooperative, echoed those concerns.

Although the Delray Beach Police Department has increased patrolling in the area and is working with business owners, some merchants say a vagrancy law could best deal with the problem.

"Delray Beach really needs one. Every city needs one," said Adam Knoblock, McClure's business partner. "Those people are there loitering, not drinking coffee."

McClure and Knoblock said their business has been hurt by the crowds that often spill onto the front of

their business. A small alley between the Antique Mall where the Starbucks is housed and their restaurant has become a refuge of illegal activity. There often are empty bottles of liquor, cigarette butts and even syringes littered about in the alley.

"They call it recovery corner," said Caren Ragan, owner of Floral Portraits by Caren, a stand inside the Antique Mall. "It really is a problem for us because it scares off some people. There are a lot of derogatory nicknames for the area."

Ragan said many legitimately patronize Starbucks, but others gather to cause trouble. She said a vagrancy law could weed out the people who are not serious about recovery.

4B ■ SUN SENTINEL ■ SUNSENTINEL.COM ■ MONDAY, NOVEMBER 21, 2011

图 21.38　星巴克位于城市专业青年白领公寓区和康复者、戒毒者聚集的低房租住宅区之间，各类顾客成分复杂、目标各异。这些穷困潦倒的人吓跑了那些遵纪守法的顾客。Delray（FL）市想制定规范流浪行乞行为的法律，以拔掉这些"眼中钉"

注：《商界呼唤流浪行乞法》，摘自南佛罗里达《太阳前哨报》，作者 Herrera，M，2011 年 11 月 21 日。已获使用许可。

图 21.39　街道附属设计吸引人们参与活动。什么活动需要在大家共同监视下开展呢

（7）完善空间布局。

由于控制空间密度可以优化物理、社会属性，所以，合理布局空间可以降

低风险程度。开展的活动可以决定场所氛围，进而定位目标人群，调控行为。合理的空间布局可以使不同的使用者根据社区的结构，合法地实现各自的目的（图 21.40 至图 21.42）。

425

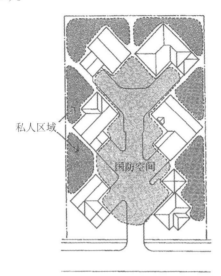

图 21.40　加拿大安大略省密西沙加市的一处市郊住宅小区，住宅呈 45°布局，从每户前门和门廊均可以看到街道入口。前院和车库属于社区可防范空间的一部分，在这样的场地布局中，邻居可以方便地观察到街道的状况。后院被围了起来，属于未经许可不得进入的区域。当地警察部门于 1980 年批准了该平面图，实践证明，这在减少社区盗窃犯罪方面卓有成效

图 21.41　住宅呈 45°布局，便于观察社区的出入情况。对于不想让爱管闲事的邻居知道其出入时间的家庭来说，这样太讨厌了

（8）对空间进行重新设计或完善，以便实施自然监视。

自然监视即简单地利用肉眼观察。只有处于被注视状态下时，罪犯才会感到危险，因此，消除可藏身之处、采取自然方式或利用设备改善视线，可以增加罪犯面临的风险，使罪犯不敢露面。重新设计空间必须同时适应使用者特点，提高空间满足使用者合法使用的能力。

图 21.42　荷兰鹿特丹的立体建筑利用房屋和窗户的朝向来改善自然监视条件

注：参见《世界上奇形怪状的建筑》，http：//ishal. blagspot. com/2011/01/weird_bizarre_architectures － in － world. html。

（9）拉近距离，消除隔离。

环境中的物体可能扩大间距、造成隔离，因此并不是越多越好。应当正确利用墙壁和其他设施来提供安全保障。使用者之间互相交流、关注可以提升自然监视水平。遮挡墙虽然可以划出所有权界限，但同时又形成了藏身之处，或者阻挡了来自外面的保护。并且，它还成了警察、消防员等合法使用者的障碍。开放的空间不仅可以降低建筑成本，同时，因为不阻碍视线，还改善了环境中的自然监视状况。

21.6　披着狼皮的羊

现在，很明显，新都市主义和环境设计预防犯罪是互相兼容的。新都市主义和环境设计预防犯罪的很多区别主要是各自的目标不同造成的。新都市主义通常被视为新城镇、社区的规划原则。环境设计预防犯罪被当作解决公共住房和内嵌式城市改建设计的特殊安全策略。但是，这样的观点正确吗？住在内嵌式的住宅区内，我们是否感到自己仿佛身处沼泽，已被鳄鱼吞至脖颈呢？（图 21.43）

在前面关于环境设计预防犯罪发展历史的章节中，我们看到了另

图 21.43　有时，我们感到仿佛身处沼泽，被鳄鱼吞至脖颈。社会密度和高度拥挤之间需要精巧平衡。许多人想要繁华的社区，却不愿意牺牲丝毫的个人隐私

外一种事实。芝加哥大学关于社区管控和社会失序的早期社区研究发现了不一样的环境设计预防犯罪传统，而不仅仅是一种安全策略。Jane Jacobs 的开创性规划作品也不把安全社区（安全社区的理念中延伸拓展出了环境设计预防犯罪）视为一种安保策略。在环境设计预防犯罪中，可能存在降低犯罪发生概率的方法，比如访问控制，但这是因为提升了社区区域管控意识才实现的。实际上，新都市主义和环境设计预防犯罪关于社区发展目标的认识是一致的。

　　空间所有权和空间所有权意识对两种策略都非常关键。培养区域意识是环境设计预防犯罪的主要原则，并且对新都市主义的形成也发挥了很大的作用。"为了培养自豪感、归属感和所有权意识，将建筑或小区设计成个人空间的集合显得非常重要。人们需要、想要属于自己的、可以表达自己的空间"（Hope Ⅵ Developments，August/September 1996，p. 4）。或许，现在社区住宅房屋设计比以往任何时候都要重要。技术进步使家庭办公增多，外出旅游减少。新都市主义的目标是实现：在宜步行的邻里社区内，仅需短距离步行即可完成日常生活的所有任务。在某一空间区域内，如果无论是工作还是生活都显得非常安全，无疑可以提高当下的生活质量。

427

　　对环境设计预防犯罪的质疑产生于细节。对许多设计师、城市规划师和建筑师而言，环境设计预防犯罪首先是一种安全理念，因此，被简视为带刺的铁丝网和横条阻隔的窗户。如果未能理解象征性阻隔和真正阻隔的区别，就会产生误解。真正的阻隔是可以实实在在地阻碍某人占有某一空间，而那些用来标示空间界限，可以被解除，主要是便于视觉识别的阻隔仅具有象征意义（图21.44）。白色的尖木篱笆主要是传统城市外观所需，起到强调区域空间层次界限的作用，把私人区域从公共区域中区分出来（图21.45）。这样的三尺木条对老练的盗贼毫无作用，但是，它却可以清晰地表明，试图加害他人的擅入者会面临风险。这就是区域的要义。

428

图 21.44　在商业中心和公寓住宅中争抢停车场地，反映了不动产的价值和稀缺

图 21.45　尖木篱笆和门廊外观，新都市主义希望回归小镇、大街、充满社区氛围的时代。篱笆以细微的形式，标明区域界限，实施访问控制。此处房产看起来维护得较好，非法侵入者会三思而后行

新都市主义倡导街道互通，形成良好的路网。然而，环境设计预防犯罪可能会选择阻断街道，形成"迷你型社区"，让车流不能进入社区的主干道。对通往主要场所的街道入口予以限制，有助力居民形成自我社区意识，还有助于居民发现、盘问那些企图加害居民的违法分子。街道上的车流量会减少，并和玩耍的儿童、成人等行人和谐共存（图 21.46）。"互相连通的街道可以提供多种路径，并通解交通拥堵。"（Peter Katz，1994）

图 21.46 许多新建购物广场营造主街的意味和规模，吸住商业、零售和娱乐活动

429　这样的设计是否会给不受欢迎的人和罪犯也提供多条逃离路线呢？准入限制和外部出口限制意味着罪犯及其同伙必须进入较小的"迷你型社区"才能作案，也得沿来路逃离。因此，就不存在着多条逃离路线的问题。"只要居民报警，罪犯可能会在逃离路上碰到警察。"（Nasar and Brown，1996）社区意识会产生责任感，鼓励居民积极参与维护自己所在社区治安。区域认同意识、自然监视和逃离路线限制会使犯罪活动变得风险较高，从而起到震慑罪犯的作用。其目标并不是建立四处设防、高墙围绕的与外界脱节的社区，而是发动居民，强化居民在社区中的作用。

通过发挥居民作用来建设安全城镇的这一根本特点，在回归传统邻里社区的规划设计原则中也存在。在新都市主义设计中使用门廊便是这种回归的鲜活例证，因为它既可以作为便于社区互动的外部空间，还可以作为社会交流的媒介。社会交流的存在还导入了另一环境设计预防犯罪原则，即自然监视。在开展各种活动和社会交流过程中，自然监视也就实现了。

提倡宜步行的社区也就是提倡邻里守望的社区，因为热心的市民会在整个社区起到实施自然监视和访问控制的作用（图 21.47）。合法使用者的存在也会警示潜在的罪犯：详尽的物理设计和居民的社会交流已经明示了所有权。同时，社区居民互相交流也会强化集体意识和社区认同感。将城镇商业中心和本地店铺融入社区体系中，也有助于突出社会认同感的重要性（图 21.48 和图 21.49）。

图 21.47　图中展示的属于庭院理念。跃层公寓建在车库之上，便于对公共区域进行自然监视，按照环境设计预防犯罪原理设计的照明和绿化也保证了良好的视线

图 21.48　许多的新都市主义社区都是按照旧世界的原则、经验和规模修建的。图中展示了典型的欧洲商业区，底层是商业店铺，楼上是住房，从阳台可以观察街道

图 21.49　许多以前衰落的商业区经修复后，成为安全有趣的商业胜地

　　在传统的社区店铺概念中，忠实的回头客会保护其本地商业，"二战"后，这一概念消失了。过去，零售店铺楼上就是人们居住的公寓，因此，夜晚和周末也会有人监视。然而，现在，在土地综合利用地区，店铺和购物中心如孤岛一般，并且在经济属性和社会属性方面不断变化。这些新兴开发行为也改变了社会环境。当人们购物时，他们已经不再互相熟悉。对传统的社区店铺产生的那种地域认同感和权属关切已经荡然无存了（Fennelly and Lombardi，

430

433

1997）。

认识这些细微之处，有助于发现新都市主义社区和环境设计预防犯罪社区在设计和准则方面的共同理念。两种理念相互交融。因此，与其说环境设计预防犯罪是针对"嵌入式房屋项目"，而新都市主义是针对"美丽的新传统城镇"，不如说二者整合才更加有效。在吸纳了环境设计预防犯罪中的区域界限、自然监视、准入理念后，新都市主义城镇、小区会更加安全。现在必须完成的工作任务是将两种理念结合起来，形成更加统一的设计成果。我们必须跳出关于设计创造性与设计安全性之间的争论。简而言之，设计的目的是创造富有魅力的空间。用建筑学的术语来说，现在，设计的社会责任感是无论从形式上，还是从细节上，要使空间能够安全有效地实现其功能。

431

规划和设计的未来，在于认识和利用环境设计预防犯罪和新都市主义的原则，为许多城市内核日渐衰落的社会提供安全的架构和社区。正如我们在成功的宜步行社区中所见，其结果是不仅会在物理方面取得成功，在社会结构和城市社区的关系方面也会带来积极的变化。

在中国，为了提高城市生活质量，他们提出了宣传口号，在北京和上海利用广告牌宣传（图 21.50 和图 21.51）。上海是一座全新的城市，同时也是世界上最大的城市之一。但是，利用公共交通、公园、道路、住宅、店铺等新建基础设施，上海被设计成为宜步行城市，同时也是最干净、最富有激情的城市之一。

432

图 21.50　城市，让生活更美好。营造了社区、区域的归属感以及自豪的氛围

图 21.51　上海的天际线，世界上最新、最美的城市之一

21.7　小　结

如今，面对美国许多城市建设中因城市规模产生的问题，新都市主义已经成为一种新的解决途径。HUD 前秘书长 Henry G. Cisneros 一直呼吁，在近年

来获得城市振兴计划补助的项目中，推行新都市主义和环境设计预防犯罪。在强调采用小规模社区时，Cisneros 说"居民们更清楚谁是社区内的人，谁是擅入者……热心的居民可以快速发现、举报可疑行为。在华盛顿特区、南布朗克斯地区、戴顿地区和其他一些推行的地区，可防范空间的运用被证明是行之有效的。"（Cisneros，1995，p. 361）

对安全社区设计和开发的态度也在不断演变。在今后的开发中，新都市主义与环境设计预防犯罪策略应当成为普遍共识。美国住房和城市发展部是位于第一线的部门，因为它有能力在许多新开发（再开发）公共场所中将二者结合起来。超过 75% 的新场所将采用新都市主义和环境设计预防犯罪原则，创建设计优良、反映周围社区特点、符合其需要的项目，同时也可能为公共住房建设设立新的标准。尽管人们仍然认为，环境设计预防犯罪是针对现今开发的解决之道，但是仍然很有必要认识到，只有在初始设计阶段就予以运用才会取得最佳效果。如果我们想在提高生活质量方面有所改变，设计师们需要学习、运用、传授最先进、最新的 21 世纪环境设计预防犯罪理念。只有这样，我们才能最大限度地与时俱进。

附录 A

智能规范模块：环境设计预防犯罪

智能规范集中了规划和城市设计领域有关土地开发的所有规定。它将功能区划、土地细分法规、城市设计、基本建筑规范整合成一个简洁的文件。智能规范可以根据不同区域的具体需求，展示小区的远期效果，因此，可以由专业的规划师、建筑师和居民代表根据当地的实际情况予以修正。

特别提示：智能规范并非建筑规范。建筑规范强调人身（安全）问题，如防火、防风暴。建筑规范的示例有国际建筑规范（IBC）、国际住宅规范（IRC）以及国际规范委员会的其他文件。

在讨论将智能发展作为蔓延式城市发展的一种替代选择时，经常会忽视另外一个重要问题，那就是，现在通行的社区发展设计规范和标准，无论是国际的还是国内的，都提倡细分和商业街。为了改变这类社区发展模式，以利于土地节约利用，倡导传统的居民点、村庄、乡镇和城市模式，很有必要设计新的规范。而智能规范正是适应这一目的的、最全面的规范。智能规范以表格的形式综合了土地开发方面的法规，致力于创建宜步行社区，涵盖了人们生活环境的各个类型——从最具有农村风情的环境到最具有城市特点的环境——包括了每一类型的特点、强度平面。智能规范由 Duany Plater - Zyberk 和 Company 最早提出。下面的智能规范平面模型是提交的环境设计预防犯罪和安全的其中一个方面。

433　**犯罪预防智能规范模型**[*]

犯罪预防一般着力于以下三个方面中的某一方面：

（1）人身安全——使人身免遭故意伤害（或者其他形式的攻击）或者盗窃的侵害；

（2）财产安全——使财产免遭入室盗窃或者损害；

（3）突发事件应急——在自然灾害、犯罪处置（一般是正在进行的犯罪，如劫持人质或者随意射杀群众）或者恐怖袭击中发挥场所功能。

尽管人身安全常常和其他两个方面重合，但是，从设计角度，人身安全是最重要的因素。和其他城市特点一样，人身安全是多种复杂因素综合作用的结果。安全问题不能单靠"目标强化"就能解决，也不能采取解决其他城市问题（如建设步行大道）的类似措施来解决。与之相异，犯罪预防应当通过因地制宜的设计来解决。

最知名的此类方案，环境设计预防犯罪，一直与时俱进地发展。尽管环境设计预防犯罪中提炼出的一些技术已经被使用了几百年，但是，近几十年来，

---

[*]　来源：犯罪预防模型草案 1.0 版，作者，Randy I. Atlas，智能规范 9.2 版应用平面研究中心。

通过一些城市学者，如 Jane Jacobs 和 Oscar Newman（他们更为精确地揭示了建成环境和犯罪行为之间的联系）的努力，这些技术已改头换面。倡导"肉眼监视街道"（Jacobs）、建设"可防范空间"（Newman）正是根据他们的研究结果才提出的策略。

正如模板封面上的引言所述，新都市主义和传统城镇规划的标准原则已经成为安全环境的基础。本模板中择取的原则、标准是对智能规范基本原则、标准的补充和强化。

第一条 适用于所有规划的一般原则

目标

环境设计预防犯罪项目强调有利于犯罪预防的 14 项原则（图 21.52）。

434

CPTED原则
T 领域性
AC 访问控制
NS 自然监视
AS 活动支持
I 描述影像

社区规模场址规划	T2	T3	T4	T5	T6	SD
场址照明（1）		T·NS·AS·I	T·NS·AS·I	T·NS·AS·I	T·NS·AS·I	T·NS·AS·I
机动车辆访问控制			T·AC	T·AC	T·AC	T·AC
边界定义（植物、栅栏）（2）	T·AC·I	T·AC·I	T·AC·I	T·AC·I	T·AC·I	T·AC·I
导向标识系统及标识牌（3）	T·AS·I	T·S·I				
面向大街的建筑物正立面（4）			T·NS·AS·I	T·NS·AS·I	T·NS·AS·I	T·NS·AS·I
面向公共空间的建筑物正面（4）			T·NS·AS·I	T·NS·AS·I	T·NS·AS·I	T·NS·AS·I
CPTED绿化景观与植物（5）			All Principles	All Principles	All Principles	All Principles
建筑物外观						
门——防止夜盗侵入			AC	AC	AC	AC
窗户——防止夜盗侵入			AC	AC	AC	AC
居所——保护不被暴力破坏			AC	AC	AC	AC
访问控制系统			AC	AC	AC	AC
周边保护——机动车辆阻碍物			AC	AC	AC	AC
CCTV正式监视系统			T·AC	T·AC	T·AC	T·AC
限制（从外面）进入屋顶			AC	AC	AC	AC
CPTED绿化及植物（5）			T·AC·NS·I	T·AC·NS·I	T·AC·NS·I	T·AC·NS·I
建筑物内部						
报警系统——侵入检测			AC	AC	AC	AC
CCTV监视控制室			AC	AC	AC	AC
建筑物安全照明			T·AC·AS	T·AC·AS	T·AC·AS	T·AC·AS
限制（从内部）访问屋顶			AC	AC	AC	AC
关键基础设施						
机械设备空间的保护			AC	AC	AC	AC
保护设施免遭CBRNE*攻击	AC·NS	AC·NS	AC·NS	AC·NS	AC·NS	AC·NS
防护炸弹袭击			AC·NS	AC·NS	AC·NS	AC·NS
公用设施的保护	AC·NS	AC·NS	AC·NS	AC·NS	AC·NS	AC·NS
CCTV监视（任何角度的监视）	T·AC	T·AC	T·AC	T·AC	T·AC	T·AC

*CBRN是指化学、生物、放射性制剂和核辐射物质，高当量爆炸物

（1）参见可持续城市规划模块的公共暗表（public darkness table）
（2）参见SCv9.2标准第5.7部分及栅栏和墙体模块
（3）参见SCv9.2标准第5.12部分和符号模块
（4）参见SCv9.2标准第5.6部分和第5.7部分
（5）参见SCv9.2标准第5.11部分和绿化景观模块

图 21.52 表 CP-1：多单元住宅和综合楼。建议在通常采用多单元结构的三个断面区域以及特别区域（SD）采用表中所示方法。平面区域下面的表格中列出了环境设计预防犯罪的原则，并有相应方法支撑，本表注释中也进行了说明。在社区规划层级，T3 和 T4 中采用的干预措施在更高的层级中也可用于犯罪预防。所有的多单元布局场所都必须进行风险评估，以决定是否必须运用环境设计预防犯罪技术

通过明确步行大道、大量富有吸引力的公共场所（CS）、方便"肉眼监视街道"的临街面的具体标准，智能规范有利于实施社区犯罪预防。然而，在其目标部分，除了在街区和建筑层次（见 1.3.3c）中，其他地方并没有具体提到犯罪预防。在修正时应当注意加入这两项原则。

在理解"均衡实施"时，应当考虑不同断面区域的特点。如本模板的其他部分所示，零售店和公寓需要重点关注，甚至可以采用不同的策略。一般而言，有零售店的场所为了吸引人流，陈列了贵重物品，理应更加安全。公寓建筑、带庭院建筑、平房院落需要采取相应的策略，突出相应半私密或者半公共区域的"所有权"。如果公共区域就是公用人行道，或者带私人庭院的私人住宅已经按照专属区域原则进行了明确的标示，所有权问题就显得不那么突出。

第二条 地区层级规划

应当在地区、全城范围内，或者至少应当在若干个社区范围内进行犯罪风险分析，以避免形成环境设计预防犯罪中的犯罪迁移现象。如果仅在某一街区，甚至仅在某一社区范围内完善设计，会简单地让犯罪行为迁移到另外一个地方。

第三条 新社区层级规划

在许多辖区内，环境设计预防犯罪和当地执法机构建立伙伴关系，让他们参与社区设计的开端。联合审查委员会中应当有一名当地警察代表。

犯罪预防

T3、T4、T5、T6 区域的特别规定

为了应对恶性犯罪或者恐怖主义威胁，应当采取措施保障建筑之间的巷道和空白地带的安全。尽管暂时不存在犯罪问题，当地情况也会发生变化，采取相关措施后可以应对今后的变化。

但是，根据新都市主义原则，不能将整个社区予以封闭。封闭社区不利于社区的综合利用，因为零售店铺和宾馆住宿依存于开放的社区。

第一条 适用于所有规划

1.3 目的

1.3.1 地区

i. 犯罪预防策略应当在整个地区均衡实施，以避免让犯罪行为发生迁移。

1.3.2 社区

i. 犯罪预防策略应当在每一社区均衡实施，以避免让犯罪发生迁移。

……

第二条 地区层级的规划

2.1 指导意见

……

2.1.5 在制定地区规划过程中，应当听取环境设计预防犯罪专家的指导意见。

第三条 新社区层级的规划

3.1 指导意见

......

3.1.8 新社区规划应当包括根据环境设计预防犯罪原则所做的风险评估报告，并和初步设计方案一并提交审查。联合审查委员会决定由相应机构对风险评估报告进行审查。

3.2 犯罪预防

436

3.2.1 适用于 T1，T2，T3，T4，T5，T6 和特别区域的一般规定

a. 新社区及其建筑、私人庭院、街道、公共场所应当按照 5. X 节犯罪预防、表 CP－1（图 21.52）、表 CP－2（图 21.53）中介绍的环境设计预防犯罪的原则和技术进行设计和建设。

CPTED原则
T 领域性
AC 访问控制
NS 自然监视
AS 活动支持
I 描述影像

公共空间（参见SCv9.2表）	T2	T3	T4	T5	T6	SD
照明（1）	T·NS·AS·I	T·NS·AS·I	T·NS·AS·I	T·NS·AS·I	T·NS·AS·I	T·NS·AS·I
边界定义——植物、栅栏（2）	T·AC·I	T·AC·I	T·AC·I	T·AC·I	T·AC·I	T·AC·I
导向标识——铭牌及规则（3）	T·AS·I	T·AS·I	T·AS·I	T·AS·I	T·AS·I	T·AS·I
限制访问时间（夜间关门）	T·AC	T·AC	T·AC	T·AC	T·AC	T·AC
面向大街的公共空间正面（4）		T·NS·I	T·NS·I	T·NS·I	T·NS·I	T·NS·I
面向大街的建筑物正面（4）		T·NS·I	T·NS·I	T·NS·I	T·NS·I	T·NS·I
公用设施：水及洗手间	AS	AS	AS	AS	AS	AS
座椅（长椅、野餐游戏桌椅）	AS·I	AS·I	AS·I	AS·I	AS·I	AS·I
CPTED绿化景观及植物（5）	All Principles	All Principles	All Principles	All Principles	All Principles	All Principles
绿色廊道和带状公园						
照明（1）	AS·I	AS·I	AS·I	AS·I	AS·I	AS·I
导向标识（铭牌及规则）（3）	T·AS·I	T·AS·I	T·AS·I	T·AS·I	T·AS·I	T·AS·I
紧急呼叫电话系统	T·AS	T·AS	T·AS	T·AS	T·AS	T·AS
从可见的绿色廊道访问建筑物	NS	NS	NS	NS	NS	NS
限制从绿色廊道访问建筑物	T·AC	T·AC	T·AC	T·AC	T·AC	T·AC
正式的CCTV监视（停车场）			T·AC	T·AC	T·AC	T·AC
公用设施（水和洗手间）	AS	AS	AS	AS	AS	AS
自行车道/步行道空间的维护	AS·I	AS·I	AS·I	AS·I	AS·I	AS·I
CPTED绿化景观及植物（5）	All Principles	All Principles	All Principles	All Principles	All Principles	All Principles
街道（包括地下通道和过街天桥）						
照明（1）	AS·I	AS·I	AS·I	AS·I	AS·I	AS·I
导向标识和标牌（3）	T·AS·I	T·AS·I	T·AS·I	T·AS·I	T·AS·I	T·AS·I
面向大道的建筑物正立面	T·NS·AS·I	T·NS·AS·I	T·NS·AS·I	T·NS·AS·I	T·NS·AS·I	T·NS·AS·I
人行道环行设计						
桥梁（关键基础设施）						
结构部件的保护	T·AC·NS	T·AC·NS	T·AC·NS	T·AC·NS	T·AC·NS	AC·NS
防护CBRN*制剂的袭击	AC·NS	AC·NS	AC·NS	AC·NS	AC·NS	AC·NS
防护爆炸物的袭击	AC·NS	AC·NS	AC·NS	AC·NS	AC·NS	AC·NS
机械设备设施的保护	AC·NS	AC·NS	AC·NS	AC·NS	AC·NS	AC·NS
（上述设施）CCTV的正式监视	T·AC	T·AC	T·AC	T·AC	T·AC	T·AC

*CBRN是指化学、生物、放射性制剂和核辐射物质，高当量爆炸物

（1）参见可持续城市规划模块的公共暗表（public darkness table）
（2）参见SCv9.2标准第5.7部分和栅栏和墙体模块
（3）参见SCv9.2标准第5.12部分和符号模块
（4）参见SCv9.2标准第5.6部分和第5.7部分
（5）参见SCv9.2标准第5.11部分和绿化景观模块

图 21.53 表 CP－2：公共场所及街道。本表中列出的方法适用于有公共场所或者有绿色通道（带状公园）穿过的断面区域。平面区域下面的表格中列出了环境设计预防犯罪的原则，并有相应方法支撑，本表注释中也进行了说明。所有的公共区域都必须进行风险评估，以决定是否必须运用环境设计预防犯罪技术

437

b. 采取的犯罪预防措施不得与 1.3 节中的内容冲突。

c. 为了保障儿童安全或者保护生物栖息地，需要对水域，包括湿地设置围栏，围栏设施应当可以透水。

3.2.2　适用于 T3，T4，T5，T6 区域的特别规定

a. 在设计街区时，应当便于今后利用障碍物将建筑之间或建筑正面的空隙围起来，在外围形成保护。相关的障碍物包括但不限于围栏、大门或者障碍性植物。

b. 背面的巷道及小路应当在两端形成可以保证安全的区域。

3.2.3　适用于公共场所的特别规定

a. 公共场所所处的位置应当是从建筑物正面的一扇窗户或者多扇窗户视线可及。

……

第四条　内嵌式社区层级的规划

4.1　指导意见

……

4.1.2　内嵌式社区规划应当包括根据环境设计预防犯罪原则要求所做的风险评估报告，并和初步现场规划一并提交审查。

4.1.3　联合审查委员会根据风险评估认定的存在犯罪风险的地点，应当按照建议或者要求采取环境设计预防犯罪技术。

第五条　建筑物层级的规划

第五条中的标准被分为两个不同的部分，以说明进行修正的不同方式。如下所述：

（1）犯罪预防模板中的所有标准应当在各个犯罪预防章节中以清单的形式列出。在其他的几个模板中也应当采取此种格式。

（2）犯罪预防模板中的所有标准都应当整合到基准智能规范现有的各个章节中，如建筑物结构章节和停车场章节。

（3）犯罪预防模板中的标准（或者其他可能增加的标准）应当如本节所示，可以运用到各类不同的章节中。

向当地的规范管理人员咨询，以决定采取适合于现有的或者拟采取的审查程序的最佳方式。

438　5.1　犯罪预防

5.1.1　显而易见，停车场是犯罪行为针对的目标。如果某一街区的居民共用同一停车场，尽管无任何居民对此享有所有权，但该停车场也不属于真正意义上的公共场所。该区域也可能未进行充分的维护、监视。更安全的选择是背街或者正面临街的个人停车位。基准智能规范（Smart Code）说明了设置停车场、停车库的必要选址标准，并揭示了它们和步行街道的关系。

5.2.1　适用于 T4，T5，T6 和特殊区域中多单元住宅和多功能建筑（Mixed-Use Buildings）的特别规定

a. 根据联合审查委员会批准的规划要求，应当采用环境设计预防犯罪的，业主应当按照表 CP – 1（图 21.53）的要求在专属区域、访问控制、自然监视、活动支撑、容貌方面采取相应措施。

b. 犯罪预防措施不得和 1.3 节关于目的的要求冲突。

c. 如果有共用的室外停车场，则每一建筑应当在各层楼梯位置面向停车场设置至少一扇窗户，以便观察停车场情况。

d. 相关建筑有配套的悠闲娱乐场所（如游泳池、网球场、俱乐部、运动场）的，应当在该建筑内设置一扇或多扇窗户，以便观察相关场所情况。

5.3　建筑结构

5.3.1　适用于 T3，T4，T5，T6 的特别规定

（1）主要建筑或者临街建筑配套建设了附属公寓或者家庭办公用房的，应当在主要建筑或者临街建筑的正面各层设置至少一扇窗户，以便观察其附近公共街道情况。

（2）位于背街巷道（Rear Alleys）或者背街小路（Rear Lanes）旁的主要建筑（Principal Building）或者临街建筑（Outbuilding）配套建设了附属公寓或者家庭办公用房的，应当在主要建筑或者临街建筑的背面楼梯处设置至少一扇窗户，以便观察经过巷道或者小道的行人和车辆情况。同时，还应确保从任一房间均可通过窗户观察。在保证效果的情况下，也可以用闭路电视监控系统替代。

（3）底层的共用房间（Common Rooms）的窗户不够安全的，应当在窗户下种植障碍植物（Barrier Plants）。障碍植物在窗户两旁的种植宽度不得少于12 英寸，但是不得高于窗台。种植的植物不得阻碍卧室的紧急逃生通道。

（4）临街建筑应当可以锁闭。

5.3.2　适用于 T3，T4 区域的特别规定

位于庭院旁的主要建筑或者临街建筑配套建设了附属公寓或者家庭办公用房的，应当在主要建筑或者临街建筑的每一楼梯处设置至少一扇窗户，以便至少可以观察到庭院 25% 的面积。应当确保从每一共用房间均可透过窗户观察。

5.3.3　适用于 T4，T5，T6 区域的特别规定

（1）从公共街道能途经建筑的安全门，门的高度为 3 英尺。

（2）为了方便零售，应当在店铺前面、从公用通道可见的位置设置至少一个收银台。

智能规范注释

表 CP – 1　多单元住宅和综合建筑

环境设计预防犯罪项目强调 14 项原则。有的原则是为了取得积极效果，有的是为了避免消极结果。由于智能规范主要属于预设规范，本表（图 21.52）和表 CP – 2（图 21.53）仅列举了注释中说明了五种积极性原则。其他两项积极性原则土地综合利用（Land Use Mix）原则和相互联通（Connectivity），已经在常规的都市主义的各个层级的开发中使用，在各类住宅断面区域

规划中均应当采用。

《萨斯卡通的安全发展和环境设计预防犯罪》《环境设计预防犯罪指南：社区安全发展实用手册》，以及萨斯卡通城的规划与发展中对所有 14 项原则有详细介绍。

专属区域是指创建、培育归属于特定合法使用者的专属空间（如使用者享有所有权），使犯罪行为或其他有害行为不易在该区域发生。利用景观绿化设施隔离，标示公共、私人、半公共区域的方式可以实现这一目标，其他方式还包括安装标示牌，采取街头艺术形式美化公共场所，将餐馆等向外延伸为人行道、咖啡馆等。如果社区居民在物理、政治、社会体系方面联系紧密，大家的归属感就更强，也更倾向于体现专属空间。城市设计决策，如布局高等级公路或交通线，会强化社区的边界线，进而强化归属感（但是，如果设计不当，则易穿过社区，破坏其完整性而削弱归属感）。如果社区边界明晰，不仅易于识别、管理，还有助于核实访客和陌生人何时进入了社区。此外，通过设计可以赋予社区显著特性。访问控制是指对出入社区、公共场所、楼房和其他场所的人进行控制。

访问控制既包括以围栏、出入大门、内部对讲系统等方式控制正规或者非正规的出入点，也包括以树篱、拱门及其他的景观绿化、设计方式标示公共场所和社区的入口。

自然监视指贯彻"群众监视街道"理念，让那些企图犯罪后溜之大吉的人感到危险。如果让公共场所能够处于合法使用者及其他人的监视之下，并且让潜在犯罪者明显感觉到无处遁形，该公共场所会更加安全。犯罪行为通常发生在难以发现的隐密场所，在公共场所被盯上的受害人可能会被带到偏僻之地。走在大街上的人在能够看到其他人或者被其他人看到的情形下会更加安全。通过街道设计、景观绿化、灯光照明、场地布局等方式可以营造清爽的视线环境，更加便于实施自然监视。使门廊和透明的窗户面向公共大街和公共场所尤为有效。

自然监视区别于有组织监视（如安保巡逻，包括邻里守望组织）和用设备监视（闭路电视系统）等正式监视方式。一些场所要求必须采取正式监视方式，但是根据智能规范（Smart Code）和环境设计预防犯罪方法采取自然监视后，这些正式监视措施会显得多此一举。

活动支撑是指为体育比赛、户外音乐会、街区聚会、跳蚤市场、农夫市场、壁画创作等活动提供便利，并组织实施，使合法使用者聚集于相关场所。无论是定期组织还是随机组织的活动都可以降低实施犯罪并溜之大吉的概率。场所或者设施长期闲置不用则会提高犯罪行为发生的概率。在场所内举办各种互相兼容的活动，可以吸引不同的合法使用者群体参与，便于实施"群众监视街道"，增强保卫力量，使该场所更加安全。在功能区划上将各种用途的土地隔离开来（如商业大街模式中，因无人在店铺楼上居住，在夜晚会空无一人），会使一些场所在一天或一周的某一时段闲置不用，增加风险。活动支撑

440

的另一个重要优点是，会使潜在的罪犯更加劳神费力。

容貌是指某一公共区域的外观以及其在提升合法使用者专属区域感方面的作用。如果某一场所从外观上就让人感觉无从管护，犯罪者就会认为业主和其他合法使用者会纵容犯罪行为；反之，精心管护的场所会让人感觉到此地有主，安全无忧。为了维持良好容貌，应当定期打扫、去除随意涂鸦、拔除空地杂草、清除垃圾，增加非正式的公共艺术，提升园艺水平等。为了改善社区容貌，业主和物业管理方应当采取有效的管理维护措施，使财物管护符合相关标准，提升主人翁精神、荣誉感和参与度。

表 CP－2　公共区域和街道

表 CP－2（图 21.53）中所示的五项环境设计预防犯罪积极原则已在注释中做了说明。第六项原则连接道，主要适用于带状公园和街道等类型的场所，如自行车道、步（跑）道、小巷、过道、停车场的出入道等。连接道易使合法使用者遭受罪犯侵害，因为罪犯会在连接道旁蹲守、尾随他们到偏僻场所。在此类公共场所，照明和自然监视显得至关重要。风险评估会要求沿连接道设置设备监视系统和（或）带区域编号的紧急呼救系统。

从楼房可以看到至绿化带的道路：此标准比较模糊，因为不能要求从每一楼房的任一窗户都可以看到绿化带或其通道。需要开展风险评估，以判断从楼房处是否足以实施自然监视。第 5 页 3. X. 3 部分是针对公共区域的标准，如果可行，可以根据此标准予以加强。

限制从绿化带进入楼房的道路：在高层截面表格中未对此项予以说明，因为 T5、T6 截面图对应的楼房是多功能用途楼房，需要设置从大街和带状公园进入楼房的通道，连接自行车道和其他场所。尽管如此，风险评估结果也可能会要求对毗邻连接道、使用较少的背面入口重点关注，如设置闭路电视系统进行正式监视。

术语定义：犯罪预防

访问控制：对进出某一场所的人予以限制和（或）确认的一种或多种技术手段。

活动支撑：让合法使用者聚集到公共场所或毗邻公共场所的区域开展活动。

植物障碍：高密度的带刺、针的植物。

划分边界：明确区域的行为，或者边界自身（即划分界线）。

核化生爆物：有害的化学性、生物性、放射性、核物质、高能爆炸物。

闭路电视：见闭路电视系统。

闭路电视系统：可以使保卫人员观察在另一房间、同一房间的另一区域户外发生的活动的摄像、电视系统。可以保存相关影像供事后分析。

公用房间：住所或者商铺的某一主要房间，包括但不限于下列某一类或多类结合的房间——厨房、餐厅、起居室、客厅、娱乐室、办公室、演播室、大堂或零售店。

441

环境设计预防犯罪：通过环境设计预防犯罪，一个专业的安全组织及其设定的安全技术规范。

迁移：当某一区域不适宜实施犯罪活动后，犯罪活动转移到另一区域。

正式监视：与自然监视相对，通过设备系统和（或）专业保卫人员对某一场所实施监视。

连接道：通过提示性线路或道路引导人们前进方向的区域。

自然监视：和正式监视对应，指非专业人员通过其显著性存在，观察公共场所，举报或防止犯罪。

风险评估：专业人员评估某一场所，以决定采取何种犯罪预防策略更合适。

专属区域：创设、培育属于合法使用人（如享有所有权）的场所，降低不属于该场所的人在该场所实施犯罪或进行其他不良行为的概率。

可见性：在不借助望远镜或闭路电视系统的情况下，在正常视距内可以被其他人看到。

附录 B

智能发展环境设计预防犯罪模块：
安全发展和环境设计预防犯罪注解
——环境设计预防犯罪：社区安全发展指南

第一章

1.1 指南简介

此指南介绍了实施犯罪预防的一系列设计、规划原则，可以具体运用于某一场所和开发规划。Gregory Saville of Alter Nation LLC 和 Elisabeth Miller MCIP 合力撰写了《萨斯卡通的规划和开发》，本指南正是来源于他们在此书中提出的创新理念和具体方法，他们还撰写了萨斯卡通文本：《萨斯卡通的安全发展和环境设计预防犯罪》《环境设计预防犯罪指南：社区安全发展实用手册》（2010 年 6 月版）。它是关于位于北美的这座大型城市的具体设计指南，因为其文法精湛、结构严谨，也被视为环境设计预防犯罪智能发展模块的奠基之作。根据智能发展规范和截面区域的实际情况，我对此进行了改编，使之能够更加广泛地对使用智能规范的建筑师、规划师、设计人员予以指导。

需要着重强调的是，没有任何单一的设计方法可以制止所有形式的犯罪，因此，本指南并不是环境设计预防犯罪的百科全书，只是为大家提供设计选择。根据具体场所的潜在问题开展风险评估，结合本指南使用，有助于创建更加安全的城市、社区、建筑和公共场所。

安全发展指南虽然不关注窗户、闭路电视系统类别等建筑、安保方面的硬件细节。但是，对与环境设计预防犯罪密切相关的两类关键设计形式提出了具体要求，即照明和景观绿化。

无论何时，指南与新都市主义布局智能规范模块都密切相关。该安全发展指南支撑安保智能规范模块，而安保智能规范模板是该安全发展指南的拓展延伸。在以类型化区域断面为基础的完备体系中，模块是其中的组成部分。智能规范模板是应用区域断面研究中心的成果之一，在应用区域断面研究中心的网站（www. transect. org）可免费获取。

1.2 智能规范和区域断面

智能规范是一个融合了智能发展和新都市主义原则的表格式模型化规范（Model Form-Based Code）。它是一个涵盖了各个层级开发设计的综合性开发规范，大到区域规划，小到楼房设计，甚至具体的指示牌设计。智能规范认为，从农村向城市过渡进程中的各类区域断面类型，在功能区划上，应当适应不同

442

类型居民的需要。长期以来，传统的单一功能区划主张蚕食土地式的蔓延发展，街道不适宜步行，更重要的是不如本指南关注公共场所安全，而智能规范就是要颠覆这一传统。而模型化智能规范就是要通过分析每一城镇或社区的"设计 DNA"，因地制宜地设计最佳方案。

通过从已被证实为安全、宜步行的著名城市设计方案中吸取经验，智能规范能够顺利地实现设计意图。因为其文字表述规范严谨，所以，根据智能规范和其他新都市主义表格式规范设计的街道无论是对行人、骑自行车的人还是机动车驾驶人，在交通安全方面都更有保障。同时，由于本指南在规划方面提倡多功能区划，小型街区，互联互通，比例适当，如"户外房间"的街道和广场，极具魅力的临街风貌，靠街设窗，因而能够降低犯罪率，提升安全感。规范的实施还会使合法使用者更多地使用各个场所，培养主人翁精神，充分发挥"群众监视街道"功能。

在 9.2 版智能规范中，会简要说明各类断面区域（Transect Zones）。本规范集中关注 T3 至 T6 等城市化程度较高的区域、公共区域以及特别区域（图 21.54）。

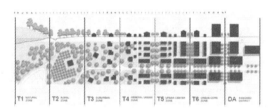

图 21.54　各类功能断面区域

T1 为原始区，其原本主要是荒野的土地，或者因废弃以后变成荒野的土地，从地形、水文、植被等方面均不适合居住（图 21.55）。

443　　T2 为农村地区，其分散的居住区处于开放或耕作状态。主要包括林地、农用地、草地和有灌溉条件的沙地。常见建筑类型包括农舍、农用设施、木屋和别墅等。多数情况下，街道就是道路（图 21.56）。

图 21.55　原始区　　　　　　　　　　图 21.56　农村地区

T3 为郊区，主要包括低密度的住宅区、融合程度较低的多功能区。居家办公和附属建筑较常见。植物多处于自然状态，建筑退让距离相对较大。一般街区较大，受自然条件制约，街道体系呈不规则状（图21.57）。

T4 为多功能区，但主要是居住型城市体系。通常，建筑类型较多，包括独栋房屋、联排房屋、小型公寓等。建筑退让距离和景观绿化风格多样。街道带路沿和步行道，街区规模中等（图21.58）。

444

图 21.57 郊区

图 21.58 普通市区

T5 区为高密度、多功能综合使用区，包括零售店铺、写字楼、联排房屋、公寓等。该区街道体系紧凑，步行道宽阔，定植行道树，建筑紧邻步行道修建（图21.59）。

T6 为城市核心区，建筑密度、高度和综合利用程度最高，对该地区意义重大的市政建筑汇集于此。街区规模通常较大，沿街道种植行道树，建筑沿宽阔的步行道修建。一般而言，仅大型城镇和城市才有一个都市核心区（图21.60）。

市政区主要由与其功能分区规模相适应的市政建筑和（或）市政设施组成。

某区域及其建筑，如其功能、布局、构造不能归类于上述的一类或几类断面区域，则该区为特殊区域。

图 21.59 城市中心区

445

图 21.60 城市核心区

1.3 风险评估

犯罪风险评估有助于决定在某一特定开发情形下，采取何种犯罪预防措施最适宜。正如开发项目实施前的大型土方工程必须对土层进行分析一样，设计分析也是必不可少的，因为它与犯罪和对犯罪的恐惧感密切相关。

美国产业安全学会（ASIS International）（www. asisonline. org）的许多资料以及 Randy Atlas 在《21 世纪的安全与环境设计预防犯罪》中的若干权威章节会指导你如何进行风险评估。为了使风险威胁隐患的相关信息更加完善，对各个特定场所的犯罪及安全条件详加勘察也非常必要。前述评估应当由专业安保人员或环境设计预防犯罪顾问实施。

风险评估需要在科学现场勘查的基础上，采用适当的分析方法，既需要犯罪预防专家的实践经验，也需要社区成员的参与。在风险评估过程中，为了确定各个项目的准确状况，需要收集、分析大量的定量（统计）、定性（感性）数据。唯有如此，才能设计有效的解决方案或行动计划。除了发现"显而易见"的问题外，不易察觉或者潜在的隐患也需要及时找出、解决，因此，风险评估关系到环境设计预防犯罪能否成功实施。

一方面，定量分析需要收集犯罪数据，开展居民调查、使用者调查，统计人口数据。这些数据有助于理解项目所处环境以及犯罪风险。另一方面，定量分析与居民的安全感紧密相关。安全审计、针对实际使用者的认知度调查及街头随机调查、现场检查均有助于理解财产的合法用途及使用者、该区域有哪些环境特性以及这些因素对人们的安全感（或对犯罪的恐惧感）产生何种影响。

1.4 减少犯罪和犯罪恐惧

犯罪及犯罪恐惧感的产生，有复杂的社会、文化和经济原因。犯罪学研究证实了这一定理：犯罪的产生必然包含了罪犯、受害人和场所三个互相作用的因素。这有助于我们认识到，消除或者修正其中的任一因素均会降低犯罪概率。《环境设计预防犯罪设计指南：社区安全发展实用手册》的第三章，在论及该定理的三个因素时，着重强调了其中的"场所"因素。

1.5 规划及设计的作用

在绝大多数城市，为了更好地激发社会凝聚力，提升社区自豪感，创建更安全的社区，在社区建设的初始阶段就将规划和设计作为必不可少的要素。但是，还是很有必要重申安全和犯罪预防的一个基本前提：再好的设计和社会规划都不能百分之百地消除犯罪。现今的刑事司法体系也无法做到这一点。进而言之，只要社会存在，犯罪就会存在。当然，这并非意味着一切皆徒劳，也并非意味着我们可以容忍犯罪。

事实上，我们有充分的理由保持乐观态度，这也是创设本设计指南的原因。合适的政策以及对社区发展的关注会产生较为积极的成果。

环境设计预防犯罪研究已经开展了四十多年。大量的支撑数据表明：环境设计功不可没。指南末尾也有更多的相关信息。

446

1.6 安全城市和安全邻里

需要进一步认识到的是，任何设计指南都离不开坚实的社会规划和适宜的管理方式。如果楼房、停车场、学校和体育设施都能够做到合理规划、完善管理，环境设计预防犯罪指南也会更好地发挥效用。尽管科学研究尚未能揭示其确切的作用机制，但是毫无疑问的是，经济社会环境是影响犯罪动机的重要因素。虽然我们对全国失业率的影响有限，但是，我们可以对某一特定场所的经济社会条件产生影响，例如，我们可以在特定的邻里社区营造积极的商业氛围，也可以在住宅附件建设日托设施。这种对邻里社区的关注对今后的安全发展至关重要。为了促进此类积极转变，该指南不仅提供了如何进行物理设计方面的指导，而且还就如何开展活动和实施场所管理给予建议。综合运用各种方法，重点聚焦邻里社区正是安全发展的核心内涵。

1.7 环境设计预防犯罪的发展历程

环境设计预防犯罪已经经历了四十多年的发展历程。1961 年，Jane Jacobs 在其知名著作《美国大城市的死与生》中首次提出了这一概念，其后的犯罪学家 C. Ray Jeffery 在其《环境设计预防犯罪》（1971）、建筑学家 Oscar Newman 在其《可防卫空间》（1972）中继续拓展深化。环境设计预防犯罪的基础理念是，社区的规划设计无论是在降低犯罪发生概率还是在减少犯罪恐惧感方面都会发挥非常重要的作用。早期的这些著作被视为奠基型的第一代环境设计预防犯罪理论，其特点是尝试让当地居民对其工作、生活、娱乐的场所（在环境设计预防犯罪中，这类场所被称为专属区域）正式或者非正式地行使所有权。专属区域包括清晰的界限、良好的视线及夜间照明、明确的出入口、完善的场所管理维护措施。

在 20 世纪 80 年代，规划人员、设计师和犯罪学者不断推进此项研究，形成了改良型第一代环境设计预防犯罪理论。其内容是在更宏观的层面思考城市设计，包括土地利用、犯罪行为如何发生迁移，在特定场所开展具有积极意义的活动，特别关注人们如何通过楼道、人行道和小径从一个场所到达另一个场所。

环境设计预防犯罪理论认为，建成环境不但可以对犯罪行为产生积极或者消极的影响，而且还可以对居民控制其周围环境的能力产生影响。环境设计预防犯罪就是通过对物理环境的设计，促进社区整体安全的提升。将居民眼中的专属区域从个人空间延伸到公共场所，并为社区互动和自然监视预留空间，环境设计预防犯罪的目标就可以顺利实现。

在 20 世纪 90 年代，环境设计预防犯罪的研究重点从物理场所和减少犯罪机会延伸到了社区的社会环境，因为一些犯罪动机的产生首先与社会环境相关。这就是研究社会凝聚力提升策略的第二代环境设计预防犯罪理念。相关的策略包括加强人们与周围社区、群体的联系，在活动、住房和商业类别之间合理平衡，创造条件促进社区文化发展（即惯称的社区建设）。

进入 21 世纪，Randall Atlas 进一步拓展了环境设计预防犯罪和安全发展的

447

概念，在应对街面犯罪（Street Crime）威胁的基础上，增加了恐怖主义威胁挑战和工作场所暴力。2011 年 9 月 11 日的纽约、华盛顿遭袭以及世界各地的其他恐怖活动，使得保护重要基础设施免遭机会犯罪、激情犯罪侵害变得和保护普通大众一样重要，甚至更为重要。通过写作过程中的研究，Atlas 认为，如果某一财产的设计可以预防普通街面犯罪，这同时也会降低其成为恐怖活动和其他暴力潜在侵害对象的概率。

根本目标是使你所在的城市结合实际，因地制宜地实施所有的这些早期策略，为城市的安全发展提供保障。此书建议，尽可能在市政建筑、设施和私人物业中贯彻这些原则。

1.8　评审过程中跨学科团队的重要性

为减少犯罪，多领域、跨学科、综合性方法远比单一方法更加有效。正因如此，无论是进行安全保障、预防犯罪设计，还是贯彻落实环境设计预防犯罪原则，安全发展策略都主张采取多学科结合方法。

例如，由经过环境设计预防犯罪和安全发展专门培训的专业人员组成环境设计预防犯罪审查委员会，共同努力以确保城市中拟建设的市政项目都充分考虑了环境设计预防犯罪。委员会中有来自各个部门的代表，包括规划发展部门、社区发展部门、城市设计部门、城市公安部门、消防和安保部门、照明及电力设施管理部门、公园管理部门和交通主管部门。如果城市按照智能规范组建了联合审查委员会，联合审查委员会中的部分成员应当同时成为环境设计预防犯罪审查委员会的成员。

如果环境设计预防犯罪审查委员会未开展环境设计预防犯罪评审，建设方仍然必须落实环境设计预防犯罪原则及安全发展原则。这也是撰写本指南的主要原因。安全发展最初是由 Gregory Saville 提出，Atlas 在《21 世纪的安全和通过环境设计预防犯罪》第 21 章也进行了论述。安全发展被定义为采用奠基型和改良型环境设计犯罪预防措施的综合性规划方案。它为开发者和设计者提供了可以运用于建筑产品和现场方案的基本原则。设计者应当主动在各个阶段邀请本地居民、商铺店主、管理人员、本地青年以及其他该特定场所的使用人积极参与设计、建言献策。举行建筑设计专业研讨会和论证会是非常有益的方式之一。需要提请注意的是，在某些特定情形下，或者在具体建设项目中，环境设计预防犯罪的某些原则自身之间，以及与智能规范的目标之间可能会发生冲突。这种情况下，必须做出决断，以确定哪项原则发挥的积极作用最大，产生的消极影响最小。

第二章　安全发展原则

经过优化的环境设计预防犯罪策略包括下述的 14 项原则。虽然本指南和其配套的智能规范模板都介绍了 14 项原则，但是并不是每一项原则在每一场所类型或者断面区域中都平等适用。这些原则的适用将在第三章讨论。

448　　2.1　专属区域是指创建和培育属于该场所合法使用人（如所有权人）的

区域，使不属于该区域的其他人难以在该区域范围内实施犯罪或其他不当行为。为了创建专属区域，可以通过景观绿化措施明确地标示出私人、公共和半公共场所之间的界限，可以树立标示牌，可以让居民利用独特街头艺术美化其所在场所，还可以让餐饮店主使用桌椅将其用餐区域延伸至街面。邻里社区居民之间在物理、政治、社会体系方面联系越紧密，大家越倾向于体现主人翁精神、明示专属区域。城市规划决策，例如确定大型快速路的位置，既可以帮助强化邻里社区的界限，促进提升社区的主人翁精神，也可以因贯穿社区而分割社区，进而破坏社区的完整性。如果某一社区的界限合理，不仅有利于对其进行识别、管理，还便于明确访客或陌生人进入社区的时间。规划设计可以赋予社区显著的特征，明确的界限范围。下文介绍的设计原则中，提供了创建专属社区的多种方式。

2.2　自然监视是指让"群众监视街道"，让企图实施犯罪后溜之大吉的潜在侵犯者意识到面临的风险。如果公共场所处于合法使用者或者能够观察到该场所的其他人视线范围内，并且让潜在的侵犯者感受到其自身也处于他人的视线范围内，这样的公共场所会更加安全。犯罪行为通常发生在视线难以企及的区域。受害人常常在公众视线范围内遭遇搭讪，然后被引至僻静区域。当我们走在大街上时，如果能够看到其他人并被其他人看到，我们会感到更加安全。通过优化街道设计、景观绿化、照明设施以及现场设计（如社区平面布局）可以最大限度地落实自然监视原则。面向公共街道和市政设施的门廊和透明窗户在这方面尤其有效。需要注意的是，自然监视有别于有组织监视（包括社区巡视组织在内的安保巡查）和机械监视（闭路电视），后两类监视在某些场所属于强制要求，但是，自然监视会使其大可不必。

2.3　访问控制是指控制出入社区、公园、楼房和其他场所的人。访问控制要求着重关注楼房或公园等场所的正式和非正式的出入口（围栏、入口大门），并标示公园和社区的入口（可以采用树篱等景观绿化方式或其他的设计方式）。

2.4　容貌是指某一场所的外观，以及该外观在塑造其合法使用者对该场所态度过程中的作用。如果某一场所让人感觉到管理不善，就会传递给罪犯这样的信息：该场所的业主及其合法使用人会容忍犯罪行为。定期清扫、清除乱涂乱画痕迹、清运垃圾是改善容貌的常见方式。管护良好的场所给人的感觉是权属分明、安全无虞。改善容貌要求采取有效管理和维护措施，要使业主和物业管理方切实负责，使财物符合相关标准，提升其所有权意识、自豪感和参与度。

2.5　使用者群体冲突是指不同的合法使用群体因场所、时间等方面重合而导致的冲突及该冲突给双方引致的消极影响。例如在工业区旁修建学校或者在老年中心旁开设夜店。在各项设施的规划、确定位置阶段就针对土地利用方案开展风险评估，就可以降低潜在的冲突风险，防患于未然。土地利用方案之间互相兼容，可以将使用者群体之间的冲突最小化，保证使用者安全。但是，需要在风险评估阶段就要对土地的拟用用途进行评估，因为按照传统的分区方法，用途不同的一些地块需要互相分隔，以免它们在形式方面的一些物理设计因素会导致相互之间产生冲突。在土地综合利用的情况下，无论是工作、生活还是休闲、购物的使用者都可以不经意地观察公共场所，同时，由于人行道和公共场所使各类使用者聚到一起、互相熟悉，在白天、夜晚的各个时段都有人活动，从而使人们更加安全。

2.6　活动支撑是指使合法使用者到某一场所开展活动（为各类活动如体育活动、街头音乐节、售货亭销售提供便利并组织实施），从而降低实施犯罪后逃脱惩罚的概率。闲置不用的场所和设施会成为犯罪活动的温床。各类互相兼容的土地利用方案便于开展各种活动，使各类不同的合法使用者群体聚到一起，增加了监视街道和安全保卫力量，使各个场所更加安全。如果在规划设计和功能分区时，各类性质不同的土地利用互相隔离，就会导致在一天或一周的某个时段，特定场所无人使用、面临风险，如商业大街（Main Street）由于无人居住，在下午5点后就空空荡荡。反之，将工作、购物、休闲等不同用途的土地利用形式在同一区域综合规划，则该区域在一天的各个时段都有人活动，更多的人就可以观察、监视街面和社区的各项活动。同时，活动支撑对潜在的罪犯的另外一个重要副作用是，它会使他们更加劳神费力。

2.7　犯罪诱发场所是指其开展的活动可能会有助于犯罪行为滋生的场所。例如24小时便利店和酒类商店开展的是合法商业活动，其本身并不存在问题，但是，因此类场所而滋生的活动，如深夜滞留于社区，可能会导致冲突或无人关注，造成这些场所成为夜晚抢劫的理想场所。对发生犯罪和不当行为热点区域的研究，非常有助于理解特定建成场所对罪犯的吸引力。容易滋生犯罪行为的犯罪诱发场所有四种类型：周知型犯罪诱发场所是指大家熟知的经常发生犯罪行为的场所；服务型犯罪诱发场所是指那些同时吸引潜在受害者和潜在施害人的设施；活动型犯罪诱发场所是指人流通行系统（Circulation Systems），如会吸引冲突使用者的人行道；恐惧型犯罪诱发场所是指招致对犯罪产生恐惧的设计因素，如无人注视的小径，黑暗的过道或者无人照管的公园等。

2.8　土地综合利用是指土地用途的差异性可能会提高或降低犯罪活动发生概率。完全互相隔离的土地使用（如居住区和商业区）会使特定场所在一天的某一时段无人使用。但是，在各类不同的土地用途中合理设置过渡至关重要，这样可以确保不增加犯罪机会，不降低居民的安全感。合理处理开发区域范围内的土地利用及开发区域周围的土地利用之间的关系，可以减少犯罪行为发生的机会，减少土地用途和使用者之间的冲突，提升区域的安全感。为了确保土地利用之间可以兼容，有时需要进行物理隔离，以维持社区特性。在兼容的土地利用之间，有时仅仅需要设置一道围栏或者利用园林景观分隔，以确定界限。例如，公寓区的儿童运动场和紧邻的公园之间就可以利用低篱笆或者围栏分隔。在其他情形中，可能必须在不兼容的土地用途之间设置"缓冲带"，比如安静的居住区和喧嚣的商业区、工业区之间，这样，缓冲带就成为了理想的过渡措施，有助于维持不同土地用途的特性。但是，如今景观缓冲带已经变成"创可贴"，用来遮掩因传统区划规范而产生的冗余形式和不安全设计。其并不能创造真正有用的公共空间，也并不能够真正解决潜在问题，只是暂时缓解。如果在起始阶段就胸有成竹地从全局和特性角度对社区进行规划、完善，遵行 1.2 中提出的断面区域规范，完全可以避免使用缓冲带。

2.9　连接道是指引导人们，尤其是行人或骑自行车者沿着特定路线或道路行进的道路。在某些情形下，如人行地下通道或天桥，在提供连接道的同时，并没有从安全角度提供替代性的逃离路线或措施。在其他情形下，也仅提供了一个前进方向，设计师们称其为路线指示。谨慎设计连接道非常重要，应当避免为潜在施害人在某一道路上蹲守等候留下躲藏空间。沿连接道设置足够、易见的求救电话，既可以震慑犯罪，也可以让合法使用者更加放心。

2.10　环境设计预防犯罪中的迁移是指将犯罪的时间从此时移至彼时，或将其地点从此地移至彼地，以及迁移可能产生的影响。迁移的类型包括消极迁移（犯罪迁移让事情恶化）、扩散迁移（迁移可以出乎意料地广泛降低犯罪影响）和积极迁移（犯罪机会被有意迁移，降低犯罪的影响）。

2.11　凝聚力是指某一场所的所有使用者互相支持，良性互动，共同维护安全。通过设计，创建富有吸引力、位置合理的场所，有助于提升社会凝聚力，如建设中央绿地及公园、多功能运动场及球场、遛狗公园、阶梯剧场、凉亭以及位于学校及社区的中心的多功能室等。在某些情形下，业主或者物业管理方也可以举办社交活动，这样可以为所在地居民和使用者提供场所，增强他们积极解决自身问题的能力。

2.12　互通性是指某一场所和外部的物理、社会联系。互通性认为，某一特定场所不能脱离周围环境而独立运转，反而需要依赖于与整个城市的联系。孤立的场所往往会陷入"各人自扫门前雪"（NIMBY）综合征。建设物理设施可以实现互通，如安全人行道和其他类型的街道可以将某一用途的地块与周围的社区联系起来，其他便利设施，如中心地带的商业银行（CBs）和项目办公室也可以覆盖广泛的服务范围。

2.13　容纳能力是指某一场所或者社区支撑自身实现其规划功能的能力。例如，在太狭小的区域内，大量布局相同性质的土地利用，如酒吧或过量的楼房，会为犯罪行为创造机会。容纳能力要求平衡不同性质的土地利用，为本地居民提供门类齐全的服务，让他们可以在同一地理范围内实现购物、休闲、生活等多种需求，理想状况是在四分之一英里的半径内步行可达。这样不仅有利于形成良好的环保意识，因为可以省去长距离驾车和停车场需求，还会使社区变得更加充满趣味，更有可能让居民们乐于在此居住。

2.14　文化是指某一场所在创造性、教育、地理等方面的总体特征。它包含了视觉艺术、行为艺术、体育、宗教、社区礼仪、汇聚居民及提升凝聚力的活动等。有助于培养文化的物理设计包括多功能公共设施、楼房、宗教场所（Expressions of Faith）、住宅区附近的体育设施、艺术家工作室、演出场所、为本地艺术家和音乐家提供的展演室等。社区纪念日、公共场所壁画、社区品牌创建以及其他的文化活动也有助于文化培养。在确定设计原则和措施时，应当考虑那些有助于提升社区凝聚力，符合在社区工作生活的各个群体利益的、社区特有的、已经存在的文化特征，包括地理特征（如滨水或者位于山顶）。

451

第三章　落实安全发展原则

以下各节提供了贯彻环境设计预防犯罪安全发展原则的各项策略和工具，以保护楼房、街区、社区和特别区域免遭犯罪侵害。前两节适用于所有原则和各类型地点。第三节至第九节适用七类具体的区域类型，具体分类如下：

3.3　综合住宅和综合楼房

3.4　公共街道（适用于各类断面区域）

3.5　公共场所，包括公园、绿化带、广场、购物广场（Plazas）、休闲场所和运动场（适用于各类断面区域）

3.6　带状公园，如绿化带，多用途道路或小径（适用于各类断面区域）

3.7　地面停车场（适用于断面区域5、区域6）

3.8　多功能中心（适用于断面区域5、区域6）所有的商业购物中心（适用于特别区域）

3.9　学术机构校园（适用于特别区域）

在适用第二章中的各项原则时，还会结合每一场所的不同类型，分门别类地给出具体建议，指明特定策略。各项指南会出现重复，但这是为了方便使用，因为有的使用者仅会在某一类型的场所中工作。因此，在与3.1中的一般照明策略和3.2中的景观策略结合时，就每一场所类型而言，其环境设计预防犯罪策略是完备的。

3.1　一般照明策略

照明基础

本节中的许多照明技术规格超越了本指南的范围。照明工程师常用的术语包括勒克司（照度单位）、灯座（Light Fixture）、流明（发光强度单位）、镇流器（调节灯管中电压的电子装置）。照明工程师善于根据具体场所选择合适的灯具。但是，设计师需要根据正确的风险评估所提供的信息来决定应当采取哪种照明设施，照明亮度如何，某一区域何时开始照明。同时，还应当参考《可持续都市智能规范模板》中的《公共场所亮度标准》。

外部照明类型包括以下几类：

白炽灯——白/黄，即时开启（当电源开启后可以立即照明），显色效果好，初期成本低，但是使用寿命较短，能耗较高。

荧光灯——白，几乎是即时开启，显色效果好，初期成本低，但是在寒冷天气条件下寿命较短。适用于需要清爽白光的室内过道和走廊，更换灯泡简便。

金属罩灯（Metal Hide）——白，显色效果优异，能耗较低，但是初期成本较高，启动耗时较长。适用于室外条件下的普通照明，如在停车场等高风险场所提供明亮、白光源照明。

低压钠灯——橙色，在温度较高的环境下，可以即时启动，能耗非常低，但是显色效果很差。仅适用于后门和安全港（Security Bays）。

高压钠灯——明亮的橙色/粉色，显色效果一般，能耗较低，但是初期成本高，启动耗时较长。适用于室外普通照明，如城市化程度不高地区街道照明。

水银蒸气灯——蓝/白，显色效果不稳定，初期成本低但是能耗较高，启动时间短，使用寿命中等。一般已较少使用。

其他使用较少的照明灯具类型包括：

感应照明——市场上新近出现的一种照明方式，但目前在公共场所较少使用。明亮白色光源，使用寿命很长，即时启动，能耗较低。但是，它的初期成本较高，寿命不会受到寒冷天气的影响。

LED（发光二极管）照明——市场上新近出现的另一种照明方式，因其能耗较低，照明质量高，很快成为最佳照明选择。LED 为明亮白色光源，显色效果好，不用担心玻璃损坏、气体泄漏，但是初期成本较高。

452

风险评估

照明和犯罪之间的联系并不简单。在某些情况下，一个场所需要照明，但在某些情况下，却不需要。风险评估就是要就此做出决定。但是，照明和室外场所的恐惧程度存在直接关系。照明虽然不能够制止犯罪，但是，其存在却能够让受害人和施害人看到对方，可以促使受害人逃离施害者，或者施害者放弃加害行为。

有观点认为，许多夜晚街头犯罪是在照明状况不佳的情况下发生的；也有观点认为，照明过度确实不能预防犯罪，且会破坏享受夜空美景氛围，因此，犯罪学研究还未得出非常明确的结论。虽然这两种观点看似互相冲突，但是，却突出了进行风险评估以确定适当照明的重要性。弄清照什么、为谁照、是否需要照非常关键。

为老人照明

为老人照明和为一般人照明的要求存在区别，因为视力退化后需要更高的照明亮度。一般情况下，一位 60 岁老人所需亮度是一位 20 岁年轻人的两倍。

视网膜适应程度

视网膜适应是指从照明充分的环境移至黑影环境时，眼睛完全适应所需要的时间。在过渡的短暂时间内，很难看清他人，并可能延长人做出反应的时间。

在街道照明环境下，照明设施启动时间较长可能容易接受，因为这种情况下视网膜适应程度所起的作用较小（例如太阳光不会突然消失，变成黑夜）。但是，在孤立的场所（Isolated Areas）或者灯具带运动传感器的情况下，即时启动的照明设施就非常有必要。在策划环境设计预防犯罪和安全保障措施时，应当考虑到这些因素。

照明维护

照明会产生热量，天长日久，会使灯具的玻璃镜片变暗，照明效果减弱。在需要使用机械升降设备进行灯具维修的场所，如购物中心或停车场，特别需要考虑到这一因素。维护不善以及难以维护的灯具最终会使照明效果不佳。

能耗可持续及环境设计预防犯罪

在需要使用灯具提供照明的外部场所，需要实现能耗可持续、充足照明的优化。为了实现这些目标，选择灯具和配备自动开关装置非常重要，但是，安全保障措施也应当纳入设计范围。

453

在居民区和单位所在场所，如果居民及员工的停车场和访客及公共停车场是互相分离的，那么，后者应当在晚上无人使用时关灯。如果有人进入该场所，可以利用运动传感器开启照明设施。

眩光

如果明亮的灯光从远处（超过 100 英尺）即可看见，灯光呈水平直射，而非如按设计要求垂直投射于地面，即属于眩光。眩光对司机、行人、骑自行车者的视线及安保摄像头造成干扰。

光干扰

光干扰是指光照超出目标财产所在区域，影响到邻近区域。光干扰应当被排除。受到光干扰影响，居民可能会关闭窗户，从而削弱自然监视和群众监视街道效果。

光污染

应当避免光污染。光污染通常因商业区和单位等场所夜晚室外照明时使用明亮、无灯罩灯具而产生。导致光污染的光无特定用途，并且在城市上空形成了天空辉光（Sky Glow）。

设计参数

以下是以国际暗天协会的相关要求为基础，制定的几项有关照明的一般原则。

选择带合适灯罩的灯具，使照射范围限于目标区域。

带罩的灯座能够确保灯光朝下照射，尽量减少眩光，使光线均匀地照射到目标区域表面。

尽管高压钠灯的显色效果不理想，但是，由于其发光效果好，能耗较低，在绝大多数场合均足以适用。白色光源照明设施（卤化物灯）仅在对显色效果要求较高的场所使用。

为节约能源，可以在某些灯具上使用定时设备。

当需要在有人进入该场所时立即提供照明的情形下，可以使用带运动传感器的可即时启动的照明设施。

综合考虑各种设计因素

随时都将景观绿化阻碍光照的因素纳入考虑范围，在设计时注重协调，以免对光照效果造成影响。在分析时还应当考虑植物枝叶的四季生长规律。

将墙壁和天花板粉刷为浅色可以提升照明水平。

一般设计建议

- 采用防暴的聚碳酸酯镜片。
- 考虑对启动和再启动的时间要求。
- 考虑是否需要精确的显色效果。
- 考虑到维护和更换的难易程度。
- 室外照明应当达到在 15 米范围内辨别人脸的效果。
- 理想状况下，应当尽量避免较强的遮光和眩光。
- 步道、人行道和带状公园需要独立的照明设施。
- 陷阱区域，如人行道旁的前庭，应当提供充足的照明。

3.2 景观绿化和街景设计的一般策略

454

- 孤立和封闭的道路

在城市内建设孤立和封闭的道路并非明智之举。但是，如果确实需要设计孤立的道路，如在城市的偏远区域建设自行车道，必须保证道路两侧清晰的能见度。

如果单独或封闭的道路不可消除或改建，可以采取其他措施以提高其安全性，如引入更多的活动，保证清晰的能见度，改善照明条件，安装应急电话或电子监控设备。

- 陷阱区域

如果在连接道尽头 150 英尺范围内存在陷阱区域或者孤立区域，则应当予以消除或者改建。位于封闭道路或者孤立道路旁的陷阱区域会为犯罪行为创造机会。

- 围栏设计

在自然监视至关重要的情形下，宜设置可透视的围栏，如铸铁围栏。在工业区和建筑区可以使用铁丝网围栏，但是在住宅区使用会有碍观瞻。《建筑智能规范模板》不允许在任一城市断面区域类型的临街场所使用铁丝网围栏。

可透视围栏的颜色会对照明效果产生影响，浅色的围栏会反射光线，造成视觉障碍。在这样的情形下，围栏宜采用深色。如果和访问控制相比，自然监视处于第二位，宜使用实心墙体围栏。在这样的情形下，要注意避免在实心墙体围栏上乱涂乱画。根据社区情况设置壁画可以避免乱涂乱画。

绿幕或有机围墙（Living Walls）

为了避免在围栏或围墙上乱涂乱画的另一个方案是绿幕或苔藓围墙。可以利用如常春藤、苔藓等具有美感的围墙美化方式，减少乱涂乱画现象的发生概率。

在任何地方、任何类型的围墙上均可以采用绿幕方式。但是需要些许维护或者浇灌。但是应当对围墙进行适当的防护处理，以避免受到植物根系和潮湿环境损害。

方向指示牌

指示牌应当提供救援的相关信息，如救援电话或者附近的公交车站。同时还应当告知所有区域的名称及可为行人提供帮助的地图。为了方便使用，地图应当根据观察者所在位置指明方向。

不管指示牌包含的内容如何，在各个季节均需易于观察和理解。冬季暴风雪会要求指示牌使用深色字体和防止光线干扰。指示牌应当合理安置，以免暴风雪后被大雪掩埋。

镜子

如果需要在转角处使用镜子，应当使用镀铝平面反射镜，而非凸透镜。

视线

选择合适的植物和树种，使视线要求符合场所需要。在离道路较远的场所或者其他对可见度要求不是很高的场所，鼓励选用各个种类的植物。通常情况下，建议经常修剪乔木和灌木，以使公共场所及相邻场所完全位于视线可及范围，以便位于周围楼房内的人及路人观察。

空间层次

由于公共场所承载多种功能，因此，没有任一单一原则可以适用各类公共场所。但是，可以采用设置过渡带、台阶变化（Grade Changes）、私人的临街类型变化和植物种类等措施，提高公共场所的可辨识度，将公共场所分为公共、半公共和私有等多个层次。

在大型的公园或者公共场所，区分各个空间层次也很有必要。在可能的情况下，可以将这类场所分为适用于不同群体（如老年、青年和少年）的"集群式"场所组合。但是，各个场所之间要保持足够的开放度，便于年轻人和老年人之间可以互相照看。

住宅的临街设计通常也考虑了空间层次。私人房屋的入户通道利用草坪、拱门、门廊、台阶变化、小型围栏、花园、景观绿化、路面铺设等方式，将其和公共街道区分开来。

景观绿化特点

在实施景观绿化时，应当充分考虑生长速度及维护要求。处于成年期灌木在其茂盛期会有碍于自然监视。如果成年期树木的枝叶遮挡了人行道光线，也会增加风险。在选择植物各类的时候，也需要同时考虑不要阻挡土地综合利用区临街店铺的视线。在绝大多数区域，对于树冠较高的，建议超过一楼高度的部分应当剪除。

景观设计中的硬件设施，如凳子，应当充分考虑其承受非常规使用的能力，以免遭到破坏，同时，应当确保从附近的公寓或办公室可以看到街面情景，以便实施自然监视。在做出景观设计决策时，应当考虑到路面铺设，如石子等，以免利用石子投击窗户。

灌木

可以根据灌木高度分类种植：低、中、高。众所周知，高度低于 3 英尺的灌木便于实施自然监视。如果高密度种植，也可以形成障碍，虽然是仅仅具有象征意义的标明专属区域的障碍，还是可以对周边实施访问控制。

高度达到 6 英尺的中等灌木，尤其是带刺的（但是这些刺容易勾挂垃圾，需要定期维护），也可以有效地用于实施访问控制。但是，长到成年期后，中等灌木会遮挡视线。如果需要设置保护私密性的障碍，这会是理想的选择。

高度超过 6 英尺的灌木会形成效果理想的访问控制障碍。如果高密度栽植，会非常难以钻入。但是，会不利于实施自然监视。

乔木

乔木，无论是常绿乔木还是落叶乔木，都可以作为实施访问控制的障碍设施，如果修剪得当，也可以便于实施自然监视。在环境设计预防犯罪中，乔木的用途广泛，既可以提升人行道或街道的美感，也可以在公园中用于区分各个活动区域的界限，还可以种植在野餐桌或者凳子旁遮荫。针对公共大街的研究表明，树木对提升商铺和住宅等不动产的价值起着非常关键的作用。矮小的树木可以用于明确物业的界限，如果其叶片细长稀疏，则几乎不会对视线造成影响。高大的树木，特别是树干粗壮的古树，则会使人感受到美丽的景色和悠久的历史，应当予以保留，尤其是在公园中。必须经常对其树冠进行维护、修剪，以避免其遮挡视线，或者掉落干树枝。

456

景观绿化的成本

和建设硬件设施（如楼梯和前厅等）相比，景观绿化和树木种植的一个明显优势是，其改建或者扩建成本远远低于前者。景观绿化确实需要维护，相关的工作应当由物业管理方承担。

社区景观绿化

在一些社区，让居民参与其自己所在街道的景观绿化或者社区公园建设，可以提升社区的凝聚力。

乔木和灌木及其重要性

正确选择绿化种类，并合理管护非常关键。在对自然监视和视线要求较高的场所，宜选择低矮的灌木和高树冠的乔木。但在对可见度和监视要求不高的场所，就可以选择各个种类的植物。植物种类的多样性，植株高度相异，种植密度不一有利于提高生物多样性。同时，丰富的植物层次也利于鸟类筑巢、栖息，为其提供良好的生活环境。

灌木高低错落有致、落叶乔木与常绿乔木互相搭配，再加上其他的景观绿化措施，会提高场所的美感，吸引人们到此活动。良好的管护和整洁的环境也会提升使用者的安全感。

3.3 多单位住宅和综合利用楼房

多单位住宅包括连排式住宅，多层设计（两层、四层等）公寓楼房和其他的多单位住宅。住宅楼底层为商铺的，可能还需要综合考虑 3.8 节中提出的各项策略。

专属区域

风险评估

为了提高总体安全性，在多单位住宅开发项目的前瞻性研究阶段，还需要由专业安全人员开展全面的犯罪及安全风险评估。在大型的住宅项目中，尤其需要如此。

一般专属区域

过去，许多单位住宅由于设计糟糕、布局标准落后，和周围的住宅格格不入，让许多业主羞于在此居住。对和周围社区迥然不同的楼房，无论是自用还是租用，人们都不愿意接受，也可能会反对建设这类房屋。

在某一个特定的断面（居住）区域中，和独栋别墅相比，在多单位住宅的情况下，相关的规范并不会具体要求留出更远的退让距离，或者采用不同的布局标准。但是，设计人员必须意识到相关区别，在楼房类型、建筑风格、材质和颜色等方面必须和现有的社区风格协调。

457　　明确区分：根据预期用途限定场所

此原则要求划出适当的界限，明确某一场所的预期用途。场所的物理布局必须和预期功能匹配，并且可以清晰地判断哪些活动可以在哪一特定区域举行。如果在这方面模糊不清，不仅会让使用者感到迷惑，还会导致非法行为在此发生。例如，儿童活动区域应当确保儿童可以在其范围内安全活动。在设计非正式的儿童活动区域时，应当将其规划到住宅区域内，并且从邻近的住宅内可以呼叫儿童，以保证儿童可以受到适当的监管。同时，在设计活动场所时，还应当根据不同的年龄阶段划出不同的场所之间的界限，以避免在同一场所内出现不同年龄阶段的人，发生恃强凌弱的情形。

专属区域的特别要求：指示牌

设置数量充足（但应当避免杂乱）、易于识别的指示牌，标示社区名称、附各栋住宅编号的社区示意图以及应急求救电话。指示牌还应当标示具有鲜明特点的社区标志或名称，让访客意识到社区居民是这个社区的真正主人。如果可能，最好由社区居民自己决定社区的名称和标志。

专属区域的特别要求：住宅编号

在所有的物业中设置面积较大、标示清晰、照明充分的住宅编号。在某些情况下，住宅编号可能会设置在街边路沿上，但是，还应当同时设置在楼房或者住宅大门上，以免在冬季被大雪覆盖，或者在被路边停车遮挡的情况下难以发现。

自然监视

视线：公共场所及附近的活动激发场所

要仔细谋划，保证各单位窗户的良好视线，以便看清需要特别留意的高风险场所及其他特别场所的状况，例如一些活动激发场所：运动场、信箱、洗衣间、室内大堂等。这就要求从建筑设计上保证在较近的距离内可以观察到这类公共场所，以便实施自然监视，通常情况下，距离应当小于 75 米。如果超过此距离，自然监视的影响就微乎其微。在视线比较重要的场所，灌木应当维持在较低的高度（低于 1 米），乔木的树冠应当超过头顶（高于 2.5 米），以保证视野开阔。当可供观察的窗户不足的时候，应当单独提供观察通道。如果距离过远，居民难以看清状况，在必要的时候，也不大会采取行动。此外，如果在观察窗户和被观察场所之间间隔了其他用途的场所，如在窗户和运动场之间隔着停车场，则会分散观察者的注意力，阻碍自然监视的实施。

视线：停车场

在停车场采取恰当的绿化设计，辅之合适、充分的照明，有助于实施观察，并降低犯罪活动的发生概率。在实践中，在多单位住宅区倾向于设计大容量的停车场，出现了便于窃贼实施犯罪的监管盲区。将车辆集中停放在便于实施自然监视的较小区域内，有助于减少此类犯罪行为。

景观绿化

一般而言，实施良好景观绿化的一般原则同样适用于多单位住宅区。根据该区域的风险评估结果，可以采用多种景观绿化方式和设计。

在为年轻人设计可以互相交往的、不受成年人干扰的“约会”场所时，应当利用自然监视提供基本的安全监管措施。为了实施自然监视，应当修剪绿化植物，提供充足的照明，并在邻近场所配置开展合法活动的场所，以便于在绿化区域实施自然监视。

照明的一般原则

总体而言，实施良好照明的一般原则同样适用于多单位住宅区的照明。根据特定住宅类型的风险评估结果，可以综合采用 LED 灯、钠灯、卤化物灯和荧光灯等多种照明方式。

特定场所照明：街道照明

多单位住宅区的街道照明对象不仅是汽车。在此类区域内，许多街道和停车场都比较狭小，且未设计为公共用途，同时，还可以用作人行道。虽然专门设计了人行道，但是住宅区内的年轻人和其他居民还是会在内侧道路上行走。因此，在进行照明设计时，应当确保光线可以充分、均匀地照射到内侧道路和停车场。

特定场所照明：眩光和光污染

由于在此类住宅区内，居民住宅、人行道（行车道）距离较近，进行合理的照明设计，避免眩光和光污染影响到住宅室内显得非常重要。在风险评估中需要核实两个非常重要的问题：（1）对可能与居民密切相关的场所，居民是否可以通过门或窗户清楚地观察到这些场所，尤其是在晚上。（2）光是否会照射到住宅单位内的居民生活场所。

在多单位住宅区内，很难让居民自己开启其门廊灯，尤其是在需要居民自己支付电费的情况下。解决办法之一是将公共场所的灯串联起来，以集中提供照明。物业管理方或者业主负责开灯，前庭门廊就变成了公共场所的一部分。如果居民不喜欢开灯，则助于达成了环境设计预防犯罪的一些目的：统一的照明均等地照亮了所有入口，并且看不出谁在家、谁不在家，避免了破门入室行为的发生。

访问控制

进入住宅

许多建筑规范要求使用结实坚固的门和插销锁，但是需要强调的是，这是抵御侵入住宅的最后一道防线。所有的新建多单位住宅区都必须包含这些内容。

出口、入口数量应当符合消防安全规范要求，并结合居民数量优化交通流量管理措施。主入口应当比较明显、外观漂亮、照明充足，且不能为侵入者或潜在侵入者提供藏身之地。所有入口都必须处于监管之下，不能有所遗漏，让人随意出入。在入口外围提供良好的照明，有利于实施自然监视，防备侵入者。

无论是采取机械、技术方式，还是人工措施，必须保证楼房入口随时处于监管之下。访问控制系统不能一概而论，应当因地制宜地根据安保人员或环境设计预防犯罪专家的风险评估结果采取特定的措施。一般情况下，访问控制可以由控制访客进入物业管理人员或者保安实施；也可以采用对讲系统或者闭路电视监控系统，让保安或者居民实施；也可以设置安保前厅（Security Vestibule）或者休息厅（Sally Port），并配备可以实施访问控制的双向门，以控制出入。玻璃应当采用钢化玻璃，读卡系统和门锁应当可以防止干扰和破坏。所有的电线或电缆应当采取防护措施，免遭破坏。

进入门廊和露台

许多入室窃贼通常选择从门廊或者露台潜入作案，这两个地方的访问控制需要特别留意。在设计上，要使物业位于视线覆盖范围内，不给窃贼留因无人注视而进入这些场所的机会。

通往公寓的门廊应当尽量缩小死角，并且要提供充分的照明。这一些楼房中，设置了外部通路，以走道或者阳台的形式通向公寓。对这类阳台，应当向其他的公寓大门一样，予以充分照明，但是，要注意保持光照向下，以免光线照进窗户。

道路纵横交错，再加之楼道或电梯，会使进出控制区的方式大大增多，也给那些不速之客和潜在侵入者提供了很多的进入、逃跑路线，削弱了建筑的总体安全性。因此，必须巧妙地对通道和阳台进行分隔，以减少此类风险。

玻璃滑门防护

露台和门廊的玻璃滑门非常容易破裂。因此，应当采取适当防破裂措施。

进入服务区域、自行车停放处和一般存储区

在多单位设计中，仓库通常是事后考虑的因素。仓库是最容易遭受破坏的区域之一，因为贵重的东西会存放于此。在设计上，应当采用安全的门、锁和灯，减少风险因素。同时，加强这些区域的自然监视也会对潜在盗贼起到威慑作用。

459

如果采用设计手段也不能减少风险，则很有必要安装闭路电视监控摄像头。如能够让其财产受到监视的业主直接看到监控画面，会更好地发挥监控作用。如果业主发现有人侵入其仓库，他可以直接按照既定程序联系保安或者警察。

存放自行车和个人物品的库房一般应当和街道或者花园平齐，同时便于居民进出。如果合法使用人不能方便地取出自行车，则自行车就不能发挥交通工具的作用。因此，库房应当尽量与地面平齐，而不要设置在地下层。如果储存库房位于楼房外部，应当让大多数居民可以观察到其出入情况，或者应当位于门卫可以监控到的区域内，以确保储存库房得到了正确使用。各个门应当按照消防规定要求，处于关闭状态，同时，监控门（Monitored Doors）还应当方便出入。为了防止被盗和未经允许借用，储存库房内还应当配备和防盗系统兼容的自行车钩锁。

垃圾桶存放区应当靠近居民常规行走路线，无论是从楼房内还是从楼房外都可以方便地出入，但是不能从公共临街（Public Frontage）道路上可见。垃圾或者垃圾箱应当被储存于封闭的院内，院墙至少2米高。院门应尽可能处于关闭状态，关闭后应升至距地面至少6英寸，在出现侵入者的情况下，便于安保人员和其他合适的保安（Capable Guardians）观察其侵入者的活动情况。

供出入的门应当可以不用钥匙即可从内部开启，并带自闭功能和观察窗。垃圾处理设施不能让人产生不安全的感觉，并应当清楚易见，不留死角，并且便于处理垃圾的人员进入。

地下室

地下室常常会被非法使用，因此应当严格控制进入地下室。可以仅允许在特定时段进入地下室（阁楼），也可以完全关闭地下室。

仪表房和工具房

仪表房和工具房可以共同安排在公共区域内，并使用可以有效预防破坏的材料，并应当安装非常坚固的门锁，防止非法进入。

服务用楼梯

如果相关设施配备了服务用楼梯，应当避免借助楼梯攀爬至屋顶或者阳台。建议配置坚固的外箱将楼梯锁住，并采取恰当方式固定到墙上。

钥匙管理

如果多单位住宅（Multiunit Residence）使用钥匙，无论是物业管理方还是业主都应当仔细保管好钥匙。如果业主遗失钥匙或者经常不当地出借钥匙都会留给破门入室者进入房间的机会。

底层和靠街的窗户保护

靠近公用道路的别墅或者公寓通常都有紧邻大街的窗户。不法分子通常都会通过这些靠街或者底层的窗户轻易地潜入室内。建议底层的窗户安装符合消防规范要求、便于较好实施监视的安全防护网（Security Screens）。防护

460

网应当足够结实，避免被破坏或者从外面拆卸。也可以在窗户上安装符合消防规范要求、有效防止破坏和拆卸的带框钢化防护玻璃。在防护玻璃上应当设置不超过 4 英寸、带开关装置的通风口。这样，窗户可以打开 4 英寸，便于自然通风，同时也不允许他人从通风口钻入。设置通风口开关装置后，当居民在室内时，可以打开窗户或者玻璃滑门，同时有效防止不速之客闯入室内。

车库和车棚

可以通过车库直接进入住宅室内时，其设计必须考虑防范安全风险。每一扇车库门的建造的安装都必须能够有效地防范他人强制闯入。采用坚固实心门，并配备安全度高的门锁是比较有效的措施。安装轨道滑门或者卷帘门后，应当确保在车库门关锁状态下，当犯罪分子侵袭时，门不能被直接拉离滑轨或者滑槽而打开。

容貌

颜色及视觉整体效果

统筹协调整个小区各个方面的颜色，如墙壁、门及灯座，并配以适当的照明措施，会让小区对居民和访客充满吸引力。

同理，统筹考虑各个视觉细节，比如材料及装饰，也会让业主体验到各个设计的细微之处。

在多单位住宅小区，处理好设计、分界围栏和其他方面的视觉效果，会提升小区居民的审美体验和自豪感。

维护管理

每一个多单位住宅小区都必须有清晰易懂、广泛知晓的维护管理规范。在事关多单位住宅小区安全的各个因素中，这是最为重要的方面。负责清扫、维修和管理的人员必须确保按时、及时履行职责。如果路灯损坏，居民应当知道联系谁进行修理。如果出现乱扔垃圾或者乱涂乱画，应当有人及时处理。东西损坏不及时修理，管理无序，这些都是即将出现问题的征兆。

使用者群体冲突

安全感

当不同群体，如年轻人、老年人或者妇女，经过某一场所时，必须保证，他（她）不必因为该场所是由其他人专用或专用于某种用途，而他（她）不喜欢与该类人相处，或排斥该种用途，而必须"高度戒备"地经过该场所。为了避免此种情形，必须切实贯彻环境设计犯罪预防中的凝聚力、互通性和容纳力原则。例如，如果在该场所广泛开展社会交流活动，或者多单位住宅区的居民之间凝聚力强、互相了解，则能大大减轻居民的无助感，提升其安全感。在综合住宅小区，如果有发挥积极作用的租户协会、街区聚会或者其他的社会交流协会，则会促进提升小区内外的社会联系。

如果连接道迫使人们必须经过感到危险的区域，也会让人感到无助、不适。

活动支撑

互相支撑

在设计方面应当使合法使用者开展业余活动。可以将烧烤区设置在幼儿活动场旁边，让家长们在夏日夜晚享受烧烤乐趣的同时可以照看小孩。同时，这样的活动在促进居民互相联系的同时，还可以对周围的物业进行监视。

主人翁意识

在为青年人和儿童设计、建造游乐场所时，吸引他们参与，会更有可能让他们利用相关场所。曾经有一位景观设计师让轮滑爱好者按照3D模型自己设计轮滑公园，然后按照爱好者的方案进行建设。不出所料，最后成了该城市中最受欢迎的轮滑公园。

自行车停放处

自行车停放处可以位于某半私人区域，便于居民之间日常非正式交流。停放处应当提供充分的照明，整个场所应当一览无余，便于实施自然监视。自行车停放处应当采用最新的防盗设计，而非简单的铁架，用以锁定自行车，以防盗窃。

信箱

为了避免邮箱遭受破坏、邮件失窃，宜将邮箱分组设置在便于本地居民监管、时常受到大家注视的中心区域。邮箱区应当提供充分的照明，便于实施自然监视。紧邻邮箱应当放置垃圾箱，以免乱扔垃圾。

462

儿童运动场所

虽然儿童安全是父母担忧的事情，但是其他居民也可以提供帮助。在设计和布局方面可以利用自然监视和可胜任的保安人员将儿童的安全保障措施做到最好。在运动场所的位置安排上，应当方便从各栋楼房观察或者由可胜任的保安人员实施监管，无论是直接处于视线范围内还是采用闭路电视监控系统进行监视。运动场应当远离车辆通行道路，以免儿童跑到车道上，同时也应当远离篮球场等专门为大龄孩子或成年人提供的休闲场所。

土地综合利用

选址位于步行范围内，靠近其他设施

多单位住宅小区的最初的选址决定会为以后带来一系列的持续影响。如果选址远离商业区或者其他休闲设施，意味着居民花在驾车方面的时间增多，而花在所居住小区的时间减少。这样，小区内居民的数量也会减少，进而使其他的环境设计预防犯罪策略难以实施，如自然监视策略（没人在现场也就不会看到任何事情）或者活动支撑策略（在现场参与活动的人大大减少了）。

便利店、角落处的咖啡馆、小食品超市、商业银行、公共场所以及其他位于步行范围内的便利设施会使居民更乐意在其小区生活，更少驾车，更多步行，也更利于居民之间频繁交流。仅设置人行道还远远不够，还必须保证人行道安全（避免受到交通超速行为和犯罪行为伤害）、舒适、充满乐趣。

区分幼童和青少年的运动场所

根据不同年龄段儿童特点，合理划分他们的休闲运动场所。幼童的休闲、运动需求与大龄儿童和青少年迥然不同。因此，在小区中，幼童的休闲运动场所应当与其他儿童的场所有充分的间隔距离，以免大家搅和到一起。

区分青少年的活动场所

在多单位住宅小区中，青少年是要求最高的群体之一。为不同的青少年群体提供符合其要求的场所显得非常重要。比如，娱乐场所（公共电视室或者学生集体学习室）、游戏室以及满足不同青少年需要的约会场所。

连接道

功能兼容

小区内的专用步道和人行道应当和其他的安保设施互相兼容。

运用：人行道

例如，让人行道经过仓库门，会让居民步行经过此类易受到侵害的财产，增加了非正式监视的实施机会。人行道互相交错，会使居民们围绕物业活动，同时提升总体美感。

行人流动类型

步道和人行道的设计应当便于人们非正式地见面、交谈。例如，在设置了公共邮局或者邮箱的情况下，应当从各栋房屋设计通往邮箱的道路，这样，居民每天去取邮件的时候，他们就可以互相见面。

各条步行道最好能够位于各个公共场所监管范围内，同时，最好采用不同路沿装饰、盆栽、材料以及水平梯级变化将各条道路正确区分开来，以使人们可以沿着其预定道路前进，避免道路胡乱交叉。路旁的绿化植物也应当正确选择，高度不得超过 1 米，以免为潜在犯罪分子提供藏身之处。

当步道需要经过有围墙的区域、隧道、直角拐弯区域或者公园时，应当提供充分的照明，并设置凸面镜便于观察，或者安装其他的设施，以免行人遭受伏击。应当尽可能保持视野清晰、开阔，避免障碍物遮挡。

楼道

无论是白天还是夜晚，内部的楼道应当照明充足。为了节约能源，可以安装探测楼道内人物活动的运动传感器，仅在有人出现在楼道的时候才提供照明。如果可以通过大厅的门进入楼道，很有必要考虑是否需要在门上安装访问控制设备，以保证楼梯间安全，进而保证其他公共区域（如电梯和人行道）入口的安全。

凝聚力

设计开展社会交流的场所

如前文所述，开展社会文化交流活动可以促进居民之间互相了解，积极地投入时间共同参与社会活动。房产开发商难以管理社会交流活动，但是可以通过开发规划设计建设休闲和社区中心，开展各种活动。

463

运用：社会交流场所

在多单位住宅小区中，如果有专门用于社区和休闲活动的公共场所，社区居民的凝聚力会大大提高。在多单位住宅小区中建设公共场所，还会提供社区的凝聚力、互通性和社区意识。

通过设计促进开展日常活动

每一社区都有居民参加日常活动。设计人员可以利用这些活动尽可能地促进居民之间的社会交流。比如，有的民居在园艺方面可能是外行，因此，在社区提供一个场所建设社区公园有助于居民开展园艺交流。

运用：公共邮箱

可以将公共邮箱设计用于促进居民之间的日常交流，例如，如果邮箱是设置在户外的，可以同时在旁边设置社区公告栏，给邮箱搭建一个顶棚，在冬季清扫邮箱周围的积雪，此类活动都有助于促进日常交流。如果公共邮箱是设置在室内，将其设置在社区居民开展交流活动房间内或者旁边，以便加强居民之间的联系。

容纳力

居民及访客停车场

在多单位住宅小区，大家都抱怨停车位不足，迫使居民将车辆违规停放在小区或者街上，使车辆脱离其视线范围。这样常常会导致车辆遭到损坏。

在建设新的多单位住宅小区前，首先需要仔细考虑的问题就是提供足够的停车位，理想情况下，停车位最好位于社区内或者毗邻社区。

总体规模

每一多单位住宅小区都会根据社区的规模、经济状况和分区规划规范（Zoning Regulations）设计既定数量的物业单位。但是，大型项目规模越大，其复杂程度越高，越难以落实环境设计预防犯罪原则。如果开发项目中的物业单位数量介于30~40，落实安全设计和环境设计预防犯罪原则会简单得多。

文 化

提供艺术、文化、文物和体育设施

如果社区内各个年龄阶段的人都可以在社区内参与有益、有趣的各种活动，社区凝聚力就会大大提升。一些艺术项目，如艺术家和音乐家举办的室内绘画和音乐会，可以体现公共场所的重要性。此外，青少年和儿童也需要参与文化体育活动。因此，需要建设网球场、篮球场或者其他的非常规场所，用于儿童开展适合其年龄特点的活动。

在住宅小区，可以设计窄街道，采取交通平抑措施降低车辆速度，提供充分的视线覆盖，让儿童可以安全地在街道上玩耍。从附近的房屋可以观察街道状况。但是，如有可能，可以在附近视线能够覆盖的范围内，为儿童设置硬质地面的玩耍场所，这样不仅更加安全，还可以避免车辆和儿童之间的互相干扰。

运用：街道活动

孩子们喜欢参与各种形式的户外活动。练习摩托车技术（Motor-skill）需

464

要硬质地面，但是，为了开展种类更加丰富的活动，草地、软质地面和硬质地面都必不可少。如果在规划时，没有考虑到设置硬质地面场所，孩子们就会跑到街道上去玩（见表21. B. 1）。

3.4 公共街道

在智能规范和新都市主义实践中，"街道"是一个广义的概念，包含了所有的交通道路形式，如小路、自行车道、中转道路、马路、街道、小巷等，还包括了位于私人领地和车道路沿之间的区域，即公共临街区域（Public Frontage）。

专属区域

风险评估

为了提高总体安全和设计水平，在所有允许公众出入的大型场所设计过程中，都必须进行全面深入的犯罪和安全风险评估。

表 21. B. 1　多单位住宅项目需要考虑的环境设计预防犯罪特征

居住场所	保护层次						
	T-1	T-2	T-3	T-4	T-5	T-6	SD
风险评估	√	√	√	√	√	√	√
现场规划							
明确界限——围栏	√	√	√	√	√	√	√
车辆访问控制				√	√	√	√
场地照明			√	√			
夜空	√	√					√
道路指示和标志牌	√	√	√	√	√	√	√
建筑外部							
门——防止破门入室			√	√	√	√	√
窗户——防止破门入室			√	√	√	√	√
百叶窗——防止强行闯入			√				√
访问控制系统				√	√	√	√
外围防护——车辆路障					√	√	√
闭路电视监控系统					√	√	√
建筑内部事项							
警报系统——侵入监测设施			√	√	√	√	√
控制室					√	√	
建筑安保照明			√	√	√	√	√
夜空——无光污染①	n/a	√	√	√	√	√	√
环境设计预防犯罪景观及植物			√	√	√	√	√
楼顶访问控制				√	√	√	√
重要基础设施							
机房防护					√	√	√
化学、生物、放射性、核物质和爆炸物袭击防护（CBRNE）②					√	√	√
防爆						√	
公用设施防护							√

注：① 夜空是指重点关注光干扰和光污染，以避免夜空辉光。

　② 炸物袭击防护（CBRNE）：化学、生物、放射性、核物质和爆炸物袭击。

465

清晰区分各个场所，便于理解其用途

根据设计用途清晰区分各个场所。设计用途不明晰，会让使用人感到困惑，也容易引发非法活动。区分各个场所用途具有非常重要的意义，比如给城市公园设置清晰的区域界限（围栏或者门），就可以将其与毗邻的停车场区分开来。

运用：区分公共场所

在某些情况下，在区分各个场所时，也可以将相关的活动整合到一起，如在同一个候车亭下，可以将候车座位、社区公告板、垃圾箱和停车站建在一起，这样，不仅便于合法使用者使用，还有利于培养使用公共交通系统的本地居民的主人翁精神。

死胡同（Dead-end Spaces）

在区分各个场所时，应当避免形成死胡同或者无人使用的场所。公共场所如果被隔离起来或者没有预定用途或者使用者，就会变成供闲人游荡的"陷阱"场所，增加合法使用者的风险和恐惧感。

运用

公共场所必须有既定用途，用于开展特定活动。即使是人流量、车流量较大的城市中心区，如果利用不当或者无人利用，也会变成废弃的场所。其结果是，令人反感的活动，甚至非法活动就会占据这些废弃场所。关键是在设计阶段就应当仔细思考场所的特定用途，保证充分运用风险评估的成果。

特殊专属区域：指示牌

公共场所应当设置从街道可见的指示牌，清楚地标示该场所的名称、编号和地址。这样，不仅有助于紧急情况下救援人员确定位置，还有利于普通公众识别道路。设置标有紧急救援电话和维修保养电话的指示牌也非常有益。

特殊专属区域：新社区

在交通和人流方面，新社区应当保持一定程度的完整性。虽然普遍存在成见，但是，封闭社区并不一定天生就比开放社区安全，并且，社区之间通过大门分隔，不仅有碍不同社区之间互联互通，还有碍不同用途的地块之间互相补益。不用设置封闭大门，通过指示牌和周围的景观绿化同样可以展现新社区"特点"，强化主人翁精神。

自然监视

视线

紧邻街道的公共临街区域需要视野良好，以便实施自然监视。将街道附属设施设置在窗户附近可以观察到的范围内，有助于强调区域专属性，并有利于实施自然监视。建设园林景观也应当考虑到视线因素，仔细处理树冠、修剪乔木及灌木，保持良好的视野。冬天，积雪会堵塞铁丝网围栏的孔洞，或者堆积过高，阻碍视线，不利于观察。在设计上，就应当保证积雪不能阻碍实施自然监视。

将可以防止破坏的长凳安放在靠近店铺窗户的位置，也有利于对公共场所实施自然监视。

466

照明

3.1 中介绍的安全照明原则也适用于街道照明。根据马路、街道、巷道的风险评估结果，可以综合采用 LED 灯、钠灯、卤化物灯和荧光灯等多种照明方式。街道照明不仅考虑到车辆，同时还要考虑到行人。人行道和其他通道的照明光线应当均匀分布。

带运动传感器的灯具适于保护特定场所，如背街车库、通向房屋的路口、店铺的后门等。

467

景观绿化

一般而言，3.2 中介绍的景观绿化方面的环境设计预防犯罪的原则同样适用于街道的景观绿化。但是，由于行人在公共临街区域的通行方式有其自身特点，因此，在确定街道行道树之间的间距时应当仔细考量，既要能够做到提供持续的遮荫效果，又要便于街道和店铺之间互相观察。更多关于景观绿化智能规范模板方面的注意事项，请访问 www. transect. org 网站。

闭路电视监视系统

关于闭路电视监视系统在公共场所的作用，存在很多争议。研究表明，在使用频率较低的场所，如相对孤立的停车场，闭路电视监视系统很有必要。但是，在城市中心区的一些场所，其作用会大打折扣，因为这些场所中，人群混杂，闭路电视监视系统的作用难以有效发挥，而照明、使用者活动、完善的管理等因素可以有效地发挥作用。但是，在一些场合中，细心值守的闭路电视系统有助于保护一些高风险目标。

访问控制

公众访问控制

从定义上讲，公共街道就是对公众开放的街道。因此，通常情况下，不会考虑对公众出入实施管控。但是，如果街道临街的某些区域、背街小巷在下班后的时间段内可能出现非法活动的，或者某些财产需要保护的，如纪念碑或者纪念馆，就有必要实施访问控制了。

对公共街道实施访问控制与对其他用途的场所实施访问控制类似。对外围实施控制可以采用围栏或者其他的障碍设施，以便将人们引向更易实施监视的入口。

安保系统

某些情形下，长期实施访问控制既不可行，也难以取得预期效果（如纪念碑或者纪念馆周围）。在这种情况下，安保系统或者机械设备比自然监视更为有效，比如，采用闭路电视监控系统、运动传感器、安保巡逻。

楼房的访问控制

对楼房实施访问控制包括统计入口数量、采用坚固的门锁、管理钥匙、将入口设置在便于观察入口道路的窗户旁或者活动场地旁。

建成社区的访问控制

网格式布局的社区有时会受到抄近路驾驶或即停即走式毒品交易（Drive-through Drug Dealing）的困扰。在一些情况下，无论是临时还是长期封锁街道，都会带来复杂的后果。在特殊情况下，封锁街道会打乱那些根深蒂固的行为，或者改变通行模式。成功的结果是小区的居民通过合法途径夺回了场所使用权，减少了犯罪发生的机会，增强场所的安全感。

如果要封锁街道，则必须考虑到整个小区都参与到方案中，并同意采用封锁的方式。否则，会因为影响到交通便利而遭到反对。一般情况下，和有限的道路和死胡同比较而言，短距离街区和路网结构合理的街道更有利于步行和车辆通行。

容　貌

场所清扫

在环境设计预防犯罪中，维护保养是和其他所有设计因素同等重要的环节。由于私人的临街场所处于公众视线范围内，因此它也会影响到公共临街场所。垃圾、乱涂乱画、受损的公物都必须得到及时处理，使用者需要知道该联系谁来负责清扫。此外，这些场所的业主或者物业管理方应当决定由谁负责这些具体细节。

建筑外墙

大幅的空白外墙会让人产生孤立的感觉，并且削弱了区域专属性。在可能的情况下，应当在正面外墙（Principal Frontage）、侧面墙或者内墙（Secondary Frontage）都设计窗户。在对现有的空白外墙实施改造时，可以利用景观绿化进行美化或者在外墙上创作壁画。

运用：壁画

壁画是美化公共场所的有效方式。在可能的情况下，应当让当地的艺术家和社区的居民参与到壁画创作中来。例如，可以让年轻人在众多的暑期项目中积极发挥作用。费城的壁画艺术项目就是一个很好的范例。

街道美化

一些大型项目，如大型商场和写字楼都一般会从街道退让较大距离。新近的类型化分区规范（Form-based Zoning Codes）会将其坐落在人行道旁，但是传统的郊区规范不仅会实际退让较大距离，并给人造成一种隔离的感觉。如果不能避免这种退让距离，可以进行充满趣味的街道设计，如在这些场所采用公共艺术美化或设置长椅，以打破这种和街道之间互相隔离的印象。

使用者群体冲突

公共交通

避免将公共交通设计，如出租车停靠点和公交站，设置在孤立的场所或者空荡的人气较低的物业旁。应当将其设置在商场旁或者人们可以实施自然监视的地方。

活动冲突

有些在白天举行的活动难免会与某些群体产生冲突。如在老年公寓旁玩滑板会引发有关噪声和扰乱秩序的投诉。设计者在满足不同人群诉求的同时，也要考虑到周围人群的需求。

468

活动安排

在进行新设施开发规划时，设计者可以统筹考虑常规活动的时间安排，以避免潜在的冲突。

运用：协调安排

如果对常规的活动进行周密的协调安排，会提高街道的使用效率。如协调公交停靠时间和附近剧场的表演时间，会让爱好者们及时地上下公交，避免长时间的等待。

活动支撑

电话和应急设施

将公用电话和应急电话设置在街道的显著位置，如公交站或者出租车停靠点。并设置指示牌指示其具体位置。

安全区（Safe Zones）

建议在街道设置安全区。在部分行政地区，在公共场所，如枢纽站或地铁站，设置并标示了安全区。安全区内设置了应急对讲机，同时还设置了闭路电视监视系统，并将摄像镜头对准安全区。人们可以在安全区内等候出租车、公交车、地铁或个人接送车辆。

自行车停放点

如果缺乏自行车停车场，自行车车主进入商店或者其他场馆时，不得不让自行车处于不安全状态，容易被盗。设置自行车停放架可以减少被盗风险。

运用：自行车停放架

自行车停放架应当设置在邻近其他便于看管的区域，如餐馆的座位区，以便实施自然监视时可以一览无余。该区域应当提供充分的照明，并且要区别于简单的铁架子，停放架要采用最新的防盗设计。关于自行车停放的类型，可以在 www. transect. org 查阅《自行车智能规范模板》。

街头表演者、报刊亭和食品摊

在许多公共场所，为了合法实施"群众监视街道"策略，可以向街头商贩发放营业执照，如街头表演者、报刊亭、食品车，包括冬天出售热饮等。

犯罪诱发场所（Crime Generators）

"陷阱"场所（Entrapment Areas）

尽量避免在景观绿化旁边、死胡同、靠近人行道的闲置仓库、室外楼梯底部以及其他场所留下可以躲藏的地方。

关闭"陷阱"场所

如果不能消除"陷阱"场所，可以考虑利用开放式的围栏或者大门将其围起来，并在工作时间段过后提供充足的照明。

土地综合利用

夜间娱乐区

有些夜间活动场所，如酒吧和小酒馆，会在大家休息时产生噪声。可以考虑在夜间娱乐区和住宅区之间留出合适的距离。在极端情况下，还必须设置特殊区域（SD）。但是，在城市中，必须得有夜间活动场所，年轻人不介意在这样的噪声中生活。城市的街道如果在夜间是空空荡荡的，通常也不安全，土地综合利用可以互相提供活动支撑。

470

土地利用

街道旁的各类公共场所，其土地利用性质之间应当互相兼容支撑。在停车场旁修建商店、从窗户可以俯视户外的儿童玩耍场所，这样就可以实现土地利用之间的互相兼容支撑。任何公共场所设计，都必须考虑土地利用兼容支撑问题。

连接道

停车场通道

对公众均可出入的各类活动场所，在设计场所之间的通道时，应当考虑运用环境设计预防犯罪理念降低风险。犯罪分子容易预判、观察这些通道内的活动。例如，停车场与附近的餐馆、电影院之间的通道，在夜晚，会使从餐馆、电影院出来取车的消费者陷入危险境地。因此，通道的距离应当尽量缩短，并提供充足的照明和监视措施。

娱乐场所的通道

应当保证，酒吧（酒馆）的通道不要让消费者穿过住宅区，因为居民大多已经入睡。这些通道应当提供充足的照明和监视措施。

迁　移

犯罪分布图

在进行新的开发项目风险评估时，必须仔细研究犯罪的产生及其变化趋势。当毒品交易、性交易或者街头乞讨等行为在某一区域遭受打击时，其很容易迁移至另一区域。曾经安全的街道，可能会在一夜之间突然冒出许多犯罪问题。犯罪分布图有助于预判潜在的犯罪迁移问题，并协助设计人员在设计安全场所时格外留心。

向外迁移

新的开发项目可能会让现有的犯罪问题迁移到其他地区。进行风险评估、分析犯罪趋势、制作犯罪分布图，有助于设计人员将迁移的可能性通知其他地区，并采取统筹协调措施降低潜在风险。

凝聚力

参与社区清扫

如果让社区居民参与所有社区的清扫或者绘画节，他们会更容易利用、管理社区。这样不仅会促进邻里之间互相交流，也有利于促使他们更加关心公共事务。

运用

面对社区容貌不佳、秩序混乱等问题，一些社区通过发动居民清扫、举办壁画绘画节，取得了良好效果。社区街道、道路以及居民使用的其他道路，如自行车道和商业区的主要街道出现类似问题时，均可以采用这种方式。

统筹协调开发规划

471

在制定开发规划时，注意做好和周围住宅、商业区及城市政府部门之间的统筹协调工作，这样有助于解决犯罪迁移等问题，防患于未然。事实上，相关的统筹协调工作，有助于促进区域之间互相支持，缓解因商业、住宅冲突（酒吧、商铺太多，停车场不足或者居民太多，而食品店、公园等配套设施不足）带来的负面影响，对社区自身也大有裨益。

互通性

服务之间互通

在公共场所新建项目，并非简单地新建一个物理设施。同时，还需要考虑如何让居民和业主、店主之间互相联系。例如，在车站附近设置应急电话固然重要，但是在附近的夜间营业店铺和餐馆设置相关标志同样重要。这些标志可以告知公众公交车站的位置、运营时间表以及应急电话的位置。

3.5　公共场所

公共场所是指可用于步行、被动或主动休息、户外音乐节和（或）娱乐的且公众可以出入的场所，包括公园、绿地、公共设施、公共广场、商业广场、运动场和游乐场等。各类断面区域，无论是更偏重于农村还是城市，均与公共场所这一术语密切相关。绿色通道（带状公园）也属于公共场所，但由于其面临的问题存在区别，因此，将其放在另一个章节论述。在街道章节中建议采取的相关技术手段，同样适用于公共场所。

专属区域

风险评估

为了提高整体安全性和设计水平，所有公共场所在进行设计时必须进行全面的犯罪和安全风险评估。

名称指示牌

在公园、休闲场所以及运动场的道路入口处设置大型、便于阅读的指示牌，在方便使用者辨别路线的同时，也明确了相关场所的具体用途。指示牌应当载明公园的名称、维护要求、应急电话号码以及政府部门确定的其他信息。指示牌的高度应当适宜，以避免景观绿化设施或冬季大雪遮挡。指示牌至关重要。在为运动场、休闲场所或者公园命名时，可以采用当地社区某位居民的名字，以增强当地居民的主人翁意识。

入口处的名称指示牌不要在设计时仓促决定。它是服务公众的重要细节，并有助于明确公园的特定功能。

明确边界

清晰界定公园、休闲场所或运动场的区域边界。注意不要采用可以捡拾起来投掷窗户的石块，也不要使用容易被冬季除雪设备损坏的尖锐突起物。可以使用不同的地面材质来明确界限，比如带状的草地及砾石人行道。

自然监视

景观绿化

一般情况下，第27章中关于良好景观绿化的各项原则同样适用于公园、休闲场所和运动场。根据特定场所的风险评估结果，可以综合采取各种绿化景

472

观类型及设计。

植物

在公园、休闲场所和运动场内种植植物时要特别留意。要根据四个季节的不同情况考虑审美价值，以吸引合法使用者到公园活动。在考虑特定场所的具体功能时，还应当易于维护。例如，运动场周围种植的植物应当考虑不会对小孩造成伤害，同时，还应当足够粗壮，可以承受因运动场活动带来的影响。高大的树木可以在夏季提供遮荫，尤其是在公园内使用比较集中的一些节点，如附近的长椅、小路和运动场所。树木同时还可以明确公园及特定场所的界限。不管选择何种植物，都必须注意，不能给实施自然监视带来不良影响。

照明

一般情况下，第 29 章至第 30 章中关于实施良好照明的各项原则同样适用于公园、休闲场所和运动场。如果公园、休闲场所和运动场需要照明，可以根据特定场所的风险评估结果，综合采取 LED 灯、钠灯、卤化物灯和荧光灯等多种方式。

访问控制

围栏

由于公园、休闲场所和运动场需要对公众开放，一般情况下都不需要围栏。但是，有可能需要在其周围标示出其区域界限或者设置障碍防止小孩从上述场所跑到街道上。在标示界限或者设置障碍时可以采用低矮的树篱（Hedging）或者低矮的开放式围栏。

在一些情况下，如果某些广场在晚上很少使用，并且几乎无法实施自然监视，可以在黄昏时分就锁起来。

运用：大型公共场馆的访问控制

在城市大型场所设计中，如体育场的道路入口，可以通过水平台阶、景观绿化特征、铁门等方面细节改变实施访问控制。这样，不仅利于发挥场所功能，保持外形美观，还有助于实施自然监视。

容　貌

管理和维护

公共场所要想吸引大量使用者，并保持合法用途，良好的管理和维护特别重要。如果公园、绿地、广场等场所缺乏管护，就容易受到损坏或者被乱涂乱画。长椅、人行道、运动场设施等特别需要维护。

灯具维护

公园、休闲场所和运动场在晚上较晚时段常常无人使用。如果提供了照明，要经常检查灯座是否正常，如有损坏，需要及时维修。

使用者群体冲突

使用者冲突

公共场所比较常见的问题是使用者不按规定使用场所，这样会经常干扰他人对场所的正常使用。例如，十多岁的青少年在为低龄儿童设计的游乐场内约

473

会，流浪者在公园长椅上睡觉。在公共场所遛狗或者让狗在公共场所玩耍，是否会形成使用冲突，要取决于是否拴上了狗链，以及是否按照法律规定铲除了狗粪便。

运用：阻止

可以根据风险评估结果和场所的设计用途，采取各种措施阻止非法使用。例如，可以在草坪上安装自动喷水系统，夜晚将草坪淋湿，将非法使用者赶到其他地方，也可以阻止他人在草坪上游荡。另一个例子是采用可以阻止滑板爱好者和流浪汉违规使用的长椅。为了阻止他人违规在长椅上过夜，可以在长椅中间安装分隔长椅的铁架。

活动支撑

电话和应急设施

在相对孤立的公共场所，可能需要安装电话及其他的应急设施，如对讲机和警报器。尽管现在很多人都使用手机，但是，为了应对突发状况，有必要安装有线电话。应急设施应当与安保人员和应急救援服务直接相连，并需经常维护、监管，以确保可以正常发挥作用。

桌椅

公共场所通常会安放椅子，如果经常有家庭聚会或者为了吸引更多的合规活动，还有可能设置游戏桌（如象棋桌和乒乓球桌）。这些桌椅应当富有吸引力、经久耐用并易于维护。

运用：椅子

椅子应当安置在显著位置，最好可以面对另外一个活动场所，这样便于人们对场所内开展的活动实施自然监视，坐在椅子上的人也可以欣赏一下场内的活动。当小孩子们在场所内活动时，看管小孩的人可以就近找到坐的地方。如果某一场所一年四季都投入使用，可以将一部分椅子设置在树荫下，一部分设置在阳光下。在极端天气情况下，没有遮挡的金属椅子可能因为太冷或者太热而无法入座。政府部门的工作人员应当思考，如果有鸟类在椅子、野餐桌或者其他设施上方栖息，可能会产生什么后果；在鸟类数量较多的情形下，需要经常进行清洁。

运用：照明

某些运动，如网球、篮球、滑板和曲棍球可能会在夜晚户外开展，春季、秋季和冬季的白天时间较短，可能需要对这些合法的场所提供照明。应当对这些场所进行风险评估，判断夜晚开展活动是否有助于减少这些场所的非法活动。如果需要对球场、溜冰场和滑板公园提供照明，在进行风险评估时，应当考虑灯光和噪声是否会影响到附近的居民，是否会影响到断面区域实现的黑暗天空的目标，并合理确定熄灯时间，严格按照规定熄灯。居民可能会认为这些活动会导致冲突，并反对为夜间体育活动提供照明，但是，不管如何，社区居民的支持有助于提升主人翁意识。

土地综合利用

可在附近开展活动

一个公共场所应当位于大多数居民步行范围（一般为 1/4 英里）内，以方便居民使用，避免场所闲置。在距每位居民不超过 1/8 英里范围，应当设置一处运动场所，在不超过 1/4 英里范围内，应当设置较大公共场所。运动场所通常设置在较大的公共场所内。尽管在规划上已经做了相应安排，但一些使用者还是会开车到更大的公共场所，如大型运动场和大型公园。为了安全和方便，在这些休闲场所附近应当设置停车场或者允许路边停车。

犯罪诱发场所

青少年约会场所

在公共场所内为青少年设置约会场所是否有益，还存在争论。此处并不讨论是否设置此类场所，而是探讨采取何种方式才能实现下述三个目标：

（1）尽量减少不同使用者之间的潜在冲突。

（2）为青少年聚会、交流提供方便。

（3）可以通过非正式的监管实施自然监视。

许多到公园游玩的人会抱怨，那些闲逛的青少年经常会破坏亭子和室外楼梯，到处乱扔垃圾，弄脏环境。在一些公园内，公园的维保人员住在毗邻亭子或楼梯的地方，以便在下班之后还可以观察到相关场所的情况，可以实施自然监视。附近的居民可以参加社区巡视，发挥同样的作用。设置垃圾箱，采用防止乱涂乱画的材料有利于其他居民在白天使用亭子或楼梯。垃圾箱应当经常清理，否则，其本身也会变成垃圾，滋生寄生虫。

连接道

公园、休闲场所和运动场通道

应当谨慎设计连接公园、休闲场所和运动场的通道，最好靠近周围的楼房或别墅，以便实施自然监视。

公园内的道路

在大型公共场所，如有必要，可以在公园、休闲场所或者运动场内设计步道。可以利用照明、路面标志、植物、梯级和指示牌向人们指示出入口。在设计公园内步道时，应当考虑最佳通行路线。通常情况下，最佳路线就是两点之间距离最短的路线，特别是在学校附近会更是如此。当最佳通行路线会穿过运动场时，可以利用低矮的篱笆进行分隔。

迁 移

思考潜在的迁移

下班后，在公园、休闲场所和运动场可能会出现无事闲逛或者从事非法活动的人。这样可能会出现问题，附近的毒贩转向公园内，在休息时间段内，从附近酒吧内出来的人会跑到公园内继续狂饮。应当采取一切措施，将公园、休闲场所以及运动场与那些不兼容的土地利用和活动分隔开。

475

是否提供照明

需要特别思考的是，在公园提供照明是否会招致违法活动，或者关闭照明是否会为犯罪者增加难度（毒贩实施犯罪活动时几乎不需要照明）。受周围的人口状况、文化、条件的影响，有必要开展风险评估，以确定照明对潜在犯罪迁移可能产生的影响。可以采用运动探测传感器，以节约能源，这样，灯光既可以发挥警报作用，也可以作为该项物业所属的居民、业主、安保人员或警察的通报设备。但是，这可能会对附近的居民造成干扰，因此，灯光应当保持光照向下，避免对他人造成影响。

凝聚力

公告板

公共场所是设置信息公告板的理想地点。公告板可以公示各种信息，如公交车时刻表、犯罪分析公告、文化活动和社区开展的各项活动。

公园命名

可以用当地社区广受尊重的某位名人的姓名为公园、休闲场所和运动场命名。

互通性

聚会场所

公共场所是社区休闲娱乐的理想聚会场所。在公园内举行的交流娱乐活动越多，就越便于实施自然监视，也能够促进社区居民之间的相互联系。特别是对休闲场所而言，在服务社区方面，其吸引力越强，灵活性越大，就越能够促进和周围社区之间形成积极融洽的关系，更广泛地吸引使用者，避免冲突，提高居民的主人翁意识。

3.6 带状公园

用途广泛的人行道（自行车道）和周围的景观绿化共同构成连接各处物业的带状公园，通常情况下会穿过不同的断面区域。

专属区域

风险评估

为了更好地体现区域专属性，提高总体安全性和设计水平，在进行每一处大型的人行道和带状公园设计时，必须进行全面深入的犯罪和安全风险评估。

区域标志

在人行道及带状公园的入口处设置大幅、清晰、通俗易懂的标志非常重要。如果标志中包含了地图，应当以行人面对标志为标准，标示各个方向，并在地图中标出"您所处的位置"。标志中应当包含人行道或带状公园的名称、标示了方向的地图、应急救援及维修保养电话。标志的高度应当适当，以免被乔木、灌木或者冬季大雪遮挡。

明确边界

清晰区分人行道、乔木区或灌木区的边界。在明确边界时采用路面点缀、遮盖物覆盖或者其他类似材料，这样不仅有助于避免人们踩踏草地，还会让人行道更加美观。

可以对地面进行处理，如用石材装饰来明确界限。但要注意，不要让人可以捡起石头投掷窗户，石头的突起部分不能被冬季除雪设备损坏，同时还要防止刺破自行车轮胎。

应急联络

在孤立或者封闭的路段，在较大的交叉路口应当设置救援电话、对讲机、安全警报等设施，以便使用者可以在紧急情况下求救。虽然可能会出现警报失灵的情形，但这也比受害人或者潜在受害人紧急情况下不能求救要好。

自然监视

景观绿化

一般情况下，良好的景观绿化所应遵循的各项原则同样适用于人行道和带状公园。根据特定人行道或带状公园的风险评估结果，可以综合采用各种景观绿化形式和设计方案。

枝叶和植物

人行道和带状公园的枝叶和植物密度不能过大，以免削弱自然监视的效果。

可以考虑培育一连串高密度的绿色"岛屿"，提升带状公园美感，吸引人们到人行道上散步。采用"岛屿"式的景观绿化、视线可穿透的尖状篱笆、高度较低的植物，以最大限度地实施自然监视。

土坡：高度

土坡可以改善带状公园的外观和形状，但是，应当精心处理。护坡（Berms）不能过高，以免遮挡视线。如果土坡还栽种了植物，要保证成年期植物高度不能阻碍实施自然监视。

土坡：位置

要确保随时可以观察土坡周围情况，便于实施自然监视，因为，如果护坡与人行道之间的距离过近，则可能会提供藏身之处。

477

树冠

如果树冠遮挡了附近住宅的视线，或者降低了照明效果，应当对其进行修剪。树冠高度不宜太低，以便树冠下的居民可以观察周围情况，同时，也可以为参与各项活动的居民遮荫。

驻足点的景观绿化

在常见的驻足点、人行道和带状公园的入口、交叉路口附近，尽量不要形成高密度的灌木丛，以免犯罪分子可以在此躲藏。

围栏类型

视线可穿透的围栏便于从附近物业实施自然监视。符合此项要求的围栏种类、颜色、形状较多。但是，尽量不要使用铁丝网式围栏，如果要用，也仅限于在非住宅区使用，因为这不太美观，降低公园美感。人行道上的行人如果可以看清周围情况，他们会感到更加合适、安全。高度较高的实心围栏（Solid

Fences）会妨碍实施自然监视。

围栏和照明

一般情况下，关于实施良好照明的各项原则同样适用于人行道和带状公园。根据特定人行道和带状公园的风险评估结果，可以综合采取 LED 灯、钠灯、卤化物灯和荧光灯等多种照明方式。

如果带状公园或者围栏人行道需要夜间照明，应当根据其使用的是可透视和围栏还是不可透视的围栏，采取不同的照明方式。在使用可透视的围栏的情况下，光照太亮，就会形成眩光，妨碍人们观察。在实心墙体式围栏的情况下，则效果相反，光照太亮会增加光反射，照亮整个场所。

照明：灯座

如果带状公园和人行道需要照明，应当选择高度较高、可以预防被破坏的灯具。路桩灯（高度较低、灯座紧贴地面）不仅提升人行道的美感，还不会干扰周围邻居，但是它由于容易遭受破坏，所以应当采用坚固的材质以防止受到损坏。也可以采用外形美观、效果较好、高度较高的柱式路灯。应当根据需要为人行道提供夜间照明的人的特点以及周围居民的实际情况，做出风险评估，再根据风险评估结果决定采用较低的路桩灯还是较高的柱式灯，还是综合采取两种方式。无论采取何种方案，灯座应当经久耐用、预防被破坏并富有美感。

照明：分布

不宜采用亮度较低的灯具，如低压钠灯。光源应当保持光照向下，避免形成眩光，照射到了附近住宅内。同时，光线应当均匀地投射到带状公园的步行区域或人行道，避免人们在黑暗区域和明亮区域之间来回转换。

照明：程度

照明的明亮程度应当保证在 15 米范围内看清人脸的情况下，避免形成光污染。带状公园和人行道的照明程度不宜过亮，以免对比之下，周围的区域显得太暗，难以看清附近的其他人。因此，把握好平衡非常重要。

活动支撑

无论是进行专业训练的运动员、日常锻炼的群众还是通行的路人，都希望甚至需要在人行道或者小路旁间或设置喷泉、休息设施、咖啡馆或者食品摊。提供可供狗饮用的水也很有必要。如果允许慢跑者遛狗，则应当采取相应措施，避免其他人受到潜在的伤害。如果带状公园旁未设置相关设施，应当通过指示牌向人们提示上述设施在毗邻社区的具体位置。

访问控制

入口通道

带状公园和人行道的入口通道应当明确标示。同时，还应当采取适当的景观绿化措施，并设置标有路线图和应急救援电话号码的指示牌，予以重点标示。

毗邻住宅区

带状公园属于公共场所，在连接城市和地区的各个区域方面，相较街道而言，发挥了双重作用，因此，不宜对其实施访问控制，并且，还需设置较多的节点，方便公众自由出入。但是，有必要根据风险评估结果，对公园和毗邻住宅之间的入口实施访问控制。通常情况下，可以设置墙体或者围栏。

容　貌

人行道和自行车道路面维护

在冬天恶劣的天气条件下，人行道和小路路面很容易因为冻融循环而老化、开裂。因此，在设计阶段，应当对路面谨慎处理，避免以后出现问题。

人行道路面

路面应当坚固耐用，均匀，平顺，方便使用。应当根据当地天气情况，决定采用的材料类型。对跑步和长距离散步来说，沥青比混凝土地面更加柔软，但是在天气变化较大的情况下，在维护方面要求更高。地面应当防滑，在湿水条件下，摩擦系数至少应当高于0.5，并且不得形成光反射或者炫光。地面处理对预防犯罪非常重要，因为目标人群对带状公园的使用频率越高，就越不容易形成有人单独散步、跑步和骑自行车的情况，从而避免出现他们遭受攻击的情形。

墙体

为了避免乱涂乱画，同时和周围环境协调，可以采用铸铁材质的开放式围栏或者培植常春藤、苔藓等遮盖墙体表面。在墙上绘制壁画也可以有效防止乱涂乱画。

使用者群体冲突

人行道宽度

根据风险评估结果可以判断由谁，基于什么原因使用人行道或带状公园。带状公园和人行道（步道）通常应当兼容多种用途。其宽度应当容纳多种用途，可以同时允许骑自行车、滑滑板。人行道应当符合《美国残障法通行指南》的基本要求。

路面标志

如果允许在人行道上骑自行车，可以在人行道上划出中线，将路面分成两部分。这样可以避免散步、跑步、骑自行车、滑滑板等不同活动可能导致的冲突。指示牌上应当提示靠右侧道路行走（在美国国内如此），从左侧超越。

可以用箭头符号标示行进方向。具体方法详见自行车智能规范模板。

犯罪诱发场所

使用带状公园的不仅有群体使用者，还有单独使用者，如果人行道不便于实施自然监视，单独的跑步者和散步者极易受到侵害。应当设计指示牌，提醒大家在运动时使用头戴耳机、耳塞或者打电话、发短信的危险性，并告知其就近的应急求救电话的位置。

土地综合利用

土地利用冲突

应当合理确定人行道和带状公园的位置。在住宅区附近设置此类公园比较合理，但是在其他地点就未必合适。如果人行道是从晚间酒吧等场所通向孤立的带状公园，则可能会让顾客离开酒吧后陷入危险境地，同时，从酒吧出来的某个或者一群不文明顾客可能会搭讪人行道上的行人，让行人感到不安全。在上述情况下，应当在附近设置照明充分的出租车站或公交站，为这些人提供方便。风险评估结果可以表明毗邻土地的用途可能产生的影响。

连接道

公交车站

带状公园和人行道可以告知人们可以采取何种方式通向何处，但是犯罪分子也会很容易地知道相关信息。连接道应当和附近的公交站连接。公交车司机发现附近出现异常问题时可以提供帮助，同时，也便于从带状公园或人行道出来的行人找到车站的位置。

位置：防止非法闯入

将带状公园和人行道设置在靠近住宅背后的位置，可能会为那些伺机实施入室盗窃者提供良机。将连接道设置在容易受到侵害的房屋附近时要特别注意。例如，常见的一些措施是：适当地设置围栏、留出距离，以便最大限度地实施自然监视和访问控制，或者在景观绿化方面要确保良好的视线。

替代路线

在一些地方，人行道或者带状公园仅适宜在一天的一些特定时间段使用。在此种情况下，应当设置指示牌，告知大家，在使用较少或者不安全的时段内，可以另行选择的其他路线。

凝聚力

防止不当行为

在带状公园可能会出现在正常时间外还闲坐在长椅上等不当行为。为避免这种情况，可以和社区的新老居民、社区组织合作，开展一些娱乐活动。社区可以组织开展社区值勤、集体婴儿车出游、健身活动、步行马拉松及赛跑、公园巡逻等集体活动，以减少在带状公园、人行道等场所的不当行为，增强社区凝聚力。

互通性

目的地

人行道或者带状公园应当将社区和各处设施连接起来。

带状公园和人行道有两个方面的作用：一是为社区居民提供审美愉悦感，二是提供通向目的地的通道。如果人行道不能通向某一目的地，不但会无人使用，同时还不安全。

文 化

聚会场所

沿带状公园设置居民可以开展社区活动的场所，如烧烤聚餐、钓鱼比赛、排球比赛、节日燃放烟花等。带状公园如能充分发挥其作用，会给社区居民带来极大益处。居民对带状公园的利用程度越高，他们越能够将其视为自己社区

480

财产，同时也会更加重视其安全。

文化艺术

如有可能，可在带状公园和人行道范围内为社区的文化艺术发展提供空间，比如创作壁画、为即兴音乐表演提供场所。

3.7 地面停车

专属区域

风险评估

为了提高区域专属性、总体安全度和设计水平，所有大型地面停车场在设计时都需要进行全面的犯罪和安全风险评估。

指示牌

指示牌对驾驶员和行人了解场所及其所有权人非常关键。地面停车场的指示牌，无论是对驾驶员还是行人，都需要大小适宜、清晰易辨、照明充分。指示牌应当告知行人前进方向和使用方法，例如可以帮助在购物的顾客找到其车辆位置。可以使用颜色明显的方向指示标志或者使用方便记忆的主题标志。指示牌还应当清楚地指出车辆行驶路线、入口、出口。同时还应当明显地标示停车场和特定场所的所有权人。

地面停车场规模

虽然停车场规模取决于物业规模和使用者需求，但是，最好将停车场分为互相串联的、容纳量为20～30辆车的多个小型停车场，而不是设置容纳量超过75辆车的大型停车场。大型停车场不利于实施专属区域控制。

根据设计用途明确区分各个区域

在设计地面停车场时，让各个区域都有明确具体的用途。如果某一区域的设计用途不明确，可能会让相关区域被非法使用。在地面停车场中，这一问题尤其突出。

运用

如果地面停车场的访问控制不严格，或者存在大量用途不明的区域，行人就会抄近道从停车场经过。这样，就不易辨别是否存在盗贼。清楚地划出车辆通道内的行人通道、严格实施访问控制，明确区分各个区域的用途，就会大大降低车辆盗窃者作案后逃脱的概率。种植成排的树木可以帮助明确停车场的专属区域，但是树冠应当保持适宜高度。

自然监视

景观绿化

一般情况下，适用于良好景观绿化的原则同样适用于地面停车场。根据停车场的风险评估结果，可以综合采取多种景观绿化形式和设计方案。在各个区域，特别是入口周围，尽量提供良好视野。尽量不要让浓密的灌木丛、实心围栏和广告牌遮挡对地面停车场的视线。

墙体颜色

毗邻的墙体尽量粉刷为浅色，以提高照明亮度。壁画可以有效提高停车场

481

的可识别度和美观效果。

附近窗户

尽量将停车场设置在附近窗户的视野范围内，便于实施自然监视。

正式监视

尤其是在为一些特定区域配套的大型地面停车场，有必要采取正式的监视手段，如安排安保巡逻、配备停车场管理员或者组织社区巡查等。

闭路电视监视

大型的地面停车场可能需要配备闭路电视监视系统。研究表明，在大型、孤立的停车场安装摄像头对减少犯罪非常有效。但是，为了有效发挥其作用，需要经常维护，并安排人员监视值守。

停车场照明

一般情况下，关于实施良好照明的各项原则同样适用于地面停车场。根据地面停车场的风险评估结果，可以综合采取 LED 灯、钠灯、水银蒸气灯、金属卤化物灯和荧光灯等多种照明方式。

地面停车场灯光应当均匀地照射到整个停车场，避免形成眩光。在大多数停车场，采用带灯罩、直接投射地面的光束式光源可以有效地避免光污染。如果在停车场周围设置的灯柱毗邻住宅，采用投射地面的低功率光源、在房屋侧用灯罩遮挡等措施可以减少光干扰。

车辆内照明

顶部照明应当避免形成阴影，可以看清车辆内部情况。驾驶员在进入车辆前是否可以看清内部情况非常重要。

482　　**访问控制**

周边访问控制

可以在外围采取围栏、水平梯级变化和其他的路障设施控制人们进入停车场。最好让行人可以通过一至二个受控或监视的入口进入停车场。

围栏

围栏可以对地面停车场周边有效地实施访问控制。要确保围栏可以允许视线穿透（如铸铁材质的尖状围栏），高度不宜过高。切记，设置铁丝网围栏在很多场合下不仅不美观，还会违反当地的有关分区的规定。在城市，围栏高度一般为 4~6 英尺，并允许有效实施自然监视。在较偏远的地区，最好适当增加围栏高度。

树篱

如果采取树篱等景观绿化方式对外围实施控制，要注意保持良好的视野，同时选用生长较慢、对维护要求较低的植物。树篱的高度不得超过 3 英尺。

车辆控制门

在大型地面停车场采用车辆道闸可以减少车辆盗窃案件，特别在设置了管理员或者保安亭对道闸实施监控的情况下。

监管保安亭

在入口处设置监管保安亭可以对整个地面停车场实施管理，同时可以高效地保护车辆安全、实施访问控制。在安装了闭路电视监视系统的大型停车场，设置在保安亭内的监视器可以帮助管理人员监视整个停车场，但是在下班期间内，监视器也需要有人值守。

容　貌

维护

地面停车场必须定期维护、清扫，包括整修地面，修理受损或失效的灯具、围栏，清除垃圾、积雪、涂鸦，以保持整洁，重新喷涂褪色的车位线。干净整洁、维护良好会让人感觉到停车场管理完善。

材质质量

采用设计优良、独具特色的建筑设施有助于提高地面停车场的外表美观。例如，铸铁材质的围栏优于铁丝网，外表美观的路灯胜过壁挂式灯具。

使用者群体冲突

使用者冲突

将地面停车场设置在远离潜在使用者群体的地方。例如，滑板公园一般不需要配备停车场，在其附近设置地面停车场，可能会导致在停车场内滑滑板，损坏车辆。风险评估结果可以显示使用者群体之间的潜在冲突。

活动支撑

电话和紧急求救设备

在大型停车场，必须安装电话和紧急求救设备，如对讲机和警报器。尽管现在许多人都使用手机，但是，有必要安装有线电话，以保证紧急情况下通信畅通。应急救援应当和安保人员和应急救援服务直接联通，并经常维护、检查，以确保可以有效发挥作用。

凳子和长椅

如果设计得当、维护良好，凳子和椅子会成为富有魅力的因素。其位置应当位于出入口、入口保安亭、景观绿化设施附近，并清晰可见。

在靠近地面停车场的公交站设置长椅比较合适。长椅应当保持干净整洁，中间带分隔铁架，同时，还应当在公交站台下设置垃圾箱。

如果设计得当，公共座椅区可以有效地吸引人们在此歇息。在设计时，应当考虑是否经久耐用、防止破坏、舒适性、遮荫效果等，做到在多人使用时不会拥挤。但是，座椅面对的公共场所要有一定的趣味性，不要仅是面对来往的车流。

土地综合利用

邻近场所的活动

停车场和其周围场所尽量具有一定的互补性，如设置在商场、电影院、酒吧或其他类似的活动场所旁边。停车场和这些场所之间的距离越近，连接二者之间的连接道的距离就越短。

483

连接道

地面停车场的出入道路

合理设计地面停车场的出入道路，最好靠近周围的建筑或住宅，以便实施自然监视。

地面停车场内的道路

本章在专属区域一节讨论了特殊的人行道。这些人行道不仅区分出了哪些是合法的专属区域，哪里可以开展合法的活动，还可以指向连接道的位置。保证自然监视的水平，并不断提高，显得非常关键。

迁　移

犯罪分布图

开展全面彻底的风险评估，绘制犯罪地点—犯罪热点分布图，以决定停车场的最佳位置。如果停车场连接了各个活动场所和设施，就能够最大限度地发挥其作用。但是，如果这些活动场所同时也是犯罪地点，则会因为犯罪活动溢出效应，提高停车场的风险程度。

互通性

和周围业主沟通协调

将地面停车场设置在功能互补的地块旁非常关键，但同时还要求停车场的开发商与业主及毗邻地块所有权人之间进行沟通协调，宣传其服务，提高其利用效率，让合法的使用者使用停车场。合法使用者使用地面停车场的频率越高，"群众监视街道"的作用就发挥得越好，相应地就会降低犯罪行为发生风险。

宜步行

在公共街道旁设置地面停车场会破坏街区的宜步行性，因为停车场打断了街道风情的连续性，迫使人行道上的行人停下来等候车辆出入。优美的景观绿化虽然可以发挥一点作用，但是人们游览小镇或者城市，显然不是为了观看停车场旁的土坡（Berms）和灌木丛。大多数地面停车场应当设置在街区内侧、建筑背面，以免让它们在整个城市体系中产生前述的这种分割效应。设置在背街位置会在监视方面面临额外的挑战，但是，为了保持公共街道的整体性，让行人更近距离地靠近店铺，这样做还是很有必要的。沿街道设置地面停车场还会使街道变得更不安全，因为几乎没有居民再愿意走上街道。

容　量

大型停车场管理员

在异常繁忙的停车场，如在举办特殊体育赛事的时候，需要配备停车场管理员来帮助指挥交通。这些管理员同时还可以在这些大型停车场内提供自然监视。

3.8　混合功能中心（T5，T6）、全商业购物中心（特殊区域）

本节主要讨论城市中心区，它包含了全商业建筑（All-commercial Buildings）、多用途建筑（Mixed-use Buildings）、全零售购物中心（Retail-only Shopping

Centers），城市和郊区的大型商店（Big Box Stores）、购物中心以及其他类型的商业用地形态。同时，它还包括了建筑大厅以及购物中心的入口和公共区域。虽然这些这些区域事实上属于私人物业，但是也可能具有公共属性或者被认为具有公共属性。

大多数针对财产的犯罪行为之所以发生，是因为犯罪分子轻易地得到犯罪机会。轻易地出入商店、办公室或封闭的场所，私人场所和公共场所未明确界限，糟糕的照明和景观绿化，这些都有助犯罪分子实施犯罪。所有这些设计特征都可以予以改变，从而有利于合法使用者，而不利于犯罪分子。采用环境设计预防犯罪措施和物理安保措施可以让犯罪分子处于弱势地位，面临风险，从而不愿在该地点实施犯罪。

专属区域

风险评估

为了提高总体安全性和设计水平，所有大型开发项目在设计时都必须进行全面彻底的犯罪和安全风险评估，尤其在大型商业购物中心、地区的城市中心、购物中心（包括多个大型商店和商业街的开放式购物中心）。

明确边界及品牌推广

可以采用景观绿化、指示牌、照明、具有城市特征的街道景观特征（如长椅）等方面的措施明确城市中心的边界。这样可以增强所在区域的本地居民、员工和店主的自豪感和主人翁精神。但是，如果街区已经让人有舒适的"户外空间"的感觉，就没有必要再在外观特征上花费太多工夫。如果街道比例失当，长椅和盆栽（Planters）看起来生拼硬凑，就会了无生趣。

485

过渡区域

如果某一区域内存在公共场所和私人场所互相过渡的情形，有必要清楚地标示出过渡地带。这样便于人们知晓其出入的场所，同时，在夜晚或者安静的情形下，可以降低人们的恐惧感。

运用：地面处理

地面处理方面的细微变化可以设置某一场所的具体用途。例如地面石料的类别和颜色，从人行道到店面的地面水平梯级可以清楚地表明该场所的用途。

自然监视

从设计方面便于实施自然监视

高风险活动，如从银行取款机取钱，在设计上应当谨慎处理，以便于从附近窗户可以实施自然监视。自动取款机应当设置在没有死角的场所，犯罪分子不能利用毗邻的建筑特征来伏击走向或者离开自动取款机的人。

运用：银行取款机周围的窗户

落地窗户便于对高风险场所实施自然监视，但要注意窗户的反光问题，以免在白天妨碍视线。同时，还应当注意内部和外部的照明条件，避免当使用者晚上从玻璃门内走出的时候，突然眼睛发花。

一般照明

一般情况下，关于实施良好照明的各项原则同样适用于大型综合体（Large Developments）。根据大型综合体的风险评估结果，可以综合采取钠灯、卤化物灯和荧光灯等多种照明方式。

特定场所照明

在孤立或者安全的区域，如背街的装卸区，带运动传感器的灯具可以有效地保护财产安全。无论是建筑内部还是外部，干净整洁的设计都有助于实施安保监视，当和自然照明、人工照明结合时，更是如此。

特定场所照明：停车场

在分区规范中，大型综合体被归类为特殊区域，通常情况下都配套建设了大型停车场，而在推崇宜步行的社区中，是排斥这种做法的。地面停车场的相关照明原则，也适用于大型综合体的停车场。

景观绿化

一般情况下，适用于良好景观绿化的原则同样适用于大型综合体。良好的景观绿化不仅会减少犯罪分子实施犯罪的机会，还会增强使用者的安全感；并且还有助于明确区域界限，实施访问控制，改善容貌，让使用者感到舒适安全的同时，也便于他们正确使用各个场所。

在适宜的情况下，可以合理布局盆栽、路桩灯、隔离墩（Mounds）和壕沟的位置，防止侵入者利用交通工具冲撞建筑内的薄弱部位。

访问控制

建筑的访问控制

为了对建筑实施准许控制，可以尽量减少入口数量，采用坚固的门锁，对钥匙严格管理，将入口设置在视野良好、便于观察入口情况的窗户附近。所有的外部大门必须设置在公众视野范围内，不得被遮挡。所有设置门的地方，必须照明充分，以防备他们强行闯入，同时，在设施结构设置上还应当注意防止破门入室。门铰链应当不可拆卸。

商店内部的门，如果是通往私人区域或者仅限员工使用的区域，必须实施访问控制，或者从邻近的办公室可以观察门口情况，并采用电子控制措施或闭路电视监控系统。在适当的情况下，在门上应当安装可视对讲门铃、猫眼，或者其他的安保设备，可以观察敲门者的情况，然后决定是否允许其入内，以免未经允许进入室内，在背街后门尤须如此。访客或送货者的身份未经确定时，不得允许其进入。

商业和零售商店的窗户无论是在设计方面，还是在建设方面都要做到可以防止破门入室。根据风险评估得出的危险程度决定窗户的防护级别。如果窗户安装了窗条，窗条不能被拆卸，并可防范攻击，但是在步行商业街，窗户不能采用实心窗户板，因为这样不仅会招致乱涂乱画，从外观上也会破坏街道的亲切感。

物业访问控制

大型商业综合的大型停车场在一天大部分时间段都需要保持开放。在适当

486

的情况下，可以在周围安装围栏，以提高对大型商场、商铺或者办公楼的防护等级。围栏的类型可以根据风险评估的结果进行选择，但是，对可能用作步行街的部分公共场所，应当将围栏的负面影响降至最低。在高风险区域，除了安装围栏和采取其他措施明确边界外，还应当采用照明、闭路电视监视系统和警报系统等补充措施。

如果因成本控制原因，不能采取上述措施的，可以在物业入口处设置车辆道闸并配备保安亭。这样，不仅能够在下班时段内对行人实施访问控制，还可以对车辆实施访问控制。设置车辆道闸的情况下，有必要辅助采用安保措施，例如安排保安巡逻和安装闭路电视监控系统。

同时还要综合考虑设置清楚的方向标示牌，保持入口开放整洁，保持视线通畅以及照明充分。服务道路、货物交送区也同样需要考虑上述因素。交通枢纽区也需要考虑位置问题，例如，公交车站应当设置在便于实施自然监视的地点。

"盗贼楼梯"

许多景观绿化设施或者维护设施会让潜在的破门入室者爬到楼顶，从无人注意的入口进入建筑内，引发意想不到的后果。上述设施被称为"盗贼楼梯"，应当避免这种情况。

487

运用：避免破门入室者利用楼梯

避免"盗贼楼梯"的第一步，就是进行风险评估，找出容易被用作破门入室入口的薄弱环节会出现在哪些地方。第二步是思考建筑结构方面的哪些特征或者设施会被利用，从而进入这些地方。

交通障碍

为了避免未经允许驾车进入店铺或办公楼，在适当的情况下，可以设置交通障碍，进行一定程度的防护。交通障碍可以手动控制，也可以当场或者采用受控装置进行自动控制。设置交通路障后，应当允许应急车辆和执法车辆通行。

门

许多多层办公大楼和商业设施使用大门来对其设施和停车场实施访问控制。根据安保性质及目标，门既可以是象征意义上的，也可以是实质意义上的。在安装门铰链时，应当加盖封闭，并预防被抬起。为了避免窃贼用门作梯子或者攀爬架，门之间的缝隙应当最小，同时还要考虑道路的坡度，确定缝隙的合理能见度。锁扣应当焊接到门上，并上锁。

建筑所采用的材料应当可以防范人为攻击或破坏。为了避免犯罪分子驾驶车辆闯入建筑内部或者拖走防护栏，可以采用地桩、水泥盆景底座或者类似的防护设施。

访问控制和保护内部空间

如果商场、零售店或者办公室内存放了财物，应当采取相应措施，预防侵入者入内。应当设计相应的侵入防范系统，监测是否有人通过门、窗户、地板、天花板或者建筑外墙侵入，以及周围人的活动情况。环境设计预防犯罪措施和物理安保措施是为了在第一时间发现未经允许入内的侵入者，而电子监测系统可以在事后发现侵入安保系统的情况，千万不要将电子监测系统替代环境设计预防犯罪措施和物理安保措施。

容　貌

显著品牌

大型综合体的品牌推广需要采取显著的颜色或其他标识来提高其身份识别度。可以通过品牌来宣示所有权，提高区域专属性。

商场品牌

商业和社区的品牌是一个涵盖非常广泛的话题，可以采取多种方式来标示某一场所的独有特征。特有的标识、独特的颜色、旗帜和标示牌、主题曲是标示场所特征，突出独有特征的几种方法。

运用：商业品牌

商业品牌包括打造独具特色的商场。一般情况下，品牌应当覆盖商场的所有区域，并用一些主题将所有的店铺联系起来。

场所清洁

定期维护非常重要，对于大型商业综合体来说尤为如此。垃圾乱扔、乱涂乱画、财产损坏等现象必须予以及时处理。一些场所设置了全职的"服务专员"负责维护清洁、回答咨询、维护秩序（主要是应对突发事件和随时观察场所情况）等。这些服务专员必须明显可辨，他们维护场所秩序的职责和负责公共沟通的职责一样重要。

如果定期维保、物业管理（包括日常清扫）做得不好，安全设计就不会正常发挥作用。相关场所应当定期清扫、垃圾和涂鸦应当及时清除，以保持场所清洁。

使用者群体冲突

商场内的青少年

青少年经常在商场开展社交活动。一些业主会对这类活动予以限制。在商业综合体的设计和运营过程中，开发商应当征求青少年的意见，活动和设计方案要对业主和青少年双方均有益处，以便解决潜在的问题。

如果在商场内存放了大量货物，应当根据货物的价值决定商场的安保等级，以保障财产安全。在决定商场内某一单独零售店铺的安保等级时，应当考虑在下班以后的时间段内，商场是否对公众开放。大多数商场会在晚上 9 点至10 点关门，但是步行街是每天 24 小时都对公众开放。如果某一商业综合体仅仅在正常的工作时间内对公众开放，其安全度相对较高；相应地，与那些正常工作时间外仍对公众开放的场所相比，其所需的安全防护等级较低。

诱发犯罪的场所

公共洗手间和电话亭

大型的商业综合体必须设置公共洗手间。遗憾的是，公共洗手间的设计工

488

作往往是在事后进行，并且被设置在通道尽头，安保措施非常少，甚至完全没有。其结果是，大量的不良行为都是在公共洗手间发生，如毒品交易。这样，导致公共洗手间就变成了犯罪诱发场所。

公共洗手间的设计必须采用环境设计预防犯罪理念，其入口通道必须非常显著，并设置在人流量较大的地方，而不是一个偏僻的地方。电话亭不能设置在洗手间附近，以免犯罪分子隐藏在守法人群中，在附近晃荡而不易察觉。指示牌应当提供应急救援的相关信息，并且定期对该场所进行维护、清扫。

保护有重要基础设施的场所

在建筑设计方案中应当为安装发电设备和公用设施预留适当位置，避免其遭受意外或者蓄意破坏。电源输入线必须用安全的管道包裹并布置在安全的区域。电缆和管线也应当用安全的管道包裹。备用发电设备必须确保其燃油安全，针对发电机也要做好防盗和预防破坏工作。

现金业务和财务办公室

489

办理现金业务的场所，除了收银台外，应当不允许公众进入，或者至少应当设置在公众完全看不到的场所。在现金存入保险箱或者交送运钞车之前，入口处应当确保安全。传递窗口或托盘，其设计和施工必须按照银行的标准执行，通道的外墙和天花板表面、门和玻璃也必须采用相同标准。

土地综合利用

综合利用

即使在大型商业综合体中，土地综合利用也可以在全天各个时段对使用者交流产生积极影响，提高区域专属性，便于实施自然监视。例如，零售店铺、个人服务商店和办公楼可以互补共存。

生活形态购物中心

零售业界兴起的"生活形态购物中心"将购物和休闲设施在较小的层面结合起来，使商业综合体在传统的运营时间内保持兴旺，应当提倡这种方式。

连接道

公共交通

公交站和其他形式的公共交通站点应当设置在建筑或者综合体正面附近，而不是设置在其边缘地带。

停车场和人行道

在停车场设置人行道，3.7节中关于地面停车场的设计建议同样适用于此处。

迁 移

停车场盗窃

大型商业综合体的停车场会停放上千辆汽车。此类停车场由于面积太大，往往难以实施防卫。因此，会吸引来自城市其他区域的大量盗贼，企图在此盗窃车辆。

因此，在进行此类停车场的设计时应当特别注意。3.7节中关于地面停车场的建议同样适用于此处，尤其是关于照明、景观绿化和自然监视方面的建议。

细分停车场

如果停车场可以采用景观绿化、地面梯级分区、人行道等多种方式分为更小区域，针对细分后的小区域实施管理会更加容易。

停车场的闭路电视监控

在面积较大或者位置偏僻的停车场，有必要安装精心管理的闭路电视监控系统并安排安保人员巡逻。关键是在商业综合体的设计之初就做好相关安排，在已经建成的停车场中，应当适当改建。

490

凝聚力

开展各类社交活动

尽管大多数的商业综合体主要提供零售购物，但是仍然可以寻找机会开展其他积极的社交活动，如娱乐和教育方面。开发商应当考虑增加其他的可以提升商场运营水平的设施，如培训机构、图书馆以及其他的非零售类的设施。开展各类社交活动可以带来另外的益处，即可以吸引更多的合法使用者，便于开展自然监视，并对其"自己"的商场实施一定程度的区域控制。

互通性

提升空间分区水平

合理联系商业综合体内的各类活动可以降低犯罪风险。例如，在商场内开设餐馆时，可以设置在电影院夜场顾客的车辆停泊处附近，以提高自然监视水平。这样的安排，可以让两类群体都能安全地观察或走向其车辆，避免产生孤立的效果（见表 21. B. 2）。

表 21. B. 2 商业办公和零售场所应当采取的环境设计预防犯罪措施

	保护层次						
住宅区	T－1	T－2	T－3	T－4	T－5	T－6	SD
风险评估	√	√	√	√	√	√	√
现场规划							
边界限制——围栏			√	√	√	√	√
车辆访问控制				√	√	√	√
场所照明			√	√	√	√	√
夜空	√	√	√				√
指路牌和标志牌	√	√	√	√	√	√	√
建筑外部							
门——防止破门入室			√	√	√	√	√
窗——防止破门入室			√	√	√	√	√
百叶窗——防止强行进入			√	√	√	√	√
访问控制系统			√	√	√	√	√
周边访问防卫——车辆障碍					√	√	√
闭路电视监视系统					√	√	√
夜空——无光污染	√	√	√	√	√	√	√

住宅区	保护层次						
	T－1	T－2	T－3	T－4	T－5	T－6	SD
建筑内部注意事项							
警报系统——侵入监测设备			√	√	√	√	√
控制室				√	√	√	√
建筑安保照明			√		√	√	√
景观绿化和植物种植面的环境设计				√	√	√	√
预防犯罪							
严格限制进入屋顶				√	√	√	√
重要基础设施							
保护机械设备用房					√	√	√
化学、生物、放射性、核物质和爆炸物袭击防护（CBRNE）*						√	√
防爆						√	√
公用设施保护					√	√	√

＊炸物袭击防护（CBRNE）：化学、生物、放射性、核物质和爆炸物袭击。

3.9 校园机构（特殊区域）

校园机构可能会包括一些政府和教育机构、科研大楼、科研园区等。这一部分所指的校园在其规模和布局方面存在自身特点，因而不能归类于常规的断面区域。这类新设施应当是完整社区的一部分，而非距离较远的、孤立的场所。然而，在现有条件下，也可能存在孤立的、面临特殊困难的校园。

专属区域

风险评估

为了提高区域专属性、总体安全度和设计水平，所有大型机构建设项目在设计时都需要进行全面的犯罪和安全风险评估。

建筑朝向

机构用地有其独特的性质，可能包括提供政府服务的建筑、开展科学研究的设施或者教育、传媒大楼。但是，为了保障安全、预防犯罪，需要遵循几项设计原则，其中一项就是针对建筑的朝向。要让建筑朝向公共场所，以便附近建筑内的使用者都可以利用该公共场所。

如有可能，建筑应当朝向公共或者开放的户外空间，吸引建筑内的使用者至此小憩。同时，在午餐和休息时，还可以提供愉悦的视觉体验。

建筑选址

最好将机构建筑集中选址，以便形成规模经济，既有利于业主集中处理安全问题，还便于开展公共场所的建设，比如建筑配套的休息场所和公园。这样，在方便实施自然监视的同时，也方便对公共场所实施专属区域控制。

将机构建筑集中建设，并考虑引入其他土地利用形式，如咖啡馆，便于促进合作。例如，建设共用的亲水设施，如喷泉。采取这种方式，不仅可以美化

491

环境，还可以吸引附近建筑的使用者至此互相交流，同时，还可对周围环境实施自然监视。

避免陷阱区域

陷阱区域是指方便躲藏，在不易被人察觉的情况下将受害人挟持到该区域。通常情况下，这类区域难以被发现，当人们经过该区域时不会意识到该区域的存在，或者不会特别注意。在夜晚，机构建筑经常空置。当下班较晚的员工离开办公室，走向其车辆或者其他区域时，保证其安全，免遭侵害显得至关重要。设计人员必须确保场所内不存在此类陷阱区域。

自然监视

视野和人行道照明

设计人员在进行设计时，应当在入口和公共场所附近设计窗户，以便实施自然监视。位于建筑内的人应当具备清晰的视野，可以在建筑内看清外部场所情况，尤其是在夜间。在建筑外部，从人行道至停车场应当提供均匀的照明。

492

接待大厅是可以清晰地观察建筑外部情况的天然场所，安保人员和前台接待人员也通常布置在此。安保人员对开阔的视野和工作时的照明有较高要求，他们是监测建筑外部情况的理想人员。

总体照明

一般情况下，3.1 节中介绍的良好照明原则也适用于住宅照明。根据机构场所的风险评估结果，可以综合采用 LED 灯、钠灯、卤化物灯和荧光灯等多种照明方式。

总体景观绿化

一般而言，3.2 节中介绍的良好景观绿化原则同样适用于机构场所的景观绿化。适当的景观绿化可以降低犯罪行为发生的概率，提升使用者的安全感。同时，也有利于明确边界，实施访问控制，提升使用者的舒适度和安全感，形成良好的容貌，便于场所的正确使用。

访问控制

建筑准入

为了对建筑实施控制，可以尽量减少入口数量，采用坚固的门锁系统，对钥匙严格管理，并将入口设置在可以清楚地观察到入口情况的窗户附近。

电子安保措施，包括监视、侵入监测和识别等，是机构设施安全保护的关键设计因素。许多安全保卫措施都强调控制设计，特别是在楼道和大厅的设计。

场所访问控制

对机构的访问控制也常被称为外围控制。它和在其他用途的地块上实施的访问控制类似，将人们引导至主入口。

对车辆实施控制是保障场所外围安全的重要措施。根据风险评估结果，可以决定未经检验的车辆和建筑之间的最佳距离。在车辆和建筑外围的距离之间，可以采用街道附属设施、路桩、景观绿化、水平梯级变化、围栏和车辆路障等方式。如果设置了缓冲退让区域，应当根据实际情况，允许应急车辆通行。如果建筑面临炸弹爆炸威胁，风险评估结果应当决定外围保护区域，以及可疑的车辆和炸弹威胁。

外围控制

外围控制的措施包括车辆道闸、保卫岗亭、水平梯级变化和其他的障碍设施。应当在现场划出适当的区域对车辆实施检查。在设计此类检查场所时，应当考虑拦停车辆的场所和防止车辆逃离检查场所、阻止其他车辆尾随进入的措施。在车辆、行人入口处，应当采取适当的照明措施。

安保系统

机构场所可能包括高风险项目或者易受侵害的财产。这些场所除了采取环境设计预防犯罪措施外，还应当采用专业的安保系统，如安装闭路电视监控、配备专业安保人员、安排巡逻等。应当注意的是，如果没有切实贯彻环境设计预防犯罪原则适当地进行设计，上述的安保系统的作用将得不到有效发挥。

"盗贼楼梯"

在设计中，要避免出现可能会被破门入室者利用的楼梯，并借此轻易地上至屋顶、屋脊和阳台。各类设施、墙体、停车场建筑物等，如果布局不当，都可以用作楼梯进入各个单位。

接待区

接待区应当设置在机构建筑大厅的显著位置。在学校，办公楼主楼应当设置在前门入口处，并保持良好的视野，以便观察前门入口情形。一份中肯的风险评估报告应当指出该场所所需的安全防护等级。至少，接待员或办公室员工应当可以和安保人员直接联系沟通。

洗手间和服务区

公共厕所、服务场所或者垂直通行系统入口不能设置在不安全的区域，包括公共入口处的检查场所。

装卸区、发运区和收货区

装卸区、发运区和收货区距离设施用房、发电机房、服务区入口（包括电力、电话和数据线，消防探测、警报系统、消防灭火输水管道、空调管道等）周围至少 15 米以上。在确定装卸区的位置时，要保证车辆不能开至或者停放在建筑下方。在任务可能的地方，在服务车装车的时候，都应该在外层封皮上贴封条和垫片，在向建筑物卸货时应该再贴上安全封条。

容　貌

管理和维护

在机构场所，管理和维护显得尤其重要。如果校园维护不善，则容易出现损坏物品、乱涂乱画现象。对其他类似场所也是如此。垃圾、涂鸦、损坏的物品应当及时予以清除、修缮。

灯具维修

由于许多机构场所在晚上会显得空荡、偏远，损坏的灯具难以被及时发现。因此，定期检查灯泡及其他照明设施，并及时予以修理显得非常重要。

活动支撑

电话和应急设施

将公用电话和应急救援电话设置在机构场所的显著位置，并利用指示牌标示其所处位置。如果场所面积较大，还可以配置监控摄像头或者安排安保巡逻。在大学校园，通常会设置紧急按钮或者电话以便直接与安保人员取得联系，并安排 24 小时巡逻，以保护使用者安全。

自行车停放处

自行车停放处应当设置在视野良好的安全区域。该区域应当提供充分的照明，停放架不宜采用简单的铁架子，要采用最新的防盗设计。

收发室

收发室应当设置在建筑的外围，与机构的主入口，重要服务、公用设施的场所，配电系统以及其他贵重财产保持一定的距离，配套设计可以缓冲压力的外墙或窗户，并为容器式排爆设备预留充足空间。装卸区附近是设置收发室的理想位置。如果收发室设置在高风险的区域，应当为其单独配置空调系统，以防止通过邮件携带的污染物造成污染。

为了减少在扫描区前可能出现的隐藏设备和违禁物，应当避免在附近安装垃圾箱或者邮筒，以免利用这些设施来隐藏设备。如果需要设置邮筒，应当限制其开口的大小，以免被塞入违禁包裹或物品。

促进社区活动开展

在可能的情况下，在商业和零售物业设计中，应当为附近社区的日常活动提供便利。例如，如果附近有综合住宅区，有必要配套建设图书馆、健身房、医疗诊所或百货商场。

土地综合利用

优化场所使用

在可行的情况下，机构场所可以在夜晚、周末予以充分利用。这样，可以让更多的合法使用者使用这些原本可能空置的场所。例如，可以将社区的体育活动在学校操场内举办或者将空置的停车场用于驾驶培训。

混合使用与单一用途使用

尽量不要将高风险承租人与低风险承租人混合安排到一起。如果必须安排到一起，公众可以进入的场所必须与高风险承租人隔离开来。可以通过设置独立的入口、采取访问控制、各个场所之间用坚固的墙体隔离等方法，或者在安保管理措施方面进行特定的安排，将零售店铺与各种用途的场所布置在一起。

连接道

公交车站

从建筑窗户处应当可以清楚地观察通往公交站的人行道及公交站所在区域的情况。公交站和建筑入口之间的距离，应当尽量最短。

如果机构场所在地块有多种用途，公交站的作用会更加重要。但是，公交站的选址和停靠时间应当和附近设施的功能保持协调。如果乘客候车时需要单独等待的时间过长，会增加潜在的风险。公交站应当紧邻附近设施入口。

人行道

机构设施附近的人行道和其他道路应当处于机构建筑窗户视野范围内，并提供充分的照明。其宽度应当允许两人并排步行、骑行或者超越。

人行道路面

在冬天恶劣的天气条件下，人行道路面很容易因为冻融循环而老化、开裂。在选择路面材料时应当选择表面平缓、性能稳定、经久耐用的材料。在有水的情况下，应当避免打滑（摩擦系数应当高于 0.5），并且不得形成光反射或者眩光。

凝聚力

公告板

如果机构被集中建设在一起，最好经过所有使用者商量后建设一个信息发布平台。平台可以采用公告板的形式，也可以采用电子方式。公交运营时刻变化、犯罪观察公告或者所在区域地图等都可以在平台上发布。最重要的是，这些平台应当避免杂乱，并及时更新。

互通性

聚会场所

机构场所建筑的部分设施通常也可以向公众开放，如礼堂、餐馆、会议室等。无论是在工作时间，还是在夜晚，这些设施在被社会公众用作理想聚会场所的同时，还有助于为下班较晚的员工实施自然监视。

较大的社区可以利用聚会场所鼓励居民参与活动，激发对所设计场所的自豪感，有助于在机构和附近社区之间营造积极和谐的氛围，提升主人翁精神。

和附近场所的互联互通也很关键。人行道、自行车道的作用与车辆、公共交通系统的作用一样重要。

第四章 附录：参考资料

有关环境设计预防犯罪的研究已经经历了 40 多年。大量的支持数据充分表明：设计至关重要。

下述的参考资料仅列举了少部分研究成果数据及相关的支撑数据。更详细的环境设计预防犯罪资料（大致有 800 多项研究成果），详见国际环境设计预防犯罪协会网站 www. cpted. net。

本章引用的材料主要摘自于下述三个来源：

496

［1］ Saville, Gregory and Miller, Elisabeth. （2010） *Safe Growth and CPTED in Saskatoon, Crime Prevention Through Environmental Design Guidelines: an Illustrated Guide to Safer Development in Our Community*, AlterNation LLC., City of Saskatoon Planning and Development. Saskatoon, Saskatchewan, Canada. June 2010.

［2］ *NFPA 730, Guide for Premises Security*, 2008 Edition. National Fire Protection Association. Quincy, MA.

［3］ Atlas, Randall. 21*st Century Security and CPTED*：*Designing for Critical Infrastructure and Crime Prevention*. CRC Press, Boca Raton. 2008.

其他的参考资料

照明方面

［1］ Atlas, R. I. 2010. CPTED and lighting, reducing crime, improving security, Guidebooks for Design Professionals, Number 2. ebooklet from www. cpted. net.

［2］ Atkins, S. , S. Husain, and A. Storey. 1991. The influence of street lighting on crime and fear of crime. Crime Prevention Unit Paper 28. London：Home Office.

［3］ Cozens, P. , et al. 2003. A critical review of street lighting, crime and the fear of crime in the British city. *Crime Prevention and Community Safety*：*An International Journal*, Vol. 5 (2), pp. 7 – 24.

［4］ Farrington, D. and Welsh, C. 2002. Effects of improved street lighting on crime：A systematic review. Home Office Research Study 251. Development and Statistics Directorate, Crown Copyright, London.

［5］ Illumination Engineering Society of North America. 2003. Guideline for security lighting for people, property and public spaces. (IESNA G – 103 March 2003).

［6］ Illumination Engineering Society of North America. 1998. Lighting for parking facilities (IESNA RP – 20 – 98 Dec. 1998).

［7］ Leslie, R. P and Rodgers, P. A. 1996. *The Outdoor Lighting Pattern Book*；, *Lighting Research Center*, RPI；McGraw Hill, New York. 3 – 150.

［8］ Ramsay, M. and R. Newton. 1991. The effect of better street lighting on crime and fear：A review. Crime Prevention Unit Paper 29. London：UK Home Office.

［9］ Welsh, B. C. and D. P. Farrington. 2007. Surveillance for crime prevention in public space：Results and policy choices in Britain and America. *Criminology and Public Policy*：*American Society of Criminology*, 3 (3), 497 – 526.

［10］ Wright, R. , M. Heilweil, P Pelletier, and K. Dickinson. 1974. *The Impact of Street Lighting on Street Crime*. Ann Arbor, MI：University of Michigan.

［11］ Illuminating Engineers Society of North America, www. iesna. org.

［12］ National Council on Qualifications for the Lighting Professional, www. ncqlp. org.

［13］ International Association of Lighting Designers. www. iald. org.

［14］ International Dark Skies Association. http：//www. darksky. org.

停车场设施方面

［1］ Eck, J. and W. Spelman. 1992. Theft from vehicles in shipyard parking lots. *Situational Crime Prevention*：*Successful Case Studies*, R. V. G. Clarke (ed.). New York：Harrow and Heston.

［2］ Gamman, L. , A. Thorpe, and M. Willcocks. 2004. Bike off! Tracking the design terrains of cycle parking：Reviewing use, misuse and abuse. *Crime Prevention and Community Safety*：*An International Journal*. 6 (4), 19 – 36.

［3］ Poyner, B. 1997. Situational Crime Prevention in Two Parking Facilities. *Situational Crime Prevention*：*Successful Case Studies (Second Edition)*, R. V Clarke (ed). Albany, NY：Harrow and Heston.

［4］ Smith, M. 1996. *Crime Prevention through Environmental Design in Parking Facilities*. Washington, DC：U. S. Department of Justice, NIJ.

学校方面

［1］ Carter. S. P. and S. L. Carter. 2001. Planning safer schools. *American School & University*, 73 (12), 168.

［2］ Crowe，T. D. 1990. Designing safer schools，*School Safety*（Fall），pp. 9 – 13.

［3］ Florida Center for Community Design and Research. *Florida Safe School Design Guidelines.* 　497
Florida Departrnenc of Education. Tallahassee，Fl. July 1993.

［4］ Kunstle，M.，Clark. N.，and Schneider，R. *Florida Safe School Design Guidelines.* Florida
Department of Education. Tallahassee，Fl. 2003 Available at http：//www. firn. edu/doe/ed-
facil/safe_schools. htm

［5］ Moore，D. P. 1999. Designing safer schools. *School Planning and Management*，38（8）.

城市规划和设计方面

［1］ Brown，B. B. and Bentley，D. L. 1993. Residential burglars judge risk：The role of territori-
ality. *Journal of Environmental Psychology*，13（1），51 – 61.

［2］ Casteel，C.，C. Peek – Asa. and J. F. Kraus. 2000. Effectiveness of crime prevention
through environmental design（CPTED）in reducing robberies. *American Journal of Preven-
tive Medicine*，18（4），99 – 115.

［3］ Design for public safety for Saint Paul：A guide for making a safer public realm. City of Saint
Paul. Minnesota. Department of Planning and Economic Development. December 1993.

［4］ Hampshire，R. and Wilkinson，M. 2002. Youth shelters and sports systems：A good prac-
tice guide. Thames Valley Police. www. thamesvalleypolice. uk.

［5］ Hillier，B. and Shu，S. 2000. Crime and urban layout：The need for evidence. *Secure Founda-
tions：Key Issues in Crime Prevention，Crime Reduction and Community Safety.* S Ballintyne，K
Pease. and V McLaren，（Eds），224 – 248. London：Institute of Public Policy Research.

［6］ Lehrer，E. 2000. Crime – fighting and urban renewal. *The Public Interest*，（Fall），91 – 103.

［7］ Peterson，G. 1997. Crime and mixed – use development. *Reclaiming the City：Mixed Use
Development*，Coupland，A.（Ed.），pp. 179 – 202. London：Spon Publishers.

［8］ Poyner，B. and Webb，B. 1991. *Crime Free Housing.* London：Butterworth；Architecture.

［9］ Saville，Gregory. 2009. SafeGrowth：Moving forward in neighborhood development. *Built
Environment*，35（3），386 – 402.

［10］ Taylor，R. B. 1997. Social order & disorder of street blocks and neighborhoods. *Journal of
Research in Crime and Delinquency.* 34（1），113 – 142.

［11］ Weatherbum，D.，L. Bronwyn，and S. Ku. 1999. Hotbeds of crime? Crime and public hous-
ing in urban Sydney. *Crime and Delinquency*，45（2），256 – 271.

［12］ Weisel，D. 2002. *Burglary of Single – Family Houses.* Department of Justice，Office of
Community Oriented Policing Services，Washington，DC.

［13］ Wekerle，G. and Whitzman，C. 1995. *Safe Cities：Guidelines for Planning Design，and
Management.* New York：Van Nostrand Reinhold.

社区参与和邻里团结方面

［1］ Dickout，D. 2006. A community based approach to creating safer nightlife spaces：2nd Gen
CPTED in action. *CPTED Journal*，2（1），25 – 32.

［2］ Levan，V. 2004. Second – generation CPTED at work：Building community culture bridges in
Parisian Belleville. *CPTED Journal*，3（1），3 – 14.

［3］ Ross，C. E. and Jang，S. J. 2000. Neighborhood disorder，fear and mistrust：The buffering role
of social ties with neighbors，*American Journal of Community Psychology*，28（4），401 – 420.

［4］ Sarkissian，W. 2003. Stories in a park. Second – generation CPTED in practice：Reducing
crime and stigma through community storytelling. *CPTED Journal*，2（1），34 – 45.

［5］ Saville，G. and T. Clear. 2000. Community renaissance with community justice. *The Neigh-
borworks Journal*，18（2），19 – 24.

［6］Saville, G. and G. Cleveland. 2005. CPTED and the social city：The future of capacity building. *CPTED Journal*, 2（1）, 43 – 51.

［7］Sarkissian, W., A. Cook, and K. Walsh,（Eds）, 1997. *The Community Participation in Practice：A Practical Guide*, Perth：Institute for Science and Technology Policy.

［8］Perkins, D. and R. Taylor. 1996. Ecological assessments of community disorder：Their relationship to fear of crime and theoretical implications. *American Journal of Community Psychology*, 24（1）, 63 – 107.

景观绿化方面

［1］Atlas, R. I. 2008. *21st Century Security and CPTED*. Boca Raton, FL：CRC Press.

［2］Brower, S., K. Dockett, and R. Taylor. 1983. Residents' perceptions of territorial features and perceived local threat. *Environment and Behavior*, 15, 419 – 437.

［3］Bouza, A. V. 1995,（September）. Trees and crime prevention. *Proceedings of the 7th National* Urban Forest Conference. New York, NY：American Forests, pp. 31 – 32.

［4］Hull. R. B. and Harvey, A. 1989. Explaining the emotion people experience in suburban parks. *Environment and Behavior*, 21, 323 – 345.

［5］Poyner, B. 1994. Lessons from Lisson Green：An evaluation of walkway demolition on a British housing estate. *Crime Prevention Studies*, Vol. 3, Clarke, R. V.（Ed.）. Monsey, NY：Criminal Justice Press.

容貌和环境美化方面

［1］Giacopassi, D. and D. Forde. 2000. Broken windows, crumpled fenders, and crime. *Journal of Criminal Justice*, 28（5）, 397 – 405.

［2］Kelling. G. L. and C. M. Coles. 1996. *Fixing Broken Windows. Restoring Order and Reducing Crime in Our Communities*. New York, NY：Touchstone, Simon and Schuster.

［3］Ross, C. E. and J. Mirowsky. 1999. Disorder and decay：The concept and measurement of perceived neighborhood disorder. *Urban Affairs Review*, 34（3）, 412 – 432.

访问控制方面

［1］Atlas, R. and W. G. LeBlanc. 1994. The impact on crime of street closures and barricades：A Florida case study. *Security Journal*, 5（3）, 140 – 145.

［2］Jacobs, Allan B. 1996. *Great Streets*. Massachusetts Institute of Technology Press：Boston.

［3］Johnson, S. and C. Loxley. 2001. Installing alley – gates：Practical lessons from burglary prevention projects, Policing and Reducing Crime Unit Briefing Note 2/01, Home Office, London.

［4］Ratcliffe, J. 2003. Suburb boundaries and residential burglars, *Trends and Issues in Crime and Criminal Justice*, No. 246. Australian Institute of Criminology, Canberra

［5］White, G. F. 1990. Neighborhood Permeability and Burglary Rates. Justice Quarterly, Vol. 7（1）：57 – 67.

本章的其他参考资料

［1］Adler, J.（1995）Bye – bye suburban dream. *Newsweek*, May 15, pp. 41 – 45.

［2］Atlas, R.（1994a）Environmental barriers to crime. *Ergonomics in Design*, 9 – 16.

［3］Atlas, R.（1994b）The impact on crime of street closures and barricades：A Florida case study. *Security Journal*, 5（3）：140 – 145.

［4］Atlas, R.（2002）The sustainability of CPTED：Less magic more science！ *CPTED Journal*, 1（1）.

［5］Atlas, R.（2004）Designing safe communities. *Strategies for Safe and Sustainable Communities*. Landscape Architectural Registrations Boards Foundation, Vienna, Austria.

［6］Blakely, E. J. and Schneider, M. G.（1997）*Fortress America：Gated Communities in the*

United States. Washington，DC：Brookings Institute Press.

［7］Benson，B. （1998） *To Serve and Protect*：*Privatization and Community in Criminal Justice.* New York：New York University Press.

［8］Burnett，S. H. and Villarreal，P. （2004） *Smart Growth = Crime，Congestion and Poverty*：*Brief Analysis* #473. Dallas，TX：National Center for Policy Analysis.

［9］Cisneros，H. （1995，October 23） Cisneros calls for "New Urbanism" stressing small – scale communities. *MDR Current Development*，361.

［10］Clarke，R. V. （1992） *Situational Crime Prevention*：*Successful Case Studies.* Albany，NY：Harrow and Heston.

［11］Conservation Law Foundation （1998） Take back your streets. January.

［12］*Consumer Reports* （1996） Neighborhoods reborn. May.

［13］Crowe，T. D. （1991） *Crime Prevention through Environmental Design.* Boston，MA：Butterworth – Heinemann.

［14］Duany，A. S. and Plater – Zyberk，E. （1996） The thirteen points of traditional neighborhood development. *FFF Newsletter*，January 2 – 3.

［15］Fennelly，L. J. and Lombardi，J. H. （1997） *Spotlight on Security for Real Estate Managers.* Chicago，IL：IREM Institute of Real Estate Management.

［16］Herrera，M. （2011） Businesses want vagrancy law，*South Florida Sun – Sentinel.*

［17］Hope IV Developments （1996） U. S. HUD，Washington，DC，November，pp. 2 – 4.

［18］Katz，P. （1994） *The New Urbanism*：*Toward an Architecture of Community.* New York：McGraw – Hill.

［19］Malone，M. et al. （1995） 15 Ways to fix the suburbs. *Newsweek*，May 15，pp. 47 – 53.

［20］*Miami Herald.* （2003） State's crime rate in 2002 was the lowest in 30 years，April 17，p. 4B.

［21］Mills，K. M. （1996） Crime prevention through environmental design：Public facilities and applications and strategies. *Security Journal*，July 109 – 115.

［22］Nasar，J. L. and Brown，B. B. （1996） *Public and Private Places.* Edmond，OK：The Environmental Design Research Association.

［23］Newman，O. （1973） *Defensible Space*：*Crime Prevention through Environmental Design.* New York：Macmillan.

［24］O'Toole，R. （2005） New Urbanism promotes crime. Los Angeles，CA：Reason Public Policy Institute. Available at：www. operationscorpion. org. uk/design_out_crime/policing_urbanism. htm （accessed on September 10，2006）.

［25］Pensa，P. （2008） Upscale community wants cars screened，*South Florida Sun – Sentinel*，Sept. 2.

［26］Plater – Zyberk，E. （1996） It takes a village to raise a child. *Consumer Reports*，May，pp. 59 – 67.

［27］Richards，S. J. （1994） *Crime Prevention through Environmental Design*：*Training Course Overview.* Livingston，TX：Churchill International.

［28］Stack，S. （1997） Crime and housing values in Detroit 1980 – 1990. *Journal of Crime and Justice*，20（1）.

［29］Town，S. and O'Toole，R. （2005） Crime – friendly neighborhoods：How New Urbanist planners sacrifice safety in the name of openness and accessibility. Reason，February.

499

创建并获得安全的校园环境

　　尽管学校的日常管理工作是由老师、学校管理人员、安保人员和执法部门工作人员负责的，但是，创建安全的学校（从小学至大学）是整个社区的共同责任。在第一个孩子踏进学校大门之前，建筑师、规划师、景观绿化设计师就和当地的利益相关方共同努力，设计了学校。他们的技术水平和创造力、地方预算限制、利益相关方的优先关注点等，每一个方面都在限制和调整设计方向上各自产生影响。在今后很长的一段时间内，最终的建设成果都会对健康、安全、个人行为和学校的整体效用产生影响（图22.1）。

　　尽管一个好校长也可以在"老旧的红谷仓"中开办优质的学校（图22.2），但是，如果给他一座设计良好、功能齐全的学校建筑，他会省力得多。在学校中运用环境设计预防犯罪原则是基于这样一个前提：有效地使用、设计、管理建成环境会降低犯罪行为的发生概率，避免产生犯罪恐惧感，提高学校总体安全水平，充分发挥其效能，并提高每一位学校使用者的生活质量。

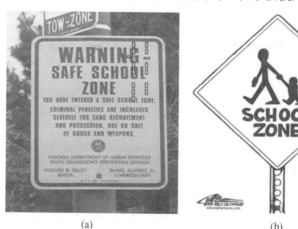

(a)　　　　　　　　　　　　　(b)

图22.1（a）学校是受法律特别保护的场所，可以执行特殊的打击毒品犯罪规定。（b）在如今的学校体系中，无论是做一名学生还是当一位家长，都非常不易

注：摘自 Darrin Bell, www.darrinbell.com. © 1999，已获使用许可。

图 22.2 回顾古老的学校，非常古老的学校。仅有
一个房间的学校以及它是如何建设的

22.1 引 言

在过去的 20 年间，因为担心受到暴力伤害，许多学校都设计成了堡垒的
模样。1998 年，全国范围内有超过 2000 名青少年遭到谋杀（OJJDP，1999）。
从人口统计上看，各类案件中涉及青少年的比例分别为：谋杀被逮捕的案件
中，12% 的涉及青少年；破门入室案件为 35%；抢劫案中为 27%；非法持有
武器被逮捕案件为 24%（青少年审判及不良行为预防办公室，1999）。45% 的
学校（U. S. DOE，1998）反映，在校园内至少发生过一起暴力犯罪行为，初
级中学的比例为 74%，高级中学的比例为 77%（U. S. DOE，1998，p. v）。显
然，我们的校园存在恐惧（图 22.3）。

图 22.3 在 Vegas 的一所中学里，校长展示收缴的武器

下文所述为近年来发生的臭名昭著的案件。

- 1966 年 8 月 1 日，Charles Whitman 躲在得州大学奥斯汀分校塔楼的瞭望台上射中了 45 人，导致 14 人死亡。
- 1978 年 1 月 15 日，Ted Bundy 闯入 Chi Omega 的女生公寓，杀害 2 人，重伤 3 人。
- 1990 年 8 月 20 日，Danny Rollins 杀害了佛罗里达州大学的 5 名学生。
- 1997 年 12 月 1 日，Padukah，KY 高中的 5 名学生被杀害，5 名学生受伤。
- 1998 年 3 月 24 日，Jonesboro，AR 中学的女生和老师共 5 人被杀，10 人受伤。
- 1998 年 5 月 21 日，Springfield，OR 中学的 2 名十多岁的少年被杀，另有 20 多人受伤。
- 1999 年 4 月 20 日，科罗拉多州科伦拜高中，15 名十多岁的少年被枪杀，另有 23 人受伤。
- 2002 年 4 月 26 日，德国 Enfurt 第二中学，13 名教师、2 名学生和 1 名警察被杀，另有 10 人受伤。
- 2005 年 3 月 21 日，明尼苏达州雷德湖高中，5 名学生、1 位老师、1 位学校保安和另外的学生家人，共 10 人被枪杀。
- 2006 年 9 月 13 日，加拿大蒙特利尔，1 名学生被杀，另有 19 人受伤。
- 2006 年 10 月 3 日，一个疯狂的成年人闯入宾州阿米什社区只有一间独立教室的学校，射中 10 名女孩，导致 5 人死亡。
- 2007 年 1 月 4 日，华盛顿州塔科马的一所高中，1 名柬埔寨移民的儿子被他的一名同学枪杀。
- 2007 年 4 月 16 日，弗吉尼亚理工大学的一名韩国裔学生在宿舍和机械工程教学楼内共枪杀了 32 名学生和教职工，然后自杀。
- 2008 年 2 月 14 日，北伊利诺伊大学，一位枪手，也是该校的毕业生，枪杀 5 人后自杀身亡。
- 2013 年 12 月 14 日，Adam Lanza 闯入康州 Newtown 的 Sandy Hook 小学，枪杀了 20 名学生和教职员工后自杀身亡。

1997 年，美国教育部针对公立学校开展一项调查发现：96% 的学校要求访客在进入学校之前必须登记；80% 的学校实行封闭式管理，禁止学生在教学期间离校；53% 的学校对其大楼实施访问控制；24% 的学校对其运动场（Grounds）实施访问控制；19% 的学校在校内开展打击毒品行动；84% 的学校在教学期间，在校内有警察或者安保人员；4% 的学校会不定期地用金属传感器对学生进行检测；1% 的学校每天都使用金属传感器。

尽管曾经发生了 1999 年 4 月科伦拜高中的杀戮事件和 2007 年 4 月弗吉尼亚理工大学的 32 名学生遇害事件，但是，美国教育部和司法部的数据表明，针对公立中学和大学校园的许多类型的犯罪事件数量，自 19 世纪 90 年代达到峰值后，近年来一直呈稳定态势，或者说明显下降。尽管偶尔发生的暴力事件又唤起了家长和社会公众的恐惧感，但是，由于安全规划不断进步，犯罪预防策略深入实施，近十年来全国范围内的总体犯罪发生率不断下降等多种因素综合影响，公立学校和大学校园内多种类型的犯罪率一直保持稳定或者不断下降。事实上，数据表明，除少数例外情况外，总体上，和其附近的社区相比，学校机构还是更加安全的（图22.4）。

图 22.4　工作场所暴力和学校暴力，正如一对表亲

注：摘自《迈阿密先驱报》，1999 年 1 月 1 日，Jim Morin/Morintoons，已获使用许可。

以下为《2010 年学校犯罪和安全报告指数》中的部分内容，所列的 21 项指标是在对全国范围内的学生、教师、校长和各类权威数据源进行调查后得出的，均与学校犯罪和行为失范相关。摘录如下。

- 在所有的调查年度内（具体涵盖年份可能有变化，但总数为 16 年，自 1993 年起），在学校发生的青少年杀人案数量占全部青少年杀人案数量的比例仍为不超过 2%，在学校发生的青少年自杀案件占全部青少年自杀案数量的比例仍为不超过 1%。

- 总体来看，12～18 岁年龄段的学生，在学校成为受害人的比例，在 1995～2005 年，从 10% 下降至 4%。每一类型的受害人，其比例在 1995～2005 年均有下降。受害情况因学生个性和所处年级的差别也呈变化态势（7～9 年级的学生成为受害人的比例最高）。

- 2008 年，12～18 岁的学生，在严重暴力犯罪行为中，在学校内发生的比例低于在学校外发生的比例。2008 年，在严重暴力犯罪行为中，在校内发生的比率为每 1000 人 4 起，而在校外发生的比率为每 1000 人 8 起。

- 公立学校中，就犯罪案件予以记录或者向警方报案的比例，2007～2008 年度的数据与 1999～2000 年度的数据相比并没有明显变化。在此期间，记录暴力案件的学校的比例有所上升（从 71% 上升至 75%），但是，记录其他案件的学校的比例有所下降（从 73% 下降至 67%）。

- 从 1993 年至 2009 年，在学校范围内受到武器威胁或者伤害的学生的比例为 7%~9%。其中，9 年级的学生比例最高，12 年级的学生比例最低。

- 2007~2008 年度，75% 的公立学校记录了至少一起暴力犯罪案件，17% 的公立学校记录了至少一起严重暴力案件，47% 的公立学校记录了至少一起盗窃案件。

- 2007~2008 学年内，少部分教师（比例为 7%）受到了其所在学校学生的伤害威胁，1993~1994 学年的比例为 12%，1999~2000 学年的比例为 9%，而 2003~2004 学年的数据也变化不大（7%）。2007~2008 学年，老师反映受到其所在学校学生人身攻击的比例为 4%，和调查范围涵盖的以前年份相比，变化也不大。在城区学校内，老师面临的风险较高，然后依次是郊区学校、农村学校。

- 从 1993 年至 2009 年，9~12 年级的学生在近 30 日内，在某一任意地点，至少有一天携带了武器的比例从 22% 下降至 17%，在学校范围内携带武器的比例从 12% 下降至 6%。

- 在 9~12 年级，被反映接受、出售、给予他人毒品的学生的比例从 1995 年的 32% 下降到 2009 年的 23%。

- 从 1993 年至 2009 年，所有四个年级的学生（从 9 年级至 12 年级）被反映在任意地点和学校与他人打架的比例均呈下降趋势。总体来看，无论是在其他任意地点，还是在学校内，9 年级学生被反映参与打架的比例较其他年级来说，是最高的。

- 从 1997 年至 2007 年，学生反映看到与仇恨相关的涂鸦的比例，其增减变化无明显规律。但是，就学生反映看到与仇恨相关的涂鸦的比例而言，2007 年的比例（35%）低于 2005 年的比例（38%）。

- 在校园内饮酒方面，从每一年度的调查数据来看，在近 30 天内，男生被反映至少饮酒一次的比例明显高于女生。针对近 30 天内，被反映曾经在校园内饮酒的学生的比例，2009 年的数据和 1993 年的数据并没有显著差别。但是，从 1993 年至 2009 年，学生被反映在校园内吸食大麻的比例呈下降趋势。

- 1995~2007 年，担心在校内受到攻击或伤害的学生的比例从 12% 下降到 5%。在最近的两个调查年度，即 2005 年和 2007 年，担心在校内受到攻击或伤害的学生的比例从 6% 下降至 5%。

- 在担心受到犯罪行为侵害和其他形式的伤害方面，2007 年的调查表明，由于担心因此受到伤害，1% 的学生反映，他们避免上学；3% 的学生反映，他们避免到学校内楼道或者礼堂；2% 的学生反映，他们避免到学校食堂的某些区域；3% 的学生反映，他们避免到学校的任意洗手间；1% 的学生反映，他们避免到校园内的任何地方。因为各个学校特点相异，调查的具体情况也存在区别。

总体来看，情况还比较良好，但这并不意味着可以放松警惕或者在学校执行环境设计预防犯罪方面可以有所松懈。相反，根据这些数据，我们可以趁此总结成功经验，并进一步思考如何应对学校犯罪预防规划、设计方面新出现的一些课题（其中的部分内容在本章电子安全措施进展中会进行探讨）。还需要引起注意的是，尽管前面提到了所取得的一些进步，但是，最新的数据表明，2008 年度，在校园内 12～18 岁年龄段的学生中，仍然有大约 120 万名非致命性犯罪行为受害人，包括 619000 名盗窃犯罪行为受害人和 629800 名暴力犯罪行为（包括一般侵害和严重暴力伤害犯罪）受害人。并且，部分结果还令人担忧，例如，1999 年至 2008 年，有记录的暴力犯罪行为呈温和上升态势。

22.2 一些与环境设计相关的应对措施

从《2010 年学校犯罪和安全报告指数》来看，在犯罪和不安全现象总体呈下降趋势的同时，以下几个方面却呈上升趋势。

- 公立学校反映，在教学期间对其建筑实施访问控制的比例（从 75% 升至 90%）。
- 在教学期间，对其运动场实施访问控制的比例（从 34% 升至 43%）。
- 要求来访人员进行登记的比例（涵盖了 94% 的学校）。
- 要求学生佩戴校徽或带相片的证件的比例（从 4% 升至 8%）。
- 要求教师佩戴徽章或带相片的证件的比例（从 25% 升至 58%）。
- 使用至少一个摄像头，用以监控学校（从 19% 升至 55%）。
- 认为应当针对学生使用安保摄像头（从 39% 升至 66%）。
- 认为在教学期间内，学校的出入大门应当向学生关闭（从 38% 升至 61%）。
- 在大多数教室安装电话（从 45% 升至 72%）。
- 在学校发生突发事件的情况下使用电子通报系统（43%）。
- 使用结构完善、支持匿名的威胁举报系统（31%）。
- 采用学生行为规范。

这些变化认可了学校的设计、管理与师生易受伤害可能性之间的联系。以下是学校环境设计方面存在的部分问题。

- 学校边界划定不清。
- 隐藏着非正式的聚集区。
- 在建筑内存在的可供躲藏的小角落，如楼梯间。
- 机动车道和停靠站设计不完善，使公交车、小轿车、自行车和行人之间的冲突增多。
- 把学生停车场建在学校最边远的地方。
- 在外围停车引发和周边社区的冲突。
- 停车场隐藏在植物、围栏或者其他设施背后。

506

- 更衣室引发冲突和混淆，并且易于藏匿违禁品。
- 走廊的某些设计特点容易产生盲区。
- 洗手间的位置处于监视范围外，难以感知该范围内的声音、气味和行为。

建筑和安全领域已经开始重新审视学校设计的传统方法，并将一些新的安全措施融入到学校的总体设计和管理过程中。以下为一些基础的安全措施。

- 对校园、校园内的建筑、限制进入场所实施访问控制。
- 减少或制止破坏公物的行为。
- 对行为进行追踪和记录，包括进入校园的访客。
- 加强教师、管理人员、学生、应急救援人员和社区之间的沟通。

乍一看，这些措施和传统的安全措施好像并没有什么区别，但实际上是存在区别的。传统的安全措施局限于预防和打击犯罪行为。如果这真是学校的全部需求的话，好的学校建筑应当修得和高度安全的拘留所一样，但这显然是不对的。戒备过度的安全措施会涤除积极的环境范围，给人一种不祥的感觉，阻碍学校功能的有效发挥。学生感觉到像犯人一样与世隔绝（图 22.5）。需要注意的是，常规的学校安保措施并不能当然地应对 2012 年康州 Newport 那样的恐怖袭击。那所学校做好了所有工作，但还是遭受了严重的枪击伤害。学校已经将门关上，但枪手通过两扇关闭的门进行射击，然后闯入管理人员区域，受到了校长的阻挡。校长和其他的几位教师随后被枪手射杀。通过广播系统发出警报后，学生们找到了藏身地点，然后报警。因为警察们受到过应对枪手方面的训练，同时枪手听到了警笛声越来越近，然后对两个教室进行扫射，撤退并最终自杀。枪手携带的自动武器带有 30 个弹药夹，因此造成了大量伤亡。Sandy Hook 学校在安全方面已经采取了应该采取的措施，并在几周前刚刚进行了撤离和就地避难方面的演习。

图 22.5　铁栏背后的学校

所以，学校需要的不仅是安全的设计，它们还需要有效的，最好是可以启迪智慧的学习环境。环境设计预防犯罪正是朝着这个方向发展的，将仅仅是关注安全，拓展到关注有效性。在运用得当的情况下，环境设计预防犯罪从来都不会忘记什么才是学校的首要目标。学校的目标是创造有利于教学和学习的环境。更加有效的学校是那些可以向学生传授知识、激发学生灵感的学校，同时还要避免让学生与世隔绝、掉队、从事反社会的活动或者成为犯罪行为的受害人。《2010 年报告指数》中的大量新近研究结果清楚地显示：犯罪和暴力给学生、教师、学校自身和周围的社区带来了严峻的影响。最有效的学校设计应当

507

弄清楚，谁才是服务的对象，学校采取哪些设计特点才能满足他们的需求。

学校设计、管理的关注点已经不断拓宽：不仅要为人们创建学习的环境，同时还要成为庇护所，使他们免遭街头和家庭的犯罪、暴力行为伤害。学校还必须高度重视两个互相冲突的目标：既要方便教师和学生进入，又要对其环境实施控制，以保障安全。

学校的使用者

预测并决定使用者及使用者类型非常关键，以下问题应当予以考虑：使用者的目的是什么？使用空间的人是合法使用者还是非法使用者？即使属于合法使用者，你能否预料到在使用空间方面可能产生的冲突？以下是几个示例。

- 食堂和礼堂的人数是否过于拥挤？
- 篮球赛或者音乐练习室可能会给附近其他需要安静环境的活动产生影响。
- 各支体育运动队可能同时想使用体育馆或运动场。
- 参与社区娱乐活动的使用者或者图书室的使用者可能想使用洗手间。如果在设计时没有考虑到这个方面，最后可能会给学校其他建筑带来安全隐患。

学校的管理者和建筑设计师如果不能预先确定可能出现的使用者，并弄清楚相关设施的使用目的，他就不能够选择合适的应对措施。为了涵盖全面、管用有效、节约成本，最好在设计的初始阶段就统筹考虑包括预防、控制、监测、干预在内的各项学校安全措施。事后再翻新改建的成本非常高昂，如果在开始阶段就设计得当，就会避免此种情况发生。

对学校的威胁要么来自外部（外部影响和人员带来的威胁），要么来自内部（学生、教师、员工、工作场所暴力带来的威胁）。通过采取自然访问控制、监视、专属区域、划定边界、管理、维护等方面的措施，环境设计预防犯罪可以给减少外部威胁带来直接的影响。处理内部威胁时，需要花在物理设计方面的工夫相对少一些，可以通过制定规定、完善程序、优化管理达到控制目的。当一个学校的入口较多，在底楼设置了很多窗户时，其面临的风险和容易遭受侵害的程度将大幅提升，也难以对学校实施保护。在许多社区学院和综合性大学中，由于采取了传统的校园设计方案，要想封闭出入口以应对威胁会非常困难，无论是内部威胁还是外部威胁都是如此。

508

22.3 理解学校环境的独有特征

尽管学校的建设者和设计者在上一代学校的基础上采取了许多安全方面的改进措施，但大量的学校是在压力较小、面临的危险较少的时代设计、建设的。因此，学校或大学的常见外观取决于其设计时所处的时代。20世纪40年代的学校的外观和给人的印象就像政府机关，一般情况下只有两层，采用传统的柱子和拱门，存在感较强（图 22.6）。

20 世纪 50 年代，学校设计进入了一个新的时代，相比外观宏伟来说，更加注重其实用性。空调还比较少见，因此，学校的外观显得比较低调，通常分为几个狭长的建筑。这样的布局在教室的两面都可以开设窗户，以便自然通风。

20 世纪 60 年代提倡开放式教室和开放式校园。这一时代的教育专家们认为，传统的教室太局限了，他们想建设可以同时容纳几个班级的大教室。实际情况是，开放式教室很吵，且难以管理。开放式的教室没有足够的墙壁设置黑板进行展示。除了开放式教室，学校设计者开始设计没有窗户的学校，试图集中教室内学生的注意力（并非白日做梦！）。学校的外观逐渐变得像工厂和拘留所一样。由于减少了窗户，建设成本下降了，破坏公物的行为减少了，学校建设者又决定安装空调。无窗的学校设计理念最后被证明是错误的，以后，学校又像以前一样开始在教室开设窗户。

在 20 世纪 70 ~ 80 年代，国家法律要求每一间教室都必须做到自然采光和通风。建筑师们又开始偏爱一层楼的建筑，在学校布局上采用开放式校园设计，在一个院子的周围修建一圈教室。当学校犯罪和暴力行为在 20 世纪 90 年代逐渐加剧后，学校开始对开放式校园设计进行控制，更倾向于类似"围起来的马车"（Circling the Wagons），通过一个界限清晰的主要入口实施访问控制。这一时期的学校，大多看起来就像一个大长方形中间修建一个院子（修建成字母 O、U、I 的形状）。学校设计者们在设计洗手间时，不再使用玻璃镜子，而是使用拘留所级别的抛光不锈钢镜子，同时，洗手间也不使用双门入口（Double Door Entries），而是采用懒散的 S 形或者迷宫式设计，当出现问题时，老师们可以听得到、感受得到。窗户上加装了金属材质的百叶窗，以防止破坏或破门入室（图 22.7）。

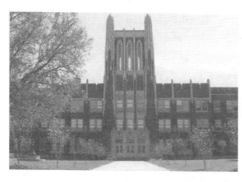

图 22.6　传统的优雅建筑设计。这座像学校一样的建筑的入口界限非常清楚，以便于实施自然监视

图 22.7　具有堡垒特征的学校建筑

21 世纪的学校建设充分吸取了过去几十年间累积的经验教训，将设计因素和管理方法纳入其中，充分认可严格的访问控制和高度的可靠性。但是，建筑师、规划师和管理者也受到了预算紧张和人数膨胀的掣肘。几十年前的学校，只需要容纳 600 ~ 700 名学生，现在的学校，有时需要容纳 3000 ~ 5000 名学生。

科技的进步在引入新的资源的同时，也带来了新的隐患。智慧学校是现今的流行趋势，学生、教师可以自由地使用技术。黑板已被淘汰，取而代之的是引起教育界变革的智能白板、数字投影仪和放大器、笔记本电脑、平板电脑和互联网接入。但是，这些技术进步也带来了安全隐患。学校安全规划中，必须考虑保护珍贵的个人、公有设备免遭盗窃、破坏，保护机密的数据免遭窃取、破坏、篡改。

美国的许多学校建筑特意对所有人开放，其他人可以像学生一样出入校园和许多学校的建筑，学校有多个出入口、大窗户，同时也非常注重保护个人隐私。这样的设计格局给学校安全带来了极大挑战。如果学校建筑不能够保障学生的安全，只有通过大量的人力投入才可以弥补。但是在不景气的时期，学校是在不断裁员而非增加人手，期望老师同时担任安保人员是不现实的。这样，就把学校摆在了极易受到侵害的位置。除非在学校安全管理上采取非常有力的措施或者形成强调安全、团结协作、共同参与的学校文化，否则，很难有效地降低犯罪发生概率，减少对犯罪的恐惧。

所以，学校安全规划非常关键。虽然采取了必要的社会和管理方面的措施，关注环境设计预防犯罪，哪怕是基础措施，也是非常明智的选择。采取强力安全措施的学校，对其社区来说，反而是帮了倒忙。试想一下，20 世纪 70 年代的学校修得像堡垒一样，没有窗户，物理结构上也仿佛水泼不进。和以前那些杂乱无章的学校相比，这样的学校理应更加安全，但实际不但没有让学生感受到安全，这样严肃的设计反而让学生生疑和恐慌。

22.4　社区参与和资金投入

除了采取最佳的设计策略，广泛吸引家长、教师、学生和社区的参与对维护学校的安全环境也非常关键。学校的管理者在正常的教学时间外，面向戏剧爱好者团体、社区会议、成人教育、体育活动、课后活动等延长各类校园设施的开放时间，希望能够鼓励家长大力参与，从而提升学校的安全水平。这样的措施可以让更多的成年人在放学后出现在校园，能够防止破坏公物，避免在校园内出现游手好闲的人，同时也可以培育大家"这是我们社区自己的学校"的理念。但是，根据当地的具体情况，同时也会增加安全隐患。

学校安全面临的主要困难之一是资金不足。不是对学校安全没有兴趣，而是不能够落实风险评估中提出的改进措施。许多学校因为预算有限，而没有足够的财力安装围栏、照明设施、摄像头、防弹玻璃，实施访问控制以及环境设计预防犯罪安全咨询专家提出的其他建议。如果大学和其他学校能够进行年度或者定期评估，找出其在预防犯罪和行为失范方面的薄弱环节，他们就有可能知道在完善体系方面应当优先关注的事项和迫切需求。本地的学校、管理人员、管理学校资源的官员知道哪里出现了问题，并且可以在事关全局的问题上做出一些微调（图 22.8 和图 22.9）。并且，学校应当充分发挥本地社区更加熟悉情况的相关优势，因为对于那些与学校相关，但却发生在学校之外的问题和事项，学校周围的邻居、当地警方、法院、新闻机构、精神疾病专家、危机预防组织，常常可以看出其症结所在。尽管一些个人信息可能受到法律保护，但是其他一些信息是可以从公共渠道获得的，一些令人担忧的行为也可以分辨出来。在这样的情况下，和那些通常情况下不怎么联系的机构加强沟通协调，做到信息互通显得非常重要。弗吉尼亚理工大学的杀戮事件在威胁评估方面带给了我们许多显而易见的教训，这也是其中之一。

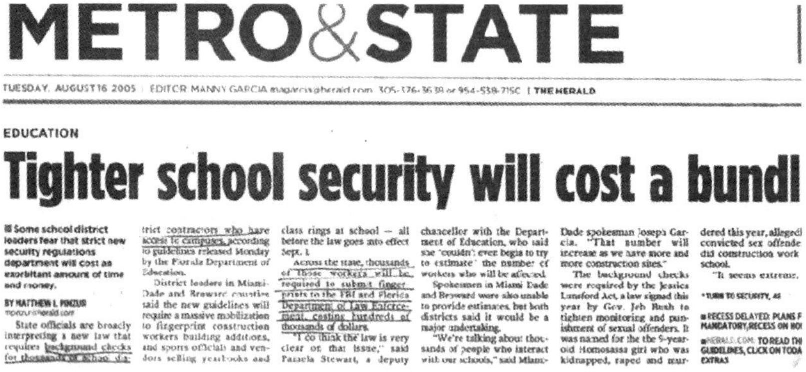
METRO&STATE

TUESDAY, AUGUST 16 2005 | EDITOR MANNY GARCIA | THE HERALD

EDUCATION

Tighter school security will cost a bundl

Some school district leaders fear that strict new security regulations department will cost an exorbitant amount of time and money.

BY MATTHEW I. PINZUR

State officials are broadly interpreting a new law that requires background checks for thousands of school district contractors who have access to campuses, according to guidelines released Monday by the Florida Department of Education.

District leaders in Miami-Dade and Broward counties said the new guidelines will require a massive mobilization to fingerprint construction workers building additions, and sports officials and vendors selling yearbooks and class rings at school — all before the law goes into effect Sept. 1.

Across the state, thousands of those workers will be required to submit fingerprints to the FBI and Florida Department of Law Enforcement, costing hundreds of thousands of dollars.

"I do think the law is very clear on that issue," said Pamela Stewart, a deputy chancellor with the Department of Education, who said she "couldn't even begin to try to estimate" the number of workers who will be affected.

Spokesmen in Miami Dade and Broward were also unable to provide estimates, but both districts said it would be a major undertaking.

"We're talking about thousands of people who interact with our schools," said Miami-Dade spokesman Joseph Garcia. "That number will increase as we have more and more construction sites."

The background checks were required by the Jessica Lunsford Act, a law signed this year by Gov. Jeb Bush to tighten monitoring and punishment of sexual offenders. It was named for the the 9-year-old Homosassa girl who was kidnapped, raped and murdered this year, allegedly by a convicted sex offender who did construction work at her school.

"It seems extreme,

TURN TO SECURITY, 4B

RECESS DELAYED: PLANS F… MANDATORY, RECESS ON HO…

TO READ THE GUIDELINES, CLICK ON TODA… EXTRAS

图 22.8　这份报道呼吁加大学校安全投入

注：作者为 Garcia M.，《严峻的学校安保形式需要耗费巨资》，迈阿密先驱报，2005 年 8 月 16 日。已获使用许可。

重新审视学校安保方面的全国犯罪数据和报告，会发现非常重要的启示：哪些学校在安保资源方面需求最迫切。例如，佛罗里达大学的三位教授 Michael Kunstle、Nancy Clark 和 Richard Schneider，制订的《佛罗里达学校安保更新计划》指出，2002 ~ 2003 年度，在小学和高级中学发生的斗殴和行为失范问题比初级中学要少（Kunstle et al.，2003）。专门学院和综合大学在面临的问题和挑战方面又具有各自独特之处，比如有些是与面积太大、学生住宿和大规模的团体体育活动相关。环境设计预防犯罪的从业人员应当将这些因素纳入考虑范畴。

Kunstle 等的研究在安全与设计方面有一些重大的发现。中学校长们反映，斗殴、行为失范、破坏公物是他们的校园内最容易出现的三类犯罪行为，而社区大学的校长反映，他们最常面对的犯罪行为是偷盗、盗窃、破坏公物以及强行进入和非法闯入。最近的相关数据表明，总体而言，盗窃是校园内最经常发生的非暴力性犯罪行为。这些研究结果表明，建筑师和环境设计预防犯罪从业人员应当从设计和管理方面采取措施，应对这些问题。研究结果还表明，在受调查的学校中，大家最关注的问题是学校设计、走廊设计和监视，紧随其后的是外围封锁（Perimeter Enclosure）方面和移除易于藏身的场所方面的问题。社区大学的风险管理人员反映，与安保相关的，学校设计最关键的环节是外部照明、警报系统和内部照明。

SB ∘ WEDNESDAY, MARCH 24, 2010 ∘ SUNSENTINEL.COM ∘ SUN SENTINEL ∘ 11A

SECURITY AT SCHOOLS CALLED INTO QUESTION

Recent attacks have left parents feeling uneasy about safety

By Kathy Bushouse and Jennifer Gollan
STAFF WRITERS

Three vicious attacks in only five months have thrust Broward County schools into the spotlight and have raised questions about student safety.

The most recent case: A 14-year-old West Park boy accused of breaking his 12-year-old ex-girlfriend's nose Tuesday as the two got off the bus at McNicol Middle School in Hollywood. It happened days after the brutal beating at Deerfield Beach Middle School of 15-year-old Josie Lou Ratley after dismissal last week. Wayne Treacy, 15, was charged with attempted murder in the attack.

That's the same school attended by Michael Brewer, who last fall was doused with rubbing alcohol and set on fire by his classmates.

"It's absolutely frightening," said Bill Hanifin Jr., whose daughter is an eighth-grader at Deerfield Beach Middle. He said the district and school need to reevaluate how they're keeping students safe at the beginning and end of the school day, and he wants to see some sort of plan presented "that would reassure parents that their kids will be protected."

Despite the brutality of the recent crimes, it is unclear whether Broward campuses are less safe. According to the most recent figures available from the state Department of Education, violence in the district dropped from 1,245 cases in the 2006-07 school year to 1,162 cases in the 2007-08 school year. Those figures include cases of homicide, sexual battery, robbery and battery.

However, enrollment dropped by roughly 3,700 students in the same time period.

Those statistics also don't include Broward's most recent acts of school violence, such as the April 2009 shooting of Gregory Smith, 16, killed by a former classmate after he left a talent show at Boyd Anderson High School in Lauderdale Lakes; or the November 2008 incident where Dillard High School student Amanda Collette was shot and killed in a packed hallway at the Fort Lauderdale school.

Experts offer varied explanations for teenagers' unhinged aggression, from the images they see on television and in the media to a breakdown in community networks and support.

"I think if you look at just that trend over time, we certainly are not providing the type of support or care" that once was provided to students by close-knit communities, said Dr. Niranjan Karnik, an assistant professor of psychiatry at the University of Chicago, who specializes in adolescents.

What helps combat school violence, he said: Collaboration among school districts, law enforcement and other community agencies.

Broward school officials say they already have programs in place to alert them to potential trouble, such as the anti-bullying program approved in March 2008 and the "Silence Hurts" initiative that allows students, teachers and others to call or e-mail anonymous tips to the district's special investigative unit.

After Collette was killed at Dillard, "Silence Hurts" was expanded to allow people to send tips by text message.

The recent attacks show the district needs to ramp up those efforts and remind schools about the programs, said Broward Schools Superintendent James Notter. "We have these things in place," he said. "When you see a random, violent act, you always question, 'How can we do it better?'"

School Board member Bob Parks spoke to Deerfield Beach city commissioners Tuesday night about the recent violence. He said he's not sure there's anything the district could have done to prevent either attack.

Parks said school resource officers can help prevent violence. But budget cuts are forcing cities and the Broward Sheriff's Office to reduce the number of officers and deputies in Broward schools.

Still, the Sheriff's Office has a resource officer stationed at Deerfield Beach Middle and in the Ratley case, "Everybody did what they had to do, so how do you stop it?" Parks said. "We had the programs in place."

Natalie Bigio, president of Deerfield Beach Middle's Parent Teacher Student Association, agrees.

"I do not see a pattern of violence on our campus," she said. "I don't think we can fault schools. They haven't become more lax about security. ... All of the security in the world would never have anticipated Josie's attack last week."

图 22.9　这篇文章质疑我们学校安保的现状

注：作者为 Bushouse K. 和 Gollan J.，《学校安保面临质疑》，迈阿密先驱报，2010 年 3 月 2 日。已获使用许可。

511

512　　　《佛罗里达安全校园指南》的研究也发现，受调查的学校反映，停车场、操场附近的建筑、更衣室和洗手间是最容易发生犯罪行为的四个场所，加盖的人行道的盖顶、建筑楼顶、前厅和接待区以及主入口是最不易发生犯罪行为的四个场所。在停车场最容易发生的犯罪行为是非法进入和破坏公物。在操场附近的建筑内发生的违法行为通常与饮酒、吸烟、吸毒和斗殴有关。在更衣室最容易发生的犯罪行为是偷盗、盗窃和斗殴。在洗手间最容易发生的犯罪行为是破坏公物、饮酒、吸烟、吸毒。知晓特定场所面临的具体问题、存在的薄弱环节，有利于设计专家、警方、老师们针对性地采取有效措施。

22.5　学生参与及认知的价值

　　　研究中得出另一个带有普遍性的教训是：学生们打开门后逃课，或者逃课后又悄悄溜回来（图 22.10）。为了解决这一问题，必须对门更好地实施管理控制。在新的学校设计中，在门上安装报警器和门控开关并非难事，但是对老旧学校实施改造就代价高昂、劳神费力了。

513

图 22.10　学校外围了一个消防门，开门方向为闭路电视监控摄像头一侧，这样，会将摄像头遮挡，观察不到是谁打开大门后进入

图 22.11　许多学校周围的人行道提供了一个可以非法攀爬的通道，可以爬到其顶上，然后翻进二楼的窗户和楼顶

　　　研究得出的另一个关键建议是，学生自身是最了解学校犯罪和设计问题的信息源，因此，设计者在征求资源管理官员、老师、学校管理人员、设施管理人员和邻居意见时，也应当征求学生的意见。在个人层面，这是显而易见的：弗吉尼亚理工大学案件发生前，许多学生已经知晓了疯狂枪手 Seung-Hui Cho 的异常行为。虽然这种知晓是否一定能够阻止案件发生还存在疑问，但有一点是毋庸置疑的：较其他外部人士来说，学生们自身更了解其同学个人癖好和其所处学习环境的物理情况。简而言之，无论是在设计过程中，还是随后的管理工作中，都应当听取学生的意见。

　　未经允许非法爬上屋顶，其重要性虽然不是十分突出，但是由于它和如树木、低屋檐等学生可以借此上到顶的现有的自然特征搅和到一起（图 22.11），因此，在进行柱子、竖杆等结构设计时应当特别注意，不能易于攀爬（图 22.12 和图 22.13）。环境设计预防犯罪方面的简易措施是涂上光滑的油漆。

图 22.12　外部的院子用格栅保护起来，但是格栅可以用作梯子，爬到楼顶

图 22.13　这所学校附近的人行道和学校隔开了一定距离，避免了可以用作攀爬的风险。但是，如果有顶盖的人行道和学校联在一起的话，需要谨慎地采取过渡措施，避免可被利用，从而非法进入

　　需要在主入口处设置指示牌，指引访客到主办公室登记。许多学校虽然有要求访客登记的制度，但是并没有清晰地在地上设置指示牌。 514

　　最近在韩国内陆城市学校开展的一项研究有力地支持了这一意见。在没有任何老师和学校管理人员在场的情况下，研究人员就学校安全和在校园内对犯罪的恐惧方面的问题问了几组学生。在很多情况下，学生们反映了一些管理人员（校长和副校长）没有意识到，或者简言之不愿意讨论的问题，至少在初始阶段是如此。在先前佛罗里达案件的研究中也总结了这一教训：通常情况下，在学校，学校的管理人员是最不爱关注学校安全问题的人。他们更愿意提及他们的体育运动队、新建的计算机设备或缺乏资金。

　　韩国的学生认为，非法从屋顶进入应当引起高度重视（但是这个问题在美国显得不怎么突出），因为一些人可以通过这种方式进入保存试卷和学生档案的房间。韩国人更看重学生学业成绩，所以这个问题显得特别重要。在佛罗里达案件的研究中，现有的一些自然特征，如树木或低矮的屋顶，助长了学生通过屋顶（或其他房间）非法进入的行为（图 22.12）。在这种情况下，在处理建筑结构问题时需要特别注意，如柱子和竖杆，以免可以被用作攀爬（图 22.13）。一个比较简单的环境设计预防犯罪措施是涂上光滑的油漆。在主要入口处应当设置指示牌，引导访客到主办公室登记。有些地方虽然设置了指示牌，但是缺乏一些详细的规定。在理想情况下，每一个指示牌应当告知访客办公室的位置、路线，避免第一次到访时走错路。指示牌上应当显示地图，并用箭头标明正确的路线。地图的方位应当与观察者所处的位置一致：如果观察者面向北方，地图的顶部应当代表北方。地图的作用体现在两个方面：（1）向合法的使用者指引办公室的位置；（2）更容易识别非法侵入者，他们本应该看到指示牌，在解释为什么没有看到时，这样他们就少了一个借口，教职员工也有更充分地理由对其提出质疑。

22.6　办公室的位置

Schneider 等人编写的手册《安全学校设计：教育管理者手册》（2000 年版）中，提供了更多关于学校安全方面的实用方法。该书介绍了更多关于安全的措施，包括管理、安保和环境设计预防犯罪。例如，它介绍了前台位置的重要作用，根据办公室设计的不同类型，将其安全状况进行分级，即 Schneider 等级。办公室的设计及位置分为 7 个等级（Schneider et al.，2000，pp. 62-63）。

在最低的安全等级中（第 1 级），从学校办公室所处的位置看不到有谁进入（自然监视），更不能阻止其进入（访问控制）（图 22.14）。其位置处于建筑的最深处，观察不到主要入口和大厅的情况。在最高的安全等级中（第 7 级），无论是自然监视，还是访问控制，都将其作用发挥到了极致。可以设置入口通廊，要求进入办公室需要办理手续（图 22.15），可以清楚地观察大门和附近走廊的情况，甚至还可以在入口通廊处配备金属传感器。访客在进入时会受到监控，如果有非法进入者，也容易引起教职员工的警惕（图 22.16）。

图 22.14　图中是学校入口的良好范例，可以充分地对主入口门厅、附近的走廊及外面实施自然监视。位于其内的员工只要按下控制按钮就可以将前门关闭

图 22.15　办公室内的工作人员可以看到学校入口和行政办公室的情况

每一位学校的管理者都必须根据学校的具体情况，最终决定主要办公室采取哪一个级别的设计更合适。虽然"实际情况并非总是如此，但让办公室发挥学校门卫作用这一问题，在现在显得非常重要"（Schneider et al.，2000，p. 60）。

图 22.16　前台应当可以观察到门口和重要的办公室的情况

22.7 学校安全及安保设计的原则

办公室设计和其他的一些具体设计可能会因为各个学校的不同情况而存在差异，但是，成功的安保还是有一些共同的原则。我们称之为"学校安全及安保设计的原则"，包括：

- 安保设计完善措施及安保计划可以切实发挥作用
- 安保计划和需要采取的措施在可承受范围内
- 可以适应安保技术和具体做法的要求
- 确定值得保护的财产
- 确定哪些风险会导致遭受攻击和损失
- 明确环境特征，平衡应对风险的各项需求

学校安全和安保原则涉及 5 个重要方面，每个方面都需要分层次地采取安保措施。

（1）现场设计：包括景观绿化、外部的人行道、机动车道、停车场和休闲区。

（2）建筑设计：包括建筑的布局、外部有顶盖的人行道、入口、封闭的外部场所、附属建筑、墙壁、窗户、门、屋顶和照明。

（3）内部场所：包括大厅和前台，走廊、厕所和洗手间，楼梯和楼梯间，食堂、礼堂、体育馆，图书馆和媒体中心，教室、更衣室、实验室、商店、音乐室、计算机室和管理人员用房。内部通往机器房和电力设备房的走廊是最容易出问题的。

（4）系统和设备：包括警报和监控系统，消防控制、采暖通风与空调设备（HVAC）、自动售货机、水龙头、电梯、电话和信息系统。

（5）社区环境：学校应当从功能方面和社区实现融合。学校对周边社区造成影响主体体现在交通、停车、人流、使用当地商业设施（如便利店和超市）等方面，这些与预防犯罪、行为失范和损失密切相关。

学校和其毗邻社区的关系主要体现在交界地带，至少应当在两个方面予以明确：既要和社区互相联系，又要明确自己的专属区域。学校的财产必须清楚地界定为私有财产（但是，一般情况下，除私立学校外，其他学校的财产都不属于私有财产。我想，称为受保护的或者特殊的机构财产更恰当）（图22.17 至图 22.24）。

专属区域的界线可以利用灌木、围栏、墙体、门、指示牌和其他的一些自然特征，如河岸和水平地势的变化来予以明确。这些措施是否用作准入障碍设施，可以视具体情况确定，但重要的是，必须明确想达到以下哪一个目的：（1）宣示区域的界线；（2）告诉大家不得入内。在两种情况下，都需要根据

516

具体情况，让这些措施要么便于实施自然监视，要么阻止窥视。

一般情况下，都默认自然监视方法是最佳的选择。从安全规划角度上说，它可以让员工和学生们观察到这些障碍后面的情况。但也并非总是如此，有时设置实心墙体更合适，比如在战乱区，需要设置障碍，保护学生免遭随机枪击，或者在高速公路附近使学生免受噪声干扰。

517

图22.17 在学校外围设置围栏可以明确学校的界线，避免非法侵入或未经允许入内

图22.18 围栏可以将人引导至预设的、有监控的入口

图22.19 明确学校的界线非常重要，但是切记不能让学校看起来像监狱一样。图中间围栏上的铁架会让其安全荡然无存。一个青少年几秒钟就可以攀越

图22.20 位于拉斯维加斯的这所学校，其明确界线的措施就非常安全，可以有效地保护校园

图 22.21　图中透明的墙可以有效地
防止攀爬和外部非法侵入

图 22.22　编织式隔离网比链环式隔
离网更坚固，能够预防攀爬、切割

图 22.23　铁质围栏和低矮的灌木结
合使用，以保护校园和员工停车场

图 22.24　铁质围栏在外面公共区域
和学校私有空间之间划出了安全的
界线

　　适当的景观设计、树木、花卉以及颇具品位的围栏设计可以提高这些障碍设计的美感，但是，要注意，这样的解决方式反而会产生意想不到的问题，例如这些障碍设计为人或违禁品提供隐藏空间。

　　还需要注意的是，虽然这种物理边界在保持区域完整方面发挥着重要作用，但值得重视的是，在处理与毗邻的土地所有人和社区之间的联系时，要尽量做好协调。毕竟，邻居们最了解学校日常运行的具体情况，包括交通、人流和在其土地上或者附近的学生的活动情况。和学生本身一样（如前文所述），他们对位于学校外，但在学校附近发生的犯罪和行为失范问题也有独到的见解。学校应当从功能上尽量和社区融合，而不能被社区视为防御坚固的孤岛。这也是一个管理、地方政治和设计互相交汇的示范领域。

进入和疏散问题：行人、车辆和安保

　　学校建筑仅能允许那些有合法进入原因的人入内。同时，如有必要，还要设置足够的出口，以供紧急疏散所需。有些学校设计，在以上两个方面都不符合要求。他们过于限制门和紧急撤离窗口的数量，以至于在犯罪分子设法潜入

学校建筑的情况下，学生们逃生的机会远远不够。

　　校园内车辆应当驶入学生、老师、访客停车场，并且只能停靠在这些停车场。为了完善访问控制，应当将公用停车场和学生、员工停车场分开。校车停靠区域应当和公共汽车停靠区域分开。公共交通的进入路线应当仔细设计，以方便学生使用，但是，犯罪分子和无业游民会在校园外的公共汽车停靠点或者车站滞留，并将学生视为易于捕获的猎物。正因如此，需要尽可能在学校和附近的公共汽车站之间保持良好的视线。根据需要设置的人行道应当方便使用，

520 将学生引导至预定的入口进入校园，其行进路线应当便于老师观察。

　　学生通过学校的主要入口进入校园时，可以将安保办公室设置在其行进的路线上（图 22.25 至图 22.27）。机动车路线的安全设计应当与人身安全和健康管理规划相互衔接。许多的州，如缅因州及佛罗里达州都实施了"安全上学路"项目，该项目对相关内容有详细规定（见缅因州 FDOT 2003 及佛罗里达州交通和自行车安全教育项目）。

图 22.25　这所高中的主入口处于自然监视和设备监视的覆盖范围内

图 22.26　行政办公室可以通过窗户和闭路电视监视系统观察学生

图 22.27　设计非常重要，但是正确地采取管理措施也同样重要

521　　　行政办公室应当可以清楚地看见运动场、学生聚集场所和停车场的情况。负责管理的人员应当可以直接观察到重要场所的情况。这样，就会阻止那些企图非法进入、图谋不轨的肇事者，因为其被发现、制止的概率会大大提升。合法的使用者也会感觉到更加安全。设计方面的措施可以便于观察庭院、教室和高风险场所的情况（图 22.28 至图 22.30）。

　　学校安全设计可以调控人流量，就如何限制同一时间内进入特定场所的学生数量，禁止他人进入该场所做出安排。例如，院子只能在课间休息时使用，食堂也只能在特定时间开放。图书馆开放的时间可以更长一些。如同其他场所

预防犯罪的环境设计一样，为了保证学校安全，也需要在公共场所、半公共场所、私有场所之间设置过渡区域。沿学校外围的场所、外部运动场是公共场所，体育馆、大规模教学场地是半公共场所，行政办公室、计算机房和设备所在区域是私有场所。

图22.28　工作人员可以监管内部的院子，一些半私人的场所可以用作学生聚会

想要在大型的公共场所或半公共场所，如体育馆和食堂配置充足的安保人员是非常困难的事情。许多斗殴行为常常在这类场所及其附近的院子发生。但发生这样的行为，并不一定是设计方面做得不好。曾经有一个学校，如果食堂的比萨不够吃了，就会在食堂引发打架。食品不足引发了矛盾和冲突：小的孩子因为几块比萨受到欺负，其他的孩子全部离开学校去找吃的。显然，良好的设计不能够替代合适的规划和有效的管理。而是，管理和设计必须相互补充。

522

图22.29　这所学校内的院子既可以作为学生的个人空间，同时也没有障碍物，便于老师监管

图22.30　这所学校的院子保持了良好的视野，在给学生提供聚会的半私有场所的同时，也便于老师监管

22.8　特殊设计策略

教室监视：应当从教室可以监视停车场和行人区域的情况。教室内学生数量众多，意味着很多情况下，不经意地就可以进行监视。

监视车辆交通：对车辆交通予以充分地监视和对行人进行监视一样重要。行政区域必须能够清楚看到入口道路和停车场的情况。不能让人在没有监视的情况下进入校园，防卫薄弱的入口应当加强安保措施。在《佛罗里达州安全校园指南》的现场调研中就发现了一个良好设计和糟糕管理之间互相冲突的例子：一所中学的窗户，特意面向学生停车场和停靠点，以便实施监视，但是校长让老师们用海报和指示牌将窗户遮挡起来，这样，就放弃了这种至关重要的监视机会。

对娱乐场所的监视：在教学期间，有人对各项活动实施监管的情况下，学校娱乐资源的功能对学生来说是必不可少的。但是，许多学校的足球场没有围栏，篮球场没有铁丝网，其他设施也没有采取保护措施（图 22.31）。放学后，学校和娱乐场所的设备对社区的孩子完全开放，没人实施监管。虽然表面上这种做法很受欢迎，但是，由于学校的资源对外面的人很有吸引力，学校的业主责任被也大大加重。如果有人自己受伤或者受到他人攻击，业主将直接面临相关责任。因此，类似的诉讼行为倒逼学校，必须对篮球场之类的外部体育活动场所采取安全措施。这样的情况下，还会产生欺凌行为，来自附近学校或社区的大孩子会毫不留情地欺负那些小孩子。如果周围的社区缺少替代性的娱乐设施，或者社区的设施，如游泳池或运动场与学校的相关设施建在一起，并且在放学后安保力量比较薄弱，情况会变得更加严重。必须决定是否允许周边社区孩子使用学校设施。

监视点：设置监视点可以提升安全度。对于容易出现问题的区域，应当可以从公众使用的场所（如公共楼梯间）监视该区域的情况，以保证大多数人可以随时对该区域实施监视。设计者还应当保证，这种监视优势必须由该区域的合法使用者掌握，而非那些潜在的肇事者。如果安装了摄像头，一般情况下，应当监视停车场、主要入口、运动场、学校的院子、装卸区和特殊设备区如计算机实验室。景观绿化和树木种植方面，应当谨慎处理其具体位置和其他事项，以免在维护、修剪时出现难题。在其位置安排、类型选择、维护保养等设计上，还要注意，不得出现方便藏身、隐匿违禁品、便于伏击的盲区（图22.32）。

图22.31 在篮球场设置围栏和大门并不仅仅是为了防止球飞出来。应当决定是否允许周围社区的孩子使用学校的设施

图22.32 图中的人行道靠近墙、空荡的窗户和过度生长的树丛，成为方便躲藏的危险区域

　　外部人流：外部人行道和内部人行道一样重要。人行道应当足够宽阔，以便数量众多的学生通行，并应当符合《美国残疾人保护法》（1990）的规定，禁止学生将外部的人行道作为非正式的聚集场所。自行车停放架应当设置在靠近主要入口，并容易被人看见的地方。最好将自行车道和自行车停放架与机动车道分隔。景观绿化在阻止机动车通过的同时，应当允许自行车通过，但是不得妨碍从学校内实施自然监视（图 22.33 至图 22.34）。

图 22.33　靠近教学楼的自行车停放架处停满了学生的自行车，学生们也可以方便地看管他们的自行车

图 22.34　从学校窗户可以清楚地看到自行车停放架处的情况

　　交通平抑和指示牌：学校的交通（如果处理不当）会成为致命的问题。　524
在停车场设计中，尽量设置较少的车道或距离较短的车道，以避免车辆超速。可以安装、维护限速标志牌、停车指示牌或者安装减速丘、减速台（躺着的警察）。公共汽车上客区（下客区）不得和其他形式的交通产生冲突。指示牌和提示标语：指示牌应当告知正确的使用方法和禁止的使用方法。指示牌应当清楚明晰、大小合适并设置在易于观察的地方。指示牌应当保持完整并符合相关标准，安装的方式应当正确，而不是仅仅贴在墙上（图 22.35）。

　　空间或时间分隔：将安全的活动放在不安全的区域开展，有助于创设专属区域和实施自然监视。例如，常有人在放学后到停车场玩，这种情况下，可以将驾驶员培训课程安排到停车场开展。同理，也可以将不安全的活动放在安全的区域开展。例如，自行车常常会被盗，可以将其停放区域设置在主要办公楼的窗户旁。将食堂的出口和入口分隔设置，既可以引导人流，也可以避免冲突。也可以在时间上采取分隔措施，例如在分隔学校的体育馆、剧场与教室方面，当举行音乐会和篮球赛时，可以将教室两侧的门关起来。

　　连接道（Travel Predictors）：如果犯罪分子可以沿人行道之间的连接道选择藏身地点的话，连接道也会出现问题。因此，在设计有顶盖的通道时应当特别注意，如大厅、建筑之间的通廊。应当尽量减少盲区和陷阱区域。要避免发生迎面撞在门上的意外情况。在设计有顶盖的走廊时，要注意，不能通过走廊进入上一层楼（图 22.36）。

525

图 22.35　关键的安全指示牌不能仅
贴在墙上。这样安全吗

图 22.36　利用图中的走廊可爬到第
二层的窗户

526

通达性：学校的主入口应当方便残疾人士通行（图 22.37）。斜坡的坡度应当适宜，并安装扶手，使用防滑材料。所有的访问控制措施和安保系统设施都必须符合《美国残疾人保护法》的相关标准，设置适当的斜坡和扶手。所有的安全隐患必须清楚地予以提示。桌子、电话、水龙头和其他的相关设施必须符合《美国残疾人保护法》的相关标准。

主要入口的安保：良好的入口设计在学校安保中发挥着重要的作用。简言之，肇事者在入口处既可以长驱直入，也可以望而却步。为了提高入口处的安保水平，可以采取多种措施，例如：接待人员最好能够从各个方向都可以清楚地观察门外和门内的情况。当有人走向学校入口，尚未

图 22.37　图中教学楼的入口不兼容其他进入方式，通达性差

进入学校前，接待人员就能够发现，接待人员还应当经过相关培训，在来人可疑的情况下，阻止其进入学校。可以在大门内设置一个气闸室，形成一个入口通廊，让工作人员有第二次机会对访客进行观察后决定是否准许其入内。为了更加充分发挥其功能，还可以采用电子设备，如摄像头、电动关门按钮、可视对讲设备等。在一些学校，采取了更严格的措施——检查是否持有武器。在这种情况下，手持式金属探测棒可以极大地方便使用：可以在任何时间在校园内使用。在最严重的情况下，尽管耗费的成本较高，可以在入口处安装带有金属传感器的门。访客出入学校，必须按照规定签字，并佩戴由学校配发的标牌。

从主要入口通向其他区域的道路应当仔细规划，避免模糊不清。主要入口通道应当清晰易辨。通道设计如果违反环境设计预防犯罪的相关原则，就会变得非常危险。应当尽量避免让人分不清方向，甚至迷路。入口通道太多，不仅会让人找不着北，还会出现伏击点，并且让不速之客轻易就潜入学校。次要通道的重要性和主要通道一样，也需要仔细处理。《美国残疾人保障法》的相关

标准、指示牌、硬件设施等各个方面的要求都必须遵守。需要注意的是，在重要通道建设中，也不要出现陷阱区域（图 22.38 至图 22.42）。

图 22.38　这所中学的主要入口不仅拥有良好的视野，还明确了专属区域

图 22.39　图中大门的出口、入口分开设置，避免冲突

图 22.40　图中主要入口处封闭起来，形成了一个不受天气影响的大厅，便于学生集会

图 22.41　图中的大厅空间宽敞，形成了可供学生表演的场所。入口大门是透明的，不但利于开阔视野，还便于通风

内嵌式入口——盲区：无论何时，都应当避免形成盲区。如果建筑结构不 528
能避免形成盲区，其角度应当呈45°逐渐收窄，避免形成可以伏击的区域（图22.43）。洗手间要求采取内嵌式入口，并且外部不能观察到解便区的情况，但是，也不能完全封闭，从外面大厅应当可以感知到其内的声音、气味（如烟雾），以便制止非法或不当的行为。

门口和走廊的设计必须保证安全，不能产生隐患。设施不当，内嵌过深的门口会形成比较危险的盲区。外部的窗户也不能内嵌太深，因为窗沿缩进太深容易遮挡面向操场的视线（图22.44）。在设计入口的走廊时，要充分考虑安全保卫方面的因素。在洗手间采用懒散的"S"形或者迷宫式设计，不用使用门来关闭或遮挡，在改善监视条件的同时，也满足了对隐私方面的要求［图22.44（a）和图22.44（b）］。在存在盲区的场所，可以使用凸面镜，让进入该场所的人可以提前看到被遮挡在角落内的人。

图 22.42 图中入口大门的门闩带有金属遮盖，可以防止从外面拨开门闩

图 22.43 图中内嵌的门提供了躲藏的空间，同时为他人未经允许悄悄溜入提供了方便

(a)   (b)

图 22.44 洗手间入口懒散的"S"形设计

男女洗手间的门不得挨得太近，以免误导使用者走入错误的洗手间。如果男女洗手间入口紧挨在一起，而不是适当分开设置，人们有意无意地进入错误洗手间的概率就会增加。我们许多人因为不留神，都犯过这种错误。因为相关的标志和线索不够显眼，所以我们没有意识到自己已经走错了地方（图 22.45 至图 22.48）。

院落和聚集区：正式的聚集区必须明确其范围。在设计更衣室时必须避免拥堵和人流冲突（图 22.49 和图 22.50）。应当让大家清楚明白地知道学校内哪些区域属于聚集区，并恰当地处理好监视、照明、可通达性和安全等设计和管理方面的问题。一些景观绿化和建筑方面的合法设计用途（如散步、坐和学习）常常会被年轻人占用来练习极限运动（图 22.51 至图 22.55）。滑板、旱冰鞋、单脚踏板车、越野摩托车等运动爱好者会把路沿石、花台、铁架、楼梯和其他设施当作他们的训练和表演场所。在大多数情况下，这会给很多财产带来严重的损

失。庆幸的是，通过在建筑方面进行一些细微的创新，建设者们可以阻止上述的 530
各种破坏性活动，或者特地为上述的活动建设专门的场所。

图 22.45 图中男女洗手间的门靠得太近，很容易就忽略了提示信息

图 22.46 图中洗手间的门适当地分开，很容易认清正确的标志

图 22.47 将洗手台设置在洗手间内的中间位置，将洗手间分为两个部分，更容易让人区分哪里才是想要进入的位置

图 22.48 假设你完全不知道该进哪一边的洗手间，墙上的图标也会将你指向正确的位置

图 22.49 墙上的指示牌向学生们告知了其享有的具体权利：不要希望拥有私人空间，放弃这种想法，不要携带武器或毒品

图 22.50 图中的更衣室不是设在大厅，而是更加开放的公共场所，既不会给人留下走错地方的借口，也不会造成麻烦。储物柜顶部的设计避免使用者将个人物品放在上面，造成失窃或丢失。这是一个利用了环境设计预防犯罪原理的灵巧设计 531

图 22.51　图中的凹口避免那些滑板爱好者在上面练习

图 22.52　在挡墙设置切口或凹槽，可以避免利用其表面玩滑板

图 22.53　需要为极限运动建设合法的场地，以免孩子们把其他的公共设施当作运动场

图 22.54　图中的轮滑公园对地面做了针对性处理，孩子们可以练习立刃技术

图 22.55　指示牌和水泥地上的草皮也不能够阻止滑板爱好者。只有专门为他们修建合法的练习场地才能解决这个问题

　　内部人流：某些功能或场所，如图书馆，因为其本身性质所决定，需要对其实施访问控制（图 22.56 至图 22.58）。但是，现在一些学校也和法院、机场一样采取了同样的措施，对通过其主要入口进入校园的人实施检查。根据其功能性质或者实际需要，必须采取检查的，应当同时处理好排队、人员配备、设备、包裹及人员的检查要求等方面的问题。

图 22.56 这所学校的楼道在中间设置了隔栏,将上下人流分开,减少了在楼道内的冲突,避免大孩子欺负小孩子

图 22.57 图中的标志让人难以找到走错方向的借口

图 22.58 在图书馆和零售店经常会看到扫描设备,防止有人"顺手牵羊"

　　墙体:墙体的特点会对潜在的犯罪产生直接影响。在建设墙体时,不得产生可以藏身的区域。沿墙体建设的景观绿化设施应当减少可供藏身的空间,而不要新增此类空间。墙体所在区域如果发生破坏公物的现象,则墙体应当采用可以防止涂鸦和破坏的耐用涂料。利用植物遮挡墙面,可以阻止那些"艺术爱好者"在墙面做文章。这种处理方式被称为"生机墙"或者"绿墙"(图22.59)。在处理学校墙面的建筑问题时,必须考虑如何避免潜在的破坏行为,应当采用经久耐用的材料、灯具、饰物和涂料。如果学校外围的窗户面对马路,则应当选用防弹玻璃。给玻璃加框虽然成本较高,但是可以有效地防止破门入室、大风破坏和从路过的车辆内向学校射击等风险。在高风险区域,可能还要采用聚碳酸酯材质的安全夹层玻璃,即使这样的材料比常规的绝缘钢化玻璃的成本高昂得多。

图 22.59 将墙的顶部处理成斜坡，并将砖的表面变粗糙，能够防止涂鸦和攀爬

图 22.60 将建筑之间的间隔用围栏封闭起来，用建筑的外墙和小型的围栏形成了完整的安全边界

532 　如果学校的外围不是用围栏围起来，而是由学校建筑围起来的，建筑之间的开放部分必须封闭起来，并采取安全措施（图 22.60）。在选择封闭的围栏类型时，既要注意防止攀爬，还要避免切割破坏。

学校的内墙和外墙可以采用成品混凝土砖，其中的一面上釉、经过煅烧或者涂了可以防止涂鸦和刮划的环氧树脂漆。另一个方法是在那些容易成为涂鸦爱好者关注目标的墙上预先画上图画。也可以再将砖的表面做粗糙处理、涂上颜色，让那些想在墙上涂鸦和破坏的人无从下手（图 22.61）。

外墙应当做粗糙处理，涂上防止涂鸦的油漆，栽种植物使之变成"生机墙"（图 22.62 和图 22.63）。

图 22.61 布满纹路的墙上喷涂了防止乱涂乱画的油漆，避免有人涂鸦破坏

图 22.62 墙上长满植物，可以防止被涂鸦（感谢 R. Schneider 提供图片）

图 22.63 图中的墙壁可以作画，鼓励艺术家创作

幕墙：幕墙既可以作为在窗户、墙壁上设置的准入屏障，在需要的情况下，还可以保护隐私，但要注意，在发挥屏障作用的同时，不能影响通风效果。为了美观可以使用装饰材料，但要注意在幕墙设计中要能够有效地防止借此攀爬。

建筑外形：在开展建筑的外形设计时，应当形成开放的空间，避免在角落形成盲区，并方便学校的老师实施自然监视（图22.64）。在建筑外部提供充分的照明，并选择合适的建筑材料，可以降低建筑受到破坏的概率。

533

图22.64 图中建筑中的凹槽形成了一个可以躲藏的区域，不仅容易让人在此滞留，还会让人将其当作栖身的场所

窗户设计：学校中的窗户发挥着两个方面的重要作用——通风和自然采光。一方面，窗户会给学校带来重要的安全隐患，因为它们会被打破，造成严重的财产损失，并让人溜进学校；另一方面，在紧急情况下，它们也可以提供逃生出口。可以考虑集中建设一片小窗户，然后在采光较好的地方建设大窗户并采取级别更高的安全措施，这样，犯罪分子很难通过小窗户爬进学校，偷走学校的大件物品。天窗，即开设在建筑物墙壁高处的窗户，在满足自然采光的同时，还可以保护隐私，同时，犯罪分子也很难从此通道内潜入。天窗和玻璃结合使用，在阻止他人潜入的同时，还能够兼顾安全性和自然采光，通风和采光之间也不会产生冲突。这样的设计在更大程度地保护隐私的同时，会牺牲监视功能的发挥，但这要取决于墙体是否透明。如果窗户带有钢质或者其他金属材质的百叶窗，百叶窗的窗条应当嵌入窗框内，以免百叶窗被掰开，把玻璃暴露出来，容易遭受破坏，里面的财物受损、失窃。

534

535

在设计窗户时，学校建筑师面临的一个重要挑战就是实现各项功能之间的合理平衡，例如，自然采光、自然通风、保护使用者隐私、提高自然监视水平，在某些情况下，在提供紧急出口的同时，还要避免为他人未经许可轻易潜入提供便利（图22.65和图22.66）。

图 22.65　在哈佛，通过一扇没有防护网的窗户，我进入了房间并接触到了教授的电脑。这种错误不同程度地存在。我可以偷走、损毁、篡改他的硬盘

图 22.66　路易斯维尔大学图书馆的窗户开着，可以直接通往办公室和藏书楼。虽然活动窗户听起来不错，在风和日丽的日子里还可以通风，但是，避免藏书被盗的安全要求应当比可持续性更重要

536　　　　门的安全：外部的每一扇门都是一个重要的出入口，要处理好照明、指示牌、硬件和视野等方面的关键问题，并反复检查，确保安全。为了保证维护到位、检查得当，必须加强日常管理。如果在设计阶段没有处理好安全问题，后续再采取改建墙体、安装门框、重新布线等措施，不仅成本较高，还影响美观（图 22.67）。

图 22.67　图中是为了保障安全而改建的门，但是线管和电线外露。这样不仅成本较高、外观不雅，并且容易遭受损坏

　　　　弗吉尼亚理工大学枪击案发生后，许多学校都提出了一个比较重要的问题：学校的门是否可以让老师从教室里面锁上，以便应对像疯狂的枪手那样的侵入者，保证教室安全。一方面，让门可以锁上，的确可以阻止充满敌意的侵
537　入者入内；另一方面，如果发生了劫持人质事件，犯罪分子就可以把他自己关在教室里面，让警方的营救行动变得异常困难。哪一个方面的价值更重要？
　　　　在我看来，教室的门应当配带钥匙的可以反锁的门锁，从门内或者教室内，按一个按钮就能够锁死。警方或者维护人员可以用钥匙打开锁，进入教

室。潜在的侵入者不会预先准备开锁的钥匙或者从外面将锁眼堵住，这样，会带来双赢的结果。

特定场所的访问控制需要仔细考虑各个细节。可以通往屋顶的门在保证其安全的同时，还要注意方便维修人员出入。通往其他受限制场所（如配电房和机械设备房）的门，必须开设在合适的位置，以便有效地防止破坏（图22.68）。

张贴在门上的指示牌也非常重要，应当让大家知道，某扇门上是否安装了报警装置，是否只进不出，或者其他的限制措施，如"仅限女生使用"或者"仅限员工使用"（图22.69至图22.71）。

图22.68　安全顶板进口需要特殊楼梯和访问控制

图22.69　提示标语告知禁止擅入，明确了基本规则

图22.70　门上的警示标语（1）

图22.71　门上的警示标语（2）

监控摄像头：近几十年来，摄像头技术取得了长足的进步，其发展势头依然迅猛。但在这个问题上很容易走入极端，认为摄像头能够解决大多数安全问题，因此，在购买摄像头时，应当统筹考虑。需要弄清楚，安装摄像头的目的是什么，要解决的问题是什么。一些摄像头的覆盖范围很广，在昏暗光线下也可以运行；另一些摄像头虽可以拍摄车牌，但需要在大灯照射下才能工作。如果安装摄像头的目的是想拍摄经过出入口的人像，或者记录走廊的打斗行为，选择合适的安装位置就显得非常重要。

监控摄像头可以巧妙地安装在入口、出口、走廊、楼道或者外面的门口处，也可以对准任何容易出现问题的场所。摄像头必须可以持续运行，但是根

541

据其容量大小，可以设定为只有出现动静的时候才开始录像。所拍摄的内容至少可以储存若干天，因为如果在周末出现问题的话，只有在下一个周一才能够来寻找相关线索。拍摄内容可以保存的时间越长越好（图 22.72 至图 22.74）。

图 22.72　安装在建筑顶角处的摄像头可以监控停车场和外面的场地

图 22.73　在安装摄像头的情况下，摄像头应当便于合法使用者以及值守、应对相关情况的可胜任的安保人员实施自然监视

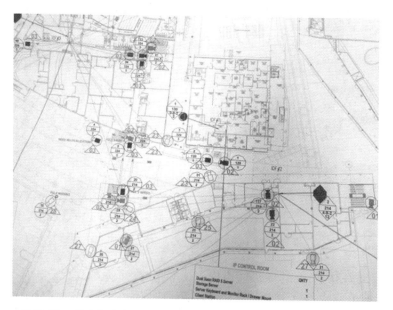

图 22.74　制定闭路电视监控系统以及访问控制系统的规划必须和建筑设计规划同时进行，而非事后制定。事后制定不仅成本高昂，还会显得不协调，特别是布线方面

542　　　避免过度依赖技术：如果一个学校完全依赖电子技术，一旦停电，就会出现麻烦。在一些情况下，摄像头甚至会适得其反。一些具有反社会倾向的孩子把安保摄像头当作他们扬名立万的良机：他们的不当行为会被拍摄、保存，甚

至在电视上播放。

在一些情况下，位置明显的摄像头的确可以对犯罪分子起到威慑作用——尤其是在宣传以前的肇事者已经被抓获并受到惩处的情况下。很多学校认为，摄像头在查找破坏者、确定校园打斗的过错方、震慑纵火犯方面的作用不可或缺。但是，位置明显的摄像头也有负面作用：犯罪分子可以事先策划避过摄像头，乔装改扮，甚至偷走或者破坏摄像头。必须切记以下几点。

- 将摄像头安装到难以接触到的地方，用于固定的硬件设施必须难以破坏。
- 让各个摄像头的拍摄区域互相重叠。这样，每一个摄像头都可以拍摄到闯入邻近的摄像头拍摄区域内的人。
- 可以考虑同时安装明显的和隐藏的摄像头，或者至少将一部分摄像头的位置隐藏起来。如果你能够预测到可能会藏身的区域，在犯罪分子进入该区域，感觉到受到监视之前，你就已经拍摄了其影像。

因此，摄像头必须低调处理，或者隐藏起来。让大家广泛知晓哪些区域处于监控范围内，不会起到减少犯罪行为的预设效果，反而会使大量的孩子故意到摄像头下面显摆。

随着相关设备价格降低，技术更加成熟，外形更加小巧，毫无疑问，各种类型监控技术的使用会更加广泛。但是，无论是设计师，还是学校的管理人员都必须抓住的一个基本问题是，对于因为糟糕的设计、不善的管理，以及前面提及的成年人未能理解学生的反常行为而导致的问题，不断更新的技术是否能够弥补，以及在多大程度上能够弥补。真正危险的是，由于注重采用技术，而忽略了完善的安保规划、设施和管理。

紧急报警器（Duress Alarms）：在一些僻静场所，如洗手间和更衣室，为了便于向工作人员求助，安装强制报警器是非常有效的安保措施。虽然老师配备了可以挂在脖子上的吊坠式报警器，但是也可以在高风险的教室内连上强制报警器。前台的办公室也可以同时安装强制报警器，以便报警、关闭大门或者触发预先录制的紧急广播。强制警报器应当和其他的安保系统结合使用（图 22.75）。

图 22.75　紧急报警器

财产保护：许多的学校，包括老师和学生都拥有价格不菲的新技术产品，从 MP3 播放器到 iPad 和笔记本电脑，并且这种势头有增无减。对计算机、移动式计算机（COW）等高端产品，保证其安全，并妥善保管显得非常重要，尤其是在无人使用的时候。个人计算机序列号和学校计算机编号应当存档保管。计算机上应当安装追踪软件，万一失窃，也可以找回。应当在计算机和其他的设备上安装传感器，在它们被带离预定范围时，会引发警报，并被摄像头记录。在一些相对便宜的物品（图书）上已经广泛运用了类似技术。

数据保护也是一个不能忽视的重要领域。为了保护其数据免遭盗窃、控制，防止不当接入互联网，避免系统遭受病毒攻击，所有的学校都应当和其信息技术专家紧密协作。

学校还应当将自行车向当地警方备案，并对学生进行相关的安全培训。

电子安全技术：如果运用得当，电子安全技术会给学校带来许多有用的新手段。如果运用失当，不仅成本高昂，并且事与愿违。所有的电子安全技术都需要持续不断的监测和维护。如果出现问题，并且没有人知道如何修理，会产生灾难性的结果。过度依赖电子技术，万一遇到断电和技术失误，效果会适得其反。仅采取一部分措施简直就是浪费投资：如果后门大开，无论前台安全做得多好都会毫无价值。很多学校发生的枪击案不容置疑地证明，单纯使用金属传感器、要求佩戴身份证件并不能制止欺凌行为，仅仅安装安保摄像头也不能防止自杀行为和冲动犯罪。只有全面采取控制措施，不断改善应急通信系统才能够切实发挥作用。如果运用得当，它们可以大幅提升其他的安全措施的作用，在某些情况下，甚至可以替代其他安全措施的作用。其潜力是巨大的，以下方面非常值得思考。

电子访问控制系统：电子门禁系统包括可以由学生、老师佩戴的无线感应吊牌、感应卡或其他的类似设备。市面上也有可以扫描指纹、掌纹、手纹和面部特征的生物识别读卡器，但是，目前主要还仅是安保级别较高的政府机关和企业机构采取了这种措施。也有部分大学采用了这种技术，用于食堂、娱乐中心的使用者识别，确认参加考试人员的身份，甚至处于较远的位置也可以实施。现在，不仅在实施访问控制时可以广泛使用感应卡，在餐厅、书店、复印店、洗衣房、考勤、借书卡、储物柜等各种情形下，还可以使用借记卡。在前台安装一个用线连接的关门按钮，对于阻止犯罪分子进入校园或者通过入口处的通廊会发挥非常重要的作用。在绝大多数的门口，都可以采取这种控制措施，但是，事后改建不仅程序烦琐，还成本高昂，因此，最好是在初始设计阶段就同步建设。同时，还需要正确对待侵入者紧跟在合法使用者后面，企图蒙混过关和尾随潜入的行为。为了解决这一问题，首先需要考虑的不是采取哪种访问控制设备，而是出现这种情况时应当采取的应对处置措施。

监控设备：在所有的电子安保技术中，关于摄像头的争议一直以来都是最大的。具有讽刺意味的是，研究表明，截至目前，学校管理者和管理学校资源的官员最想增加的设备就是闭路电视监控设备。反对者担心安保摄像头会出现一枝独大的状况，并认为安装摄像头会加剧大家的恐慌，破坏学校的氛围，起到适得其反的效果。支持者认为，虽然有这些担忧，但还是利大于弊：可以制止不良行为，找出犯罪分子，出现危机时可以提供观察现场情况的窗口。智能摄像头甚至可以用于发现一些苗头性问题，如有人正在翻越围栏或者躺在了操场上。随着这项技术的不断进步，其功能可能会变得更加具有针对性，效果会更好（图22.76）。无论在何种情况下，使用摄像头都要事先注意以下问题。
（1）让摄像头的监控范围互相重叠，这样每一个摄像头都处于另一个摄像头
的监控范围内。这样，任何破坏行为，或者想破坏某一个摄像头，都可以被另
外一个摄像头拍摄到。（2）考虑安装隐蔽的摄像头，从主视区拍摄角落的情   545
况，这样在犯罪分子伪装之前就能拍摄到其影像。

图22.76 俄勒冈州斯普林菲尔德瑟斯顿高中的餐厅枪击案发生前的很短的时间
内，摄像头拍摄到了凶手 Kip Kinkel 穿过学校附近路口的情况。虽然摄像头拍摄
到他正前往案发地，但是影像的质量不高，并且没有人负责值守监视器。如果
在学校北面，按照环境设计预防犯罪的原则采取了访问控制措施，改善了实施
自然监视的条件，有可能会阻止其进入，并立即介入干预

金属传感器：许多学校并没有在门口安装金属传感器，但一些学校却认为
这是必不可少的。遗憾的是，其成本太高了，并要求配备高效的工作人员，还
不能保证万无一失，如果有人熟悉该处场地在实施访问控制方面的漏洞，他也
可以设法避开，比如，可以从开着的窗户或者后门进入。更常见的是，学校会
使用金属探测棒。这样会大大节约成本，并且方便携带。在学校教室内随机抽
查，会避免漏网之鱼，相对于在大门处安装金属探测器来说，这无疑具有重大
的战术优势。

通讯：每一个在校园内的人都应当可以随时随地地寻求帮助，及时传递、
接收警示信息。不要让老师在选择是与学生待在一起，还是去寻求帮助这二者
之间左右为难。通信系统中的薄弱环节常常是死角和被忽视的区域，如运动场
和洗手间，这些场所常常难以触及、功能失常、设备不畅。通信设备涵盖的技
术范围非常广泛，包括：

- 普通老旧式电话服务（POTS）使用范围最广，成本最节约，但现在很
  多学校都转而采用网络电话（VOIP）设备。
- 手机几乎是随处可见，但是在紧急情况下，系统会因为瞬时通信太多
  而负荷过载，信号塔也会崩溃。文字信息通常比语音信息更有效。K－
  12体系中的许多学校和学区完全禁止或者限制在校期间使用手机。

- 在发生紧急事件时，手持对讲机会成为非常重要的工具。但是，为了保证紧急状况时能够熟练使用，最好在日常工作中就采用这种方式。应急救援人员一般使用高端对讲机，在理想的情况下，可以和学校的广播整合使用。

- 对讲机既可以集成到学位的电话系统中，也可以作为独立的通信工具。它应当可以有选择性地在学校范围内发布通知信息。如果和入口的摄像头、呼叫按钮结合使用，对讲机会发挥更大的作用。访客可以通过按钮呼叫控制室，要求允许入内，这样能够有效地阻止不速之客擅自入内，或者克服人手不足，难以现场监视入口的难题。在安装新系统时，无线通信技术有助于节约成本，现有的 WAN 或 LAN 系统也为接入新的系统提供了平台。如果办公室不能直接观察到入口的情况，可以在现有的摄像头、遥控锁的基础上，加装一个简单且成本低的门铃，对访客准入实施管理，或者将摄像头和对讲机结合使用。

- 公共广播系统既可以用线连接，安装在固定地点，也可以采用便携式设备。系统应当接入传统的通信体系中，或者采用可充电电池。

- 在有噪声干扰或者个人听力障碍的情况下，数字显示是一个不错的替代性方案。除了个人发送短信和电子邮件系统外，可以显示文字的数字显示设备无论是在教育教学中，还是紧急情况下的短信通信中都运用得更加普遍。一些服务系统可以让使用者将信息发送到校园系统中的各种文字接收设备上，包括白板、投影仪和显示器等，既可以专门发送到单个的房间，也可以在整个校园内传播。

- 紧急呼叫系统可以在整个校园内各个地方安装，以便于学生求助。如果和其他的设备结合使用，效果会更好，比如接入了公共广播系统的话筒。有的学校现在还使用了 LED 信号标志，利用事先设定的视觉信息，以弥补噪声对声音信息造成的干扰。

通信系统设计必须纳入到整个建筑设施的设计之中，并和其他的系统如消
546 防系统、紧急报警系统、闭路电视监控系统等有机结合。外围的监控、安保卡点与主控制室之间必须有清晰、安全的通信线路连接（图 22.77）。现在，许多学校采用了昂贵的设备和技术。因此，对这些高端设备，如计算机，保证其安全并定期检查显得至关重要。在学校，除了可能发生安全紧急事件外，还有可能发生医疗急救事件。无论是中小学还是大学，必须运用综合通信系统，以应对各类突发事件。有的学校采用了监控和定位系统，有的学校在电话系统中加入了对讲机、人工警报器，在办公室安装了报警按钮。弗吉尼亚理工大学枪击案后，越来越多的学校投入资金进行系统升级，使可以通过手机、电脑和其他设备，就

图 22.77　紧急报警器

突发事件向学生即时发送短信和电子邮件（图 22.78 和图 22.79）。毫无疑问，此类系统逐渐会成为许多大学的标准配置。但在可以预见的将来，在 K－12 系统的学校中，这种方式会受到限制，因为它们通常会禁止持有或使用手机。

图 22.78　发布提示信息的指示牌 　　图 22.79　种类丰富的通信方式：手机、对讲机和警报器

　　警报可以用于提示各种问题：烟雾、失火、擅入、医疗急救或者其他类型的求助电话。 547

● 火警可以因烟雾或者着火触发，也可以由人工火警报警装置触发。必须揭开保护盖，或者砸破玻璃盖，为了避免虚假火警，首先当场发出警报叫声，以提醒触发警报器的人注意。

● 防止破门入室警报会因为门或窗户被打开、打破玻璃时产生的声音或振动触发，也可以由被动红外传感器触发，因为如果有人进入房间，它可以探测到温度变化。如果这些措施和可以传送图像、声音到硬盘驱动器、监控室、网站、便携设备的摄像头或手机结合使用，其发挥的作用会更大。

● 报警器：如果有人擅自入内，这种设备可以发出叫声——可以有效地阻止学生打开禁止开启的门。它也可以警示监控室的员工，紧急出口的门被打开了。如果安装了监控摄像头，员工可以立即观察发生了什么情况。

● 无线报警器可以安装到吊坠、钥匙扣、收音机、设备或车辆上。第一代设备（如随身携带的报警器）仅会发出警报声。第二代设备可以发送信息，确认佩戴该设备的人，在某些情况下，还可以传递一些有用的信息，例如这个人的照片，举报被跟踪或者需要医疗帮助。第三代设备可以追踪人的位置，追踪设备可以用于追踪所有物体，如计算机和校车。

　　应急通报系统（ENS）：应急通报系统是向大量群众通报相关信息的最有效的技术形式。这种系统在现有的通信基础设施的基础上，利用计算机向大量群众迅速地传递信息。它利用一个中央服务器，通过多个通信系统向数据库中的所有人发送信息。在发生突发事件的情况下，是否拥有快速传递信息的能力可以决定生死。K－12 系统中的绝大多数学校的应急通报系统还比较原始，仍使用警报或铃声在现场传递预定的信息，如是疏散还是就地隐蔽。弗吉尼亚理工大学枪击案后，越来越多的专科院校和综合性大学都采取了更成熟的系统，特别侧重向学生，而非学生家长发送信息。完整的系统包括公共广播系统、对讲机、电话、无线广播和数字显示设备。商业性的应急通报系统可以向大量的设备改善预先定制的信息（图 22.80）。

548

2010 年 12 月，美国教育部发布了《最终项目评估报告》，认为弗吉尼亚理工大学违反了 Celery Act 的相关规定，在 2007 年 4 月 16 日的严重枪击案中未能及时发出警告信息。教育部没

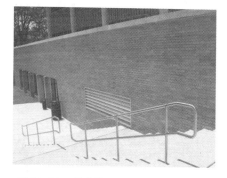

图 22.80　教学楼的进风口设在大量学生经过的道路旁。进风口应当设置在一个不易接近的区域，如屋顶或加顶盖，以防止污染

有为应急通报确定具体的时间要求，但是，要求应当在合理时间内及时予以通报。在决定警报信息是否及时发出时，应当综合考虑犯罪的性质、校园中危险的持续情况，以及发生危险时对警方营救可能产生风险等因素。总之，学校和机构应当进行详细的现场情景规划，在发生紧急事件时，降低判断失误的几率。

自 2007 年以来，大规模通报系统得到了很大程度的改善。现在，这个系统更智能、更精准、更快速、更可靠，并且可以和其他的许多通信系统互相融合。如今的通报系统，其特点是融入了软件平台，可以向应急管理者、警方、学校管理者、应急医疗服务方（EMS）和其他有关方面提供更多的信息。中央控制软件平台集成了多个系统，可以通过单一的使用者界面同时启动多个系统，实现信息共享。新的系统不仅可以发出一个通告，还可以通过求助站、警报按钮、对讲机、蓝光系统、移动电话及固定电话系统等接收反馈信息。软件中应当包含相关的信息，如平面图、紧急出口位置、危险物品信息、监控摄像头和心脏除颤器位置等。系统记录的信息应当存档，以核查反应时间，并可以作为在法庭上出示的证据。精确的大规模通报系统可以高效地判断向哪个区域、哪些人发出警报信息，大大缩短发出警报的时间。需要注意的关键问题是，系统的容纳能力和需要接收警报的人的数量。需要通知的人不仅包括学校内的人，还应当涵盖受到影响的学生家长、亲属、其他重要的人员、当地政府部门、公共安全官员以及紧急医疗服务人员。

通报系统可以通过手机、传呼机、笔记本电脑、智能手机、公共广播、电子邮件、短信、电话留言警笛、警示灯光和其他方式向大家发送警示信息。关键是学校要保持随时更新、保证准确。如果信息发送系统需要使用电力，还需要连接电线并准备备用电源系统。学校应当负责明确需要发出警报的具体情形，以及需要启动的相应响应级别。

墨尔本（2011）提供了一个应急通报系统和安全系统协同发挥作用的良好范例。出现擅自入内的情况后，布置在校园后部的擅入监测系统立即激活，

该区域的监控摄像立即启动，并实时传送视频信息。紧接着，MNS 向安保人员发出警示，限制进入区域有人闯入。同时，向该监控区域进行广播，以制止闯入者。

观看监控视频后，安保人员确认威胁，随即采取一系列措施向在该区域巡逻的安保人员发出通知，要求立即应对，并向附近区域的员工和学生发出警报，马上通过访问控制系统将大楼内的所有门关闭。整个反应时间仅花了几分钟，挽救了大家的生命，避免了混乱的发生。

大规模通报系统可以在受保护的某栋大楼内、大楼附近的区域或者特定的户外区域即时使用真人语音发出通知，也可以使用预先录制的本地化的信息发出通知。通知的区域根据具体的风险评估报告决定。一个有效的系统可以调用消防警报系统和应急通信系统的所有声音、图像通信设备，并通过消防警报系统通报出现的问题和相关的监控信号。通报系统还应当遵守《美国残疾人保护法》的规定，满足听障、视障人士的相关需求。

集成与融合：如果学校计划利用综合的应急通报系统或者类似的综合性的安全技术，如将摄像头、警报和通信系统、访问控制设施结合在一起，那么必须确保这样的设备不仅要在硬件和软件方面兼容，最大限度地发挥其作用，还要必须能够完全集成，各个系统之间要能够交互使用。例如，如果在前门安装了摄像头，则必须要和办公室的监控设备连接，并配备可以关门的按钮。如果在大门处使用感应卡，则必须和相关的数据库连接，以便可以提取持卡人的图像和身份信息。所有基于以太网的设备必须全天 24 小时监测，以检测故障。例如，警报系统如果出现故障，则会自动向监控站发送故障信息。在集成各种安保和信息技术时，各类系统的数据必须传送到共享的平台，实现融合。

安保技术的出现在带给我们巨大风险的同时，也带来了许多难以置信的良机。今天的一些技术瓶颈可能在未来几年就会被攻克，而不用再等上几十年。选择合适的设备是一项非常复杂的工作，最好交由 IP 经理和能够胜任整合工作的专家来处理相关的具体问题。需要牢记的是，安全技术并不能够解决所有的学校安保问题，还需要将安全技术纳入到更广泛的预防、干预维度内思考，采取包括危机应对演练、营造更加健康的学校氛围等多种措施。

管理：管理因素在环境设施预防犯罪体系中的地位非常重要。设计者有责任保证，对某一场所或者空间而言，恰如其分地管理是有可能实现的。高效的设计一旦完成，管理就必须跟上，以确保实现安全。保证高效管理和在学校设施中充分考虑安保的一个重要措施就是制定《安全校园标准》。例如，在《佛罗里达建筑标准》423.8.8 章节《安全学校设计》中就有关于环境设计预防犯罪的原则和如何在建筑规划阶段采取安保措施方面的规定（http：//www. fldoe. org/edfacil/pdf/handbook_simplified_text2. pdf）。该标准指出，学校管理者在设计学校设施和场地时，必须注意以下一些问题。

提高学校安全，减少破坏行为，在贯彻安全学校设计原则时，必须注意（但也不限于）以下方面：自然访问控制，自然监视，学校和校园的区域完整性，声像探测系统，预防学校犯罪和暴力的设计，开放的外部楼梯、阳台、坡道及上层周边人行道，建筑内员工视线可及的开放的空间。

除了必须遵守相关法律规定外，接受过环境设计预防犯罪的建筑师还应当参与到新建、改建建筑等多方面的工作中，包括确定改建对象、新建建筑的场址选择、方案审查、技术规范等。

550

22.9 一般原则

以下是安全校园设施和管理方面的一些建议。

- 利用统一的调查工具，如本书中介绍的各种评估工具，对每所学校进行安保需求评估。
- 制定全面的学校安保规划并定期更新。
- 在学校犯罪预防规划和设计决策时，注意吸纳学生、教师、学校管理人员、管理学校资源的官员、附近居民和社区各个群体组织的意见。
- 制定涵盖社区的危机应对方案，每年对运作情况进行评估。
- 整合学校安保体系，并可以进行远程控制。
- 必须采取自然或者设备方面的访问控制措施。
- 充分合理使用监控摄像头，保证影像质量，保存的记录必须涵盖充足的时间跨度。
- 消除那些容易导致未经许可进入屋顶和上一层的设计因素。
- 实施"安全走廊"计划，保证学生安全出入校园，避免受到伤害或者卷入毒品、帮派等活动。
- 向学生和员工讲解安全规定，让他们充分理解一些基本规则，例如，不得私自打开出口大门。
- 学校承建商必须了解环境设计预防犯罪的要求和措施，在对学校进行改建时，这一点尤其重要。
- 从黄昏到黎明阶段，在校园内提供照明。在外部场所和公共场所安装运动传感器，在放学后的时间段内将不当的使用行为向老师和警方通报。（在许多情形下，学校在放学时间内使校园保持黑暗的效果更好。他们发现，开灯容易吸引不速之客，如果保持黑暗，就不会将那些危害社会的聚会吸引到校园内。但是，学校的保洁人员比较反对这一措施，因为他们到学校的时间较早，黑暗的校园使他们感到害怕。）
- 在放学后，可以延长学校使用时间，开展促进社会建设的活动，如开办成人教育学校。但是，如果学校设施及其他用于社区的设施与社区的休闲娱乐设施紧挨在一起时，在设计上需要特别注意，应当采取适当的访问控制措施，避免在放学后的时间段内有人非法进入校园、进行破坏。
- 所有的窗户必须带有自动锁定的装置。

- 所有的教室门都必须带有可以阻止侵入者入内的反锁装置，但是，应当便于维护人员打开。

- 对容易遭受涂鸦破坏的墙壁，应当利用景观绿化措施设置屏障。

- 在容易受到破坏的外部门上安装钢琴式铰链（不可拆卸的铰链销），避免他们闯入进行破坏。

- 楼顶安装的空调设备必须采取安保措施，所有可以下拉的楼梯也应当采取安保措施并锁定，或者放置在室内，避免被随意使用。

- 注意靠墙壁设置的工具箱，避免被用于攀爬到房顶或阳台。

- 如果篮球场设置在外部区域，应当在外面安装水龙头，以免有人爬过围栏寻找水源。

- 如果篮球场、排球场、网球场在放学后容易产生不良行为，可以在放学后将球网或篮圈取走，让他人无法使用。可以考虑重新将球场移到另外地点，同时提供照明，让其处于自然监视范围并由相关责任人员或者保安监管范围。

- 在空调通风口或排气口安装内部安保设备时要特别小心，因为压缩机振动可能会引发虚假警报。

- 门和门框必须符合学校机构所要求的标准，能够承受过度使用甚至滥用，并应当在门锁上加装面板，防止撬锁。

- 学校应当尽量减少外部的门的数量，避免侵入者避开监控闯入校园。

- 外部大门的硬件设备应当尽量避免暴露在外，并利用接板予以防护。

- 如果某些门难以安排人员监视，并且学生容易打开这些门让他人未经许可入内，对此类比较敏感的门，学校应当安装门控开关、延时开启设备、监控警报或者图像监控系统。

- 学校可以考虑安装远程开门系统，可以从学校里面或前台实施控制。

- 学校可以考虑安装电子访问控制系统，采用刷卡或者感应卡，生物识别技术，或者将其他先进的电子访问控制技术结合使用。

- 重新思考学生的储物柜问题。发展的趋势是不再使用储物柜，而是鼓励使用清晰、透明的背包。运动员的储物柜只能在上体育课时使用，并且不得隔夜存放物品。

- 学校周边和运动区域必须用符合环境设计预防犯罪标准的、预防破坏的尖状围栏围起来。

- 所有的消防出口只能用于逃离出口，不能安装把手，以免打开后入内。门上应当安装警报装置，并且安装门控开关，提醒员工，门是否开启。

- 如果存在学生可以将反锁在内的空间（或者在人质劫持事件中犯罪分子将其反锁在内），学校管理人员应当有破解方法或者可以打开门。

- 开设在学校过道内的门，突出墙壁的部分不得超过 7 英寸，以免使过道变得更加狭窄，造成拥堵。

- 教室门应当可以从教室内被关闭，不用必须在门外过道才能关闭。如果门可以从室内关闭，还必须符合消防规定要求，在紧急疏散的情况下，只需要采取一步措施就可以打开。

- 尽量限制建筑物数量，最好只有一座，以更好地限制外人或者非法使用者入内。
- 尽量减少入口数量，最好仅有一处学生、老师入口，以更好地实施访问控制。
- 如果有必要，可以在某一个入口处配备一名安保人员，对进入校园的所有车辆进行检查。校车和学校的员工从另外单独的、可以有效管控的入口进入。
- 如果学生进入学校需要穿过机动车道或者停车场，则应当尽量减少此类机动车道或停车场的位置。
- 如果需要在放学后开展活动，学校的场所中，除体育馆和与社区共用设施的区域外，其他区域应当可以封闭。
- 在教室和公共场所，为现有的和今后可能安装的通信系统、安全系统等预留布线的位置。

22.10　未来展望

在下一代的学校设计中，至少有两个可能产生重大影响的因素。

（1）更加强调互联互通。

（2）为了适应预算削减，更加强调高效，并采用促进安保和学习的新技术。

552　　互联性：随着 CPTED 的发展日趋成熟，不断完善自然监视、访问控制和专属区域仅仅属于初级措施。第二代 CPTED 又引入了新的因素，即互联性。如果孩子们及邻近的社区感到和他们的学校以及相互之间联系紧密，他们无论是对待学校还是互相之间都会报以尊重，当他们知道有问题时，乐意和老师们交流。Tod Schneider 在其著作《安全、健康、积极的环境设计》（SHAPED）中进一步拓展了这些理念，强调了犯罪预防措施、人身健康、环境安全、积极的环境在促进有益社会行为和学业成就方面的重要性。而后者也是不断发展的"促进积极行为"运动的基本理念。为了加强互联性，可以采取以下一些简要的措施：提供更多的机会将学生的艺术作品和获得的奖章予以展示（图22.81）。只需在墙上钉一块木质展板就足以做到这点，但如果是石头墙的话，就难以做到这点。此外，很多学校还充分利用天花板和地板来发布信息。面向家长和社区的公告信息板也应当设置在显著的位置。

图 22.81　图片中的墙有两个突出的优点：室内的窗户有助于
员工实施自然监视，墙的材质便于张贴学生的艺术作品，可
以使学生和学校之间的联系更加密切

　　虽然增强与社区之间的联系会非常复杂，但是，忽视其价值无疑是目光短浅的行为。如果缺乏社区支持，为学校征税的议案将不会获得通过，会减少学校的资金来源。为了提高社区对学校的支持力度，学校不仅要为孩子们提供各种发展机会，还要为他们的家庭和整个社区提供各种发展机会。许多学校已经开始采取措施，更好地融入社区，主动迎接严峻的挑战：采取什么方式迎接社区融入学校，在开展成人教育、娱乐活动、日常活动等活动的同时，如何保证学生安全，使其免遭外来危险伤害？为了应对这种两难的局面，在进行学校设计时必须考虑以下几个方面的问题。

- 谁会使用学校的教室和运动场？
- 他们怎样进入这些场所？
- 他们将使用哪个洗手间？
- 他们在什么时候使用？
- 对于学校的其他区域，你打算如何实施访问控制？
- 当地的社会环境和文化如何？

　　进一步需要思考的问题是如何加强学校之间的联系以及招收学生。大家对绿色校园的兴趣日益浓厚，因此，绿化景观在需水量、化学药品施放方面应当尽量较少，同时，建设一些有助于开展环境研究的自然景观，如小溪、树荫、园艺，某些情况下，门类齐全的农活会很受欢迎，在此种情况下，还需要考虑取水、堆肥和风向等因素。

22.11　案例研究

　　阿特拉斯博士在迈阿密海滩的贝瑞大学开展了 CPTED 研究项目（Atlas，2012a，b，c）。研究的结果是制定了用于建设完善校园的边界环境设计预防犯罪规划（图 22.82 至图 22.84）。

　　理查德·施耐德（Richard Schneider）博士对韩国首尔的一所学校进行了环境设计预防犯罪分析，认为该校的安全设计比较糟糕。下面的几幅图片显示，当

553

由维护部门负责学校的安全保卫时，会发生什么状况（图 22.85 至图 22.91）。

图 22.82 以前，贝瑞大学的边界界定不清晰，发生了大量针对车辆和人身的犯罪行为（1）

图 22.83 以前，贝瑞大学的边界界定不清晰，发生了大量针对车辆和人身的犯罪行为（2）

图 22.84 经过改建的贝瑞大学边界，消除了违规停车的现象，修建了用于学生散步的道路

图 22.85 出乎意料的设计结果：韩国首尔的一所学校在校园后面安装的装饰围栏（带有花瓣），位置靠里，便于攀爬（感谢 R. Schneider 提供图片）

图 22.86 图中韩国首尔一所学校外围的窗户防护得如堡垒一般，栅栏不可移动，在发生火灾的情况下会带来安全隐患

图 22.87 图中韩国首尔一所学校外围的窗户防护得如堡垒一般，栅栏不可移动，在发生火灾的情况下会给学生带来安全隐患（感谢 R. Schneider 提供图片）

图 22.88 韩国首尔一所学校通往屋顶的门大开，学校的电话（电力）柜门也开着（感谢 R. Schneider 提供图片）

图 22.89 韩国首尔的一所初中（高中）学校进行修整时，施工现场的楼梯没有采取防护措施，可以爬到屋顶（当时学校放假）（感谢 R. Schneider 提供图片）

图 22.90 韩国首尔的一所学校在洗手间安装的转动玻璃门，在便于监视的同时还可以隔绝气味和噪声。当然，你不希望在走道里闻到臭味，但是能够听到洗手间是否有人斗殴或者发生其他不当行为，甚至是否有人在吸烟也非常重要（感谢 R. Schneider 提供图片）

图 22.91　韩国首尔的一所学校，树木生长过于
茂盛，遮住了学校的入口

554

22.12　效率和技术

现实情况对效率的要求越来越高，技术手段促使的新选择不断涌现，在以后的发展中，这两种趋势会同时出现。紧缩的预算让配备安保人员变得更加困难，因此，只有更多地着眼于建筑设计和电子访问控制及监控设计。本章所论及的电子技术将更加频繁地被采用，以提高安全运营效率。并非每个学校都独立运行其安保监控系统，监控摄像头上安装了集成驱动器可以读取各个学校的所有的数据资料，并进行云存储，可以查找整个社区范围内的所有数据。

556　　学习方法也在经历一些重大的变革，死记硬背、"死读书、读死书"也逐步转向在线、个性化定制模式。难以理喻的班级规模，不断提升的高效在线教学能力会加快这一发展趋势。老师们会为学生提供背景资料、释疑解惑，理想的状况下，会根据实际情况更加便捷地完善学习过程，根据学生需求，提升涵盖范围更广的个性化支持。这些发展趋势会给学校的硬件设施带来什么变化，仍有待于进一步观察，但是这的确是值得深思的重要问题。

557

22.13　学校安全小结

在学校设计和改建过程中采用 CPTED 的原则和具体方法，可以提高学校的安全水平，更加有效地发挥学校作用，减少因狭隘地将学校修建为堡垒的做法而造成的隔离。安全技术，如摄像头、传感器、武器扫描等，的确可以提升学校安全的总体水平，但是它们只是解决方案的一个组成部分。学校千万不能忽视良好的维护、用心的管理、优良的建筑、优秀的设计以及第二代 CPTED所主张的以学校安全为核心、倡导团结协作的学校管理方法的重要作用。

参考文献

［1］ Atlas，R. （1997） Designing security in school environments. *Library Administration and Management.* Spring，11 （2）.

［2］ Atlas，R. （2002a） Barry University：A CPTED case study. *Campus Law Enforcement Journal.* June.

［3］ Atlas，R. （2002b） Designing safe campuses，*Campus Security and Safety Journal.* December，16 – 42.

［4］ Atlas，R. （2002c） The ABCs of CPTED. A Florida case study of Barry University. *Campus Safety Journal.* August.

［5］ Bell，D. （1999） www. darrinbell. com.

［6］ Bushouse，K. and Gollan，J. （2010） Security at schools called into question，*South Florida Sun – Sentinel*，Mar. 2.

［7］ Florida Center for Community Design and Research （1993） *Florida Safe School Design Guidelines.* Tallahassee，FL：Florida Department of Education. July.

［8］ Florida Traffic and Bicycle Safety Education Program （ND），University of Florida，FL，DOT Safety Office. Available at：http：//www. dcp. ufl. edu/centers/trafficsafetyed/html _ safe – ways. html

［9］ Garcia，M. （2005） Tighter school security will cost a bundle，*Miami Herald*，Aug. 16，2A.

［10］ Green，M. W （1999） *The Appropriate and Effective Use of Security Technologies in U. S. Schools*，*A Guide for Practical School Security Applicotions.* Washington，DC：National Institute of Justice，U. S. Department of Justice.

［11］ Hill，M. S. and Hill，F. W. （1994） *Creating Safe Schools：What Principals Can Do.* Thousand Oaks，CA：Corwin Press.

［12］ Kunstle，M.，Clark N.，and Schneider，R. H. （2003） *Florida Safe Schoot Design Guidelines.* Tallahassee，FL：Florida Department of Education. Available at：http：//www. firn. edu/doe/edfacil/safe_schools. htm

［13］ Maine DOT （2003） Safe ways to school report. Available at：http：//www. maine. gov/mdot/opt/safe – ways – to – school. php

［14］ Milbum，T. (2011) How to decipher new codes and tract latest trends for effective emergency communications. *Today Facility Manager.* March.

［15］ Morin，J. （cartoonist） Miami Herald，Jan. 1，1999.

［16］ OJJDP Office of Juvenile Justice Delinquency Prevention （1999） *Juvenile Justice Bulletin：Juvenile Arrests* 1998. December.

［17］ Schneider，R. （2010） *Institutionalizing CPTED in Korea （III）：Safer Schools and Safer Communities.* Korean Institute of Criminology，Seoul，Korea. Report Number：10 – 35 – 01 – 05.

［18］ Schneider，T. （2009） *Mass Notification for Higher Education and Selecting Security Technology Providers.* National Clearinghouse for Educational Facilities. Available at：www. ncef. org

［19］ Schneider，T.，Hill，W.，and Sprague，J. （2000） *Safe School Design：A Handbook for*

Educational Leaders. Eugene, OR: ERIC Clearinghouse on Educational Management, University of Oregon.

[20] Schneider, R. H. and Kitchen, T. (2007) *Crime Prevention and the Built Environment.* London, U. K. : Routledge.

[21] Stover, D. (1994) High schools or high – tech prisons? *Education Digest*, 60.

[22] U. S. Department of Education and U. S. Department of Justice (1996) *Creating Safe and Drug Free Schools: An Action Guide.* Washington, DC. Available at: www. ed. gov

[23] U. S. Department of Education and U. S. Department of Justice (1998) National Center for Education Statistics. *Violence and Discipline Problems in U. S. Public Schools. 1996 – 1997.* NCES 98 – 030. March.

[24] U. S. Department of Education. National Center for Education Statistics (2001) *Indicators of School Crime and Safety 2001.* NCES 2002 – 113. October.

[25] Zhang, R. and Truman, J. (2010) *Indicators of School Crime and Safety:* 2010 (NCES 2011 – 002/NCJ 230812). National Center for Education Statistics, U. S. Department of Education, and Bureau of Justice Statistics, Office of Justice Programs, U. S. Department of Justice. Washington, DC. Available at: http: //bjs. ojp. usdoj. gov/content/pub/pdf/iscs10. pdf (Indicators of School Crime and Safety 2010). November 2010.

图 1.5　在今天的建成环境中设计安全的未来。图中的公寓的边界非常清晰，安保层次分明，区域专属性明确，采用了访问控制措施，从窗户可以实施自然监视，可以有效减少他人非法擅自入内

图 3.11　位于 San Juan 的房屋让人感觉到害怕。人们居住在围栏和防护窗后面

图 4.4 图中为一个住宅小区，访问控制点是进入小区的第一道防护措施

图 5.29 图中的便利店在摄像头后面还隐藏着摄像头。图中一共有六个摄像头。你能够发现它们吗

图 8.1 对图中标示 X 符号的一幢发生过枪击案的公寓楼进行了 CRIMECAST CAP 指数分析。该幢楼及其毗邻街区的 CAP 指数为 861，表示该处的犯罪风险水平是全国的平均标准的 8.6 倍（感谢 CAP 指数支持，见 www.capindex.com 网站）

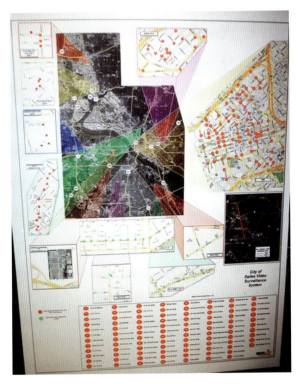

图 9.30 图中的红点是达拉斯市中心警务监控系统的摄像头布点

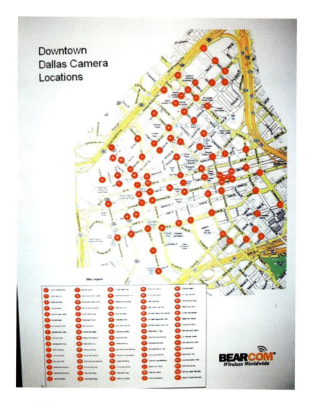

图 9.31 BearCom 公司设计并安装了这套系统

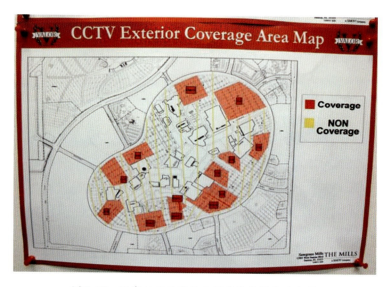

图 9.37 图中显示了商场外围的监控摄像头布局

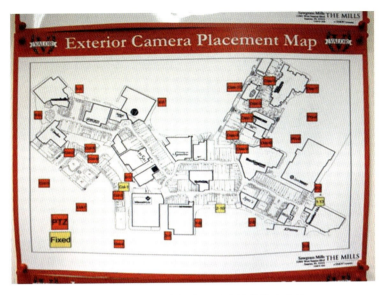

图 9.38　显示了商场外围的监控摄像头布局

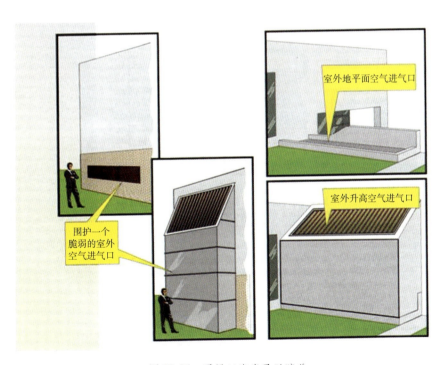

图 10.26　通风口应当予以遮盖

注：来自国家职业安全健康研究所 NIOSH 卫生与公共服务部《保护建筑环境免遭机载化学物质、生物或者放射性物质袭击指南》，俄亥俄州辛辛那提疾病预防控制中心，2002 年，第 18 页。

图 10.28　2005 年密西西比格尔夫波特地区"卡特里娜"飓风肆虐后，图中的钢筋混凝土建筑被完全摧毁。几个街区之隔的联邦法院因为按照联邦建筑 ISC 物理安全标准建设，其结果迥然不同

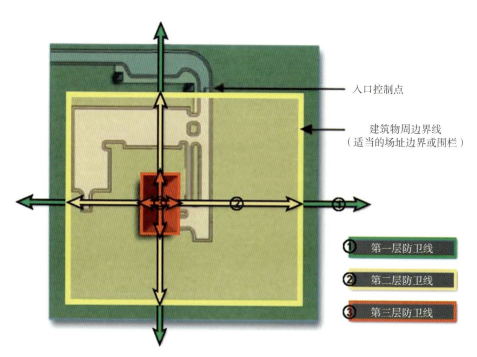

图 13.2　防护层次

注：摘自 FEMA 452：《风险评估：如何减轻针对建筑的恐怖袭击危害》，《建筑和基础设施等系列》，2010 年 7 月。

功能	汽车炸弹	化学制剂（沙林毒气）	地震	洪水	强风
行政管理方面	280	140	210	60	70
资产价值	5	5	5	5	5
危险/威胁评级	8	4	6	4	2
脆弱性评级	7	9	7	3	7
机械工程方面	246	256	336	64	64
资产价值	8	8	8	8	8
危险/威胁评级	8	4	6	4	2
脆弱性评级	4	9	7	2	4
仓储保管	168	96	162	108	54
资产价值	3	3	3	3	3
危险/威胁评级	8	4	6	4	2
脆弱性评级	7	8	9	9	9
数据中心	320	128	144	128	64
资产价值	8	8	8	8	8
危险/威胁评级	8	4	6	4	2
脆弱性评级	5	4	3	4	4
给养服务	112	32	60	72	36
资产价值	2	2	2	2	2
危险/威胁评级	8	4	6	4	2
脆弱性评级	7	4	5	9	9
安保服务	392	140	420	252	126
资产价值	7	7	7	7	7
危险/威胁评级	8	4	6	4	2
脆弱性评级	7	5	10	9	9
内务管理	112	24	36	24	12
资产价值	2	2	2	2	2
危险/威胁评级	8	4	6	4	2
脆弱性评级	7	3	3	3	3
日间看护	504	324	486	324	162
资产价值	9	9	9	9	9
危险/威胁评级	8	4	6	4	2
脆弱性评级	7	9	9	9	9

图 14.2 现场功能风险预评估表。总体风险因素有颜色区分级别。低风险（绿色）=0~60；中等风险（黄色）=61~175；高风险（橙色）≥176

注：摘自 FEMA 452：《风险评估：如何减轻针对建筑的恐怖袭击危害》《建筑和基础设施等系列》，2010年7月。

基础设施	汽车炸弹	化学制剂（沙林毒气）	地震	洪水	强风
场址	224	32	128	80	16
资产价值	4	4	4	4	4
危险/威胁评级	8	4	6	4	2
脆弱性评级	7	2	7	5	2
建筑物	40	180	210	40	20
资产价值	5	5	5	5	5
危险/威胁评级	8	4	6	4	2
脆弱性评级	1	9	7	2	2
结构系统	640	32	480	64	64
资产价值	8	8	8	8	8
危险/威胁评级	8	4	6	4	2
脆弱性评级	10	1	10	2	4
围护系统	56	252	252	56	14
资产价值	7	7	7	7	7
危险/威胁评级	8	4	6	4	2
脆弱性评级	1	9	6	2	1
公用设施系统	112	168	84	56	14
资产价值	7	7	7	7	7
危险/威胁评级	8	4	6	4	2
脆弱性评级	2	6	2	2	1
机械系统	56	224	210	252	126
资产价值	7	7	7	7	7
危险/威胁评级	8	4	6	4	2
脆弱性评级	1	8	5	9	9
管道与燃气系统	40	120	75	60	20
资产价值	5	5	5	5	5
危险/威胁评级	8	4	5	5	5
脆弱性评级	1	6	3	6	2
电气系统	392	224	210	28	14
资产价值	7	7	7	7	7
危险/威胁评级	8	4	5	2	2
脆弱性评级	7	8	6	2	1
消防报警系统	72	216	360	36	18
资产价值	9	9	9	9	9
危险/威胁评级	8	4	5	2	2
脆弱性评级	1	6	8	2	1
信息/通讯系统	512	192	240	32	16
资产价值	8	8	8	8	8
危险/威胁评级	8	4	5	2	2
脆弱性评级	8	6	6	2	1

图 14.3　场址基础设施预评估筛选矩阵。总风险因素用颜色的深浅度表示：低风险（绿色）＝0－60；中度风险（黄色）＝61－175；高风险（橙色）≥176

注：资料来源于联邦应急管理局（FEMA452），《风险评估：如何减少对建筑物的潜在恐怖袭击指南》（*Risk Assessment: A How-to Guide to Mitigate Potential Terrorist Attacks against Buildings*），建筑物和基础设施保护系列，2010 年 7 月。

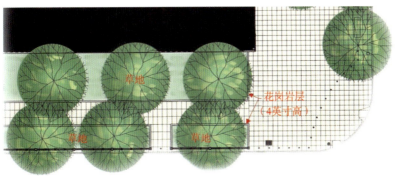

图 17.2　华盛顿特区建筑与街道之间的退让空间（Street Setbacks）及街面设施建议方案
注：感谢 ICPC，《国家首都城市设计及安全规划》，NCPC，华盛顿特区，2002。

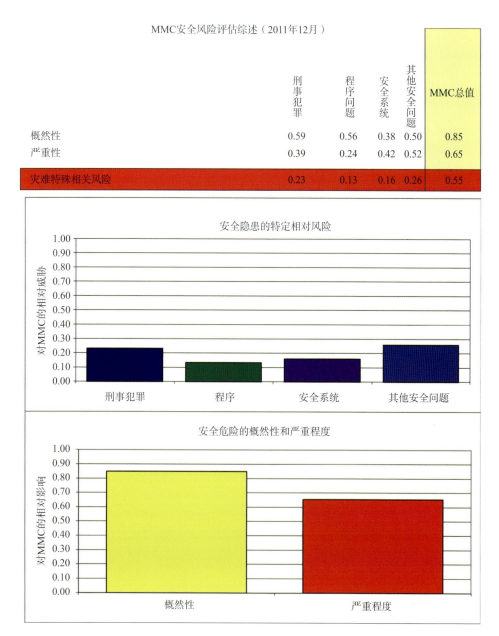

MMC安全风险评估综述（2011年12月）					
	刑事犯罪	程序问题	安全系统	其他安全问题	MMC总值
概然性	0.59	0.56	0.38	0.50	0.85
严重性	0.39	0.24	0.42	0.52	0.65
灾难特殊相关风险	0.23	0.13	0.16	0.26	0.55

图 20.32　医院安全隐患风险评估结论示例

图 21.21　社区有各类物业形态（Diversity），使其既特色鲜明，又功能多样

图 25.16　进入电梯间需通过安保通廊（Security Vestibule）

图 26.45 图中左边的挡车条位于从车辆通往电梯的路上，并没有像右边的挡车条一样，漆成黄色以突出显示。灰色的挡车条和水泥地板的颜色混同，人们经过的时候完全看不清楚，会被绊倒

图 26.55 电梯停靠不同的楼层，停车场中采用线缆进行隔离，可以最大程度地方便观察。将各个楼层漆成不同的颜色便于识别路线

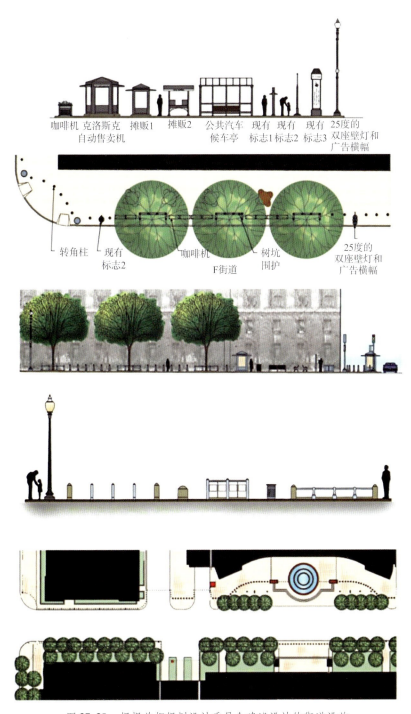

图 27.29　根据首都规划设计委员会建议设计的街道设施

注：摘自《国家首都城市设计和安全规划》，华盛顿特区国家首都规划委员会，2002 年。谨向国家首都规划委员会致以谢意。

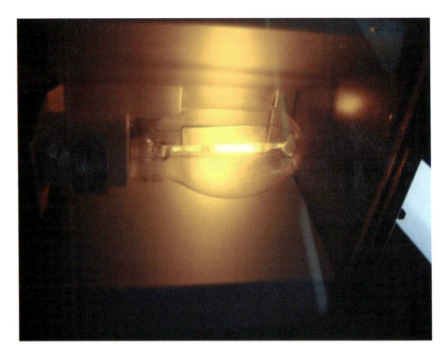

图 29.20　LPSV 灯泡发出昏暗的黄光

图 29.22　图中公园内照明使用的就是低压钠灯

图 29.23 白天正常光照下多色 polo 衫的样子

图 29.24 在 LPSV 灯泡的棕色光照下 polo 衫的样子

图 29.30 LED 灯内部构造特写

图 30.5 图中位于公租房管理机构旁边的路灯采用了低压钠蒸气灯,营造的糟糕效果如阴森恐怖的科幻片一般。在城市中较好的地段,你肯定看不到这种情形,这种照明将该区域进一步孤立起来,让人感受到居住在贫民区的耻辱

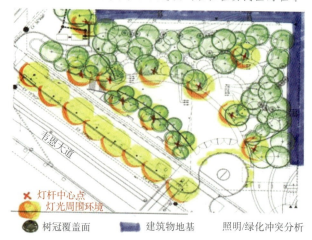

图 30.15 将景观绿化和照明方式综合到一起,检查是否存在冲突

图 30.21　上海夜晚的天际线，到处都是各个建筑及屋顶的灯光，如同举行庆典的庙宇（Ceremonial Temples）一般

图 31.1　图中的"猎虎陷阱"可以阻止车辆进入，在应对汽车炸弹时可以让汽车陷入
注：摘自 Rock 12 安全建筑，www.rock12.com，已获使用许可。

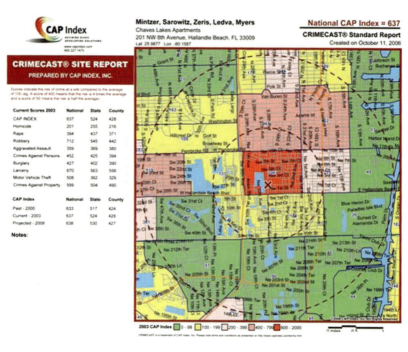

图 37.1　CRIMECAST 分析中的 CAP 指数示例

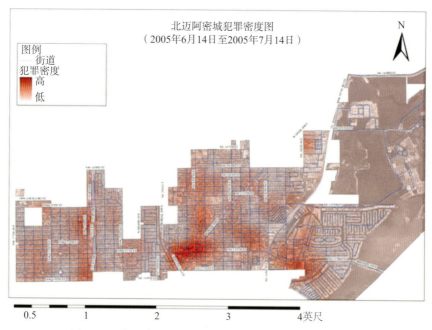

图 37.2　利用地理信息系统制作的北迈阿密城犯罪密度图
注：非常感谢佛罗里达州北迈阿密城允许翻印。

北迈阿密市城市分区规划图

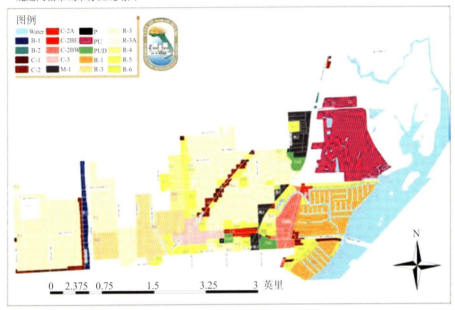

图 37.3 规划图中将商业区和住宅区进行了区分

注：非常感谢佛罗里达州北迈阿密城允许翻印。

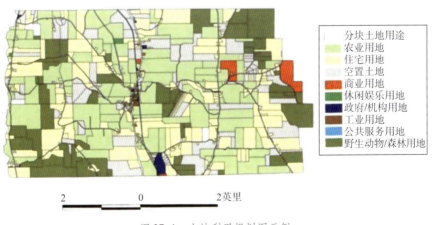

图 37.4 土地利用规划图示例

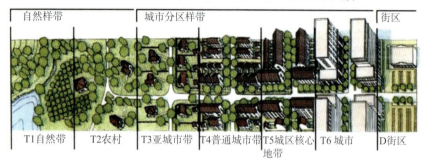

图 37.5　迈阿密总体规划中的规划界限

注：摘自迈阿密21，Duany Plater – Zyberk 享有版权，2007 年。

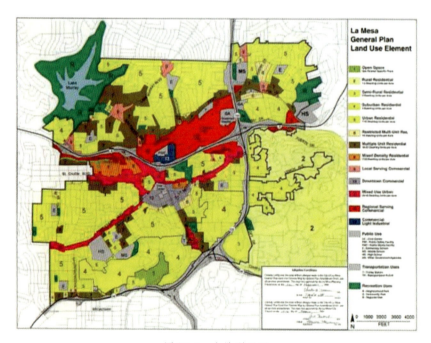

图 37.6　土地利用图

注：非常感谢佛罗里达州北迈阿密城允许翻印。

自动取款机安全设计*

在电影《洛杉矶故事》中有这样一个场景：一天深夜，Steve Martin 和 Sarah Jessica Parker 到一家银行外边的自动取款机取钱。一群雅皮士也在取钱，准备深夜吃喝后到夜店找乐子，在他们附近，潜伏着一帮装备经典的劫匪——面罩、猎枪、刀、手枪等。一个劫匪等 Steve Martin 取完钱后突然出现在他面前："嗨，我是 Bob，今晚你的钱归我了!"劫匪抢走他的钱，扬长而去（图 23.1）。电影中的情节很有趣，但是在现实生活中，受害人会受伤、被杀害。Atlas 和 Scott 都曾经被聘用为安全专家，在许多发生过抢劫和伤害案件的自动取款机或有直通车道的存款机（Drive-through Deposits）的场所，检查安全漏洞。

图 23.1　人们在自动取款机处排队取钱的常见情景。在夜晚，这会令人感到害怕

美国司法部（DOJ）问题导向警务项目组出版了一部小册子《自动取款机

---

　　* 作者为迈克尔 S. 斯科特（Michael S. Scott）和兰德尔 I 世·阿特拉斯（Rondall I. Atlas）。本章中的部分内容摘自《自动取款机抢劫案件》，Guide No. 8，Michael S. Scott 著，问题导向警务中心，ISBN：0471475815，2001（www. popcenter. org）。非常感谢问题导向警务中心有限公司、美国司法部、社区导向警务服务办公室，准许我们摘选书中的部分内容。

抢劫案件》（Scott，2002a，b）。该书准确地指出了问题的原因，并提出了一些可以直接适用的环境设计犯罪预防措施，本节将引用该书的部分重要章节。

560　　　司法部的手册对人们使用自动取款机（ATM）和夜晚在存款机存款时发生的劫案进行了分析，并指出夜晚在存款机（即只能存款，不能取款的机器）存款时发生的劫案和在自动取款机处发生的劫案高度近似，采取的安全措施也相同。虽然仅论及自动取款机，但是所有的信息同样适用于夜晚存款机存款（Scott，2002a，b，p. 1）。

　　20 世纪 60 年代初期，自动取款机首先出现在英国，60 年代末期，美国也开始使用。从那以后，自动取款机的数量急剧增加。现在，每年通过自动取款机完成的金融交易达数十亿笔，绝大多数取款都是通过自动取款机操作的。曾经，只有在银行的营业场所才设有自动取款机，但现在，无论是人行道旁边、机场、杂货店、加气站，还是商场、夜店、赌场，几乎随处可见自动取款机。在灾害事故现场或者临时娱乐场所，如露天游乐场，甚至可以设置移动式的自动取款机。银行客户们认为，他们可以在任何时候、任何地点取款。在某种程度上，他们是为了便利而牺牲了安全（Scott，2002a，b，p. 1）。

　　自动取款机服务对银行而言利润很高，因此，银行不遗余力地推广自动取款机卡。设在银行营业场所之外的自动取款机利润更高，因为可以吸引大量的非本银行的客户使用，而他们必须支付相关费用。遗憾的是，那些银行营业场所之外的使用者更容易遭受抢劫。

　　Rosemary Erickson（1996）在 1995 年对武装抢劫进行了研究，得出了如下发现。

- 三分之一的劫犯抢劫次数超过五次。
- 41% 的劫犯抢劫过便利店，46% 的劫犯曾经在街头抢劫。
- 三分之一的劫犯在抢劫过程中伤人。
- 劫犯最关心的是不要在抢劫时被当场抓获，也不要被武装守卫枪击。
- 83% 的劫犯认为，他们不会被抓获。
- 设计好逃跑路线对劫犯而言是最为关键的因素，以免被现场抓获。

561　　　Chris McGoey（2004）撰写了与自动取款机和银行安全相关的文章，提出了以下观点。

- 大多数自动取款机抢劫案在晚上七点至凌晨四点之间发生，60% 的自动取款机犯罪案件也在这一时间段发生。
- 银行自动取款机劫犯通常在附近 50 英尺范围内埋伏，等待受害人取款。
- 一半的自动取款机劫案是在取款完毕后发生的。
- 许多自动取款机受害人都是女性，遇劫时独自一人。
- 虽然大多数案件都是案犯单独作案，但是案犯通常都会携带某种武器以制服受害人。

和有直通车道的自动取款机相比，步行前往办理业务的自动取款机处更容易发生抢劫。

美国银行家协会和银行管理协会于 20 世纪 90 年代初期进行的一项调查表明，在涉及自动取款机的犯罪案件中，96% 针对的都是独自一人的顾客，50% 的案件发生在晚上七点和午夜之间，14% 的案件中，顾客受到伤害。

在英国开展的一项研究是对一部分获利颇丰的自动取款机劫犯进行采访，受访劫犯承认，自动取款机劫犯通常都是寻找容易得手的快钱去购买毒品，和至少一位劫犯共同作案，使用武器或者暴力手段威胁受害人，先采用各种手段分散受害人注意力，然后趁机劫走现金，在选择对象时，一般挑选那些看起来不会反抗的人下手（Gill et al., 2005）。受访劫犯还承认，他们会注意研究取款机周围的物理环境，如果周围的环境特点使他们容易被认出而被抓获的话，他们一般会放弃作案。

各种形式的街头抢劫案，包括自动取款机抢劫案的犯罪率之所以居高不下，很大程度上是与可卡因毒品交易相关，因为对这些吸毒者来说，通过街头抢劫可以很快地得到购买毒品所需的资金，也不需要很高的技术和周密计划。

为了使自动取款机更加安全，避免其成为犯罪分子觊觎的目标，需要在设计方面采取哪些措施呢？（图 23.1 至图 23.4）Scott（2002a，b，pp. 13–25）提出了 17 项建议措施。这些犯罪预防措施是综合了大量研究成果、警方报告，吸收了环境设计预防犯罪主要原则，以及手册中反复强调的作为行业标准的情景犯罪预防措施和要求得出的。

562

对自动取款机抢劫的预防措施的相关考虑见下文。

2 shot after 'bump and rob' incidents

By Wayne K. Roustan | STAFF WRITER

The latest in a recent rash of "bump-and-rob" incidents in Palm Beach County turned more violent early Thursday.

Within 30 minutes, one man was shot in Delray Beach and a second man was shot and robbed in West Palm Beach, police said.

"It's an escalation of violence," West Palm Beach Police Capt. Mary Olsen said. "I think they're getting more aggressive, more brazen."

The suspects typically are driving a stolen vehicle when they bump the back of the victim's vehicle. When the victims get out to check for damage, they are robbed at gunpoint of their cellphones.

This photo of one "bump and rob" suspect was taken by an ATM camera.

BUMP
Continued from Page 1A

purses and other valuables, investigators said.

Many times it happens at night on quiet residential streets, where there is little or no traffic and few witnesses, Olsen said.

In some cases, suspects either forced their victims to drive to an ATM to withdraw money or the victims were confronted while using ATMs, detectives said. Police are urging people to be aware of their surroundings, especially while using ATMs.

"It's an escalation of violence."

Mary Olsen, West Palm Beach Police captain

图 23.2 市民在自动取款机处遭到抢劫，南佛罗里达州《太阳哨兵报》2011 年 5 月 19 日
注：记者 Roustan，W. K.，《劫匪突然出现，劫案发生，两人遭枪击》，已获使用许可。

6B ▪ SUN SENTINEL ▪ SUNSENTINEL.COM ▪ FRIDAY, FEBRUARY 4, 2011 ▪ SB

Man held in robberies of bank night deposits

By Danielle A. Alvarez
STAFF WRITER

FORT LAUDERDALE — A man accused of preying on people making night deposits at Broward County banks has been arrested, police said Thursday.

Joel Sejour, 37, of Hialeah, is charged with six counts of robbery and two counts of wearing a mask while committing a felony, according to Fort Lauderdale police.

Sejour stole more than $20,000, according to investigators. He would approach victims at night as they were dropping off deposits at banks, take the cash and run. Police did not disclose the total number of incidents or give exact locations.

Detectives said they have connected Sejour to four robberies in Fort Lauderdale and believe he may have been involved with others in Lighthouse Point and elsewhere.

He is being held in lieu of $80,000 bail, according to court documents. Sejour appeared in court Thursday for his two most recent charges.

In describing one incident, Judge John J. Hurley said Sejour masked his face with a white handkerchief and took a bag filled with $2,000 from a UPS worker outside a Bank of America branch.

Fort Lauderdale police investigators, working with the U.S. Marshal's Service, arrested Sejour on Monday in Miami-Dade County, authorities said.

The events that linked Sejour to the string of night-drop robberies began early last month, when Broward deputies charged him with prowling after a citizen reported a suspicious vehicle parked at a Bank of America. Sejour was found in the car and was wearing latex gloves, Hurley said during the court hearing.

The Jan. 2 arrest led to identifying Sejour as a possible suspect in a series of night-drop robberies, police said.

"This seems like a pattern of ongoing behavior," Hurley said Thursday.

Fort Lauderdale police worked with the Broward Sheriff's Office and Lighthouse Point police to gather evidence and pursue leads, police said.

Police ask anyone with information on this case to call 954-828-5546 or Broward County Crime Stoppers, anonymously, at 954-493-TIPS (8477).

图 23.3　夜晚存钱变得危机四伏

注：记者 Alvarez，D. A.，《劫匪抢劫夜晚存款客户遭擒获》，南佛罗里达州《太阳哨兵报》，2011 年 2 月 4 日，已获使用许可。

图 23.4　有必要让每个人知道你的相关情况吗？其他人可以从你背后偷窥你的 PIN 密码和个人信息吗

23.1　强制实施最低安全标准

　　银行及其他经营自动取款机业务的机构必须遵守美国联邦法律，主要是《联邦电子资金转账法》（E 条例）和《银行保护法》（P 条例，12 CFR ～

216.1）。但是，这样联邦法律主要是关注自动取款机自身安全及防止欺诈性交易，并不关注与自动取款机相关的银行客户的安全问题。

没有任何一部联邦法律就保护自动取款机客户的最低安全标准做出规定。563
但是，部分州和少数的城市通过了相关法律规定，要求自动取款机采取最低安全标准。这些法律大多针对照明、景观绿化、视线、安全审查、客户安全提示规定了最低的强制标准。除了上述要求外，纽约州的法律还要求安装监控摄像头和刷银行卡才能进入，并安装可以关闭的安全防护门。一些法律还规定，如果自动取款机运营商未能遵守相关标准，还会被处以罚款。有的规定，每年要对每台自动取款机是否符合相关标准进行审验。如果颁布了安全标准法律，需要投入足够的资源，检查法律是否得到有效遵守。一些州的法律规定，如果自动取款机运营商遵守了安全标准，在判定是否承担民事责任时会受到法律保护。一些法律规定，对实施前设置的自动取款机溯及适用，另外一些法律则只适用于法律实施后新设置的自动取款机。

具体的安全标准既有积极作用，又有消极影响。高度详尽的标准可以在适用时避免产生争议，但是会抑制技术创新，而这些技术创新较最低的强制标准而言，可以更好地保障安全。

佛罗里达立法机关没有计划针对自动取款机安全立法，主要是缺乏与自动取款机犯罪相关的数据，或者难以将相关数据从普通抢劫案数据中区分出来（相关案件作为抢劫案分类，但并没有作为自动取款机抢劫案单独分类）。佛罗里达州的银行和自动取款机运营商想避免纽约州式的自动取款机安全立法，因为那样会成本较高，并且一旦在安保方面有所疏忽，银行更容易被判承担责任。1992 年，纽约州的一位警官下班后，在一起自动取款机抢劫案中遇害身亡，随后，纽约州通过了迄今最严格的自动取款机安全法规。该法规要求，银行要安装监控摄像头，安排安保人员全天 24 小时值班或者安装带磁性门锁的安全门（Security Vestibule）。该法规的最初草案中仅要求针对高风险的自动机配备保安和安装闭路电视监控系统，但是后来对照明也进行了规定，要求自动取款机运营商评估其机器的安全性，对客户进行基本的安全预警。在进行安全评估时，必须考虑照明是否符合相关标准，场所附近的景观绿化和植物是否会影响自动取款机周围的视线，毗邻社区暴力犯罪案件的发生情况（Lewis,1992，p. 87）。纽约州和加利福尼亚州的法律通过后，自动取款机犯罪抢劫案件大幅下降（Guerette and Clarke，2003）。

1989 年，芝加哥的一台自动取款机附近发生了一件谋杀案，之后，该州也通过了相关的安全标准立法。但是，除非银行在就相关设备及场所主动采取相关措施，否则，更多的人会遭受伤害，引发官司会带来高昂的代价。1986年，佛罗里达州的一位男性于夜晚在自动存款机处存钱时被人用枪击伤脸部，经过判决获得了一百万美元赔偿。

23.2　利用民事责任

在因自动取款机抢劫案件引发的民事诉讼中，虽然警察不能在其中直接发挥作用，但是很有必要认识到，自动取款机运营商和经营场所所有人在决定于何处设置自动取款机以及采取何种安全措施时，必须认真思考其可能承担的民事责任。许多出版的书籍在讨论自动取款机安全时都从经营场所过失应承担的法律责任方面论述。无论是成文法还是判例法，因在自动取款机处进行交易而遭受伤害，在决定法律责任承担时，不同的管辖区域会出现不同的结果（Strokp，1993；Hoskins，1994；Vogel，1994；Baker，1995）。法律在决定自动取款机运营商应当承担的法律责任时，根据特定的自动取款机可能面临的抢劫风险，会考虑运营商知道的相关情况，或者应当知道的相关情况，来决定运营商对受害人受到的伤害应当承担的法律责任。因此，自动取款机运营商应当经常向当地警方咨询自动取款机周围的犯罪情况。虽然在判定法律责任时还会考虑其他法律因素，但是，法院通常会按照行业的基本犯罪预防标准来决定自动取款机运营商所应当承担的法律责任。决定自动取款机运营商应当如何承担民事责任时，通常会考虑以下因素：犯罪行为发生的可预见性，决定预见性的标准，受害人预期会受到的保护，自动取款机运营机构的不同责任，涉及的自动取款机的情况，安置自动取款机的场所的所有人以及受害人的情况。

某些类型的经营活动容易诱发犯罪企图和犯罪行为。将自动取款机设置在建筑的边缘，迫使取款人取款时背对街道或者巷子，这样会不可避免地将取款人置于易受伤害的境地。在此种情形下，经营取现业务或夜间存款业务时，该场所的所有人应当预料到可能出现的疏忽或者其客户可能面临的第三人的犯罪行为，并采取特定预防措施予以保护或者加强对该场所的巡查。除非相关的预防措施达到了可以接受的标准，或者达到了法律规定所要求的标准，否则，自动取款机场所还是会发生犯罪行为。因安保措施不足导致的伤害和死亡而引发的民事诉讼以及就自动取款机安全而不断出台的标准和法律规定，会逐步促使银行采取必要的完善措施。

加利福尼亚州（Cal. Fin. Code §13000 – 070）和纽约市（NY Admin. Code §10 – 160）率先就自动取款机制定了最低安全标准。其他的一些州也制定的类似的法律，如内华达州（Nev. Rev. Stat. Ann. §§660.115 – 235），华盛顿（Wash. Rev. Code Ann. §19.174），俄勒冈州（Or. Rev. Stat. §714.280 – .315），佐治亚州（Ga. Code Ann. §7 – 8 – 1 to 8 – 8），路易斯安那州，马里兰州（Md. Code Ann. , Fin. Inst. §1 – 207），佛罗里达州（Fla. Stat. Ann. §655.960 – 965），伊利诺伊州，纽约州（N. Y. Stat. Art. 2 – AA §75），新泽西州。纽约市在颁布其法规（City Council of New York，1991）之前，对自动取款机场所进行了细致的调研，整理记录了其糟糕的安全状况。纽约市的立法者认为，当1996年规定由州负责执行自动取款机的最低安全标准时，

564

并没有为相关的监督执法活动提供足够的资金支持（City Council of New York，1998），后来，纽约州审计长的审计报告中也说明了这一问题（New York State Banking Department，2006）。

在何种情况下银行会因自动取款机犯罪承担责任，现有这方面的判例法还比较有限。在确定场所责任时，银行开始扩大应当考虑的因素的范围（Deitch，1994，p. 34）。如果所有人应当预料到其他人的行为，而没有采取合理的预防措施，法院逐步开始确定"注意"的标准。自动取款机犯罪行为是可以预料的，因为银行早就知道采取哪些措施可以制止自动取款机犯罪行为，早在19世纪80年代，行业杂志就有过这方面的文章，并提出了各种预防措施（Deitch，1994，p. 35）。其中提到的预防措施包括围栏、访问控制、照明、景观绿化、警报、安保人员以及远程监控系统等（图23.5 和图23.6）。

图23.5 图中的自动取款机外面是一个安全的通廊，里面的可以取款的封闭小房间外安装了磨砂玻璃

图23.6 必须要刷你的银行卡才能进入自动取款机室

23.3 减少自动取款机抢劫案的具体措施

运营商在决定于何处设置自动取款机时，不仅要考虑市场因素，还要考虑安全因素。相关文章在讨论自动取款机抢劫案的预防措施时，讨论得最多的措施和环境设计预防犯罪专家们提出"3L"原则类似：照明、景观绿化和位置。应当经常检查自动取款机的设置场所，以保证切实采取了安全措施。自动取款机运营商、警方和银行业主管部门应当共同负责监督执行相关规定（图23.7）。

负责银行及附近的自动取款机场所设计的建筑师应当熟悉相关的安全问题及措施，并清楚，一旦因为其设计而招致抢劫，其应当承担相应责任（图23.8）。

图23.8 中银行门前的构造柱遮挡了可以观察自动取款机的大部分视线，不仅提供了良好的躲藏空间，还不利于警察和路人实施监视。建筑设计师是在想些什么？这座仅两层楼的建筑根本不需要一个宽达6英尺的构造柱。这一设计元素是想让银行看起来更宏伟一点，但其结果是几乎将自动取款机隐蔽起来了，夜晚如同在黑盒子里存款。

565

图 23.7 自动取款机通常设置在便利店内，让使用者处于店员、店内摄像头的监控范围内，比让使用者背对大街更加安全

图 23.8 图中设在银行外面的自动取款机被结构柱挡住了，外面几乎看不见自动取款机处的情况

566

23.4 改变照明、景观绿化和位置

23.4.1 确保自动取款机及其周围有充分的照明

在自动取款机及其周围提供充分的照明，可以方便使用者观察自动取款机附近的可疑人员，也便于包括警察在内的潜在证人可以观察到正在发生的犯罪行为，并看清罪犯的外貌。良好的照明首先就能够制止他人对自动取款机使用者实施抢劫。充分的照明不仅要覆盖毗邻自动取款的全部建筑角落（图 23.9），还要延伸到附近的停车场（图 23.10）。

图 23.9 设置在当地大学的这台自动取款机处发生过针对学生的抢劫案。劫犯埋伏在自动取款机前的大片灌木丛后，被劫学生根本没有意识到劫犯迫近

图 23.10 虽然有几盏大灯照亮停车场，但是位于阴影处的盆栽可以提供躲藏的地方。转角处的墙也提供了完美的藏身之处，便于罪犯伏击取款人。注意靠近取款机的柱子上写的告示：任何时候都不得在此停车、停留或站立

对于银行设施照明，美国现在尚未制定全国性的指南或标准。但是，部分城市和州已经开始制定照明标准。

纽约市的法令对该市的自动取款机照明要求做出了规定（Goetzke，1994，p. 57）。许多自动取款的照明标准，包括部分法律规定必须强制执行的标准，都对自动取款机及其附近场所的照明提出了最低限度的要求。一般情况下，自动取款机正面的亮度最低应为 25 英尺烛光，距离自动取款机 50 ~ 60 英尺处为 2 英尺烛光，测量位置为距地面 3 英尺高度（Goetzke，1994，p. 59；Ellis，1996；CUNA Service Group，1999；Illinois Office of Banks and Real Estate，1999）（图 23.11）。

然而，在灯光设计师看来，所有的最低照明标准都没有关注到影响视线的所有因素。阴影、灯光类型、灯光颜色、光源的方向、光线均匀度、眩光、障碍物等都可以影响到观察的视线。一个合格的灯光设计师在设计自动取款机照明时会避免阴影和眩光。如果自动取款机、夜间存款机正面的光线过于明亮，而其周围的光线太昏暗都可能阻碍使用者视线，不易感觉到逼近或者隐藏的危险。当人们从明亮的环境走向黑暗的环境时，眼睛需要一定时间适应光线的变化，这也被称作"视网膜适应"。因此，在设计光源时，不仅要为自动取款机正面提供照明，还要为其附近的人行道、停车场、通往自动取款机的通道提供照明。设计的目的应当是为周围的整个环境提供均匀的照明，避免形成阴影和炫光（Goetzke，1994，p. 58）（图 23.11 和图 23.12）。

图 23.11 在有直通车道的自动取款机处应当随时提供充分的照明，避免存在可以躲藏或者伏击客户的区域

图 23.12 应当经常对植物进行修剪，保持较低的高度，避免形成可以伏击自动取款机使用者的躲藏空间

灯光应当使用光电传感器自动开启，不要选择人工或者定时开关，以避免人为造成失误。设置了合适的照明亮度后，还应当定期检查，以免出现问题，低于规定标准。在灯具类型上应当采用经久耐用的灯具，还可以安装光线自动监测器，在光线低于正常标准的情况下，可以向自动取款机运营商发出警示。应当对灯具设备提供充分的保护，避免他人破坏。为了符合照明标准，应当注意三个层次：自动取款机处的照明，附近区域的照明（距离自动取款机 10 ~

20 英尺的距离），自动取款机附近的停车场或者车辆停靠区域的照明。每一个层次需要的照明亮度逐次递减，但是在设计时应当注意灯光要均匀分布，并尽量避免形成阴影（Fahed，1991，p. 62）。

23.4.2 确保自动取款机附近的景观绿化不要影响视线

应当经常对树木和灌木进行修剪，消除犯罪分子的潜在躲藏空间，保证路人可以观察到自动取款机处的相关情况。最好选用那些不需要经常修剪的、生长较慢的灌木。如果垃圾箱、长椅和墙体等变成了阻挡观察自动取款机视线的障碍，则应当予以移除。

为了满足特殊商业客户的需求，图 23.13 中的银行设在了偏远的角落，极易使劫犯在此埋伏守候。当地的商户可以在这个危险的路口存入款项，包括夜间。

图 23.13　设置在偏远地方的自动存取款机是绝佳的抢劫地点。注意附近较高的灌木丛形成的盲点和埋伏场所。尤其是在晚上，在夜色掩盖下，突然出现的劫犯使这个地方变得非常凶险

569　23.4.3 在自动取款机上安装镜子

在自动取款机上和周围建筑物的角落安装后视镜可以方便自动取款机的使用者观察周围可疑的人或行为。

23.4.4 在自然监视比较充分和其他人可以观察得到的地方安装自动取款机

自动取款机应当安装在经常有车辆或行人经过的地方。潜在的目击者可以对犯罪分子形成震慑，繁忙的交通也会让受害人遇到抢劫时可以及时求助。自动取款机越来越多地被安装在营业场所内部，如杂货店或者便利店内，这类场所便于实施自然监视，也可以有效地避免发生自动取款机劫案。一些安全专家建议，自动取款机设置场所的三面应当视线清晰、有较多的活动空间：第一面

的交通速度较快，第二面的交通速度较慢，第三面是长期固定的观察者（如居民）。室内的自动取款机不应当被树木、百叶窗等障碍物遮挡视线，门窗应当透明，便于从街道观察相关情况，不得使用反光玻璃或有色玻璃。

有时候，自动取款机本身就是侵害目标，因此，必须被安装在严格符合1968年《银行保护法》和美国保险商实验室标准的建筑内。自动取款机必须重量足够，可抗击拉拽，安装报警系统、冲击和地震传感器、热探测器、门传感器、锁闭系统，以阻止直接针对自动取款机实施犯罪。曾经有盗贼将自动取款机绑在铁链上，从建筑的墙体处将其拉出。安装障碍设施阻止车辆靠近自动取款机，可以有效地防止此类"野蛮侵入"式犯罪（Prenzler，2009）。可以安装相关设备，在犯罪行为即将发生时可以提前预警。为自动取款提供服务的人员也容易受到抢劫伤害，在安全设计时也必须予以考虑，可以在自动取款机处设置紧急报警器和安全隔离屋（Fahed，1991，p. 63）。

23.4.5 在警察局内安装自动取款机

许多辖区在警察局内安装了对公众开放的自动取款机，吸引自动取款机使用者在安全的环境下办理业务。虽然这一理念具有其优点，但是许多警察局难以应对自动取款带来的车辆和人流量。面对这一问题，可以将自动取款机面对公众开放的时间限制在晚上，因为这一时段面临的被抢劫风险较高，同时警察局的工作量也相对较小。自动取款机也可以设置在其他政府办公楼附近，如邮局和消防队旁，因为在这些场所至少还便于实施自然监视。

23.4.6 对设置在高风险场所的自动取款机，可以变更设置地点、予以关闭或者限制营业时间

自动取款机运营商准备在某地设置自动取款机时，必须进行犯罪评估，可以从当地警方或者其他方面获取相关资料，评估该地的整体风险水平。在经常发生毒品交易的场所、废弃的物业附近、犯罪多发的酒吧等区域，不得设置自动取款机。如果自动取款机运营商不得不在犯罪多发的低收入群体聚居区安装自动取款机，则应当合理地将自动取款机的运营时间限制在白天（图 23.13 和图 23.14）。ATM 机运营商在选择 ATM 机摆放位置时，应当与当地警局联系并通知警局 ATM 机的具体位置当地的法规应当规定在常规的场所规划和发放营业执照阶段，必须进行此类咨询（图 23.15）。

自动取款机也可以如图 23.16 所示，为独立结构。在这些情况下，从街道上应当可以清楚地观察自动取款机的情况，照明应当充足，同时还应当防弹，避免客户在等候取款时遭到枪击。图 23.17 中的自动取款机，照明比较充分，571 也可以清楚观察到相关情况。但是，该场所是犯罪多发的高风险场所，已经有人在此被劫。当设计方案不能有效发挥作用的时候，应当在管理上采取补救措施，例如，可以限制营业时间或者雇用安保人员。

图 23.14 图中的自动取款机地点比较适合，采用了环境设计预防犯罪的一些措施，无障碍物遮挡视线，便于巡逻警察观察

图 23.15 在有直通车道的银行（Bank Drive-through）内有一条自动取款机通道。几乎各条车道的视线都比较良好

图 23.16 图中是独立运营的自动取款机亭，使用者可以在此办理相关业务

图 23.17 图中银行自动取款机的视线比较良好，但是却设置在了犯罪率较高的区域

23.5 提高公众安全意识，开展安全教育

向使用者发出安全提示

应当让自动取款机使用者知晓，采取哪些措施可以降低其遭遇抢劫的风险。虽然进行安全提示不见得会切实阻止特定抢劫案件发生，但是，最主要的目的还是想改变自动取款机使用者的使用习惯。安全提示可以通过邮件发送给银行卡持卡人，也可以通过安全知识介绍、开展公众宣传活动让大家知晓。下文列举了一些对自动取款机使用者的标准安全提示。

- 注意你周围的环境，尤其是在黄昏和黎明时分。如果你发觉有任何可疑情况，如安全警示灯亮起，有人在附近游荡，你可以考虑稍后再来，或者到位于超市或便利店的自动取款机办理业务。

- 如果需要在夜晚用自动取款机办理业务,最好有人陪同。
- 尽量在靠近自动取款机、照明条件比较充分的地方停车。
- 在有直通车道的自动取款机处,注意确认门已经关闭,车辆乘客侧的车窗玻璃摇上。
- 在取款后,及时将现金收起来,稍后再私下清点。
- 及时收起你的银行卡和业务凭条,千万不要将你的业务凭条遗留在自动取款机处。
- 对你的 PIN 码保密:不要将它写在纸上,不要将其告诉你尚不绝对信任的人。通过 PIN 卡可以对你的账户进行操作。
- 在输入 PIN 码时注意遮挡键盘,避免他人偷窥。
- 在使用自动取款机时,避免显得太有规律:不要在同一时间,如某周的同一天,反复前往同一台自动取款机取款。

Chris McGoey(2004,2)建议还应当注意以下事项。

572

- 仅使用那些周围照明条件充分、开放、交通流量大的自动取款机。
- 尽量使用那些人流较多的超市内的自动取款机。
- 如果自动取款机周围的照明灯具损坏,则不要使用该台机器。
- 如果自动取款机附近有明显的可供躲藏的区域,尽量避免使用该台机器。
- 在走近某台自动取款机前,先观察一下周围有没有闲人游荡。
- 事先准备好你的银行卡,业务完成后立即离开,不要在公众场合清点现金。
- 如果直觉告诉你有异样,请立即走开、逃离或者开车驶离。
- 在自动取款机处办理业务时,如有陌生人向你提供帮助,要提高警惕。
- 如果出现抢劫,不要和劫匪争吵,直接放弃现金。
- 不要试图与劫匪打斗或者跟踪劫匪。
- 如果被抢劫,请驾车或者步行前往安全场所,然后立即报警。

使用者还应当注意,进入自动取款机隔离屋后,应当将门关闭,不要为他人将门打开。同时,在自动取款机处还应当设置警示标志,表明该场所已处于摄像头监控范围内,并切实采取相关措施。

一些抢劫案的受害人会选择反抗,一方面可能是想保护其贵重物品,另一方面可能是认为劫犯会使用暴力。有的人通过反抗成功地避免被抢,另外一些人则因此受到伤害,甚至失去了生命。劫犯通常是想快速实施抢劫后马上逃离。稍有延迟就会令他们感到不安,更容易让他们采取暴力行为。劫犯通常容易动怒,受害人稍有动作就会让他们感觉到威胁。毒品和酒精会很明显地影响其精神状态。为了先发制人,一些劫犯会马上使用暴力。在劫犯人数较多的情况下,使用暴力的风险也大大增加,因为每一个劫犯都想在同伙面前表现得很强硬,以便可以获得控制地位。

在面临其他暴力犯罪时,受害人必须评估一下当时的具体情况,主要考虑的因素包括周围是否有人可以提供帮助，加害者拥有什么武器，加害者的具体行为和精神状态，受害人自己的防卫能力，自己内心的反抗意愿等。如果不能充分理解劫犯为什么要使用暴力，受害人最好选择顺从，这也是警方给予的最佳建议。然而，如果受害人普遍选择顺从的话，毫无疑问会让劫犯为其犯罪所承担的风险大大降低，进而会提升自动取款机劫案的发案率。

23.6 采取监控措施

23.6.1 在自动取款机处及其附近安装监控摄像头，实施监控

在自动取款机处及其附近安装监控摄像头主要有两个作用：一是制止抢劫或者欺诈行为，二是便于辨别犯罪嫌疑人。如果银行内部的监控摄像头也可以提供相关线索的话，更有助于辨别犯罪嫌疑人。监控摄像头主要有两种基本类型：一种是提供实时影像（如闭路电视监控系统），另一种是仅仅记录影像，可供以后查看。监控摄像头不但要拍摄自动取款机使用者的特定镜头，还要拍摄仅挨着使用者的下一个人的影像。为了满足相关要求，摄像头无论是设置在自动取款机外部还是内置于机器里面，一旦有人办理业务，必须立即启动。此类摄像头应当采用广角镜头，不要直接对着阳光，并且安装在距离地面较高的地方，避免他人破坏（图 23.18 至图 23.20）。

图 23.18 设计方面考虑充分的自动取款机照明条件良好，并且处于闭路电视监控范围内

图 23.19 图中的自动取款机位于办公楼楼道内，处于摄像头监控范围内

图 23.20 图中的自动取款机安装了警报、闭路电视监控系统，照明条件也较好，但是角落的盲区为他人在黑暗中躲藏、守候提供了空间

位置显著的摄像头可以更加有效地防止发生抢劫，但是更容易遭到破坏。老一代的技术是采用录像带进行记录，较新的技术维护成本相对较低，可以数据记录彩色影像，并通过互联网传输到较远的地方，然后可以在线观看，还可以予以储存，以便以后回放。除非该场所同时设置了真实的摄像头，否则，不要只设置虚假摄像头，因为这样会给自动取款机使用者造成安全假象，还容易形成"安全错觉"，导致安全疏忽。自动取款机运营商应当在自动取款机附近安装至少一个热传感器，当有人走近自动取款机，但还未进入摄像头覆盖范围时，可以及时予以探测。传感器可以启动预先录制后的提示音，警示他人离开自动取款机，也可以无声报警。了解更多的运用监控摄像预防犯罪的信息，可以参阅 Ratcliffe（2006）。 573

23.6.2 安装相关设备，方便抢劫案受害人报警 574

正面的相关设备可以方便受害人迅速报警。

- 安装在自动取款机上的紧急按钮。但是，一些安全顾问和警察担心，虚假报警已经使警方不堪重负，如在自动取款机上安装紧急按钮，会加重这一趋势。
- 在自动取款机附近设置电话。
- 在自动取款机上安装可直接呼叫的麦克风。保安公司会对这些麦克风进行监控。
- 门禁警报。可以安装门禁警报，如果本应处于关闭状态的安全隔离屋的门长时间开启，则可以自动报警。
- 反输 PIN 码技术。自动取款机使用者可以通过反序输入其 PIN 码，或者在 PIN 码后输入另外一个附加数字而触发无声警报。这种所谓的反输 PIN 码技术已经获得了专利，作为受胁迫时可以输入的密码。伊利诺伊州对其可行性进行了研究，结果表明，不仅成本高昂，难以接受，同时，效果也不好，因为抢劫案受害人面临极大的压力，难以清晰地思考，无法倒着输入其 PIN 码。截至目前，还没有听说有地方强制要求采用反输 PIN 码技术。

23.6.3 在自动取款机处部署私人安保人员

安保人员可以被部署到高风险的自动取款机处，也可以针对多部自动取款机进行随机巡逻。对于自动取款机运营商来说，这一措施是最欠缺吸引力的，因为其成本太高。

23.7 打击犯罪 575

23.7.1 打击街头毒品交易，减少抢劫诱因

街头抢劫多发通常是和频繁的街头毒品交易联系在一起的，特别是霹雳可

卡因交易。霹雳可卡因成瘾者需要经常吸食，一旦毒瘾发作，需要马上得到满足。街头抢劫，特别是自动取款机附近的抢劫，可以使他们快速地获取现金，购买毒品。因此，采取一切措施打击街头毒品交易，也可以降低街头抢劫案，包括自动取款机劫案的犯罪率（Harocopos and Hough，2005）。

23.7.2　打击惯犯

如果确定当地的多数自动取款机抢劫案是少数犯罪嫌疑人所为，则应当反复开展打击行动，抓捕此类犯罪嫌疑人。警探和巡警应当培养线人，以确定嫌疑人身份，然后实施抓捕。为线索提供奖励也是非常好的做法。待嫌疑人被定罪后，可以对其询问，既可以澄清其他案件，还可以对此类少数惯犯实施的自动取款机抢劫案的侦察情报工作进行改善（Decker，2005）。

当然，只是对自动取款机抢劫案的罪犯予以抓捕、起诉、监禁还不够，因为大多数街头劫犯都有极强的获取快钱的动因，他们实施抢劫时，会低估被抓获送往监狱的可能性。

23.7.3　禁止在自动取款机附近游荡、乞讨

许多自动取款机抢劫犯经常在自动取款机附近游荡，等候合适的抢劫机会，许多自动取款机抢劫案是由过激的乞讨行为演变而来的。法律规定禁止在自动取款机附近游荡和乞讨，可以赋予警方相应权力，让这些伺机犯案的嫌疑人远离那些潜在的受害人（Scott，2002a，b）（图 23.21）。

图 23.21　自动取款机应当提供可以安全地办理业务的空间。图中的自动取款机虽然设置在大堂，但是，门未采取访问控制措施，当有人提取现金时，其他任何人都可以尾随进入

575

23.8 强化保护目标，限制获利数额

23.8.1 要求自动取款机设置在封闭的空间内，并可以将门关闭

纽约州要求自动取款机应当设置在封闭的空间内，并可以将门关闭。门被设置为只允许银行客户进入，但由于赚取的利润也来自于非银行客户的服务费，许多银行排斥这一附加的安全措施。许多安全专家认为，封闭的空间会弊大于利。门锁经常会遭到破坏。并且出于礼貌，自动取款机使用者会习惯性地为他人将关闭的门打开，或者允许他人跟随其进入封闭的空间内。犯罪嫌疑人跟随受害人进入封闭空间后，可以更容易地将受害人困在里面。封闭的空间还会吸引无家可归的人进入这个温暖、干燥的场所睡觉。

23.8.2 设定每日取款限额

银行规定限制客户每日可以从自动取款机取款的数额，这样可以减少客户因抢劫可能产生的经济损失，也可能会使一些劫犯权衡一下，抢劫的收益是否值得去冒被抓获的风险。但是，大多数街头劫犯在权衡是否值得冒险时，他并不指望可以抢到很多钱。提高或者降低取款限额到底会对自动取款机抢劫案犯罪率产生多大影响，结果难以确定，但总体而言，从预防犯罪的角度来看，设定取现限额还是存在合理性的，但是，也有一些对毒品陷入疯狂的劫犯甚至会为了少量现金而实施暴力抢劫。为了让自动取款机使用者在享受便利的同时，降低其风险，必须使自动取款机的环境变得更加安全。

23.9 小 结

自动取款机是最容易获取现金的地方。犯罪分子知道，自动取款机通常会设置在比较偏僻的地方，人们到那里是为了取现或者在夜晚存钱。良好的安全设计和采取环境设计预防犯罪措施可以降低抢劫案的发生概率，减少银行客户被攻击、杀害、抢劫的风险。自动取款机从其基本功能来讲属于高风险设施。它们本来就是为了方便存取现金而设立的（Lewis，1992，p. 87），因此，对机会主义犯罪行为有着极大的吸引力。

截至目前，许多银行机构尚未采取基本的安全措施来保护其自动取款和夜晚存款的客户。引发的诉讼，银行客户受到伤害或谋杀等结果表明，需要另外采取措施加强相关设施的安全。照明必须充分，不仅要覆盖自动取款机所在区域，还要涵盖其周围区域，以免形成可以躲藏的场所或者阴影。

景观绿化和地点选择是制止犯罪的重要因素。为了取得实效，需要谨慎处理设计特点和结构因素，以便更好地实施自然监视。建筑师应当推荐在外部设置自动取款机的适宜地点，既可以方便经过的路人或车辆驾驶人清楚地观察相

关情况，也可以便于巡逻警察和监控摄像头实施监视。机会主义罪犯一般避免在视野开阔、毫无遮挡的地方作案，因为那样容易被别人看到并向警方或者私人保安报告。

如果自动取款机设置在室内或者封闭空间内，应当有较大的、无遮挡的观察窗，让客户在办理业务时，不会受到隐藏在附近区域的人的伏击。封闭的空间内应当安装紧急求救按钮，一旦客户感觉受到威胁可以呼救，并且有人切实做出应对措施。

为了有效预防犯罪，客户自身也需要学习相关知识。取款后离开前，应当谨慎地放好现金，观察四周，看是否被他人盯上了，如果需要在夜晚前往自动取款机取款，需要有人陪同，在进入自动取款机的封闭空间内时，应当观察一下里面的情况，不要让排在后面的人偷看自己的 PIN 码，细心观察附近停车场的情况，看是否有人在周围游荡，或者躲藏在附近，如在垃圾箱或停靠的车辆背后。

犯罪预防需要人们的行为和环境共同发挥作用才能收到成效。二者需要各自发挥相应的安全作用，降低犯罪概率。预防在自动取款机处发生抢劫，不仅需要潜在的受害人采取合理的行为，也需要在环境设计方面做出明智的选择。

━━━━━━━━ **参考文献** ━━━━━━━━

［1］ ABA *Banking Journal*（1987）How safe are ATMs? 79，44 - 45.

［2］ Alvarez，D. A.（2011）Man held in robberies of bank night deposits，*South Florida Sun - Sentinel*，Feb. 4.

［3］ *ATM Crimes Bulletin* Number 2（1987）Rolling Meadows，IL：Bank Administration Institute.

［4］ ATM Crime Survey Report（1987）Washington，DC：American Bankers Association.

［5］ ATM Security in the 1990s：The final report of the Electronic Funds Transfer Association's ATM Security Task Force（1997）Alexandria，VA：Electronic Funds Transfer Association.

［6］ Baker，T.（1995）Premises liability：Bank liability for crimes committed at ATMs. *American Journal of Trial Advocacy*，17，717 - 719.

［7］ Boyle，W.（1983）*ATM Security*. Rolling Meadows，IL：Bank Administration Institute.

［8］ Califomia Bankers Association（1996）ATM crime survey report. Available at：www. cal-bankers. com/legal/ atmsurv. html

［9］ City Council of New York（1998）ATM insecurity. Press release，August 6.

［10］ City Council of New York，Office of Oversight and Investigation（1991）Report on ATM security.

［11］ Courter，E.（2000）ATM trends：Networking and security. *Credit Union Management*，23（5），42 - 44.

［12］ Cross，R.（1994）*Bank Security Desk Reference*. Boston，MA：Warren，Gorham & Lamont.

［13］ CUNA Service Group（1999）ATM security devices protect cash and members. *Credit U-nion Magazine*，65（6），25 - 26.

［14］ Decker，S.（2005）*Using Offender Interviews to Inform Police Problem Solving. Problem -*

Oriented Guides for Police, *Problem – Solving Tools Guide No.* 3. Washington, DC: U. S. Department of Justice, Office of Community Oriented Policing Services.

[15] Deitch, G. (1994) ATM liability: Fast cash, fast crime, uncertain law. *Trial*, 30 (10), 34 – 39.

[16] DeYoung, J. (1995) ATM crime: Expanding the judicial approach to a bank's liability for third – party crimes against ATM patrons. *Valparaiso University Law Review*, 30, 99 – 159.

[17] Eck, J. (1983) *Solving Crimes: The Investigation of Burglary and Robbery*. Washington, DC: Police Executive Research Forum.

[18] Ellis, H. (1996) ATM safety and security: Do you know where your customer is tonight? *Bankers Magazine*, 179, 31 – 34.

[19] Erickson, R. (1996) *Armed Robbers and Their Crimes*. Seattle, WA: Athena Research Corporation.

[20] Fahed, J. (1991) Armoring ATMs against attack. *Security Management*, June, 63 – 64.

[21] Gill, M., M. Duffin, and G. Keats (2005) ATM crime: Offenders' perspectives. A report for the ATMIA. Leicester, UK: Perpetuity Research & Consultancy International.

[22] Goetzke, R. (1994) Shedding new light on ATM security. *Security Management*, September, 57 – 60.

[23] Guerette, R. and R. Clarke (2003) Product life cycles and crime: Automated teller machines and robbery. *Security Journal*, 16, 7 – 18.

[24] Hall, D. (1989) ATM security under scrutiny. *ABA Banking Journal*, 81 (11), 70 – 72.

[25] Harocopos, A. and M. Hough (2005) *Drug Dealing in Open – Air Markets. Problem – Oriented Guides for Police*, *Problem – Specific Guide No. 31*. Washington, DC: U. S. Department of Justice, Office of Community Oriented Policing Services.

[26] Hawthorne, W. (1991) How to increase customer safety at ATMs. *ABA Banking Journal*, 83 (1), 34 – 37.

[27] Hoskins, G. (1994) Violent crimes at ATMs: Analysis of the liability of banks and the regulation of protective measures. *Northern Illinois University Law Review*, 14, 829 – 860.

[28] Hudak, R. (1988) How safe is your ATM (automated teller machine)? *Security Management*, 32 (6), 41 – 46.

[29] Illinois Office of Banks and Real Estate (1999) ATM safety and security. Report to the 91st General Assembly, Senate Resolution No. 134. Springfield, IL: State of Illinois.

[30] Indermaur, D. (1996) Reducing the opportunities for violence in robbery and property crime: The perspectives of offenders and victims. In R. Homel (Ed.), *The Politics and Practice of Situational Crime Prevention. Crime Prevention Studies*, Vol. 5. Monsey, NY: Criminal Justice Press.

[31] Kaplan, H. (1992) Technics focus: ATM security lighting. *Progressive Architecture*, 73 (8), 101 – 103.

[32] Kennish, J. (1984) ATMs a new breed of security problems. *Security Management*, 28 (5), 33 – 36.

[33] Knapp, R. Ⅲ (1996) Words in collision: Preemption of the New York ATM safety act after Barnett Bank v. Nelson. *New York State Bar Journal*, 68, 30 – 36.

[34] Lewis, J. (1992) ATMs: Magnets for crime. *Trial*, 28, 87 – 89.

578

[35] Matthews, R. (1996) Armed robbery: Two police responses. Crime Detection and Prevention Series, Paper 78. London, U. K. : Home Office.

[36] McGoey, C. (2004) Bank ATM security. Available at: Crimedoctor. com

[37] Morgan, K. (1997) Banking under the watchful eye of the law. *American City and County*, 112, 16.

[38] Morrison, S. and I. O' Donnell. (1996) An analysis of the decision – making practices of armed robbers. In R. Homel (Ed.), *The Politics and Practice of Situational Crime Prevention. Crime Prevention Studies*, Vol. 5. Monsey, NY: Criminal Justice Press.

[39] New York State Banking Department (2006) Oversight of the ATM Safety Act. Report 2006 – S – 37. Albany, NY: Office of the New York State Comptroller.

[40] Painter, K. and N. Tilley. (1999) *Surveillance of Public Space*: *CCTV, Street Lighting and Crime Prevention. Crime Prevention Studies*, Vol. 10. Monsey, NY: Criminal Justice Press.

[41] Peterson, A. (1998) ATM Security. *Credit Union Magazine*, 64 (2), 42 – 45.

[42] Prenzler, T. (2009) Strike force picadilly: A public – private partnership to stop ATM ram raids. *Policing*: *An International Journal of Police Strategies & Management*, 32 (2), 209 – 225.

[43] Ratcliffe, J. (2006) *Video Surveillance of Public Places*. Problem – Oriented Guides for Police, Response Guide No. 4. Washington, DC: U. S. Department of Justice, Office of Community Oriented Policing Services.

[44] Roustan, W. K. (2011) 2 shot after 'bump and rob' incidents, *South Florida Sun – Sentinel*, May 19.

[45] Schreiber, F. B. (1992) Tough trends for ATMs. *Securiry Management*, April, 27 – 31.

[46] Schreiber, F. B. (1994) The future of ATM security. *Security Management*, 38 (3) (Suppl.), 18A – 20A.

[47] Scott, M. (2002a) *Robbery at Automated Teller Machines*. Problem – Orriented Guides for Police, Problem – Specific Guide No. 8. Washington, DC: U. S. Department of Justice, Office of Community Oriented Policing Services.

[48] Scott, M. (2002b) *Panhandling*. Problem – Oriented Guides for Police, Problem – Specific Guide No. 13. Washington, DC: U. S. Department of Justice, Office of Community Oriented Policing Services.

[49] Second National Survey on ATM Security (1989) Rolling Meadows, IL: Bank Administration Institute.

[50] Spelman, W. (1990) *Repeat Offender Programs for Law Enforcement*. Washington, DC: Police Executive Research Forum.

[51] Stockdale, J. and P Gresham. (1998) *Tackling Street Robbery*: *A Comparative Evaluation of Operation Eagle Eye*. Crime Detection and Prevention Series, Paper 87. London, U. K. : Home Office.

[52] Strok. P. (1993) "Hi, my name is Bob——I'll be your robber" ——Bank liability for criminal activity at automated teller machines. *Southwestern University Law Review*, 22, 483 – 503.

[53] Tough Trends for ATMs (1990) *Security Management*, 36 (4), 27, 29 – 31.

［54］ Vogel，R. （1994） Institutional liability for attacks on ATM patrons. *University of Illinois Law Review*，1009 – 1039.

［55］ Wipprecht，W. （1991） Strike back at ATM crime. *Journal of California Law Enforcement*. 25 （3），53 – 58.

［56］ Wright，J. （1996） Automatic teller machines （ATMs）. In L. Fennelly （Ed.），*Handbook of Loss Prevention and Crime Prevention*，3rd edn. Newton，MA：Butterworth – Heinemann.

［57］ Wright，R. and S. Decker. （1997） *Armed Robbers in Action：Stickups and Street Culture*. Boston. MA：Northeastern University Press.

设计安全的加油站和便利店

24.1　前　言

便利店是在 20 世纪初由各种形式的零售店演化而来的。便利店吸收了那个时代的各种零售店的特点。如古老的夫妻杂货店、乳品店、熟食店，尤其是在冰箱问世之前的冰库。

1927 年，在得克萨斯州达拉斯橡木崖地区第 12 和 Edgefield 街的角落里，Southland 冰库公司"Uncle Johnny"店的 Jefferson Green 发现，有时候，顾客除了买冰外，还需要买其他东西。于是，如果顾客买了 25 磅的冰块后，他就给顾客送牛奶、奶酪和面包。一般的杂货店在下午晚些时候就停止营业了，但是他却要经营 16 个小时，每周 7 天都营业，后来，他开始储备的商品种类越来越多。这样的经营方式极大地方便了顾客。75 年后，当初拥有"Uncle Johnny"店的 Southland 冰库公司逐渐演变成了我们今天熟知的 7-11 便利店。"Uncle Johnny"店的店址被认为是全世界便利店的发源地。

直到第二次世界大战前，这种新出现的便利型商店的发展势头比较平稳，但是仍然停留在夫妻杂货店的模式。这种运作方式最大的特点就是可以提供方便快捷的服务。第二次世界大战结束后，汽车拥有量的不断增多促成了这一行业在 20 世纪 50 年代的快速崛起。为了提供方便的服务，便利店一般开设在郊区和超市之间，继续为通勤的顾客提供服务。顾客可以将车停在店前，甚至可以将孩子留在车上，在购物的同时也可以看见孩子（车窗摇下来）。由于货物种类非常齐备，在不用排队的同时，就可以实现一站式购物。20 世纪 70 年代，自助加油开始流行开来，便利店也开始提供汽油。现在，加油站的数量不断下降，但是，出售汽油的便利店的数量却不断上升。到了 20 世纪 80 年代初期，已建成的便利店中，超过 80% 的都可以出售汽油（NACS 2005a）。

24.2　既吸引顾客，也吸引劫犯

如今的便利店已经成为了独具特色的商业场所：常常 24 小时营业，普遍为现金业务，一个员工运营，一般设置在便于快速出入的地方。这种成熟的企业设计几乎已经看不到起初的夫妻杂货店的影子了。虽然便利店的业务性质对顾客极具吸引力，但同时也让其成为劫犯等犯罪分子的理想目标。在 20 世纪 70 年代，因为在深夜仍继续营业，它成为了劫犯的目标，主要是因为那个时候，城镇里只有它可供抢劫。

一般情况下，便利店都开设在人口密集的居民区中间。其安保措施主要包括放置在地板上的小保险箱，一个人工收银台，柜台下面放一个烟盒子用于换零钱。起初，大多数犯罪主要是小偷小摸，常见的是盗窃店内商品。当营业时间变长，并只有一个店员的时候，犯罪分子发现，他们每干一票，至少可以进账 300~500 美元。便利店抢劫不仅是一个治安问题，通常情况下，警方的防范措施是蹲点守候、乔装成店员卧底，甚至武装埋伏起来予以打击。很遗憾，在预防这一新问题时，警方的策略收效甚微（图 24.1）。

图 24.1　各个场所的深夜抢劫案仍然是一个挑战

注：记者 Jean-Francois，M. and Tran，A.，《Broward 系列武装劫案后，CVS 再现抢劫案》南佛罗里达《太阳哨兵报》，2007 年 10 月 16 日，已获使用许可。

1975 年，西部行为科学研究所（WBSI）发表了一项关于制止抢劫的研究。这项具有开创意义的研究为今天的抢劫预防研究奠定了基础。该项研究证实，由于劫犯在选择作案目标前要经过筛选，因此，可以通过降低便利店对他们的吸引力来制止犯罪。该项研究发现，一般情况下，劫犯会考虑逃跑路线、值班的员工人数，可能抢到的钱的数额，可能看见他们的证人的数量。正是基于这些研究成果，Southerland 公司（7-11 便利店）制定了一整套的预防抢劫措施，并于 1976 年开始，在全国的 6500 多个店贯彻实施。从那以后，便利店行业在预防抢劫方面迈出了一大步（McGoey）（图 24.2）。

图 24.2　在图中加油站泵房处，一位顾客在一宗抢劫案中遭枪击身亡。枪手将他的车停在便利店的背面，那里是监控的盲点，虽然泵房顶部的灯可以提供充足的照明，但枪手正好处于黑暗阴影中（他的车也停在那里）。建筑背后也位于监控的覆盖范围之外，店员观察不到相关情况。顾客自己也没有发现袭击者向他靠近。枪手迅速逃离，整个过程计划周密。受害人的亲属认为加油站和便利店在场所安保方面存在疏忽，提起了人身损害赔偿诉讼

581

24.3　在便利店设计中运用环境设计预防犯罪原则

便利店抢劫案数量的急剧增长引发了整个便利店行业、顾客、公共官员的重点关注，不仅因为抢劫案会造成经济损失，还因为它会对员工和顾客造成人身和精神伤害。正是因为便利店行业难以对其自身、员工和顾客提供充分的保护，才导致了抢劫案件的发生。Ronald Clarke（1997）将抢劫定义为："（行为人）当场使用暴力，或者以使用暴力相威胁，让受害人陷入恐惧，迫使或者试图迫使看护人、所有人、保管人（一人或多人）交出有价值的财物，使财物脱离其看护、所有或者保管的行为。"

虽然抢劫案造成的财产损失看起来较少，平均每起 300 美元～400 美元，但是常常容易带来生命威胁。那些被抢走钱款的顾客从此会害怕到此类便利店里购物，受到损害的员工也害怕再到店里工作，在抢劫案中遭受损失的顾客诉讼获胜后获得的赔偿也大大超过了抢劫案最初导致的那几百美元损失。除了以上成本之外，还有当地警务部门的成本。现在，警务活动包括要在预防性巡逻、监控、紧急应急、调查、抓捕嫌疑人方面不断升级，同时还有司法程序、关押犯罪分子等，这些最终都会成为加油站、便利店行业运营成本的组成部分。

针对便利店抢劫案，许多专家开展了大量研究。Crow 和 Bull 于 1976 年率先开展了相关研究，其研究结论影响最大，其后的许多便利店预防抢劫措施都运用了其研究结果。他们建议采取的预防抢劫措施包括现金处理方面，限制手头的现金数额；设立标志，表明现金数额有限；提升店内外的能见度；消除逃跑路线；运用安保和监控设备；吸引当地警务部门人员经常到店；提高员工的警惕性；保持店内整洁。许多店试验性地采取了这些建议措施后发现："结果

证实了劫犯会挑选作案目标这一理论"，并且"在店内从物理和行为方面予以改进会显著降低抢劫案发生率"。

虽然在便利店及其周围环境的设计中采取了很多环境设计预防犯罪措施，但是大量的经验教训表明，良好的便利店设计和运营方式协同作用对于创建安全、免遭犯罪侵害至关重要。为了更好地实施上述两个目标，在进行周密的空间规划的同时，还必须深入地理解顾客和潜在犯罪分子的行为理念。

便利店行业常常使用新颖的建筑外观来吸引顾客，陈列台、货架、展示架 582 都降低了高度，以提高店内外视线通透度。停车场被设置在店的前部，在景观绿化设计方面也让汽车处于视线范围内，让顾客可以安全地出入。夜晚，店内外的照明非常充分，无论是对驾驶汽车的顾客还是步行的顾客，可以营造更加安全、更受欢迎的氛围（图 24.3）。同时，对收银台的设置位置也进行了策略

性优化，不仅可以更好地监视店内情况，方便顾客，还可以提高员工的劳动效率。收银台和服务台的朝向也进行了改良，不仅可以让人感觉到有人关注着店内的物品，还可以防范员工监守自盗。尽管便利店可以采取的环境设计预防犯罪措施看起来似乎没有止境，但是它确实可以积极有效地对员工和顾客的行为产生影响。劳动效率和利润都会因此提升，因为潜在的侵犯者更容易被发现，他们自己也会意识到面临极大的风险。

图 24.3　图中的设施选址合理，设计优良，视线通透，布局科学

24.4　不能仅有一位员工

根据几项关于佛罗里达便利店抢劫案的研究结论（Hunter 1987；Jeffrey et al.，1987；Erikson，2000）和 1992 年实施的《佛罗里达便利店法规》要求，所有的便利店在晚上 11 点至凌晨 5 点的时间段内，必须同时安排至少两名员工。之所以采取这样的规定，是因为认为员工数量越多，安全性就越高，增加一名员工，会加强监控力度，阻止侵犯者进入，增加区域专属性。同时，店内的人数越多，通常会增强对顾客的吸引力。如果想在下班时间段内吸引更多的顾客，商家也必须首先考虑这点。

非常遗憾的是，多个员工仅仅会增加员工的安全感，这种感觉反而会给员工带来不利影响。如果发生劫案，在有两个员工的情况下，如果他们认为可以战胜劫犯，或者一个员工从后面某个房间突然出现，惊扰了劫犯，则员工反抗劫犯的可能性会大大增加。在劫案中一旦出现反抗，使用暴力的可能性会至少

提高 80%（Erikson，2000）。

1997 年，NIOSH（国家职业安全健康研究所）开展了一项研究，旨在对抢劫案中包括受伤风险在内的各类风险因素进行评估。研究发现，一位员工和两位员工受到伤害的风险并无显著区别。Erikson 的研究认为，因为一位员工和两位员工在受到伤害风险上并没有区别，如果店内有两位员工，在实际发生伤害的情况下，受伤风险因素会翻倍，因为潜在受伤人员的数量翻倍了。Erikson 在研究中指出，佛罗里达全州的 583 项统计数据也和这一发现吻合。在这些统计数据中，便利店发生的抢劫案降低了 45%，同期的谋杀案提高了 50%，每起抢劫案中死亡人数的比例上升了一倍（Erikson 1998）。

数据表明（Wellford et al.，1997），当班职员的数量与便利店劫案中是否会导致职员受伤并没有显著关系。最重要的似乎取决于受害人和侵犯者之间的互动情况。一些侵犯者表示，他们决定在抢劫中是否使用暴力时，相对于店员的数量而言，考虑更多的是店员的行为。店员们大多认为，对于阻止抢劫案的发生以及他们是否会在抢劫案中受伤，他们是无能为力的。虽然 Wellford 发现一些因素似乎会对侵犯者选择哪家便利店作案产生影响，但是相关数据表明，大多数侵犯者在选择作案地点时通常采用非常简单的标准，即看看那个地方有没有配置安保人员。多年以来，在预防便利店抢劫案和店员受伤方面，关注的重心放到了便利店的环境设计和店员的数量上。劫犯在选择作案地点时，店员的数量是否是其考虑的因素呢？Wellford 的数据认为，一旦发生抢劫，布置多名店员对防止受伤的影响并没有意料之中的那么明显。在这点上，对店员进行培训显得重要得多。

数据表明，发生抢劫时，店员的行为是决定店员受伤程度的最重要因素。犯罪分子可能不知道其犯罪目标已经加强了防范措施。但是，如果布置可以胜任的安保人员，让犯罪分子感觉到潜在的受害人受到了保护，对犯罪分子产生的影响更大。这并不是说，设计因素不重要。可能是设计方面可以带来的改善已经到达了顶峰，设计因素可能在减少犯罪行为导致的经济损失方面发挥的作用更大，在决定犯罪行为导致的人员受伤方面发挥的作用相对较小。

24.5 现金处理技巧

许多研究结果和专家建议，制止抢劫的最有效措施之一就是在柜台内存放的现金尽量最少，使用保险箱可以实现这一效果。在这种措施中，对便利店店员进行培训非常必要。经过培训后，一旦收到大面额的钞票，如 20 美元和 50 美元，他们要立即将其存入保险箱中。执行拒收面额超过 20 美元的钞票这一规定，会减少收银台的现金数额，迅速地抑制抢劫动机。一个建筑环境方面的措施是在店内张贴相关告示，清楚地说明店员在储钱柜内存放的现金不得超过 50 美元，拒收面额超过 20 美元的现金。这种措施会让劫犯觉得，该店不值得去抢。

此外，佛罗里达1992年实施的《便利店法规》要求便利店内必须采取以下设置。

（1）采取相关措施，限制随意接近的现金存储保险箱或者现金管理设备。

（2）在入口处显著张贴告示，表明收银台存放的现金不超过50美元。

（3）采取现金管理措施，限制晚上11点后手头的现金数量（1999 Florida Convenience Store Statues 812.73b，d，and g）。

在采取相关措施时，适当注意礼仪很有必要。如果在要求顾客使用面额更小的钞票时注意礼貌，或者请求其稍作等待，以便让收银员收足零钞后找补，通常情况下顾客都不会埋怨。同时，也让潜在的犯罪分子知道，收银台没有多少钱可以盗取（ACS，2005）。

另一个安全处理现金的措施是将现金存入银行。经营者首先要注意的是要将钱存入银行，避免在营业场所累积大量现金。因此，要定期将钱存入银行。但是，单独采取这一措施还不足以防范犯罪分子在存款人到银行存钱的路上实施抢劫。还要注意，去存钱时不要形成固定规律，要注意在不同的时间采取不同的方式，例如安排不同的车辆和不同的人员。一般情况下，要径直前往银行，避免中途停留。存放钱款的袋子应当放入另一个袋子内，放在驾驶员的座椅下方，避免被人看见。也可以选择武装押运。武装押运可以避免人们接近钱款，可能是最好的防范抢劫的方式。但要注意的是，虽然这种方式最安全，但是成本很高，因此，仅适宜大额存款时采用（NACS 2005b）。

Erikson（*Miami Herald*，2007，p.5A）还提到，在对得克萨斯州监狱中400多名成年及青少年抢劫犯进行采访后，她对便利店抢劫有了更深入的认识。她的其中一点发现就是，对抢劫犯来说，相对40美元而言，50美元现金可以诱惑的劫犯要多得多。Erikson反复强调，应当教导店员，面对劫匪时，最好选择服从。便利店周围应当设置围栏，增加劫匪逃离难度，让劫匪知难而退，便利店内应当设置存放现金的保险箱，张贴大幅告示，说明收银台存放的现金少于40美元（*Miami Herald*，2007，p.5A）。

584

24.6 店内布局及设计

24.6.1 后门

预防抢劫的最有效的方法之一就是限制潜在的劫匪进入，取消通向便利店后门的通道，避免劫匪利用该通道逃跑。在便利店已经有前门主入口的情况下，设置后门还有什么用处呢？除了可以用作安全撤离外，别无他用。所有的送货人和服务人员都可以通过前门出入，这也可以使经营者看清楚到底有谁在店内出入。取消后门通道不仅可以防范外面的劫匪，还可以有效地减少送货人、员工的盗窃行为。

考虑到夜晚当班的店员通常只有一人（佛罗里达州除外，因为法律要求必须至少有两人），因此，让店员可以完整地观察店内情况很有必要。如果，店员不能够完整地观察店内情况，可以使用电子设备，如果有人从便利店后面闯入，相关设备可以声控报警。除了安装声控设备，在后门安装可以由钥匙控制的门锁也很重要。这样可以防备犯罪分子预先打开后门，稍后再进入店内实施抢劫。虽然后门不可以消除，但是其隐患却可以消除。可以在门上安装、设置窥视孔、闭门器、接触式警报、门位开关，同时提供充分的照明，避免员工在接收货物或倾倒垃圾时被惊吓、伏击或者抢劫。

24.6.2　收银员和售货区

关于收银台的设置位置，一直以来就存在很多争议。一些研究，如 Talla-hassee 的研究（1987）认为，收银台应当设置在便利店的中间，并且至少有两名店员当值，这样，店内的视线就比较清楚，不容易成为抢劫的潜在目标（Clarke 1997）。但是，从另一方面讲，在夜晚的时段同时安排两名店员，会增加经济成本，很难实施。因此，有人建议将收银台设置在便利店前部的角落位置。这样的布局，使便利店内的所有人都处于收银员视线范围内。同时，收银员还可以更清楚地观察到停车场的情况，顾客也可以更清楚地看到收银员。

保护收银员并预防犯罪的另一个方法是将收银台安全地围起来。为了实现这一目标，采取了多种措施。最常见的措施是将售货区用防弹玻璃或聚碳酸酯纤维玻璃围起来。此外，还在外墙和内部收银员之间开设一个传递物品窗口，一些简单的交易，如销售汽油、香烟和饮料可以通过这个窗口递送。Ronald Clark 认为，早期的一些研究（Athena 1981；Wilson et al. 1990；Butterworth 1991）提出的这一简便措施是最有效的预防犯罪措施。

根据 1999 年《佛罗里达便利店规定》812.73（4a）之规定，在夜晚 11 点至凌晨 5 点的时间段内，如果便利店内不能同时安排两名或者两名以上店员值班，则应当安装可供员工在该时段使用的，用聚碳酸酯或者其他材料制作的安全封闭围栏，并至少符合下面的其中一条最低标准。

（1）符合美国材料与试验协会 D3935 标准，厚度不低于 0.0375 英寸，承受压力不低于 200 磅；或者适用中等威力小型武器的美国保险商实验室标准752（第一级，防弹材料）。

（2）在营业场所设置安保人员，将场所关闭，通过传递窗口进行交易，或者在这一时间段内暂停营业（图 24.4）。

美国 1990 年的《残疾人保障法》（ADA）也对收银台设计提出了要求。《残疾人保障法》中的《无障碍指南》要求，新建的便利店，如果售货面积低于 5000 平方英尺，仅要求设置一条残疾人无障碍通道。无障碍付款通道的宽度应当符合该法 11 - 4.2.1 的规定，相邻收银台的高度距完工后的地面不得超过 38 英寸（965 毫米）。收银台上沿的高度距完工后的地面不得超过 40 英寸（1015 毫米）。指示无障碍付款通道的指示牌应当符合该法 11 - 4.30.7 的规定，设置在无障碍通道上方标示付款台序号、类型的指示标志的相同位置。

图 24.4 安装防弹玻璃可以保护员工

《残疾人保障法》未对其作具体要求的其他收银通道，其宽度不得低于 32 英寸（Florida Building Code 2004）。

24.6.3 卫生间

卫生间的位置是在进行相关场所设计时需要重点考虑的问题。合理确定卫生间的位置，使其位于工作人员的视线范围内，不仅可以避免在便利店内形成可以躲藏的空间，还可以避免抢劫案件的发生。卫生间可以简单地配备用钥匙才能打开的门锁，以免有人在值班人员未发觉的情况下潜入卫生间。如果卫生间的门处于员工视线范围外，很难发现有男性进入女性卫生间。很多伤害案件、抢劫案件就是在男性进入女性卫生间后发生的。当然，可以清楚直接地看清卫生间入口的情况并不能确保万无一失，犯罪分子也会意识到有人注意到他，并采取防范措施（图 24.5）。

586

图 24.5 图中的卫生间处于较好的视线范围内，没有可供躲藏的空间。如果有人错入卫生间，可以立即被发现

24.6.4 内部及外部的视线

商品陈列台和货架的摆放位置不仅对员工的人身安全至关重要，与顾客的人身安全也息息相关。将货架的位置呈对角摆放不仅可以让人清楚地看清收银台和货架之间的情况，还可以有效地避免有人盗窃商品，或者躲藏在货架之间，伺机抢劫。当然，还必须考虑到残障人士的相关要求。《残疾人保障法》规定，货架之间的无障碍通道至少应当 36 英寸宽，货架高度不得超过 42 英

寸，特殊情形除外。在有员工协助残障人士的情况下，销售柜台的高度可以超过42英寸。这样的要求可能会与便利店的设计产生冲突。例如，在夜班时段，可能只有一位员工位于安全的封闭空间内。最好的解决方法还是让货架的高度不超过42英寸。

需要考虑的另外一个问题是在便利店内设置辅助柜台。辅助柜台一般用于递送快消饮料和熟食。《残疾人保障法》规定，此类柜台高度不得超过36英寸，如果苏打水或者其他自助项目的高度超过42英寸，柜台的高度应当降低，以符合相关要求。

24.6.5　自动取款机

任何一个便利店的设计都必须考虑自动取款机的设置地点和具体布局。必须将自动取款机设置在合适的位置，避免让犯罪分子轻而易举地抢走受害人的钱物并顺延逃跑。最好将自动取款机设置在便利店内，并在收银台处就可以看清自动取款机处的相关情况。比较好的一个方法是限制顾客每次可以提取的现金数额。如果从自动取款机取出的现金数额较少，就会降低对窃贼的吸引力。

同时，还要注意自动取款机的安装方式。最安全的方法是在地面上钻5/8英寸的孔，用大头镙钉（自动膨胀镙钉）插入自动取款机内，将自动取款机固定在地面上。自动取款机不能设置在靠近前门的地方。自动取款机要安全设置，即使有人从前门闯入，他也不能用铁链将取款机套住，然后用一辆汽车就快速地将其拉走。

24.6.6　电话

电话、便利店和加油站几乎就是彼此的代名词。事实上，不经意间，付费电话就难以觅其踪迹了，便利店是为数不多的可以找到付费电话的场所之一。对便利店而言，付费电话是重要的赚钱渠道，因此，很难让便利店完全放弃付费电话。付费电话一般会设在紧靠便利店入口的地方，经常会吸引年轻人和不速之客在此逗留。劫犯也会站在旁边以打电话为幌子，实际上是在进行踩点，毒犯也会利用电话实施非法交易（图24.6）。

一直以来，警界就在争论这个问题：电话是设置在便利店里面好还是设置在外面好。两种观点都各有道理。不管最终结论如何，从环境设计犯罪预防的角度看，店内员工应当可以看得到电话，或者透过便利店玻璃可以观察到电话。电话应当设置为只能拨出电话，不能打进电话，以减少甚至消除毒品买家拨打付费电话进行毒品交易的犯罪活动。付费电话处应当提供充分的照明，不能有障碍物遮挡视线，或者出现视觉盲区（图24.7）。

当电话设置在便利店外时，会便于犯罪分子策划抢劫，当警察或者救援人员到达时，他们也更容易知道。此外，毒犯或者失足妇女经常利用设在便利店外的电话开展交易。因此，正如前文所述，最好将电话设在店内，处于收银台的视线覆盖范围，依靠店员和店内顾客的自然监视提高安全性。

图24.6　图中的付费电话位于建筑物的盲区，并且处于监控或者监视范围外

图24.7　图中的付费电话设在建筑物外部，但是位于店员视线范围内，照明比较充分，周围也没有遮挡物

24.6.7　视频监控：闭路电视监控系统

如今，便利店行业已经广泛地采用视频监控措施。这项技术的发展非常迅猛，硬件设备变得体积更小，更加隐蔽。劫犯有时试图给摄像机镜头喷涂油漆进行破坏，或者要求将摄像机的磁带交出来。监测点常常设置了一台装有磁带的虚假摄像机，而真正记录了事件视频的DVR（数字摄像机）是设置在另外一个隐蔽的地方。

店内也会安装摄像头，并且安装了公共显示器，提醒进入店内的人，你的行为正在被监控，你有偷窃行为，将会被起诉，因为他们的监控设备记录了你的行为（图24.8）。

许多家庭经营的便利店的设备安装很不专业，如图24.9所示（也可见彩色插图5.29及其文字说明），监控范围呈现交叉，或者使用很不规范。安装的闭路电视监控系统不仅要覆盖加油机的交易情况、路过的车辆、店员的行为和

图24.8　摄像头及其安装的位置可以提醒顾客和犯罪分子，他们处于监控范围内，他们的盗窃或者抢劫行为会被记录下来

图24.9　如果你仔细观察就会发现，在图中右侧两个监控摄像头正下方的盲点区域内有两个人正在伺机进行毒品交易。虽然到处安装了摄像头，但是如果便利店不采取相关措施驱赶这些游手好闲的人，犯罪分子就会在便利店门前进行犯罪活动

交易，还要覆盖便利店周围难以观察到的区域，如洗车点、卫生间、轮胎加气（车辆加水）点、电话和自动取款机等。

589

24.7 场地设计

24.7.1 建筑布局

一些环境设计预防犯罪策略的成功实施和建筑的现场布局紧密联系。便利店的最佳布局方式之一就是将其设计在场地的转角处。在这样的布局方式中，可以有效地避免有人绕到便利店的后面（图 24.10）。如果便利店布局在转角处，Crowe（2000）说道："沿便利店转角和场地交界的地方设置围栏，可以避免劫犯从便利店后面进入。即使围栏不能将便利店完全围起来，也会增加犯罪分子暴露的风险。"在便利店沿转角布局时，如果洗手间设置在便利店外，还可以方便监视洗手间的情况。洗车点也是容易出现问题的地方（图 24.11）。如果洗车点设置在便利店外部，位于可以直接监视的范围外，会容易出现抢劫或者其他不希望出现的行为。在便利店沿转角布局时，可以将洗车点设置在便利店的侧面，这样，店员和顾客就可以直接观察到车辆的进出情况（图24.12）。

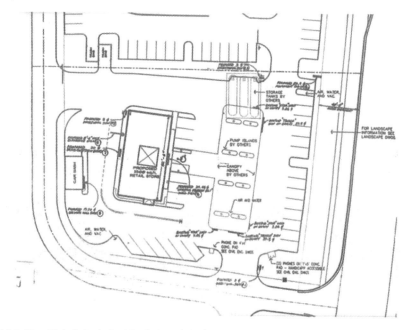

图 24.10　图中将加油站（便利店）布局在场地的中央，这样，店员就观察不到建筑的侧面（车辆经过，自助加气、加水，以及拨打电话）和背面（洗车、丢垃圾）发生的各种活动，只能看到正面的加油机

589

图 24.11 图中在便利店一侧的墙壁
处设置洗车点，店内和洗车点可以互
相观察到两边的情况，便于实施自然
监视

图 24.12 图中的加油站成功地采用了多项
环境设计预防犯罪原则。便利店位于场地
的转角处，车辆从一边进入，另一边驶出。
场地设置了围栏，明确了边界，引导行人
在场地内通行。洗手间和洗车点设置在一
侧，店员可以直接观察到相关的情况

车辆和行人的通行也是安全方面必须重点考虑的因素。应当仔细规划车辆　590
如何进入、驶出场地（图 24.12）。在场地较小的情况下，许多加油站允许车
辆从两边进出。这样很容易造成混乱，车辆会争着加油，行人会穿越车道。图
24.13 中显示的就是此类加油站混乱的交通状况。最好采用单向通行，这样便
于实施控制，实现有序通行。为了防范抢劫，还可以如图 24.14 所示，在便利
店周围设置围栏，因为这样可以阻止劫犯逃跑。

图 24.13 图中的加油站允许车辆从
两边进出，在高峰时段极易造成混
乱，引发争执

图 24.14 图中在加油站后面设置了
围栏，明确了场所的边界，同时提供
了充分的照明，避免形成可以躲藏和
滞留的空间

24.7.2 外部能见度和照明

全国便利店协会认为，充分照明的场所可以有效地阻遏潜在的劫犯。他们
认为，潜在的劫犯不希望被发现，更喜欢在阴暗的环境下作案。如果采取积极

的措施进行适当的场所设计，提供充分的照明，会降低该场所对劫犯的吸引力，同时吸引顾客光临。适当的照明会让顾客感觉到更加安全，像蛾类一样，人类也喜欢集中到明亮的区域活动。Crow 和 Bull（1975）针对 Southerland 公司（7–11 便利店）开展的研究以及 Swanson 的研究（1986，针对 Gainesville 的研究）表明，移除停车场的障碍物、增加照明设施、提高能见度，可以降低该场所被选为抢劫案作案目标的概率（图 24.15）。

图 24.15　新型的 LED 灯可以提高能见度，减少眩光，和传统照明相比，可以节约 90% 的能源，并且可以为闭路电视监控系统和顾客提供更高质量的照明

外部照明背后的策略是明显降低某一场所对潜在劫犯的吸引力。1992 年的《佛罗里达便利店法规》要求，停车场的照明标准是在距离地面 18 英寸的高度，照明的亮度不得低于每平方英尺 2 英尺烛光。Gainesville 城发展服务部制定的规范中提出了一些环境设计预防犯罪的基本原则。

（1）环境设计预防犯罪原则对光照提出了相应要求，乔木和灌木不得妨碍光照。

（2）在进出建筑和场地内其他设施的外部区域，也应当提供过渡性照明。

（3）所有的外部照明应当直接射向地面，避免照射到附近的其他场所，并配备灯罩，以免产生不必要的眩光。

（4）除非另有要求，从黄昏到黎明时段，所有的外部照明设施应当提供照明。

为了安全目的而设置的所有外部照明设施应当配备防水、防破坏的外罩，同时还应当采取控制光源的措施，避免形成眩光和光干扰。

24.7.3　外部能见度

为了提高外部的能见度，其中的一个措施就是将加油机设置在便利店的正前方。通过这样的布局，店员可以看见绝大部分场所的状况，在外面加油的顾客也可以看见便利店里面的情况。这样，就可以提高便利店内外的自然监视水平（图 24.16）。

图 24.16 通过窗户可以看见便利店两侧、加油站正面以及场所其他区域的情况，便于实施自然监视

为了实施这一策略，需要考虑的另一个因素是，要正确处理便利店外的窗户。便利店的窗户面积应当较大，不得被招牌和海报遮挡，以免阻碍外面行人的视线，更重要的是日常巡逻的警察的视线，不利于他们观察店内情况。1999年《佛罗里达便利店规定》的 812.73（2）要求，便利店的窗户颜色不宜太深，不得阻碍店内外的正常视线（图 24.17 和图 24.18）。

593

图 24.17 图中便利店的窗户上张贴的海报太多，完全遮挡了窗户的视线

图 24.18 图中便利店前方的视线被招牌和安全柱挡住了

24.8 防撞保护

加油店另外一个时常需要注意的问题是，要防止因为车辆意外事故导致的正面撞击。这是一个两难的局面：一方面，要遵守美国《残疾人保障法》的规定，提供无障碍通道；另一方面，又要避免便利店自身及顾客遭受技术太差的司机的侵害（图 24.19 至图 24.21）。

594

图 24.19　车辆正面撞击便利店的事故经常发生，正因如此，在容易发生此类事故的地方需要安装挡车器、不可跨越的路沿石和路桩

注：《加油站发生车辆撞击事故》，摘自南佛罗里达《太阳前哨报》，作者 Ortega，J.，2011 年 11 月 4 日。已获使用许可。

图 24.20　图中将美国《残疾人保障法》所要求的残疾人停车点设置在了便利店的正前方，因此，为了加强防护，需要在门前设置路桩。但是，没有设置挡车器阻挡美国《残疾人保障法》中规定的残疾人车辆和其他的机动车，除非他们撞到了路桩，否则他们不知道何时停下来。在门口设置路桩会影响美观，并且路桩之间可能间距不够（36 英寸），轮椅难以通过。按照环境设计预防犯罪的原则，解决的方式是将残疾人停车点设置在便利店的旁边，并沿便利店侧面修建一条通道

图 24.21　图中的残疾人停车点设置在便利店的旁边，避免阻挡入口。但出现了新的问题，天然气储存罐设置在残疾人停车点前面，并设置了防护路桩，这样虽然可以避免车辆撞向储存罐引发爆炸，但是却阻塞了无障碍通道。他们到底是怎么想的

24.9 小 结

出现在便利店和加油站的犯罪行为并不是一个偶然现象。正是因为其设计和运营方面的许多特征，它们才被选为了作案对象。在建筑的重要程度中，便利店的地位虽然不高，但是它已经成为了美国文化的组成部分，不能够掉以轻心。无论是在地方和全国的商业体系中，还是在我们依赖汽车的情况下为我们提供必需的服务，便利店都发挥了不可或缺的功能。因此，我们有责任以充分保障安全的方式设计、运营相关设施。由于员工数量较少，还要充当安保人员的角色，因此，场地布局显得非常关键。对于便利店和加油站的工作人员而言，避免抢劫案件和工作场所暴力发生的关键因素就是保证充足的照明和良好的视线。在视线良好、能见度较高的情况下，才能保证又快又安全地发挥加
油、购物、补充体力、买彩票、买食物饮料等便利店的各项日常功能。

24.10 便利店行业安全规定（附）

刑事司法局举办了各种项目对执法人员进行培训，并对便利店安保行业的从业人员进行认证。经过相关培训后，学员们可以根据 1992 年《便利店行业安全规定》的要求对便利店进行安全审核。《便利店行业安全规定》是为了保护免遭暴力犯罪行为侵害。该法为便利店行业的运营设定了最低限度的安全标准。根据该法规定，总检察长办公室负责开展相关的执法活动，并开展相应培训，如怎样开展便利店检查，安全标准的具体内容，根据法律规定应当配备哪些安全设备，明确满足法律要求的安全标准和安全设备，并明确"防范抢劫和安全培训项目"的标准内容。

《便利店行业安全规定》要求，所有在晚上 11 点至凌晨 5 点之间的任意时间营业的便利店都必须配备相应的安全设备、符合相应的安全标准。该规定主要集中体现在佛罗里达法规中的 F. S. 812. 1701－812. 175 部分，并要求在总检察长办公室配备相应的执法力量。违反相应法规可能面临高达 5000 美元的民事赔款。

根据该规定，符合下列条件的商店即为便利店：
- 主要从事杂货销售，或者同时从事杂货和汽油销售：
- 在晚上 11 点至凌晨 5 点之间的任意时间营业。

下列商店不属于该法所规定的便利店：
- 仅经营或者主要经营餐饮的商店：
- 在晚上 11 点至凌晨 5 点之间至少有五名及以上店员的商店。
- 用于零售的面积超过 10000 平方英尺的商店。
- 在晚上 11 点至凌晨 5 点之间，店主本人或者店主的直接家庭成员（配

偶、父母、兄弟姐妹或者儿女）在店内工作的商店。

24.11　最低安全标准

（1）按照经审定的课程安排，对每一名员工进行防范抢劫和安全方面的培训。

（2）配备固定在地面落地保险箱或其他现金存储设备或者重量超过 500 磅的收银台。

（3）停车场提供照明。

（4）在入口处张贴告示，表明收银台的现金少于 50 美元。

（5）在入口处设置高度标记。

（6）在窗户上张贴的物品不能形成阻碍，无论是从建筑内部还是外部，都可以观察到交易区域的情况。

（7）窗户颜色不宜太深，从建筑物的内外要能够看清交易区所有人的情况。

（8）在现场张贴现金管理规定，要求在夜晚 11 点至凌晨 5 点之间，保存的现金数量不得超过一定数额。

（9）安保摄像监控系统应当支持回放，以确认侵犯者的图像，并每 4 个月进行一次检测维修，保存相关记录。

（10）安装无声警报。

（11）如有要求，还必须采取其他的安保措施（如正文所示）。

597　在便利店运营过程中，如果发生过杀人、抢劫、暴力性侵、严重袭击、严重侵害、绑架以及非法监禁等案件，在夜晚 11 点至凌晨 5 点之间，还必须另外采取下述的某一种安保措施。

（1）店内随时应当有两名店员。

（2）用透明聚碳酸酯制作的安全封闭围栏。

（3）在现场配备安保人员或者已经下班的执法人员。

（4）将场所关锁，通过一个非直接的物品传递通道、活板门或者窗口进行交易。

（5）在最近一次犯罪行为发生后的 24 个月内，必须持续采取该种安保措施。

24 个月后，该便利店必须向总检察长办公室提出申请，免于实施相关的安全措施。

参考文献

［1］1999 Florida Convenience Store Statute Section 812. 73（4a）.

［2］1999 Florida Convenience Store Statues 812. 73 b, d, and g.

[3] ACS, Robbery Awareness/Deterrence, www. nacsonline. com/NACS/resource/StoreOperations/robbery_awareness_072700. htm, 2005.

[4] Amandus, H. E. et al. (1996) The estimated number of convenience store robberies and robbery – related injuries in selected eastern metropolitan areas. *Journal of Occupational and Environmental Medicine* 38 (7), 714 – 720.

[5] Amandus, H. E. et al. (May 1997) Employee injury in convenience store robberies. *Journal of Occupational and Environmental Medicine* 39 (5), 442 – 447.

[6] Butterworth, R. A. (1991) *Study of Safety and Security Requirements for At – Risk Business.* Tallahassee, FL: Florida Department of Legal Affairs.

[7] Calder, J. D. and Bauer, J. R. (1992) Convenience store robberies: Security measures and store robbery incidents. *Journal of Criminal Justice* 20, 553 – 566.

[8] Chambers, C. P P (1988) *Gainesville Convenience Store Ordinance: A Review and Analysis.* Gainesville, FL: Assets Protection Systems Associates, Inc.

[9] Clarke, R. V. (1997) *Situational Crime Prevention: Successful Case Studies.* Albany, NY: Harrow and Heston, p. 192.

[10] Clifton, W. J. and Callahan, P. T. (1987) *Convenience Store Robberies: An Intervention Strategy by the City of Gainesville, Florida.* Gainesville, FL: Gainesville Police Department.

[11] Crow, W. J. and Bull, J. L. (1975) Robbery deterrence: An applied behavioral science demonstration—Final Report. La Jolla, CA: Western Behavioral Sciences Institute.

[12] Crow, W. J. and Erickson, R. J. (1984) *Cameras and Silent Alarms: A Study of Their Effectiveness as a Robbery Deterrent.* Winslow, WY: Athena Research Corporation.

[13] Crowe, T. D. (2000) *Crime Prevention through Environmental Design*, 2nd edn., National Crime Prevent Institute. Boston, MA: Butterworth – Heinemann, pp. 161 – 163.

[14] D'Alessio, S. and Stolzenberg, L. (1990) A crime of convenience: The environment and convenience store robbery. *Environment and Behavior* 22 (2), 255 – 271.

[15] Duffala, D. C. (1976) Convenience stores, armed robbery and physical environmental features. *American Behavioral Scientist* 20, 227 – 246.

[16] Erikson, R. J. (March 1990) *Convenience Store Homicide and Rape.* Alexandria, VA: National Association Convenience Stores.

[17] Erikson, R. J. (February 1998) *Convenience Store Security at the Millennium.* Alexandria, VA: National Association of Convenience Stores.

[18] Erikson, R. J. (2000) Two clerks, NACS Online, www. nacsonline. com/NACS/resource/StoreOperatic store_031100_ir. htm, March 11.

[19] Figlio, R. (March 1990) An assessment of robbery deterrence measures at convenience stores: Multiple clerk staffing. *In Central Station – Based Interactive Television and Bullet Resistant Barriers.* Alexandria, VA: National Association of Convenience Stores.

[20] Florida Building Code (2004) *Handicap Accessibility Guidelines*, Chapter 11, Section 11 – 7. 3.

[21] Hendricks, S. et al. (1999) A matched case – control study of convenience store robbery

598

risk factors. *Journal of Occupational and Environmental Medicine* 41 （11）, 995 – 1004.

［22］ Hunter, R. （1987） The relationship of selected environmental characteristics to the incidence of convenience store robbery within the state of Florida, unpublished paper presented at the 39*th Annual Meeting of the American Society of Criminology*, Montreal, Quebec, Canada.

［23］ Hunter, R. D. and Jeffery, C. R. （1992） Preventing convenience store robbery through environmental design. In R. V. Clark （Ed.）, *Situational Crime Prevention – Successful Case Studies*. New York: Harrow and Heston.

［24］ Hunter, R. and Ray, J. C. （1991） Environmental crime prevention: An analysis of convenience store robberies. *Security Journal* 2 （April）, 78 – 83.

［25］ Jean – Francois, M. and Tran, A. （2007） The workplace getting less deadly, *Miami Herald*, January 2, 5A.

［26］ Jean – Francois, M. and Tran, A. （2007） CVS holdup is latest in a string of Broward armed robberies, *South Florida Sun – Sentinel*, Oct 16.

［27］ Jeffrey, C. R., Gibson, M., Hunter, R., Tayloe, D., Poulos, M., and Hendrix, G. （1987） Spatial computer analysis of commercial crime sites in Atlanta and Tallahassee, unpublished paper presented at the 39*th Annual Meeting of the American Society of Criminology*. Montreal, Quebec, Canada.

［28］ McGoey, C. E. Convenience store security: C – store robbery prevention history, www. crimedoctor. com/convenience1.

［29］ NACS, National Association of Convenience Stores. A short history of the convenience store industry, （2005a） www. nacsonline. com/NACS/Resource/IndustryResearch/cstore_history. htm

［30］ NACS, National Association of Convenience Stores. （2005b） Robbery Awareness/Deterrence, www. nacsonline. com/NACS/resource/StoreOperations/robbery _ awarenes s_ 072700. htm

［31］ Ortega, J. （2011） Car crashes into gas station, *South Florida Sun – Sentinel*, Nov. 4.

［32］ Reiss, A. J. and Roth, J. A. （1993） *Understanding and Preventing Violence*. Washington, DC: National Academy Press.

［33］ Schreiber, B. （1991） National survey of convenience store crime and security. St. Cloud University, Minnesota National Association of Convenience Stores, Alexandria, VA. February.

［34］ Sherman, L. W. et al. （February 1997） Preventing crime: What works, what doesn't, what's promising? University of Maryland, U. S. Department of Justice, Office of Justice Programs. NCJ 165366.

［35］ Swanson, R. （1986） Convenience store robbery analysis: A research study of robbers, victims, and environment. In W. J. Clifton （Ed.）, *Convenience Robberies: An Intervention Strategy by the Gainesville Police Department*. Gainesville, FL: Gainesville Police Department.

［36］ Wellford, C., MacDonald, J., and Weiss, J. （October 1997） *Multistate Study of Convenience Store Robberies*. Washington, DC: Justice Research and Statistics Association.

[37] Wilson, J. V. (1990) Gainesville convenience store ordinance: Findings of fact. Conclusions and recommedations. Unpublished report on file at the Crime Control Research Corporation, Washington, DC.

[38] Wilson, D. J., Rivero, R., and Demings, J. (1990) Convenience store robbery analysis. Unpublished report to the Gainesville Police Department.

办公大楼的环境设计预防犯罪思考

在改建、扩建、新建办公楼的过程中，安全专家和业主需要以更加创新、富有挑战的方式和设计专家密切配合（Atlas，1991a，b，1999a，b，c，2004，2005，2006；BOMA；Building Security Council；Demkin，2004；Nadel，2004；San Luis，1973；Witherspoon，2002）。许多行业的安保业务都将由安保公司负责，而安全专家就是这些安保公司的员工。为了开展建筑设计，建筑师或者设计专家需要业主或者客户提供多方面的信息（图25.1）。在通常情况下，由安全主管向建筑师提供安全方面的重要信息。在没有安全主管的情况下，可以雇用经过培训的安全专家提供相应的帮助。

图 25.1 芝加哥的天际线及城市中心区的办公楼

虽然在私营企业领域，大家也为办公楼的公共场所（停车场及垃圾管理、大堂安保人员、覆盖不全面的访问控制、有缺陷的闭路电视监控系统）提供最低限度的安全保障，但大多数情况下，还是由承租人自己保障其财产安全。许多开发商没有认识到这一点：尽管采取充分的安全措施未产生额外的成本，但是更安全的环境会带来更高的市场价值。在美国，一枝独大的承租人是美国联邦政府。现在，联邦政府每年在各类建筑中的运营面积高达 32 亿平方英尺，其中，大约 6.1 亿平方英尺属于办公用。美国政府每年出租的面积接近 3.8 亿平方英尺，其中大约有 1.95 亿平方英尺属于办公用。对于开发商和建筑师来说，这到底意味着什么？联邦政府拥有所有权和用于出租的场所，必须符合前文中提到的总务管理局安全标准。2005 年 10 月，联邦政府采用了最新版的 ISC 安全标准，并适用于所有联邦政府享有所有权和用于出租的财产。所有新建和用于出租的建筑现在必须符合相关的安全标准，所有不符合标准的出租合约到期后不能续租。无论出租的场所是用于邮政部门，社会保障部门，酒精、烟草与火器管理部门，移民部门还是国土安全部门的办公场所，该场所及其附近的公共场所必须接受安全检查，并根据风险评估结果采取相应的安全措施，可能会要求将建筑物留出更大的退让距离以防备爆炸，对窗户采取安全措施，安装磁扫描设备，对大堂采取安全措施，配备安保人员，设置检查点，采取停车场管控措施，对邮件进行检查，安装专用的通风采暖系统及闭路电视监控系统，提高访问控制能力等。因此，如果联邦政府想将大楼中的场所出租，或者将大楼中的场所租给联邦政府，大楼本身或者改建后是否具备相关的安全措施是关键因素。

为了方便建筑师更加高效地开展工作，安全专家可以用表格的形式列出信息，明确需要特别保护的企业核心资产。最重要的三项核心资产是： 600

- 人
- 信息
- 财物

25.1 核心资产：人

建筑师在确定保护对象、制定保护标准时，人力资源是首要的，也是最重要的资产。对上述三种资产进行需求评估时，需要弄清以下一些关键问题：

- 使用者是谁？（访客、员工、服务人员或者销售人员？）
- 使用者可以在办公楼内做什么？（完成某项任务、休闲娱乐，还是工作？）
- 某个特定的使用者为什么出现在那里？（工作还是访客？）
- 使用者什么时候到达，什么时候离开？（具体时间？白班还是夜班？有什么规律？）
- 使用者可以到达办公楼内的哪些地方？（同一楼层内可以到达哪些地方？上下各楼层可以到达哪些地方？）
- 使用者是怎样到达那里的？（进入的方式？行走的路线？）

安全专家需要弄清这些问题的答案背后的具体内涵（表 25.1），建议就这些问题向建筑师提交一个简要的报告。

最好制定一个方案，以同样的方式，就这六个问题询问从公司副总裁至保洁服务工作人员的所有人员。然后，安全专家可以判断出应当采取的安全措施和设计中应当注意的问题。

表 25.1　保护的核心资产：人 601

谁	为什么	什么	什么时候	地点	什么方式
副总裁	公司业务	行政管理	上午 8 点至晚上 6 点周一至周五	所有区域无准入限制	员工电梯
保洁员	清扫办公室	清扫/垃圾吸尘	凌晨 1 点至凌晨 4 点周一至周五	大堂楼层	安保人员许可后进入，有进入特定清运服务用房的钥匙

以保洁员为例，可能应当采取以下安全措施：

- 下班期间的访问控制；
- 确定保洁人员的身份；
- 由安保人员进行登记，对其进入和离开实施监督；
- 钥匙管理。

根据安全方面的要求，在设计方面应当采取的具体措施，例如：

- 为服务人员设置签到台；
- 设计访问控制系统，以便员工对进入和登录实施控制；
- 垃圾箱的放置位置；
- 服务电梯的位置；
- 服务人员出入门的位置；
- 在办公室和控制室安装警报系统，并根据需要可以解除。

以上示例仅是一小部分建筑师应当根据安全专家提供的信息而需要特别注意之处。

在没有专家协助或者特别设计的环境设计预防犯罪风险评估软件的情况下，安全专家必须学习如何精准地发问，以制定安全标准。最基本的要求是，建筑方案或者查找问题阶段必须涵盖从前述的六个问题中得出的相关信息。随后，相关信息会转交给解决问题的建筑设计阶段：草图、施工设计图及建筑文件。

25.2　核心资产：信息

为了保护信息，在进行需求评估时，应当询问以下一些关键问题：

- 谁可以接触到相关信息？（工作人员、管理层还是收发室员工？）
- 保护的信息内容是什么？（数据、商业秘密、人事档案、蓝图还是计算机软件？）
- 为什么这些信息需要保护？（你愿意承担的物理、运营、经济成本有多大？）
- 什么时候可以接触到这些信息，这些信息什么时候会受到侵害？
- 可以获取或者容易受到侵害的信息存放在哪里？
- 这些信息会以怎样的方式被合法或者非法地获取、破坏？

安全专家找到这些问题的答案后，应当对相关的威胁进行描述，提出解决方案，提交给建筑师。以下示例即安全专家可能会给建筑师提供的相关内容（图 25.2）。

- 谁：公司总裁和高层管理人员可以接触到所有的档案。人事档案的主管只能接触到工作面试和毒品检测的相关档案。收发室的工作人员可以检查邮件，复制备忘录。运营主管负责管理航运和收货。负责仓储的工作人员可以进入仓库，接触到计算机硬盘和档案。

602

- 什么：作为核心资产的信息可能包括人事档案、敏感的备忘录、商业秘密、计算机软件、财务档案、季度报表、配方、文件、营销计划、客户信息等。

- 为什么：人事档案和财务档案可以在决定职务晋升及员工解聘时使用，必须妥善予以保护，避免来自外部的侵害。计算机软件、档案、数据包括了所有专有、机密、敏感的程序和信息。数据要妥善保管，避免竞争对手的间谍刺探，在应对审计和做出重大决策时使用。信息所有人必须高度戒备，对各类档案从物理设施、防火、备份、限制接触范围、明确管理责任等方面予以保护。

图 25.2　威利斯（原名西尔斯）大厦配备了全面的安保系统，以防范恐怖主义和犯罪行为。进入大厦观景台的公众在进入时需要接受扫描，以检查是否携带武器，包裹内是否有禁止携带的物品

- 时间：人事档案的调阅时间是周一至周五，每天上午 8 点至下午 5 点。库房的开放时间是工作期间。航运发货和收货的时间是周一至周五，每天早上 7 点至中午。收发室及复印室的工作时间是正常的上班时间。计算机房每天 24 小时保持开放。清洁服务的时间仅是在每周六和每周一。最容易遭受侵害的时间是交接班、下班后的时段，容易遭受破门入室或者夜晚清洁人员被侵害。

- 地点：信息通常保存在管理人员办公桌的电脑内。数据储存在计算机房的计算机内。机密和敏感的档案文件储存在保险库中。容易遭受侵害的场所是计算机房、装卸台、库房、保险库、文件档案柜、高级管理人员办公室、个人计算机和办公桌面等。

- 方式：由于员工容易在无人察觉的情况下接触到相关资料，或者未采取检查和访问控制措施，因此，办公信息最容易遭受来自内部员工的侵害，他们可能盗窃备忘录、计算机中的信息。外部的侵害可能来自破门入室盗取设备，或者是内部员工和夜晚的清洁人员串通实施侵害。

安全专家和业主、客户经过探讨发现风险和容易遭受侵害的薄弱环节后，就应当采取相应的应对措施。根据实际情况从建筑、技术、组织（配备安保人员）方面增加预算。603

根据安全专家提出的保护信息的建议，在建筑设计方面可以采取以下措施：

- 从外部尽量减少可以进入办公楼的通道数量，并让其处于监控范围内。对门实施访问控制，并有效地予以监控。在建筑设计上，让访客和员工通过主入口进入。清洁人员入口应当位于监控范围内，以确保安全。库房应当位于监控范围内，管理人员可以监视内部的活动。

- 接待前台可以对访客、送货员和外来人员进行检查。在设计上，接待前台可以观察到所有入口大门及电梯入口（如果有电梯）的情况（图 25.3 至图 25.6）。接待前台区域可以将进入办公楼内的一般公众和内部工作人员区分开来。
- 通过区分进入各个区域的通道，将 VIP 区域予以清晰地区分出来。
- 将计算机房设置在办公楼中心区域位置，并实施严格的访问控制，对公用线路采取保护措施，安装安全度高的玻璃，以便实施观察和监控。

图 25.3　图中的办公楼的闸机通道很漂亮，既可以实施检查，也方便进行监控，同时，还与整个建筑保持协调

图 25.4　关闭的闸机

图 25.5　用玻璃划分出安全边界，还可以保持美观

图 25.6　图中的办公区域采取了严格的安保措施，安全玻璃屋可以利用生物检测技术，对进入该区域的人实施检查

- 工作场所内的电脑可以用安全绳固定，以确保安全。
- 应当对员工出入口实施访问控制。在出口处采取访问控制和监控措施，对员工的物品包、公文包和钱包进行检查。员工储物柜处应当提供充分的照明，采取监控措施以防范偷盗行为。

- 应当对电梯可以到达的重点区域实施监控。到达特殊楼层或者 VIP 办公室的电梯应当采取特殊的电梯访问控制程序或者设置专用电梯。
- 服务区域道路应当和员工、访客通道分别设置或者明显区分，以免产生冲突。装卸区应当设计地面回路系统，配置对讲机，当有卡车在装卸区域作业，而无人直接监视时，可以向安保人员发出提示。
- 收发室和货物装卸区、邮件发送区之间的通道应当清晰、无障碍。应当充分保障收发室安全，对收发室门实施监控，有效地进行访问控制。如果办公室之间的通信必须保障高度安全，可以采用气压传输管传送信件，避免人为干扰。
- 保险库、防火保险箱以及档案室的布局需要根据其使用频率确定。根据客户的具体需求，这些场所的布局及位置可以予以分级限制，也可以采取开放的方式。为了方便观察，超市可以将其保险库设置在超市前面，其他的场所可以将其设置在隐蔽的保密场所。

25.3 核心资产：财物

在评估财物的过程中，采取同样的方式询问六个问题，以决定安全标准、建筑标准，也可以采取场景模拟的方式。任何细小的财物都不能忽略。在明确需要保护的资产、制订具体方案过程中，工作做得越多的公司，最终会获得更多的利润，取得更大的市场优势。通过设计，可以降低盗窃店内商品、顺手牵羊、间谍刺探、袭击、恐怖活动和员工盗窃等行为发生的概率，帮助公司取得更大的市场优势，更大地降低成本，以更低的价格向消费者提供产品，为业主和客户创造更大的效益。

通过环境设计预防犯罪（CPTED）综合充分运用建筑、技术、运营革新等各方面的优势来改善安全状况。现实情况充满了无限可能，完全取决于人们的创造力。

为了取得更大的成功，需要在技术和设计方案方面进行更多的投入。合格的环境设计预防犯罪专家会反复强调的一点是，在实践中，发现问题比找出答案更重要。每一栋办公楼在功能、运营方式、使用的建筑材料、采用的建筑工艺等方面都有其自身的特点。如果安全专家能够根据建筑的不同特点，分析威胁（财物）隐患，开展需求度评估，就会形成更加有效、更加可靠的设计方案。如果建筑师能够在前期阶段充分参与，共同合作，就能够更好地与安全专家互动。

在现实中，任何一个单独的办公楼业主都不可能对周围的街道、周边的各类活动，如体育馆、酒吧、公园和垃圾箱进行充分的控制，也不可能对因土地利用矛盾，争相使用道路、公共服务设施、警方安保资源等产生的冲突进行全

605

面管理。尽管如此，为了实现周围整个环境的安全，设计师和使用者还必须做到在开发上注重平衡，在配套措施上注重全面，在土地利用上突出重点，突出区域专属性。正是因为如此，在办公楼的环境设计预防犯罪设计中才必须要求开展风险评估，并制定应对措施。

规模不同，所面临的问题也不同，因此，某一办公楼可能会与周围环境存在多种冲突，为潜在的犯罪分子提供多种犯罪机会。每一种冲突都可能引发某种犯罪行为。因此，环境设计犯罪原则对规划师、设计师、建筑师成功实现预定目标，预防、减少犯罪发生概率显得特别重要。

25.4 设计办公室和办公楼需要注意的其他安全问题

因为办公室和办公楼面临的犯罪风险种类繁多，因此，本节介绍了一些安保设计中需要注意的其他问题。面临的风险包括步行进入盗窃、破门入室、欺骗和欺诈式盗窃、破坏物品、信息失窃和员工盗窃等。针对这些风险，业主和安全主管可以确定在场所安全、办公楼安全、内部安全等安全设计方面需要重点考虑的主要区域。主要包括以下内容。

- 场所的位置：该场所及其周边区域在规划分区及建筑规范上有什么限制性要求？对现有的或者拟建的园林景观从安全角度进行审查。
- 在安全设计方面需要对外部区域慎重考虑。停车位、车库、停车场需要仔细衡量。入口、出口、道路、公路设计中需要考虑通行冲突和安全问题。围栏、大门、照明的位置应当确定，并优先考虑。通行方式及路线确定后，应当考虑闭路电视监控问题。装卸区域和垃圾处理也应当予以考虑。在考虑办公楼的所有服务项目时，可以采取情景模拟和角色扮演等方式。
- 考虑首要和次要的入口。设想业主或客户需要其员工、访客、服务人员从哪里进入。在初期阶段需要将消防、人身安全保护方面的法律、法规要求纳入考虑范围，以免影响后期的安全措施。确定装卸港的位置和设计方案，以便可以安全地收发货物。处理好地下室、机械设备用房的安全问题。深入思考外部楼梯间、屋顶入口、门及窗户的安全问题。
- 在安全设计方面需要考虑的内部区域包括：大厅入口、第二级入口、接待区、现金处理区、计算机区域、电力（电话）服务区、管理人员区、食堂、员工洗手间位置、安保中央控制室以及保险库和特殊设备等需要重点保护的位置（图 25.7）。
- 绝大部分访客和公众都是通过大厅入口进入办公大楼的。建筑师通常将大厅入口设计得具有地标意义，表明你已经到达了该地点，说明这就是入口。通常情况下，大厅入口都会采用种类丰富、档次较高的材料，营造一种成功、稳定和有实力的氛围。

- 检查点，通常也被称为接待前台，会补充强化这种氛围。进入办公楼的大多数人都会经过接待前台，上至公司的 CEO，下至清洁人员。
- 大厅入口和接待前台是确保办公楼内安全办公环境的第一道防线。前台接待人员的作用非常重要，他可以核实进入大楼或办公室的每个人，是否基于合法的目的在此出现。相较于专门安排人员确认访客身份、询问到访目的而言，更好的方式是安装自动的证件识别系统。识别系统中没有相关证件信息的访客，必须由专人进行检查。

607

图 25.7　典型的开放式办公室采取了特别的安全措施，保护员工的电脑设备、数据和公司的财物

- 合理确定接待前台的位置，以便可以对各个入口通道和进入大楼或办公室的人实施监视。前台应当避免有人可以随意进入办公室或者限制进入的区域。有访客进入电梯或者楼道前，前台的工作人员可以进行阻拦。
- 大多数接待前台都设计成半圆形或椭圆形，以便最大限度地扩大工作面，在视觉上增加灵活性。由于接待员常常需要坐下，座位通常会升高 12～18 英寸，以便接待员的视线不受阻挡。在前台设计中要充分考虑人的因素。大多数前台的高度是 42～48 英寸，方便把胳膊放在台面上。通常情况下，工作台的高度是距地面 30～32 英寸。但是，在这一高度下，接待员通常是被俯视而非平视。
- 从心理学角度讲，如果接待员能够平视访客，他在盘问访客时更容易成功，而不必提高音量。因此，访客们应当呈漏斗状被汇拢到前台，如果不靠近前台的话，他们不可能进入限制进入的区域。通常会将小门或者大门上锁，以便控制访客进入。
- 接待前台在检查访客，发挥安全功能的同时，还会承担其他任务。接待员还可能会接听电话，控制入口大门，检查邮件，寄存包裹和邮件。能否有效地保护公司的资产，取决于接待员能否尽量不受阻碍地发挥其检查职责。

- 如果接待前台还安装了闭路电视监控设备、开关控制设备、录像设备或者其他电子设备，在前台设计中必须将这些设备隐藏起来。监控设备应当可以调控，以便从适当的角度进行观察，各类设备的通风问题也要仔细处理。在办公楼的设计阶段就要考虑到布线问题，以避免在建成后再进行昂贵的改造。

- 前台的紧急求助按钮通常是容易被忽略的问题。如果某位访客或者员工出现问题的时候，接待员可以通过这个求助设备寻求帮助。为了避免有人对接待员进行人身攻击，安保人员的增援非常重要。前台的设计可能减缓攻击的发生。银行柜台设计得比较宽，可以避免有人快速地绕过前台，抓走现金和票据。前台的高度也可以避免轻易被跨越。

- 接待前台的设计既可以服务于高层建筑，又可以服务于低层建筑，既可以适用于只有一个租户的大楼，还可以适用于有多个租户的大楼。在分层的安保系统中，接待员是一个关键的控制点。大厅和接待的设计可以兼顾外形美观和限制功能。通常情况下，首先是通过风险分析，确定目标、管理措施和具体风险。广泛收集管理层、员工、安全顾问的意见，再向建筑师阐释。通过清晰的沟通，让访问控制功能以自然、流畅、不突兀的方式发挥出来（图 25.8）。

图 25.8　大厅的接待员（或安全检查点）迎候大家，并对访客和员工进行检查

- 在大楼规划和建筑方案设计阶段就要考虑访问控制和监控系统问题，而非事后补救。楼道、电梯、走廊需要仔细审核，以符合安全要求。关键系统需要慎重考虑，以应对可能出现的增长、变化和弹性需求。

- 采取措施，将步行进入的人从外部大道指引到大楼前面。

- 合理设计建筑朝向，以便可以观察周围环境。

- 门和窗户（特别是底楼）需要额外的安全考虑。

- 尽量缩减进入大楼的入口数量。可以允许从其他出口走出去，但是绝不能在底楼开设可随意进入的入口。

- 最后，内部安全方面特别需要重点关注的是管线规划设计。如果从开 608
  始阶段就注意到专用安全管线，就会非常方便，且花费较少。基于机
  械设备方面的考虑，管线需要水平、垂直布置，要充分考虑到今后发
  展及各类服务线路的需要。根据采用的通信系统的具体情况，管线可
  能还需要密封。

为了做好办公楼安全工作，防范犯罪行为，安全专家可以发现风险，制定
安全规划，保护人、信息和财物。如果办公楼只有一个租户，安全措施会变得
特别简单，因为所有员工都被要求遵守特定的安全程序，统一遵守相关规定。
单一租户办公楼的大厅和停车场检查仅是简单的证件检查。进入这类大楼的访
客和外来人员通常较少，易于控制。但是，许多的办公楼有多个租户，客户的
需求、财物和面临的风险种类繁多。多租户办公楼的使用者需要划分为两大
类。第一类使用者是在公共场所开展业务的使用者，设备在办公楼底楼。第二
类使用者是拥有各自的办公场所的使用者。进入租户各自场所的人在进入电梯
和楼道前要接受检查，并实施访问控制。进入自己场所的租户需要配发证件，
以便他们可以快速地进入大厅和停车场，尽量减少麻烦。访客需要进行登记，
领取临时证件，车辆要停放到指定位置，按不同标准收费。

对大多数办公楼而言，最主要的防线就是底层入口及底层以下的如装卸区
的入口访问控制（Ahrens，2006）。许多办公楼紧邻公共街道，除了大楼建筑
自身的外立面外，周围并没有其他的防线。因此，对于这类办公楼，主要入口
和装卸区入口是最主要的安保防范点。采取的安全措施应当方便合法的使用者
不受阻碍地进入。禁止未经许可入内，可以将访客区分引导到登记处或者安全
检查台，让访客得到允许后进入大楼（Ahrens，2006）。

世界贸易中心大楼倒塌事件的教训就是要使摩天大楼更加安全。从那以
后，对高层建筑的要求发生了变化，今后，在安全设计要求方面可能会发生如
下变化（Gips，2005）。

- 更结实的建筑结构，避免建筑结构随着时间的推移发生损坏。
- 更宽的楼道，以方便撤离。
- 楼道井和电梯井包裹在混凝土或钢材中。
- 防火设施更好、更持久，和建筑结合得更好。
- 通过进气通道难以进入。 609
- 整个建筑均安装自动喷水灭火系统。
- 详细的撤离计划及路线。
- 大楼两面均设置楼道。
- 有用于撤离和应急响应的专用电梯。
- 电子撤离指引系统可以通过传感器激活。
- 可以检测到结构漏洞的智能模块（Smart Brick）。
- 为楼道照明提供备用电源。
- 可以防止烟雾的楼道增压系统。

- 多个采暖通风空调系统（可以有效满足需求，性能可靠）。
- 采暖通风空调系统安装生化物质监测传感器。
- 在出口楼梯间涂夜光漆或者安装电致发光片。
- 在重要的地点安装通信转发器和中继器，以便在 EMS 无线电通信时提供帮助。

在多租户的办公楼中，为了满足多个安保目标要求，从环境设计预防犯罪角度考虑，可以在大厅安装闸机。在面积较大的开放式大厅，为了适应较多的人出入公共场所的需要，可以安装感光闸机。对佩戴证件的人，感光闸机可以让他们不受阻碍、方便快捷地通过。此类闸机可以配备挡板，利用光电感应装置将试图未经允许入内的人检测出来（图 25.9 至图 25.11）。

图 25.9　图中的办公楼安装了感光闸机，以方便人们进出，同时旁边还设置了机械门，方便残障人士

图 25.10　图中通过感光闸机可以进入电梯间，这样的方案既整体协调又富有美感

遗憾的是，对访客进行检查确认是一个非常缓慢、痛苦的过程。想要让访客登记，停下来检查证件，为其发放限时的临时准入许可并不是一件容易的事。这类工作必须由训练有素的安保人员进行，代价高昂，劳神费力。面对访客的牢骚，你可以假装再想想办法。几乎没有什么办法可以让未经许可的访客进入办公楼。如果你想知道对访客进行检查是一件多么麻烦和不便的事，你可以去看一下机场安检。安检人员（TSA）全神贯注地查找是否有美容剪刀、指甲刀、洗发水

图 25.11　对只有一个租户的办公楼，闸机处不必安排安保人员现场值守，但是，如果有人试图未经许可闯入，会触发警报

之类的东西，然而花在观察外貌、查找疑似犯罪分子上的时间相对较少，乘飞机让人感到无趣、突兀、危险。设计优良的安检台应当可以自动采集信息，并设置舒适的等候区，这样就会让人感到满意了。

在大厅主入口接受安检的使用者行为举止比较优雅，但是大楼后门、装卸区及服务区对安保设施的物理要求更高。门或其他硬件要符合商业用房或机构用房使用者较多的特点，无论是灯具、家具还是装饰材料，都要求经久耐用，考虑到使用者更容易粗暴使用的实际情况。 610

在办公楼中，控制人们上下各个楼层是一件更困难的事情。虽然楼梯间可以锁起来，但是，电梯却是被设计为可以同时搭载多人到达各个楼层的。最好在人们进入电梯前就可以对其进行检查，但是，如果做不到这一点，就得靠合适的安保人员、接待员对进入各个不同办公场所的人进行检查了。将电梯准入和楼层准入进行再次细分，可以改善底楼和各个租户办公场所的安全状况。具体操作方法是，某一访客需要凭证件进入办公楼，进入办公楼后在安检台对证件进行授权，然后利用经授权的证件才能进入电梯，并到达指定的楼层。

楼道是比较容易管理的，因为通常情况下只会用作消防通道，一般不用作上下各个楼层。使用者一旦进入楼道，他就只能一直下到底楼，然后走出大楼。可以对各个门进行监控，设置对讲机、出口警报装置，以防范他人违规使用楼道（图25.12和图25.13）。 611

图25.12　指示标志说明了什么时候可以使用这道门出入

图25.13　楼道门安装了闭路电视监控、对讲设备等硬件，对未经许可使用楼道通行的行为进行监控。通常情况是，一旦你进入了楼道，你就只能一直通往底楼的街道，走出这幢大楼

可以从安全通廊进入大楼或者大楼的电梯间。如果你是符合规定的使用者，通过安全通廊会方便快捷，但是，也要准备备用方案，以便对没有证件的使用者进行检查（图25.14至图25.16）。

612

图 25.14 通过安全通廊进入大厅

图 25.15 办公区的安全检查。问题是安检台使人们行走的方向发生偏移，安保人员几乎无法观察到人们到底将要走向哪个方向

图 25.16 （参见彩图）通过安全通廊进入电梯间

613

25.5 安保办公室和安全设备的位置

在大多数中高层的办公楼，在规划阶段需要为安保系统设备、管线、安保办公室和（或者）控制室预留位置。建筑师和空间规划人员在设计的初始阶段就应当考虑到空间和系统的需要，以免在后期不得不将各类电子设备硬塞到柜子中。如果没有充足的空间，安保系统和安保人员的功能发挥就会大打折扣，而在建筑完工、投入使用后再来进行改造的费用绝对会大大攀升。通常情况下，一个场地需要 1000~1500 平方英尺的空间来放置访问控制、闭路电视系统及监控设备。安保控制室仅可以进行严格的访问控制，通过闭路电视系统进行监控，同时还要摆放头端系统、对讲机、消防系统、电梯控制监控系统、键盘、各类表格、档案，还要在此撰写报告。所有空间的大小取决于设备和运营方式的种类及复杂程度。

拜托，不要放到地下室！

在安保行业有一个广泛流传的段子：谈到安保主管的办公室（也常兼作控制室），往往不知所踪，不知所云，通常是在地下室或者地牢中（见图 25.17）。虽然安保办公室、预防犯罪办公室通常是在角落、没有窗户的地方，不必占用黄金位置，但也不至于如此安排。在许多行业，风险控制主管的办公室通常和副总裁、首席执行官、总裁的办公室在同一个楼层，甚至紧挨着。但是安保办公室、预防

图 25.17　风险控制主管的办公室和其他主管的办公室就在同一楼

犯罪办公室通常是在最角落的位置。安全运营会对许多业务和办公楼的管理产生巨大的经济影响和运营影响。将安全运营的场所摆在人流量大的地方会向大家宣传整个大楼都非常注重财产保护（图 25.18 和图 25.19）。一些安全专家认为，安保办公室和控制中心可以摆在明显位置，并不认为这样会轻易成为被盯上的目标。当然，正确的答案取决于安全风险评估结果和业主（客户）的意愿。

614

图 25.18　市中心一幢办公楼，其安保办公室位于地下室的装卸区，紧邻垃圾箱

图 25.19　图中的安保办公室位于大厅的显眼位置，可以观察到员工入口的情况

像水管和消防设备一样，安保系统和其管线应当被一起放到套管中，这样，安保场所就位于每一层楼的相同位置。同时，还便于维保，也可以将管线的成本降至最低（Ahrens，2006）。套管柜也不用太大，一般仅需要 24 平方英尺即可，但是需要专用的电源和通信系统，同时还要为今后的扩充预留足够的空间，因为，技术的进步也会让设备发生变化。安保系统也可能会和通信系统共用一个柜，但是不提倡这样做，因为二者的功能不同，并且在电话线旁值守的人会因为新旧租户不一，每周都会发生变化（图 25.20 至图 25.35）。

615

图 25.20　楼顶应当是实施访问控制的安全区域。要注意屋顶的道路通行不要影响屋面材料，造成漏水和破坏。确保屋顶的机械设备安全、耐用

图 25.21　机械系统应设在增压室或设备用房的屋顶。明确的标识与清洁的工作环境是阻止窜改的关键因素

图 25.22　数据线和管线布置在线槽中，尽量避免杂乱无序，方便需要时维修升级

图 25.23　数据线穿在受保护的封闭线管中，穿过墙壁或地板。干净整洁、长距离地组织在一起，便于维保

616

图 25.24　线管穿透地板或墙壁所造成的缝隙应全部封闭，以防火势蔓延

图 25.25　线管和各类线路常常需要穿过整栋大楼。外露的部分必须符合消防规定

图25.26 机械设备系统是重要基础设施的重中之重，必须设置在安全的房间或场所，未经许可严禁入内

图25.27 对安装了设备的屋顶必须严格实施访问控制，并进行监控

图25.28 如果必须进入限制入内的场所，应当安装门控开关，以便门被打开后可以立即通知控制中心。如果通过某一扇门可以进入安保防线内的区域，则必须对这扇门进行全面控制，综合采取访问控制、对讲设备、闭路电视监控、运动传感器和门控开关等措施

图25.29 如果办公楼底楼设置了仓库，必须注意保护财产安全，对通过办公楼底楼进出的出入口采取保护措施，在建筑设计时就要考虑到玻璃、门和警报等多个方面的保护措施，而不要事后再来补救

图25.30 办公楼外的路桩也可以设计得具有美感，同时还可以防止车辆冲撞大楼

图25.31 新的世界贸易中心7号办公楼的玻璃大厅外采用了镀铬路桩进行保护

619

图 25.32　因为对员工和访客采取的安保和检查措施存在区别，所以首先需要把每一类使用者指引到既定的位置

图 25.33　停车场控制系统既可以仅具有象征意义，也可以采取严格的安保措施。图中的挡杆只能防范老实人中的老实人

图 25.34　图中位于市区的高层办公楼的停车场采取了使馆级别的安保措施，设置了弹出式路障，如果进入的路线错误，地面的尖钉会刺破轮胎

图 25.35　员工停车场可以采用识别式访问控制系统和伸缩门，当系统读取预留数据后，可以自动控制门的开关

620　　　大型办公楼的安保部门可能需要设置远程证件读取区或者读取点。如果大楼的员工配发了证件，那么，需要在哪个位置检查证件呢？为证件识别设备划出足够的区域通常是事后才会想到的问题，而往往最终是堆放在某人的桌面上。必须牢记，无论是在设计、管理，还是在大楼运营阶段，访问控制的地位都非常重要。设在主要位置的证件检查点通常还要忙于为访客和送货员发放临时证件。处理好证件识别点的设置位置，有助于引导人们合理进出。

　　　为了将各类安保措施较好地整合到一起，还必须考虑遵守 1990 年美国《残疾人保障法》（ADA）的相关规定。闸机和安全通廊必须宽度足够，以便轮椅通过。访问控制读取设备应当距离建成后的地面 42 英寸，靠近门把手一侧，设置位置要方便使用轮椅的人从正面和侧面靠近使用。消防报警装置、灯具开关、温度调节开关、生物识别设备和报警装置的安装也必须符合美国

《残疾人保障法》的相关规定。不仅要考虑到正常使用者的使用需求，还要考虑到残障员工的合理使用需求。

25.6 小　结

办公楼是城中之城。它的服务对象类别多样，当租户数量变化时也会相应地发生变化。一些办公楼只有一个租户，因此安保问题非常简单，也干净整洁。在初始阶段，大楼和管理者就必须对风险进行评估，发现薄弱环节，明确资产范围，然后充分整合协调安保人员、租户、消防部门和各个利益相关方的力量。一个训练有素、认真负责的安保人员胜过任何形式的技术设备。但问题是找到合适的安保人员，并给予他们较好的工资待遇。然而，他们常常是工资较低、工作强度大、没有得到充分认可，在自然选择过程中并不是首先考虑的对象。是什么原因使世界贸易中心这样的办公大厦成为了觊觎的目标呢？是因为它象征着资本的价值、自由的企业精神和世界贸易的心脏。在大多数多租户的办公楼，可以毫无阻挡地出入各类设施和各个办公室，而这正是犯罪分子和恐怖分子所看重的。如果风险级别较低（根据风险评估结果确定），门可以大开着，只需到晚上再关上。如果大楼内有多个租户，用途多样，就要考虑是否需要对公众开放或者仅限私人使用。单一租户的大楼比较简单：员工都有身份证件，可能通过访问控制设备系统毫无阻碍地进入停车场、大厅、电梯和办公室。只有对访客和送货员才会采取安全措施。如果员工流失率高，建议由各个租户对其员工发放带照片的证件，对访客发放临时证件，以适应不断变化的出入状况。总而言之，想要保证办公室安全，必须牢记以下10件事情。

（1）保证发货收货区、垃圾堆放点和服务场所的安全。大楼后门通常是最薄弱的环节，最容易被突破。

（2）对所有的地面进气口采取保护措施，抬升其高度使其难以接触，避免外部的污染物侵入。

（3）对大楼设置外围防线，防止利用汽车炸弹、汽车冲撞等方式意外或者蓄意地实施破坏。可以在街道上设置相关设施，作为障碍物，阻止未经许可进入大楼建筑的防线范围内。

（4）清理外部的垃圾箱，保持视线通透，便于检查物品，以降低违禁物品和爆炸物靠近建筑外墙的概率。

（5）有节制但灵活地利用摄像头对异常区域而非正常区域实施监控。有效地使用闭路电视监控系统，如有必要可以记录相关情况，但是闭路电视监控系统在防止事件发生方面作用有限。

（6）突出入口，让其不仅从外观上便于辨识，还要让人知道它就是入口，并真正发挥入口功能。二级入口和消防出口必须清楚地向使用者介绍其用法。

（7）在前面入口或者主要入口处划出显著位置，配备安保人员实施访问控制和检查。利用机械设备让大楼的正常使用者畅通通行，但是，在对检查访

621

客和送货员实施检查，发放准入证件方面并没有简便方法。

（8）对窗户和玻璃采取保护措施，防范破门入室、爆炸、自然灾害和外部空气污染。根据风险评估结果，决定玻璃的防护级别，并采取相应的设计方案。

（9）对电梯、楼道和其他形式的垂直通行方式设计安保和访问控制措施。在安全避难方面，楼道设计要遵守美国《残疾人保障法》的相关规定，根据从"9·11"得到的教训，在楼道位置、宽度、通信系统、正压和消防方面要采取相应的改进措施。

（10）确保办公楼楼顶、基础设施和机械设备的安全。许多办公楼都设置了冷水机组、电梯设备、通信塔、空调机组和通风口，大多数都安装在楼顶。这些重要的基础设施场所必须严格保护，未经许可，不得入内。

通过早期规划指导建筑设计，改善建筑安全的方式多种多样。运用环境设计预防犯罪措施可以全面地开展规划、解决问题，充分利用机械、组织和自然环境等多种措施实现建筑安全。

参考文献

[1] *Access Control & Security Systems Integration Magazine*, April 2006.

[2] Ahrens, S. (2006) High rise security from the ground up. *Building Operating Management*, October.

[3] Atlas, R. (1991a) Security as afterthought ensures long – term costs. *South Florida Business Journal*. Focus on Maintenance and Security, March, 18.

[4] Atlas, R. (1991b) Architect input among first steps in design. *Access Control*, June, 25 – 27.

[5] Atlas, R. (1999a) Secure facility design, environmental design that prevents crime！*The Construction Specifier*, April.

[6] Atlas, R. (1999b) Security design：Access control technology. *Door and Hardware*, April, 49.

[7] Atlas, R. (1999c) Stairwell security. *Door and Hardware*, May, 55.

[8] Atlas, R. (2004) Security design concepts. *Security Planning and Design：A Guide for Architecture and Building Design Professionals*. American Institute of Architects. Washington, DC：Wiley.

[9] Atlas, R. (2005) The security audit and premises liability. *Spotlight on Security for Real Estate Managers*, 2nd edn. Chicago, IL：IREM.

[10] Atlas, R. (2006) Designing for security. *The Construction Specifier*, April, 83 – 92.

[11] BOMA, Building Office Managers Association. Available at：http：//www. boma. org.

[12] Building Security Council. Available at：http：//www. buildingsecuritycouncil. org

[13] Demkin, J. (2004) *Security Planning and Design：A Guidebook for Architects and Building Design Professionals*. American Institute of Architects. New York：John Wiley & Sons.

[14] Gips, M. (2005) The challenge of making safer structures. *Security Management Magazine*, March, 43 – 49.

[15] Nadel, B. (2004) *Building Security：Handbook for Architectural Planning and Design*.

Hoboken，NJ：McGraw Hill.

［16］ San Luis，E. (1973）*Office and Office Building Security*，1st edn. Boston，MA：Butterworth Heinemann.

［17］ Witherspoon，R. (2002）Office suilding security. http：//www. jurispro. com/uploadArticles/Witherspoon%20%20Building%20Security. PDF.

停车场和车库

从其自身特点来看，停车场所是很难保证安全的。其土地用途单一，难以复合利用，因此很难划出专属区域。它通常带有高耸的围墙、结构柱，包括了多个楼层，导致能见度低，极易发生犯罪行为。地面或地下的停车场所通常是地基的一部分，外面很难看见，甚至根本看不见，极易成为恐怖袭击的目标（如 1993 年的世界贸易中心停车场、2006 年的马德里机场停车场）。大型的开放式停车场很难实施访问控制，很容易发生偷车、抢钱包、盗窃车内财物等犯罪行为。停车场，无论是地表还是地下，给人的感觉就是黑黢黢、孤零零、阴森森。

要想设计安全的车库和停车场，首要目标就是要让潜在的犯罪分子感觉到他们会被人看见，会受到盘查；然后，再让其感觉到所获收益不值得他去冒险。

为了实现上述目标，必须仔细领会环境设计预防犯罪原则，并运用于实践当中。在一些地区，如澳大利亚新南威尔士，停车场设计导则就包涵了环境设计预防犯罪的相关要求（McCamley，2002）。但在其他大多数地区，没有类似规定。本章详细阐述了环境设计预防犯罪方面的一些基本的设计方法。

26.1 防护标准

停车场理应是可以安全地停放车辆，并且保证驾乘人员可以安全地出入其车辆的场所。过去十年来，在美国，因场所责任引发的诉讼中，18% 的案件都与停车场或停车设施有关（Bates，1999，2004）。在美国，1994 年警方接到报案的强奸案和性侵案中，有 44% 发生在停车场。1994 年警方接到报案的暴力犯罪案件中，有 8.5% 发生在停车场。2004 年的一个研究项目报告（Bates，2004，p.15）表明，无论是哪种业态的停车场都是最容易发生意外事件的场所，特别是性侵、攻击和殴打等暴力犯罪（图 26.1 和图 26.2）。

图26.1　停车库是一个令人恐惧的地方，有人拍摄了一部在停车库被追杀的恐怖电影

图26.2　身处车库第二层的作者呈现典型的惊恐状态

停车库的多种特点使其成为犯罪行为的高发地，一般情况下行人稀少，到处是可供躲藏的空间和黑暗阴影。停车库通常有多个出口，犯罪行为发生后，罪犯可以轻易地逃脱。 624

在停车场的设计和管理过程中，以下十个错误最为常见。

（1）除了偶尔有人站在出入口收费外，整个场所几乎无人管理。

（2）由于设计不善，存在大量的可供躲藏的空间。

（3）未利用电子安全设备实施监控和访问控制。

（4）由于结构柱和各类设计因素，使用者身处停车位时视线被遮挡。

（5）缺乏地面指示标志的车流导向标志，常常让人感到迷惑，辨不清方向。 625

（6）整个场所脏乱不堪，缺乏管理。

（7）整个设计仅仅考虑停放车辆，而不考虑满足人的其他需求。

（8）车辆和行人可以不受监视地从各个方向随意出入。

（9）从车库旁边的道路上，看不到车库行人入口的情况。

（10）全天24小时都采取同样的准入措施，不考虑工作人员的配备、深夜检查以及其他特殊情况。

本书主张：在提出具体的环境设计预防犯罪措施前，必须进行适当的风险评估。多数情况下，要想对停车场实施安全的管理，一般都会进行安全风险评估，评估内容包括以下方面。

- 该场所一直以来的犯罪情况。
- 园林景观因素。
- 照明因素。
- 有人收取停车费并实施监管。
- 有洗手间。
- 可以利用楼道和电梯上下。
- 指示牌和场所示意图。
- 实施监管的能力。

- 访问控制设备。
- 停车场管理人员配备和管理规定、程序。

今天的社会，停车问题是一种"必要的恶"，因为我们无论是工作、回家、购物、观光、从事商业活动、休闲娱乐都高度依赖汽车。我们一直想让停车变得容易、方便、便宜，但事实却是，停车一直很不便、昂贵、危险，并且让人不快。怎样才能让这一危险的场所变得既人性化又舒适呢？采用基本的环境设计预防犯罪措施会缓解这一困境。

停车场窃贼在观察环境，寻找理想的作案目标时自有他们自己的一套方法。警方和安全主管在搜索、抓捕窃贼过程中常常会观察一系列行为特征，安全专家 Rick de Treville CPP 向我讲解了个中奥妙。以下是一些停车场中的反常、可疑的行为。

- 从一个停车位走到另一个停车位。
- 将车辆尽量靠里停放，以遮挡车牌（其他州的车辆前后均有车牌，但佛罗里达州的车辆仅有尾牌）。
- 车辆和其他普通的车辆不一样。
- 同一辆车离开某停车场后，在较短的时间内又多次返回。

行为和普通人不一样：

- 朝车内张望。
- 360 度转身，看谁在注视他。
- 看起来漫无目的地四处溜达。
- 突然转头看是否有人在看他。
- 衣服鼓起来，可以藏有作案工具或从车内盗得的财物。
- 带着抹布或者软帽，可以用于擦除指纹。
- 做一些无用功，比如反复开关车门、后备箱来消磨时间，或者看起来像要进行非法活动。

充分了解了停车场犯罪分子的行为特征后，就很容易通过在设计、技术和管理方面运用环境设计预防犯罪措施去发现、抓获或者制止犯罪。

26.2 外围控制

设计安全的停车场，规划布局问题是首要课题。优良的设计可使车辆顺畅地进出。车位划分和路线设计既可能阻止事故，也可能引发事故。出入口的位置设计既可以阻止外来人员进入停车场，也可以让他们方便地进入停车场。设施中的流线设计决定着行人和车辆的必经线路。

要贯彻访问控制原则和区域专属性原则，首要任务是进行良好的外围管控。确定外围界线，实施访问控制可以制止不必要的行人进入停车场。实施外围管控可以通过设置围栏，利用地坪标高变化，首层门禁等措施，也可以利用建筑或环境障碍，引导人们通过预设的入口进入大楼，到达停车场或车库，同时避免他人可以在停车场所或者建筑内外找到躲藏的空间。停车场或者停车库

626

外围的围栏可以阻止非法闯入和未经许可入内，减少犯罪机会。围栏可以是仅具有象征意义的障碍物，如3～4英尺高的尖状栅栏，在偏僻的地方，也可以是7～8英尺高（取决于该区域规划和建筑方面的具体规定）。

在设计车库的底层保护措施时，既要防止未经许可进入底层，又要避免成为可以借此进入第二层的楼梯。底层保护措施还可以引导行人从专为合法使用者设计的指定入口进入。如果是实心墙体，宜在楼面和天板之间安装防护网，这样既便于实施自然监视，向外面呼喊求救时也容易被人听到。通过防护网，从街面可以看到车库内部情况，对犯罪行为起到威慑作用（图26.3至图26.11）。

图26.3　底层保护措施尽管出发点很好，但是防护网的网格太大，可以轻易地凭此爬到二层

627

图26.4　综合楼下面的地下停车场采用了防护网保护底层

图26.5　位于孟菲斯的一座停车场在临街的底层安装了防护网，防止非法侵入

628

图26.6　车库的底层防护网限制了随意进出，但是开敞的大门形成了安全隐患

图26.7　底层防护网和支架的空隙太大，可以以此为楼梯爬到三层

图 26.8　车库设计清爽，视线通畅。底层设防护网保护

图 26.9　利用防护网将次出口关闭，其他的开口也用防护网保护起来，形成了安全的外围防线

629

图 26.10　底层防护网本意实施保护，却形成了一个可以爬到二层的梯子。图中的园林景观和其他植物的高度设计很科学，视线通透

图 26.11　停车场的围栏本意引导人们通过预设入口进入停车场，却容易被人当作梯子，快速翻越进入停车场

26.3　景观绿化和入口

　　景观绿化措施可以影响人们进入场地或建筑内。运用环境设计预防犯罪原则，培植低矮的灌木是引导人们沿着大楼边缘行走的重要措施。无论是乔木还是灌木，都需要良好的维护，以保证适当的视野。开放式停车场应当考虑到地面及其维护、视线、反光和排水问题。开放式停车场的景观绿化常常会形成可供躲藏的空间，并且遮挡视线。按照环境设计预防犯罪的标准，景观绿化无论大小还是植物种类，都需要错落有致。相较密密麻麻的一排灌木或乔木而言，低矮的灌木和有高大树冠的乔木交替种植更能够有效地达到防护目的。这样的安排在保证满足绿地率要求的同时，既有利于保持良好的视线，又不会为犯罪分子提供躲藏的空间。为了消除躲藏空间，在距离大楼入口 10 ~ 15 英尺的距

630

离范围内，植物的高度不得超过 3 英尺。低于 3 英尺的灌木和地面植被，可靠近外墙种植，以防止有人攀爬或割坏底层防护网。入口处应当尽量保持简洁、无遮挡视线和分散注意力的物品，便于实施自然监视，尤其是在夜间。如第 27 章所述，地面植被的高度不得超过 3 英尺，成年期乔木树冠不得超过 8 英尺。这样，在 3 ~ 8 英尺的高度范围就会保持开阔的视野（图 26.15 和图 26.16）。

图 26.12 联邦法院大楼采用球形路障形成了缓冲空间。地下停车场仅限法官和高级员工使用，外部停车场供访客和陪审员使用

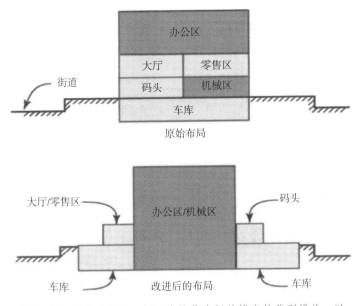

图 26.13 联邦政府尽一切可能将停车场从楼底转移到楼外，以降低炸弹威胁

如果停车场或者车库安排了工作人员检票或者收费，工作人员所在的位置

631 需要仔细考虑。在建筑结构允许的范围内，既要保证车辆入口明确易见，又要保证良好的视线。车辆门禁和收费员是非常有效的安保措施。他们可以向潜在的犯罪分子或者恐怖分子发出警示：你的行为可能会被安保人员看见，也可能被其他访客看见，甚至有可能被拍摄下来。

图 26.14　现在，对需要收费和（或）需要对进入者实施安全检查的停车场来说，采取访问控制措施和安装防护网已经成了标准配置

图 26.15　停车场的乔木和灌木的位置设计得很专业，不会对视线和底楼的防护网造成干扰。底层的防护网可以阻止不必要的人入内

图 26.16　车库的防护网既可以遮挡阳光，又可以保证外围安全

图 26.17　车库入口非常明确，外围的围栏简洁美观，可以将车辆和行人引导到既定位置

　　停车场和停车库面临的最大的安全挑战之一就是数量众多的出入口。为了增加车辆进出路径，节约出入时间，交通设计工程师通常倾向于设计更多的出入口。但是，从安保和管理角度看，出入口越多，越难以对车辆出入和底层的安保进行控制（图 26.17）。环境设计预防犯罪解决方法是为车辆设置一个进出口（图 26.18）。如果车辆流量实在太多，需要设置更多的出入口，那么，632 需要在每一个出入口设置岗亭、配备管理员、安装挡臂和落地门，在下班期间予以封闭，以保证底层安全，同时还要安装闭路电视监控系统，保证充足的照明（图 26.19、图 26.20）。

图 26.18　地下车库利用建筑物引导车辆进出，兼顾了美观

图 26.19　图中的车库可以看到对面的电梯和楼道，车库和装卸区可以互视

　　环境设计犯罪预防解决方案：在通行量低谷时段，关闭一些出入口。例如，购物中心或者如迪斯尼世界这样的主题公园（图 26.21）。尽量采取一切措施，让通过步行进入某一停车场的行人只能通过有管理员值守的收费亭或者安检点进入。仅安装闭路电视监控系统还不够，尽可能配备管理人员，以便进行监视和应对。

图 26.20　开放式停车场围栏较高，同时设置了通行闸机实施访问控制，保证员工停车场中的人身、财产安全

图 26.21　迪斯尼世界停车场，员工将车辆引导到停车位

　　环境设计预防犯罪解决方案：管理员值守点也需要注意一些安全问题。2006 年夏天，位于西棕榈滩的城市广场购物中心，停车库的女管理员发现两名男性在停车库游荡，后来女管理员在收费亭内遭到抢劫和袭击（图26.22）。当时，她将自己锁在收费亭内，但没有求助的无线电或电话。她将收取的停车费放到一个抽屉里面，被两名男性盯上了。后者用棒球棒猛击收费亭的玻璃，最后闯入收费亭，抢走现金，并对收费员进行殴打。如果车库的安保人员同时还要负责处理现金，那么应当在通信、闭路电视监控、安全玻璃和紧急报警器等方面提供相应的保护。

633

图 26.22　许多车库的收费亭显得比较孤立，缺乏监控摄像头和个人报警器等安全保护措施

634

26.4　闭路电视监控和监视

停车库的收费亭最容易成为抢劫目标，尤其是在车辆很容易逃脱的情况下。如果管理员需要同时收取停车费，在收费亭内安装一个固定的保险箱可以降低被抢的风险。必须张贴告示，清楚明白地说明：现金存放在保险箱内，收费员无法取出。应当为收费员配备应急报警器或者无声报警器，在发生抢劫的情况下可以向安保人员或者警求助。如果在车库内安装了闭路电视监控系统，应当有摄像头对准收费亭。摄像头应当可以摄录相关情况，以便执法部门获取精确的信息。收费亭应设计为可以 360 度观察周围情况。落地门或者入口的挡臂设计，应当方便在收费亭内控制车辆有序进出，防止后面的车辆尾随进入。

停车场的收费问题是安全设计中必须重点考虑的因素。可以通过收费亭人工收费，也可以利用自动收费系统收费。收费员可以在在营业时间内发挥重要的监视作用。如果采取自动收费系统，应当将收费点设置在其他员工可以观察到的范围内，以降低被破坏或破门入室的风险。

635

所有的闭路电视监控系统的摄像头都需要设置在合适的位置，提供持续照明（白天阳光，夜晚灯光），便于摄像头正常运行。可以采用需光量低的摄像头，但是这样的成本会比较高，同时也说明了照明条件确实太差。摄像头应当尽量设置在周围遮挡物较少的地方。大多数摄像头都不是固定不动的，可以缩放、平移和倾斜，以便更好地观察正在发生的情况。地面停车场的摄像头应当优先考虑周围的视线，尽量覆盖更大的区域。摄像头应当使用聚碳酸酯材质的圆顶外罩予以保护，以防止破坏。外罩通常是黑色，防止他人观察到摄像头正在拍摄的方位。摄像监控系统应当与实时时间保持同步，摄录下相关情况，以便回放和获得更清晰的资料。尽量选用彩色摄像头而非黑白摄像头，以便更好地观察车辆和行人，在回放时获取重要证据。在摄像监控系统中，还应当设置应急求助按钮或者联络箱，在有人按下联络箱内按钮时，摄像头可以被触发，安保人员立即收到求助信号。闭路电视监控系统应当和访问控制系统结合起来，当有车辆进出停车场时，车牌号就可以被记录下来（图 26.23 至图 26.30）。

如果停车场内需要设置公共卫生间，其位置应当位于收费亭附近的开放的、人流量较大的区域内，以便从收费亭可以随时瞭到卫生间处的情况，也可以尽可能地提高监视力度。

图 26.23　摄像头和灯光照明应当保持在适当的状态，在对车库实施监控的同时，保持充足的照明条件

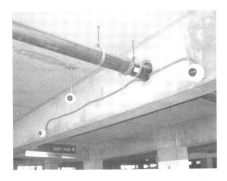

图 26.24　毫不显眼的摄像头设置在适当的位置，不受建筑结构的阻碍，尽量扩大监控范围

636

In The News

TRACKING EVENTS THAT SHAPE OUR INDUSTRY

CHICAGO PLAN MAY SOON REQUIRE BUSINESSES TO INSTALL CCTV

Licensed businesses that are open for more than 12 hours a day would be required to install security cameras in their stores and parking lots under a proposal by Chicago safety officials.

Law enforcement and emergency-management officials voiced support for the proposal recently at a meeting of the City Council's license committee, while opponents said it would add to the already high cost of doing business in the city, the *Chicago Tribune* reports.

"The cameras really prevent crime," Chicago Mayor Richard Daley said at a news conference at the city's 9-1-1 center, where he unveiled a $4 million communications and dispatch center. "The cameras also solve a lot of crime.

The terrorist attacks in London were solved by cameras," he said, referring to bombings last year.

Hundreds of stores, restaurants, bars and gas stations would be required to install cameras under the measure. Offices, apartment buildings and condominiums managed by companies holding city business licenses would also be forced to put up cameras, but factories and warehouses would be exempt.

"This is not intended to punish anyone," said Alderman Ray Suarez, a sponsor of the measure. "We are talking about public safety."

Cameras have been responsible in part for a declining number of murders in Chicago, according to law enforcement officials. A sophisticated network of cameras transmits images from high-crime areas to the city's emergency response center.

Police Deputy Chief Michael McCotter said cameras are "an excellent tool as far as crime prevention."

Daley said he would work with "mom-and-pop" store owners, and "we wouldn't go after them." But the mayor did not spell out whether they would be exempt from the ordinance.

Many businesses that would fall under the ordinance are not family owned, the mayor asserted, citing currency exchanges as one example.

Among the city's devices are 100 pole-mounted cameras in high-crime areas that officials announced last year were being equipped with gunshot detection technology. Daley says an increase in the total cameras is at the top of his security wish list.

"My concern is the little guy who has a lot of regulatory burdens already," said Alderman Joe Moore. "This should be a decision left to the individual business owner."

The president of the Chicagoland Chamber of Commerce, Gerald Roper, estimated it would cost about $5,000 to equip a small store with cameras.

The Chicagoland Chamber of Commerce, Chicagoland Apartment Association and the Illinois Restaurant Association have voiced formal opposition to the proposal.

RETAIL SECURITY

图 26.25　各个营业场所和停车场安装监控设备已成为一种潮流，这样可以记录相关场所的活动情况，协助警方抓捕罪犯

注：摘自 Penton 传媒，《芝加哥即将要求营业场所安装闭路电视监控系统》，《访问控制和安保系统融合》，2006 年 2 月 1 日，已获使用许可。

图 26.26　在许多的建筑设计中采用的建筑结构给车库的照明增加了难度。由于光线被遮挡，需要安装更多的灯具，以提高车库内的亮度

图 26.27　因为建筑构造的遮挡，在车库内安装闭路电视监控系统也变得非常困难

CUTLER BAY

Town considers law on parking lot cameras

■ Cutler Bay is taking up a controversial proposal that would force some shopping centers to install security cameras in their parking lots.

BY PATRICIA MAZZEI
pmazzei@MiamiHerald.com

In a skirmish that will pit retailers against elected officials, Cutler Bay may become the first municipality in Florida to require some shopping centers to install surveillance cameras in their parking lots.

The town's Council members plan to vote on the cameras at their Wednesday evening meeting. Last week, Broward commissioners postponed a vote on a similar measure until January.

In Cutler Bay, backers of the law say it would deter criminals and give police video evidence to solve more cases — and improve the crime-riddled reputation that has plagued South Miami-Dade since 1992's Hurricane Andrew.

Representatives of the Florida Retail Federation, a business group, counter that cameras would only displace crime and could saddle businesses with increased costs in a slumping economy. They say businesses should decide on their own whether they need surveillance.

But most Cutler Bay malls choose not to install the cameras, and the town's police unit has to pick up the slack, some council members say.

"When there are multiple armed robberies and they haven't taken those steps, then I think it's responsible for us to look at this," said Mayor Paul Vrooman, adding that he has not decided whether he will vote for the law.

If approved, the county's youngest municipality would mandate shopping centers with 25 or more parking spaces to set up cameras and

keep recordings for 30 days.

Shopping centers would be fined $125 for not complying with the measure — then $250 for a second fine and $500 for each one after that.

Vice Mayor Ed MacDougall said that the cameras would help reduce crime but opposes mandating them.

He called the law "heavy handed" and said it could leave the town open to legal challenges about property rights.

"We should not be the municipality that sets precedent on this," said MacDougall, a retired police officer.

Broward commissioners suggested a similar idea after Sgt. Chris Reyka of the Broward Sheriff's Office was killed in the parking lot of a Pompano Beach drug store last year in a case that is still unsolved. But they have pushed back a vote on the measure.

The American Civil Liberties Union of Florida said it was troubled by the Broward proposal, which did not specify penalties for misusing stored videos. The Cutler Bay law does not include penalties for that either.

Cutler Bay delayed its law in September to meet with shopping center operators and refine the measure's requirements.

Gone are technical equipment specifications, so the town can accept different types of cameras that fit their standards of capturing images of car license plates and of parking lot entrances and exits.

Cutler Bay has already planned to install parking lot cameras in its parks.

The town will debate the issue at 7 p.m. Wednesday on the first floor of the South Dade Regional Library, 10750 SW 211th St.

图 26.28　该市想强制要求所有的购物中心安装摄像头对其停车场的实施监控
注：作者 Mazzei，P.，《城市想就要求停车场安装监控设备立法》，《迈阿密先驱报》，2008 年 11 月 19 日，已获使用许可。

637　　　营业期间，门可处于关闭状态，管理员掌握门钥匙，或者远程控制开闭。为了防止发生侵害，卫生间内应当安装报警器。通常情况下，侵害者和受害人会在卫生间相遇。如果必须设置卫生间，其位置应当合理安排，使管理员在正常工作状态下可以看到卫生间门口的情况。双重门设置容易使受害人被锁在卫生间内，可以考虑采用开放的、迷宫式，较为自由的"S"形入口结构，可以听到受害人的呼救。安装警报器、报警设备、带运动传感器的灯具等可以使卫生间更加安全。

图 26.29 由于天花板太低，车库中的摄像头存在问题。线路未用线管包裹，裸露在外，使摄像头极易遭到破坏

图 26.30 摄像头的线路用线管包裹起来，可以监控到楼层的情况

为负责管理、巡逻、安保的员工配发无线电之类的通信设备很有必要。同时，通信设备对顾客也非常重要。楼梯间、楼层中央、电梯等候区、电梯内，甚至是通往停车库或停车场的道路上，最好都安装报警或求助设备。在设计各类求助设备时，应当符合美国《残疾人保障法》（ADA）的规定，考虑到听力、视力障碍人士的需要（图 26.31 至图 26.34）。虽然视力障碍人士可能不会亲自驾车，但是他很有可能在停车库或者停车场遇到愿意搭载他的驾驶员，并很容易受到侵害。

638

639

图 26.31 个人报警设备应当预先规划、配置管线，并明显易见、反应迅速

图 26.32 紧急求助系统安装在出口门附近的墙壁上。利用 LED 灯照明，很容易识别

图 26.33　如果安装了联络箱，须保证
正常使用。图中的联络箱会让人误认为
可以保证安全，不如直接移除

图 26.34　安装了对讲系统的大学校
园内的车库，蓝光系统可以快速地引
导安保人员发现哪里出现了问题。张
贴的图标可以让需要帮助的人很容易
找到具体位置

　　如果在停车库或者开放式停车场配备了安保人员，很有必要规划设计安保
巡逻系统，以表明安保人员巡经该处并打卡。安保巡逻系统会形成文件记录，
证明安保人员没有睡懒觉或怠工，并详细记录巡逻方式。安保巡逻系统需要配
置相应的电力管线，在初始设计阶段就要进行相应规划，以免后期再安装管线
和设备会损坏建筑结构（图 26.35）。

图 26.35　停车场的灯柱上安装了一个按钮，当值的巡逻人
员经过时连接一下，就可以作巡逻记录

640　　　停车场从其定义来看，一般都是开放的，很少有遮挡视线的障碍物。但
是，在车库中，各种建筑结构和坡道会阻碍视线。停车场的障碍物一般主要是
各种景观绿化设施和树木，同时，车辆之间的空隙也可以形成躲藏空间。在白
天，如果有人躲藏其间，很容易被发现；但是晚上在夜色笼罩下则很难被发
现。因此，在停车场设计中，照明就成为至关重要的设计因素。照明既要注意
适当高度，又要兼顾行人，减少因车辆产生的阴影。安保人员的视线不能被遮
挡，以便观察停车场是否存在不正常的行为（图 26.36、图 26.37）。

图 26.36　升高的平台便于安保人员
更好地观察停车场的情况

图 26.37　如果停车场面积太大，安
保人员可以用赛格威电动平衡车或者
高尔夫球车开展巡察

　　楼道和电梯应当设置在中心位置，保证从管理人员的位置可以看到相关情况。如果楼道设置在视觉盲区，则应当安装摄像头（图 26.38）、报警器、门控开关等监控设施，如果有人在楼道，可以提醒管理人员注意。楼道可以采用透明的玻璃材料，在发生意外的情况下，在建筑外部可以看到楼道内的情况（图 26.39）。

图 26.38　闭路电视监控系统可以监控使用
楼梯出口的情况

图 26.39　外部的楼梯可
以保证良好的光线和可
视度

　　对停车库而言，结构要素和坡道越少，就越利于管理人员和顾客实施监视。车库内尽量少建墙体，通常情况下，采用线缆或者金属栏杆进行分隔，既保证可以看到、听到相关场所的情况，又可以根据需要对地面空间进行划分（图 26.40）。如果确实需要建造墙体，尽可能地多在墙体上开设观察孔、窗户和开口，留下空隙，方便随时观察（图 26.41 至图 26.43）。 642

图 26.40 车库的开口结构能够最大限度地保证可视度。利用线缆分隔，防止车辆和行人穿越，同时便于空气流通、视线通畅和车辆保护

图 26.41 将坡道设在外部，使室内地面保持水平，避免形成斜坡

图 26.42 芝加哥著名的玉米大楼的下三分之一是停车库，楼面呈缓坡状爬升，起到与坡道相同的作用

图 26.43 利用了弧形的坡道，使停车库的地面可以保持水平，避免形成斜坡

　　封闭的停车场应当考虑楼道和电梯的位置和能见度等问题。许多停车场为了美观，把四周遮挡起来，但是，为了便于实施监视，在设计时应当使停车场的正面保持开放，可以用较粗的线缆代替墙体，防止位于边缘的车辆坠落。十多年来，停车场广泛利用线缆。停车场保持开敞的好处是从地面上可以看到里面的车辆，便于实施监视，如果有人呼救也更有可能被听见。

　　在停车场设计中，为了从使车辆从一层通向另外一层而设计坡道是最困难的。但是，也有一些充满创意的设计，在停车场外部设置环形坡道，既可以使停车场内的地面保持平整，又可以保持视线通畅。但是，许多车库因建筑状况的限制，不能采用这种设计。如有可能，尽量在外部设坡道，以使停车场内的楼层视线不受遮挡。

　　停车场的业主同样也负有为使用者和访客提供一个安全可靠的环境的法律义务。在停车场及其内部的各类设施的设计中，行人的出入往往是最容易被忽略的要素。停车库和停车场的设计通常只会考虑到保证车辆有序、高效地通

643

过，但实际上，车辆只是人们通行的工具。人比车辆重要，这一点一定要牢记。

行人通行涉及安全和安保措施方面的设计。对开放式停车场，一个重要的设计因素是保证残障人士可以无障碍通达。可通达性包括专用的残障碍人士区域。坡道、楼道设计、电梯的位置及设计、栏杆、地面、行人通行的交叉路口 644 以及专用的人行道。在停车场的设计中，需要优先考虑的一项原则是：无论何时都要避免让行人穿越车道。在双向通行的停车场中，这点可能无法避免，但可以通过设计，让普通行人和残障人士沿着安全的人行道行走到交叉路口，在这个位置，司机也会保持警惕。

挡车条也是大多数停车场中都会采取的安保措施。其作用是，当你想把车停得尽量抵近停车位底线时，挡车条可以起到提示的作用。当有人不小心将脚踩到了油门上，车辆向前冲出去，撞上墙壁、冲上路沿、人行道，甚至撞上他人时，挡车条也可以起到减速的作用。本来每个停车位都应当安装挡车条，但一些承建商为了降低成本，仅在两个车位的中间位置安装一个挡车条。这样做的问题是：人们下车后，通常认为通行道路是无阻碍的。如果在停车位的中间位置安装了挡车条，就可能将人绊倒，已经有很多人因此而受到严重伤害（图 26.44 和图 26.45）。

在许多办公楼和公寓楼中，停车场通常设置在大楼的底部。在美国的东北部，停车场通常位于地下。在佛罗里达，停车场通常在地面层，有可能占用了地上的头几层，整个大楼位于停车场上。

图 26.44　如果行人没有看到设置在车位之间的挡车条，很可能被绊倒

图 26.45　（参见彩图）左边的挡车条位于从车辆通往电梯的路上，并没有像右边的挡车条一样漆成黄色以突出显示。灰色的挡车条和水泥地板的颜色混同，人们经过时完全看不清楚，容易被绊倒

为了使车辆可以整齐停放，并兼顾视线通畅，必须仔细思考建筑结构。如 645 果因为建筑结构的原因，车库不得不因陋就简，只得将停车场问题摆在次要位置时，运用环境设计预防原则就显得更加重要了。对于前述停车场，必须采取单向通行。在停车场的出入口安排管理员，管理车辆停放和收费，收费亭也可

以作为整个建筑的安全边界。另外一个简单的建议是使用圆形结构物，而非矩形结构物。和矩形或者正方形的柱子相比，圆形的柱子可以保证角落的最大视野范围。从结构方面考虑，这两种形状的柱子并没有什么区别，仅仅是设计方面一个简单决定（图 26.46）。

除了挡车条外，在停车场还可能将人绊倒的是减速带。减速带通常漆成非常明显的颜色，张贴警示标志，充分提醒司机减速，防止车辆失控。减速带的设计必须谨慎处理，以免绊倒行人、摩托车和自行车。减速带虽然可以让小车和卡车减速，但也可能会给车辆带来损害，绊倒行人，很多人身伤害的诉讼就是因此而引发的（图 26.47）。

图 26.46 停车库中巨大的结构柱成了一个安全隐患，它不仅让车辆很难停放，还会遮挡光线，创造了可躲藏的空间

图 26.47 医院的减速带非常易于识别，但是设计师忘记了在路沿边上设置缓坡，给坐在轮椅中的病人带来了很大的困难

646 　　地下停车场需要考虑的另一个问题是，在大楼底楼安装了哪些其他设备？例如，1993 年世界贸易中心大楼的袭击案中，装满炸药的货车在停车场的底楼引爆。虽然大楼最终幸免于难，但安保室、机械室、备用发电机室、排烟系统、消防水管、消防控制系统和水泵，几乎大楼的所有后备及救援设施都安装在大楼底楼。当爆炸发生后，大楼所有应急救援系统和安保设施立即陷入瘫痪。这一事件带来的教训就是，要将大楼的机械设备和安保设施布置在不同的位置，不要设置在平时观察不到、考虑不到，并且众所周知的底楼。另外一个教训是规划方面要做到各种设施数量充足，大楼两侧都要设置楼道，配备足够的设备及消防系统。

如果停车库占用了多个楼层，根据联邦和各州的相关建筑规范要求，需要在各层设置紧急出口。紧急出口的数量根据楼层的面积、建筑占地面积和建筑的形状确定。消防出口楼道可以用作各个楼层的通行，让想离开大楼的人可以无障碍地使用。但是，并没有相关规定，要求可以通过消防楼道的出口进入大楼。楼道也常常成为安全风险点，因为它常处于关闭状态，不透明。正因为难以对其实施自然监视，犯罪分子常常在此伺机作案。根据环境设计预防犯罪原则，在车库设计中，楼道会采用耐火玻璃，方便对其充分地实施自然监视。楼道的情况应当从各层可以看得到，其位置应当设置在从通行人数较多的区域可以观察得到的地方，或者警察和安保人员随意一瞥就可以看到的地方。部分车库的楼道设置了应急报警按钮，方便求助。在遵守建筑和消防相关规范的情况下，楼道门可以采用玻璃材质，或者在门上设置玻璃观察窗（图 26.48、图26.49）。

图 26.48　人们希望能够看清周围状况，也被他人看清自己的情况，才感觉到安全，避免遇到危险

图 26.49　图中车库的楼道设置在大楼外部，利用玻璃做栏杆，尽可能地让楼道透明

在楼道的底层，应当注意保证该区域的安全，防止有人躲藏在那里，同时，在该处存放物品时，要注意符合相关规范要求。通往顶楼和电梯的楼道，要采取安全措施，防止未经允许入内，进入顶层或机械设备房。如果楼顶可以停车，应当对机械设备房实施保护、监视，并安装警报装置。对通往大楼底部、楼顶机械设备房的门，应当预先钻孔，安装管线，以便后期安装门控开关、对讲设备、报警装置，在紧急情况下可以向安保人员或警察发出警报或求救信号。

同时存在办公楼、住宅或者其他用途的高层或地下停车库，其内部的楼道和电梯到达大堂时应当所有人得走出楼道或电梯，不得直接通往各个办公和住宅楼层。任何人都可以在停车后，直接进入街道，免得像进入其他楼层的人一样，都去接受安全检查。如果办公楼在街面一层的车库入口处已经采取了安全措施，车辆驾驶人在停靠车辆后可以直接乘坐电梯进入办公楼层，从而形成一个安全闭环。车库的电梯不能直接到达其他楼层，当电梯到达大厅所在楼层后，所有人应当按要求先走出来，然后根据需要，通过便于安保人员实施安全检查、访问控制和监控等安保措施的专用电梯、楼道或扶梯进入其他楼层。

尽管为了消防逃生要求而设置了楼道，但电梯仍然是出入车库的主要通行方式。安装电梯是为了满足便利性的要求，并且已经成为多层停车库的主要上下通行方式。像楼道一样，电梯也应当在建筑条件允许的情况下，尽量多使用

647

648 玻璃围护，使视线通畅。在大楼外部安装的电梯如果采用玻璃材质，可以让街道上的行人和车库内的其他人看清电梯内的情况。也可以安装摄像头，监视人们使用电梯的情况，许多电梯还按照美国《残疾人保障法》关于无障碍指南的要求安装了对讲机和电话；一些电梯还安装了警报器，以备电梯被卡住时，乘客求助所需。

26.5　指示牌和路标

　　停车场的指示牌和介绍基本规则的指示牌应当设置在使用者和警察从街道上就可以明显观察得到的位置。大楼的指示牌应当不低于 7 英尺，并且在晚上应当利用灯光显示。墙上为行人和车辆张贴的指示牌文字应当便于理解。可以利用图形标志或者色彩让人一目了然，避免歧意。迪士尼世界在这方面就是一个良好的典范，它利用图形、标志、单向通行道路让每天几千人可以方便地停车，避免发生意外事故。

　　这些宣称免责的标志有什么作用？真正有人阅读它们或者注意到它们吗？真的会因为这个而让你避免因过失责任引发的诉讼吗？答案是否定的！下面列举了一些我比较关注的问题（图26.50 至图 26.54）。

图 26.50　停车库中没有常规的安保系统。它期待上帝来保证它的顾客的安全

649

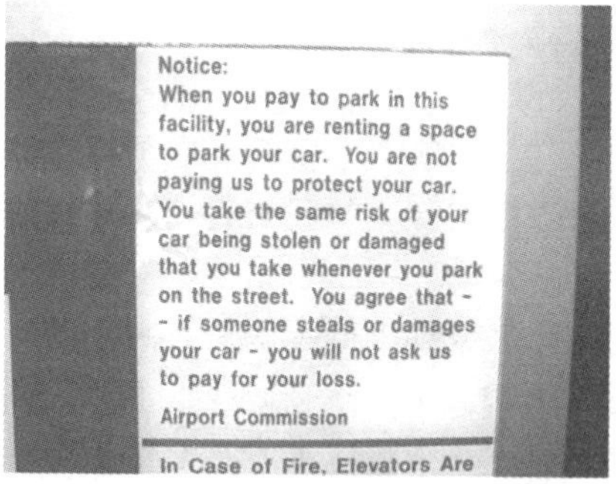

图 26.51　他们只负责向你收钱，并不保护你及你的财产的安全。如果你遇到了什么倒霉事，与他们无关。好吧，只管收我的钱吧

图 26.52　各种法律条款和隐含意义，然而在法庭上并没有什么实际意义

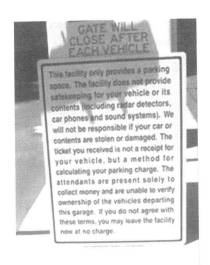

图 26.53 除了我以外，真的会有人停下来读一读上面写了什么吗？真正让我特别注意的是上面写着"如果你不同意我提出的条款……马上走远点"

图 26.54 停车库收了你的钱却说是"帮个忙"，你对这一说法感到满意吗？指示牌和闭路电视监控系统确实提醒了犯罪分子，那就是它的实际目的

停车场应当利用指示牌和各种颜色予以标示，让顾客可以方便地记住车辆停放的位置（图 26.55）。已经有相关的设备系统可以提示哪些车位是空着的，并指引人们寻找车位。在停车场发生的许多争斗都与争夺最后的几个车位有关。这种技术可以清楚地指引人们到达具体楼层的具体车位，因为寻找车位的司机在车道上就可以方便地发现指示位置的绿灯。

图 26.55 （参见彩图）电梯停靠不同的楼层，停车场中采用线缆进行隔离，可以最大限度地方便观察。将各个楼层漆成不同的颜色便于识别路线

停车场或者停车库的指示牌必须准确地标示其安全级别。制造安全的假

象，甚至比根本没有采取任何安全措施更加糟糕。所以，如果指示牌表明了是安全停车场，最好名副其实（图 26.56 至图 26.59）。

图 26.56　宣称停车场是安全的，营造出一种停车场有人巡逻、照明充分、有安全界限的假象

图 26.57　难道这座停车场只为 VIP 客户提供安全保障吗

图 26.58　图中的开放式停车场，看起来就不像是夜晚可以安全停车的地点。没有照明设施、监控摄像头、围栏、警示标志，也没有可以提供帮助、解决问题的人

图 26.59　图中的警示标示虽然够大，标示也还清晰，但是显得太扎眼，并且遮挡了可以通过围栏进行观察的视线

　　停车场的乱涂乱画已经成了另外一种非法标志形式，建筑师是可以通过设计，采取相应措施予以解决的。必须对乱涂乱画予以高度重视，因为它代表了帮派或者暴徒通过这种形式表明这是属于他们的地盘。乱涂乱画也是一种破坏行为，千万不能忽视。如果某面墙壁经常被乱涂乱画，可以在上面喷涂防范乱涂乱画、易于清除的环氧漆，或者增强利用照明和监视手段，抓住那些乱涂乱画的人。如果出现了涂鸦，要及时清除，避免破坏行为进一步加剧，或者犯罪分子将这个地方划为其势力范围。

　　真的可以让停车变成一件很有趣的事吗？孟菲斯的一个停车场就把这个当成了目标，看起来似乎成效不错（图 26.60 至图 26.63）。

图 26.60 停车也可以变得有趣，图中的停车场试图表明，虽然停车问题是"必要的恶"，但是也没有必要搞得无趣和可怕。周围围栏地带，为了避免产生可以躲藏的区域，围栏两边水平的平均照明亮度至少要达到 0.5 英尺烛光

图 26.61 停车也可以变得有趣，图中的停车库利用霓虹灯图形营造出好玩的氛围

图 26.62 利用有趣的 LED 照明，在车辆经过的隧道中营造出不一样的感觉

图 26.63 曼哈顿的一座开放式停车场将墙壁漆得像图书馆一样，并创作了壁画，突出显示区域专属性，表明了此地有人照管

26.6 照 明

651

停车库和开放式地面停车场的照明是一个非常关键的设计因素，它能够协助其他安全措施有效发挥作用。缺乏良好的照明，闭路电视监控系统就会陷入瘫痪，自然监视的实施也会受到影响。照明的数量和质量是停车场周围环境照明设计的主要目标。已经制定的照明标准涵盖了从一般照明到最低限度照明条件等各个层次，可以根据相关规定，提供标准统一照明条件。

北美照明工程协会 G－1－03 发布的《安全照明指南》对停车库的照明作出了详细的规定。该指南建议，在人流较多的区域，如楼道、电梯、坡道，照明标准为 5 ~ 6 英尺烛光（图 26.64）。停车库附近的人行道的照明标准为 5 英尺烛光左右。开放式停车场因为可能设有零售店，或者附属于酒店、汽车旅馆、公寓大楼等，其照明标准应当不低于 3 英尺烛光。入口的照明标准应当为 10 英尺烛光，或者达到周围照明亮度的两倍，以突出显示其具体位置，增加能见度。

654

图 26.64　图中的大堂门厅和电梯间应当从车库尽头可以明显地看得到，通过指示牌和照明设施就可以达到这一目的。但是图中使用的四盏卤化物灯发出的光过于耀眼了，好像是核爆炸发出的闪光一样。这种灯应当挂在 25 ~ 35 英尺的高度，而不是挂在仅有 8 英尺高的天花板上。这些灯的能耗抵消了它们带来的益处

　　由于停车场内的车辆和其他常见障碍物会产生阴影，因此，应当合理确定停车场内光源的高度，使行人的视线不受这些阴影的影响。通常情况下，30 ~ 40 英尺高的灯柱覆盖的照明范围较大，但会在车辆之间产生较暗的阴影。适合行人的光源高度为 12 ~ 14 英尺，在这种情况下，光线会穿透车窗玻璃，在车身上形成反射，明显减少阴影和盲点。在开放式停车场，最好将高低两种光源结合使用，既可以扩大照明范围，提高能见度，又可以最大限度地减少阴影和可供躲藏的空间（图 26.65 和图 26.66）。

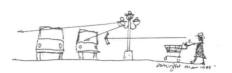

图 26.65　示意图表明：停车场光源高度过高会形成阴影

注：作者：Wright D. H.，城市设计规划师，Action Assessment Group 有限公司前总裁。已获使用许可。

图 26.66　示意图表明：较低的光源可以提高能见度，减少阴影

注：作者是 Wright D. H.，城市设计规划师，Action Assessment Group 有限公司前总裁。已获使用许可。

停车库内部应当漆成浅色，以增加光反射效果（图 26.67 至图 26.70）。 655
灯罩应当采用聚碳酸酯材质，以便防止破坏，更加经久耐用。应当进行定期维
护、及时维修、更换受损灯具和用坏的灯泡，根据灯泡的预期使用寿命及时予
以更换。

图 26.67　在天花板高度较
低的停车场，应当将天花板
漆成白色，以更好地反射光
线。但是，建筑结构等障碍
物会遮挡光线向两边照射

图 26.68　车辆顶上的墙面被漆成了白色，
很明显地增强了光反射。如果颜色为水泥
灰，就会吸收光线，而不是反射光线

图 26.69　图中的灯设计为光线可以
向上折射，白圈部分再将光线均匀地
予以反射，避免形成眩光

图 26.70　图中整个车库是全新、干
净的，漆成了白色，照明效果令人
惊叹

保安室和收费亭应当提供充足的照明，闭路电视监控系统所有光线应当充
足，可调节，以便安保人员可以观察外面的情况。车库内人行道的照明应当实
现清晰、无障碍（图 26.71 至图 26.75），照明亮度应当接近 3 英尺烛光，以
保证行人在 30 英尺外可以看清楚周围情况，平均照明亮底和最低照明亮度之
间的比例不得超过 4∶1。

图 26.71　图中的停车库照明充分，设计优良的楼道使用金属卤化物灯提供照明

图 26.72　图中的停车库有效地利用了各项环境设计预防犯罪原则，底层的围栏可以起到实施保护和访问控制的作用，金属卤化物灯光线分布均匀，楼道内情况清晰可见

图 26.73　停车库中的灯光选用了高压钠灯，底层安装了防护栏，予以保护

图 26.74　停车库采用了较少使用的荧光灯。这类灯泡在低温环境下很容易出现问题，并且极易损坏。底层采取的保护措施可以作为梯子爬到上一层，形同虚设

图 26.75　车库处在新建的大楼中，灯光照耀得很明亮，但是考虑到需要向外部开放，尤其是迈阿密的极端天气和含有盐分的空气，采用荧光灯的选择显得非常糟糕

　　光线的颜色会产生影响吗？有时候会。不同类型的灯泡所达到的照明亮度不一样，在还原照明区域物体的真实颜色方面也存在差异。CRI，即显色指数，是用于衡量某类光源能否准确还原所照射物体真实颜色的指标。现在，环境设计预防犯罪专家一般会选择金属卤化物灯，因为其使用寿命接近 20000 小时，显色指数达到了 90%。其发出的明亮的白光可以准确地再现车辆和人们衣服的颜色。但是，现在的趋势是要摒弃能耗较高的灯，转而选择使用寿命达到 100000 小时或 15～20 年的灯。有时，采用低压钠灯（LSPV）也会取得较好的效果，其使用寿命可以达到 50000 小时，但是显色指数为 0，所有的东西看起来要么是黄色要么是棕色。加拿大和美国的部分城市在高速公路、桥梁和机场停车场的照明中广泛采用了低压钠灯。在工厂的停车场夜间照明中也会使用低压钠灯。但是这类停车场并不要求准确可靠观察场地，并且车流量也比较小。过去，停车库和停车场曾广泛采用低压钠灯和水银蒸汽灯，但是其在使用寿命、能耗水平、显色度方面的特点不大适合停车场的环境，因为停车场行人、车辆不断往来，需要安保人员、闭路电视监控系统和使用者能够准确可靠地辨别真实情况。LED 灯和下一代脉冲金属卤化物灯可能是未来的照明选择。

　　如果停车场非常需要发现潜在的风险，找到嫌疑人和目击者，宜选用白色明亮的 LED 灯或脉冲启动式金属卤化物灯。根据风险威胁评估结果，结合设计师、使用者想要达到的具体效果，利用环境设计预防犯罪方法可以做出不同的照明选择。存放拖车的停车场和市中心车流量大的停车场肯定会有区别，比如在娱乐区，最好选用可以实现全光谱照明的灯泡。如果灯具很容易遭受破坏，则应当选用可以防止损坏的聚碳酸酯材质灯罩。为了防止线缆受到破坏，应当将其包裹到线管中。灯具的高度也应当仔细斟酌，以免对使用者和安保人员形成眩光。在带停车库建筑的安全设计中，照明是非常重要的一环。

26.7　多功能和多用途

　　停车场发展的新趋势是仅将停车功能作为某一建筑的多种功能之一。让合法使用者在停车场内外出入，使用者数量和偶尔路过的人的数量都会增加。随着行人数量的增加，犯罪活动及不良行为的潜在目击者也会增加。许多停车库增加了许多零售店面，如金考快印、星巴克、披萨店、洗车店等，在吸引顾客的同时，也会对安全保障起到强化作用（图 26.76 至图 26.79）。多用途停车库可能会将车库旁边的饭店移到车库里面，或者开设洗车店、咖啡店、快餐店，并在白天营业时间段内为这些车辆预留车位，在夜晚，向夜店和餐馆的顾客收取固定费用。

图 26.76　迈阿密海滩的这座多功能大楼既有公寓、零售店，又有停车库

无论是多功能还是多用途，其目的都是吸引更多的合法使用者，加大自然监视力度（图 26.80 至图 26.82）。绝大多数人的目的都是可以快速、便宜、安全地停车，然后去做自己的事情。无论是开放式停车场、地下停车场还是车库，其目的没有什么区别。

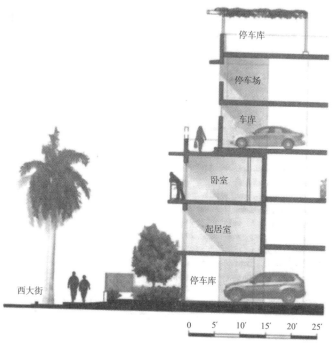

图 26.77　车库的截图显示，住户可以看到街道的情况，可以很好地实施自然监视
注：摘自《Zyscovich 建筑师》，已获使用许可。

图 26.78　车库可以容纳不同的用途和使用者，大多数时间内，美食广场、零售店、购物中心等不同群体的顾客都可以使用该场所

图 26.79　劳德代尔堡的城市公园购物中心，其各类场所布局可以提高监视力度，各项活动之间也可以互相支撑，符合环境设计犯罪预防的关键原则。购物中心的店面在每天的大部分时间内都可以吸引很多的合法使用者

图 26.80　停车库入口并不
一定非要设计成像车库入口
的固定样式，图中的停车库
入口给人一种电影院入口的
感觉

图 26.81　车库利用树木等景观绿化措施进
行点缀，突出显示位于底楼的每天 18 小时
营业的店铺

图 26.82　停车库在底楼也有商铺，但由于这是一栋办公楼，车
库和店铺在夜晚和周末都不营业

26.8　停车管理

　　停车方式和寻找车位的不断变化也会对环境、压力和安全带来影响。新技
术改变了停车行业。人们总是想少缴停车费，正因如此，停车计时器被视为怪
物。现在的技术是利用你的智能手机，输入你的停车位号码，然后就会从你的
信用卡中自动扣除费用。想停得更久一点也没有关系，再延长 30 分钟好了。
不需要大惊小怪，没有浪费，没有找零。生活多美好(图 26.83)。

Lauderdale launches parking by phone

Credit, debit cards can be preregistered for making payment

By Robert Nolin
SUN SENTINEL

MONDAY, MAY 10, 2010 • SUNSENTINEL.COM • SUN SENTINEL • **3B**

FORT LAUDERDALE » Motorists are embarking on a new adventure in parking as Fort Lauderdale launches a high-tech program in which paying for parking spots is as easy as dialing a phone.

Under a recently unveiled "pay by phone" service, drivers may use cell phones to request time and make payments for parking at 1,900 parking spots and 38 parking facilities citywide.

"We're trying to provide every method possible so you don't need cash when you walk up to the meter," city spokesman Matt Little said. "The goal is customer service and convenience."

Prospective parkers can preregister their cell phone number, license tag and credit or debit cards online for free. Then, once they find a parking spot, they call a toll-free number and key in their parking location, which is posted on a meter or nearby sign. Punch in the amount of time they want, and the money is charged to their credit or debit card.

Motorists also may opt to receive a text message when their time is about to run out. They can then request extended meter minutes. "You can add more time and avoid a ticket," Little said.

Members may review their history of transactions at paybyphone.com.

The system, operated by Verrus Mobile Technologies of Vancouver, is in effect in more than 100 cities nationwide, including Miami, where it has been available since 2008.

Driver reaction has been "very positive," said Chris Morisawa of Verrus. "They like the convenience of extending their parking session from a phone."

The pay by phone service complements Fort Lauderdale's Parcxmart system, instituted about a year and a half ago along Las Olas Boulevard and other areas. That system also has a cashless option in which drivers can buy a prepaid city card online; at the city's Parking Services Office, 290 NE Third Ave.; or from participating merchants.

The machines also take cash or credit cards. "They're the latest technology," Little said.

They have proved popular and are relatively glitch-free. "I'm not aware of any problems out of the ordinary," Little said. "As with any equipment, service is occasionally required."

Motorists can register for the pay-by-phone service at 888-680-7275, or verrus.com/verrus/sign up.aspx. More information is available at fortlauderdale.gov/parking.

Robert Nolin can be reached at rnolin@SunSentinel.com or 954-356-4525.

图 26.83 再也不必四处翻零钱了

注：《劳德代尔堡启动手机缴停车费》，摘自南佛罗里达《太阳前哨报》，作者 Nolin，R.，2010 年 5 月 10 日。已获使用许可。

26.9 安全管理

　　虽然上述建议只是针对停车场设计，但是，它们应当和完善的安全管理措施结合起来。安全管理原则的内容也非常丰富，关于这方面的经验介绍也非常多。

660　　从安全角度来说，安全管理对停车场的维护管理显得非常重要。一栋建筑从设计上可以做到高效运行、外观漂亮。但是，如果缺乏必要的维护管理，状况便很快恶化。维护管理工作主要由业主负责，例如更换灯泡、维护损坏的围栏、修补坑洼和裂缝、涂漆遮掩涂鸦等。

661　　如果在设计阶段就要求使用优质材料，产品的使用寿命就会很长。如果产品和材料被滥用，相关设施就会很快失修。在遇到困难的时候，维修费用是被首先砍掉的预算项目之一，但是对于今后节省运营成本来说，它却是影响最大的（图 26.84 至图 26.87）。

图26.84 通过收费亭缴停车费非常麻烦，图中的人在缴费过程中不幸遇难

图26.85 在许多城市的街道上，特别是犯罪行为高发的地区，遗弃的汽车成为了犯罪和环境设计预防犯罪方面的隐患。定期清理街道可以有效地避免"僵尸"车。这一环境设计预防犯罪举措可以保证人身安全

26.10 小 结

通常情况下，停车场和停车库的运营方会采取安保技术设备来应对安全挑战，比如摄像头、警报器、访问控制设备、大门和路障等。虽然此类设备可以向顾客和犯罪分子表明，已经采取了安保措施，但是，这绝对不意味着就可以高枕无忧（图26.86和图26.87）。许多建筑和设计方面的因素会对停车场是否会成为犯罪活动、恐怖活动和破坏行为觊觎的目标产生影响。建筑师可以针对照明的类型和布局提出更优化的方案；可以减少出入口的数量，并安排人值守；可以让出口楼道仅能用于走出大楼，而不能用于从街道上走进大楼，还可以提高楼道的电梯透明度，让人可以看清电梯里面的情况。还可以减少，甚至

662

图26.86 车辆已经在此停得太久了，下面都长出草来了，应当立即将其拖走报废。定期清理街道可以避免此类问题发生

图26.87 如果可以有效地采取环境设计预防犯罪措施，就没有必要采取现在的这种非比寻常的安保措施了，它安装了带尖刺的铁丝网、电网，还用凶猛的斗牛犬看门

完全消除可以躲藏的空间，让整个停车场的视线更加通畅，对一些如楼顶、楼底和机械设备房之类的敏感区域实施访问控制，在地面楼层采取防护措施和检查措施，以避免非法侵入和未经许可入内等行为的发生。除非结构上必需，建筑师还可以尽量避免采用实体墙，而采取严密防范的外围保护措施（图 26.88和图 26.89）。

图 26.88　路易斯维尔的这座车库将美观的设计和环境设计预防犯罪措施结合起来，同时符合路易斯维尔相关规范的要求，既可以预防犯罪，又和周围的城市建筑保持协调

图 26.89　位于路易斯维尔的这座车库，其底层防护设施实用美观，阳光充足，自然通风，让去取车的行人可以很好地看清周围的情况。为了防止有人突然袭击，防护网上留有开口，遇到危险的时候，女性可以掰开防护网，向外面呼救

　　通过采取本章中提出的关于景观绿化方面的建议，设计师可以减少可供躲藏的空间。底层的门应当安全上锁，从外面不能打开，同时还要遵守建筑、消防和安全方面的规范。行人入口应当紧临车辆入口设置。电梯应当靠近特定的主入口设置。电梯门打开后，应当可以看清外面的全部情况。如果有多个出口，那么所有的出口都要采取监控措施。电梯轿箱和楼道护栏（Stair Enclosures）应当采用透明材料。尽量采用 LED 灯、感应灯、脉冲启动式金属卤化物灯，以提供更好的显色效果。停车库内的墙壁应当保持干净，喷涂成浅色，并安排专人或者特定的安保人员在车库内巡逻。除非是酒店、饭店或者便利店之类的服务行业，否则，应当根据当地经营服务的实际情况确定车库开放的时间。

　　地面停车场和地下停车场面临着许多风险挑战，但是，通过环境设计预防犯罪原则（CPTED）可以给设计师提供多种选择和解决方案。停车场并不必然会存在安全隐患，只要预先周密策划，它也可以变得安全美观。如果把保证视线通畅摆到优先位置，严格控制入口数量，底层防护措施到位，停车场可以成为安全场所。由于没有结构物的遮挡，地面停车场可以充分地实现自然监视。现有的技术设备和设计手段也可以做到很好地实现停车场的访问控制。良好的照明条件，可以让阳光照入的开敞式墙体，有助于提高监控效果。加上管理完善，随机巡逻等措施，伺机作案的犯罪分子会相应减少。停车场和停车库

663

664

并不一定就是犯罪分子和恐怖分子的理想目标。

从外观上看，停车场和停车库只不过是一个简单的建筑物，深入观察会发现，停车场实际上是人和机器之间的精妙平衡。犯罪分子们以前往往认为，停车场通常是黑暗、人丁稀少的，存在大把的犯罪良机。但是通过运用环境设计预防犯罪原则，实施监控、访问控制，加强外围防范，可以改善停车场和停车库的安全状况。通过设施、安保巡逻和技术等方面的合理衔接，就可以实现环境设计预防犯罪所设定的目标。

666

附录：停车场安全检查项目清单

开展安全隐患评估时，需要弄清楚以下问题：谁、什么原因、什么内容、什么时候、什么地点、什么方式。以下为部分问题：

（1）预计会有多少车辆，出入是否频繁，在哪些时间段营业，为什么会在此停车，哪些人会在此停车？

（2）视线是否通畅？

（3）是否有墙体、柱子、坡道等障碍物？

（4）光线效果如何？（自然光还是人工照明，天花板的高度、颜色，照明设计的布局）

（5）闭路电视监控如何？（布局、类型，是否可以记录）

（6）是否有底层保护措施，大门或者障碍物？

（7）车辆入口和行人入口的状况如何？

（8）是否按照美国《残疾人保障法》的规定设置了无障碍通道？

（9）指示牌和指路标志怎样？

（10）电梯及楼道的布局怎样，是否可以做到视线通畅？

（11）是否有临时停车和堆垛式机械停车，是否会部分关闭使用较少的区域，是否会在营业时间外停车？

停车场的考虑	隐患	
	低	高
周边停车场	查看检查项目清单	
建筑物内部停车场	建筑物内的政府车辆和雇员	与安全需求相关的精选的政府雇员
单向控制停车场	没限制	100 英寸的距离
停车场安全设施体系	是	是
对停车场设施的自然监视	是	是
停车场设施中的开放式楼梯和电梯	没有需求	是
周边入口控制	没有控制，但是设置未来的变化层级	是
装饰面和标志	是	是

参考文献

［1］ Bates，N．（1999）*Major Developments in Premises Security Liability* Ⅱ，1999 *Study*．Sudbury，MA：Liability Consultants．

［2］ Bates，N．（2004）*Major Developments in Premises Security Liability* Ⅲ *Study*．Sudbury，MA：Liability Consultants．

［3］ *IESNA GJ-03 Guidelines for Security Lighting*（2003）New York：Illumination Engineering Society of North America．

［4］ *IESNA RP-20-98 Lighting for Parking Facilities*（1998）New York：Illumination Engineering Society of Norih America．

［5］ Mazzei，P．（2008）Town Considers Law on Parking Lot Cameras，*Miami Herald*，Nov. 19．

［6］ McCamley，P．（2002）A new risk assessment mode for CPTED：Minimizing Subjectivity．*CPTED Journal*，1（1），255-280．

［7］ NFPA 730（2006）*Parking Facilities*．Braintree，MA：National Fire Protection Association，Chapter 21．

［8］ Nolin，R．（2010）Lauderdale launches parking by phone，*South Florida Sun-Sentinel*，May 10．

［9］ Penton Media（2006）Chicago plan may soon require businesses to install CCTV，*Access Control & Security Systems Integration*，Feb. 1．

［10］ Shoemaker，E．（1995）The multi-level parking garage as an asset to security．*Parking*，February．

［11］ Smith，M. S．（1996）*Crime Prevention through Environmental Design in Parking Facilities*．Washington，DC，Research in Brief，National Institute of Justice，U. S．Department of Justice．

［12］ Smith，M. S．（1989）Security and life safety．In：*Parking Structures：Planning，Design，Construction*．New York：Van Nostrand Reinhold，Chapter 4．

［13］ Wright，D. H．Urban Design Planner and Former President of Action Assessment Group，Inc．，Langley，British Columbia，Canada．

［14］ Zyscovich Architects，*Drawing of Parking and Residential Units*，Zyscovich Architects．

景观绿化和布局设计[*]

建筑使用者接触某一特定建筑时，首先需要走近该建筑，然后穿过周边区域进入该建筑。某一建筑首要，也是最重要的防护线是该区域的周围边界、周围边界与建筑布局的关系以及景观绿化设计。景观绿化有助于明确公共场所和私人场所的界线，并通过划分活动场所，明确活动类型，促使各类行为符合预定目的（Crowe，2000，124）。本章首先介绍景观绿化建设中环境设计预防犯罪的自然方法。在本章结尾部分，针对在景观设计中应采取环境设计预防犯罪措施的高风险区域，提出了机械设备方面的技术措施。

景观绿化建设是以富有美感的方式对公共场所、私人场所及其周边的环境进行设计，以实现预设的某一功能。为了达到这一目标，必须保证布局及景观设计可以保护其使用者的安全（图27.1）。

为了使建筑设计能够提供健康安全的环境，最重要的是要确保遵守建筑方面的法律法规。但是，法律法规一般只规定建筑因素，如出口设计、消防安全和结构完整性，而常常会忽略犯罪和恐怖主义方面问题。由于安全是建筑法律法规关注的首要问题，因此，建筑所在场所及其周边区域的安全理应是最应当优先考虑的事项之一。

景观绿化设计可以明确财产的界线，是应对非法侵入的最重要的手段之一。明确财产的界线是预防犯罪和防范恐怖主义的首要措施，只有这样，才能有效地制止非正常使用者，防止他们在无人注意、无人盘查的情况下潜入（图27.2）。

在绝大多数建筑开发项目中，通常很难处理到底是隐私保护优先还是安全防护优先。二者之间的平衡很难把握，不同的项目也存在区别。低矮的树篱和围栏可以在公共场所和私有物业之间形成心理和物理方面的屏障。尖状围栏既有效地构成障碍，又可以保证视线通畅，便于实施监视（图27.3）。如果在围栏边上再种植树木，就会营造一种封闭的感觉，但是非法侵入者还是可以利用围栏和树冠之间的空隙观察内部的情况（图27.4）。

---

[*] 本章中的部分内容摘自作者以前发表的文章和出版的著作，部分内容可能属于 Wiley 出版社出版的《景观绿化设计图形标准》［Hopper（Ed.），John Wiley & Sons，ISBN：0471477559，copyright 2007］中的内容。谨向美国建筑师协会以及出版社允许引用书中的内容表示诚挚的谢意。

图 27.1　管理完善、界线清晰的前庭

图 27.2　房屋背面的景观绿化和围栏设计合理，既很好地明确了专属区域和界线，又便于实施自然监视和访问控制

图 27.3　根据经验，最好选用覆盖地面较少、树冠较高，不阻碍巡查视线的景观绿化方式

图 27.4　如果确实需要沿较高的围栏种植植物，必须认识到，这样在防止攀爬的同时也会遮挡视线。

注：摘自《安全校园设计指南》，作者 Moore，J. and Powers，D.，佛罗里达坦帕社区设计研究中心，1993。已获使用许可。www. fccdr. usf. edu。

　　实心墙或者砖墙虽然可以保护业主的安全，但是也可能为窃贼提供躲藏的空间。空白的墙壁虽然便于保洁，但也可能会招致涂鸦。将带刺的九重葛、假虎刺、野生酸橙，甚至牙刷草靠墙混合种植，可以起到很好的效果（图 27.5 和图 27.6）。

　　选用合适的植物种类，可以防止他人非法侵入。在小孩较多的场所，带刺的灌木可能会带来安全隐患，同时也难以清扫。许多带刺的植物大小不一，可以满足不同的景观绿化需要。假虎刺有三种类别：翡翠植被，比较矮小；黄杨木植被，植株中等，可以长到 6 英尺；大花假虎刺可以长到 7 ~ 8 英尺。

图 27.5　带刺的植物可以阻止随意攀爬，让想非法侵入者三思而后行

在居住小区中，景观设计师应当选用灌木丛或者保持较低的覆盖率，并且
和周围的建筑墙体和照明设计保持一定的距离。这样，可以防止打破窗户后潜
入室内。最后不要选用阔叶植物，因为那样会遮挡视线，反而对侵入者起到了
保护作用（图27.7）在窗户前面种植矮小型椰枣不会阻碍通风，如果有人想
从树上爬上来，椰枣叶根部的针状尖刺会发挥阻碍作用。Jerusalem Thorn 和
Cinnecord 这两种植物也可以起到相同的效果。

图27.6 带刺的植物适宜于低矮的灌木，可以阻止他人从正面进入建筑

图27.7 灌木丛长得过高，缺乏管护，极易引发盗窃车内财物或人身攻击行为

27.1 在景观绿化中贯彻环境设计预防犯罪原则的注意事项

靠近建筑四周种植树篱，并精心维护，可以防止他人进入或者悄悄地爬到
窗户旁边。即使小偷从屋门进入，得手后想从窗户逃离，由于有灌木丛、树
篱、蕨类植物及其他景观障碍物阻挡，也很难将电视、电脑等盗窃的财物带
走。经过精心谋划后，可以沿围栏种植植物，将公共场所和私人场所区别开来
（图27.8）。

图27.8 植物覆盖率适宜，同时并未对围栏和通行道路产生不良影响

图27.9 土坡将公园和旁边的道路隔开，但树木未进行修剪，巡逻车及行人基本上无法实施自然监视

672　　　在景观绿化建设过程中，土坡是比较常见的，但是，如果运用失当，就会阻碍视线。图 27.9 中的土坡避免了公园一片平坦的单调状况，但同时，完全阻碍了运动场所的视线，当地的帮派分子可以躲藏在后面，避免被巡警发现。土坡的高度应当降至 2.5 英尺，这样，就方便巡警观察，保护好大家的财产（图 27.10 和图 27.11）。

图 27.10　图中的土坡将外侧道路和内侧的人和道隔开，同时，并未对视线和自然监视造成影响

图 27.11　图中的土坡高达 4 英尺，可以防止街道上的车辆径直驶入，但是，它也阻碍了视线，警察和路人几乎无法从街道上实施自然监视

　　　景观绿化措施如果运用得当，可以有效地起到预防犯罪的作用；但如果运用不当，反而会为犯罪行为提供机会。在考虑景观绿化和植物选择的安全问题时，以下是一些必须重点考虑的安全因素。

674　　● 不要让植物将主干道旁的道路或者休闲场所遮掩住。

　　● 在选择植物时应当考虑其生长速度、维护问题以及想要达到的目标（图 27.12）。

　　● 生长速度较慢的植物必须距离道路边缘一码（图 27.13）。

图 27.12　并不是所有的地区都可以种植热带植物，在干旱的环境中，应当考虑种植无茎、需水量少的植物

图 27.13　景观植物及围栏维护得当、高度适宜，既便于实施自然监视，又划定了清晰的界线

- 对生长速度较慢的灌木丛进行维护，使其高度保持在32~36英寸。
- 在容易躲藏的区域、容易滋生非法活动的区域种植多刺的植物，如果想阻止他人靠近窗户，则可以靠墙种植。带刺的植物容易勾挂垃圾，可以在周围设置围栏，防止他人踩踏或勾挂风吹的垃圾。
- 硬质的景观设施必须做到可以防止破坏，不要留下可以用来投掷的物体，如散碎的砾石、石块、卵石等。
- 防止利用景观设施进入建筑物内，或越过墙体或者树篱看到房间或者花园内的情况。街道上的设计在设计上应当适于短时使用，以免被人当作床，在上面睡觉。
- 树冠应当经常修剪，高度不超过8英尺，不得阻碍视线，以便观察整个场所的情况，减少可以用作躲藏或者伏击他人的空间（图27.14至图27.17）。

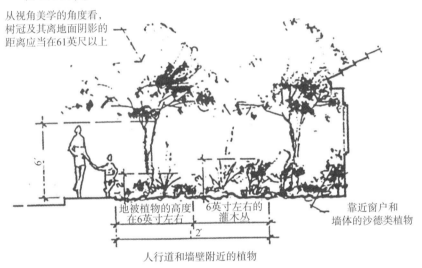

图27.14 设计指南可以根据以有的经验为专业的设计人员提供指导，以达到预期效果
注：摘自亚利桑那州坦帕城设计方案，AZ，1997。已获使用许可。

图27.15 低矮的围栏可以阻止行人穿越，将人们引导到实施了访问控制的路边人行道上

图27.16 房屋周围的树冠经过了修剪，可以很好地对房屋周围实施自然监视

图 27.17　街头设施可以和景观绿化融合到一起，既可以营造有趣、贴心的氛围，又可以防范危险。在一些容易出现问题的场所，如果有人在长椅上睡觉，则可以在长椅中间加装铁架将其分隔，避免出现这种情况

图 27.18　图中房屋周围有一些人行道，种植了地面植被，树冠也进行了精心修剪，不仅非常漂亮，也没有可供躲藏的空间

675

27.2　植物及安全

在景观绿化中具体选择何种灌木，并确定其栽植地点，不仅会增加房屋的安全性，还会起到美化的效果。出售时也会增加房产的价值。

27.2.1　地面植被

地面植被是指种植在地表，高度一般不超过 12 英寸的植物。常见的地面植被有常春藤、富贵草、长春花和桃金娘等。这些紧贴地面的低矮植物在区分特定的场所的同时，还可以标示场所的界限（图 27.19）。当种植在花台中或者嵌板中，这些植物不仅可以起到美化作用，还可以作为障碍物或者缓冲区。

678

在面积较大、空旷、没有特定的用途的无主场所，可以大量种植这种地面植被。通过采取这种方式，地面植被可以使不同的场所之间平缓地衔接，增强美感，同时提示大家不要在植被上面行走（图 27.20）。

图 27.19　办公楼旁边的地面上种植了猴子草，和车辆路障很好地融合到了一起。路桩及低矮的防护栏被漆成了绿色，不注意的话很难看出来

图 27.20　低矮的地面植被和围栏、围墙很好地结合在一起，在建筑周围构建了翠绿的界线。墙上布满了植物，可以避免被涂鸦

27.2.2 矮灌木

矮灌木的高度不超过 3 英尺，长有多个木质茎干，而非单独一根树干。矮灌木可以隔 2.5 ~ 3 英尺种植，形成密度较高的路障。因为其高度有限，在对视线通畅要求较高的场所，灌木是明确界线的极佳方式。矮灌木也可以用于建筑周围，在不同用途的场所之间构建缓冲地带（图27.21）。

679

一些灌木，如山楂树，其枝条坚硬、带刺，如果在底楼沿窗户种植，会成为令人望而生畏的有效障碍物。一些枝条密集、带刺的灌木，如伏牛花，适宜沿房屋外围种植，可以很好地形成树篱。

图 27.21 密集种植的带刺灌木带延伸很长，可以减少非法侵入和他人未经允许在此逗留的行为

- 三刺伏牛花是一种坚硬、美丽的常绿灌木，在树干和枝条上每隔一段距离就会生长出一丛长约 5/8 英寸的尖刺。
- 日本冬青是一种外形粗糙，易于栽培的阔叶常绿灌木，其叶片呈常绿色，其高度为 2.5 ~ 3 英尺，是用于构建树篱的理想植物。
- 安道尔木星是一种沿地面水平丛生的硬质灌木。这种常绿植物叶片呈针状，摸起来像羽毛一样，叶片的绿度适中。这种植物适宜在斜坡或者河岸种植，可以有效地防止水土流失。
- 玫瑰虽然种植难度较高，但是如果大片种植，既可以给人以优雅的感觉，又可以有效地防止他人擅自闯入。在窗户边和围栏旁种植时，可以用碎石或卵石点缀其间。如果有人靠近，就会发出声响，提示有人来了。
- 其他一些矮灌木还包括矮翅卫矛蔓生英国紫杉。

27.2.3 成本效益分析

和建筑性措施相比，如矮墙或围栏，种植植物的主要优势是成本相对较低。特别是仅需要内部员工就可以完成植物的栽种及日常的维护，而建筑性措施需要外面专业的景观绿化公司才能完成。虽然和建筑性措施相比，植物需要经常维护管理，也更容易遭受破坏，但是，在美化环境方面更具有优势。通过优化景观绿化布局，可以有效地避免遭到破坏，如可以在个人住宅旁边更合理地种植。同时，植物还有助于构建优美的环境，让冰冷粗犷的城市建筑看起来更加柔和，让建筑周围的素材、颜色、空间特性更加丰富多彩。

27.2.4　中型灌木

中型灌木可以更有效地发挥路障作用，减少他人潜入的机会，可以形成一道围栏或屏障，与周围的场所隔离开来。但是，应当对种植的植物予以合理安排，以免阻碍对关键区域实施的自然监视。植物的类别既可以是落叶植物，也可以是常绿植物，但是要保证在 5 ~ 10 年内长到 6 ~ 10 英尺的高度。可以适当选择一些带刺的植物，这样，既可以对灌木丛自身起到保护作用，还可以有效防止他人擅自闯入。但是，在居民使用较多的场所，应当使带刺的灌木距离人行道或者该场所至少 3 ~ 4 英尺。

中型灌木可能会因为生长得太高而对特定场所实施自然监视形成障碍，因此，当出现这种安全隐患时，要及时进行修剪。中型灌木也可以用作围栏，将半私人场所与私人场所、后院分隔。在草坪上、公园和院落中，还可以将中型灌木呈组团式种植。

如伯福德的冬青，在秋冬两季形成大片亮丽的红色屏障。博联的女贞，充满生机、生长迅速、材质坚硬、四季常绿。矮小的黑莓在秋季和冬季都可以生长。最后，还有火棘，它可以靠墙种植，形成一道树篱，在秋冬季节还会结出一丛丛的果实。

27.2.5　树木

每间隔 20 ~ 25 英尺种植大树，可以构建有效的象征性障碍。由于有粗壮的树干、大幅的树冠，可以明确建筑、运动场或者其他场所的边界。大树还可以改善休息区的实际效果，因为在一年中的炎热季节，其树冠可以遮荫，可以吸引更多的户外活动，增强对该区域实施非正式自然监视的力度。由于大树的树冠不会遮挡视线，因此，也不会阻碍对该区域实施自然监视。

小树一般有 10 ~ 15 英尺高，看起来像灌木一样，宜用作路障或者防护墙。在分隔容易产生冲突的毗邻场所时，种植小树效果更佳。但是，此类小树不得遮挡视线。

推荐选择下列大树。

- 布拉德福德梨
- 日本国槐
- 枫香
- 挪威槭
- 北方红橡树
- 小叶椴

推荐选择下列小树。

- 海棠
- 拉瓦列山楂
- 紫叶李

680

- 朱砂玉兰
- 星玉兰
- 华盛顿山楂

27.2.6 照明和景观绿化

在前面关于照明的各章中，介绍了照明安全的一般原则。但是，景观绿化中的照明也有一些需要特别注意的事项。例如，为了保证安全，光源应当从树顶向下照射，千万不能让树叶遮挡灯光。在景观绿化和照明方案的设计过程中，应当有安全顾问参与。同时，还必须考虑到树木是属于落叶树木，还是像松树一样的常绿树木。为了确保安全无死角，在外部照明中，合理选择树木种类、安排其布局也显得非常重要（图 27.22）。

图 27.22　办公楼附近的人行道旁，树木和路灯的位置比较合理

路灯的灯光太亮可能会妨碍观察者察看周围的情况。亮度稍低，但分布合理的照明可以更好地帮助人们看清周围状况。同样需要特别注意的是，如果树种和栽植的位置处理不好，则有可能会遮挡光线，影响闭路电视监控系统功能的正常发挥（图 23.23 和图 27.24）。 681

尽管从现场的设计图上看，摄像头的视野会很清晰，但是，如果闭路电视监控系统的布局和景观绿化产生重叠，就会出现大量的盲区。在安排摄像头的布局时，必须考虑树木的高度和长大以后的覆盖范围。建筑的具体位置也会对是否可以透过树木进行观察产生影响。在南佛罗里达州，如北方气候条件一样，树木在冬季不会落叶。在对具体场所的闭路电视监控系统的覆盖范围进行规划时，必须考虑树木是否会落叶。 682

图 27.23　图中的路灯和树离得太近，花了很多钱，却只是照亮了树

图 27.24　路灯设置在树冠之下，不仅营造了良好的整体环境，并且可以让行人很清楚地看清周围情况

27.3　安全区域

美国地理学会在其《关于周边入口物理安全的城市设计指南——联邦三角总体规划的更新》提出了安全区的概念。为了明确特定建筑和街道之间的安全区域，国家首都规划委员会（NCPC）采用并发展了同样的指南。环境设计预防犯罪中的空间层次理念提出了公共——半公共——半私人——私人区域的过渡，而安全区域也是同样的含义。从建筑内部至外部公共街道之间的每一个安全区域，都面临不同的安全风险，需要采取针对性的措施。可以从建筑、景观绿化、街景布置等不同角度采取措施来满足相应的安全需要。

美国地理学会提出的安全区域包括以下类型。

区域一：建筑内部

区域二：建筑周边

区域三：建筑的庭院

区域四：人行道

区域五：路缘或者停车带

区域六：街道

区域一和区域二仅仅与建筑物自身相关（图 27.25）。它们并不是周边物理安全指南讨论的对象。区域六的街道也不是这些指南讨论的对象。区域三、区域四、区域五既涉及公共场所，又涉及建筑及其场址周围的景观绿化。这些区域尤其需要贯彻指南的相关指导原则。

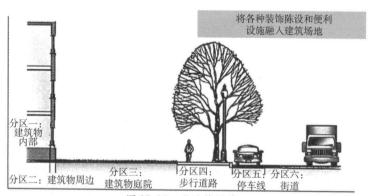

图 27.25　退让的区域

注：摘自《国家首都城市设计和安全规划》，华盛顿特区国家首都规划委员会，2002 年。谨向国家首都规划委员会致以谢意。

27.3.1　区域类型

在美国地理学会的安全区域的基础上，国家首都规划委员会专项小组进行了拓展，对建筑的外部区域进行了类型化。

27.3.2　建筑的庭院（区域三）

建筑庭院是指位于建筑外墙（或正面）与人行道（或公共场所）之间的部分。建筑庭院位于建筑和人行道之间，通常是紧邻建筑的草坪。在这一区域，可以在靠近人行道一侧设置位置稍高的花台，在建筑和公共区域之间形成一道屏障。行人入口和装卸区域通常设计在这一区域，因此，很有必要在安全方面实现无缝衔接，这样，既可以对建筑自身安全进行补充，又可以有效地对出入口进行监控。当在这一区域设置了安全屏障后，如设置柱体或者墙体，人行道也可以防范安全风险侵袭。

包含了安全措施的人行道不应让人感觉到安全措施是生硬地添加上去的，而是要让人感觉到安全措施是和街道布景的总体设计是融为一体的。美国地理学会的安全标准对安全问题采取了均衡的做法，考虑到了成本效益，承认接受一定的风险，认为联邦建筑不应当看起来像碉堡或者要塞一样，而应当是开放、平易近人、富有美感的，可以代表国家的民主精神的（图27.26）。那些为民所有、服务于民的建筑适宜采用审慎的，而非过度的安全措施。

图27.26　街道设施有利于实施环境设计预防犯罪

许多这类新设计需要进一步落实，通过撞击测试（Crash-tested）检验其有效性。进行个别评估可以决定在对私人和商业领域采取这些措施的可行性及其成本（图27.27）。

在决定建筑庭院安全区域应当采取的安全措施时，建议贯彻以下指南。

- 将安全设施，如门卫室和其他入口管理设施，紧邻建筑的访问控制处设置。
- 结合周边场所的具体特点采取其他的安全措施。
- 不要对进入建筑的行人或者建筑附近人行道上的行人形成阻碍。
- 利用高于地面的花坛或者建筑的梯步作为阻挡车辆措施，让景观绿化和座椅能够融为一体。
- 利用路桩、灯带、花台或者其他设施保护间隔地带的安全，限制车辆通过行人入口进入。
- 在庭院内靠近人行道的一侧种植树木，使人行道两边均有树木。
- 在庭院内设置相应的便利设施。

图 27.27　国家首都规划委员会绘制的街道设施草图，可以防范车辆冲撞

注：摘自《国家首都城市设计和安全规划》，华盛顿特区国家首都规划委员会，2002 年。谨向国家首都规划委员会致以谢意。

684　27.3.3　人行道（区域四）

　　人行道区域是指位于建筑庭院与路缘石或停车带之间的区域。该区域处于前述的建筑庭院与路缘石或停车带之间。在城市中，人行道是供行人步行，发挥连接作用的公共区域。因此，使人行道保持开放，让行人可以便捷地使用人行道，促进人行道高效地发挥公共设施作用显得非常重要（图 27.28）。

图 27.28　长椅设置符合环境设计预防犯罪的要求，高度较低的地面植被和挡墙可以发挥车辆路障的作用

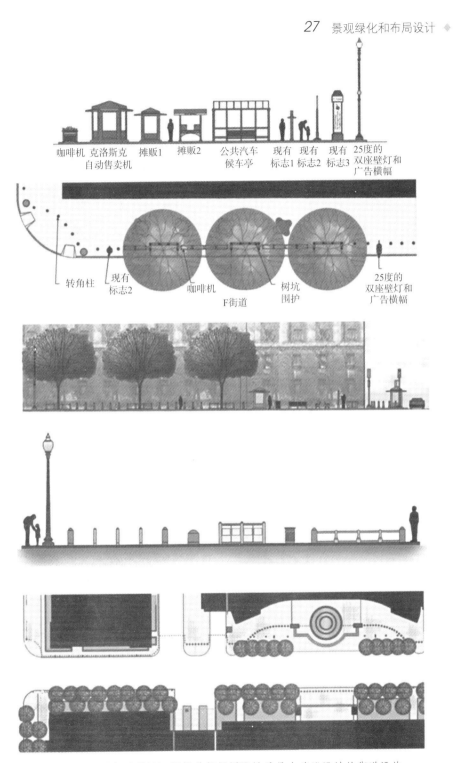

图 27.29　（参见彩图）根据首都规划设计委员会建议设计的街道设施

注：摘自《国家首都城市设计和安全规划》，华盛顿特区国家首都规划委员会，2002 年。谨向国家首都规划委员会致以谢意。

一般情况下，不应在区域四设置安全设施。人行道的宽度应当合适。城市规划师 Alan Jacobs 在其著作《伟大的街道》（1995）中，根据人行道所处的不同环境，提出了各类适宜的宽度。在行人较多的情况下，可能会调整人行道的宽度，以满足相应的需求。街道安全设施应当距离路缘石边缘至少 18 英寸，以便打开车门，让行人可以从车内走到人行道上。这是设置各类街道设施的最好区域，在这一区域设置安全路障也不会导致冲突。在路缘符合相关安全规定的前提下，就可以考虑路边停车和车道需求。

停车计时器、街道路灯、长椅、花台、垃圾箱是路边的常见设施。在街道设计中，应当充分利用这些质地坚硬的物品，突出表明这是属于行人的区域（图 27.29）。

在这一区域设置安全设施，建议贯彻以下指南。

- 首先考虑根据附近街道及场所的具体特点，设计与之协调的安全措施。
- 将安全设计和街道照明、花台、路桩、景观绿化以及其他街道设施（如座椅、垃圾箱、旗杆、电话亭、标示牌、饮用水龙头、水池等）的设计整合到一起。
- 不得对走向入口的行人和人行道上的行人形成障碍。
- 将花台、路桩整合到街道设施的总体设计中。

685

27.3.4 路缘车道（区域五）

路缘或者停车道位于街道毗邻路缘的区域，是街道距离人行道最近的道路。路边停车、乘客下车、装货和服务车辆会经常使用这一道路。除非建筑面临的风险较大，必须要求额外间隔一定的距离，否则，应当允许在路边停车。应当对周围业主的停车需求进行评估，虽然其他情形下也需要使用路缘区域，但停车需求是应予以优先考虑的。

在路缘车道这一安全区域采取安全措施时，建议贯彻下列指南。

- 当安全风险评估结果表明需要移除路缘车道时，应当移除。
- 移除路缘的装货区和其他服务区。
- 将路缘整合到拓宽的人行道区域。
- 当某一机构的使用行为可以纳入管理、监控范围，可以在路缘划出一定区域，供该机构单独使用。

27.3.5 车辆路障设计

景观建筑师的专业设计人员的目标是尽量不要针对特定目标进行加固，看起来像堡垒一样，除非经过全面的分析研究后必须这样做。专业的设计人员必须研究的是采取怎样的措施和方法，从建筑设计方面提高安全水平，而不是在建筑上生硬地强加一些部分，使建筑无论是从外观上还是功能上都变得让人生厌（图 27.30）。

687

图 27.30 联邦大楼正面的花台式路桩，可以阻止车辆进入

27.4 路桩和路障

景观建筑师已经对利用物理障碍对某一场所实施访问控制的常见措施比较熟悉，如利用路桩、花台、安全门、旋转门等措施对交通和停车进行管理。针对特定的对象，到底采取哪一种物理障碍呢？这取决于需要保护的程度，是否需要重点考虑审美因素以及总的预算有多少（图 27.31 至图 27.35）。

图 27.31 可以有效防止冲撞的围栏和路桩

图 27.32 华盛顿纪念碑周围的车辆路障

图 27.33 华盛顿纪念碑旁边修建的哈哈墙（可以发挥阻挡作用的墙）

图 27.34 位于密西西比的联邦储备银行大楼周围街边花台和路桩，其景观绿化设计贯彻了环境设计预防犯罪理念

图 27.35　掩映在地面植被和树丛中的路桩

图 27.36　设置在机场外的防撞护墩不仅外观丑陋，而且还不能发挥安全作用，因为没有将其固定在地面上，既可以被车辆轻易地撞开，也可以被人搬走

　　纯粹的障碍，如防碰撞护墩，可以大批量生产。这类障碍非常坚固耐用，是用加了钢筋的混凝土铸成，造价相对低廉。防碰撞护墩易于安装、拆除，但是外观较丑。而加顶盖的防碰撞护墩（Jersey Bib System）是解决这一问题的方法之一，Stoneware 生产的装饰性花台，就是在标准的防撞护墩的顶部加上一个大小合适的花台。景观建筑师喜欢大量使用防撞护墩的原因之一，就是其选择范围比较广泛，既有预先铸好的标准护墩，也有根据设计要求定制的护墩（图 27.36）。

689　　为了分隔行人和车辆，限制车辆进入，路桩是一种比较理想的方式。路桩有多种形式，如可搬移的、可伸缩的；材质也比较丰富，如钢材的、铸铁的、混凝土预制的、球墨铸铁的、铝材的、高密度聚氨酯的、再生塑料的。固定式路桩常常插入混凝土中，焊接到底座上，或者用镙栓固定（图 27.37 和图 27.38）。

图 27.37　建筑外面安装的防撞护墩外观丑陋，仅能作为一种临时措施。它不能阻挡车辆冲撞或者汽车炸弹袭击，几乎起不到防护作用

图 27.38　图中建筑外面的防护花台不仅可以发挥保护作用，还可以起到明确专属区域的作用

　　路桩系统可以是由一个或多个路桩构成的独立系统，也可以是由两个或多个群组构成的联合系统。升降式路桩平时位于地底下，可以通过遥控操作精密的液压或气压传动装置将其升至防护位置。横梁式障碍可以结合光纤网络屏障使用。

　　花台式路障通常使用含玻璃纤维的混凝土制成，并带有钢筋制成的钢罩。作为安全设施，它的防撞能力可以和高速路上的护栏媲美，其设计的防撞能力不仅是为了让冲撞的车辆停下来，而是要将他们反弹至空中。花台式安全路障不仅外观漂亮，还可以提高安全防护水平。Stoneware 开发出了一种名叫 Terra Cotta 的新产品，其外观和质地就像太阳晒过的黏土。这一产品外形美观，但是价格不菲（图 27.39）。

　　路障和大门的使用已经历经了几百年，并且依然还在使用，就是因为其有效、价格合理，便于操作。对于景观建筑师而言，其种类丰富，有可滑动的、可升降的、可向侧面打开的、可从地面弹出的。许多挡门可以从矩形孔伸缩，在满足防护需求的同时，还可以减轻重量（图 27.40）。

690

图 27.39　图中可以更加清晰地了解路桩是如何实际安装的

图 27.40　气压伸缩路桩内部构造。路桩被装进金属箱中，埋入地下。图为路桩升至地面位置的情形

　　如果遇到外力撞击，挡门会向后缩，但是同时会刺向车辆下部。这样，门可以发挥很大的阻挡作用，可以让大多数车辆减速，直到停下。路障一般带有插入地面的混凝土支柱，支柱上是箱形主体，整个外形就像楔子一样，通过伸缩来发挥控制交通的功能（图 27.41 和图 27.42）。

　　随着现代科技和不断成熟，新近出现的许多路障的挡臂都配备了液压传动装置、光敏电阻（Photocells），可以通过程序控制挡臂的升降。这意味着，一旦投入使用，可以更顺畅地控制，更加高效地发挥作用。许多防

图 27.41　联邦办公大楼外的员工和服务人员入口处，既设置了路障，又采取了机械设备管理手段

691

护门都配备了一些标准的装置，如手动控制系统，以备在出现电力障碍时采用；安全系统，以免因大门故障夹住行人或车辆（图 27.43）。

图 27.42　位于华盛顿特区的联邦调查局大楼的服务人员入口处采用了机械障碍加强保护

图 27.43　升降式路桩降下以后，货车在安保人员的注视下通过

27.5　确保景观绿化安全的物理障碍设施

物理障碍设施的类型主要可以分成两类，即自然的和人为构建的。自然的障碍包括山、崖、峡谷、河流以及其他一些难以逾越的地形。人为构建的障碍包括围栏、墙体、地面、屋顶、架子、栅栏以及其他一些可以阻挡他人进入的设施。如果在某一建筑外围的一边或者某一部分有自然的障碍，并不能因此想当然地认为障碍设施已经很充分。如果下定决心想要进入的侵入者可能会突破那部分自然障碍的话，还得设置人为的障碍予以补强。

692　**围栏**

围栏是最常见的外围障碍或管控措施。铁网式和尖桩式围栏是两种标准的类型。虽然铁网式围栏通常很难看，但在一些情形下还不得不采取这种方式，究竟选择哪种类型，得取决于相关设施需要使用的时间，以及当地的法律法规规定。良好的围栏应当中间没有空缺部分，不被植物遮挡，并经常维护，处于良好状态（图 27.44 至图 27.47）。

图 27.44　图中的景观绿化设计贯彻了环境设计预防犯罪原则，安装了外围护栏，整体感觉既美观又安全

图 27.45　位于墨西哥和得克萨斯州之间的美国国境线上安装了铁栅栏，让人望而生畏，可以切实阻止那些企图非法越境的人

图 27.46　大学校园外安装的外围护栏，既可以划出一道安全的边界，又可以对进入大学的行人和车辆进行管理

图 27.47　设置围栏的初衷是好的，但是却存在严重的设计缺陷。围栏的支撑柱可以当作梯子使用，很容易使钢铁围栏的实际作用大打折扣

27.6　小　结

694

无论是建筑师、景观绿化建筑师还是安全设计人员，都应当将整个决策过程记录下来，尽管这是不言而喻的，但是还是需要强调一下，这也是为什么利用纸质档案进行正确的风险评估的重要性所在：这不仅有助于设计人员选择适当的环境设计预防犯罪措施，而且当入住后需要再次进行评估，或者因安全漏洞引发诉讼时，这些材料也会发挥很大的作用。

最后，景观绿化建筑师和建筑师、电气工程师的通力合作也很重要，这样可以把安全措施和犯罪预防措施整合到整个现场设计中。建筑使用者的健康、安全和福祉取决于现场的安全规划设计水平。

参考文献

[1] Atlas, R. 1. (2000) Crime prevention through environmental design. In J. R. Hoke Jr. (Ed.), *Architectural Graphic Standards*. John Wiley & Sons, New York.

[2] Atlas, R. (2002) Planting and shaping security success. *Security Management*, August, 46-51.

[3] Atlas, R. (2004) Security design concepts. In *Security Planning and Design*: *A Guide for Architecture and Building Design Professionals*. American Institute of Architects, John Wiley, Washington, DC.

695

[4] Atlas, R. (2005) The security audit and premises liability. In *Spotlight on Security for Real Estate Managers*, 2nd end. IREM, Elsevier, New York.

[5] Atlas, R. (2006a) Architect as Nexus: Cost effective security begins with Design. *Architect*, May – June, 30-34.

[6] Atlas, R. (2006b) Designing for Security. *Construction Specifier*, April, 83-92.

[7] Atlas, R. (2006c) Is there a difference designing for crime or terrorism interagency cooperation. *Law Enforcement Executive Forum*, 6 (6), November.

[8] Atlas, R. (2006d) Security site design and landscaping. In *Planning and Urban Design Standards*. Graphic Standards, Wiley, New York.

[9] City of Los Angeles (1997) *Crime Prevention through Environmental Design*: *Design out Crime Guidelines*. City of Los Angeles, Los Angeles, CA.

[10] Florida Center for Community Design + Research (1993) *Florida Safe Schools Guidelines*. University of South Florida, Tampa, FL.

[11] Hopper, 1. (2005) *Security and Site Design*: *A Landscape Architectural Approach to Analysis Assessment and Design Implementation*. John Wiley & Sons, New York.

[12] Jacobs, A. (1995) *Great Streets*. MIT Press, Cambridge, MA.

[13] Moore, J. and Powers, D. (1993) *Safe Schools Design Guide*, Florida Center for Community Design + Research, Tampa. www. fccdr. usf. edu

[14] National Capital Planning Commission (NCPC) (2002) *The National Capital Urban Design and Security Plan*. National Capital Planning Commission, Washington, DC. Available at: http://www. ncpc. gov.

[15] Russell, J., Kennedy, E., Kelly, M., and Bershad, E. (Eds.) (2002) *Designing for Security*: *Using Art and Design to Improve Security*. Art Commission of the City of New York and the Design Trust for Public Space, New York. Available at: http://nyc. gov/ art. commission. com

[16] Sipes, J. et al. (2002) Designing for security. *Landscape Architecture Magazine*, September, 58-88.

[17] U. S. Department of Housing and Urban Development (1979) *Planning for Housing Security*: *Site Elements Manual*. William Brill Associates, Annapolis, MD.

[18] Wekerle, G. and Whitzman, C. (1995) *Safe Cities*. Van Nostrand Reinhold, New York.

其他资料

[1] Atlas Safety & Security Design: www. cpted-security. com

[2] The Infrastructure Security Partnership: www. tisp. com

[3] American Society for Industrial Security: www. asisonline. org

[4] Defensible Space, nonprofit organization created by Oscar Newman: www. defensiblespace. com/ start. htm

[5] General Services Administration, Office of Federal Protective Service: www. gsa. gov/Portal/ content/orgs content. jsp? contentOID = 117945&contentType = 1005

[6] International CPTED Association: www. cpted. net

[7] National Capital Planning Commission: www. ncpc. gov

[8] National Crime Prevention Council: www. ncpc. org

[9] CPTED page: www. ncpc. org/2add4dc. htm

[10] National Crime Prevention Institute: www. louisville. edu/a-s/ja/ncpi

[11] Security Industry Association: www. siaonline. org

[12] Terrorism Research Center: www. terrorism. com/index. shtml

[13] U. S. Department of State, Counterterrorism Office: www. state. gov/s/ct

[14] White House Office on Homeland Security: www. whitehouse. gov/homeland

设计安全的绿地和公园

规划设计的公园和休闲场所是用于社区娱乐和运动的特殊场所。许多公园在设计时尽量增加其可以容纳的活动类别，以吸引各种类型的使用者。由于城市设计者和景观绿化建筑师创建绿地和公园的目的各不相同，因此公园研究的范围也比较广泛。从纽约中央公园到社区公园，再到位于公寓楼之间的儿童运动场，其类型非常丰富。

公园如果设计得当并经常使用，有助于营造社区氛围。公园可以把大家聚拢到一起，让社区文化变得丰富多彩。公园是休闲场所，可以为人们的活动提供广阔的空间。由于城市正处于持续的更新、发展过程中，在城市中新建开放空间、河滨步道、自行车道、滑板公园或一块块绿地，已经成为一种趋势（图28.1）。

怎样的公园才是安全、有趣和成功的公园呢？作为一个环境设计预防犯罪方面的研究人员，我经常对位于多户住宅区和商业区之间的绿地和公园进行评价。但我经常会对一些公园设计方面的问题感到疑惑不解。例如，许多的公园都经历过犯罪、破坏公物、乱涂乱画、吸毒和毒品交易等问题的困扰。这样问题实际上是由功能和使用者方面的冲突导致的。婴儿及儿童的玩耍场地经常设置在整个场地或者

图 28.1　孩子们正在位于肯塔基州路易斯维尔的极限滑板公园内愉快地玩耍

公寓楼旁的边角地带。秋千和沙箱被设置在难以实施自然监视，其至根本无法实施自然监视的地方，可能经常会有大孩子在该区域中不当使用。我经常发现一个共性的问题，运动场所或公园，要么是无人使用，要么是不该使用的人在使用。当我看到公园、绿地、运动场设置在偏僻的地方时，我不禁会问，开发商和建筑师到底是在想些什么？难道因为公园是不能够产生收益的项目，就应当在设计时把它摆在边角地带吗？难道就没有想过，这些公园该怎样使用，由谁使用吗？（图28.2 和图28.3）

图 28.2　位于新墨西哥州 Albuquerque 的社区公园

图 28.3　芝加哥公园中，正在享受野餐的家庭

图 28.4　妈妈们在秋千和沙箱附近可以享受一下安静的时光

　　另外一个在功能和使用对象方面处理失当的例子，是在公园中将秋千和沙箱紧邻篮球场设置。公园的规划设计者经常会像这样把不同的用途搅到一起。将这两种活动场所毗邻设置，错在哪里呢？秋千和沙箱的合法使用对象是特定年龄段的幼儿，有时还可能有父母、祖父母、保姆、临时代管者等看护人员的陪同。通常情况下，看护人员可能是一位年轻的妈妈或者年长的外婆、奶奶（图 28.4）。一般情况下，父母想要的是一个安静的、没有障碍物遮挡、可以很好地实施自然监视的场所。设置秋千和沙箱的场所应当干净、没有非法物品（如吸毒的针具、瓶子，避孕药等）。家长也希望在此照看孩子的同时，自己也可以在周围短时间地散一下步，呼吸一下新鲜空气。

699　　但是，在紧邻秋千和沙箱的地方却修建了随时有人使用的篮球场。在篮球场上，跳跃、大喊大叫、叫骂、随地吐痰、拉拽、冲撞等行为属于正常现象（图 28.5）。在激烈的比赛中，青少年和成年男性的这些行为是正常、合法、可接受的（图 28.6）。这些行为可能不会从身体上对儿童或者其女性看管者产生影响，但是它会让人感到烦躁，甚至会吓到年龄较小的幼童。事实上，我经常在一些场所的边角地带发现各类休闲活动场所被不当地安排在一起。

　　我们必须贯彻环境设计预防犯罪的原则，更好地设计公园、绿地、小路和户外休闲场所。城市中的许多公园需要按照专属区域的理念，明确地界定公共财产和公园。我时常发现，一些行为反映了公众对公园和绿地的误解，认为它们是"无主土地"（图 28.7 至图 28.9）。许多人认为，在公园里可以进行各种不当的，甚至非法的行为。事实上，公园是属于联邦、各州、当地政府或私人所有的。因为是由他们对公园实施管理，派人进行维护，并制定基本使用规则。

图28.5 在紧邻成年人使用的篮球场旁修建了秋千，会导致使用者之间产生冲突

图28.6 小孩及其看管者与篮球场上的成年人及青少年之间存在使用者冲突

图28.7 小型儿童游乐场可以很好地实施自然监视

图28.8 小型儿童游乐场无人使用，因为距离后面的房屋太远，小孩的妈妈无法实施自然监视

图28.9 游乐场离孩子们的看管人很近，来玩耍的小孩较多

701

28.1　公园规模

公园占地面积太大，入口太多，会给访问控制带来严峻的挑战。以下为一些环境设计预防犯罪方面的措施。

- 明确、清晰地设置进入公园的道路。如果入口不止一个，均应有明确指引。
- 由于绿地通常是位于商业区和居住区之间的缓冲地带，通常不会设置入口。但是，无论是从物理设施角度还是日常管理角度，都需要为绿地明确地设置边界。如果没有明确地设计边界，就有可能让人误以为谁可以合法地使用绿地。

小型社区公园通常更容易落实环境设计犯罪预防理念。小型公园经常会采用围栏来明确边界，并有明确的入口对公园进行访问控制（图28.10）。设计人员决定在哪里实施访问控制后，人行道的位置以及对行人和车辆实施导流的位置也就相应地确定了。

702
根据环境设计预防犯罪原则决定于何处实施访问控制后，会进一步决定哪些场所最吸引人、最容易实施观察以及使用频率最高。入口应当明确界限，并在入口处树立标志牌，说明基本使用规则，予以适当的照明。根据风险威胁评估结果，在场所周围合理地设置围栏。

公园就是结合了绿地和娱乐、休息和其他特定功能的场所。如果天然的植物和种植的树木的密度较高，而仅为了实施自然监视就将其修剪，既不合理，也不可行。事实上，这些高密度的植物可以作为自然屏障，同时，正常情况下也不会对行人产生影响。使用人行道和其他小路的，既有合法使用者，也有非法使用者，因此，尽可能避免存在遮挡视线的障碍物，以便对这些道路实施自然监视（图28.11）。

图28.10　道路清晰明了，既可以实施访问控制，又方便实施自然监视，还体现了区域专属性

图28.11　人行道既可以向公园内的人指明方向，又方便警察巡逻

图 28.12　公园的长椅数量较多，但合法使用者较少，成了无家可归者的乐园

图 28.13　左边的椅子可以当作床来用，中间的铁架不足以阻止他人在上面睡觉

图 28.14　图中的设计既方便交流，又可以阻止在上面睡觉，效果很好

图 28.15　一图胜千言。公园的椅子上既有合法使用者，也有非法使用者。假如在椅子中间装上了铁架，那些流浪者就不可能在上面睡觉了

　　休息区域应当有良好的视野，方便实施自然监视。休息区的座椅之间尽量存在间隔。根据相关要求，可以在座椅中间装上隔离架，以防止有人在上面睡觉（图 28.12 至图 28.15）。

　　在适当的情况下，对城市公园的地面植被及其他树木进行修剪，植被低于 32 英寸，树冠高于 8 英尺。这样，在植被和树冠之间就没有障碍物遮挡，以便保持良好的视野（图 28.16、图 28.17）。

　　并非所有的公园都像佛罗里达州的那样地势平坦，因此，必须考虑到自然地形问题。即使是在科罗拉多，绝大多数道路都可以做到界线明晰，视线良好，便于实施自然监视（图 28.18、图 28.19）。

704

　　为了按照预定目的，使公园内的各类行为都符合法律规定，在易于观察的位置张贴出基本行为规范很重要。情景式环境设计预防犯罪矩阵利用了激发羞耻感原理，并消除不当行为的借口。张贴基本规则对实现这一目标很有必要。正如前面章节中关于情景犯罪预防中所述，指示牌中的规则可以激发罪犯的羞耻感，让其三思而后行，打消实施不当行为的念头。标志牌中应当说明什么时

候可以使用，哪些活动是允许的，哪些活动是禁止的，由谁来执行这些规则，不遵守相关规划会导致什么后果（图 28.20 至图 28.23）。

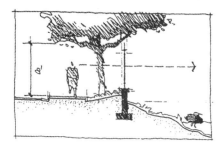

图 28.16　环境设计预防犯罪中的道路设计指南

注：摘自《安全校园设计指南》，作者 Moore，J. and Powers，D.，佛罗里达坦帕社区设计研究中心，1993。已获使用许可。www. fccdr. usf. edu。

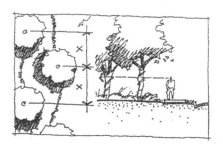

图 28.17　环境设计预防犯罪中的道路设计指南

注：摘自《安全校园设计指南》，作者 Moore，J. and Powers，D.，佛罗里达坦帕社区设计研究中心，1993。已获使用许可。www. fccdr. usf. edu。

图 28.18　贯彻了环境设计预防犯罪原则

图 28.19　公园内的安全道路和休闲场所

图 28.20　公园中的告示牌说明了使用者的年龄要求和监管措施

图 28.21　公园中的标示牌告诉大家：此处无人监管

图 28.22 公园中的告示牌说明了关于人、遛狗的一些基本要求，最重要的是，深夜不得进入

图 28.23 可以制定法规规定公园属于禁毒场所，在公园内吸毒或者进行毒品交易会从重处罚

28.2 公众使用权与"Stallone 门"事件

发生在迈阿密的著名的"Stallone 门"事件是关于公园使用权、使用者冲突和用途冲突方面的典型案例。Sylvester Stallone 和 Madonna 居住在 Biscayne 海湾正面的一块专属区域内，紧邻一个小型的社区公园。白天，公园基本上没有什么问题，人们会在里面遛狗，欣赏沿河风光。但是，到了晚上，公园里就会有毒贩、吸毒者，还有男性在公共洗手间里面进行非法性行为。公园有围栏，通过入口大门可以进入公园，但是由于大门失修，关不上了。

迈阿密警察局几乎不会到此巡逻，对于公园内的这些非法行为，当地的居民们只好自求多福。晚上到公园内遛狗成了一项高风险活动。多次向迈阿密市投诉，问题始终得不到解决后，Stallone 自己掏钱修好了大门，并确保按照公园的管理规定，在日落后就将大门锁上。尽管在个人禁止他人使用公园这一问题上还存在政治上的瑕疵，但是公园内的犯罪总算是消停了。

后来，迈阿密市收到公民权受到侵犯的投诉，认为晚上大门关闭后，公园再也不能毫无障碍地使用，而这处公园原本是属于公众的公园。这个政治恶搞升级成了广受关注的争论，认为普通公众有权进入公园，公园不是专属于有钱人的。后来，还是达成了妥协，由警察局负责公园的执法。

并非所有的公园都得在日落前关门。我在内华达州里诺市就发现了一个例子。公园位于市中心的赌场之间，赌场每天 24 小时营业，员工每天三班倒，经常会看到凌晨三四点的时候还有人在公园里锻炼、跑步或者遛狗。

许多公园内都设置了洗手间。洗手间内经常会发生非法行为，在洗手间是应当全天保持开放还是仅在公园开放时间内开放这一点上，存在很多的争论。

706

707

如前所述，贯穿本书的一个理念是：正确的环境设计预防犯罪从分析风险开始。在第 29 章中，你会看到环境设计预防犯罪风险评估指南，在哪种环境设计预防犯罪措施最可行这一问题上，它会帮助你做出正确的决定。针对某一不当行为，环境设计预防犯罪方法先是对具体问题进行分析，而不急于说答案。例如，解决问题的正确方法中可能会包括洗手间面积的大小、蹲位（Stalls）的数量以及公共区域面积的大小。如果洗手间只有一个蹲位，解决方式很简单，只需要在晚上锁起来就行了。如果洗手间的面积较大，没有门——只是个简单的"S"形入口——在公园关门后就比较难以实施管理了。如果公园在晚上还会开放，那么在晚上进行巡逻就非常必要。照明也会成为需要重点考虑的因素，在设计时可能需要思考在洗手间内设置个人求救警报器。公园使用程度的高低也会决定是否需要设置配套的设施（图 28.24、图 28.25）。

图 28.24　安静的理念就是提供安静地开展活动，进行冥想的场所，没有集体类体育活动

图 28.25　公园内的洗手间被设计得很小，便于识别。公园的管理人员在日落之后就将其关闭，以免有人在此逗留，或者进行非法性行为

28.3　园林景观设计

绿地中的树木和植物的选材，大多由当地的树木植物分布情况决定。除非是在主要植物为仙人掌的美国西南部地区，否则需要面对的困难主要是防止灌木和树木生长过快，形成可以躲藏的空间。已经被判刑的佛罗里达州杀人狂 Danny Rolling，于 1990 年杀害了佛罗里达的五名大学生。在作案时，他躲在受害学生居住的公寓楼旁边的树丛中进行观察，以选择最佳入室盗窃的目标。

如果树丛或者绿地紧邻多户住宅区及商业场所，在绿地和上述场所之间应当设置围栏。

在多户住宅区底楼的园林绿化设计和植物选择中，应当将带刺的灌木纳入考虑范围，树木的修剪应当遵行 3×8 英尺原则（图 28.26）。环境设计预防犯罪中关于景观绿化的重要原则同样适用于商业建筑，包括商业建筑中的办公室、公园和办公楼。

708

在公园的景观绿化中，景观绿化建筑师和公园规划师可以选择的植物种类很多。没有可以适用于所有公园的完美方案，需要首先针对想在公园中开展哪些活动、使用者是谁等问题进行风险评估，再根据评估结果选择正确的方案。有些公园禁止夜晚使用，有些鼓励在夜晚使用。根据风险评估结果找出问题解决方案的一个案例是，针对流浪者于夜晚公园关门后在里面睡觉和（或）在角落里滞留的问题，从环境设计预防犯罪方面找到了答案（图 28.27）。许多城市的公园在设计阶段就考虑到了用喷灌设备来为草地浇水，在夜晚将草地和树木淋湿后，可以有效地防止流浪者在公园内安营扎寨。

709

图 28.26 树冠进行了合理修剪，可以对公园无障碍地实施自然监视

图 28.27 流浪者在公园的边角处扎营，公园的管理人员很难监视到他们的活动，因围栏和植物的遮挡，也很难观察到具体情况

公园面临的另外一个难题是土坡的不当使用。很多城市的规划规范要求停车场不得出现在公众视野中，因为车辆和停车场有碍观瞻。结果，为了遵守规划规范，景观园林建筑师不得不使用土坡或者植物将停车场遮挡起来。遗憾的是，这意味着路人、安保人员和警察再也无法对停车场实施自然监视，结果成了盗车贼和其他盗窃犯盯上的目标。在其中的一个案例中，需要在繁忙的 41号高速公路旁为当地的一所大学修建一个停车场，佛罗里达州萨拉索塔警察局提请规划委员会在这个安全中放弃适用该要求。景观绿化建筑师沿高速公路设计了漂亮的围栏，再配上高度较低的地面植被，结果，该停车场的犯罪行为大幅减少，因为更加方便当地的治安官和警察巡逻了。萨拉索塔的经验是警方运用环境设计预防犯罪的典型范例。它给规划官员和立法人员的启示是，可以寻找一种替代性的遮挡、防护方法，在实现景观目标的同时，也不会对安全带来负面影响。

在公园设计中，土坡可以发挥其作用，但在处理其位置及作用时要周密思考。如果要从土坡的一面向另一面实施自然监视，而土坡会阻挡视线时，就需要反复衡量了。犯罪分子会利用土坡作掩护，躲过警察、行人以及安保人员的监视（图 28.28 和图 28.29）。

710

图 28.28　有围栏划出界线，视野清晰开阔，没有障碍物遮挡视线，游乐场所可以达到最佳效果

图 28.29　土坡可以在车辆和停车场之间形成缓冲地带，但也会遮挡视线。行走在人行道上的女性会被土坡遮住。土坡也会妨碍巡逻警察观察

28.4　照明设计

公园的照明也常常是一个饱受争议的话题。需要先分析夜晚可能在公园、绿地上发生的各类行为，然后开展风险隐患评估，再根据评估结果采取适当的照明方式。如果晚上会在公园内举行垒球和篮球等比赛，还需要根据这些比赛的需要，提供合适的照明。人行道及其他道路的照明，要足以让人在 25～30 英尺外看清他人的面部。在多伦多开展的安全审计方法研究中，建议将距离定为 75 英尺（Wekerle and Whitzman，1995）。如果路灯的高度相当于普通人的膝盖，那么就可以照亮地面，防止人们滑倒和摔倒，但是，当有人走近时，难以看清其面貌。环境设计预防的目的是，当有袭击者逼近时，人们在 30 米外就可以看清其面貌，以便有时间决定是继续往前走，还是转身就跑，或者马上停下，静止不动，待进一步观察，看是否存在危险。

对于适用户外空间的具体设计标准，可以参考北美照明工程学会出版的《对人、财产及公共场所的安全照明指南》（IESNA G－1－03，2003）。

许多有河流的城市为了充分利用漂亮水景，会沿河修建道路，在环境设计预防犯罪方面需要解决的困难就是要尽量让行人参加合法的活动，以免让那些流浪者、毒犯、吸毒者和街头犯罪分子占领了该区域。在电影《梦幻之地》中，有一句著名的台词："如果你建好它的话，他们会来的！"这是一个非常准确的论断。如果你建好了一条小路、滨河道，或者其他的道路，使用者——既有合法使用者，又有非法使用者——会来使用它们的。因此，如果出现了一条道路，并说明了合法的用途，就会有人在晚上来使用（除非明确禁止或者晚间关闭）。如果道路可以在夜晚开放，那就意味着应当提供照明，并安排人员巡查（图 28.30）。

如新墨西哥州的阿尔布开克——像美国西南部的其他地方一样，也有旱河，在大雨或暴雨期间可以引导地面径流。沿旱河有碎石铺成的小路，当地居

711

民会在此散步、骑自行车或者跑步。警察一般不会将其纳入正式巡逻范围，一到晚上，年轻人、吸毒者、街头犯罪分子就会在路上从事非法活动或者其他不当行为。居民们不得不面对这些毒品和犯罪活动带来的难题。伤害、抢劫，甚至杀人事件时有发生。

面对这样的困难，环境设计预防犯罪理念就显得直截了当：如果你建好它的话，他们会来的。公园设计者和警察部门必须非常清晰地分析这些

图 28.30 佛罗里达州劳德代尔堡河边道路上的照明及设施

问题。相应地，要么对这些道路提供照明，或者进行巡逻，要么就采取其他安全措施，予以关闭，并告知不得随意入内。

夜空和黑暗也是公园设计的有效方法。并不是公园的每一个地方都需要如核爆一样，照亮得如同白昼。道路照明只要让人可以在 30 英尺外看清他人面貌即可。同时要注意，如果有梯级变化，照明程度要让人感到清晰明了。其他的场所只需要让人看得出来物体形状和他人活动情况就行了。警方的要求是，可以看到周围人的活动情况，如有必要，可以上前盘查。如果都要按照足球场的水平来照亮整个场所，不仅不切实际，容易形成光干扰，花费不菲，而且也没有必要。

建筑师或者照明设计师时常会选择那些向四面八方（包括向上）照射的灯具，而非向下或者向前照射的灯具。如果照明方向定位失当就会形成光污染，光污染会让人们关上窗户，由此，居住在附近的人就发挥不了实施自然监视的作用。对于路人而言，如果照明亮度过高，特别是光线照射的方向不当，会影响到他对运动场所和公园进行观察的意愿和能力。照明的作用既可能是如虎添翼，也可能是雪上加霜，这就取决于照明的具体方式和方向（图 28.31 至图 28.33）。

712

图 28.31 公共住宅区的路灯光线照进了卧室

图 28.32　迈阿密海滩旁边的球状路灯不
不仅照亮了公园的道路，光线还向上射出，
会影响到海龟产卵

图 28.33　沿公园道路设置
的路灯向上照射，会形成光
污染和光干扰

28.5　公共艺术和环境设计预防犯罪的作用是什么

　　世界上的许多城市都对公共场所艺术持支持态度（Patak and Atlas，
2004）。通常情况下，会从城市改造项目资金中拿出一定比例专用于发展公共
艺术。发展公共艺术的典型场所就是公园。按照环境设计预防犯罪中的"开
展合法活动提供支撑"原则，在公共场所展示艺术是其具体的运用方式。通
过提升趣味，如艺术设计，公园会吸引到它想吸引的使用者。环境设计预防犯
罪专家已经把公共艺术视为活动激发器，或者发挥魅力的有效方式，吸引那些
合法使用者来参与活动。这些合法使用者会挤走那些非法使用者，并且会带来
合适的看护者（父母、老师、监管人、教练、游客和观光者，等等），并且提
高自然监视水平。

713

　　公共艺术有各种不同的表现形式，如喷泉、雕塑、道路及花园、舞台及表
演区、休息区、冥想区等（图 28.34）。

图 28.34　破败的工业区已经弃置不用。通过艺术、壁画、照明等方式，合法
的商业活动又回到了这个充满历史感的区域，现在这是又有了夜店、饭店和
店铺，成为游客们的旅游目的地

利用假山公园、道路等形式，艺术有助于在公共场所和私人场所之间实现过渡。如果考虑得当，艺术也会充满吸引力。在街上，常常会发现街道上的设施本身就是一件艺术品（图28.35至图28.43）。

图28.35　街道上的设施也可以有趣、实用、幽默

图28.36　牛，马和火烈鸟都可以成为公共艺术品（迈阿密海滩）

图28.37　公共场所的公共艺术可以吸引到各类不同的使用者来开展合法活动

图28.38　喷泉是一种非常有趣的艺术形式，尤其是在夏天

图28.39　公园内的运动场上安装了多组攀爬架，和背后城区中的大桥相映成趣

图28.40　法庭外面防止车辆冲撞的安全障碍也可以用艺术的形式呈现

图 28.41　小巷的大门也可以进行艺术处理

公共艺术时常会遭到破坏和乱涂乱画，所以在设计时让艺术品和雕塑可以防范他人乱涂乱画和破坏就变得非常重要。环境设计预防犯罪面临的一个难题就是，面对那些涂鸦者，我们如何消除其"创作"基础？如果艺术品的表面材质不适合涂画，那些涂鸦者就会无计可施，另寻他处。地下通道或面积较大的墙壁上如果已经进行了艺术创作，可以将其表面设计成凹槽或者纹路，使其表面不适合涂鸦，并且对表面通过涂层的方式进行预先处理，即使有人涂鸦，也可以很容易地进行快速清理（图 28.42 至图 28.45）。

717

图 28.42　公共场所的艺术既可以发挥实际功能，又可以防止涂鸦

图 28.43　涂鸦者在对墙面进行处理，以便进行非法创作时，被抓了个正着

图 28.44　艺术和壁画是社区的重要组成部分，尤其是当地学校的孩子们也参与到创作中的时候

图 28.45　就连难看的变电站和变压器，都可以成为公共艺术品

公园、人行道、绿化带、马路和其他道路等公共场所都可以体现艺术。无论是让这些场所充满快乐幸福，还是让人感觉到衰败颓废，都有各种各样的方法。在我见过的世界各地的许多充满趣味的城市中，在人们开展聚会、庆祝、休闲、商业活动的场所中，通常情况下都有大量的公共艺术品。不断增加合法活动是环境设计预防理念中一项可行的、威力巨大的措施，其作用不容小觑（图 28.46 至图 28.53）。

图 28.46　关于肯塔基州路易斯维尔街头的这件艺品的社会评论认为，大家不认为这是一件艺术品。虽然是否属于艺术品取决于具体观察者的自身判断，但是，如果想要美化周围环境，提高生活品质，公共艺术自身必须具有相应的实用功能

图 28.47　公共艺术让这个地方内涵丰富，营造了一种物有其主的氛围，否则，这里就是一座了无生趣的停车场

图 28.48　洛杉矶中国城的街头艺术。特定种族聚居区的艺术和文化代表了巨大的骄傲，绝对不能容忍破坏和涂鸦

图 28.49　南卡罗来纳州格林维尔市中心的 Main 街上，公共艺术和人行道结合起来，让人兴奋惊叹。人行道上点缀的艺术品讲述着当地的历史和一些著名的笑话

图 28.50　南卡罗来纳州格林维尔市，利用公共公园、艺术、音乐庆祝活动，营造出了充满生机和活力的城市生活氛围

图 28.51　在达拉斯市中心，公共艺术作品描绘了赶牛的情景。它位于穿过市中心的人行道上

图 28.52　位于佛罗里达州劳德代尔堡市中心的拉斯奥拉斯大道。这是一处充满生机、健康发展的购物、零售和娱乐区，它利用公众、艺术、景观、音乐和其他的一些公共活动，为店铺和商业营造了一种活力十足、物品丰富氛围。游客们也喜欢到这个地方，当地居民也非常享受内涵丰富的文化艺术节、美食美酒节、音乐节和各类节日庆祝活动（图 28.53）

图 28.53　位于劳德代尔堡 Las Olas Blvd 的这处信号箱上也安装了显示屏，显示当地的地图

28.6　技术措施

　　一些人认为，高科技手段，如运动传感器、闭路电视监控系统等，是解决公园中犯罪问题的唯一手段。不预先对特定的环境进行分析，并寻找更好的设计方案，反而是简单地转向技术技术手段，这是一种非常危险的倾向。正如本章所揭示的那样，还有许多其他的可以发挥积极作用的环境设计预防犯罪设计方案。

718　　以闭路电视监控系统为例，越来越多的证据表明，如果运用得当，照明会

带来更加积极的效果（Saville，2004）。英国的一项研究更是证明了这一点，其结果表明：设在城市中成千的闭路电视监控摄像头并没有发挥预期的作用（Welsh and Farrington，2004）。

但是，在某些情形下，在公园的某些场所，技术手段可能确实会有效地发挥作用。一个典型例子是，在安全照明设施中将运动传感器和外部的照明设施连接起来。如果在夜晚公园关闭以后还有不速之客出现，灯光就会开启，提醒警察和周围的居民，从而有效地发挥其作用。当然，通过适当的评估可以确定，在特定情形下采取此种措施是否恰当。

28.7　小　结

720

环境设计预防犯罪方法可以直接适用于规划、设计以及公园、绿地和休闲场所的使用。为了制止犯罪和不文明行为，合理的公园设计应当把与公园相关的"谁、为什么、怎样、在哪里、什么时候、如何管理"等问题摆在重要位置。建立公园的目的或任务是什么？在公园内允许或者鼓励哪些行为？谁是公园的合法使用者？公园设置在什么地方，以便最大地发挥其作用，最大程度地实施自然监视？什么时候可以使用公园？根据预定任务和风险评估结果，如何让公园实现其设计目标？带着这些问题，可以开始进行环境设计预防犯罪风险评估，帮助建造者、设计者和政府机构更进一步地理解如何更好地设计公园。他们才会为安全公园设计指明方向，确定基调。

721

━━━━━━━━　参考文献　━━━━━━━━

[1] Atlas，R.（2002）*Creating Safety. Landscape Architect*，Sept.

[2] Atlas，R.（2004a）Security design concepts. *Security Planning and Design*：*A Guide for Architecture and Building Design Professionals*. Washington，DC：American Institute of Architects.

[3] Atlas，R.（2004b）*Designing Safe Communities. Strategies for Safe and Sustainable Communities*. Vienna，VA：Landscape Architectural Registrations Boards Foundation.

[4] IESNA G-1-03.（2003）Guidelines for security lighting for people，property and public spaces. IESNA，New York.

[5] Leslie，R. and Rogers，P.（2001）*The Outdoor Lighting Pattern Book*. Washington DC：Lighting Research Center.

[6] Lighting for security and safety.（1990）Washington DC：National Lighting Bureau.

[7] Patak，G. and Atlas，R.（2004）Public art and CPTED. Presentation at the American Society of Industrial Security（ASIS）Congress，Dallas，TX，September.

[8] Safe Schools Design Guide. Moore/powers 1993. Florida Center for Community Design + Research，www. fccdr. usf. edu.

[9] Saville，G.（2004）Surveillance and crime prevention. *Criminology and Public Policy*，3（4），493-496.

[10] Wekerle，G. and Whitzman，C.（1995）*Safe Cities*：*Guidelines for Planning Design，and Management*. New York：Van Nostrand.

［11］ Welsh，B. C. and Farrington，D. P. （2004）Surveillance for crime prevention in public space：Results and policy choices in Britain and America. *Criminology and Public Policy*，3 （4），497-525.

照明方案

　　根据环境设计预防犯罪中的自然监视和良好视野原则得出照明可以减少犯罪，提升安全水平的结论是符合逻辑的自然发展过程。安全照明设计的目标，是想通过合理的照明设计，让我们的建筑、城市、郊区中的各类设施在夜晚的时候能够和白天一样安全。

　　犯罪预防及安全与照明之间联系非常紧密。关于照明在安全方面的作用，一些经典书籍和著述已经作了相应的论述，最著名的是北美照明工程学会出版的《对人、财产及公共场所的安全照明指南》（*Guideline on Security Lighting for People*, *Property*, *and Public Space*, IESNA G－1－03, 2003）以及《户外照明模式论述》（*The Outdoor Lighting Pattern Book*, 1996）。我曾经对许多场所的照明进行过分析，尤其是住宅区和商业区。许多当代关于安全照明的文章及著述都坚持认为，照明可以预防或者制止犯罪。但是，我的经验和观点是：这样的结论是不正确的（图29.1）。这和闭路电视监控系统是一个道理。闭路电视监控系统不能够制止犯罪，但是，如果运用得当，它可以有效地改变人们对某一场所的看法。照明本身并不能够阻止你进入某一场所，正如一扇门本身不可能阻止他人进入一样。照明本身并不能够报警或者大声呼叫求救，它只是提供了一种选择。

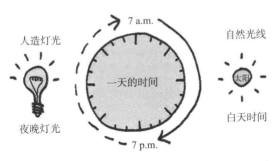

图29.1　照明示例

　　照明可以提供相关的信息，让人可以选择决定采取何种应对措施。

　　照明可以为建成环境的使用者提供选择：是前进、后退还是待在原地。照明可以提供信息，让你判断，向你走过来的人是敌是友。照明可以提供选择：

是慢走、快跑还是聚集到熟悉的地方。当然，照明同样可以为犯罪分子提供信息，让他可以观察目标受害者。照明也可以为潜在的受害人提供信息，让受害人知道，犯罪分子可能躲藏在何处，如何避开。

如果照明并不能够绝对地制止犯罪，为什么 45 年来警察部门一直在宣传，每个人都应当照亮其门廊和街道呢？回顾一下环境设计预防犯罪的定义：降低恐惧感和犯罪的概率。照明有助于使人们感觉到更加安全，可以降低人们成为伏击受害者的概率。Jacob 几十年前提出的一个核心理念——安全街道及让合法使用者监视街道——也可供借鉴。

照明是一种主观的、反映实际情况的具体方式，其方式和程度应当恰到好处。光线不宜过亮，因为会形成炫光或者光污染。明暗对比不宜太强，以免人眼不能适应，导致看不清楚而被绊倒或跌落。光线太暗使人看不清情况。有时候，黑暗或光线较少也是一种环境设计预防犯罪策略。照明可以吸引人们参加活动。环境设计预防犯罪的问题是，你想吸引哪一类活动，或者驱离哪一种活动。

环境设计预防犯罪理念中关于照明的目标是，使某一地点对犯罪分子或者非法使用者缺乏吸引力。为实现这一目标，可以通过合理布局窗户、提供充分适当的照明、消除障碍、开阔视野等方式，使犯罪分子在某一场所中感到不适。

环境设计预防犯罪专家应当认识到，在夜晚，许多大楼中并不像白天那样忙碌、人多。在夜晚，许多场所通常是寂静、孤立、易受侵犯的。照明充分的场所不仅有助于实施观察，灯光还可以起到威慑作用。使场所更加安全的不仅仅是照明，只有当照明和安保人员、围栏、警报等其他安全措施结合使用时，才可以更好地发挥效果。无论是建筑内部，还是建筑外部，在设计方面都需要保证照明充分。

安全照明带来的好处显而易见，因为它可以提高房屋的适销程度，让人感觉到房屋的性能会更好，居住在里面会更加安全，更不容易出现绊倒、跌落或者被他人伤害等意外，甚至因为场所安全原因卷入诉讼。从环境设计预防犯罪的角度，为了震慑犯罪，避免到伤害，也应当为合法使用者提供更好的选择。以下是照明应当着重关注的两个方面。

（1）对那些企图实施盗窃和非法侵入的犯罪分子或者恐怖分子而言，照明可以对他们形成心理震慑。

（2）照明有助于实施监视，发现潜在的侵入者或者犯罪分子。

当建成的场所或者基础设施配备了适当的照明系统后，由于自然监视水平的提高以及安全感的提升，犯罪行为和恐怖事件的发生率也会降低。照明会让合法的使用者和胜任的安保人员可以分清敌友，识别进入某一场所或者建筑的人的身份。

29.1 照明面临的挑战

很多街头犯罪行为并不是经过了周密策划的，而是临时起意的。某些情景或者具体地点方面的因素激发、促成或允许了犯罪行为的发生。为了提高安全感，可以在夜晚享受我们所在城市和具体场所的时光，在基础设计或者建筑的起始阶段，我们就必须将照明设计考虑得更加周到。

当照明问题首次提出后，建筑师或者安全专家就必须考虑环境设计预防犯罪理念中一个众所周知的问题：你想达到什么目的？从环境设计预防犯罪角度，我们应当达到下面的目的。

- 震慑非法行为及犯罪行为，鼓励合法行为，提高安全感。
- 让侵入者更容易被识别出来。
- 支持并提升该场所中闭路电视监控系统的运行水平。
- 让犯罪分子或者恐怖分子无处藏身。
- 在场所内提供充分的照明，让物体或人更容易被看清楚，让安保人员、场所内的正常使用者、巡逻警察以及路人更容易实施监视。
- 通过安保人员、场所内的正常使用者、巡逻警察以及路人的监视，让犯罪行为更容易被发现，从而对潜在的犯罪行为形成震慑。

29.2 照明中的具体问题及术语

- 英尺烛光——每平方英尺面积内所接收的均匀光通量为 1 流明时的照度。
- 勒克司——亮度约为 1/10 英尺烛光的照度单位。
- 流明——从光源处向外发出的光的数量的单位。
- 灯具——带有光源和镇流器的完整的发光设备。
- 光干扰——在不想被光线照到的地方形成的光污染。
- LPW——流明每瓦特，一种能效单位。
- HID——高强度放电灯。
- 镇流器——放电灯中使用的，以获取足够的电流和电量，从而使灯开启的设备。
- 亮度——亮度是衡量某一表面向某一特定方向发出的或者反射的光的总量，也可以被理解为是人眼看到的物体表面的明亮程度。亮度通常用每平方英尺坎德拉表示，或者更常用的表示方法是每平方米坎德拉（Cd/m^2）。亮度光线是经特定方向在单位面积上的发光强度指标，描述的是一定量的光线通过某一面积，或者从某一面积发出后投射到一个既定的立体角。亮度通常用来描述光从某一平坦或者漫反射表面发出或者反射的情况，说明人眼从某一特定角度观察表面时，可以接受到的光能总量。因此，亮度是衡量物体表面明亮程度的指标。
- 照度——是指从某一灯具发出的光投射到某一表面的光的总量。它的单位是英尺烛光（公制单位为勒克斯）。通常情况下，办公室内桌面的照度为 30～50 英尺烛光（300～500 勒克斯）。水平照度是指投射到水

726

平表面（如桌面）上光的总量。垂直照度为投射到垂直表面（如墙壁和脸上）上光的总量。在光学上，照度是指某一单位面积的表面上入射的光通量总量。它是入射光的强度指标，由光本身的亮度和人眼对光线的感知能力共同决定。以前，照度常常被称为亮度，但是这会与该词的其他用途产生混淆。亮度从来不会用于定量描述，只能用作定性描述，用来表示对光的生理体验和知觉。物体表面任一点单位面积的光通量受到入射光线的影响。它用光通量来衡量，也被称为照度。

- 反光值——光线反射值（LRV）是设计专业人员（如建筑色彩顾问、建筑师、环境平面设计师和室内设计师）经常用到的单位，它表示从某一表面反射的光的比例。光线反射值是某一表面被光源照亮后，从各个方向反射的、包括各类波长的、可见的、可用的光的总量。光线反射值经常是标示在芯片或者样品的背面，照明设计师在根据内部空间所需光线总量，决定灯具数量或者型号时，常常会用到这一单位。

29.3 怎样正确使用照明

在建筑的各个部分中，照明有许多各种各样的用途，但是只有一少部分可以对人身财产安全造成影响。例如下述部分。

（1）外部外立面照明。

（2）建筑入口服务区域照明。

（3）外部对行人和车辆交通的照明。

（4）周围区域的照明。

（5）聚光灯。

建筑师常常用外部照明来照亮建筑的正面或者墙壁表面。它可以使大楼看起来更加辉煌，但是对提升安全水平的作用有限（图29.2、图29.3）。

图 29.2 专业的高强度放电灯用来照亮大楼正面

图 29.3 虽然营造了灯火辉煌的效果，但即使远在月亮上也可以看到天空辉光和光污染

截至 2007 年，据估计共有 13100 万套照明设施，其中场地照明 3780 万套，建筑照明 4580 万套，路灯 3470 万套，停车场灯 310 万套（Hubbell 照明，2011）。建筑入口和服务区域的照明是最重要的安全照明类型。突出显示入口，不仅会让公众更加方便地看出应该朝哪里走，更重要的是，可以让他们按照你引导的方向走（图 29.4）。

许多照明设计师为街道设计的照明超出实际需要。在街道、高速公路的设计、建设和维护方面，都对中间道路的照明提出了最低统一标准，通常情况下，照明的亮度要高于旁边的人行道或附属道路。但毕竟，车有车头灯，而人没有。仅管如此，许多外部照明都主要关注车辆通行，而非行人通行（图 29.5）。这是因为，如果由于路灯照明效果不好而导致车辆相撞，很明显应当承担相应的法律责任，但是对于人行道发生抢劫的情形，则不是如此。路灯的具体设置一般是由交通工程师来完成，而非景观设计工程师。显然，交通工程师只关心交通，在考虑到行人时，只思考行人如何过过街（十字路口和在路沿开口）。如果要了解更多关于马路照明标准的知识，可以参阅《美国国家道路照明标准规则》（IES RP‑8‑00）。IES RP‑8‑00 对公路及其紧邻的自行车道、人行道照明的基本设计要求进行了规定。它仅对照明系统进行了规定，并没有对如何建设进行规定。它并不规范已经建成的照明系统，除非建成的照明系统需要进行重建。公路照明的目的是让人可以在晚上快速、准确、舒适地看清周围情况，以保护、方便车辆、行人通行。为公路提供合适的照明，还会在经济社会方面产生积极的影响，例如，可以降低夜晚事故发生概率，协助警方开展工作，方便车辆通行，促进夜晚商业活动。这样，在夜晚开车的人会比步行的人更多，但我想，由于街道更加安全，照明效果更好，在夜晚步行的人可能会增多（图 29.6）。似乎存在一种潜规则，车辆地位优先，而行人地位靠后。在夜晚照明上就体现了这一点（图 29.7）。

727

图 29.4　公共广场上的灯光把人们引导到入口处

图 29.5　停车场和入口的照明互相映衬，把消费者引导至入口

图 29.6　图显示了人行道和街道照明的交界面

图 29.7　人行道照明、街道照明和景观之间的关系

729　　　随着不动产的对象从公共领域（公路和街道）转向私人领域（学校、商业中心、医院、公寓楼），提供照明的义务也转移到了财产所有权人。因为财产类别不同，用途多样，其周围场所的照明水平也各不相同，所以，应当针对具体财产进行风险威胁评估，再根据评估结果，决定其周围及其内部场所采取何种水平的照明更合适（图 29.8）。

图 29.8　外围照明

　　如果特定的物品或场所需要更好地实施观察，灯光设计师会使用聚光灯（图 29.9）。许多业主在其房屋周围安装聚光灯，有时候结合运动传感器使用。综合采取这两种技术会更加节约能源，因为只有在有人进行监测区域后，才会引发灯光开启（图 29.10）。

　　在球场照明、停车场照明、娱乐场所照明以及其他特定用途的照明中，也可以使用聚光灯。

图 29.9 人行道及
街道照明

图 29.10 两种技术综合使用

29.4 照明选择（种类多，时间少）

路易斯维尔大学国家犯罪预防研究所有一面灯具墙（图 29.11），展示了各种各样不同类型的灯具，其颜色和效果各不相同。因为本书是黑白印刷的（当然，如果彩色印刷的话，成本可能会翻三倍），我们在展示照明的概念和

颜色指数时，没有彩色图。虽然
受到一定的限制，相关的概念还
是可以有效地传达给读者和环境
设计预防犯罪专业人员，帮助他
们作出正确、明智的选择。

主要的光源类型包括：

- 白炽灯
- 荧光灯
- 水银蒸气灯（MV）
- 脉冲启动式金属卤化物灯
- 低压钠蒸气灯
- 高压钠蒸气灯（HPSV）
- 感应灯
- 发光二极管（LED）

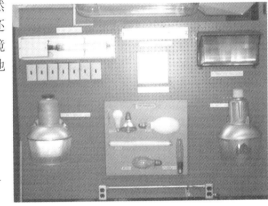

图 29.11 灯具墙上展示了各类不同的选择

29.5 老式灯具

面对可持续和节能的现实需求，照明行业的发展速度很快，以致本书的大多数的描述和标准都显得有点过时，没有反映出这一行业的发展现状。当我们论及传统的照明类型时，主要是为了作参考，而不是建议在当代的建筑系统中

实际予以使用。

29.5.1 白炽灯照明

通过电流加热灯丝而发出亮光的灯具（图 29.12、图 29.13）。

图 29.12 图中为劳德代尔堡斯特拉纳汉故居的白炽灯，它自托马斯·爱迪生时代就存在，一百年后仍在使用。其使用寿命如此之长，主要是因为这盏灯的瓦数较低，产生的热量较少，经过了很多年，灯丝仍未损坏

图 29.13 在室内照明中通常会使用白炽灯，因为易于更换，但是容易遭受损坏，同时产生的热量较大，耗电量较高

优势

- 可立即启动
- 初期成本较低
- 显色效果极佳
- 可以调节明暗
- 体积较小
- 随处可购买

缺点

- 能耗较高：17～23（每瓦特流明数）
- 使用寿命较短：750～5000 小时
- 产生大量的热量
- 将能量转化可见光的效率较低
- 热量输出高
- 在商业和住宅用途方面已被淘汰

732 29.5.2 荧光灯和白炽灯

荧光低压汞灯是利用荧光涂层将紫外线（UV）能量转化为光。在其整个使用周期内，荧光粉可以持续输出光线。除了损坏和电子元件故障外，如果灯管内的荧光粉耗尽，灯具也会失效。荧光粉的化学成分可以决定发光颜色。荧光灯需要一个电流控制器，即镇流器（图 29.14 和图 29.15）。

图29.14 在不容易被破坏，并且周围温度比较适当的情况下，在外部使用荧光灯会发挥较好的作用

图29.15 图中的停车场在其内部采用荧光灯提供照明

为了最大程度地节约能源，实现较好的显色效果，安全照明应当使用T-8型或者T-5型带电子镇流器的灯管。最新的T-8型荧光灯，也称为第二代荧光灯，和最初的T-8型相比，每瓦特发光量会提高10%，和老式的T-12型（在老一点的学校里，仍是使用得最多的）相比，发光量提高50%。和最初的T-8型相比，第二代T-8型的价格要贵30%，但是，其极佳的色彩和光亮程度对得起这个价格，并且使用寿命会延长20%。在一个常规的教室中，安装第二代T-8型比第一代T-8型的成本增加5美元。但是，通过良好的设计将增多的发光量充分利用，教室内使用的电量会减少200瓦特，在用电方面会节约50美元。在对现有的照明系统进行改建时，可以更换新一代T-8。在新学校及对学校进行大规模改建翻新时，可以采用T-5型灯管照明。在悬挂式照明、直接或间接的吊灯式照明、凹槽口照明、橱柜照明以及其他的专门照明中，T-5型灯是非常有效的照明方式。和T-8型相比，T-5型灯及其镇流系统价格更贵，可以在二者之间进行比较，以决定采取哪一类型可以更好地满足学校需求。在体育馆、游泳馆及其他天花板较高的场所中，T-5型由于发光量更大，迅速占领了相关市场。紧凑型荧光灯（CFLs）天花板照明、壁挂支架照明、公用设施照明等方面会取代白炽灯。由于在低温条件下的性能有了改善，紧凑型荧光灯也可以用于外部照明，如在树冠处向下照明、公用设施中的壁挂支架式照明以及某些类别的安全照明（James，2001）。

733

734

优势

- 初期成本低
- 能效相对较好：67～83（每瓦特流明数）
- 使用寿命长：12～20000小时
- 显色效果好
- 几乎可以即时启动
- 光源可以漫射

劣势

- 光控效果差
- 在较冷的天气下会受到不利影响
- 电流不稳定时容易受损

29.5.3 水银蒸气灯

高强度放电灯（HID）是通过让水银蒸气放电产生光。这种灯是让电流通过气体，而不是灯丝来产生可见光。灯泡内蒸气的类别决定了发光颜色。电流通过两端的气体产生电离子，然后形成完整的电流回路。离子（电弧放电）和灯管内的气体原子互相碰撞，产生可见光。

高强度放电灯的发光过程正好解释了其启动和再次启动所需花费的时间问题。让灯管内的气体变成蒸汽并开始发光需要一定时间。如果突然断电，电弧就会消失。必须让灯冷却，然后才能再次产生电弧。再次启动的时间受灯的种类、是否有镇流器以及周围温度等因素的影响。在温度较高的环境下，再次启动需要的时间更长（图 29.16）。

图 29.16　水银蒸气灯通常用于体育馆和层高较高的百货店的照明。虽然在北美地区已经较少使用，但是在工业照明中可以提供很明亮的照明

到 2015 年，欧盟会禁止使用水银蒸汽灯提供照明。由于此项禁令的目的是淘汰效率不高的灯具，因此，它不会影响到紧凑型荧光灯的使用，也不会禁止将水银蒸汽灯用于非照明用途。在美国，镇流器及灯座在 2008 年就被禁止使用。因为这一原因，一些生产商开始出售不需要对现有的灯座进行改造的紧凑型荧光灯予以替换。同时，一般的泛光灯也开始向 LED 灯方向转变，因为其照明效率开始超过放电灯。水银蒸汽灯一般不会完全失效，但是发光效果会逐渐衰减。水银蒸气灯的发光量每 5 年会衰减 50%，并逐渐失效，但是其耗电量还是和刚开始的时候一样。这是因为荧光粉会沉积下来，在灯管内壁形成薄层，降低了光的输出量。

优势

- 带淡蓝色的白光
- 使用寿命较长：16 ~ 24000 小时
- 初期成本低
- 视不同的灯具类型，显色效果会有不同
- 劣势
- 效率不高：35 ~ 65（每瓦特流明数）
- 随着使用时间延长，发光量会降低（2 ~ 3 年）

- 启动时间较长

29.5.4 金属卤化物灯

在高强度放电的电弧灯管内，通过让金属卤化物放电产生光。

优势

- 发出明亮的白光
- 非常节能：85～100（每瓦特流明数）
- 100W 的灯泡可以持续使用 1000 小时
- 光控效果较好
- 显色效果极佳

劣势

- 启动时间可长达 10 分钟
- 初期成本较高（图 29.17）

图 29.17　金属卤化物灯可以发出明亮的白光

29.5.5 高压钠灯

在高强度放电灯管内，让钠蒸汽在高压下放电产生光。

优势

- 发出粉红色或金色的光
- 效率较高：80～125（每瓦特流明数）
- 使用周期长，成本较低：28～28000 小时
- 热启动时间最多 1 分钟
- 光控效果好

劣势

- 显色效果好
- 初期成本很高（图 29.18 和图 29.19）

图 29.18 高压钠蒸汽灯发出金黄色 的光

图 29.19 在车库中使用的高压钠蒸 汽灯

737　**29.5.6　低压钠灯**

在高强度放电灯管内，让钠蒸汽在低压下放电产生光。

优势

- 可以发出的光黄色
- 效率较高：130~183（每瓦特流明数）
- 90W 的灯光可以持续 16000 小时
- 可以即时热启动

劣势

- 显色效果很差
- 颜色单一
- 光控效果差（图 29.20 至图 29.24 和表 29.1）

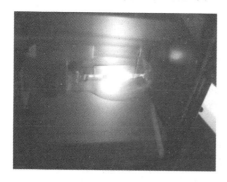 

图 29.20 （参见彩图）LPSV 灯泡发 出昏暗的黄光

图 29.21 低压钠蒸汽灯可供选择的 灯具类型较多

图 29.22 （参见彩图）图中公园内照明使用的就是低压钠灯

图 29.23 （参见彩图）白天光线照在彩色 polo 衫上的正常状况

图 29.24 （参见彩图）在低压钠灯照射下 polo 衫上的样子，看起来只是棕色的条纹

739

表 29.1 灯光的选择及相关质量因素

灯泡类型	启动时间/分钟	再启动时间/分钟	平均使用寿命/小时	刚开始的亮度/每瓦特流明数
白炽灯				
常规白炽灯	即时启动	N/A	200 ~ 2000	—
交通信号灯	即时启动	N/A	8000	—
卤素灯	即时启动	N/A	2000 ~ 6000	—
荧光灯				
快速启动式	即时启动	N/A	18000 ~ 2000	550 ~ 3775
预热式	即时启动	N/A	7500 ~ 9000	225 ~ 2200
发热量高的	即时启动	N/A	9000 ~ 18000	1400 ~ 17500
户外使用的	取决于户外的温度	N/A	10000	7000 ~ 14900

灯泡类型	启动时间/分钟	再启动时间/分钟	平均使用寿命/小时	刚开始的亮度/每瓦特流明数
高强度放电灯				
高压钠灯	2～5	1～20	10000～24000	2150～14000
低压钠灯	5～8	0～8	18000	1800～32000
感应灯	即时启动	即时	100000	3500～12000
水银蒸汽灯	5～8	10～20	24000	3500～12000
金属卤化物灯	5～8	10～20	3000～20000	1580～63000
LED 灯				
发光二极管（LED）	即时启动	即时	50000～1000000	150～250

29.6　新型照明

29.6.1　无极灯

几乎每一种照明灯泡都有一个共同的缺陷点——灯丝。许多灯泡损坏的原因就是因为灯丝或电极的劣化。19 世纪 90 年代，灯具制造商为军队生产了一种没有电极的灯泡：无极灯。根据制造商的说明，这种灯泡的使用寿命可以长达 100000 小时，并且对绝大多数使用者来说，几乎不需要进行维护。

无极灯使用了一项具有革命性的发光技术，即将电磁感应和气体放电的基本原理结合起来。在不需要电极的情况下，这项新技术可以让灯泡前所未有地长达 100000 小时持续发出高质量的白光。无极灯包含了高频发生器、耦合器以及玻璃灯管（即放电灯泡）组成。高频发生器产生电流并传送到耦合器。经过感应线圈的电流在灯泡内形成一个波动的电磁场。电磁场激发灯泡内的气体释放出汞离子，产生紫外线。灯泡内壁的荧光粉受到紫外线激发产生可见光。无极灯发出明亮的白光，其显色指数（CRI）可以达到 80，每瓦特可以达到 75 流明。75 流明每瓦特的能效值让其可以与在显色方面表现优异的金属卤化物灯媲美。

在大桥、隧道和极冷（如冰冻的环境）的地方，如果想让接触灯具变得非常困难、不便或者危险，这时，无极灯是一个非常合适的选择。其使用寿命较长，无需更换灯泡，可以节约成本（标准的 175W 脉冲启动式金属卤化物灯的使用寿命为 15000 小时，而无极灯的使用寿命可以长达 100000 小时）。无极灯可以用在天花板较高，并且对显色效果、持续发光水平要求较高的场所。和金属卤化物灯相比，其消耗的电能更少。无极灯可以即时启动，因此，它可以和运动传感器、摄像头结合使用，方便快速辨别。由于无极灯要求配用特别设计的灯座，在现阶段，难以通过改装来进行更替。和其他荧光灯相比，无极灯在工作时发出的热量较多，因此，其配备的通风、降温系统需要额外使用能量，在处理时应当小心。无极灯的光一般不可以调节，和某些类型的光控设备

740

不兼容（图 29.25 至图 29.29）。

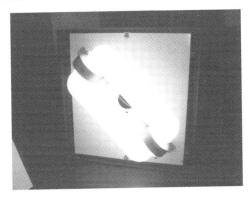

图 29.25　无极灯发出明亮的白光，寿命可以长达 100000 小时（即全天使用，可以长达 11 年；每天使用 8 小时，则可以长达22 ~ 25 年）

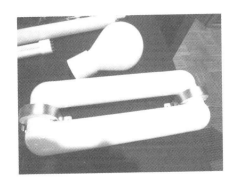

图 29.26　无极灯灯管

图 29.27　在商业、工业场所的室内使用的无极灯

图 29.28　在贸易展会中使用的无极灯

图 29.29　在灯具博物馆中展示的无极灯。不发热，并且能效很高

29.6.2　LED 照明

在不久的将来，不断变革的光源（如 LED 灯和无极灯）会彻底改变我们获取光的方式。现代固态照明灯具的核心就是发展发光度高的 LED 灯。发光度高的 LED 灯一般都是将所有的器件集成到一起，或者安装到 LED 灯管中。集成后的灯具在大小和形状方面有多种类型——方形、圆形、平顶、圆顶等，但主要的构造大致相同。LED 灯的光源是一个芯片式的、毫米级的元件。所有通过 LED 灯的能量都需要经过这个细小的元件，然后将电子转化为可见光。LED 灯不仅外形简单，其内部结构也非常独特。其内部没有易损坏的灯丝，也没有可以挥发的气体，可以在其他类型的灯泡难以应对的极端环境下使用。LED 灯会逐步取代现有的公路路灯、人行道路灯和壁灯（图 29.30 至图 29.43）。

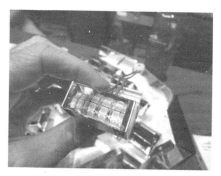

图 29.30　（参见彩图）LED 灯内部构造

图 29.31　灯座上有许多插槽，里面安装了 LED 灯

图 29.32　从灯具背面可以看出电线是如何连接到 LED 灯上的

图 29.33　发光二极管和塑料护罩

图 29.34　细小的发光二极管

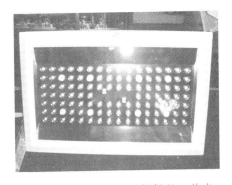

图 29.35　LED 灯可以根据任一特定用途进行设计

图 29.36　用作路灯的 LED 灯

图 29.37　图中的路灯使用了 LED 灯

图 29.38　另外一种采用了 LED 灯的路灯

图 29.39　图中的金属片可以同时发挥散热作用，散发灯泡所产生的热量。LED 灯本身并不会变热，但是使二极管发光的电流会产生热量，必须予以散发

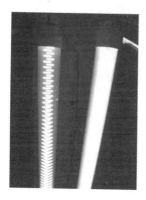

图 29.40　可以用 LED 灯取代 T-8 型荧光灯

图 29.41　LED 灯可以设计为带灯罩的壁灯

图 29.42　图中的 LED 路灯发出明亮的白光，采用这一方案既可以节约能源，又可以达到外形美观

图 29.43　图中的 LED 灯采用了较平的设计，可以替换白炽灯

745　　　　LED 灯和传统灯在许多方面都存在不同之处，这样不同之处会影响它们的性能。白炽灯通过加热使灯发光。电流通过钨丝，钨丝的电阻产生足够的热量，使其发光。而 LED 灯的发光原理是电致发光，就是电子反复碰撞，加上半导体薄膜中的孔洞的作用，产生光子。和白炽灯相反，LED 芯片的散热问题非常重要，因为 LED 芯片中的热量会降低其能效。这就是为什么同步散热对 LED 灯的使用寿命如此重要，而 LED 灯要达到其宣称的长使用寿命，关键就在于散热。

　　　　LED 灯的缺点之一就是其照明范围。具体的设计和灯具的瓦数会影响到
746　LED 灯的照明范围。LED 灯面临的另一挑战是它会突然熄灭（如圣诞树上的灯串），或者随着时间的推移，在其使用寿命将尽时会逐渐变暗。

　　　　为了解决这一问题，生产商们发明了一种恒光技术，监测 LED 灯每瓦特的光输出量，以确保灯泡在其整个使用寿命周期内都保持同样的发光水平。当 LED 灯的发光程度下降至其正常水平的 70% 时，其使用寿命就算终结了。现在，LED 灯的每瓦特流明数保持在 100～208。

如果 LED 照明系统设计得当，再加上适当的光学设计，它可以淘汰 90%
以上的现有灯具。这样会提高效能，更好地发挥作用，有利于提高照明的均匀
度。固态照明灯具天然就不易受温度变化、人为破坏、非人为破损、大风、低
温、震动等因素的影响。由于平均寿命可以达到 50000 小时，和传统的照明方
式相比，其使用寿命可以多出十年以上，会相应减少每年的维护成本。LED 灯
对环境的影响更小，因为它们不采用汞及其他一些对环境有害的物质。由于它
们的使用寿命如此之长，更替产生的废物也较少。灯具的主要材料也是可以回
收的铝。和传统的灯具不同，LED 灯如果再采取一些控制措施，其使用性能还
会提高。如果需要根据使用人员的多少或者一天中的具体时间段对光进行明暗
调节，可以结合使用占用传感器、可调节光、运动传感器，或者实施能源管理
计划，这样会使 LED 灯占有更大的优势。LED 灯可以即时启动，频繁地开关
不会对其产生影响。LED 灯和运动传感器之间的兼容性，使其可以立即开启，
或者根据需要开启，可以在对安全和可持续性有相应要求的情形下使用。

29.7 照明的未来

在不久的将来，下一代照明灯具将会是有机发光二极管（OLED），它采
用了极薄的弹性照明材料。有机发光二极管或者发光晶体管被认为在能效方面
会是现有 LED 灯的 100 倍。等离子灯在 2015 年就可以使用，并且可以达到每
瓦特 150 流明。采用纳米技术后会使用微型碳芯片，将 LED 灯的效能扩大。
在下个十年中的前五年，照明行业的发展会聚焦于户外照明，在后一个五年
中，会逐步过渡到室内照明。目前，在室内照明中占据统治地位是紧凑型荧光
灯和高强度放电灯。一旦为室内照明设计的新光源在价格上具备竞争力，LED
灯也同样会占据室内照明市场。

由于安全照明中不需要华丽的光线，经过开发，新光源也可以用于安全照
明。非脉冲式激光系统可以持续发出激光，为夜视照明提供了新选择。就像
LED 灯一样，激光器也可以为传统的闭路电视系统提供必需的光源。激光系统
可以在侵入者距离很远的情况下就拍下足够清晰的影像，以便识别侵入者。新
的摄像和激光技术可以让相机传感器在晚上利用大气中的自然光就可以照亮周
围场景。利用这项技术，可以让激光准确对准摄像头想要拍摄的区域。

另一项技术是可以让相机传感器拍摄仅在短波红外光谱中可见的图像，即
短波红外相机（SWIR）。其所利用的光源一般被称为夜晚辉光。短波红外相机
利用的是大气中的光，而不是由某一光源发出的光柱。但是，内置传感器的相
机的拍摄范围有限，在拍摄质量较高的图片方面受到限制（图 29.44、图
29.45）。

图 29.44 综合利用两项技术的夜视摄像头

图 29.45 图中显示的是红外线夜视摄像头拍摄到的内容——人体热量

一直以来，犯罪分子都想利用黑暗掩护，进行盗窃和突然袭击。但是，新的技术揭开了黑暗的笼罩，让其无处藏身，成像技术和摄像头技术方面的不断进步，极大地改进了夜晚的监视状况。犯罪行为很快就会在夜晚无处遁形了。新技术聚焦于利用设备进行监视，同时，使照亮某一区域所耗费的能量也减少了，仅在发现侵入者或者犯罪行为的时候才需要对现场进行照明。人们实施自然监视仍然需要光线，但是，新技术提出了一个问题：我们还需要人在夜晚看什么？我们还在多大程度上需要依赖他们进行监视？（图 29.46）

图 29.46 照明行业正以非比寻常的速度对其自身进行重塑

749　**29.7.1 灯光控制**

根据特定的用途，决定选择哪一种照明类型更合理时，一个需要重要考虑方面的是：是否可以比较容易地实施控制。主要的控制方法包括：

（1）人工控制；

（2）光电传感器；

（3）定时器；

（4）自动控制——电力故障，警报；

（5）运动传感器；

（6）多个照明灯具串联。

人们在家里或者公寓，一般是利用开关，手动地对门廊灯进行控制。在大型公寓或者购物中心，一般是通过定时器或者光电传感器对灯光实施控制。在商业或者工业用途的户外照明中，绝大多数都将其供电系统和应急备用电源连接。在环境设计预防犯罪调查和风险评估中，很有必要弄清楚，应急照明的类型是什么，具体位置在哪里。当某一场所内有人时，可以利用运动传感器来控制如何开启灯光以及什么时候开启灯光。运动传感器和灯光运用的最佳效果是，当有人在夜晚出现在其不应当出现的场所时，就会触发警报，然后自动开启灯光，向居民发出警示。利用运动传感器控制的聚光灯就运用了这一技术，它可以安装在后院、居民家中、学校操场背后或者公园中（图29.47）。

在公共住宅区，面临的一个难题是，如何让居民将其门廊灯开启。因为是由居民自己付电费，他们认为门廊灯的成本太高，会增加其经济压力。为了解决这一问题，根据环境设计预防犯罪理念提出了一个解决方案，就是将公共场所的灯并联连接在一起，由所有权人或者管理人员控制灯光的开启，让门廊变成公共场所的一部分。虽然居民可能不喜欢让灯开启，但是这样可以实现环境设计预防犯罪中的一个重要目标：按照统一的标准照亮每一户的门口，让潜在的破门入室者看不出来谁在家或者谁不在家（图29.48）。

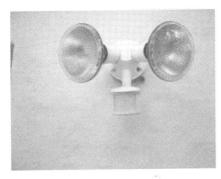

图29.47 图中的泛光灯结合运动传感器使用，如果检测到有运动情况，可以立即开启

图29.48 图中的门廊灯加装了护罩，可以防止破坏

将所有灯连接在一起还有一个效果，就是让光线可以均匀地延伸照射到建筑外围及周围的场所，让侵入者、毒犯、破坏分子和其他未经许可入内的人无处躲藏。门廊灯通常使用白炽灯，但是它能耗较高，同时还会产生较多热量。可以考虑用节能的紧凑型荧光灯替换白炽灯。

一个安保人员从正常照明的安保亭进入黑暗的场所时，大约需要20分钟才能完全适应黑暗的环境。因此，在明亮区域和黑暗区域互相转换时，考虑人的因素以及人体工程学原理非常重要。犯罪分子会在距离潜在受害人较近的阴

750

暗处等候，如果灯光太亮、强光刺眼，受害人根本看不到（图 29.49）。如果潜在的受害人进入黑暗的环境中，他根本看不清楚袭击者靠近。许多被绊跌倒的事故也是在类似的情况下发生，尤其是视力衰退的老人，由于年纪太大，视力减退，视网膜反应变慢，极易发生事故（图 29.50）。

图 29.49　图显示了从黑暗区域向明亮区域的过渡情况，由于学校图书馆正面的照明不够充分，出现了很深的阴影

图 29.50　图的人行道照明不足，前面一片黑暗，是一个完美的伏击地点

751　**29.7.2　所有路灯并非同等重要**

在安全照明中，有许多需要考虑的因素。主要考虑以下几个方面。

（1）光谱；

（2）启动和再启动耗费的时间；

（3）灯的使用寿命；

（4）在额定使用寿命期内的流明维持率；

（5）色彩分辨率；

（6）能耗；

（7）更换和维护的难易程度。

最后，需要重点强调的是，不要小看对灯具、灯泡的维护。这不仅是一个维护问题，它在环境设计预防犯罪和安全方面也具有重要意义，因为在某些场合下，可以立即开启灯光是一个重要的问题。如果灯泡产生的热量过多，不仅会影响到能耗，还会让灯泡壁变暗，可能会影响灯光的效果。例如，假如灯泡的使用寿命较短，并且需要架设一个梯子才可以予以更换（如在购物中心、停车场或者空间高度较高的大堂中），那么更换成本就比较高，就会延误更换时间。如果灯具维护不当或者非常难以维护，可能最后会根本就没有照明。

安全顾问和照明设计师在决定采取哪种方案才能够满足照明质量及数量要求时，需要将下面的一些基本问题纳入考虑范畴。在接下来的章节中，将会对安全照明，以及如何更有效地贯彻环境设计预防犯罪理念提出一些更具体的指导意见。

照明的目的就是让人看得更加清楚。但是，看些什么呢？照明的目的是改善自然、设备及有组织监视的视线条件。监视的目的、水平主要包括监测（监测有没有违反或者改变相关要求或条件）、区分（区分是人还是动物，是敌还是友）、识别（识别是否属于威胁）、确定（确定具体是哪一个人）。环境设计预防及安全专家根据具体情况决定保护范围，提出具体的标准，然后再选择适当的设备达到保护目的（*Security Management*, 2009）。

在安全照明方面，执法部门认为，通过物理设计提高监视水平途径就是：某一建筑安装的灯越多，效果越好。现在，我们已经认识到，这种浪费资源的想法是一种错误的观点。照明会对犯罪分子起到抑制作用，因为他们更喜欢在黑暗的环境中实施犯罪。从安全角度讲，只要亮度足以消除阴影和盲点，就算实现了照明的最佳效果。户外照明只要可以满足监控摄像头监视所需即可。根据以往的经验，可以根据周围照明最差时的情况，来决定户外照明的水平和范围，并保持稳定。但是，从安全角度讲，没有必要对建筑或场所外部的整个区域长期提供照明。为了既符合能源与环境设计领先（LEED）和绿色可持续发展的要求，又同时满足安全需要，可以仅在某一场所需要户外照明时，才提供照明。可以根据具体场所及建筑的各自特点，决定照明的范围和强度，例如，下班后才会使用的停车场、公共场所的道路、下班后的休闲聚会场所对照明的要求是各不相同的。户外照明还要能够防范天气、犯罪行为的破坏与侵袭。要思考，面对恶劣的天气、淘气的儿童、毒贩、驾驶习惯不良的司机、雷电、石头、子弹，照明设施是否可以保持良好状态？

良好的安全照明需要符合哪些要求呢？在风险较高的场所，安全照明应当符合以下要求。

- 外表不易破碎（可以使用聚碳酸酯灯罩，图 29.51）
- 外部的安装应当保护安全，可以防范摇晃
- 减震灯座支架设计
- 防范破坏的硬件设施（图 29.52）

752

图 29.51　聚碳酸酯灯罩可以防范石块撞击，极端情况下甚至可以防范枪击

- 部件耐腐蚀
- 线路设施应当方便维修

安全顾问和照明设计师在决定采取哪种方案才能够满足照明质量及数量要求时，这些是需要纳入考虑范畴的基本问题（图 29.53）。

NATION BRIEFS

● BALTIMORE

Thieves steal light poles for aluminum scrap

From Herald Wire Services

BALTIMORE — City streets are getting darker because thieves, some disguised as utility crews, are stealing 30-foot light poles, authorities said.

About 130 aluminum light poles have vanished this fall from locations across the city, despite the difficulty of carting off the 250-pound objects.

The culprits have even dressed up as utility crews, city officials say, and placed orange traffic cones around the poles they are about to take down to avoid making motorists suspicious. Police have no suspects in the thefts. Police say the thieves could be stealing the poles, which cost the city $750 each, to sell as scrap metal. For at least a decade, authorities suspect drug addicts have ripped metal pipes, radiators and wires out of vacant houses to pay for fixes. Scrap aluminum brings 30 to 35 cents a pound, according to local metal dealers.

图 29.52 图中的灯柱底部裸露在外，会遭到偷盗铜、铝的人的破坏。面板上没有安全镙丝封闭，可以直接接触到电线。有必要再对灯柱采取一些安全措施，防范因他人盗窃铜线、铝材而遭受破坏

图 29.53 不是开玩笑，只要有金属的地方，就有人想去偷

注：摘自《迈阿密先驱报》，《小偷盗窃路灯上的铝材》2005 年 11 月 25 日，已获使用许可。

753

29.8 可持续性和安全问题

为了使建筑更加安全、环保，照明设计是一个非常重要的方面。通过照明设计减少光污染、炫光、光干扰，不仅可以大幅提升节能效果，还可以提高邻里之间的自然监视水平。

在促进改善环境方面作用较大的一个项目是能源与环境设计领先。能源与环境设计领先是由美国绿色建筑委员会制定并实施，经过大家协商一致，自愿加入的全国性标准，主要目的是提高建筑的性能，促进可持续发展。能源与环境设计领先注重从整个建筑角度促进可持续发展，重点关注人和环境健康的五个关键领域：可持续的场址、节约用水、能源利用效率、合适的材料、室内环境质量。能源与环境设计领先中，最早也是应用最广的一项是 LEED – NC，主要是为新建商业设施和重大改建项目而制定的。能源与环境设计领先项目中还对可持续性设计了一个评级系统，某一建筑只要达到了相应级别的最低分数标准，就会颁发相应的证明。绿色国际是一个网上的建筑及管理环境审计组织，可以帮助业主和管理方按照最先进的实践经验对其建筑的环境性能进行评价（*Architect Magazine*，2007，pp. 47 – 51）。

除了在照明方面的作用，能源与环境设计领先中的措施不仅可以提高能源利用效率，还会在其他领域取得意想不到的回报。这些领域包括可持续的布局、能源和大气、材料和资源、室内环境质量，以及在创新和设计过程中的潜在改进（*Architect Magazine*，2007，pp. 47 – 51）。

能源与环境设计领先和绿色地球的一个基本前提是，可持续的建筑布局应 754 当减少建筑内部和外部照明带来的光污染。应当减少眩光以及光线对周围其他场所和夜间环境影响，让人可以欣赏到夜晚天空景色，提高能见度。为了实现这些目标，在设计可持续建筑的照明时，应当尽量避免光从水平方向或者接近于水平方向射出，灯具位置尽量降低，让光线只投射到场所周围。在使用人工照明时，为了实现能源利用最优化，应当根据不同场所的功能确定适当的照明水平，利用适当的灯具，根据实际需要提供照明，选择更节能的灯具（灯泡），采取相应的控制措施，在不需要照明的时候自动将灯关闭（*Architect Magazine*，2007，pp. 47 – 51）。

能源与环境设计领先的目标是降低能耗成本，消除光干扰，减少天空辉光。有效的安全照明要求为道路、行车道、停车场和其他有可能出现行人的场所提供充足、均匀的照明。虽然在光线较暗的环境中，可以使用需光量较低的摄像头或者红外线摄像头，但是，在这样的环境中，行人难以辨别物体，特别是当较暗的区域和非常耀眼的区域紧挨着，或者人们距离较远或者处于背光环境中时（*School and University*，2007）。

采用能源与环境设计领先中的措施可以有效地降低光污染。良好的照明设计可以避免建筑和场所产生的光污染，减少天空辉光，提高夜晚的能见度和自然监视水平。同时，高质量的照明还可以让摄像头更好地发挥功效，提高机械设备监视水平（*School and University*，2007）。

为了在减少光线总量的同时，可以为行人和街道提供适当的照明，在外部照明设计中会采用分层设计方法。对一些关键区域实施照明，如建筑的正面、树木以及其他的立面，不仅可以增添情趣，提高市场价值，还可以及时监测、识别潜在的侵入者，减少阴暗场所及其他可供躲藏的空间。照明还有助于辨别其他的一些风险隐患，如楼梯、街边路沿、梯级变化、突出的物体以及其他一些障碍物。加装灯罩的灯具可以减少或消除光线向上照射，按照能源与环境设计领先的相关要求，不仅可以防止光污染，还可以减少眩光。眩光会有碍安保摄像头拍摄，并且会将安保人员、警察的视野范围照得过亮，让他们很难发现潜在的侵入者（*School and University*，2007）。

为了减少光污染，LEED – NC 让内部照明的光线不通过窗户外溢，同时，在非营业时间段内，除了应急灯外，其他内部照明设施自动关闭。LEED 将光线控制在符合安全、舒适要求的范围内。按照 ASHRAE/ IESNA 标准 90.1 – 2004 中关于外部照明的要求，在照明功率密度方面，LEED – NC 要求室内不超过室外的 80%，不超过建筑正面或者景观照明的 50%。所有的建筑都应当按照相应条件归入下述四种类型中的某一类。

- LZ1 暗（公园和农村地区）。在场所边界及以外的范围内，外部照明在水平和垂直方向的照度值不超过 0.01 英尺烛光。在 90 度或者更大的角度范围内，从上向下投射的光线流明值为 0。

- LZ2 低（住宅区）。无论是场所内安装的灯，还是建筑内安装的灯，在场所边界及以外的范围内，外部照明在水平和垂直方向的照度值不超过 0.10 英尺烛光，在距场所边界 10 英尺的地方，不超过 0.01 英尺烛光。在 90 度或者更大的角度范围内，从上向下投射的光线流明值不超过 2%。

- LZ3 中（商业区、工业区及高密度住宅区）。无论是场所安装的灯，还是建筑内安装的灯，在场所边界及以外的范围内，外部照明在水平和垂直方向的照度值不超过 0.20 英尺烛光，在距场所边界 15 英尺的地方（如果边界是公共道路外侧，则是距路沿），不超过 0.01 英尺烛光。在 90 度或者更大的角度范围内，从上向下投射的光线流明值不超过 5%。

- LZ4 高（大城市中心、娱乐区）。无论是场所安装的灯，还是建筑内安装的灯，在场所边界及以外的范围内，外部照明在水平和垂直方向的照度值不超过 0.60 英尺烛光，在距场所边界 15 英尺的地方（如果边界是公共道路外侧，则是距路沿），不超过 0.01 英尺烛光。在 90 度或者更大的角度范围内，从上向下投射的光线流明值不超过 10%。

LEED 关于场所照明的标准是，既要保证安全照明水平，又要避免光线外溢，在夜空中形成光污染。可以采取技术措施减少光污染，例如采用完全遮挡的灯、低反射率的表面、低角度的射灯。

传统的白炽灯由于功效太低，在商业建筑和住宅中都已不可避免地遭遇淘汰。新的功效较高的光源包括紧凑型荧光灯、各式各样的高强度放电灯和 LED 灯。高能效的管型荧光灯和前几代相比，显色指数（CRI）较高。

运营成本低的照明系统会更受青睐，如维护要求低、能耗低、使用寿命长等。固态灯具有效地解决了传统灯具所面临的难题。传统灯具使用寿命终结前几个小时内彻底失效，固态灯具的发光量降至最初发光量的 70% 后，还可以发光长达几千个小时。使用过程中几乎不需要维护，没有彻底失效的风险，没有维护成本，也不用随时观察是否会失效。在长达 100000 小时的使用期间内，和传统灯具相比，每一个固态 LED 灯具会减少 4~5 次的更换灯具时间（*Architectual Products*，2009，p. 62）。

除了可以降低服务成本外，LED 产品在节能方面也具有极大的优势（图 29.54）。其反光系统和灯壁使 LED 灯具有很好的定向性能，光损失更少，因此在能效方面有了很大的提升。新一代的 LED 灯具和高强度放电灯和紧凑型荧光灯相比，功效（每瓦特电量产生的光量）更高。固态 LED 灯唯一的不足是初期成本相对较高。但是，增加的成本可以通过节约能源在两年内得到弥补，在这一期间，其能耗仅为金属卤化物灯的 1/3。此外，固态灯具的连接负载（Connected Load）降低了72%，产生的二氧化碳减少了72%，产生的汞废物减少了85%。同时，使用固态灯具还会在州税和公用事业企业税方面享受优惠，又会进一步缩短弥补初期成本的所需的时间（*Architectual Products*，2009，p. 62）。

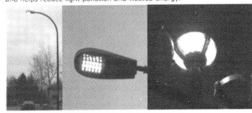

Ann Arbor world pioneer in the use of LED streetlights

The City of Ann Arbor is lighting the way to reduce energy costs and increase street light efficiency with a new Light Emitting Diode (LED) technology program, the first full-scale LED conversion project of its kind in the world. Thanks to custom designed LED technology, the city may potentially cut its streetlight energy bill in half and significantly reduce light pollution.

In 2008, the City of Ann Arbor paid $1.5 million, nearly 25 percent of its energy budget, on traffic signals and streetlights. This cost would have been higher had the city not begun replacing incandescent traffic signals and pedestrian crossing signals with LED fixtures back in 2000. LED streetlights have saved the city $49,000 annually and have the potential to save the city even more money if LED technology can be utilized for street lighting, which accounts for 92 percent of that $1.5 million annual cost. This is the result the city is hoping for with its LED pilot program for lighting public spaces and roads.

What are LEDs?

LEDs have been around since the 1960s. They are semiconductors, like computer chips, that emit light when electricity runs through them. Because the chip itself glows, there is no glass tube to break and no filament to burn out.

Although LEDs have been used as indicator lights in consumer products for years, they have just recently become practical for general lighting purposes. Their initial cost is higher, but LED lights use half the energy (or less) and last longer than conventional bulbs, resulting in big savings and short payback periods. One specific advantage of LEDs is that they produce directional light. This provides more control over lighting, and helps reduce light pollution and wasted energy.

LED Streetlights

In March 2006, LED globe lights (right photo) were installed on a full block in downtown Ann Arbor. The prototype design, created by Relume Technologies of Oxford, Michigan, is the first of its kind in municipal street lighting.

After this successful pilot project, the city expanded the LED program to include the conversion of more than 1,000 downtown streetlights. The Ann Arbor Downtown Development Authority contributed $630,000 to the LED retrofit project. Ann Arbor is also testing several different varieties of what are called "cobrahead" fixtures (photos left and center) on residential streets such as Glendale Drive. After seeing the success of the city's test of LEDs, the University of Michigan is testing LED globe fixtures on North Campus near the Art and Architecture building. These fixtures include one that is solar-powered.

"There are many benefits to LED lighting, including decreased maintenance and energy savings that reduce fossil fuel use, meaning less air pollution and less global warming impact," said Assistant Manager of Field Operations Mike Bergren. "We are proud of the fact that lighting experts from across the United States have traveled to Ann Arbor to see examples of LED lights in use."

图 29.54 关于密歇根州安娜堡的案例研究
注：感谢安娜堡市《环境新闻》，摘自 "安娜堡市在使用 LED 路灯方面成为世界领先者" 及 "LED 路灯"，www. a2gov. org。

但是，使用的电能较少并不一定会降低城市路灯的支出。佛罗里达州劳德希尔市计划将其 3000 盏路灯换成节能的 LED 灯，会节省 40% ~ 60% 的支出。但问题是，即使该市的用电量降低了，佛罗里达电力和照明公司（FPL）也不会降低支出。因为该市还是要按照由公用事业公司提出的，经管理机构批准的规定，像传统的水银或者钠蒸气灯一样，在该州内按每盏路灯的固定标准交纳费用。对 LED 灯并没有特别例外规定，佛罗里达电力和照明公司（FPL）也不打算马上制定相关规定（图 29.55）。

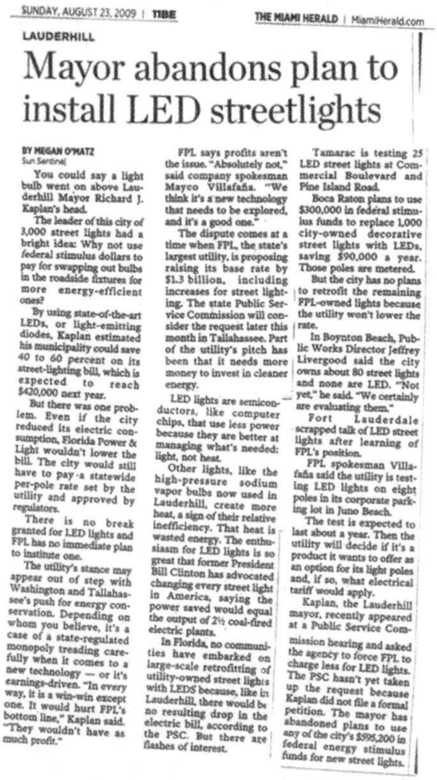

SUNDAY, AUGUST 23, 2009 | 11BE　　THE MIAMI HERALD | MiamiHerald.com

LAUDERHILL

Mayor abandons plan to install LED streetlights

BY MEGAN O'MATZ
Sun Sentinel

You could say a light bulb went on above Lauderhill Mayor Richard J. Kaplan's head.

The leader of this city of 3,000 street lights had a bright idea: Why not use federal stimulus dollars to pay for swapping out bulbs in the roadside fixtures for more energy-efficient ones?

By using state-of-the-art LEDs, or light-emitting diodes, Kaplan estimated his municipality could save 40 to 60 percent on its street-lighting bill, which is expected to reach $420,000 next year.

But there was one problem. Even if the city reduced its electric consumption, Florida Power & Light wouldn't lower the bill. The city would still have to pay a statewide per-pole rate set by the utility and approved by regulators.

There is no break granted for LED lights and FPL has no immediate plan to institute one.

The utility's stance may appear out of step with Washington and Tallahassee's push for energy conservation. Depending on whom you believe, it's a case of a state-regulated monopoly treading carefully when it comes to a new technology — or it's earnings-driven. "In every way, it is a win-win except one. It would hurt FPL's bottom line," Kaplan said. "They wouldn't have as much profit."

FPL says profits aren't the issue. "Absolutely not," said company spokesman Mayco Villafaña. "We think it's a new technology that needs to be explored, and it's a good one."

The dispute comes at a time when FPL, the state's largest utility, is proposing raising its base rate by $1.3 billion, including increases for street lighting. The state Public Service Commission will consider the request later this month in Tallahassee. Part of the utility's pitch has been that it needs more money to invest in cleaner energy.

LED lights are semiconductors, like computer chips, that use less power because they are better at managing what's needed: light, not heat.

Other lights, like the high-pressure sodium vapor bulbs now used in Lauderhill, create more heat, a sign of their relative inefficiency. That heat is wasted energy. The enthusiasm for LED lights is so great that former President Bill Clinton has advocated changing every street light in America, saying the power saved would equal the output of 2½ coal-fired electric plants.

In Florida, no communities have embarked on large-scale retrofitting of utility-owned street lights with LEDS because, like in Lauderhill, there would be no resulting drop in the electric bill, according to the PSC. But there are flashes of interest.

Tamarac is testing 25 LED street lights at Commercial Boulevard and Pine Island Road.

Boca Raton plans to use $300,000 in federal stimulus funds to replace 1,000 city-owned decorative street lights with LEDs, saving $90,000 a year. Those poles are metered.

But the city has no plans to retrofit the remaining FPL-owned lights because the utility won't lower the rate.

In Boynton Beach, Public Works Director Jeffrey Livergood said the city owns about 80 street lights and none are LED. "Not yet," he said. "We certainly are evaluating them."

Fort Lauderdale scrapped talk of LED street lights after learning of FPL's position.

FPL spokesman Villafaña said the utility is testing LED lights on eight poles in its corporate parking lot in Juno Beach.

The test is expected to last about a year. Then the utility will decide if it's a product it wants to offer as an option for its light poles and, if so, what electrical tariff would apply.

Kaplan, the Lauderhill mayor, recently appeared at a Public Service Commission hearing and asked the agency to force FPL to charge less for LED lights. The PSC hasn't yet taken up the request because Kaplan did not file a formal petition. The mayor has abandoned plans to use any of the city's $595,200 in federal energy stimulus funds for new street lights.

图 29.55　公用事业公司还没有根据方案作出改进，如果你用得少，支付的费用就少

注：作者 O'Matz，M.，《市长摒弃了安装 LED 路灯的方案》，南佛罗里达州《太阳哨兵报》，2009 年 8 月 23 日，已获使用许可。

如果建筑可以减少夜晚炫光、降低光污染程度、减少溢出照明范围的光量，在 LEED 评价体系中会得到相应的分数。停车场的灯以及固定在建筑外墙上的灯通常容易造成光污染。平衡照明的亮度，满足安全的需要，通常是建筑管理者关心的一个问题，因为安全及市场销售方面（顾客也像飞蛾一样具有趋光性，喜欢光亮的地方）的原因，他们更喜欢将停车场照得如核爆现场一样明亮。解决的方案让安全专家和可持续发展专家共同理解项目的目标，齐心
756 协力实现共同的目的。审慎、合理地选择适当的灯具类型，在满足安全需要的同时，减少光污染、光干扰和天空辉光（*Security Management*，2008）。

照明亮度较低带来的问题是，让监控摄像头赖以工作的光线减少了。许多的夜晚监控设施因为光线太暗而不能让摄像头保持正常运转，但是，人工照明方面的新技术（如低照度摄像头和红外线摄像头）可以解决这一问题。在摄像头处安装一个红外线发光器，可以让物体如同在光线极佳的环境下一样清晰（*Security Management*，2008）。

安装传感器是另一种进行能耗管理的方法。安装外围传感器或者占用传感

器后，只要触发了传感器，灯光会按照预先设定，在其照明能力的 50% ~ 100% 范围内调节。可以将路灯设定为在凌晨三点后降低亮度，或者将购物中心停车场的灯光设置为晚上 10 点商场歇业后降低亮度。如果较晚离开的人步行前往其车辆，传感器会让灯光完全开启并持续半个小时，如果监测到再也没有人了，再将灯光关闭。

红外线摄像头会拍摄到任何可以发出热量的物体，也被称为热成像。热成像摄像头可以探测到其监控范围内的温度变化。由于人体会散发热量，热成像摄像头可以有效地识别出是否有非法侵入者进入监控区域，也可以区分出是人还是动物。

热成像摄像头一般用在距离较远的情况下，主要目的在于识别是否有人非法擅自进入，而非准确地辨别是哪一个的场合。热成像仪在有雾或者其他恶劣的天气情况下依然有效，但是其他类别的摄像头在同样的情况下可能就不能充分地记录影像，甚至发挥不了任何作用。即使在阳光下，热成像仪也是一个有益的补充，因为和一般的闭路电视监控系统不一样，它可以探测到想躲在阴影中、灌木中或者树木中的人。热成像摄像头被认为是静默的系统，因为在其探测范围内，它不会主动地发出任何形式的光线或者激光（*Security Management*，2009）。

另外一个减少光污染或者节约能源的方法是：将员工的停车场与访客及公共停车场分开设置。访客停车场的灯光可以在夜晚调低或者关闭，另外可以安装运动传感器，如果在黑暗的情况下有人进入停车场，可以让灯光开启。

29.9 案例研究 1

位于明尼苏达州明尼阿波利斯市（Bloomington）的美国购物中心是美国的零售和娱乐综合体。为了节约能源，实现可持续性的目标，它已经决定在其总面积达 3900000 平方英尺的两个停车场实施改造，用 LED 灯替换传统的金属卤化物灯。2011 年 6 月，已经对 5400 个金属卤化物灯和高压钠蒸汽灯进行了更换。原有的 250W 感应启动式金属卤化物灯被换成了 LED 灯，新换的 LED 灯在发光量衰减至 70% 前可以使用长达 50000 小时，用电量较以前相比会节省三分之二，总计超过 800 千瓦时。停车场照明节约的电量可以供 11000 个家庭使用一年。整个工程会在 2012 年完工（*Parking Today*，2011；图 29.56、图 29.57）。

图 29.56　美国购物中心停车场的道闸　　图 29.57　美国购物中心停车场的卸货区

758

29.10　案例研究 2

2011 年，巴尔的摩市对其 15 个停车场的照明系统进行了更换。巴尔的摩市停车管理机构选择了最先进的荧光灯照明系统。现有的 210W 的高强放电金属卤化物灯将逐一被更换为代表绿色技术的 111W 的荧光灯照明系统，总计会节约 48% 的能源。一旦工程完工，巴尔的摩市每年会节约 290 万千瓦时的电量，减少 313000 美元支出。同时，照明质量和水平都会大幅提高，新照明系统每年的维护费用也会大幅节省。在接下来的五年内，预计不会产生维护费用（*Parking Today*，2011）。

29.11　案例研究 3

密苏里州开普吉拉多市为了节约能源，减少维护成本，对其市政照明设施进行了升级，将 104 盏高压钠蒸汽路灯换成了 LED 灯。路灯项目是该市为了实现可持续性目标而开展的整体项目中的一部分。更换路灯只需不到 10 分钟的时间。

759

首批的 104 盏路灯约占整个城市专有路灯的 25%，减少的总用电量接近 70000 千瓦时。LED 路灯不仅节约能源，使用寿命更长，还让该市的市民和前来的游客感到整个环境更加安全、舒适（*Parking Today*，2011）。

29.12　案例研究 4

Stratosphere 赌场在高效照明中赢了一大把

降低成本：西屋电气照明解决方案公司的新荧光照明系统不仅为降低成本，减少温室气体排放，还因为节约能源而为赌场赢得了绿色能源基金颁发的证书。

内华达拉斯维加斯 Stratosphere 酒店和博彩的管理团队对计算赔率很在行。事实上，当他们决定在其附属的停车场新照明系统上"押上所有赌注"的时候，他们并不是在碰运气。在节约能源，更好地照明这一问题上，这更像是一个十拿九稳会有回报的事情。照明供应商和 Stratosphere 的安全部门紧密协作，明确了其各个场所及车库所需的照明水平，以便摄像头可以监测到车辆牌照和其他车辆信息，然后根据需要进行了相应的设计（图 29.58）。

图 29.58 拉斯维加斯 Stratosphere 酒店和赌场外观

拉斯维加斯 Stratosphere 酒店和博彩是位于拉斯维加斯南大道的一个大型的集博彩、住宿和娱乐为一体综合体。它有 80000 平方英尺的赌场，超过 2500 间普通客房和套房，高达 1149 英尺的 Stratosphere 塔（美国最高的观光塔）。游客们将他们自己绑在"疯狂之旅"上，这是一个从塔顶边缘伸出的一个 64 英尺长的机械臂，在三倍重力的作用下旋转，可以向下看到拉斯维加斯景色，也可以参加在塔上的另外两个项目"X - 尖叫"和"巨型升降机"。

游客们可以在赌场内碰运气，也可以参加这些惊险玩命的游戏。但是，在停车场，Stratosphere 的目的是要保证顾客和员工们的安全。2008 年 9 月进行的这场改建，其目的是实现更加安全、更优质的照明和更高的效率。

以今天的标准来看，Stratosphere 停车库现有的照明系统显然过时了。他有 885 盏 8 英尺的双管 T12 HO 型荧光灯，1328 盏高压钠灯。每盏荧光灯的功率为 235W，高压钠灯的功率为 175 瓦。照明系统每小时消耗的电能为 440 千瓦时，发出的光线强度平均值为 4 ~ 5 英尺烛光。这符合安全与健康管理局办公室建议的灯光照在"钥匙上"可以达到 3.5 英尺烛光的标准（换言之，驾驶员开门时可以看清车的门把手），但 Stratosphere 还想做得更好，一是为顾客创造更加安全、明亮的停车场环境，二是提高安全摄像头的性能。

将停车场的照明要求提出来招标后，Stratosphere 选择了西屋电气照明解决

760

方案公司提出的高效荧光灯系统。该系统由西屋电气照明解决方案公司的分销商，一家专门从事安装，可以提高能效和环保效果的公司——月光替代性能源解决方案公司——予以供货，并负责安装。

按照设计，新系统要对旧系统逐一替换。现有的 2200 多盏灯全部要换成西屋电气照明解决方案公司的 V4 型密封双管 T8 型灯具。V4 型灯具可以在潮湿和腐蚀性环境下使用，其聚碳酸酯灯罩非常耐用，并可以有效防止自然损坏和人为破坏。除了可以应对车库中经常遇到的碰撞敲打外，V4 型灯具每盏的功率仅为 76 瓦。这意味着，Stratosphere 的新照明系统每小时仅耗电 168 千瓦时。和以前系统的 440 千瓦时相比，节约了大约 62%。换言之，Stratosphere 的电费会节省近 2/3。

考虑到 Stratosphere 停车场是每周 7 天，每天 24 小时不间断照明，其经济和环境方面的影响更是大幅提升。灯随时都开着。因此，新系统全年都在节省能源，节约开支。在一年内，总量接近 2500000 千瓦时。按照目前每千瓦时 9.75 美分的价格，Stratosphere 第一年就会节约 231000 美元。按照这个标准，该工程在第一年就会收回成本，然后，在以后的每一年都会获得丰厚的投资回报。

在环境方面也会获益。Stratosphere 每年用电量的大幅消减，相当于每年减少了超过 1350 吨的二氧化碳排放量，每年少让 225 辆车在路上奔跑，或者减少了 140000 桶石油的碳排放量。

根据 Jim Connelly——月光替代性能源解决方案公司董事会主席，同时也是绿色优势组织的认证承包商——所言，Stratosphere 从新系统中实现的大量经济和环境方面的收益还仅是整个环保项目的一部分。"整个工程是 100% 绿色，"他说，"整个旧系统，所有的灯具和灯泡都经通过 EPA 认证的供应商进行回收的"。鉴于整个项目在环境方面的影响，绿色能源基金对 Stratosphere 进行了认证，以表彰其在大幅节省能源和减少碳排放方面的贡献。

新系统在安全和照明方面也达到了预设的目标。虽然节能近 2/3，照明亮度却达到了以前的 3 倍，从 5 英尺烛光提升至 15 英尺烛光。Jim Connelly 说："整个照明布局效果非常好，车库的整体外形也大为改观。"照明的质量也提高了。新系统的显色指数（CRI）——精确还原原有颜色的一个指标——更高。因此，顾客的体验更舒适，更像自然光，监控摄像头拍摄的影像更清晰，图像更精确，整个场所也更加安全了。

Stratosphere 关于改建提升其车库照明系统的战略性决策对赌场、顾客和环境而言，是多赢的结局。为了实现同样的效果，其他公司不必担心需要好运连连才行。Jay Goodman——西屋电气照明解决方案公司的总经理——说："有一种误解认为，节约 50% 是新系统可以实现的最佳效果，而 Stratosphere 的例子表明，可以做得更好，可以节约 62%，甚至更多。"Jay Goodman 认为，这个项目破除了两个谬论：第一个是如果要节能，就得在照明方面做出牺牲；第二个是认为环境保护论对经营有害。只要仔细分析 Stratosphere 项目就可以证明这一点。照明水平（包括光线的质量及其精确度）增至300%。同时，按照现有的公用事业收费标准，每年节约近25万美元，如果收费标准提高的话，这一数字还会攀升。除了可以获得积极的现金回报外，在应对今后的价格上涨时，高效节能的照明系统还会真切地为 Stratosphere 提供缓冲的空间。

761

在内华达州，内华达电力公司名为"一定赢的赌注"的需求侧管理项目让环境保护论和良好经营实践结合到了一起，该项目针对各种类型的节电工程，提供经济奖励和技术支援。内华达电力公司为内华达州和加利福尼亚州东北部供电。"一定赢的赌博"项目为实施节能项目的商业、工业、机构客户提供奖励和补助，对其设备进行改建或更换。月光替代性能源解决方案公司的 Jim Connelly 说："Stratosphere 项目符合'一定赢的赌博'项目的所有要求，获得的奖励抵销了相当大一部分的总体成本。这仅是一个例子，一般情况下，对于类似的节能的荧光照明系统改善项目，地方、各州和联邦都有补助。"

当 Jim Connelly 将绿色能源基金的证书呈递给 Stratosphere 的经理 Scott Shultz 时，它代表了一个多方共赢的成果，环境受益了，Stratosphere 赌场的顾客从更好的照明中受益了，Stratosphere 自身也受益了，它会持续每年就其投资享受可以抗衰退的收益，每一方都受益了。在拉斯维加斯，节能的荧光照明系统是每一个行业都应当积极参与的"博彩"。

29.13 小 结

照明领域正在进行一场变革。技术变革是如此之快，需求已经跟不上市场的步伐。立法机关对于汞污染和节能的关切促进了行业的改造。现在，你已经对照明设计方面的具体内容有了一个基本的了解，在下面一章中，将讨论如何在各种不同的环境下运用这些知识。

==================== 参考文献 ====================

[1] Crouch, S., Shaftoe, H., and Fleming, R. *Design for Secure Residential Environments*, Longman Publishers, Chartered Institute of Building, London, 1999, pp. 24–43.

[2] Dean, R. P. and McClendon, S. Lighting green buildings. *Architect Magazine*, October/November 2007, 47–51.

[3] Duda, D. and Neville, J. Working together. *School and University Magazine*, September 2007.

[4] Environmental News, Ann Arbor World pioneer in the use of LED streetlights and LED streetlights, Environmental News, Ann Arbor, MI, 2008, www.a2gov.org.

[5] Fennelly, L. J. *Effective Physical Security*, 3rd edn. Elsevier, Burlington, MA, 2004, pp. 175–180.

[6] *Fundamentals of Light & Color Measurement*, Mecom, Inc., 1994.

[7] Good neighbor-Outdoor lighting. Presented by the *New Engtand Light Pollution Advisory Group and Sky Publishing Group*. 2006.

[8] *Guideline for Security Lighting for People, Property and Public Spaces*, 2003. Illuminating

Engineering Society of North America, New York (IESNA G – 1 – 03, March 2003).

[9] Healy, R. J. *Design for Security*. John Wiley & Sons, New York, 1968, pp. 136 – 172.

[10] Higgins, L. R. and Morrow, L. C. *Maintenance Engineering Handbook*, 3rd edn. McGraw Hill, New York, 1977.

[11] Hopf, P. (Ed.) *Handbook of Building Security Planning and Design*. McGraw – Hill, New York, 1979.

[12] Illumination Engineering Society of North America. *Lighting for Parking Facilities* (IESNA RP – 20 – 98 December 1998).

[13] *Industrial Lighting Application Guide*, Philips Lighting Company, Somerset, NJ, 2004.

[14] James, R. B. *Benya Lighting Design*, December 2001. http://www.edfacilities.org/pubs/lighting3.html

[15] *Lamp Specification and Application Guide*, Philips Lighting Company, Somerset, NJ, 2004.

[16] LEED – NC for New Construction. *Reference Guide*, Version 2.2, 1st edn., October 2005, pp. 101 – 109.

[17] *Lighting Handbook*, North American Philips Lighting Corlloration, Carrollton, TX, 1984.

[18] *Lighting for Safety and Security*. National Lighting Bureau, Washington, DC, 1989.

[19] Lighting Research Center (RPI), Russell P. L. and Paula A. R. *The Outdoor Lighting Pattern Book*. McGraw Hill, New York, 1996, pp. 3 – 150.

[20] Lighting technology. *Architectural Record*, November 1998, pp. 165 – 166.

[21] Lyons, S. L. *Lighting for Industry and Security: A Handbook for Providers and Users of Lighting*. Butterworth-Heinemann, Newton, MA, 1992.

[22] *Miami Herald*, Thieves steal light poles for aluminum scrap, Nov. 25, 2005.

[23] Neidle, M. *Emergency and Secunity Lighting Handbook*. Butterworth-Heinemann, Newton, MA, 1988.

[24] O'Matz, M. Mayor abandons plan to install LED streetlights, *South Florida Sun-Sentinel*, Aug. 23, 2009.

[25] Orth, K. Nation's largest mall expects big savings in lighting costs. *Parking Today*, April 2011, pp. 34 – 36.

[26] *Physical Security*. U. S. *Army Field Manual* 19 – 30, U. S. Govemment Printing Office, Washington, DC, March 1979, S/N 0 – 635 – 034/1069.

[27] Rea, M. S. (Ed). *Lighting Handbook: Reference and Application*, 8th edn. Illuminating Engineering Society of North America, New York, 1993.

[28] RP – 8 – 00. Roadway Lighting Standards, Illumination Engineering Society, revised 2005.

[29] Rubenstein, F. Center for building sciences. *CBS Newsletter*, Spring, 1995, p. 5.

[30] Spadanuta, L. The greening of security. *Security Management Magazine*, July 2008, pp. 51 – 59.

[31] Spadanuta, L. Shedding light on nighttime surveillance, *Security Management Magazine*. March 2009, pp. 66 – 74.

[32] The value of solid state lighting in public buildings. *Architectural Products Magazine*, April 2009, p. 62.

[33] Tyska, L. A. *Physical Securiry*. L. J. Fennelly (Ed.). Butterworth-Heinemann, Woburn, MA, 2000, pp. 29 – 31.

762

［34］ Unified Facilities Criteria （UFC）. *Design：Interior and Exterior Lighting and Contents*, UFC 3 – 350 – 01, August 2006.

［35］ Wekerle, G. R. and Whitzman, C. *Safe Cities*, Van Nostrand Reinhold, New York, 1995, pp. 28 – 30.

［36］ Wright, D. Safe Cascadia. Diagrams, 1994.

其他资料

［1］ Hubbell Lighting：www. hubbelllighting. com

［2］ National Lighting Bureau：www. nlb. org

［3］ Illuminating Engineers Society of North America：www. iesna. org

［4］ International Dark Skies Association：www. darksky. org

［5］ National Council on Qualifications for the Lighting Professional：www. ncqlp. org

［6］ National Association of Lighting Designers：www. iald. org

［7］ Philips Lighting Company：www. lighting. philips. com

［8］ GE Lighting：www. gestpectrum. com

［9］ Sylvania Lighting：www. sylvania. com

［10］ National Fire Ptotection Association （NFPA）：www. nfpa. org

［11］ Intemational Code Council：www. iccsafe. org

［12］ National Institute of Standards & Technology：www. nist. gov

［13］ American National Standards Institute：www. ansi. org

安全照明

30.1　什么是良好照明

良好的户外照明不仅要有利于实施自然监视，提高能见度，使人们感到更加安全，还要注意降低电能消耗，减少运营成本，避免显得突兀，甚至形成眩光。许多户外照明既设计欠佳，又朝向不当，结果不仅成本高昂，形成浪费，还会形成干扰观察的眩光（*Good Neighbor Outdoor Lighting*，2006）。要充分利用目前处于发展之中的新光源，如无极灯和 LED 灯，与金属卤化物灯、汞蒸汽灯相比，在同样的照明水平下，它们更节能，运营成本更低。

30.2　眩　光

如果一个人可以在距离较远的地方（超过 100 英尺）看见明亮的灯泡，那这个灯泡就在水平方向产生了眩光，而它本应当是垂直向下照到地面上的。眩光会让人感觉不适，使视觉失能。眩光会对车辆驾驶员、行人、安全摄像头和骑自行车的人的视线造成障碍。

30.3　光干扰

光干扰是指光线超出预定照明范围，溢出到邻近区域的现象。这种强加的、有违预定目标的光线会照进卧室窗户，降低私密性，结果会形成阴影或者使人关上窗户，进而降低自然监视水平，防碍人们对街道的观察。

30.4　光污染

光污染是由于使用加油站、便利店、商业中心等场所夜间常用的、过于明亮的广告灯箱造成的。它自称是为了安全，因此是正当的。从 19 世纪 60 年代开始，在户外使用的高强度放电灯不断增多。在光污染的情形下，发出的光没有具体的用途，过于明亮而让人眼感到难受，对司机和行人产生有碍安全的眩光，对生态系统的生物完整性有害，让光线溢至他人户内、卧室，在城市上空形成天空辉光。天空辉光使我们不能欣赏空中的星星。同时，将灯光漫无目的地照向天空，也造成了能源浪费。

长期以来，大家都公认光污染不仅会影响生活质量，还会对环境造成影响，但健康专家们只是在新近才注意到夜晚光污染问题。现在，我们已经认识到，人工光源会像药物一样，打乱生物的生物钟（图 30.1）。

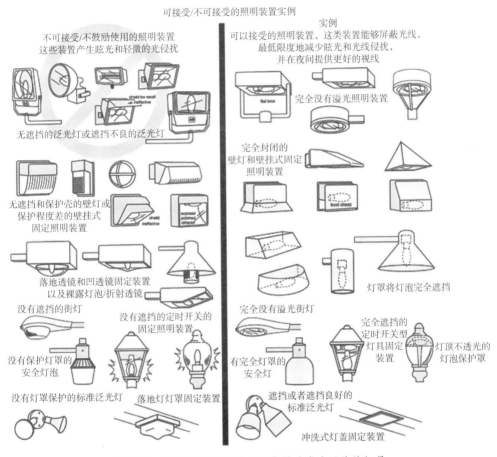

图 30.1　容易造成光污染和不容易造成光污染的灯具
注：著作权人 Bob Crelin，2005，使用已获著作权人许可，为纽约东汉普顿镇提供。

30.5　我们可以做些什么（良好的邻里户外照明）

765

（1）选择合适的灯罩，让光线既可以满足安全需要，又只照射到预定的区域，避免溢出至毗邻区域或者对天空造成光污染。

（2）让灯按照预定方向朝下照明。选择被灯罩完全遮挡的灯具，让光线不要向上照射或者向旁边照射，形成浪费。这样的灯具会将眩光降至最低，并且可以更好地保障安全，因为可以让人们看清他人、车辆和地形环境，而不是一束耀眼的灯光。

（3）在安装灯具时，让它们在设定的目标区域内最有效地发挥照明作用，将其对其他区域的影响降至最低。准确地设置灯具的朝向非常关键。

（4）选择符合能源与环境设计领先（LEED）和绿色地球要求的节能灯。仅在对显色性要求较高的情况下才使用发出白色光线的灯。

（5）如有可能，为灯具安装定时装置，在不再需要照明的时候就将灯关闭。也可以在停车场等场所的灯具上安装运动传感器，当有人出现在不该出现的场所或者受保护的场所时，触发传感器让灯光开启，可以起到通知和警报作用。

30.6　最低照明指南

（1）如果某一场所要在夜间使用，照明的亮度要让人在 40～70 英尺外可以看清其他人的面部。

（2）人行道、巷道、户外公共场所通道、其他各类道路、指示牌等，其照明水平应当达到 IESNA 的标准。

（3）照明应当保持连贯，不要形成阴影或者眩光，避免在明暗交界处的对比过于强烈。

（4）人行道灯光应当照在人行走的路线上或者旁边可能形成"陷阱"区域的地方，而不是照在旁边的路灯已经照亮的地方。

（5）通往门的道路、壁龛、台阶上下应当适当地予以照明。

（6）在进行照明时，应当考虑植物生长情况，包括成年的树木和其他可能形成障碍的树木。

（7）灯具的材质应当可以防范破坏，可以使用夹丝玻璃或者马灯式的支架。

（8）灯光不要照射到安保人员或者巡逻人员。如果实在是不能让安保巡逻人员位于照射范围之外，可以在照明和安保人员之间进行适当的平衡，不要形成眩光，以免让安保人员难以看清黑暗处的情况。

（9）照明应当和监视手段结合使用。照明的震慑作用在于让人感到怕被监测到和抓获。这就要求利用闭路电视监控系统或者安保人员，既有静态监视，又有动态巡逻。

（10）照明不能让人感到讨厌，甚至带来危险。要避免给邻近的道路、铁路、机场、港口或者楼房造成负面影响。

（11）照明应当做到节约成本，并和现场条件兼容。对面积很大的区域无差别地提供照明，可能就很不划算。既有的户外照明（整个区域的光线情况）和场所内为了运营和安全需要既有的照明，在设计时应当统筹纳入考虑范围。

（12）对按照环境设计预防犯罪原则布置好的照明，不应受到灌木丛的影响。

（13）在进出场所或者建筑的过渡区域内应当提供过渡性照明。过渡性照明的范围应当包括相应的公共场所、人行道和连接道等区域。

表 30.1　IESNA 指南中关于最低照明水平的要求

场所类别	水平方向的平均照度（单位：英尺烛光）
无人的场所	
存储区	0.5~2 英尺
工业设备	1~2 英尺
建筑正面	0.5~2 英尺
可以辨别人的外貌	0.5~1 英尺
有安保人员的场所	10 英尺
安装自动取款机场所的外部	10 英尺范围内 10 英尺烛光，10~40 英尺范围内 2 英尺烛光
安装自动取款机场所的内部	距离自动取款机 10 英尺范围内 15 英尺烛光
停车场及顶部有遮挡的车库	距离地面 6 英尺
会有车辆聚焦的场所，楼道、匝道、电梯	5 英尺
老年人停车场所	50 英尺
高档设施周围的人行道	5 英尺
公共公园的停车场	3 英尺
人行道及小路	0.5~1 英尺
大型超市停车场	3 英尺
快餐店	3 英尺
便利店及加油站	
泵房	6 英尺
人行道及地面	3 英尺
商店内部	30 英尺
独栋别墅及门口的道路	0.8 英尺
联排住宅及公共区域	0.3 英尺
联排住宅区设置的邮箱	1 英尺
高档住宅区入口处——日常时段	30 英尺
高档住宅区入口处——睡眠时段	10 英尺
学校和机构——普通停车场	3 英尺
学校的人行道和其他小路	1 英尺
酒店和汽车旅馆的普通停车场	3 英尺
酒店和汽车旅馆的人行道及地面	1 英尺
警察、消防及应急救援服务机构	8 英尺
警察、消防及应急救援服务机构的普通停车场、人行道	3 英尺
周围的围栏	0.50 英尺
外层	0.50~2.00 英尺

续表

场所类别	水平方向的平均照度（单位：英尺烛光）
开放的场所	2.00 英尺
开放停车场	0.20 ~ 0.90 英尺
有遮盖的停车设施	5.00 英尺
人行道	0.20 英尺
行人入口	5.00 英尺
车辆入口	10.00 英尺
建筑正面	0.50 ~ 2.00 英尺
大门值班室	30.00 英尺
卸货区外围	0.02 ~ 5.00 英尺
卸货区	15.00 英尺
办公区——公共办公区	30 ~ 50 英尺
办公区——特定用途的办公区	50 ~ 70 英尺
内部的公共空间	10 ~ 20 英尺
零售店	50.00 英尺
银行大厅	20.00 英尺
银行——柜台	50.00 英尺
银行——自动取款机	15.00 英尺

资料来源：照明工程协会《人、财物和公共场所的安全照明指南》，2003 年，已获使用许可。

注：表中列举的数据是截至本书出版时相关指南中的数据。最新的数据和照明工程协会最新的标准，请浏览 www. ies. org。

767　　（14）所有外部照明的灯具都应当朝下，避免照射到毗邻的其他区域，并将对灯具加罩，以免形成眩光。

（15）外部照明的具体细节设计应当在 3 英尺 × 3 英尺格式的景观布局图上标示出来。外部照明设计图应当经过光度测算。光度测算应当依据制造商于出厂时在每一灯具上附随的 IESNA 文件上标示的平均光输出值进行，该输出值应当由经许可的检测机构检测通过。外部照明的详细方案应当包括了依据风险因素所进行的点与点之间的光度测算，进行光度测算时，点与点之间的距离不超过 10 英尺，距离地面高度为 6 英尺。

（16）为安全目的而设计的外部照明灯具应当加装可以预防天气和人为因素破坏的外罩，并且方向朝下，将炫光和干扰降至最低。

（17）在本章中，灯具距离地面的高度至少应当有 6 英尺。为了确保布局适宜，最低和最高之间的比例可以控制在 6 : 1 的范围内（表 30.1）。

30.7 根据环境设计预防犯罪原则建议采取的措施

30.7.1 根据需要提供照明

在合适的地点，将照明设施和运动传感器结合使用，是一种非常有效的发现可疑行为的方法。这种方法不用让灯光随时开启，同时也是一种非常经济的方法。夜间不使用的场所可以利用运动传感器启动式照明进行管理。如果想让这种根据需要才开启的照明方式有效运作，还必须将其连接到运动传感器报警系统中，这样，安保人员就可以及时地发现有人闯入。如果单独使用，就难以发现有人闯入，根据需要启动的照明也就不能有效发挥作用。

30.7.2 重叠技巧

照明应当形成连续的光线带，照亮各个地方，避免存在黑暗的区域。照明的目的是确保光线充足，进而保证照明质量。下面的图片展示的是在靠墙体设计的，用于保证安全的照明（图 30.2、图 30.3）。

图 30.2　锥形的光线互相重叠
注：摘自《安全校园设计指南》，作者 Moore,
J. and Powers, D., 佛罗里达坦帕社区设计研
究中心，1993 年。已获使用许可。www. fccdr.
usf. edu。

图 30.3　锥形的光线均匀地照射

30.7.3 显色性

768

如果照明的均匀度是最重要的问题，显色性应该是第二重要的问题。太阳光可以让人眼看到特定范围内的颜色。为了在晚上也尽量地看到同样范围内的颜色，灯具内灯泡的质量就显得非常重要。灯泡越好，显色性就越好。如果在辨认颜色方面存在问题，整个照明系统在保证安全方面的作用会适得其反。这不是一个技术问题，而是一个成本问题。好的照明价格更贵。下面的图片就说明了显色性方面的优劣（图 30.4、图 30.5）。

图 30.4　金属卤化物灯
的灯柱有多种造型

图 30.5　（参见彩图）图中位于公租房管理机构
旁边的路灯采用了低压钠蒸汽灯，营造的糟糕
效果如阴森恐怖的科幻片一般。在城市中较好
的地段，你肯定看不到这种情形，这种照明将
该区域进一步孤立起来，让人感受到贫民区的
耻辱

30.8　与街道上的其他物体进行统筹考虑

可能会遮挡光线的物体很多，无论是它们出现的时间是早于还是晚于照明
设施设计、安装的时间，比如，新栽的树木和已经长成年的树木，既有的街道
设施、物品和以后才出现的街道设施、物品等（图 30.6、图 30.7）。

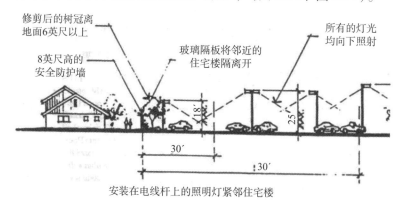

图 30.6　上面的草图显示了灯柱高度和房屋之间的关系
注：摘自亚利桑那州坦佩市，1997 年，已获使用许可。

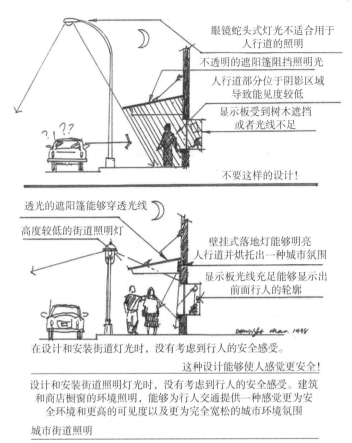

眼镜蛇头式灯光不适合用于
人行道的照明

不透明的遮阳篷阻挡照明光

人行道部分位于阴影区域
导致能见度较低

显示板受到树木遮挡
或者光线不足

不要这样的设计!

透光的遮阳篷能够穿透光线

高度较低的街道照明灯

壁挂式落地灯能够明亮
人行道并烘托出一种城市氛围

显示板光线充足能够显示出
前面行人的轮廓

在设计和安装街道灯光时，没有考虑到行人的安全感受。

这种设计能够使人感觉更安全!

设计和安装街道照明灯光时，没有考虑到行人的安全感受。建筑
和商店橱窗的环境照明，能够为行人交通提供一种感觉更为安
全环境和更高的可见度以及更为完全宽松的城市环境氛围

城市街道照明

图 30.7 城市的路灯及灯罩

注：作者 Wright, D. H. , 城市设计规划师，是位于加拿大不列颠哥伦比亚省兰利市的行动评估集团有
限公司的前总裁。已获使用许可。

30.8.1 备用和恢复系统

综合性的照明系统应当稳定可靠，万一发生恐怖袭击或者敌人渗透的情
况，应当表现足够强悍，可以持续提供照明，以应对挑战。犯罪分子或者恐怖
分子可能会试图破坏照明系统，所以在建设照明系统时应当使其难以被破坏，
不易在袭击中受损。在火灾、雷击、爆炸，或者停电的情况下，照明系统可能
会瘫痪，所以，准备备用电源，持续供电，让应急照明保持运行，直至恢复正
常就显得非常重要。

770

30.8.2 将安装灯具的天花板表面漆成浅色，以反射光线

许多车库的天花板高度较低，便把灯具固定到天花板上，这样很容易使光
线受到局限，并造成阴影。为了增强光线反射，可以把天花板漆成白色。为了
增强光线反射，一些地区已经出台相应法规，要求封闭的车库或者地下车库将
其天花板漆成白色（图 30.8 至图 30.10）。

30.8.3 黑暗也是环境设计预防犯罪中的一种方法

在某些情况下，不提供照明也是一种有效的犯罪预防方法。在保证安全和视线清楚的同时，也没有必要将整个场所都照得如同白昼。环境设计预防犯罪理论的奠基人 Tim Crowe 曾经举过一个例子，学校放学，清扫结束后，就可以将灯关了。根据建筑相关法规，只需将应急出口标志照亮就行了。如果大楼在晚间关闭并上锁，学校内的运动场等场所就一片漆黑。将照明设施和报警系统连接起来，如果一些破门入室者潜入后打开电灯，就会触发警报。篮球场的灯也应当关掉，因为如果灯开启的话，孩子们就会在那里打篮球，也会吸引其他人至此活动。停车场应当关闭，禁止使用，并将路灯和运动传感器连接起来。如果关闭以后还有车辆进入，灯光就会开启，触发警报，向警方和邻居发出警示，表示有人违反安全规定进入，提示警方注意。

图 30.8 应当先对图中的天花板进行粉刷，避免烟尘和车辆产生的污迹对照明产生影响

图 30.9 天花板被漆成白色后，光反射效果显著增强了

图 30.10 图中将车库天花板粉刷后，增强了光反射效果

30.8.4 照明质量

安全照明不会防止或者制止犯罪，但是，它可以帮助业主保护人身财产安全。良好的人行道照明可以方便实施自然监视，让人们在散步或者在停车场中走向其车辆时会感觉到舒适。照明可以防止犯罪分子的突然出现，可以让行人有机会求助，也可以选择另一条道路，或者逃离。

安全照明应当保证对人行道或者车道提供均匀、连续的照明（图 30.11、图 30.12）。将街道、建筑的名称及编号照亮也非常关键，因为这有助于警方、消防部门和应急救援部门高效反应。在进行照明设计时，应当避免光线对周围的居住区造成干扰。

图 30.11　加油站为了吸引顾客，其灯光往往远超实际所需

图 30.12　新建的加油站安装 LED 灯后，照射的范围更广，而耗电量仅为原来的十分之一

　　光线质量是保证安全的一个重要方面。真实地显示所有颜色有助于识别车辆和人员。停车场和加油站等场所应当安装金属卤化物灯，以便可以显示出所有的显色。

　　对灯光发出的光柱进行有效控制可以避免眩光，光损失和光干扰。让灯光射出后可以覆盖较大的地平面，而不是一小块面积。浅色表面反射光的效果优于深色表面。要注意，光源照射到其他物体时，会形成阴影，影响视线。在设施布局方面要谨慎处理，避免在门、垃圾箱和设施的背后形成暗角。

773

　　停车场的照明在注意避免炫光的同时，还要注意在照度和亮度方面保持一致。可以利用灯罩或者将灯具边缘全部遮挡，以避免形成光污染。由于灯柱通常是设在场所的周围，靠近其他场所，所以要仔细思考，避免形成光污染。采用边缘全部遮挡的灯具、低瓦数的灯具以及靠近墙壁一侧设置灯具都可以避免形成光干扰。

　　防范性照明对遏制犯罪来说既举足轻重，又成本低廉。它可以提高能见度，便于在入口处查看证件，观察行人，检查车辆，阻止非法入内，及时发现建筑和场地内外的非法侵入者。

　　应当对场所外部所有的场所都提供适当的照明，包括行人、车辆的入口、外围围栏、敏感场所、周围的构筑物和停车场等。为了阻止他人非法入内，一定要切实地进行监测。适当的照明会让潜在的侵入者相信：该场所肯定处于监测之下（图 30.13、图 30.14）。

图 30.13　图中为行人照明或者安全照明。可以较好地防止被绊跌倒，但是，难以看清迎面而来的他人的面貌

图 30.14　人行道的照明既要保证行人安全，避免受绊跌倒，也要考虑安保问题，比如要让人可以识别陌生人，不同光源的交接处要避免形成盲区

30.9　安全照明布局应当实现的目标

（1）避免形成眩光，因为炫光既妨碍安保人员履行职责，又对经过的车辆和位于毗邻区域的他人造成影响。

（2）如果可能，将炫光对准侵入者，以对其形成阻碍。

（3）将安保亭和闭路电视摄像头设置在光线较暗的地方，让侵入者难以发现其具体位置。

（4）照明要充足，即使某一个灯具损坏，也不会形成黑暗区域，以防范他人侵入。

（5）照明应当稳定可靠，即使出现电力故障，也可以提供备用照明。

（6）要易于实施控制。

（7）要签订维护合同，以便出现损坏后可及时修理。

（8）可以防止破坏。灯具要保持适当的高度，让侵入者难以触碰，采用可以预防破坏的材料。

30.9.1　开展照明测量，也被称为光度设计

每隔 6～12 个月，或者监控摄像头经过完善、更换、升级后就进行照明评估。为了保证适当的安全照明，需要考虑的因素很多，光量并不是唯一的因素。

光线的分布也非常重要，例如在黑暗的环境中，由于观察者需要不断适应光线变化，就会导致眼睛疲劳，延长识别时间。安保人员的具体任务也会要求不同的照明水平。监控摄像头也需要特定的照明水平以发挥最佳效果。

光度设计会告诉环境设计预防犯罪专家哪里需要照明，哪里不需要，光照

是合适、不足还是过量。图 30.15 展示的是照明的具体位置分布，当和景观绿化中的树冠、地面植物综合到一起后，环境设计预防犯罪专家就可以判断，照明和景观绿化之间是否存在冲突（图 30.15 和图 30.16）。

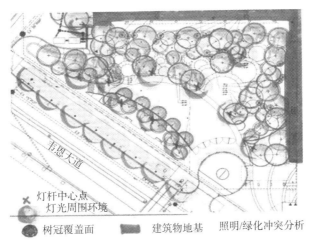

图 30.15 （参见彩图）将景观绿化和照明方式综合到一起，检查是否存在冲突

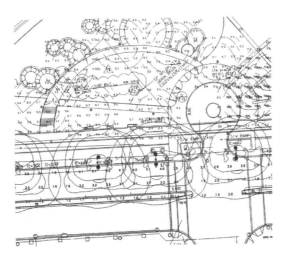

图 30.16 图为光度规划，地面上预定的光量以英尺烛光为单位进行了标示

监测测光表的读数比较简单。找一个或者买一个测光表，将其单位调整为勒克斯或者英尺烛光。检测水平和垂直方向读数的区别。对照明水平进行测量需要精确的测光表。应当将测光表送至专门进行此项检测的实验室测量其精确度，必要时可以重新校准，并发给证书，证明精确度符合要求。相关认证记录应当根据法律顾问的意见，在规定的时间内保存（图 30.17）。

找一张比例尺适当的，记录了现有灯具的位置示意图。将在相应地点测得的测光表读数标记在示意图上。读数及注释应当包括以下内容。

（1）灯的说明（汞蒸汽灯、全谱荧光灯、低压钠灯等）；

（2）灯具的类型（如何安装，如有可能还应当记录距离地面的高度等）；

（3）光源处、地面的亮度及反射率；

（4）垂直和水平方向的照度；

（5）眩光的范围；

（6）相对黑暗的范围。

图 30.17　在照明测量中常用的测光表

开展照明测量的首要重点步骤是确定特定位置的照明的功能。列出照明需要发挥的功能——监测、识别、确定。然后在该场所的各个位置对现有的照明水平进行测量。参照 IESNA 指南中推荐使用或要求达到的标准，研究具体的照度水平。查找现有设施存在的不足。如果照明水平不达标，或者现有设施已无法使用，选择并安装相应的设施，以达到相应的标准。

应当特别注意进入某一场所的各个通道，如公共道路、人行道，车辆和行人入口；周围区域，尤其是围栏；场所内外的开放空间；停车场；场所内和马路和人行道；建筑物入口（特别是在建筑退让的情况下）。要对景观绿化、墙体、建筑正面以及其他一些容易形成隐蔽区域的地方进行评估，并提供适当的照明。

30.9.2　不同行业间相互协作

安全照明未能完全发挥其功效的首要原因是，建筑设计施师、景观绿化设计师、电气工程师和安全顾问之间未进行相互协作。在许多的建筑工程项目中，都是计算机辅助制作设计图（也称计算机辅助设计与制图）。制作出的图纸处于不同的图层。通常情况下，每一行业都按照各自的规范制作相应的图纸。本来，应当由建筑设计师来对不同的行业进行统筹协调，但是，实际上进行统筹协调的情况较少。其结果是，景观绿化设计量设计的乔木和其他植物与外部照明互相冲突，最后导致耗资颇巨，却仅是对树木进行照明（图 30.18 至图 30.21）。

环境设计预防犯罪专家应当对景观绿化设计师的设计方案和照明设计方案进行审查，确定树冠和灯光之间是否存在冲突。要求照明工程师或者电气工程师确定相应的光度方案，然后落实到景观绿化设计方案中的地面绿化和种植的树木之间，让它们互相契合。

图 30.18　图中为常见的问题：将路灯伸到了树丛中

图 30.19　图中麦当劳外面的行车通
道是很好的照明范例：无论是光线的
总量还是质量都很恰当

图 30.20　图中的公寓楼进行改建后，
新增了楼道，对照明系统进行了完善

图 30.21　（参见彩图）上海夜晚的天际线，到处都是各个建筑
及屋顶的灯光，如同举行庆典的庙宇一般

灵活有效地运用安全照明带来的好处较多，可以减少破坏和擅自闯入的情况发生，提升大家的安全感，节省因未履行场所责任导致的诉讼支出，让路侧环境更具吸引力，提升建筑的价值，让各个场所更加充分地利用。将照明和环境设计预防犯罪方法、措施灵活有效地结合使用，也具有很好的商业价值。

778

30.10 小 结

安全照明设计中的十大策略：

（1）在项目设计中将照明设计越早纳入越好。

（2）切记在设计时考虑到易于维护，不易受损。

（3）对潜在的危险区域进行评估。

（4）在进行照明设计时，不仅要考虑到物理方面的效果，还要考虑的心理方面的效果。

（5）下列位置应当提供适当的照明。

a. 照亮建筑正面。

b. 照亮建筑周围。

c. 照亮场址周围。

d. 照亮临街面。

e. 照亮人行道。

f. 照亮公共场所。

g. 照亮停车场。

h. 照亮景观绿化。

（6）建议安装灯光自动控制系统和备用系统。

（7）避免以下因素。

a. 眩光和短时致盲。

b. 在天空中造成光污染。

c. 让光线溢出。

d. 阴影和盲区。

e. 景观绿化中的植物以后的生长会对照明产生影响。

（8）让项目团队注意保险问题和节约安保支出问题。

（9）就灯泡的类型，灯具的规格、位置、布局和高度等问题向经过环境设计预防犯罪培训的照明工程师和安全顾问咨询。

（10）一定要明确，你想要实现什么效果！

再次强调：灵活有效地运用安全照明带来的好处较多，可以减少破坏和擅自闯入的情况发生，提升大家的安全感，节省因未履行场所责任导致的诉讼赔偿支出，让路侧环境更具吸引力，提升建筑的价值，让各个场所更加充分地利用。将照明和环境设计预防犯罪方法、措施灵活有效地结合使用，也具有很好的商业价值。

参考文献

[1] Baltimore City garages go green lights. *Parking Today*, October, 2011.

[2] Crouch, S., Shaftoe, H., and Fleming, R. *Design for Secure Residential Environments*, 1999, pp. 24 – 43.

[3] Dean, R. P and McClendon, S. Lighting Green Buildings. *Architech Magazine*, October/November, 2007, 47 – 51.

[4] Duda, D. and Neville, J. Working Together. *School and University Magazine*, September, 2007.

[5] Fennelly, L. J. *Effective Physical Security*, 3rd Edition. Elsevier Butterworth – Heinemann, Burlington, MA, 2004, pp. 175 – 180.

[6] *Fundamentals of Light & Color Measurement*, Mecom, Inc., 1994.

[7] *Good Neighbor Outdoor Lighting*. Presented by the New England Light Pollution Advisory Group and Sky Publishing Group. 2006.

[8] Healy, *R. J. Design for Security*. John Wiley & Sons, New York, 1968, pp. 136 – 172.

[9] Higgins, L. R. and Morrow, L. C. *Maintenance Engineering Handbook*, 3rd Edition. McGraw Hill, New York, 1977.

[10] IESNA G – 1 – 03. *Guideline for Security Lighting for People*, *Property and Public Spaces*, Illuminating Engineering Society of North America, New York, March 2003.

[11] IESNA RP – 20 – 98. *Lighting for Parking Facilities*. Illumination Engineering Society of North America. December 1998.

[12] *Industrial Lighting Application Guide*. Philips Lighting Company, Somerset, NJ, 2004.

[13] *Lamp Specification and Application Guide*. Philips Lighting Company, Somerset, NJ, 2004.

[14] *LEED – NC for New Construction*, Reference Guide Version 2.2, 1st Edition, October 2005, pp. 101 – 109.

[15] Leslie, R. P and Rodgers, PA. *The Outdoor Lighting Pattern Book*. Lighting Research Center, RPI, McGraw Hill, New York, 1996.

[16] *Lighting for Safety and Security*. National Lighting Bureau, Washington, DC, 1989.

[17] *Lighting Handbook*, North American Philips Lighting Corporation, 1984.

[18] Lighting Technology. *Architectural Record*, November 1998, pp. 165 – 166.

[19] Lyons, S. L. *Lighting for Industry and Security*: *A Handbook for Providers and Users of Lighting*. Butterworth – Heinemann, Newton, MA, 1992.

[20] Naylor, M. Performance, Economics & sustainability to parking garages. *Parking Today*, October, 2011, 18.

[21] Neidle, M. *Emergency and Security Lighting Handbook*, 1988. (A U. K. text distributed in the U. S. by Butterworth – Heinemann, Newton, MA.)

[22] Physical Security, U. S. Army Field Manual 19 – 30, March 1979, U. S. Government Printing Office, S/N 0 – 635 – 034/1069.

[23] Rea, M. S. Ed. *Lighting Handbook*: *Reference and Application*, 8th Edition. Illuminating Engineering Society of North America, 1993.

[24] Rubenstein, F. Center for Building Sciences. *CBS Newsletter*, Spring, 1995, 5.

[25] Russell, P. L. and Paula, A. R. *The Outdoor Lighting Pattern Book*. Lighting Research Center, RPI; McGraw Hill, New York, 1996, pp. 3 – 150.

779

[26] Moore, J. and Powers, D. , *Safe Schools Design Guide*, Florida Center for Community Design + Research, Tampa, 1993. www. fccdr. usf. edu

[27] Spadanuta, L. the greening of security. *Security Management Magazine*, July, 2008, 51 –59.

[28] Spadanuta, L. Shedding light on nighttime surveillance. *Security Management Magazine*, March, 2009, 66 –74.

[29] The value of solid state lighting in public buildings. *Architectural Products Magazine*, April, 2009, 62.

[30] Tyska, L. A. *Physical Security*, L. J. Fennelly, Editor, Butterworth – Heinemann, Wobtrm, MA, 2000, pp. 29 –31.

[31] Unified Facilities Criteria (UFC) Design: Interion and Exterior Lighting and Contents UFC 3 –350 –01 August 2006.

[32] Weibel, W. A. Chapter 14, in *Handbook of Building Security*, *Planning and Design*, Hopf, P. S. , Ed. McGraw – Hill, New York, 1979, pp. 14 –1 –14 –21.

[33] Wekerle, G. R. and Whitzman, C. *Safe Cities*. Van Nostrand Reinhold, New York, 1995, pp. 28 –30.

[34] Wright, D. H. Urban Design Planner and Former President of Action Assessment Group, Inc. , Langley, BC, Canada.

网站

[1] Hubbell Lighting: www. hubbelllighting. com

[2] National Lighting Bureau: www. nlb. org

[3] Illuminating Engineers Society of North America: www. iesna. org

[4] National Council on Qualifications for the Lighting Professional: www. ncqlp. org

[5] National Association of Lighting Designers: www. iald. org

[6] Philips Lighting Company: www. lighting. philips. com

[7] GE Lighting: www. gestpectrum. com

[8] Sylvania Lighting: www. sylvania. com

[9] National Fire Ptotection Association (NFPA): www. nfpa. org

[10] International Code Council: www. iccsafe. org

[11] National Institute of Standards & Technology: www. nist. gov

[12] American National Standards Institute: www. ansi. org

[13] International Dark Skies Association: www. darksky. org

能源与环境设计、绿色及相关方法：
安全与可持续

安全与可持续性是物业业主最关心的两个问题。安全主要涉及环境设计预防犯罪（CPTED），可持续性则是美国绿色建筑委员会（USGBC）和能源与环境设计领先（LEED）评价体系要达到的目标。不同的设计方法都各自具有较多的优点，但是，CPTED 和 LEED 追求的目标可以共存吗？

本章将深入考察可持续性和 LEED 评价体系的目标，对二者之间有可能存在冲突的领域和可以共存的领域进行比较，并尝试提出解决方案。在展开讨论之前，有必要首先强调，为了达到最佳使用效果，LEED 享有更优先的地位。LEED 的某些评分标准和内容有时可能会与安全目标冲突。虽然对可持续性和安全的衡量是另一个层面的问题，但是，二者却需要从一开始就得纳入设计考虑范畴。由于客户的主动要求，新制定的相关法规和行业标准的规定，降低能耗以节约成本，建筑被认证后所获取的地位等原因，现在，很多建筑都想申请 LEED 认证。因此，如果一个建筑想要实现可持续性、节约能源、获得设计大奖、得到管理层的认可等目标，那么，保护好建筑的各项资产是同等重要的目标。如果处理得当，LEED 和 CPTED 不仅可以和谐共存，还可以相互促进，共同支撑建筑发展。

31.1　CPTED 的目标：提高生活质量

在 CPTED 和 LEED 之间实现合理平衡，不仅可以提高建筑质量，还可以改善我们的生活方式。

在实现二者精妙平衡的过程中，首先要考虑的是提高能效，其次是要保证安全，最后则是要在前期规划过程中，充分运用本书中提到的各种方法。在 CPTED 和 LEED 方面的有效实践，会带来许多益处，为我们创造更安全、更可持续的生活。

31.2　绿色的意义是什么

除了 LEED 认证，还要许多其他的绿色建筑认证，例如日益得到广泛认可的另外一个评价体系——绿色地球、生态建筑挑战等。

绿色地球是一个在线的建筑及管理环境审计组织，它可以帮助业主根据最佳实践测量其建筑的环保性能。通过审计，它可以在线提供全面的评估报告和指导意见，帮助设计师建设能源、资源高效利用，工作生活环境更健康，能源支出更节省的建筑。由于 LEED 认证更复杂，更难以实现节能目标和安全目标的有效平衡，认证成本更高等原因，一些业主转而选择了绿色地球。对一些人来说，绿色地球在易用性方面做得更好。在某些方面，绿色地球和 LEED 评价体系是非常类似的，二者都强调一些共同的品质，如什么是绿色建筑，保护自然资源，提高能效，注重室内环境质量（IEQ），人数控制等。二者都包含四个级别的评分系统。该项目起源于加拿大，现在加拿大和美国都有运用。

"生态建筑挑战"是由卡斯凯迪亚地区绿色建筑委员会发起成立，而卡斯凯迪亚地区绿色建筑委员会也是美国绿色建筑委员会的三个发起成员之一。生态建筑挑战关注建筑的性能，重点包含了七个方面：选址、水、能源、健康、材料、均衡和美观。和其他的评价体系不同，生态建筑挑战在检验是否符合相关要求时必须考察建筑的实际性能，必须在建筑竣工一年以后再进行相关评估。正如前面所述，在所有的评价体系中，LEED 是公认处于领先地位的，可持续建筑的定义、推广和认证等方面均以它为标准。联邦、市、县的所有建筑及部分州的建筑均要求符合其标准。

31.3 LEED 评价体系

那么，什么是 LEED？LEED 不仅是美国绿色建筑发展的推动力量，在世界内，它也在不断更新、完善绿色建筑定义、评价标准，是促进绿色建筑发展的动力之源。LEED 认证项目是针对发展高性能、可持续绿色建筑形成的一个自愿、公认的全国性标准。该标准的制定发起者，USGBC 认为："LEED 是利用现有的、先进的业内原则、实践、材料和标准，旨在提高建筑在环境、健康、经济方面的性能的国家标准。"LEED 项目揉合了人类、环境健康及环境设计重点领域的先进经验，从建筑整体方面进行统筹协调。这些重点领域包括：可持续选址（SS）、节约用水、能源效率、材料选择、室内环境质量、区域优先。成立于 1993 年的美国绿色建筑委员会则始终坚持以下原则。

（1）宣传三条底线；
（2）建立领导地位；
（3）促进与自然之间的和谐；
（4）保持完整性；
（5）确保包容性；
（6）体现透明性；
（7）促进社会公平。

其重点内容三条底线、经济增长、社会进步、环境管理也被称为人类、益处、地球。对可持续和高性能建筑的定义是，它可以"满足当今需求，同时不影响子孙后代需求"。

2009 年，绿色建筑认证协会从 USGBC 分离出来，专门从事职业教育、认证、认证后续事项监管（Credential Maintenance Program），除家庭外的其他 LEED 认证的管理，而家庭方面的认证仍由 USGBC 负责。

针对各类不同的建筑，有各种不同的 LEED 评价体系，包括新建建筑、既有建筑、商业内部装修、核壳结构与内装分离、学校、零售店铺、医疗机构、家庭、社区发展以及其他处于发展过程中的评价体系。

在最新的版本（2010）中，针对商业建筑，有六个 LEED 评价体系。

- LEED – NC 适用于新建建筑和重大改建的建筑
- LEED – EB O&M 适用于既有建筑的运营和维护
- LEED – CI 适用于商业建筑内部项目
- LEED – C&S 适用于核壳结构项目
- LEED – HC 适用于医疗机构
- LEED – ND 适用于社区发展

在每一个体系中，分为四个级别的认证（按从低到高排序）：合格、银级、金级、铂金级。LEED – NC 中除家庭以外，和其他的评价体系一样，共计 110 分，而家庭评价体系有 136 分。达到合格必须至少获得 40 分，其他各个级别也规定了相应的最低分数，达到该最低分数就会得到相应等级的认证。在每一个评价体系中，还规定了前置性分数，获得了相应的前置性分数才有资格参与认证，但是前置性分数不计入最后的总得分。

LEED 评价体系正在进行新一轮的更新，下一版预计将于 2012 年 11 月推出。在新版的评价体系中，前置性评价项目将从 9 项增加至 15 项。评分的类别也将从 2009 年的 7 类增加至新版草案中的 10 类。现有的评分类别包括：

- 可持续选址
- 节约用水
- 能源和大气
- 材料和资源
- 室内环境质量
- 设计创新（针对既有建筑则是运营和维护创新）
- 区域优先

针对 LEED 社区发展评价体系，还特别规定了三个类别：

- 灵活的定点及联系
- 社区模式及设计
- 绿色基础设计及建筑

新增加的三个类别是：

- 过程整合
- 位置和交通
- 性能

784

2012 年版的 LEED 认证评价体系对获得 LEED 认证的要求更严格，它要求建筑对环境的长期影响是中性的，甚至是具有修复作用的。其目标是逐渐让符合最低认证等级的建筑，对环境的影响也是中性的，而更高等级的建筑可以实现零排放（Net-zero），将资源反馈到环境中。在 2012 年版的标准中，会有几项结构上的变化，包括基本项目由 7 个类别增至 10 个类别，前置项目增至 15 项。这样，得到的分数机会更多，同时，也可以有机会跨多个评价体系得到其他评价体系的认证。新增的类别分别是过程整合、位置和交通性能。

31.4 寻找兼容性的过程

要让 CPTED 和 LEED 标准的可持续性目标之间互相兼容，关键是要让能源消耗、资源节约、可持续社区和安全需求之间实现合理平衡。例如，如果照明设计比较合理，业主既遵守了相关法律、法规的规定，也没有造成光污染，又可以创造安全的环境。只要遵循下述简单步骤，就可以在 CPTED 和 LEED 之间实现平衡。

第一，明确建筑可开发项目在可持续性方面的目标，包括业主想获得哪一个等级的 LEED 认证，想采用哪一种方法或技术，想在多大程度上实现成本效益的最优化。LEED 在评估过程中会涉及这些问题，业主自己也要提出相应的具体要求，然后让项目团队实现这些要求。这此过程中，还必须确定相应的保护水平，以及项目的具体安保目标。

第二，进行基础设计，即由项目团队将业主对项目的具体要求通过技术手段予以具体落实。在基础设计中，要明确通过哪种方式来实现确定的保护水平和可持续性方面的目标。安全专家要进行协调，让 CPTED 的理念从项目开始阶段就融入其中，避免安全功能和节约能源、节省成本等目标之间产生冲突。在设计过程中，如果发现实现安全和可持续目标需要支出的成本过高，或者为了满足这两个目标，建筑师难以实现建筑功能，或者牺牲建筑美观，则必须作出相应决断。如果竣工之后再进行改建，其代价往往会更加高昂，并且会破坏美观，而这种情形本来是可以避免的。

虽然能源方面的支出可能会比较大，但是，为了实现功能、安全和可持续性之间的有效融合，无论是建筑师还是客户，必要的支出决不能减。在考虑 LEED 的目标时，并不会直接考虑到安全目标，因此，明确安全目标非常重要，在选择材料时，绝不能让建筑容易遭到犯罪行为攻击，影响获得 LEED 认证。

第三，在前期规划中，要充分利用各种方法。让可持续和安全之间实现平衡的最佳方法是在预先设计阶段（也称作建筑方案初步设计阶段）就明确可持续目标和安全目标。很有必要再次强调，CPTED 和 LEED 在这个问题上是相同的，即它们都是建立在环境设计基础上的，一旦需要在竣工之后再进行改造，经济成本会比较高昂。

从表面上看，安全和可持续之间的关系并非当然地一目了然。安全设计、CPTED、反恐设计和 LEED 的可持续、绿色建筑要求一样，都必须从建筑整体上考虑，由于建成环境的威胁来自一般犯罪分子、恐怖分子、自然灾害、意外事件等多个方面，相应地，建成环境也需要通过建筑师、工程师、承建商、建筑及设施的管理方以及其他的利益相关方来共同进行应对。现在的设计团队面临的挑战是，如何综合运用各种方法整合各个建筑系统，实现最佳的结果。今后的发展方向是，运用整体协调的方法，在满足安全要求和可持续要求的同时，让建筑既可以实现其功能，又能够保证美观。

31.5　LEED 的评分标准及互相促进的机会

下文将对 LEED 的评分标准进行深入的研究，因为它们与安全相关。这些标准主要来自于适用于新建建筑和重大改建建筑的 LEED – NC 评价体系，另一些标准来自与可持续和安全相关的其他评价体系。其中的一些评分标准可以直接支持安全和 CPTED，而另一些标准则可能与之不完全协调，甚至会产生直接冲突。

31.5.1　社区模式设计评分标准的前置条件 1：要求宜步行街道

前置条件是必须达到或者另外附加的"门槛性"评分项目，符合相应要求后并不会加分。在谈到建筑和街道的关系时，说："90% 的新建建筑正面——主要功能性入口设置在正面——都会面对公共广场……广场……的宽度必须满足距每一入口的垂直距离至少有 50 英尺。"

它进一步要求："连续的人行道……90% 街道的两边以及建筑的临街面都有人行道……新建的人行道，无论是否紧靠街道，宽度至少达 8 英尺，在零售店或者综合功能的街区以及其他街区，宽度至少达 4 英尺。" 786

CPTED 要求方便实施自然监视和通过合法活动予以支撑，而这一前置条件可以与 CPTED 的要求兼容。

31.5.2　社区模式设计评分标准 1：宜步行街道 1~12 分

社区发展评价系统是由美国绿色建筑委员会、自然资源保护委员会和新都市主义全国大会（Congress for the New Urbanism）共同制定的。宜步行街道是切合实际的可持续社区的主要特性之一。让建筑边缘和大街的边缘相隔较近，虽然可以更好地促进社会交流，但是在安全方面可能会带来隐患，因为从安全角度来看，最好可以和大街之间保持一段间隔距离。为了避免在发生爆炸的情况下，对建筑的结构造成损坏，建筑通常会向后退让一段距离。可以采用多种方法，比如，可以在外围设置障碍物，留出一段缓冲区，避免车辆越过留出的间隔距离。在这 12 分中，可以选用 16 种方法来符合相关要求。每 1 分都对应了 2~3 种具体方法，方法之间也一种比一种更优化。为了得到相应的分数，可以采用以下方法。

"建设项目中临街建筑正面总延长英尺长度中，至少 80% 的长度距离场所边界线的距离不超过 25 英尺……临街建筑正面总长度中，至少 50% 的长度距离场所边界线的距离不超过 25 英尺……至少 50% 的长度距离人行道的距离不超过 1 英尺。"

在处理建筑正面时，还就安全问题提出了另外的要求："所有底楼用于零售、服务和其他商业用途的房屋，如果面向公共场所的正面安装了透明玻璃，且面积占到了 60% 以上，则距离地面的高度应当为 3~8 英尺，正面的玻璃的宽度不得超过整个正面宽度的 40% 或者 50 英尺，以最少者为准。"其他要求还包括："所有底楼……的窗户在夜晚必须可见（不能被遮挡）。"还对外围附近的车辆停放提出了要求："无论是新建建筑还是既有建筑，街道两边至少 70% 的区域可以临街停车。"

从这些要求来看，安全和可持续之间会发生直接冲突。解决的办法是先设计一个外壳建筑，再在里面设计内核建筑，以便在中间形成退让距离。例如，在建筑的结构系统中，可以利用本地的建筑材料，搅拌成现浇钢筋混凝土，修建其结构和正面，就可以很好地防范爆炸的破坏。可以在混凝土中加入煤炭行业中产生的副产品——粉煤灰和矿渣——来提高结构强度。一般在沙漠气候下才使用的集热墙（也称特伦布墙）是一种比较厚的墙体，可以在白天吸收热量，在晚上释放出来。它既可以在发生爆炸的情况下减轻损失，同时还可以降低能源消耗。使用回收率可以高达 90% 的可回收钢材也可以增强结构完整性。如果在结构系统中采用特伦布墙，并用钢筋混凝土建造，则既可以降低能源，又可以在发生爆炸的情况下有效地予以保护。

在建筑前面修建一个广场，并在外围设置阻止车辆障碍物或路桩，防止车辆未经许可进入广场，这样既可以形成充足的间隔距离，又可以为社区提供聚会的场所。再修建一个大型的喷泉，在提供活动中心的同时，还可以为防止车辆冲入提供多一重的保护措施。布置一些固定在地面的花台，既可以用作座位，又可以用作车辆路障。可以利用软土坑，形成对付车辆的"猎虎陷阱"（图 31.1）。如果车辆闯入，其车轮会陷入软土坑中，阻止其继续前进。还可以将构筑物部分埋入泥土中，培土加固，看起来很自然，既可以非常有效地减轻爆炸影响，又可以提供一个效果很好的公共场所。最好是不允许任何车辆进入，在不得不允许车辆进入的情况下，可以让道路尽量曲折，并在转弯处适当地设置阻碍，避免车速过快。这就需要在外围的景观设计中设置障碍物，更好地体现城市环境特点。相关的方法，在"可持续选址""雨水总量""雨水质量"等评分标准中，还有更详细的阐述。

如果还要求在建筑的正面间隔一段距离就必须设置窗户或者门，那么，又涉及安全方面的其他事项。在易遭受暴风或飓风袭击的地区，可以安装防飓风的窗户及玻璃，它是按照可以抵挡风速高达每小时 115 英里的飓风的标准设计的，几乎坚不可摧，这样，既可以节约能源，又可以防范他人暴力侵入（防范

787

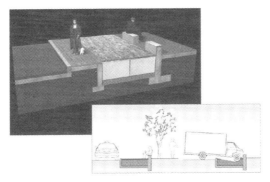

图 31.1 （参见彩图）图中的"猎虎陷阱"可以阻止车辆进入，在应对汽车炸弹时可以使汽车陷入

注：摘自 Rock 12 安全建筑，www.rock12.com，已获使用许可。

破门入室），从而保证安全。在这方面，安全和可持续性的要求是兼容的，但不适用于要求自然通风的建筑，但对于要求底楼窗户采取保护措施，同时又要自然通风的建筑，这一措施不适宜。

其中一项措施还包括其他要求："如果建筑底楼有居住用房，那么居住用房主层地面 50% 以上的面积标高比人行道地面标高至少高出 24 英寸。"

将建筑地面抬高有双重益处，一方面，它可以形成自然边界，将驶近的车辆逼停或者让其减速；另一方面，如果突发水灾，它也可以阻挡洪水。但是，将地面抬高时，应当保证遵守有关通行的要求。在外围建筑内再套建内核建筑，外围的建筑可以是多种用途，如零售或居住，这样，可以在物理空间方面符合设置间隔距离的要求。绿色植物墙和水幕墙，既可以收储雨水，又可以储存能再次使用的中水，在设计建筑的伪装防爆墙或者车辆路障时，可以考虑采用。水幕墙和植物墙还有其他的益处，既可以吸收二氧化碳，减少温室气体排放，又可以改善行人的体验。

其他的要求还包括："建筑物的临街面房屋中，至少 15%（基本要求）或者 40%（达到此标准可以得分）的建筑高度与街道宽度的比为 1∶3（街道宽每达 3 英尺，建筑至少高出 1 英尺）。"

对安全要求较高的建筑，肯定应当从项目一开始就重点考虑这些因素。可以预计，那些将 LEED 当作自愿或者强制的指导性评价体系的城市，如果推行这些评价标准的话，可能会逐渐摒弃孤立的建筑，而让多个建筑之间互相联系，并进而采用社区发展评价体系。788

31.5.3 LEED 评分类别：可持续选址

"可持续选址"这一评分类别是深入理解可持续设计的关键要素。协同效应就是指两个或两个以上的个体融合以后，产生的效果大于这些个体简单相加的结果。协同效应是可持续建筑的基础。但是，即使是在 LEED 内部，也会存在利益之间的冲突。LEED 评价过程，就是对各个目标进行综合平衡，选择最佳方案的过程，对安全问题正确地理解，并适当地运用，就可以实现二者之间的无缝对接。

31.5.4 可持续选址评分类别 C4.3：替代性交通——低排放，高能效

"目的：减少因使用机动车产生的污染和土地使用方面的压力。"

为了降低车辆排放，提高能源使用效率，LEED 鼓励提供最佳停车位。在其中的一个方案中，它要求在现场布局中指出到达最佳停车位的路径和距离，让最佳停车位尽量靠近建筑美国（《残疾人保障法》中规定的残障人士停车位享有优先地位），并提供防晒设施。

为了保障建筑的安全，对车辆进入实施管理不仅必须，而且必要。将员工停车场和访客停车场分开设置，并对进入地下停车场的车辆类型和大小进行控制，既可以提高建筑的安全管理水平，又可以节约能源。将停车场分开设置后，可以对夜晚照明实施重点管理，有效地节约能源。

LEED 提倡设置地下停车场，它可以有效地缓解停车场产生的"热岛效应"。缓解"热岛效应"可以减少滞留的热量以及沥青路面和混凝土路面排放出的二氧化碳。仅允许某些类型的车辆进入，并对建筑底层和附近怠速滞留的车辆进行监控、管理，可以防范犯罪活动或者恐怖活动。这样，就可以对在底楼出现炸弹爆炸的意外情况进行管理、抑制，将可能性降至最低。为了加强安保措施，减少怠速滞留的情形，可以采用新的停车指引系统，它可以对空出的车位进行清点，并每隔几分钟就传送最新数据。这样的停车场管理系统可以减少拥堵，减少污染，实时传送停车场车位信息，指引车辆选择最佳行驶路线。

为不同的建筑使用者提供多个可供选择的停车场，直接关系到安全和效率问题。按照相关标准，缩小停车场的容量，可以在 LEED 评分中获得额外的加分。

31.5.5 可持续选址评分标准 4.4：替代性交通——停车容量

这一评分标准要求项目团队确保停车位只需满足当地规划的最低要求即可，甚至还可以低于该要求。

在下一版的 LEED 中，拟将 1～4.4 的评分标准移至 LT 评分标准下，其目的是鼓励发展包括自行车在内的公共交通，并删除"替代性交通"这一标题，代之以"减少对汽车的依赖"。要求提供最佳停车位，以减少车辆排放，提高车辆能耗的规定也将剔除。

31.5.6 可持续选址评分标准 6.1：雨水设计——流量控制

"目的：少用不透水的地面，增强就地渗透，避免对水文系统形成干扰，减少或者消除雨水径流中的污染物和有毒物质。"

为了符合可持续性要求，应当缓解雨水过多带来的影响，避免给雨水处理系统带来过大的压力。减少雨水量可以降低城市的雨水处理成本，让现有设施

的使用寿命更长，也可以减少兴建新设施。为了有效加强对雨水的管理，可以安装透水的地面材料，对雨水进行收储，种植可以过滤雨水的植物带，建设可以渗水的洼地，可以滞留雨水的池塘、土坡和有植被的屋顶。

这些措施不仅可以直接对环境带来积极的影响，保护自然资源，减少建筑的运营成本，还可以对保障安全产生直接的积极影响。如果可以将雨水滞留措施有效地综合利用，可以形成一个缓冲空间，让周围的路障更加有效地发挥作用，避免未经许可入内的车辆冲破间隔区域的边界。加强对湿地的保护，而不是减少其面积，不仅可以形成自然的缓冲区域，同时，还可以提高生物多样性，减少因在其他地方重新建设湿地而产生的成本。并且，保持自然生态系统的多样性也符合减少对建筑周围环境干扰的要求。应当尽量减少建筑的占地面积，减少对环境的干扰。此外，所有的排水设施都要用安全螺栓等加固，保证安全。

在下一版的 LEED 标准中，其中一个建议就是相对修复而言，更加强调保护，要求符合最低的保护标准，避免使环境恶化。

31.5.7 可持续选址评分标准 1：场址选择

"避免在不合适的地点进行建设，减少因建筑物建设给环境造成的影响。"

LEED 要求采取相应措施保护建筑场址周围的自然环境，在设计中涉及热力、声学、美学时，将周围的自然条件也统筹纳入考虑范围。当然，安全问题也是其中的关键环节。建筑的占地面积应当尽量减少，并将建筑尽量融入周围环境，为了达到可持续和安全的要求，应当充分利用周围已经存在的自然条件。如果城市政府可以对可持续建设提供激励，在占地面积方面提供优惠，则会对实现安全造成负面影响。

为了建筑安全所采取的一些措施，会对可持续选址造成影响，主要包括：建筑退让距离；为了加强对建筑周围的保护而留出间隔距离；设置路障来限制他人进入或者防范车辆冲撞袭击；将停车场设置在距离较远的地方；严格限制或者禁止设置地下停车库，以防范汽车炸弹袭击。这样，运营管理和设计方面的设施会扩大占地面积，干扰动物栖息，导致雨水侵蚀。

31.5.8 就地取材，评分标准 5：就地取材

"在建筑所在地 500 英里范围内开采、选取、回收建筑材料。"

惯常使用的混凝土会导致雨水冲刷，阻碍自然排水和渗透。这样的建筑方法应当放弃使用，取而代之的是可以透水的材料，如开孔的网格式路面，种植地面植物，以便实现快速渗透。这样可以防止洪灾，同时还可以阻止未经许可的车辆进入，让建筑更加安全。

将屋顶绿化，便于对雨水进行管理，减少雨水径流，提高雨水水质，缓解"热岛效应"，改善空气质量。但是，屋顶绿化也会带来安全问题，因此要采取安全措施，避免他人未经允许进入。将屋顶绿化，并不是要提供一个游乐场

所，只是在建筑材料方面提供一种替代性选择（图31.2、图31.3）。

图31.2 旧金山的一处自然博物馆对屋顶进行了绿化，不仅会在 LEED 评价中获得加分，看起来也更美观

图31.3 科学博物馆的屋顶进行了绿化，同时采取了安全措施，阻止他人非法入内

790　　妥善处理好景观绿化，不仅有利于雨水处理，还可以直接提高建筑外部的安全水平，因为景观绿化带可以在建筑和街道之间形成一个缓冲地带，可以有效地防范爆炸事故。但是，这一措施会与现在一些城市设计指引规范产生冲突，因为按照相关指引规范要求，应当将建筑与街道之间的距离尽量缩短，这样便于实施自然监视，有利于开展各种合法活动，提升社区的凝聚力。

　　运用 CPTED 原则，可以利用"猎虎陷阱"、填沟、哈哈墙等方式设置车辆路障，这样，从视觉上看也不会很明显，在遇到意外袭击时，也可以有效地发挥安全保障作用。"猎虎陷阱"是一种巧妙的设计方式，如果车辆闯入时，其设施会按照预先设计垮塌，有效地阻止车辆闯入（图31.4）。

图31.4 带壕沟的哈哈墙的横截面
注：摘自《环境地理学》。

31.5.9　可持续选址评分标准 7.1："热岛效应"——非常规屋顶（Non‐roof）

　　"目标：缓解'热岛效应'，尽量降低对小气候以及人类和野生动物生活环境的影响。"

791　　可持续的目标要求充分利用树木、建筑或者屋顶植被遮阴，以缓解"热岛效应"。按照这一评分标准，要尽量避免建设开敞式的地面停车场，而多建地下停车库，以将"热岛效应"降至最低，但是，正如前文所述，这又会给建筑安全带来不利影响。如果在建筑底部引爆炸弹的话，其毁灭性远甚于在建筑外引爆。解决这一个问题的最佳方法是在地面停车场顶部安装太阳能电池板。这样，电池板既可以产生电力，又可以为停泊的车辆遮阴，缓解"热岛效应"。为车辆提供遮阴还有一个附带的效果，就是在炎热的季节可以降低车内的温度，免得一上车就需要打开车内空调，既可以节省燃油，

图 31.5 太阳能电池板既可以遮阴，又可以提供照明电源

又可以降低二氧化碳排放量，是一个多重受益的良好范例。太阳能电池板还可以和太阳能照明设施结合使用，以进一步节约能源，减少支出（图 31.5）。

外部框架和结构的使用使得植被遮阴和树冠树木能更好地帮助散热以及二氧化碳的回收。这些数量必须与外部安全措施协调，以免防碍安全摄像头的视野，或者别提供有利于犯罪行为的藏身点。大树的使用的另一个好处是树荫能够节省建筑的能量使用。大树的直径应为 8 英寸，这样不容易被车撞倒，成为车辆的障碍物。每一项工作的努力都应当充分保护现有的树木。

31.5.10 可持续选址评分标准7.2："热岛效应"——屋顶

"目标：缓解'热岛效应'，尽量降低对小气候以及人类和野生动物生活环境的影响。"

对太阳光反射能力较强的屋顶吸收的太阳能量较少，可以缓解"热岛效应"。

第二个解决方案是："将屋顶至少50%的面积种上植物。"

植物屋顶不仅可以贮存雨水，还可以改善水质。通过建设这种遮阴、不反射阳光的屋顶，不仅可以缓解"热岛效应"，还可以避免天气变化对常规屋顶造成损坏，延长屋顶的使用寿命，降低屋顶维修费用，以免过早地更换屋顶。植物屋顶可以吸收二氧化碳，净化空气，给人以美感，而这些优势是一般的白色屋顶所不能比拟的。由于对阳光反射率较高的屋顶会给野生动物造成错觉，使其受到伤害，因此，植物性屋顶在保护野生动物方面的作用也非常重要。

从空中俯瞰，植物屋顶看起来都差不多，并且可以和其他的园林绿化混在一块儿。在视觉方面，植物屋顶和地面没有明显区别，是防范空中恐怖袭击的有效伪装。虽然从可持续角度，植物屋顶会发挥很大的作用，但是，从安全角度，需要处理好访问控制。许多绿化的屋顶会允许建筑的使用者或者访客进入，种植违禁品、跳楼自杀、狙击手射击、炸弹袭击、破坏机械设备系统等风险也会大幅提升。因此，对谁、什么时候可以进入屋顶，如何对进入屋顶的人进行监视等问题，应当采取相关措施，加强管理。

792

31.5.11 可持续选址评分标准 8：减少光污染

"目标：尽量避免建筑及周围场所的照明形成光干扰；减少夜空辉光，让人有更多机会可以欣赏夜景；减少眩光，以提高夜晚的能见度；减少建筑照明对夜间环境造成的影响。"

这一分可能是在把握好可持续目标和安全要求之间的平衡方面，最难得到的一分。安全照明的目标是防范非法活动，让使用者无论从心理感受上，还是实际效果上都更加安全，尽量增加识别侵入者和非法擅入者的机会，更加方便闭路电视监控系统运作，识别他人伪装。从安全角度，要尽量增强室外照明，以震慑犯罪；而从可持续角度，要求将室内外的照明降至最低标准，以避免形成光污染，浪费能源。这样，就不应当包括装饰性照明。

LEED 标准的目标之一就是，可持续建筑应当尽量避免让室内外的照明形成光污染。而 CPTED 一般会要求外部的照明要尽量充分，以便更好地保证夜晚安全。面对这两个互相矛盾的目标，能否找到一种方法，让二者可以和谐共存？

如果建筑可以降低夜晚的照明程度，减少眩光，降低总体光污染水平，就可以在 LEED 评价体系中获得加分。光干扰和光污染是指照明光线超出预定范围，或者向空中照射，形成了夜空辉光。停车场照明通常会造成光污染。许多安全专家担心，如果降低停车场的照明水平，会让停车场更容易遭到犯罪活动侵害。采用需光量低的摄像头会降低对光线的需求。同时，在摄像头上安装红外线设备也可以弥补照明不足造成的不利影响。采用强度可调节的照明系统，如发光二极管（LED），利用感应控制系统，根据周围的光线情况及时调整照明强度，达到使用者需要的照明水平。

许多停车场或地下车库对其所有的使用者始终提供同一水平的照明。但是，如果员工停车场和访客停车场分开设置的话，在夜晚无人使用的时候就可以将其关闭。例如，购物中心的停车场，在购物中心停止营业后，就可以在晚上 10 点后关闭。可以安装运动传感器，在停车场关闭后，当探测到有人在黑暗中进入停车场，或者有人未经许可擅自闯入，就会开启外部照明，触发警报，让监控摄像头记录相关影像，并通知安保人员即时反应。

首先，应当根据相应的照明场所设计适当的照明水平。根据特定的目标，仅提供必需的照明亮度即可，不要形成光污染，不要为多余的照明支出不必要的费用。如果照明的亮度过高，会对人眼适应周围黑暗环境造成影响（视网膜光适应），让人难以察觉隐藏的犯罪分子。减少过度照明，不仅可以保护周围的环境，还可以成为更受欢迎的邻居。许多城市要求商业项目进行光度设计，并根据光度设计确定外部照明方案。为了有效进行外部照明，美国能源部建议采取以下措施：采取全遮挡式灯具，低角度射灯，对重要区域的照明进行严格限制，采用反射率较低的表面材料。表面的反射率过高会对野生动物造成错觉、伤害，因此，反射率较低的表面对保护野生动物非常重要。国际暗天协会制定了光污染的相关标准，光干扰和夜空辉光的标准与之高度相似。

在佛罗里达，海边的照明必须适应海龟栖息，但是，较低的照明水平可能会带来安全隐患（图31.6）。我曾经在迈阿密戴德县处理过一个因安保疏忽而导致的案子。一个骑自行车的人沿着自行车道骑行时遭到抢劫，并被杀害，而因为当时正是海龟产卵的季节，自行车道上的路灯全部关闭了。自行车道漆黑一片。根据佛罗里达州环保部门的相关规定，外部照明的颜色应当是红色、橙色或者琥珀黄，而不能是明亮的白色，并且不能照到水面上，以免让幼龟在方向上产生错觉（图31.7）。

图 31.6　针对海龟进行照明提示的指示牌

793

31.6　外部照明

对相关区域的照明只需要达到安全舒适的标准即可。照明的亮度不得超过 ANSI/ ASHRAE/IESN 90.1－2007 标准中对相关区域的规定。具体的建筑应当归类到 IESNA RP－33 确定的某一类区域中，并符合对该区域的下列要求。

31.6.1　ANSI/ ASHRAE/IESN 90.1－2007 标准

（1）采用集成照明设备并由其生产商进行安装。

（2）为戏剧表演等提供的照明，包括表演、舞台以及电影和录像拍摄。

（3）为运动场提供的照明。

（4）临时照明。

（5）为工业生产、材料处理、交通场所以及相关的储存场所提供的照明。

（6）为主题公园或者游乐公园提供的主题照明。

（7）为突出显示公共纪念碑以及登记在册的历史性地标或建筑而提供的照明。

对外部照明的管理应当符合 ANSI/ ASHRAE/IESNA 90.1－2007 标准中 9.4.1.3 对各个照明区域的相关规定。ANSI/ASHRAE/IESNA 90.1－2007 标准及其附件1规定，外部照明的强度不得超过相关照明区域的具体规定。IESNA RP－33 对四个照明区域，LZ1－LZ4 进行了规定。

794

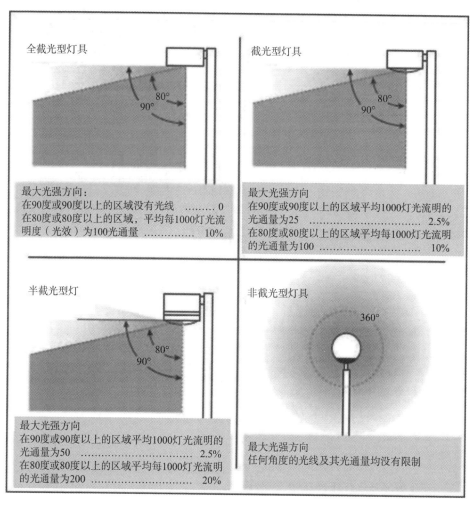

图 31.7　帮助实现暗天目标的灯罩图解（感谢纽约 IESNA）

- **LZ1 暗（公园和农村地区）**：在场所边界及以外的范围内，照明在水平和垂直方向的照度值不超过 0.01 英尺烛光，灯光照射时，照射的角度应当不低于 90 度。

- **LZ2 低（住宅区）**：在场所边界，外部照明在水平和垂直方向的照度值为 0.10 英尺烛光，在距场所边界 10 英尺的范围，不超过 0.01 英尺烛光。

- **LZ3 中（商业区、工业区及高密度住宅区）**：在场所边界，外部照明在水平和垂直方向的照度值为 0.20 英尺烛光，在距场所边界 15 英尺的地方不超过 0.01 英尺烛光。

- **LZ4 高（大城市密集区、娱乐区）**：在场所边界及以外的范围内，外部照明在水平和垂直方向的照度值为 0.60 英尺烛光，在距场所边界 15

英尺的地方不超过 0.01 英尺烛光。

虽然难度较高，但是，在规划设计阶段采取以下关键性措施，可以满足
LEED 第 8 项评分标准的要求。

（1）对内外照明的具体位置和朝向进行合理布置。

（2）不要在外部使用朝上的射灯。

（3）采用全遮挡的灯具（图 31.8）。

图 31.8 全遮挡的外部照明灯具

照明设施可以采用全遮挡、增强反射、降低反射或者安装灯罩等措施，让灯光照到需要照射的区域。现在，这一评分标准主要用于特定场所照明，如没有任何边界的建筑或者城市地区的安全照明。

在城市中，路灯可以采用太阳能照明和 LED 照明，这样，既可以节约能源，又可以将路灯关闭（繁华街道十字路口除外）。LED 照明还存在着一定的问题，因为它不像传统的灯那样产生较多的热量，如果冬季下雪，气温较低，灯上就会有积雪，并长时间不融化，容易对交通产生影响。2007 年颁布的《能源独立和安全法》（*Energy Independence and Security Act of* 2007）强制要求：到 2014 年，所有 40W 以上，150W 以下的白炽灯都要被淘汰，而用其他的光源（如 LED 灯）替换。

31.6.2 可持续选址评分标准 5.1：场址发展——保护或修复自然环境

"目标：保护既有的自然环境，修复遭到破坏的环境，为生物提供栖息地并提高生物的多样性。"

LEED 注重降低建筑对环境的干扰，对建筑及其场址对居民和迁徙的野生动物产生的影响进行评估。外部照明也会在这方面间接产生影响。正如在第 8 项标准中特别分析的那样，在佛罗里达当地，降低光污染和海边的安全照明在面对海龟这一具体问题时，会产生矛盾。幼龟会被头顶的灯光吸引，爬向内陆地区，而不是向海里爬，这样会导致它们死亡。灯具的类型、具体的位置和照明的亮底都需要仔细设计，以便可以同时满足保证人的安全和有利于海龟生存

这两个方面的要求。

内部照明，方案1：

降低室内非应急照明灯具的输入功率（通过自动控制设备），使晚上11点至凌晨5点之间封闭空间内部（透明或者半透明）至少50%的开敞空间都处于视线直接覆盖范围内。可以用手动或者场所占用传感器控制灯光开启，每次开启的时间不超过30分钟。

内部照明，方案2：

封闭空间内（无论是透明还是半透明）开放场所的非应急照明灯具都应当加装灯罩。灯罩可以使用相关设施进行自动控制，在晚上11点至凌晨5点之间透射率变化幅度不超过10%。

为了减少光污染，所有的室内照明都必须采用图像传感器或者占用传感器。一旦房间内有动静，运动传感器就会被触发。长期指望由大楼内的使用者或者安保人员来控制灯光的开关是不可靠的。利用智能设备管理室内外的照明，并根据实际情况和使用者需要及时应对，就是所称的"根据需要提供照明"。探测到有人运动的影像，或者房间内有人时就开启灯光，这样可以有效地向安保人员发出警报，有人侵入或者未经许可入内。如果该房间正常情况下是不应当有人出现的，那么，还应当将灯光与报警系统连接起来。在房间内无人的时候，占用传感器会自动关闭灯光或者将亮度调低，因此，要合理确定占用传感器的位置，以便可以覆盖整个房间。占用传感器还可以防止出现房间内有人，却将室内灯光关闭的恼人情形。

自动控制对优化照明和建筑管理系统起着非常重要的作用，应当将其与连接照明、供暖及空调、数据监测和占用情况通报的中央控制系统连接起来。节约能源，提高系统自动化水平的措施和安全与可持续的目标是互相兼容的。

31.6.3　可持续选址9：承租人设计和建设指南

"对承租人进行培训，引导他们进行可持续设计和建设，不断提高建设水平。"

可持续目标重点关注的是建筑空间内的能源使用和管理，以及如何在优化现有管理系统方面发挥作用。例如，在炎热的季节，迈阿密河滩的一个零售商店会将其店门开着，利用冷气吸引路人进店。不难看出，零售店并未按照预定功能发挥作用，因为能源支出也会成为商业成本的一部分。同时，在安全方面也存在隐患，因为大门开着虽然可以吸引顾客入内，但同时也会引诱非法侵入者或者犯罪分子伺机作案。是否可以考虑安装一道门帘，在对顾客出入加强管理、保证安全的同时，又满足了可持续的要求呢？

31.6.4　可持续选址评分标准9.1：与自然界的联系——休息区

"目标：在康复中心建设户外休息场所，让病员、员工和访客可以接触到自然环境，有利于他们的身体健康。"

本条评分标准要求，从建筑内应当可以通向休息区，或者休息区距离建筑的大门或者入口不得超过 200 英尺。休息区应当可以"直接呼吸新鲜空气，看到天空，接触到其他自然因素"，里面封闭的面积（如温室和日光浴室）不得超过 30%。

31.6.5 可持续选址评分标准9.2：与自然界的联系——病员可以直接通向外部空间

"目标：让病员和员工可以直接通向外部的自然环境，有利于他们的健康。"

本条标准要求，所有停留时间超过 4 个小时的住院和门诊病人中，75% 的人可以直接进入外部庭院、露台，花园或阳台。为了满足 9.1 和 9.2 标准中的要求，要将安全、CPTED 措施和可持续性要求统筹考虑。在建设壕沟、护堤和蓄水池塘时，不仅要让病员、访客和员工感到更加舒适，还要对从上述地方进入建筑内的途径实施控制。最好是通过一座桥梁将上述地方和建筑联通，这样，在充分利用自然环境，提供更好的康复环境的同时，可以同时满足安全和可持续的要求。休息区的设计要同时采取一些 CPTED 措施，如便于步行的照明、自然监视措施、蓝光行人呼救站、闭路电视监控系统、可自行关闭的门、围栏等，以防止他人未经许可入内。

31.6.6 可持续性标准10：共同使用设施

"学校的大楼和运动场可以用于其他用途，让学校更加充分地和社区融为一体。"

有三种方法可以达到这一标准，每一种办法都要求公众可以在白天或者放学后进入校园。需要注意的是，要采取相关措施，保证学校其他场所在放学后的安全。图书馆、停车场或者社区服务中心，访客在晚上进入相关建筑或场所时，要保证他们的安全，避免在照明方向方面形成安全隐患。要充分研究、认真执行相关安全措施，保证相关设施使用人的安全。要将校园内员工和访客的停车场分开设置。在停车场内，要根据不同的使用者群体采取不同的安全措施，并统筹考虑照明节能。

31.6.7 LEED 评分类别：节约用水

31.6.7.1 节约用水前置条件1：减少用水量

"目标：提高建筑的用水效率，降低对城市供水系统和污水处理系统的负担。"

为了满足前置条件的要求，建筑的用水总量应当比 1992 年《能源政策法》确定的基准线降低 20%。随着洗手间内自动感应出水设备的推广使用，洗手间内设施损坏的情形和用水总量都大大减少。虽然相关的设备初期成本更高，但是由于可以拆卸的零部件更少，所以更不容易受损。

在下一版的 LEED 中，拟在马桶、水龙头、淋浴花洒和小便器等设施中，要求使用在用水效率方面达到相应最低标准的、经过感应出水认证的供水设备。这一前置条件的名称是"在削减用水量方面达到最低标准的设备和配件"，要求无论何种水源，都要达到削减水量的规定。在节约用水的评分标准中，还增加了两项前置要求，一是"景观绿化用水"，二是"器具、设备和工艺用水的水量削减"。按照"环保部门感应出水用水量预算工具"要求，用水量应当在基准线下降低 30%，还专门为工艺用水（如洗衣机用水等），确定了基准线，并为此增加了评分标准。此外，还新增了一项评分标准是"冷却塔补给水"（Cooling Tower Makeup Water），目的是在消减用水量和矿物质含量水平之间实现平衡。

31.6.7.2 节约用水评分标准 1：节约景观用水

"目标：在景观绿化灌溉方面，减少或者不用项目场址范围内或者附近的饮用水，或者地表水、地下水。"

有两种方法可以达到相关要求。

方法 1：以仲夏为标准计算基准线，再在此基础上将用于灌溉的饮用水用量降至 50%；结合植物种类、密度、小气候、灌溉等因素，使用收集的雨水、回收水或者处理后输送的水。

方法 2：仅使用收集的雨水、回收的废水、回收的灰水或者处理后输送的水；或者在景观绿化方面选择不需要长期灌溉的植物（一年内就会移除）。

许多为了收集、贮存雨水的集水系统同时还可以在建筑前面形成一段退让距离和安全障碍，同时为生物提供栖息地，如果是垂直的水幕墙，还可以对灰水起到净化作用。

植物，尤其是成熟的树木可以创造碳汇，吸收二氧化碳，减少温室气体排放。树木可以遮荫，降低建筑温度，减少硬质景观建设，节约成本。树木可以为人类或者自然界的野生动物提供食物，如果有车辆闯入，还可以发挥阻挡作用。在场址内保留既有的树木，不仅可以减少因移栽产生的成本，还可以提升物业的价值。成熟树木的树枝距离地面应当保持适当的高度，以免遮挡视线，阻碍实施自然监视。如果用于景观绿化的树木比较低矮，或者树枝距离地面较低，应当移除或者对树枝进行修剪，以便保持视线通透。

在为建筑场址选择植物类别时，应当选择本地的、适应力强、不会导致生物侵入和抗旱的植物。利用节水园艺技术，将植物的灌溉需求降至最低。在植物选择方面还需要发挥的另一个优势是，尽量选用本地植物，突出本地优先的要求。

31.6.7.3 本地优先评分标准 1

"目标：鼓励突出特定地理环境优先，达到本条标准要求。"

在其他的评价类别中具有当地特色的项目，可以依据本条评分标准获得相应的分数。在沙漠环境中，仙人掌就是符合上述标准的具有本地特色的植物，它的尖刺可以阻止他人未经许可闯入及实施犯罪。

保持场址的自然地形可以尽量减少对场址周围的破坏，保护动物的栖息地，减少因平整土地产生的支出和二氧化碳。高低错落的地形可以保证建筑周围的安全，但是要保证建筑坐落的位置与自然地形协调。自然排水系统和可渗水的地面可以形成自然的缓冲地带，保护自然资源。节约用水同时也减少了能源消耗，需要加热的水量越少，消耗的能源就越少。

31.6.8　LEED 评分类别：能源和大气（EA）

31.6.8.1　EA 的前置条件 1：建筑能源系统的基本调试

"目标：检验建筑项目中与能源相关的系统是否按照业主的项目要求（OPR）、基础设计（BOD）、施工图纸中确定的内容进行了安装、校准，是否可以正常发挥功能。进行调试带来的益处较多，包括可以减少能源消耗，降低运营成本，减少返修次数，更好地完善建筑资料，提高员工生产效率，检验整个系统是否按照业主的项目要求正确发挥作用。"

作为本评分类别中的三个前置条件之一，调试是一项必须由特定的调试机构完成的活动。调试机构，CxA（通常是独立于项目团队）需要进行多种测试，确保建筑的设计符合业主的项目要求及基础设计。调试必须制定设计计划，根据调试计划检验系统性能，撰写高度报告。系统调试必须包括以下内容。

- 暖气、通风、空调和制冷系统（各类机械设备或自然系统）以及相应的控制系统
- 照明和阳光控制系统
- 生活热水系统
- 可再生能源系统（如风能、太阳能等）

根据本条主要类别的要求，调试是一项必须完成的工作，根据具体的评价系统的差异，其总得分介于 33～39 分。毫无疑问，项目团队在连接照明、暖气、制冷系统，并将它们集成到智能控制系统时，必须让安全专家参与其中。只有这样，所有的建筑系统才能优化到效率最佳状态，正常发挥作用，降低运营成本，才能有利于环境保护。中央控制可以在各个系统之间发挥统筹协调作用，包括安保系统、能源管理系统和人身安全管理系统等。安保系统必须包含在内，不仅因为它可以在集成系统中可以发挥重要作用，并且有利于节约能源，保证暖通空调（HVAC）系统正常运行。

在下一版的 LEED 中，本项前置条件被移至新的评价类别"PF"中，该类别要求对封闭空间的外部集成系统进行检验。

31.6.8.2　EA 前置条件 2：最低能耗

"目标：根据各类建筑和系统的具体情况，确定最低能耗标准，减少因过度消耗能源在环境和成本方面产生的压力。"

有三种方案可以满足本项前置条件的要求。

方案 1——整个建筑运用模拟仿真技术。

方案 2——根据规范要求预先制定方案（有三种方案可供选择）。

方案 3——根据规范要求预先制定方案：先进的建筑核心性能指南。

这是 LEED 的所有前置条件中最复杂的，它提供了相应的解决方案和实现路径，可以让建筑正常发挥作用，并符合最低能源标准。

31.6.8.3 EA 前置条件 3：基本制冷管理

"目标：减少对大气层中臭氧的破坏。"

氯氟烃是被禁止使用的，因为它可以直接破坏臭氧层，而臭氧层可以将阳光中人体有害的紫外线过滤。不同的制冷剂也会对周围的环境产生不同的影响，因为它们有可能会破坏臭氧层，并会导致全球气候变暖，因此，虽然本评分类别中的大多数内容与安全和可持续不直接相关，但是，建筑是否可以达到相应的性能要求却会对环境产生直接影响，并间接对已有的安全措施产生不利影响。按照相应要求在建筑场址周围种植的树木，可能会因为恶劣的气候条件和空气质量而枯萎，使其不能发挥预设的安全作用。

本项前置条件因为和联邦法律重复，因此，在下一版的 LEED 中被删除。但是，第四项评分标准"改善制冷剂管理"依然保留。

31.6.8.4 EA 评分标准 1：优化能耗性能

"目标：在满足前置性条件的基础上，不断提高能耗方面性能，减少因过度消耗能源在环境和成本方面产生的压力。"

按照 EA 前置条件 2 中提供的满足最低能耗要求的各项方案，方案 1 旨在让建筑在满足前置性条件的基础上，不断提高能的耗方面的性能，减少因过度消耗能源在环境和成本方面产生的压力。如果建筑在能耗方面超过 ASHRAE/IESNA 90.1 - 2007 附件 G 中确定的标准，新建建筑的能耗性能提高 12% ~ 18%，既有建筑的能耗性能提高 8% ~ 44%，就可以视为满足了基本要求，给予相应的分数。

在方案 2 中，全国被分为 8 个气候区。相应的建筑经确定属于哪一个特定的气候区后，会建议在可持续屋顶、墙体、地板、屋顶天窗、通风、能源回收等方面采取相应措施。按照 2011 年的统计，一个建筑消耗的电能总量中，照明约占 20%，供暖制冷约占 50%，根据具体地点的不同，会有微小差异。

根据美国能源部和能源情报署（DOE/EIA）（2011 年 4 月）发布的 2011 年度能源展望及 2035 年远景预测，服务器和电脑主机行业的能源消耗呈稳定增长态势，预计年度增长率为 2.5%。数据中心每年消耗的能源占能源总消耗量的 1%，同时，它还会产生大量的热量，因此需要重点关注。通常情况下，一个装满刀片服务器电脑机架的功率会超过 15 千瓦或者 25 千瓦，每个机架需要 6 ~ 8 吨的冷热交换，每个房间内有上千个机架，同时还需要制冷系统为这样的数据中心降温。电脑房同时也是需要采取严格安保措施的场所，需要实施严格的访问控制措施，并且需要不间断地供电。

可以采用复合系统，将利用机械设备通风和自然通风结合使用，进一步降低能耗。自然通风系统依靠空气自然流动，减少能源消耗，而不必需要利用机械设备对活动窗户（Operable Windows）、电扇、通风口等进行控制。需要保持开敞，以便空气自然流动的场所，同时还必须采取相应措施，对访客进行控制，确保安全。将窗户开设在距离街面较高的地方，在通风的空间内，让热空气上升，冷空气下降，实现系统正常运行。要对底层的窗户和进风口采取相应的安全措施，避免他人强行闯入，破门入室或者有毒物质进入。

在下一版的 LEED 中，对这一评分标准进行了完善，要求进行设计建模，并且更加突出管理系统整合和节能的重要地位（图 31.9）。

图 31.9　绿色和可持续之间的相互依存关系
（感谢 ShutterStock Photo. com 提供图片）

31.6.8.5　EA 评分标准 2：现场可再生能源

"目标：鼓励并认可不断提高现场可再生能源的自我供给能力，降低因使用化石能源给环境和经济成本带来的影响。"

现场的可再生能源可以充分利用风能、太阳能、地热、生物垃圾、生物质能、低影响水电和潮汐能等。在现场发电并存储自用电源的能力对于保证建筑安全系统的持续供电非常关键。通过这种方式，可以保证建筑各个系统的持续运转。有一种先进的系统，当其预测到风暴即将到来时，软件系统会将整个建筑从主电网切换至备用电源上，并可以保证建筑系统持续运行。如果有多个备用系统，那么断电的可能性将会大大降低。将可再生能源、备用蓄电池和其他方式结合使用，可以保证独立、不间断的电力供应。

在下一版的 LEED 中，可能会调整较高层级的基本合格标准。

31.6.8.6　EA 评分标准 3.1：性能测试——建筑自动控制系统

"目标：提供相关信息以支持建筑稳定运行，优化建筑的节能性能，适当增加投入，提高节能性能。"

此项标准要求，必须建立建筑电脑自动控制系统（BAS），对建筑的主要系统进行监测、控制，至少应当涵盖下列系统：供暖系统、制冷系统、通风系统和照明系统。员工应当接受相关培训，能够理解相应的输出信息，并进行分析，并发现在节能方面可以进行改进的地方，作出必要的调整，发挥建筑的节能功能。

通常情况下，会把访问控制系统、监控摄像系统、照明系统、节能管理系统、供暖通风空调系统整合成一个系统。现有的技术可以实现上述系统的整合，如果在建筑设计的早期阶段就采取相关措施，节能效果将更好。

31.6.8.7　EA 评分标准 5：测量和检测

"目标：使节能系统可以长期稳定地发挥作用。"

此项评分标准要求制定并实施长期计划，检测建筑的性能。照明系统是一个重要的组成部分，因为许多先进的照明系统已经可以自动进行检测。

在新的版本中，这项评价标准被移到新的评价类别"PF 类别"中，并被重新命名为"对设计和实际的节能性能进行调试"。根据节能性能优化方案确定的基准，制定测量、检验计划，并遵照执行的要求依然保留。

建议在以后采用的一个重要评分类别是"需要响应"。此项评分类别要求建筑项目不断优化发电方案，减少碳排放。

31.6.9　LEED 评价类别：室内环境质量（IEQ）

本项评分类别有三个前置条件。

31.6.9.1　IEQ 前置条件 1：室内空气质量的最低标准

"目标：确定室内空气质量的最低标准，提高建筑内部的空气质量，有利于室内人员的健康，提高舒适度。"

此项前置条件中的最低要求采用了 ASHRAE 标准 62.1 - 2007 第 4 部分至第 7 部分的规定：为达到可接受空气质量的通风要求——适用于利用机械设备通风（按照通风率要求或者地方性法规要求进行设计，以二者之间要求较严格者为准）和自然通风。建筑可以采取三种通风模式：利用机构设备通风（主动通风，即利用空气处理设备）、自然通风（被动通风，即利用窗户和进风口），或者综合使用以上两种方式，既主动通风，又被动通风。

过去几十年来，出于节约能源的目的，建筑倾向于采用封闭形式，因此，容易在室内空气质量方面出现问题。一般情况下，通风系统都尽量减少吸入新鲜空气，让空气在建筑内部循环。这种限制措施会影响室内空气质量，让空气中的有害物质在建筑内部逐渐累积，既不能被过滤，也不能被排除室外。这一问题导致了病态建筑综合征。病态建筑综合征是指室内人员会感觉到明显不

802

适，当走出办公楼后，症状就会明显缓解。病态建筑综合征（如军团病）的具体原因还不完全清楚，但是恶劣的空气质量被认为是一个主要原因。

面对今天的环境压力，室内空气质量检测方法通常显得力量不足。现有的技术可以进行不间断监测，通常利用无线系统对空气质量进行实时监测、管理。主要的科学监测手段包括利用最先进的气体传感器，自动采样，记录数据，利用数字技术和信息技术对室内空气质量进行分析，力求结果精确、高效、节约成本。检测所得的相关数据会及时提交给物业经理和安全主管，然后对建筑内部的空气质量进行有效管理。

31.6.9.2　IEQ 前置条件 2：禁止室内吸烟

"目标：避免或者尽量减少室内人员、室内工作场所和通风分配系统受到室内吸烟的影响（ETS）。"（在校园内禁止吸烟）

主要有两种可供选择的方案：一是禁止在建筑内部吸烟；二是只能在直接通风的地方，或者休息区内指定的封闭场所吸烟。无论采取哪种方式，在距离建筑入口、室外进气口、活动窗户 25 英尺范围内，都禁止吸烟。

在下一版的 LEED 中，建议将 ASHRAE 62.1 的适用版本由 2007 版改为 2010 版，取消前置条件 2 中关于允许在室内指定场所吸烟的规定，并设置第 3 项前置条件："建立室内空气质量管理计划——建设过程中。"

31.6.9.3　IEQ 评分标准 1：室外空气流动监测

"目标：具备对通风系统进行监测的能力，有利于室内人员的身体健康，提升舒适度。"

此项评分标准要求安装永久性的监测系统，对空气中的二氧化碳浓度进行监测，并和建筑自动控制系统中的供暖通风空调系统连接，在需要的情况下，可以采取措施，进行纠正。通过这种方式，无论是采取第一种方案，利用机械设备通风的环境，还是采取第二种方案，利用自然通风的环境，二氧化碳的浓度都可以一直处于监测状态下。无论是哪一种情况，都要求在距离地面 3 ~ 6 英尺的高度安装二氧化碳监测装置。良好的空气质量对于保证整栋建筑的安全和室内人员的人身安全非常关键。

31.6.9.4　IEQ 评分标准 2：在已有的通风标准上增强通风

方案 1 要求在 ASHRAE 标准 62.1 - 2007 确定的最低通风率的基础上，将通风率至少提高 30%，因此而增加的能耗，建议采取热量回收方法予以降低。

方案 1 可以采取两种方案，一种方案是 CIBSE 适用手册 10：2005 CIB-SEAM 13（复合通风方式）中建议采取的方法；另一种方案是对每一个房间通风情况进行分析测算，按照 ASHRAE 62.1 - 2007，第 6 章的要求符合最低的自然通风标准，覆盖至少 90% 的区域。

无论是利用机械设备通风，还是综合模式通风（即同时利用机械设备通风和自然通风），只要提高通风率，就会增加能耗。因此，合理布局进风口的位置非常重要，因为有毒有害物质通常都是通过这一渠道进入到通风系统中。

进风口不能安装在距离地面较近的地方，而应当尽可能地安装到高处，防止他人未经许可就可以轻易靠近。如有可能，可以将主要进风口设置在建筑的屋顶。全国职业安全与健康研究所（NIOSH）以及美国联邦紧急事务管理署（FEMA）建议的相关措施可以有效地保证在建筑周围安全设置进风口。可以在进风口附近安装监控摄像头，如果发现意外情况，可以发出警报。

803 在应对化学生物和辐射毒害物质（CBR）的袭击方面一个担忧是，可能会利用建筑的通风系统这种简单的渠道，通过空气传播有害物质。按照本条标准要求，需要增强通风，但是，同时也要安装空气过滤和净化系统。提高暖通空调系统的专用空气过滤器的功效，可以降低来自室内外的化学生物和辐射毒害物质（CBR）产生的影响。但是，提高过滤器的功效会导致经过过滤器组的空气压力降低。如果压力降低到一定程度，就会导致通风供暖制冷能力降低、线管冻结以及浪费能源。

31.6.9.5 IEQ 评分标准5：室内的化学物质和污染源控制

"目标：尽量避免让室内人员受到有害物质和化学污染物质的侵害。"

为了避免毒害物质从建筑内经常被使用的场所内散发出来，在安保方面，要求将建筑物内的清洁管理用房分开设置，采用独立通风系统，而本条评分标准的要求和安保方面的这一要求是紧密联系的。高级别的空气过滤系统可以同时处理回流的空气和外部吸入的空气。对进风口和过滤系统的位置进行合理的布局，经常检查，进行平衡调试，可以大大地降低恐怖分子利用毒害物质从通风系统对建筑进行攻击的概率。

为了保证室内的空气质量，保障室内人员的人身安全和身体健康，应当安装专用的进风、排风系统。所有的室外进风口都要采取保护措施，避免受到外部污染物质侵害，排气口的位置应当远离街道、公众难以进入的地方，例如，不能设置在屋顶或者为公众提供服务的地方。

保证室内空气质量的另外一个重要方面是，要控制和减少建设过程产生的污染，尽量保证低排放，不使用挥发性的有机化合物材料（密封剂、黏合剂、油漆、涂料、地板和复合木制品）。物业管理人员使用的清洁剂、杀虫剂应当确保对人体无害。例如，氡是导致肺癌的第二大原因，所有新的建筑场地都要进行这方面的检测。

在室内空气质量管理方面的另一个矛盾是建筑的封闭性。将建筑紧密地封闭，可以避免受到外部化学生物辐射毒害物质的袭击。减少对外部空气的摄入可以节约能源，控制湿度，减少室内污染，便于通风，可以让人感觉更加舒适。但是，在19世纪70年代，一些建筑以提高能效为理由，进行过度封闭，在通风和建材毒性（如地毯粘胶、椅子背衬、天花板）把关方面做得不好，产生了有害的甲醛，导致人们生病，产生了病态建筑综合征。

31.6.9.6 IEQ 评分标准6.1：系统的可操控性——照明

"目标：在供多个使用者使用的空间内（如教室和会议室），让照明系统高度可控，让各个使用者和群众可以单独操控，提高工作效率、舒适度，有利于他们的身体健康。"

占用传感器、图像传感器、视频分析仪等反应系统可以根据使用情况、阳光和已有的灯光对照明进行调整。虽然智能控制系统依然可以有效利用，但是，建筑内的使用者也需要根据自己的需要对照明水平进行调节。这一评分标准要求，90%的个人空间以及所有的公众同时使用的空间，都能让使用者可以根据自己需要对照明水平进行调节。

目前，LEED 的各项目标均未将安全问题纳入考虑范畴。当然，现阶段，CPTED 也未将节能问题纳入其考虑范畴。在对照明进行控制时，可以根据需要提供照明，安装调光器、占用传感器、运动传感器，再将照明控制系统和供暖通风空调系统连接，当使用人数发生变化时，系统会根据预先设定的程序，同时对供暖和制冷系统进行调整。图像传感器会对光线的变化情况作出反应，应当将其与天花板的光线反射率统筹考虑。当有自然光照射时，距离窗户最近的灯应当关闭。当有自然光线照射入室内时，根据光线的亮度情况，逐渐对室内照明进行调整。在同一空间内，甚至整个建筑内，智能照明控制系统和室内的照明情况要统筹考虑，根据室内使用者的实际情况来决定照明水平。

节能始于照明。2007 年实施的《能源独立和安全法》强制要求，至 2014 年，所有 40W 以上，150W 以下的白炽灯都要被淘汰，因此，需要寻找其他种类的灯具。

现在，能效较高的光源种类较多，如紧凑型荧光灯（CFLs），它包括了多个类别的高强度放电光源（在既有建筑的运营和维护、医疗机构的评价系统中提到的含汞的灯），以及 LED 灯。和以前的型号相比，高能效的管型荧光灯的显色指数更高。LED 灯具有定向发光的特点，所有在实际运用中，其能效更高。紧凑型荧光灯虽然能效较高，但是，由于其含有汞，所以在使用完毕后的安全处置方面会遇到困难。

LED 灯的平均使用寿命达到 100000 小时，接近 10 年。与之相比，常规的 60W 白炽灯耗费的能量更多，并且使用寿命只接近 1000 小时。和白炽灯易受到损坏不同，LED 灯可以承受摇晃、振动、频繁开关和极端天气等不利影响。由于 LED 灯的能效高出 10～50 倍，维修更换成本更低，因此，其运行费用最高降幅可达到 90%。LED 灯产生的热量很少，几乎不发热，触摸时不会被烫伤，也更安全。

照明技术的不断发展催生了新产品，使 CPTED 原则和 LEED 理念可以实现融合。新的 Lumecon LED 路灯（Relume），利用白色的 LED 灯提高户外的通风度，既符合 RP－8 IES 标准的要求，也符合暗天协会的动议。LED 电子技术的发展产生了新的 DC，新的 LED 灯调光器可以在不使用成本较高的高端电子调光器的情况下，对 LED 灯的灯光进行调节。LED 调光器可以降低 LED 灯的电流，延长 LED 灯的使用寿命。新型 Topco 路灯利用太阳能，可以完全自动控制灯具的开关，根据一天不同时段的具体情况，调整照明强度。这种灯到了晚

804

上发光强度会达到 100%，而在清晨的时候，发光强度可以控制到 60%，达到节约能源的效果。这种灯具还可以和视频监控设备结合使用。

在下一版的 LEED 中，此项评分标准被重新命名为"室内照明"。

31.6.9.7　IEQ 评分标准 8.1：阳光和视线——阳光

"目标：利用阳光让处在建筑室内的人员可以感受到外面的环境，并且可以看清建筑内日常使用区域的情况。"

要求 75% 的日常使用空间内，阳光的照明强度要达到 25 英尺烛光，在学校，日常使用空间的面积比例可以达到 90%。可以预先利用计算机仿真模拟，采用四种方法达到这一评分标准的要求：阳光从侧面照射；阳光从屋顶照射；实际测量阳光；综合运用前述三种方法。

项目的初步设施，包括建筑座落的具体位置，对实现高水平的能源节约非常重要。

表面光线反射率高的墙壁和窗户会形成炫光，不仅会影响到路过的人，还会对野生动物造成错觉、伤害。为了避免玻璃形成炫光，吸收太阳光中的热量过多，可以在外面安装遮光的格栅、散热片、散热孔或者可调节的百叶窗。为了增加建筑的采光量，可以利用天窗、采光管和室内采光格栅等。如果建筑是自然通风的，还可以充分发挥活动窗户、散热孔和通风口等。从安全角度考虑，天窗应当安装报警装置，最好是半透明的，以便保护隐私和其他的专有信息。

虽然阳光和天窗有利于减少建筑的能源消耗，但是它们同时也会给建筑安全带来挑战（图 31.10）。开设的窗户太多会提供更多的出入口。同时，也更容易让污染物和有毒物质进入建筑内。合理布局窗户的位置，对于同时实现可持续和安全非常关键。可以将窗户开设在建筑内对安全要求稍低的区域。在建筑设计中，可以设计庭院和外部的台阶，使自然通风、活动窗户、天窗和安全要求等各个方面可以共存。和反复强调过的一样，在建筑初步设计阶段就要将这些因素纳入考虑范畴，以便可持续和安全的目标可以同时实现。

图 31.10　天窗、通风和安全可以互相共存

805

31.6.10　LEED 评分类别 ID：设计创新

"目标：让设计团队和建筑项目有机会在 LEED 绿色建筑评价体系确立的标准之外作出更加卓越的贡献，或者在 LEED 绿色建筑评价体系的各个评价项

目中没有特别关注的地方作出创新性的突破。"

如果在改进现有的技术方面提出了有趣的新设计方法，并且至少被一位 LEED 认证专家认可，那么，就可以得到此项评分标准中的分数。

有助于得到此项目中的分数的一个方法，就是找到一种可以在 CPTED 和节约能源之间实现战略平衡的方法。例如，在前面的评分项目中曾经提到过雨水管理，将湿地予以保留，而不是将其消除，可以同时作为一个宣传教育项目。将湿地重新建设，可以在湿地之间重新建立联系。现在全球每小时就有三种动植物物种灭绝，主要原因就是生存环境恶化。保留湿地提高生物多样性，对于人类生存也是必需的。如果在湿地内养鱼，还可以同时为我们提供食物。

植物屋顶也可以就地生产食物。在社区发展评价体系中也有相应的评分类别，社区模式及设计（NPD）评分标准 13："本地食物生产" 特别提到可以利用屋顶实现相关目标，而这一做法也可以用于在其他评价体系中得分。设计创新和运营创新则提倡，如果其他评价体系中的一些举措符合设计创新评分标准的要求，也可以同时在设计创新和运营创新评价体系中得到相应的分数。

建筑湿地可以直接给保障安全带来积极影响，在屋顶上种植作物可以给屋顶披上伪装，躲避如谷歌地球一类的图像卫星的空中侦察。

下一版的 LEED 拟作出调整，如果让一位经 LEED 认证的专家参与项目会得到相应的分数，但是，经认证的专家必须具有与该评价体系认证项目相关的专业知识，例如，参与 LEED - NC 领域的认证专家必须具有 LEED BD&C 领域的知识。LEED 的认证专家会对理解和实施 LEED 提供帮助，但是，不会因此而加一分，在现有的标准中，是可以加分的。那一分将从现在的 "设计创新" 类别中移到调整后的 "过程整合" 类别中。

31. 6. 11 新 LEED 评分类别

806

建议增加的主要类别包括：

- IP 类别
- LT 类别
- PF 类别

"IP" 评分类别要求最充分地利用各种机会，在绿色设计和施工策略中采取综合性的、成本效益最优的做法。

"LT" 评分类别中有一个前置条件 "自行车存放"，要求在非住宅建筑中，按照现有评分标准的二分之一，为访客提供自行车存放空间。在住宅建筑中，按照现有评分标准的三分之一，为访客和居民提供自行车存放空间。同时，还为 "宜步行街道" 设置了评分标准。

"建筑能源系统的基本调试""增强性调试""测量和检验" 等评分标准被移至新的评分项目 "PF" 中。此评分类别的所有项目都涉及测量、监测、跟踪观察、报告建筑能源及水的使用情况，并向美国绿色建筑委员会报告相关数据。显然，各个系统是否可以协同发挥作用，各个系统是否能够根据实际情况的变化作出智能反应，对能否成功实现能耗管理，保障安全非常重要。要确保不存在冲突，安全和可持续目标都可以互相兼容地完美实现。

31.7 小 结

通过本章的讨论可见，虽然在建筑设计中想做到安全与可持续兼得显得困难重重，但是，技术的进步和形势的发展使我们可以经济、有效地克服这些困难。关键是在设计的开始阶段就同时将安全和可持续纳入考虑范畴。只有这样，才有可能整合各个系统，实现预定目标，同时兼顾两个方面。反之，在设计过程中如果仅考虑可持续，而将安全留待事后补救，安全目标必定很难实现。事实上，如果不在设计的开始阶段就把握好可持续和安全之间的平衡，极有可能在以后的过程中也不会采取必要的措施保证安全，结果会大大增加建筑业主、建筑内的人员和整个社区面临的风险。但是，如果在设计的早期阶段就将安全问题摆上桌面，让各个利益相关方面共同磋商，那么，可持续和安全两个方面都可能会得到最优的结果。通过整合多个方面，最终会找到风险管理和可持续的解决之道，让多方受益。

在将来，我们会迎来新的发展趋势，即正在兴起的可持续安全。政治界和外交界正在进行沟通，以实现从落伍的国家安全观向持续安全观之间的根本性转变。安全的定义从各自狭隘的世界转向全球，面向我们整个人类。根据 Gayle Smith 的观点（Smith，*National Security Strategy*，6/19/08），持续安全涵盖了三个方面。

- 国家安全或者美国的国家安全
- 人类安全或者全人类的福祉与安全
- 集体安全或者整个世界的共同利益

持续安全可以不断塑造我们及时防御针对美国的实时威胁的能力，减少世界人民面临的风险，管控我们大家面临的共同性、全球性的长期风险。持续安全并不是发端于绿色和可持续。然而，全球资源的不断减少，污染加剧，如清洁的空气、水资源、食物、耕地，失控的能源成本；对石油产品、经济的依赖，以及在建成环境免遭破坏、尽量使用当地资源、不过度消耗能源和水资源等方面的迫切渴求，决定了只能在 21 世纪采取最合适的方式。从人类的产生开始，资源的匮乏一直是国家、全球冲突的原因。

如果我们不为水、电力等资源的短缺作好准备，没有能力应对飓风、海啸、地震、核反应堆崩溃等灾难事件，就会发生战争和冲突。我们的工业机器导致了全球变暖，改变了气候条件，并会进一步造成全球不稳定。在 1951 年的一部电影《地球停转之日》（2008 年进行了糟糕的翻拍）中，星际警察代表被派往地球，向我们发出即将发生核灾难的警示，在片中，克拉图沉痛地向国际外交官委员会说：

"宇宙正在日益变小。再也不能容忍任何族群在任何地点进行侵略威胁。

要么大家平安无事，要么大家同归于尽。这并不是要你们放弃任何自由，只是摒弃不负责任的自由。如果你们继续以使用暴力相威胁，你们生活的地球将被烧为灰烬。你们的选择很简单，和我们一起和平共处，如果你们还是一意孤行，将面对被清除的命运。我们会等你们给出答案。由你们自己作出决定！"

1951 年的这段意味深长的话，在今天更具有现实意义。

参考文献

［1］ Bank of America Tower receives platinum LEED certified from USGBC，*New York Real Estate Journal*，June 8，2010.

［2］ Building Energy Codes Resource Center. http_resourcecenter. pnl. gov_cocoon_morf_Resource-Center_article _1558. articletopdf _homepage _url = http _resourcecenter. pnl. pdf，retrieved May 5，2011.

［3］ Cascadia Region Green Building Council Website，http：//cascadiagbc. org/

［4］ Center for American Progress Website，http：//www. americanprogress. org/

［5］ Climate change in the Maldives，The World Bank，April 2010.

［6］ Colquhoun，I.，*Design out Crime*：*Creating Safe and Sustainable Communities.* Architectural Press，Burlington，MA，2004.

［7］ Congress for the New Urbanism（CNU）Website，http：//www. cnu. org.

［8］ Conti，J. J.，Holtberg，P. D.，Bearmon，J. A.，Schaal，A. M.，Ayoub，J. C.，and Turnure，J. T.，Annual Energy Outlook 2011 Report，U. S. Energy Information Administration，Washington，DC，April 2011.

［9］ Diringer，E.，Cecvs，K.，and Rastogi，N. P.，Summary：Cancun Climate Change Conference，Pew Center on Global Climate Change，December 2010.

［10］ Dixon，C.，LEED 2012，*Walls & Ceilings Magazine*，February 2011.

［11］ Doyle，A.，UN urges world to slow extinctions：Three each hour，Reuters，5. 23. 2007.

［12］ Environmental Protection Agency（EPA）website，http：//www. epa. gov/.

［13］ Federal Research and Development Agenda for Net – Zero Energy，High performance green buildings，U. S. National Science and Technology Council，October 2008.

［14］ Gordon，C. L. and Brill，W.，The expanding role of crime prevention through environmental design in premises liability. National Institute of Justice，*Research in Brief*，April 1996.

［15］ Green Building Certification Institute（GBCI）website，http：//www. gbci. org/homepage. aspx.

［16］ Green Globes Website，http：//www. greenglobes. com/.

［17］ Grosso，V.，Stratosphere casino wins big with high – efficiency lighting，Westinghouse Lighting Solutions，Retrieved February 24，2009.

［18］ Illuminating Engineering Society of North America（IESNA）website，http：//www. iesna. org.

［19］ International Dark – Sky Association website，http：//www. darksky. org.

［20］ Jacobs，J.，*The Death and Life of Great American Cities.* Vintage Books，Random House，New York，1992.

［21］ Living Building Challenge website，https：//ilbi. org/bc.

[22] Nash, M., *Climate Refugees*, movie released 2009.

[23] National Institute of Justice (NIJ) website, http://www.nij.gov/.

[24] Natural Resources Conservation Service (NRCS) website, http://www.nrcs.usda.gov/.

[25] Natural Resources Defense Council (NRDC) website, http://www.nrdc.org/.

808

[26] O'Neill, D., Rueda, R., and Savage, J., *Security Design for Sustainable Buildings and Campuses*. Applied Risk Management, LLC, Stoneham, MA, 2009.

[27] Perimeter Security Design, FEMA, Chapter 4, http://www.fema.gov/library/file? file = 430_ch4.txt&fileid = 9755cfaO – dOdf – 11dc – af98 – 001185636fb7&type = originalAccessibleFormatFile, retrieved May 22, 2011.

[28] Spadanuta, L., The greening of security. Security Management Security's, Web Connection July 2008.

[29] *The State of Consumption Today*. Worldwatch Institute, Washington, DC, 2011.

[30] Sullivan, G.R. et al. (CNA military advisory board), *National Security and the Threat of Climate Change*, Center for Naval Analyses, Alexandria, VA, 2007.

[31] Surunis, C., *Light Control and LEED*. Lighting Control Institute. 2011.

[32] Smith, G., What is sustainable security? National Security Strategy 6/19/08. Center for American Progress.

[33] United Nations, Our common future, Chapter 2: Towards sustainable development, Brundtland Report of the World Commission on Environment and Development 1987.

[34] U.S. Department of Energy (DOE) website, http://www.energy.gov.

[35] U.S. Department of Energy Efficiency and Renewable Energy ANSI/ASHRAE/IESNA Standard 90.1 – 2007.

[36] U.S. Green Building Council (USGBC) website, http://www.usbgc.org

[37] U.S. Senate Committee on Energy & Natural Resources website, http://energy.senate.gov/

利用设计应对工作场所暴力

位于加利福尼亚州 Westlake 的平克顿公司对《财富》1000 强中的公司进行了调研，结果表明，工作场所暴力成了美国大型公司的一个重要安全威胁（Securitas, 2010）。长期以来，一般认为，只有特定类别的员工才会在工作中面临犯罪攻击的威胁，但是现在，这一威胁几乎蔓延到所有的工作环境中。报纸上几乎每天都会刊登被解雇的前雇员返回公司杀害上司的消息，通常还会殃及无辜的旁观者。

宾夕法尼亚州众议院审议了《工作场所暴力防范法》（*Workplace Violence Prevention Bill*）。

> 宾夕法尼亚州众议院正在审议一项法案，该法案旨在减少发生在医院和其他医疗机构的暴力事件。根据该法案的要求，医院应当开展安全风险评估。安全风险评估的内容包括检查医院现有安保人员的数量，照明和建筑的设计，人员编制以及是否形成了安全文化氛围。同时，医院还要采取相应措施，提高工作场所的安全水平，帮助暴力事件的受害人报案。该法案主要是为了解决医疗机构工作人员的暴力事件数量日益增多、程度日益严重的问题。（Security Management Weekly 11/18/11）

32.1 问题的范围

工作场所暴力就是一种恐怖行为，不同之处只是因为它发生在企业中。工作场所暴力是人们出现问题时做出的一种极端错误的行为。虽然内部暴力在工作环境中一直都存在，但是现在，其威胁的严重程度已经超过了街头犯罪和恐怖行为。2011 年开展的致命工伤普查结果表明，该年度内，17% 的工作场所死亡事件的原因是工作场所暴力。在工作场所杀人案受害人中，数量最多的是一线销售人员、零售店员工、出纳主管，其次是执法人员、管理人员和安保人员。在 40% 的杀人案中，都涉及现任、前任配偶或者家庭成员。2001 年的"9·11"事件后，人们对工作场所安全的担忧达到了顶峰，因为大家害怕外国恐怖分子对美国企业带来威胁，但实际上，来自内部员工的暴力威胁才是最大的。1992~1996 年，有 200 万名员工在工作期间沦为了暴力行为的受害人。

工作场所暴力犯罪最常见的形式是一般的攻击行为，1996 年，估计这类行为的数量有 150 万宗，到了 2001 年，年均约有 200 万名美国员工受到了工作场所暴力行为的伤害（Bureau of Labor Statistics，2006）。另外，截至 1996 年，年均有 39.6 万宗严重暴力伤害，包括 5.1 万宗强奸案、8.4 万宗抢劫案和一千
810 宗杀人案。杀人凶手中，在职员工占 43.6%，前员工占 22.5%；家庭成员占 21.4%，企业客户占 12.5%。在具有典型性的一年中，723 名员工受到攻击，1.64 万名员工遭到威胁，4.4 万名员工受到骚扰。70% 的受害人年龄介于 25 岁至 49 岁之间。在工作场所暴力案件受害人中，56% 的属于私营企业，34% 的属于联邦或者当地政府的员工。每年，33 万名零售业员工成为了工作场所暴力案件的受害人，其中 6.1 万名是便利店工作人员和卖酒的。每年有 16 万医疗行业的员工受到伤害。2005 年，有 564 宗工作场所杀人案件，和最多的 1994 年的 1080 宗相比，呈下降趋势，其中 177 宗属于自杀（通常是凶手在杀害同事后自杀，Bureau of Justice Reports，1998；Chavez，2004；Bureau of Labor Statistics，2006；图 32.1 和图 32.2）。

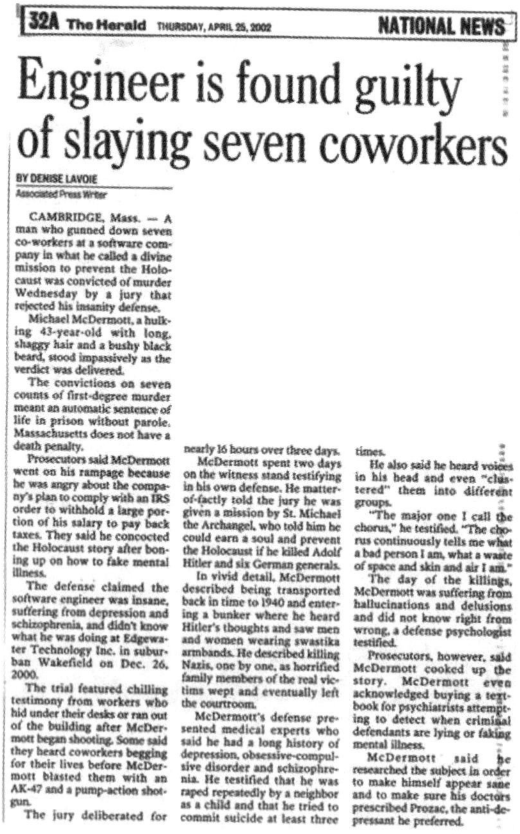

32A The Herald THURSDAY, APRIL 25, 2002 NATIONAL NEWS

Engineer is found guilty of slaying seven coworkers

BY DENISE LAVOIE
Associated Press Writer

CAMBRIDGE, Mass. — A man who gunned down seven co-workers at a software company in what he called a divine mission to prevent the Holocaust was convicted of murder Wednesday by a jury that rejected his insanity defense.

Michael McDermott, a hulking 43-year-old with long, shaggy hair and a bushy black beard, stood impassively as the verdict was delivered.

The convictions on seven counts of first-degree murder meant an automatic sentence of life in prison without parole. Massachusetts does not have a death penalty.

Prosecutors said McDermott went on his rampage because he was angry about the company's plan to comply with an IRS order to withhold a large portion of his salary to pay back taxes. They said he concocted the Holocaust story after boning up on how to fake mental illness.

The defense claimed the software engineer was insane, suffering from depression and schizophrenia, and didn't know what he was doing at Edgewater Technology Inc. in suburban Wakefield on Dec. 26, 2000.

The trial featured chilling testimony from workers who hid under their desks or ran out of the building after McDermott began shooting. Some said they heard coworkers begging for their lives before McDermott blasted them with an AK-47 and a pump-action shotgun.

The jury deliberated for nearly 16 hours over three days.

McDermott spent two days on the witness stand testifying in his own defense. He matter-of-factly told the jury he was given a mission by St. Michael the Archangel, who told him he could earn a soul and prevent the Holocaust if he killed Adolf Hitler and six German generals.

In vivid detail, McDermott described being transported back in time to 1940 and entering a bunker where he heard Hitler's thoughts and saw men and women wearing swastika armbands. He described killing Nazis, one by one, as horrified family members of the real victims wept and eventually left the courtroom.

McDermott's defense presented medical experts who said he had a long history of depression, obsessive-compulsive disorder and schizophrenia. He testified that he was raped repeatedly by a neighbor as a child and that he tried to commit suicide at least three times.

He also said he heard voices in his head and even "clustered" them into different groups.

"The major one I call the chorus," he testified. "The chorus continuously tells me what a bad person I am, what a waste of space and skin and air I am."

The day of the killings, McDermott was suffering from hallucinations and delusions and did not know right from wrong, a defense psychologist testified.

Prosecutors, however, said McDermott cooked up the story. McDermott even acknowledged buying a textbook for psychiatrists attempting to detect when criminal defendants are lying or faking mental illness.

McDermott said he researched the subject in order to make himself appear sane and to make sure his doctors prescribed Prozac, the anti-depressant he preferred.

图 32.1 一篇典型的工作场所暴力报道

注：作者 Lavoie，D.，《一工程师杀害六名同事》，《迈阿密先驱报》，2002 年 4 月 25 日，已获使用许可。

THURSDAY, AUGUST 28, 2003 **www.herald.com** The Herald **3A**

Fired worker kills 6 at Chicago job site

CHICAGO — (AP) — A man who had been fired from an auto parts warehouse six months ago came back with a gun Wednesday and killed six people in a rampage through a maze of engine blocks and 55-gallon drums before being shot to death by police.

The dead included two brothers who were part owners of the business, and the son of one of them.

Salvador Tapia died in a gun battle with police inside and outside of the building, hiding behind a container as he fired off rounds from his semiautomatic pistol, authorities said.

"He got up, he had the gun, they ordered him to drop the gun, he refused to drop the gun. That's when the officer shot him," acting Police Superintendent Phil Cline said.

Tapia, 36, lost his job at Windy City Core Supply about six months ago for causing trouble at work and frequently showing up late or not at all, Cline said. He said Tapia had made threatening calls to the owners since being fired.

Tapia had at least one previous conviction for unlawful use of a weapon, officials said.

Cline said when police arrived shortly after 8:30 a.m., they tried to get in the building but were driven back by gunfire.

He said when an assault team entered the building they had trouble maneuvering through all the auto parts.

Cline said four people died at the scene.

Tapia and two others were taken to hospitals and died there.

Authorities identified the dead as part-owners Alan Weiner, 50, of Wilmette, and his brother Howard Weiner, 59, of Northbrook. Howard's son Daniel Weiner, 30, also was killed.

The other victims were Calvin Ramsey, 44; Robert Taylor, 53, and Juan Valles, 34, all of Chicago.

"From the scene it appears that he went throughout the supply warehouse shooting them," Cline said.

Tapia also tied one man's hands behind his back, but the employee escaped unharmed, Cline said.

He was the only person inside the warehouse who survived the shooting, police said.

图 32.2　一篇典型的工厂内工作场所暴力报道
注：美联社，《被解聘的雇员在芝加哥工作场所内杀死六人》，《迈阿密先驱报》，
2003 年 8 月 28 日，已获使用许可。

美国劳工部在 1996 年制定的《职业安全和健康局工作场所暴力指南》中指出。在 1992 年，疾病控制中心就宣布工作场所暴力是一种严重的公共健康问题。1970 年的《职业安全和健康法》就对因工作场所暴力引发死亡和伤害问题作出了规定，该法第五章中（a）（1）规定：每个雇主都应当向其员工提供安全的工作环境，使其员工免遭已知的危险因素导致死亡或严重身体伤害的威胁［29 U. S. C. 654（a）（1），Smith，2002］。由于法律强制规定雇主有提供安全工作环境的义务，随后，法院的判决确立可预见性标准，工作场所安全管理机构采取了相关措施，最终使保证工作场所安全迅速成为了行业标准。安

全管理人员必须认识到相关问题的重要性，并采取最有效的措施保证工作场所安全。如果发生致命性工作场所暴力，受害人家属几乎都会疏于提出场所安全保障义务的诉讼。如果公司收到传票后，不得不承认在此之前已经受到了暴力威胁，并且公司未能有效阻止事件发生，那么就构成了疏忽，并应向受害人家属支付巨额赔偿金。虽然改善硬件设施、开展培训、配备相关人员来预防事故发生需要产生一定的成本，但是，仅是一宗工作场所暴力致死案件的赔偿金就会远远超过前述成本。

811　　　一般而言，企业面临的主要风险是因为内部或者外部原因，导致资金、产品或者其他财产失窃。在信息新时代下，还包括信息资产安全。如果信息失窃或者被破坏，会带来严重的时间、金钱损失。如果产生了损失或者遭受盗窃，就可能会有员工被解雇，甚至会失去终身养老金，被解聘的员工很容易就对他认为应当对此负责的其他员工或者管理人员产生报复性暴力行为。在工作场所内发生的家庭暴力行为也逐渐增多。因公司裁员、公司重组而被辞退的前员工也可能会对其认为应当对此负责的其他人员进行暴力报复。

工作场所面临的较严重的风险包括强奸，谋杀，持械抢劫，入室行窃，盗窃公司的产品、材料、设备，员工盗窃员工，破坏机械或破坏生产，伪造记录或索赔，员工或客户心怀不满，严重攻击，在工作场所销售和吸食毒品，毒品交易，雇员和非雇员的暴力犯罪行为，泄露商业秘密、专有数据和财务信息等。

和工作场所面临的较严重风险相当的其他风险因素包括：员工的工作需要和公众进行现金交易，单独工作或数量较少的人一起工作，在深夜工作或者清晨工作，在容易发生犯罪行为的场所工作，保卫贵重的财产，如出租车司机、安保人员、警察一样在社区环境中工作。工作场所暴力发生的原因很多，进行防范的首要步骤是弄清楚谁会采取暴力行为。工作场所暴力行为犯罪分子通常分为四种类型。一类犯罪分子可能和相关业务或雇员毫无关联，只是在进行其他犯罪活动（如抢劫、盗窃店内商品、非法侵入等）同时采取了暴力行为。大多数工作场所的杀人案件就属于此种类型（85%；Report to the Nation，2001；图 32.3）。

图 32.3　发送保护私人财产的明确信息

另一类情形是：犯罪分子和相关业务方正常产生联系，而在接受服务时采取暴力行为。还有一类犯罪分子本身就是公司员工或者以前是公司员工，他们在工作场所内攻击同事或者以前的同事。在工作场所发生的杀人案件中，员工杀害员工的占7%。最后一类犯罪分子通常和公司没有关系，但是和加害目标有私人关系。这一类包括因为家庭暴力原因，在工作时发生的攻击或威胁（2001年《国家报告》）。

相关企业及其管理人员必须了解犯罪的真实动向，在充分掌握相关情况的基础上作出决定，采取防范措施。在大多数行业中，标准的预防措施是进行风险分析，弄清楚面临的风险、威胁及薄弱环节是什么，哪些资产需要保护。弄清楚风险、威胁后，企业应当排查、确定潜在的或实际的犯罪行为可能在哪个地方发生，罪犯可能会是谁，犯罪行为属于哪一种类型，犯罪背后的动机是什么（报复、贪心、破坏或个人原因），犯罪行为如何发生。当公司老板或者管理人员了解了上述信息后，再多措并举、协同发力，抓好侦查、干预、防范、管控等各个环节，减少、消除发生犯罪行为的机会，避免产生损失。

32.2　你可以采取哪些措施

相关研究文献提出，可以采取三种方法预防工作场所暴力：组织和管理，行为和人际关系以及环境设计（Report to Nation，2001）。

组织角度主要包括制订培训计划、采取相关措施、明确相关程序、进行实际运用、维护安全的工作环境。对员工进行背景调查，如在聘用、解聘和实施监督管理过程中。通过管理，可以减少不属于公司员工的犯罪分子采取的犯罪行为，主要措施包括在容易受到侵害的工作时间段内增加员工人数，培训员工面对冲突时的应对方法，不要暴力对抗，遭受抢劫进尽量不要反抗，定期邀请警方核查员工信息，如有必要，可以在高风险的时段将相关设施关闭（图32.4、图32.5）。

从行为和人际关系角度，主要是加强对员工自身、管理人员、其他工友的培训，让他们对冲突的苗头和症状可以预见、识别和应对，减少冲突、暴力发生的潜在机会（图32.6）。

图32.4　清晰地列明禁止携带武器的规定

图 32.5 （新）迪士尼的员工在入口 对所有女性的手袋进行检查

图 32.6 安保人员在入口值守，禁止 未经检查的人入内

　　从环境设计角度，主要是关注怎样改善物理环境，减少工作场所暴力发生的机会。可以采取下列环境设计预防犯罪方法，避免发生工作场所暴力行为。

- 对自身设施进行访问控制，仅让具有合法目的及用途的人进入。
- 如有可能，在接待区域采取安全措施，对客户和访客进行检查。
- 将敏感区域（如计算机房、通信机房）分开设置，并利用电子设备实施访问控制。
- 对大堂和门厅实施访问控制，尤其是风险较高的地方及时段。
- 调整照明水平，让员工更清楚地看清外面的街道，避免在外面形成可以躲藏的空间。对员工和访客的停车场提供充分的照明和监控。
- 提高入口和停车场的照明水平，最大限度地提高能见度，以便可以看清人和车辆。
- 不要遮挡零售店通向街道的视野，清除其间的灌木和杂物，以免犯罪分子藏身其间，或者遮挡巡警的视线。
- 清楚地标示、提醒出入口的位置。
- 在工作场所预先规划发生暴力事件时的逃生路线。同时，确保逃生路线不得经过暴力事件可能发生的区域，以免更多的人员被劫为人质或者成为受害者。
- 在人力资源办公室、女洗手间、接待处及其他敏感区域设置紧急报警器。让负责接待的工作人员在受到胁迫的情况下可以用隐蔽的方式发出信号。
- 在餐馆后门上安装窥视孔，以便在打开后门之前可以观察外面的情况，避免被等候在外的犯罪分子伏击。
- 标明员工和访客的入口，员工和访客的入口不必是同一个。
- 使用员工、来宾和参观人员标志牌；所有人都应当佩戴标志牌，尤其是管理人员。标志牌上应当准确描述员工、访客、供货商、承包商等人的身份，经过允许入内后，在任何时间、任何地点都必须佩戴标志牌。

814

- 不为管理人员预留特定的停车位，尤其不要将其人名贴在停车位上的挡车器上，或者树立指示牌指明是属于总经理的停车位。
- 建筑或者停车场周围的植物需低于 3 英尺，以免形成可供躲藏的空间，或者妨碍实施自然监视。
- 对装卸区、设备室、锅炉房、垃圾箱和其他附属设施采取物理控制措施。
- 让承租人可以对其自己的办公区域实施管理。
- 对同时有多个承租人的区域，设置统一标志和访问控制措施。
- 进入高度敏感的区域时，应当设置两道真伪鉴别措施。
- 在进行工厂楼面的布局设计时，要充分考虑安全因素。
- 让员工可以看清周围的状况，不要存在盲点，以免让员工陷入危险。容易形成躲藏空间的物品，如树木、灌木和过于杂乱的物品，必须予以清除。
- 对行人进入店铺的方式实施管控，合理设置围栏，以免犯罪分子作案后可以轻而易举地逃离。
- 使用固定在地面的保险箱，减少留存的现金数量。设置标志，表明现场留存的现金数额很少。
- 在门上安装警报或者门位开关，当有人进入场所时，可以向员工放出警示。
- 利用门铃对设施实施访问控制。
- 要求所有访客和供货商进入工作场所前必须登记。让负责访客登记的人可以很容易地接触到紧急报警器，并对该区域进行监视，一旦发现警报，必须立即反应。
- 检查门锁，让门可以从里面自动打开（消防法规和保障人身安全的法规有相关规定），但是不能从外面被打开。消防出口处的门在里面应当有防撞杆或手柄，但是不能从外面打开，以免有人尾随或者他人未经许可入内。
- 在出口处的门上设置高度标记，协助证人更准确地描述犯罪分子的情况。
- 在合适的地方设置无声的个人紧急报警器。
- 给在外工作的员工安装移动电话和随身携带的警报器或者可以发出巨大声响的设备，要求他们预先制定每天的工作方案，全天都要与相关的联系人保持联系，告知其所处的位置。
- 对公司提供的车辆要正确维护，甚至可以安装 GPS 对车辆进行定位，并保证可以长期有效使用，如果有人失踪或者没有按要求报告情况，要及时跟进。
- 要求员工不要进入不安全的场所，在可能发生危险的环境中或者夜间，要有建立陪同护送制度。

815

● 在顾客和员工之间设置有通道物理障碍，如防弹屏障（图 32.7）。

图 32.7　图中的商店位于犯罪多发的区域，店
门外安装了防弹玻璃，预防抢劫

● 让建筑物理方进行业务风险排查，明确薄弱环节和相关资产，最重要
的是要各方共同协作，根据实际情况更新规定和程序，并每年对员工
进行更新培训。

● 对员工进行培训和动员，这胜过所有防范工作场所暴力的技术措施。

● 对发货和收货区实施严格管理。严格监控收货情况，防范他人未经许
可从装卸区进入设施内部，造成失窃和其他损失。所有货物在收入前
必须登记、检查并记入台账。

● 将底层的通风口迁移或者封闭。街道上高度较低的进气口必须封闭或
者移到高处，避免有人实施破坏。

● 利用安保摄像头对容易出现问题的场所进行监视，既可以发挥震慑作
用、进行监视，还可以在发生意外的情况下识别犯罪分子。但是，必
须配备相应的人员才能让摄像头有效发挥作用，如果让一个安保人员
值守 24 台监视器那也毫无意义（图 32.8）。

● 对安保人员进行适当的培训。让三个安保人员检查同一张身份证并没
有什么实际用处；但是，如果安保人员经过培训后可以发现真正的威
胁，并作出反应，那就可以真正发挥作用了（图 32.9）。

● 只设置一个入口虽然更便于实施管理，但是，如果检查措施跟不上，
也会出现安全风险，并且让管理措施形同虚设。完善的检查包括检查
是否携带武器，是否佩戴证件，对手袋进行扫描，在闸机处安装光电
扫描仪，检查员工、访客和供应商的证件等。

● 从这里出去！清晰的撤离路线非常关键！室内人员必须知道该做什么，
不该做什么，该什么时候做。演习和训练必不可少。世贸中心于 1994
年首次遭袭后，就完善了撤离方案并开展了演练，2001 年世贸中心遭
受袭击时，在第二波袭击中有两万多人受益于此，得以幸存。

- 将为警方和特警队准备的蓝图存放在适当的位置，但是不能让人通过
  网络获取，也不能让试图策划对建筑进行袭击的人获取。

图 32.8　在入口处迎面设置
了摄像头和监视器，让员工
和访客知道处于监视之下，
避免发生盗窃行为

图 32.9　经过安检培训的工作人员正在检
查人们的随身物品中是否有武器或者爆
炸物

　　显然，上述的许多 CPTED 措施可能用于防范一般的犯罪分子，但是如果
犯罪分子是在职的或者以前的员工时，可能就不那么有效了。虽然普遍认为应
当在行为和组织方面采取相应措施，但是，关于这方面的研究较少，相关方法
是否有效，能在多大程度上有效，还有待观察。

　　那么，我们在保证工作场所安全方面需要达到何种程度？工作场所应当让
人有安全感。人们期望工作场所是有用、可通达、开放、可管控的。人们希望
所工作的场所不是通行混乱的，而是可以满足绝大多数使用者需求的。人们不
希望被骚扰、威胁、虐待，也不希望受到语言和身体方面的伤害。

32.3　小　结

　　目前，并没有特别针对防范工作场所暴力的法律、法规（Report to the Na-
tion，2001，p. 8），只是职业安全和健康局针对深夜零售店工作人员发布了一
个不具有强制约束力的指南。一些州已经通过了相关的法规要求在所有的工作
场所全面采取安全措施，包括重视员工免遭合理的可预见的攻击。

　　将环境预防犯罪措施和其他管理方面的补充措施结合使用，可以减少犯罪
行为发生的机会，有效地创建安全的工作环境。可以利用自然形式的环境预防
犯罪措施，充分利用设计和建筑优势，如材料、建筑方法、建筑退让距离、场
地规划、布局、车辆和行人的流通方式等。也可以利用机械设备方面的环境预
防犯罪措施，如安全软件、电子设备、监控摄像头、访问控制、障碍和照明
等。此外，还可以利用制度方面的环境设计预防犯罪措施，加强对安保人员、
管理人员的组织，如制定制度和程序，要求佩戴标志牌，加强安保巡逻和培

训等。

  应当在对犯罪风险和威胁作全面分析的基础上，综合采取技术和建筑方面的措施，制定全面的工作场所安全防范计划。要根据工作场所内外所面临的具体犯罪风险类型，针对性地采取应对措施。公司老板和管理层应当全面综合思考，而不是仅仅是采取快速的治标之策。工作场所暴力是一个特别难以应对的挑战，因为施害者和受害者常常都是内部员工，他们清楚相关的训练内容，可以取得锁匙、密码、数据、商品，接近相关人员。因此，还需要采取特别的方法应对来自内部的风险，而不仅是防范来自外面街头的风险。只要员工和管理层把握环境设计预防犯罪的精要，通过多种方式综合采取各种措施，就一定会创建安全的工作环境。

参考文献

[1] Associated Press（2003）Fired worker kills 6 at Chicago job site, *Miami Herald*, 28 August.

[2] Atlas, R.（1992）Internal employee theft prevention workshop presented by the Greater Miami Chamber of Commerce, 12 March.

[3] Atlas, R.（1998）Risky business security workshop, ALFA Interactional, American Law Firm Association Dallas, TX, 29 January.

[4] Atlas, R.（2002a）Neocon World Trade Fair on designing against the threats of workplace violence and crime. Atlanta, GA, 11 April.

[5] Atlas, R.（2002b）The University of Wisconsin – Madison seminar on planning against today threats of crime, workplace violence, and terrorism, 17 – 19 April.

[6] Atlas, R.（2003）Florida Association American Institute of Architects, Designing against today's threats of crime, workplace violence and terrorism. Miami, FL, 2 – 3 October.

[7] Biles, P.（1996）*Guidelines for Workplace Violence Prevention Programs for Night Retail Establishments*. Washington, DC.

[8] Bureau of Labor Statistics. 2011 Census of Fatal Occupation Injuries, BLS. Washington, DC, 2012.

[9] Chavez, L.（2004）Workplace violence and can we do more to prevent it? *Human Resource Executive*, October.

[10] Guidelines for Preventing Workplace Violence for Health Care and Social Service Workers, OSHA（1998）.

[11] Lavoie, D.（2002）Engineer is found guilty of slaying seven coworkers, Miami Herald, 25 April.

[12] National Census of Fatal Occupational Injuries in 2005.（2006）*Bureau of Labor Statistics*: *News*. U. S. Department of Labor, Washington, DC, 10 August.

[13] National Institute of Occupational Safety & Health（NIOSH）（1993）*CDC Alert*: *Preventing Homicide in the Workplace*. U. S. Department of Health and Human Services, Centers for Disease Control and Prevention. Cincinnati, OH.

[14] OSH Act of 1970, Section 5（a）（1）PL. 91 – 596. 29 U. S. C. 654（a）（1）.

[15] Top Security Threats and Management Issues Facing Corporate America. Securitas, Duluth,

GA. pp. 8 – 10, 2010.

［16］ *Preventing Workplace Violence* （2004） Handbook of the American Federation of State, County and Municipal Employees.

［17］ Report to the Nation （2001） *Workplace Violence*, University of Iowa Injury Prevention Research Center, Iowa City, IA, February.

［18］ Smith, S. （2002） Workplace violence. *Professional Safety*, November 33 – 43.

［19］ Top Security Threats （2001） *Survey of Fortune* 1000 *Companies Eighth Annual Report*, Pinkerton, Westlake, CA.

［20］ Workplace Violence, 1992 – 1996. （1998） Bureau of Justice Statistics Special Report. National Crime Victimization Survey, July.

［21］ Workplace Violence: Issues in Response. （2004） U. S. Department of Justice, FBI. Critical Incident Response group. Quantico, VA, 1 – 100.

818

网站

［1］ National Institute for Occupational Safety and Health: www. osha. gov/workplace_ violence/ workplace Violence table. html

［2］ Bureau of Labor Statistics: stats. bls. gov

［3］ National Center for Injury Prevention and Control: www. sdc. gov/ncipc

［4］ California OSHA website on workplace security: www. du. ca. gov/dosh _ publications/index. html

［5］ Workplace Violence Checklist: www. afscme. org/health/violaa. htm

［6］ General Services Administration: www. gsa. gov/pbs/fps/fps. htm

［7］ Office of Personnel Management: www. opm. gov/workplac/index. html-ssi

［8］ Minnesota Center Against Violence and Abuse: www. mincava. umn. edu/workviol. asp

［9］ Workplace Solutions: www. wps. org

安全工作中的图形、指示牌和路牌

"标志，标志，无处不在的标志"是 19 世纪 60 年代五人电子乐队的一首流行歌曲中的歌词。当使用者进入某个场所或建筑后，周围的环境就会传递相关信息，说明如何按照设计意图正确使用该场所。使用图形或者提示语言就是向使用者正确传递信息的一种方式。在《环境设计犯罪预防》（Clarke）一书的《消除羞耻和内疚的借口和诱因》一章中，专门讨论了提示语和路牌。只有说明正确、合法使用某一场所的基本规则，才能让他人遵守相关规则，减少犯罪和恐怖行为的辅助条件。只有在可以清楚地分辨方向的情况下，人和车辆才会沿着正确道路行进。让他人清楚地知道是到了哪里，也是传达问候的一种方式（图 33.1）。

标志传递的信息——是好还是坏——取决于信息的内容，以及它给人的感受。例如，图 33.2 电梯中张贴的标志就让使用者知道，他正处于他人监控下，并被摄录，尤其是在他们想做出不当行为的情况下。

图 33.1 乔治城大学的入口标志照明充分，告诉人们：乔治城大学到了

图 33.2 这个指示牌会阻止人们在电梯内的不当行为吗？时间和录像会告诉你答案

图形可以利用具有象征性符号形象地描绘一种图像，或者传递相关信息。例如，人坐在轮椅上的符号以及男性和女性的符号（图 33.3）。

指示牌是利用字母、文字、图形或者符号传递相关信息。安全指示牌的主要作用是提示使用场所的人注意，将相关的责任转移到使用者。"让购买者注意"的提示语被法院解释为"让使用者注意"（图 33.4）。

图 33.3 图形形象地告诉大家哪些人可以使用此卫生间，以及如何使用。根本不需要文字。这些图形是普遍通用的

图 33.4 这个指示牌想说明相关情况。但事实上，所有权人仍然要为在其场所内的第三方的行为承担责任，传递的信息毫无用处

　　警示标志的出发点是好的，但是，场所的所有人不能仅仅宣称自己不承担相关责任，就不当地减轻其安全保障责任。为了部分减轻建筑的所有人或者管理人承担的责任，在建筑内必须清楚地说明希望他人如何行为或者遵守哪些基本的规则（图 33.5 和图 33.6）。

图 33.5 规则太多了，时间太短了。你自己都没说清楚，就别指望可以得到执行

图 33.6 这是北京的一个指示牌，提示了禁止的活动

　　图 33.7 中的标志要求酒店的顾客在进入电梯到房间之前，要向安全管理人员出示钥匙。这表示希望顾客随身携带房间钥匙，或者必须到前台再拿一把钥匙。这个标志设置的象征性障碍是，让顾客和潜在的非法进入者知道，他们会受到盘查或者阻拦，并非畅行无阻。真正的障碍是安保人员，他们会要求出示钥匙，阻止不能出示钥匙的人进入电梯。由于酒店是公共化程度非常高的场所，为了防止一些在酒店、宿舍、房间和住宅区多发的犯罪行为，如非法进入、抢劫、卖淫等，必须对顾客使用的区域进行访问控制。

　　红色的边线及"消防通道""禁止停车"的指示牌可以让车辆所有人清楚

明了，非常忌惮。许多驾驶员想在消防通道停车时一定会三思而后行。因为他们会预料，在消防通道停车会被贴罚单、拖移。这暗含的威慑效果通常可以有效制止非法停车（图 33.8）。

图 33.7 芝加哥的一家酒店要求客人首先证明他是在这里登记入住的，然后才可以乘电梯进入酒店的住宿区

图 33.8 红色的消防通道标志线最能够让驾驶员打起精神，他们害怕被拖车

标志会列出基本规则，说明哪些行为是允许的，哪些是禁止的。绝大多数情况下，如图 33.9 所示，指示牌扮演了家长的角色，告诉你，不能这样做。但是，说明哪些是允许的，也同样重要。例如，如果允许在某个地方野餐，那么别人就很清楚，可以哪些地方进行此类活动，哪些地方禁止或者不提倡这些活动。如果禁止使用玻璃瓶子，那么必须严格执行这一规定，不要让玻璃碎片出现在公园地面上。

我们常见的一些基本规则包括（图 33.10 至图 33.12）。

图 33.9 在一所女子学院，相关的文明守则让访客很容易知晓

图 33.10 禁止非法入内的标志牌必须说明是由谁负责执行相关规定，以及他们这样做的法律依据

821

图 33.11 图形告诉大家该场所的预定用途和合法使用者，当然，虽然它要求不能拍照，我还是拍照了

图 33.12 图中关于禁止携带武器的规则非常具体，让人不会产生误会

- 禁止踩踏草坪。
- 进入后果自负。
- 锁好自己的贵重物品。
- 禁止非法入内。
- 严禁超速。
- 禁止乱扔垃圾。
- 禁止携带武器。

标志可以是大型的入口标志或者告知相关信息的标志。理想情况下，是让相关设施主要入口保持开放、比较明显、易于识别。大型的标志可以帮助人们明白到了哪个地方，或者说明你想引导行人或者车辆到哪个地方（图 33.13 和图 33.14）。

图 33.13 在机场和其他的一些交通枢纽，准确地设置到达站，并利用指示牌清晰地予以指明非常关键

图 33.14 图中位于波士顿港的住宅商用综合楼的出入口非常明显

仅仅是树立一个标志并不能够减轻所有权人的责任，也不能保证一定会得到他人的遵从（图33.15 至图33.17）。但是，可以让使用者知晓可能会出现什么情况，可以进行哪些行为，如果违反了相关规定会承担什么样的责任（图33.18 至图33.22）。

图33.15　警示指示牌提醒父母要负责管好自己的孩子。明确地警示了后果

图33.16　许多指示牌都是为了提醒人们为自己的行为负责，否则就会承担相应的责任

图33.17　运用 CPTED 矩阵规则消除犯罪行为或无能行为的借口，图中的指示牌告诉学生要照看好他们的随身物品。可以给学生免费提供可上锁的柜子，如果个人物品再管理不善，就没有借口了

图33.18　图中的警示标志牌说明了警官可以盘查、拘留非法侵入者

图33.19　图中的标示牌提醒正在摄像，但不是实时进行监控。摄像的目的仅是用作证据，而不是制止相关行为

图33.20　图中的指示牌，更明显的意思是提醒人们不要破坏护栏，否则容易受伤，而其真正想表达的意思（提醒桥的尽头到了）反而被模糊了

指示牌发挥作用的典型例子是楼宇式停车场。好的指示牌和图形标志可以 823
让停车场使用者知晓下列信息（图 33.21）。

- 出入口的准确位置。
- 减速带的位置和限速要求。
- 行进的方向。
- 锁好贵重物品。
- 车头须朝里停放。
- 管理方对物品丢失不负责任。
- 停车场正处于闭路电视监控下。
- 消防出口和警报的位置。
- 紧急报警器和求助对讲机的具体位置。
- 不按规定停车将被拖移、罚款。
- 如果违反规定构成非法入内将会被拘留和起诉（图 33.22）。

图 33.21　图中的标示牌只能算是虚张声势，如果因未能履行相关义务导致第三方对顾客造成伤害，在法庭上，并不因为这个标牌而减轻该场所所有人而应当承担的责任

图 33.22　管理方警告使用者，非法入内的后果（措施严厉）

安全指示牌和图形也有建设设计标准。首先要向建筑师和图形专家咨询相 824
关的建设设计标准。一般会注意以下问题。

- 字号多大？
- 选择哪种字体？
- 从多远就可以看清图形？
- 文字和背景分别采用什么颜色方便对比显示？（图 33.23） 825
- 指示牌是否符合美国《残疾人保障法》的相关规定？
- 为了让人可以在晚上识别指示牌，应当采取哪种类型的照明？
- 指示牌设置在什么地方？
- 指示牌是为谁设置？
- 指示图上的"您现在所处的位置"有没有对应的参考标志物？

● 指示图上有没有指向北方的符号帮助辨别方向？

为了让视力水平为 20/20 的人可以在 50 英尺外看清指示牌，字体的高度应当达到 6 英寸。如果指示牌采用了图形或者符号，那至少应当有 15 英寸高。为了清楚显示，便于阅读，字体和字号也是需要谨慎处理的要素。带花边的字体，如哥特式，从远处难以识别。常见的字体是赫维提卡体和罗马字体。照明的亮度至少应当达到 20 英尺烛光，位置要设置要合理，避免在指示牌上形成炫光（图 33.24）。

图 33.23　写在米白色木牌上的黄字，在白天阳光的照射下看不清楚。我仅能够想象在晚上想看清楚是多么不容易，特别是并没有专门为此提供照明的情况下

图 33.24　指示牌中的字体非常清楚，颜色对比明显，大小也便于识别

827　　　在公寓楼，指示牌的位置和它表达的内容一样重要。如果从街道上不能看见指示牌，其他人，包括警察就很难明确具体位置。在第 19 章中，可以看到其他一些关于指示牌应当遵循的要求和设计建议（图 19.29 至图 19.33）。

CPTED 对图形和指示牌关注的重点是让相关的标志协调、统一、合理分布。就像消防出口必须予以照亮，并且设置在所有的楼道内，安全指示牌也必须合理地布置在所有的重要场所。指示牌有时可能需要采用多种语言，方便向各类不同的人清楚地传达相关信息，以免某个群体的人找借口说，因为不能理解指示牌的含义，所以不能够遵守相关规定（图 33.25、图 33.26）。

830　　　在程序方面需要注意的问题决定了指示牌要表达什么，向谁表达，设置在什么地方。说明具体程序的指示牌，如要求员工佩戴身份证件并接受检查，提醒饭店的客人注意台阶，或者提醒购物的顾客注意店内有防盗的监控设施。另外一个重要方面是不要让相关的信息显得混乱（图 33.27 至图 33.30）。

图 33.25 对于不能读、说英语的人来说，即使他们是居住在美国，也很有必要用两种语言来说明相关的规则

图 33.26 在 Marin 房屋管理局，有非常详细的规则引导人们如何停车以及停车的位置。相关规则主要是为了阻止涉毒行为，以及防止有人将盗窃的车辆遗弃在那里

图 33.27 你知道正确答案吗？混乱会给犯罪行为创造良机

图 33.28 让顾客知晓文明基本守则

图 33.29 胆敢犯案，必蹲大牢。指示牌表明对犯罪行为实行零容忍

图 33.30 非常清楚地表明对犯罪行为及其他一些不可接受的行为实行零容忍，不给那些想实施不良行为的人留任何借口

指示牌中关于提供服务、履行义务能力的描述必须符合实际情况。例如，如果指示牌上宣传说停车场是安全的，那么，大家就会期待得到相应的安全保障。如果指示牌描述的是"虚假安全"，那么场所所有人很有可能会因为未能履行场所安全保障责任或者疏忽大意而承担相应的责任（图 33.31 至图 33.35）。

图 33.31　人们会期望停车场有照明和围栏。这座商场自己设定了看管标准，就有义务达到相应标准

图 33.32　图中的标准非常严格，以前的犯罪行为已经足以让人预料可能会发生什么行为，哪些行为是不能容忍的

图 33.33　图中的标志牌找不到可以付现金的借口，劫犯也不会盯上职员，以抢劫现金

图 33.34　非法侵入者会受到警告，该场所正处于监控之下，如果非法侵入，业主会告发

图 33.35　你可能会想到门上安装了警报，但令我吃惊的是，打开门时并没有触发 Detex 噪声警报。白天，送货的人会从这个门进出，同时还必须保持关闭。门上的标牌会阻挡窗户的视线

人行道和连接道就是将指示牌、图形、路牌和环境设计预防结合在一起的典型示范。在人行横道前设置减速带，可以降低车辆速度，将驾驶员的注意力从其他容易导致他们分心的活动中（如打手机、看小孩、收音机调频、吃东西、编辑短信、打瞌睡等）转移过来。减速带或者减速丘应当予以标示，并漆成其他颜色，以方便驾驶员有所准备，降低车速，同时，在人行横道处可以通过地面材质或者颜色的变化，进一步提醒驾驶员和行人小心（图 33.36 至图 33.39）。

图 33.36 铺设的路面会从视觉方面提示，这是人行横道。停止标志和黄色的人行标志会提醒司机注意

图 33.37 司机看到标志牌和减速带与周围明显的对比后会减速

图 33.38 标志牌会帮助人们区分选择哪条道路，是人行道还是自行车道

图 33.39 Greenville 商业区的指示牌，帮助游客在主街上发现他们的想要寻找的店铺

小 结

835

示意图和指示牌在安全和犯罪预防中的作用是让人们清楚地知道在特定环境中哪些行为是被允许的。如果相关场所的使用者或受邀者不遵守基本规则，那么他们就会自己承担相应的责任，并且其动机会受到质询，并面临相应的后果。

如果没有利用指示牌进行相关的提示，人们就会根据自己的理解进行相应的行为，并且很难对其进行质询（图 33.40）。

图 33.40　我们如何把握平衡，既可以用适当的方式进行合法提示，又不让人产生视觉疲劳

如果相关的规定不清楚，那些潜在的违规者就会找借口到处游荡，非法进入，并且钻缺乏规则或者规则不明的空子。建筑师、安全管理人员或顾问，越早介入，就越能够创建各方认可的安全环境。共同的目标是，利用清楚简洁的指示牌或示意图，建筑师让建筑更安全、更富有吸引力，更符合人体工程学的要求。

836 ===== 参考文献 =====

[1] Brantingham, P. L. and Brantingham, P. J. （1991） *Environmental Criminology*. Beverly Hills, CA：Sage.

[2] Clarke, R. V. （Ed.）（1992） *Situational Crime Prevention：Successful Case Studies*. New York：Harrow and Heston.

[3] Clarke, R. V. （1993） Fare evasion and automatic ticket collection in the London underground. In R. V. Clarke （Ed.）, *Crime Prevention Studies*, Vol. 1. Monsey, NY：Criminal Justice Press.

[4] Clarke, R. V. （1995） Situational crime prevention. In M. Tonry and D. P. Farrington （Eds.）, *Building a Safer Society：Strategic Approaches to Crime Prevention*, *Crime and Justice*, Vol. 19. Chicago, IL：University of Chicago Press.

[5] Clarke, R. V. （Ed.）（1997） *Situational Crime Prevention：Successful Case Studies*, 2nd edn. New York：Harrow and Heston.

[6] Crowe, T. （2000） *Crime Prevention through Environmental Design：Applications of Architectural Design and Space Management Concepts*, 2nd edn. *Oxford, U. K.：Butterworth-Heinemann.*

成功的测量标准

衡量犯罪预防是否成功有两种方法——从学术方面和从实践方面。在学术方面，主要由研究人员研究哪一种环境设计预防犯罪方法对哪一种具体问题有效，然后判断这种方法是如何预防犯罪的。几十年来，犯罪学研究人员一直在从事这项工作。有大量的文献评论专门讨论环境设计预防犯罪的效力（Cozens et al.，2005）。

实践方面的工作主要是由工作人员和设计师完成。他们先开展研究，收集基础信息，然后提出环境设计预防犯罪方法。收集基础信息也被称为环境设计预防犯罪风险评估，它可以帮助从业人员通过进行全面分析，指出哪一种环境设计预防犯罪方法最有效。在运用相关方法后，相关的工作人员可以衡量是否成功，如有必要，还可以根据需要作适当调整。遗憾的是，相关工作人员一般不会这样做。而在本章中，我们就是要提倡大家要这样做。事实上，只有这样，才能让环境设计预防犯罪不仅仅是一种技术形式，而是要成为一门科学。

安全和环境设计预防犯罪是为了防患于未然。可是，采取何种方法才能对未发生的事情进行衡量呢？股市投资是否成功可以通过回报率进行衡量。医生是否成功可以通过病人从治疗或手术后恢复的时间进行衡量。建筑师是否成功，是否值得褒奖可以通过能否按预定工期竣工，是否符合预算要求，以及建筑是否渗漏或坍塌来进行衡量。

衡量消防部门是否成功的方法比较特别，不仅要看他们面对火灾的反应速度，扑灭火灾的次数，更重要的是还要看他们成功预防了多少起火灾发生。如果建筑内未发生火灾，凭这一指标就可以认为消防部门以及设计、施工的专家完成了一项了不起的工作。许多工作场所都会在员工信息板上显示已经有多少天没有发生事故。如果没有发生火灾以及没有人因火灾而丧生，对消防部门而言，就可以认为是成功的；而为什么警察部门也花费资金，完成了同样的任务，却不容易得到大家的认可呢？难道我们更看重预防楼道发生火灾，而忽视预防停车场发生暴力伤害吗？

评估环境设计预防犯罪和评估火灾预防不一样。火灾的成因很简单——易燃物、氧气等。而犯罪的成因就不那么明确了——贫困、吸毒、精神疾病、酗酒、阶层分裂（Alienation）等，这还仅是其中的一小部分原因。犯罪学中，日常行为理念的信奉者认为，犯罪行为的必备要素是合适的目标、时间、地点和具

838 有犯罪动机的人，缺乏任一条件，犯罪行为都不可能发生，但他们忽略了一个核心事实，那就是犯罪动机会随时发生变化。虽然环境设计预防犯罪可以从地点、时间方面消除一些犯罪发生的机会，但却不能解决一个关键的矛盾——它不能对一个连犯罪动机都不清楚的项目进行评估。

实际上，评估环境设计预防犯罪需要社会理论知识（这也是环境设计预防犯罪的基础），但是，长期以来，对社会理论进行评估充满了争议。对环境设计预防犯罪的批评将数据不完整的问题与理论中的致命错误混为一谈。他们用物理学中的前提——预测和高度相关性来作为环境设计预防犯罪是否正确的前提。他们错误的原因体现在以下两个方面。

（1）并非全部物理学领域都利用预测和高度相关性来证明其观点。进化论，生物学中最有说服力、最可靠的理论之一，它就是逆向研究生物的适应性，但是并不预测今后会产生什么物种。在物理学领域，这一点已经广为接受。但是，仍然有一些社会科学家坚持认为，如果脱离了预测和高度相关性，环境设计预防犯罪理论就不能经受严谨的评估。Stanley Lieberson，美国社会学协会前主席也应和了这一观点，他说："事实上，社会学的所有理论都是先提出一些推断，然后再证明是错误的。"（Lieberson and Horwich，2008）

（2）社会领域很难提供那种实验对比所需的严格的控制性。人们会改变其思想，学会新的技能，改正自己的缺点，改变其他各种类型的行为，相应地会改变实验和其中的变量。评估者想捕捉这些变化，但是，面对复杂的现实条件，他们发现，为了证明其结果的正确性，他们要列出很长的限制条件。早期的环境设计预防犯罪评估就陷入了这种困境，所以，他们认为环境设计预防犯罪难以发挥作用；当发挥作用的时候，受到环境设计预防犯罪影响的个别因素又不能被独立地评估（Casteel and Peek – Asa，2000，pp. 99 – 115）。

事实上，无论是反驳还是证实一种理论，都会曲解现实世界的复杂性。这也是一种狭隘的方法。我们认为，采取一种更全面的方法，对理论进行扩展和修正，收效会更好。例如，第二代环境设计预防犯罪就采用了这种方法，在前期第一代环境设计预防犯罪理论的基础上，提出了社区容纳能力的概念，并将其和减少犯罪机会的策略重新整合到一起。

在犯罪预防领域，最新的一种趋势是实证方法（EMB），即仔细地收集数据，再利用科学方法（主要是数据方面）进行分析，以对特定假设进行验证。实证方法是所有形式的预防犯罪方法中最有影响力的；事实上，还有一种新的方法，叫作犯罪科学。

虽然我们赞成提出更严谨的评估方法，但我们也提醒大家，也有促进预防的其他方法，特别是在环境设计预防犯罪中。在以前的环境设计预防犯罪中，也尝试过实证方法，但很少有修正性或者扩展性的成果。例如，Clarke 指出，19 世纪 70 年代，西屋集团对环境设计预防犯罪进行一番匆忙的评估后，对环境设计预防犯罪的支持反而下降了。

在打击犯罪中，最新的一种预测将要发生的犯罪的方法称作"魔球方法"。它也被称为预先治安。警方利用犯罪分布图和犯罪 GPS，让警官在犯罪分子下次可能犯案的地方蹲守。在电影《少数派报告中》，如果某个人有了犯意或者犯罪动机，他就会被逮捕。现在（图 34.1），警方是想透过挡风玻璃向前看，不是从后视镜中向后看，待事情发生后，再进行执法或者开展调查。

2A · SUN SENTINEL · SUNSENTINEL.COM · MONDAY OCTOBER 31 2011 · S

Stopping crimes before they happen

S. Florida agencies look at adopting 'predictive policing'

By JEROME BURDI
Staff writer

South Florida police hope they'll be catching more crooks by looking into the future and showing up to stop crimes before they occur.

"Predictive policing" is catching on across the nation, and some local police agencies are looking to institute it here. Software collects crime-suspect and trend data, analyzes it and compiles a list of crimes that may occur.

A police analyst uses the data to figure out where those crimes are likely to happen.

Police stake out the potential crime scene.

Predictive policing differs from technology most police agencies now use, which compiles data after the fact to plot crime patterns.

"Right now we look at what's been reported," Boca Raton Police Chief Dan Alexander said. "We apply our resources according to where we see those trends occur. We'd like to address those before they happen."

Please turn to FUTURE, 2A

FUTURE
Continued from Page 1A

Predictive policing is among the initiatives being studied by the Palm Beach County Law Enforcement Exchange Program, a countywide effort to share data among police agencies. The program could be under way next year.

The cost, still undetermined, could run into the millions, depending on which Palm Beach County police agencies sign on, and there's no plan for how it would be paid for.

The Fort Lauderdale Police Department also is looking into predictive policing but has not plans yet to purchase a system.

"It's very cool technology," Fort Lauderdale spokesman Travis Mandell said. "We're always in the process of advancing our policing technique. It's definitely a great tool police departments can use to help further prevent crime."

Police in Palm Beach County are studying the experiences of departments that use predictive policing. Memphis police, who began using it in 2006, have had important success.

There, police developed a model together with the University of Memphis and IBM. Due, in part, to their success, police in Chicago, Edmonton and British Columbia and Northern Ireland now use predictive policing, according to IBM.

John F. Williams, crime-analysis manager for Memphis police, said the city was plagued by violent crime until its predictive-policing technology, nicknamed Blue Crush, came online. Since then, crime is down 30 percent, he said.

"We project where we're going to put our manpower for the upcoming week by using the statistical history data," Williams said. "Your lower-poverty areas are, in the majority of cases, your high-crime areas.

"We knew they would see a lot of resources in those areas, and [police] did a lot of public relations. It worked and they were understanding," he said.

"We quite often get reviews from our community thanking us for giving them back their neighborhoods."

The American Civil Liberties Union could not be reached for comment on implications of such a system, despite attempts by phone and email.

Blue Crush created at least one unanticipated problem.

"We made so many arrests in one day, we created a backlog in the jail system," Williams said. "It was a shock [to those arrested] that the police could be there when you're committing your crime."

Predictive policing was developed by two mathematicians, an anthropologist and a criminologist using Los Angeles Police Department data. The LAPD, however, is not yet using the system.

The program can greatly affect crime fighting, according to the Justice Department.

"If you're driving a car, [current data analysis] is a rear-view mirror," Palm Beach County Sheriff's Maj. Karl Durr said. "Predictive policing is looking forward in the front windshield.

"Law enforcement is constantly looking in rear-view mirror," he said, "and now we're looking forward."

Staff researcher Barbara Hijek contributed to this report.

jburdi@tribune.com or 561-243-6531

图 34.1 警方利用预先治安方法，预防或减少犯罪
注：《警方防犯罪于未然》，摘自南佛罗里达《太阳前哨报》，作者 Burdi，J.，2011 年 10 月 31 日。已获使用许可。

Clarke（1995）认为，对环境设计预防犯罪研究兴趣的减弱，还有另外一个原因，即 Newman 的观点被认为是环境决定论，而遭到了抛弃，许多人认为，他把犯罪问题过于简单化了，忽略了社会学方面的重要成因（贫穷、失业、种族等）。同时，环境设计预防犯罪研究经证实，没有发挥多大的效用，一些学者开始质疑，犯罪的成因是否已经超出了环境设计预防犯罪的控制范围（Clarke，1992，p.4）。因此，和其他的预防犯罪方法相比，如情境式预防犯罪方法（Clarke，1983），政府机构对环境设计预防犯罪的支持度降低了（Adler et al.，1999）。

对实证方法和评估研究，我们认为，相关的活动必须服从于主要的活动，即让一个地方更加安全。正如前面所述，工作人员很少有时间和资金开展长期的科学评估，即使有可能这样做，也不会对环境设计预防犯罪起到多大的推动作用。

与以前的做法相反，我们提倡，评估的目标是为了确定在特定的环境中，哪一种环境设计预防犯罪方法最有效，然后再评估它会在多大程度上有效。大规模的环境设计预防犯罪评估并非无足轻重。事实上，我们曾经有人于 2005 年参加了这样的环境设计预防犯罪评估，结果表明，环境设计预防犯罪非常有效（Cozens et al.，2005）。为了进一步地推进相关领域的发展，从长期来看，以满足实际需要为基础（Practitioner-based）的评估可能显得更有道理。这是衡量成功的最佳方法。

839

34.1　进行衡量的实践方法

在犯罪预防中，衡量是否成功有两种方法——实证方法和现场评估。第一种方法在前文中已经进行了论述。这也是几十年来，犯罪学研究者采取的主要方法。已经有大量的评论性文献对环境设计预防犯罪的有效性进行了论述（Cozens et al.，2005）。在本章最后，我们会对自2000年以来的环境设计预防犯罪研究作小结。

现场评估方法主要是由工作人员和设计人员完成。运用这种方法时，在提出具体的环境设计预防犯罪方法前，要先开展研究，收集基础信息。收集基础信息也被称为环境设计预防犯罪风险评估，它可以帮助工作人员进行全面的分析，再提出哪一种环境设计预防犯罪方法最有效。在采取相关措施后，环境设计预防犯罪工作人员再衡量是否有效，如有必要，再根据实际需要进行调整。遗憾的是，工作人员一般不会这样做。但是，为了推进环境设计预防犯罪向前发展，我们必须这样做。

安全和环境设计预防犯罪是为了防患于未然。可是，采取何种方法才能对未发生的事情进行衡量呢？股市投资是否成功可以通过回报率进行衡量；医生是否成功可以通过病人从治疗或手术后恢复的时间进行衡量；建筑师是否成功，是否值得褒奖可以通过能否按预定工期竣工、是否符合预算要求，以及建筑是否渗漏或坍塌来进行衡量。

从实证方法的角度来看，预防火灾和预防犯罪是完全不同的两件事，对消防部门来说，不仅要看他们面对火灾的反应速度，扑灭火灾的次数，更重要的是还要看他们成功预防了多少起火灾发生。许多工作场所都会在员工信息板上显示已经有多少天没有发生事故。如果没有发生火灾以及没有人因火灾而丧生，对消防部门而言，就可以认为是成功的；而为什么警察部门也花费资金，完成了同样的任务，却不容易得到大家的认可呢？难道我们更看重预防楼道发生火灾，而忽视预防停车场发生暴力伤害吗？

34.2　衡量中的矛盾

在预防火灾和预防犯罪之间存在许多重大的区别。火灾的成因非常清楚：易燃物质、氧气和足够的热量。想要预防火灾，只要对这些基础的因素进行控制就行了，可以让居民或者建筑业主自己开展相关的工作。

相比而言，犯罪的成因就不那么清楚了。即使经过了几十年的研究，对此仍然存在争议。贫困、物质滥用、文化冲突、家庭功能障碍、社会分裂——这还仅是其中的少部分原因——都是犯罪的成因，以此种或者彼种方式对犯罪发生产生影响。但是，衡量环境设计预防犯罪效用的学术研究一般不会考虑这些导致具体犯罪行为发生的潜在犯罪成因。事实上，环境设计预防犯罪评估一般情况下，根本不会考虑犯罪成因。他们考虑的是，是否存在导致犯罪的机会，减少这些犯罪机会是否会相应地减少犯罪行为发生。这种做法听起来好像不错，但是却存在一个矛盾（图 34.2 和图 21.38）。这意味着，在环境设计预防犯罪中，和预防火灾不一样，我们根本无法知道，是否已经关注了那些导致犯罪发生的基本条件。

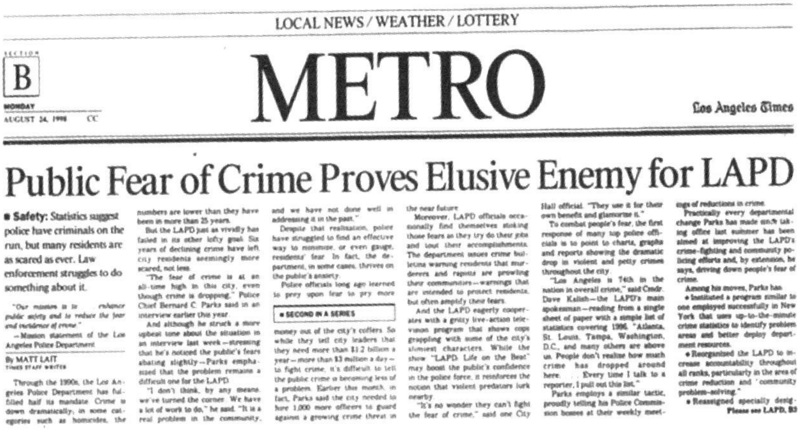

LOCAL NEWS / WEATHER / LOTTERY

SECTION B　MONDAY AUGUST 24, 1998　CC

METRO

Los Angeles Times

Public Fear of Crime Proves Elusive Enemy for LAPD

■ Safety: Statistics suggest police have criminals on the run, but many residents are as scared as ever. Law enforcement struggles to do something about it.

"Our mission is to enhance public safety and to reduce the fear and incidence of crime."
—Mission statement of the Los Angeles Police Department

By MATT LAIT
TIMES STAFF WRITER

Through the 1990s, the Los Angeles Police Department has fulfilled half its mandate. Crime is down dramatically; in some categories such as homicides, the numbers are lower than they have been in more than 25 years.

But the LAPD just as vividly has failed in its other lofty goal. Six years of declining crime have left city residents seemingly more scared, not less.

"The fear of crime is at an all-time high in this city, even though crime is dropping," Police Chief Bernard C. Parks said in an interview earlier this year.

And although he struck a more upbeat tone about the situation in an interview last week—stressing that he's noticed the public's fears abating slightly—Parks emphasized that the problem remains a difficult one for the LAPD.

"I don't think, by any means, we've turned the corner. We have a lot of work to do," he said. "It is a real problem in the community, and we have not done well in addressing it in the past."

Despite that realization, police have struggled to find an effective way to minimize, or even gauge, residents' fear. In fact, the department, in some cases, thrives on the public's anxiety.

Police officials long ago learned to prey upon fear to pry more

■ SECOND IN A SERIES

money out of the city's coffers. So while they tell city leaders that they need more than $1.2 billion a year—more than $3 million a day—to fight crime, it's difficult to tell the public crime is becoming less of a problem. Earlier this month, in fact, Parks said the city needed to hire 1,000 more officers to guard against a growing crime threat in the near future.

Moreover, LAPD officials occasionally find themselves stoking those fears as they try do their jobs and tout their accomplishments. The department issues crime bulletins warning residents that murderers and rapists are prowling their communities—warnings that are intended to protect residents, but often amplify their fears.

And the LAPD eagerly cooperates with a gritty live-action television program that shows cops grappling with some of the city's slimiest characters. While the show "LAPD: Life on the Beat" may boost the public's confidence in the police force, it reinforces the notion that violent predators lurk nearby.

"It's no wonder they can't fight the fear of crime," said one City Hall official. "They use it for their own benefit and glamorize it."

To combat people's fear, the first response of many top police officials is to point to charts, graphs and reports showing the dramatic drop in violent and petty crimes throughout the city.

"Los Angeles is 74th in the nation in overall crime," said Cmdr. Dave Kalish—the LAPD's main spokesman—reading from a single sheet of paper with a simple list of statistics covering 1996. "Atlanta, St. Louis, Tampa, Washington, D.C., and many others are above us. People don't realize how much crime has dropped around here. ... Every time I talk to a reporter, I pull out this list."

Parks employs a similar tactic, proudly telling his Police Commission bosses at their weekly meetings of reductions in crime.

Practically every departmental change Parks has made since taking office last summer has been aimed at improving the LAPD's crime-fighting and community policing efforts and, by extension, he says, driving down people's fear of crime.

Among his moves, Parks has:

• Instituted a program similar to one employed successfully in New York that uses up-to-the-minute crime statistics to identify problem areas and better deploy department resources.

• Reorganized the LAPD to increase accountability throughout all ranks, particularly in the area of crime reduction and "community problem-solving."

• Reassigned specially desig-

Please see LAPD, B3

图 34.2　如果犯罪率下降了，警察部门的预算也会被相关委员会削减。如何衡量成功，工作干得好而预算却受到惩罚性削减，这两个方面存在矛盾

注：《Public fear of crime proves elusive enemy for LAPD》摘自洛杉矶时报，作者 Lait. M.，1998 年 8 月 24 日。已获使用许可。

如果犯罪率降低了，是不是就不存在这种矛盾呢？对潜在的受害人来说，矛盾依然存在。对环境设计预防犯罪的工作人员、设计师、场所的管理者来说，我们根本不知道，在不同的环境下，哪一种环境设计预防犯罪策略最有效。对评估者来说，这也是一个难题。在火灾预防中，可以非常明确地知道，消除易燃物质后，肯定不会发生火灾。但在预防犯罪中，就不是这样了。正如 Schneider and Kitchen 在报告中所言，"要想连蜘蛛网都不碰，却要对具体环境中的犯罪预防措施的有效性进行评估，这是非常困难的事情"（2002，158）。

采用实证方法的评估都会选择忽略这种衡量中的矛盾。一些研究人员认为，只要减少了犯罪机会和犯罪行为，就足以决定环境设计预防犯罪是否有效。他们认为，有足够多的学术成果证明环境设计预防犯罪可以在各种环境有效发挥作用。但对于环境设计预防犯罪评估者而言，这仅是派上用场的第一步。这也是我们在本章中重点讨论的内容。 841

34.3　建筑法规

预防火灾和预防犯罪的另外一个重大区别在于建筑法规。相关法规，如人身安全法以及其他的一些州和当地的法规要求消防部门每年进行检查、评估，并对施工图纸进行预审。在这些法规中，对防火建筑材料、施工方法、要求采

用的技术系统（如警报、标志、警示灯、警铃等）的标准进行了规范。除了少部分地方制定了环境设计预防犯罪方法的法规、规范性文件，以及其他少量规定，如联邦政府总务管理局（GSA）制定的安全标准，环境设计预防犯罪和安全只是一项供个人选择的事项。只是需要提醒买方注意。

近来，对犯罪行为和恐怖袭击的担忧，促使我们必须关注环境设计预防犯罪的实践方面，是时候进行改革了。政府的官员、城市的领导和政治代表需要在改革中发挥引领作用。

34.4 如何让环境设计预防犯罪适应 21 世纪的发展

消防部门为了可以每年获得资金，需要用火灾事故是否减少，预防财产损失的总量来衡量他们是否成功履行职责。根据克莱里法的要求，美国的专科学院和综合性大学需要公布校园内发生的犯罪行为的数量。家长们会把校园内的犯罪情况作为选择其子女就读学校的一条标准，并且会在教育中投入大量资金，对这一点大学能够充分认识到，并会高度重视。

但是，如何对反恐和预防犯罪项目进行衡量呢？正如本书反复讨论的那样，犯罪和恐怖活动在如何预防方面有许多共同之处，但是，它们之间肯定存在区别。

在反恐方面，显然，自"9·11"之后，国土安全部、执法部门、情报部门都有义务防范在北美地区发生严重的恐怖袭击。美国和加拿大已经预防了多起袭击和威胁的发生，因此，可以认为，如果没有发生严重的袭击事件，我们在安全防范方面就取得了进步。不可忽视的是，同一时期内，在世界的其他地方发生了袭击事件，如马德里列车爆炸、伦敦地铁袭击、巴厘岛迪斯科舞厅爆炸，以及印度尼西亚其他地方发生的袭击。

特别是在反恐中，需要重点强调的是，对待这些问题，不仅要从情报和执法的角度来看，还要从保护关键基础设施的角度来看。在环境设计预防犯罪实践方面，衡量是否成功，最关键的一个方面是，不仅要于事前充分收集资料，事后，安全情况发生变化后也要充分收集相关资料。在建筑方面，这也被称为使用后评估（POE），但是，很少有建筑师有时间、意愿和资金来经常性地开展这些工作。POE 是一种有效的工具，可以帮助我们理解已建成环境是如何运转的，应当尽量开展这项工作。

理想状态下，犯罪分析是风险隐患分析的组成部分。本书从头到尾都在讨论风险评估策略。在其他场合，我们也提出了环境设计预防犯罪风险评估指南（Saville and Wright，1998；Atlas，2002；Gamman and Pascoe，2004）。我们对指南进行了更新完善，在下文中也会予以讨论。但是，和前面章节中讨论的风险隐患评估不一样，如电脑化的保护基础设计防范恐怖主义风险评估项目，在开发项目中进行实践评估的案例很少。只有极少部分的安全措施是按照我们的研究结果采取了具体的行动（Cozens et al.，2005）。

法律规定要求消防部门每年对所有财产都要进行消防检查；对拟建的建筑，其建筑方案必须经过审查，确保其符合消防和人身安全方面的规定。与之相比，在缺乏类似要求的情况下，能够预防犯罪，确保安全吗？

正如我们在前面有关环境设计预防犯罪实施的章节中讨论的那样，如果没 842 有法律法规方面的强制要求，在私营领域，想根据风险评估结果，采取适当合理的方式改善安全状况，只是痴心妄想。当然，在努力做得更好、更具有责任感的大型企业中，对这方面的关注要多一些。但是，想在所有场所，如夫妻店和公寓建筑，实现根据评估结果进行设计，可能性不大。事实上，对已有的或者拟建的建筑，先进行安全评估，再进行设计，无论什么时候都不算晚。只有这样，我们才能提出符合逻辑的最佳实践知识，以确定什么是成功的，什么是不成功的。

34.5　从何处开始

一个简单的方法是：从犯罪数据的上升还是降低来衡量安全设计是否成功。需要注意的是，一些人对待数据简直就像醉汉用路灯——不是用来照亮，而是用来倚靠。事实上，数据，尤其是官方的犯罪统计数据，非常不可靠。一个犯罪行为要变成一项统计数据，必须有受害人报案（基于各种原因，许多人没有报案）和警方记录（由于管理失序方面细微原因，可能没有）。未报案的犯罪——所谓的黑色数据——是犯罪统计中的一个大问题。当然，这并不表示你可以无视官方的犯罪数据，只是意味着你必须采用其他方法，如访谈、调查、现场调查、安全审计等，来支持你的评估。我们在这里提供了环境设计预防犯罪风险评估指南，以决定哪一种方法最有效。

官方犯罪统计数据不可靠的另外一个原因是，如果犯罪预防措施得以成功实施，并且让居民、员工、建筑的使用者深入参与，报案数据会上升。求助电话数量会大幅增长，看起来仿佛犯罪数量剧增，但事实上，只是填补了未报案数量和真实犯罪数量之间的偏差。一旦报案数量反映了真实的犯罪水平，环境设计预防犯罪的措施会更加精准。

显然，除了官方数据，现场评估人员还需要同时利用其他信息，来决定到底需要什么，哪种方法最有效。环境设计预防犯罪风险评估正是为了达到这种效果。它可以帮助工作人员和设计师针对具体项目，决定获取哪些类型的数据，开展哪一方面的研究。指南将评估类型分为六类。

- 第一类：建设之前的小型评估。
- 第二类：既有建筑的小型评估。
- 第三类：建设之前的中型评估。
- 第四类：既有建筑的中型评估。
- 第五类：建设之前的大型评估。
- 第六类：既有建筑的大型评估。

为了准确地使用该指南，Gamman 和 Pascoe 强调，"具体环境非常关键，可以根据特定地点的具体情况，选择性地采取某些方法和综合采取多种方法。为了规范化设计，并判断其功效，开展后评估也非常有必要"。

根据开发项目的具体规模，每一种类型都提出了相应的研究步骤和数据方面的建议。这些研究和数据可以让环境设计预防犯罪的工作人员决定采用哪一种具体策略最恰当，还可以帮助他们在项目结束后再次对结果进行评估。那也是对是否成功进行衡量。

34.5.1　类型 1 和类型 2 的方法

环境设计预防犯罪工作人员、设计师和建筑师经常会被要求就一些小型项目可能面临的潜在犯罪风险进行评估。如新建人行道、重新设计建筑大堂、自动取款机的布局等。

843 　这一层次的环境设计预防犯罪通常比较简单，然而，环境设计预防犯罪的工作人员通常在到达现场之后，不进行相关的分析，就开始提出建议。许多工作人员就简单地靠一张在现场填写的环境设计预防犯罪检查清单。这是不够的。要想提出可行的环境设计预防犯罪建议，这样的方法不能够获取所需的信息。在提出相关建议前，类型 1 和类型 2 中提出的是必须完成的最少的程序。

类型 1 和类型 2 中的方法包括以下内容。

（1）方案审查：如果项目还处于概念设计阶段，应当对方案草案和概念草图进行审查，如景观绿化方案。

（2）现场调查：开展现场调查（包括白天和晚上），对该场所的照明模式，使用者在现场的通行模式、可能存在的陷阱区域、毗邻的土地使用人之间是否会产生使用者冲突，场所的范围，访问控制和自然监视等方面进行检查。

（3）人口统计：收集当地人口统计数据，明确有可能对犯罪产生影响的人口特征。人口统计方面的数据包括性别、社会经济地位、年龄、人口密度、种族，流动性以及一些与该环境中的潜在使用者、受害人、施害者相关的其他信息。

（4）犯罪统计：将现在的犯罪数据按照日期、地点、具体时间等类别归类，研究犯罪的类型（与财产相关的犯罪、与人身相关的犯罪或者与毒品相关的犯罪）。

（5）现场访问：访问当地的居民和员工，了解日常交通，一般情况下场所是如何使用的，设计是否与实际用途相符。访问设计师和场所的所有人，了解该场所的设计用途，今后的计划。

34.5.2　类型 3 和类型 4 的方法

在类型 3 和类型 4 中，在分析方面投入的时间和资源都要大幅增加。这是因为项目的规模更大，层次更高。这一级别的项目包括联排别墅、新建城市公园、大型停车场。

这一类型的分析复杂程度也会提高。可以吸纳警方犯罪分析师、当地高校研究人员和专家来共同完成相关工作任务。现有有一些半职业性、非营利和犯罪分析师协会，其成员也具备专业的犯罪分析师的技术水平，可以提出相关建议，如国际犯罪分析师协会（International Association of Crime Analysts）。

分析犯罪分布的一个有效方法是利用地理分析系统（GIS）制图。一些软件公司开发了可以绘制犯罪场所的地理分析系统制图软件。犯罪分析的其中一部分工作就是在不同的时间，不同的条件下，反复查看现场。现场分析会评估、分析行为的路径和行为的节点（合法和非法）。现场分析也会查看维护、照明、保养、乱涂乱画方面的情况，以及折旧和更新的水平。通过分析，可以知道相关行为是如何产生、发展，并形成犯罪的。收集的数据应当包括已有的房屋数量、卖酒的商店、学校、被遗弃的店面、违法情况、快餐店、带状购物中心、汽车修理店、成人娱乐场所、公园、公共汽车站等（Rondeau et al.，2005）。这是犯罪制图的基本要求，类型 3 和类型 4 的分析过程中应当包括这些内容。

此类型的另外一个数据收集方法是拍照或录像，并将这些数据长期保存。如果是在未开发的土地上建设相关的设施，还要对今后进行远期展望，想象一下今后 1 年、5 年或者 20 年后可能会发展成什么样子。

类型 3 和类型 4 的方法包括以下四点。

（1）调查：寄出调查问卷，内容包括受害情况调查和对社区的感受。

（2）地理信息系统：地理信息系统犯罪制图和模式分析，例如研究犯罪热点场所发展趋势。

（3）时序：以不同时间段和历史发展为维度，研究犯罪的发展趋势。

（4）社会分析：包括人口发展和社会模式，例如，和难以接触的群体，如无家可归的人，进行沟通。市场分析可以帮助了解购物中心的购物模式和在某一场所内可能有那些人出现。社会分析的另外一种较好的方法是绘制资产分布图，标出有积极作用的便利设计、开发项目和其他设施的具体位置。通过以上信息，运用第二代环境设计预防犯罪方法可以提出相关的建议，减少犯罪，加强安全保障。

34.5.3 类型 5 和类型 6 的方法

大型开发项目和高风险项目应当运用最先进的分析方法。这一层级的项目包括建设新城镇、城市中心区域重建、城市中的大型住宅项目改造、郊区的新建项目等。同时，还包括一些很容易遭受侵害的开发项目，如在贫民区、空旷的区域或者非法毒品交易场所附近新建的建筑。

本类型中的数据收集和分析方法与前述各类型中风险分析的方法大致相同，但增加了一些新内容。例如，在犯罪风险较高的区域，绘制犯罪分布图的范围要进一步扩大，以评估犯罪热点区域和犯罪比较集中的区域。在这一级别更高的层次中，地理信息系统制图的复杂程度进一步提高，对犯罪模式之间细

844

微差别的分析，深度要求更高。需要进行密度分析，以解决高度重叠节点和人口稠密区域的问题，让该研究区域之间可以实现通畅、规律的转换（Iseki，2006）。由于犯罪是一个不断变化，并不稳定的因素，因此，犯罪迁移问题需要引起高度重视，并加以解决。

此外，由于类型5和类型6中的风险评估针对的是面积更大、问题更严重的区域，因此，必须采用更加先进的分析方法。这些方法和实证评估专家的比较成熟的研究中运用的方法类似，他们充分利用合作研究、现场规划。因此评估专家会利用召开规划会议、设计讨论会，进行安全审计等多种方法。

类型5和类型6中的方法包括以下内容。

（1）征求意见会：由于利益相关方数量较多，在分析过程中收集的数据量也很大，要和设计师共同协作，弄清相关数据表达的意思，共同设计现场方案。

（2）研究会：以小组形式利用几天时间召开会议，讨论社区设计方案和远景规划。相关专家可以帮助当地居民、财产所有人、市议会议员、警方、环境设计预防犯罪专家和设计师设计新建项目的远景规划，确定相关设计指南。

（3）安全审计：业主、居民、当地警方和环境设计预防犯罪工作人员应当就特定的场所，包括担心可能发生犯罪行为的场所，进行夜间审计，收集人们担心的问题，并提出解决方案。为了收集人们担忧犯罪问题的建议，安全审计是最有效的方法。

（4）犯罪预测：为了进行时间跨度较长的分析，需要收集犯罪数据。犯罪数据的覆盖范围，应当从开始分析之日起，向后追溯三年，这样才可以分析，现在的犯罪趋势是否发生了变化。对今后的预测可以采取不同的统计模型。

（5）设计会议：在设计会议上，建筑师、业主、环境设计预防犯罪工作人员以及其他一些关键的利益相关方可以就场所的设计方案共同展开讨论，针对具体的设计方案共同思考采取哪些环境设计预防犯罪理念，以解决实际问题。

下文中的环境设计预防犯罪风险评估指南（图34.3）是适用于任何场所的一种综合性环境设计预防犯罪评估流程。在后评估中，也可以利用它所提供的一些基础数据，来判断相关环境设计预防犯罪策略是否有效。它有助于判断犯罪行为是消除、增长还是保持稳定。

表 34.1 环境设计预防犯罪评估指南

行动步骤	分类1 事前 小规模行动	分类2 事后 小规模行动	分类3 事前 中等规模行动	分类4 事后 中等规模行动	分类5 事前 大规模行动	分类6 事后 大规模行动
建筑结构草图的 CPTED评审	√	√	√	√	√	√
当前犯罪趋势评估	√	√	√	√	√	√
用户群体评估	√	√	√	√	√	√
当前面临的问题	√	√	√	√	√	√
设计是否满足 预定的设计用途？	√	√	√	√	√	√
流动性预测	√	√	√	√	√	√
调查访问/访谈	√	√	√	√	√	√
犯罪类型分析与 热点犯罪分析	√	√	√	√	√	√
半径1公里以内的 相关犯罪数据	√	√	√	√	√	√
犯罪分析 犯罪类型分析	√	√	√	√	√	√
基于CPTED和 领域知识的变革	√	√	√	√	√	√
热点犯罪与 犯罪场地评估	√		√	√	√	√
用户群体冲突评估	√		√	√	√	√
运动预测因子的 影响评估	√			√	√	√
视线/能见度/ 近距离的评估	√			√	√	√
可防卫空间及其 防卫层级的评估	√			√	√	√
领域/属地性 评估/边界定义	√			√	√	√
场地访问		√	√	√	√	√
现场观察		√		√	√	√
评估相近地区的 土地用途			√	√	√	√
人员访谈			√	√	√	√
各种统计数据汇总			√	√	√	√

续表

行动步骤	分类1 事前 小规模行动	分类2 事后 小规模行动	分类3 事前 中等规模行动	分类4 事后 中等规模行动	分类5 事前 大规模行动	分类6 事后 大规模行动
社会经济数据			√	√	√	√
人口和流动性预测			√	√	√	√
审查照明			√	√	√	√
审查景观			√	√	√	√
咨询设计小组			√	√	√	√
流动性和活动模式			√	√	√	√
流量统计计划审查流动路径				√	√	√
公共交通信息				√	√	√
安全审计				√	√	√
与规划人员、业主和工作组建立伙伴关系				√	√	√
评估诱捕范围和行为诱发的影响				√	√	√
电话问卷					√	√
照片调查					√	√
专门小组					√	√
镇民大会					√	√
社区规划/设计研讨会						√
计算机化的地理信息系统模拟					√	√
行动计划——制定一些具体的设计策略					√	√
设计专家研讨会					√	√
研究调查					√	√
CPTED文献综述						√

846

无论属于哪一类型，风险评估结果都会提供相关数据，让社区内各个群体、业主、企业老板作出决定，在新的项目，改善环境、设备、设计，配备安保人员，投入相应资金。在做出设计、运营决策时，犯罪和恐怖主义是需要重要考虑的因素，而收集、分析评估数据的能力，可以对预测、理解犯罪和恐怖主义的深度和频率产生实质性的影响。

847

34.6 小 结

CEO 们想要的是投资回报。如果安全主管，或者国土安全主管拿不出实际成效，相关的资金和支持会逐步减少，甚至完全取消。投资回报可以体现为百货商店中失窃案件减少，高中学生高考（SAT，学业能力倾向测试）分数提高，休闲活动参与率提升，停车场内盗窃车内财物案件数量下降等。衡量实践中环境设计预防犯罪是否成功，与项目开发过程中评估相关策略没有什么区别。衡量环境设计预防犯罪是否成功是未来的发展方向，而环境设计预防犯罪风险评估程序是推进这一工作的最佳方式。

参考文献

[1] Adler, F. and W. S. Laufer. 1999. *The Criminology of Criminal Law*, Vol. 8. Transaction Publishers, New Brunswick, NJ, p. 446.

[2] Armitage, R. 2000. *An Evaluation of Secured by Design Housing within West Yorkshire*. Home Office Briefing = Note 7/00. Crown Copyright: London, U. K.

[3] Armitage, R. 2002. To CCTV or not to CCTV? A Review of current research into the effectiveness of CCTV systems in reducing crime. *NACRO Crime and Social Policy Newsletter.* May.

[4] Armitage, R. and S. Everson. 2003. Building for burglars. *Crime Prevention and Community Safety: An International Journal* 5 (4): 15 – 25.

[5] Atlas, R. I. 2002. The Sustainability of CPTED. *The CPTED Journal* 1 (1): 3 – 16.

[6] Brassard, A. 2003. Integrating the planning process and second – generation CPTED. *The CPTED Journal* 2 (1): 46 – 53.

[7] Burdi, J. 2011. Stopping crimes before they happen, *South Florida Sun – Sentinel*, Oct. 31.

[8] Casteel, C. and C. Peek – Asa. 2000. Effectiveness of crime prevention through environmental design (CPTED) in reducing robberies. *American Journal of Preventative Medicine* 18 (5): 99 – 115.

[9] City of Toronto. 2000. *Toronto Safe City Guide.* City of Toronto Council, Toronto, Ontario, Canada.

[10] Clarke, R. V. 1992. Situational crime prevention: successful case studies, Harrow & Heston, Albany, NY.

[11] Clarke, R. V. 1983. Situational crime prevention: Its theoretical basis and practical scope. In Tonry, M. and Morris, N. (Eds.) *Crime and Justice: An Annual Review of Research*, University of Chicago Press, Chicago, IL.

[12] Clarke, R. 2002. *Thefts of and from Cars in Parking Facilities.* Problem – Oriented Guides for Police Series, Problem – Specific Guide Series, No 10. U. S. Department of Justice COPS Office, Washington, DC.

[13] Cleveland, G. and G. Saville. 2003. An introduction to 2nd Generation CPTED—Part 2. CPTED Perspective 6 (2): 4 – 7.

[14] Colquhoun, I. 2004. *Design Out Crime: Creating Safe and Sustainable Communities.*

Elsevier Architectural Press, Oxford, England.

［15］ Cozens, P. 2002. Sustainable urban development and crime prevention through environmental design for the British City: Towards an effective urban environmentalism for the 21st century. cities. *The International Journal of Urban Policy and Planning* 19 (2): 219 – 237.

［16］ Cozens, P. , D. Adamson, and D. Hillier. 2003. Community CPTED: A case study of a housing estate in South Wales (UK). *The CPTED Journal* 2 (1): 2 – 15.

［17］ Cozens, P. , D. Hillier, and G. Prescott. 2003. Safety is in the upkeep. *Regeneration and Renewal*, 7. February, p. 4.

［18］ Cozens, P. , T. Pascoe, and D. Hillier. 2004. The policy and practice of secured by design (SBD). *Crime Prevention and Community Safety: An International Journal* 6 (1): 13 – 29.

［19］ Cozens, P. , G. Saville, and D. Hillier. 2005. Crime prevention through environmental design: A review and modern bibliography. *Propery Management* 23 (5): 328 – 356.

［20］ Crowe, T. 2000. *Crime Prevention through Environmental Design: Applications and Architectural Design and Space Management Concepts*, 2nd edn. Butterworth – Heinemann, Boston, MA.

［21］ Davey, C. L. , R. Cooper, and M. Press. 2001. *Design against Crime Case Studies. The Design Policy Partnership.* Salford University/Sheffield Hallam University, Salford, U. K.

［22］ DeKesseredy, W. S. , A. Shahid, C. Renzetti, and M. D. Schwartz. 2004. Reducing private violence against women in public housing: Can second generation CPTED make a difference? *The CPTED Journal* 3 (1): 27 – 36.

［23］ Dickout, D. 2006. A community based approach to creating safer nightlife spaces: 2nd gen CPTED in action. *The CPTED Journal* 2 (1): 25 – 32.

［24］ Eck, J. 2002. Preventing crime at places. In L. Sherman, D. Farrington, D. Welsh, and D. MacKenzie (eds.). *Evidence – Based Crime Prevention*. Routledge, London, U. K. , pp. 9241 – 9294.

［25］ Farrington, D. and C. Welsh. 2002. *Effects of Improved Street Lighting on Crime: A Systematic Review*. Home Office Research Study 251, Development and Statistics Directorate, Crown Copyright, London, U. K.

［26］ Gamman, L. and T. Pascoe. 2004a. Seeing is believing: Notes toward a visual methodology and manifesto for crime prevention through environmental design. *Crime Prevention and Community Safety: An International Journal* 6 (4): 9 – 18.

［27］ Gamman, L. and T. Pascoe. 2004b. Design out crime? Using practice – based models of the design process. *Crime Prevention and Community Safety: An International Joumal* 6 (4): 37 – 56.

［28］ Gamman, L. , A. Thorpe, and M. Willcocks. 2004. Bike off! Tracking the design terrains of cycle parking: Reviewing use, misuse and abuse. *Crime Prevention and Community Safety: An Intemational Journal* 6 (4): 19 – 36.

［29］ Genre, C. 2002. Basic tips on lighting for CPTED. *International CPTED Association Newsletter* 5 (1): 3 – 4.

［30］ Genre, C. 2004. Where teaching ends and learning begins: A problem based learning model for CPTED education. *The CPTED Journal* 1 (3), 15 – 27.

［31］ Gulak, M. 2004. Homicide and the physical environment: assessing the CPTED ap-

848

proach. The CPTED Journal 3 （1）：46 - 52.

［32］ Iseki，H. 2006. Examining the relationship between built environments and crime incidents u-
sing GIS. *The CPTED Journal* 2 （1）．17 - 24.

［33］ Kim，J. and Y. Park. 2002. The CPTED evaluation model using space syntax theory. *The CPTED Journal* 1 （1）：35 - 45.

［34］ Lait，M. 1998. Public fear of crime proves elusive enemy for LAPD，*Los Angeles Times*，Aug. 24

［35］ Levan，V. 2004. Second - generation CPTED at work：Building community culture bridges in Parisian Belleville. *The CPTED Journal* 3 （1）：3 - 14.

［36］ Lieberson，S. and J. Horwich. 2008. Implication analysis：A pragmatic proposal for linking theory and data in the social sciences. *Sociological Methodology*，7.

［37］ Liggett，R.，A. Loukaitou - Sideris，and H. Iseki. 2001. The bus stop - environment connection：Do characteristics of the built environment correlate with bus stop crime? *Journal of the Transportation Research Board* 1760：20 - 27.

［38］ Loukaitou - Sideris，A.，R. Liggett. H. Iseki，and W. Thurlow. 2001. Measuring the effects of built environment on bus stop crime. *Environment and Planning*，*Planning and Design* 28 （2）：255 - 280.

［39］ McCamley，P. 2002. Minimising subjectivity：A new risk assessment model for CPTED. *The CPTED Journal* 1 （1）：25 - 34.

［40］ Painter，K. and D. Farrington. 2001. The financial benefits of improved street lighting based on crime reduction. *Lighting Research Technology* 33 （1）：3 - 12.

［41］ Parker，J. 2001. Reducing Crime through urban design. *The Journal of the Designing Out Crime Association*，Winter，pp. 16 - 18.

［42］ Postlewaite，S. 2004. Can "over lighting" increase the fear of crime? *The CPTED Journal* 3 （1）：37 - 45.

［43］ Rau，M. 2006. Civic safety and residential urban space：Natural surveillance and community appropriation limits. *The CPTED Journal* 2 （1）：39 - 42.

［44］ Rondeau，M. B.，P. Brantingham，and P. Brantingham. 2005. Crime analysis for design professionals：architects，landscape architects，urban designers and planners. *EDRA* 36 *Summaries*，pp. 95 - 92.

［45］ Sarkissian，W. 2003. Stories in a park，second - generation CPTED in practice：Reducing crime and stigma through storytelling. *The CPTED Journal* 2 （1）：34 - 45.

［46］ Saville，G. and T. Clear. 2000. Community renaissance with community justice. *The Neighborworks Journal* 18 （2）：19 - 24.

［47］ Saville，G. and G. Cleveland. 2003. An introduction to 2nd generation CPTED—Part 1. CPTED Perspective 6 （1）：7 - 8.

［48］ Saville，G. and G. Cleveland. 2006. CPTED and the social city：The future of capacity building. *The CPTED Journal* 2 （1）：43 - 51.

［49］ Saville，G. and D. Wright. 1998. Putting neighbors back in the neighborhood：Strategies for safety，urban design，and cohousing. Paper presented at the 1998 Biennial Meeting of the Western Association of Sociology and Anthropology，Vancouver，British Columbia，Canada.

849

[50] Schneider, R. H. and T. Kitchen. 2002. *Planning for Crime Prevention: A Transatlantic Perspective.* Routledge, London, U. K.

[51] Schneider, T. , H. Walker, and J. Sprague. 2000. *Safe School Design.* ERIC Clearinghouse on Educational Management, University of Oregon, Eugene, OR.

[52] Scott, M. 2000. *Problem – Oriented Policing: Reflections on the First 20 Years.* U. S. Department of Justice, Office of Community Oriented Policing Services, Washington, DC.

[53] Smith, D. and D. Cornish (eds.) . 2003. *Theory for Practice in Situational Crime Prevention. Crime Prevention Studies,* Vol. 16. Criminal Justice Press, Monsey, NY and Devon, U. K.

[54] Smith, D. , M. Gregson, and J. Morgan. 2003. *Between the Lines: An Evaluation of the Secured Car Park Award Scheme.* Home Office Research Study 266. Home Office Research, Development and Statistics Directorate, London, U. K.

[55] van Soomeren, P. 2006. Design against kerb – crawling tipplezones (Vice – zones): European experiences in displacement. *The CPTED Journal* 2 (1): 5 – 15.

[56] Stubbs, D. 2002. Cul – de – sac and Lind footpaths: Academic Research Foundation. *The Journal of the Designing Out Crime Association (DOCA),* Summer, pp. 11 – 19.

[57] Stummvoll, G. 2004. Design against crime in Vienna: A feminist approach. *Crime Prevention and Community Safety: An International Journal* 6 (4): 71 – 82.

[58] Topping. P. and T. Pascoe. 2000. Countering household burglary through the secured by design scheme: Does it work? An assessment of the evidence, 1989 – 1999. *Securiry Journal* 14 (4): 71 – 78.

[59] Town, S. , C. Davey, and A. Wootton. 2003. *Design against Crime: Secure Urban Environments by Design: Guidance for the Design of Residential Areas.* University of Salford, Salford, U. K.

[60] Weisel, D. L. 2002. *Graffiti.* Problem – Oriented Guides for Police, Problem – Specific Guides Series, No. 34. U. S. Department of Justice COPS Office, Washington, DC.

[61] Wilson, D. and A. Sutton. 2003. *Open – Street CCTV inAustralia.* Australian Institute of Criminology Trends and Issues in Crime and Criminal Justice. No. 271. Australian Institute of Criminology, Canberra, Australian Capital Territory, Australia.

[62] Zelinka, A. and D. Brennan. 2001. *Safescape: Creating Safer, More Livable Communities through Planning Design.* Planners Press, Chicago, IL.

案例："快钱还是快餐"

35.1　案例：小型快餐便利店

　　许多安全行业的人对我的了解来自于我近几十年来的著作和在美国产业安全学会上所做的演讲。我逐渐成为建筑安全和环境设计预防犯罪方面的领军人物。在我的专业领域，我最喜欢的事情就是教授环境设计预防犯罪，特别教大学生。我是佛罗里达大西洋大学的教师，教授本科阶段的课程——运用环境设计预防犯罪设计安全城市。我的学生们需要完成的结业作业是，自己选定一栋建筑，并对它开展环境设计预防犯罪和关键基础设施的风险评估。我有个学生是 Sunrise 警察局的一名有执法资格的警官。在他工作的城市，有一家全国连锁特许经营的快餐店，这家快餐店发生了一系列的犯罪案件，如非法闯入、破坏财物、抢劫、破门入室等。他就选择了这家快餐店作为调查评估对象。

　　本章主要是就环境设计预防犯罪技术进行案例研究，本行业的其他人可以利用相关技术降低风险，减少威胁，提高适销性和利润，减小损失。

　　2009 年，佛罗里达州布洛瓦尔德县发生了 15932 起破门入室案件（http：//www. fdle. state. fi. us/Content/getdoc/la5f9112 – 9838 – 4d65 – ad21 – f5538f61f484/Broward. aspx）。在佛罗里达州法律中，破门入室是指非法进入，并滞留在建筑物或者便利店内，企图实施犯罪的行为。2009 年 6 月至 2010 年 3 月 30 日，在布洛瓦尔德县内 10 个城镇的唐恩都乐快餐店中，共计发生了 21 起破门入室案件。所有的案件都发生在晚上 6：00 至凌晨 5：30，其中有六起案件发生在佛罗里达州的 Sunrise 城内。

　　像美国的其他地方一样，佛罗里达州也受到经济衰退的折磨，丧失了 100 多万个工作岗位，人们住不起房子，找不到工作。在 2010 年 BP 石油泄漏以前就如此糟糕了！大家陷入前所未有的绝望之中，总是想方设法抓住机会找快钱。唐恩都乐快餐店成为了特别选定的侵害目标，而其他营业时间较长、有直通车道的便利店却被忽略，如汉堡王、麦当劳、温迪等。为什么唐恩都乐对犯罪分子和机会主义者如此有吸引力呢？（图 35.1）

　　唐恩都乐宣称是世界上最大的咖啡和烘焙食品连锁店，每天会在 31 个国家的近 8800 家店内为 270 万名顾客提供服务，其中有近 6400 家分布在美国各地（www. dunkinbrands. com/ourbrands/ dunkin_donuts_purchase）。

Boca Raton police catch two men outside damaged Dunkin Donuts, link to Subway burglary

By **SOFIA SANTANA**
South Florida Sun-Sentinel

Updated: 6:59 a.m. Tuesday, April 27, 2010
Posted: 8:04 p.m. Monday, April 26, 2010

━━━━━━━━━━━━━━━━━━━━━━━━━━━━
✉ E-mail | 🖨 Print | 🔗 Share | ⊞ Larger Type

BOCA RATON — Police have arrested two Broward County men on charges they broke into a Subway restaurant in the city recently.

The Boca Raton Police Department says the men also are suspects in several other South Florida business burglaries.

Zeffrey Lundy, 30, of Lauderhill, and Jonathan Levonte-Keith Burington, 28, of Lauderdale Lakes, were arrested early Thursday after police said they saw the men inside a green Dodge Stratus that authorities had linked to a March 15 burglary at Subway, 1295 W. Palmetto Park Road.

Police said they spotted the vehicle near Dunkin Donuts, 1215 W. Palmetto Park Road, and saw that the front glass door to the donut shop had just been shattered in an apparent attempted break-in.

Officers immediately pulled over the vehicle and initially charged Lundy with driving with a suspended license, and Burington with possession of cocaine. Police later charged both men in the Subway burglary after reviewing a surveillance video from the Subway break-in that they say linked the two men to the crime.

Both men have been released on bail from the Palm Beach County Jail.

图 35.1　显然，在 QSR（快餐店）内经常发生抢劫和破门入室案件
注：《Boca Raton 警方在遭受破坏的唐恩都乐快餐店外抓获与非法进入地铁餐馆案有关的两名犯罪嫌疑人》，摘自南佛罗里达《太阳前哨报》，作者 Santana，S.，2010 年 4 月 7 日。已获使用许可。

　　绝大多数店的老板都是单个的独立特许经营权人。但布洛瓦尔德县内的所有店都归同一个家庭所有。他们有四个店位于布洛瓦尔德县内，有三个店位于 Sunrise 城内，一般都是在早上 6 点至晚上 11 点营业。在遭受破门入室的所有店中，都安装了配备运动传感器的安保摄像头和防破门入室的警报。一半的店在直通车道旁都开设有窗户。

35.2　系列案件：狼来了

　　在这些破门入室案件发生之前，窃贼们就在快餐店周围踩点，在破门入室案发生前几周，他们在下班后跑到店前踢打，故意多次触发警报。快餐店老板几次收到警报提示，提供警报服务的公司 ADT 认为，警报系统是正常的，没有找到触发虚假警报的原因。老板一般不愿去提及虚假警报；如果提供虚假信息可能遭致数百美金的罚款。而窃贼们意识到，当警报没有响，或者警报服务公司不去回应破窗行为，警察也没有对警报服务公司提出的破窗行为发生的通知进行应急响应，商店形成了"狼来了"思维。

35.2.1　店 1：案发日期，2009 年 10 月 9 日

　　窃贼从直通车道侧的窗户破门而入。从闭路电视监控系统发现，凌晨 2:30，一辆无法查清的车辆驶入直通车道；2:35，嫌疑人走出车辆，手持轮

胎钢圈砸碎窗户玻璃。嫌疑人进入店内,拿走了三个现金箱,每个都装着 250 美元。2:40,嫌疑人走出店,离开了该区域。由于此前发出虚假警报,所以老板让负责关门的员工不要将警报系统开启。虚假警报在几周之前发生,而接下来的几个月发生了两次破门入室案件,一共损失了 750 美元现金,此外还要另外花钱修好窗户。

35.2.2　店 1:案发日期,2010 年 1 月 15 日

窃贼从大楼东面直通车道处的窗户再次闯入店内。从闭路电视监控系统发现,凌晨 1:30,一个看不清外貌的人将车驶入停车场,1:40,嫌疑人拿着作案工具走出车辆,再次砸碎直通车道旁的窗户玻璃。嫌疑人拿走了三个现金箱,每个都装着 250 美元。为了方便第二天早上营业,店内每天都会在晚上下班时向钱箱内补充现金。钱箱和换币机就放在柜台下面,没有采取任何方式固定。钱箱抽屉的钥匙放在柜台下面的一个杯子内,杯子上还标有"钥匙"字样。1:45,嫌疑人走到店外,进入车内,驶离该区域。为了避免再次发出虚假警报,老板让员工不要将警报系统开启。老板没有向警方提交闭路电视监控系统的录像复制件,也没有回复警方的电话,不便警方开展补充性的安全调查。

35.2.3　店 2:案发日期,2010 年 1 月 4 日

第二家发生破门入室案件的唐恩都乐快餐店,是被一名男性犯罪嫌疑人凌晨 1:54 打碎了前面的玻璃门后进入的。第二个犯罪嫌疑人带走了没有采取安保措施的两个现金箱,每个装有 250 美元现金,还有一个硬币盒。为了方便第二天早上营业,老板让员工在每个现金箱内留下 250 美元。现金箱都没有被固定到柜台上。为了避免触发虚假警报遭到罚款,老板让员工不要将店内的警报开启。当侦察人员要求调取监控系统录像时,老板表示抗拒。

35.2.4　店 3:案发日期,2010 年 1 月 23 日

凌晨 1:30,一辆车驶入该店所有区域,倒入店前的停车位内。2:00,一个无法识别相貌的男性犯罪嫌疑人来到前门。第二个犯罪嫌疑人将车辆开到店前面平行停放,将车灯熄灭。第一个犯罪嫌疑人用工具打碎了前门玻璃,进入店内。嫌疑人偷走了三个没有采取安全措施的现金箱,每个装有 250 美元,另外还偷走了硬币兑换机。2:04,嫌疑人走到店外,带着现金箱离开了该区域。为了方便第二天早上营业,老板让员工在钱箱内补充现金。此外,老板还让员工不要将店内的警报系统开启。负责调查的警官没有获得闭路电视监控系统的资料。

在布洛瓦尔德县针对唐恩都乐快餐店发生的 21 起破门入室案件和在 Sunrise 城发生的案件差不多(图 35.2)。

854

Robbery sprees vs. QSRs point to need for training.

Publication: Nation's Restaurant News
Publication Date: 09-AUG-04

Format: Online - approximately 872 words
Delivery: Immediate Online Access

Article Excerpt

While terrorism fears have prompted operators to develop crisis management plans for worst-case scenarios, staff training for more common crimes should not fall to the wayside, according to industry experts who are mindful of recent anti-restaurant robbery sprees.

A spate of serial armed robberies at quick-service restaurants in New York, Houston and Wichita, Kan., has underscored that necessity.

Wichita police recently arrested a man suspected in 12 fast-food robberies that had taken place since mid-May, according to Lt. Gavin Seiler of the Wichita Police Department. McDonald's and Wendy's were among the restaurants robbed.

Robberies in Wichita "are up across the board for us," Seiler said. At presstime the suspect had been charged with two of the crimes.

In Houston two separate robbery sprees targeting restaurants had police scrambling to find suspects. In one case a "fast-food bandit," as local media dubbed him, had robbed 15 fast-food restaurants since May, including branches of Wendy's, Taco Bell, Subway and McDonald's, according to Kim Ogg, spokeswoman for the Houston unit of the not-for-profit group Crime Stoppers.

At least 23 robberies of taco stands have occurred recently in Houston, including two nonfatal shootings of robbery victims. Police were looking for several suspects.

"We're suffering a real crisis," said Ogg, whose organization's work with police departments and the public is aimed at reducing crimes.

"Restaurants are among the top three commercial targets along with banks and parking lots," Ogg said. Reports of robberies in Houston were at a seven-year high in 2003, and figures for robbery incidents in the first part of 2004 are topping last year's numbers, she said.

In New York six armed robberies took place at Subway restaurants during a four-day stretch in July, earning the perpetrator the media nickname "Subway bandit."

On July 29 New York police reportedly arrested a man who was suspected of robbing the Brooklyn and Manhattan Subway shops.

Although the crimes in the three cities have made headlines locally, FBI crime statistics indicate that overall reported robberies--including incidents at private homes and commercial venues--decreased by nearly 2 percent in 2003, compared with year-earlier figures.

However, "restaurants just happen to be an easy target," according to Steven Grover, vice president for health and safety regulatory affairs at the National Restaurant Association.

"By design all restaurants have easy in-and-out access," Grover said. "We have large volumes of people, and in many cases we're a cash business. That combination of visibility, easy access and cash is appealing to some criminals."

But "the statistics don't show that restaurants are any more vulnerable than other types of businesses that cater to the public," he added.

图 35.2　快餐店抢劫案已经成为全国性的难题

注：《打击抢劫 VS 快餐店也需要开展培训》，作者，Duecy，E.，摘自《全国饭店新闻》，2004 年 8 月 9 日，38，1。已获使用许可。

除了破门入室案件外，还发生了一系列令人发指的武装抢劫案。在 2008 年感恩节前后，武装劫匪于深夜时分，分别在 Delray Beach，Sunrise 和 Tamarac 犯下三起劫案，当时，顾客们正在吃快餐、喝咖啡。这些案件共造成五人受伤，一人死亡，警方当时就调查了这些案件之间的联系。2008 年 12 月 4 日，布洛瓦尔德县警长办公室逮捕了五名"瘸子"帮成员，当时，他们企图乘坐游轮离开美国赴巴哈马，但在埃弗格雷斯港的安全检查站被拦了下来。这五人分别是四宗抢劫案的犯罪嫌疑人，唐恩都乐三宗，7 - 11 便利店一宗。他们攻击、射杀了五名顾客，其中一名死亡（图 35.3）。

在快餐店发生的抢劫案比盗窃案和机会型犯罪案件——如破门入室——的危害性更大。抢劫唐恩都乐的是冷血无耻的帮派犯罪分子，经过仔细谋划、伺机作案，针对的是常见的、易于盗取的目标：未采取安全措施的现金箱。2010 年 4 月 27 日，警方逮捕了两名来自布洛瓦尔德县的男性嫌疑人，并认为他们

最近非法进入地铁餐馆。当时，他们将车辆停靠在棕榈滩县唐恩都乐快餐店
前，刚刚打碎了快餐店前面的玻璃门，正试图闯入。由于两名嫌疑人被现场抓
获，犯罪未能得逞。警方正在着手侦察，并努力收集法律证据以便将嫌疑人定
罪，但是，尚未得到快餐店老板的配合。快餐店老板也没有采取补救措施，以
预防今后再次发生类似案件。

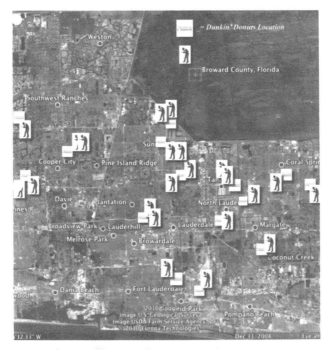

图35.3　唐恩都乐快餐店抢劫案的地理位置分布图

35.3　为什么会是这些店

第一次破门入室案件发生后，快餐店老板既没有将现金箱存入保险箱，也
没有将它固定到柜台上。老板让员工将落地保险箱和现金箱的钥匙放在标记有
"钥匙"字样的咖啡杯中。落地保险箱中一般会存放2000美元左右的现金，
经理会定期将其存往银行。有一次，我造访这家快餐店，发现保险箱的钥匙就
插在保险箱上。从外观判断，保险箱应该没有固定在地板上。如果一个窃贼提
前知道这些信息，他只需要带一辆手推车和一个扳手，就可以将存有更多现金
的保险箱偷走（图35.4、图35.5）。

08 • SUN SENTINEL • SUNSENTINEL.COM • SATURDAY, AUGUST 27, 2011 •

Man gets nine life sentences in '08 Dunkin' Donuts robbery

BY DAPHNE DURET
The Palm Beach Post

No matter how many life sentences the judge gave James Herard for the brazen robbery and shooting at a Dunkin' Donuts, Gerald Lakin told her he deserved one more.

Lakin, 75, stood before Circuit Judge Karen Miller with a towel wrapped around his neck, a necessary accessory to wipe the drool that has been his constant companion since Herard shot him and two other people in the face during a 2008 robbery at a Delray Beach Dunkin' Donuts.

The Boynton Beach resident told Miller during Herard's sentencing Friday that the 22-year-old didn't deserve a place in free society. Herard, seated behind Lakin, laughed out loud.

Miller, however, never broke a smile as she sentenced Herard to a total of nine life sentences — five consecutive — for the bloody attack that was one of several episodes in the crime spree on a man prosecutors called one of South Florida's most violent predators.

"There's no rehabilitation for someone like that," Lakin said after the sentencing, before adding of his injuries: "I have to live with this for the rest of my life."

Herard's sentencing comes nearly a month after a jury convicted him of 19 charges, including attempted first-degree murder. Miller said nothing directly to Herard regarding his crimes, but twice addressed the victims in the case.

"I have nothing but empathy for the victims and their courage," Miller said.

A Lauderhill police detective during the hearing testified that Herard is also facing a possible death sentence in a Broward County case, one of several crimes that the 22-year-old alleged Crip leader perpetrated when he was still a teenager.

Among the crimes was a shooting where Herard allegedly chased six or seven local gang members through a strip mall and an incident where he urged another man to fatally shoot a Broward County man on a night when they were out together "hunting" human beings.

Herard, who delivered his own closing arguments at the end of the case, appeared apathetic. Though his attorney Peter Grable told Miller that Herard's demeanor was indicative that something was "very wrong" and urged her to craft a sentence that would set him free at 71 years old, Herard himself told the judge he didn't care how she sentenced him.

"I feel sorry for the victims, but if it wasn't them, it would have been someone else," Herard said.

After the hearing, McAuliffe said Herard's words were just a reminder that Herard needed to be put away for life.

图 35.4　抢劫犯被抓获并被定罪，但对死亡的受害人来说，并不能起到什么安慰作用

注："08 年唐恩都乐抢劫案中的劫犯被判入狱 9 年"，摘自南佛罗里达《太阳前哨报》，作者 Durst. D.，2011 年 8 月 27 日。已获使用许可。

　　每天下班前，快餐店老板会将现金箱中的数额补充至 250 美元，将硬币兑换机中的零钱补充至 200 美元，但是，并没有采取固定或者其他方式将现金箱安全放置在柜台上或者柜台下。现金箱体积较小，可以轻松地提起来带走。有一次，我到一个店去，发现钥匙放在现金箱内。在其他店内，钥匙放在现金箱旁边了一个杯子里，上面还标有"钥匙"二字。硬币放满了零钱，以便第二天开业（图 35.6 至图 35.10）。

图 35.5　注意左上角数字键旁边的保险箱上还插着钥匙

图 35.6　放在柜台下面的钱箱还留插着钥匙，并且没有放在另外安全的地方，如经理办公室

图 35.7　在每天下班前，硬币兑换机会重新装满零钱，以便第二天早上营业时使用

图 35.8　放在柜台下面的保险箱没有采取任何方式将其安全地固定在柜台上

图 35.9　每天下班前，两个现金箱要重新装满共计 500 美元现金，以便第二天早上营业时使用。但是，现金箱没有被固定到柜台上或者其他坚固的物体上

图 35.10　从直通车道上，可以看到柜台和现金箱的情况

　　一家遭到破门入室的快餐店安装了 14 个闭路电视监控摄像头，并且将图像存在另外一个地方的硬盘中。但是，老板不知道怎么将视频文件下载到可存储的光盘中（图 35.11 至图 35.13）。14 个摄像头中有几个是模型，仅有球体　859

图 35.11　从直通车道旁边的窗户可以直接看到没有采取安全措施的现金箱

图 35.12　图中安装的摄像头可以覆盖整个店内

图 35.13 在柜台处安装了闭路电视监控系统

图 35.14 店内遍布闭路电视监控摄像头

或者外壳。但在该店的后面、角落、放有贵重 LCD 投影仪和其他设备的会议室却没有摄像头（图 35.14）。

在 CPETD 中，Wi－Fi 是一个活动激发器，发挥着吸引他人的作用。但是，有人却将其车辆停在快餐店停车场利用 Wi－Fi 从事自己的工作，或者滞留在那里蹭网。在与警方的交谈中得知，由于下班后未将 Wi－Fi 关闭，有车辆会在半夜来到快餐店附近滞留，宣称自己只是在上网（图 35.15）。

在保障快餐店和顾客安全方面，照明是一个非常重要的因素。在一家曾经遭受破门入室的店内，在店内的设备区前是一块明显的开放的区域。现在，它仍然还是毫不防备地保持开放（图 35.16）。

图 35.15 该店有一个会议室，里面安装了 LCD 投影仪

图 35.16 图集中设置了计算机点，可供顾客上网，但该店同时也成了一个 Wi－Fi 信号站

861　　　针对所谓的虚假警报，警报公司收到了相关的反映，但他们核查后认为，系统是正常的，为了避免发生虚假警报，老板让员工们将警报系统关闭。在六宗破门入室案发生时，警报公司的监控中心没有收到警报信息，因此没有做出任何反应。快餐店的破门入室案件发生后，老板并没有向警方报案，因此，警方只是对快餐店的外面进行调查，并没有进入店内。警方是在收到报警电话后

才到达相关地点的。警方发现，快餐
店的前面的门、玻璃或者直通车道旁
的窗户玻璃被砸碎了，随后进行了相
关调查。

晚上负责关店门的一般只有一名员
工。有一次，我发现在关门前，夜班经
理要将垃圾倒到大楼背后广场上的垃圾
桶里。但是，这里存在一个问题——经
理要将面向巷道的后门打开，然而巷道
一片漆黑，而垃圾桶在 200 英尺以外。
同时还不能将店门关上，如果他关了，

图 35.17　店外的灯光可以将外部狭
小、黑暗的开放空间照亮

他将孤身一人，随身携带店钥匙，手里拿着东西在漆黑的巷道内行走，太容易被
犯罪分子盯上，太容易受到伤害了！（图 35.17 至图 35.19）

图 35.18　用于服务人员进出的门（Service Door）里面带有门闩和一个窥视
孔。但是，门外是一片漆黑，没有任何照明，让窥视孔形同虚设

图 35.19　通往垃圾桶的路不仅路程较远，还蜿蜒曲折，一片漆
黑。当我站在后门时，只能用我的相机闪光灯照亮了

862　　　　发生破门入室案件的另外一家唐恩都乐快餐店位于商业街的角落。后面有一条漆黑的巷道，直通车道旁的窗户和服务人员进出的门就设在那里。巷道一片漆黑，更容易让该店成为破门入室者和抢劫犯盯上的目标。如果员工出来倒垃圾，任何人只要躲在巷道内，就可以立即对该员工发动攻击（图 35.20、图 35.21）。

图 35.20　位于广场的快餐店周围的现场平面图上标出了垃圾箱的位置，后面的巷道在夜间一片漆黑

图 35.21　旁边的巷道一片漆黑。服务窗口的玻璃难以抵挡撞击

　　　　发生破门入室案件的唐恩都乐店一般都位于主干道旁边，从路上可以看到相关情况，并可以开车靠近。但是，当地的规划管理规定要求对车辆提供遮挡，因此，大多数店都从街道向后退让一段距离，并有土堆或其他障碍物遮挡，这让在街上巡逻的警察难以看清店前面的情况（图 35.22、图 35.23）。

图 35.22　巷道为破门入室者和劫犯提供了一个完美的躲藏地点，便于对快餐店发起攻击

图 35.23　土堆挡住了从街道上观察快餐店的视线，很难通过巡逻发现问题

店前或者直通车道旁的厚度为 1/4 英寸的钢化玻璃，窃贼一般都可以砸碎（图 35.24、图 35.25）。然后只需不到一分钟的时间，窃贼就可以将没有采取安全措施的现金箱和硬币兑换机取出来，带着现金迅速逃跑。对于重量较重、难以移走和破坏的保险箱，窃贼一般不会采取行动。即使店内安装了警报系统和闭路电视监控摄像头，窃贼一般也会戴上手套或者面具隐藏其身份。由于未采取任何补救性措施保障现金的安全，一些快餐店遭遇多次盗窃。尽管这样，被砸碎的玻璃依然还是用厚度为 1/4 英寸的钢化玻璃替换，而不是安全夹层玻璃。最终，快餐店老板只好关掉了店的警报系统，选择了承担损失，而不是解决问题。

864

图 35.24　建好后，土堆距离地面 4 英尺，高于街道

图 35.25　图中更换后的窗户玻璃上还贴着标签

在案件调查过程中，Sunrise 警方多次试图联系快餐店老板。从戴德县到棕榈滩县（布洛瓦尔德县位于二者之间）发生了多宗类似案件，因此 Sunrise 警方的案件调查是其中的重要组成部分。快餐店的老板既不回电话，也不回答警方的书面询问。最后，警方取得了突破，在棕榈滩县的唐恩都乐店入室盗窃案发生后，抓获了几个嫌疑人（图 35.26、图 35.27）。

图 35.26　直通车道旁的客户很容易被破坏，然后从此进入店内，偷走现金箱

图 35.27　店门上张贴的海报会阻碍视线，不便巡逻警察实施观察

　　在该地区的其他快餐店似乎没有遇到类似遭遇。当地警方证实，这些规模较大的快餐店都会在下班前将现金放在保险箱中，并将其固定，在店内安装警报，确保安全。唐恩都乐的做法容易诱使他人犯罪，然而其他的店并没有犯罪分子觊觎的目标。警方现在正在收集法律证据，想把位于三县交界处发生的唐恩都乐店系列案件和这些嫌疑人联系起来。

图 35.28　窗户玻璃上凝结的雾气阻碍视线，不便于实施自然监视。在设计时应当考虑到空调口的合理布局问题，避免这种现象发生

866　　　唐恩都乐集团设有一家培训学校，负责对被特许经营者进行培训，让他们在质量标准、运营、管理和生产等方面，符合唐恩都乐集团的要求。根据我在达美乐比萨、麦当劳等项目上的工作经验，在现金管理流程上，集团办公室只是提供指导性意见。具体的日常运营由被许可人自己决定。集团公司制定各项政策的目的是要保护各家经营店、老板、员工和顾客的安全，维护特许品牌的声誉。

　　例如，达美乐比萨制定的一项政策是要求外出送餐的驾驶员携带的现金不得超过 20 美元，以免发生针对驾驶员抢劫案和其他伤害事件。7 - 11 便利店制定的一项政策是不让员工操作店内的保险箱，因此，他们规定收银台处的现金不超过 50 美元。此外，7 - 11 便利店还在入口处的门上张贴了提示海报：在佛罗里达，武装抢劫会被判入狱 30 年。同时，还说明：点餐台处的现金不超过 50 美元。为 50 美元而被判入狱，值得吗？很可能不值得。这样，就从政策方面制止了犯罪行为发生。

2010 年 7 月 16 日，唐恩都乐集团办公室的风险主管 Jack Sullivan 和唐恩品牌法律顾问主管 Chris Egan 接受了采访。他们就集团层面如何采取措施，确保安全提出了一些建议。

首先最重要的是，特许人与受特许人之间的关系非常明确，是独立的合同双方当事人。特许人就这一行业的业务问题对独立的受特许人提供指导，但是，二者之间也有明确的界线，特许人不能逾越这一界线。他们不能强制要求受特许人如何进行日常运营，只能提供指导。如果接到询问，他们会根据全国各地的经验，给出最佳建议，但要是在受特许人主动询问的情况下。如果特许人主动要求受特许人如何进行日常运营，那特许人应当承担相应的责任。这样，在特许人和受特许人之间在关系上会保持适当的距离。绝大多数的全国特许经营机构都采用这种做法。

当我提出，对这些店来说，现金管理的最佳方法是什么时，唐恩品牌的法律顾问主管告诉我说，每天下班后，应当对现金采取安保措施，或者将其锁起来。一般情况下，应当将现金存在保险箱中，将保险箱固定在地面，使其无法移动。对于现金管理，集团公司的意见是，在晚上下班前，最好将现金锁在保险箱中，而不是将现金箱放在柜台下面，把硬币兑换机放在柜台上面，但是，究竟采取哪种方式，由受特许人自己决定。当第二天早上开门营业时，由值班经理将前台所需的现金和硬币取出来。

一些特许经营店，如 7 - 11 便利店，集团公司会对存放在收银台，甚至是保险箱中的现金数额提出限制性要求。唐恩都乐公司并没有对被特许店存放在收银台或者保险箱中的现金数量进行限制。其原因是，部分店的规模比较小，不像其他一些大型的特许经营店那样，每天要处理成千上万的现金，因此，就没有对现金存放提出要求。也没有对存放现金的限额提出建议，而由各家店根据各自的规模，自行决定。在避免损失方面，建议在每天运营时，对存放现金的抽屉定期清理，尽量减少留存现金数额，保证安全。向收银台或者现金箱补充现金，是特许经营店自己的决定。将现金箱放在柜台下面，不采取安全措施，也是特许经营店在日常运营中自己做出的决定。

如果要将现金存入银行，由特许经营店自己决定，是否需要武装车辆押运。有些特许经营店的老板是自己去存钱。由于是现金业务，存钱时不仅体积大，而且重量重，将现金带出店外，前往银行，对店老板或经理来说，是一个比较危险的时段。

特许经营店的老板会定期接受培训，学习如何解决经营店面临的问题，最新的市场策略和产品变化。但是，日常的运营还是由特许经营店的老板自己决定。

在集团层面，没有对特许经营店内外和照明提出具体要求。由各家特许经营店的老板根据当地建筑、规划方面的具体要求和实践经验自己决定。

对特许经营店内部的安全保护，集团公司也没有提出要求。由各家特许经营店自己决定采取安装警报系统等措施。

唐恩都乐不强制要求各家特许经营店如何在运营方面和当地警方配合。集团公司建议，各家特许经营店要和当地的执法机构密切配合，建立良好的关系。当我将 Sunrise 当地的特许经营店是如何回应执法部门的要求时，风险防范主管表示非常惊讶。集团公司要求特许经营店和当地的部门建立关系。有时，集团公司会将各家特许经营店联合起来，作为一个整体和当地警方、媒体开展合作，也可以派出调查小组提供帮助，但是，不强制要求执行某一政策或者采取哪种具体措施。

我提出，如果特许经营店内有 Wi–Fi 或者电视，是否应当在下班后将其关闭。他们回答说，有 Wi–Fi 的店很少，他们没有这方面的要求。在星巴克的业务模式中，允许顾客在店内休息、逗留，可以在店内阅读或者用他们的电脑做自己的工作，但是，唐恩都乐是让顾客匆匆忙忙，进去买好东西就走出来，去做顾客自己的事情。

各家特许经营店自己没有要求，夜晚关店时要有两名员工，但集团公司建议采取该项措施。特别是要在下班前外出倒垃圾时，这一点尤为重要。唐恩都乐要求每天将垃圾倒掉，免得吸引老鼠和害虫。

我问，有闭路电视监控系统的特许经营店，是否要求他们必须能够将图像复制到光盘中交给警方。他们回答说，集团公司提出建议，尽量采用特定的数字视频摄像系统。该系统可以摄录、回放，根据具体时间，很容易地查看某一事件发生时的情况。集团公司会提供相关培训，并可以派出团队向特许经营店提供帮助。Sunrise 的特许经营店无法复制光盘提交给警方，简直让人无法理解。

目前，唐恩都乐集团没有建立相应的报告制度，要求发生犯罪案件时，特许经营店向风险防范部门提交书面报告，以便他们进行审视、提出建议或意见。如果，特许经营店主动致电，集团公司会提供帮助。但是，大多数情况下，集团公司办公室是通过 Google 发现，某一个特许经营店提交了书面报告或者发生了重大事件。如果发生意外事件，除非特许经营店致电求助，否则，集团公司无法知晓。有时，媒体会要求集团公司发表声明，一般都是将电话打给负责公共关系管理的员工。通常情况下，发生重大案件后，如抢劫和枪击，当特许经营店的值班经理发现当地电视台的报导人员到来后，才向集团公司求助。问题是，集团公司并没有制定相关制度，要求特许经营店将所有的意外事件向风险防范部门报告，以便保存相关记录。

35.4　第二种观点

为了了解全球范围内快餐店行业所面临的安全问题，2010 年 7 月 20 日，我对世界知名的安全专家，安全执行理事会成员 Francis D'Addario CPP 进行了采访。Francis 是犯罪预防协会的主席，在星巴克咖啡公司担任安全主管长达 12 年（1997～2009）。他所带领的团队在企业犯罪预防、降低风险、贡献利润、专业水平等方面做出了卓越的成绩，广受称赞。我就特许人和受特许人之间在安全和义务方面的关系向他请教。D'Addario 认为，公司不能推卸责任和风险。一个典型的例子是英国石油公司和墨西哥湾的石油泄漏危机。人们并不留意当地的供应商或承包商是谁，以及他们在石油泄漏事件中扮演的具体角色。大家只知道负责钻井平台的特许人英国石油公司的名字，认为应当由负责钻井平台的人来解决问题。当我们在一家大型超市购物，入住大型的特许经营酒店，在全国性的特许经营加油站加油，买比萨、汉堡、炸鸡、甜甜圈、咖啡，作为顾客，我们实际上并不知道，也不关心特许经营人和受特许人之间的关系。我们只希望在就餐、购物、喝饮料时可以拥有安全的环境。从更广的视角来看，特许经营人应当保证当地的特许经营店、加盟商在质量、安全方面尽到行业标准所要求的注意义务，而各特许人的利益与此密切相关。品牌的声誉要依靠品牌运营者与社区的融入度，特别是与执法机构和合作。 868

特定特许经营品牌文化的价值观和日常习惯会决定其日常运营方式。但是，如果特许经营店遭遇破门入室、抢劫、失窃或者其他损失，那受特许人的问题就会变成特许人的问题。感知即现实，如果人们知道当地甜甜圈店或者咖啡店发生了犯罪案件，他们就会选择其他地方，市场份额即此流失。一方面，合同双方各自独立的地位使受特许人和特许经营人之间应当保持适当的距离，但是，特许经营人有义务督促受许人合理遵从安全运营规范。D'Addario 指出，商户负责任地融入当地社区，意味着他们应当和当地警方合作，积极地预防犯罪，创建安全的工作环境，让孩子们可以在里面工作，这样才能维护品牌的良好声誉。D'Addario 也认为，对抢劫、破门入室和盗窃犯罪分子来说，抽屉内的现金是最具有吸引力的，因此，要尽量减少现金数额，只需满足日常运营所需即可。他同时认为，现金箱、收银台和保险箱应当采取安全保障措施，安装警报和监控系统。D'Addario 指出，相关的行业标准要求安装闭路电视监控系统和数字视频摄像系统，以保持良好的工作秩序，并可以提供可靠的记录，作为证据提交给警方帮助破案。D'Addario 认为，特许经营人应当建立及时、全面的报告制度，让特许经营人可以对质量进行控制，确保公司制定的基准质量标准得到贯彻执行。如果各地的特许经营店可以提供安全的环境、良好的服务和产品，那么业务就会不断发展，取得成功。集团公司和特许经营人有义务保证其特许经营店服务质量可靠，可以为员工和顾客提供安全的环境，通过各种方式为所在社区作出贡献。最后，会树立良好的品牌声誉。

35.5　建　议

以下建议适用于所有的快餐店。

（1）将玻璃更换为可以防止强力砸击的玻璃。在唐恩都乐快餐店中，如果他们在更换玻璃时选择可以防范飓风级的玻璃，就可以同时预防破门入室案件的发生。投入资金更换安全夹层玻璃，不仅可以防范风暴、人为破坏，还可以阻止破门入室案件发生，会取得良好的投资回报。

（2）在晚上下班前，将收银台和硬币兑换机中可能用到的现金放到保险箱或者保险柜中。保险柜应当安装警报系统，牢固固定，实施监控，确保安全。和体积较小，可以带走的现金箱相比，保险柜和保险箱可以大大地提高安全度。

（3）在营业时，现金箱应当以安全的方式固定在柜台上，或者存放在其他场所，以避免可以轻松地提起来带走。无论是非法入室者悄悄盗取，还是劫匪明目张胆地抢劫，都让其难以得逞。钥匙应当锁在箱子中或者其他安全的地方，而不能放在柜台下面的杯子中，更不能标上"钥匙"字样。

（4）不要因为此前曾经发生过虚假警报事件，就将报警系统关闭。犯罪分子就是想让老板因害怕发出虚假警报被罚款，而将警报系统关闭。如果发生了虚假警报，很有可能是犯罪分子在试探闯入店内，或者测试警报维护公司或当地警方的反应能力。虚假警报是开展业务可能面临的成本。可以让警报公司对系统进行检查，查看是存在缺陷还是短路。

（5）在高危地区或者高危时段，店内应该有两名员工。在关店时，应当有两名职工，以降低他们遭受抢劫的风险。

（6）当员工需要出店倒垃圾时，为通往垃圾箱的路提供照明。如果负责关店的员工只有一人，他出店倒垃圾时需要携带店钥匙走过黑暗道路，或者让后门开着，以便回到店内，这种情形简直就是招呼抢劫或者杀人犯前来作案。

（7）协助警方开展调查。拒绝调查人员或者侦探合作是极不可取的策略，那只能表明可能是内部监守自盗或者管理极为混乱。积极参加他们开展的安全分析和评估，有利于今后警方巡逻时可以更多观察快餐店周围的情况。

（8）不得使用模型摄像头。南佛罗里达州的唐恩都乐快餐店在真正的摄像头中间，混了几个模型摄像头。如果发生犯罪案件时，模型摄像头或者假摄像头的位置本来可以拍摄到相关情况，但是却没有拍摄得到，在这种情况下，由于店方制造了一种安全假象，他会因为未能履行保证场所安全义务而承担相应责任。所有的员工及管理人员应当知道摄像系统是如何工作的，能够将意外事件的相关资料复制到光盘或者电脑文件中，交给警方协助案件调查。

（9）在下班时，将 Wi-Fi 网络关闭，以免有人在此滞留，或者让非顾客的其他人使用网络系统。Wi-Fi 会吸引他人在附近活动，因此，要对此类活动的时间和地点加强管理。

869

（10）要注意一些环境设计预防犯罪措施不要遮挡视线，阻碍实施自然监视，如：景观和植物、照明、街道和快餐店前门之间的土坡、店后面的壁龛和容易藏身的区域。

（11）沿快餐店外部四周提供充分的照明。位于商业大厦内的快餐店，在公共区域照明之外，快餐店还可以自己另外采取照明措施。如果快餐店是单独的一栋建筑，还需要为停车场和店外四周的空间提供照明。下班后的外部照明可以调低亮度，但是，还是要足以为巡警和安保巡察人员提供方便。下班后的内部照明也可以调低亮度，同时安装运动传感器，如果有人未经许可入内，就会触发警报，提升照明强度，既方便监视，又会发挥震慑作用，让犯罪分子无所遁形。

（12）在店内开展宣传，表明没有现金。像便利店一样，任何时候收银台的现金都不能超过50美元。多余的现金可以放在落地保险箱、店内保险库或者安全的保险柜中。下班前，如果现金箱、硬币盒无法放入保险箱或者经理办公室，则应当将其清空。

（13）空调口对着前面的玻璃橱窗会产生凝结效应，在窗户玻璃上形成水雾，不便于实施自然监视，也不便从店内观察店外的情况。可以对空调口位置进行调整，以免对着玻璃直吹，也可以调整温度，避免在店内的玻璃上形成水雾。供暖通风空调专业人员可以很容易地进行调整，避免产生这种现象。

（14）如果店内有电视，下班前要将其关闭，以免吸引他人在附近滞留。

（15）在店内张贴告示，说明店内有闭路电视监控系统进行监视、摄录，表明已经采取了安全措施。

（16）改变操作方式，让下班前倾倒垃圾变得更加安全。可以让一名员工在店内值守，保证安全，外出倒垃圾的员工出门后将门关闭，也不用随身携带店钥匙，这样会更加安全。如果只有一名员工，应当将垃圾打包、密封，待第二天早上值班经理到来后再倒。

（17）会议室内的 LCD 投影仪是贵重资产，应当采取监控等措施确保安全。

870

（18）最后，遵从集团公司提出的指南和建议，履行行业应有的注意义务。

（19）《佛罗里达便利店行业安全法案》对便利店安全保护措施和日常运营提出了建议，应当参照遵守相关建议。该法案适用于在晚上11:00至凌晨5:00开展业务的便利店。该法案要求对进行应对抢劫的培训；落地保险箱的重量不低于500磅；在店门口张贴告示，表明收银台的现金不超过50美元，窗户玻璃上张贴的海报不要阻碍从店内收银区观察店外的情况。该法案还要求形成书面的现金管理制度，限制夜班时段留存的现金数额，设置无声报警装置，如果此前在该店发生过犯罪案件，还额外要求店内必须随时有两名店员值班，雇用保卫人员，或者下班的警员值守。该法案还提倡将便利店锁起来，通过非直接的物品传递通道、活板门或者窗口进行交易。该法案不适用于餐馆，但是由于快餐店越来越容易因暴力犯罪行为蒙受损失，因此，快餐店也可以适用该法案中的一些基本要求。

（20）美国消防协会 730 – 2010 营业场所安全指南第 18 章零售场所中，要求零售场所应当制定安全管理方案，并需要首先开展安全风险评估。零售场所的安全方案应当针对内部员工盗窃、抢劫、破门入室、偷盗店内商品、欺诈、工作场所暴力等制定管理规范。安全方案应当根据每个店各自的实际需求和具体特点制定。安全方案要根据该场所全部财产可能面临的安全风险，制定具体的规范和流程，重点包括以下内容：现金管理、安保设备、安保人员和员工培训。一些适用于这些场所的特定措施包括：利用设备——如视频监控——防范盗窃行为，保证贵重财产安全，减少发生失窃的机会，合理确定垃圾箱的位置，保证倒垃圾员工的安全，留在营业场所的现金在满足业务所需的前提下，数额尽量最少。在非营业时间段内，保证现金的安全，可以根据安全风险评估结果，将其存放在可以防范入室盗窃的保险箱、保险库或者其他地方。采取多种方式减少因破门入室和其他盗窃行为而发生的损失，包括但不限于以下措施：物理安保设备，防范盗窃的保险箱，监测非法入内行为的监控系统等。利用窗户展示产品、张贴海报、宣传广告时，应当注意不要遮挡店内外的视线。在经营场所内安装电子安保监控设备应当符合美国消防协会 730 和 731 指南的要求。当安装监控非法入内的设备时，应当同时将保险箱、安全柜、现金资产等纳入监控范围。总之，凡是存放现金的营业场所，即使现金的数额不多，都有可能成为抢劫犯觊觎的目标。因此，必须采取预防抢劫的安全措施，降低被劫风险，避免发生抢劫等暴力犯罪案件。在高风险时段、开门营业和关门下班时，至少让两名员工值班，可以有效预防发生抢劫案件。在管理方面，减少盗窃案件的关键，就是要承认盗窃案件可能发生，然后采取相关措施，尽量增加犯罪分子实施盗窃行为的难度。美国消防协会 730 指南的零售营业场所中重点讨论了现金管理。留有大笔现金的营业场所最容易发生抢劫案件。为了让收银台留存的现金数额尽量最小，可以将多余的现金取走，存到具有延时功能的落地保险箱中，随后存入银行。应当张贴告示，表明现金的数额很少，存放在具有延时功能的保险箱中，让员工无法打开保险箱。破门入室案件会受到快餐店的营业时间长短和进入快餐店的难易程度的影响。破门入室是一种机会犯罪行为，研究表明，破门入室犯罪分子总是搜寻那些最容易成功的地方实施犯罪。破门入室犯罪分子在选择作案目标时，非常容易受到营业场所的外观和对该场所的感觉等因素的影响。因此，如果该场所的外观看起来好像已经采取了安全措施，犯罪分子会另外寻找更容易作案的机会。快餐店的内部、前门和后门应当提供充分的照明。在夜晚营业时间段内，为停车场及通往快餐店的道路提供充分的照明，可以让员工和顾客更加安全。各地的法规和建筑规范会对最低照明标准提出要求。为了美观，可能会培植景观植物，栽种树木，这可能会在安全方面产生隐患。在管理方面，要对灌木顶部、树木底部的树枝进行修剪，留出没有视觉障碍的空间，方便实施自然监视。保持店外与快餐店内之间的视线通畅也会对抢劫行为产生震慑作用，因为这样可以让外面的路人和巡逻的警察看到快餐店内的活动情况。实施抢劫要事先踩点，并有时间找到值钱的东西。犯罪分子在作案现场要花多长时间，主要受到以下因素的影响：犯罪分子的技术和信心，值钱的东西是否存放在保险箱或保险库中，安全保障措施的质量如何，预计警方和负责安保的其他人员会在多长时间内作出反应。防范非法闯入的监控系统可以对破门入室犯罪分子形成震慑（前提是监控系统必须开着！）如果采取了相关措施，视频监控系统的覆盖范围应当包括所有的入口、出口、入口匝道、电梯、楼道、人行道和停车场。张贴标志，表明该区域处于监控范围内，也会发挥震慑作用。不能利用假摄像头，因为它会造成一种安全假象。视频监控系统应当可以记录历史数据，以便帮助警方破案。

35.6 后 记

我让负责调查最初发生的入室盗窃案的警官，就一年后事情有什么变化写一下他的看法。因为职业的原因，他选择了匿名。我转述一下他的后记。

我从事执法工作已经超过了 15 年。我对我的工作充满了骄傲和激情。当我面对我经过努力以后产生的结果时，通常会有两种感受：根据是否成功，要么是极大的满足，要么是极大的失望。然而，在一些情况下，当受害人"不愿采取预防措施"，我会体验到极大的挫败感。在前述的一个案子中，我怎么也想不出，为什么唐恩都乐快餐店的老板（同时也是三宗案件的受害人）不愿意接受我的帮助。我哪里做得不对吗？很长一段时间，我都找不到答案。一天晚上，我当班时，我决定到作为本次研究对象的其中一个店去喝杯咖啡。当我把车停在店的前面，走出车外时，我的手机响了。我的一个同事就他正在调查一个与本次研究无关的案件，想让我提供一些指导。为了不让我在唐恩都乐店正门前的谈话被其他人听到，我走到了该栋建筑的侧面，和我的同事聊了约 30 分钟。当我正在打电话时，一个员工从快餐店的后门（200 英尺外）出来，手里提着垃圾向我起来（我站在垃圾箱附近）。当那个员工距离我约 10 英尺时，他看到了我。我注意到这一点，是因为他看到我时感到非常惊讶（他跳了起来，吓得喘不过气来）。我结束了通话，决定去喝杯咖啡。当我走到收银台前，我看到了两名员工，其中一位就几分钟前被我吓到的那位，另一位是饭店的老板。我付了钱，走到 Wi-Fi 信号点旁边。几分钟后，店老板端着一杯咖啡向我走来，问道："您还记得我吗？"我说："当然记得，你是我们城中三家唐恩都乐快餐店的老板，我们以前见过几次。最近怎么样，先生？"我们谈论了一阵，然后他对我说："警官，刚才你把我的那个兄弟吓坏了，他根本没有看到你站在那里。"我大笑起来，然后我意识到，这是一个向他倾诉我的挫败感的绝佳机会。我对这一套很在行，我用我认为最好的方式——幽默——来表达我的观点。我说："先生，下一次由您的唐恩都乐快餐店赞助的寻宝夺奖活动什么时候举行？""什么寻宝夺奖？""哦，你知道，去年你赞助过一次寻宝夺奖活动。你将你辛苦赚来的钱随意放置，破门入室者打破窗户，闯进店内，带着你的现金箱和钞票逃走了。"我勾起了他的兴趣。那天晚上，我们坐下来讨论了他的薄弱环节，他的探囊之物，要采取哪些措施才能避免"寻宝夺奖"事件的再次发生。此外，那天晚上，他还和我一起现场查看了他所有的店，当我说的时候，他还做了记录。关键问题包括以下几个方面。

（1）狼来了和虚假警报问题：虚假警报主要产生于两个区域。店内的运动情况和店前的门窗玻璃被破坏。在店内的运动情况方面，我建议他们联系ADT 公司，将传感器的灵敏度调低。我认为，由于晚上风从通风口吹进来，吹动店内悬挂的告示牌，触发了警报。这个问题第二天就解决了。在玻璃破坏这个问题上，ADT 公司仔细检查后并没有发现什么问题。自那天以后，城内三家店都没有发生过虚假警报问题。那天，店内的制度规范也进行了更改。从那天开始，每天下班离开前，员工必须将警报系统开启。

（2）落地保险箱问题：从那天晚上开始，只有老板和店内经理才可以掌握落地保险箱的钥匙。此外，还请了一位购买了责任保险的专业锁匠将各家店的保险箱固定在地板上。

（3）现金箱问题：每天夜晚下班前和每天早上上班时，所有的现金箱都是存放在经理办公室的保险箱内。每天晚上，经理要负责现金箱和硬币兑换机的安全问题，此外，还将收银台现金清空，并让它开着。

（4）闭路电视监控系统问题：当我提出让经理回放当天的视频录像（弄了大概五分钟），最后他承认，他不知道该怎么操作。我建议，让他联系安装这个系统的公司，派一名技术人员到现场和他一起进行操作。他按照我的意见办了。几周以后，店老板对其快餐店的所有经理都进行了培训，让他们可以回放视频录像，并可以将相关视频刻录到光盘中。此外，店老板还新增了一项方便的功能，让他可以在家里或者笔记本电脑上实时浏览视频录像内容。让他可以随时检查员工的工作情况，按照他的一贯要求进行质量管理。

（5）Wi-Fi 问题：我向他解释了相关事项，告诉他星巴克是如何进行管理的，然后，店老板同意，每天关店前五分钟就将 Wi-Fi 信号关闭。每一位员工会提醒顾客，即将停止营业，Wi-Fi 信号会被远程关闭。从那以后，我们再也没有发现有人在快餐店关门以后将车停在店门前蹭网。这个问题也解决了。

（6）会议室设备：所有贵重的设备，包括大屏幕电视，都会在每天关门前遮起来。这一改正措施消除了诱惑犯罪分子下手的目标，打消了机会犯罪分子作案的企图。

（7）建筑问题：那天晚上的大部分时间都是我在说话。但是，倾听也是良好交流的不可分割的部分。我也做到了这一点。店老板几次提到，在现在经济形势不好的情况下，尽管他的快餐店是最容易赚钱的行业之一，但是，在资金方面，他也遇到一些实实在在的困难。

a. 刚开始，我建议他将前面窗户和直通车道旁窗户的玻璃换成抗压玻璃。

理论上，这是一个一劳永逸的解决办法。事实上，这也是一个成本很高的解决办法。现在，我们认为可以将店内的门关起来，不用再在窗户玻璃方面采取保护措施。我建议可以在本地的家庭装修店中买些窗帘挂上。

b. 照明：根据我作为一个警察的观点，犯罪分子会避开照明充分的场所，他们更喜欢在黑暗、偏僻的地点作案。在我们讨论的那家快餐店，从后门通往垃圾箱的路一片漆黑，让人带到非常害怕。快餐店老板和购物中心的老板进行了沟通，在另外几家商店老板的帮助下，他们按照绿色高能效标准，新装了路灯，对周围的环境也不会产生不良影响。下班以后，这些路灯会关闭，但是只要触发运动感应器，灯光又会随时开启。

c. 购物中心：通过警察局的社区警务办公室，我们将购物中心纳入了 "防范非法侵入项目" 中。成本很少（四个金属标志牌只花了 150 美元）。设置了防范非法侵入的标志牌后，警方、司法机关可以对一天内任何时候非法进入相关场所的人直接实施抓捕，而不需要麻烦店主、购物中心老板在起诉时宣誓证明。

（8）关店流程问题：那天以后，以下所有问题都得到了改善。

a. 关门和开门：随时保证有两名员工值班。当一位员工外出倒垃圾时，要保证前门安全，另一位员工可以在后门附近，最好将后门关闭。

b. Wi－Fi——在关店前五分钟应当将无线网络关闭。这样可以迫使所有的顾客离开店内和周围的停车场。此外，关闭无线网络后，那些没有消费的人也没有理由在停车场滞留了。

c. 把窗帘拉好，防止有人刺探店内情况。

d. 所有放现金的箱子应当放在经理办公室，以保证安全，收银台及其附近的现金箱应当清空并敞开。

e. 在离开店之前，应当将警报系统开启。

结果如何呢？在接下来的时间里，佛罗里达 Sunrise 城内的所有唐恩都乐快餐店都没有发生破门入室案件。在虚假警报方面，共发生了三起，每次都是人为失误。值得注意的是，在其他辖区内，有三名嫌疑人因为砸碎玻璃、入室盗窃而被抓捕。和我们的侦探沟通后，他们认为，由于我们的案子缺乏证据，同时三名嫌疑人都"请了好律师"，我们无法将他们与发生在我们辖区或者我县其他区域的破门入室案件联系起来。还值得一提的是，上年度，布洛瓦尔德县发生的类似破门入室案件屈指可数。其中，没有一起案件是针对收银台的，也没有一起案件是特别针对唐恩都乐快餐店的。有的人会认为这是属于运气、巧合或者奇迹，然而，我却认为这是属于成功。我的挫败感也转变为备受鼓舞，因为我们最终还是改变了现状。快餐店老板还在从事这个行业，继续赚钱，店老板和警方之间的关系也得到了改善、加强。

35.7 小　结

　　我们生活在一个不稳定的时代，无论是社会还是经济都不稳定。从历史上来看，这种不稳定会催生绝望，绝望的人会做出丧失理智的事情。经济的糟糕状况会让抢劫、破门入室行为大幅增长。绝望的情绪会让那些想要生存，或者追求富裕生活的人变更加愤怒，充满仇恨。惨淡的经济状况会让安保行业和执法部门面临更多的困难。虽然在经济紧缩的情况下，安全和警务部门是首先被裁减的对象，然而，目前动荡的局势需要在安全和执法方面进行更多的投入，以保障我们的人身、财产和信息安全。

　　在南佛罗里达发生的很多暴力犯罪案件都警示我们，这与帮派活动有关。西海岸的许多帮派分子正在南佛罗里达犯下令人发指的罪行。在布洛瓦尔德县发生的系列抢劫案件，从某种程度上受到了糟糕的经济形势、非法枪支泛滥、帮派及毒品案件频发的影响，引发了大量的暴力行为。Broward 警方办案人员抓获了唐恩都乐抢劫案的犯罪分子后，向他问道，为什么要枪杀快餐店内无辜的旁人。他冷酷地回答："只想多杀个人而已。"这不是裁减安保力量的时候，而是应当加强安保力量的时候。

874　　细节决定成败。从特许经营公司的角度，他们为受特许人提供了一个实现美国梦的机会。追寻幸福就是建立自己的公司，并将它发展为可以满足自身需求的企业。特许经营人会就如何开展日常运营向受特许人以建议、指南等方式提供指导。如果特许人在业务运营和日常管理中发挥的作用过大，那他会因为受特许人未能履行相关义务，而承担过重的责任。从另一方面讲，一般的顾客仅仅是为了给车加油，吃一顿热饭，住一间干净的房间，好好喝一杯咖啡而已。顾客只知道品牌的名称和声誉，如果因为安全问题损坏了形象和声誉，整体商业形象会受到打击。在现在的经济形势下，如果相关的商业行为不能秉承最高价值——安全高效的工作环境，其商业和服务给人高质量的体验——其行为是不能被容忍的（如丰田、英国石油公司、尖端印象等）。

　　特许经营人和集团公司的安全防损部门可以充分发挥作用，确保受特许人在运营过程中可以采取合理的措施，保障安全。如果他们没有做到这一点，特许经营人需要采取有力的措施，发挥更加积极的作用，确保相关的特许经营店以安全合理的方式开展运营。如果仍未符合相关要求，可以收回特许经营许可，或者由集团公司派出团队，对相关的特许经营店进行监管、指导，改善其经营方式。我们希望大家可以借鉴 Sunrise 快餐店的做法，加强合作。一家不守规矩的特许经营店会对集团公司最重要的资产——品牌声誉——产生极大的破坏作用。特许经营人必须不断改进对受特许人的监督管理，把质量保证摆在最突出的位置，保证重要资产的安全，创建安全的工作环境。

参考文献

[1] ASIS GDL FPSM – 2009. *Facilities Physical Security Measures Guidelines*. ASIS International, Alexandria, VA, 2009.

[2] Broward County Sheriff's Office Fiscal Year 2009/2010 Proposed Budget. Budget Message from the Sheriff, Fort Lauderdale, FL, 2010.

[3] Duecy, E. Robbery sprees vs. QSRs point to need for training. *Nation's Restaurant News*, 38, 1, *August* 9, 2004.

[4] Durst, D. Man gets nine life sentences in '08 Dunkin' Donuts robbery, *South Florida Sun-Sentinel*, Aug. 27, 2011.

[5] Florida Department of Law Enforcement, Florida Crime Statistics, http://www.fdle.state.fl.us/Content/getdoc/la5f9112 – 9838 – 4d65 – ad21 – f5538f61f484/Broward.aspx, 2010.

[6] Florida Department of Law Enforcement, Florida Statistical Analysis Center. UCR Reports. Tallahassee, FL. 2010.

[7] Interview with Dunkin Donut Brand Executives: Chris Egan Legal Counsel for Dunkin Brand; and Jack Sullivan Director of Loss Prevention and Corporate Security with Dunkin Brand, July 16, 2010.

[8] Interview with Francis D'Addario, CPP, Faculty with the Security Executive Council, July 17, 2010.

[9] *NFPA* 730 *Guide for Premises Security*, 2010 Draft Edition. National Fire Protection Association, Quincy, MA, 2010.

[10] Santana, S., Boca Raton police catch two men outside damaged Dunkin Donuts, link to Subway burglary, *South Florida Sun – Sentinel*, Apr. 27, 2010.

[11] Sorenson, S. *Economic Misery and Crime Waves*. Sikyur Publications, Gaithersburg, MD, 2009.

[12] The Convenience Business Security Act, Florida State Statute 812. 1701 – 812. 175.

通过环境设计预防犯罪措施的实施

　　有一个比较重要的问题我们应当思考：为什么没有将安全事项大刀阔斧地融入到我们的基础设施和建筑环境中呢？可能答案非法简单：因为没有强制性的要求。在建筑的设计和建设中，不可能不采取防火措施，但大多数建筑的设施都没有采取犯罪预防措施或者安全措施。建筑法规和相关标准要求，所有建筑都必须遵守防火和保障人身安全方面的规范。在"9·11"事件发生以前，一般只有高危的建筑才会采取安全措施，如使馆、银行、核电站，甚至7-11便利店！但是现在，我们的基础设施和建筑的薄弱环节被暴露了，有时是一种悲惨的方式，对安全问题的觉醒也会对设计领域产生潜移默化的影响。然而，一些社区在几年前就考虑到了安全和犯罪预防问题，并且在建成环境中看到了积极的变化，使用的人数增多了，犯罪率下降了。现在，将安全融入建筑和基础设施中的整体状况如何呢？从国际视角来看，一些地区在实施环境设计预防方面取得了巨大的成功，如澳大利亚新南威尔士，英国的"设计预防犯罪项目"，荷兰的"安全标签"项目。遗憾的是，过去几十年业，北美的进展还没有那么大。

36.1　尝试规制

36.1.1　加拿大的努力

　　19世纪90年代，加拿大政府所属的加拿大抵押和住房公司发起了一项可行性研究，试图在全国范围内将环境设计预防犯罪标准融入到要求普遍遵守法律规范中，并制定相关的评估政策（Saville and Wright，1998）。荷兰通过"安全标签"项目成功地实施了环境设计预防犯罪项目，加拿大的目标是对荷兰的项目进行评审，以决定如何在加拿大实施相关政策。该项目在初始阶段看起来是可行的，但是，随后建筑行业的一些领域不断抱怨成本攀升。由于在政治方面缺乏领导力量，最终未能在全国推行。

　　如今，在加拿大，只有少部分地方还在推进环境设计预防犯罪措施，如大不列颠哥伦比亚温哥华和维多利亚，安大略省皮尔区。大多数情况下都是以手册或者委员会会议的形式，在许可过程中，向开发商和建筑师提供不具有约束力的环境设计预防犯罪指南。遗憾的是，无论如何加大力度，都无法强制开发商接受相关建议。城市的政客们满脑子都是想着新的开发项目会增加财产税，因此，也不大愿意实施具有强制力的法律，延迟开发进程。

艾伯塔省卡尔加里的人口达到了一百万，它正在实施一项宏伟的计划，将第一代环境设计预防犯罪（通过物理设施减少实施犯罪机会）和第二代环境设计预防犯罪（减少犯罪动机）落实到全市规划和开发过程中。2006 年，卡尔加里召开了大型的国际会议，将全球的安全及环境设计预防犯罪专家汇集到一起，共同审查卡尔加里的大规模更新规划（Lyons and Arber，2006）。警方开展了第一代环境设计预防犯罪基础调查。最近，环境设计预防犯罪专家开始将犯罪分析和环境设计预防犯罪措施运用于当地几个正在开发的社区。在开始阶段，他们针对当地的城市设计和规划人员开展第二代环境设计预防犯罪和安全发展规划技术方面的培训。此外，卡尔加里大学环境设计专业的老师们也开设了新的课程——这是全国第一所开设此课程的大学——向下未来的设计师们教授最先进的第二代环境设计预防犯罪理论。

萨斯喀彻温省萨斯卡通的常住人口达 25 万，类似这样的地方或许才是未来的雏形。在这里实施的城市安全和规划项目正成为全国最领先的项目，他们对绝大多数的规划和城市设计人员开展环境设计预防犯罪和安全发展规划技术培训，在城市社区广泛收集常规犯罪分布和安全审计数据，审查新的开发项目是否符合环境设计预防犯罪要求。这种方法将教育和建议结合起来。虽然没有强制约束力，但是，这是加拿大最接近于强制规范的做法。遗憾的是，加拿大的大多数城市在要求实施环境设计预防犯罪，衡量是否成功实施方面采取的措施很少，或者根本没有采取任何措施。

36.1.2 美国的现状

美国的情况也大体类似。一些州，如佛罗里达州和弗吉尼亚州将少部分的环境设计预防犯罪理念吸纳到法律规范中，但是，采取类似措施的城市数量依然很少。以下是部分城市。

- 从 1997 年开始，亚利桑那州的坦佩就制定了环境设计预防犯罪方面的规定，要求建筑师、规划师和开发商不断降低风险，减少实施犯罪的机会。坦佩的规定被认为是最严格的环境设计预防犯罪规定，它要求警方、城市规划师进行检查、规划审查和执法。坦佩的环境设计预防犯罪规定强调设计因素，如最低照明标准、景观绿化、墙体和门、证建筑的特征和位置符合相关要求的技术规范，综合大楼的指示牌以及停车场等。
- 佛罗里达的萨拉索塔于 1992 年通过了环境设计预防犯罪的规定，其关注的重点主要是土地利用中的兼容与冲突，同时还有最低照明建议标准、场所维护与清扫、最高密度和庭院面积要求、标志牌要求、停车场安全、景观缓冲和隔离要求以及环境设计预防犯罪方案审查方面的规定。萨拉索塔规定的特别之处在于，它只是提出采取相关措施建议，并不具有强制约束力。但是由于要求由一位警官和一位环境设计预防犯罪规划专家——Stan Carter 和 Sherry Plaster－Carter 事务所——对设计图纸进行审查，因此会导致开发商尽可能地作一些改变，并肯定会对后续项目产生影响。

- 佛罗里达布洛瓦尔德县于 1996 年通过了关于环境设计预防犯罪的决定，要求现场平面图必须由两名经过环境设计预防犯罪培训的专业人员审查，其中一名来自于战略规划部门，另外一名是经过环境设计预防犯罪培训的执法人员。根据这一决定，在该县新建设施的公司应当雇佣一名经过环境设计预防犯罪培训的员工，让其参与到设计过程中，以便在审查过程中顺利通过。虽然由公司决定是否采纳工作人员提出的建议，但是，如果没有听从相关建议，采取相应措施，在因履行场所安全保障义务而引发的诉讼中很容易处于不利地位，因此，在环境设计预防犯罪方面，比较容易达到想要的效果。

其他一些制定了环境设计预防犯罪方面的法规或通过了相关决定的地方包括：佛罗里达州的坦帕、奥兰多、圣彼德斯堡，北卡罗来纳州的达勒姆，亚利桑那州的图森，得克萨斯州的达拉斯，加利福尼亚州的尔湾，密歇根州的安娜堡以及维吉尼亚的几个城市。Stan 和 Sherry Carter 事务所在执行佛罗里达州萨拉索塔环境设计预防决定方面发挥了重要作用，并在当地的规划过程中总结出了以下四个步骤。

（1）在规定土地用途的规划文件中应当包括环境设计预防犯罪的内容。

（2）在审查项目开发方案是否运用了环境设计预防犯罪原则、方法的同时，培养具有环境设计预防犯罪知识的员工。

（3）经过环境设计预防犯罪培训的员工应当参与本地社区规划活动，如为社区振兴活动，制定总体规划，开展社区研究等。

（4）在本地政府授予的规划设计合同中，应当明确环境设计预防犯罪的设计标准。

在萨拉索塔经验的基础上，还有必须增加第五个步骤：犯罪分析和风险评估审核程序，以突出每一处新项目中采用哪些具体的环境设计预防犯罪策略最合适。利用这五个步骤，可以确保社区内的新建基础设施可以符合基本的安全标准。通过当地和州政府制定环境设计预防犯罪和安全措施方面的法规、规定、规范性文件和决定，可以确保在今后的规划和建设中将公共安全和健康摆在重要位置。

36.2 设计指南——另辟蹊径

如果没有政治力量推动，即便是正式的环境设计预防犯罪规定，也难以得到贯彻执行。随着时间的推移，这种状况可能会得到改观。面对犯罪的威胁和恐怖主义对基础设施的危害，社会和政界也开始采取应对措施，对城市设计和社区建筑中如何防范犯罪、保障安全的认识也有所转变。与此同时，正面推进难以奏效，另辟蹊径会如何呢？可以考虑充分利用设计指南。虽然没有环境设计预防犯罪法律规定那么全面，但设计指南在保证执行方面更容易奏效。

虽然许多城市不愿在安全方面作出强制性要求，但其他一些法律规定也会从侧面对安全产生影响。佛罗里达建筑法规对防范飓风提出了新的严格要求：窗户玻璃必须能够抵御飓风。这种夹层玻璃不仅可以抵挡时速高达 120 英里的飓风及风中的碎石，也可以防止破门入室者砸击。1992 年"安德鲁"飓风之后，佛罗里达州迈阿密戴德县最先制定特别法规，要求玻璃必须能够防范冲击，很快佛罗里达州其他地方也作出了类似规定。南佛罗里达州建筑法规是全国第一部要求新建建筑必须安装防范飓风冲击的玻璃的法规。迈阿密戴德县南部建筑法规（美国南部的许多州都受该法规约束）都对抗冲击玻璃提出了要求。保险行业也从金融角度要求建筑业主必须遵守相关规定——虽然是以自愿投保为基础——如果他们想投保的话。2005 年"卡特里娜"飓风过后，许多其他州也准备制定严格的防洪、防飓风的规定，这项规定也会对防范犯罪和恐怖主义带来积极的影响。

878

36.2.1 便利店安全法规

在实施环境设计预防犯罪方面的另一个范例是制定了适用全州的安全法规，不仅提出了设计指南，还规定了管理流程。1990 年，佛罗里达州制定了便利店安全法规，并于 1992 年进行了修正，该法规要求便利店必须采取安全措施，降低抢劫案发案率。相关的措施包括：在夜晚 11 点至凌晨 5 点之间，便利店必须有两名以上员工值班；设置可以防弹的安全封闭场所；安装无声报警设备；安装摄像监控系统；配备落地保险箱和现金管理设备；照明符合特定的具体标准；设置高度标记；张贴告示表明现金数额有限；营业场所配备保安，或者在夜晚 11 点和凌晨 5 点之间通过传递物品的窗口开展业务。摄像监控系统摄录存储功能，支持回放，以便确认犯罪分子身份，帮助警方实施抓捕。停车场的照明水平要求在距离地面 18 英寸的位置至少达到每平方英尺 2 英尺烛光。窗户上张贴的标志不能够遮挡店外通往店内视线，以便警方巡逻和实施自然监视。窗户玻璃底色应当合适，在正常光照下，不能对内外视线造成妨碍。相关研究表明，采取上述安全措施后，抢劫案件发案数量明显减少。

在州级层面上，便利店安全法规在其执行力方面存在问题。正如前面提到的，实施环境设计预防犯罪措施中遇到的问题一样，尽管该法规的立法目的很好，但是没有规定地方执法机构如何执行，以及不遵守该法规应当承担的责任。2006 年，有人提出废除该州级法规，而由各地重新制定地方法规，并由治安官和警察部门来负责执行。佛罗里达州部分已经制定了便利店安全法规的县，在执行方面非常严格，对违反者会处以罚款。

36.2.2　安全学校设计指南

设计安全学校对实施环境设计预防犯罪也是一个很好的机会。佛罗里达州于 1993 年通过了佛罗里达州安全学校设计指南，并于 2003 年进行了再次修订。2001 年的佛罗里达建筑法规吸收了安全学校设计的一些原则，并由佛罗里达教育局推广实施。该法规规定了设计指南主要以环境设计预防犯罪原则为基础，适用于从幼儿园到社区大学的所有学校。该法规重点关注现场布局规划中的一些内容，如停车场、人行道、标志牌、门、窗户、墙体、屋顶和照明等。内部空间方面的内容主要包括大厅、管理用房、教室、楼道、洗手间、礼堂、体育馆、更衣室等。该法规的最后一部分的安全规定主要针对设备和系统，如机械、通风系统，消防、警报系统、监控摄像系统和安保系统等。

36.2.3　美国联邦总务管理局和跨部门安全委员会制定的安全标准

在国家层面上，公共领域的安全标准主要是在默拉联邦大楼爆炸案后制定的总务管理局安全标准。各州和各地没有强制要求必须制定相关标准，由各地根据各自情况决定是否制定。总务管理局安全标准逐渐发展为跨部门安全委员会（ISC）标准（2010）：联邦设施物理安全标准。在私营领域，制定安全和环境设计预防犯罪标准的步伐显得相对迟缓。从 20 世纪 90 年代初期开始，分别有几个全国性组织试图制定标准或自愿性质的指南。2005 年，全国消防协会经营场所安全技术委员会分别就经营场所安全草拟了 NFPA 730，就经营场所电子安保系统安装草拟了 NFPA 731。其中 NFPA 731 被采用为美国国家标准。NFPA 730 属于自愿适用的标准，但是，在新版的建筑规范中参考适用。NFPA 730 中的许多内容直接援引环境设计预防犯罪和基础设计保护中的相关内容。

安全风险评估是保证安全的开端。纵观各类指南，首先强调的就是通过安全风险评估找出风险。本书论述了外部安全、内部安全、物理安全、安保人员、安保规划，然后讨论了教育设施、医疗设施、独栋或双拼别墅、住宿设施、公寓设施、餐馆、购物中心、零售店铺、办公楼、工业建筑、停车场及其他特定设施在安全方面的特殊需求。

全美的社区都在为新一轮的发展制定设计指南。这些指南通常都强调同一种理念：所有社区都想改变他们的发展方式。其中一个例子便是智能发展。

36.2.4　与智能发展的联系

如果环境设计预防能够重塑 21 世纪的都市，那么智能发展运动将是其最具潜力的着力点。智能发展是深入影响我们城市结构的最知名的规划发展方向之一。在综合生态管理、宜居性和社会可持续性的基础上，智能发展整合了一系列的城市发展、设计新方法。其中一些理念还处于理论阶段，如生物区域主义，另外一些理念则属于具体的设计方法，包括以下三种。

- 新都市主义是从建筑方面对蔓延式拓展和汽车城市的应对。新都市主义者给人的感觉就是要回归到过去的安宁小镇（Mayberry Towns），有带前院的门廊，狭小但更适合步行的街道，在街边小公园（Street Parkettes）里还有眺望台，紧邻前院的是小巷而非车库（Langdon，1994）。新都市主义住宅区的建设目的是提倡宜步行性和人们在公共场所开展社会交流，这也是环境设计预防犯罪的宗旨。在北美，每个地区都有新都市主义城镇。事实上，在各个规划中，涌现出了各种类型的新都市主义建筑。

- 公共交通导向发展。20世纪50年代的郊区，街道曲折，不利于步行，出行依赖汽车，为了应对这一问题，开始发展公共交通。这一理念强调公共交通的不断拓展，围绕交通节点、火车站、快速转运枢纽建设社区，住宅区步行可达（Calthorpe，1993）。和新都市主义一样，公共交通导向发展强调宜步行性和自然监视。

- 联合住宅（Cohousing）：和公寓楼和合住不同，联合住宅于20世纪60年代开始于欧洲。它是由具有独立产权的多栋房屋组成一个完整的社区，由那些想对其居住环境拥有更多掌控能力，希望更多地与邻居交流的人共同设计、开发。在联合住宅中，由单个家庭住宅或者双拼、四拼住宅沿着公共道路修建，并共享公共房屋、景观庭院或者其他的公共设施，如社区公园、工作作坊等。由于在联合住宅中区分半公共、半私密空间显得比较重要，所有在处理空间层次和专属区域方面要备加留心。在北美地区，已经出现了数以百计的联合住宅项目（McCamant and Durrett，1988）。

和所有的都市设计类型一样，从环境设计预防犯罪角度来看，智能发展既有其积极的一面，又有其消极的一面。但是，所有的这些设计类型的理念都提倡社会互动、自然监视、社区公共区域的专属性，而这些又是与成功实施环境设计预防犯罪互相耦合的。如果政府官员和环境设计预防犯罪专家们更关注思考全问题，智能发展将是未来成功实施环境设计预防犯罪的最佳方法。

880

36.3　新都市主义面临的挑战

佛罗里达州的一些新兴小镇，如Celebration和Tradition以及全国其他的一些地方，运用了新都市主义的设计指南。新都市主义的发展目标是建设功能齐备、适宜步行的社区，这一目标也附带了许多环境设计预防犯罪原则。在郊区大片土地上新建了大型的购物中心、折扣商店，不仅可以提供免费停车场，周围房价也很便宜，也吸引了大量的购物者，许多过去兴旺的市中心变得空荡、萧条。随着郊区土地很快开发完毕，郊区理想住房的价格一路飙升，许多开发商又开始把目光转回那些靠近城市商业中心的低价土地（图36.1、图36.2）。

图 36.1　Celebration 镇的市中心外观、多功能建筑、阳台、庭院和安全的街面景观设施

图 36.2　佛罗里达州 Celebration 镇主街

　　现在，"郊区村庄"又开始在美国城市外围迅速兴起（Kotkin，2005）。在人们因为区位优势和丰富生活而向中心城市回流时，新的郊区都市主义开始建设全新的中心城区。波士顿、迈阿密、劳德代尔堡和其他成百的美国城市开始迎来振兴。新都市主义努力适应郊区蔓延发展的趋势，而不是与其对立抗争。许多当地郊区城镇朝着功能自给自足的城镇或者乡村的方向发展，而不是仅仅成为市中心区域的住宅区。各种开发项目不断规划新建，包括了住宅、购物、交通和其他的一些必备基础设施，如电力、供水、燃气、道路和配套系统。新建建筑为了从设计上应对飓风、洪涝、火灾、地震等自然风险，环境设计预防和基础设施保护是一项非常重要的设计标准。现在，标准的考虑范围不断扩大，预防犯罪和反恐也被纳入其中。

　　面对 21 世纪的这些新挑战，设计专家们做好准备了吗？2004 年，以美国南部的几千名建筑师为对象开展了一项研究，结果表明，知道环境设计预防犯罪的建筑师数量少得可怜，甚至可以说几乎没有。虽然许多接受调查的建筑师听说过可防范空间的概念，但是没有一个人熟悉环境设计预防犯罪，而这还是在"9·11"之后开展的调查。学校、医疗设施、多家庭住宅的建筑师们竟然不了解已经有了 30 年发展历程的环境设计预防犯罪原理，这着实令人难以想象！许多建筑师都赞同：建成环境或对人的行为产生影响。但是，在建筑设计建造过程中，他们没有必须考虑安全的强制义务。在建筑学院教学中，没有环境设计预防犯罪相关内容，仅是在美国建筑师协会的全国会议上偶尔会讨论相关内容。

　　根据建筑行业的实际情况，想将一些不具备强制力的建议，如安全和环境设计预防犯罪，纳入专业实践中，会显得异常困难。和以前相比，现在的法院更加深刻地认识到了设计和犯罪之间的关系。在场所责任诉讼中，越来越多的案例表明，建筑设施应当为犯罪攻击导致的伤害负责。这难道还不是对我们的建筑教学作出改变的时候吗？难道现在设计专家还不应该更新他们的知识，学习先进的现代环境设计预防犯罪知识吗？"9·11"之后，有人提起诉讼，认为双子塔的设计缺陷导致了其倒塌，但是，建筑师早在 20 世纪 70 年代，就有能力在设计方面就让双子塔可以抵御波音 707 机型的撞击。

警察部门会在警官学院对警官们开展环境设计预防犯罪和安全方面的培训。但是，在美国的大学和学院中，开设环境设计预防犯罪课程的很少（只有佛罗里达大西洋大学建筑学院、弗吉尼亚理工大学、罗格斯大学）。安全的代价是什么？公民权利，高昂成本，可以防范制止既有的、不断涌现的威胁的下一代建筑，为了这些，我们整个社会愿意付出多大的代价？设计专家可能难以充分理解建成环境和人身安全之间关系，但是，法律诉讼，日渐清晰的注意义务标准，建筑法规、设计指南，这些因素可以发挥胡萝卜和大棒的作用，改变我们设计和建造的方式。

参考文献

［1］ Architects and Defensible Space. （November 2004） Unpublished paper submitted to the *Environmental Design Research Organization Journal*.

［2］ Calthorpe，P. （1993） *The Next American Metropolis*：*Ecology，Community，and the American Dream*. New York：Princeton Architectural Press.

［3］ Florida Convenience Business Security Act of 1990. 812. 170 – 812. 175，Florida Statutes，State of Florida.

［4］ *Florida Safe School Design Guidelines of* 1993. （1993） The Florida Center for Community Design and Research，Florida Department of Education，Tallahassee，FL，July 28.

［5］ *Florida Safe School Design Guidelines of* 2003. （2003） Florida Department of Education，School of Architecture，University of Florida，Tallahassee，FL，2003.

［6］ ISC physical security criteria for federal facilities：An Interagency Security Committee standard，April 12，2010.

［7］ Kotkin，J. （2005） The new suburbanism. *Archiectural Magazine*，June，21 – 76.

［8］ Langdon，P. （1994） A *Better Place to Live*：*Reshaping the American Suburb*. Amherst，MA：University of Massachusetts Press.

［9］ Lyons，G. F. and Arber，M. （2006） Safe streets—safe city：A community-based crime prevention project. *The CPTED Journal*，2 （1），33 – 38.

［10］ McCamant，K. and Durrett，C. （1988） *Cohousing*：*A Contemporary Approach to Housing Ourselves*. Berkeley，CA：Habitat Press.

［11］ Miller E. and Saville，G. （June 2010） Safe growth and CPTED in Saskatoon. crime prevention through environmental design guidelines：An Illustrated guide to safer development in our community. City of Saskatoon Planning and Development.

［12］ NFPA 730. （2005） *Guide for Premise Security*，2006 edn.，National Fire Protection Association，Quincy，MA.

［13］ NFPA 731. （2005） *Standard for the Installation of Electronic Premises Security Systems*，2006 edn.，National Fire Protection Association，Quincy，MA.

［14］ Saville，G. and Wright. D. （1998） *Exploring the Feasibility of a Canadian Home and Community Seawity Labeling Program*. A report to Canada Mortgage and Housing Corporation. Ottawa，ON：CMHC.

882

开展环境设计预防犯罪调查

毫无疑问，为了提升场所安全必须首先开展安全调查。安全调查所包括的各项因素在前面章节中已有论述：风险、威胁和薄弱环节分析。安全调查的版本和具体项目的数量比大沼泽地国家公园里的鳄鱼数量还多。最困难的是要决定具体采用哪一种方法。有几种得到认可的风险和薄弱环节评估方法。桑迪亚实验室风险评估方法可以适用多种不同的环境：水库和水坝（Water and Dams）、基础设施、城市等。国土安全部（HLS－Cam）的国土安全重要性评估方法也是一种。跨部门安全委员和总务管理局制定的安全评估方法适用于联邦建筑。国防部在其制定的统一设施标准提出了安全评估方法，在最近发布的联邦应急管理局426标准——减少恐怖主义威胁中也提出了安全调查方法。本书建议采取"保护基础设施防范恐怖主义模板"中的风险调查方法。现在有一些公司出售可用于笔记本电脑和掌上电脑的安全调查软件，但真正的问题是这些软件是否方便使用，是否真正会用它们来开展安全调查。

我对许多的建筑和设计开展过环境设计预防犯罪调查，我有时候也会使用项目清单。但是，不管这些项目清单用起来如何方便，我常常感到很冗长，并且不能反映出现实条件中的细微变化。此外，想在细小的空格内填写清晰明了、具有价值的观点，几乎是不可能的事。调查项目清单和预先设计好的软件根本不能反映调查对象的本质特征。

对特定场所开展调查，撰写符合逻辑、内容全面、条理清楚的报告，对于一个门外汉或者一个经验丰富的专业人员来说，到底该怎么做呢？这就需要将操作实践和科学结合起来。在典型的环境设计预防犯罪调查中，采用的是环境设计预防犯罪数据收集流程。基本步骤包括：

- 犯罪分析
- 收集人口统计数据
- 收集土地利用资料
- 开展现场调查
- 观察记录使用者习惯类型
- 撰写安全调查报告并进行审核

首先开展犯罪分析，了解场所的历史背景。在确定是否构成安保疏忽时，考虑的一个重要因素就是以前在该场所及其附近是否发生过犯罪案件。这一因素被称作可预见性。场所的所有人、管理人、使用者、访客是否因为之前在该场所及其附近发生犯罪案件而引起注意，采取了应对措施。犯罪分析收集的数据要向前追溯多年，需要向执法部门电话咨询，并分析本地面临的风险类型。但是，这种分析不仅旷日持久，并且耗资较多。多数警察部门都利用地理信息系统绘制犯罪分布图。理想情况下，当地的执法部门会提供该地区的犯罪分析，甚至可以在该地区地图上标示犯罪类型。另外，CAP 指数公司可以进行专业的犯罪分析。他们可以对特定地点及其 1～5 英里辐射半径内的区域进行研究，分析 UCR 中的 Ⅰ 和 Ⅱ 犯罪类型，并和本地、本州和全国的同类犯罪进行对比。CAP 指数可以用不同颜色进行区别标示，表明与本地和本州的平均水平相比，研究区域是处于较低还是较高水平（图 37.1）。

884

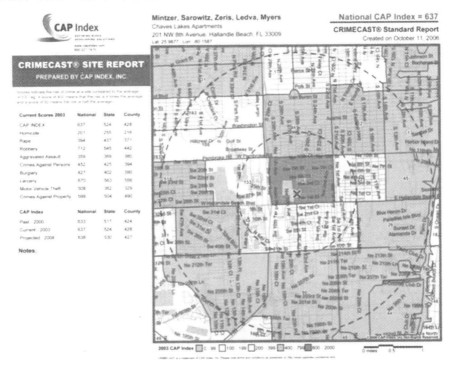

图 37.1　（参见彩图）CRIMECAST 分析中的 CAP 指数示例

最终的成果是形成一张该区域的地形分析图，向负责调查的专家和客户说明其所在的区域犯罪率是高、是低还是处于平均水平。犯罪分析应当反映犯罪类型，是属于针对财产的犯罪，还是针对人身的犯罪。犯罪的地点以及处于一天中的哪个具体时间是最关键的因素，因为这两个因素可以决定犯罪的模式及发展趋势，并与分析过程中的其他因素密切相关。例如，如果犯罪率下降，可以考虑是否与青年数量减少、失业率下降或者军事基地服役人员数量减少有关。

在确定恐怖活动、工作场所暴力的风险水平时，应当采用不同的标准，并进行逐个分析。如果某一场所多次发生工作场所暴力行为，遭受恐怖袭击，属于地标性建筑或者容易成为袭击目标，在确定调查标准时，应当考虑恐怖活动因素。

在解决了收集犯罪数据这一难题后，第二个重要的问题是收集该设施或场所的人口统计数据和使用者群体数据（图 37.2）。房屋的类型有哪些？租房和购房的价格如何？价格是否可承受？无家可归的人有多少？该区域、城市的居民或者设施的使用者的收入水平怎样？谁是目标受众？当在调查医院、学校、办公楼、酒吧、沃尔玛超市中心时，没有什么区别。他们是老年人、青年人、成年人，还是一个家庭的成员？可以通过人口调查局的报告，商会、地区规划委员会关于本地的研究资料、报纸报道、不动产研究、图书馆、互联网等多种途径收集相关的人口统计数据（图 37.3）。

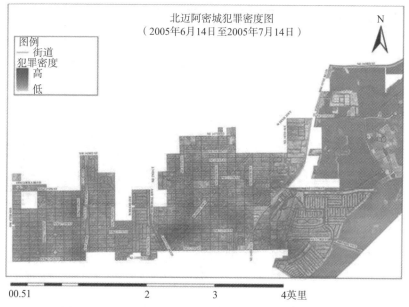

图 37.2 （参见彩图）利用地理信息系统制作的北迈阿密城犯罪密度图
注：非常感谢佛罗里达州北迈阿密城允许翻印

与人口统计数据密切相关的是土地利用资料。通过土地利用资料可以了解土地的详细信息和建筑规划目的（图 37.4）。

885   土地利用信息包括区划代码图，建筑法规或规定，地区总体规划，价格最高、品质最好的房产的报道，交通研究资料，运输情况报告以及其他类型的规划或者城市研究报告。根据美国阳光法案规定，私人或者公共的报告都可以从政府获取。绝大多数的市、县规划部门都可以提供规划地图。不同类型的土地

886   用途用不同颜色予以区分，将低密度住宅、高密度住宅、商业、工业、公园和自然边界予以标示（图 37.5）。

北迈阿密市城市分区规划图

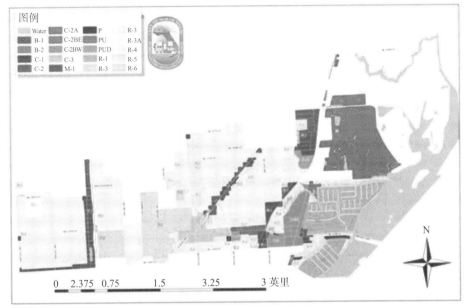

图37.3 （参见彩图）规划图中将商业区和住宅区进行了区分（非常感谢佛罗里达州北迈阿密城允许翻印）

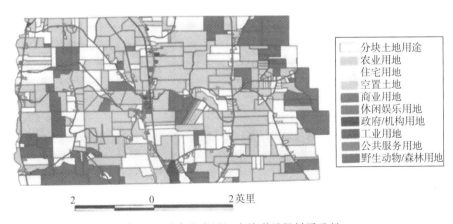

图37.4 （参见彩图）土地利用规划图示例

　　收集犯罪背景数据、土地利用资料（图37.6）、人口统计信息之后，另一个重要事项就是要进行现场查看。如果环境设计预防犯罪的调查对象是既有场地，则要对场地的前门、后门进行查看（Aherns and Atlas 2006，Appendix 1）。后门查看是指在不预先通知的情况下，在正常时间和下班时间进行查看。要注意衣着随意，融入周围环境。如果周围比较安全，可以和该区域的人进行交谈。如果周围不安全，可以仅进行观察，并记录照明条件、车辆及行人的通行

模式、合法及非法的使用者或活动等信息。实地感知该场所或物业的真实
情况。

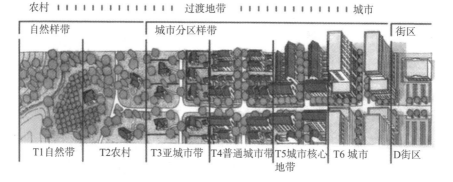

图 37.5 （参见彩图）迈阿密总体规划中的规划界线
注：摘自迈阿密 21，Duany Plater–Zyberk & Co. 享有版权，2007 年。

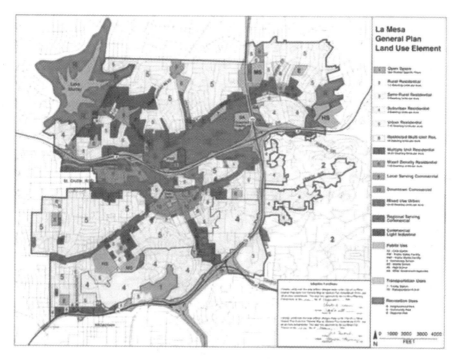

图 37.6 （参见彩图）土地利用图（非常感谢加州 La Mesa 城允许翻印）

　　然后开展前门查看。和物业经理、业主、客户、员工及该建筑的其他使用
者交流。观察在有监管的情况下，每天人们如何以不同的方式利用该建筑。例
如，在观察学校时，傍晚时或周末的情况与周一早上九点的情况会截然不同。
对办公楼、医院、工业或商业仓库的装卸区进行观察时，清早时分、正常工作

时分和周末的情况也差异显著。卡车如何进出？垃圾箱的装卸区距离多远，是锁定的还是密封的？

如果环境设计预防犯罪针对尚未建设或者开发的项目，这就要求调查者充分运用预测技巧。你能够预料建筑建成以后像什么样子吗？人们会怎样进行使用？你可以预见到某些设计因素是有碍安全还是有利安全吗？例如，沃尔玛想在低收入住宅区新建超市，因为附近居民可能会成为他们的客户，但是该地点的犯罪数据可能是一片空白，因为现在该地点还是一片空地。但是，如果在距离该地点不远的一个犯罪高发的区域新建了一个人流量高的购物中心，那么，你就可以预判，在该已建购物中心停车场发生的状况，是否有可能也会在此地点发生？垃圾场和装卸区是否很容易成为犯罪目标？通过如此预判后，新建的超市可能需要在外围设置围栏，或者明确边界，提供充分的照明，安排安保人员巡逻，设置明显的标志，谨慎处理窗户的位置、景观绿化、植物类别等项目。

记录观察结果也很重要。除了观察现场和周围社区，还很有必要针对在那里生活、工作、玩耍的人进行调查、询问。调查者需要通过询问问题，搞清楚合法、非法的使用者如何利用该场所，会在场所内开展什么活动。在调查中要询问使用者对犯罪和恐怖活动的感觉如何，并与真实情况或统计数据进行对比。询问的内容包括公共及私人交通状况如何；垃圾如何收运；是否可以方便地得到消防部门、执法部门、私人安保服务；通过相关的数据、观察、访问，调查者可以初步想象一下相关事项是如何运行的，应当怎样运行；调查人员必须清楚，针对特定的调查对象，在履行注意义务方面，是否已有相关的适用标准。

在汇总相关报告的时候，调查者首先需要简明扼要地撰写摘要，主要表述相关的背景信息，简要说明为什么要撰写相关报告。接着，需要介绍与研究相关的背景信息。然后以简洁的语言说明观察到的实际情况和相关的结论。完整的文件、调查结论、调查的工具和参考资料可以作为附件列出。描述了观察到的情况，或者预料到的情况后，应当提出相关建议。相关的建议应当按照重要或优先的程度依次列出。每一种建议都要根据实施的具体情况讨论一下需要花费的时间和资金。

首先需要观察的是什么，调查的顺序如何，不同的方法可能会有所区别。一般情况下，场所的信息应当包括边界、地标、基础设施、场所及设施的示意图。经典的环境设计预防犯罪方法会采用剥洋葱的方法：从整个场所开始，然后是建筑周围，接着是内部空间，最后再提出策略和程序。

当对某一既有建筑或设施的外围开展调查时，一定要注意到毗邻的街道、建筑和地标。建筑、车辆和周围街道之间的间隔距离如何？车辆行人的通行方式如何？停车场的位置在哪里？垃圾箱和附属建筑设在哪个位置？外部独立设置的照明设施采取哪种型号，设在什么位置，效果如何？闭路电视监控摄像头的选用什么类型，如何确定安装位置？景观绿化，尤其是树木会不会遮掩犯罪

887

888

活动、恐怖活动或者非法物品（炸弹）？标志和路牌清楚吗？自然的、有组织的或者机械设备监视系统运转正常吗？自然的、有组织的和机械设备访问控制系统运转正常吗？标示专属区域的自然的、有组织的或机械设备类的措施可以有效发挥作用吗？

当对既有场所中的建筑外部开展调查时，宜从建筑地基或者底层开始，然后向上至楼顶。是否可以通过邻近的建筑、屋顶、人行道、孔洞或者树木进入被调查建筑？门窗的位置在哪里，是否安全？有没有可供躲藏的空间？供水、下水道、电力、燃气等公用设施是从哪里接入该建筑的？备用发电机和备用系统的位置在哪里？装卸区在哪里？外墙的照明设施是什么类型，设置在什么地方？通风口在哪里？屋顶安全吗？设备用房安全吗？公众和员工从哪里出入？

在对建筑内部开展调查时，要查看楼层布局，明确公共场所和个人场所之间在安全方面的层级区分。在建筑内有哪些使用者或者承租人？使用者之间是否存在冲突？哪些场所是一般公众甚至是员工也不能进入的，它们的具体位置在哪里？采取哪种措施保护入口的安全，实施访问控制还是用锁？消防监测设施和灭火设施是否匹配，是否维护到位？有没有和消火栓连接在一起？设备存储柜的位置在哪里，是否采取了保障安全的措施来预防他人随意接近？是否设置了接待前台，配备了胜任的保安、门卫或者采取了访问控制措施，对哪些人、以怎样的方式进入建筑实施管理？闭路电视监控系统摄像头及监视设备设置在哪里，采用了哪种型号的设备？是否在室内设置了防护警报，其位置在哪里？使用最多的场所是哪一个，用作什么活动？是否存在使用者冲突？标志牌和路牌是采用的哪种类型？在哪里处理邮件？在邮件分拣区有没有设备独立的通风系统和防爆墙？供暖通风空调设备房安全吗？电梯是否处于监视之下，服务区是否安全？天花板使用的什么材料，安全吗？敏感区域的墙体是否从底下到楼顶都采取了安全措施？消防出口和通道是否无障碍，切实可行？楼道是关闭还是开启，是否处于监视之下？在重要区域是否设置了对讲系统或者闭路电视监控系统以便人数较多时实施管理，是否可以有效发挥作用？

许多建筑中的安全及个人信息也需要妥善保护。学校、医院、办公楼、商用电站都有计算机房。在针对计算机房的安全开展调查时，安全和犯罪预防方面的措施必须遵守"三定"原则：限定的用途（Definition）、指定的人员（Designation）和特定的设计（Design）。该场所限定的用途是什么？谁在取得相应的许可后，可以使用该场所？如何对该场所进行设计，才方便实施安全检查、访问控制、监视和设备保护？调查人员需要了解设施内使用的计算机技术的类别和水平，是否可以通过距离较远的其他设施进行外部连接？通风系统、备用电源系统、灭火系统的设计及运行也会对安全产生重要影响。保护数据安全非常重要，无论在哪种场所，放在办公桌上的笔记本电脑及计算机房都是容易遭受侵害的对象。对于硬件设施或其他设备，可以采取措施固定在办公桌上，以防止被盗，但是，电脑软件也非常重要，建议设置登录密码并定期更新。

现在，建筑安全还面临的一个重要隐患是，是否在建筑内存放了可以对建筑或其内部某一场所造成污染的危险物质，该物质是否可能被恐怖分子在其他场所用作攻击武器？并非每一栋建筑内都存放了有毒害的化学、生物或者放射性材料，但是，很多建筑都存放了可以被居心不良的人用来伤害他人的材料。虽然核电厂采取了最严格的安全设计，但是其他一些存放核废料的场所的安全措施可能不怎么完善。几乎每家医院都用储存柜存放用作 X 光照射和机器扫描的放射性物质。许多规模较大的大学还建有电厂，其中还有核电厂，如紧邻底特律机场和底特律市区，坐落在安娜港附近的密歇根大学。如果密歇根大学的发电机组不幸发生事故，或者遭受袭击，你可以想像会对整个底特律市造成何种影响吗？

图 37.7 紧邻医院放置的液氮罐

笔者观察后认为，这些场所的安保水平不能和核电厂相提并论。很多工业电厂虽然不会用水对计算机房灭火，但是，灭火系统中使用特制的氩气或其他气体却会对人体造成伤害。电池存放区有大量的酸性物质。医院有有害的生物性物质。索尼工厂在生产电视或者等离子屏幕时会使用许多易燃或者有毒的物质，然后我们又把相关的产品在家中或者办公室中使用。现在有很多的常见物品可以（实践中也是）在家中或工作场所存放。环境设计预防犯罪调查人员需要搞清楚，建筑或场所内是否存放了有害的化学、生物或者放射性物质，如有，需要说明其性质、数量、存放地点以及采取了哪些安全防护措施（图 37.7）。

从最低级别的门锁、窗户，到最高级别的监狱、军事设施中的安全措施，在现有条件下，建筑或设施可以采用的安全措施种类很多。无论属于哪一种建筑，调查人员都需要记录采取了哪些物理安全措施或者系统安全措施。物理安全措施一般包括围栏、大门、普通门、窗户、锁和其他硬件设施。系统安全措施包括访问控制系统、监视系统、空间防护系统、运动传感器、生物识别技术、广播对讲系统、警报器、无声报警器、监控摄录系统、中央警报控制监控系统等。

调查者需要随时清楚某个设备的功能或作用是什么？建筑结构和交通方式该如何组织，是否需要设置具有物理意义、心理意义上的障碍，或者实际配备安保设备？安保评价的内容还应当包括安全人员的使用。许多的建筑管理者有一种不切实际的想法：让一个人坐在黑暗的控制室里盯着若干个监视器，监视器的另一端连着很多个摄像头，覆盖了成百上千个控制点。环境设计预防犯罪调查人员必须对安保人员的使用情况进行分析，判断其使用效率，提出最有效

889

890

的改进方案。

建筑设施管理者都可以盲目地针对犯罪和恐怖问题大把投入，希望可以解决这些问题。美国国土安全部就是这方面的典型例子。没有经过独立完整的需求（风险、威胁、薄弱环节）评估，就向城市、各州、港口、水处理设施投入大笔资金，安装闭路电视监控系统、广播系统或者配备其他技术设备。即使不考虑有多少技术设备或人力资源可用，如果不设计好运营策略和具体程序，并切实遵守，所有的安保措施将毫无价值。因此，环境设计调查人员应当判断，某一建筑设施是否制定了安保预案。是否要求员工和访客佩戴胸卡或工作证？高级管理人员是否需要佩戴胸卡？没有佩戴是否会带来相应后果？谁在管理胸卡的发放，胸卡是否采用了智能卡技术，以便可以同时用于实施访问控制？个人如何解除系统？如何对进入建筑内的访客和公众实施检查、发放胸卡？钥匙如何发放、管理、复制？如果需要撤离、面临炸弹威胁或者出现劫持人质（工作场所暴力）事件，该按照何种程序应对？邮件处理以及出现有害物质、邮寄炸弹、网络攻击时，操作程序如何？

小　结

环境设计预防犯罪专业人员和安全系统设计人员之间存在着一些细微、显著的区别。比如，如何保证普通高中校园入口和走廊的安全？一般情况下，依我的经验，安全顾问会立即自信地决定，保护入口安全的最佳措施是安装摄像头和锁，配备压力垫，采用生物识别技术或者设置门卫。环境设计预防犯罪专业人员会问：入口为什么设置在那里？不想让哪些人进入？想让哪些人进入？或许最安全的方法就是根本就不要在那里设置一个入口。设置在学校走廊内的门大多都是消防门，只有在触发消防警报的情况下，才由磁性锁控制打开。如果不把门关上，就需要老师随时对走廊内的情况实施自然监视。如果将门关上，并保证安全，就可以避免学生在上课时间段内脱离监管随意出入。除非触发警报，否则不必将消防门关上。因此，成功的安保和环境设计预防犯罪调查的关键是牢记这一标准：要想解决问题，必须首先发现问题！

附录

调查样表

美国安全学会环境设计预防犯罪调查标准样表（2006）

	是	否	不适用	备注
一般场地方面问题				
该设施或场所属于哪种类型？	☐	☐	☐	
谁需要进入该场所？	☐	☐	☐	
各个群体的使用者什么时候进入该场所？	☐	☐	☐	
如何确定该设施或场所的边界？	☐	☐	☐	
围栏或围墙是否有疏漏？	☐	☐	☐	
所有权是否明晰？是否树立标有（禁止入内或者私人所有的警示）标志牌，场所是否缺乏管护？	☐	☐	☐	
内部是否存在所有权不明的场所或者无人使用的场所？	☐	☐	☐	
行人和车辆的通道设置在哪里？	☐	☐	☐	
场所照明使用的是哪种灯具，具体位置在哪里？	☐	☐	☐	
自然障碍是什么类型，具体位置在哪里？	☐	☐	☐	
种植的植物及绿化是什么品种、类型，其布局怎样？	☐	☐	☐	
建筑方面的问题				
建筑中所使用的材料是否可以防范他人闯入或者爆炸物袭击？	☐	☐	☐	
退让距离如何（从建筑正面至街道的距离）？	☐	☐	☐	
是否对所有的建筑入口都可以进行有效管理？	☐	☐	☐	
建筑的主要入口在哪里，具体情形如何？	☐	☐	☐	
是否可以从建筑的窗户和门进入，它们被锁上了吗？	☐	☐	☐	
是否可以通过树木、围栏、毗邻的建筑等通向建筑的屋顶或者较高的楼层？	☐	☐	☐	
可以进入设备用房吗？	☐	☐	☐	
可以进入装卸区吗？	☐	☐	☐	
废品垃圾存放在哪里，采取什么方式处理？	☐	☐	☐	
建筑与其周围之间的视线是否通畅，以便实施自然监视？	☐	☐	☐	
内部场所方面的问题				
预计行人和车辆的流量如何，什么时候是高峰时段？	☐	☐	☐	
公共卫生间及储物柜的位置在哪里？	☐	☐	☐	
在公共场所和个人场所之间是否设置了安保障碍？	☐	☐	☐	
可以胜任的保安的具体位置在哪里（安保管理人员、接待员等）？	☐	☐	☐	
设备用房是否上锁并保证安全？	☐	☐	☐	

	是	否	不适用	备注
贵重物品的存放地点在哪里？	☐	☐	☐	
是否安装了闭路电视监控系统？	☐	☐	☐	
访问控制方式是自然的、利用设备的还是组织层面的？	☐	☐	☐	
对内部场所是否采取了保护措施？	☐	☐	☐	
在建筑的整体使用及其内部使用者的使用之间是否存在冲突？（如一栋安全有保障的建筑下面可能同时还有火车站之类的公共交通。）	☐	☐	☐	
保护问题				
保护的对象是什么？	☐	☐	☐	
其具体位置在哪里？	☐	☐	☐	
它可以被替代吗？	☐	☐	☐	
其受保护的重要性如何？	☐	☐	☐	
谁可以接近保护对象？	☐	☐	☐	
什么时候可以接近保护对象？	☐	☐	☐	
保护对象是可以被移走还是需要重新补装？	☐	☐	☐	
保护对象是需要一直处于监视之下，还是仅在特定时间内需要监视？	☐	☐	☐	
是否已经安装了安保系统？	☐	☐	☐	
现有的安保系统是否可以满足需要？	☐	☐	☐	
受保护的对象是否仅对特定的群体或个人有价值？	☐	☐	☐	
保护的对象是人、产品还是专有信息？	☐	☐	☐	
特定用途方面				
该场所的特定用途是什么？	☐	☐	☐	
其最初的用途是什么？	☐	☐	☐	
该场所是否能够满足现有用途或其设计用途？	☐	☐	☐	
用途及使用者方面是否存在冲突？	☐	☐	☐	
如果存在冲突，在哪些地方，会以什么方式发生冲突？	☐	☐	☐	
特定范围方面				
该场所以什么方式限定其范围？（公共和个人之间的界线如何，划分是否清晰？）	☐	☐	☐	
该场所的所有权是否明晰？	☐	☐	☐	
该场所的界线位置在哪里？	☐	☐	☐	
社会或者文化方面的因素是否会对该场所现在或将来的使用情况产生影响？（如在安全保障级别较高的建筑内，人们是否会遵守为执行访问控制制度而制定的各项规则，既有的办公室文化是否会对执行相关规则形成阻碍？）	☐	☐	☐	
在执行安保制度方面，是否制定了法律、行政方面的清晰规定，这样规定是否可以有效执行？	☐	☐	☐	

892

	是	否	不适用	备注
现有的标志牌是否可以提示如何正确使用场所，是否可以提示哪些人不能进入该场所？	☐	☐	☐	
在场所的用途和范围限制方面是否会发生冲突或者导致混乱？（如某一服务公众场所采用的安保级别非常高，但是却不能向客户提供服务。）	☐	☐	☐	
设计				
物理设计是否可以有效服务预定用途？	☐	☐	☐	
物理设计是否可以承受在该场所内预计会发生的，或者可接受的各类行为产生的影响？	☐	☐	☐	
高效使用该场所，或者正确使用该场所而发生各类人为活动时，物理设计是否会与这些活动产生阻冲突，或者造成阻碍？	☐	☐	☐	
物理设计是否会偏离其预定用途，在规范人们的行为方面导致冲突或混乱？（如建筑的主入口是否显著？是否会导致人们从禁止通行的入口进入？）	☐	☐	☐	
作用方面				
配备的安保人员是否可以制止非法活动，促使大家遵守规定？	☐	☐	☐	
物理设计及场地布局是否可以保证良好的视线，是否方便对出入建筑的情况实施有效管理？	☐	☐	☐	
合法的活动是否会对非法的活动或者不符合要求的活动发挥制止作用？	☐	☐	☐	
是否可以对他人进入场所的情况实施监视？	☐	☐	☐	
是否制定相关的辨别流程，判断进入行为是合法的还是非法的？	☐	☐	☐	
为了对进入场所的情况实施监视，是否在物理设计、技术运用或人员配备方面采取了相关措施？	☐	☐	☐	
是否将监视情况与相关人员或机构之间建立联系，以便做出应对措施？	☐	☐	☐	
迟滞				
是否存在消极障碍物？（如小树篱，可以引导人们在人行道上行走）	☐	☐	☐	
是否有积极的障碍物？（如可以阻挡车辆的设施或者门，防止其闯入）	☐	☐	☐	
是否配备了安保人员或者有指定人员应对意外情况？	☐	☐	☐	
从相关人员监测到意外情况到作出反应，需要间隔多长时间？	☐	☐	☐	
应对				
负责作出应对措施的安保人员其工作职责是什么，各个岗位在工作流程中的顺序如何？	☐	☐	☐	
为了妥善应对，需要配备哪些设备？	☐	☐	☐	
为了快速明地地应对，需要采取什么策略？	☐	☐	☐	
开展了哪些培训，是否与面临的风险相称？	☐	☐	☐	

893

续表

	是	否	不适用	备注
报告				
采取什么通信方式呼叫支援力量？	☐	☐	☐	
书面上报意外事件的流程是什么？	☐	☐	☐	
相关信息是否清楚、详细？	☐	☐	☐	
相关材料如何撰写、存档？	☐	☐	☐	
辨别				
是否对员工进行培训，让其可以识别真正的威胁？	☐	☐	☐	
技术设备的灵敏度是否适当，可以区别是真威胁还是假威胁？	☐	☐	☐	
保持性能				
是否可以有效地防范风险？	☐	☐	☐	
监视系统是否会定期设置、测试，以免出现功能紊乱或虚假警报？	☐	☐	☐	

参考文献

［1］Aherns, S. and Atlas, R. I. （2006）*CPTED Security Survey for the American Society of Industrial Security Standards Development Committee.*

［2］Anti-terror Risk Infrastructure Protection Model. ATRiM Group. Port Townsend, WA, 2007.

［3］CAP Index Crime Cast, Exton, PA. Available at: http: //www. capindex. com/.

［4］City of North Miami, FL. （2005）Zoning map, Crime Density Map.

［5］FEMA 426, Risk Management Series （2003, 2010）*Reference Manual: Providing Protection to People and Buildings.* Washington, DC: Federal Emergency Management Agency.

［6］HLS-CAM Homeland Security Comprehensive Assessment Model, National Domestic Preparedness Coalition. Orlando, FL. Available at: httpJ/www. ndpci. us/.

［7］La Mesa, CA. （2001）General Use Land Map.

［8］Sandia National Laboratories Risk Assessment Methodology. Sandia National Laboratories risk assessment methodology, 2003. Available at: http: //www. sandia. gov/ram/.

后 记

　　基础设施保护和环境设施预防犯罪的未来取决于接下来几年的形势发展。国土安全部（DHS）下属机构的重组，是近十年来政府机构组织产生的最大变化。国土安全部的任务就是要保障社会公众和重要基础设施的安全。美国和自由世界的其他国家都面临着同样棘手的难题：恐怖主义、工作场所暴力及犯罪行为。

　　本书的主要目的是为那些在设计、施工和保护我们建成环境安全领域的专业人员提供指导，包括建筑师、工程师、安全主管、执法人员和城市规划人员等。主要目标是提供明确、全面的方法，以保护我们的建成环境免遭各类潜在威胁的侵害。

　　今后当我们的楼房和建筑面临袭击，对我们的行动和自由的限制也越来越多时，我们会适应这种生活方式并作出适当的调整吗？自2001年"9·11"事件发生后，防范恐怖主义成为了政府决策中一个占据主导地位的内容，这也会直接影响到建成环境。安全保障措施也不再被视为可以事后添加的内容（如保卫人员、闭路电视监控系统、出入门禁系统等）。相反，真正有价值的是从选址分析和初步设计的开始阶段，就将保障安全、避免人身伤害纳入决策范围。

　　对安全议题的重视和推进刻不容缓。自2007年9月15日以来，世界经济一直陷入衰退之中。2012年，许多欧盟成员国一直在破产边缘挣扎。美国也深陷债务泥潭，即使是两党超级委员会也拿不出平衡国家预算的建议案。过去几年，联邦政府曾经多次因预算问题而举步维艰。许多银行也因为债务违约而进入破产接管状态。大萧条所带来的经济滑坡改变了所有行业的经营状况。医疗保险的支出令人难以忍受，许多人不得不为了医疗保险而辛苦工作。符合抵押贷款条件的人少得可怜。许多城市因为税收减少而裁减警察。因为安保行为不能创造收入，在裁员时，一般都会拿这一行业开刀，现在需要对这种做法进行重新评估。民众心生怨怒，几乎就要揭竿而起；如果你陷入无家可归、食不果腹、老无所依的境地，你也会有同样的想法。保护好家庭财产、公司业务、社区邻里、整个城市、整个国家，才能让社会公众安居乐业。世界上所有个体都会按照六度分割理论联系在一起。我们都是作为一个整体联系在一起的，只有在安全、幸福的环境下，企业才会有持续投资的意愿。只有投资才能带来经济增长和工作机会。人们才会缴税，然后才愿意贷购地产，才会有建筑设计施工。进而，建筑才会进行安全设计，企业才会雇佣安保人员。警察才会在社区和建成环境中巡逻。所有的点，就这样紧密地联系到了一起。

如果每一项公共活动都需要对人身和携带的物品进行搜查，人们对这些不便的容忍度如何？为了应对 21 世纪我们所面临的威胁而必需的安全保护设计，美国的企业和政府机构能够承担相应的支出吗？

896　　2011 年，在"9·11"灾难日十周年之际，"9·11"纪念馆向公众开放。十年之后，仍然有许多政府大楼还在使用丑陋不堪、难以发挥实际效果的Jersey 式路障来创设建筑的退让距离。为什么过去十年间，仍然有这么多的新建建筑仅把安保问题作为事后再考虑的内容？安保问题仍然被视为讨人嫌的"拖油瓶"。建筑师在安保中的作用，如果真有一定作用的话，仅是遮盖一些技术设施，却不去正视令人难过的现实生活：犯罪、恐怖主义、工作场所暴力和糟糕的经济形势（图 38.1）。

图 38.1　为了今后的可持续发展，必须保证我们城市的安全，免于遭受来自国内外的威胁

保护好建筑内的场所及使用场所的人变得越来越重要，因此，在建筑师、客户和建筑管理方眼里，安全问题会变得更加举足轻重。安全、环境设计预防犯罪、基础设施保护迎来了新的发展时代。无论是远古人类，中世纪的村庄、城堡，还是现在的学校、银行、政府建筑，安全问题一直是备受关注的重点内容。恐怖主义不断升级，让我们感到前途未卜，而日常的犯罪和暴力会破坏公众之间的相互信任。环境设计预防犯罪和建筑设计需要更加积极主动，避免风险、威胁和薄弱环节，而不仅是被动应对。通过设计应对犯罪、恐怖威胁和应对自然灾害、火灾一样重要。建筑师需要做得更好，而不是向往常一样，仅仅在事件发生后控制损失。在许多的设计决策中，安全问题都应当成为重点内容，如结构的抗冲击能力、场址规划、建筑技术运用、能源节约及可持续性

等。如果我们想在自由世界中建设一个开放民主的社会，那么我们必须在开放的空间与安全检查导致不便、建筑退让距离、牺牲一定隐私（搜查、监控摄像头、询问和盘查等）之间寻求精妙的平衡。所有的活动都会伴随风险，21世纪的环境设施预防犯罪就是要经合理的方式尽量降低、缓解这种风险。

恐怖分子和恐怖主义并不会消失。恐怖分子也会不断提高自己，以适应变化。然而，其顽抗是徒劳的。恐怖分子会转变策略，试图破解我们的应对措施。今后的风险可能来自食物、网络恐怖主义、水污染、生化污染、改良的爆炸设施（IED's）以及自杀式炸弹袭击等。因此，已有建筑争需进行完善，以便采取运营和管理方面的措施，应对恐怖主义威胁。威胁可能来自于任何时间、任何人。我们不能因为"9·11"之类的灾难没有再次发生而沾沾自喜。 897
Guardsmark 有限责任公司的总裁 Ira Lipman 在《安全管理》（*Security Management*）杂志（2011 年 9 月）上的一篇文章中写道：

> 我们必须清醒地认识到这一事实：威胁可能来自于任何人……袭击的目标不仅是我们搭乘的飞机、乘坐的火车、所吃的食物、所喝的水，或者我们从未想到会不安全的公共场所。威胁针对的范围很广、目标分散，参与活动的恐怖分子来源广泛、组织松散，在实施恐怖袭击时不会引人注目，并且瞄准的是容易得逞的目标。当威胁升级需要我们积极应对时，我们不能仅是做杯水车薪的工作，而是要集中精力迎接下一轮的威胁的考验。

我希望本书会对设施、安全和执法领域的专业人士和学生提供有价值的参考作用，帮助他们理解环境设计预防犯罪的理念和实际运用，让本书中建议的一些方法在实践中发挥积极作用。

在过去的十年中，我发现，由于采取了环境设计预防犯罪措施和以社区为导向的策略，公共租赁房屋中发生了积极的变化。在学校和便利店设计中考虑了安全因素，实际效果大有改观。设计的交通枢纽不仅安全，而且并然有序。我们的建成环境不仅可以做到坚固安全、外形美观，还可以同时做到畅通无阻、高枕无忧。本书旨在帮助相关的决策者在思考下一代建筑时可以做出明智的决定。当他们在评估其建筑的性能时，是否会考虑到现在和将来面临的犯罪和恐怖主义威胁？决策者是否愿意投入资源，针对其场所和运行进行风险威胁评估？政界是否愿意通过强制性法规或决定，要求今后的城市建筑必须采取安保和环境设计预防犯罪措施？要想做出改变，还有巨大的潜力等待挖掘。我衷心地希望，通过下一代的建筑师、城市规划师的辛勤努力，在新建筑和社区中，我们可以看到安保措施和环境设计预防犯罪措施得以有效实施，在我们的建筑和基础设施中，暴露给恐怖分子的薄弱环节越来越少，面对犯罪和工作场所暴力，人民群众的人身和财产安全更有保障。 897

索　引